a adia Gaon ❖ Isaac Israeli ❖ Salomão Ibn Gabirol ❖ Ib
quda ❖ Abraão Bar Hiyya ❖ Abraão Ibn Ezra ❖ Yehud
levi ❖ Abraão Ibn Daud ❖ Maimônides ❖ Samuel Ib
bon ❖ Al-Farabi de Falaqera ❖ Shem Tov Ibn Falaqer
braão Abuláfia ❖ Narboni ❖ Gersônides ❖ Rabi Hasda
escas ❖ Sa'adia Gaon ❖ Isaac Israeli ❖ Salomão Ib
birol ❖ Ibn Paquda ❖ Abraão Bar Hiyya ❖ Abraão Ib
a ❖ Yehudá Halevi ❖ Abraão Ibn Daud ❖ Maimônides
muel Ibn Tibbon ❖ Al-Farabi de Falaqera ❖ Shem Tov Ib
aqera ❖ Abraão Abuláfia ❖ Narboni ❖ Gersônides ❖ Rab
sdai Crescas ❖ Sa'adia Gaon ❖ Isaac Israeli ❖ Salomã
Gabirol ❖ Ibn Paquda ❖ Abraão Bar Hiyya ❖ Abraão Ib
a ❖ Yehudá Halevi ❖ Abraão Ibn Daud ❖ Maimônide
amuel Ibn Tibbon ❖ Al-Farabi de Falaqera ❖ Shem To
Falaqera ❖ Abraão Abuláfia ❖ Narboni ❖ Gersônide
Rabi Hasdai Crescas ❖ Sa'adia Gaon ❖ Isaac Israeli
lomão Ibn Gabirol ❖ Ibn Paquda ❖ Abraão Bar Hiyya
raão Ibn Ezra ❖ Yehudá Halevi ❖ Abraão Ibn Daud
aimônides ❖ Samuel rabi de Falaqer
hem Tov Ibn Falaq láfia ❖ Narboni
rsônides ❖ Rabi Has dia Gaon ❖ Isaa
aeli ❖ Salomão Ibn Gabirol ❖ Ibn Paquda ❖ Abraão Ba
yya ❖ Abraão Ibn Ezra ❖ Yehudá Halevi ❖ Abraão Ib
ud ❖ Maimônides ❖ Samuel Ibn Tibbon ❖ Al-Farab
Falaqera ❖ Shem Tov Ibn Falaqera ❖ Abraão Abuláfi
arboni ❖ Gersônides ❖ Rabi Hasdai Crescas ❖ Sa'adi
n ❖ Isaac Israeli ❖ Salomão Ibn Gabirol ❖ Ibn Paqud
aão Bar Hiyya ❖ Abraão Ibn Ezra ❖ Yehudá Halevi
Ibn Daud ❖ Maimônides ❖ Samuel Ibn Tibbon
bi de Falaqera ❖ Shem Tov Ibn Falaqera ❖ Abraã
❖ Narboni ❖ Gersônides ❖ Rabi Hasdai Cresca

Sa'adia Gaon ❖ Isaac Israeli ❖ Salomão Ibn Gabirol ❖ I
aquda ❖ Abraão Bar Hiyya ❖ Abraão Ibn Ezra ❖ Yehu
alevi ❖ Abraão Ibn Daud ❖ Maimônides ❖ Samuel I
ibbon ❖ Al-Farabi de Falaqera ❖ Shem Tov Ibn Falaqe
Abraão Abuláfia ❖ Narboni ❖ Gersônides ❖ Rabi Hasc
rescas ❖ Sa'adia Gaon ❖ Isaac Israeli ❖ Salomão I
abirol ❖ Ibn Paquda ❖ Abraão Bar Hiyya ❖ Abraão I
zra ❖ Yehudá Halevi ❖ Abraão Ibn Daud ❖ Maimônide
amuel Ibn Tibbon ❖ Al-Farabi de Falaqera ❖ Shem Tov I
alaqera ❖ Abraão Abuláfia ❖ Narboni ❖ Gersônides ❖ Ra
asdai Crescas ❖ Sa'adia Gaon ❖ Isaac Israeli ❖ Salom
on Gabirol ❖ Ibn Paquda ❖ Abraão Bar Hiyya ❖ Abraão I
zra ❖ Yehudá Halevi ❖ Abraão Ibn Daud ❖ Maimônic
Samuel Ibn Tibbon ❖ Al-Farabi de Falaqera ❖ Shem T
on Falaqera ❖ Abraão Abuláfia ❖ Narboni ❖ Gersônic
Rabi Hasdai Crescas ❖ Sa'adia Gaon ❖ Isaac Israel
alomão Ibn Gabirol ❖ Ibn Paquda ❖ Abraão Bar Hiyy
braão Ibn Ezra ❖ Yehudá Halevi ❖ Abraão Ibn Dauc
laimônides ❖ Samuel Ibn Tibbon ❖ Al-Farabi de Falaqe
Shem Tov Ibn Falaqera ❖ Abraão Abuláfia ❖ Narbor
ersônides ❖ Rabi Hasdai Crescas ❖ Sa'adia Gaon ❖ Isa
raeli ❖ Salomão Ibn Gabirol ❖ Ibn Paquda ❖ Abraão E
liyya ❖ Abraão Ibn Ezra ❖ Yehudá Halevi ❖ Abraão I
aud ❖ Maimônides ❖ Samuel Ibn Tibbon ❖ Al-Fara
e Falaqera ❖ Shem Tov Ibn Falaqera ❖ Abraão Abulá
Narboni ❖ Gersônides ❖ Rabi Hasdai Crescas ❖ Sa'a
aon ❖ Isaac Israeli ❖ Salomão Ibn Gabirol ❖ Ibn Paqu
Abraão Bar Hiyya ❖ Abraão Ibn Ezra ❖ Yehudá Hale
braão Ibn Daud ❖ Maimônides ❖ Samuel Ibn Tib
l-Farabi de Falaqera ❖ Shem Tov Ibn Falaqera ❖
buláfia ❖ Narboni ❖ Gersônides ❖ Rabi Hasdai

Na Senda da Razão:
Filosofia e Ciência no Medievo Judaico

COLEÇÃO PERSPECTIVAS
dirigida por J. Guinsburg

Supervisão editorial: J. Guinsburg
Tradução: Alexandre S. Santos, Anna Lima A. de Almeida Prado, Bruno Loureiro Conte, Eduardo Coutinho Lourenço de Lima, Eliana Langer, Enio Paulo Giachini, Esteve Jaulent, Igor Morici, Leonardo Meirelles Ribeiro, Luizir de Oliveira, Margarida Goldstajn, Maria Clara Cescato, Rosalie Helena de Souza Pereira, Tadeu Mazzola Verza
Revisão técnica: Rosalie Helena de Souza Pareira, Nachman Falbel (*traduções do hebraico*) e Margarida Goldstajn (*termos em hebraico*)
Projeto gráfico e diagramação: Claudio Cesar Santoro
Capa: Sergio Kon
Produção: Ricardo W. Neves, Sergio Kon, Luiz Henrique Soares e Lia N. Marques.

Na Senda da Razão

Filosofia e Ciência no Medievo Judaico

Rosalie Helena de Souza Pereira
(organização)

PERSPECTIVA

CIP-Brasil. Catalogação-na-Fonte
Sindicato Nacional dos Editores de Livros, RJ

N11

Na senda da razão : filosofia e ciência no medievo judaico / organização Rosalie Helena de Souza Pereira. - 1. ed. - São Paulo : Perspectiva, 2016.
848 p. ; 23 cm. (Perspectivas)

ISBN 978-85-273-1066-6
1. Filosofia. 2. Filosofia judaica. I. Pereira, Rosalie Helena de Souza. II. Série.

16-35190 CDD: 100
CDU: 1

02/08/2016 08/08/2016

EDITORA PERSPECTIVA S.A.
Av. Brigadeiro Luís Antônio, 3025
01401-000 São Paulo SP Brasil
Telefax: (11) 3885-8388
www.editoraperspectiva.com.br
2016

Sumário

Tabelas de Transliteração 11

Apresentação 15

Haggai Ben-Shammai
A Obra Exegética e Filosófica de Sa'adia Gaon: A Realização de um Líder 19

Alexander Altmann
Criação e Emanação em Isaac Israeli: Uma Reconsideração 43

Nachman Falbel
Filosofia e Poética no Pensamento de Salomão Ibn Gabirol 63

Sarah Pessin
A Matéria Última Como Manifestação Oculta de Deus: Ibn Gabirol e a Expressão Pseudoempedocleana al-'unṣur al-awwal *(O Elemento Fundamental)* 107

Joaquín Lomba
Ibn Paqūda, Figura-Chave do Pensamento Judaico e Universal 135

Sara Klein-Braslavy
A Interpretação de Abraão Bar Ḥiyya do Relato da Criação do Homem e do Relato do Jardim do Éden 167

Shlomo Sela
O Corpus Científico de Abraão Ibn Ezra 219

Rafael Ramón Guerrero
Yehudá Halevi e a Filosofia 279

Amira Eran
Abraão Ibn Daūd e Sua Obra A Fé Sublime 295

Samuel Scolnicov
Maimônides e o Deus dos Filósofos 333

Alexandre Leone
Tensões e Encontros no Pensamento de Maimônides Entre o Aristotelismo Medieval e a Tradição Rabínica 353

Nachman Falbel
A Ética na Obra de Maimônides 385

Leo Strauss
A Declaração de Maimônides Sobre a Ciência Política 409

Sara Klein-Braslavy
Comentário de Maimônides à Bíblia 425

Lenn E. Goodman
A Psicologia de Maimônides e de Yehudá Halevi 453

Carlos Fraenkel
A Legislação da Verdade: Maimônides, os Almôadas e o Iluminismo Judaico do Século XIII 491

Gad Freudenthal
A Alquimia na Cultura Judaica Medieval: Uma Ausência Notada 517

Gad Freudenthal
A Ciência na Cultura Medieval Judaica do Sul da França 543

Carlos Fraenkel
De Maimônides a Samuel Ibn Tibbon: Interpretando o Judaísmo Como Religião Filosófica 589

Steven Harvey
O Al-Fārābī de Falaqera: Um Exemplo da Judaização dos Falāsifa *Muçulmanos* 623

Mauro Zonta
A Transmissão da Filosofia e da Ciência Árabe: Reconstrução da "Biblioteca Árabe" de Shem Tov Ibn Falaqera 643

Seymour Feldman
Uma Solução Averroísta Para uma Perplexidade Maimonídea 663

Harvey J. Hames
Um Selo Dentro de um Selo: A Marca do Sufismo nos Ensinamentos de Abraão Abuláfia 679

Maurice-Ruben Hayoun
Narboni (1300-1362) e a Simbiose Filosófica Judeo-Árabe 701

Gad Freudenthal
Salvar Sua Alma ou Salvar os Fenômenos: Soteriologia, Epistemologia e Astronomia em Gersônides 737

Idit Dobbs-Weinstein
Tensões nas e Entre as Teorias de Maimônides e Gersônides Sobre a Profecia 773

Zev Harvey
Elementos Cabalísticos no Livro Luz do Nome *('Or ha-Shem), de Rabi Ḥasdai Crescas* 797

Tabelas de Transliteração

Árabe

CARACTER TRANSLITERADO	CARACTER EM ÁRABE
’	ء
ā	ا
b	ب
t	ت
ṯ	ث
j	ج
h	ح
ḫ	خ
d	د
ḏ	ذ
r	ر
z	ز
s	س
š	ش
ṣ	ص

CARACTER TRANSLITERADO	CARACTER EM ÁRABE
ḍ	ض
ṭ	ط
ẓ	ظ
ᶜ	ع
ġ	غ
f	ف
q	ق
k	ك
l	ل
m	م
n	ن
h	ه
ū	و
ī	ي
à	ى

Semivogais: w, y.
Vogais breves: a, u, i.

Nossa transliteração representa as palavras conforme sua escrita em árabe e não procura abarcar os fenômenos fonéticos ocorridos na sua pronúncia.

O plural de algumas palavras árabes foi representado com um *–s* final, seguindo a regra do português, a fim de facilitar a leitura e a compreensão, como ocorre em *ḥadīṯs*.

As referências bibliográficas foram grafadas conforme os padrões utilizados em sua publicação, os quais não coincidem necessariamente com os aqui adotados.

Grego*

CARACTER TRANSLITERADO	CARACTER EM GREGO
a	α
b	β
g	γ
d	δ
e	ε
z	ζ
e	η
th	θ
i	ι
k	κ
l	λ
m	μ
n	ν
x	ξ
o	ο

CARACTER TRANSLITERADO	CARACTER EM GREGO
p	π
r	ρ
rh	ῥ (inicial)
s	σ
s	ς (final)
t	τ
y	υ
ph	φ
kh	χ
ps	ψ
o	ω
hó	ὅ
ó	ό
ò	ὸ
î	ῖ

Não é feita a distinção entre vogais longas e breves: ε / η, ο / ω.

O υ é transliterado pelo *y* quando está em posição vocálica; quando for semivogal, segundo elemento de ditongo ou segue um "o" longo fechado proveniente de alongamento compensatório ou de contração (os chamados falsos ditongos), o υ é transliterado pelo *u*.

Nos grupos γγ, γκ e γχ, o γ é transliterado pelo *n*.

O espírito brando não é grafado.

O espírito rude é transliterado pelo *h* nas vogais ou ditongos iniciais de palavra e no ῥ inicial (*rh*).

O acento grave (`), o acento agudo (´) e o circunflexo (^) são colocados de acordo com as regras tradicionais, mantendo a colocação dos acentos agudo e circunflexo sobre o segundo elemento do ditongo.

O ι (iota) subscrito não é considerado.

* Com exceção da não distinção entre as vogais longas e breves e da não transliteração do iota subscrito, as normas para a transliteração dos termos gregos foram concebidas pela professora Anna Lia A. de Almeida Prado e publicadas em *Classica* – Revista Brasileira de Estudos Clássicos, v. 19, n. 2, 2006.

Hebraico

CARACTER TRANSLITERADO	CARACTER EM HEBRAICO
’	א
B	בּ
V	ב
G	ג
D	ד
H	ה
V	ו
Z	ז
Ḥ	ח
Ṭ	ט
Y	י
K	כּ
Ḵ	כ

CARACTER TRANSLITERADO	CARACTER EM HEBRAICO
L	ל
M	מ
N	נ
S	ס
‘	ע
P	פּ
F	פ
Ṣ	צ
Q	ק
R	ר
Sh	שׁ
S	שׂ
T	ת

A letra hebraica א (alef) é transliterada no início e no meio da palavra. Não se translitera quando não estiver acompanhada de vogal.

A letra hebraica ה (hê) não é transliterada quando não estiver acompanhada de vogal.

A letra hebraica ע (‘ayin) é sempre transliterada.

A letra hebraica י (yod) não é transliterada quando não for pronunciada.

A letra hebraica ג (guimel) sempre deve ser lida como em “garra”, “guerra”, “guiar”, “gula” e “gola”.

A sílaba tônica poderá ser acentuada.

Algumas preposições, advérbios, conjunções e os artigos definidos são grafados em hebraico com apenas uma letra. Nesse caso, na transliteração, são prefixados à palavra que se lhes segue por um hífen e essa palavra começará com uma letra maiúscula.

O *dagesh*, ou “enfatizador”, é um ponto colocado no meio de uma letra hebraica. Há dois tipos de *dagesh*: o brando e o forte. Quando houver um enfatizador forte numa consoante, ela será dobrada. Quando se tratar de um enfatizador brando, a transliteração da respectiva consoante não se alterará, à exceção das letras כּ, בּ e פּ, conforme especificado na tabela acima.

No hebraico, as vogais são representadas por sinais diacríticos acima, abaixo ou ao lado das consoantes, por isso não figuram na tabela acima.

Não há diferenciação entre vogais breves e longas.

Para transmitir a pronúncia correta, acrescentamos nas transliterações a acentuação nas sílabas tônicas.

Apresentação

Com pesquisas e análises pontuais, este livro apresenta um conjunto de textos que versam sobre o pensamento filosófico e científico que se desenvolveu nas comunidades judaicas entre os séculos IX e XV. A obra foi planejada nos moldes dos *Companions* à História da Filosofia que se encontram no meio acadêmico anglo-saxão, tal qual o volume que dedicamos à filosofia árabe-islâmica *O Islã Clássico*: Itinerários de uma Cultura, também publicado pela editora Perspectiva.

Esta antologia de textos não pretende ser uma história do pensamento filosófico e científico judaico medieval ou ser exaustiva na apresentação dos temas aqui tratados. Aos autores não foi imposta nenhuma exigência temática ou metodológica, tampouco se procurou uma uniformidade de estilo ou formato, deixando-se a cada um deles a liberdade de escolher tanto o tema em torno do qual gira a sua pesquisa quanto o modo de tratá-lo. No entanto, desde o início do livro salta aos olhos o tema presente em quase todos os artigos: o conhecimento produzido pelos judeus no período histórico mencionado.

Reconhecer a relevância da filosofia judaica medieval, junto com a filosofia árabe-islâmica medieval, é o que se propõe ao se publicarem ensaios sobre obras de autores que até há bem pouco tempo eram reduzidas a meras notas de rodapé no contexto da filosofia geral ocidental, cujo fio condutor é a filosofia greco-romana que se propagou nos meios cristãos até chegar à Renascença e ao Iluminismo. Mas, como se tem visto nas últimas décadas, ambas as filosofias, judaica e árabe-islâmica, não podem mais ser consideradas à parte da filosofia que se conhece no Ocidente.

Qualquer um que se debruce sobre a filosofia elaborada na Idade Média não pode deixar de notar a estreita correlação que existe entre as filosofias oriundas inicialmente dos ambientes árabe-islâmico e judaico e, mais tarde, do cristão. A intenção de resolver determinados problemas e as soluções levantadas pelos sábios das três comunidades põem em relevo o fato de elas pertencerem aos "povos do Livro" (*ahl al-kitāb*), como são designadas no *Corão*. Fundadas na Revelação do Livro – judeus na *Torah*, muçulmanos no *Corão* e cristãos nos *Evangelhos* –, essas comunidades, conhecidas como "os três anéis", deixaram um legado de capital valor, cuja influência, direta e indireta, pode ser constatada até em Descartes, que, a despeito de anunciar o rompimento com a tradição aristotélico-tomista, não consegue se desvencilhar completamente das teses recebidas de seus professores jesuítas.

Nascida em zonas geográficas de cultura predominantemente islâmica, a filosofia judaica medieval foi desmerecida por alguns historiadores que afirmavam ser ela uma mera cópia da filosofia árabe. Porém, tal opinião passou a ser desacreditada, sobretudo a partir dos trabalhos de Salomon Munk, que, em 1859, publicou *Mélanges de Philosophie Juive et Arabe*. Que a filosofia judaica seja mera cópia da árabe é opinião que já não pode mais ser sustentada, assim como aquela que afirma ser a filosofia árabe mera reprodução da grega. Ambas as filosofias têm sua própria originalidade, embora certas coincidências derivem do fato de as duas comunidades, islâmica e judaica, serem regidas pelas diretrizes da fé na Revelação divina.

O pensamento judaico medieval caracteriza-se pelo esforço intelectual para resolver os grandes enigmas do universo e da realidade humana, que, diante do patrimônio da verdade revelada, se tornam mais agudos para os que sentem a necessidade de defender e justificar sua fé. Esse esforço para elaborar respostas a questões sobre o sentido da criação divina recebeu influências da filosofia greco-romana, sobretudo por meio da filosofia árabe-islâmica, cujo início se deu no século IX com o filósofo árabe Al-Kindī (ca. 800-870), que floresceu na Bagdá dos abássidas. Tanto árabes quanto judeus teceram grandes comentários às obras gregas, seja as de conteúdo filosófico, como, por exemplo, o *corpus* aristotélico, seja as de conteúdo científico, como, por exemplo, os textos do médico Galeno, os quais permaneceram uma referência nas escolas europeias de medicina até o século XVII.

Cabe fazer uma observação quanto a nomear esse período histórico de "Idade Média". O uso da expressão "Idade Média" para designar o período do surgimento da filosofia árabe-islâmica, que corresponde ao Medievo latino, não é adequado, pois, se para a filosofia latina que se desenvolveu entre a Idade Clássica e o Renascimento é apropriado designá-la "filosofia da Idade Média", para a filosofia que surgiu no Oriente Médio, em Bagdá com Al-Kindī, no século IX, não cabe essa designação, pois ela é um movimento filosófico em que se observam ao longo de aproximadamente quatro séculos seu nascimento, apogeu e declínio, já que, após Averróis (século XII), nada mais se produziu dessa filosofia racionalista de raízes gregas. De Atenas a Bagdá e depois à Península Ibérica, onde recebeu as traduções latinas, a filosofia "medieval" árabe chegou às universidades europeias para lá ficar e moldar o pensamento filosófico ocidental, ao criar uma identidade filosófica própria, como bem sugeriu Alain de Libera a propósito dos comentários de Averróis que os latinos leram e incorporaram em seus sistemas. Diante, porém, do uso consagrado das expressões "filosofia árabe medieval" e "filosofia judaica medieval", nos rendemos e passamos a utilizá-las ao longo deste livro.

O fator que desencadeou a produção filosófica na Península Ibérica nos séculos XII-XIII foi o ingresso de Aristóteles no Ocidente, inicialmente sob vestes neoplatônicas com as obras de Al-Fārābī e de Avicena (Ibn Sīnā) e depois por meio dos comentários aos textos aristotélicos realizados por Averróis (Ibn Rushd), filho nativo de Córdova, mesma cidade natal do ilustre filósofo judeu Maimônides. Quase todos eles, árabes e judeus, redigiram suas principais obras em língua árabe. Algumas sobreviveram no seu original, outras somente em versões latinas – como é o caso das obras de Averróis, cuja quase totalidade subsistiu apenas em latim, além de algumas poucas versões em hebraico. Das obras de Al-Fārābī e Avicena que a posteridade recebeu, o Oriente encarregou-se de conservá-las em seu original árabe; sobreviveram ainda as traduções para o latim de algumas obras de Avicena, realizadas na Escola de Toledo no século XII, as quais exerceram enorme influência no pensamento do Ocidente cristão.

Entre os judeus, a extraordinária realização dos tradutores que, no século XIII, verteram a filosofia greco-árabe para o hebraico (em alguns casos, para o latim também) tem em Samuel ibn Tibbon o marco inicial, quando em 1210 traduziu o primeiro texto aristotélico, os *Meteorológicos*. De Averróis, a primeira tradução para o hebraico data de 1232, a do *Comentário Médio ao Organon* feita por Jacó Anatoli. Depois desse feito inicial, foram realizadas as traduções para o hebraico de quase tudo que havia em árabe da obra de Aristóteles, além de outros escritos científicos e filosóficos. Já no início do século XIV, estava disponível em hebraico um número considerável de obras filosóficas e científicas.

Este projeto teve início em 2010 e foi finalizado em 2015. Aos autores dos ensaios aqui publicados se deve a qualidade ímpar da obra. A eles, agradeço por sua generosa participação. A organização da obra, no entanto, se deve à inestimável ajuda que recebi do Prof. Gad Freudenthal e do Prof. Nachman Falbel, este sempre pronto para solucionar problemas conceituais derivados da difícil tradução de termos hebraicos para nosso vernáculo. Não posso deixar de mencionar e agradecer ao Prof. Jacó Guinsburg, que desde o início acolheu sem reservas a ideia de publicar esta obra na editora Perspectiva.

Durante a editoração do livro, o Prof. Samuel Scolnikov veio a falecer prematuramente; acreditamos, assim como disse Santo Agostinho, que "ele passou para o outro lado do Caminho... e está vivendo no mundo do Criador".

Rosalie Helena de Souza Pereira

A Obra Exegética e Filosófica de Sa'adia Gaon: A Realização de um Líder*

Haggai Ben-Shammai

A atuação de Sa'adia Gaon no campo da exegese e da filosofia pode ser definida como criação ou como realização. Se examinarmos sua atuação no contexto especulativo, abstrato ou no contexto histórico pessoal, isto é, sua biografia e sua atividade espiritual como indivíduo, é criação. A definição de criação como realização acrescenta-lhe significado, ou seja, todo um edifício, planejado premeditadamente e construído não só em interesse próprio, mas sobretudo para um propósito mais amplo e abrangente do que a mera ocupação teórica. O intento poderia situar-se no campo pedagógico ou no campo mais amplo da liderança pública. Uma realização como essa poderia situar-se no âmbito da liderança pública mesmo que o sábio em questão já não se constitua efetivamente um líder, seja por ter se retirado, na prática, da liderança, seja por já ter falecido. À luz dessa distinção, faz todo sentido discutir a atuação especulativa de Sa'adia Gaon como a realização de um líder, a propósito da relação entre sábios e líderes ou entre pessoas notáveis que são, simultaneamente, líderes e sábios.

---

* Tradução de Margarida Goldsztajn do original hebraico. In: *Pe'amim – Studies in Oriental Jewry*. Ben-Zvi Institute for the Study of Jewish Communities of the East, Jerusalem, n. 54, p. 63-81, 1993. Revisão técnica de Nachman Falbel.

Sobre a Criação Exegética e a Filosófica: Uma Visão Geral

Preliminarmente, devo afirmar que a exegese e a filosofia são as duas facetas mais importantes na atividade de Sa'adia Gaon, atividade que pode ser definida como significantemente especulativa, e não há forma de separá-las totalmente, como mais adiante ficará claro. Por essa razão, elas serão aqui analisadas como um todo, embora seja ocasionalmente possível observar em seus comentários uma resposta diferente ou um tipo de reação distinta, voltada para as necessidades do público, o que será abordado na sequência. Não é minha intenção descrever em pormenores todas as composições de Sa'adia Gaon na exegese e na filosofia[1], tampouco discutir esta importante e interessante questão: quais são exatamente os livros bíblicos sobre os quais ele redigiu comentários[2]?

Inicialmente, apresentarei, de forma abreviada, os principais componentes de sua realização exegética e filosófica.

Na área da filosofia, temos uma importante e singular obra, o *Sefer 'Emunot ve-De'ot* (Livro das Crenças e Opiniões), o primeiro, entre esse tipo de textos, a erigir um sistema organizado do pensamento religioso judaico. Para sermos meticulosos, essa composição é judaica não só pelo fato de seu autor ter nascido judeu, à semelhança dos ensaios filosóficos de Isaac Israeli ou de Salomão ibn Gabirol (e pode-se acrescentar a essa relação também David ben Merwan al-Muqammis), mas pelo fato de ele ter desejado que esse livro atendesse justamente a determinadas necessidades de leitores judeus. Retomarei essa questão posteriormente. O pioneirismo não é necessariamente um atributo de qualidade ou de importância, mas constitui decerto um fator que deve ser considerado e que pode influir de modo decisivo no período de formação de movimentos ou sistemas conceituais. Ao *Livro das Crenças e Opiniões* pode-se acrescentar o *Comentário sobre o Livro da Criação*, em que Sa'adia explicitamente intencionava compor uma obra filosófica ou dar uma vestimenta filosófica à revelação do misticismo rabínico que era interpretado em certos círculos judaicos, anteriores a ele, em termos míticos e mágicos[3].

No campo da exegese, o quadro é um pouco mais complexo. Em primeiro lugar, a tradução árabe da Bíblia por Sa'adia pertence indubitavelmente à sua realização exegética, uma vez que não há tradução que não seja interpretação. Ao que parece, Sa'adia Gaon traduziu grande parte da Bíblia. Há quem acredite que ele tenha traduzido a Bíblia na íntegra. As traduções que podem ser atribuídas a Sa'adia, com certeza absoluta ou relativa, são as do Pentateuco (muito difundidas na edição iemenita denominada "Taj"), de Isaías[4], Jó, Provérbios e Salmos (foram publicadas com seus comentários, ver infra), e dos denominados "Cinco Rolos"[*].

É bastante evidente que a versão encontrada nos trechos da *Genizá* [do Cairo], cuja escritura é oriental, reflete uma tradição oriental distinta da preservada nas versões iemenitas e é possivelmente anterior a elas. A versão existente nessas passagens nem sempre é coerente, mas há nelas indícios claros de ser a versão original, ao passo que nos manuscritos iemenitas há evidências explícitas do envolvimento de editores, revisores, copistas e outros. Pode-se alegar que a versão impressa reflete uma edição ulterior, lançada pelo próprio autor. O argumento de que a diferença entre a versão oriental antiga e os manuscritos do Iêmen, que refletem a ação de editores ao longo de gerações, é a prova mais convincente dessa alegação[5].

Comentários pormenorizados de livros inteiros da Bíblia, em que são interpretados todos os escritos em sequência, foram aparentemente compostos por Sa'adia Gaon apenas no que tange a uma parte dos livros bíblicos e, mesmo destes, nem todos chegaram às nossas mãos. Remanesceram fragmentos de seus comentários aos livros do Pentateuco[6], comentários completos sobre o Livro dos Salmos, Provérbios e Jó, bem como grande parte dos comentários sobre Isaías e Daniel[7]. Nas compilações da *Genizá*, há muitos fragmentos que, pelo conteúdo e pela linguagem, aparentam ser de autoria de Sa'adia Gaon, mas é impossível concluir se ele de fato os compôs ou se são de autoria de um de seus discípulos ou seguidores. O mesmo se aplica a alguns trechos publicados como parte de seu *Comentário sobre o Pentateuco*, e assim por diante. Pode-se afirmar que, a partir do momento em que Sa'adia redigiu seus comentários, qualquer que tenha sido o número, e neles estabeleceu determinado padrão, abriu-se espaço para incontáveis textos que, se não quisermos chamá-los de imitações, foram pelo menos compostos ao modo de Sa'adia. Embora haja alguns *ge'onim* da Babilônia posteriores a ele que possuem estilo próprio, dentre os quais se destaca Rav Samuel ben Hofni, esse é um tema para discussão à parte.

No contexto desses comentários, as "Introduções" – *Aqdamot* – ocupam um lugar especial (sua importância já foi enfatizada por Rina Drori[8]). Elas servem de contextualização a Sa'adia Gaon para a explanação de temas gerais por ele considerados importantes justamente em relação a certos livros,

---

[*] Cântico dos Cânticos; Rute; Lamentações; Eclesiastes e Ester. (N. da T.)

bem como para a explanação de sua abordagem exegética. Assim, na introdução ao *Comentário sobre o Pentateuco*, ele trata extensamente da relação entre a *Torá* escrita e a Lei oral e dos princípios exegético-filológicos relevantes; na introdução aos Salmos, aborda o estilo poético bíblico como um dos aspectos mais importantes para a transmissão da mensagem divina e trata igualmente da questão do lugar dos cantos dos *Salmos* na ordem do serviço litúrgico, no Templo e fora dele; na introdução a Jó, Sa'adia Gaon discute extensivamente a questão da justiça divina e aborda as dificuldades estilísticas e linguísticas peculiares a esse livro; na introdução a Isaías, analisa a profecia como instrumento primordial do programa divino de educação[9], e assim por diante. Essas introduções são, portanto, composições filosóficas não menos do que exegéticas.

O Intelectual Judeu na Época dos *Ge'onim* Diante dos Desafios Intelectuais Internos e Externos

Sa'adia configurou sua realização no idioma árabe. Ele via na tradução, ou seja, na fundição da mensagem profética em um instrumento diferente, o idioma árabe, parte inseparável da exegese, carne de sua carne[10]. Pode-se, portanto, afirmar que está claro para ele que o público leitor, em sua totalidade ou maioria, estava a tal ponto ligado à cultura árabe que apenas uma realização completamente configurada nesse idioma serviria de meio adequado para uma discussão frutífera com esse público. Além disso, a linguagem por ele utilizada na tradução e na exegese é relativamente "elevada", semelhante à dos textos árabes de exegese e de filosofia escritos por cristãos ou muçulmanos.

A fim de avaliar a importância da realização exegético-filosófica de Sa'adia Gaon, ela deve ser examinada com relação a duas questões:

1) A que necessidades essa realização veio atender e por quê?

2) Qual era o rol literário à disposição dos que dela necessitavam para compor textos desse tipo até Sa'adia?

No que se refere à primeira questão, o público leitor judaico rabanita, isto é, o público leitor que se identificava com a liderança rabanita na Babilônia e na Terra de Israel, foi exposto no século IX ou mesmo já no século VIII a desafios e influências de várias direções. É preciso considerar que era um público cuja maioria tinha acesso direto às fontes árabes não judaicas. Os desafios encontravam-se, portanto, no interior do círculo judaico – sobretudo na literatura exegética caraíta – e também fora do círculo judaico, a saber, na literatura filosófica composta por muçulmanos, cristãos e outros, toda ela em árabe. Um desafio adicional pode ser situado no limite entre o círculo judaico e o círculo não judaico, junto aos céticos ou aos hereges (que a seguir serão discutidos).

Não é inconcebível que os caraítas realmente tenham sido os fundadores de uma literatura exegética bíblica sistemática e, por conseguinte, esse era um desafio que exigia uma resposta[11]. Os caraítas, entretanto, não foram necessariamente os únicos. Jacob Qirqisāni, caraíta contemporâneo de Sa'adia, menciona uma interpretação do Pentateuco de autoria de David ben Merwan al-Muqammis, certamente composta em árabe[12]. Deve-se ainda assinalar que não há testemunhos sobre interpretações caraítas em árabe compostas antes de Sa'adia Gaon.

Em seus escritos, Sa'adia menciona muitas opiniões por ele consideradas heréticas, às quais aderiram os que se consideravam judeus; essa questão também envolve mais de uma vez a exegese bíblica. Esse assunto será discutido posteriormente, porém deve-se afirmar desde já que grande parte dos discursos polêmicos de Sa'adia em suas composições filosóficas e exegéticas, contra ideias que aparentemente se desviavam consideravelmente do que pode ser denominado "abordagens judaicas", é direcionada, na realidade, contra judeus. Às vezes, Sa'adia afirma isso claramente, como em seus discursos contra a crença na reencarnação ou contra a noção de eternidade dos quatro elementos[13]; outras vezes, ele conecta essas opiniões a versículos bíblicos, e tal associação atesta que essas noções provavelmente estavam difundidas entre os judeus[14]. É importante lembrar que, em geral, as assertivas polêmicas de Sa'adia são dirigidas contra oponentes reais, seus contemporâneos, e não contra adversários imaginários ou personagens literárias[15]. Os filósofos que escreviam em árabe, ainda que houvesse entre eles judeus, impuseram, pois, um desafio para os que haviam sido educados a crer na religião da Bíblia conforme seu significado literal ou conforme sua apreensão tradicional clássica na literatura *midráshica*. Sa'adia Gaon enumera quatro fundamentos de crença em seu *Comentário ao Êxodo* 14:31, e quem deles se desviar é, de qualquer modo, considerado herege: a crença na divindade; a crença na profecia; a crença nos ditos dos profetas conforme transmitidos em seu nome [na corrente cabalística]; e a crença no mundo vindouro[16]. O desafio dos sistemas filosóficos que não concordavam precisamente com os fundamentos da crença conforme Sa'adia os definira era, pois, duplo: por um lado, de princípio filosófico e, por outro, individual, na interpretação de muitos escritos. Assim, como já mencionado, criou-se a relação entre a perspectiva filosófica e a perspectiva exegética na obra de Sa'adia Gaon.

As contestações céticas, como que filosóficas, sobre a Bíblia, do tipo das objeções de Hiwi al-Balkhi, aparentemente compostas em hebraico e também em árabe, constituíam um desafio não menos crítico. No *responsum* atribuído a Natronai Gaon (meados do século IX) [17], ele distingue dois grupos de "hereges": os que desprezam a Lei oral e os que também desprezam a Lei escrita e não cumprem os preceitos bíblicos. Os primeiros podem ser definidos como escrituralistas, isto é, os que, em princípio, rejeitam toda a tradição. São, ao que tudo indica, os primeiros caraítas, de meados do século IX. Os segundos são os hereges como Hiwi. Natronai Gaon foi indagado se era permitido casar-se com eles, e disso depreende-se que eles não queriam deixar de fazer parte do povo judeu, pelo menos do ponto de vista cultural (ver infra próximo da nota 27); e, nesse caso, também esse desafio existia no interior do círculo judaico. A resposta mais simples e direta ao desafio cético no círculo judaico foi a reação pontual. Se Hiwi al-Balkhi compôs duzentas objeções acerca da Bíblia, a reação imediata era combater seus argumentos por meio de duzentas *responsa*. Contudo, assim como as indagações de Hiwi representavam de modo individual um estado de espírito, um sistema de reflexão, havia necessidade de uma reação que também construísse um sistema de reflexão.

Como já mencionado, a maior parte da literatura que impunha tais desafios era escrita em árabe. Certamente, a partir do século IX, os intelectuais judeus cada vez mais se viam imersos na cultura árabe ao seu redor. Isso pode ser observado, *inter alia*, pelos resquícios de traduções bíblicas pré-saadianas e de outros materiais publicados por Joshua Blau e por Samuel Hopkins [18].

A similaridade entre todos esses desafios é o fato de estarem, em grande parte, focalizados na Bíblia. Ao que já foi mencionado se deve acrescentar: muitas noções filosóficas rejeitadas por Sa'adia e às quais ele se opõe em seus comentários e textos filosóficos se baseiam nos versículos bíblicos e são explicitamente atribuídas aos judeus ("homens de nossa nação" – ver notas 13 e 14). É difícil saber se essas pessoas escreveram comentários ou livros ou se Sa'adia teria tomado conhecimento de suas opiniões por meio de conversas diretas ou de boatos. De todo modo, sistemas filosóficos em que houve uma tentativa de conciliar o legado filosófico clássico e as Sagradas Escrituras se tornaram acessíveis aos leitores do árabe a partir do momento em que os textos filosóficos da Antiguidade e os escritos filosóficos cristãos (tais como os de João Filopono) foram vertidos para o árabe.

Ainda que todas as realizações e partes da obra de Sa'adia Gaon estejam vinculadas entre si, não há dúvida de que existe uma relação especial entre suas composições filosóficas sistemáticas – *O Livro das Crenças e Opiniões* e o *Comentário sobre o Livro da Criação* – e sua realização exegética. São duas partes de uma única realização que se nutrem e se influenciam mutuamente. Elas constituem a reação – complexa e multifacetada – aos desafios centrais com os quais Sa'adia deparou. As argumentações "históricas", ou as atuais, acerca de suas composições expressam não só o sentimento de missão como também a necessidade objetiva. Essas argumentações não são apenas convenções literárias, mas muitas vezes descrições aparentemente fidedignas dos estados de espírito do público, com respeito até a determinadas questões. Seu discurso, na introdução ao *Livro das Crenças e Opiniões*, reflete bem o desafio do ceticismo ou, pelo menos, o desafio da erudição e da filosofia religiosa cristã, e a necessidade de construir um sistema organizado e consolidado que pudesse confrontar tais enfoques. Em suas palavras:

> O que me levou a esse exórdio [19] foi o fato de ter visto a condição de muitas pessoas no que tange às suas crenças e opiniões: entre elas há quem tenha alcançado a verdade, reconhece-a e se contenta; e há quem tenha alcançado a verdade, mas tem incertezas, não está persuadido e a ela não se apega; e há quem tenha se convencido com a mentira, por presumir que ela seja a verdade, e se apega ao vão e abandona o reto; e há quem, por certo tempo, tenha se conduzido conforme um sistema qualquer e o rejeitou por causa de uma falha encontrada, passando pois para outro sistema por determinado tempo [...] e vacila todos os dias de sua vida [20].

Encontramos uma linguagem semelhante ("O que me levou [...]") na abertura da argumentação em mais algumas introduções de exegeses bíblicas, porém ali Sa'adia se refere a determinada questão que fazia parte da agenda pública, pelo menos do público intelectual, e que pode ser relacionada, ou que está claramente relacionada, ao livro interpretado. Em sua introdução aos Salmos, ele justifica a composição do comentário pela necessidade de impedir a difusão de uma falsa opinião no que concerne à profecia de David, autor dos Salmos, e também pela relação entre a oração obrigatória e os cantos [21]. Em sua introdução a Isaías, a questão é um tanto mais complexa:

> O que me levou a determinar [justamente] essa questão, entre todas as questões importantes, como introdução para este livro foi o fato de ter

> encontrado numerosas pessoas que indagam umas às outras a respeito do pedido de *tiqqun* e que dizem: "Se um homem sábio costuma trazer o *tiqqun* por meio de golpes, confinamento, humilhação, submissão e outros sofrimentos e privações [que pode causar] ao seu alcance, por que a maior parte dos pedidos de *tiqqun* de seres humanos, pelo mais sábio dos sábios, se dá por meio de promessa e ameaça, e não pela educação através da violência?". Eles [ainda] dizem: "Vemos que a força da educação pela violência é maior do que a força da educação pela promessa, pois a primeira realmente existe e toca o corpo e a segunda não se encontra, distante [que está do corpo]. E, se isso de fato acontece, [o primeiro] é mais direcionado e submete aquele cujo *tiqqun* é solicitado". Portanto, é melhor que eu determine por escrito, nessa questão, o que invalida essa ideia[22].

A questão especulativa, que a explanação acima mostra ser controversa, não é apenas aquela acerca da validade relevante e lógica da Bíblia, mas é também a da expectativa da concretização das visões de redenção dos Profetas de Israel e da pressuposição (equivocada, segundo Sa'adia) de que tais visões vão se concretizar (ou já se concretizaram) no contexto da História, em geral, e no espaço de tempo histórico entre a destruição de Jerusalém e do Templo e a época de Sa'adia Gaon em particular.

É possível acrescentar e mencionar, resumidamente, que argumentações ou justificativas similares, ou seja, declarações de que determinado texto tenha sido escrito em consequência de uma polêmica pública no tocante a uma questão fundamental ou teórica também figuram na introdução ao *Comentário sobre Jó* e na introdução à sétima seção do *Livro das Crenças e Opiniões* (de forma mais acentuada na edição do MS Leningrado, que se reflete na tradução hebraica de Ibn Tibbon). Definições mais gerais das necessidades do público em certas áreas científicas podem ser encontradas nas introduções a outras composições[23].

Os estados de espírito descritos nessas e em outras passagens atestam que parte considerável dos intelectuais judeus ("o público leitor") estava muito envolvida na cultura árabe dominante, particularmente com seus textos filosóficos, sem que sua cultura judaica original, envolta pela literatura rabanita, pudesse propiciar respostas para questões aflitivas e alimentar a aspiração ao esclarecimento. A fim de solucionar esse problema, era necessário um sistema abrangente ou discussões fundamentais, composições filosóficas gerais ou as introduções aos livros bíblicos que englobam toda uma área, e não obrigatoriamente *responsa* diretas a certas perguntas. As fontes tradicionais, a própria Bíblia e a literatura rabanita ficaram distantes e incompreensíveis, sobretudo no aspecto de sua linguagem[24], mas também no de seu conteúdo. Para mudar essa situação e aproximar o intelectual judeu das fontes, havia necessidade de comentários sistemáticos. Mesmo as interpretações de Al-Kumisi, que demonstravam certo conhecimento das teorias filosóficas contemporâneas, não podiam satisfazer – eram escritas em hebraico, e seu tratamento das questões que ocupavam e estimulavam o público intelectual era superficial[25]. Os chefes das *yeshivot*, que se consideravam responsáveis pelos assuntos espirituais dos membros das comunidades, reduziram seu interesse ao estudo da *Halaḵá* e suas decisões normativas e se ocupavam largamente com a fundamentação da autoridade *haláḵica* e comunitária das *yeshivot* (como se depreende, por exemplo, dos fragmentos dos escritos de Pirkoi ben Baboi ou do fato de que apenas nas *responsa* relativamente ulteriores dos *ge'onim* se encontram afirmações referentes à exegese e à filosofia). Ao que parece, os *ge'onim* anteriores à época de Sa'adia estavam distantes da cultura árabe dominante, quer do ponto de vista da linguagem, quer do ponto de vista do conteúdo. Os sábios ananitas, que, no século IX, aparentemente escreviam muito em árabe, consagraram seus esforços aos *pilpulim haláḵicos*, que não podiam arrancar os céticos das águas profundas de suas vacilações, se nos é permitido emprestar uma alegoria de Sa'adia. A contribuição de sábios como David ben Merwan al-Muqammis, "o primeiro filósofo judeu"[26], não foi extremamente "judaica", no sentido de pretender fornecer principalmente uma base teórica muito geral a uma religião de Revelação.

Parece-me suficiente o que já foi dito para responder à questão das necessidades e também para demonstrar que não havia na realidade o que ou quem atendesse a tais necessidades. Seria agora oportuno retomar o que foi dito sobre os céticos e os hereges, que é o ponto mais importante no que diz respeito a amplos segmentos da sociedade judaica na época em discussão: intelectuais judeus, por mais distantes que estivessem de sua cultura e das fontes dela, permaneceram, do ponto de vista social, dentro de suas comunidades. A única forma de que dispunham para modificar essa situação era a conversão à religião dominante, mas nem todos estavam dispostos a dar esse passo[27]. Aqueles que não o fizeram tinham o direito de esperar que a liderança socioespiritual atendesse às suas necessidades, e líderes que visavam ao bem de membros isolados da comunidade e da comunidade em si como organismo puderam obter por seus atos um lugar na história.

Exegese e Filosofia – Duas Reações Complementares aos Desafios

Sa'adia Gaon encontrou aí uma esfera de ação ampla e atuou em dois planos, ou dois níveis: o nível exegético, que interpreta especialmente os livros bíblicos, de forma ordenada, satisfazendo a necessidade de resposta imediata às questões suscitadas na prática pelas próprias Escrituras ou por inspiração dos céticos; e o nível sistemático, que responde antecipadamente a tais questões, em termos que se referem a uma estrutura conceitual completa. A realização exegética e filosófica de Sa'adia constitui uma primeira tentativa de fazer uma ponte, de criar uma conexão, entre os dois níveis, a cultura judaica – cujo eixo principal são a Bíblia e a superestrutura na qual se assenta a tradição rabanita – e a cultura árabe contemporânea. Sa'adia traduziu a Bíblia e teceu seus comentários fazendo amplo uso de uma rica terminologia árabe das áreas da linguística, da exegese e da filosofia religiosa[28]. A coroação de seu empreendimento exegético é a obra filosófica *O Livro das Crenças e Opiniões*. Tudo o que Sa'adia fez foi se dirigir a um público para o qual a terminologia profissional e a argumentação filosófica não eram estranhas. Ele dialogou com esse público em uma linguagem conhecida e sobre conteúdos conhecidos. Fez uso de termos técnicos filosóficos sem explicá-los sequer uma vez e sem que o leitor intelectual judeu tivesse um texto árabe-judaico em que pudesse encontrar as explicações exigidas. Não cabe aqui enumerar todas as passagens e todos os termos com relação aos quais Sa'adia se conduz dessa forma. É suficiente mencionar alguns exemplos de destaque: os conceitos de substância e de acidente; as dez categorias – analisadas em detalhe em sua obra filosófica – relacionadas aos atributos divinos; os conceitos de matéria e de elementos[29], e outros. A partir desse momento, direi que Sa'adia se baseava no conhecimento prévio de seus leitores ou sabia que os intelectuais entre eles poderiam contar com a ajuda das fontes árabes gerais, não necessariamente judaicas. Não era seu propósito ensinar noções filosóficas aos ingênuos e inexperientes, que poderiam afastá-los do bom caminho e corromper a inocência de suas crenças. Ele polemiza a respeito de opiniões conhecidas por seus leitores ou que estavam a seu alcance, com as quais, por conseguinte, poderiam deparar algum dia.

A adaptação dos intelectuais judeus à cultura árabe, na época de Sa'adia Gaon, já havia amadurecido. Eles atuavam em diversos círculos sociais ou em várias áreas de ação, ou ainda em centros secundários, sem que a liderança social e espiritual, tanto na Babilônia quanto, ao que tudo indica, na Terra de Israel, estivesse envolvida nessa atividade. A polêmica no tocante à permissibilidade dessa ocupação pode atestar a respeito da propagação dessa ocupação especulativa na filosofia e na exegese. Por duas vezes Sa'adia rejeitou proibições lançadas sobre tais ocupações, com fundamentação na Mishná, tratado Ḥagigá b:a (essa era a postura dos *posqê Halaḵá**), com receio de que elas pudessem induzir à heresia: a primeira vez, em um contexto geral, na introdução à sua obra filosófica *O Livro das Crenças e Opiniões*, e a segunda vez, no contexto da disputa a respeito das várias teorias da criação, na introdução ao *Comentário sobre o Livro da Criação*[30]. Da descrição de Sa'adia Gaon depreende-se que, até seu surgimento, a postura dos chefes das *yeshivot* era essencialmente a proibição do estudo racional de questões relacionadas à crença. Essa polêmica já havia ultrapassado, nos dias de Sa'adia, a linha divisória entre caraítas e rabanitas, conforme demonstram as discussões a respeito encontradas nas fontes caraítas sucessivamente a partir da época de Daniel al-Kumisi[31]. Com base nessas polêmicas, é evidente que tanto Sa'adia quanto os *posqim* e os exegetas caraítas adeptos do estudo racional não evidenciavam uma postura radical, mas moderada, e que havia adeptos muito mais entusiastas e radicais que se ocupavam das ciências e tinham, pois, necessidade de livros forâneos nessa área.

A realização exegético-filosófica de Sa'adia Gaon foi, indubitavelmente, uma reação apropriada a essa situação, por parte de um indivíduo que ocupava uma posição muito importante no *establishment* judaico na Babilônia. Sua importância não se deve apenas à sua reação, mas também ao fato de ele ter servido, por seus atos, de modelo de imitação para as posteriores gerações de líderes das comunidades de Israel ao lhes dizer que, como líderes, seu interesse e preocupação deveriam ser o envolvimento em todas as áreas de atividade espiritual dos membros das comunidades. Isso diz respeito igualmente à discussão geral acerca da relação entre sábios e líderes. Havia traduções da Bíblia para o idioma árabe anteriores a Sa'adia (ver nota 18), porém não sabemos quem foram os tradutores. Se tivessem sido pessoas do primeiro escalão da liderança espiritual na Babilônia, isso provavelmente teria chegado ao nosso conhecimento. Uma vez que não sabemos, podemos apenas pressupor que eram intelectuais, talvez em localidades provincianas, próximos dos que necessitavam da tradução e que conheciam suficientemente o hebraico e o aramaico. Sa'adia utilizou seus trabalhos, enriqueceu-os muito cunhando neles sua enorme erudição e conferindo-lhes caráter de coesão, uniformidade e autoridade de liderança.

---

* *Posqim* é o termo, na lei judaica, para "decididores", eruditos que têm autoridade para proferir sentenças em casos legais em que as autoridades anteriores são inconclusivas ou em situações em que não há precedentes *haláḵicos*. (N. da T.)

O Estilo e a Doutrina de um Líder

Ao que parece, o estilo de Sa'adia Gaon, em toda a sua realização exegético-filosófica, tem a ver com liderança. Ele é categórico e resoluto. Não é sua intenção ampliar a erudição do leitor como um objetivo por si só, tampouco exibir sua própria sabedoria e erudição. Por conseguinte, não menciona os nomes dos filósofos cujas ideias são por ele citadas, sendo até bastante evidente que poderia tê-las conhecido a partir das fontes que tinha à sua disposição[32] (doxografias sobre a teoria da criação, a teoria da alma e outras). Esse tópico está no centro de sua realização, e, de acordo com a importância da questão, ele decide e estabelece seu sistema como sendo a última palavra, como uma decisão depois da qual não há lugar para negociações. A partir desse momento, todos os fundamentos que Sa'adia adotou para sua doutrina, segundo seu arbítrio e deliberação exclusiva, de sistemas filosóficos dos sábios das nações se tornaram sangue do sangue da filosofia judaica e da exegese judaica rabanita. Assim, por exemplo, o sistema das categorias de Aristóteles (ver nota 29) pôde ser inserido na filosofia judaica religiosa a partir de Sa'adia Gaon. É óbvio que os especialistas, isto é, os bem versados em filosofia, tanto nos dias de Sa'adia quanto posteriormente, puderam identificar, sem nenhuma dificuldade, a origem do sistema.

Como era hábito de Sa'adia ao citar as opiniões dos sábios das nações, ele se conduzia do mesmo modo no que concerne às citações de fontes judaicas externas à Bíblia, tais como traduções bíblicas para o aramaico, Mishná, Midrash e Talmud: todas elas são citadas, de modo geral, meramente em nome de "os sábios", "os ancestrais" ou mesmo sem nenhuma menção à fonte. A antiguidade das palavras é que lhes confere autoridade e validade. O *status* das fontes dos sábios judeus nos comentários de Sa'adia, de certa forma, já foi discutido em pesquisas[33], e, mesmo que se diga que Sa'adia se tenha desviado aqui e ali, por questões de polêmica ou outras, das opiniões dos sábios talmúdicos, ele permanece o destacado líder da literatura rabanita, uma vez que os sábios já apontavam para as fontes rabanitas que ele introduzira em suas obras. Os poucos exemplos que apresentarei devem certamente esclarecer o modo como Sa'adia geralmente integrava esses materiais em suas composições. Da mesma forma como pôs nos lábios dos profetas as doutrinas dos filósofos não judeus sem mencioná-los, pôs em suas bocas opiniões e distinções exegéticas dos sábios talmudistas e também dos tradutores da Bíblia para o aramaico por gerações, por ele certamente identificados com a tradição rabanita. Como mencionado, Sa'adia no máximo alude a algumas dessas fontes, às vezes em expressões gerais, "os sábios" ou "os ancestrais", não a fim de indicá-las com precisão, mas para conferir autoridade às palavras, a fim de integrá-las e de uni-las nas camadas da estrutura conceitual por ele construída, até que o ponto de junção não seja mais discernido. Sa'adia imprimiu, em sua tradução do Livro dos Salmos a:b (e vagamente em seus comentários), a distinção originária da versão aramaica entre "a Torá de Deus", no sentido de preceitos, e "a sua Torá", no sentido do livro estudado dia e noite[34]. Depreende-se que a ideia oculta nessa distinção é que o devoto descrito no versículo sobressaia tanto no cumprimento dos preceitos bíblicos quanto no estudo diuturno da Torá. Em seu comentário sobre o Canto de Débora (Juízes 5:31), em nome de "um dos primeiros, dos ancestrais", Sa'adia interpreta o versículo "[...] como o Sol quando se levanta na sua força" como uma luz 343 vezes mais forte que a luz do Sol[35]. A fonte desse cálculo, aceita por Sa'adia, é, como dissemos, a versão aramaica (*Targum Yonatan*), não o versículo Juízes 5:31, mas Isaías 30:26; talvez Sa'adia quisesse fornecer uma base tradicional à noção que posteriormente integrará, com o auxílio desse mesmo versículo, à sua doutrina a respeito do destino dos justos no mundo vindouro[36]. Em sua introdução aos Salmos, Sa'adia expõe de forma vaga, e em árabe, a famosa ideia expressa no dito "Não há dois profetas que profetizem no mesmo estilo"[37]. Em sua explicação sobre a sensação da alma concernente à situação do corpo na sepultura, Sa'adia Gaon traz como referência, ou comprovação, o dito de "nossos ancestrais": "Os vermes são tão dolorosos para os mortos quanto as agulhas na carne dos vivos", explicando dessa forma a ideia de "julgamento da sepultura* e os golpes da sepultura"[38].

Ao que parece, Sa'adia procura outorgar autoridade filosófica ou explanação filosófica a conceitos que eram difíceis para o intelectual judeu falante do árabe, que ouvira vagamente dos muçulmanos conceitos similares (*adab al-kabīr*) e que, por meio dessa explicação, esse mesmo intelectual poderia orgulhar-se da tradição "científica" de seus antepassados. Por conseguinte, é possível que haja aí uma tentativa de apologética delicada e extremamente sofisticada.

O estilo comum nas citações, seja das fontes filosóficas, seja da literatura rabanita, destina-se a dar ao leitor uma doutrina ordenada e definitiva que não só não está aberta à crítica ou à discussão como também não há nela

---

* A punição depois da morte; os golpes desferidos no corpo do ser humano na sepultura pelos espíritos do mal. (N. da T.)

material que seduza o leitor intelectual a fazê-lo. O intelectual mediano, que não é proficiente nas fontes, poderia receber tudo o que lhe era necessário, como um pacote fechado, preparado por quem tinha competência para tal, e com todas as expressões de modéstia e a apreensão pelos erros[39]; não há, pois, outro ato de liderança mais significativo do que esse. Tal estilo categórico, o estilo de um líder, serviu de modelo particularmente para os *ge'onim* próximos no tempo a Sa'adia Gaon: Aharon ibn Sargado e Shmuel ben Ḥofni. Ele não serviu de paradigma para autores posteriores, tais como os sefarditas, entre os quais Maimônides. Do mesmo modo, caraítas orientais importantes como seu contemporâneo Qirqisānī, e Yosef al-Basir e Yeshua ben Yehudá, no século XI, não foram seus seguidores.

Reciprocidade Entre Filosofia e Exegese

Como já observado, as obras filosóficas de Sa'adia Gaon e sua extensa exegese constituem duas partes de uma única realização que se nutrem mutuamente e se complementam. Gostaria de discutir um ponto adicional a esse respeito. Em suas obras filosóficas, ele expõe muitas passagens bíblicas que parecem evidências, porém elas não são citadas apenas no intuito de simplificar e esclarecer. Sua função é dupla. Por um lado, é óbvio que no sistema de Sa'adia, no que concerne às fontes do conhecimento, como ele as especifica na introdução ao *Livro das Crenças e Opiniões*[40], as Sagradas Escrituras e o estudo racional ratificam um o outro; o discurso profético é uma autenticação imediata (cuja validade se baseia no reconhecimento da sensação de maravilha que o acompanha) dos fundamentos da crença, cuja base teórica exige uma pesquisa detalhada. Por outro lado, a menção dos escritos bíblicos em determinado contexto acaba por forjar neles um conteúdo novo, iluminando-os à luz do sistema especulativo. A mensagem filosófica, com sua terminologia técnica profissional, é posta nos lábios dos profetas às vezes de forma diferente daquela como as coisas são formuladas nos comentários aos versículos em seu contexto original. Assim, o discurso original dos profetas transforma-se em uma vestimenta exterior para os conteúdos que Sa'adia descobre nele. Por meio da generalização, Sa'adia adota um método antigo dos sábios de Israel, que, pela homilética, incutiram nos escritos bíblicos os assuntos que existiam nos grandes mistérios de seu universo. Sa'adia Gaon foi o primeiro a demonstrar como é possível fazer uso, por meio de um sistema, desse instrumento comprovado para a homilia filosófica.

Múltiplos exemplos desse sistema podem ser encontrados nas composições de Sa'adia Gaon, porém vou me contentar em apresentar um único exemplo abrangente. Na primeira seção de sua obra filosófica, Sa'adia apresenta sua teoria da criação, que se baseia em três princípios: 1) o universo é "renovado", isto é, deve ter tido uma origem no tempo; 2) o universo possui um Criador e não foi criado por si só; 3) o Criador do universo o criou *ex nihilo*. A fim de demonstrar o primeiro princípio, Sa'adia enumera quatro provas. Esse tema é bastante conhecido e não há, pois, necessidade de entrar aqui em maiores detalhes[41]. Por conseguinte, apresentarei apenas uma explanação acerca do vínculo entre as provas filosóficas e as referências das Escrituras. Como de hábito, Sa'adia termina a explicação de cada prova com citações bíblicas que a certificam. A primeira prova é a "da finitude", isto é, a do fato de que todas as coisas são finitas, limitadas no espaço. As citações apresentadas são: "De uma extremidade da terra à outra" (Deuteronômio 13:8); "De uma ponta do céu até a outra" (Deuteronômio 4:32)[42]; "O sol se levanta, o sol se deita, apressando-se a voltar ao seu lugar de onde se levanta" (Eclesiastes 1:5). Essas citações bíblicas têm o intuito de ensinar que os corpos da terra e do céu são finitos, bem como o corpo esférico que circunda a terra e no qual o Sol se move. É óbvio que, nas duas primeiras citações, o termo "extremidade" serve de chave para a homilia filosófica, à qual é associada a expressão "seu lugar", da terceira citação. A segunda prova é a "da união das partes e da composição dos elementos"[43], ou seja, a de que todos os corpos, grandes e pequenos, são compostos de uma pluralidade de partes. As citações bíblicas apresentadas por Sa'adia: "Tuas mãos me fizeram e firmaram" (Salmos 119:73); "Quem modelou a terra e a fez, Ele a estabeleceu" (Isaías 45:18); "Quando vejo o céu, obra dos Teus dedos, a Lua e as estrelas que fixaste" (Salmos 8:4). É evidente que o verbo *konen** constitui aí o eixo da homilia filosófica e é apreendido como indicativo de composição (em árabe, *tarkīb*)[44]. A terceira prova é a "dos acidentes"[45], isto é, a de que todos os corpos possuem atributos passageiros, que podem ser percebidos pelos sentidos como sendo limitados temporalmente, e, por essa razão, os próprios corpos também têm existência finita. É apresentada uma única citação bíblica: "Ora, fui eu que fiz a terra e criei o homem sobre ela. Foram as minhas mãos que estenderam os céus, eu é que dei ordens a todo

* A Bíblia de Jerusalém traduz nas passagens citadas por "firmaram", "estabeleceu" e "fixaste" respectivamente. (N. da T.)

o seu exército" (Isaías 45:12). A pertinência desse versículo à questão discutida é, segundo a opinião (bastante ousada) de Sa'adia, que a relação entre os seres humanos e, na verdade, entre todos os animais e a terra é como a relação entre os acidentes e o corpo[46]. De acordo com essa homilia filosófica, a expressão "seu exército", no versículo aludido, não indica os corpos celestiais propriamente ditos, mas sua luz; e a relação entre essa luz e o céu também é (justificadamente, segundo Sa'adia) como a relação entre o acidente e o corpo. Sa'adia Gaon sobrecarrega sobre o único versículo de Isaías supracitado toda essa carga filosófica. A quarta prova é a "finitude do tempo" e se baseia no princípio de que, se não aceitarmos que a linha do tempo ou qualquer segmento de tempo é finito em sua duração ou, em termos positivos, se pressupusermos que o tempo é infinito, nenhum movimento no tempo seria viável e não poderíamos nos situar no ponto temporal em que nos encontramos[47]. Sa'adia expõe duas citações bíblicas: "Todos os homens as contemplam, admiram-nas de longe os mortais" (Jó 36:25); "Trarei de longe meu conhecimento para justificar meu Criador" (Jó 36:3). Segundo a homilia filosófica, em ambas as citações, os pontos de início e fim, no que concerne ao tempo, são sugeridos pelo termo "longe"[48], conceito esse que possui significado apenas na linha do tempo delimitada entre o início e o fim.

Em síntese, todo aquele que ler as evidências de Sa'adia juntamente com as citações poderá obter uma trama de conceitos filosóficos que são, apenas eles e não outros, a única interpretação verdadeira das palavras proféticas; elas deveriam referir-se exatamente aos conceitos por meio dos quais Sa'adia Gaon as interpreta.

Conclusão: O Filósofo e Exegeta Sa'adia Gaon, um Líder Para Gerações

As relações recíprocas entre as seções exegética e filosófica na realização de Sa'adia Gaon têm importância também sob outro aspecto, o do desenvolvimento de sua doutrina ao longo de gerações. Seus comentários eram conhecidos apenas pelos leitores do árabe e não foram traduzidos para o hebraico. Judeus que não liam árabe poderiam ter acesso a eles unicamente por intermédio de comentadores (ou outros autores, como gramáticos, lexicógrafos etc.), que o citavam conforme sua própria escolha e decisão. Nesse aspecto, Abraão ibn Ezra é especialmente importante. Contudo, os comentários de Sa'adia, pelo menos em parte, podiam chegar ao conhecimento dos que só liam hebraico por meio de traduções completas de suas obras filosóficas: *O Livro das Crenças e Opiniões* e o *Comentário sobre o Livro da Criação*. Desse modo, as interpretações de muitas passagens bíblicas, inseridas nessas obras, alcançaram os que não liam árabe. Não se trata, porém, de comentários sobre passagens bíblicas isoladas. Às vezes, são comentários filosóficos por excelência, incompatíveis com as interpretações simplistas preferidas por Sa'adia em suas traduções ou comentários em sequência, como supramencionado. Mesmo os princípios exegéticos de Sa'adia podiam ser conhecidos a partir de seus escritos filosóficos. Assim, sua realização exegético-filosófica, ao menos parcialmente, tornou-se o legado de todo o povo judeu por gerações; sua doutrina especulativa, parte inseparável da filosofia judaica, não era apenas um exercício teórico por si só, mas uma chave abalizada cuja autoridade derivava da personalidade do autor para a decifração do código bíblico em sua totalidade. Mesmo quem não concordasse com ele necessitava de sua doutrina.

Essa realização de Sa'adia Gaon talvez seja a faceta mais importante de sua atuação como líder, pois foi ela que perdurou por gerações, se bem que esse fato não ateste necessariamente ter sido ela aceita por todos. Algumas dezenas de anos depois de Sa'adia Gaon ter completado sua realização, o juiz da corte religiosa local de Mossul, não muito distante de Bagdá, local de residência de Sa'adia Gaon, participou de um círculo intelectual na sinagoga em que porções bíblicas seletas eram interpretadas de acordo com o sistema neoplatônico, certamente considerado por Sa'adia uma ameaça à crença[49]. Ainda que esse mesmo juiz não tivesse aceitado a doutrina especulativa de Sa'adia, certamente aceitou sua abordagem pedagógica e participou como líder do público em um círculo cujos membros liam compenetradamente a Bíblia com base na concepção filosófico-científica por eles adotada. No entanto, esse é tema para outra pesquisa.

Notas

1. Para bibliografias abrangentes, se bem que obsoletas, sobre Sa'adia Gaon, ver: MALTER, H. *Saadia Gaon*: His Life and Works. Philadelphia, 1921, p. 305-419. (Essa bibliografia foi traduzida para o hebraico. Ver: R. SA'ADIA GAON. *Qoveṣ Torani-Mada'i* [Rav Sa'adia Gaon: Antologia Religioso-Científica]. Ed. de Y. L. Hacoen Fishman. Jerusalem,

5703, p. 571-643; WERFEL, Y. "Milu'im le-Bibliográfia" betok̲ Rav Sa'adia Gaon: *Qoveṣ Torani-Mada'í* ["Suplementos para Bibliografia" em Rav Sa'adia Gaon: Antologia Religioso-Científica]. Jerusalem, 5710, p. 644-657. Uma bibliografia atualizada sobre Sa'adia Gaon é uma necessidade premente na pesquisa acerca de sua obra; ver a nota seguinte. De todo modo, é impossível deixar de mencionar a grande contribuição ao levantamento da obra de Sa'adia feito pelo Rabino Yosef Kapach (que publicou edições traduzidas do *Livro das Crenças e Opiniões*; e os comentários de Sa'adia Gaon sobre o Livro da Criação; Salmos; Provérbios; Jó; e Daniel. Ver ZUCKER, M. *'Al targum R. Sa'adia Gaon la-Torá* [Sobre a tradução de R. Sa'adia Gaon da Torá]. New York, 5719.

2. Essa questão tem sido amplamente discutida recentemente: SHLOSSBERG, E. Tefisot ve-Shiṭot bi-Ferushê *Sefer Daniel* me-'et Rav Sa'adia Gaon u-Meḥabrim Qara'im [Conceitos e Métodos nos Comentários do R. Sa'adia Gaon e de Autores Caraítas sobre o *Livro de Daniel*. Tese (Doutoramento) em Filosofia, Universidade Bar-Ilan, 5749 [1998], p. 1-64, cap. I. Parece-me que sua conclusão amplia em excesso os comentários bíblicos compostos por Sa'adia, o que ainda deve ser pesquisado. Para uma sinopse atualizada de suas discussões, ver SCHLOSSBERG, E. Ha-Megamot ha-Ḥevratiyot shel Ḥiburê Rav Sa'adia Gaon [Os Propósitos Sociais das Composições do R. Sa'adia Gaon]. *Asufot*, Anuário das Ciências do Judaísmo, Instituto Yad Harav Nisim, v. VI, p. 71-85, 5753.
3. Tentei comprovar isso em meu artigo: BEN-SHAMMAI, H. Saadya's Goal in His *Commentary on Sefer Yetzirah*. In: LINK-SALINGER, R. (Org.). *A Straight Path*: Essays in Honor of Arthur Hyman. Washington, DC: The Catholic University of America Press, 1988, p. 1-9.
4. A tradução do Pentateuco foi publicada também por DERENBOURG, J. et al. *Oeuvres complètes de Saadia ben Iosef al-Fayyoumi*. v. I-IX. Paris, 1893-1899. v. I. É extremamente importante a pesquisa de Zucker sobre o valor exegético dessa tradução e de seu pano de fundo histórico. A respeito da tradução de Isaías, ver DERENBOURG, 1893-1899, op. cit., v. III; ver infra notas 6 e 7.
5. Não é aqui o lugar de estender-me nessa discussão; tratarei dela, se Deus quiser, no prefácio de minha edição sobre *Perush 'Eser Shirot* (*Vayoshe'a*) [O Comentário sobre os Dez Cantos], de Sa'adia Gaon. MS British Library, Or. 8658. Acerca dessa questão, de forma generalizada, ver nesse ínterim AVISHUR, Y. Some New Sources for the Study of the Text and Language of Saadya's Translation of the Pentateuch into Judaeo-Arabic. *Genizah Research After Ninety Years*: The Case of Judaeo-Arabic (artigo lido no III Congresso da Society for Judaeo-Arabic Studies, University of Cambridge Oriental Studies, n. 47). Cambridge, 1992, p. 5-13.
6. *Perushê Rav Sa'adia Gaon li-Bereshit* [Os Comentários de R. Sa'adia Gaon ao Livro de Gênesis]. ZUCKER, M. (Org.). Jerusalem, 5744; o prof. dr. Zucker pretendia publicar igualmente muitos trechos dos comentários sobre Êxodo e Levítico, mas infelizmente não conseguiu, o que é uma pena. Espero conseguir publicar o comentário sobre "O Canto do Mar" (poema em Êxodo 15:1-18) e seus adendos. Ver BEN-SHAMMAI, H. Meṣi'á 'Aḥat she-Hi Shtayim: Perush "Ha'azinu" la-Rav Shmuel ben Ḥofni u-Ferush "Vayoshe'a" la-Rav Sa'adia Gaon bi-Ḵtav Yad Nishkaḥ [Uma descoberta que são duas: comentário do R. Shmuel ben Hofni sobre a porção bíblica semanal "Ha'azinu" ("Ouvi") [Deuteronômio 32:1-52 (N.T.)] e comentário do R. Sa'adia Gaon sobre o canto "E assim salvou o Eterno" (*Êxodo* 14:30 – N.T.) em um manuscrito esquecido]. *Kiryat Sefer*, n. 61, p. 313-332, 5746-5747. O fragmento da *Genizá* assinalado por JTS ENA 2715 foi atribuído por MITTWOCH, E. An Unknown Fragment by Saadya Gaon. *Saadya Studies*, Manchester, p. 119-126, 1943, à composição de Sa'adia que tratava da questão da recompensa no mundo

vindouro. A identificação do autor foi simples, pois ele menciona *Al-Amanat* (As Crenças e as Opiniões) como obra de sua autoria. ZUCKER, op. cit., p. 173, nota 44, atribuiu o fragmento ao comentário de Sa'adia sobre Levítico, possivelmente à porção semanal be-Ḥuqotai – "Segundo Meus Decretos". Um fragmento adicional da *Genizá*, Cambridge T-S Ar. 47.15, análogo ao primeiro no final, foi por mim identificado entrementes como parte da mesma composição, ampliando-a consideravelmente. É possível que o ensaio publicado por ZUCKER, op. cit., p. 18, refira-se à mesma composição.

7. Trechos de manuscritos que podem ser atribuídos ao comentário de Sa'adia sobre Isaías estão na edição da tradução supramencionada, no final da nota 4. O prof. dr. Yehudah Ratshabi publicou durante anos muitos trechos da *Genizá* de comentários sobre Isaías no idioma árabe-judaico, por ele atribuídos ao próprio Sa'adia ou aos seus discípulos. Atualmente, ele se ocupa com o preparo de uma edição completa de todo esse material. Ratshabi também publicou muitos fragmentos da *Genizá* de comentários sobre outros livros (entre os quais, complementações do comentário impresso sobre Daniel, que não está completo), que por ele foram igualmente atribuídos a Sa'adia ou à sua "escola de pensamento". Um registro exaustivo de todas as publicações se desvia do escopo dessa relação e tem a ver com uma bibliografia abrangente sobre Sa'adia Gaon.
8. DRORI, R. *Reshit ha-Maga'im shel ha-Sifrut ha-Yehudit 'im ha-Sifrut ha-'Aravit ba-Me'á ha-'Asirit* [Os Primeiros Contatos da Literatura Hebraica com a Literatura Árabe no Século X]. Tel Aviv, 1988, p. 117-118; 123; e também 102.
9. Sobre sua introdução ao *Comentário sobre o Pentateuco*, ver SA'ADIA GAON. *Perushê Rav Sa'adia Gaon li-Bereshit*, p. 3-26 (na trad. hebraica, p. 165-207). No *Comentário sobre os Salmos*, há três introduções. Ver SA'ADIA GAON. *Tehilim 'im Targum u-Ferush ha-Gaon Rabbenu Sa'adia ben Yosef Fayumi*. Tirguem. Bi'er ve-heḳin Y. Kapach [O Livro dos Salmos com Tradução e Comentário do Nosso Mestre o Gaon Sa'adia ben Yosef Fayumi. Traduzido, explicado e preparado por Y. Kapach]. Jerusalem, 5726, p. 17-54; ver também SIMON, U. *'Arba' Gishot le-Sefer Tehilim* [Quatro Abordagens ao Livro dos Salmos]. Ramat-Gan, 5742, p. 13-54. Acerca de Jó, ver SA'ADIA GAON. *'Iyov 'im Targum u-Ferush ha-Gaon Rabbenu Sa'adia ben Yosef Fayumi*. Tirguem. Bi'er ve-heḳin Y. Kapach [O Livro de Jó com Tradução e Comentário do Nosso Mestre o Gaon Sa'adia ben Yosef Fayumi. Traduzido, explicado e preparado por Y. Kapach]. Jerusalem, 5733, p. 9-22. Sobre Isaías, ver BEN-SHAMMAI, H. Haqdamat R. Sa'adia Gaon le-Yeshaya – Mavó le-Sifre ha-Nevi'im [A Introdução de Sa'adia Gaon a Isaías – Preâmbulo aos Livros dos Profetas]. *Tarbiz*, n. 60, p. 371-404, 5751.
10. Ibid., p. 379, nota 39; p. 380.
11. Ver DRORI, 1988, op. cit., p. 118-195.
12. Ver ibid., p. 122; sobre a possibilidade de o trecho da *Genizá* T-S Ar. 52.184 pertencer à interpretação de Al-Muqammis, ver BEN-SHAMMAI, H. Genesis Fragment Yields a Surprise. *Genizah Fragments*, n. 15, p. 3, apr. 1988.
13. Sobre a reencarnação, ver *O Livro das Crenças e Opiniões*, p. 214; acerca de toda essa questão, ver BEN-SHAMMAI, H. Gilgul Neshamot ba-Maḥshavá ha-Yehudit ba-Mizraḥ ba-Me'á ha-'Asirit [A Reencarnação no Pensamento Judaico Oriental no Século X]. *II Congresso Internacional para a Pesquisa da Cultura Árabe-Judaica*. Jerusalem, 1985; *Sefunot*, XX, 1991, sobretudo p. 125; 128-131. No que diz respeito aos quatro elementos, ver *O Livro das Crenças e Opiniões*, p. 59:28; 60:10; ver também WOLFSON, H. A. *The Philosophy of the Kalam*. Cambridge, MA, 1976, p. 90; id. *Repercussions of the Kalam in Jewish Philosophy*. Cambridge, MA, 1979, p. 138-141.

14. Ver, por exemplo, SA'ADIA GAON. *Sefer Yeṣirá [Kitāb al-Mabādi] 'im Perush ha-Gaon Rabbenu Sa'adia ben Yosef Fayumi. Maqor ve-Targum*. Tirgem. Bi'er ve-hekin Y. Kapach [O Livro da Criação com Comentário do Nosso Mestre o Gaon Sa'adia ben Yosef Fayumi. Traduzido, explicado e preparado por Y. Kapach]. Jerusalem, 5732, p. 26:16-29:15 (quarto-sexto sistemas); mesmo no tocante ao primeiro sistema, Introduções, há quem encontre referência ao que consta em Eclesiastes 1:4. Ver ibid., p. 21:5-19; *O Livro das Crenças e Opiniões*, p. 72:24-34.
15. Em contraposição à opinião de WOLFSON, 1976, op. cit., p. 92, para quem o oponente judeu de Sa'adia, no que diz respeito à sua polêmica contra a proibição do estudo racional, é uma figura imaginária, um judeu que vem solapar o *status* da ortodoxia muçulmana. Não há necessidade disso, e o contexto judaico interno de cada polêmica, naturalmente contra o pano de fundo islâmico, é bastante claro. Ver infra notas 29 e 30.
16. Ver SA'ADIA GAON. *Perush 'Eser Shirot* (*Vayoshe'a*). MS British Library, Or. 8658, p. 2b:9-14. Além dos quatro fundamentos da crença, Sa'adia enumera em seguida os dez princípios da crença; pretendo analisar em detalhe esses princípios na minha edição sobre o *Comentário sobre os Dez Cantos*.
17. Ver *Teshuvot ha-Ge'onim Sha'are Ṣedeq* [As *Responsa* dos Ge'onim – Portais da Justiça]. Salônica, 1792, p. 24a, § 7 (idem, Jerusalem, 5726 [1966], p. 54). Durante seu discurso, quem responde encaminha os indagadores que perguntam a outro *responsum* sobre uma pergunta semelhante, que figura na página 24b, § 10 (p. 55). No último *responsum*, os "hereges" são, aparentemente, adeptos de um falso messias e também caraítas. Acerca da possibilidade de que os que negam a Bíblia sejam mencionados em uma fonte rabanita adicional da época dos *ge'onim*, talvez no final dela, ver DRORI, 1988, op. cit., p. 188.
18. Ver, por exemplo, BLAU, J. On a Fragment of the Oldest Judaeo-Arabic Bible Translation Extant. *Genizah Research After Ninety Years – The Case of Judaeo-Arabic* (artigo lido no III Congresso da Society for Judaeo-Arabic Studies. University of Cambridge Oriental Studies, 47). Cambridge, 1992, p. 31-39.
19. Isto é, a explicação da legitimidade religiosa das incertezas e o longo período de tempo necessário para resolvê-las.
20. Ver SA'ADIA GAON. *Sefer ha-Nivḥar be-'Emunot u-ve-De'ot le-Rabbenu Sa'adia ben Yosef* [O Livro Seleto das Crenças e Opiniões de Nosso Mestre Sa'adia ben Yosef]. Original e tradução [...], Y. Kapach. Jerusalem, 5730 [1970], p. 4:23-5:15. Omiti partes e todos os versículos mencionados como referência, mesmo que sua menção seja muito interessante do ponto de vista exegético.
21. Ver *Tehilim 'im Targum u-Ferush ha-Gaon Rabbenu Sa'adia ben Yosef Fayumi*, p. 24:11-30; ver também SIMON, 5742, op. cit., p. 13-45; BEN-SHAMMAI, H. 'Al Yesod Pulmusi be-Torat ha-Nevu'á shel ha-Rav Sa'adia Gaon [Sobre o Fundamento Polêmico na Doutrina Profética de R. Sa'adia Gaon]. *Meḥqarê Yerushalayim be-Maḥshevet Israel*, VII, 5748 (Jubileu de Shlomo Pines, I), p. 127-146.
22. O acréscimo das palavras entre colchetes na citação é de minha autoria. Sobre a versão original árabe, ver BEN-SHAMMAI, 5751, op. cit., p. 389; e a discussão nas p. 376-379.
23. Jó. Ver SA'ADIA GAON. *'Iyov 'im Targum u-Ferush ha-Gaon Rabbenu Sa'adia ben Yosef Fayumi*, p. 19:28-20:9. Ali constam cinco difíceis perguntas gerais que devem ser levadas em conta no Livro de Jó e que são a razão para a composição do comentário. Ver id. *Sefer ha-Nivḥar be-'Emunot u-ve-De'ot le-Rabbenu Sa'adia ben Yosef*, p. 218-221, em que são discutidas várias dificuldades e controvérsias, de acordo com a versão do MS

Oxford; no que tange à versão de Ibn Tibbon, ver ibid., p. 326. Sobre outras composições, ver DRORI, 1988, op. cit., p. 160, nota 3; ver ainda SCHLOSSBERG, 5753, op. cit., p. 81.

24. Em sua introdução a Jó (ver nota anterior), Sa'adia Gaon sente especialmente a dificuldade linguística desse livro, o que poderia induzir os leitores a conclusões especulativas errôneas.
25. No trecho publicado por MANN, J. A Tract by an Early Karaite Settler in Jerusalem. *JQR*, n. s., 12, p. 257-298, 1921, por ele interpretado como uma missiva de Daniel al-Kumisi, há muitas menções e alusões a questões de crenças e opiniões, concentradas sobretudo na primeira parte do trecho, p. 273-276:25, que é uma espécie de sinopse abrangente de uma visão de mundo mutazilita; sobre a tradução inglesa desse trecho, que inclui prefácio e interpretação, ver NEMOY, L. The Pseudo-Qumisian Sermon to the Karaites. *PAAJR*, n. 43, p. 49-105, 1976. Ver ainda ZUCKER, op. cit., p. 172-182; 481-485, sobre fragmentos da *Genizá* da composição de Al-Kamisi, escrita em árabe.
26. Para uma pesquisa mais atualizada e abrangente sobre Al-Muqammis, ver STROUMSA, S. *Dawud ibn Marwan al-Muqammis's Twenty Chapters*. Leiden 1989.
27. Ver o capítulo sobre os conversos do e para o judaísmo em: GOITEIN, S. D. *A Mediterranean Society*. v. II: *The Community*. Berkeley: University of California Press, 1971, p. 299-311. Embora ele trate sobretudo de uma época posterior à discutida aqui, vale a pena citar sua conclusão: "Naqueles dias, numerosas pessoas ponderavam acerca de Deus e tinham muitas 'perguntas'. O sectarismo, como os círculos [ou grupos] de adeptos de várias espécies, era uma das respostas; a conversão do judeu era outra". O sectarismo, até mesmo o caraísmo, não era considerado uma saída da sociedade judaica, certamente não aos olhos dos governantes.
28. Ver DRORI, 1988, op. cit., p. 115-116, ainda que, ao discutir a terminologia, ela parta do pressuposto de que os caraítas foram os primeiros a introduzir a terminologia árabe profissional na exegese bíblica judaica. Contudo, é improvável que essa pressuposição de fato possa servir como ponto de partida para essa discussão, pois, como supramencionado, não são encontradas composições exegéticas caraítas do tipo referido, em árabe, antes de Sa'adia. Qirqisãni, o primeiro citado por Drori a esse respeito, escreveu depois de Sa'adia e foi por ele influenciado; essa precedência cronológica deve ser considerada ao ponderarmos acerca da relação entre Sa'adia e seus contemporâneos caraítas. Comparar também DRORI, 1988, op. cit., p. 102-103. Zucker adotou uma postura radical concernente a essa questão e alegou que a maior parte dos dizeres de Qirqisãni, em sua introdução à Torá, bem como sua interpretação da porção bíblica *Bereshit*, foi copiada de Sa'adia. Ver *Perushê Rav Sa'adia Gaon li-Bereshit*. Introdução, p. 11; 28. Sobre os termos exegéticos ou retóricos nos comentários de Sa'adia Gaon, ver *'Iyov 'im Targum u-Ferush ha-Gaon Rabbenu Sa'adia ben Yosef Fayumi*, p. 21:6-7. Ver ainda BLAU, J. Be-Shulei "Liqutê Shikeḥá bi-Sde ha-Parshanut ha-Qara'it" shel Yehudá Arie Vajda [Observações sobre a Lei bíblica da "coleta esquecida no campo" conforme a exegese caraíta, de Georges Vajda]. *Tarbiz*, n. 42, p. 502, 1973; BEN-SHAMMAI, 5751, op. cit., p. 400, nota 43, sobre a relação entre sua atividade polêmica ("enfoque pontual") e sua atividade em nível exegético. Ver SCHLOSSBERG, 5753, op. cit., p. 83. No entanto, como indiquei supra, a polêmica envolvida na doutrina abrangente nada tem a ver com a polêmica individual, e a diferença não é apenas literário-estilística.
29. Sobre os conceitos de substância e acidente, ver, por exemplo, SA'ADIA GAON. *Sefer ha-Nivḥar be-'Emunot u-ve-De'ot le-Rabbenu Sa'adia ben Yosef*, p. 38; 195-196; sobre as categorias, ver ibid., p. 97-111; sobre conceitos de matéria e elementos, ver WOLFSON,

H. A. Arabic and Hebrew Terms for Matter and Elements with Special Reference to Saadia. *JQR*, n. 38, p. 47-61, 1947.

30. Ver *O Livro das Crenças e Opiniões*, p. 23:8; 24:17; *Sefer Yeṣirá* [*Kitāb al-Mabādi*] *'im Perush ha-Gaon Rabbenu Sa'adia ben Yosef Fayumi*, p. 24:12; 26:15, em que Sa'adia acrescenta o provérbio de Ben 'Irai; a respeito disso, ver FLEISCHER, E. *Mishlê Sa'id ben Babshad* [Os Provérbios de Sa'id ben Babshad]. Jerusalem, (5750), 1991, p. 17-20.
31. Para uma análise detalhada, ver BEN-SHAMMAI, H. Shiṭot ha-Maḥshavá ha-Datit shel Abū Yūsuf Yaᶜqūb al-Qirqisānī ve-Yefet ben ᶜAlī [Os Sistemas de Reflexão Religiosa de Abū Yūsuf Yaᶜqūb al-Qirkisānī e de Yefet ben ᶜAlī]. Tese de Doutoramento em Filosofia, Universidade Hebraica, 5738, p. 8-35; 101-111. Pela abrangência dessa polêmica e seus tons pronunciadamente judaicos, não há necessidade de fazer uso da polêmica islâmica; ver supra nota 15. No entanto, não se deve depreender que os oponentes judeus (rabanitas ou caraítas) nada soubessem a respeito da polêmica paralela no campo islâmico, e até há a possibilidade de que tenham extraído do tesauro os termos e conceitos utilizados pelos muçulmanos nesse tópico.
32. Sa'adia raramente faz uso até mesmo dos termos "filósofos" e "filosofia". Ver BEN-SHAMMAI, 1988, op. cit., p. 5. Quanto à necessidade de Sa'adia por doxografias, ver, por exemplo, BEN-SHAMMAI, 1985, op. cit., p. 128, nota 64.
33. A postura de Sa'adia Gaon com relação à Tradução de Onkelos é discutida várias vezes por ZUCKER, op. cit., em que o autor também analisa, sumariamente, sua atitude com relação à literatura dos sábios judeus. Ver *Perushê Rav Sa'adia Gaon li-Bereshit*. Introdução, p. 13-18; ademais, ele introduziu muitos paralelismos e citações de fontes extrabíblicas em suas observações sobre a tradução hebraica. Pretendo analisar isso em detalhes no prefácio de minha edição do *Comentário sobre os Dez Cantos*.
34. Ver *Tehilim 'im Targum u-Ferush ha-Gaon Rabbenu Sa'adia ben Yosef Fayumi*, p. 38; 39; 55.
35. Ver SA'ADIA GAON. *Perush 'Eser Shirot* (*Vayoshea*), p. 17b:10-12.
36. Ver *O Livro das Crenças e Opiniões*, p. 281:14-16; considerar também GINZBERG, L. *'Agadot ha-Yehudim* [*The Legends of the Jews*]. Trad. e ed. do Rabino Mordeḵai Hakoen, I, Ramat Gan, 5736, p. 151 (nota 100), em que são mencionadas duas fontes adicionais: Shemot Rabá 15, 21; *Midrash Tana'im*, p. 181. Para uma extensa discussão a respeito da luz dos sete dias [a luz criada no primeiro dia, assim denominada pelos sábios judeus, que iluminou durante os sete dias da criação (N.T.)], baseada no Targum aramaico mencionado, ver BERCELONI, YEHUDÁ BEN BARZILAI. *Perush Sefer ha-Yeṣirá* [*Comentário sobre o Livro da Criação*]. Shlomo Zalman Hayim Halberstam (Org.). Berlin, 5645, p. 19; 26.
37. Ver *Tehilim 'im Targum u-Ferush ha-Gaon Rabbenu Sa'adia ben Yosef Fayumi*, p. 28:20-21 (o editor já fez observações a respeito, op. cit., nota 37). Essa noção é particularmente importante para Sa'adia, que alega que todos os profetas, entre os quais os autores dos Escritos, não participam, por si próprios, da formulação dos discursos de suas profecias, mas são meramente instrumentos para a transmissão da mensagem divina (ver BEN-SHAMMAI, 5748, op. cit.). No dito talmúdico, há, portanto, referência rabanita para a aparente resolução do conflito entre a única e idêntica fonte para todas as revelações proféticas e a falta de uniformidade de estilo nas profecias de diversos profetas.
38. Ver *O Livro das Crenças e Opiniões*, p. 213:1-5 (na nota 88, o editor assinalou as referências).
39. Tais como: *O Livro das Crenças e Opiniões*, p. 6:15-25. Concernente à autoavaliação de Sa'adia na condição de líder e à conscientização de sua missão, ver SCHLOSSBERG, 5753, op. cit., p. 75-78.

40. Ver *O Livro das Crenças e Opiniões*, p. 15:19; 16:25; 27:10-28:16.
41. Para uma discussão mais detalhada desse tema, em geral, ver DAVIDSON, H. A. *Proofs for Eternity, Creation, and the Existence of God in Medieval Islamic and Jewish Philosophy*. Oxford, 1987, p. 95-106.
42. A respeito da primeira prova, ver *O Livro das Crenças e Opiniões*, p. 35:23-37:8. Em sua tradução dessas citações bíblicas para o árabe, Sa'adia traduz a palavra "extremidade" por *taraf*, e não por *nihāiyya*, por ele utilizado na discussão filosófica.
43. Ver *O Livro das Crenças e Opiniões*, p. 37:9-31. Sobre a questão de como comprovar a criação por meio da relação entre as partes e a totalidade, ver DAVIDSON, 1987, op. cit., p. 146-153.
44. Também nesse caso são utilizados dois verbos diferentes nas traduções: *'ataqen* e *haṣlaḥ* ["repararei" e "farei que esteja adequado"], cujo significado é: "Fez de modo reparado e apropriado". Esses verbos são utilizados em alguns lugares para traduzir *konen*, conforme se pode observar nos proveitosos glossários acrescentados por Y. Kapach às edições dos comentários de Sa'adia Gaon sobre os Livros dos Salmos, Provérbios e Jó.
45. Ver *O Livro das Crenças e Opiniões*, p. 38:1-26.
46. Sa'adia Gaon expressa uma opinião similar em *O Livro das Crenças e Opiniões*, p. 72:24-34.
47. Ver *O Livro das Crenças e Opiniões*, p. 38:27-39:16; DAVIDSON, 1987, op. cit., p. 117-127.
48. Na tradução da primeira citação (*'Iyov 'im Targum u-Ferush ha-Gaon Rabbenu Sa'adia ben Yosef Fayumi*, p. 178), Sa'adia Ga ,on inclui o conceito de tempo, porém nada menciona no comentário. No segundo versículo, mesmo na tradução, ele não estabelece nenhuma relação com o tempo.
49. Ver BEN-SHAMMAI, H. Ḥug le-'Iyun Filosofi ba-Miqrá be-Mossul ba-Me'á ha-'Asirit – Te'udá la-Hisṭoriya ha-Ḥevratit-Tarbutit shel Qehilá Yehudit be-'Arṣot ha-'Islam [O Círculo de Estudo Filosófico da Bíblia em Mossul, no Século X – Testemunho da História Sociocultural da Comunidade Judaica nas Nações Islâmicas]. *Pe'amim*, n. 41, p. 21-31, 5750.

Criação e Emanação em Isaac Israeli: Uma Reconsideração*

Alexander Altmann

Em minha consideração sobre a doutrina neoplatônica de Isaac Israeli, sugeri que seu esquema cosmológico envolvia três tipos de causalidade pelos quais o mundo veio a ser[1]. Ao interpretar a fonte pseudoaristotélica[2] em que Israeli se inspira, distingo entre: 1) criação, pela qual a primeira matéria e a primeira forma (sabedoria), as duas primeiras substâncias simples, são produzidas "a partir da (pela) potência e da (pela) vontade", dando assim surgimento à hipóstase do intelecto como a junção das duas; 2) emanação, que denota o processo do vir a ser das hipóstases inferiores (as três almas e a natureza, isto é, a potência esférica); e 3) causalidade natural; por exemplo, a produção de substâncias corpóreas por meio da operação da esfera. Aqui, meu propósito é reexaminar a validade de tal diferenciação, que vem sendo desafiada, uma vez considerada a distinção entre criação e emanação[3]. O procedimento que sigo equivale a uma revisão do capítulo sobre "Criação, Emanação e Causalidade Natural" à luz dos pontos críticos suscitados e considerando o progresso feito na pesquisa neoplatônica durante o intervalo de mais de vinte anos[4].

---

* Tradução de Alexandre S. Santi do original inglês: Creation and Emanation in Isaac Israeli: A Reappraisal. In: ALTMANN, A. *Essays in Jewish Intellectual History*. Hanover, NH: University Press of New England, 1981, p. 17-34. Revisão técnica de Rosalie Helena de Souza Pereira.

Isaac Israeli delineia uma clara linha entre o modo como o intelecto vem a ser a partir da matéria primeira e da forma primeira (sabedoria), e o modo como a subsequente hipóstase se origina. A diferença está, de modo breve, entre criação "pela potência e pela vontade", de um lado, e emanação, de outro, cuja diferença é explicada por ele no *Livro das Substâncias* (III, 3r-v)[5], em uma passagem de considerável valia. Refutando um oponente imaginário, Israeli tenta considerar o modo como aquele esboçou as séries de hipóstases, desde o descenso do intelecto até a natureza. Cada hipóstase mais elevada, afirma Israeli, produz, por sua emanação (por sua "luz e sombra"[6]), a natureza específica ("especificidade" ou "substancialidade") da seguinte, mais abaixo dela. O intelecto é "a especificidade de todas as substâncias e a forma que estabelece suas essências, uma vez que seu raio e luz, que emanam de suas sombras, são a fonte de sua substancialidade e a raiz de suas formas e especificidade"[7]. Tendo então alojado o intelecto como *summum genus* bem no topo das séries de emanações e tendo deixado de levar em consideração as duas mais elevadas substâncias primeiras (matéria primeira e forma primeira ou sabedoria), as quais se originam na potência e na vontade, Israeli corretamente antecipa esta objeção:

> Por que não acrescentar que a potência e a vontade são a fonte da especificidade de todas as substâncias, visto que a potência e a vontade produzem a sabedoria, que é a forma e a especificidade do intelecto, e que perfaz sua essência? Em outras palavras, por que fazes diferença entre a função do intelecto como uma fonte emanante e a função da potência e da vontade?

Eis a resposta de Israeli:

> Fizeste uma objeção absurda porque comparaste uma coisa influente e ativa (*shay' aṯarī fiʿlī*) a uma essencial (*ḏātī*). A luz da sabedoria vem a ser pela potência e pela vontade (*min al-qudra wa-l-irāda*) por meio de influência e ação (*ʿalā sabīl al-ta'ṯir wa-l-fiʿl*), ao passo que a luz que emana (*al-munbiʿa*) do intelecto é essencial e substancial (*ḏātī jauharī*), tais como a luz e o brilho do Sol, que emanam de sua essência e substancialidade. A forma específica não vem a ser a partir de uma coisa influente e ativa, mas sim de uma essencial – como a razão que estabelece a essência do homem, a qual não vem da alma no modo de influência e de ação, mas é essencial.

O ponto de destaque dessa distinção deve ser visto na diferença entre causalidade essencial e causalidade pela ação. Como ilustração do que é entendido por causalidade essencial são citadas as "causas" de uma definição e, especialmente, a diferença específica, por exemplo, racionalidade (razão) na definição de homem (animal racional)[8]. Isso parece indicar que Israeli considera a processão das substâncias simples do intelecto como constituindo uma necessária ordem lógica em contraste com o vir a ser do intelecto, o qual é devido a um ato da potência e da vontade. Quanto à causalidade pelo modo de influência e de ação, isso pode denotar apenas a criação a partir do nada. Em seu *Livro das Definições* (§§ 42-44)[9], Israeli faz distinção entre dois modos de ação (causação; criação): 1) inovação e renovação (*al-ibdāᶜ wa'l-ikhtirāᶜ*), modo definido como "fazer o existente existir a partir do inexistente" (*ta'yīs al-aysāt min lays*); e 2) ação de "fazer existir a partir do existente". O primeiro modo de ação não pertence a ninguém, exceto ao Criador, "pela ação de vir a ser e deixar de ser; por exemplo, fazer existirem os animais e as plantas". Ocasionalmente, Israeli chama a ação da potência esférica também de "influência" do vir a ser e deixar de ser[10], o que mostra claramente que os dois termos, "agir" e "influenciar", são sinônimos. O mesmo é verdade para "inovação" e "renovação". Já que a emanação das substâncias do intelecto é dita representar a causalidade essencial, e não a causalidade da ação e da influência, é óbvio que Israeli deseja diferenciar entre *creatio ex nihilo* e emanação como dois estágios distintos na gênese do mundo espiritual.

Ele teve bons motivos, assim cremos, para combinar uma metafísica do emanacionismo com o conceito de criação a partir do nada. Ao fazê-lo, Israeli seguiu um arranjo precedente em certos círculos do primitivo neoplatonismo islâmico. O livro de Amônio *Sobre as Opiniões dos Filósofos*, que foi descoberto por Stern, atribui as doutrinas neoplatônicas aos antigos filósofos gregos[11]. O texto começa com uma discussão a respeito do problema da criação: se o Criador criou (*abdaᶜa*) este mundo e a forma nele contida a partir de algo ou a partir do nada (*min shay'in am min lā shay'*). As duas alternativas são explicadas nestes termos: se a partir de algo, então esse algo é coeterno com o Criador, o que não é possível; se a partir do nada, a questão é se a forma da coisa estava com Ele ou se Ele criou coisas sem ter suas formas com Ele na essência. Podemos interpretar as duas opções postas como *creatio ex nihilo* no sentido de uma emanação das formas oriundas da essência de Deus e como *creatio ex nihilo* no sentido mais ortodoxo de um divino *fiat*. Usando a terminologia de Israeli, podemos descrever os dois significados de criação a partir do nada como causa essencial e causa pelo modo de influência e de ação da potência e da vontade. Amônio declara em nome de Tales:

> Uma vez que Ele é Aquele que traz os existentes a serem, e "trazer à existência" significa de algo não preexistente e do nada, já que traz à existência, segue-se que Aquele que traz o existente à existência não necessita de ter a forma dos existentes com Ele de modo que os traga à existência [...]. Como o primeiro Criador possui a mais alta excelência, Ele não pode ter formas com Ele.

Essa posição claramente corresponde à doutrina ortodoxa da *creatio ex nihilo*. Amônio rejeita a opinião de Plutarco: o Criador possuiu infinitas formas presentes n'Ele em Sua presciência. Amônio finalmente relembra, em nome de Xenofonte, a posição similar à de Tales: o Criador criou o que Ele desejou e como Ele quis; Ele foi Ele, e nada existiu junto com Ele. Tal posição, como se explica, nega a eternidade da forma e da matéria e de todo o restante, com exceção de Deus[12]. Israeli bem que poderia ter seguido essa direção do neoplatonismo islâmico.

O que possivelmente assegurou sua adoção do conceito de *creatio ex nihilo* e sua interpretação como "ação" em vez de emanacionista e "essencial" foi o próprio texto de sua fonte pseudoaristotélica, que clamava por uma exegese das linhas seguidas por ele. O texto[13] dá início à sua consideração sobre o vir a ser das substâncias espirituais com uma descrição do primeiro estágio, que não contém nenhuma referência a qualquer emanação:

> As primeiras coisas criadas (*awwal al-mukhtarʿāt*) são duas substâncias simples: a matéria primeira [...] e a forma que precede aquilo que é encontrado com ela, isto é, a perfeita sabedoria; por sua conjunção com a matéria, a natureza do intelecto veio a ser, cujo resultado é que o intelecto, sendo composto disso e de matéria, é uma espécie disso[14].

A primeira menção à emanação ocorre apenas depois de o intelecto ter aparecido: "Depois que a natureza do intelecto foi determinada[15], uma chama surgiu disso e uma luz como a chama que provém do Sol e cai sobre um vidro de uma casa escura. Dessa chama emergiu a alma racional". Assim, parece que a emanação não participa da gênese da matéria primeira e da forma primeira; logo, a necessidade de assumir um ato de criação *ex nihilo* da potência e da vontade.

Uma consideração a mais pode ter motivado a postura de Israeli quanto à criação *ex nihilo* anterior às séries de emanações. Em todos os sistemas neoplatônicos, prevalece o princípio de que do Uno pode provir apenas uma substância. Como Enesidemo expôs, a díade não pode surgir do Uno[16]. Nas *Enéadas* de Plotino e nos textos árabes baseados nelas (a versão vulgata da *Teologia de Aristóteles*; as *Epístolas sobre o Divino Conhecimento* e os *Ditos dos Sábios Gregos*)[17], é o intelecto que imediatamente segue o Uno. No pseudoempedocleano *Cinco Substâncias*, a matéria sozinha intervém entre Deus e o intelecto:

> Quando o Criador, louvado seja Ele, criou o mundo, Ele criou o mundo da matéria, vivo com eterna vida intelectual. A matéria tira essa vida do Criador [...] e nessa matéria estão todas as formas do mundo na mais sutil, simples, gloriosa e bela maneira possível [...]. Após Ele ter criado a matéria, Ele criou o intelecto[18].

A descrição da matéria como contendo "todas as formas" não indica uma hipóstase dual de matéria e forma, menos ainda duas substâncias distintas, tal como encontramos na fonte de Israeli. Isso simplesmente caracteriza a natureza da matéria como a matriz de todas as formas[19]. Há uma clara distinção entre o postulado de duas substâncias simples (matéria primeira e forma primeira ou sabedoria) na fonte de Israeli e o estabelecimento da matéria no pseudo-Empédocles. Em Israeli, o caráter unitário da primeira emanação é mantido, independentemente de a presença ou não de "todas as formas" na matéria ser consistente com o princípio de que do Uno somente uma substância pode emanar. O fato de a fonte neoplatônica de Israeli situar duas substâncias simples no mais alto topo das séries de emanações deve ter apresentado um problema para ele. Tal fato obviamente impediu a asserção de que as duas substâncias primeiras deviam sua existência a um processo de emanação. A criação *ex nihilo* como um ato pela potência e pela vontade deve ter sugerido a única interpretação sensata. A adoção dessa teoria não era totalmente uma novidade em um contexto neoplatônico, como vimos. Contudo, há dúvidas sobre se houve algum precedente da combinação, em um sistema, de uma doutrina criacionista com uma emanacionista.

O postulado de Israeli sobre as duas substâncias simples como "as primeiras das coisas criadas" pode ser considerado o mais potente argumento contra qualquer tentativa de interpretação de seu uso do termo criação *ex nihilo* em um sentido emanacionista. Uma valorosa tentativa desse tipo foi feita pelo finado Harry A. Wolfson[20]. A identificação da criação *ex nihilo* com a emanação, indica ele, não era desconhecida na História da Filosofia. Exemplos citados por ele são João Escoto Eriúgena no cristianismo, Al-Fārābī e Miskawayh no islamismo, e o *Sefer Yeṣirá*, Ibn Gabirol e Crescas no judaísmo[21]. Wolfson poderia ter acrescentado a longa recensão árabe da *Teologia de Aristóteles*, que descreve a Palavra (*kalima*) como *nihil* (*laysa*) no que diz respeito a não estar nem em repouso nem em movimento e que designa a Palavra como a "Causa das Causas" e como o "Primeiro Criador"[22]. A criação *ex nihilo*, aqui, indubitavelmente designa criação vinda da Palavra, isto é, emanação. Na concepção de Wolfson, Israeli deveria ser considerado entre os que identificam *ex nihilo* com emanação. Não havia nenhuma necessidade de atribuir a Israeli "uma inaudita teoria híbrida – criação *ex nihilo* das duas primeiras substâncias que constituem o intelecto e a emanação das substâncias espirituais sob o intelecto". O contraste delineado por Israeli entre a causalidade da ação e a causalidade essencial não foi necessariamente um contraste entre criação *ex nihilo* e emanação:

> Isso pode ser um contraste entre dois tipos de emanação, uma imediatamente de Deus, que segue diretamente da vontade e da potência, e a outra, dos intermediários, a qual, na parte de tais intermediários, é um ato inconsciente, como o brilho do Sol[23].

Mais adiante, Wolfson delineia sua concepção da posição de Israeli:

> O que temos em Israeli é uma teoria de um volitivo e presumivelmente também não eterno processo de emanação, em que o primeiro ser emanado é descrito como tendo sido criado *ex nihilo*, visto que não foi criado de uma eterna matéria preexistente ou na semelhança de um modelo ideal eterno preexistente[24].

Devemos acrescentar a interpretação que Wolfson faz de Israeli como uma teoria da emanação em dois estágios: no primeiro estágio, o "ser emanado" – Wolfson ignora as duas primeiras substâncias – surge diretamente da potência e da vontade, sem que estejam envolvidas nenhuma matéria ou forma preexistentes; daí a designação "criação *ex nihilo*"; no segundo estágio, a emanação procede como um ato inconsciente, ao contrário do caráter "volitivo" do primeiro estágio. Ambas as emanações são um processo não eterno, ou seja, ocorrem no tempo. O que não é explicado aqui é como, pelo modo da emanação, duas substâncias simples podem ter surgido simultaneamente.

Ibn Gabirol, que seguiu Israeli ao estabelecer a matéria universal e a forma universal no topo das séries das substâncias espirituais, deparou com o mesmo problema. Ele identificou criação *ex nihilo* com emanação, conforme assinalou Wolfson[25], e, por conseguinte, teve de dar conta da dualidade dos dois mais altos princípios na hierarquia das emanações. Ibn Gabirol resolveu o problema ao derivar a forma da vontade e a matéria da essência de Deus, uma solução repleta de dificuldades[26]. Não há fundamentos para supor que Israeli tenha vinculado a forma à vontade e a matéria à potência de Deus a fim de resolver o problema apresentado pela emanação dessas duas primeiras substâncias. Tal problema simplesmente não existia para ele. Israeli o eliminou ao traçar uma linha entre a criação *ex nihilo* e a emanação.

O modo ponderado como Israeli explica essa distinção não deixa dúvida quanto à seriedade com que a concebeu. É importante manter isso em mente para não se enganar por lapsos ocasionais em sua terminologia, a qual se deve em virtude de sua familiaridade com o tipo usual de fontes neoplatônicas totalmente emanacionistas. Portanto, ao discutir as razões das diferenças na gradação de luz entre as várias substâncias, Israeli afirma[27]:

> Com relação à qualidade da emanação de luz provinda da potência e da vontade (*inbiʿāt al-nūr min al-qudra wa-l-irāda*), já deixamos claro que seu início é diferente de seu fim, e o meio é de ambos os extremos, e é assim pela seguinte razão: quando o início emanou da potência e da vontade, não encontrou nenhuma sombra ou escuridão para torná-lo escuro ou espesso – ao passo que seu fim encontrou várias imperfeições e obscuridades, as quais o tornaram escuro e espesso; o meio participou de ambos os extremos.

Nessa passagem, o "início" das séries pode apenas significar o que é referido ao primevo no mesmo contexto, como "as primeiras coisas criadas [que] são duas substâncias simples"; no entanto, esse "início" é dito ter sido "emanado" da potência e da vontade. Em sentença anterior à citada, Israeli discorre sobre a "qualidade da emanação da luz, a qual é criada a partir da potência e da vontade". Obviamente os termos "criada" e "emanada" são usados por ele indiscriminadamente.

A distinção que Israeli faz entre criação e emanação pede uma análise mais apurada para o significado desses dois termos. A parte que segue deste artigo será dedicada a essa análise.

A criação da matéria primeira e da forma primeira que constituem o intelecto é descrita como uma ação "pela potência e pela vontade". Essa frase apresenta uma combinação de termos que não concorda com o que encontramos nos textos árabes de Plotino, com a única exceção da longa revisão da *Teologia*, em que, entretanto, potência e vontade, como "mandamento" (*amr*), são sinônimos da Palavra (*kalima*)[28]. Em outros textos, a potência está oposta, em vez de aliada, à vontade; está associada ao total repouso, à imobilidade e à necessidade:

> O Primeiro Agente deve estar em repouso (*sākin*) e imóvel (*ghair mutaḥarrik*) se for necessário que algumas coisas sejam secundárias para Ele. Sua ação deve ser sem nenhuma reflexão (*rawīya*), nenhum movimento (*ḥaraka*) e nenhuma volição (*irāda*), que estariam voltados em direção à ação produto. A primeira ação produto – isto é, o intelecto – emanou (*inbajasa*) da elevada potência do repouso do Agente (*min shiddati sukūn al-fāᶜil wa-qūwatihi*)[29].

O elemento da necessidade está expresso pelos símiles calor que emana do fogo e frio que emana da neve. A "elevada potência" do Primeiro Agente é dita operar de modo similar[30]. Um paralelismo com esse texto dos *Ditos dos Sábios Gregos* é encontrado na *Epístola do Divino Conhecimento*[31]: "O Primeiro Agente atua enquanto em repouso e em estabilidade [...]. De Sua perfeição um ato é produzido [...] de uma muito poderosa potência. O Primeiro Agente [...] é a potência de todas as coisas". O símile fogo-calor, que vem de Plotino, é reproduzido aqui com mais detalhes: "Fogo é um calor que completa a essência do fogo; nasce, então, daquele calor, em algum objeto, outro calor, assemelhando-se ao calor que completa a essência do fogo". O primeiro calor é produzido por um ato que é a própria substância do fogo, ao passo que o segundo calor é por um ato *da* substância, uma distinção que exemplifica a dupla natureza do ato do Primeiro Agente. Como Plotino explicou, "há em tudo o ato da essência e o ato que sai da essência: o primeiro ato é a coisa ela mesma em sua identidade realizada; o segundo ato é uma *inevitável* decorrência do primeiro, uma emanação distinta da coisa mesma"[32].

Aqui, a necessidade se relaciona com a segunda fase do processo criativo em vez de se relacionar com a primeira, que é considerada a própria substância do Agente. Há qualquer necessidade somente à medida que um ser distinto emerja. Esse tipo de distinção abre a possibilidade de interpretar Plotino sem, de modo algum, excluir a vontade do ato criativo. A natureza do próprio Uno pode ser considerada sua vontade, e, no limite, até a necessidade pode ser identificada com a própria vontade do Uno, como foi sugerido por J. M. Rist[33]. Contudo, qualquer concepção como essa estaria muito distante da do modo como Plotino foi entendido por aqueles que compilaram os textos árabes com que trabalhamos. Assim, outra passagem na *Epístola* claramente afirma que, precisamente porque o Primeiro Agente "atua sozinho pelo fato de Seu ser", Sua ação não pode ser atribuída a uma volição[34]. O símile plotiniano da radiação solar sugeriu um Ser supremo em absoluto repouso atuando sem um exercício da vontade:

> Não é que Ele desejou dar origem ao intelecto e então o intelecto veio a ser, depois da volição [...]. Ele faz e dá origem a coisas de uma só vez, sendo fixadas e estabilizadas em um estado [...] sem movimento de qualquer tipo [...]. A primeira ação do Primeiro Agente é o intelecto. O intelecto é luz jorrando da nobre substância, assim como os raios solares jorram do Sol sobre todas as coisas[35].

A ausência da vontade na criação está também implícita na negação de todos os atributos no Uno, o qual, em uma passagem da *Teologia*, é referido como "a primeira luz"[36]:

> A luz primeira não é uma luz em alguma coisa, mas é luz sozinha, existente em si mesma. Por isso, aquela luz vem iluminar a alma por via do intelecto, sem quaisquer atributos como os do fogo ou o que quer que seja das coisas ativas. Todas as coisas ativas efetuam suas atividades por meio de seus atributos, e não por meio delas próprias; o Primeiro Agente, porém, faz as coisas sem nenhum atributo, pois n'Ele não há nenhum atributo; Ele as faz por Ele próprio.

O corolário dessa concepção é, novamente, a exclusão da vontade. A potência é o único termo admissível para denotar a atividade de Deus.

A expressão de Israeli "pela potência e pela vontade" possui um teor quase polêmico quando mantida contra o contexto já descrito. Defende que a criação, como distinta da emanação, não é um processo necessário que decorre da própria essência de Deus e que expressa apenas Seu poder, mas declara que é derivada tanto da potência quanto da vontade. Como ele afirma em certa passagem ao responder a um oponente imaginário[37], "a luz da sabedoria vem a ser a partir da potência e da vontade por meio da influência e da ação, ao passo que a luz que emana do intelecto é essencial e substancial, como a luz e o brilho do Sol, que emanam de sua essência e substancialidade". Na passagem arábica de Plotino citada anteriormente, o brilho do Sol é o símile característico da necessária, essencial emanação. É muito significativo que Israeli o aplique à atividade emanante do intelecto e o contraste com a ação pela potência e pela vontade. Cabe ainda ser mencionado que o termo para potência (força) encontrado nas fontes árabes, *qūwa*, que reflete o termo grego *dýnamis*, não mais é usado por Israeli em relação a Deus. Ele o substitui pelo termo *qudra*, que, no *Kalām*, denota a potência para agir e, na longa recensão da *Teologia*, significa a potência divina. Israeli mantém *qūwa* ao discorrer sobre "luz e potências" das hipóstases sob Deus[38]. Sua mudança de terminologia indica seu desvio de uma forma de neoplatonismo inteiramente emanacionista.

A criação das duas substâncias primeiras pela potência e pela vontade é descrita por Israeli como um ato efetuado "sem nenhuma mediação" (*bi-lā wasiṭa*) ou "sem nenhuma mediação de outra substância" (*min ghair tawassuṭ jauhar ākhar*). O significado dessa frase requer alguma elucidação. Alguém é tentado a sugerir que essa fórmula implica a rejeição de uma escola de pensamento que interpõe uma potência mediadora entre Deus e as duas primeiras substâncias. Por isso, a doutrina do *lógos* de Al-Nasafī e a seita *isma*ᶜ*īlita* postulam a Palavra (*amr*) como tal intermediário, e a longa versão da *Teologia*, possivelmente refletindo a doutrina dos *isma*ᶜ*īlitas*, como sugeriu Pines[39], descreve o primeiro intelecto como "unido com a palavra do Criador". A repetida ênfase de Israeli sobre o caráter não mediado da criação da matéria primeira e da forma primeira poderia, assim, acarretar uma significativa polêmica. Todavia, é possível demonstrar facilmente que essa interpretação não está correta. O simples significado da frase é que as primeiras substâncias são mais perfeitas que as subsequentes porque nada se põe entre elas e o Criador. Do intelecto também se diz que "recebe a luz da potência e da vontade sem mediação" porque ele "recebe a luz da sabedoria sem a mediação de nenhuma outra substância entre ele próprio e a sabedoria"[40], ao passo que a alma racional a recebe por meio do intelecto, a alma animal por meio do intelecto e da alma racional, e assim por diante. O termo "mediação" é, portanto, equivalente a "estágio de intervenção", e a frase "sem mediação" significa simplesmente sem intervenção, estágios de claro-escuro. Apenas ocasionalmente isso significa a ação isolada de Deus, como na afirmação de que "a esfera e as substâncias acima [...] são geradas pela potência e pela vontade sem a mediação de nenhum agente, exceto o Criador, ao passo que os corpos compostos e sensíveis abaixo da esfera são feitos pela natureza"[41].

A versão vulgata da *Teologia* utiliza a frase exatamente no mesmo sentido em que é, em geral, empregada por Israeli. Algumas passagens mostram isso claramente:

> Embora todas as coisas jorrem a partir d'Ele [o Uno], o primeiro ser, que entendo como o ser do intelecto, jorra d'Ele primeiro, sem intermediário. Por conseguinte, lá jorram d'Ele todos os seres das coisas que estão no mundo superior e no mundo inferior por meio do ser do intelecto e do mundo inteligível.

O trecho segue explicitando que tudo o que é mediado e é distante da fonte é imperfeito, e que apenas o que não é mediado é perfeito[42]. Somente o intelecto é não mediado em sentido absoluto. Em sentido relativo, ou seja, comparado com o mundo inferior, todo o mundo espiritual deve ser proclamado não mediado:

> Deves entender que o intelecto e a alma e as demais coisas inteligíveis são oriundas do primeiro originador, não perecendo ou desaparecendo em virtude de sua origem proveniente da primeira causa sem intermediário, ao passo que a natureza e a percepção sensorial e as demais coisas naturais perecem e se corrompem porque elas são efeitos de causas que são causadas, isto é, do intelecto por meio da alma[43].

Como vimos, também Israeli aceita o termo "sem mediação", em seu sentido relativo, para todas as substâncias espirituais. Nos fragmentos hebraicos de *Cinco Substâncias*[44] do pseudo-Empédocles, o termo "sem mediação" (*beli 'emṣa'ut*) é usado no mesmo sentido.

Ao examinar a concepção de Israeli sobre a criação, já notamos alguns aspectos contrastantes de sua concepção sobre a emanação. Israeli define emanação como uma causalidade "essencial" distinta da "influência e da ação" e considera as substâncias espirituais como cada uma delas emanada da luz – ou "essência e substancialidade" – da precedente. Causalidade essencial implica necessidade e é ilustrada pelos símiles do fogo-calor e da radiação solar. A metáfora da "radiação" e a comparação com o Sol são frequentemente usadas por Israeli[45]. A concepção de emanação subjacente a essa imagem (que, como veremos, não é consequentemente mantida) está de acordo com a consideração das séries de emanações da fonte pseudoaristotélica citada no texto de Mântua[46], em que a emanação é descrita em termos de uma "radiação e esplendor" que se move a partir do intelecto e das três almas. Em cada sucessivo estágio, a radiação se torna "menor e ofuscada" por causa do aumento da distância em relação à fonte.

Em outros escritos de Israeli, encontramos uma concepção totalmente diferente da do texto de Mântua, a saber, a afirmação de que cada sucessiva hipóstase adquire não apenas luz como também "sombra" (*ḏill*) e "escuridão" (*ẓalām*) daquela que a precede, e que a sombra e a escuridão se tornam mais densas a cada estágio, contribuindo assim para a diminuição progressiva da força espiritual. O *Livro das Definições* usa a fórmula ao descrever a substância mais inferior como a que vem a ser "no horizonte (*ufq*) e na sombra" ou "no horizonte e fora da sombra" da mais elevada[47]. O uso do termo "horizonte", nesse âmbito, é familiar à versão vulgata da *Teologia*, que descreve a alma situada "no interior do horizonte" do mundo inteligível[48], e à versão do *Liber de Causis* (§ 2)[49]. Os temas "sombra" e "escuridão" como concomitantes de emanação podem ter sido conhecidos por Israeli por meio da fonte pseudoaristotélica, embora o escrito citado no texto de Mântua omita todas as referências a eles. Esses termos ocorrem, entretanto, na passagem paralela de Avraham ibn Ḥasdai[50] e na versão longa da *Teologia*[51], ambas baseadas no pseudo-Aristóteles[52], e também na própria citação de Israeli da fonte pseudoaristotélica em seu *Livro sobre o Espírito e a Alma* (§ 9)[53], em que os termos usados são "sombra" e "esvaziamento", isto é, escuridão. A metáfora da sombra é encontrada também em *Al-Mudḫal al-Saᶜīr* (atribuído a Al-Rāzī, o médico), em que se afirma que o intelecto projetou uma sombra, da qual Deus criou a alma racional; que esta última projetou uma sombra da qual Deus criou a alma animal, e assim por diante[54]. O uso frequente que Israeli faz dessa metáfora foi notado por Alberto Magno, que a descreve como um dizer "elegante" e a cita em muitas passagens[55].

No *Livro das Substâncias*, Israeli faz uma tentativa interessante para combinar as duas metáforas de luz e sombra ao introduzir a fórmula "feixe e penumbra": a forma da natureza vem a ser "da penumbra da alma vegetativa e de seu feixe" (*min fai al-nafs al-nabātiya wa-shuᶜāᶜhā*); a última, "da penumbra da alma animal e de seu feixe", e assim por diante. "Contudo, é evidente que o feixe e a penumbra do intelecto são a especificidade da alma racional; o feixe e a penumbra da alma racional são a especificidade da alma animal"[56].

Como Israeli concebe a natureza da emanação sob os aspectos de "sombra" e "feixe e penumbra" respectivamente? O único texto que oferece algo como análise conceitual das imagens usadas é uma passagem no *Livro das Definições* (§ 6), em que é posta em discussão a diferença entre a substância mais elevada e a mais inferior. O trecho explica por que a primeira permanece sem ser afetada pelo que dela sai, isto é, pela substância emanante, ao passo que, quanto à última, os elementos e os corpos compostos são modificados pelo que deles deriva. A resposta dada é que "as luzes [...] das mais elevadas substâncias, as três almas, não crescem ou diminuem em razão do que delas provém, já que procedem da sombra de sua luz, e não da própria luz em sua essência e substancialidade"[57]. Os elementos e os corpos, por outro lado, são mutáveis, eles crescem e diminuem. O ponto que nos interessa aqui é a teoria de Israeli de que a emanação não é realmente um eflúvio da própria luz ou substância da fonte, mas a dispersão de uma sombra pela luz e o vir a ser de uma nova substância proveniente da sombra. Mais precisamente, a sombra *é* a nova substância. Em um sentido menos radical, a substância inferior é dita originar-se tanto da luz quanto da sombra, ou "no horizonte e na sombra", ou "do feixe e da penumbra" da mais elevada. A interpretação radical é, entretanto, corroborada pela afirmação de Israeli:

> Está claro que, em cada coisa brilhante, a luz em sua essência e substancialidade é mais luminosa e tem mais esplendor que a luz de sua sombra; portanto, é claro que o brilho da alma vegetativa é maior e mais forte que o da esfera que provém de sua sombra[58].

Essa concepção parece implicar que a emanação não é mais vista como uma causalidade "essencial", "como a luz e o brilho do Sol, os quais emanam de sua essência e substancialidade", pois afirma, de maneira perspicaz, que a emanação é a dispersão de uma sombra e que a substância emanacionista se origina na dispersão da sombra, e não na substância ou na essência da fonte. No entanto, Israeli não parece ter notado nenhuma contradição, visto que, no mesmo tratado em que descreve a emanação como causalidade "essencial", também discorre sobre a emanação em termos da "luz que sai da sombra de uma substância"[59]. De fato, as duas metáforas de luz e sombra ou "feixe e penumbra", tal como na fórmula de Israeli, designam dois aspectos do processo emanacionista e ambas derivam, no final das contas, de Plotino.

Como já mencionado[60], Plotino distingue entre dois tipos de ato essencial, um da essência e um que provém, como subproduto que seria, a partir da essência. As analogias citadas por ele são a do calor como o ato próprio do fogo e a do calor produzido em outra coisa pelo primeiro calor[61]. A mesma distinção é repetida em *Enéadas* II.6.3, em que o calor produzido pela essência é dito ser mera qualidade ou similaridade a "um traço, uma sombra, uma imagem" (*ichnos*, *skia*, *eikōn*). Em *Enéadas* V.1.7, o intelecto é chamado "imagem" (*eidōlon*) do Originador, que, por sua vez, produz uma "luz e um traço" (*phōs kai ichnos*). Já que, em outras passagens, Plotino equaciona "traço e sombra", a fórmula "luz e traço" pode também ser lida como "luz e sombra", o que teria dado à frase de Israeli uma continuidade bastante respeitável. Plotino ainda utiliza o termo "sombra" em outra passagem (IV.3.9), em que discorre sobre a "sombra" projetada pela alma. Em *Enéadas* V.2.1, afirma que o intelecto produziu uma "forma" (*eidos*) de si mesmo, isto é, a alma, e que a alma fez uma "imagem" (*eidōlon*) de si mesma. *Enéadas* V.4.2 discorre sobre o produto do intelecto como algo semelhante a ele, como "imitação" (*mimēma*) e "imagem" (*eidōlon*). Assim, é óbvio que, em Plotino, os termos "imagem", "imitação", "traço" e "sombra" são expressivos sinônimos do que é considerado a segunda fase da emanação, o ato resultante da essência. De modo menos específico e mais genérico, tais termos denotam simplesmente o estatuto inferior da cópia ou da "marca" (*typos*) em comparação com o original (*archetypos*)[62], um contraste que possui tons filônicos[63]; Israeli parece ter capturado as mais sofisticadas nuanças plotinianas desses termos e ter usado o símile da "sombra" apropriadamente.

Sua insistência em que a emanação não implica nenhuma mudança, decréscimo ou acréscimo na fonte também reflete a doutrina plotiniana[64]. Em Plotino, uma das funções do símile da radiação (*perilampsis*) é ilustrar o fato de que a emanação não afeta a fonte[65]. Isso também requer uma metafísica mais ou menos panteísta[66]. Israeli, como vimos, previne-se de tal interpretação ao introduzir a ideia de um ato de criação *ex nihilo* anterior ao estágio de emanação.

A redução progressiva da luz no curso da emanação se torna o assunto de uma especial discussão no *Livro das Substâncias*[67]. A questão posta concerne "às razões para a diferença entre as substâncias e a precedência de uma substância em relação à outra". Israeli sugere três razões. 1) A luz – nesse caso, a referência não é ao intelecto, mas à luz criada pela potência e pela vontade, isto é, a sabedoria, aqui também descrita como "causada pela emanação da potência e da vontade"[68] – não encontra nenhuma sombra no princípio, ao passo que, em seu final, encontra várias imperfeições e obscuridades. Isso representa certa variação do motivo da "sombra", uma vez que não é mais mantido que a luz não é afetada pela emissão do que dela deriva. Ao contrário, é sugerido que a luz padece com o que ela encontra em seu caminho, isto é, a mescla com a escuridão. 2) A recepção da luz por uma substância a partir de outra varia conforme o grau da "mediação", isto é, os estágios intermediários. Apenas o intelecto recebe a luz sem nenhuma mediação de outra substância; as demais a recebem por meio de um, dois, três ou mais intermediários[69], o que acrescenta ainda outro tema à explicação da diminuição da luz. No *Livro sobre o Espírito e a Alma* (§ 9)[70], isso aparece em conjunto com o tema da "sombra e esvaziamento": o esplendor e o brilho da alma racional

> são menos do que o esplendor e o brilho do intelecto; a razão é que o grau do intelecto está mediado entre a alma e seu Criador para que a alma adquira sombra e esvaziamento, isto é, escuridão, assim como o intelecto interveio entre isso e a luz do Criador.

Os dois temas de "sombra" e "mediação" são partilhados também no *Livro das Definições* (§ 5)[71], em que se afirma que "a alma animal [...] vem a ser a partir da sombra da alma racional e por causa disso é removida da luz do intelecto e adquire sombra". 3) A terceira razão é "a diferença entre o que concede e o que é concedido, a concessão e a recepção da concessão". Essa razão não é, porém, explicada mais detidamente no texto, pois nosso fragmento termina antes que a discussão desse ponto seja alcançada.

Uma das mais significativas peculiaridades do conceito de emanação de Plotino é a doutrina dos dois momentos do processo de geração em sua completude. Diferentemente das duas fases já discutidas, as designadas como ato da essência e ato a partir da essência, os dois momentos se referem 1) à emergência do emanante e 2) à sua estabilização e completude. Embora tenha vindo a ser a partir da essência como uma entidade separada, o emanante alcança a permanência e a potência criadora somente depois de ter voltado seu olhar para sua fonte e tê-la vislumbrado em um ato de contemplação. Na afirmação de A. H. Armstrong[72], "aqui encontramos outro dos grandes princípios da filosofia de Plotino; que todos os seres derivados dependem, para sua existência, para sua atividade e, por sua vez, para sua potência para produzir, da contemplação de sua fonte". Essa doutrina tem sido preservada, embora de modo fragmentário, no Plotino árabe. Isso surge nos *Ditos dos Sábios Gregos* ("Depois de sua emanação a partir do Primeiro Agente, voltou-se à sua causa e fitou-a conforme sua potência; então, tornou-se intelecto e substância")[73], na versão vulgata da *Teologia*[74] e nos fragmentos hebraicos do *Livro das Cinco Substâncias* atribuído a Empédocles[75]. Nenhum traço dessa doutrina pode ser encontrado em Israeli. Pode bem ter sido que sua interposição de um divino ato criativo entre o Criador e o processo de emanação tenha se oposto ao uso desse tema.

Notas

1. ALTMANN, A.; STERN, S. M. *Isaac Israeli*: A Neoplatonic Philosopher of Early Tenth Century. Oxford, 1958; reimpressão: Westport, Conn.: Greenwood Press, 1979, p. 147-

217, parte II. Ver especialmente o cap. 4 (Creation, Emanation and Natural Causality), p. 171-180. Esse trabalho será, doravante, citado como ALTMANN-STERN, 1979.

2. As distintas características do que chamei de "a fonte Israeli" e suas diferenças com relação a outros conhecidos tipos de neoplatonismo, incluindo a versão longa da *Teologia de Aristóteles*, foram mencionadas por mim em: ALTMANN, A. Isaac Israeli's "Chapter on the Elements" (MS. Mantua). *The Journal of Jewish Studies*, n. VII.1-2, p. 31-57, 1956. Stern elaborou o tema em: STERN, S. M. Ibn Hasdāy's Neoplatonist: A Neoplatonic Treatise and Its Influence on Isaac Israeli and Longer Version of the Theology of Aristotle. *Oriens*, n. 13-14, p. 58-120, 1961. Esse artigo será citado como STERN, 1961.
3. Ver WOLFSON, H. A. The Meaning of *Ex Nihilo* in Isaac Israeli. *The Jewish Quarterly Review*, N.S. 50, 1959, p. 1-12; reimpresso em: WOLFSON, H. A. *Studies in the History of Philosophy and Religion*. Ed. de Isadore Twersky; George H. Williams. v. I. Cambridge, MA, 1973, p. 222-233, v. I. Ver p. 229-233 (será citado como WOLFSON, 1973).
4. Ver VAN ESS, J. Jüngere orientalistische Literatur zur neuplatonischen Überlieferung im Bereich des Islam. In: FLASCH, K. (Org.). *Parusia... Festgabe für Johannes Hirschberger*. Frankfurt a.M., 1965, p. 333-350.
5. Texto árabe: STERN, S. M. The Fragments of Isaac Israeli's *Book of Substances*. *The Journal of Jewish Studies*, VII.1-2, 1956, p. 20-21 (será citado como STERN, 1956); tradução inglesa de Stern: ALTMANN-STERN, 1979, op. cit., p. 84.
6. Para o significado desses termos, ver infra.
7. ISRAELI, I. *Livro das Substâncias* III, 3r; STERN, 1956, op. cit., VII: 20; ALTMANN-STERN, 1979, op. cit., p. 83 et seq.
8. Sobre as "causas" aristotélicas de uma definição, ver WOLFSON, H. A. *The Philosophy of Spinoza*. New York, 1969, p. 321 et seq. v. I.
9. ALTMANN-STERN, 1979, op. cit., p. 66 et seq. A distinção aqui apresentada é devedora ao *Livro das Definições*, de Al-Kindī; ver p. 68 et seq.; STERN, S. M. Notes on al-Kindi's Treatise on Definitions. *Journal of the Royal Asiatic Society*, p. 33 e 42, abr. 1959. Sobre a concepção de "inovação" (*ibdā'*) de Al-Kindī, ver também IVRY, A. L. *Al-Kindi's Metaphysics*. Albany, NY, 1975, p. 166.
10. ISRAELI, I. *Livro das Substâncias* III, 2v.; STERN, 1956, op. cit., VII: 20; ALTMANN-STERN, 1979, op. cit., p. 83.
11. ALTMANN-STERN, 1979, op. cit., p. 70 et seq.
12. Ibid.
13. Ver o texto reconstituído em: STERN, 1961, op. cit., p. 104 et seq.
14. Deve ser notado que, apesar de rejeitar a potência e a vontade como o *summum genus*, Israeli admite que o intelecto é uma espécie do gênero "sabedoria", embora ele não admita uma emanação do intelecto a partir da sabedoria. É a conjunção da matéria primeira com a sabedoria que dá origem ao intelecto.
15. De acordo com Plotino, a hipóstase atinge a potência criadora somente depois de elas estarem plenamente estabelecidas em virtude de sua contemplação da fonte. Esse aspecto da doutrina plotiniana está ausente em Israeli (ver infra). A expressão "determinada" (*qāmat*) no texto citado pode, não obstante, ser um fraco vestígio do conceito plotiniano.
16. Ver VAN DEN BERGH, S. *Averroes' Tahafut al-Tahafut* (*The Incoherence of the Incoherence*), v. I. London, 1954, p. 63.
17. Todos esses textos estão reunidos em: HENRY, P.; SCHWYZER, H.-R. *Plotini Opera*, v. II. Paris/Brussels, 1959. Para a literatura desses textos, ver VAN ESS, 1965, op. cit.

18. Texto hebraico em: KAUFMANN, D. *Studien über Salomon Ibn Gabirol*. Budapest, 1899, p. 19; citado por mim em inglês em: ALTMANN-STERN, 1979, op. cit., p. 162.
19. A posição é, de algum modo, conflitante na passagem citada por mim de *Ghayāt al-Ḥakīm* (ALTMANN-STERN, 1979, op. cit., p. 162 et seq.), que parece refletir a fonte de Israeli. Em sua revisão do livro (*Kiryat Sefer*, 35.4, 1960, p. 457-459), o finado Martin Plessner sugeriu que a matéria do pseudo-Empédocles contendo todas as formas era idêntica às duas primeiras substâncias da fonte de Israeli, uma concepção que não me parece sustentável. No sistema de Ibn Masarra, que segue o pseudo-Empédocles, a matéria primeira simbolizada pelo trono divino é anterior ao intelecto, como sabemos a partir da informação de Ibn ᶜArabī. Ver ASÍN PALACIOS, M. *Ibn Masarra y su Escuela*. Madrid, 1914, p. 75. Samuel M. Stern e eu planejamos uma reedição com notas dos fragmentos pseudoempedocleanos publicados por Kaufmann. O projeto infelizmente fracassou por causa da morte prematura do Dr. Stern.
20. Ver nota 3.
21. WOLFSON, 1973, op. cit., p. 231 et seq.
22. Ver PINES, S. La longue Recension de la Théologie d'Aristote dans ses Rapports avec la Doctrine Ismaélienne. *Revue des Études Islamiques*, p. 10, 1954; também SCHOLEM, G. Schöpfung aus Nichts und Selbstverschränkung Gottes. *Eranos-Jahrbuch*, n. XXV, p. 101 et seq., 1957.
23. WOLFSON, 1973, op. cit., p. 230 et seq.
24. Ibid., p. 233.
25. Wolfson (p. 232) cita a partir de *Fons Vitae* V.41, ed. de Clemens Baeumker, p. 330 (II.17-20): "A criação das coisas pelo Criador, isto é, a saída (*exitus*) das formas a partir da fonte primeira, isto é, da vontade (*voluntate*) [...] é como a saída (*exitus*) da água emanando (*emanantis*) a partir de sua fonte".
26. Ver GUTTMANN, J. *Philosophies of Judaism*. Trad. de David W. Silverman. New York, 1964, p. 101 et seq.; SCHLANGER, J. *La Philosophie de Salomon Ibn Gabirol*. Leiden, 1968, p. 288 et seq.
27. ISRAELI, I. *Livro das Substâncias* IV, 8v; STERN, 1956, op. cit., VII: 24; ALTMANN-STERN, 1979, op. cit., p. 88.
28. Ver PINES, 1954, op. cit., p. 10.
29. ROSENTHAL, F. Ash-Shaykh al-Yūnānī and the Arabic Plotinus Source. *Orientalia*, Roma, n. 21, p. 476-477, 1952; reproduzido em: HENRY; SCHWYZER, 1959, op. cit., p. 275; PLOTINO. *Enéadas* V.1.6. 25-37.
30. Ibid.
31. HENRY; SCHWYZER, 1959, op. cit., p. 337; PLOTINO. *Enéadas* V.4.2. 26-38.
32. Citação a partir de *Enéadas* V.4.2 na trad. de MacKenna e discutido por RIST, J. M. *Plotinus*: The Road to Reality. Cambridge, 1967, p. 70.
33. RIST, 1967, op. cit., p. 81 et seq. Ver também KREMER, K. Das "Warum" der Schöpfung: "quia bonus" vel/et "quia voluit" [...]. In: FLASCH, 1965, op. cit., p. 241-264.
34. HENRY; SCHWYZER, 1959, op. cit., p. 321.
35. Ibid.; PLOTINO. *Enéadas* V.3.12.40. Para o símile do Sol em Plotino, ver também *Enéadas* V.1.6; V.3.16.
36. HENRY; SCHWYZER, 1959, op. cit., p. 383. Ibn Sīnā, em comentário a essa passagem, identificou a primeira luz com Deus. Ver VAJDA, G. Les Notes d'Avicenne sur la Théologie d'Aristote. *Revue Thomiste*, n. 2, p. 379 et seq., 1952. Essa interpretação deve ser considerada correta. A objeção aventurada por mim em ALTMANN-STERN, 1979, op. cit., p. 173, não pode ser sustentada.

37. Ver nota 7.
38. ISRAELI, I. *Livro das Substâncias* III, 2r; STERN, 1956, op. cit., VII: 20; ALTMANN-STERN, 1979, op. cit., p. 83.
39. PINES, 1954, op. cit., p. 151, nota 1.
40. ISRAELI, I. *Livro das Substâncias* IV, 9v; STERN, 1956, op. cit., VII: 25; ALTMANN-STERN, 1979, op. cit., p. 89.
41. ISRAELI, I. *Livro das Substâncias* V, 12v; STERN, 1956, op. cit., VII: 27; ALTMANN-STERN, 1979, op. cit., p. 91.
42. HENRY; SCHWYZER, 1959, op. cit., p. 291; ver ainda p. 441.
43. Ibid., p. 297; ver também p. 245.
44. KAUFMANN, 1899, op. cit., p. 19.
45. ALTMANN-STERN, 1979, op. cit., p. 40 et seq. (linhas 36-42); 110 et seq.; 119.
46. Ver ibid., p. 119; STERN, 1961, op. cit., p. 104-105.
47. Ibid., p. 41 (linha 49); 45 (linhas 6-7).
48. HENRY; SCHWYZER, 1959, op. cit., p. 67.
49. GUTTMANN, J. *Die philosophischen Lehren des Isaak b. Salomon Israeli*. Münster, 1911, p. 18.
50. IBN ḤASDAI, AVRAHAM. *Ben ha-Melek̠ ve-ha-Nazir* (O Príncipe e o Asceta). Ed. de A. M. Habermann. Tel Aviv, 1951, p. 202; STERN, 1961, op. cit., p. 67.
51. Ver STERN, 1961, op. cit., p. 84 e 88.
52. Ibid., p. 64; 79-81.
53. ALTMANN-STERN, 1979, op. cit., p. 111.
54. Citado por VAJDA, G. *Revue des Études Juives*, N. S., XII, p. 30, nota 1, 1935, a partir do manuscrito da Bibliothèque Nationale de Paris.
55. Ver GUTTMANN, J. *Die Scholastik des dreizehnten Jahrhunderts*. Breslau, 1902, p. 57; id., 1911, op. cit., p. 42.
56. ISRAELI, I. *Livro das Substâncias* III, 3r; STERN, 1956, op. cit., VII: 20; ALTMANN-STERN, 1979, op. cit., p. 83 et seq.
57. ALTMANN-STERN, 1979, op. cit., p. 45 et seq.; Ibn Gabirol (*Fons Vitae* III.52) sinaliza que o que emana da fonte não são essências (*essentiae*), mas potências (*virtutes*) e raios (*radii*) ou qualidades (*qualitates*).
58. ISRAELI, I. *Livro das Definições* § 6; ALTMANN-STERN, 1979, op. cit., p. 46 (linhas 28-33).
59. ISRAELI, I. *Livro das Substâncias* IV, 9r; STERN, 1956, op. cit., VII: 25; ALTMANN-STERN, 1979, op. cit., p. 88.
60. Ver nota 32.
61. Cf. PLOTINO. *Enéadas* V.4.2.28 et seq.; *Epistola de Scientia Divina*, n. 169-179, in: HENRY; SCHWYZER, 1959, op. cit., p. 337.
62. PLOTINO. *Enéadas* V.9.5; *Epistola* § 22 in: HENRY; SCHWYZER, 1959, op. cit., p. 419.
63. Ver FILO DE ALEXANDRIA. *Legum Allegoria* III, 33. 99-104, em que o mundo é dito ser a "sombra" do "arquétipo", e Beṣal'el (literalmente, "na sombra de Deus") é descrito como um artífice trabalhando a partir de meras "imagens" (*mimēta*) dos arquétipos. Cf. WOLFSON, H. A. *Philo*. Cambridge, MA, 1962, p. 85 et seq. v. II.
64. PLOTINO. *Enéadas* VI.9.9. Para mais referências, ver KREMER, 1965, op. cit., p. 246 et seq. (notas 24-25). Ver *Dicta Sapientis Graeci* II, 10, in: HENRY; SCHWYZER, 1959, op. cit., p. 267.
65. Ver ARMSTRONG, A. H. *The Architecture of the Intelligible Universe in the Philosophy of Plotinus*. Cambridge, 1940, p. 52.

66. Ibid., p. 62.
67. ISRAELI, I. *Livro das Substâncias* IV, 8r et seq.; STERN, 1956, op. cit., VII: 23-26; ALTMANN-STERN, 1979, op. cit., p. 88-90.
68. Em relação a essa inconsistência, ver supra.
69. Ver nota 40.
70. ALTMANN-STERN, 1979, op. cit., p. 111.
71. Ibid., p. 41 (linhas 55-58).
72. ARMSTRONG, A. H. *Plotinus*. London, 1953, p. 34.
73. HENRY; SCHWYZER, 1959, op. cit., 275; PLOTINO. *Enéadas* V.1.7. 5-6.
74. HENRY; SCHWYZER, 1959, op. cit., 291 et seq.; PLOTINO. *Enéadas* V.2.1. 9-11.
75. KAUFMANN, 1899, op. cit., p. 20 et seq.

Filosofia e Poética no Pensamento de Salomão Ibn Gabirol *

Nachman Falbel

O notável florescimento cultural que ocorreu na Espanha do século XI sob domínio muçulmano favoreceu o despertar de um pensamento filosófico hebraico. A longa convivência entre judeus e muçulmanos, desde a conquista árabe da Península Ibérica, frutificou uma criatividade cultural ímpar que se manifestou também na literatura, na poesia e em outras áreas do conhecimento [1]. Dentre os representantes do neoplatonismo judaico na Península Ibérica, o grande centro de contato e intercâmbio filosófico medieval, destaca-se a figura única de Salomão ibn Gabirol, que Husik, além de considerá-lo o primeiro filósofo judeu na Espanha, considera-o o primeiro escritor filósofo da Andaluzia [2]. Há bem pouco, ou seja, somente no século passado, é que seu *opus majus*, o *Fons Vitae*, escrito em árabe em 1046, foi identificado com seu autor, supostamente conhecido pelos latinos como Avicebron ou Avencebrol, filósofo reputado por vezes mulçumano, por vezes cristão [3]. O conjunto de sua atividade intelectual reflete uma personalidade ambivalente que se divide entre a arte

[*] Para a Doutrina da Vontade em Ibn Gabirol, ver meu estudo: FALBEL, N. A doutrina da vontade em Schlomo ibn Gabirol. In: STEIN, E. (Org.). *A cidade de Deus e a cidade dos homens*: de Agostinho a Vico. Festschrift para Luis Alberto De Boni. Porto Alegre: EdiPUCRS, 2004, p. 415-471.

poética, escrita em hebraico, e a filosofia, expressa em árabe, tal como ocorreu em boa parte das obras dos pensadores judeus de Sefarad.

Sobre a produção poética de Ibn Gabirol muito se pesquisou e se escreveu[4]. Mais recentemente, porém, os estudiosos de sua obra tendem a perscrutar em sua criatividade poética elementos que completem e elucidem conceitos pertinentes à sua obra filosófica, o que parece ser uma linha de pesquisa promissora, com a qual nos identificamos se a considerarmos um dos momentos mais elevados da poesia hebraica medieval[5], se não da europeia do mesmo período[6]. Um aspecto peculiar na obra do jovem poeta é a insistente afirmação do tema da incessante busca pela *ḥokmá*, sabedoria, como escopo de sua curta vida, que mescla o fazer poético com a busca pelos segredos do universo. Assim, ele declara:

> Sobre mim, põe-se a tarefa de realizar o mandamento de meu antepassado Salomão[7]: continuamente procurar e descobrir os segredos da sabedoria – quem sabe vão se revelar aos meus olhos. Eis que esse mandamento é meu único consolo, minha única herança neste mundo![8]

Seu belíssimo poema lírico *'Ani ha-'Ish* (Eu Sou o Homem) enfatiza que "desde jovem escolheu a sabedoria"[9]. Em outro poema, *Nefesh 'Asher 'Alu* (Alma Que Se Eleva), exclama convicto da própria superioridade intelectual: "Como poderei abandonar a sabedoria se o Espírito divino estabeleceu uma aliança entre ela e mim?"[10] Do mesmo modo, e com a petulância própria da juventude, ele se expressa no poema intitulado *Be-fi Ḥarbi u-vi-Lshoni Ḥaniti* (Em Minha Boca uma Espada, em Minha Língua uma Lança): "O entendimento é mãe de minh'alma; a sabedoria e o conhecimento, minhas irmãs"[11]. Na obra conhecida pelo título *Mivḥar ha-Peninim* (Seleção de Pérolas), escrita originalmente em árabe e compreendendo 652 máximas de diversas origens, Ibn Gabirol se refere à sabedoria, entre outros temas, a respeito da qual afirma: "Enquanto o homem busca a sabedoria, é visto como sábio; mas, se pensa tê-la alcançado, já é um néscio"[12]. Com efeito, a primeira questão, central no *Fons Vitae*, que o *discipulus* formula é: *Quid est ergo, quod debet homo inquirere in hac vita?*[13]. A resposta do mestre é a longa exposição que constitui o conteúdo filosófico de sua obra.

A poesia filosófica de Ibn Gabirol, a exemplo do sublime *Keter Malkut*, encontra-se dispersa no conjunto de sua obra poética. O gênero faz parte da criatividade literária medieval de poetas-pensadores, como Yehudá Halevi, Ibn Ezra e outros[14]. O caso de Ibn Gabirol é singular pela razão de não ter despertado ampla atenção entre os filósofos judeus, fato que se explica por não se encontrar, no *Fons Vitae*, nenhuma citação bíblica ou da literatura talmúdica, o que é quase impensável entre os autores judeus da Idade Média. Por outro lado, os que puderam conhecer sua obra, naquele período, provavelmente se desgostaram com seu caráter eminentemente especulativo desvinculado de qualquer teor apologético ou teológico propriamente judaico. Talvez isso explique, como bem lembra Husik[15], a atitude crítica agressiva de Abraão ibn Daūd (1110-1180), autor de *'Emuná Ramá* (A Fé Sublime), um dos precursores do aristotelismo judaico que antecedeu a Maimônides, em relação a Ibn Gabirol, não somente por sua discordância do conceito de matéria assim como se apresenta no autor do *Fons Vitae*, mas pelo distanciamento de sua filosofia da fé judaica, a ponto de encontrar em sua obra elementos que poderiam levar à heresia[16].

Autores como Isaac Abravanel e seu filho Yehudá (Leone Ebreo), no século XV e no início do XVI, tiveram conhecimento de certas obras de Ibn Gabirol, o que pressupõe o conhecimento do *Fons Vitae* e a convicção de que seu autor era judeu[17]. Difícil é saber o quanto sua obra repercutiu entre os pensadores judeus de seu tempo. Temos como contemporâneos ou próximos ao período em que viveu autores como Moshée ibn Ezra, que cita o *Meqor Ḥayyim* em seu *'Arugat ha-Bosem* (Jardim dos Aromas), ou que também revelam conceitos similares aos dele, tais como Abraão ibn Ezra (1089-1164), Yosef ibn Ṣadiq (m. 1149) e cabalistas como Isaac ibn Latif (c. 1210-c. 1280), os quais Gershom Scholem procurou examinar para saber até onde seus conceitos penetram na Cabalá[18]. Abraham ibn Daūd Halevi, que aceita e utiliza os conceitos de matéria e forma, discorda de Ibn Gabirol no tocante à teoria da matéria universal, que o nosso filósofo concebe com independente e atual existência. Mais tarde, o autor de *'Or 'Adonai* (A Luz do Senhor), o pensador Ḥasdai Crescas (1340-1410), retomaria a teoria de Ibn Gabirol, discordando da crítica de Abraham ibn Daūd Halevi e afirmando a existência da matéria universal, também para ele identificada com a matéria primeira[19].

No entanto, outra obra sua, diferentemente do *Meqor Ḥayyim*, o tratado *Tiqqun Midot ha-Nefesh* (Livro do Aperfeiçoamento das Qualidades Morais da Alma)[20], de caráter ético, foi muito difundido; ainda que não tenha profunda relação com suas principais ideias metafísicas, nela se encontram elementos associados a passagens do *Fons Vitae* ao se referir à alma e ao propósito da existência do ser humano.

A originalidade do pensamento de Ibn Gabirol também se manifesta em sua concepção ética, em que ele enumera vinte traços pessoais do caráter do ser humano determinados por cada um dos cinco sentidos: orgulho, humildade, modéstia e atrevimento estão relacionados ao sentido da visão; amor, misericórdia, ódio e crueldade, ao da audição; ira, benevolência, inveja e diligência, ao do olfato; alegria, angústia, agressividade e arrependimento, ao do paladar; generosidade, mesquinhez, coragem e covardia, ao do tato. Contudo, ele adota um esquema idêntico ao de outros autores medievais ao estabelecer a relação com as virtudes e os quatro estados – calor, frio, umidade e secura – e com os quatro elementos – terra, ar, água e fogo:

> O macrocosmo (*ha-'olam ha-gadol*) se compõe de quatro elementos (*'arba' ṭeva'im*), assim como o microcosmo, que é o ser humano, pois digo que Deus criou a parte dominante do universo, com base nas quatro naturezas, para ser originário de quatro fundamentos conhecidos e criou o homem com base neles, que possui o sangue com relação ao ar, a secreção branca com relação à água, a bílis vermelha com relação ao fogo e a bílis negra com relação à terra [...][21].

Com razão observa Angel Sáenz-Badillos que Ibn Gabirol não seguiu a linha de interpretação literal e filológica (*peshaṭ*) que prevalecia entre os judeus andaluzes daquele período[22], preferindo utilizar uma interpretação alegórico-filosófica, presente em toda a extensão de sua obra poética e literária, em que procura encontrar o reflexo metafórico e simbólico de suas ideias filosóficas na própria Sagrada Escritura. David Kaufmann já havia enfatizado o caráter pioneiro da obra de Ibn Gabirol, que harmoniza o pensamento filosófico com a alegorização do conteúdo das Sagradas Escrituras[23]. Lamentavelmente, pouco sabemos de seus escritos exegéticos, que se perderam com o passar do tempo. O notável exegeta, pensador e poeta Abraão ibn Ezra (1089-1164), adepto da exegese literal e filológica, em alguns de seus comentários faz várias referências a Ibn Gabirol como R. Shlomó ha-Sefardi, sábio que lhe permitiu penetrar nos segredos e significados mais profundos da narrativa sobre o Paraíso (Gênesis 3:21)[24]. Na interpretação de Ibn Ezra, em nome de nosso poeta-filósofo, transparece a alegoria filosófica em que subjaz "o segredo da alma". Nela, antes de tudo, ele enfoca o significado filosófico dos substantivos dessa narrativa bíblica, em que o "Éden" representa o mundo celestial, o "rio" é a matéria geral do mundo, e os "quatro rios" que dele fluem são os quatro elementos. Os personagens do Paraíso representam as diferentes qualidades da alma, assim como são definidas no pensamento neoplatônico: "Adão" é a alma racional; "Eva", a alma animal; e a "serpente", a alma concupiscente. Do mesmo modo, quando Ibn Ezra interpreta o sonho de Jacó e a visão da "escada" que se eleva aos céus (Gênesis 28:12), ele menciona que "R. Shlomó ha-Sefardi disse que a escada alude ao mundo celestial e os anjos de Deus são os pensamentos da sabedoria"[25]. Outras passagens nos comentários bíblicos de Ibn Ezra evidenciam a exegese peculiar de Ibn Gabirol aplicada às Sagradas Escrituras[26].

No poema *Keter Malkut* (Coroa Real), que passou a ser um texto adotado universalmente para a afirmação do monoteísmo judaico, Ibn Gabirol sintetiza suas convicções filosóficas e religiosas em uma espécie de encontro entre o Deus da filosofia e o Deus da fé religiosa; mesmo sem ter uma unicidade sistêmica, sua expressão revela acima de tudo uma alma sensível de poeta-filósofo que usa uma linguagem sublime ímpar para enaltecer o Criador do universo[27]. Zunz já havia assinalado a mudança ocorrida na poética hebraica no século XI[28]. Israel Levin afirma que, "na Espanha, ele foi o primeiro que, com amplitude, abriu as portas da poesia litúrgica ao pensamento filosófico e à visão científica do mundo"[29]. O longo poema está dividido em quarenta seções e, com exceção dos versos iniciais, está escrito em prosa rimada. Em especial, na primeira parte do poema, que entrará na liturgia sinagogal, encontra-se uma verdadeira definição de Deus e dos atributos divinos próxima à essência primeira do *Meqor Ḥayyim*, ou *Fons Vitae*. O *Keter Malkut* constitui um verdadeiro resumo da fé monoteísta:

> Tu és Um [...] e perante o mistério de Tua unicidade os sábios ficarão perplexos, pois não saberão o que é. Tu és Um, e Tua unicidade não diminui nem aumenta, não falta e não sobra. Tu és Um, e não como o um adquirido e computado, pois não está ao alcance da multiplicidade e da mudança, nem atributo nem denominação [...][30].

No *Keter Malkut*, Ibn Gabirol reproduz a natureza, a obra da criação e o papel das dez esferas do universo, os anjos e a descrição do Trono de Deus[31], assim como o lugar do homem na criação e a finalidade última de sua existência.

Escrito originalmente em árabe[32], o texto latino do *Fons Vitae* era conhecido, pois fora traduzido do original ainda no século XII por João de Espanha (Johannes Hispalensis) e Dominico Gundissalinus[33], ambos tradutores do notável empreendimento de tradução encetado pelo arcebispo Raimundo de Toledo, que contribuíram com seu trabalho para o conhecimento de vários escritos de pensadores árabes da Península Ibérica. A tradução da obra de Ibn

Gabirol para o latim teria notável repercussão na escolástica cristã medieval, a ponto de Guilherme de Auvergne se referir a ele como *unicus omnium philosophantium nobilissimus*. Além do mais, o resumo composto de extratos da obra em hebraico, feito no século XIII por Shem-Ṭov ibn Falaqera, que Salomon Munk descobriu em 1845 na Biblioteca Imperial em Paris, cuja notícia publicou logo depois, contribui para identificar o autor e sua obra[34].

A obra de Ibn Gabirol, de clara influência neoplatônica, passa a ser original na medida em que não segue exatamente a linha neoplatonizante da filosofia árabe medieval, adotando uma terminologia ou conceituação muito própria, que poderia ser mais bem entendida se tivéssemos o original árabe, que não chegou até nós[35]. O estilo literário adotado pelo autor é o do diálogo entre um mestre e seu discípulo, em que este questiona e o primeiro responde, algo tão comum na literatura filosófica árabe daquele tempo, tendo como antecedentes mais longínquos os diálogos de Platão.

O *Fons Vitae* é composto de cinco partes ou tratados, cujo conteúdo é o que se segue: o primeiro esclarece os conceitos fundamentais de seu pensamento, da matéria universal e da forma universal como inquirições preliminares, e as diferentes espécies de matérias; o segundo descreve a substância espiritual que sustenta a forma corporal; o terceiro demonstra a existência de substâncias simples; o quarto aborda a forma e a matéria nas substâncias simples; e o quinto examina a matéria universal e a forma universal como são ou existem em si mesmas.

Logo no primeiro tratado, depois de apresentar a divisão das coisas em relação ao conhecimento humano, entre as que sua inteligência pode conhecer e as que a ultrapassam e que não pode conhecer, ele dirá que algumas não necessitam, para serem conhecidas, de nenhuma prova, ou que são *per se nota*, e que outras são conhecidas por meio da demonstração, isto é, pelas regras da arte dialética que nos dá um conhecimento certo. O discípulo, porém, não estará interessado na arte da lógica, senão na questão inicial, o que o homem deve procurar nesta vida. Temos aí o ponto de partida para o desenvolvimento de uma atividade filosófica a que deverá responder o *Meqor Ḥayyim*: "Como a parte inteligente é a melhor entre as partes do homem, o que o homem deverá mais procurar é o conhecimento"[36]. O que acima de tudo deve tratar de conhecer é a si mesmo, a fim de que possa com isso conhecer as outras coisas que são exteriores a si, pois sua essência compreende todas as coisas e as penetra, e todas as coisas estão sujeitas a seu poder. Com isso, ele deverá também procurar o conhecimento da causa final, ciência para a qual foi criado e que, portanto, deve estudar, pois assim é que alcançará a felicidade.

Um dos elementos que caracterizará o pensamento neoplatônico de Ibn Gabirol é a introdução do conceito de "vontade"[37], que dá continuidade a essa parte do diálogo entre discípulo e mestre: "Por que a essência do homem possui uma causa final? [...]". Responderá o mestre:

> Porque a vontade é a qualidade divina que compara o ser a todas as coisas e as move, e não é possível que qualquer coisa se faça sem ela [...] e, como o movimento pelo qual as coisas são criadas está ligado à vontade, necessário é que o movimento dependa de seu movimento e o repouso de seu repouso [...] o que se segue é que o movimento na geração do homem e de outros seres é causado pela ação da vontade[38].

"E qual é então a causa final para a criação do homem? É a ligação de sua alma ao mundo superior, a fim de que cada coisa retorne ao que lhe é semelhante [...]." Como conseguiremos tal coisa? Pelo conhecimento e pela ação, pois é pelo conhecimento e pela ação que a alma se liga ao mundo superior. O conhecimento conduz, com efeito, à ação, e a ação afasta a alma de seus contrários, que a corrompem, e a conduz à sua natureza e à sua essência. Em suma, o conhecimento e a ação liberam a alma do cativeiro da natureza e a purificam das trevas e de sua obscuridade, e assim a alma retorna a seu mundo superior[39]. Uma leitura atenta de certos poemas de Ibn Gabirol, a exemplo do *Lev Navuv* (Coração Vazio), expressa a mesma ideia:

> Coração vazio e sabedoria obscura/ corpo presente – alma ausente; e terra – nela o mal dos que a habitam/ nela, alegria o homem não encontrará [...] amigo, meus olhos miram o mundo/ caótico, que se pensa ser bom; atormentada a vida do homem/ que finda na poeira como um torrão de terra –/ enquanto a alma se eleva àquela que se encontra nas alturas[40].

No poema *Sheḥi la-'El Yeḥidá* (Volte-se à Divindade), ele usa a expressão *yeḥidá ha-ḥaḵamá*, isto é, a "alma superior", a que está acima da humana e é eterna. Nesse poema, o poeta manifesta o forte desejo de procura e entrega pessoal ao mundo superior, fonte de sua origem[41]. Essa concepção, que em sua poesia se manifesta em um elevado estado de alma, é expressa com mais ênfase no poema *Se'í 'Ayin, Yeḥidati* (Eleva Teus Olhos, Minh'Alma):

> Eleva teus olhos, minh'alma, à tua Rocha
> e lembra-te de teu Criador [...]

que Seu nome seja sempre cantado em teus poemas.
Frágil é tua vida sobre a terra,
e tua segurança está no abandono da carne.
Não foi antes preparado o teu descanso sob o Trono?
Eu, pois, abençoarei o meu Senhor assim como toda alma O abençoa[42].

De fato, no *Keter Malḵut*, ele localiza as almas sob o Trono:

Quem poderia realizar tuas obras?
Tu fizeste um lugar para as almas de teus piedosos
e ali é a morada das almas puras que,
como um feixe de vida, estão ligadas.
E os que estão fatigados e cansados
ali reencontrarão força,
e ali descansarão os esgotados e repousarão.
E ali se encontram delícias sem fim e sem limite.
É o mundo vindouro (*ha-'olam ha-ba*)[43].

***

Podemos constatar que Ibn Gabirol assimila e interpreta ideias neoplatônicas que vinham sendo introduzidas no pensamento hebraico efetivamente desde Isaac ben Shlomó Israeli (c. 850-950), cuja fama de médico eminente pareceu ultrapassar a de filósofo[44]. No entanto, as obras de Isaac Israeli – *Livro das Definições*, *Livro dos Elementos*, *Livro das Substâncias* e *Livro do Espírito e da Alma*, seja nas versões latina ou hebraica, seja em parte árabe – são inegavelmente os primeiros textos representativos do neoplatonismo judaico[45]. Conforme Altmann e Stern, ele teria sofrido a influência de duas fontes, a do filósofo muçulmano Al-Kindī (m. 874) e a de um tratado pseudoaristotélico que os estudiosos resolveram denominar *Ibn Ḥasdai Neoplatônico*[46]. Em ambos se adotam a doutrina da emanação, que vai do superior ao inferior, a natureza do intelecto e o retorno da alma à sua origem superior. Podemos supor, com base no pouco que sabemos, que esse tratado teria certa penetração no pensamento neoplatônico dos filósofos judeus que o sucederam no tempo, na Península Ibérica, e também em Salomão Ibn Gabirol, em que certa semelhança de ideias pode ser encontrada no *Meqor Ḥayyim*[47]. Apesar das múltiplas interpretações e enfoques com que, desde o século XIX até o presente, os estudiosos da complexa obra filosófica de Ibn Gabirol nos vêm brindando, grande parte deles considera a doutrina da emanação neoplatônica, com suas variantes, subjacente a seu pensamento[48]. Zinberg, que dedicou atenção especial ao pensamento de Ibn Gabirol, sintetiza em poucas palavras a leitura que fez de sua obra:

> A forma e a matéria são inseparáveis, são dois irmãos gêmeos que não podem existir um sem o outro. Não há matéria sem forma e também forma sem matéria. Também as puras coisas espirituais, inteligentes, sem nenhuma matéria corporal, mesmo a razão humana e também os anjos, também eles se compõem da união de forma e matéria. Eis que, na infinita e diversificada corrente de fenômenos, as incontáveis manifestações dos dois elementos fundamentais são, em Ibn Gabirol, pensadas como permanente e incessante corrente de emanação (*'aṣilut*) da primeira e da única fonte (*maqor*), da qual flui tudo o que é, como um rio que jorra de uma fonte viva [...][49].

Munk também lembrará que há indícios do *Fons Vitae* no vade-mécum dos cabalistas do livro do *Zohar*, cuja compilação foi feita nesse mesmo século[50]. No entanto, os cristãos aproveitaram o *Fons Vitae*, como já dissemos, e usaram algumas de suas doutrinas filosóficas para sua própria elaboração no decorrer do século XIII e nos seguintes.

O próprio Dominico Gundissalinus foi influenciado diretamente pelo filósofo judeu quanto à concepção da composição universal de todas as coisas de matéria e forma, e todo o desenvolvimento derivado de ambos os princípios segue de perto o *Fons Vitae*. Assim, a partir de Deus, simples e uno, sucede-se, desde a primeira criação, o ser composto, isto é, de matéria e forma, distinguindo-se desse modo toda a escala da criação do Criador[51]. Esse hilemorfismo universal que caracterizará o pensamento da escola franciscana – em contraste com os pensadores dominicanos, sob a influência, mas sempre se resguardando de nuanças de diferenciação individual entre eles, de Tomás de Aquino – tem certa relação com a obra de Ibn Gabirol.

Guilherme de Auvergne (m. 1249), cujo vigor filosófico se mostra no *Magisterium divinale* e que pensava ser Avicebron um filósofo cristão, já havia adotado sua doutrina da pluralidade das formas[52]. Do mesmo modo, Boaventura e outros pensadores da escola franciscana, incluindo Duns Scotus, seguiriam suas pegadas em relação ao hilemorfismo universal aristotélico em uma direção próxima de Ibn Gabirol[53].

A ênfase na doutrina sobre a matéria universal e a forma universal, que constitui o cerne do pensamento do filósofo judeu, percorre todo o *Fons Vitae*. No tratado I, c. 5, o discípulo pergunta: "A essência do ser universal é uma ou múltipla?", e o mestre responde: "De fato ela é múltipla. Ainda que seja múltipla e diversa, ela se mantém, no entanto, em duas coisas pelas quais se sustenta e possui o ser". "Quais são essas duas coisas? A matéria universal e a forma universal. Como tudo o que é se limita a essas duas? Porque elas são a raiz de todas as coisas, e é a partir delas que é produzido tudo o que é"[54]. Portanto, a matéria universal e a forma universal constituem a base de tudo e ambas são as mais simples de outras matérias e de todas as formas. Em seu conjunto, a ciência dos dois princípios, isto é, da matéria universal e da forma universal, é a primeira que deve ser objeto da metafísica, seguindo-se a da vontade divina e a da substância primeira. São essas as três coisas que compõem o ser e que são objeto da ciência, representando a causa, o efeito e o que se apresenta como o intermediário entre ambos[55]. Também a ordem para o estudo das ciências deve seguir o esquema *supra* para o verdadeiro entendimento do ser. Por outro lado, a existência da matéria e da forma universal pode ser estabelecida de outro modo. Há certas propriedades que vêm ao encontro de ideias que nós formamos da matéria universal e que lhe são inseparáveis. São as propriedades de ser, de subsistir por si mesmo, de ser uma única essência, de suportar a diversidade e de dar a tudo sua essência e seu nome. Encontramos tais propriedades em tudo o que é e, desse modo, acabamos reconhecendo que há ali algo que corresponde à ideia de matéria universal. Tal conhecimento é resultado de uma reflexão abstraindo-se a sucessão das formas, umas após as outras, passando, assim, do visível ao invisível até chegarmos a uma última forma na qual não podemos mais reconhecer outra; é lá que vamos encontrar a ideia dominante de matéria universal. O exemplo dado ilustra bem seu sistema, senão vejamos: se considerarmos a esfera celeste, a primeira forma que nos impressiona é a cor, e a seguir reconhecemos, enquadradas em uma ordem de sucessão, as formas da figura, da corporeidade, da substancialidade, da espiritualidade, e assim por diante, até que chegamos a compreender que se encontra subjacente a tudo isso alguma coisa que é um, que subsiste por si mesmo e que comporta todas essas formas. Essa tal coisa é a matéria universal, além da qual nada mais há a procurar, senão a causa primeira de tudo ou o primeiro eficiente, que é Deus. A matéria universal é, portanto, uma, e a diversidade que reconhecemos nos seres, corporais ou espirituais, reside somente na forma.

Quanto à forma universal, ela possui igualmente suas propriedades que nos permitem reconhecê-la em tudo aquilo que é. São elas: 1) ser contida por outra coisa e subsistir em outra coisa, pois, se ela não é contida, ela contém, e seria então matéria; 2) completar a essência das coisas nas quais ela está e dar-lhes a existência, pois é pela forma que a coisa é o que ela é. Devemos lembrar que a matéria também tem a propriedade de ser e que ela tem o ser em potência, enquanto a forma dá às coisas o ser em ato. Como bem lembra Fernand Brunner, em um estudo orientado a esclarecer a doutrina da matéria em Avicebron[56], a matéria e a forma em Aristóteles não são dois seres, mas um ser somente: são as duas faces, a da potência e a do ato de uma só e mesma realidade[57].

Brunner lembra bem que o neoplatonismo consequente de Ibn Gabirol, professando a emanação da forma, também é adotado em relação à matéria e enfatiza a universalidade da matéria, que teve seu precedente na Espanha do século X com a introdução do pseudoempedoclismo por Ibn Masarra, sobre o qual falaremos mais adiante[58]. Para Ibn Gabirol, a matéria é a primeira criatura, comunicando aos seres as formas que ela sustém. É preciso ressaltar que a matéria, em Ibn Gabirol, não é somente como o devir sensível em Aristóteles, mas é o suporte de todo o vir a ser concebível, compreendendo todos os seres que recebem a existência fora do tempo, portanto dos que vêm a ser temporais e dos suprassensíveis não temporais. Contudo, na doutrina da matéria de Ibn Gabirol, aparecem certas dificuldades: o papel da matéria na escala ontológica a leva aparentemente a se identificar, ou quase, com a essência divina, transpondo o que estabelecera Aristóteles em relação à forma. Adotando o esquema diferenciador de Brunner, no estudo já citado, teríamos o seguinte resultado: a) em Aristóteles, a ordem ou escala ontológica seriam Deus, as formas sensíveis e a matéria; b) em Ibn Gabirol, Deus, a matéria e as formas sensíveis[59]. No entanto, certas passagens do *Fons Vitae* não excluem a possibilidade de dois lados na relação dialética entre a matéria e a forma, atribuindo a unidade do cosmos à forma e afirmando a dependência da matéria para com a forma, no sentido de que a matéria aspira se unir à forma e receber desta o ato que lhe falta e necessita para ser[60].

O discípulo, ao perguntar: "Por que não podemos encontrar uma parte da matéria sem forma?", recebe como resposta do mestre:

> Porque a forma contém a matéria. E porque é da natureza da forma conferir a essência: pois nada é sem ela. E porque a matéria não possui o ser senão pela forma, uma vez que o ser é a partir da forma: também a matéria se move para receber a forma para sair da dor da privação e chegar à alegria da existência [*et ideo materia mota est ad recipiendum*

> *formam, scilicet ut exeat a dolore privationis* (*mi-ke'ev he'eder*) *ad delectationem essendi* (*le-ta'anug ha-meṣiut*)][61].

O que a matéria é se considera um substrato sem formas das formas que se sucedem nele.

A ideia da matéria como substrato que Ibn Gabirol adota em várias passagens do *Fons Vitae*, que se apresenta originalmente em *Física* I, 7, de Aristóteles, como uma explicação adotada para estabelecer as relações entre matéria e forma, deriva da argumentação lógica de que no fenômeno de mudança os princípios devem ser obrigatoriamente mais do que um e, além disso, devem ser opostos, ou seja, ser ou não-ser. Esses opostos não podem ser os únicos princípios do ser, pois nada pode vir do nada. Portanto, temos de aceitar a existência de um substrato (*munaḥ*, *nosê*, *hypokeimenon*) ao qual ambos, não-ser e ser, pertencem igualmente, sendo tal substrato a matéria[62]. Aristóteles concluirá "que deve haver um substrato para os contrários, e os contrários devem obrigatoriamente ser dois"[63].

A causa desse movimento da matéria é o desejo de captar a bondade e o deleite quando recebe a forma, e isso porque, em todas as substâncias, o movimento delas é em direção ao uno e em razão do uno, pois a todo ser lhe apetece mover-se para alcançar a bondade do primeiro ser[64]. Nada mais evidente nesse argumento sobre a questão da causa do movimento da matéria formulado por Ibn Gabirol: o quanto sua concepção se mostrava contrária ao pensamento aristotélico. O raciocínio completo seria: o movimento de todo ser é para receber a forma, e a forma é a impressão do uno, e o uno é a bondade, logo o movimento de todas as coisas não é senão por causa da bondade, que é o uno. As categorias neoplatônicas de "bondade" e "uno" do primeiro ser, para explicar o movimento da matéria, completam-se com o argumento adicional que introduz o desejo e o amor, que procuram se aproximar do amado e se unir com ele[65]; e o "desejo" e o "amor", que têm presença significativa e contínua no pensamento teológico e místico judaico, apresentam-se como categorias filosóficas. Mais do que isso, porém, ambos perpassam como tema central em toda a extensão da poética de Ibn Gabirol. De um lado, "desejo" e "amor" se apresentam, em sua poesia profana ou secular (*shirê ḥol*), como um verdadeiro turbilhão de sentimentos humanos que oscilam entre o prazer e o sofrimento e a dor quando não correspondidos em sua manifestação erótica diante do ser amado. Com razão, ela pode ser denominada *shirat ha-ḥesheq*, ou seja, "poesia do desejo". Nela se incluem os poemas de louvor ao vinho, que alegra corações nos banquetes realizados nos floridos jardins palacianos, e nos quais nada é mais importante que fruir tais momentos na rápida passagem pela vida terrena[66]. De outro lado, em sua poesia, "sagrado (*shirê qodesh*)" expressa a convicção religiosa do *amor Dei*, o desejo de se elevar e de se unir com a divindade, a abstinência e o ascetismo voltados para o mundo do além. Outros poemas estão impregnados de intensa expectativa de redenção (*geulá*) do povo de Israel, que será ouvido em suas preces para se libertar das agruras da dispersão sob o domínio dos descendentes de Ismael e do cruel jugo de Edom, ou seja, do domínio cristão[67]. O poeta do "desejo" e do "amor" descreve com expressivas e ricas metáforas extraídas da literatura bíblica a mútua relação entre Deus e seu povo como um compromisso eterno desde que fora outrora estabelecido[68]. Todavia, a matéria e o primeiro ser não são semelhantes, ainda que aquela adquira luz e esplendor que há na essência da vontade, o que a obriga a se mover em sua direção e a desejá-la, sem, contudo, conseguir alcançar sua essência, apenas a forma criada por essa essência.

No entanto, se pensarmos que esse movimento da matéria é totalmente independente, estaremos cometendo um engano, pois o que o provoca é sua proximidade da unidade, que, por sua vez, influi sobre ela e "a faz mover em sua direção para adquirir dela a perfeição". Pela extrema proximidade da unidade, devem emanar dela luz e virtude que a levem a se mover e a desejá-la, e a passar do não-ser a ser, enquanto a vontade sopra sobre ela a forma universal em ato[69]. Ainda mais adiante, devemos entender melhor o papel da unidade e sua relação com a vontade.

Depois de esclarecer os conceitos de forma universal e matéria universal e sua existência segundo o modo geral (*'ofen qelali* ou *secundum modum communem*), Ibn Gabirol adiciona à sua demonstração um modo particular ou próprio (*'ofen meyuḥad* ou *secundum modum proprium*), que parte dos seres animados, plantas e inanimados, todos eles compostos de matéria e forma, assim como das coisas artificiais (*ha-peraṭim ha-mel'aḵutiyim* ou *particularia artificialia*), como a estátua e o leito, e o mesmo se aplica a todos os quatro elementos universais naturais.

O que vemos em Ibn Gabirol é um desenvolvimento de noções que começaram com Aristóteles. A concepção aristotélica em relação aos dois conceitos de matéria e forma aplicada ao processo do devir, em que a matéria era o princípio da potencialidade, e a forma o que confere a atualidade, também, por vezes, aplicava-se ao gênero e à espécie[70]. Plotino levou esses conceitos a uma dimensão maior quando formulou que todas as substâncias inteligíveis, a razão inclusive, deveriam ser compostas de matéria e forma, pois, mesmo na razão, encontramos, em vista da multiplicidade de suas determinações, que são as ideias, algo de comum que é determinado por elas[71]. Desse modo, o pensamento de Plotino oferece uma elaboração que é retomada, ampliada e também modificada por Ibn Gabirol, em que ambos os conceitos se apropriam de toda a realidade.

Falaqera afirma que

> Aristóteles escreveu [...] que os antigos atribuíam uma matéria às coisas eternas. Mas tudo que possui uma matéria, diz ele, é composto e contém uma possibilidade [uma coisa possível e não necessária, pois a matéria não é senão a faculdade de ser, isto é, uma coisa em potencial], por conseguinte, dirá ele, não pode haver matéria senão nas coisas que não estão submetidas ao nascimento e à destruição e que se transformam mutuamente umas em outras[72].

A leitura do Livro XII da *Metafísica* leva a endossar a conclusão aceita entre os estudiosos de que as ideias seminais de Aristóteles, além de Platão, germinaram em Plotino e nos textos definidos como neoplatônicos, utilizados por árabes e judeus, textos que eram do conhecimento de Ibn Gabirol, entre eles o assim chamado *Teologia de Aristóteles*, uma paráfrase dos excertos das *Enéadas* (IV-VI), de Plotino, em árabe[73]. Também podemos conjecturar que, na enciclopédia dos *Ihwān al-Ṣafā'* (*Irmãos Sinceros* ou da *Pureza*), Ibn Gabirol teria encontrado elementos neoplatônicos que poderia ter usado para a elaboração de aspectos de sua doutrina[74]. Schlomo Pines afirma que

> os autores dessa enciclopédia muito extraíram da literatura filosófica com a qual tiveram conhecimento e incorporaram várias passagens dos antigos autores, entre eles Al-Fārābī, cujas doutrinas políticas claramente os influenciaram. Eles citam, sem mencionar seu nome, a lista das qualidades que o Primeiro Chefe (para usar o termo de Al-Fārābī) deve possuir[75].

Outro texto que se aproxima dessa mesma corrente neoplatonizante é o conhecido *Liber de Causis*[76], amplamente utilizado pelos pensadores da Idade Média (também Tomás de Aquino o estudou), que teria sido lido por Ibn Gabirol. Assim como esses textos poderiam ter servido ao *Fons Vitae*, Shem-Tov ibn Falaqera, no prefácio à tradução hebraica de seus extratos, informa:

> Estudei o livro composto pelo sábio R. Salomão ibn Gabirol, intitulado *Meqor Ḥayyim*, e me pareceu que o autor, em suas doutrinas, seguiu o

> sistema de alguns filósofos antigos, tal como é tratado no livro composto por Empédocles sobre as cinco substâncias[77]. E esse livro baseia-se no princípio de que todas as substâncias espirituais têm uma matéria espiritual, vindo a forma do alto sobre a matéria, que a recebe embaixo, isto é, que a matéria é um substrato (*munaḥ*) e a forma é suportada (ou recebida) por ela (*nesu'á 'alav*).

Contudo, devemos observar que não podemos afirmar com certeza que esses textos serviram de fontes seguras para Ibn Gabirol, pois não temos nenhuma menção direta deles em sua obra. O que, sim, podemos aventar é a hipótese plausível de que ele teria conhecido esses textos, hipótese que se fundamenta em um paralelismo de conceitos, definições e ideias afiliadas ao pensamento neoplatônico que os estudiosos que se debruçaram sobre o *Fons Vitae* procuram indicar, a começar por David Kaufmann[78], Jacob Guttmann[79] e, mais recentemente, José María Millás Vallicrosa[80], Fernand Brunner[81], Jacques Schlanger[82] e outros.

Quando Ibn Gabirol se refere aos quatro elementos, isto é, ao que há de mais geral no mundo sublunar, vemos que possui, cada um, uma forma particular e que são também chamados de qualidades primeiras, sendo que a mescla delas cria as qualidades secundárias. No entanto, para serem designados como qualidades, os elementos necessitam ter um substrato que reúna suas qualidades, e, desse modo, temos de reconhecer também a existência de um substrato geral, o princípio da geração de todas as coisas. A geração se faz pela mescla de elementos contrários, e, se não há um substrato que os preceda, a substância nascerá da não substância[83].

Retornemos ao que já mencionamos e tentemos entender sua doutrina da vontade. Ibn Gabirol projetou sua obra filosófica dividindo-a em três partes, que considerava as partes de toda a ciência: a ciência da matéria e da forma, a ciência da vontade e a ciência da essência primeira[84], isso porque, no ser, não há mais que três coisas, ou seja, a matéria e a forma, a substância primeira e a vontade intermediária entre os dois extremos[85]. Pela própria indicação do autor, ele teria terminado as duas partes que formam o conjunto de sua obra, porém ambas não chegaram até nós. No *Fons Vitae*, Ibn Gabirol se refere ao livro que trata da ciência da vontade, o qual denomina *A Origem da Generosidade e a Causa do Ser*, que deverá ser lido após o que trata da matéria e da forma, o que permitirá conhecer a verdade da Criação[86].

O que é a vontade e como entender seu papel no pensamento filosófico de Ibn Gabirol é o que procuraremos agora estudar por meio do *Fons Vitae*.

Logo no início do primeiro tratado, ele dirá que a essência do homem tem uma causa final que é a única para a qual existe, estando tudo submetido à vontade do ser único. Em seguida, dirá que a vontade é uma faculdade divina que cria e move tudo e sem a qual nada se faz. Podemos identificar essa ideia no poema de rico conteúdo místico *Shem Elohê Ṣeva'ot ayaḥed* (Ao Nome, *'Adonai Ṣevaot*, me unirei) quando enuncia, ao final de cada estrofe, o verso: "Bendizei a Deus, todos os Seus exércitos, todos os Seus ministros que cumprem Sua Vontade" (*bark̲u 'Adonai kol ṣeva'av meshartav ose reṣonó*)[87]. No verso seguinte, o poeta usa uma belíssima expressão, verdadeira metáfora:

> O Nome de Deus criador, todo-poderoso que tudo pode, ordena o mundo como uma penca (*'eshkol*) presa à sua "mão direita". Em Seu Nome, os círculos giram, os astros se movimentam, os anjos se apressam, como um exército que obedece a seu comandante [...][88].

Também no pequeno poema *Liqrat 'Elohék̲a* (Perante Teu Deus), que trata do imperativo preparo do ser humano (*yeṣir ḥómer*, criado da matéria) para se voltar a Deus, encontramos a expressão *reṣon bore* no verso "volta e consolate e invoca a vontade do criador, com espírito alquebrado e coração contrito" (*shuva ve-hinaḥem u-drosh reṣon bore ha-kol be-ruaḥ nishberá ve-lev nik̲pá*)[89].

Na argumentação que visa justificar as três coisas que há no ser, Ibn Gabirol dirá que isso é assim porque não pode haver efeito sem causa e é necessário um intermediário entre os dois. A causa é a substância primeira; o criado, a matéria e a forma; o intermediário entre os dois é a vontade[90].

Em continuação, ele ilustrará de outro modo a mesma enunciação dizendo que a matéria e a forma são o corpo humano e sua forma, entendendo-se por forma a ordenação de seus membros; a vontade é a alma, e a substância primeira é a inteligência[91]. Ao discípulo, ao inquirir se, além dessas ciências, resta alguma outra que devemos estudar, o mestre responderá que essas são os fundamentos e as raízes da sabedoria, mas seus ramos são múltiplos, sendo que a matéria e a forma são ramos da vontade[92].

A doutrina da vontade torna-se mais explícita quando, ao falar da substância e de sua qualidade etc., isto é, dos nove predicados, por serem suas representações as do logismo de que o conhecimento do "porquê" se encontra ao lado do "que", acrescenta que o "porquê" dos seres ele não verificará naquele momento, pois, para tanto, faz-se necessário possuir a ciência da vontade[93].

Ibn Gabirol, contudo, ainda dirá que quem pergunta sobre o "porquê" pergunta pela causa final, pela qual cada um dos gêneros, cada uma das espécies, cada um dos indivíduos passa da potência ao ato, e pelo limite em que cada um deles subsiste. Como é a vontade que move cada forma que subsiste na matéria e a conduz até o último limite da matéria, porque a vontade penetra em tudo e contém tudo e a forma a segue e lhe obedece, necessário é que as diferentes partes da forma, isto é, as diferenças que constituem as espécies que a dividem, se imprimam e se gravem na matéria, segundo o que há disso na vontade[94].

Na voz do discípulo, nosso filósofo proferirá que com isso se elevou seu entendimento do "grande segredo" (*ze me'id 'al sod gadol – multum fecisti me intelligere magnum secretum*) e foi revelada uma coisa importante: que todas as coisas são delimitadas pela vontade e dependem dela, porque, por obra dela, as formas dos seres se gravam na matéria e se imprimem nela de modo igual[95]. Em seu poema *'Ahavtiḵa*, entre outros que fazem referência ao *sod*, encontramos o verso *lehavin sod pe'ulat ṣur yeladó*, que denota o desejo de entender o segredo do universo criado pela divindade e tudo que nele existe[96]. No entanto, apesar das explicações que até agora Ibn Gabirol deu sobre a vontade, ele nos advertirá que, para conhecer seu "segredo" (*sod*), deve-se antes ter adquirido o conhecimento da universalidade da matéria e da forma, pois é a vontade que cria a matéria e a forma e que as move, e a relação da doutrina da vontade para com a doutrina da matéria e da forma é como a relação da doutrina da alma para com a doutrina do corpo, ou como a doutrina da inteligência para com a doutrina da alma, ou como a relação da doutrina da matéria e da forma primeira para com a doutrina da inteligência[97].

Antes, porém, de continuar elucidando o papel da vontade no pensamento de Ibn Gabirol, devemos lembrar que sua concepção está assentada essencialmente sobre um esquema neoplatônico que o leva a formular, no *Fons Vitae*, a graduação da matéria e da forma[98], estendendo-a a todos os demais aspectos de seu pensamento quanto à hierarquização dos seres. A distância entre o primeiro autor e a substância que sustenta os predicados, ou categorias, exige longa série de mediações, pois, se a mais próxima é uma substância simples, a que sustenta os nove predicados é múltipla e está muito distante do primeiro autor[99].

Por outro lado, a substância simples contém as múltiplas formas simples e espirituais e, em última instância, explica por que a forma da inteligência universal contém a coleção de todas as formas, do mesmo modo que todas as formas subsistem na matéria universal, assim como a matéria universal e a forma universal, com tudo o que elas contêm, subsistem na vontade do primeiro autor[100].

Todas as formas, tanto espirituais quanto corporais, estão no princípio e na origem das formas, isto é, na vontade [101].

Como todas as substâncias estão sujeitas ao que lhes é superior e são agentes no que lhes é inferior, e, do mesmo modo que a matéria é uma virtude que recebe as formas sensíveis da alma, igualmente a alma é virtude recipiente e também sujeita à recepção das formas inteligíveis, e tudo, assim se expressa Ibn Gabirol, está preparado para receber a forma da vontade [102].

Como vemos, a hierarquização passa a ser necessária entre o primeiro autor e os seres inferiores, assim como entre a substância que sustenta os predicados e as substâncias simples superiores e intermediárias, e entre estas e o primeiro autor. Portanto, a relação do último dos superiores sensíveis com o último superior dos inteligíveis é como a relação do último dos inferiores sensíveis com o último inferior dos inteligíveis, e isso implica que existam substâncias simples intermediárias entre o primeiro autor e a substância que sustenta os predicados [103].

Ao falar das essências das substâncias simples, Ibn Gabirol diz que essas essências são finitas e limitadas e não se estendem ao infinito, portanto o que flui e se expande são suas forças e raios, que emanam das substâncias simples e ultrapassam seus términos e limites, porque essas substâncias estão submetidas à primeira emanação que flui da vontade [104].

As substâncias inferiores fluem das essências das substâncias superiores, e a essência destas não se modifica e não diminui pela geração das substâncias inferiores, e suas virtudes não se separam de suas essências, assim como o calor do fogo, que não diminui nem se separa dele, ainda que gere o calor do ar que está próximo a ele [105].

Se considerarmos que as coisas sensíveis são exemplos das substâncias inteligíveis, o esforço do entendimento deve estar voltado para o inteligível supremo e para "limpá-lo e purificá-lo de toda a imundície do sensível e tirá-lo do cativeiro da natureza e chegar com a força de tua inteligência ao último extremo que és capaz de apreender a certeza da substância inteligível [...]" [106]. Essa enunciação, fiel e coerente com o pensamento neoplatônico, em que se destacam as palavras "limpá-lo e purificá-lo de toda a imundície do sensível e tirá-lo do cativeiro da natureza", espelha a postura ascética diante do mundo material que Ibn Gabirol expressou em sua criação poética [107], postura voltada para o mundo espiritual e celestial que é subjacente à tragédia que fixou a trajetória de vida do filósofo-poeta, marcada pela dor e pelo sofrimento em razão de persistente doença de pele que cobria seu corpo com dolorosas chagas purulentas, obrigando-o a viver confinado. Em Ibn Gabirol, a conjugação de filosofia com poética assume, por vezes, um profundo significado existencial[108].

Desse modo, as substâncias espirituais virão para se posicionar "diante dos teus olhos e te envolverão e dominarão. E verás tua essência como se fora uma só com essa mesma substância"[109]. Elevar-se por meio de todos os graus das substâncias inteligíveis até a primeira matéria universal "e pôr-se à sua sombra para vislumbrar o mais admirável de todo admirável", é essa, pois, a finalidade para a qual a alma humana foi criada, "porque ali se encontram o grande deleite e a suprema felicidade"[110].

De certa forma, tal expressão lembra Plotino, que, em *Enéadas* IV, 8, 1-10, afirma:

> Frequentemente, descubro a mim mesmo escapando de meu próprio corpo e, estranho a tudo, na intimidade de mim mesmo vejo a beleza mais maravilhosa possível. Então estou convencido de que tenho um destino superior e que minha atividade é o grau mais alto da vida. Estou unido ao Ser divino, e, chegado a isso, me mantenho acima dos demais seres inteligíveis. Mas, após esse repouso no ser divino, volto a descer do intelecto (*noûs*) ao pensamento discursivo (*logismós*), me pergunto [...] como a alma pôde chegar ao corpo sendo tal como se me apareceu [...][111].

A vontade, que é a força que produz essas substâncias, é finita segundo seu efeito e não finita segundo sua essência. Assim sendo, seu efeito é finito, mas a vontade não é finita senão quanto a seu efeito, pois que o ato tem um começo e, por isso, segue a vontade; e não é finita quanto à essência, porque esta não tem começo[112]. Nesse caso, cabe questionar qual é a relação da vontade com a essência divina, uma vez que ela, a vontade, em sua função, apresenta-se como intermediária entre o Ser supremo e a criação, sendo necessariamente distinta dele[113].

Lamentavelmente não chegou à nossa mão o alegado tratado que nosso filósofo escreveu sobre a ciência da vontade para podermos concluir com mais entendimento o que se manifesta como paradoxal, em um pensador judeu da Idade Média, quando a unicidade da essência e o conceito de Deus, aceitos na época, não permitiriam nenhuma ruptura. O próprio Ibn Gabirol se debate com a questão pela boca do discípulo, que pergunta: como uma parte da luz emanada da vontade pode ser mais próxima de sua origem que a outra parte e como uma coisa pode ser mais próxima a outra coisa cuja essência e cuja força não têm fim, nem essa coisa ocupa lugar e não se liga a coisa alguma? E também: como entre ela e outra coisa pode haver intermediários quando não tem limites, porque não tem princípio nem fim e não está mais que em si mesma? Ele dirá que a dúvida provém da suposição de que a vontade é infinita, voltando a explicar que a vontade é infinita considerada segundo a forma que dela emana. Isso porque sua ação é finita enquanto ela tem um princípio. Como é necessário que ela seja finita porque possui um começo, e a forma começa dela mesma, é necessário que ela seja finita no começo de sua ação e no princípio da forma que emana dela. A vontade, portanto, é intermediária entre a essência altíssima e a forma que emana da vontade, mas a vontade considerada em si mesma, e não por sua ação, não será nem intermediária nem finita, e ela e sua essência serão idênticas [114].

Tratando de ilustrar sua concepção com a luz como forma infusa na matéria, Ibn Gabirol dirá que essa luz emanou de outra que está sobre a matéria, ou seja, da luz que está na essência da força agente, e esta é a vontade, que faz a forma passar da potência ao ato. Contudo, aí constatamos que o filósofo, ainda reconhecendo a dificuldade inicial em definir o que são a vontade e seu papel mediador, depois de ter admitido que ela e a essência são uma e a mesma, isto é, idênticas, finitas e infinitas, recorre e reforça seu argumento dizendo que "não nos afastaremos da verdade se supusermos que uma parte das luzes que dela emana está mais próxima do princípio que a outra, que, ao contrário, será mais semelhante, assim entendemos, com a mais distante". Segundo esse conceito, serão entendidos mais facilmente os intermediários que há entre a vontade e a luz que está mais próxima a eles e a luz que deles está afastada. Assim mesmo, deve-se conceber a proximidade da luz ante a vontade sem intermediário entre elas, e o mesmo deve-se dizer da proximidade da ordem de luzes umas em relação às outras [115].

Podemos concluir, resumindo, que a luz que se identifica como forma é diversificada segundo sua proximidade ou distanciamento da vontade; enquanto a luz ou a forma se sustém na matéria, porque é sua forma, ela é luz segunda ou secundária; porém, a luz primeira, que não se sustém em nada, não é forma de coisa alguma, portanto não deve ser chamada de forma [116]. No *Keter Malkut*, ele explicita e identifica a "luz primeira" com a divindade:

> Tu és a luz superior (*'or 'eliyon*), e os olhos de toda alma pura Te verão, mas as nuvens a escondem de tua vista. Tu és a luz invisível (*'or ne'elam*) neste mundo e visível no mundo do além. Sobre a montanha o Eterno será visto. Tu és a luz do mundo, e o olhar da inteligência não a alcançará, senão apenas uma parte e jamais o todo [117].

Em outro poema, *Sesoni rav beḵá* (Minha Alegria Está em Ti), encontramos a ideia de que sua vontade emana da vontade divina (*ve-yafeq 'et reṣoneḵ reṣoni*) e o significativo verso "envie Tua luz e ilumine meu despertar" (*shelaḥ 'orḵá ve-ha'er 'uroni*)[118]. Quando se consideram a força da vontade e as formas que ela contém em sua essência, da qual a matéria universal as adquire, ou seja, todas as formas nela sustentadas, por luminosas e múltiplas e grandes que sejam, em comparação com o que tem a vontade em si, é muito pouco, assim como é muito pouca a luz adquirida e infusa no ar em comparação com a luz irradiante que se encontra na essência do sol. E essa é a relação da forma material com a forma voluntária[119].

Nosso autor falará de três formas, isto é, uma que está na essência da vontade, que na verdade não se pode chamá-la como tal, porque não se sustém em nada; a segunda é a unida com a matéria em ato, que é a forma da inteligência universal; e a terceira é a forma pensada fora da matéria, mas unida a ela em potência[120]. O curioso é que ele menciona Platão como fonte de apoio para tal divisão, assim como havia feito pouco antes[121] e ainda o fará no quinto tratado de sua obra, explicitando o nome do pensador grego, o único, aliás, a ser mencionado no *Fons Vitae*. Ibn Gabirol ainda lembrará o nome de Platão em um poema intitulado *Yedatiḵá, ve-lo 'al ha-yedi'á* (A Ti conheço, mas não pelo conhecimento), em que manifesta ter lido *sifre Avakrat ve-Aplaton*, os livros de Hipócrates e de Platão, ainda que isso não lhe bastasse para saciar sua alma[122].

No entanto, o entendimento do conceito de vontade na obra de Ibn Gabirol passa a ser mais bem explicitado quando ele fala da forma universal e da forma da inteligência – esta a mais elevada, a coletora de todas as formas, pois ela conhece todas as coisas por si mesma e por si mesma se une a toda forma[123]. E a matéria da forma da inteligência, que é a extremidade mais elevada da matéria universal, recebe da vontade a forma da inteligência que sustém todas as formas – vontade, que se encontra junto ao criador, na qual plena e perfeitamente está toda forma que é tudo, e tudo está nela. E a matéria não a recebe da vontade conforme se encontra na força da vontade em dar, a não ser conforme a preparação de sua essência para receber, sabendo-se já que a quantidade de luz que a matéria adquiriu é muito pouca comparada com o que há de luz na vontade. Essa forma absoluta em ato que se atribui à vontade está em relação ao objeto da ação, mas, em relação ao agente, ela está em potência[124], pois as coisas não são da mesma maneira nos superiores e nos inferiores[125].

Nosso autor acrescentará que é necessário que as formas estejam na vontade, do modo mais perfeito que possam estar, a saber, ordenadíssimas e completas; também é necessário que a mais próxima da vontade chegue até a última escala da substância inferior e que ali a forma se detenha.

Citando novamente Platão, Ibn Gabirol dirá que as formas são produzidas na inteligência como consideração da vontade e se fazem na alma universal por consideração da inteligência universal, do mesmo modo como se fazem as formas na natureza e na substância por consideração da alma universal na natureza [126].

Todavia, todas as formas existem igualmente na matéria universal ou na matéria primeira, pois, se existem todas as formas na inteligência, necessário se faz que existam na matéria primeira, que sustém a forma universal, assim como os nove predicados se encontram na substância, sendo comparável ao modo como a inteligência e a alma sustentam as formas inteligíveis e como sustentam a qualidade da cor e da figura. No entanto, o filósofo observará algo que permite uma inversão na escala dos seres em que a forma contém a matéria, como a inteligência contém a alma e a alma contém o corpo, e a vontade contém a forma, como cada uma contém a outra, e *Deus contém a vontade e o que ela contém de matéria e forma* (g. n.), sem comparação e sem exemplo [127]. Mais adiante, Ibn Gabirol dirá que a forma estava na ciência de Deus e depois se uniu com a matéria, e isso ocorreu sem tempo, e, se a união ocorreu fora do tempo, vê-se, à primeira vista, que uma não era sem a outra [128].

Resta saber se a matéria e a forma se estendem ao infinito ou são finitas. A resposta do autor se apoia no argumento de serem duas entidades finitas, uma diante da outra, que se alteram uma pela outra, de modo que a matéria seja informada pela forma, e a forma seja materializada pela matéria [129]. Nesse ponto, encontramos claramente expresso o que o filósofo considera a possibilidade de, no processo da criação e na determinação dos seres, estarem matéria e forma sujeitas a alteridade recíproca. De certa forma, tal processo confundiu os estudiosos na medida em que se propuseram a desvendar, no pensamento de Ibn Gabirol, qual é o princípio predominante na matéria e na forma, seja em relação à divindade seja em relação à vontade, cujo papel tentamos entender ante a essência do primeiro autor, ou seja, a vontade como intermediária entre o Criador e a criação. Ilustrativa nesse aspecto é a crítica que o estudioso Fernand Brunner [130] faz sobre a interpretação de Jacques Schlanger em sua obra sobre o filósofo judeu que, de fato, apresenta passagens que podem levar a duplo entendimento (ou a ambiguidade, o que de certa forma explica a variedade de interpretação). Brunner critica quatro aspectos fundamentais das conclusões de Schlanger, que ele resume da seguinte maneira:

1) a matéria é o princípio da imperfeição do universo, isto é, o princípio da multiplicidade e da finitude;

2) a matéria reside em Deus, ela não é criada *ex nihilo*, e Ibn Gabirol ensinou esse tema de maneira indireta por questões de prudência religiosa;

3) a criação se dá em dois estágios. No estágio da pré-criação, a matéria toma consciência de suas faltas e se põe em movimento e destrava o processo da criação, provocando a ação da vontade divina;

4) no estágio da criação propriamente dita, a vontade se derrama sobre a matéria e a atualiza: a forma infinita é projetada sobre a matéria finita que preexiste à vinda da forma nela.

Essas são as conclusões do tradutor da obra de nosso filósofo para o francês, obra que, em virtude de certas passagens pouco explícitas e contraditórias, poderia levar a equívocos. Brunner tentará mostrar que boa parte dos equívocos é infundada, mas as várias passagens que mencionamos anteriormente apontam para a possibilidade de dupla interpretação, ainda que Ibn Gabirol mostre clara tendência a privilegiar a matéria, o que poderia ser explicado de outro modo partindo de uma tradição plotiniana mais longínqua, que admite uma matéria inteligível ao lado de uma sensível e, ainda, como potência. Em Ibn Gabirol, como vimos, tanto a matéria quanto a forma, na medida em que estão presentes na ciência de Deus, encontram-se *per se*, não unidas.

Alberto Magno, inclinado ao aristotelismo, quando critica o sistema de Ibn Gabirol, começando pela matéria primeira universal, diz que evidentemente ela é a mais imperfeita entre as diferentes matérias, pois não passa de uma simples faculdade do ser e não é absolutamente nada em ato [131].

Brunner também, e com razão, contesta a leitura de que a matéria provoca em seu movimento a ação da vontade e destrava o processo de criação. A verdade é que, por estar a matéria próxima da unidade, ela é movida por esta ou ainda recebe luz e esplendor do que se encontra na essência da vontade, e esta a leva a se mover. Quanto ao entendimento da concepção de Ibn Gabirol relativa à criação, Brunner chama a atenção para o papel da vontade, que se manifesta em dois níveis:

1) como intermediária entre a essência divina e a matéria e a forma, sendo a criadora dessas últimas, o que transparece e se confirma na leitura do *Fons Vitae*, assim como fizemos até agora em nosso estudo;

2) como intermediária entre a essência divina e a forma, sendo então a criadora das coisas, o que também se infere claramente de várias passagens do mesmo texto [132].

O texto é claro e não dá margem a dúvida quando declara: *voluntas est media inter essentiam primam et materiam formamque*; *voluntas est media inter essentiam altissimam et formam*[133].

Quando Ibn Gabirol se volta à questão da finitude ou não da matéria e da forma, esclarece que não podem ser infinitas por serem duas, sendo uma finita em relação à outra. No entanto, acrescenta que a forma é infinita naquela parte em que ela se sobrepõe à matéria, isto é, na parte da vontade, mas na parte inferior ela é finita segundo os predicados que são os términos ou limites da geração. Daí ele reafirmar que é muito difícil distinguir a forma da vontade, porque a distinção provém apenas da matéria, "e por isso se crê que a forma não se distingue da vontade, e a vontade não é finita senão porque é criada". Por isso, é preciso que a forma seja, por esse lado, finita, porque a criação tem um princípio e um término, ou seja, o início da cobertura da matéria pela forma[134].

Entende-se assim que a forma é finita quando é criada, ou seja, quando começa sua união com a matéria, portanto a forma adjunta à matéria é finita pela finitude da matéria ao começar sua unificação. Daí dizer-se que a substância da inteligência é finita em cada um de seus extremos, isto é, no superior, pela vontade, que está acima dela, e no inferior, pela *hylé*, que está fora de sua essência[135].

Ibn Gabirol recorre a um "princípio de unificação" que permite a unificação da matéria e da forma de modo perfeito, estável e perpétuo desde sua criação, e isso em razão de sua proximidade da unidade; assim como a multiplicidade e a divisão, as diversidades e as diferenças procedem do afastamento da origem, da unidade. No entanto, ele dirá que a raiz comum de tudo isso é a unidade que todos os seres buscam e os fazem convergir em algo que os retém e os junta e conjuga, pois *unitas vincit omnia et est diffusa in omnibus et retentrix omnium*[136].

Essa unidade, como diz ele, que é superior à matéria e à forma, é a que retém tudo e a que sustenta tudo.

Vimos que o movimento da matéria universal é também idêntico ao movimento de todos os seres que buscam fazê-lo em direção ao primeiro autor, mas diverso segundo a proximidade ou o distanciamento dele[137]. Vimos também que esse movimento é provocado pela vontade, pois o movimento é a força ingênita da vontade, que no cap. 36 do quinto tratado é identificado com o verbo agente. Ao se referir às fontes da ciência e suas raízes, Ibn Gabirol dirá que elas são três; diferentemente, ao se referir à segunda, ele a denominará dessa vez "a ciência do verbo agente, isto é, da vontade"[138]. A diferença que há entre o movimento e o verbo é que este é a virtude infusa nas substâncias espirituais que lhes confere o conhecimento e a vida, enquanto o movimento é a virtude infusa nas substâncias corporais que lhes dá o poder de atuar e sofrer. Nesse ponto, Ibn Gabirol, ao expressar a distinção entre a vontade e a matéria e a forma, utiliza-se do movimento "que provém da vontade", movimento que se encontra nas substâncias corporais, mas que é recebido das substâncias espirituais, assim como os demais movimentos são originários ou derivam da vontade[139]. Enfim, todas as substâncias e corpos são movidos pela vontade e por ela difundidos em sua diversidade e em graus diferentes, mas, se da vontade se separa sua ação, ela se faz una com a essência; se, porém, consideramos sua ação, ela é diversa da essência[140].

Deparamos, assim, com outra contradição aparente de seu pensamento, pois, no cap. 39 do quinto tratado, o discípulo inquirirá o mestre: visto que a vontade em si é quietude, como ela perpassa por tudo e se faz movimento? O mestre novamente surpreenderá com sua resposta:

> Essa questão não pertence ao nosso tema de inquirição e é um dos temas mais difíceis da ciência da vontade. Mas o que deves saber sobre isso é que a vontade penetra tudo sem movimento e atua em tudo, fora do tempo, por causa de sua grande força e de sua unidade[141].

A vontade chegará a ser movimento em razão da matéria que lhe é sujeita, porém será movimento no tempo.

Inconformado, o discípulo, sempre inquieto, de Ibn Gabirol, apesar de todas as explicações e nuanças argumentativas ouvidas do mestre nos cinco tratados que compõem o *Fons Vitae*, ainda se atreverá a perguntar: se a vontade não é matéria nem forma, então o que é? Ibn Gabirol, mais uma vez, surpreenderá com sua resposta, paradoxal para quem diz ter escrito um tratado sobre o tema, como é lembrado em seu texto:

> É impossível descrever a vontade. Cabe-nos descrevê-la como uma força divina que cria a matéria e a forma e as liga, e que se difunde desde o mais alto ao mais baixo, como se difunde a alma no corpo, e ela move todas as coisas e as ordena[142].

No curto poema *Ve-'al titmá* (Não Te Surpreendas), ele dirá que a alma universal movimenta o corpo, isto é, o mundo material da natureza, assim como o nono círculo movimenta a constelação celeste[143]. Esse círculo é o que envolve o oitavo, que corresponde ao círculo do zodíaco com suas 12 seções, que, por sua vez, está acima dos sete círculos que correspondem aos corpos celestes ou planetas, sendo a Terra o centro imóvel, de acordo com a concepção cosmológica medieval, derivada de Ptolomeu, que também se encontra no *Keter Malkut*[144]. A vontade ainda é, no entanto, uma força vivificadora de tudo, pois, quando liga a matéria e a forma, ela se infunde nelas como a alma no corpo, como a luz no ar, como a inteligência na alma. Ibn Gabirol enfatizará mais uma vez seu papel de força que, ao se infundir em toda a matéria da inteligência, torna essa matéria sabedora e compreendedora de todas as coisas; ao se infundir em toda a matéria da alma, torna essa matéria vivente, móvel, apreendedora das forças segundo sua força e ordem, desde a origem da verdade e da forma; e, ao se infundir na matéria da natureza e do corpo, concede-lhe movimento, figura e forma. Por ser uma força espiritual divina, porém mais excelente que a mera espiritual, não se pode duvidar de que se infunde na matéria e a apreende juntamente com a forma e se pode exemplificá-la com a penetração da força do sol, isto é, da força de difusão da luz e sua união com a luz do sol no ar. A vontade é como a força, a forma é como a luz, e o ar é como a matéria[145].

Ibn Gabirol usará a expressão *alta secreta*, grandes ou profundos segredos, para indicar o que o mestre expusera ao discípulo e confirmará que o Criador está em tudo, pois a vontade, que é força do Criador, expande-se em tudo e penetra em todas as coisas, e nada há sem ela, porque dela provém o ser de todas as coisas e sua constituição[146]. Também a forma recebe da vontade a força pela qual retém a matéria, o que o leva a afirmar que a forma é a intermediária entre a matéria e a vontade[147]. Isso será mais bem explicitado na parte final do *Fons Vitae*, quando ele afirma que a matéria, como receptora da forma, é criada pela essência (*materia sit ab essentia*) e a forma da propriedade da essência (*forma a proprietate*), entendendo-se como propriedade da essência a sabedoria e a unidade, ou seja, a vontade (*oportet ut materia fiat ab essentia, et forma a voluntate, id est a sapientia*). Não esqueçamos, porém, que a matéria é possibilidade (*sed philosophi solent appelare materiam possibilitatem*). Em outras palavras, a matéria recebe a forma da primeira essência mediante a intermediação da vontade, e Ibn Gabirol recorrerá a uma imagem significativa do mundo espiritual judaico ao dizer que a matéria é a cátedra do uno, e a vontade, que dá a forma, senta-se nela e descansa sobre ela[148]. O que Ibn Gabirol denomina "cátedra" pode ser interpretado como "trono", o "trono de Deus", conceito que corresponde ao *kisê ha-kavod* (cf. I Reis 22:20; Isaías 6:1), expressão que possui extraordinário significado na tradição mística judaica, começando pela possível interpretação que podemos dar a certa expressão que se encontra no *Sefer Yeṣirá* (Livro da Criação), redigido entre os séculos III e VI[149], e na literatura mística posterior do *Tratado dos Heḵalot* (dos Palácios), possivelmente dos séculos VII-VIII[150], assim como no *Pirqê de-Rabbi 'Eli'ezer*, um pseudoepigráfico agádico – texto de caráter midráshico dos séculos VI-VII[151]. O sábio Leopold Zunz, em sua clássica obra *Literaturgeschichte der synagogalen Poesie*, lembra, entre os poemas litúrgicos de Ibn Gabirol, o intitulado *Sheloshim u-shtayyim netivot* (Trinta e Dois Caminhos) e acrescenta: "A unicidade de Deus; no *Maḥzor*, livro de rezas, logo antes de *'Adon 'Olam*, sob a denominação de *Baqashá*, tipo de poesia sagrada de perdão e misericórdia", o que nos leva a confirmar sua leitura do *Sefer Yeṣirá*, cuja frase inicial do primeiro parágrafo começa com as palavras: "*Bi-sheloshim u-shtayyim netivot peli'ot ḥoḵmá ḥaqaq ya 'adonai ṣeva'ot 'elohê Israel* [...] (Com 32 caminhos misteriosos de sabedoria, Deus, 'Adonai Ṣeva'ot, Deus de Israel, concebeu e criou [...])"[152].

No *Keter Malḵut*, a palavra "trono" aparece no contexto daquele que se eleva sobre a altura (*ve-ha-kisê ha-na'alé 'al kol 'eliyon*), e em outro lugar do mesmo poema ele expressará: "Quem poderia chegar ao lugar de tua morada, pois lá onde habita teu segredo e majestade elevaste acima da esfera da inteligência o trono da glória" (*Adonai mi-Yavó 'ad teḵunatéḵa, be-hagbiaḵá lema'ala mi-galgal ha-seḵel kisê ha-kavod asher sham nevê ha-ḥeviyon ve-ha-hod*)[153]. Sobre o "Trono" o poeta elabora com feérica imaginação a ação dos coros de anjos liderados por Miguel, Gabriel, Nuriel e Rafael, que se agrupam ao seu redor como servidores da divindade, assim como vemos no poema *Shin'anim sha'ananim* (Anjos Pacíficos), dedicado ao dia de *Yom Kippur* (Dia da Expiação), em que está escrito: "Alguns aqui, outros ali, assim está Teu Santo Trono rodeado!"[154]. No *Keter Malḵut*, temos uma descrição detalhada da natureza e da função dos anjos na corte celeste:

> Veem e não são vistos, alguns são compostos de chamas, outros são ventos que sopram, alguns, espíritos ardentes, outros, brasas, outros, relâmpagos, e cada hoste se prosterna diante do Senhor do Universo. E, no Alto do universo, encontram-se milhares e dezenas de milhares, que, divididos em guardiões das vigílias do dia e da noite enfileirados dizem louvores e cantos em honra à Aquele revestido de forças. Todos, com temor e tremor, ajoelham-se e prostram-se diante de Ti e dizem: Te rendemos graças, pois Tu és nosso Deus, nosso Senhor e nós somos Teus servos, Tu és nosso Criador e nós somos Tua testemunha, Tu nos criaste e não nós mesmos – todos somos obra de Tuas mãos[155].

Uma descrição próxima a essa temos no poema *Shaḥaq ve-ḵol hamon zevul* (Nos Céus a Multidão Celestial): "As hostes de seus servidores são brasas ardentes e rostos chamejantes e seus anjos alados se movimentam em quatro divisões. Seres animados são vistos sobre Seu Trono e rodas de Sua Carruagem (*Merkavá*)"[156]. Ainda no poema, anteriormente lembrado, *Shem 'Elohê Ṣevaot ayaḥed*, ele se referirá à *Merkavá*, na qual se encontram atreladas as quatro feras e, sobre elas,

> o Trono sob o qual se recolhem as almas dos justos (*yesharim*) para fruírem do esplendor do espírito divino (*mi-ziv Sheḵinó*). Colocou Ele dois príncipes em seu interior que cuidam dos sete círculos [...] as extremidades do supremo Trono rodeado pelo segredo das quatro hostes temerosas em mirar sua Glória oculta de todo olhar, ordenou à direita Miguel e à esquerda Gabriel, Nuriel à sua frente, Rafael atrás, e ali se movimentam como relâmpagos aqui e acolá os anjos e serafins [...][157].

Israel Levin observa que seu conteúdo descreve o mundo da *Merkavá* (a mística da "carruagem divina") e, mais precisamente, as quatro legiões de anjos que cercam o Trono da Glória, assim como são descritos no texto agádico-midráshico *Pirkê de-Rabbi Eliezer*, bem como na literatura mística das *Heḵalot* (palácios)[158]. Os mesmos arroubos místicos inerentes a uma exaltada e feérica imaginação sobre a presença das hostes angelicais que rodeiam a "carruagem divina" encontramos em outros poemas, dentre os quais se destaca *A'amir a'adir* (Elevar-me-ei como feixe de luz), em que é dito que as hostes angelicais louvam e servem a divindade no mundo celestial, separado pela "cortina" (*pargod, paróḵet*) do restante da criação[159].

O "Trono de Deus" – ou o "Trono da Glória" –, conceito e metáfora que farão parte do pensamento cabalístico posterior a Ibn Gabirol, não se reduz ao judaísmo, mas aparece igualmente no pensamento islâmico[160].

No entanto, temos de entender que o verbo "descansar" (*quiescit*; no hebraico, *shoḵen*), no sistema voluntarista de Ibn Gabirol, não deve ser interpretado como tal, pois ele diria que "a criação de todas as coisas pelo Criador, ou a saída da forma de sua primeira origem, isto é, da vontade e o seu derramar-se sobre a matéria", assemelha-se à saída das águas que brotam da fonte e que correm umas após as outras como uma corrente, sem interrupção e sem descanso, enquanto a outra, a vontade, permanece sem movimento e sem tempo. A impressão da forma na matéria, quando chega a ela pela vontade, é como o reflexo da forma no espelho quando reflete a forma daquele que o olha. De acordo com esse exemplo, a matéria recebe a forma da vontade, assim como o espelho recebe a forma de quem o olha, ainda que a matéria não receba a essência daquilo de que recebe a forma[161]. No *Keter Malkut*, ele expressará esse pensamento filosófico de forma poética: a "Sabedoria, fonte da vida, emana de Ti [...] e de tua Sabedoria fizeste emanar uma Vontade determinada, e a puseste como obreiro e artesão"[162].

Aparentemente, em dado trecho de um dos capítulos finais do *Fons Vitae*, o discípulo declarará ter aprendido sobre a vontade, além do que aprendera sobre a matéria e a forma, mas transparece pela própria redação que nem tudo fora revelado sobre essa doutrina, apenas o que alcançava sua "capacidade de compreender essa doutrina e o que pareceu ao mestre acessível para o conhecimento da vontade"[163]. O mestre confirmará que de fato tudo o que foi dito até ali bastaria para abarcar a ciência da vontade,

> porque o tratado da vontade é muito longo e porque a doutrina da vontade é a finalidade da sabedoria, pois a vontade é a origem da forma da inteligência, que é a sabedoria (ou forma) perfeita, como o conhecimento da ação e da paixão que estão difundidas em todas as substâncias. E saber o que são, quais são, por que são e tudo o mais que acontece com elas somente se consegue pelo conhecimento da vontade, porque a vontade é quem faz tudo e move tudo[164].

A criação do mundo figurada pela imagem da fonte e do espelho ainda será exemplificada pela significativa imagem da palavra: à semelhança do homem, que, ao pronunciar a palavra, imprime a forma e o conceito dela no ouvido e no entendimento do ouvinte, o Criador, ao pronunciar a palavra, imprime Sua inteligência na matéria, que a retém, isto é, a forma criada permanece gravada nela, assemelhando-se a criação à locução (*locutio*), à ação de falar. Ao pronunciar a palavra, a matéria que sustém a forma visível da palavra e sua forma invisível, isto é, seu significado, recebe seu ser, e ambas existem juntamente[165], mas ambas as formas, visível e invisível, para seu ser e para sua existência, necessitam de um autor ou agente. Ao resumir sua doutrina, isto é, o conhecimento da matéria universal e da forma universal, ele dirá ainda que o movimento é uma força que emana da vontade, que é uma força divina (*quod voluntas est virtus divina*) que tudo penetra e se difunde em tudo, como a difusão da luz no ar, a da alma no corpo e a da inteligência na alma, alertando que não basta a ciência da matéria e da forma. Para se chegar à causa final, pela qual tudo é o que é, ou seja, o conhecimento do mundo da divindade, que é o todo mais elevado, em comparação ao qual tudo o que se encontra abaixo é pouco, é preciso adotar dois caminhos de conhecimento. O primeiro, o conhecimento da vontade enquanto difusa na matéria e na forma; o segundo, o conhecimento da vontade enquanto abarcadora da matéria e da forma, que é a força mais elevada, em que não há mescla da matéria e da forma com nada, até alcançar seu princípio e sua origem[166].

Contudo, recordemos que o mestre havia dito que "é impossível elevar-se à altíssima essência primeira" e também que "a ascensão ao que se segue a essa essência é dificílima"; mesmo porque "a matéria e a forma são duas portas fechadas à inteligência, e, para serem abertas e transpostas", exigem de quem se aventura a tanto a utilização de sua alma e inteligência a tal ponto que poderá supor ter chegado ao grau espiritual, divino, por estar próximo da vontade perfeita[167].

A doutrina da vontade de Ibn Gabirol, própria de seu pensamento filosófico, não terá eco em outros pensadores judeus da Idade Média, em proporção aos demais aspectos de sua filosofia, em especial ao hilemorfismo, que foi adotado largamente por filósofos cristãos. Todavia, no século XIII, o pensador judeu Isaac b. Abraão ibn Latif (c. 1210-c. 1280), autor do *Sha'ar ha-Shamayyim* (Porta dos Céus) e de outras obras de caráter místico, seguiria uma orientação nitidamente neoplatônica e próxima a Ibn Gabirol. Ele era um cabalista e procurou elaborar uma verdadeira síntese entre filosofia e Cabalá, na qual introduz, em seu sistema, a vontade divina, assim como o faz Ibn Gabirol, como mediadora entre Deus e a criação. Em seu pensamento, transparece com forte evidência que lera o *Fons Vitae* na versão árabe original, seguindo de perto, em várias passagens, sua redação. Vivendo na Espanha, era herdeiro de uma tradição filosófica ao mesmo tempo judaica e islâmica, aliada a uma tradição mística que então se gestava, à qual ele mesmo deu sua contribuição pessoal empregando conceitos filosóficos em um amálgama intelectual que teve eco e gerou admiração em outros pensadores do mundo judaico[168]. Ibn Latif associa a vontade divina com as dez *Sefirot* da Cabalá, que, ao emanar da vontade, contêm o mundo superior; porém, enquanto a vontade é eterna, as dez *Sefirot* são temporais. A vontade também é a primeira emanação de Deus e, nesse sentido, é considerada a "primeira criação", denominada pelo nome simbólico de *'esh* (fogo)[169].

Sara Heller-Willensky destaca, em seu estudo sobre Ibn Latif (ver nota 147 do referido estudo), que ele via uma proximidade entre a Cabalá e a filosofia neoplatônica[170]. Para Ibn Latif, influenciado por Ibn Gabirol, a vontade tem um duplo significado: de um lado, ela é coexistente com a divindade e eterna como Ela, e identificada com a Palavra que cria toda a realidade. De outro lado, a vontade da mesma divindade – a divindade imanente, em oposição à divindade transcendente, assim como aparece nesse filósofo – pode ser identificada com o primeiro ser criado (*ha-Nivrá ha-Rishon*), que também é a inteligência superior (*ha-Seḵel ha-'Eliyon*)[171]. Em outras palavras, assim como em Ibn Gabirol, a divindade imanente da Criação e da vontade ou do primeiro (ser) criado não se refere ao Deus transcendente (*absconditus* = *nistar*; infinito = *'en sofi*), mas se refere ao que se manifesta acima da compreensão limitada do ser humano e se "revela" ou "descobre" na criação e por meio da criação. Estudiosos já se detiveram na influência da ismailismo muçulmano sobre a Cabalá judaica, que se manifesta no conceito do primeiro (ser) criado e no dos ciclos cósmicos (*torat ha-shemiṭot*), como bem lembra Sara Heller-Willensky[172]. Por outro lado, há algo interessante que talvez nos ajude a compreender a vontade de Ibn Gabirol, na explicação que Ibn Latif dá ao primeiro criado, que para ele tem dupla face: a primeira é voltada para cima, em direção a Deus (na Torá, o termo empregado é *panim* = face), e a outra é voltada para o mundo e é chamada *'aḥoriyim* = costas. Moisés (Ex. 33) viu o primeiro criado, e não o Deus transcendente, e, do primeiro criado, somente a segunda face, e não a primeira[173]. A descrição da vontade em Ibn Gabirol também está próxima de se apresentar com essa "dupla face", como vimos anteriormente no texto do *Fons Vitae*, e o mesmo ocorre com os próprios conceitos básicos de sua metafísica, razão pela qual optamos em nosso estudo "fazer falar" o texto do *Fons Vitae*, que em boa parte contradiz as conclusões parciais dos estudiosos da obra do filósofo judeu, não por culpa deles, mas pela ambiguidade do oculto e do manifesto em seu pensamento. Husik, em sua história da filosofia judaica medieval, expressou essa situação em relação à vontade ao escrever:

> A natureza dessa vontade divina é ambígua. Se é a vontade de Deus, e Deus é o Uno em que não pode haver distinções, temos apenas uma nova palavra, e nada é solucionado. Se, por uma analogia humana, estivermos inclinados a considerar seriamente a vontade, estaremos pondo em perigo a unidade de Deus.

Husik ainda dirá que Ibn Gabirol não conseguiu remover essa contradição e que seu sistema tem forte aroma de panteísmo, sendo que a identificação da vontade de Deus com a sabedoria e a palavra de Deus, e hipostenização da vontade, no sentido de ser distinta de Deus, lembra muito o *lógos* de Filo, que se tornou o *Lógos* do cristianismo, a segunda pessoa na Trindade. Para ele, foi essa a razão que levou Guilherme de Auvergne a considerar Avicebron um cristão e que levou também os leitores judeus a se afastar de sua obra, como insinuou Abraham ibn Daūd, ainda que por outros motivos [174]. Basta a leitura do *Fons Vitae* para concluirmos que o texto não se presta a um olhar reducionista que encontramos na obra do historiador da filosofia judaica. Ibn Gabirol tinha plena consciência ao escrever que o fruto maior do estudo é "a libertação da morte e a união com a fonte da vida" [175]. Em vários poemas, ele expressará a ideia de a alma voltar à sua origem, como "o pássaro que volta ao seu ninho" [176], uma vez que o corpo que a abriga é transitório e, quando a alma abandoná-lo, virará "barro e pó" [177]. No entanto, para alcançar esse elevado propósito, temos de "nos afastar das coisas sensíveis, penetrar com nossa mente nas coisas inteligíveis e nos elevar inteiramente ao que concede o bem; se assim o fizeres, Ele te mirará e será generoso para contigo, como a Ele convém" [178].

Notas

1. Sobre a presença dos judeus na Península Ibérica sob domínio islâmico, ver a obra fundamental de ASHTOR, E. *Qorot ha-Yehudim bi-Sefarad ha-Muslemit* (História dos Judeus na Espanha Muçulmana). Jerusalem: Kiryat Sepher, 1966. 2 v.
2. HUSIK, I. *A History of Mediaeval Jewish Philosophy*. New York: Meridian Book, 1960, p. 60. Ibn Gabirol nasceu em Málaga, c. 1020, e faleceu em Valência, c. 1057, sendo seu nome em árabe Abū Ayūb Suleymān ibn Yāḥyā ibn Gabirul. Viveu sua infância em Saragoça, perdendo os pais ainda criança. Detalhes de sua biografia se encontram em Ṣāᶜid al-Andalusī, de Toledo (m. 1070), autor de *Kitāb Ṭabaqāt al-Umam* (Livro das Categorias das Nações), e em Moisés ibn Ezra (c. 1055-1135), autor do *Kitāb al-Muḥādarāt wa-l-Mudhākarāt* (Livro das Conversações Literárias). Trad. hebraica: *Shirat Israel*. Ed. de B. Halper, 1924. Ver textos em: MUNK, S. *Mélanges de Philosophie Juive et Arabe*. Paris: Franck, 1857-1859. Utilizei-me da nova edição, Paris: J. Vrin, 1955, p. 263-265, que aponta a influência filosófica de Ibn Gabirol em *'Arugat ha-Bosem* (Jardim dos Aromas), de Ibn Ezra. Como boa parte dos intelectuais da época, Ibn Gabirol esteve sob a proteção de poderosos e influentes mecenas ligados ao domínio dos muçulmanos na Península Ibérica, entre eles Yequtiel b. Yitṣḥaq ibn Ḥasan (c. 1039), de Saragoça, e Samuel ibn Nagrela (c. 993-1056), de Granada, esse último também poeta de valor, aos quais dedicou vários poemas. Quanto às datas de nascimento e falecimento de Ibn Gabirol, há divergências baseadas em especulações entre os estudiosos, que as estabeleceram em c. 1020/1021/1022 e c. 1054/1057/1058/1070. O ano de 1070 para seu falecimento se fundamenta no *Sefer Yuḥasin*, de Abraão Zacuto. Ver *Sefer Yuḥasin ha-Shalem*. Ed. de H. Filipowski. London/Edinburgh, 1857, p. 217.

3. O nome Avencebrol aproxima-se mais do Ibn Gabirol hebraico ou árabe.
4. SCHIRMANN, J. *Toldot ha-Shirá ha-'Ivrit bi-Sefarad ha-Muslemit* (A História da Poesia Hebraica na Espanha Muçulmana). Ed. e comentários de Ezra Fleischer. Jerusalem: The Magnes Press/The Hebrew University/Ben-Zvi Institute, 1998, p. 257-262. Essa obra apresenta excelente resumo da pesquisa histórica realizada desde o século XIX sobre a poética de Ibn Gabirol. O cap. IV, p. 257-345, é indispensável e fundamental para o conhecimento da vida e da obra poético-literária do genial pensador.
5. O historiador da literatura judaica Israel Zinberg, em sua monumental obra escrita em ídiche: ZINBERG, I. *Di geschichte fun literatur bei idn* (A História da Literatura Judaica). New York: Farlag Morris S. Sarsky, 1943, v. I, p. 54, refere-se a ele: "Shlomo ben Yehudá ben Gabirol, assim se chamava esse gênio, foi o primeiro grande poeta e pensador que o judaísmo europeu trouxe a lume. Ibn Gabirol era um poeta melancólico, o primeiro poeta europeu que trazia em seu coração a 'tristeza do mundo' – *Weltschmerz*, como se costuma chamar esse sentimento na literatura europeia". Ele também assinava "Shlomo Malki", ou seja, de Málaga, e ainda "Shlomo ha-Qatan", o pequeno.
6. Angel Sáenz-Badillos, em sua obra *El alma lastimada*: Ibn Gabirol (Córdova: Ediciones El Almendro, 1992, p. 20), assim se expressa sobre o nosso poeta: "Pero aún son más notables los poemas en los que refleja sus sentimientos más personales: no es exageración afirmar que se trata de uno de los más grandes líricos del Medievo en cualquier lengua literária".
7. Refere-se a ele como o sábio autor de *Qohelet* (Eclesiastes) e de *Mishlê* (Provérbios). Em vários poemas dirigidos a seu protetor, Shmuel Halevi ibn Nagrela, o poderoso vizir de Granada, ele usa a expressão "Ben Shlomo", isto é, "sábio". Ver ASHTOR, 1966, op. cit., p. 213.
8. ZINBERG, 1943, op. cit., p. 75. Em seus poemas, encontramos as expressões *ve-yag'ati be-ḥokmá mi-ne'urai* (e dediquei-me ao conhecimento desde minha juventude); *ve-hi hayitá 'aḥoti mi-ne'urai* (e foi minha irmã desde a juventude); ou ainda *ve-hine hatvuná 'em lenafshi ve-haḥokmá ve-ha-da'at 'aḥyotai* (eis que a razão é mãe para minh'alma, a sabedoria e o entendimento, minhas irmãs). No poema *'Aṭe Hod* (Coroa-te de Glória), ele declara: "Antes de vir à luz, sou o filho cujo coração era como o de um ser de 80 anos cujo corpo caminhava sobre a terra, cuja alma andava sobre nuvens em busca da sublime sabedoria, e, desprezando a riqueza e o dinheiro, dediquei-me ao conhecimento desde a minha juventude [...] e ela foi minha irmã desde minha juventude". Ver BIALIK, H. N.; RAVNITZKI, Y. H. *Shirê Shlomo Ibn Gabirol*. 2. ed. Tel Aviv: Dvir, 1927, v. I, p. 96.
9. SCHIRMANN, H.; BRODY, H. *Shlomo Ibn Gabirol, Shirê Ḥol* (Poesia Profana). Jerusalem: Schechter Institute, 1974, p. 116 et seq.
10. Ibid., p. 71 et seq.
11. LEVIN, I. *Shlomo Ibn Gabirol, Shirim* (Antologia da Poesia de Salomão ibn Gabirol). Tel Aviv: Shirat Tor ha-Zahav/Tel Aviv University, 2007, p. 10.
12. Ver a tradução espanhola de David Gonzalo Maeso: IBN GABIROL. *Selección de Perlas, Mibhar Ha-pninim*. Barcelona: Ameller Editor, 1977.
13. IBN GABIROL. *Fons Vitae* I, 2, p. 3; FALAQERA I, 1: "Sendo a parte inteligente a melhor entre as partes do homem, é necessário, pois, que busque o conhecimento".
14. SCHIRMANN, 1998, op. cit., p. 59, nota 188: ao se referir à mútua e íntima ligação existente entre a poesia e a filosofia na obra de Abraão ibn Ezra, em especial no *Ḥai ben Meqiṣ* (Vivo, Filho do Desperto), originalmente derivado da obra *Ḥayy ibn Yaqẓān*, de Avicena, em que há certa semelhança de conteúdo com a primeira parte do *Keter Malkut*,

Schirmann lembra que o *Keter Malkut*, de Ibn Gabirol, certamente lhe poderia servir de modelo, mas que esse poema é muito diferente em suas dimensões. Ele também observa "a profunda penetração do pensamento filosófico no contexto cultural do judaísmo sefaradita: poetas que antecederam a Ibn Ezra (entre eles, destacados pensadores como Ibn Gabirol e Yehudá Halevi), ainda que tenham se restringido mais na apresentação de conceitos filosóficos em sua poesia sagrada". Para Schirmann (p. 59, nota 189), o *Keter Malkut* não era destinado a ser utilizado no cerimonial litúrgico propriamente dito, mas, a exemplo de outras invocações (*baqashot*), era para servir como leitura individual.

15. HUSIK, 1960, op. cit., p. 62; MUNK, 1955, op. cit. p. 268-273: Munk cita e traduz as passagens críticas de Abraham ben David Halevi ibn Daūd da primeira edição de *'Emuná Ramá*. Ver a reedição do texto com a tradução alemã sob o título *Das Buch Emunah Ramah oder der Erhabene Glaube* (1852). Simson Weil. Kessinger Publishing, [s.d.].
16. WOLFSON, H. A. *Crescas Critique of Aristotle*. Cambridge, MA: Harvard University Press, 1929, p. 600-601. Wolfson traz a citação de *'Emuná Ramá* I, 2, p. 11 (ed. de S. Weil. Frankfurt a. M., 1852). A citação de Abraham ibn Daūd de *Meqor Hayyim* corresponde a *Fons Vitae* I, 10, p. 13; 11, p. 14-17 (ed. de Bäumker) e aos *Liqutê Meqor Hayyim* I, 6, de Shem Ṭov ibn Falaqera, editado por Munk.
17. YEHUDÁ ABRAVANEL. *Dialoghi di Amore*. Ed. de Veneza, 1572, fol. 151 b [apud MUNK, 1955, op. cit., p. 304]. Além deles, isto é, dos Abravanéis, teve conhecimento de sua obra o tradutor Eli ben Josef Havillo, do século XV, que identificou Avicebron com Ibn Gabirol. *Encyclopaedia Judaica*. Ed. de Eschkol, Berlim (1928-1934), v. VII, verbete *Gabirol, Salomo ben Jehuda ibn*, p. 14.
18. SCHOLEM, G. 'Iqvotav shel Gabirol ba-Qabbalá (Presença de Gabirol na Cabalá). In: KABAK, A.; STEIMAN, A. (Org.). *Me'asef Sofrê Israel* (Coletânea de Escritores de Israel). Tel Aviv, 1940, p. 160-178.
19. Ver WOLFSON, 1929, op. cit., p. 601.
20. Foi escrito aproximadamente em 1045 em árabe, *Kitāb Iṣlāḥ al-Aḫlāq*, e traduzido por Yehudá ibn Tibbon para o hebraico em 1167. Cf. HUSIK, 1960, op. cit., p. 60.
21. IBN GABIROL. Tiqqun Midot ha-Nefesh (Aperfeiçoamento das Qualidades Morais da Alma). In: KLATZKIN, J. (Org.). 'Antológia shel ha-Filosofia ha-'Ivrit (Antologia de Filosofia Hebraica). Berlin: Eschkol, 1926, p. 29. Ver a edição árabe-inglês de WISE, S. S. *The Improvement of the Moral Qualities*: An Ethical Treatise of the Eleventh Century by Solomon Ibn Gabirol. New York: The Columbia University Press, 1902; reedição: Kessinger Publishing's Legacy Reprints, 2010, p. 32.
22. SÁENZ-BADILLOS, 1992, op. cit., p. 163-164.
23. KAUFMANN, D. Salomon Ibn Gabirol's philosophische Allegorese. In: KAUFMANN, D. *Studien über Salomon Ibn Gabirol*. Jahresbericht der Landes-Rabbinerschule in Budapest für das Schuljahr 1898-1899. Budapest, 1899, p. 63-79.
24. Ibid., p. 64-67.
25. Ver MUNK, 1955, op. cit., p. 166, sobre a mesma narrativa. No comentário hebraico, lê-se: "R' Schlomo, o Espanhol, disse que a escada simboliza a alma superior, e os anjos de Deus os pensamentos da sabedoria". Ver *Miqra'ot Gedolot. Sefer Bereshit*. Ed. de HaAlmana vehaAchim Rom. Vilna, 1907, p. 349-351.
26. Sobre a caracterização do método de interpretação bíblica de Ibn Gabirol, ver KLEIN-BRASLAVY, S. The Philosophical Exegesis. In: SAEBO, M. (Org.). *Hebrew Bible, Old Testament*: The History of Its Interpretation. v. I, part 2: The Middle Ages. Ed. de Magne Saebo. Göttingen: Vandenhoeck & Ruprecht, 2000, p. 304-306.

27. Ver LEVIN, 2007, op. cit., p. 39, que se refere ao poema *Keter Malḵut*.
28. Cf. ZUNZ, L. *Die synagogale Poesie des Mittelalters*. Hildesheim: Georg Olms Verlagsbuchhandlung, 1967, p. 129.
29. LEVIN, 2007, op. cit., p. 38. Ver a pontual e rica apreciação das três partes do poema em SCHIRMANN, 1998, op. cit., p. 331-345.
30. O texto hebraico é encontrado em alguns rituais para o dia de *Yom Kippur* (o Dia da Expiação). Utilizei-me do *Maḥzor* (Livro de Orações) para o *Yom Kippur* (segundo o costume da Polônia, da Boêmia, da Morávia e da Hungria). Viena: Ed. de Anton E. von Schmid, 1827, p. 61-70, v. III, e da edição de BIALIK; RAVNITZKI, 1927, op. cit., v. II, p. 62-78, bem como da tradução de José María Millás Vallicrosa: *La poesía sagrada hebraico-espanõla*. 2. ed. Madrid/Barcelona: CSIC, 1948, p. 204-224, que, por sua vez, baseou-se na edição hebraica de DAVIDSON, I. *'Oṣar ha-Shirá ve-ha-Piyuṭ* (Tesouro da Poesia Secular e Sagrada). New York, 1925-1933. 4 v. Outra tradução para o espanhol, juntamente com o *Fons Vitae*, foi feita por Léon Dujóvne. Ed. de S. Sigal. Buenos Aires, 1961.
31. A expressão é plena de significado no pensamento judaico, assim como no islamismo. O Trono da Glória, em Ibn Gabirol, é identificado com a matéria universal; no tratado V, 42, p. 335, do *Fons Vitae*, ele declara que a "matéria universal é o trono (*Cathedra*) do Uno, e a vontade que dá a forma senta nele e descansa sobre ele". Ver mais adiante sobre o mesmo conceito.
32. O texto latino foi editado por Clemens Bäumker em *Beiträge zur Geschichte der Philosophie des Mittelalters*, t. I (fasc. 2-4), Münster, 1892-1895, com o título *Avecenbronis Fons Vitae* [ex arabico in latinum translatus ab Johanne Hispano et Dominico Gundissalino]. Sobre os manuscritos do *Fons Vitae* e dois resumos latinos (Epitome Campililiensis e o de Praga), cf. a introdução à tradução francesa feita por Jacques Schlanger. Paris: Aubier Montaigne, 1970, p. 15-19.
33. Ver sobre eles FRAILE, G. *Historia de la filosofía*. Madrid: BAC, 1966, v. II, p. 643-674. À dupla de tradutores Gundissalinus e Johannes Hispalensis deve-se uma boa quantidade de traduções de textos filosóficos árabes, realizadas no tempo do arcebispo Raimundo de Toledo (1126-1151). A figura enigmática do Hispalensis – ou Johannes Avendehut, ou ainda David (Salomão) ibn Daūd – não seria a de um convertido, como alguns têm admitido, entre eles ALONSO, P. M. Notas sobre los tradutores toledanos. *Al-Andalus*, n. 8, p. 155-188, 1943. No entanto, o já mencionado filósofo Abraham ibn Daūd, crítico de Ibn Gabirol, poderia ser aventado como tradutor em razão de seu domínio pleno da língua árabe, que Gundissalinus não tinha. STEINSCHNEIDER, M. *Die Hebraeischen Übersetzungen des Mittelalaters und die Juden als Dolmetscher*. Berlin, 1893 (reed. Graz, 1956), p. 380, dá a informação que permite inferir que o papel do judeu é principal; em nota de rodapé, o mesmo autor informa que Johannes Hispalensis traduziu para a língua comum com a ajuda de Dominico Gundissalinus. Assim mesmo, com a preciosa informação do autor, historiadores continuaram afirmando o papel principal de Gundissalinus na tradução. Marie-Thérèse d'Alverny aventa claramente que o tradutor seria Abraham ibn Daūd [D'ALVERNY, M.-T. Notes sur les traductions médiévales d'Avicenne. *Archives d'Histoire Doctrinale et Littéraire du Moyen Âge*, n. 19, p. 341 et seq., 1952], apesar de Bäumker publicar o colofão que informa sobre o papel do Hispanus. Surpreende que o estudioso Jochanan Wijnhoven tenha escrito, na p. 150, em nota de rodapé: "A complete Latin translation of the original was made in the middle of the twelfth century by Dominicus Gundissalinus" [WIJNHOVEN, J. The Mysticism of Solomon ibn Gabirol. *The Journal of Religion*, v. XLV, 1, p. 137-152, jan. 1965]. Jacob Guttmann já supunha

que Johannes Hispalensis traduzia do árabe para o espanhol, e Dominicus Gundisalvus do espanhol para o latim [GUTTMANN, J. *Die Philosophie des Salomon ibn Gabirol*. Göttingen, 1889, p. 15].

34. Munk publicou os extratos hebraicos em sua obra *Mélanges de Philosophie Juive et Arabe*, 1955, op. cit. Shem Tov ibn Falaqera (c. 1225-1295) era um enciclopedista identificado com os aderentes do estudo da filosofia na polêmica maimonidiana. Cf. um resumo sobre ele que oferece o verbete da *Encyclopaedia Judaica*. Jerusalem: Keter Pub. Soc., 1971, v. 6, p. 1140-1143. Importante para o conhecimento de sua obra poética e literária é o capítulo que a ele dedica SCHIRMANN, 1998, op. cit., p. 330-345. No entanto, para um estudo aprofundado sobre sua obra, ver o importante trabalho de JOSPE, R. *Torah and Sophia*: The Life and Thought of Shem Tov Ibn Falaqera. Cincinnati: Hebrew Union College Press, 1988. Falaqera deixou extensa obra pessoal sobre ética, exegese bíblica e filosofia, mas apenas uma parte chegou até nós. HARVEY, S. Falaqera's Alfarabi: An Example of the Judaization of the Islamic Falâsifah. *Trumah-Zeitschrift der Hochshule fur Jüdische Studien*, Heidelberg, 2002, p. 97-112, v. 12. [Aqui traduzido para o português nas p. 623-642.] Do mesmo autor, ver o artigo Shem-Tov Ibn Falaqera's *De'ot Ha-Filosofim*: Its Sources and use of Sources. In: HARVEY, S. (Org.). *The Medieval Hebrew Encyclopedias of Science and Philosophy*. Dordrecht/Boston/London: Kluwer Academic Publishers, 2000, p. 211-237; ver também o artigo de FREUDENTHAL, G. Providence, Astrology, and Celestial Influences on the Sub-Lunar World in Shem-Tov ibn Falaqera's *De'ot Ha-Filosofim*. In: HARVEY, S. (Org.). *The Medieval Hebrew Encyclopedias of Science and Philosophy*. Dordrecht/Boston/London: Kluwer Academic Publishers, 2000, p. 335-370; esses artigos apontam o notável conhecimento e a influência da filosofia árabe na obra de Ibn Falaqera.

35. O original árabe teria o provável título de *Yanbūaᶜ al-Ḥayā* (Fonte da Vida). Ver MUNK, 1955, op. cit., p. 152. O manuscrito em árabe do *Sefer 'Arugat ha-Bosem*, de Moisés ibn Ezra, foi descoberto por A. Harkavi no final do século passado e é o único que traz alguns poucos extratos do *Fons Vitae*. Cf. PINES, S. *Sefer 'Arugat ha-Bosem*: ha-qeta'im mi-toḵ *Sefer Meqor Hayyim* (Jardim dos Aromas: os excertos do *Fons Vitae*). *Tarbiz*, n. 27, p. 218-233, 1948.

36. IBN GABIROL. *Fons Vitae* I, 2, p. 4. A expressão hebraica no texto de Falaqera é *ha-ḥeleq ha-yode'a*, que literalmente significa "a parte conhecente".

37. Em hebraico, o termo "vontade" é traduzido por *raṣon* ou *ḥefeṣ*. Ibn Gabirol, em sua obra filosófica, usa o termo *raṣon* (*voluntas*), e do mesmo modo o encontramos nos *Liqquṭim*, de Shem Ṭov ibn Falaqera. Yaaqov Blovstein, em sua tradução para o hebraico de *Fons Vitae* (*Rabbi Shlomo Ibn Gabirol, Sefer Meqor Hayyim*. Tel Aviv: Machberot le-Sifrut, Mossad haRav Kook, 1950), também usa o termo *raṣon*. No entanto, em sua poética, Ibn Gabirol emprega fundamentalmente o termo *ḥefeṣ*. O termo aparece em *Keter Malḵut* IX: *'Atá ḥaḵam u-me-ḥoḵmatḵá 'aṣálta ḥefeṣ mezuman* (És sábio e de Tua sabedoria emanaste a Vontade).

38. IBN GABIROL. *Fons Vitae* I, 2-3, p. 4.

39. Ibid., p. 4-5.

40. LEVIN, 2007, op. cit., p. 131. Na concepção antiga e medieval, o "coração" (*lev*) é o centro do pensamento ou reflexão; a palavra *neshamá* (alma), no poema, é usada também no sentido de "alma universal", fonte da alma humana, coerente com a convicção filosófica de nosso autor, que finaliza o poema com as palavras "*ve-ta'al ha-neshamá la-neshamá*" ("e se elevará a alma à alma [universal]").

41. Ibid., p. 149. O poeta se reporta à alma, que deve se manter pura e buscar a Deus no mundo celestial.
42. BIALIK, H. N.; RAVNITZKI, Y. H. *Shirê Shlomo Ibn Gabirol*. 2. ed. Tel Aviv: Dvir, 1927-1929, v. III, p. 51.
43. *Keter Malkut* XXVII. BIALIK; RAVNITZKI, 1927-1929, op. cit., p. 70. Sobre a alma na poesia de Ibn Gabirol, ver SCHIRMANN, 1998, op. cit., p. 321-326.
44. Maimônides, na epístola a seu tradutor Samuel ibn Tibbon, será extremamente crítico com Isaac Israeli, cf. *'Iggerot ha-Rambam* (Epístolas de Maimônides). Jerusalem: Maaliot, v. II, p. 452.
45. Ver ALTMANN, A.; STERN, S. M. *Isaac Israeli, a Neoplatonic Philosopher of the Early Tenth Century*. Oxford, 1958.
46. Ibid., p. XII; p. 95-105 et seq. Abraão ibn Ḥasdai (início do século XIII), poeta e tradutor, que viveu em Barcelona e participou da polêmica maimonidiana em defesa de Maimônides contra seus opositores, traduziu o *Livro dos Elementos*, de Isaac Israeli. Em sua obra literária *Ben ha-Melek ve-ha-Nazir* (O Príncipe e o Asceta), que é uma adaptação do livro *Barlaam e Josaphat*, de origem mais longínqua, passando por várias culturas – hindu, árabe, grega, cristã –, acrescenta em seus últimos capítulos, XXXII-XXXV, uma lição filosófica ministrada pelo asceta ao príncipe sobre a emanação e seus vários graus e o destino da alma após a morte. Para Altmann e Stern, esse acréscimo originar-se-ia de uma fonte neoplatônica desconhecida e utilizada igualmente por Isaac Israeli. Utilizei-me da edição do *Ben ha-Melek ve-ha-Nazir* feita por A. M. Haberman. *Machberot le-Sifrut*. Tel Aviv: Mossad haRav Kook, 1950; os capítulos em questão se encontram nas p. 199-212. Sobre Abraão ibn Ḥasdai, cf. SCHIRMANN, J. *Toldot ha-Shirá ha-'Ivrit bi-Sefarad ha-Noṣrit u-ve-Drom Ṣorfat* (A História da Poesia Hebraica na Espanha Cristã e no Sul da França). Ed. de Ezra Fleischer. Jerusalem: Magnes Press, 1997, p. 256-278.
47. No *Livro das Definições*, encontramos, na def. 2, par. III, p. 27 (ed. de A. Altmann; S. Stern), a definição de filosofia como o conhecimento de si mesmo. Ver ALTMANN, A. The Delphic Maxim in Medieval Islam and Judaism. In: ALTMANN, A. *Biblical and Other Studies*. Cambridge, MA: Harvard University Press, 1963, p. 196-232.
48. A verdade é que, no próprio texto do *Fons Vitae*, assim como nos *Liqqutim*, de Falaqera, e nos poucos fragmentos árabes, encontramos, por vezes, formulações aparentemente diferentes ou contraditórias de concepções ou ideias que fazem parte de seu pensar e da terminologia filosófica que usou. Desse modo, penso que a postura do estudioso de nossos dias deverá no mínimo refletir humildemente sobre os caminhos propostos pelos sábios que nos antecederam, assim como nos ensina um respeitável pensador medieval: "Dicebat Bernardus Carnotensis [Bernardo de Chartres] nos esse quasi nanos, gigantium humeris insidentes, ut possimus plura eis et remotiora videre, non utique proprii visus acumine, aut eminentia corporis, sed quia in altum subvehimur et extollimur magnitudine gigantea" (João de Salisbury, *Metal*. III, 4, MPL 199, 900 c.).
49. ZINBERG, 1943, op. cit., p. 88.
50. MUNK, 1955, op. cit., p. 283.
51. Ver o confronto de passagens do *Fons Vitae* e do *De Unitate* atribuído a Dominicus Gundisalvi: Die dem Boethius fälschlich zugeschriebene abhandlung des Dominicus Gundisalvi De Unitate. In: *Beiträge zur Geschichte der Philosophie des Mittelalters*. Band I, Heft 1, Münster: 1891, p. 1-56.
52. Guilherme de Auvergne se refere a Avicebron com a expressão *unicus omnium philosophantium nobilissimus*. Sobre ele e outros escolásticos em relação a alguns pensadores

judeus, incluindo Ibn Gabirol (p. 60-85), cf. GUTMANN, J. *Die Scholastik des Dreizehnten Jahrhunderts und ihren Beziehungen zum Judenthum und zur jüdischen literatur*. Breslau, 1902.

53. Cf. FALBEL, N. *De Reductione Artium ad Theologiam*, de São Boaventura. *Col. Revista de História*, USP, São Paulo, p. 36-38, 1974. Munk (1955, op. cit., p. 68), assim como outros estudiosos, já havia reconhecido a influência do pensamento filosófico-teológico franciscano ao citar Duns Scott: "Sustento que toda substância criada, corporal ou espiritual, participa da matéria e provo em seguida que essa matéria é uma em tudo, *quo sit unica materia*". David Knowles, ao se referir ao pensador franciscano John Pecham, escreve: "Jewish philosophy had left a legacy in its doctrine that spiritual substances were composed of matter and form, while the body, considered apart from the soul, a *forma corporeitatis* was attributed" [KNOWLES, D. *The Religious Orders in England*. Cambridge: Cambridge University Press, 1950, p. 227].
54. IBN GABIROL. *Fons Vitae* I, 5, p. 7.
55. Ibid., 7, p. 10; FALAQERA, 1, 3, p. 2.
56. BRUNNER, F. La Doctrine de la matière chez Avicébron. *Revue de Théologie et de Philosophie*, Lausanne, n. 3, p. 261-279, 1956. Agradeço ao colega Carlos Arthur R. do Nascimento por ter me indicado esse importante artigo.
57. Ibid., p. 262.
58. Ibid., p. 267.
59. Ibid., p. 276.
60. IBN GABIROL. *Fons Vitae* V, 26, p. 305; FALAQERA V, 32, p. 29.
61. IBN GABIROL. *Fons Vitae* V, 29, p. 310; FALAQERA V, 37, p. 30. Georges Vajda faz uma observação pertinente ao dizer que a relação da matéria e da forma, que é uma relação de receptor para com doador, tem por força motriz o desejo e o amor [de Deus] (VAJDA, G. *L'Amour de Dieu dans la théologie juive du Moyen Âge*. Paris: J. Vrin, 1957, p. 87), cf. IBN GABIROL. *Fons Vitae* V, 32, p. 316-319; FALAQERA V, 45 b-51, p. 32; IBN GABIROL. *Fons Vitae* V, 34, p. 319-320; FALAQERA V, 52, p. 32.
62. Ver WOLFSON, 1929, op. cit., p. 571. Wolfson faz referência a Averróis e a seu resumo dos argumentos que Aristóteles apresenta em *Física* I, 7.
63. ARISTÓTELES. *Física* I, 7, 191a, 5.
64. IBN GABIROL. *Fons Vitae* V, 32, p. 316; FALAQERA V, 46, p. 31.
65. IBN GABIROL. *Fons Vitae* V, 32, p 312; FALAQERA V, 47, p. 31.
66. Contudo, no *Tiqqun Midot ha-Nefesh*, parte II, cap. I (Sobre o Caráter do Amor), ele observará que o que seguirá é o que os poetas escreveram sobre os desejos irrealizáveis; quando a alma não os consegue realizar, restam apenas cansaço no espírito, permanente angústia e prolongada inquietude: "Meu dia é um dia comum para os homens até o cair da noite, então meu leito me acolhe. Passo o dia na diversão e no desejo, mas a noite me traz inteiramente a aflição". Ver IBN GABIROL na edição de WISE, 1902, op. cit., p. 70.
67. Ver BIALIK; RAVNITZKI, 1927, op. cit., na parte de *Shirê Qodesh*: "*Galut u-Ge'ulá* (Exílio e Redenção)", v. II, p. 1-37.
68. Assim como o faz no belo poema *Sheḥartiḵa be-ḵol Shaḥri* (O Despertar da Aurora em Ti). Ver LEVIN, 2007, op. cit., p. 142. Lamentavelmente, não temos a possibilidade, nos limites de nosso estudo, de nos deter sobre o conteúdo específico dos múltiplos poemas que ilustram as noções de "desejo" e de "amor" na obra poética de Ibn Gabirol.
69. IBN GABIROL. *Fons Vitae* V, 33, p. 318-319; FALAQERA V, 51, p. 32.
70. A questão é desenvolvida em *Metafísica* XII. Utilizei-me da edição da Loeb Classical

Library, London, 1947, volume que contém os livros X-XIV da *Metafisica, Oeconomica* e *Magna Moralia*.

71. Cf. VAJDA, G. *Introduction à la pensée juive du Moyen Âge*. Paris: J. Vrin, 1947, p. 77.
72. Cf. o texto hebraico em MUNK, 1955, op. cit., p. 1. Em sua tradução francesa, Munk comenta que Falaqera provavelmente se refere à passagem do livro XII da *Metafisica*, cap. II (na edição da Loeb Classical Library, p. 125-127), em que Aristóteles declara que uma matéria primeira (*hylé*) parece encontrar-se nas doutrinas de Anaxágoras, de Anaximandro e de Demócrito (Munk se esquece de Empédocles, que é também mencionado por Aristóteles), que, no entanto, não se aprofundaram nessa ideia, não distinguindo entre o que é submetido à mudança propriamente dita ou ao movimento e à destruição e o que é eterno e invariável.
73. Há duas edições: a de F. Dieterici, Leipzig, 1882, e uma interpolada, descoberta por A. Borisov, que corresponde, segundo Altmann e Stern, à latina editada em Roma em 1519. Há uma tradução inglesa de Geoffrey Lewis publicada em *Plotini Opera*, t. II: *Enneades* IV-V. Paris: Henry & Schwyzer, 1959.
74. O original em árabe, escrito em meados do século X, foi editado no Cairo (1928); a tradução alemã de F. Dieterici está publicada em diversos livros, a saber: *Naturanschauung und Naturphilosophie der Araber*. Leipzig, 1876; *Antropologie der Araber*. Leipzig, 1871; *Die Philosophie der Araber im X. Jahrhundert*. 2 v. v. I: *Einleitung und Makrokosmus*. Leipzig, 1876; v. II: *Mikrokosmus*. Leipzig, 1879; *Die Lehre von der Weltseele*. Leipzig, 1872. Cf. também MARQUET, I. Ikhwān al-Ṣafā'. *Encyclopaedia of Islam*, v. III, p. 1071-1076. A doutrina dos Irmãos da Pureza conservou-se em uma enciclopédia de 52 tratados que abrangem temas de ciências exatas e filosofia. Apesar da sujeição à autoridade de Aristóteles, seu pensamento está orientado pelo neoplatonismo de Plotino, além de outras influências. Sobre eles, vide CRUZ HERNANDEZ, M. La filosofía árabe. Madrid, *Revista de Occidente*, p. 32-33, 1963; FAKHRY, M. *Histoire de la philosophie islamique*. Paris: Cerf, 1989, p. 185-204.
75. PINES, S. Islamic Philosophy. In: PINES, S. *Studies in the History of Arabic Philosophy* (Collected Works of Shlomo Pines). Jerusalem: The Magnes Press/The Hebrew University, 1996, v. III, p. 804. Sobre Al-Fārābī e sua concepção política, ver o importante estudo de PEREIRA, R. H. de S. *Averróis*: a arte de governar. São Paulo: Perspectiva, 2012, em especial p. 94-96; 199-203.
76. Editado e traduzido para o alemão por Otto Bardenhewer: *Die pseudoaristotelische Schrift über das reine Gute bekant unter dem Namen Liber de Causis*. Freiburg im Breisgau, 1882. Sobre o *Liber de Causis*, que se baseia nos *Elementos de Teologia*, de Proclus (410-485), pouco se sabe de sua origem, supondo-se que seria uma elaboração árabe traduzida mais tarde para o latim por Gerardo de Cremona, antes de 1187. Ver VAN STEENBERGHEN, F. *La Philosophie au XIIIe siècle*. Louvain/Paris: Publications Universitaires/Béatrice-Nauwelaerts, 1966, p. 84-85.
77. Publicado por David Kaufmann em: *Studien über Salomon ibn Gabirol*; também alguns extratos foram traduzidos para o espanhol por ASÍN PALACIOS, M. *Ibn Massara y su escuela*. Madrid, 1914. Além disso, o texto do historiador das religiões Shahrastānī (1076-1153), *Kitāb al-Milal wa-l-Niḥal* (Livro das Religiões e das Seitas), contém fragmentos atribuídos a Empédocles.
78. KAUFMANN, D. *Studien über Salomon ibn Gabirol*. Budapest, 1899.
79. GUTTMANN, J. *Die Philosophie des Salomon ibn Gabirol*. Götting, 1889.
80. MILLÁS VALLICROSA, J. M. *Schlomo ibn Gabirol, como poeta y filósofo*. Madrid/Barcelona: Instituto Arias Montano, 1945.

81. BRUNNER, F. *Ibn Gabirol*: la source de la vie. Paris: Vrin, 1950. Trata-se da tradução do Livro III do *Fons Vitae*. Além do artigo já mencionado, Brunner publicou uma crítica ao livro de Jacques Schlanger – *La Philosophie de Salomon ibn Gabirol*: étude d'un néo-platonisme. Leiden: J. Brill, 1968 –, com o título: BRUNNER, F. Sur la philosophie d'Ibn Gabirol. À propos d'un ouvrage recent. *Revue d'Études Juives*, v. 128, p. 317-337, 1969.
82. Além do estudo lembrado anteriormente, Schlanger fez uma tradução completa do *Fons Vitae* com o título *Livre de la Source de Vie*. Paris: Aubier Montagne, 1970. Ver também seu artigo: SCHLANGER, J. Sur le rôle du "Tout" dans la Création selon Ibn Gabirol. *Revue d'Études Juives*, v. CXXIV, p. 125-135, 1965.
83. MUNK, 1955, op. cit., p. 181. Essa mescla está intimamente ligada às quatro qualidades relacionadas aos quatro elementos, que são os princípios de todas as coisas sublunares. Ela se faz com binários opostos: calor e frio, secura e umidade. Os dois primeiros são ativos, e os dois segundos passivos. Cada um dos elementos contém em si dois desses princípios ou qualidades. Por exemplo, o fogo é quente e seco, o ar é quente e úmido, a água é fria e úmida, e a terra é fria e seca. A fonte aristotélica dessas noções chega também ao neoplatonizante Isaac Israeli, no *Livro das Substâncias*, cujos fragmentos se encontram publicados por ALTMANN; STERN, 1958, op. cit., p. 79-105. No fragmento explicando a noção de "natureza", Isaac Israeli afirma que o termo se aplica também às qualidades calor, frio, umidade e secura.
84. IBN GABIROL. *Fons Vitae* I, 7, p. 9.
85. Ibid.; FALAQERA I, 3, p. 2.
86. IBN GABIROL. *Fons Vitae* V, 40, p. 330.
87. A fonte é Salmos 103:21.
88. BIALIK; RAVNITZKI, 1927-1929, op. cit, v. V, p. 49 et seq. A imagem poética da "penca" ou cacho (*'eshkol*) parece uma representação da emanação do universo, e tudo que nele se encontra se mantém vinculado à fonte criadora, à "mão direita" da qual se originou.
89. Ibid., p. 45. Contudo, os próprios compiladores, na p. 51, não se mostram seguros de o poema ser de autoria de Ibn Gabirol.
90. IBN GABIROL. *Fons Vitae* I, 7, p. 10.
91. Ibid., I, 7, p. 10; FALAQERA I, 3, p. 2.
92. IBN GABIROL. *Fons Vitae* I, 7, p. 10: "Materia et forma sunt rami vonluntatis".
93. Ibid., II, 13, p. 45; FALAQERA II, 17, p. 7.
94. IBN GABIROL. *Fons Vitae* II, 13, p. 46.
95. Ibid.; FALAQERA II, 19, p. 7.
96. O poema encontra-se em: BIALIK; RAVNITZKI, 1927, op. cit., v. I, p. 112. Ainda sobre o *'Ahatvtiḵa*, ver mais adiante.
97. IBN GABIROL. *Fons Vitae* II, 13, p. 47; FALAQERA II, 20, p. 7.
98. IBN GABIROL. *Fons Vitae* II, 2, p. 26-27; FALAQERA II, 3-4, p. 4.
99. IBN GABIROL. *Fons Vitae* III, p. 73; FALAQERA III, 1, p. 10. Ver também IBN GABIROL. *Fons Vitae* III, 11, p. 102.
100. Ibid., 32, p. 153.
101. Ibid., 42, p. 173.
102. Ibid.
103. Ibid., 51, p. 195. O princípio que rege tudo e se encontra subjacente ao neoplatonismo de Ibn Gabirol é o processo contínuo de emanações em que as substâncias inferiores recebem a luz das superiores, ainda que tudo receba a luz do primeiro autor. Ver ibid., 45, p. 181.

104. Ibid., p. 196. Ibn Gabirol observa que as energias que emanam de cada uma das substâncias simples, ainda que sejam forças e raios daquilo de que fluem, também são substâncias e se chamam substâncias e emanam delas outras forças [ibid., 55, p. 200].
105. Ibid.
106. Ibid., 56, p. 204.
107. No poema *'Im Teehav Liḥiyot* (Se Quiseres Viver), ele explicita: "Se quiseres viver a vida eterna e temer o fogo infernal, abandona as honrarias e as riquezas deste mundo, para morreres sem descendência e deixares tua alma solitária, sem carne e pele". Em outro poema: *Shnê Ḥayai u-Ma'avaiai* (São Dois, Minha Vida e Meus Desejos), ele dirá: "Afasta-te das veleidades do mundo, veste-te de luto, isola-te da companhia dos homens [...]". Ver LEVIN, 2007, op. cit., p. 130; p. 178.
108. No comovente poema *'Emor la-'Omrim* (Responda aos Que Dizem), ele se refere à doença que o atormentou durante toda a vida com as palavras *me'aḵol rega' she'eró*, indicando a enfermidade que "consome sua carne". Ver ibid., p. 11-12.
109. Ibid.
110. IBN GABIROL. *Fons Vitae* III, 57, p. 205.
111. PLOTINO. *Enéadas* IV, 8, 1-10 [Ed. da Loeb Classical Library. Trad. de A. H. Armstrong. London: Harvard University Press, 1988, p. 396]. Chamou-me a atenção para essa citação o livro de CLOTA, J. A. *El neoplatonismo* (síntesis del espiritualismo antiguo). Barcelona: Anthropos, 1988, p. 51; o autor frisa os três níveis ontológicos (*hipostasis*) que constituem a realidade, em que cada um tende a um grau superior, próprio do pensamento plotiniano, como caminho inverso da processão, que conduz à transcendência.
112. IBN GABIROL. *Fons Vitae* III, 57, p. 205-206.
113. Ver GUTTMANN, J. *Philosophies of Judaism*. New York: Anchor Books, 1966, p. 116.
114. IBN GABIROL. *Fons Vitae* IV, 19, p. 253.
115. Ibid.
116. Ibid., 20, p. 255; FALAQERA IV, 31, p. 23.
117. IBN GABIROL. *Keter Malḵut* VII. In: BIALIK; RAVNITZKI, 1927-1929, op. cit., p. 64.
118. Ibid., p. 48.
119. IBN GABIROL. *Fons Vitae* IV, 20, p. 254-255.
120. Ibid., p. 256.
121. Ibid., 8, p. 229. A divisão da forma, em nome de Platão, em três classes: a primeira, uma só forma que está em potência, mas ainda não na matéria; a segunda, a forma em ato unida à matéria; e a terceira, forma dos elementos, isto é, as quatro primeiras qualidades (calor, frio, secura, umidade). Munk considera que o autor talvez tenha confundido Platão com Plotino. Cf. MUNK, 1955, op. cit., p. 72, nota 4, em que observa que, a exemplo de outros árabes, as teorias neoplatônicas são atribuídas a Platão. Os árabes, que traduziram certos escritos neoplatônicos, poderiam ter confundido os nomes em razão de sua semelhança. Munk observa que o nome de Plotino não se encontra nos escritos árabes, enquanto os de Proclo, Porfírio e outros são mencionados.
122. BIALIK; RAVNITZKI, 1927-1929, op. cit., v. V., p. 12.
123. IBN GABIROL. *Fons Vitae* V, 13, p. 280.
124. Munk observa com razão que essa passagem é contraditória em relação à anterior, em que se afirma que na vontade a forma está em ato em relação ao agente e em potência em relação ao objeto da ação (FALAQERA IV, 31, p. 23; IBN GABIROL. *Fons Vitae* IV, 20, p. 254).
125. Ibid.,V, 17, p. 288-289.

126. Ibid., p. 289; FALAQERA V, 19.
127. IBN GABIROL. *Fons Vitae* V, 29, p. 293.
128. Ibid., 27, p. 306.
129. Ibid., 28, p. 307-308.
130. BRUNNER, F. Sur la philosophie d'Ibn Gabirol. *Revue des Études Juives*, n. 128, p. 331 [p. 317-337], 1969.
131. Ver MUNK, 1955, op. cit., p. 293, citando o *De causis et proessu universitatis*, liber I, tract. I, c. 6.
132. BRUNNER, 1969, op. cit., p. 331.
133. Ibid.
134. IBN GABIROL. *Fons Vitae* V, 28, p. 308.
135. Ibid.
136. Ibid., V, 31, p. 315; FALAQERA V, 44, p. 31.
137. IBN GABIROL, *Fons Vitae* V, 34, p. 319.
138. Ibid., V, 36, p. 322; FALAQERA V, 56, p. 33.
139. IBN GABIROL, *Fons Vitae* V, 37, p. 325.
140. Ibid.
141. Ibid., V, 39, p. 328.
142. Ibid., V, 38, p. 326; FALAQERA V, 60, p. 34.
143. LEVIN, 2007, op. cit., p. 137. Ibn Gabirol se refere ao nono círculo, que, do Oriente ao Ocidente, move todos os corpos celestes que nele se encontram: *ve-hu-nefesh 'asher ha-guf tesovev/ ve-hu-galgal 'asher yasov 'alê kol*.
144. Sobre a concepção cosmológica de Ibn Gabirol, ver SCHIRMANN, 1998, op. cit., p. 338-343.
145. IBN GABIROL. *Fons Vitae* V, 38, p. 327.
146. Ibid., 39, p. 327.
147. Ibid.
148. Ibid., 42, p. 335; FALAQERA V, 70, p. 36.
149. A influência do *Sefer Yeṣirá*, na obra de Ibn Gabirol, foi apontada por MUNK, 1955, op. cit., p. 34; 144, e, entre outros, por VAJDA, 1947, op. cit., p. 79, quando Ibn Gabirol se refere, no tratado II, c. 21, p. 63, à composição do mundo: "quod compositio mundi non evenit nisi ex lineamento numeri et litterarum in aere". Também FALAQERA II, 27, p. 9. Mais recentemente, Yehuda Liebes, em importante estudo, mostra essa influência na obra poética de Ibn Gabirol, incluindo o *Keter Malkut*. O estudo tem o título "Sefer Yeṣirá 'eṣel R. Shlomo ibn Gabirol u-Ferush ha-Shir 'Ahavtíka'" (Rabbi Salomon ibn Gabirol's Use of the Sefer Yetzira and a Commentary on the Poem "I Love Thee"). In: DAN, J. (Org.). *Proceedings of the Second International Conference on the History of Jewish Mysticism in Medieval Europe*: The Beginnings of the Jewish Mysticism in Medieval Europe (Jerusalem Studies in Jewish Though), v. VI (3-4). Jerusalem: The Hebrew University of Jerusalem, 1987, p. 73-122. Sobre o mesmo poema *'Ahavtíka*, mais recentemente, ver o rico e importante artigo de HARVEY, W. Z. Filosofía y poesía en Ibn Gbirol. *Anuario Filosófico*, n. 30, p. 491-504, 2000. A literatura sobre o *Sefer Yeṣira* é vasta, começando pelo esclarecedor capítulo "O misticismo da Merkavá e o gnosticismo judaico". In: SCHOLEM, G. *A Mística Judaica*. São Paulo: Perspectiva, 1972, p. 39-80; os dois artigos importantes de GRUENWALD, I. A Preliminary Critical Edition of *Sefer Yezira*. *Israel Oriental Studies*, n. 1, p. 132-177, 1971; id. On Critical Notes on the First Part of *Sefer Yetzira*. *Revue d'Études Juives* – História Judaica, t. CXXXII, Dasc. 4, p. 475-512, oct.-dec.,

1973; no mesmo número da *Revue d'Études Juives*, também há o artigo de SED, N. Le Sefer Yesira: l'édition critique, le texte primitif, la grammaire et la métaphysique (p. 513-528), que faz uma resenha crítica sobre o primeiro estudo de Ithamar Gruenwald; e o de WEINSTOCK, I. Li-Be'ur ha-Nusaḥ shel *Sefer Yeṣirá* (Para uma Explicação da Versão do Texto do *Sefer Yeṣirá*). *Temirim* I. Ed. de I. Weinstock. Jerusalem: Mossad Harav Kook, 1972, p. 9-71; e de ALLONY, N. Ha-Shiṭá ha-'Anagramatit shel ha-Milonut ha-'Ivrit be-*Sefer Yeṣirá* (O Método Anagramático do Vocabulário Hebraico no *Sefer Yeṣirá*). *Temirim* I. Ed. de I. Weinstock. Jerusalem: Mossad Harav Kook, 1972, p. 513-528. O texto foi objeto de interpretações e comentários desde a Idade Média, começando por Sa'adia Gaon al-Fayūmī (882-942), cujo comentário teria sido utilizado por Ibn Gabirol. A edição que utilizei é a de M. Athia, ed. de S. Monson, Jerusalem, 1962, que inclui os comentários tradicionais, além de outros. A tradução de León Dujovne, sob o título *El libro de la Creación*. Buenos Aires: S. Sigal, 1966, que inclui um estudo introdutório de Meyer Lambert (tradutor da edição francesa) e o comentário de Sa'adia Gaon, é, lamentavelmente, falha e descuidada em sua revisão gráfica, contendo numerosos erros.
150. Ver SCHOLEM, 1972, op. cit., p. 39-80. No artigo crítico de Nicolas Sed, p. 521, o autor traz uma citação do *Tratado dos Heḵalot*: "A *sheḵiná* (o espírito divino) do Santo, bendito seja, se encontra no meio e está sentada sobre um trono alto e elevado".
151. Schlanger, em sua tradução ao francês do *Fons Vitae*, p. 319, lembra o cap. 3 de *Pirqê de-Rabbi Eliezer*, que faz referência ao "trono" (conforme MUNK, 1955, op. cit, p. 144). Ver também o estudo de SCHLANGER, 1965, op. cit., p. 125-135.
152. ZUNZ, L. *Literaturgeschichte der synagogalen Poesie*. Hildesheim: Georg Olms Verlagsbuchhandlung (reedição), 1966, p. 188. Usei a edição com comentários: *Sefer Yeṣirá*. Sh. Monzon. Jerusalem, 1962, p. 25.
153. IBN GABIROL. *Keter Malḵut* I; XXVI.
154. O poema foi incorporado ao livro de orações de *Yom Kippur*, ritual sefaradi. Ver MASLIAH MELAMED. R' Meir. *Majzor LeYom Kipur*. México: Union Sefaradi, 1968, p. 284-285.
155. IBN GABIROL. *Keter Malḵut* XXV; BIALIK; RAVNITZKI, 1927-1929, op. cit., p. 70.
156. Ibid., p. 52-53.
157. Ibid., 1927-1929, v. V, p. 49-50.
158. LEVIN, 2007, op. cit., p. 248.
159. Ibid., p. 258-262. No poema *Kol Shinan ve-Saraf* (Todos os Anjos e Serafins), assim como os corpos celestiais cantam em louvor da divindade (*kol shinan ve-saraf tamid yesalselúḵa, col ligyon ve-ṣavá néṣaḥ yesalselúḵa*). Ver ibid., p. 267-268.
160. Ver WOLFSON, H. A. *Repercussions of the Kalam in Jewish Philosophy*. Cambridge, MA: Harvard University Press, 1979, p. 113-123, em que discute o conceito em pensadores como Sa'adia Gaon, Yehudá Halevi, Yehudá ben Barzilai, Abraão ibn Ezra etc. Surpreende também o fato de a palavra *Kursi* (Trono) fazer parte da terminologia utilizada por Ibn ᶜArabī, um dos herdeiros de Ibn Masarra e autor de *Al-Futūḥāt al-Makkiyya* (Iluminações de Meca), no sentido de "corpo universal", e ter um papel central em seu pensamento. Ibn Hazm ouviu de um discípulo de Ibn Masarra, Ismāᶜil b. ᶜAbd Allāh al-Ruyānī, que seu mestre acreditava que "O Trono é o que governa o mundo, e Deus é excessivamente grande para que se possa atribuir a Ele a ação de realmente fazer algo". Segundo as fontes árabes, parece haver uma ligação entre Ibn Masarra e o Pseudo-Empédocles. A associação do Trono com os anjos ou com os que o carregam e estão encarregados de seu governo é mencionada por Ibn ᶜArabī em *Al-Futūḥāt al-Makkiyya* (Iluminações de Meca).
161. IBN GABIROL. *Fons Vitae* V, 41, p. 330; FALAQERA V, 64, p. 35.

162. IBN GABIROL. *Keter Malkut* IX. In: BIALIK; RAVNITZKI, 1927-1929, op. cit., p. 64.
163. Id. *Fons Vitae* V, 40, p. 328-329.
164. Ibid., p. 329.
165. Ibid., 43, p. 336.
166. Ibid., p. 338.
167. Ibid., 35, p. 322.
168. Também em sua obra *Ṣurat ha-'Olam* (Forma do Mundo), em que apresenta uma sistemática e original associação de conceitos místicos, abundam imagens usadas por Ibn Gabirol. O texto editado em 1860 por Z. Stern foi reeditado em 1970.
169. Cf. o verbete escrito por HELLER-WILLENSKY, S. Latif, Isaac ben Abraham ibn. In: *Encyclopaedia Judaica*. Jerusalem: Keter Pub. Soc., 1971, v. 10, p. 1446-1448, e também o importante estudo: HELLER-WILLENSKY, S. Isaac ibn Latif-Philosopher or Kabbalist? *Jewish Medieval and Renaissance Studies*. Ed. de A. Altmann. Cambridge, MA: Harvard University Press, 1967, p. 185-223. Em artigo mais recente, a autora trata a questão da relação entre a mística e a filosofia em Isaac ibn Latif com a profundidade que a caracteriza: HELLER-WILLENSKY, S. Ben Mistica u-Filosofia le-'Or Hagutó shel Rabbi Yitṣaq ibn Laṭif (The Relations between Mysticism and Philosophy in the Teaching of Rabi Isaac ibn Latif). In: DAN, 1987, op. cit., p. 367-382.
170. Cf. HELLER-WILLENSKY, 1987, op. cit., p. 372-373.
171. Ibid., p. 374-375.
172. Ibid., p. 376-377.
173. Ibid., p. 379. A autora chama a atenção para o fato de que, também na mística da Ḥasidut (Pietismo) ashqenazita da Alemanha medieval, o *Kavod* (Glória divina) divino se apresenta com essa dupla face: o *panim* superior que está voltado para Deus e o *'aḥoriyim* inferior que se revelou a Moisés. Para melhor conhecimento da Ḥasidut ashqenazita e sua doutrina mística, ver DAN, J. *Torat ha-Sod shel Ḥasidut 'Ashqenaz* (A Doutrina Mística do Pietismo na Alemanha Medieval). Jerusalem: Mossad Bialik, 1968.
174. HUSIK, 1960, op. cit., p. 71.
175. IBN GABIROL. *Fons Vitae* V, 43, p. 338.
176. LEVIN, 2007, op. cit., no poema *Shikeḥi Yegonek* (Esqueça Tua tristeza), p. 165-166.
177. Ibid., no poema *Shoknê Batê Ḥomer* (Os Que Habitam Casas de Barro), p. 181-183: "[...] e, ao sair a alma, restam barro e pó". Schirmann (1998, op. cit., p. 325) observa que, para Ibn Gabirol, a alma não desce ao corpo como castigo, segundo a doutrina platônica tradicional, mas, assim expressará no poema *Leká Nafshi Tesaper* (A Ti Minh'Alma Contará), "para atender à *vontade* do Criador": *ki la'asot ḥefṣeká sheláḥta*. Ver LEVIN, 2007, op. cit., p. 44-45.
178. IBN GABIROL. *Fons Vitae* V, 43, p. 338; FALAQERA V, 74, p. 37. No texto de Falaqera, a expressão final é *ki hu meqor ha-haṭavá*, que significa "pois Ele é a fonte da bondade".

A Matéria Última Como Manifestação Oculta de Deus: Ibn Gabirol e a Expressão Pseudoempedocleana *al-'unṣur al-awwal* (O Elemento Fundamental)*

Sarah Pessin

Ainda que Ibn Gabirol seja frequentemente descrito como um judeu neoplatônico, muitas vezes não é interpretado em termos neoplatônicos. Com efeito, ao longo de toda a História da Filosofia, os estudiosos reconhecidamente interpretaram as concepções do *Fons Vitae* no que se refere a 1) uma doutrina da Vontade divina que rejeita a emanação neoplatônica e 2) uma doutrina da matéria espiritual, concebida em termos tanto agostinianos quanto aristotélicos, que, em ambos os casos, aborda as ideias de Ibn Gabirol em termos profundamente antiemanacionistas. Eu, pelo contrário, argumentei que, se quisermos realmente entender Ibn Gabirol, devemos ler suas obras no contexto do neoplatonismo de língua árabe da Antiguidade tardia e dos primórdios do Medievo, considerando inclusive as noções de textos como a *Teologia de Aristóteles* (sumário de passagens selecionadas dos livros IV-VI das *Enéadas*, de Plotino) e o *Kalām fī maḥḍ al-khair* (*Discurso sobre o Bem Puro*, resumo de passagens selecionadas dos *Elementos de Teologia*, de Proclo, que mais tarde ficou conhecido, em sua tradução latina, como o *Liber de Causis*, ou o *Livro das Causas*).

---

* Tradução de Margarida Goldsztajn do original inglês: "Ultimate Matter as God's Hidden Disclosure: Ibn Gabirol and the Ps. Empedoclean *al-'unṣur al-awwal*". Revisão técnica de Rosalie Helena de Souza Pereira.

De início, podemos isolar duas ideias-chave neoplatônicas essenciais para uma leitura adequada de Ibn Gabirol.

1) *Criação e Vontade divina como parte de uma visão de mundo emanacionista*. Na *Teologia de Aristóteles*, em Avicena e em outros contextos neoplatônicos islâmicos, a linguagem da criação (e mesmo a criação *ex nihilo*) é usada para descrever a emanação plotiniana. Ibn Gabirol é frequentemente lido com base no pressuposto de que teve acesso a tradições neoplatônicas que utilizam a linguagem da criação para se referir à emanação, mas é raramente interpretado à luz dessas tradições. De fato, quase todas as explanações acadêmicas dos sábios daquela época – desde a Idade Média até hoje – afirmam unanimemente que, em sua ideia de Vontade divina (diretamente relacionada à sua ideia de criação e de Deus como Criador), Ibn Gabirol se opõe totalmente à ideia plotiniana de emanação que encontramos no neoplatonismo islâmico de seu tempo. A esse respeito, considere-se a alegação de Munk de que "a intervenção da Vontade [divina] [em Ibn Gabirol] é uma concessão feita às demandas religiosas pela qual Avicebron [isto é, Ibn Gabirol] prestou fiel homenagem ao dogma da criação anunciado pelo judaísmo[1]". Ao contrário, defendo que devemos interpretar a ideia de criação de Ibn Gabirol e, com ela, sua ideia de Vontade divina como parte integrante de um sistema de emanação – exatamente como vimos ser o caso no que concerne à concepção da criação na *Teologia de Aristóteles* e, assim, como vimos ser o caso no que concerne à concepção da criação e da Vontade divina em Avicena. De fato, embora esse não seja o tema do presente ensaio, argumentei que, em sua ideia de Vontade divina (*Irāda* divina, noção que prefiro manter sem tradução ou traduzi-la por Desejo divino), Ibn Gabirol aponta para o fluxo descendente da emanação *per se*. A esse respeito, minha leitura se contrapõe à leitura mais comum de que Ibn Gabirol rejeita a emanação, que é possível constatar, por exemplo, em Munk, Husik, Weisheipl, Gilson e muitos outros[2].

2) *Matéria espiritual no contexto emanacionsta*. Já em Plotino, descobrimos que, além da ideia negativa de matéria corpórea inferior, há espaço para discorrer sobre matéria espiritual mais elevada, exaltada. Embora as partes das *Enéadas*, de Plotino, que tratam dessa matéria espiritual (denominada por ele de "matéria inteligível") não estivessem disponíveis para Ibn Gabirol, pelo que atualmente se sabe, não deixa de ser importante reconhecer que, em sua famosa ideia de que "todas as coisas, incluindo intelectos e almas, têm matéria" (concepção denominada Doutrina do Hilemorfismo Universal pelos posteriores filósofos cristãos medievais), Ibn Gabirol está conceitualmente alinhado com a ideia plotiniana de que, no centro emanante do universo, antes

mesmo do Intelecto, reside uma matéria espiritual que, por meio do processo de emanação, encontra-se no cerne do Intelecto, da Alma, de todos os intelectos, de todas as almas e do corpo. Na História da Filosofia, no entanto, essa ideia plotiniana – sobre a matéria espiritual como primeira emanação de Deus, antes mesmo do Intelecto – escapou por completo daqueles (as tradições dos franciscanos) que defenderam que a matéria espiritual de Ibn Gabirol é agostiniana; daqueles (os cabalistas) que defenderam que a matéria espiritual de Ibn Gabirol (vertida por seu tradutor hebraico do século XIII por *yesod*) é cabalística; e daqueles (Tomás de Aquino e as tradições aristotélicas) que argumentaram que a ideia de matéria de Ibn Gabirol é simplesmente uma hiperampliação espúria (e errônea) das concepções aristotélicas sobre a matéria. Visto que o hilemorfismo de Aristóteles apenas atribui matéria *a corpos*, Ibn Gabirol é retratado como se levasse a ideia, de forma equivocada, um passo além do que deveria, atribuindo matéria também a *substâncias espirituais* (a saber, almas e intelectos). Grande parte dos leitores que retrata Ibn Gabirol, na História da Filosofia, como se ele hiperampliasse, de modo simplista, as ideias aristotélicas da matéria interpreta suas concepções sobre a matéria apenas como "um Aristóteles piorado". O que cada uma dessas leituras equivocadas, agostinianas, cabalísticas e aristotélicas deixa escapar é que Ibn Gabirol – em sua ideia pseudoempedocleana de matéria espiritual (sobre o que discorreremos em seguida) – segue os passos conceituais de Plotino, e não os de Agostinho, da Cabalá ou de Aristóteles.

Ao longo deste texto, exploraremos melhor a ideia de matéria espiritual de Ibn Gabirol, que, por motivos que examinarei em seguida, denomino *elemento fundamental*. Nosso propósito é entender a relação dessa ideia de matéria com textos "empedocleanos" e algumas de suas implicações filosóficas no *Fons Vitae*.

Da Matéria Inferior à Matéria Superior no Pensamento de Ibn Gabirol

No texto original judeo-árabe do *Fons Vitae*[3], Ibn Gabirol faz uso dos termos *madda* e *hayūla*, dois termos árabes comumente usados para designar a matéria aristotélica, a saber, a matéria aristotélica corpórea inferior[4]. Os fragmentos judeo-árabes que temos revelam igualmente algo menos esperado: Ibn Gabirol ainda menciona "forma e *al-'unṣur*" e, em outras passagens, *al-'unṣur al-awwal* (literalmente, "primeiro *'unṣur*"). *Al-'unṣur* é o termo árabe para "elemento", distinto de qualquer um dos dois termos para matéria que esperaríamos encontrar em uma habitual conexão aristotélica entre matéria e forma[5]. O termo *al-'unṣur*, contudo, descreve com destaque – precisamente para expor essa doutrina particular do *'unṣur* – o que foi denominado ideia pseudoempedocleana[6] da origem do ser, tal como é possível observar, por exemplo, nos escritos de Shahrastānī (Abū'l-Fath Mūḥammad b. 'Abd al-Karīm b. Aḥmad al-Shahrastānī [1076/1086-1153]). No contexto enciclopédico de seu relato dos ensinamentos dos grandes filósofos antigos[7], Shahrastānī atribui particularmente a Empédocles a ideia de *al-'unṣur al-awwal* (primeiro *'unṣur*), uma realidade cósmica central, que é a primeira coisa simples (*al-shay al-basīṭ*) criada por Deus. É descrita como o primeiro efeito de Deus (*al-ma'lūl al-awwal*) e como o princípio do simples inteligível (a saber, o Intelecto), a partir do qual Deus multiplica (*kaththara*) todas as coisas que têm extensão (*al-ashyā' al-mabsūṭa*)[8]. Ao esclarecer que esse primeiro *'unṣur* é, por si só, dependente de Deus e inferior a Ele, o texto contrasta a simplicidade e a unidade do primeiro *'unṣur* com a própria simplicidade e unidade de Deus, enfatizando que somente Deus é um simples absoluto (*basīṭan muṭliqan*) e uma unidade pura (*wāḥidan baḥtan*). Com efeito, *al-'unṣur al-awwal* é a primeira realidade exterior a Deus, entre – por assim dizer – Deus e o Intelecto. Indubitavelmente, é baseado nessa ideia pseudoempedocleana de *al-'unṣur al-awwal* no texto de Ibn Gabirol (quando ele mesmo discorre sobre *al-'unṣur al-awwal*, a matéria como *al-'unṣur* e, em seu sentido geral, que há uma matéria espiritual exaltada no cerne do Intelecto, da Alma, dos intelectos e das almas) que Shem Tov ibn Falaqera, o tradutor do século XIII do *Fons Vitae*, descreve essa obra como tendo sido influenciada pelo *Livro das Cinco Substâncias*, de Empédocles.

Os detalhes da tradição pseudoempedocleana ainda não estão claros, incluindo o tipo de conexão (se houver) entre a tradição e o Empédocles histórico, bem como a razão por que os textos islâmicos pseudoempedocleanos mencionam *al-'unṣur al-awwal* como o primeiro compósito (ele próprio um composto de amor e contenda), ao passo que os textos judaicos pseudoempedocleanos – incluindo os de Isaac Israeli e os de Ibn Gabirol – preferem mencionar *al-'unṣur al-awwal* como o primeiro componente (junto com a primeira forma) de um primeiro intelecto. À parte esses detalhes e perguntas (incluindo aquela à qual Ibn Falaqera faz referência ao mencionar o *Livro das Cinco Substâncias*), é importante atentar para o fato de que séculos de crítica aristotélica do *Fons Vitae* não conseguiram compreender que *al-'unṣur al-awwal* é 1) uma ideia pseudoempedocleana de Ibn Gabirol, e não aristotélica (muito menos uma ideia aristotélica hiperampliada), 2) conceitualmente semelhante à ideia plotiniana de matéria inteligível e, como tal, 3) parte integrante de um conjunto profundamente emanacionista de ideias de Ibn Gabirol. A seguir, dirigimos a atenção para cada um desses três pontos.

Do Malogro em Encontrar o Pseudo-Empédocles na *Materia Prima* Latina

Infelizmente, a tradução latina do século XIII do *Fons Vitae* (a fonte de todas as discussões medievais e da maioria das discussões contemporâneas da filosofia de Ibn Gabirol) tornou quase impossível aos leitores discernir fundamentos pseudoempedocleanos na concepção de Ibn Gabirol[9]. Na tradução latina do *Fons Vitae*, o termo *materia* é usado para traduzir os termos comumente usados por Ibn Gabirol para designar a matéria aristotélica (a saber, *madda* e *hayūla*), mas também é utilizado para traduzir o uso, por Ibn Gabirol, do termo pseudoempedocleano *al-'unṣur* (por exemplo, em sua expressão *al-'unṣur wa-ṣūra* [*Fons Vitae* 1.7])[10]. A decisão do tradutor latino de utilizar o termo *materia* para *al-'unṣur* esconde dos leitores uma noção pseudoempedocleana que está claramente em questão no texto de Ibn Gabirol. A tradução de *al-'unṣur wa-ṣūra* por *materia et forma* é, pois, problemática[11], e a tradução de *al-'unṣur al-awwal* por *materia prima* é ainda mais problemática: a expressão latina *materia prima* não apenas encobre o fato de que Ibn Gabirol se refere abertamente à ideia explicitamente pseudoempedocleana de *al-'unṣur al-awwal* mas também sugere, de forma errônea, que Ibn Gabirol está se referindo à matéria primeira aristotélica. Para ajudar a combater o ofuscamento da expressão pseudoempedocleana *al-'unṣur al-awwal* pelo conceito aristotélico de matéria primeira, optei por traduzir *al-'unṣur al-awwal*, em meu trabalho sobre Ibn Gabirol (e, de modo mais amplo, sobre a tradição pseudoempedocleana), pelo neologismo *elemento fundamental*[12].

Compreender o *Elemento Fundamental* de Ibn Gabirol em Afinidade Conceitual Com a *Matéria Inteligível* de Plotino

É inútil pensar sobre *al-'unṣur al-awwal* de Ibn Gabirol (ou *elemento fundamental*) a respeito da matéria primeira aristotélica (ou mesmo, como a crítica tem feito, como uma hiperampliação da ideia aristotélica de matéria primeira).

Ao contrário, devemos entender essa matéria espiritual única em Ibn Gabirol em termos da tradição pseudoempedocleana, em que, como vimos, é descrita como intermediária entre Deus e o Intelecto como o primeiro momento, por assim dizer, fora de Deus.

Em especial, no contexto abertamente emanacionista de Ibn Gabirol, a ideia de um grau espiritual de matéria entre Deus e o Intelecto nos convida a traçar um vínculo conceitual (por ora, ainda não histórico[13]) com a própria ideia de matéria inteligível de Plotino: ao refletir sobre o movimento do Uno (a fonte divina) para o Intelecto, Plotino descreve uma matéria inteligível no cerne do Intelecto (ver *Enéadas* 2.4.1-5; 5.4.2; 5.5.4; ver também 3.8.11; 5.3.11[14]). Ao teorizar sobre os primeiros momentos fora do Uno, Plotino menciona um voltar-se para dentro e para cima por parte do Intelecto – compreendido ele próprio como um tipo de receptáculo material do Intelecto, primeiro para receber o transbordamento do Uno e depois para fundamentar todas as formas posteriores. Ao identificar essa ideia em Plotino com a díade, Rist delineia o papel da matéria inteligível em duas partes: 1) ser o eflúvio do Uno cujo retorno ao Uno gera a segunda hipóstase (ou seja, o Intelecto); 2) ser o fundamento (e fonte) do reino das formas[15]. A isso podemos acrescentar 3) ser a nascente de toda a existência subsequente (a existência privativa, ou seja, do reino do vir a ser) e, enquanto nascente, o fundamento (no sentido de uma causa mais elevada) que sustenta todos os seres na grande cadeia do ser.

Ao pensar no *elemento fundamental* de Ibn Gabirol nesses termos, podemos descrevê-lo como a matéria última que, emanada de Deus, é a primeira manifestação do que não é Deus, que primeiro assinala o próprio fluxo ilimitado da emanação descendente e, acima de tudo, de Deus em direção ao Intelecto.

Rumo a uma Visão Verdadeiramente Neoplatônica do *Elemento Fundamental* em Ibn Gabirol

Com nossas ideias em seu devido lugar – em conjunto com a série adicional de argumentos (aqui abordados de modo sucinto) para a leitura da ideia de Ibn Gabirol da Vontade divina como parte integrante de uma visão de mundo emanacionista verdadeiramente neoplatônica –, estamos aptos a repensar uma série de asserções referentes à matéria no *Fons Vitae*.

Além das ideias positivas sobre a matéria – relacionadas à ideia de *elemento fundamental* pseudoempedocleana/plotiniana de Ibn Gabirol –, há igualmente uma série de afirmações negativas sobre a matéria no *Fons Vitae*, uma vez que Ibn Gabirol também trata da matéria aristotélica inferior, a sede, como ele a descreve, das categorias. Deve-se ter em mente que, neste ensaio, consideramos exclusivamente a matéria espiritual mais elevada (ou seja, o *elemento fundamental*), e não a matéria aristotélica inferior; assim, vamos nos ocupar apenas das asserções positivas de Ibn Gabirol sobre a matéria[16].

A Matéria Como um Rio[17]

À luz de tudo o que foi dito sobre o *elemento fundamental* como matéria espiritual mais elevada que está no cerne da grande cadeia emanante do ser, não devemos ficar surpresos ao saber que Ibn Gabirol compara a matéria a um rio, no que parece ser parte de um comentário sobre Gênesis[18]. Ao correlacionar alegoricamente as águas do Jardim do Éden com a matéria pura que jaz na raiz do cosmo desvelado, Ibn Gabirol antevê o pulsar da existência como um rio de vida – uma efusão vibrante que une toda a existência a uma única fonte transbordante.

Nessa ideia, podemos discernir a doutrina de Ibn Gabirol de um puro e material *elemento fundamental* que permeia a totalidade da existência e marca o próprio início da emanação de todas as coisas depois de Deus. Ao fundamentar até mesmo o Intelecto, essa base material e pura emana como um rio primordial.

A Matéria Nascida da Essência de Deus[19]

> [...] *materia est creata ab essentia, et forma est a proprietate essentiae, id est sapientia et unitate* [...]
>
> [...] a matéria é criada a partir da essência, e a forma o é pela propriedade da essência, isto é, a sabedoria e a unidade [...][20]

Em uma relevante e difícil passagem do *Fons Vitae*, Ibn Gabirol refere-se a Deus como Essência, um termo usado para designar Deus que encontramos em uma profusão de contextos neoplatônicos islâmicos, como nas tradições mutazilitas e sufis que descrevem Deus como *al-dhāt al-'ūlā* (a Primeira Essência)[21]. O inusitado, porém, é que Ibn Gabirol não se limita a chamar Deus de Primeira Essência, mas oferece uma espécie de dupla representação de Deus unificado, em que a Essência distingue o aspecto mais oculto, essencial e primordial de Deus. Mais inusitado ainda é o fato de Ibn Gabirol levar adiante essa metáfora dos "dois aspectos" de Deus, tornando cada "aspecto" individual responsável por diferentes aspectos da existência: a Essência de Deus é a causa da matéria, e a Sabedoria de Deus é a causa da forma. Enquanto a unidade absoluta de Deus é aí metaforicamente concebida em termos de "dois momentos" – um momento essencial e um momento ativo –, é ao momento mais essencial da realidade divina que Ibn Gabirol vincula a materialidade com a forma relacionada antes ao "segundo" – ou, poderíamos afirmar, ativo – momento. De fato, Deus não está sendo aí Ele mesmo, identificado, seja como for, *como* matéria (ou como *tendo*, de qualquer modo, matéria); dito isso, o estado de ocultação essencial de Deus é descrito em relação especial com a matéria pura – a presença do *elemento fundamental* material antes de ele ser dado às multiplicidades da forma. É o aspecto oculto mais essencial de Deus que é identificado como fonte da – e tendo afinidade com a – matéria oculta mais essencial no cerne de todas as coisas existentes.

Em vista da importância do vínculo Deus-matéria em Ibn Gabirol (detalhado de forma mais ampla nas seções que seguem), discordo da sugestão de Schlanger de que devemos minimizar o papel da declaração de Ibn Gabirol de que a matéria surge da Essência de Deus[22].

A Matéria Como *Locus* do Amor e a Teologia do Desejo

Embora não possamos abordar aqui o tema em profundidade, expus em outro texto o vínculo que ocorre, em Ibn Gabirol, entre a pura matéria espiritual do *elemento fundamental* e o desejo/amor[23]. Em resumo, podemos afirmar que, para Ibn Gabirol, o *elemento fundamental* material se posiciona como um *locus* de desejo/amor no cerne de todos os seres, incluindo os seres humanos. Em particular, o *elemento fundamental* assinala em todos os seres – incluindo os seres humanos – um desejo de bondade (mais essencial e básico para nós até do que o intelecto), oriundo da própria bondade essencial de Deus. Já foi visto que o puro *elemento fundamental* está enraizado na essência de Deus; agora, podemos acrescentar que está fundamentado no desejo essencial de Deus de compartilhar Sua bondade – ou seja, em Seu desejo de Se mover a partir de Si para um mundo fora de Si. O puro *elemento fundamental* material está enraizado no desejo de Deus de Se voltar a partir de Si para o Outro[24]. É precisamente aí que a ideia de *Irāda* divina (que não traduzo por Vontade divina, mas por Desejo divino, entra em cena: a *Irāda* divina é o fluxo descendente de emanação da própria bondade essencial de Deus para o divino compartilhar

Sua bondade em Seu momento de desvelamento criativo. A bondade de Deus, em outras palavras, não é apenas mais bem concebida como um cerne estático divino, mas como o desdobramento emanante da unidade pura de Deus para a plenitude do ser – Seu movimento de Se voltar a partir de Si para o Outro. A bondade de Deus, nesse último sentido, mostra-se na atividade da emanação, a qual é vista como nada menos do que o desejo mais profundo de Deus de compartilhar Sua bondade. Isso, tal como discuto longamente em outro texto, é precisamente como se deve compreender a ideia de *Irāda* divina em Ibn Gabirol; ela não designa a rejeição da emanação por Ibn Gabirol; ao contrário, assinala o próprio fluxo descendente da emanação *per se* como o divino compartilhamento descendente mais essencial de Sua bondade.

Ao refletirmos sobre criação/emanação como desejo de Deus de compartilhar Sua bondade, é possível considerarmos uma Teologia do Desejo no âmago da filosofia de Ibn Gabirol[25]. Nesse contexto, é possível identificar o puro *elemento fundamental* material como o primeiro assinalador de Deus – e, como tal, do desejo/amor de Deus – no mundo. O próprio desejo de Deus de compartilhar Sua bondade se manifesta primeiro e acima de tudo em puro desejo material de bondade no cerne de todas as coisas – corpos, almas e intelecto. Essa é a compreensão central do chamado hilemorfismo universal de Ibn Gabirol, que foi omitida na interpretação que a História da Filosofia faz daquele conjunto de ideias do *Fons Vitae* em termos seja agostinianos, seja aristotélicos.

A Matéria Como Fundamento e Trono Divino[26]

Ibn Gabirol em seguida dá voz a seu hilemorfismo – sua doutrina da constituição de todos os existentes em termos de matéria (em grego: *hylé*) e forma (em grego: *morphé*) – em termos de fundamento (em hebraico: *yesod*) e seu segredo (em hebraico: *sod*).

> Seu é o lugar oculto da força, o segredo (*sod*)
> e o fundamento (*yesod*)[27].

De modo semelhante:

> poucos descobriram a fonte (*meqor*[28]),
> seu segredo (*sod*) e quão maravilhoso é seu fundamento (*yesod*)[29].

Encontramos também os termos *sod* e *yesod* em seu poema *'Ahavtika* (Eu Te Amo), em que, no contexto da abordagem do desejo da matéria pela forma[30], Ibn Gabirol discorre claramente sobre o *sod* da existência e acrescenta:

> Quão profundo e distante é nosso tema;
> Quem o saberá? Quem desvelará o seu *yesod*?[31].

Que "segredo e fundamento" nesse poema se refiram à díade filosófica "forma e matéria" parece particularmente claro ao compararmos *Fons Vitae* 5.42 com o canto 26 de seu *Keter Malkut* (Coroa do Reino). Ao iniciar com o *Fons Vitae*, Ibn Gabirol assemelha a matéria a um trono:

> matéria é como se o trono [*cathedra*] da unidade [...][32].

Mais adiante, no *Keter Malkut*, Ibn Gabirol descreve o Intelecto cósmico (*galgal ha-sekel*, literalmente, "esfera do intelecto") como se ocupasse um espaço logo abaixo do *kisê ha-kavod* – o "Trono de Glória" divino. Precisamente nesse contexto, Ibn Gabirol, uma vez mais, refere-se a *sod* e a *yesod*:

> quem entrará em teu palácio quando elevares acima da esfera do Intelecto (*galgal ha-sekel*) um Trono de Glória [...] ali, o lugar do segredo (*sod*) e do fundamento (*yesod*)[33].

Com a exortação em *Fons Vitae* 5.42 para descrever a matéria como trono, somos convidados a ler, nos versos poéticos supracitados, uma descrição de Ibn Gabirol da grande cadeia do ser, exatamente conforme já retratado: há uma matéria pura (o *elemento fundamental* material, agora como Trono), seguida pelo Intelecto universal (aí descrito como esfera do Intelecto), ambos rendendo-se à dupla realidade pulsante de matéria (correlata a *yesod*) e forma (correlata a *sod*)[34].

Poderíamos também recordar o uso que Shem Tov ibn Falaqera fez do termo *yesod* para *al-'unṣur al-awwal* em sua tradução hebraica sumarizada do *Fons Vitae*, bem como poderíamos igualmente nos lembrar de evitar a leitura de implicações cabalísticas em Ibn Gabirol simplesmente com base no uso que ele e seu tradutor hebraico fizeram do termo *yesod*[35].

A Criação Como o Fendimento do Nada[36]

Seguindo a vibrante ressonância teológica da voz de Ibn Gabirol, voltemo-nos para sua evocativa descrição da criação como "fendimento do nada". Em suas próprias reflexões poéticas sobre a criação, Ibn Gabirol retoma com precisão a imagística de sua Teologia do Desejo hilemórfica:

> *ve-qará el ha-'ayin ve-nivqá'* [37]
> e Ele evocou o nada e este se fendeu

Ibn Gabirol aí estende suas identificações metafóricas do puro *elemento fundamental* material (como trono, como rio, como fundamento e, em outras passagens, também como sombra e como núcleo) para incluir ainda a descrição do nada. Claramente espelhando o que, em outro passo, é sua ênfase sobre a natureza preexistente da pura matéria, o nada aponta para o desejo da matéria de ser (ela mesma como desejo de bondade); é um "ainda-não", no sentido de que ela ainda não é algo enformado.

Nessa referência ao nada, todavia, não entramos de modo algum no enredo do relato de uma criação *ex nihilo* não emanante. Enquanto o *nihil* (nada) dos relatos da criação *ex nihilo* se refere a um tipo de "nada" que se contrapõe à matéria (com a matéria vista, ao contrário, como *aliquid* [algo] da criação *ex aliquo*)[38], na concepção de Ibn Gabirol o nada se refere especificamente à matéria – e, em particular, à preexistente (e, nesse sentido, "nada" na acepção de "ainda não algo") expansão do puro *elemento fundamental* material nascido do próprio desejo essencial de Deus. Ao enfatizar sua estrutura emanacionista, Ibn Gabirol imediatamente passa a descrever o evento da criação de modo manifestamente emanativo:

> és sábio; Tua sabedoria é uma fonte de vida que de Ti flui[39].

Ao desnudar o desejo de Deus no transbordamento da criação, Ibn Gabirol – referindo-se a Salmos 36:10 – descreve Deus em termos de uma sabedoria divina, que é uma fonte de vida. Desse modo, concebe Deus como um modo preciso de emanação, uma sabedoria divina que pulsa para a frente, do estado de ocultação divina para a plenitude do ser.

> *ve-qará el ha-'ayin ve-nivqá'*
> e Ele evocou o nada e este se fendeu

Nesse fendimento do *'ayin* (nada), temos o desdobramento da pura matéria através da própria voz de Deus. Essa torrente criativa corresponde precisamente à representação, no *Fons Vitae*, do puro *elemento fundamental* material, que, nascido da própria essência de Deus, vai se desdobrando em uma série de enformações por meio da sabedoria divina – ela própria às vezes vinculada, por Ibn Gabirol, à ideia de Palavra divina (ideia que se coaduna bem com sua descrição poética, já mencionada, do evento da criação em termos da "evocação" de Deus). O *elemento fundamental* material – aí, como o nada em si – é a base da existência no desejo; e é esse puro nada material que (via sabedoria divina/Palavra, mas também via *Irāda* divina) se desdobra, por meio de uma série de enformações crescentes, na própria plenitude da existência. Esse processo cósmico de desdobramento/enformação/manifestação-do-nada-em-algo é precisamente a marca do desejo divino em seu próprio desvelamento criativo. Reside aí a Revelação divina quando a unidade de Deus em Si entra em relação com o mundo do ser.

Quando associamos o relato da criação (como um fendimento do nada) à Teologia do Desejo do *Fons Vitae*, as nuanças do amor são salientadas. É possível afirmar que Deus, em seu momento criativo, é como um amante que ama Sua amada[40], um *locus* de desejo desejando entrar em uma relação com o mundo por meio da grande cadeia do ser. É a *Irāda*-divina-como-desejo que descreve Deus em Seu progressivo desdobramento no mundo (primeiro na matéria, depois na forma), e é essa *Irāda*-divina-como-desejo que podemos conectar com a acepção, no *Keter Malkut*, do desejo de Deus de fender o nada, Seu desejo de entrar no mundo do ser por meio de um fluxo descendente da pureza do *elemento fundamental* material, por meio de uma miríade de formas adicionadas, em uma pluralidade cada vez maior. É nesse sentido que Deus fende o nada da pura matéria e faz surgir o algo de toda a existência[41]. "Foi Ele quem criou a existência a partir do nada, e depois do caos a substância foi formada [...]"[42].

Esse divino fendimento do puro *elemento fundamental* material em desejo é, por si só, espelhado no próprio movimento de desejo da matéria no âmago do ser, pois, em sua visão desse desdobramento criativo como manifestação da *Irāda* divina, Ibn Gabirol situa o desejo não apenas em Deus, mas em sua própria descrição do nada – o mais subjacente e material ponto de partida do ser:

> *Oportet ut eius motus sit propter amorum et desiderium quod habet ad formam. Similiter dicendum est de omni re, quod movetur ad inquirendum formam* [...][43].

> É necessário para isso que o movimento [da matéria] seja por causa do amor e do desejo que ele tem pela forma. Similarmente, diz-se de tudo que se move para perscrutar a forma.

Em sua exposição do *Fons Vitae*, Ibn Gabirol concede uma voz inequívoca à verdadeira identidade da matéria por meio da linguagem do amor e do desejo – uma ideia que podemos constatar também em seu poema *'Ahavtika*, na descrição do *kemó-yesh* material (similar a existência, protoexistência ou preexistência), cujo desejo busca pelo *yesh* (existência) da forma[44]. Ao refletir o próprio desejo de Deus de entrar no mundo do ser, o puro *elemento fundamental* material anseia por abraçar as sempiternas multiplicidades descendentes da forma, tal como um amante atento na dança cósmica do ser. Como vimos, é nesse desejo pela forma – nesse "desejo-de-ser" – que encontramos o desejo por "algo da bondade de Deus" no coração de todas as coisas.

> *ve-qará el ha-'ayin ve-nivqá'*
> e Ele evocou o nada e este se fendeu

Ao refletirmos sobre a noção de fendimento do nada por Deus, no *Keter Malkut*, no contexto da Teologia do Desejo do *Fons Vitae*, deparamos com um *elemento fundamental* material, nascido da Essência de Deus no âmago do real, que vai se dividindo para adiante a fim de revelar níveis cada vez mais inferiores do ser – por meio das enformações ativas da *Irāda* divina e da Sabedoria divina. Encontramos aí a realidade material do *elemento fundamental* na origem da grande cadeia do ser de Ibn Gabirol, como se ao mesmo tempo encontrássemos o desejo divino de se relacionar com o ser. É a processão do desdobramento *irādico*/erótico da *Irāda*-divina-como-desejo que primeiro manifesta a essência de Deus no puro *elemento fundamental* material no cerne da grande cadeia do ser; e é o desdobramento processivo posterior da *Irāda*-divina-como-desejo e da Sabedoria divina (ou Palavra) que, em seguida, manifesta Deus no fluxo a partir do *elemento fundamental* para o Intelecto, do Intelecto para as almas e das almas para a natureza. É precisamente o próprio desejo essencial de Deus – Sua própria abertura para as multiplicidades da alteridade e Sua atração por elas – que se reflete no fendimento do estado de ocultação da matéria, a qual se manifesta ao se tornar mais e mais enformada, exibindo uma diversidade cada vez maior ao descer pela grande cadeia do ser.

Com essa reflexão poética sobre a criação como a abertura do "nada", constatamos que a doutrina de Ibn Gabirol do desejo jaz no cerne de tudo;

encontrado em primeiro lugar e sobretudo no puro *elemento fundamental* material (o nada primordial), nascido do próprio desejo essencial de Deus de adentrar o mundo e de se relacionar com o Outro.

É possível observar – *pace* ao interesse de Pines – que é fácil constatar que o *Fons Vitae* e o *Keter Malkut*, bem como suas respectivas afirmações sobre a criação, o fendimento, a *Irāda* e o *elemento fundamental*, encaixam-se coerentemente em um único sistema filosófico[45].

Apelo à Individualidade: Da Matéria à Receptividade e Fragilidade Humanas[46]

Ao conceber esse desdobramento emanante, Ibn Gabirol vê seu próprio ser – e convida-nos a ver nosso próprio ser – no fluxo do desvelamento de Deus:

> Minh'alma proclamará que és o seu criador, e dirá, Senhor,
> ter sido feita por Tua mão
> para Ti com cujo "ser" ela veio a ser, quando a jorrastes
> a partir do nada (*'ayin*, אין), como no fluxo da luz do olho (*'ayin*, עין)[47].

Ao tirar proveito da similaridade sonora de "nada" (*'ayin*, אין) e olho (*'ayin*, עין), Ibn Gabirol alude a seu próprio desdobramento no fluxo de um nada e por meio dele. Encontramos aí uma vez mais a ideia de *elemento fundamental* material como o "nada que flui" (descrito também, conforme já vimos, como rio que flui do Éden e, em outras passagens, como torrente de "luz sombreada") enquanto cerne de todas as coisas. Somos então lembrados que, em toda a Teologia do Desejo, não estamos aprendendo apenas a estrutura da existência, mas a verdadeira natureza e os fins do ser humano: não se trata simplesmente da "existência" no sentido de uma terceira pessoa que é permeada pelo desdobramento da primeira matéria pura, mas sim do verdadeiro cerne da alma humana que é assim constituída. A profunda doutrina do chamado Hilemorfismo Universal, de Ibn Gabirol, é um ensinamento ético: mesmo o Intelecto e, como tal, mesmo a alma humana são fundamentados na pureza da matéria, ou seja, no desejo por algo da bondade de Deus. Exatamente por espelhar, de modo microscópico, a própria fundamentação do cosmo no desejo, o ser humano se orienta por seu próprio embasamento no desejo – um desejo que fundamenta e abastece sua própria busca definidora pela sabedoria, pela bondade e por Deus.

É possível enfatizar ainda mais a orientação do *self qua matter* a respeito de uma experiência fenomenológica do *self*-como-receptivo-e-frágil. Ao fazer uso da imagem da matéria para enfatizar a absoluta dependência do ser humano e ao enfatizar a imagem da matéria relativamente a receptividade e fragilidade, a cosmo-ontologia singular de Ibn Gabirol detaca a natureza receptiva e frágil do ser humano dependente. Ao empreender uma construção hilemórfica da realidade em termos de um *elemento fundamental* material e de "camadas de matéria", Ibn Gabirol ressalta a dependência que especificamente se refere à matéria – ela própria descrita ao longo do *Fons Vitae* como "o receptáculo". Nesse sentido, a ênfase na matéria ajuda a destacar a particularmente frágil receptividade à qual o ser humano está exposto em sua necessidade absoluta – no mesmo nível da imagem da matéria como receptáculo que aguarda (como pode ser constatado na relação entre a matéria e a forma) sua maior completude. Em seu apelo para experimentar o *self qua matter*, Ibn Gabirol nos convida a viver no mundo de maneira receptiva e com a percepção da fragilidade humana. Como um apelo à receptividade-com-fragilidade, a Teologia do Desejo de Ibn Gabirol pode ser compreendida como instigadora de um comportamento humano gentil e inquisitivo; um ponto com consideráveis consequências éticas, sociais e políticas.

Concluo essa série de considerações com um poema muito comovente em que Ibn Gabirol concede voz à fragilidade da condição humana (em especial, com relação a Deus), ao mesmo tempo que enfatiza a relação entre matéria e humildade:

> *Ṭerem heyoti ḥasdeḵa ba-'ani, ha-sam le-yesh 'ayin ve-himṣi'ani*
> *mi hu asher riqem temunati*[48] *u-mi 'aṣmi be-ḵur yaṣaq ve-hiqpi'ani*[49]
> [...]
> *'amnam 'ani ḥomer be-qerev yadeḵa; 'ata 'asitani, 'emet, lo 'ani*[50] [...][51]
>
> Antes de me tornar um ser, apreendi a Tua graça
> Tu que trouxestes o nada (*'ayīn*, אין) à realidade (*yesh*),
> e a mim em seu abraço
> Quem bordou (*riqem*) a minha imagem
> e forjou a seco meu âmago na fornalha.
> [...]
> Com efeito, sou matéria [*ḥomer*] em Tuas mãos
> e Tu, não eu, o meu criador [...]

Nesses versos, Ibn Gabirol se comove com a receptiva-e-frágil natureza do ser humano: até que eu seja preenchido pelo divino desdobramento, ainda não sou um ser humano. De fato, nessa efusão poética, Ibn Gabirol usa explicitamente o termo hebraico para matéria na última linha: "Com efeito, sou matéria [...] e tu, não eu, o meu criador". Aí, na identificação do *self* em relação a Deus, Ibn Gabirol identificou o verdadeiro cerne do ser humano como uma expectativa receptiva – um abismo de necessidade que busca sua realização essencial por meio de uma relação, por meio de um retorno à sua fonte no divino Outro, empenhando-se pela bondade no mundo. Junto com o que vimos ser o elo conceitual entre matéria, amor e desejo em Ibn Gabirol, ao visitarmos seu cosmo hilemórfico, descobrimos o cerne *irādico*/erótico do ser humano, o esperançoso fundamento do ser humano por meio do qual o *self* surge apenas no encontro com sua fonte divina, em sua busca exteriormente direcionada não só por Deus, mas por algo da bondade de Deus – pela sabedoria e bondade que marcam o fim último do ser humano.

Lembrando-nos do vínculo entre a matéria e o *'ayin*, encontramos, na descrição de Ibn Gabirol de seu vir a ser do *'ayin* (nada) para *yesh* (existência, algo, realidade), uma elaboração sincera da necessidade de relação do ser humano (particularmente em relação a um encontro divino). Desvelamos a natureza frágil do ser humano *que em si não é nada*: por si mesmo, o ser humano é ainda-não-ser; em seu âmago, o ser humano é um desejo que espera por-ser-preenchido, um anseio pelo binômio tornar-se/tornando-se por meio do encontro com algo da bondade de Deus: eu-ainda-não-existo-senão-pelo-voltar-me-para-Deus; "na verdade, sou matéria (*ḥomer*) em Tuas mãos, e Tu, não eu, o meu criador".

Ao enfatizarmos o tema da fragilidade humana nesse poema, podemos notar também que Ibn Gabirol brinca magistralmente com as palavras *self* (אני, *'ani*, lit. "eu") e "nada" (אין, *'ayin*), ambas compostas das mesmas três letras hebraicas, diversamente arranjadas [52]. Antes que eu seja preenchido, aguardo esperançosamente; antes de me voltar para a bondade de Deus, não sou nada. Podemos igualmente assinalar a esse respeito o emprego de Ibn Gabirol, talvez intencional, das letras hebraicas *ṭet*, *mem*, *'alef* (nessa exata ordem) como as primeiras letras dos versos de seu poema: consideradas um acróstico (técnica poética medieval bastante comum – geralmente utilizada por Ibn Gabirol e outros para soletrar o nome do poeta), obtemos a palavra *ṭamê*, ou "impuro". Fazendo trocadilhos com o tema do poema como o *self*-como-nada-em-si (visto tanto em seu conteúdo quanto no jogo de palavras *'ani* e *'ayin*), podemos constatar nesse acróstico mais uma reflexão sobre a dependência frágil do *self* receptivo: lá onde o poeta normalmente poria seu nome, ele põe a palavra "impuro". Por mim mesmo, não sou nada senão impuro; é apenas na relação que sou feito humano. Sou matéria, o receptáculo,

> Pequeno em minha reverência
> e temor
> [...]
> A meus próprios olhos
> como um verme[53].

Em todos esses aspectos, a ênfase de Ibn Gabirol em uma matéria espiritual no cerne de todas as coisas dá lugar a uma reflexão prescritiva acerca da natureza do ser humano. Por meio de uma experiência do *self* como matéria, o ser humano é reorientado; abraça um *self* dependente, receptivo e frágil e, desse modo, é posto em liberdade em sua busca pela sabedoria, pela bondade e por Deus[54].

Bibliografia Complementar

Ibn Gabirol – Textos e Traduções do Fons Vitae

— *FONS VITAE*: TEXTO ÁRABE ORIGINAL DO SÉCULO XI

Para fragmentos árabes do *Fons Vitae*, ver:
PINES, Shlomo. "*Sefer 'Arūgat ha-Bōsem: ha-Qeta'im mi-tōkh Sēfer 'Meqōr Ḥayyīm'*," *Tarbiẓ* 27 (1958): 218-33. [Reprinted with a renumbering of notes from note 22 ff. In: ______. *Bēyn Maḥshevet Yisrael le-Maḥshevet ha-'Amīm: Meḥqarīm be-Tōldōt ha-Fīlōsōfiya ha-Yehūdit* (Bialik: Jerusalem, 1977), p. 44-60].

FENTON, P. Gleanings from Mōseh Ibn Ezra's *Maqālat al-Hadīqa*. *Sefarad*, 36, p. 285-298, 1976.

— *FONS VITAE*: TRADUÇÃO LATINA DO SÉCULO XII (E TRADUÇÕES DA TRADUÇÃO LATINA)

BAEUMKER, C. (Org.). *Avencebrolis (Ibn Gebirol) Fons Vitae, ex Arabico in Latinum Translatus ab Johanne Hispano et Dominico Gundissalino.* In:

Beiträge zur Geschichte der Philosophie des Mittelalters, Texte und Untersuchungen. Ed. de C. Baeumker. Münster: Aschendorff'sche Buchhandlung, 1892.

Contém o texto latino do *Fons Vitae* conforme tradução do árabe no século XII de Dominicus Gundissalinus e Juan Hispano.

BRUNNER, F. (trad.). *La Source de vie; livre III*. Paris: Librairie Philosophique J. Vrin, 1950.

Tradução francesa do livro III do *Fons Vitae*, com comentários de Fernand Brunner.

JACOB, A. B. (trad.). *Fountain of Life*. Philadelphia, 1954. [Nova edição: Stanwood, WA: Sabian Publishing Society, 1987.]

Essa é uma tradução do texto integral do *Fons Vitae* para a língua inglesa, mas sua terminologia não filosófica obscurece os pontos filosóficos do texto (por exemplo, "matéria" e "forma" são traduzidos como "material" e "estrutura").

BLOVSTEIN, Y. (trad.). Rabbi Shlomo ben Gabirol, Sefer Meqor Ḥayyim. In: *'Oṣar ha-Maḥshavá shel ha-Yahadut*. Ed. de Abraham Sifroni. Israel: Mosad Ha-Rav Kuk, 1962, p. 3-432.

Tradução hebraica de Yaakov Blovstein do texto latino de Baeumker.

WEDECK, H. E. (trad.). *The Fountain of Life (Book 3)*. New York: Philosophical Library, 1962. [Reimpresso como *SOLOMON IBN GABIROL. The Fountain of Life*. Bibliobazaar, 2008.]

— *FONS VITAE*: TRADUÇÃO HEBRAICA DO SÉCULO XIII (E TRADUÇÕES DA TRADUÇÃO HEBRAICA)

MUNK, S. (trad.). *Extraits de la source de vie de Salomon Ibn Gebirol*. In: ______. *Mélanges de philosophie juive et arabe*. Paris: A. Franck Libraire, 1955.

Contém texto do resumo hebraico de Falaquera do século XIII do *Fons Vitae*, bem como a tradução francesa e os comentários de Munk. Trata-se de uma reimpressão da edição de 1853.

SIFRONI, A. (Org.). *'Oṣar ha-Maḥshavá shel ha-Yahadut*. Israel: Mosad Ha-Rav Kuk, 1962.

O volume inclui um resumo em hebraico (a partir do texto original em árabe), realizado no século XIII por Shem Ṭov ibn Falaqera; ver p. 433-532.

GATTI, R. (trad.). *Shelomoh ibn Gabirol, Fons Vitae.* Genova: Il Melangolo, 2001.

Nova edição do resumo hebraico de Falaquera do *Fons Vitae* do século XIII (baseada em novos manuscritos não usados por Munk) e tradução italiana.

MANEKIN, C. (trad.). Solomon Ibn Gabirol and Shem Tov b. Joseph Falaquera, *Excerpts from "The Source of Life"*. In: *Medieval Jewish Philosophical Writings*. Ed. de Charles Manekin. Cambridge: Cambridge University Press, 2008, p. 23-87.

Tradução inglesa de Charles Manekin de uma seleção de trechos em hebraico de Falaquera.

Outras Fontes Primárias

— AVICENA (IBN SĪNĀ)

AVICENA. *The Physics of the Healing*: A Parallel English-Arabic Text (*Al-Shifā'*; *Al-Samā' Al-Ṭabī'ī*). Trad. de Jon McGinnis. Provo, UT: Brigham Young University Press, 2009. 2 v. (Islamic Translation Series).

— ABRAÃO IBN EZRA

Essays on the Writings of Abraham Ibn Ezra. Ed. M. Friedlaender. London, 1877. [Reimpressão: Jerusalem, 1964.]

Appendix: *Ḥay ben Mēqiẓ*: An Initiatory Tale by Abraham ibn Ezra. In: HUGHES, A. W. *The Texture of the Divine*: Imagination in Medieval Islamic and Jewish Thought. Bloomington: Indiana University Press, 2004, p. 189-207.

— *KALĀM FĪ MAḤḌ AL-KHAIR* (*DISCOURSE ON THE PURE GOOD*; TRADUZIDO PARA O LATIM COMO *LIBER DE CAUSIS*)

Die pseudo-aristotelische Schrift, Ueber das reine Gute, bekannt unter dem Namen, Liber de Causis. Ed. de O. Bardenhewer. Freiburg-im-Breisgau: Herder, 1882.

Liber (Pseudo-Aristotelis) de expositione bonitatis purae. Ed. de A. Badawi. In: *Neoplatonici apud Arabes*, *Islamica* 19. Cairo, 1955, p. 1-33.

Para a tradução inglesa da versão latina (com notas comparando com o texto árabe), ver:
GUAGLIARDO, V. A.; HESS, C. R.; TAYLOR, R. C. (trad.). *St. Thomas Aquinas' Commentary on the Book of Causes*. Washington, DC: Catholic University of America Press, 1996.

— PLOTINO

The Enneads. Trad. de A. H. Armstrong (Loeb Classical Library). Cambridge, MA: Harvard University Press, 1966.

— SHAHRASTĀNĪ (ABŪ'L-FATH MŪḤAMMAD B. 'ABD AL-KARĪM B. AḤMAD AL-SHAHRASTĀNĪ)

Book of Religious and Philosophical Sects (*Kitāb Al-Milal wal-niḥal*). Ed. de William Cureton. Piscataway: Gorgias Press, 2002. [Reimpressão da edição publicada por Society for the Publication of Oriental Texts, London.]

— THEOLOGY OF ARISTOTLE

Die sogenannte Theologie des Aristoteles: aus arabischen Handschriften (*Theology of Aristotle*). Ed. de F. Dieterici. Leipzig, 1882. [Reimpressão: Amsterdam: Rodopi, 1965.]

Plotinus apud Arabes, Theologia Aristotelis et fragmena quae supersunt. Ed. de A. Badawi. Cairo, 1955.

Plotiniana Arabica (including the *Theology of Aristotle*). Trad. de G. L. Lewis. *Plotini Opera*. Ed. de Paul Henry; Hans-Rudolf Schwyzer. Paris/Bruxelles, 1959. v. II.

— *LONGER THEOLOGY OF* ARISTOTLE

BORISOV, A. The Arabic Original of the Work Called "Theology of Aristotle". *Zapiski Kollegii Vostokovedov*, V, p. 83-98, 1929.

Notas

1. MUNK, S. *Philosophy and Philosophical Authors of the Jews*: An Historical Sketch with Explanatory Notes. Trad. de Isidore Kalisch. Cincinnati: Bloch and Co.'s Printing House, 1881, p. 23.
2. Para uma abordagem mais abrangente, ver PESSIN, S. *Ibn Gabirol's Theology of Desire*: Matter and Method in Jewish Medieval Neoplatonism. Cambridge: Cambridge University Press, 2013, especialmente cap. 5. Para análise comparativa de Israeli e de Ibn Gabirol em termos mais expressivamente neoplatônicos que os encontrados nos estudos sobre esses pensadores, ver PESSIN, S. Jewish Neoplatonism: Being above Being and Divine Emanation in Solomon Ibn Gabirol and Isaac Israeli. In: FRANK, D.; LEAMAN, O. (Org.). *Cambridge Companion to Medieval Jewish Philosophy*. Cambridge: Cambridge University Press, 2003, p. 91-110. Para pesquisa relacionada aos erros metodológicos implicados na leitura de "criação" em contraposição à "emanação" no contexto neoplatônico judaico, ver PESSIN, S. On the Possibility of a Hidden Christian Will: Methodological Pitfalls in the Study of Medieval Jewish Philosophy. In: HUGHES, A.; DIAMOND, J. (Org.). *Encountering the Medieval in Modern Jewish Thought*. Leiden: E. J. Brill, 2012, p. 52-94.
3. O *Fons Vitae* foi escrito no idioma judeo-árabe do século XI, traduzido para o latim no século XII e traduzido (diretamente do judeo-árabe) para o hebraico, em forma sumarizada, no século XIII. A versão remanescente mais completa é a tradução latina editada por Baeumker. Apesar de não termos uma cópia do texto judeo-árabe original de Ibn Gabirol, temos sentenças em judeo-árabe encontradas nos escritos de Moisés Ibn Ezra (c. 1055/1060- 1135/1138). Quanto aos fragmentos judeo-árabes, consultar PINES, S. *Sefer 'Arugat ha-Bosem*: ha-Qeta'im mi-toḵ *Sefer Meqor Ḥayyim (Livro Jardim dos Aromas*: excertos do *Livro Meqor Ḥayyim)*. *Tarbiẓ*, n. 27, p. 218-233, 1958. [Reimpresso com nova numeração da nota 22 em diante em: id. *Ben Maḥshevet Yisrael le-Maḥshevet ha-'Amim*: Meḥqarim be-Toldot ha-Filosofiya ha-Yehudit. Bialik: Jerusalem, 1977, p. 44-60.] Aqui, as referências à tradução latina medieval do *Fons Vitae* foram extraídas da edição de BAEUMKER, C. (Org.). *Avencebrolis (Ibn Gebirol) Fons Vitae, ex Arabico in Latinum Translatus ab Johanne Hispano et Dominico Gundissalino*. In: *Beiträge zur Geschichte der Philosophie des Mittelalters, Texte und Untersuchungen*. Ed. de C. Baeumker. Münster: Aschendorff'sche Buchhandlung, 1892. Quanto a outras referências das edições e traduções do *Fons Vitae*, ver a primeira parte da "Bibliografia complementar".
4. O primeiro termo origina-se do verbo árabe *madda*, "estender"; o segundo é uma transliteração árabe do termo grego *hylé* para "matéria".
5. Ver, por exemplo, a inclusão desse termo feita por Avicena (se bem que com um significado distinto do encontrado no contexto pseudoempedocleano) na Física de seu *Al-Shifa'*, em uma lista de termos associados às inquirições aristotélicas corpóreas. Ver AVICENA. *The Physics of the Healing*: A Parallel English-Arabic Text (Al-Shifā'; Al-Samā' Al-Ṭabī'ī). Trad. de Jon McGinnis. Provo, UT: Brigham Young University Press, 2009, p. 14-15. 2 v. (Islamic Translation Series).
6. Ver STERN, S. M. Ibn Ḥasday's Neoplatonist (reprint). Ed. de F. W. Zimmerman. *Medieval Arabic and Hebrew Thought*. London: Variorum Reprints, 1983a, p. 58-120; id. Ibn Masarra – A Myth? (reprint). Ed. de F. W. Zimmerman. *Medieval Arabic and Hebrew Thought*. London: Variorum Reprints, 1983b; concernente à tradição pseudoempedo-

cleana, ver ainda KAUFMANN, D. *Studien über Salomon Ibn Gabirol* (*Jahresberichte der Landes-Rabbinerschule zu Budapest für das Schuljahr*). Budapest, 1898-1899 [reprint: New York: Arno Press, 1980]; SCHLANGER, J. *Le Philosophie de Salomon Ibn Gabirol*. Leiden: E. J. Brill, 1968, p. 76 et seq.; STERN, S. M. "*Anbaduḳlīs*" (s.v.). *The Encyclopaedia of Islam*. 2. ed. H A. R. Gibb (ed.). Leiden: Brill, 1954, p. 483-484. v. 1; BERMAN, L. V. "Empedocles" (s.v.). 2. ed. Ed. de Michael Berenbaum e Fred Skolnik. *Encyclopaedia Judaica*. Detroit: Macmillan Reference USA, 2007, p. 397. v. 6; ASÍN-PALACIOS, M. *The Mystical Philosophy of Ibn Masarra and His Followers*. Leiden: E. J. Brill, 1978 (especialmente p. 40 et seq.); KINGSLEY, P. *Ancient Philosophy, Mystery, and Magic*: Empedocles and Pythagorean Tradition. Oxford: Oxford University Press, 1995, p. 371-391; ALTMANN, A.; STERN, S. M. *Isaac Israeli*. Oxford: Oxford University Press, 1958 [reprinted in 2009 by University of Chicago Press with introduction by Alfred Ivry]; MUNK, S. (trad.). *Extraits de la source de vie de Salomon Ibn Gabirol*. In: MUNK, S. *Mélanges de Philosophie Juive et Arabe*. Paris: Chez A. Franck, Libraire, 1955; FREUDENTHAL, G.; BRAGUE, R. Ni Empédocle, ni Plotin. Pour le dossier du Pseudo-Empédocle arabe. In: DILLON, J.; DIXSAUT, M. (Org.). *Agonistes*: Essays in Honour of Denis O'Brien. Aldershot: Ashgate, 2005, p. 267-283. Pode-se igualmente observar que, em sua tradução sumária para o hebraico do texto de Ibn Gabirol, datada do século XIII, Shem Tov ibn Falaqera descreve o projeto de Ibn Gabirol como seguidor da tradição de ensinamentos empedocleanos antigos; para a introdução de Falaqera de seu sumário hebraico (século XIII) do texto árabe de Ibn Gabirol (século XI), em que ele associa o mencionado texto a ideias do *Livro das Cinco Substâncias*, de Empédocles, ver SIFRONI, A. (Org.). *'Oṣar ha-Maḥshavá shel ha-Yahadut (Tesouro do Pensamento Judaico)*. Israel: Mosad Ha-Rav Kuk, 1962, p. 435 (e texto atualizado em: GATTI, R. (trad.). *Shelomoh ibn Gabirol, Fons Vitae*. Genova: Il Melangolo, 2001). A respeito de minha reflexão sobre a possibilidade de um vínculo aristotélico com a tradição pseudoempedocleana, ver como tratei da hipótese de Frede sobre o Livro Lambda da *Metafísica*, de Aristóteles, em: PESSIN, *Ibn Gabirol's Theology of Desire*, 2013, op. cit., Apêndice A3. Sobre uma apreensão das diferenças entre as tradições pseudoempedocleanas judaica e islâmica, ver ibid., Apêndice A12.

7. SHAHRASTĀNĪ. *Kitāb Al-Milal wa-l-Niḥal* (Livro das Religiões e Seitas). Ed. de William Cureton. Piscataway: Gorgias Press, 2002, v. II, Livro 2, cap. 1 [reprint of the 1846 Cureton edition published by the Society for the Publication of Oriental Texts, London]; ver p. 260-265.
8. Ver ibid., p. 260, linha 6 et seq.
9. A tradução do século XII é de Juan Hispano e de Dominicus Gundissalinus; ver BAEUMKER, 1892, op. cit.
10. Para o texto em judeo-árabe (em comparação com o relevante texto latino), ver PINES, 1958, op. cit., p. 226, seção 8.1 (em judeo-árabe, linhas 4-5) [ou na reimpressão de 1977, p. 52, linhas 5-6].
11. Como veremos adiante, em sua poesia em língua hebraica, Ibn Gabirol faz uso dos termos *sod* (segredo) para "forma" e *yesod* (fundamento) para "matéria"; em seu sumário hebraico do texto árabe do *Fons Vitae*, de Ibn Gabirol, o tradutor do século XIII, Shem Tov Ibn Falaqera, utiliza o *yesod* hebraico para traduzir o árabe *al-'unṣur*, de Ibn Gabirol (em contraposição ao termo hebraico *ḥomer*, que é muito mais usado para traduzir "matéria", no sentido aristotélico, e que Ibn Falaqera usa para traduzir o árabe *al-madda*, de Ibn Gabirol).

12. Desenvolvi essa ideia com mais detalhes em PESSIN, 2013, op. cit. (ver também id. Solomon Ibn Gabirol [Avicebron]. *The Stanford Encyclopedia of Philosophy* (Spring 2013 Edition). Ed. de Edward N. Zalta, 2010. Disponível na internet em: http://plato.stanford.edu/archives/spr2013/entries/ibn-gabirol). Como explico em id., 2013, op. cit., optei pelo neologismo *elemento fundamental*, de preferência a *elemento primeiro*, não só porque o neologismo descreve melhor a função desse tópico mas também porque *primeiro*, em vários contextos neoplatônicos, poderia referir-se a Deus, e eu quis evitar que o leitor fizesse, com o termo, qualquer referência a Deus. (Um neologismo também parece apropriado no contexto do meu projeto de construir uma nova imagem de Ibn Gabirol, diversa da que surgiu na História da Filosofia.)
13. As seções determinantes da análise de Plotino sobre a matéria inteligível não fazem parte do *Plotiniana Arabica* e ainda não se sabe se estavam ou não disponíveis para Ibn Gabirol. Nesse sentido, podemos imaginar que um dia venhamos a tomar conhecimento de textos adicionais das *Enéadas* acessíveis em árabe; ou, com John Dillon, podemos falar de grandes mentes que pensam do mesmo modo; ver DILLON, J. Solomon Ibn Gabirol's Doctrine of Intelligible Matter. In: GOODMAN, L. E. (Org.). *Neoplatonism and Jewish Thought*. Albany: State University of New York Press, 1992, p. 43-59. Seja qual for a linha da transmissão histórica, algo é certo: tanto Plotino quanto os textos pseudoempedocleanos (incluindo o *Fons Vitae*, de Ibn Gabirol) prefiguram um intermediário material entre Deus e o intelecto. Para visão geral do material árabe-plotiniano, consultar AOUAD, M. La Théologie d'Aristote et autres textes du Plotinus arabus. In: GOULET, R. (Org.). *Dictionnaire des Philosophes Antiques*. Paris: Centre National de la Recherche Scientifique, 1989, p. 541-590; D'ANCONA, C. Pseudo "Theology of Aristotle", Chapter I: Structure and Composition. *Oriens*, v. 36, p. 78-112, 2001; KRAYE, J.; RYAN, W. F.; SCHMITT, C. B. (Org.). *Pseudo-Aristotle in the Middle Ages*: The Theology and Other Texts. London: The Warburg Institute, 1986; ADAMSON, P. *The Arabic Plotinus*: A Philosophical Study of the Theology of Aristotle. London: Duckworth, 2002; PINES, S. M. La Longue recension de la Théologie d'Aristote dans ses rapports avec la doctrine ismaélienne. *Revue des Études Islamiques*, v. 22, p. 8-20, 1954; FENTON, P. The Arabic and Hebrew Versions of the *Theology of Aristotle*. In: KRAYE, J.; RYAN, W. F.; SCHMITT, C. B. (Org.). *Pseudo-Aristotle in the Middle Ages*: The Theology and Other Texts. London: The Warburg Institute, 1986; LANGERMANN, Y. T. A New Hebrew Passage from the *Theology of Aristotle* and Its Significance. *Arabic Sciences and Philosophy*, v. 9, p. 247-259, 1999. Para visão geral das referências – seja no tocante a uma matéria sublime, seja no tocante à matéria analisada em termos positivos – em uma gama de textos gregos, islâmicos e judaicos, ver os 15 apêndices em: PESSIN, 2013, op. cit.
14. Essa discussão sobre a matéria inteligível plotiniana se baseia no Apêndice A5 em ibid.
15. Ver a análise de Rist de *Enéadas* III.8.11; V.3.11 e sua relação com as descrições públicas que Plotino faz da matéria inteligível; RIST, J. M. The Indefinite Dyad and Intelligible Matter in Plotinus. *The Classical Quarterly*, New Series, v. 12, n. 1, p. 99-107, 1962 (ver p. 102 et seq.). Ver também DILLON, 1992, op. cit.; e, para reverberações jambliconianas, ver MATHIS II, C. K. Parallel Structures in the Metaphysics of Iamblichus and Ibn Gabirol. In: GOODMAN, L. E. (Org.). *Neoplatonism and Jewish Thought*. Albany: State University of New York Press, 1992, p. 61-76; ver também CORRIGAN, K. *Plotinus' Theory of Matter-Evil and the Question of Substance*: Plato, Aristotle, and Alexander of Aphrodisias. Leuven: Peeters, 1996.
16. Para a abordagem de diversas afirmações positivas e negativas sobre a matéria em Ibn

Gabirol, ver RUDAVSKY, T. M. Conflicting Motifs: Ibn Gabirol on Matter and Evil. *The New Scholasticism*, v. 52, n. 1, p. 54-71, 1978. Para o enfoque neoplatônico de Plotino e Simplício sobre a matéria primordial aristotélica – que espero apresentar em um futuro projeto, pois é a melhor maneira de ler a concepção de Ibn Gabirol de "matéria inferior" –, ver PESSIN, S. From Universal Hylomorphism to Neoplatonic Mereology: Rethinking Prime Matter as Fundamental Part in Plotinus, Simplicius, and Ibn Gabirol. In: *On What There Was: Parts and Wholes*. Edited by Andrew Arlig (forthcoming).

17. Essa seção é extraída, com algumas modificações, do cap. 7 de PESSIN, 2013, op. cit.
18. Sobre esse possível comentário de Gênesis 2:10, ver FRIEDLANDER, M. *Essays on the Writings of Abraham Ibn Ezra*. London, 1877, p. 40 [reprinted: Jerusalem, 1964]; sobre essa questão, ver SIRAT, C. *A History of Jewish Philosophy in the Middle Ages*. Cambridge: Cambridge University Press, 1996 [1985], p. 79.
19. Esta seção é extraída, com algumas modificações, do cap. 7 de PESSIN, 2013, op. cit.
20. IBN GABIROL. *Fons Vitae* 5.42, p. 333, linhas 4-5.
21. Nos debates adjacentes ao *Kalām* no contexto de Ibn Gabirol, Essência (*al-d̲h̲āt*) é um termo característico usado para descrever Deus e, em particular, usado como parte de um debate sobre a natureza ou a ausência dos atributos divinos que mais resolutamente enfatiza a completa unidade e a total transcendência de Deus. Sobre a acepção de Sells desse termo no sufismo, ver a questão acerca da Essência divina em: PESSIN, 2013, op. cit., seção 6.5.
22. Schlanger conclui que Ibn Gabirol realmente não pode conceber que a matéria provém da Primeira Essência, uma vez que isso sugeriria o surgimento do imperfeito a partir do perfeito, como também incorreria em risco de blasfêmia religiosa ao sugerir que Deus e a matéria são coeternos; ver SCHLANGER, 1968, op. cit., p. 293. Nesse segundo sentido, podemos relembrar ainda a afirmação de Munk, discutida anteriormente, sobre a homenagem que Ibn Gabirol presta ao "dogma da Criação". Minha abordagem de Ibn Gabirol é muito mais neoplatônica do que qualquer uma dessas leituras. Tal como analiso com mais detalhes em PESSIN, 2013, op. cit., o neoplatonismo de Ibn Gabirol é profundamente inspirado por um "Paradoxo da Unidade Divina" segundo o qual, tal qual se aponta com precisão – e se permanece eternamente perplexo com isso –, a unidade de Deus (perfeição) é a fonte da pluralidade (imperfeição); um neoplatônico não nega ser esse o caso – apenas se move na perplexidade (e louvor a Deus) com base no pressuposto de ser esse o caso. Em segundo lugar, em um contexto neoplatônico, a coeternidade não é religiosamente uma blasfêmia; é, antes, a realidade fundamental do dom da existência. Em minha leitura neoplatônica, Ibn Gabirol não se identificaria com nenhum dos dois questionamentos de Schlanger. De modo similar, como já observamos, para Ibn Gabirol – bem como para a *Teologia de Aristóteles* e uma série de outras tradições neoplatônicas islâmicas –, "criação" é um modo de descrever neoplatonicamente o mistério da relação eternamente emanante de Deus com o ser.
23. No contexto do neoplatonismo islâmico e judaico, um conjunto de termos para desejo e amor são usados de forma intercambiável. Embora haja uma nítida linha divisória entre *eros* e *agape* em contextos teológicos cristãos, os leitores devem estar atentos para não importar tais intuições para o presente contexto. Para saber mais sobre a ideia da matéria pura do *elemento fundamental* como amor/desejo, ver PESSIN, 2013, op. cit., cap. 4; id. Loss, Presence, and Gabirol's Desire: Medieval Jewish Philosophy and the Possibility of a Feminist Ground. In: TIROSH-SAMUELSON, H. (Org.). *Women and Gender in Jewish Philosophy*. Bloomington: Indiana University Press, 2004, p. 27-50; sobre termos referen-

tes ao amor em contextos medievais judaicos, ver HARVEY, S. The Meaning of Terms Designating Love in Judaeo-Arabic Thought and Some Remarks on the Judaeo-Arabic Interpretation of Maimonides. In: GOLB, N. (Org.). *Judaeo-Arabic Studies*. Amsterdam: Harwood Academic Publishers, 1997, p. 175-196. Pode-se notar igualmente que há diferenças importantes a esse respeito entre a visão de Ibn Gabirol e a dos contextos pseudoempedocleanos islâmicos, em que a própria matéria pura do *elemento fundamental* é um compósito de amor e contenda; ver PESSIN, 2013, op. cit., Apêndice A12.

24. Apesar de muitas diferenças importantes, podemos considerar, em Ibn Gabirol, esse aspecto da visão neoplatônica de Deus dialogando com a fenomenologia de Lévinas; ver PESSIN, 2013, op. cit., seções 8.5; 9.3.
25. Para mais desenvolvimento dessa ideia, ver PESSIN, 2013, op. cit.
26. Esta seção é extraída, com algumas modificações, do capítulo 7 de ibid.
27. IBN GABIROL. *Keter Malkut* (A Coroa do Reino), canto 1, linha 7; ver SCHIRMANN, J. (Org.). *Ha-Shirá ha-'Ivrit bi-Sefarad u-ve-Provans*: Mivḥar Shirim ve-Sipurim Meḥurazim be-Ṣeruf Mevo'ot, Mafteḥot ve-Ṣiyurim. (*A Poesia Hebraica na Espanha e na Provença*: Poemas e Contos Seletos e Organizados Acompanhados de Introdução, Glossário e Ilustração.) Yerushalayim: Mosad Byalik, 1954, p. 257, poema n. 108; ver também nota de rodapé sobre essa linha (p. 258, linhas 6-7 nas notas), em que ele identifica o *sod* de Ibn Gabirol com a forma e seu *yesod* com a matéria (p. 258). Para traduções e comentários adicionais sobre esse poema, ver, por exemplo, COLE, P. *Selected Poems of Solomon Ibn Gabirol*. Princeton, NJ: Princeton University Press, 2001; id. *The Dream of the Poem: Hebrew Poetry from Muslim and Christian Spain, 950-1492*. Princeton, NJ: Princeton University Press, 2007; GLUCK, A. *The Kingly Crown, Keter Malkhut*. Trad. e notas de Bernard Lewis. Indiana: University of Notre Dame, 2003; LOEWE, R. *Ibn Gabirol*. London: Peter Halban, 1989, p. 105-162; SCHEINDLIN, R. P. *The Gazelle: Medieval Hebrew Poems on God, Israel, and the Soul*. Philadelphia: Jewish Publication Society, 1991 (ver especialmente p. 12; 21-22; 44-45).
28. Esse é o mesmo termo utilizado no título hebraico do *Fons Vitae: Meqor Ḥayyim* (Fonte da Vida).
29. Em *reshut le-birko*; ver SCHIRMANN, 1954, op. cit., p. 255, poema n. 107, linha 6.
30. Para interpretações desse poema que destacam esse ponto, ver, por exemplo: KAUFMANN, 1898-1899, op. cit.; SCHLANGER, J. Sur le role du "tout" dans la création selon Ibn Gabirol. *Revue des Études Juives*, v. 4, p. 125-135, 1965; TZEMAH, A. Yēsh bemō Yēsh. In: MALACHI, Z. (Org.). *Meḥqarim bi-Yeṣirat Shlomo Ibn Gevirol (Pesquisas sobre a Obra de Salomão ibn Gabirol)*. Tel Aviv: *University of Tel Aviv*, 1985, p. 9-22.
31. Ver dísticos 3; 5. Para o texto hebraico, ver BIALIK, H. N.; RAVNITSKY, J. H. (Org.). *Shirê Shlomo ben Yehudá Ibn Gevirol* (Os Poemas de Salomão ibn Gabirol). Tel Aviv/Berlin: Dwir-Verlags-Gesellschaft, 1925, v. I, p. 112, poema n. 48. A tradução inglesa é de minha autoria. Para outra tradução, ver COLE, 2001, op. cit., p. 108 (com notas e referências bíblicas relevantes, p. 261-264). Para análise mais aprofundada desse poema, bem como referências a outros comentários, ver PESSIN, 2013, op. cit.
32. IBN GABIROL. *Fons Vitae* 5.42, p. 335, linhas 23-24.
33. Ver SCHIRMANN, 1954, op. cit., p. 272, poema n. 108, canto 26, linhas 253-254.
34. Para um diagrama esclarecedor da pura matéria universal como o Trono de Glória, aludida nesse poema, ver LOEWE, 1989, op. cit., p. 114.
35. Para mais esclarecimentos a esse respeito, bem como para outras considerações metodológicas, ver PESSIN, 2010, op. cit.

36. Esta seção é retirada, com algumas modificações, do cap. 7 de id., 2013, op. cit.
37. No poema *Keter Malḵut*, de Ibn Gabirol, canto 9; ver SCHIRMANN, 1954, op. cit., p. 262, linha 82. Para análise dessa linha, ver PINES, S. Ve-qará 'el ha-'Ayin ve-Nivqá'. Le-Ḥeqer *Keter Malḵut* le-Shlomo Ibn-Gevirol (E Ele evocou o nada e este se fendeu. Inquirição sobre a *Coroa da Realeza* de Salomão ibn Gabirol). *Tarbiẓ*, n. 50, p. 339-347, 1981; ver também COLE, 2001, op. cit., p. 149 e notas 20-22 (p. 296-297).
38. Para visão geral de algumas dessas concepções da criação – e as distintas implicações do vazio e da matéria em uma gama de concepções –, ver PESSIN, S. Matter, Form and the Corporeal World. In: RUDAVSKY, T. M.; NADLER, S. (Org.). *The Cambridge History of Jewish Philosophy*: From Antiquity to the Seventeenth Century. Cambridge: Cambridge University Press, 2008, p. 269-301.
39. Do canto 9 do *Keter Malḵut* de Ibn Gabirol; tradução (inglesa) de Cole, 2001, op. cit., p. 149.
40. Sob esse aspecto, considerar a leitura de Schlanger de *'Ahavtiḵa*; ver SCHLANGER, 1965, op. cit.
41. Nesse ponto, levar em conta a leitura de Tzemah de *'Ahavtiḵa*: podemos falar da *Irāda* divina se abrindo no desdobramento do ser, de um nível da matéria ao próximo, cada qual se desdobrando no seguinte, em um processo íntimo de formação; ver TZEMAH, 1985, op. cit.
42. Do poema *Shoḵen 'Ad* (Ele Habita Eternamente); ver COLE, 2001, op. cit., p. 126, linhas 26-27, e notas (p. 279-281).
43. IBN GABIROL. *Fons Vitae* 5.32, p. 317, linhas 17-20.
44. Para minha abordagem dessa ideia em *'Ahavtiḵa*, ver PESSIN, 2013, op. cit. A esse respeito, ver o comentário de Kaufmann sobre o poema *'Ahavtiḵa*; ver KAUFMANN, 1898-1899, op. cit.
45. Ver PINES, 1981, op. cit., nota 3, em que ele adverte contra a suposição de que o *Fons Vitae* e o *Keter Malḵut* apresentam uma única perspectiva filosófica.
46. Esta seção foi extraída, com algumas modificações, dos caps. 7 e 8 de PESSIN, 2013, op. cit.
47. Para o hebraico, ver ZANGWILL, I. *Selected Religious Poems of Solomon Ibn Gabirol*. Philadelphia: The Jewish Publication Society of America, 1944 [1923], p. 3, poema n. 2, canto 1; tradução (inglesa) de minha autoria.
48. Salmos 139:15. Cf. SCHIRMANN, 1954, op. cit., p. 236, poema n. 96, nota 2.
49. Sobre o termo *ve-hiqpi'ani*, ver Salmos 139; Jó 10:10; cf. SCHIRMANN, 1954, op. cit., p. 236, poema n. 96, nota 2.
50. Schirmann aqui compara com a expressão do poema as palavras do faraó "Eu mesmo o fiz" em Ezequiel 29:3; cf. ibid., nota 5.
51. Ibid., poema n. 96 (*Ṭerem Heyoti*); tradução (inglesa) de minha autoria. Para diferente tradução inglesa anotada com comentários, ver COLE, 2001, op. cit., p. 111 (com notas nas p. 265-267); SCHEINDLIN, 1991, op. cit., p. 209-213.
52. Sou grata a Joel Kraemer por chamar minha atenção para esse padrão de sufixo. Além do próprio termo *'ani* ("eu"), cada linha do poema termina com o sufixo -*'ani*.
53. Essa é a comovente tradução de um excerto do *Reshut* [literalmente "introdução" ou "permissão", é um poema em que o poeta litúrgico como indivíduo introduz uma oração congregacional (N.T.)] de Ibn Gabirol para o Ano Novo, que apresenta o nome do poeta como um acróstico ("Shlomo"). Ver COLE, 2001, op. cit., p. 119 (Pequeno em Minha Reverência), com notas na p. 273 referentes a Provérbios 16:19; Ta'anit 16a; Ezequiel 17:6; Salmos 22:7.

54. Em PESSIN, 2013, op. cit., ressalto ainda que a alegação de que o intelecto humano se origina na matéria ajuda a nos conceber como seres frágeis, incompletos e humildes, mas que se relacionam e são receptivos e dependentes. Sugiro que a visão neoplatônica de Ibn Gabirol nos convide a repensar a ética e a política à luz de um renovado sentido do *self*-como-matéria, ou seja, do *self*-como-frágil e confiante-no-Outro.

Ibn Paqūda, Figura-Chave do Pensamento Judaico e Universal*

Joaquín Lomba

Um autor que bem merece figurar entre os grandes pensadores judeus da Idade Média é o *sefardi* do século XI, nascido em Saragoça (Espanha), Baḥya ben Yūssef ibn Paqūda. André Chouraqui, estudioso e tradutor para o francês da obra desse autor intitulada *Os Deveres do Coração*, assim comenta seu pensamento:

> A influência do pensamento de Baḥya ibn Paqūda é tamanha que transpôs rapidamente os círculos intelectuais próprios, estendendo-se às grandes massas de judeus. Esse autor, que, diversamente dos demais teólogos célebres da Sinagoga (como Maimônides), jamais provocará nenhuma contradição em Israel, teve o raro privilégio de ser traduzido desde os inícios do século XVII para todas as línguas faladas no interior das comunidades judaicas: espanhol, português, italiano, judeu-alemão, judeu-árabe, judeu-espanhol (ladino), assim como latim e inglês. *Ḥovot ha-Levavot*, ou *Os Deveres do Coração*, chega a ser, desse modo, a obra de teologia sistemática que, por excelência, formou a base da espiritua-

---

* Tradução de Enio Paulo Giachini do original espanhol: "Ibn Paqûda, Figura Clave del Pensamiento Judío y Universal". Revisão técnica de Rosalie Helena de Souza Pereira.

> lidade dos judeus piedosos. No entanto, a história dos caminhos de sua influência está ainda por ser escrita [1].

Também Georges Vajda, cujo estudo sobre a mesma obra de Ibn Paqūda é considerado clássico e fundamental, começa sua pesquisa observando o seguinte:

> O livro a que se consagra o presente estudo teve um raro mérito, a saber, apesar de seu caráter semifilosófico e da natureza de sua inspiração um tanto particular, chegou a ser um dos livros de piedade mais populares do judaísmo, traduzido não só para o hebraico, tal como outras obras de filosofia religiosa do período hispânico-árabe, mas também para os idiomas falados pela grande massa dos judeus desprovida de cultura hebraica: judeu-espanhol, português, judeu-árabe e iídiche. Um livro cujo resplendor foi e continua sendo tão amplo que, em virtude dessa única razão, mereceria um estudo mais detalhado. Embora tenha permanecido enterrado no pó das bibliotecas, muito compensaria o trabalho do investigador que daí o resgatasse [2].

Ibn Paqūda, o Homem

Inicialmente, havia dúvidas sobre seu nome por causa das leituras possíveis da primeira parte, desprovida de vogais, tal como aparece em alguns manuscritos: BḤY. Foi D. Kaufmann [3] quem estabeleceu, de forma definitiva e aceita por quase todos, a leitura de "Baḥya". S. Munk seguiu o mesmo caminho, adotando essa versão generalizada de "Baḥya". Assim resulta o nome completo de nosso autor, mencionado anteriormente, Baḥya ben Yūssef ibn Paqūda; o *ben* representaria o portador judeu de seu nome, e o *ibn* obedeceria à arabização da cultura em que viveu, ou seja, o Reino de Taifas de Saragoça.

A respeito do lugar de nascimento de nosso autor, até a atualidade ainda não se estabeleceu nada em definitivo. Suspeitava-se que vivera por longo tempo em Saragoça ou talvez em Córdova. No entanto, conforme a opinião de Carlos Ramos Gil [4], as razões que sustentam a tese de que Ibn Paqūda seria natural de Saragoça, que então se chamava *Saraqusta*, e ali passou toda a sua vida são definitivas e podem ser resumidas no seguinte:

I. Entre os judeus dessa cidade, é muito comum atribuir nomes com o usual BḤY, como Baḥya ben Moshé, Baḥya al-Constantini, Baḥya ben Asher, entre outros. A. Jellinek[5], aliás, registrou sete personagens com esse nome bem pouco comum, os quais são todos originários dessa região; com isso deduziu que a origem de Ibn Paqūda só poderia localizar-se na atual região de Aragão, citando A. Zunz:

> Apparet hoc nomen prope sola in Aragonia quaerendi, esse; quare auctorem libri Chobot ha-Lebabot Cesaraugustae natum esse coniectura assequi licet. Quae coniectura eo confirmartur quod haec urbs seculo XI sedes Judaeorum perfrequens facta est[6].

II. No manuscrito de *Os Deveres do Coração* número 5.455, da Biblioteca Nacional (exemplar 1340), lê-se no fólio 5v.: "Este livro da lei da obrigação do Coração foi composto pelo sábio Juiz R. Byh bar Josef ben Paqūda, de Saragoça (Saraqusta)".

III. Em vista do conteúdo da obra, é possível aceitar que esteja na mesma linha intelectual que vigorava em Saragoça durante a época islâmica. Nesse tempo, deu-se um florescimento filosófico com características tão marcantes e peculiares que podem ser encontradas em todas as obras produzidas no mesmo período tanto por muçulmanos quanto por judeus. Essas características podem ser resumidas em três aspectos: 1) racionalismo; 2) tendência ao ascetismo, à moral e à mística; e 3) didatismo. Nessa linha de pensamento, Ibn Paqūda não é exceção, e sua obra insere-se na vida intelectual da Saragoça islâmica desse século[7].

Por todas essas razões, é possível estabelecer como certo que nasceu e viveu em Saragoça.

Existem dúvidas também em relação às datas em que Ibn Paqūda viveu e compôs sua obra. Alguns as estendem até o ano de 1040; outros, até princípios do século XII. Foi Kokowzew[8] quem pôs o ponto central da composição do livro de Ibn Paqūda entre 1080 e 1090, baseando-se em um texto de Moshé ibn Ezra, falecido em 1135, que cita Ibn Paqūda como pertencente "à geração anterior".

Isso é tudo o que se sabe sobre a pessoa de Ibn Paqūda, salvo que foi *dayyan*, ou juiz, da comunidade judaica de Saragoça, o que não é nada de especial, a julgar pelas elevadas qualidades morais que manifesta em seu livro e por sua cultura acerca das Escrituras, do Talmud e da literatura. Sabe-se igualmente que teve duas alcunhas: *ha-zaqen*, "o ancião", e *he-ḥasid*, "o moralista". A primeira, possivelmente, para distingui-lo de outro Baḥya, de Barcelona; a segunda por motivos evidentes que se depreendem tanto de sua obra quanto de seu ofício de *dayyan*. Por outro lado, é bastante plausível que se tenha dedicado a alguma atividade comercial, uma vez que, em sua obra, faz constante alusão à vida do comércio, aos negócios, às compras e vendas, à organização do trabalho, a empréstimos e dívidas. Nada disso, porém, serve de base para inferir que tipo de comércio desenvolveu durante a vida: algumas vezes faz alusão aos metais (prata, ouro, ferro indiano e aço), outras, aos tecidos e à confecção, e ainda outras, ao cultivo dos campos; mas é sobretudo para a agricultura que suas comparações, histórias e exemplos costumam se voltar. No entanto, não só para esta, pois, em geral, também destaca grupos de trabalhadores assalariados, muito numerosos e organizados com capatazes, intendentes etc. Tudo isso leva a crer que talvez se dedicasse à agricultura, provavelmente na condição de grande proprietário. Por outro lado, ao que parece, ele conhece muito bem o universo comercial e o das transações. Assim, é possível acreditar que desenvolveu parte de seu trabalho na cidade onde viveu.

A propósito de suas alusões, notam-se a grande cultura de Ibn Paqūda e as numerosas leituras que demonstra ter feito: as histórias que conta, provenientes das mais variadas fontes, como veremos, os conhecimentos científicos, sobretudo os médicos de que lança mão, sem contar os tratados de teologia, ascetismo, mística e filosofia, tanto árabes quanto judaicos.

A Obra de Ibn Paqūda

Pensava-se que fosse o autor de uma obra intitulada *Maᶜānī al-Nafs* (Noções sobre a Alma), um pequeno tratado traduzido para o hebraico com o nome de *Torat ha-Nefesh*. A obra foi editada em hebraico por Isaac Broydé, em Paris, em 1896[9]. Ignaz Goldziher publicou, em 1907[10], o texto árabe. Há, porém, quem duvide de que o autor seja Ibn Paqūda, como é o caso de Umberto Cassuto, hoje opinião com aceitação generalizada[11]. De fato, em *Os Deveres do Coração*, a outra obra de Ibn Paqūda, não há menção a esse tratado, tampouco no livro sobre a alma é feita alguma indicação sobre a primeira. Além disso, a temática e o estilo dos dois livros são tão diferentes e heterogêneos que se torna difícil acreditar que sejam do mesmo autor.

A obra que, sem dúvida, é realmente sua e lhe conferiu a fama de que goza é *Kitāb al-hidāyā ilà farāᶜiḍ al-qulūb* (Livro sobre a Direção dos Deveres do Coração), conhecida como *Os Deveres do Coração*. Essa é sua obra fundamental, de fato de sua autoria e seguramente sua única obra.

Composto em árabe, talvez por volta de 1080, esse livro foi traduzido para o hebraico por Yehudá ibn Tibbon, entre os anos 1161 e 1180 (portanto, cerca de um século após sua composição), e por Yosef Qimḥi, no sudeste francês, com o título *Sefer Ḥovot ha-Levavot*. O texto árabe de *Os Deveres do Coração* mais usado é a edição crítica de A. S. Yahuda, publicada em Leiden em 1912; e, na versão hebraica de Ibn Tibbon, a edição de Moses Hyamson, publicada em Jerusalém em 1970.

O árabe de *Os Deveres do Coração* é rico, bem trabalhado, embora com algumas peculiaridades dos autores judeus arabófonos. Seu estilo é absolutamente correto e marcadamente elegante, registrando, às vezes, até o uso da prosa poética. Como destaca A. S. Yahuda em seu estudo de introdução ao texto, por seu estilo e linguagem, o livro é autenticamente árabe, dirigido ao universo de eruditos árabes e judeus arabófonos, razão pela qual o Islã buscou, desde sempre, incorporar essa obra em seu acervo cultural. Apenas as passagens da Bíblia estão em hebraico, assim como as citações do Talmud, da Mishná e alguns nomes técnicos da Sagrada Escritura e da tradição judaica. Estão em hebraico também alguns versos acrósticos que encerram o livro e duas orações conclusivas; sobre isso voltaremos em seguida.

Os Deveres do Coração Dentro da Literatura Ética Judaica

O primeiro mérito de *Os Deveres do Coração* é a tentativa séria e sistemática de construir uma ética baseada na razão, e não apenas na religião, como era costume proceder até então no interior do judaísmo. A ética do povo judeu era constituída por um conjunto de normas, leis e preceitos sem nenhuma estruturação conceitual nem esquema filosófico. Por outro lado, baseava-se exclusivamente nos mandamentos emanados diretamente do próprio Deus, refletidos sobretudo no Pentateuco e em uma série de provérbios e regras de conduta que logo se cristalizaram nos livros sapienciais da Bíblia.

Na época da Mishná, do Talmud e dos *midrashim*, deu-se um passo adiante, na medida em que foram compilados, em um único *corpus*, aqueles vastos materiais sobre moral e jurisprudência que a tradição foi acumulando ao longo do tempo, de modo que o fiel tivesse em mãos tudo o que deveria praticar. Mesmo assim, a ética continuava identificada com a vida religiosa e em nenhum caso se fez consideração paralela, sistemática e racional, deduzida da ética propriamente; e isso apesar de, na época, os judeus conhecerem perfeitamente as obras de Platão, a Ética de Aristóteles e outros escritos do pensamento grego. O período posterior dos saboraítas e dos *ge'onim* seguiu a mesma linha, apenas acrescida de um esforço maior de compilação (e não de sistematização), dada a diversidade de povos e de lugares onde viviam os judeus no exílio, situação em que tiveram de acomodar toda a tradição anterior a uma nova jurisprudência e a novas circunstâncias de vida. Todo esse material de normas morais e religiosas se resumia aos 613 preceitos (365 positivos e 248 proibitivos), formulados já por Sa'adia Gaon, mencionados em toda a literatura posterior, incluindo Ibn Paqūda, Maimônides e, sobretudo, Ibn Gabirol, que dedica um livro inteiro a esses preceitos, *'Azharot* (Exortações).

O primeiro intento, tímido e breve, de sistematização racional foi efetuado entre os séculos IX e X por Sa'adia Gaon, no capítulo X de sua obra *Sefer 'Emunot ve-De'ot* (Livro das Crenças e Opiniões). De fato, nessa obra, Sa'adia Gaon lembra que a alma humana dispõe de três forças inatas: o amor, a aversão e o discernimento. Do amor o autor faz derivar 13 qualidades da alma, as quais, em qualquer caso, devem buscar o equilíbrio e a harmonia por meio do discernimento e da razão. Mais adiante, retornaremos a essa exposição de Sa'adia Gaon. O que deve ficar claro, nesse momento, é que se trata simplesmente de uma tentativa de sistematização ainda claramente dependente da religião. De fato, esse tratado é apenas um capítulo de uma obra mais ampla, em que se procura aplicar a razão à fé, ou seja, busca-se expor as razões para se crer na fé de Moisés. Essa exposição ética, portanto, é algo ocasional, dentro de um contexto, e não uma tarefa que se empreendeu sistematicamente. A prova disso é que, assim como deduz do amor 13 tendências, atribuindo à razão o papel regulador delas, o autor deixa de desdobrar e explicar a terceira tendência, a aversão. No mais, a ética segue o curso regular de já estar inserida na fé, na religião, ainda que se busque racionalizá-la. Testemunho disso é o fato de que a alma sobre a qual discorre Sa'adia Gaon e em que residem as três forças originárias não é senão a alma tal como a concebem a religião e a teologia judaicas em uso. Continua-se partindo da experiência religiosa e da especulação teológica.

Foi em Saragoça, no século XI, que isso começou a mudar: primeiro, concretamente, com Ibn Gabirol, e depois com Ibn Paqūda. Esse marco geral nos ajudará a compreender melhor o substrato último da obra *Os Deveres do Coração*.

Com seu livro *Kitāb islāh al-aẖlāq* (Livro da Correção dos Traços de Caráter), composto em árabe, em Saragoça, no ano 1045[12], Ibn Gabirol leva a cabo, pela primeira vez no universo judaico, um sistema completo de ética, e isso sem partir da Revelação religiosa; ao contrário, construindo seu pensamento sobre bases totalmente racionais, fisiológicas e de observação humana. De fato, Ibn Gabirol parte do fundamento de que o homem é um *microcosmos* (o mesmo será feito por Ibn Paqūda, embora com outro sentido) e, como tal, reúne os quatro elementos de que o mundo é composto, a saber, terra, água, ar e fogo, e as quatro qualidades cósmicas: seco, úmido, quente e frio. Disso tudo surge uma composição orgânica dos sentidos externos (visão, audição, tato, paladar, olfato) com seus correspondentes humores (bílis amarela, bílis negra, fleuma e sangue). Daí se deduzem os vinte caracteres, virtudes e vícios fundamentais do homem, os quais é preciso administrar com a razão. Como era usual, essa exposição racional de Ibn Gabirol vem sempre seguida de uma confirmação de suas afirmações mediante textos bíblicos.

Os Deveres do Coração é um pouco posterior à obra *A Correção dos Traços de Caráter*, que Ibn Paqūda certamente conheceu, uma vez que faz constante menção à base fisiológica dos caracteres, qualidades, virtudes e vícios, mas sem que isso seja seu tema central, como no caso de Ibn Gabirol. Por outro lado, também pode haver influências no que diz respeito a sentenças morais e até a ideias, pois são frequentes as coincidências textuais.

Essa tentativa de racionalizar a vida ética se dá de modo totalmente diverso em Ibn Gabirol e em Ibn Paqūda. No primeiro, trata-se de um racionalismo científico baseado na cosmologia e na fisiologia; no segundo, de uma sistematização lógico-dedutiva de toda a ética com base em um princípio filosófico, como a Unidade, a transcendência e o domínio absoluto do Criador sobre todas as coisas. Ele faz a dedução a partir da Unidade de Deus, com o que revela uma sólida influência da teologia *muᶜtazilita* islâmica (que se faz presente em muitos outros aspectos) aplicada à religião judaica, e utilizando princípios estritamente filosóficos. Como ocorre em Ibn Gabirol, essa dedução puramente racional é também corroborada por textos da Escritura e da tradição, com a diferença de que Ibn Gabirol cita apenas a Sagrada Escritura.

De fato, a coincidência entre as duas obras – *A Correção dos Traços de Caráter* e *Os Deveres do Coração* – é tão evidente que os primeiros tradutores e editores de ambas expuseram isso abertamente. Com efeito, Yehudá ibn Tibbon fez a primeira tradução para o hebraico de *A Correção dos Traços de Caráter*, apresentando como primeiro capítulo o tratado sobre a Unidade de Deus de *Os Deveres do Coração*, de Ibn Paqūda, e traduzindo o restante da obra de Ibn Gabirol, *A Correção dos Traços de Caráter*. No mais, essa tradução para o hebraico é fiel ao original árabe. Todo esse plano é exposto por Yehudá ibn Tibbon em um prólogo que precede a essa mescla conservada somente em hebraico e que usualmente não costuma ser editada nem mencionada nos manuscritos, salvo no manuscrito 247 do acervo da Sorbonne e em algum outro. Quanto aos editores posteriores, é preciso destacar que a primeira edição em hebraico de *A Correção dos Traços de Caráter* foi feita por Riva de Trento em 1562, cuja reimpressão em Constantinopla é seguida – e isso é importante – por *Os Deveres do Coração*. Como é possível verificar, as duas obras estiveram sempre intimamente ligadas e relacionadas.

Estrutura de *Os Deveres do Coração*

Antes de tudo, convém nos concentrarmos no significado do título *Os Deveres do Coração*. Em primeiro lugar, considerando as palavras "corações" e "coração" (em árabe, no sing. *qalb* e no pl. *qulūb*; em hebraico, no sing. *lev* e no pl. *levavot*), encontramo-nos diante de um conceito que é a chave de toda a cultura semita, islâmica e judaica, e diante de toda a tradição grega e romana. Para essas últimas, o coração não passava de uma víscera central e importante, sendo a sede da vida afetiva, pulsional e passional, e apenas à cabeça eram reservadas a sede e a fonte das ideias, do pensamento e da reflexão.

No mundo semita, ao contrário, o coração é o órgão básico para toda a vida mental, emocional e íntima do homem. Com efeito, para a cultura judaica, o coração é a sede de toda a vida moral e religiosa com base na qual se professa o verdadeiro culto a Deus. O *Shemá Israel*, ou *Ouve Israel*, tantas vezes citado por Ibn Paqūda, diz isso claramente: "Ouve Israel: o Senhor nosso Deus é somente um. Amarás o Senhor teu Deus com todo o coração, com toda a alma, com todas as forças" (Deuteronômio 6:4-6). Do ponto de vista religioso, é com o coração que se confia em Deus, se distingue entre o bem e o mal, se é fiel a Deus e sobretudo se O ama. No entanto, fora do âmbito estritamente religioso, o coração é também a sede da vida intelectual, da qual surgem as ideias, a fé, as dúvidas, a obcecação, a sabedoria ou a necessidade. O coração é ainda o lugar onde se tomam as decisões, onde se experimenta toda a vida afetiva, se sentem a alegria e a tristeza, o valor e o desânimo, a emoção, as paixões, o amor e o ódio; e, de modo mais geral e radical, o coração é o que há de mais profundo, mais íntimo, secreto e pessoal da vida de cada um. É aquela dimensão oculta do homem que só Deus conhece, em contraposição ao exterior do corpo e dos atos que executamos com os membros externos e que são conhecidos por aqueles que convivem conosco. Todos esses aspectos são recolhidos por Ibn Paqūda em sua obra ao centrar no coração, assim compreendido, toda a sua interpretação da vida religiosa e humana[13].

Essa visão bíblica e judaica do coração é compartilhada pelo Islã, do qual, nesse aspecto, Ibn Paqūda também recebe influência. Com isso, o fato de nosso autor centrar a vida psíquica e religiosa no coração tem uma fonte dupla que surge em quase todo o conteúdo de *Os Deveres do Coração*. Assim, não saberíamos dizer até que ponto o conceito de coração exposto por Ibn Paqūda deve mais ao judaísmo que ao Islã.

Com efeito, no Islã, o próprio Corão insiste na importância do coração ao mencionar, por exemplo, que Deus Se revelou ao coração do profeta (26:192). Ademais, menciona constantemente o coração aludindo aos "corações enfermos" dos fiéis ou distantes de Deus (8:49; 9:125; 74:31 etc.), mencionando a "pureza do Coração" (5:41) e expressando a necessidade de "conciliar os corações" (9:60). Enfim, poderíamos acrescentar muitos outros versículos do Corão, aos quais haveria de se adicionar uma infinidade de *ḥadīṯs* (ditos do Profeta Muḥammad transmitidos somente pela tradição), como aquele em que Deus diz: "O céu e a terra não Me contêm, mas estou contido no coração de Meu servo".

Conforme mencionado, para as tradições islâmica e judaica, o coração é também a sede do pensamento, da volição, dos desejos, dos sentimentos e, em todo caso, é o que há de mais secreto (*sirr*), mais oculto (*bāṭin*) e mais íntimo (*damīr*) no homem. Tudo isso que se aplica a todo o Islã pode ser aplicado com muito mais propriedade tanto ao sufismo quanto à mística islâmica à qual Ibn Paqūda tanto deve. Com efeito, o místico persa Hākim al-Tirmidī (século IX) sublinha que o coração é, além de víscera central, a sede do pensamento e do amor, propondo assim uma autêntica "ciência do coração". Al-Hallāj, um sufi também persa do século IX, afirma que, "em seu segredo, os corações são uma virgem" e que "eu vi meu Senhor com o olho do coração". Abū Tālib al-Makkī, que tanto influenciou Ibn Paqūda, também fala do coração como o órgão do conhecimento e da conduta místicos; ele compôs um livro intitulado *Qūt al-Qulūb* (Alimento dos Corações). Para o sufismo, o coração é aquela potência secreta da alma, do espírito, com a qual se conhece e se ama a Deus. Ibn 'Arabī de Múrcia, após Ibn Paqūda, recolhendo uma ampla tradição mística anterior, dirá que o coração do místico é total e radicalmente receptivo e maleável, razão por que se adapta às formas em que Deus se manifesta: o coração recebe o selo que seu Senhor lhe imprime, à maneira como faz a cera; ele estabelece uma analogia entre a raiz árabe *qlb*, de que provém *qalb* (coração), e *qbl*, que significa "receber".

As *Rasā'il Iḫwān al-Ṣafā'* (Epístolas dos Irmãos da Pureza[14]) seguem na mesma linha. Sublinhando a importância dos astros para a vida do homem (veremos que a aceitação da astrologia também tem influência em nosso autor), afirmam que o astro mais importante é o Sol, pois está no centro de todos os demais, no centro do sistema planetário e, por isso, afeta e influencia o coração, que se localiza também no centro do corpo humano. O Sol e o coração possuem, além disso, tais nível e superioridade porque são a sede do calor, da vida, do amor, do conhecimento, da visão, da bondade e da beleza. Vejamos alguns dos qualificativos que os Irmãos da Pureza atribuem ao Sol (e, portanto, ao coração): "lâmpada de luz e de poder que não se extingue nunca", "espírito do mundo", "lâmpada do mundo", "grande luminária", "tocha", "astro pérola", "luz deslumbrante". Assim, o Sol é o signo que rege os califas, os reis, os governantes supremos. Em outras passagens, as *Epístolas* identificam a alma com o coração, fazendo deste a sede do conhecimento, do amor e da intuição mística. Em todo caso, as *Epístolas* distinguem o coração, centro do homem, raiz de toda a sua vida física, psíquica e religiosa, da mente, o cérebro, que é o órgão do pensamento propriamente científico e racional. A raiz da vida intelectual e das ideias estaria no coração, mas seu desenvolvimento pertence ao cérebro. Ibn Paqūda tem isso muito claro. Para ele, o coração supõe também uma razão pensante: coração e razão formarão uma unidade (distinguindo, porém, ambas as funções), um só centro religioso e vital do homem, conhecido somente por Deus e escondido da visão dos demais. O coração, portanto, é o centro mais oculto, mais íntimo, secreto e radical do ser humano; é a essência mais profunda da humanidade e, ao mesmo tempo, o ponto de encontro do homem com Deus ou, o que significa o mesmo, o lugar onde, de modo privilegiado, Deus Se manifesta ao ser humano.

A consequência de tudo o que se afirmou é que Ibn Paqūda tenta, com todos os meios, centrar toda a vida religiosa nesse coração, na consciência íntima do homem, em vez de deixá-la em mera atuação cultual, externa e legalista. Tudo isso concedendo ao coração todas as dimensões que as tradições judaica e islâmica lhe ofereciam. Em outras palavras, o intento de Ibn Paqūda é interiorizar radicalmente a vida religiosa e espiritual, para além da exterioridade dos 613 preceitos tradicionais.

Assim, tendo como base essa primeira e fundamental intenção de Ibn Paqūda, o livro gira em torno da distinção entre "deveres do coração", ou deveres interiores, e "deveres exteriores", todos esses sempre referidos à vida e à prática religiosa e à obtenção da felicidade tanto nesta vida quanto na outra. Entre essa dupla de deveres, os do Coração são os que estão radicados no interior do homem e não buscam diretamente uma manifestação exterior, sendo, por si mesmos, conhecidos apenas por Deus. São esses que nosso autor expõe ao longo do livro. Os segundos, os deveres dos membros exteriores, são os que executamos diretamente com o corpo e para o exterior, e que, portanto, são conhecidos pelos outros homens. Ibn Paqūda dá diversos exemplos, como observar as festas e os sábados, não roubar, não matar, ensinar aos demais, cumprir determinados ritos exteriores (filactérios, *mezuzá* etc.).

A tese fundamental é que, perante essa dualidade de preceitos e de deveres religiosos, a prioridade está, certamente, nos deveres interiores, ou do coração. Não só isso, mas, sem esses deveres, os exteriores não teriam nenhum sentido. Em outros termos, Ibn Paqūda põe todo o seu esforço na interiorização da vida religiosa, situando-a no que há de mais íntimo no homem, e não em meras práticas exteriores, sempre expostas ao perigo da vã hipocrisia. Assim se expressa o autor:

> Desse modo, eu soube, com toda a certeza, que os deveres dos membros exteriores são perfeitos graças apenas à liberdade de nossos corações, de acordo com a qual escolhemos aquelas ações exteriores, e ao zelo de nossas almas para levá-las a cabo. Suponhamos que não temos ínsita em nossos corações a liberdade para nos submetermos a Deus; nesse caso, cai por terra a obrigatoriedade dos deveres dos membros exteriores, visto que não podem ser realizados perfeitamente sem a liberdade interior de nossas consciências[15].

Essa vida religiosa interior, esses deveres do coração são regidos por três princípios: a razão, a Bíblia e a tradição, sendo essas três vias estabelecidas por Deus para que chegássemos a Ele. O mais importante e o mais fundamental, porém, é a razão. Nenhuma das três vias pode prescindir das outras, como deixa muito claro o próprio Ibn Paqūda: a Revelação do Livro Sagrado é integralmente racional. Afirma: "No que diz respeito aos deveres do coração, todos eles se fundamentam na razão"[16]. Se há coisas que a razão humana não consegue compreender, isso se deve à sua fraqueza e limitação ou ao fato de que Deus não nos quis revelar a razão de certos princípios (o que não significa que sejam irracionais), como é o caso da questão sobre a harmonização da liberdade do homem com a predestinação e a onipotência divinas. A esse respeito, Ibn Paqūda sustenta que é preciso crer em ambos os princípios, pois, se Deus não nos facilitou as razões para compreendê-los juntos, é porque, em primeiro lugar, não nos interessa e, em segundo, porque desse modo nos esforçaremos mais em cumprir a Lei [17].

Em consequência disso, Ibn Paqūda afirma taxativamente:

> O dom mais nobre com que Deus brindou os seres racionais, depois de tê-los dotado de discernimento e de compreensão, é a ciência, a qual é vida para os corações dos homens e lâmpada para seus entendimentos, servindo-lhes de guia para manterem o Senhor satisfeito, para que seja louvado e honrado, e para se protegerem de Sua cólera tanto neste mundo quanto na vida vindoura [18].

Com isso, o tema central de *Os Deveres do Coração* se dispõe do seguinte modo: em primeiro lugar, constitui-se a interioridade do homem (diante da pura exterioridade das ações de culto e de rituais) como eixo de toda a vida religiosa; em segundo lugar, no âmago dessa interioridade, a razão é o registro fundamental dela mesma, o que Ibn Paqūda segue pontual e escrupulosamente desde a primeira até a última página de seu livro. Em outras palavras, a obra *Os Deveres do Coração* constitui um esforço supremo para racionalizar a vivência religiosa, para encontrar os fundamentos racionais de todo princípio, de todo preceito e lei que contenham a religião, tanto da Bíblia quanto da tradição. Ou ainda *Os Deveres do Coração* constitui um programa de vivência da religião baseado na razão-coração-intimidade para então passar ao amor.

Em várias passagens de *Os Deveres do Coração*, é manifesta a elevada estima que Ibn Paqūda concede à razão e ao papel fundamental que lhe atribui, seja na vida humana em geral, seja no que diz respeito à religião, coincidindo de todo com Ibn Gabirol, o que acabamos de constatar em um passo já citado, mas que vale a pena completarmos com outro trecho, longo mas pleno de conteúdo:

> As vantagens que se derivam da razão são muito abundantes. Com efeito, com ela podemos demonstrar que temos um Criador, Sábio, Único, Senhor Imutável, Uno, Eterno, Poderoso, que não está envolto nem de tempo nem de lugar algum; que está acima das qualidades criadas e além da mente de qualquer ser; que é Misericordioso, Nobre, Liberal; e que nada se pode comparar a Ele, tampouco Ele pode ser comparado a algo. Também sabemos que a sabedoria, o poder e a misericórdia de Deus estão cravados no mundo e que, portanto, estamos obrigados

> a nos submetermos a Ele e a servi-Lo, pois Deus é digno de tal tanto pelos benefícios gerais que nos outorga quanto pelos especiais. Por essa razão, também se confirma nossa fé no Livro verdadeiro de Deus, pelo qual Se revelou a Seu enviado, com ele esteja a paz, o qual nos mostrou como é Deus, louvado seja. Conforme a quantidade de razão e de discernimento do homem, assim serão a valorização e o juízo que Deus, louvado seja, fará sobre ele. Quem perde sua razão perde todas as excelências próprias do homem, a carga dos preceitos que lhe são impostos, como a Lei e as recompensas que mereceria por sua obediência e os castigos. Entre as excelências da razão, encontra-se aquela pela qual o homem capta todas as coisas que são cognoscíveis, tanto as sensíveis quanto as inteligíveis. Com a razão vê o que se oculta aos sentidos corporais; por exemplo, a transposição das sombras ou o impacto de uma única gota-d'água sobre uma pedra dura. Com a razão o homem distingue entre a verdade e a falsidade, entre a virtude e o vício, entre o bem e o mal, entre o belo e o feio, entre o necessário, o possível e o impossível. Graças a ela, submete as demais espécies animais à sua própria utilidade. Com a razão conhece também as posições das estrelas, sua distância da terra, os movimentos de suas órbitas, as relações e proporções geométricas, as formas de demonstração da lógica e o restante das ciências e das artes cuja enumeração se prolongaria demasiadamente[19].

Essa valoração da faculdade racional perpassa toda a obra. Como mencionado anteriormente, todo o sistema ascético-ético-místico e teológico de *Os Deveres do Coração* é rigorosamente lógico, conforme poderemos constatar mais adiante, ao fazermos um rigoroso uso da lógica. Ibn Paqūda, fiel aos princípios do conhecimento religioso que adotou, procede buscando demonstrar racionalmente todos os parágrafos de seu livro, confrontando-os e confirmando-os com as outras duas fontes, a Bíblia e a tradição, demonstrando um profundo conhecimento da Sagrada Escritura e de toda a literatura talmúdica. Em certas ocasiões, ele se vale também de filósofos, poetas, cientistas da tradição grega (Aristóteles, Euclides, entre outros) e até do Evangelho de Mateus e, possivelmente, dos Evangelhos Apócrifos. Ademais, Ibn Paqūda não teme recorrer a testemunhos literários dos muçulmanos, como é possível constatar ao longo da obra.

Por outro lado, Ibn Paqūda está consciente de que esse postulado racional é completamente novo na literatura, tanto na judaica quanto na islâmica. Essa novidade se dá em dois sentidos: primeiro, no fato de insistir na vida interior, nos deveres íntimos do coração, no mero culto exterior quanto à vida religiosa, tal como mencionado anteriormente; e, segundo, no recurso que faz da razão (juntamente com a Bíblia e a tradição), dentro dessa interioridade, para estruturar a experiência religiosa. Observa o autor:

> Quando me ocupei da necessidade e da obrigatoriedade dos deveres do coração, tal como expusemos, vi que foram completamente descuidados e que não havia nenhum livro que tratasse especificamente disso. Também vi claramente que a maior parte das pessoas de nossa época os ignorava e, por conseguinte, sua prática e cumprimento[20].

Ibn Paqūda, contudo, não leva a cabo a novidade que está empreendendo sem a companhia de certas dúvidas, incluindo lutas, mas, certamente, com integral honradez. Isso porque não se apresenta do ponto de vista do teórico, mas do homem que busca sinceramente a profunda verdade de sua vida religiosa. Que este texto baste como testemunho eloquente do que acabo de afirmar:

> Assim, depois de ter assentado, por meio da razão, da Escritura e da tradição, os deveres do coração, comecei a pô-los em prática em mim mesmo e busquei conseguir sua perfeição tanto na ordem do conhecimento quanto na da ação. No entanto, sempre que investigava algum deles, apareciam outros novos que se seguiam, e logo outros, até o ponto em que o tema se ampliou de tal modo que se tornou difícil fixá-los todos e retê-los em minha alma, temendo, consequentemente, que esquecesse o que havia descoberto em meu interior e que se desvanecesse o que havia assentado de maneira tão firme em minha mente, e tendo em conta, sobretudo, que são tão poucos nossos contemporâneos que se dedicam a essas coisas. Por isso, decidi deixar tudo isso assentado em um livro e registrado em um escrito que contivesse os princípios, fundamentos e consequências dos deveres do coração. Fiz isso para obrigar a mim mesmo a estudá-los e a pô-los em prática[21].

Os Deveres do Coração, portanto, não é um tratado fundamentalmente teórico, especulativo, mas sim fruto da prática diária de um homem virtuoso que luta por sua perfeição religiosa. Daí a intenção que inspirou a redação de sua obra. Na continuação do texto, nosso autor afirma isso e pode-se dizer que é quase uma autobiografia de seu itinerário espiritual:

> Pensei em converter tudo isso em um tratado para que servisse a todos e que perdurasse, em um tesouro oculto e em uma lamparina que pudesse iluminar com sua luz todas as pessoas para que, com sua direção, pudessem alcançar sua meta. Foi então que tive a esperança de que tudo isso seria útil a outros e até que pudessem fazer proveito disso, servindo-lhes de guia mais que a mim mesmo. Assim, decidi compor um livro sobre esse tema que tratasse detalhadamente dos fundamentos dos deveres do coração e das obrigações que há no interior da consciência humana. Dispus o livro de tal modo que cumprisse os seguintes objetivos, a saber, que fosse: um tratado geral e suficiente sobre a totalidade das questões; um guia claro para a prática do bem; um indicador do caminho reto; um diretório para a execução das boas obras; um incentivo para a educação das pessoas piedosas; um tratado que incitasse a sair da indolência e que despertasse do sono; algo que penetrasse a fundo nos detalhes e contornos dessa ciência; uma obra que motivasse para a ciência de Deus e de suas leis, que incitasse à busca da salvação, que servisse de estímulo para a ação, revitalizando os negligentes; um livro que nos fizesse voltar para nossos antepassados e que pudesse ser um complemento para os que seguem outros mestres; um tratado, enfim, que servisse de guia para os que estão começando e igualmente uma culminância para aqueles que já se encontram no cume da perfeição[22].

Na introdução, mostra-se temeroso ao registrar essas experiências e empreender semelhante empreitada, para a qual se sente indigno; mas, por fim, a empreende, visto poder servir aos demais. Consciente de suas limitações, ao mesmo tempo que se sente movido pelo afã de que seu livro possa ser lido por todo mundo, é curioso que afirme o seguinte:

> Em minha alma, senti minha indigência para com essa obra e para com seu total e verdadeiro término, dadas minha inferioridade de condições, minha falta de saber, a torpeza de minha compreensão para captar adequadamente as ideias, minha falta de correção e de polimento no uso da língua árabe e de sua gramática, com as quais deveria expressar tudo isso a fim de poder ser compreendido por nossos contemporâneos[23].

Ibn Paqūda conserva esse tom de simplicidade ao longo de toda a obra, mas essa simplicidade não evita que, em alguns momentos, se deixe levar pelo entusiasmo e até pela inspiração poética ao se voltar em elogios para o

Criador ou para as maravilhosas obras de Suas mãos, a criação. Apesar disso, podemos afirmar que o livro é fundamentalmente pedagógico: não obstante a linguagem simples e direta empregada pelo autor, o livro está salpicado de contínuas comparações, de histórias e de contos, de ilustrações que fazem penetrar a fundo nas ideias que ele, com isso, quer indicar.

Uma característica de *Os Deveres do Coração* que chama a atenção é que, apesar de se dirigir à vida religiosa e ao além-vida, nunca deixa de lado a vida presente. Em todas as virtudes e princípios que assevera, Ibn Paqūda vê uma vantagem indubitável para a outra vida e também para a presente. Assim, a ascese, o exame de consciência, a humildade, o abandono em Deus, enfim, todo o conteúdo dos capítulos traz benefícios para o mundo daqueles que praticam esses preceitos. É algo bem peculiar de Ibn Paqūda e de determinada ascese de origem tanto islâmica quanto judaica.

Quanto ao próprio conteúdo de *Os Deveres do Coração*, há que se dizer, em primeiro lugar, que o livro se divide em dez capítulos, precedidos de um prefácio, pertencendo a este a maior parte das passagens que acabamos de citar e no qual Ibn Paqūda expõe a finalidade, o sentido e o plano da obra. Fiel ao princípio que defende sobre a total importância da razão, nesses dez capítulos ele procede de modo absolutamente lógico e dedutivo, a começar pelo primeiro, dedicado à existência de Deus e à Sua unidade absoluta. Assim que inicia cada capítulo, Ibn Paqūda sempre estabelece a ligação lógica mantida com o anterior a fim de não perder o fio condutor de seu raciocínio. Em cada um dos capítulos, a estrutura é idêntica, considerando as variações necessárias à índole e à temática de cada um. Essa estrutura é a seguinte: 1) definição do tema a ser tratado; 2) desdobramento e consequências do tema; 3) dificuldades que podem surgir para sua prática e modos de suplantar essas dificuldades. Tudo isso em consonância com a seguinte estratégia: 1) argumentação racional; 2) confirmação da tese defendida com textos da Bíblia; 3) confirmação com citações da tradição. Essa estrutura dos capítulos e artigos lembra muito a forma como Santo Tomás de Aquino constrói sua *Summa Theologica*, igualmente concebida de modo racional. A extensão de cada capítulo, porém, não é uniforme. Os mais extensos, por ordem, são o terceiro (sobre a submissão a Deus), o quarto (sobre o abandono em Deus), o primeiro (sobre a unidade de Deus) e o oitavo (sobre o exame de consciência). Os outros têm extensão aproximadamente similar. A divisão em artigos em cada capítulo tampouco é uniforme, nem corresponde à extensão em número de páginas. Os capítulos primeiro, terceiro, sexto e sétimo têm dez artigos; o quarto, o nono e o décimo, sete; os capítulos segundo, quinto e oitavo, seis.

Conforme indicado, Ibn Paqūda encerra sua obra, em primeiro lugar, com dez versos acrósticos, os quais, iniciando com seu nome, Baḥya ben Yūssef, resumem o total da obra; e, em segundo lugar, com duas longas orações intituladas *Tokaḥá* (Repreensão) e *Baqashá* (Súplica), dedicadas a quem não sabe orar, tudo escrito em hebraico, como já mencionado.

É oportuno abordar, muito sumariamente, a temática de cada um dos capítulos a fim de ressaltar a importância e o valor da obra.

Capítulo I. Desdobra-se a pedra angular de todo o sistema, a saber, a unidade (*tawhīd*) de Deus, termo árabe que se usa tecnicamente no Islã para designar a unidade divina. Depois de definir em que consiste a fé nessa unidade, Ibn Paqūda demonstra, antes de tudo, a existência de Deus para, em seguida, concluir que há somente um criador do mundo e que Ele é uno em Seu interior, com um tipo de unidade que ultrapassa os limites da razão, visto que é incompreensível para o homem. Para isso, o autor começa a analisar esse conceito de unidade distinguindo entre a unidade metafórica (a que se aplica ao criado) e a real e verdadeira (que se aplica unicamente a Deus). Por fim, estuda o tema dos atributos divinos, os quais aludem a realidades dos mistérios divinos que superam o alcance da razão humana e que de modo algum rompem a unidade e a simplicidade interna do Criador. Em seguida, conclui que só podemos afirmar de Deus três atributos: existência, eternidade e unidade. Certamente, esse é o capítulo mais filosófico de todos, em primeiro lugar por sua forma de argumentar, pois faz uso abundante de impecáveis silogismos, incluindo um brilhante sorites[24] no mais puro estilo aristotélico; em segundo lugar porque talvez se inspire na filosofia islâmica oriental, precisamente na de Al-Fārābī em seu livro *Kitāb al-wāhid wa-l-wahda* (Livro sobre o Uno e a Unidade).

Capítulo II. Já que a essência de Deus se mostra totalmente inapreensível pelo conhecimento humano, sendo incognoscível em si mesma, há um meio pelo qual podemos vislumbrar Seu ser, embora de maneira indireta e distante, a saber, por meio da contemplação de Suas criaturas, em que há marcas e vestígios de Seu ser. De tudo isso surge esse dever que temos para com Deus, ou seja, deter-nos diante de todas as coisas criadas, desde as mais ínfimas até as maiores, meditar sobre elas, ver sua maravilha e grandeza e pensá-las a fim de que, por meio delas, possamos remontar ao Criador.

Capítulo III. Dada a unidade absoluta de Deus, deduz-se que só a Ele compete a noção de senhorio sobre tudo o que foi criado, restando ao homem a qualidade de servo. Daí que o terceiro princípio da vida religiosa de Ibn Paqūda seja o da submissão a Deus. Para esse propósito, o autor se estende em uma série de considerações conexas com esse tema de grande interesse e profundidade, como é o tópico da predestinação e da liberdade humana, exposto anteriormente, ou ainda o tema dos benefícios que Deus concede ao mundo e ao homem, diante dos quais este não pode dar outra resposta a não ser submeter-se à divindade. Os artigos quinto e sexto são desenvolvidos em forma de diálogo entre a razão e a alma humana, em que a razão busca convencer o homem a se submeter a Deus.

Capítulo IV. Supostos os princípios anteriormente assentados e visto que Deus é o único que governa de modo total e radical Sua criação, o homem não tem alternativa, a não ser abandonar-se (*tawakkul*) em Suas mãos e em Sua providência.

Capítulo V. Considerando esses quatro pilares já expostos, o homem deve atuar em sua vida religiosa e mundana com uma única intenção: agradar a Deus por Ele ser quem é – o Criador, o Uno, o Benfeitor e o Senhor do universo. Daí o quinto princípio, o princípio da sinceridade ou pureza (*iḫlās*) de nossas ações.

Capítulo VI. Diante de um Deus concebido assim e aceito pela fé, a postura mais coerente e correta é a da humildade (*tawāduᶜ*), que constitui o sexto princípio da vida ascética e religiosa de Ibn Paqūda, considerando que essa virtude, a da humildade, é a mais importante de todas e da qual dependem as outras.

Capítulo VII. Nesse itinerário, o homem se vê composto de corpo e alma, ao mesmo tempo que se sente estruturado e conformado por condições e tendências naturais contrapostas. Isso faz que nem sempre acerte o reto caminho e que, portanto, peque. Contudo, um dos benefícios que Deus outorgou ao ser humano é a possibilidade de corrigir seus erros e retornar à justiça. Daí se deduz o sétimo princípio, o princípio do arrependimento (*tawba*). É isso que faz Ibn Paqūda analisar os tipos de pecado que o homem pode cometer e a situação em que se encontra após o arrependimento. Nosso autor questiona se o arrependido pode ser equiparado ao santo que jamais pecou. A resposta é que é preferível ter pecado e se arrependido, pois aquele que jamais errou poderá cair na soberba.

Capítulo VIII. O arrependimento e, em geral, o conduzir-se bem na vida religiosa e na mundana nos obrigam a estar constantemente cientes do que se dá tanto em nosso interior, em nossos corações, quanto na ordem das ações exteriores que executamos. Como conclusão surge o oitavo princípio: o exame de consciência ou, literalmente, o exame da alma (*muḥāsaba al-nafs*). Ibn Paqūda faz uma verdadeira exibição de fineza espiritual e psicológica – é o que vem fazendo ao longo de toda a obra, mas aqui isso se torna mais evidente – ao estudar, entre outros pontos, trinta maneiras de fazer o exame de consciência.

Capítulo IX. A pureza de intenção e a sinceridade de nossos atos estão constantemente submetidas à pressão das paixões e aos avatares do mundo material que nos rodeiam. Por isso, é imprescindível que o homem se desprenda do mundo exterior e das tendências perversas que abriga em seu interior por meio da ascese (*zuhd*). Nesse capítulo, Ibn Paqūda procede com muito cuidado: por um lado, quer preservar íntegro o valor da vida ascética e de privação do mundo; por outro, também quer garantir o bom andamento da vida social, histórica e política, uma vez que não quer que a raça humana desapareça ante a privação absoluta de todo prazer e uso material das paixões e instintos (como no caso da procriação). Ibn Paqūda suplanta perfeitamente o obstáculo, garantindo ambos os princípios: o da vida religiosa e o da continuidade da vida mundana, com todos os seus deveres e compromissos, não defendendo o eremita que abandona o mundo, mas sim o crente que, comprometido com a vida cotidiana, sente-se, ao mesmo tempo, internamente solitário em seus deveres para com Deus. Para isso, lança mão da razão, da Sagrada Escritura e da tradição de modo mais manifesto e monográfico que em outros capítulos.

Capítulo X. Por fim, como culminação de todos esses princípios e do processo espiritual que marcou o homem, introduz o amor (*maḥabba*) a Deus. Nesse capítulo, analisa o que é o amor a Deus, quais são as maneiras de amá-Lo, quais são os sinais desse amor divino e como devem se comportar os que amam a Deus. Junto a páginas de inegável beleza, em que Ibn Paqūda prossegue arrastado pelo entusiasmo por essa meta máxima, há outras de indubitável deficiência, comparadas com o restante da obra. Faltam aspectos e matizes, às vezes intercala questões que parecem pertencer a outros capítulos ou reincide em temas já tratados em outras passagens do texto. É como se, ao final, demonstrasse certa pressa em terminar o livro, que em seu conjunto foi forjado com lentidão pausada, com parcimônia e calma.

Para finalizar, Ibn Paqūda acrescenta os dez versos acrósticos e as duas orações mencionadas anteriormente.

É um tanto problemático qualificar a obra de Ibn Paqūda. Georges Vajda a interpreta como um tratado de "teologia ascética" e assim intitula seu estudo já citado sobre *Os Deveres do Coração*. Certamente não pode ser qualificada como tratado de moral; poderia, porém, ser pensada como um tratado de ética, mas isso não é tudo. O qualificativo "ascética" parece ser o mais apropriado, mas não de forma totalmente substantiva e completa, uma vez que o livro não se apresenta como uma obra simplesmente ascética; e isso por várias razões: em primeiro lugar, porque, via de regra, a ascética não é o fim primordial e único da obra. Acabamos de ver que os objetivos de Ibn Paqūda são a interiorização e a racionalização da vida religiosa. Nesse contexto, a ascética constitui apenas um capítulo do livro, o nono, sendo a apoteose de todo o processo de conscientização da religião a busca de uma imersão no amor a Deus, que se dá no capítulo X. Em segundo lugar, o restante da obra não trata da temática ascética, mas antes de atitudes humanas e religiosas que dizem respeito às virtudes, aos vícios, aos costumes, às intenções do coração etc. Parece, antes, um conjunto de capítulos compostos a fim de que o leitor adote uma nova atitude ante a fé e, por conseguinte, uma nova forma de praticá-la. Além de tudo isso e além de propor uma série de normas (inclusive normas internas, do coração) para nosso comportamento em relação a Deus, o que Ibn Paqūda deseja é oferecer uma nova forma de viver a religião, com base no coração, no interior, no mais profundo da consciência. As virtudes, as atitudes concretas não passam de consequências lógicas, necessárias, dessa postura originária e radical, fundamental e fundante da vida religiosa e da fé.

Por outro lado, qualificar o livro unicamente como "teológico" (suprimindo o acréscimo "ascético", de Vajda) também deveria ser feito com precaução. *Os Deveres do Coração*, antes de tudo, não é um tratado de hermenêutica de textos sagrados, embora em algum momento comente alguns textos bíblicos. Nesse sentido, não é, pois, uma obra de teologia. No entanto, sabendo-se do conceito que faz Ibn Paqūda dessa ciência, seu livro pode ser qualificado como tal, uma vez que afirma que a teologia "versa sobre Deus, honrado e louvado seja, sobre Seu Livro e sobre o restante das coisas inteligíveis, como a alma, o entendimento e as pessoas espirituais", todas questões tratadas em *Os Deveres do Coração*. De fato, o próprio Ibn Paqūda, como veremos a seguir, não vacila em qualificar seu tratado como *ᶜilm illāhī*, "ciência divina", que é como, às vezes, é chamada a teologia. Por outro lado, como vimos afirmando, o livro representa um grande esforço de racionalização da fé, confirmado pelas Sagradas Escrituras e pela tradição. Assim, poderíamos falar também de teologia, sobretudo levando-se em conta as fortes influências que recebe da teologia islâmica *muᶜtazilita*, como assinalaram todos os comentadores, especialmente Georges Vajda. Todavia, mesmo considerando esse elemento racional, convém ouvir as próprias palavras de Ibn Paqūda quando discorre sobre o método que usou em seu livro, que qualifica como "teológico", no sentido que demos a esse termo. A passagem é longa mas interessante:

> Optei pelo método da exortação, direção e orientação, usando palavras claras, familiares e correntes a fim de ser facilmente compreendido tanto em relação ao conteúdo quanto em relação à explicação do que pretendia expor. Para isso, evitei qualquer palavra obscura e qualquer expressão alheia, assim como argumentos dialéticos e qualquer questão abstrusa, uma vez que nada disso facilitaria as soluções nem as respostas aos problemas em um livro com essa índole. Todavia, utilizei argumentos persuasivos, esses argumentos em que se fia a alma, de acordo com o método da teologia. Como disse o Filósofo*: "Não nos convém demonstrar todas as questões com argumentos, pois nem todos os problemas que se apresentam à nossa mente são puramente racionais. Do mesmo modo, não devemos buscar nas matemáticas as argumentações persuasivas nem na teologia as imagens e representações sensíveis. Tampouco devemos esperar argumentos demonstrativos dos primeiros princípios da ciência natural nem dos primeiros princípios de qualquer coisa. Isso porque, se tivermos boa disponibilidade, a solução dos problemas que inquirimos se nos oferecerá com facilidade, ao passo que, ao contrário, quando tomamos atitudes beligerantes, fracassamos em nosso propósito e se torna difícil encontrar o que buscamos". Assim, visto que esse meu livro pertence à teologia (*ᶜilm illāhī*), cuidei para não usar nele nenhum tipo de argumento que se guie pelos caminhos das regras da lógica e das matemáticas, a não ser no capítulo I, em que talvez me visse obrigado a esse tipo de argumento por causa da sutileza das questões que exponho. Em meu livro, deduzi a maior parte de minhas demonstrações com o simples uso da razão, tornando-as mais acessíveis por meio de comparações simples, que não oferecem nenhuma dúvida por sua claridade e verdade. Ademais, enriqueci meu livro com citações dos profetas e dos antigos, dos textos de nossos antepassados que nos foram transmitidos pela tradição e dos sábios e perfeitos varões, seja de que tipo forem, de que temos notícias[25].

Com essas advertências do próprio Ibn Paqūda, ficam claros os limites de sua teologia e do uso da razão nela.

Contudo, embora faça uso da razão e amplamente lance mão da filosofia e dos filósofos, não é correto chamar a obra de simplesmente "filosófica", já que não é sua intenção expor uma cosmovisão e uma antropologia total e

* Trata-se de Aristóteles. (N. da Org.)

unitária do ponto de vista do pensamento puro. Ibn Paqūda simplesmente utiliza o pensamento e a razão filosóficos para fundamentar a vida religiosa que propõe, além de acrescentar à razão, como observamos, as outras duas fontes de conhecimento, alheias à tarefa filosófica, que são a Bíblia e a tradição.

Podemos afirmar, assim, que estamos diante de uma obra sumamente original, que reúne em seu conteúdo e medula elementos filosóficos e teológicos, de ascese e de moral, unindo teoria e prática, raciocínio e apelo a autoridades. Trata-se de uma obra unitária, a qual, por sua complexidade, torna-se impossível rotular.

Uma questão à parte, embora na mesma linha classificatória de *Os Deveres do Coração*, é poder considerar Ibn Paqūda um místico. O próprio Georges Vajda propõe a questão. Sua conclusão é dupla: por um lado, ele afirma textualmente que,

> se adotamos uma definição prudente do misticismo e, por isso, demasiadamente vaga, como a que se limita a um sentimento de insuficiência da crença comum e a uma aspiração a uma ciência mais ampla e mais satisfatória para o coração humano, não haveria nenhum inconveniente em qualificar Baḥya como *místico*. E, ainda, se a recomendação de praticar o desprendimento do coração até o ponto de abster-se de toda e qualquer coisa perecível assinala a passagem do ascetismo à mística, a doutrina de Baḥya comportará, sem sombra de dúvida, uma nota de misticismo[26].

Continua com a segunda conclusão:

> Não obstante, se o êxtase, a união com Deus, o aniquilamento da personalidade fossem considerados características necessárias do autêntico misticismo, com a consciência tranquila poder-se-ia negar a Baḥya o título de místico. Dissemos, via purgativa e via iluminativa, e nenhum traço de via unitiva[27].

Como conclusão afirma: "Em resumo [...], não falar no caso de Baḥya a não ser de doutrina ascética, e não de doutrina mística, a não ser em um sentido amplo e muito mitigado"[28].

Essas conclusões de Vajda são absolutamente corretas. Caberia apenas acrescentar-lhes três considerações: a primeira, que Ibn Paqūda não foi de fato um místico nem pretendeu sê-lo ou aparentar sê-lo. Por causa de sua típica modéstia, parece-me não haver inconveniente em afirmar que ele, em virtude de suas deficiências, não teria recebido ainda o dom da graça de Deus para amá-Lo, como ele mesmo descreve no capítulo X. Todavia, Ibn Paqūda considera uma obrigação abrir as portas a qualquer crente para que percorra todo o caminho espiritual, desde o começo até o fim. Como anunciou na introdução, apresenta uma panorâmica para todo tipo de fiéis: iniciados e perfeitos. Pessoalmente, Ibn Paqūda dominava o itinerário ascético (e, por isso, é tão preciso e exaustivo em sua exposição), mas não o último nível, o do amor, em que era apenas iniciado, pois estava apenas começando (por isso, seu último capítulo é mais deficiente). É mais uma prova da absoluta sinceridade com que Ibn Paqūda redige *Os Deveres do Coração*. Sendo assim, sua obra parece mais o reflexo escrito de um diário espiritual que um tratado teórico, tal como afirmamos um pouco antes.

A segunda consideração é que, apesar de Ibn Paqūda não ser um místico nem *Os Deveres do Coração* ser um tratado de mística, como veremos em seguida, a obra constituiu-se em um preâmbulo necessário e de suma importância para o desenvolvimento ulterior da Cabala ou da mística judaica. Nesse sentido, embora não se fale de mística no livro que nos ocupa, historicamente estão se abrindo as portas para um dos movimentos místicos mais importantes da História.

A terceira consideração é que, como já tínhamos visto anteriormente e como continuaremos a ver na seção seguinte, as principais fontes do pensamento de Ibn Paqūda são obras e correntes pertencentes essencialmente à mística islâmica. É o caso, por exemplo, das *Epístolas dos Irmãos da Pureza* e de uma multidão de autores e de obras sufis.

As Possíveis Fontes de Ibn Paqūda

Quando se busca estabelecer as possíveis fontes em que Ibn Paqūda se inspirou, há que se partir do princípio de que o autor foi inteiramente original não apenas em relação à concepção do tema e do plano geral da obra mas também no tocante a seu desdobramento. Era real seu sentimento, expresso anteriormente, de que ousava um empreendimento novo. No entanto, uma leitura cuidadosa de *Os Deveres do Coração* revela um autor sumamente culto, muito atualizado em suas leituras sobre o tema em personalidades mais importantes, além de mostrar que não esconde sua simpatia por determinadas correntes de pensamento e por certos enfoques nas questões de que trata. Isso tudo significa que, ao escrever seu livro, Ibn Paqūda lança mão dos mais diversos materiais, aproveitando-se de muitas ideias dispersas em uma infinidade de autores consultados por ele. Daí se pode deduzir, diga-se de passagem, que o Reino de Taifas de Saragoça, onde viveu e escreveu sua obra, deveria dispor de bibliotecas muito ricas e variadas, o que se confirma não apenas pelas obras consultadas por nosso autor mas também por outros, como Ibn Gabirol, Ibn Bājjah (Avempace), que usaram igualmente numerosos livros da Antiguidade grega e do pensamento das culturas islâmica e judaica[29].

Retomando o tema das fontes de Ibn Paqūda, de forma alguma se pode afirmar que tenha sido um pensador eclético ao abordar sua temática, tampouco que tenha elaborado uma obra de pura síntese. Simplesmente constatou de modo claro uma ideia que era novidade e expressou-a por escrito, aproveitando os elementos que julgou oportunos e que recolhera de suas abundantes leituras, sem levar em consideração se eram de procedência islâmica, judaica, grega ou cristã, fato que revela muito de sua visão ampla e de sua grande personalidade.

Uma vez concebida a nova ideia-chave da vida religiosa, que deverá constituir-se em fundamento de todo o livro *Os Deveres do Coração*, para desenvolvê-la e dar-lhe articulação, Ibn Paqūda demonstra clara e decididamente simpatia e afinidade pela ascética (*zuhd*), pela teologia (*kalām*) e pela filosofia (*falsafa*) islâmicas, sem por isso se desviar o mínimo que seja de sua fé judaica. Poderia muito bem ter edificado sua obra partindo da razão, da Revelação bíblica e da tradição, sem necessidade de recorrer em absoluto – ou pelo menos nem tanto – à ajuda de conceitos, termos e interpretações islâmicas se tivesse sentido qualquer repugnância, antipatia ou receio em relação ao ambiente político, cultural, intelectual e religioso em que vivia. Ao contrário, em nada dissimulou sua simpatia e proximidade interior a esse universo: as ideias, os termos técnicos que utiliza, as interpretações que propõe são inequivocamente todos islâmicos. De modo algum, porém, isso o priva de lançar mão de fontes judaicas, como o pensamento de Sa'adia Gaon ou o de Al-Muqamis (à parte, é claro, as citações retiradas da Bíblia, da Mishná e do Talmud).

O próprio uso da língua árabe para compor o livro demonstra sintonia e afinidade com o ambiente islâmico em que vive. Sua motivação não é apenas a difusão do livro (acabamos de ver que escreve em árabe para que todos possam compreendê-lo), mas, ao contrário, denota uma sintonia básica com a cultura islâmica, sempre, porém, salvaguardando os princípios de sua própria religião[30]. Por conseguinte, Ibn Paqūda efetua uma exposição pessoal da vida religiosa e ascética demarcada pelo judaísmo mais ortodoxo, aproveitando-se, contudo, dos materiais que lhe oferecia a cultura islâmica.

Para uma visão detalhada e pormenorizada das influências que Ibn Paqūda recebeu, dentro das margens assinaladas, pode-se consultar a obra já citada de Vajda, assim como as introduções de Yahuda à sua edição crítica árabe e de Chouraqui à versão francesa de *Os Deveres do Coração*, igualmente mencionada anteriormente. Como assinalam esses autores, ainda há muito para ser investigado nessa linha, embora já se tenham estabelecido as fontes fundamentais de sua inspiração.

De modo mais concreto, será preciso, antes de mais nada, recordar o que se observou em relação à literatura ética judaica. Concretamente, Sa'adia Gaon e sobretudo Ibn Gabirol, com seus livros *A Correção dos Traços de Caráter* e *Azharot* [Exortações], podem ser assinalados como fontes muito importantes para *Os Deveres do Coração*.

Por outro lado, indica-se que há um grande paralelismo entre *Os Deveres do Coração* e o pensamento do teólogo muçulmano oriental Al-Ġazālī, especificamente em seu livro *Kitāb al-ḥikma fī maḫlūqāt Allāh* (Livro da Sabedoria acerca das Criaturas de Deus). Goldziher e Yahuda veem uma clara influência desse pensador muçulmano sobre Ibn Paqūda, embora Beneth tenha demonstrado, em 1938, que teria havido uma primeira fonte originária, comum a ambos, a Al-Ġazālī e a Ibn Paqūda, composta possivelmente por um teólogo cristão imbuído de ideias helênicas[31].

Os Deveres do Coração pode ser totalmente inscrito no quadro neoplatônico em voga, tanto do pensamento islâmico quanto do judaico, especificamente, por exemplo, o neoplatonismo de Ibn Gabirol, como está evidente em sua posterior obra, *A Fonte da Vida*. Esse neoplatonismo se manifesta sobretudo na interiorização das relações para com Deus, no desprendimento do material e na espiritualização da vida. O Aristóteles que Ibn Paqūda demonstra conhecer é aquele neoplatonizado pela filosofia de sua época (com exceção da lógica, que parece conhecer bem, como já observado) e anterior ao de outro saragoçano, Ibn Bājjah (Avempace), e, obviamente, ao de Ibn Rushd (Averróis).

As *Epístolas dos Irmãos da Pureza*, conforme mencionado, exerceram influência em *Os Deveres do Coração*. Contudo, de modo algum é aceito o enfoque geral xiita dessa *magna summa* do saber. Nem Ibn Paqūda nem qualquer outro autor de Al-Andalus que recebeu sua influência teriam aceitado as teses fundamentais dos xiitas, dada a ortodoxia sunita que imperava na Península.

No entanto, sobretudo na Fronteira Superior e no Reino de Taifas de Saragoça, foi aceita uma infinidade de detalhes, aspectos, enfoques e interpretações particulares. O próprio racionalismo de Ibn Paqūda (proveniente, como se observou, do círculo intelectual e filosófico de Saragoça), a insistência no valor do coração como órgão central da vida humana (além de muitos outros pontos, como o da concepção do homem como *microcosmos*) e a proposta da meta humana na união amorosa com Deus são aspectos típicos dos Irmãos da Pureza.

Acaba-se de fazer menção à ortodoxia religiosa da Península Ibérica islâmica. Com efeito, a obra *Os Deveres do Coração* se desenvolve dentro dos limites mais estritos de dita ortodoxia, tanto da judaica quanto de suas fontes islâmicas. Um dos vestígios que se encontra no livro é precisamente de Qushayrī, autor morto em 1074 que se esforçou para harmonizar a teologia ortodoxa sunita *ashᶜarita* com o misticismo sufi. Essa ortodoxia, porém, não priva Ibn Paqūda de tirar proveito de uma infinidade de elementos da primeira teologia *muᶜtazilita* (do mesmo modo como havia usado elementos soltos das *Epístolas dos Irmãos da Pureza*). Junto com os Irmãos da Pureza, uma das fontes de inspiração que mais se destacam no pensamento paqūdiano é precisamente o *muᶜtazilismo*[32].

O que Ibn Paqūda toma decididamente do Islã é o sistema ascético (*zuhd*), o exemplo e as doutrinas dos grandes ascetas (*zuhhād*) muçulmanos: o abandono, a humildade, a renúncia ao mundo etc., não apenas em seu conteúdo e em seus matizes mas também na própria terminologia; esse material está perpassado pelo Islã, com todos os acréscimos e perfis que lhe são próprios, mas com notas do judaísmo em geral e da visão pessoal de Ibn Paqūda.

Do mundo islâmico, também a presença sufi, na obra de Ibn Paqūda, é esmagadora e constante. O sufismo que influencia nosso autor é o sufismo oriental, inserido na mais reta ortodoxia. Nessa corrente de pensamento religioso, há muitos autores cujos vestígios são revelados em *Os Deveres do Coração*. Bastarão alguns nomes para ilustrar essa fonte; dentre eles, destacam-se dois: Abū Tālib al-Makkī (m. 996), autor de um importante tratado ascético-místico, o já citado *Qūt al-Qulūb* (Alimento dos Corações); e Muhāsibī (m. 857), que escreveu um tratado similar com o título de *Al-riᶜāya li-huqūq Allāh* (Vigilância dos Deveres Divinos). Outros autores sufis lidos assiduamente por Ibn Paqūda, a julgar pelos vestígios que deixaram em seu livro, são: Ibn ᶜAta, Jarrāz, Qushayrī, Ḥasān al-Bashrià, Mālik ibn Kīnār, Muḥammad ibn Wāsiᶜ, Sufyān ibn ᶜUnayna, Sarrāy, Dū-l-Nūn al-Mishrī e ainda muitos outros, cuja enumeração seria demasiado longa e cujos detalhes podem ser encontrados nas obras citadas de Vajda, Yahuda e Chouraqui.

Outras fontes podem ser assinaladas, como as obras de Al-Fārābī, Avicena, Galeno, Euclides e Aristóteles, os quais, em especial os três últimos, Ibn Paqūda cita nominalmente. Muitas vezes nomeia o Estagirita de modo indireto ao escrever “Disse o Filósofo”, não havendo dúvida de que está se referindo a Aristóteles.

Há um caminho que poderia ser investigado e que certamente ofereceria perspectivas de grande interesse. Refiro-me ao impacto estoico oferecido por *Os Deveres do Coração*. Com uma simples leitura da obra de Ibn Paqūda, parece-me que essa dimensão já salta aos olhos: não apenas o próprio texto de *Os Deveres do Coração* mas também as próprias influências que recebe do Islã já estão fortemente impregnadas de estoicismo, particularmente as que procedem de Al-Andalus. Uma inquirição nessa linha (tanto do estoicismo das fontes de Ibn Paqūda quanto da obra *Os Deveres do Coração*) enriqueceria o conhecimento do já proverbial estoicismo do pensamento hispânico[33].

A tudo o que se afirmou é preciso acrescentar ainda as fontes que influenciaram o acúmulo de sentenças, parábolas, histórias e lendas que Ibn Paqūda faz reluzir a cada momento e que tem sua origem nos mundos grego, árabe, persa, hindu e cristão[34].

Certamente há outras fontes, tanto em relação ao conteúdo quanto em relação às sentenças e lendas, mas o caminho da investigação está aberto. Não há dúvida de que Ibn Paqūda está servindo de caixa de ressonância de todo um conjunto de mundos filosóficos, culturais e religiosos muito mais complexos e ricos que o exposto aqui e que se sabe até o presente momento.

O Rastro de Ibn Paqūda

Em relação ao rastro deixado pelo livro de Ibn Paqūda, é o campo de investigação que mais precisa ser percorrido não só nas culturas judaica e islâmica mas também na cristã espanhola e na europeia posteriores, como vimos no início deste texto nas palavras de André Chouraqui.

No âmbito do universo judaico, *Os Deveres do Coração* teve um êxito popular imediato e indiscutível. Desde seu surgimento até os dias atuais, continua sendo um livro de leitura piedosa para os fiéis. Deve ter sido muito bem acolhido pelos judeus convertidos e pelos que emigraram da Espanha, pois foi uma das primeiras obras a serem traduzidas para o castelhano ladino e para as línguas vulgares, tanto medievais quanto modernas, faladas pelas comunidades judaicas.

Em contrapartida, o rastro que deixou nos círculos intelectuais ou não foi tão intenso ou suas pegadas não foram seguidas até hoje. Zifroni, por exemplo, detectou numerosos vestígios de *Os Deveres do Coração* no *Moré Nevukim* (Guia dos Perplexos), de Maimônides[35]. Abrão ibn Ezra, no fim de seu comentário ao Pentateuco, cita Ibn Paqūda, refutando sua interpretação sobre as recompensas e castigos na outra vida[36]. De qualquer modo, a obra de Ibn Paqūda exerceu uma influência clara na literatura judaica posterior, como indicam Waxman, Meyer e Chouraqui[37].

Por outro lado, o mesmo Vajda[38] assinala Ibn Paqūda como uma das principais fontes da Cabala ou mística judaica, assim como Ibn Gabirol, Abrão ibn Ezra e Yehudá Halevi, todos eles pertencentes à área intelectual da Taifa de Saragoça.

André Chouraqui, por sua vez, assinala concretamente a influência profunda que Ibn Paqūda exerceu nas doutrinas do Baal Shem Tov, fundador do movimento místico *hassídico*, que comoveu as comunidades judaicas da Europa oriental no século XVII e deu início às publicações de numerosas edições em hebraico e comentários sobre *Os Deveres do Coração* que surgiram até hoje, em especial no século XIX[39].

Outra área que carece de estudos é a influência que exerceu *Os Deveres do Coração* no universo cristão medieval e posterior, tanto no espanhol quanto no europeu, sobretudo na literatura mística e ascética.

Antes de mais nada, há que se afirmar que o tipo de literatura ética, moral, sentencial e de exemplos de Ibn Paqūda – junto com a de Ibn Gabirol e a de Moshé Sefardi (ou Pedro Alfonso) – passa diretamente para a Castilha, sendo aproveitado de maneira profusa e abundante não só nos sermões dos pregadores cristãos mas também na grande literatura dos séculos XIII e XIV. Basta recordar obras que, com mais ou menos intensidade, denunciam claramente a influência de livros judaicos de Saragoça: *Las Siete Partidas*, de Alfonso X; *Libro de Buen Amor*, do Arcipreste de Hita; *Castigos e Documentos para Bien Vivir*, livro atribuído a Sancho IV; *Libro del Caballero Zifar*; *Libro de los Buenos Proverbios*; *Libro de los Doce Sabios*; *Bonium* ou *Bocados de Oro*; o *Libro de Alexandre*; *Poridat de Poridades* e muitos outros, cuja análise não cabe aqui, mas que esperam por um estudo comparativo mais exaustivo em relação à literatura judaica indicada.

Nos séculos XVI e XVII, no âmbito da literatura ascética, é muito comum encontrar a ilustração de doutrinas com histórias e anedotas, como faz

Ibn Paqūda. Pode-se detectar essa possível influência em obras como o livro de La Palma, do século XVII, intitulado *Camino Espiritual*, ou o *Ejercicio de Perfección y Virtudes Cristianas*, de Alonso Rodríguez, de 1592, em que é constante o uso da fórmula "Onde se confirma o que se disse com alguns exemplos".

Em relação à literatura posterior, vê-se que os temas, enfoques, razões e método usados por Ibn Paqūda são constantemente repetidos (às vezes de modo idêntico) em uma infinidade de obras cristãs do mesmo gênero. Carlos Ramos Gil[40], assim como o autor destas linhas[41], sublinha as coincidências de *Os Deveres do Coração* com Santo Ignácio de Loyola, Santa Tereza de Jesus e Frei Luís de León.

De Ignácio de Loyola, por exemplo, as trinta maneiras de examinar a consciência têm seu eco na insistência sobre o mesmo tema em *Exercícios Espirituais*, em *Constituciones* e em outros escritos em que se fala da necessidade de examinar a consciência, propondo-se vários modos de realizá-la, modos sumamente matizados e detalhados. Outro ponto é o tema da "indiferença", de claro sabor estoico em ambos os autores. Chama a atenção a coincidência dessas duas expressões: Ibn Paqūda disse que, diante das vicissitudes do mundo, o homem deve "preferir a pobreza à riqueza, a enfermidade à saúde, a desgraça ao bem-estar; o entregar-se totalmente aos decretos de Deus, contentando-se com o que Ele quer"[42]. Já Santo Ignácio afirma nos *Exercícios*:

> Que de nossa parte não queiramos mais saúde que enfermidade, mais riqueza que pobreza, mais honra que desonra, mais vida longa que breve, e assim por diante nas demais coisas; somente desejando e escolhendo o que mais nos conduz ao fim para o qual fomos criados[43].

Por fim, outro tema que toca tanto a Santo Ignácio quanto a outros autores, contendo raízes islâmicas e do próprio Ibn Paqūda, é o ideal de servir a Deus por si mesmo, e não por temor de penas ou expectativa de castigos. Ibn Paqūda repete mais de uma vez o seguinte princípio, tomado da tradição judaica mais antiga: "Não seja como os servos que servem ao Senhor para receber um salário, mas como os escravos que trabalham sem receber diária. Que o temor do céu repouse sobre vós" (*'Avot* [Ética dos Pais], I, 2).

Também circularam alguns versos anônimos (anônimos por temor de que fossem acusados de judaizantes ou de filomuçulmanos) bem conhecidos e que começam do seguinte modo: "Para querer-Te, não me move, meu Deus,/ o céu que me prometeste/ nem me move o inferno tão temido/ para deixar de, com isso, ofender-Te./ Tu me moves, Senhor, me moves ao ver-Te/ cravado em uma cruz [...]".

Santo Ignácio, que, em algum momento, foi acusado de heterodoxia, ao falar de como devem ser seus seguidores na Companhia de Jesus, ao final, como artifício de autoproteção, precisamente na linha desse tema, disse o seguinte:

> Esforcem-se todos em ter a intenção reta não só em relação a seu estado de vida mas também a todas as coisas particulares, sempre buscando nelas apenas servir e comprazer à bondade divina por si mesma, e pelo amor e benefícios tão singulares que providencia para nós, mais que por temor de penas ou pela esperança de recompensas, muito embora devam também auxiliarem-se disso[44].

Como se observou, esse tema era claramente de origem judaica, mas também islâmica, como bem testemunham o místico do Khurassān Abū Bakr al-Shiblī (m. 945), Ibn ᶜArabī de Murcia (1165-1240), que retira o tema de Dū-l-Nūn al-Misrī, e os chamados *shādilitas* ou iluminados.

Sobre a interiorização da vida religiosa, existem paralelismos surpreendentes entre Ibn Paqūda e a "via do recolhimento" ou da "vida interior" nos séculos XVI e XVII: Francisco de Cisneros, São Pedro de Alcântara, Beato Nicolás Factor, San Diego de Alcalá, Santa Tereza e muitos outros.

Quisemos indicar aqui um campo riquíssimo do seguimento das fontes e obras que, sem dúvida, acabariam reconstruindo a história da literatura ascética e mística espanhola e que, certamente, nos reservariam grandes surpresas. A obra de Ibn Paqūda ocuparia um lugar bem central em toda essa trama.

Fica faltando apenas um tema espinhoso e difícil de ser resolvido: a que se devem essas coincidências? Cabem várias respostas: uma, a mais simples, ou seja, diante de determinados estímulos, as três religiões monoteístas responderiam de modo similar. Outra: muitos autores cristãos dessa época, em vista da recente expulsão de judeus e muçulmanos, teriam lido com frequência esses livros, mas, por temor da Inquisição, implacável com qualquer tipo de contágio islâmico e judaico, queimaram, destruíram ou ocultaram as obras que tiveram nas mãos. Por fim, a terceira explicação, compatível com as anteriores, é que essas coincidências teriam ocorrido em virtude do ambiente espiritual, do contágio corpo a corpo, das ideias predominantes nos três âmbitos – islâmico, judaico e cristão. Seja qual for a explicação, o horizonte de investigação sobre essa matéria continua aberto a uma infinidade de possibilidades.

Que estas breves pinceladas sejam válidas para recordar a grande figura de Baḥya ben Yūssef ibn Paqūda, figura-chave do judaísmo medieval e universal, e do pensamento religioso-filosófico de todos os tempos, até na atualidade, que, para proclamar a autêntica religiosidade, não teve escrúpulos em beber das mais variadas fontes a fim de nos presentear com um pensamento válido para todos os tempos não só para o judaísmo mas também para as outras duas religiões monoteístas.

Notas

1. CHOURAQUI, A. *Introduction aux Devoirs des Coeurs*. Paris, 1950, p. LIII.
2. VAJDA, G. *La teología ascética de Baḥya ibn Paqûda*. Madrid, 1950, p. 3.
3. KAUFMANN, D. *Die Theologie des Bachja Ibn Pakuda*. Viena, 1874.
4. RAMOS GIL, C. La patria de Ibn Paquda. *Sefarad*, Madrid, n. 11, p. 103-105, 1951.
5. JELLINEK, A. No prólogo da edição do texto hebraico de *Os Deveres do Coração*. Leipzig, 1864, VI.
6. ZUNZ, A. *Additamenta ad Datalogum*. Leipzig, 318.
7. LOMBA, J. *El Ebro*: puente de Europa (pensamiento musulmán y judío). Zaragoza: Mira Ediciones, 2002.
8. KOKOWZEW, A. The Date of Life of Baja ibn Paquda. *Homenaje a Posnanski*, 1927, p. 15.
9. BROYDÉ, I. *Les réflexions sur l'âme par Baḥya ben Joseph ibn Pakouda*. Traduzido do árabe para o hebraico. Editado por Isaac Broydé. Paris, 1896.
10. GOLDZIHER, I. *Kitāb maʿānī al-nafs. Buch vom Wesen der Seele*. Berlin, 1907. Essa edição está em árabe, mas com caracteres hebraicos.
11. CASSUTO, U. *Storia della letteratura ebraica postbiblica*. Firenze, 1938.
12. IBN GABIROL. *La corrección de los caracteres*. Trad. de J. Lomba. Zaragoza, 1990.
13. Cf. também MEYENFELDT, F. H. *Het Hart in het Testament*. Leiden, 1950; FLASCHE, H. El concepto de corazón en la Vulgata. *Estudios* Bíblicos, n. 10, p. 5-49, 1951.
14. As *Epístolas dos Irmãos da Pureza* foram compostas no Oriente, no fim do século X, por um grupo de sábios xiitas ismaelitas e reúnem todos os saberes e ciências mais avançados na época (mineralogia, botânica, matemáticas, música etc.), inspirando-se no platonismo, no neoplatonismo e no neopitagorismo, além de em outras correntes orientais, finalizando em uma *gnosis* e união mística com Deus. Essa grande obra chegou a Saragoça, pátria de Ibn Paqūda, em meados do século XI.
15. IBN PAQŪDA. *Los Deberes de los Corazones*. Estudo e trad. de Joaquín Lomba. Madrid: Fundación Universitaria Española, 1994, p. 8. Daqui em diante, essa obra será citada com base nessa tradução. Recentemente, em 2011, a revista *Heraldo de Aragon*, de Saragoça, reeditou a obra com o mesmo título.
16. Ibid., p. 5.
17. Ibid., p. 121-122.
18. Ibid., p. 3.

19. Ibid., p. 76-77.
20. Ibid., p. 14.
21. Ibid., p. 16.
22. Ibid., p. 17.
23. Ibid., p. 8.
24. Sorites é o argumento formado por uma pluralidade de premissas ou, mais formalmente, no caso do polissilogismo, em que: 1. o predicado de cada proposição é o sujeito da proposição seguinte, sendo idênticos os sujeitos da premissa maior e da conclusão; 2. a conclusão de cada silogismo está subentendida, com exceção da última, que se faz explícita. Cf. FERRATER MORA, J. *Diccionario de filosofía*. Barcelona: Editorial Ariel, 1994, v. IV, p. 3349-3350. (N. da Org.)
25. IBN PAQŪDA, 1994, op. cit., p. 19.
26. VAJDA, 1950, op. cit., p. 182.
27. Ibid., p. 182.
28. Ibid.
29. Cf. LOMBA, 2002, op. cit.
30. A esse propósito, há de se notar que, ao modo de muitas outras razões que se poderia aduzir, ao falar de Deus não O chama com o termo hebraico *Yahweh*, mas com o árabe *Allāh*, visto que este significa pura e simplesmente "Deus".
31. BENETH, D. Z. Una fuente común de Bahya ben Yosef e de Algacel. In: *Mélanges Magnes*. Jerusalem, 1938.
32. A teologia islâmica ou *kalām* teve uma primeira escola chamada *mu*^{c}*tazilita*, caracterizada por sua visão ampla e por ser bastante aberta em suas teses e interpretações; foi seguida por outra escola que a suplantou, chegando a ser a oficial e mais ortodoxa, a chamada *ash*^{c}*arita*.
33. Cf. JADAANE, F. *L'Influence du stoicisme sur la pensée musulmane*. Beirut: Dar el-Machreq, 1986. LOMBA, J. El estoicismo en la literatura moral andalusí. *Medievalia*, México, n. 14, p. 26-39, 1993; e Un aspecto de la moral estoica en el pensamiento andalusí. *Homenaje al Profesor José María Fórneas Besteiro*. Granada, 1995, p. 1199-1210.
34. LOMBA, J. *Dichos y narraciones de tres sabios judíos*: Ibn Gabirol, Ibn Paqūda, Pedro Alfonso. Saragoza: Mira Editores, 1997.
35. Cf. o prólogo de sua edição de *Ḥovot ha-Levavot*. Jerusalem, 1928.
36. YAHUDA. *Prolegómenos*, 12, nota 2.
37. CHOURAQUI, 1950, op. cit., p. LII et seq.
38. VAJDA, G. *Introduction à la pensée juive du Moyen Âge*. Paris, 1947, p. 202 et seq.
39. CHOURAQUI, 1950, op. cit., p. LIII.
40. RAMOS GIL, C. Algunos aspectos de la personalidad de Ibn Paqūda. *Archivo de Filología Aragonesa*. Saragoça, 1950 (III), p. 158 et seq.
41. LOMBA, J. Espiritualidad y humanismo. Dos tesoros de la espiritualidad del pasado: Ibn Paqūda e Ignacio de Loyola. In: *Humanismo para el siglo XXI*. Ed. de María Luisa Amigo. Bilbao: Universidad de Deusto, 2003, p. 471-477.
42. IBN PAQŪDA, 1994, op. cit., p. 167.
43. SAN IGNACIO DE LOYOLA. *Ejercicios espirituales*, n. 230. In: *Obras Completas de San Ignacio de Loyola*. Madrid, 1963, p. 203.
44. Id. *Constituciones*, n. 288. In: *Obras Completas de San Ignacio de Loyola*. Madrid, 1963, p. 477.

A Interpretação de Abraão Bar Ḥiyya do Relato da Criação do Homem e do Relato do Jardim do Éden*[1]

Sara Klein-Braslavy

Não se costuma considerar Abraão bar Ḥiyya (Barcelona, 1065-c. 1136) um exegeta da Bíblia no sentido usual do termo. Ele não escreveu um comentário sistematizado sobre a Bíblia ou sobre qualquer um de seus livros. Pelo contrário, as interpretações que faz de versículos isolados ou de seções inteiras da Torá são apresentadas em defesa das ideias teológicas e filosóficas que aprova, à guisa de exegese bíblica.

O Contexto de Sua Interpretação do Relato do Jardim do Éden

Bar Ḥiyya expõe sua interpretação do Relato da Criação do Homem e do Relato do Jardim do Éden na terceira parte de seu livro *Sefer Megillat ha-Megallé*[2] (escrito entre 1120 e 1129)[3]. *Sefer Megillat ha-Megallé* (O Livro do

* Tradução de Igor Morici do original inglês: "The Creation of Man and the Story of the Garden of Eden in the Thought of Abraham Bar Hiyya". A primeira versão (em hebraico) foi publicada em ORPAZ, I. et al. (Org.). *Professor Israel Efros*: Poet and Philosopher. Tel Aviv University, 1981, p. 203-229. Revisão técnica de Rosalie Helena de Souza Pereira.

Revelador) é um livro de conteúdo escatológico cujo principal interesse é o cálculo do *Eschaton*, fixado por Bar Ḥiyya entre os anos 1136 e 1440 por meio de cálculos baseados na tradição judaica e em dados astrológicos.

Para fundamentar seus cálculos escatológicos, Bar Ḥiyya desenvolve uma historiografia baseada na concepção de uma analogia entre os seis dias da criação e os períodos em que se divide a história humana ou, utilizando suas palavras, "os dias do mundo" (*yemot ha-'olam*). No fim da história humana, virá a redenção, análoga ao dia do *shabat*. Conforme outro ponto de vista, ocorrerá, no tempo da redenção, a ressurreição dos mortos, e os mortos que ressuscitarem para uma vida renovada passarão, então, a viver eternamente neste mundo, onde serão introduzidas determinadas "inovações", de modo que o torne um "novo mundo".

Sua interpretação do Relato do Jardim do Éden pretende fundamentar, por meio da interpretação bíblica, sua concepção sobre a ressurreição dos mortos. Assim, Bar Ḥiyya demonstra que, de acordo com a Bíblia, já no começo da história humana existiu um estado em que o corpo humano permanecia invulnerável à influência de seu meio material e que, por isso, Adão podia viver eternamente em seu corpo. Essa condição voltará a existir no futuro, no fim da história humana, e os que ressuscitarem no tempo da redenção continuarão a viver para sempre, não estando sujeitos a nenhuma dor ou doença.

Tal como outros livros de Bar Ḥiyya, o *Sefer Megillat ha-Megallé* é dirigido a um grupo de leitores muito específico, a saber, aos judeus do sul da França e da Espanha cristã de sua época, e responde às suas necessidades nos domínios científico, filosófico e teológico. A discussão da ressurreição dos mortos se dirige especificamente a eles. De acordo com Bar Ḥiyya, a fé na ressurreição é um dos princípios básicos do judaísmo, e quem o nega é excluído da comunidade de Israel[4]. Ele aceita a ideia de R. Sa'adia Gaon de que a ressurreição dos mortos é mencionada na Bíblia. Em sua opinião, Ezequiel 36:12-14 afirma com clareza que, no tempo da redenção, ocorrerá a ressurreição dos mortos. Ainda que, na opinião de Bar Ḥiyya, R. Sa'adia Gaon tenha dado provas suficientes disso, ele julgou necessário voltar à questão e fortalecer o argumento por meio de evidências textuais suplementares, uma vez que o contestaram – assim afirma – alguns pensadores judeus do sul da França e da Espanha cristã que viveram nessa mesma época. O argumento desses pensadores, tal como exposto por Bar Ḥiyya, é que, se houver de fato uma ressurreição dos mortos, isso ocorrerá no grande dia do julgamento e que, após esse evento, os seres humanos não existirão mais neste mundo. Os membros desses círculos propuseram dois argumentos em defesa de sua opinião:

1) Um argumento proveniente do senso comum, baseado na experiência cotidiana, a saber, que não é possível que uma pessoa que já tenha morrido volte a viver mais uma vez neste mundo diversamente do modo como vive hoje. Em outras palavras, é inconcebível que uma pessoa viva neste mundo e, no entanto, não esteja sujeita a sofrer danos, não sinta dor, não adoeça e não morra uma segunda vez. Segue-se disso que é absurdo supor que os mortos ressuscitem para a vida novamente no tempo da redenção e que, daí em diante, continuem a viver eternamente neste mundo.

2) Uma alegação baseada na interpretação do texto bíblico: não há obrigatoriedade religiosa para acreditar na ressurreição dos mortos. A Torá, que é o guia autorizado, por um lado, para o comportamento ético-religioso de todo judeu e, por outro, para as crenças e opiniões com as quais deve se comprometer, não menciona de modo algum a crença na ressurreição dos mortos, nem sequer faz alusão a ela. Sobre essa questão, os contemporâneos de Bar Ḥiyya polemizaram em torno das interpretações dadas por R. Sa'adia Gaon a determinados versículos bíblicos na parte VII de seu livro *Sefer ha-'Emunot ve-ha-De'ot* (Livro das Crenças e Opiniões). Segundo eles, os versículos que Sa'adia Gaon cita para abonar a ideia da ressurreição[5] "são ditos como metáforas a fim de engrandecer a questão da futura redenção de Israel" (p. 48). Eles não se referem efetivamente à ressurreição de seres humanos individuais, mas a uma ressurreição nacional: "O reino de Israel retornará à vida e será ressuscitado e despertado; após ter sido enfraquecido e morto, viverá de novo e despertará como um homem morto que emergiu de seu túmulo ou alguém adormecido que se levanta de seu sono" (p. 48)[6].

Bar Ḥiyya escreveu a terceira parte de *Sefer Megillat ha-Megallé* como réplica a seus contemporâneos, enfrentando os dois argumentos levantados por eles. Quanto ao argumento oriundo das Escrituras, contrapõe-se, por um lado, rejeitando uma interpretação alegórica dos versículos que eles citaram e, por outro, mencionando outros versículos presentes na Bíblia que aludem à ressurreição e que não estão sujeitos ao tipo de interpretação alegórica que seus contemporâneos deram aos outros versículos[7]. Por essas razões, a Bíblia exige a crença na ressurreição dos mortos.

Bar Ḥiyya responde ao argumento proveniente do senso comum observando as limitações do conhecimento. Em sua opinião, o conhecimento obtido por meio da Revelação é superior ao atingido pela razão relativamente a seu alcance: há problemas com os quais o intelecto humano, incluindo a ciência e a filosofia, é incapaz de lidar. Conforme o que escreve na segunda parte de *Sefer Megillat ha-Megallé*, eles só podem ser solucionados "a partir da Torá, das

Sagradas Escrituras e das palavras de nossos rabinos, de abençoada memória, que receberam a tradição do Espírito Santo" (p. 14). Entre esses problemas, que Bar Ḥiyya enumera na segunda parte do livro, estão a questão do número de dias do mundo e, consequentemente, o modo de calcular o fim[8]. De acordo com sua declaração na terceira parte, isso se aplica igualmente à ressurreição dos mortos[9]. O conhecimento dos seres humanos sobre a ordem do mundo não é completo: conhecem apenas uma parte dela, a que lhes é dada por meio da experiência cotidiana. Partindo desse conhecimento parcial da ordem do mundo, são incapazes de julgar a ordem como um todo. Por isso, não podem demonstrar a possibilidade da ressurreição dos mortos no tempo da redenção por meios puramente racionais, mas é necessário que tomem conhecimento disso recorrendo aos relatos bíblicos.

No entanto, Bar Ḥiyya pensa que a ciência e a filosofia contêm elementos que poderiam servir de base para explicar a ressurreição dos mortos. O médico Galeno (século II d.C.)[10] e o filósofo Aristóteles estavam muito próximos de demonstrar a ideia da ressurreição dos mortos de maneira similar à entendida por Bar Ḥiyya. Este afirma que[11], se eles tivessem possuído um conhecimento mais amplo, suprarracional, se eles tivessem acreditado na Torá e aceitado o conceito de Deus dotado de vontade, teriam sido capazes de desenvolver seus sistemas e de ter fundado, com base nisso, a ideia da ressurreição dos mortos. Essa concepção permite a Bar Ḥiyya usar doutrinas fisiológicas e filosóficas que eram aceitas em sua época, a doutrina platônico-aristotélica da alma e elementos extraídos da fisiologia de Galeno, para interpretar o Relato da Criação do Homem e o do Jardim do Éden e ir além deles a fim de encontrar um alicerce sobre o qual fundar a ideia da ressurreição dos mortos.

A interpretação dos Relatos da Criação do Homem e do Jardim do Éden serve como resposta às declarações feitas por seus contemporâneos em dois planos: no plano da exegese bíblica e no plano científico e filosófico. Por meio disso, Bar Ḥiyya demonstra que, de acordo com a Bíblia, já no começo da história humana, existiu uma condição sob a qual o corpo humano era invulnerável à influência de seu meio material; por isso, naquele tempo, era possível que os seres humanos vivessem eternamente, mesmo no interior de seus corpos. Essa condição voltará a existir no futuro, no fim dos "dias do mundo" (isto é, da história humana): os seres humanos que ressuscitarem dos mortos no tempo da redenção, nos dias do Messias continuarão a viver para todo o sempre, não estando sujeitos a nenhuma dor ou doença. Parte de sua interpretação se baseia no eixo semântico científico, por meio do qual Bar Ḥiyya demonstra que a Bíblia também era compatível com as explicações científicas aceitas em sua época.

O Método de Bar Ḥiyya de Interpretação da Bíblia

Abraão bar Ḥiyya quase não aborda a teoria da exegese bíblica e não expõe seu método de interpretação da Bíblia de forma clara e sistemática. Deve-se inferir seu método sobretudo a partir das interpretações que faz dos textos bíblicos. É possível, porém, encontrar em seus escritos passagens esparsas que contêm a formulação de alguns princípios gerais de exegese bíblica.

A abordagem básica de Bar Ḥiyya da interpretação da Bíblia é bem clara: ele não considera que os textos bíblicos tenham um único sentido, cuja descoberta caberia ao exegeta, por meio do qual se possa obter a *verdade* desses textos. Ele aceita abertamente a concepção dos sábios rabínicos, segundo a qual "há setenta faces para a Torá", e acredita que seja possível interpretar simultaneamente o texto bíblico de diferentes modos, todos dotados do mesmo valor de verdade[12]. Para fundamentar essa abordagem, apoia-se em um texto bem conhecido do Talmud Babilônico, Tratado Sanhedrin 34a: "E foi isto o que nossos rabinos, de abençoada memória, disseram: 'Uma Escritura tem várias explicações diferentes, mas uma explicação não resulta de várias passagens da Escritura'", ao que ele acrescenta, "e expuseram isso afirmando: 'Não são minhas palavras como o fogo, disse o Senhor, e como um martelo que quebra a pedra?' (Jeremias 23:29). Assim como o martelo divide em várias faíscas, um versículo se divide em várias razões [...]"[13].

Quanto ao campo da significação dos textos bíblicos, Bar Ḥiyya considera que uma interpretação verdadeira ou correta desses textos pode ser a que se conforma à sabedoria (isto é, a filosofia) e à ciência, ou seja, às doutrinas científicas e filosóficas que eram aceitas em seu tempo. Embora esta seja apenas uma interpretação possível entre muitas e não a única verdade do texto, sua conformidade com a filosofia e a ciência serve em si mesma como um critério para a correção de uma possível interpretação de determinado texto bíblico. Esse critério está sujeito, em termos, a um critério suplementar, qual seja, as regras gramaticais da língua hebraica. Uma possível interpretação correta consistirá, portanto, em uma interpretação que seja adequada à filosofia e à ciência e "que não divirja do uso habitual da língua"[14] (*Hegyon ha-Nefesh ha-'Aṣuvá*, p. 43; 45). Por isso, as regras da língua determinam os limites da interpretação de acordo com o eixo semântico científico-filosófico. Contudo, não se deve esquecer que é possível fazer outras interpretações da Bíblia, e até desses mesmos textos, com base em outros eixos semânticos, todos dotados do mesmo valor de verdade.

Deve-se notar que, embora Bar Ḥiyya aceite a possibilidade de os textos bíblicos serem interpretados "de acordo com a opinião dos 'pensadores especulativos'" (*Ḥakmê ha-Meḥqar*), decorre de suas palavras que essa interpretação só é possível quando há um acordo geral entre todos os "sábios das nações" no que concerne à questão em análise[15]. Além disso, como o conhecimento racional é limitado, há verdades no interior do domínio teorético e regras de conduta correta que são apreensíveis somente por meio da profecia[16]. É possível, portanto, encontrá-las na Torá, que é a expressão da apreensão profética, mediante a interpretação de seu texto.

Ao abordar a questão do cálculo do *Eschaton* pela interpretação do Relato da Criação, Bar Ḥiyya se refere explicitamente às interpretações dadas à Bíblia pelos sábios. Em sua opinião, pode-se dar uma nova interpretação aos textos bíblicos que não tenha base na literatura talmúdica e *midráshica*, contanto que essa interpretação não contradiga a interpretação dada pelos sábios[17].

Quanto à língua da Bíblia, Bar Ḥiyya menciona o bem conhecido fenômeno da existência de palavras ambíguas na língua, fenômeno existente em todas as línguas, inclusive na hebraica: "Mas é preciso saber que a maioria das palavras em hebraico, e em outras línguas, é empregada com ambiguidade, em vários sentidos" (*Hegyon ha-Nefesh ha-'Aṣuvá* I, p. 42; 44). Enquanto Maimônides faz uso de termos ambíguos para identificar o significado de uma palavra no versículo bíblico que pretende explicar, Bar Ḥiyya recorre ao mesmo fenômeno para construir diferentes interpretações dos textos bíblicos, às vezes até do mesmo texto bíblico, com base nos vários sentidos da mesma palavra. Como veremos, Bar Ḥiyya interpreta duas palavras ambíguas no Relato do Jardim do Éden – os substantivos *da'at* ("conhecimento") e *'eṣ* ("árvore") – recorrendo a seus diferentes sentidos para interpretar diferentes aspectos do relato.

No entanto, conforme dissemos, o principal modo como Bar Ḥiyya interpreta a Bíblia deve ser inferido de suas interpretações enquanto tais – um ponto que retomo mais adiante. Por ora, digo apenas que ele possui grande sensibilidade linguística e cria suas interpretações com base em distinções sutis no estilo bíblico. Seu pressuposto fundamental é que todas as palavras na Bíblia e todas as variações estilísticas nas descrições bíblicas são significativas e importantes para a compreensão dos vários aspectos das narrativas bíblicas, e ele baseia ideias centrais de sua interpretação nelas. As palavras que são aparentemente sinônimos ou cujo emprego parece servir meramente a fins literários, como os diversos verbos usados para descrever a criação do homem, não são tais, mas cada uma é significativa por si mesma. Ele constrói uma parte central de sua abordagem interpretativa da criação do homem apoiado nos diferentes sentidos desses verbos. A duplicação de palavras no Relato do Jardim do Éden, como *'akol to'kel* ("certamente comerás") ou *mot tamut* ("certamente morrerás"), não surge, conforme sua interpretação, simplesmente para efeito de ênfase ou para fins estéticos, mas é dotada de sentido: cada palavra, no par de palavras duplicadas, tem um significado diferente. Ele baseia ideias centrais de sua interpretação do Relato do Jardim do Éden nos diferentes sentidos das palavras nesses pares. Bar Ḥiyya também presta atenção às desinências verbais que aparecem no Relato da Criação do Homem e no Relato do Jardim do Éden, dando interpretações específicas ao uso desses verbos no pretérito e a seu uso no futuro. Finalmente, deve-se observar que, ao lado de sua interpretação dos verbos e substantivos centrais no Relato da Criação do Homem e no do Jardim do Éden, Bar Ḥiyya também interpreta as preposições prefixadas *bet* e *kaf* no texto bíblico, fazendo que a interpretação do texto em que surgem dependa delas.

O Relato da Criação do Homem

A Explicação Para a Existência de Dois Relatos Diferentes da Criação do Homem no Livro do Gênesis

A INTERPRETAÇÃO DOS VERBOS NO RELATO DA CRIAÇÃO DO HOMEM

Em sua interpretação do Relato da Criação do Homem, Abraão bar Ḥiyya dá ênfase particular aos verbos: em sua opinião, os verbos no relato contêm a estrutura de sentido, enquanto os substantivos a "preenchem" com conteúdos. A simples leitura do Relato da Criação Humana revela que a Bíblia emprega aí verbos diversos para indicar o ato da criação. Em Gênesis 1:26, aparece o verbo *'asá*: "Façamos o homem" (*na'asé 'adam*); em 1:27, o verbo utilizado é *bará*, "criar" ("e Deus criou o homem"); em 2:7, é usado outro verbo, *yaṣar*, "formar" ("o Senhor Deus formou então o homem [...]"). Em Gênesis 5:1, em que há uma versão abreviada da criação do homem, dois desses verbos surgem um após o outro – "criar" e "fazer" –, como segue: "Este é o livro das gerações do homem (Adão); no dia em que Deus *criou* o homem, Ele o *fez* à semelhança de Deus". Obviamente, pode-se explicar isso afirmando que o uso de verbos diferentes para indicar a criação do homem cumpre uma função estética: variar e enriquecer o relato do ponto de vista linguístico. No entanto, essa resposta não se adequaria à concepção exegética de Abraão bar Ḥiyya. Tal como os sábios rabínicos que o precederam, Bar Ḥiyya supõe que toda variação estilística na Bíblia tem uma significação especial em si mesma. Portanto, ele se recusa a ver os vários verbos relativos à criação como meros sinônimos e impõe a si a tarefa de buscar o significado específico de cada um.

Bar Ḥiyya se interessa particularmente pelo par de verbos "criar" e "fazer" (*bará* e *'asá*). Ele lhes confere um significado fundado no eixo semântico filosófico, ou seja, recorre a uma cosmogonia com tendência fortemente neoplatônica que incorpora vários elementos aristotélicos. Conforme a cosmogonia que adota, todas as coisas existiam "em potência" no pensamento divino antes da criação do mundo, isto é, antes dos seis dias da criação. Elas precederam, pois, "por uma precedência natural" sua existência fora do pensamento divino. "Daí em diante", foram postas "em potência" fora do pensamento divino, movendo-se da potencialidade à atualidade via um processo temporal. Fora do pensamento divino, a existência das coisas "em potência" precedeu sua existência "em ato" pela "precedência no tempo"[18]. De acordo com a interpretação de Bar Ḥiyya, os verbos *bará* e *'asá* indicam o vir a ser das coisas em cada um de seus dois tipos de existência fora do pensamento divino: *bará*, "criar", indica ser posto "em potência" no mundo, enquanto *'asá*, "fazer", indica sua atualização[19]. A existência de uma coisa "em potência" é uma forma incompleta de existência[20], ao passo que, ao existir "em ato", ela se torna dotada de uma existência perfeita e completa. Portanto, o verbo "criar" indica não apenas posicionar determinada coisa "em potência" mas também o aspecto incompleto de sua existência[21]. Por outro lado, o verbo *'asé*, "fazer", indica não só o processo de atualização dessa coisa a partir de sua potencialidade mas também a perfeição de sua existência, sua *enteléquia*. Assim, descrição da criação do homem na Bíblia corresponde à sua descrição filosófica: cada um dos verbos relativos à criação do homem indica um estágio diferente da criação e um aspecto diferente da perfeição humana.

Essa interpretação dos verbos "criar" e "fazer" (*bará* e *'asá*) permitiu a Bar Ḥiyya responder a uma questão exegética de que se ocuparam muitos comentadores da Bíblia, concernente à aparente natureza redundante da descrição da criação do homem, qual seja: por que a Bíblia contém duas descrições sucessivas da criação do homem, em Gênesis 1 e em Gênesis 2? Por meio de sua interpretação dos verbos "criar" e "fazer", Bar Ḥiyya pôde responder que Gênesis 1 e 2 apresentam, na verdade, um mesmo relato: a descrição da criação do homem presente em Gênesis 2 é simplesmente a continuação e o acabamento daquela presente no primeiro capítulo; assim, não se pode acusar a Bíblia de "redundância".

A interpretação de Bar Ḥiyya dos verbos *bará* e *'asá* ("criar" e "fazer") tem origem na explicação que Aristóteles fornece sobre a relação entre o intelecto prático e a ação. Segundo seu livro *Sobre a Alma* III, 10, 433a 16-18, o intelecto prático tem como função buscar e encontrar os meios para concretizar um fim que lhe é externo. O intelecto prático encontra esses meios mediante uma análise do fim; ele conduz, então, uma regressão, operando, de modo inverso, a partir do fim em direção aos meios necessários para alcançá-lo. Esses meios, por sua vez, organizam-se em meios e fins intermediários; o último passo nesse processo de regressão, o passo final no pensamento do intelecto prático, serve como ponto de partida para a ação prática que concretiza seu fim. A ordem da ação é, portanto, oposta à ordem do pensamento. A ação segue, assim, a sequência dos meios na ordem reversa até que concretize seu fim último[22]. O fim, que havia sido o ponto de partida no pensamento do intelecto prático, torna-se, assim, o passo final no processo prático, o passo final das próprias ações. Esse princípio aristotélico, concernente à relação inversa entre a ordem do pensamento e a ordem ontológica, também pode ser formulado com a asserção de que o que é primeiro no pensamento – o fim – é o último na ordem do vir a ser, no processo de concretizar o fim. Bar Ḥiyya faz uso dessa formulação final do princípio aristotélico a fim de construir a estrutura de base de sua interpretação da criação do homem.

"Façamos o homem" (Gênesis 1:26) refere-se, pois, ao pensamento divino que precedeu a criação do homem. O fim da criação do homem emergiu primeiramente no pensamento divino como uma entidade completa, concretizada em ato. Portanto, a Escritura emprega, nesse passo, o verbo "fazer" com o sentido de transformar o potencial em atual. "Façamos" deve ser entendido do seguinte modo: transformemos o potencial em atual, ponhamos o homem em um estado de perfeição:

> E ele diz "Façamos", em vez de "Criemos" ou "Formemos", para tornar conhecido que o pensamento e seu acabamento estarão no acabamento da formação do homem e de sua existência. E coisa alguma é denominada completa e feita, a não ser por meio do acabamento do pensamento que acontece em sua feitura [...]. E ele diz no princípio de [Seu] pensamento "Façamos", e só mencionou o vir à existência do homem após o fim da ação de fazer, como acontece em todos os pensamentos,

> pois é bem sabido que o que está no princípio do pensamento é o fim da ação, como é explicado em vários lugares (III, p. 52).

A interpretação dos verbos *bará* e *'asá* e o uso do princípio aristotélico – que foi dado pela famosa formulação hebraica: "O fim da ação é o princípio do pensamento" no poema *Leḵá Dodi*, do proeminente poeta cabalista Shlomo ha-Levi Alkabetṣ (século XVI) – criam uma tensão entre dois polos no Relato da Criação do Homem: o estado do homem como "potencial", incompleto, e seu estado de estar em ato, como completo. Essa estrutura de base, segundo a interpretação de Bar Ḥiyya, é "preenchida" pelos substantivos do relato e eles lhe dão seus conteúdos. Eles explicam a natureza do estado no qual o homem era ainda "potencial", em relação ao que era incompleto, e a natureza do homem completo, o homem em ato, ou o que aperfeiçoa ou completa o homem. Desse mesmo modo, Bar Ḥiyya conduz sua interpretação dos substantivos *ṣelem* ("imagem"), *demut* ("semelhança") e *nishmat ḥayyim* ("o hálito da vida") baseando-se também nesse eixo semântico filosófico ou, para ser mais preciso, baseando-se em uma psicologia que usa elementos platônicos e aristotélicos.

A INTERPRETAÇÃO DA PALAVRA *ṢELEM* (IMAGEM)

Bar Ḥiyya baseia sua interpretação da palavra *ṣelem* em um método científico-filológico. Não faz uso do eixo semântico filosófico para deduzir o sentido da palavra, mas busca seu sentido no "léxico bíblico" e utiliza o eixo semântico natural. Ele encontra um versículo no qual, em sua opinião, o sentido da palavra *ṣelem* pode ser claramente inferido de seu contexto e determina, com base nisso, seu sentido no Relato da Criação do Homem. Em I Samuel 6:11, encontramos a expressão *ṣalme teḥorehem*, "as imagens das suas hemorroidas". Segundo Bar Ḥiyya, está completamente claro que essa expressão se refere aos "corpos de suas hemorroidas e seu ser físico apenas, pois as imagens das hemorroidas que fizeram nada tinham em comum com a matéria das hemorroidas, a não ser somente sua forma exterior" (p. 52)[23]. Uma "imagem" é, então, "o corpo de um ser vivo e sua representação material, e não está associada a nenhum outro poder do corpo nem a nenhuma de suas qualidades" (p. 52). A criação do homem à imagem de Deus se refere, portanto, à criação de seu corpo, à criação da forma física do ser humano.

Após fixar o significado da palavra *ṣelem* com base no léxico bíblico, Bar Ḥiyya amplia seu significado mais adiante, em sua interpretação do Relato da Criação do Homem, utilizando o eixo semântico filosófico. Aqui, ela se aplica não apenas ao corpo humano mas também às duas almas inferiores do homem: à alma apetitiva, que ele identifica com a alma vegetativa[24], e à alma animal, bem como a suas qualidades – a reprodução, que caracteriza a alma vegetativa, e "sua dominação sobre as bestas e os animais", característica da alma animal[25].

Assim sendo, juntamente com sua interpretação dos verbos *'asá* (fazer) e *bará* (criar), temos agora uma compreensão coerente da primeira parte de Gênesis 1:26 e de Gênesis 1:27: "Façamos o homem à nossa imagem" refere-se ao pensamento divino, ao plano da criação do corpo humano e de suas almas não racionais unidas ao corpo. "E Deus criou o homem à Sua própria imagem" refere-se à concretização dessa parte do plano divino – à colocação do corpo humano e de suas duas almas inferiores fora do pensamento divino. A criação do homem "à sua imagem" é, assim, apenas a colocação do homem "em potência", como um ser humano incompleto, pois ele ainda não possui a alma racional, que é sua forma.

A INTERPRETAÇÃO DE *KI-DEMUTENU* ("À NOSSA SEMELHANÇA")

O verbo *na'asé* ("façamos") indica a intenção divina de criar o homem *em sua perfeição*. Assim, o versículo 26 fala desse homem aperfeiçoado. A palavra *ṣelem*, "imagem", refere-se ao corpo humano e a suas almas não racionais. De acordo com a lógica exegética aí presente, "à nossa semelhança" deve referir-se à *neshamá*, a alma racional do homem. Essa conclusão, que necessariamente se segue da interpretação dada ao verbo "façamos", é reforçada pela interpretação de Bar Ḥiyya da expressão "à nossa semelhança" com base no eixo semântico filosófico. "À nossa semelhança" refere-se à similaridade entre o homem e Deus e os anjos. Segundo sua doutrina da alma, o homem é similar a Deus e aos anjos nas qualidades de sua alma "reflexiva (*hogá*) e racional (*dabranit*)", quais sejam, a sabedoria e a capacidade de dominar[26]; em outras palavras, por meio de seu conhecimento da ciência e da filosofia e seu domínio sobre os outros animais. Segue-se disso que "à nossa semelhança" se refere à alma racional do homem.

O versículo 26 fala, portanto, sobre o plano divino da criação do homem em sua perfeição como uma criatura dotada de um corpo, duas almas não racionais e uma alma racional, ao passo que o versículo 27, o Relato da Criação do Homem no sexto dia, fala da criação do homem "em potência", da feitura de seu corpo, de sua alma vegetativa e de sua alma animal, mas não de sua criação em sua forma aperfeiçoada. O acabamento da criação humana só é relatado em Gênesis 2:7: "E Ele insuflou em suas narinas um hálito de vida, e o homem tornou-se um ser vivo". Bar Ḥiyya interpreta esse versículo da seguinte forma:

> O versículo nos ensina que o homem só vem a ser e sua forma só é completa em sua alma racional (*neshamá*), e com ela o pensamento puro é concluído. E diz no princípio de Seu pensamento "façamos", mas só menciona o vir à existência no fim da ação, como acontece em todos os pensamentos. Pois é bem sabido que o que está no princípio no pensamento é o último na ação (III, p. 52).

Bar Ḥiyya entende "hálito de vida" (*nishmat ḥayyim*) como "alma da vida" e, portanto, como a alma racional, com cuja criação a criação do homem é concluída tal como havia inicialmente surgido no pensamento divino.

Segundo a interpretação de Bar Ḥiyya, o Relato da Criação reflete, por seu estilo e em sua própria estrutura, a distinção platônica entre almas não racionais, ou poderes da alma não racional, e a alma racional, ou poder racional da alma. O corpo e as almas não racionais são indicados pela palavra *ṣelem* no versículo 26, enquanto a alma racional é indicada por uma palavra separada, "à nossa semelhança" (*ki-demutenu*). Para enfatizar ainda mais essa distinção, o Relato da Criação descreve a criação de cada um desses aspectos em relatos separados. A descrição da criação do corpo e das almas não racionais, em que o homem é similar aos animais que estão imediatamente abaixo dele na escala da natureza, aparece em Gênesis 1, no relato do sexto dia da Criação. Por outro lado, a descrição da alma racional, pela qual o homem se distingue dos demais nativos deste mundo inferior, mas é similar às criaturas do mundo superior – isto é, aos anjos e mesmo a Deus –, aparece em Gênesis 2. A alma racional por si é eterna, ao passo que o corpo e as duas almas inferiores deixam de existir com a interrupção da vida do corpo, como as almas dos animais[27]. A similaridade entre *ṣelem* e as criaturas do mundo inferior deriva, assim, do fato de que a *ṣelem* é mortal, enquanto *nishmat ḥayyim* (hálito de vida) é, por sua natureza, eterna:

> A alma racional (*neshamá*) do homem é em si mesma uma criatura viva pela definição de sua forma, e a morte não lhe pertence de modo algum; mas o corpo morre quando o *ruaḥ* (espírito), pelo qual a alma racional (*neshamá*) foi insuflada em seu interior, deixa o corpo (p. 59)[28].

Há, portanto, uma correspondência completa entre a "especulação" filosófica e a Torá quanto a suas respectivas doutrinas sobre a natureza do homem.

A INTERPRETAÇÃO DE "MACHO E FÊMEA ELE OS CRIOU"

Partindo das palavras de Bar Ḥiyya de que, "no sexto dia de Criação, foram criados somente os poderes corpóreos das coisas (*koḥotehem ha-ṣalmaniyot*; p. 55)", pode-se entender que, no sexto dia, foi criado apenas o corpo humano (ou o corpo humano e os poderes inferiores da alma dos humanos), ao passo que a criação do homem só foi concluída depois do sexto dia. Na verdade, essa interpretação é mencionada por Bar Ḥiyya em sua interpretação da segunda metade de Gênesis 1:27: "macho e fêmea Ele os criou". Essa parte do versículo informa a ordem da criação de Adão e Eva: primeiro, Adão foi criado; e, em seguida, Eva. Isso sugere a questão: quando Adão foi criado e quando Eva foi criada? Bar Ḥiyya propõe duas respostas à questão. A primeira é análoga à explicação da criação dos poderes corpóreos do homem e de sua alma racional, tal como citada anteriormente: "A criação de Eva também não estava concluída no sexto dia" (p. 55); enquanto a segunda resposta descarta a primeira possibilidade:

> Ou, se estava concluída no sexto dia, *e essa é a verdade, pois no sexto dia a Criação estava concluída*, seu acabamento não é citado no relato daquele dia em particular, a fim de nos instruir sobre a dignidade do homem. Pois ele não é, de modo algum, similar a qualquer uma das demais criaturas que vivem na terra, exceto pela forma de seu corpo, e é respeitado e estimado entre as criaturas deste mundo pelas qualidades de seu corpo, mas é estimado entre as criaturas do mundo superior e os anjos em relação às qualidades de sua alma e de sua alma racional divina (*nishmató ha-'elohit*) (p. 55, grifo meu).

Pode-se inferir disso que o homem foi criado em sua perfeição no sexto dia da Criação e que o relato de sua criação em Gênesis 2:7 é parte do relato do sexto dia da Criação[29]. Assim, a distinção entre os dois relatos é simplesmente um artifício literário, cujo propósito é enfatizar a singularidade do homem pela distinção entre a descrição do que é comum a ele e ao mundo inferior e a descrição do que é único dele e que possui em comum com o mundo superior, mostrando, por meio disso, sua diferença com as criaturas do mundo inferior e sua similaridade com as do mundo superior pelas qualidades de sua alma racional.

A INTERPRETAÇÃO DE GÊNESIS 1:28

A bênção de Deus dada a Adão e Eva em Gênesis 1:28 – "Frutificai e multiplicai-vos, enchei a terra e a subjugai; tende domínio sobre os peixes do mar, os pássaros do ar e sobre todas as coisas vivas que se movem sobre a terra" – fortalece a tendência geral expressa na separação entre a descrição do corpo humano e de suas almas não racionais e a descrição da criação de sua "alma da vida" (*nishmat ḥayyim*). No relato dessa criação, a Escritura também só faz menção a coisas sobre as qualidades de sua alma inferior: frutificação e proliferação são qualidades da alma apetitiva, identificada com a alma vegetativa, enquanto a dominação sobre as outras criaturas vivas pertence às qualidades da alma animal[30]. Essa bênção não menciona quaisquer qualidades da alma reflexiva (*nafshó ha-hogá*), "tais como a sabedoria, o entendimento, o temor aos Céus e a observância dos mandamentos, por cujos meios o homem adquire a vida do Mundo Vindouro" (III, p. 55)[31].

A Interpretação da Corporeidade de Deus no Relato da Criação do Homem

A INTERPRETAÇÃO DE "À NOSSA IMAGEM" E A FUNDAMENTAÇÃO DA IDEIA DA SINGULARIDADE HUMANA

Outro problema exegético de que se ocuparam todos os exegetas da Bíblia, incluindo Bar Ḥiyya, é o da corporificação de Deus. Os versículos 26-27 do Gênesis 1 estão entre os versículos mais antropomórficos de toda a Bíblia. Uma leitura literal desses versículos parece sugerir que o homem é similar a Deus porque ele foi feito de acordo com o modelo divino, donde se segue que Deus possui uma forma física, similar à do ser humano. Muitos comentadores tentaram limitar o grau de corporificação de Deus, à qual se faz alusão pelo substantivo "imagem" (*ṣelem*), à similaridade dos seres humanos no plano espiritual apenas, afirmando que a palavra "imagem" não se refere à imagem física; consequentemente, seu uso não sugere uma corporificação física de Deus. Pelo contrário, simplesmente indica uma similaridade entre as qualidades da alma humana e as de Deus.

Como vimos, Bar Ḥiyya interpreta a palavra *ṣelem* em Gênesis 1 como uma referência ao corpo humano e às duas almas inferiores que nele residem. Por isso, enfrenta com todo o rigor a questão: existe uma corporificação física de Deus no Relato da Criação do Homem? Ele soluciona o problema por meio de uma discussão filológica da preposição *bet* e do sufixo pronominal na palavra "à nossa imagem".

Segundo Bar Ḥiyya, a letra *bet* na palavra *be-ṣalmenu*, "à nossa imagem", deve ser interpretada seguindo "a primeira regra entre as regras do *bet*"[32]. Assim, "Façamos o homem à nossa imagem" não significa que o homem possui uma figura de acordo com o modelo divino, a imagem de Deus e/ou dos anjos, mas que o homem foi feito "com" "a nossa imagem". Poder-se-ia, ainda assim, levantar a questão: a que a preposição *bet* se refere em "à nossa imagem"? Bar Ḥiyya explica: "À imagem que fizemos ou faremos. Isso é similar a um homem que fizesse uma forma ou imagem, chamando-a de 'minha forma' ou 'minha imagem' – aquela que fiz" (III, p. 52). O sufixo pronominal indica que a "imagem" foi feita por quem fala e somente nesse sentido pode alguém dizer que é sua. Logo, "Façamos o homem à nossa imagem" significa: façamos o homem com a imagem que fizemos. A finalidade dessas palavras, segundo Bar Ḥiyya, é enfatizar o fato de que o homem foi criado por Deus em um ato de criação direta e sem mediações: "E seu sentido é: façamos a imagem do homem com nossas mãos ou com nosso discurso e não por outros meios" (III, p. 52). "Façamos" significa que nós, e ninguém mais, faremos o homem com sua imagem, ou seja, com seu corpo, sua alma apetitiva e sua alma animal.

Bar Ḥiyya não explica o uso da forma plural na expressão "façamos" (*na'asé*) e em "nossa imagem" (*ṣalmenu*); sua paráfrase aí, "com nossas mãos", é também um tanto surpreendente, na medida em que a última palavra pertence ao grupo de palavras que possuem um significado corporificante e está propensa a ser entendida como alusão a uma compreensão antropomórfica de Deus e/ou dos anjos – decerto, não se trata de algo que Bar Ḥiyya desejasse conscientemente.

Vimos que, segundo a interpretação de Bar Ḥiyya, o Relato da Criação do Homem, por seu estilo e por sua própria estrutura, enfatiza a ideia básica da teoria sobre o homem que ele adotou, conforme a qual há uma total diferença entre o modo de existência da alma racional humana e o do corpo. Enquanto a alma racional é eterna *por sua própria natureza*, o corpo morre quando a "alma da vida" o deixa. Com efeito, segundo a interpretação de Bar Ḥiyya, Adão, o primeiro homem, se distinguia de todos os outros seres humanos que viveram ou viverão depois dele até o tempo da Redenção, porque ele era eterno em seu corpo, e não apenas em sua alma racional. Graças a essa interpretação, ele podia defender que esse estado original retornará no fim da história humana:

depois da ressurreição dos mortos no tempo da Redenção, o homem será mais uma vez imortal também em seu corpo.

Bar Ḥiyya ancora essa ideia, entre outras coisas, em sua interpretação da palavra "com nossa imagem" (*be-ṣalmenu*). Sua interpretação dessa palavra não apenas exclui a interpretação que antropomorfiza Deus mas também fornece um fundamento para a ideia da singularidade do homem em comparação aos demais nativos deste mundo inferior:

> Foi necessário a Escritura mencionar a imagem do homem a fim de que soubéssemos que, mesmo em relação ao corpo do homem, a nenhuma das outras coisas no mundo [inferior] foi permitido se beneficiar de sua criação do modo como Ele permitiu a todas as outras coisas criadas sobre a terra beneficiarem outra coisa qualquer (III, p. 52).

Enquanto todos os outros habitantes do mundo inferior foram criados indiretamente, por meio de um intermediário – os peixes e as outras criaturas marinhas foram criados pela intermediação da água; as bestas terrestres, os animais (segundo Gênesis 1:20, 24) e os pássaros (segundo Gênesis 2:19) foram criados pela intermediação da terra –, *mesmo o corpo do homem*, no que ele é similar às criaturas do mundo inferior, foi criado diretamente por Deus[33]. Bar Ḥiyya explica isso do seguinte modo:

> De modo que não ocorre ao coração de ninguém nem a seus pensamentos que haja algo no mundo que tenha o poder de auxiliar na criação da imagem humana, eles devem saber e reconhecer que, em relação à criação do homem, o Santo, abençoado seja Ele, por Sua santa palavra e pensamento puro, moldou sua imagem (*heṣlim 'et ṣalmó*) e pôs nervos em seu corpo, como está escrito, "Façamos o homem à Nossa imagem", o que comprova que a imagem e o corpo são obras de Deus (III, p. 54)[34].

A ênfase sobre a diferença profunda entre o modo da criação do corpo humano e o de todas as demais criaturas no mundo inferior prepara o terreno para sua afirmação de que, por isso, o homem pode ser eterno até em seu corpo.

Mais adiante em seu comentário, Bar Ḥiyya reforça a ideia de que o homem difere de todas as outras criaturas deste mundo inferior mesmo em seu corpo, explicando que essa diferença tem origem não só no *modo* da criação do homem, mas também no *material* do qual seu corpo foi feito: Deus escolheu e selecionou o pó do qual Ele formou o homem. Bar Ḥiyya infere essa ideia a partir da diferença estilística entre as descrições da criação, a partir da terra, do homem e das demais criaturas. A respeito do homem, afirma: "E o Senhor Deus formou o homem do pó do solo" (Gênesis 2:7), isto é, do pó que foi "escolhido e conhecido" (III, p. 60), ao passo que, a respeito das demais criaturas vivas, declara: "E o Senhor Deus formou do solo" (Gênesis 2:19), isto é, "sem escolher e selecionar" (III, p. 60). Disso, Bar Ḥiyya conclui que Gênesis 2:7 pretende

> Tornar claro e próximo ao nosso pensamento o fato de que o Próprio Santo, abençoado seja Ele, selecionou o melhor e seleto pó a partir do qual formar o homem, porque esse pó era distinto da terra da qual foram feitos os demais animais, a fim de que esse pó selecionado e escolhido pudesse ser reconhecido e conhecido no futuro, que no tempo da ressurreição dos mortos ele será revestido com a mesma forma e a mesma alma racional com que fora revestido anteriormente (III, p. 60).

A INTERPRETAÇÃO DE "À SUA IMAGEM" E "À IMAGEM DE DEUS ELE O CRIOU"

Um problema exegético semelhante ao que se acha no versículo 26 concernente à palavra "à nossa imagem" (*be-ṣalmenu*) é apresentado pela palavra "à Sua imagem" (*be-ṣalmó*) no versículo 27 e pela expressão "à imagem de Deus Ele o criou". O pronome possessivo presente na expressão "à Sua imagem" (*be-ṣalmó*) e a união de "Deus" com "à Sua imagem" indicam aparentemente que o homem foi criado à imagem de Deus, sugerindo, com isso, a corporificação de Deus. Bar Ḥiyya soluciona o problema explicando que o pronome possessivo presente na palavra "à *sua* imagem" se refere ao homem, e não a Deus. Deus criou o homem *à imagem do homem*. A presença da letra *bet* ("a") na expressão "à sua imagem" deve ser entendida do mesmo modo como na expressão *be-ṣalmenu* ("à nossa imagem") – isto é, no sentido de "com", ou seja, Deus criou o homem com "seus poderes corpóreos, que pertencem à matéria e ao corpo" (III, p. 55). Ao interpretar a segunda metade do versículo 27, Bar Ḥiyya utiliza uma pontuação diferente da que é geralmente aceita para esse versículo. Ele lê: "À imagem, Deus o criou" (isto é, com uma vírgula depois da palavra "imagem"). Assim, deve-se entender que a frase tem "o propósito de nos contar que o Santo, abençoado seja Ele, modelou sua imagem (isto é, o corpo), e não por outra coisa qualquer" (III, p. 55). Essa parte do versículo reitera, portanto, a ideia da criação direta, já expressa no versículo 26. Contudo, enquanto o versículo 26 fala somente da intenção Divina de criar a *imagem* do homem por meio da criação direta, o versículo 27 fala da execução desse plano.

A INTERPRETAÇÃO DE "CONFORME A NOSSA SEMELHANÇA"

O problema da corporificação de Deus é igualmente levantado pela palavra "conforme a nossa semelhança" (*ki-demutenu*). Como vimos, Bar Ḥiyya interpreta "à nossa semelhança" como uma referência à alma racional do ser humano, em cujas qualidades o homem se assemelha a Deus, de preferência à sua forma física. Resta, assim, certa semelhança no domínio espiritual entre o homem e Deus – uma semelhança que Bar Ḥiyya procura reduzir na medida do possível. Sua interpretação de "conforme a nossa semelhança" baseia-se em uma discussão linguística no eixo semântico filosófico. Segundo ele, o *kaf* de comparação (isto é, a preposição hebraica análoga a "conforme" ou "como" que denota similaridade entre coisas) *ke* ("como") indica "a predominância de uma coisa sobre outra" (III, p. 54). Com efeito, de acordo com as teorias da poética aceitas em seu tempo, "é bem sabido que o objeto do símile não é completamente idêntico ao símile em todos os aspectos, tampouco o poder de um é como o do outro" (III, p. 54). Assim, não há uma identidade completa entre o símile e o objeto de que o símile é tal. Precisamos entender, portanto, que não há semelhança total entre Deus e a alma racional do ser humano relativamente a Suas qualidades de sabedoria e capacidade de dominar e que permanece um enorme hiato entre eles. Bar Ḥiyya não desenvolve maiores explicações sobre a natureza e as consequências desse hiato.

Bar Ḥiyya tenta superar o problema levantado pela similaridade ou semelhança entre Deus e o homem sugerida pela palavra "à nossa semelhança" por uma via suplementar: explicando o significado do *kaf* de comparação no léxico bíblico. Ele observa que, em vários versículos, a Bíblia emprega o *kaf* de comparação para descrever um tema determinado em linguagem poética e que, em outros, o mesmo tema é descrito de modo prosaico. Observa também que, na linguagem poética, o *kaf* de comparação é usado para indicar a semelhança entre duas coisas, ainda que o seja como hipérbole, quando se deseja enfatizar determinado assunto[35]. Segue-se disso que também em Gênesis 1:26 o uso do *kaf* de comparação deve ser visto como uma forma de hipérbole; não há semelhança efetiva entre as qualidades de Deus e as pertencentes à alma racional humana. Mais uma vez, Bar Ḥiyya não se pergunta sobre a natureza e os limites da similaridade entre Deus e a alma racional humana de acordo com essa interpretação[36].

A Interpretação de Gênesis 5:1

Quando a Bíblia resume a descrição da criação do homem em Gênesis 5:1, inclui, em um versículo, o que foi anteriormente descrito em dois capítulos diferentes, dizendo: "Este é o livro das gerações do homem; no dia em que o Senhor Deus criou o homem, Ele o fez à semelhança de Deus". Os verbos "criar" e "fazer" aparecem um após o outro nesse versículo. Assim, seu sentido é que "[Deus] o criou primeiramente *em potência* e, depois, o concretizou em ato" (II, p. 15). O acabamento do homem, sua "concretização em ato", foi levado a cabo por meio da ação de lhe insuflar sua alma racional (*neshamá*), sua "alma reflexiva (*hogá*) e racional (*dabranit*)", tal como indicado pelo vocábulo "semelhança". "Ele o fez à semelhança de Deus" é entendido por Bar Ḥiyya da seguinte maneira: "O Santo, abençoado seja Ele, insuflou uma 'alma da vida' (*nishmat ḥayyim*) pura em Adão e em relação a essa alma (*neshamá*) ele era similar aos anjos, como está escrito, 'Ele o fez à semelhança de Deus'" (III, p. 72). Desse modo, Bar Ḥiyya entende que a palavra *'Elohim* (geralmente traduzida por "Deus") se refere aos anjos. O homem foi feito à semelhança dos anjos, que são criaturas do mundo superior. Como vimos igualmente em Gênesis 1:26, a palavra *ki-demutenu*, "à nossa semelhança", refere-se à alma racional do homem. Há, porém, uma diferença estilística entre esses dois versículos: em Gênesis 1:26, é dito *ki-demutenu*, "conforme a nossa semelhança", enquanto em Gênesis 5:1, é dito *bi-demut 'elohim*, "à semelhança de Deus [ou 'os anjos']". Bar Ḥiyya explicou essa diferença estilística dizendo:

> Mediante [o uso d]a letra *bet* ("a"), de preferência à letra *kaf* ("como"), tal como foi dito no tempo de sua criação, "à nossa imagem, conforme a nossa semelhança", porque é usada aqui para explicar a matéria por meio da qual a feitura do homem foi concluída e a definição de sua forma foi determinada, e esta foi a alma (*neshamá*) que lhe foi insuflada em relação à qual ele é similar aos anjos e que o distingue dos demais animais; ou seja, em relação às qualidades segundo as quais ele é similar a Deus, pelas quais sua feitura foi concluída (III, p. 62).

Evidentemente, Bar Ḥiyya entende aí que a letra *bet* na palavra "à [Sua] semelhança" é similar à *bet* de "à nossa imagem", isto é, "com" sua semelhança. Em outras palavras, Deus criou o homem junto com sua alma racional, que é sua forma.

O Relato da Criação do Homem Como Relato da História Humana

A interpretação do Relato da Criação do Homem que acabamos de examinar é construída sobre a suposição *a priori* de que Gênesis 1 é um *relato histórico*: relata a criação de Adão e a estrutura de sua alma, enfatizando a distinção platônica entre as almas não racionais e sua alma racional. No entanto, Bar Ḥiyya sugere ainda outra interpretação possível de Gênesis 1:26. Esse versículo fala não de Adão, o primeiro homem, mas da humanidade como um todo. Seu propósito é

> nos contar que todas as gerações que estavam para ser criadas em potência e ser concretizadas na realidade, dos Seis Dias da Criação até o Fim do mundo como um todo, estavam no santo pensamento [de Deus], surgiram e estavam presentes em potência diante do Onipresente (III, p. 54).

O acabamento sobre o qual se fala no versículo 26 e ao qual se refere o verbo "façamos" (*na'asé*) é, pois, o acabamento da criação de todas as gerações da raça humana que virão à existência até o fim da história humana. Com essa interpretação, Bar Ḥiyya não está reinterpretando a expressão "à nossa imagem e à nossa semelhança". É possível que essa interpretação se refira ao fato de que a distinção feita entre a parte racional do homem e sua parte irracional é um componente da estrutura do ser humano em geral, a estrutura de todos os seres humanos de todas as futuras gerações. Por essa razão, dever-se-ia acrescentar a esta a interpretação da expressão "à nossa imagem, conforme a nossa semelhança" tal como apresentada anteriormente. Se essa é, de fato, a linha de pensamento de Bar Ḥiyya, então ele já considerava, antes mesmo de Maimônides, o Relato da Criação do Homem como uma antropologia filosófica.

Bar Ḥiyya derivou essa interpretação que acabamos de apresentar sobre Gênesis 1:26 de uma *peculiaridade estilística* desse versículo. No começo do versículo, Adão é citado no singular, "façamos *o homem*" (*'adam*), ao passo que em seu fim é citado no plural, "e que *eles* tenham domínio sobre os peixes do mar [...]". Dado que uma das suposições *a priori* de Bar Ḥiyya, em sua interpretação da Bíblia, é que toda interpretação deve obedecer às leis da língua hebraica, deve-se entender a palavra *'adam* ("Adão" ou "homem"), no começo do relato, como alusão não a um indivíduo, mas a muitos seres humanos. Segue-se disso que o versículo se refere a todos os seres humanos cuja existência será concretizada no decurso de toda a história humana. É preciso reiterar aqui que Abraão bar Ḥiyya aceita a possibilidade de várias interpretações simultaneamente corretas do mesmo versículo. Portanto, essa interpretação não exclui a primeira do Relato da Criação de Adão, de acordo com a qual se trata de um único homem, Adão, a despeito de tal interpretação deixar sem explicação a peculiaridade estilística que serviu de pretexto para essa última. Bar Ḥiyya não busca uma interpretação completa e consistente a qualquer preço. Ele recorre a vários elementos dos versículos que interpreta, a cada vez seguindo a necessidade exegética imediata a fim de encontrar sentidos adicionais do mesmo texto.

A Imortalidade de Adão

A intenção de Bar Ḥiyya, em sua interpretação do Relato da Criação do Homem e do Relato do Jardim do Éden, era, como dissemos, reforçar, por meio do texto bíblico, a crença na ressurreição dos mortos no tempo da Redenção. A interpretação da criação do homem que acabamos de examinar abre o caminho. De acordo com essa interpretação, o homem foi criado a partir de dois elementos heterogêneos – o corpo e as almas a ele ligadas e a alma racional. A alma racional do homem é imortal por sua própria natureza, enquanto seu corpo difere dos corpos de todas as demais criaturas do mundo inferior e se assemelha a ela em relação ao modo de sua criação – apenas o corpo do homem foi criado diretamente por Deus, e Deus até escolheu cuidadosamente o material para sua criação.

A ideia central de sua interpretação é fundada por Bar Ḥiyya especificamente em um versículo que, à primeira vista, parece estéril de um ponto de vista exegético, a saber, Gênesis 1:29, a bênção de Deus a Adão e Eva: "E disse Deus: Eis que vos dei toda planta que produz semente, que está sobre a face de toda a terra, e toda árvore com semente em seu fruto; tal será o vosso alimento". Ele interpreta esse versículo recorrendo simultaneamente ao eixo semântico filosófico e ao eixo semântico escatológico.

Em sua interpretação da última parte do versículo 26, Bar Ḥiyya observa que o princípio aristotélico, "o princípio do pensamento é o fim da ação" (III, p. 52), diz respeito não apenas ao acabamento da criação de Adão, o primeiro homem, e à disposição de sua alma racional, que é sua forma, em seu corpo, mas também ao acabamento da criação de todas as futuras gerações cuja existência surgiu no pensamento divino. Sua interpretação do versículo 29 é, com efeito, a continuação dessa interpretação. O versículo 29 discorre sobre o fim do pensamento divino, que, conforme o supracitado princípio aristotélico, foi o princípio da ação: "E seu fim consiste em que estará no interior de seu corpo, e sua alma vive e existe neste mundo, e ele não experimentará a morte" (III, p. 55). Em outras palavras, após sua criação, o homem será eterno não apenas em sua alma mas também em seu corpo. Uma vez que Bar Ḥiyya adota aí o eixo semântico escatológico, ele entende que o versículo tem o propósito de ensinar que "esse pensamento será concluído e concretizado em seu interior [no interior do homem] igualmente no futuro vindouro" (III, p. 55). É possível que Bar Ḥiyya interprete as coisas aí de modo ligeiramente diferente e que a palavra "seu fim" signifique não o fim último do pensamento, mas o fim do "princípio" do pensamento – ou seja, o fim da ideia de seu fim: o fim último das futuras gerações de seres humanos consiste em que haverá seres humanos que ressuscitarão no tempo do Messias e não mais morrerão. Por isso, ele diz que "esse pensamento será concluído e cumprido em seu interior no futuro". Em outras palavras, o "princípio" do pensamento será "o fim da ação".

Em sua interpretação do versículo 29, Bar Ḥiyya se apoia em uma *mudança estilística* na descrição da vegetação produtora de sementes em Gênesis 1. No versículo 11, as plantas produtoras de sementes são caracterizadas pelas expressões *mazri'a zera'* ("que produz semente") e *asher zar'o bo* ("contendo em si a sua semente"); e são descritas "plantas que produzam semente" e "árvores frutíferas que deem fruto contendo em si a sua semente". No versículo 29, ao contrário, elas são caracterizadas pela expressão *zore'a zera'* – literalmente, "que semeia semente", em que se afirmam "toda planta que semeia semente [...] e toda árvore com semente em seu fruto". Ademais, o contexto em que essas duas descrições aparecem também é diferente: o versículo 11 fala da *criação* da vegetação, ao passo que o versículo 29 fala sobre o uso a que o homem submeterá essas plantas, qual seja, comê-las. Bar Ḥiyya explica, portanto, que a descrição dos tipos de vegetação no versículo 11 se baseia em sua classificação botânica – a criação de cada grupo de plantas produtoras de sementes é descrita ali. "Que produz semente" significa "que este tipo de vegetação libera sua semente e a semeia e não a renova em seu interior" (III,

p. 56), enquanto "com semente em seu fruto" se refere àquelas "cuja semente é uma geração que resulta de si mesma" (III, p. 56). No versículo 29, o texto não repete a caracterização da vegetação de acordo com seu modo de reprodução, mas explica o que lhe acontece quando o homem a come. A expressão "que produz semente" tem a finalidade de informar "que ela repõe no corpo aquilo que falta em sua matéria e em sua forma, como um homem que semeia semente para adquirir semente similar" (III, p. 55). Ou "que ela mesma (isto é, a vegetação ou árvore que é ingerida) é transformada e muda a forma do órgão que obtém benefício dela" (III, p. 56). A descrição da vegetação no versículo 29 nos dá também uma lição de fisiologia humana: "que seu alimento (isto é, o do homem) substitui a ausência daquilo que se troca todos os dias em seu corpo a fim de que ele não seja acometido de fraqueza ou velhice" (III, p. 55).

Sua interpretação da expressão "que produz semente" se baseia em uma teoria fisiológica difundida pelo médico do segundo século Galeno, que ele adapta às suas próprias necessidades. No começo da terceira seção de *Sefer Megillat ha-Megallé*, Bar Ḥiyya cita uma obra de Galeno não mais existente[37]. Nessa obra, Galeno contesta a declaração de "um dos sábios entre os médicos" segundo a qual alguém poderia ser salvo da morte causada pela velhice por meio da ciência da medicina e da conduta apropriada do corpo, particularmente por meio de uma nutrição correta. Galeno ridiculariza as palavras desse médico argumentando que derivam de sua falta de conhecimento sobre o funcionamento do corpo humano e a causa da mortalidade humana. Ele explica que a morte natural dos seres humanos é causada pelo ressecamento das umidades de seu corpo, resultante, por um lado, do aquecimento provocado pelo calor interno natural do corpo e, por outro, do ar que o envolve. Uma vez que as umidades são o que mantém unidos os órgãos do corpo humano, sua perda causa a degeneração deles. Esse processo de perda das umidades é constante e gradativo e só pode ser parcialmente corrigido por uma nutrição apropriada. O alimento que introduzimos em nossos corpos é transformado nos vários tipos de umidade que cada um dos órgãos do corpo perdeu, e assim a unidade do corpo humano é conservada. Segundo Galeno, um poder especial da alma conhecido como *a força de transformação* (*ha-koaḥ ha-memir*) é responsável por esse processo de troca. No entanto, essa força é incapaz de compensar completamente a perda de umidades do corpo. Às vezes, ela transforma alimentos que são prejudiciais aos órgãos e, às vezes, altera menos do que é necessário para repor o que foi perdido. Por isso, um processo constante de deterioração e declínio ocorre no interior do ser humano – ou seja, o processo de envelhecimento que termina na morte inevitável – ao longo de toda a sua vida. A medicina pode auxiliar o poder de transformação e evitar algumas das doenças do corpo que são causadas pelos processos prejudiciais de transformação, mas não pode evitar completamente o processo de deterioração em geral e, por essa razão, é incapaz de evitar a morte do homem por causa da velhice. Bar Ḥiyya cita Galeno, que diz:

> Se o homem fosse capaz de restaurar a umidade que seu corpo perdera, em forma e quantidade apropriadas, nem mais nem menos [do que perdera], o homem não morreria [...]. Mas, neste momento, no qual a força transformativa não tem esse poder, mas, às vezes, acrescenta e, às vezes, perde sem a medida apropriada, suas palavras (isto é, as do médico que Galeno estava criticando) são apenas futilidades (III, p. 60)[38].

Após o fim de sua citação de Galeno, Bar Ḥiyya comenta: "E agora é possível ver a partir delas que, se o Santo, abençoado seja Ele, forçasse o poder transformativo no ser humano e lhe desse a força completa apropriada, o homem seria imortal neste mundo" (III, p. 60). Com essas palavras, Bar Ḥiyya prepara o terreno para sua interpretação de Gênesis 1:29 e do Relato do Jardim do Éden.

A ideia expressa no versículo 29, de acordo com a interpretação de Bar Ḥiyya, é que o homem foi originalmente criado como imortal e que ele voltará a sê-lo no Fim dos Dias, depois da ressurreição dos mortos, que acontecerá após a vinda do Messias. Ele baseia essa ideia nos *tempos verbais* empregados nesse versículo, em cujo começo se afirma no pretérito "eis que vos dei"; trata-se aqui, portanto, de "uma ação que passou ou que foi realizada imediatamente quando tudo isso foi posto diante deles e entregue em suas mãos no versículo sobre a bênção pela qual foram abençoados [...]" (III, p. 56). O fim do versículo, contudo, é expresso no futuro, "tal *será* o vosso alimento". Se o fim do versículo se referisse ao mesmo evento passado, ele deveria ter sido também expresso no pretérito ou no presente: "E poderia ter dito 'Eu vos dei para comer' ou 'tal é o vosso alimento', a partir do que entenderíamos que este era seu alimento desde o tempo de sua criação" (III, p. 56). O futuro é utilizado, portanto, para significar, na opinião de Bar Ḥiyya, "que Ele faz uma promessa acerca dessa coisa para o futuro que está por vir", e esse futuro sobre o qual se fala é o fim dos dias.

Bar Ḥiyya corrobora essa interpretação por meio da similaridade de conteúdos existente entre o versículo seguinte, o versículo 30, que continua o assunto do versículo 29, e a visão do fim dos dias em Isaías. Lê-se no versículo 30: "E a toda besta da terra, e a todo pássaro do ar, e a tudo o que rasteja sobre a terra, a tudo que tem o hálito da vida eu dei toda planta verde como alimento". Aí também Bar Ḥiyya entende "para comer" como no versículo 29, "será o alimento", donde se segue que, no fim dos dias, as bestas da terra e os pássaros do céu serão vegetarianos. Na verdade, essa descrição corresponde à do fim dos dias presente em Isaías 11:7: "A vaca e a ursa pastarão juntas [...]; o leão comerá palha como o boi". Resulta disso que os versículos 29-30 falam igualmente do fim dos dias, quando todas as bestas selvagens serão vegetarianas. Bar Ḥiyya infere a condição do homem a partir da expressão "que produz semente" no versículo 29:

> E, naquele tempo, o Santo, abençoado seja Ele, fortalecerá a força transformativa no interior do homem, de modo que ele transformará seu alimento e o preparará e aqui não sobrará nenhuma matéria desperdiçada nem nenhum resíduo, mas restituí-lo-á à forma da coisa perdida de cada órgão e em sua medida apropriada, nem menos nem mais (III, p. 56)[39].

Essa condição de imortalidade já foi a sorte do primeiro homem [Adão], como indicado pelo verbo "Eu dei", expresso no pretérito: "E, acerca dessa questão, esse era o poder do primeiro homem antes de ter pecado" (III, p. 56). O primeiro homem perdeu sua imortalidade por causa do pecado que cometeu no Jardim do Éden; entretanto, ser-lhe-á restituída no fim da história humana, no Fim dos Dias. Essa explicação exige que Bar Ḥiyya amplie sua exegese de modo que inclua nela sua interpretação do Relato do Jardim do Éden a fim de explicar como a humanidade perdeu sua capacidade para viver eternamente.

Sobre essa questão, devemos assinalar que Bar Ḥiyya explica a imortalidade humana não como um "milagre" que viola as leis da natureza a ser realizado no Fim dos Dias, mas como um "milagre" ou um fenômeno maravilhoso baseado nas próprias leis da natureza e explicável pelas teorias fisiológicas que eram aceitas em sua época. Deus não mudou nem mudará de modo algum a natureza do corpo humano; no futuro escatológico, Ele simplesmente fortalecerá uma força já existente em seu interior, pela qual a vida eterna será concedida ao homem. Na verdade, Bar Ḥiyya aplica aí sua perspectiva básica acerca da relação entre revelação e intelecto. Como vimos, Bar Ḥiyya considera que o homem é incapaz de entender inteiramente a ordem do universo com base apenas em seu intelecto e em sua experiência cotidiana, mas necessita da revelação para completar seu conhecimento. A Bíblia mostra que a situação hipotética mencionada por Galeno aconteceu de fato no começo da história humana e voltará a existir em seu fim, de acordo com um plano divino sabido e estabelecido que era conhecido desde o início. Os homens sábios da ciência e da medicina, que tiveram experiência somente de uma parte da história humana – a saber, a condição da humanidade depois do pecado do Jardim do Éden e antes da ressurreição dos mortos –, seriam incapazes de imaginar a possibilidade da imortalidade humana, e, por essa razão, as pessoas do sul da França e da Espanha cristã que seguiram o mesmo caminho na época de Bar Ḥiyya negaram a ressurreição dos mortos no tempo da Redenção.

A Interpretação do Relato do Jardim do Éden

A interpretação de Bar Ḥiyya do Relato do Jardim do Éden segue linhas exegéticas similares às características de sua interpretação do Relato da Criação do Homem. Como o da Criação do Homem, o Relato do Jardim do Éden diz respeito a um evento histórico: o relato do pecado de Adão e Eva no começo da história humana. No entanto, é também um relato sobre o ser humano em geral, seu comportamento ético-religioso e sua recompensa no mundo vindouro.

O Relato do Jardim do Éden Como Relato de um Evento Histórico

A ÁRVORE DO CONHECIMENTO E O PECADO DE ADÃO E EVA

Um dos problemas centrais de que se ocupam os comentadores do Relato do Jardim do Éden é a falta de consistência na descrição das duas árvores das quais depende o destino do homem e às quais Gênesis 2:9 alude como duas árvores especiais que crescem no centro do Jardim: a Árvore da Vida e a Árvore do Conhecimento. No entanto, nos versículos 16-17 desse capítulo, apenas a Árvore do Conhecimento é citada, e ela sozinha é suficiente para testar o homem. O mesmo sucede no capítulo 3, com exceção dos versículos 22 e 24, que só menciona a Árvore do Conhecimento. A Árvore da Vida, que não desempenha nenhum papel específico no relato até esse ponto, reaparece nos versículos 22 e 24, o que provoca surpresa: de acordo com Gênesis 2:17, a única árvore da qual o homem não tinha permissão para comer era a Árvore do Conhecimento, ao passo que, de acordo com o que é afirmado em 3:22, 24,

Deus tem receio de que o homem venha a comer também da Árvore da Vida. Devemos entender a partir disso que, antes de seu pecado, Adão tinha permissão para comer da Árvore da Vida e que, somente depois, Deus não desejou que isso acontecesse[40]?

Bar Ḥiyya responde a esse complexo de problemas exegéticos pondo em ação seu pressuposto exegético básico, segundo o qual o Relato do Jardim do Éden ocorre em dois planos de sentido. O relato da ação de comer da Árvore do Conhecimento é entendido como relato de um evento histórico – o pecado de Adão e Eva; enquanto tudo o que pertence à Árvore da Vida está relacionado ao destino humano em geral e é um capítulo de sua doutrina antropológica.

Há também toda uma série de problemas exegéticos concernentes à função da Árvore do Conhecimento no Relato do Jardim do Éden. O "conhecimento do bem e do mal" é entendido pela maioria dos exegetas como distinção ética ou juízo ético. A interpretação mais amplamente aceita desse "conhecimento" defende que a Árvore do Conhecimento permite que o homem adquira discernimento ético. Todavia, essa interpretação levanta dois problemas difíceis: 1) se a ação de comer da Árvore do Conhecimento dá ao homem discernimento ético, por que Deus proíbe Adão de comê-la? Por que Deus deseja negar ao homem a capacidade de discernimento ético? 2) O próprio fato da proibição de comer da Árvore do Conhecimento não supõe que o homem já possuía discernimento ético? Caso contrário, como é possível dar uma ordem a alguém que não discerne ainda o bem do mal, o que é apropriado fazer do que é impróprio fazer? Se, na verdade, é sabido que o homem possuía discernimento ético antes de ser ordenado a não comer da Árvore do Conhecimento, pode-se perguntar: o que teria ele a ganhar comendo da Árvore do Conhecimento?

As dificuldades exegéticas se tornam ainda maiores mais adiante no relato: Deus explica a Adão que comer da Árvore do Conhecimento acentuará o grau de semelhança entre os que lá comerem e Deus – ao menos, de acordo com a interpretação mais difundida da "Árvore do Conhecimento do Bem e do Mal" – no sentido de se lhe assemelharem em Sua capacidade de discernimento ético: "[...] sereis como Deus, conhecendo o bem e o mal" (Gênesis 3:5). Assim, Deus é representado como alguém que deseja negar ao homem a capacidade de discernimento ético a fim de que não se assemelhe a Ele. De fato, segundo Gênesis 3, Adão e Eva não morreram imediatamente após comerem da Árvore do Conhecimento como a serpente lhes havia dito anteriormente, mas adquiriram a noção de vergonha por causa de sua nudez. Neste ponto, cabe perfeitamente a seguinte questão: como se deve entender a aquisição desse novo conhecimento? Deve-se tomá-lo como o começo ou o símbolo de um novo modo de compreender o mundo? Ou, pelo contrário, deve-se tomá-lo, talvez, como uma informação sem importância, frustrante, que não satisfez as expectativas dos dois quando comeram da Árvore do Conhecimento? Eles não adquiriram um conhecimento que os aproximasse da semelhança com Deus, mas simplesmente a vergonha em relação à própria nudez. A conclusão do relato pareceria confirmar as palavras da serpente: "E o Senhor Deus disse: Eis que o homem se tornou como um de nós, conhecendo o bem e o mal; agora, que ele não estenda a sua mão e tome também da Árvore da Vida, e coma e viva eternamente" (Gênesis 3:22). A serpente estava certa: a humanidade havia adquirido discernimento ético e por meio dele veio a se assemelhar a Deus em Suas qualidades éticas, mas não era ainda similar a Ele a ponto de ser imortal. Deus teme que o homem adquira também a vida eterna e se assemelhe a Ele nisso e, por essa razão, expulsa Adão do Jardim do Éden[41].

Esse complexo conjunto de problemas é solucionado por Bar Ḥiyya com a ajuda de vários princípios exegéticos. O mais interessante entre eles é sua interpretação da palavra "conhecimento" (*da'at*), que aparece várias vezes no Relato do Jardim do Éden. Segundo Bar Ḥiyya, conhecimento é uma palavra ambígua, com dois sentidos básicos: por um lado, afetabilidade corpórea, sensação, impressão – ou, em sua língua, *ḥashashá*; e, por outro lado, "conhecimento e entendimento". Com base nesses dois sentidos da palavra *da'at*, a expressão *da'at ṭov ve-ra'*, "conhecimento do bem e do mal", pode referir-se à sensação de coisas boas e más ou à discriminação ética entre o bem e o mal e ao conhecimento das coisas boas e más que ocorrerão no futuro.

Bar Ḥiyya reforça a primeira interpretação da palavra *da'at*, conhecimento, pelo uso do léxico bíblico. Ele encontra a palavra *da'at* empregada no sentido de afetabilidade corpórea, sensação ou sentimento em Juízes 8:16, em que se afirma a respeito de Gideão, em seu combate em Sucote: "E ele ensinou (*va-yodá'*) [através dos espinhos e abrolhos do deserto] aos homens de Sucote". Bar Ḥiyya interpreta do seguinte modo: Gideão impôs que o povo de Sucote sentisse os golpes e picadas dos espinhos e cardos. Assim, a própria Bíblia utiliza o verbo *yado'a* no sentido de sentimento e recebimento da sensação por meio do corpo. Bar Ḥiyya não precisa corroborar o segundo sentido da palavra *da'at*, uma vez que seu uso no sentido de conhecimento é o sentido comum dicionarizado da palavra *da'at*, além de ser a interpretação dada pelos "antigos" à palavra *da'at* na expressão *'eṣ ha- da'at ṭov ve-ra'*, "a Árvore do Conhecimento". Como veremos a seguir, Bar Ḥiyya distingue entre estes dois sentidos de "conhecimento do bem e do mal": o de conhecimento ético, que é a acepção aceita pelos comentadores, e o de conhecimento das coisas boas e más que acontecerão aos seres humanos no futuro. No decorrer de sua interpretação, Bar Ḥiyya deduz esse sentido a partir do contexto das palavras "conhecimento do bem e do mal".

As ações das coisas sobre o corpo humano são opostas e seus resultados podem ser bons ou maus, tais como a saúde ou a doença, a vida ou a morte, e assim por diante. Em Gênesis 1:9, a palavra *da'at* possui, segundo a interpretação de Bar Ḥiyya, o sentido de afetabilidade corpórea, a Árvore do Conhecimento é uma árvore que faz que quem a coma seja afetado *em seu corpo* por coisas que lhe são externas. Bar Ḥiyya enfatiza os efeitos negativos: ela torna o corpo capaz de ser ferido, de estar sujeito a efeitos maus, incluindo a morte. Desse modo, a advertência de Deus a Adão de que ele morreria caso comesse da Árvore do Conhecimento é correta, pois o homem tornar-se-á, então, suscetível à morte como uma das formas do mal corpóreo existentes no mundo: "E a Árvore do Conhecimento do Bem e do Mal é a árvore que faz que quem a obtenha e a ela esteja ligado entenda e se preocupe com todas as diferentes mudanças que acontecem no mundo – a saber, o bem e o mal, a vida e a morte, e coisas similares" (p. 61). Essa explicação da Árvore do Conhecimento resolve a questão de saber como Deus pôde impor uma ordem ao homem antes que ele tivesse discernimento ético e por que Deus desejou negar ao homem a capacidade do discernimento ético pelo qual viria a se assemelhar a Ele. De acordo com essa interpretação de Bar Ḥiyya, a Árvore do Conhecimento não deu aos que comeram de seu fruto discernimento ético, mas algo completamente diferente: vulnerabilidade física ao mal.

Segundo a teoria da alma de Bar Ḥiyya, o discernimento ético é desempenhado pela "alma reflexiva e racional (*dabranit*)". Portanto, a criação do homem em sua perfeição, como uma criatura dotada de uma "alma da vida" (*nishmat ḥayyim*), isto é, uma alma racional, é simultaneamente identificada com sua criação como criatura possuidora de discernimento ético: "e não se pode dizer que Adão não conhecia a diferença entre o bem e o mal, pois o Santo, abençoado seja Ele, insuflou-lhe a 'alma da vida', pela qual completou sua forma, e através dela ele reflete e pensa (*hogé u-medaber*) e se distingue dos animais e bestas e é similar aos anjos" (p. 61). A semelhança com os anjos reside em sua capacidade de discernimento ético, mas não em sua sensação do bem e do mal, que pressupõe a existência do corpo. Foi apenas em relação a essa semelhança que o versículo presente em Gênesis 3:22 declara: "Eis que o homem se tornou como um de nós, conhecendo o bem e o mal". De modo similar, o fato de Deus ter advertido Adão de que não comesse da Árvore do Conhecimento indica que ele já possuía discernimento ético, pois não é plausível que Ele tivesse imposto ao homem ordens ou interdições se ele já não possuísse essa capacidade:

> E, se ele não reconhecia a diferença entre o bem e o mal, não conviria a ele receber essa interdição nem uma ordem pela qual seria punido ou digno de mérito [se ele a cumprisse], até que Ele pudesse lhe dizer "Coma" ou "Não coma". Pois o Santo, abençoado seja Ele, somente adverte ou ordena ou pune ou confere mérito àqueles que têm discernimento e entendem a diferença entre o bem e o mal, e essa questão é clara e conhecida por todo homem, não sendo necessário desenvolver maiores explicações a seu respeito (p. 61)[42].

A interpretação do pecado de Eva é baseada na asserção de que a serpente explorou deliberadamente a ambiguidade do termo *da'at* ("conhecimento") quando a tentou e enganou, bem como na interpretação do sentido da palavra *naḥash*, "serpente". O substantivo "serpente" (*naḥash*) é um termo simbólico, que indica a natureza da atividade da serpente, que envolvia má orientação e desencaminhamento. Entretanto, Bar Ḥiyya explica o significado preciso desse nome de dois modos diferentes: em um lugar, explica que a palavra *naḥash* é derivada do verbo *le-naḥesh*, "adivinhar", no sentido de "conhecer antecipadamente as coisas boas e más que acontecerão no futuro": "e em relação a isso ela foi nomeada *naḥash* (Serpente) porque desencaminhou a mulher envolvendo-a em vaticínio e adivinhação" (p. 62). Bar Ḥiyya interpreta, assim, *da'at* no sentido de conhecimento prévio das coisas boas e más que ocorrerão no futuro. De acordo com as palavras tentadoras da serpente, é esse o conhecimento que Adão e Eva adquirirão ao comerem da Árvore do Conhecimento.

A segunda explicação do termo *naḥash* é apresentada por Bar Ḥiyya em um estágio posterior de sua interpretação do relato do pecado de Adão no Jardim do Éden. Ao interpretar Gênesis 3:1, "E a serpente era astuta", ele escreve: "E sua astúcia foi derivada de seu nome. Seu nome era *naḥash*, e ela recomendou especular (*naḥesh*) sobre as palavras de Deus" (p. 65). A palavra *naḥash* deriva, portanto, segundo essa interpretação, de *le-naḥesh*, no sentido de "conjecturar, especular". A serpente recomendou que a mulher se esforçasse em entender o verdadeiro sentido das palavras de Deus[43].

Essas duas explicações do sentido da palavra *naḥash*, "serpente", não se contradizem e podem ser simultaneamente sustentadas. A astúcia da serpente residia na recomendação que ela deu à mulher para reexaminar a proibição divina de não comer da Árvore do Conhecimento e na verificação de que ela entendeu apropriadamente seu significado. Juntamente com Eva, a serpente reconstrói as palavras da advertência divina, dizendo-lhe: "Não disse Deus: 'Não comereis de todas as árvores do jardim [...]'?" (Gênesis 3:1). A mulher, sendo tentada, repete a proibição Divina, mas suas palavras são um pouco diferentes das que foram originalmente proferidas por Deus. Bar Ḥiyya, seguindo os Sábios[44], atribui importância a essas diferenças linguísticas considerando, em suas explicações das diferenças estilísticas, o fato de que cada uma delas possui um significado específico. As diferenças na formulação refletem a compreensão de Eva das palavras de Deus. A ideia básica subjacente a esse comentário é que Eva é extremamente precisa em sua expressão. Em Gênesis 2:16, é dito: "de toda árvore do Jardim certamente comerás (*'akol to'kel*)"; enquanto Eva disse: "do fruto das árvores do Jardim podemos comer". A variação em sua formulação se baseia no que está escrito em Gênesis 1:29, que especifica os tipos de árvore das quais Adão devia comer – árvores frutíferas que produzem semente. Ela diz: "do fruto da árvore que está no meio do Jardim". Ela não usa a expressão "a Árvore do Conhecimento", já que, de acordo com sua compreensão, "Árvore do Conhecimento" não é o nome da árvore. A palavra "conhecimento", em conjunção com "árvore", tem o único propósito de indicar que é proibido tocar essa árvore. Eva entendeu, portanto, conhecimento no sentido de sensação, afetabilidade corpórea, um sentido que Bar Ḥiyya amplia de modo que inclua o "toque". Por isso, ela traduz "conhecimento" por "não a tocareis" (p. 65). Em um estágio anterior de sua interpretação, Bar Ḥiyya explica que Eva entendeu "conhecimento" como "conhecimento do corpo, que é a sensação e o toque" (p. 62). Consequentemente, ela foi rigorosa consigo mesma e disse não apenas que era proibido comer da árvore, mas que mesmo tocá-la era proibido.

A serpente seduziu Eva interpretando a admoestação de Deus de modo diferente do dela. A princípio, a serpente lhe explica que ela não tinha entendido as palavras de Deus, porque compreendeu mal a palavra-chave *da'at*, "conhecimento". A palavra *da'at*, tal como utilizada por Deus em Sua admoestação, significa conhecimento "daquilo que ocorrerá no futuro, para o bem e para o mal" (p. 62), e não tem relação com a sensação ou o toque, tal como Eva havia entendido. A serpente diz, então, "e sereis como Deus, conhecendo o bem e o mal", no sentido de "conhecer o que ocorrerá no futuro para o bem e para o mal" (p. 62), por meio do vaticínio e da adivinhação.

Além disso, a serpente explica a Eva que ela se enganou em sua compreensão das palavras de Deus, "certamente morrerás (*mot tamut*)". Eva, ao reconstruir ou repetir as palavras de Deus, diz "para não morreres" em vez de "certamente morrerás", tal como nas palavras originais de Deus. A serpente entende que Eva expressa por meio disso seu receio de ser punida com a morte, porque ela compreende a morte como uma punição pela transgressão. A isso a serpente responde que "certamente não morrerás" – em outras palavras: "A tua morte não será a morte como consequência de uma punição, mas a morte tal como se verifica no caso de todas as criaturas vivas, e, por causa da morte, o homem terá necessidade de ti, e a morte da qual Ele falou não é uma punição pela ação de comer" (p. 66). Não há, portanto, nenhuma relação entre comer da Árvore do Conhecimento e a morte. O homem é mortal, como todas as demais criaturas, e, por isso, a mulher foi criada para que pudesse ter filhos e permitisse a continuidade da raça humana. Esse último é o argumento mais forte da serpente, pois fala com a mulher e lhe mostra que sua própria existência demonstra a correção de sua interpretação das palavras de Deus. Deus não queria que o homem soubesse antecipadamente as coisas que aconteceriam no futuro, tanto as boas quanto as más, e, por essa razão, proibiu-o de comer da Árvore do Conhecimento. Eva, tentada pela explicação da serpente, olha novamente para a árvore e vê que é similar em sua aparência a todas as demais árvores do jardim e que tinha "aparência agradável e era boa para se comer", assim como as demais árvores do jardim, a respeito das quais se diz em Gênesis 2:9: "[...] toda árvore que é agradável à vista e boa para alimento", Ela conclui a partir disso que a recomendação da serpente é sólida: "e a árvore era desejável para adquirir conhecimento". "Árvore" (*'eṣ*), de acordo com a interpretação de Bar Ḥiyya, é um termo ambíguo. Pode indicar um tipo específico de vegetação, mas pode também se referir a "recomendação" (*'eṣá*), como derivado da raiz *'uṣ*. Na segunda metade do versículo, a palavra *'eṣ* aparece com seu segundo sentido, o de recomendação ou conselho, pois, se não tivesse um sentido diferente, então não teria havido necessidade de repeti-la no sentido com que apareceu no começo do versículo; bastaria fazer-lhe referência com um pronome dizendo "e *ela* era desejável, para adquirir conhecimento". O conselho da serpente que foi dado a Eva foi que era "desejável para adquirir conhecimento". *Le-haskil*, "adquirir conhecimento", é entendido por Bar Ḥiyya como referência à aquisição do conhecimento prático, de preferência ao conhecimento teorético, para entender o bem e o mal que podem sobrevir a Adão e Eva provenientes das coisas que os cercam. Esse entendimento é adquirido por meio da astrologia e da adivinhação: "A experiência (*nisayon*)[45] e a adivinhação são úteis para adquirir conhecimento e para entender qualquer coisa" (p. 66).

O pecado de Eva, segundo Bar Ḥiyya, foi levado a cabo "no erro e na transgressão" (p. 62): "no erro", porque a serpente a enganou e a impeliu a interpretar a advertência de Deus incorretamente; "na transgressão", porque, ainda que ela tivesse compreendido a proibição incorretamente e pensado que comer da Árvore do Conhecimento não fosse provocar sua morte, ela deveria ter obedecido à ordem Divina como tal. O pecado de Eva foi, portanto, uma transgressão da ordem de Deus.

O resultado da ação de comer da Árvore do Conhecimento foi: "[...] e souberam que estavam nus" (Gênesis 3:7). Isso indica que a primeira interpretação dada por Eva à palavra *da'at* ("conhecimento") estava correta e que as palavras de Deus queriam dizer que comer da Árvore do Conhecimento tornaria Adão e Eva vulneráveis em seus corpos a várias coisas no mundo físico que os cercam. Bar Ḥiyya interpreta "e souberam" presente nesse versículo com o sentido de "sentiram". Adão e Eva sentiram que estavam nus quando sentiram o dano que as correntes de ar lhes causaram sobre seus corpos nus. Não adquiriram nenhum conhecimento novo, seja um conhecimento ético, seja um conhecimento do futuro. A fim de se protegerem contra danos, evidentemente contra o frio, eles coseram trajes para si feitos de folhas de figueira. Assim, Bar Ḥiyya elimina completamente do relato o elemento da vergonha. Ele fortalece sua própria interpretação alegando que, se a frase "e souberam" presente nesse versículo tivesse o sentido de "entenderam", então a Escritura deveria ter dito "e viram que estavam nus" (p. 66), porque "o entendimento da nudez se faz pela vista dos olhos" (p. 66).

É necessário ainda levantar a questão: como se deve entender o que é dito em Gênesis 3:22, "Eis que o homem se tornou (literalmente: "era") como um de nós, conhecendo o bem e o mal"? Bar Ḥiyya responde à questão recorrendo a uma análise gramatical: a palavra *hayá* ("era") aparece no versículo no pretérito, donde se segue que essas palavras fazem referência à condição de Adão e Eva anterior à ação de comer da Árvore do Conhecimento, e não depois desse fato. O homem foi criado com discernimento ético e como tal é similar aos anjos: "Originalmente, *antes de ele se desencaminhar*, o homem era semelhante a um anjo, conhecendo o bem e o mal" (p. 66).

A PUNIÇÃO DE ADÃO E EVA – A NEGAÇÃO DA VIDA ETERNA

A vida eterna foi negada a Adão e Eva como punição por seu pecado. Pelas palavras de Bar Ḥiyya, a impressão que se tem é que ele entende a história humana em geral e, portanto, também a biografia de Adão e Eva de modo determinista: o pecado e sua punição eram conhecidos por Deus antecipadamente e foram determinados por Ele como parte do plano divino geral para o mundo.

Segundo Bar Ḥiyya, a repetição do verbo *'akol* na frase "certamente comerás" (*'akol to'kel*), presente em Gênesis 2:16, refere-se a duas ações de comer das árvores do jardim, que se realizam em dois momentos diferentes: *'akol* (o infinitivo do verbo "comer") indica a *ação imediata de comer* da Árvore do Conhecimento por Adão e Eva, realizada "no erro e na transgressão", da qual resultou a punição decorrente do "certamente morrerás"; *t'okel* (o mesmo verbo no futuro) indica a ação de comer da Árvore da Vida no futuro, ou seja, a sobrevivência da alma do homem justo no mundo vindouro. Partindo dessa interpretação, tem-se a impressão de que a ação de comer da Árvore do Conhecimento, contrariamente à ordem divina, era de alguma forma conhecida por Deus desde o início.

As palavras "certamente morrerás (*mot tamut*)", presentes na advertência de Deus, podem ser interpretadas de dois modos: a) como a consequência natural da ação de comer da Árvore do Conhecimento, e não como uma punição por isso. Assim como uma pessoa que toca o fogo se queima, uma vez que a propriedade natural do fogo é queimar quem o toca; de modo similar, quem come da Árvore do Conhecimento morrerá, uma vez que essa é a qualidade natural dessa árvore, isto é, causar a morte de quem come de seu fruto. Foi nesse sentido que Eva entendeu a advertência de Deus, de acordo com a interpretação de Bar Ḥiyya, quando ela interpretou *da'at* como afecções do corpo por causa do bem e do mal. Consequentemente, a serpente não entendeu adequadamente suas palavras, "para não morreres", quando as interpretou como expressão de um receio da pena de morte; b) a morte é de fato uma punição pela ação de comer da Árvore do Conhecimento. A morte não é uma consequência natural da ação de comer, já que a Árvore do Conhecimento não detém quaisquer características prejudiciais. Deus impôs a morte ao homem, porque ele violou Sua ordem. Adão "foi punido com a morte, porque violou a ordem do Onipresente" (p. 62). A propósito dessa interpretação, Bar Ḥiyya diz: "E esta é a verdade, e, por essa razão, a Escritura repetiu o verbo *mot tamut* ('certamente morrerás')". As palavras tentadoras da serpente são, portanto, incorretas: o homem não é mortal em razão da sua própria criação como os demais animais neste mundo inferior; ele foi criado com a capacidade de viver eternamente mesmo em seu corpo, como Bar Ḥiyya explicou em sua interpretação de Gênesis 1:29, mas essa capacidade lhe foi negada como punição por sua violação da ordem de Deus[46].

A impressão de que Bar Ḥiyya aceita uma concepção determinista do destino humano é fortalecida quando lemos sua explicação da criação de Eva: "E, quando o Santo, abençoado seja Ele, disse 'Certamente morrerás' e Adão foi punido com a morte (isto é, a mortalidade), Ele imediatamente disse: 'Não é bom para o homem ficar sozinho', *porque a morte lhe foi decretada*; e, se ficará sozinho e morrerá, então a memória do homem será apagada do mundo [...]" (p. 63). Visto que "certamente comerás" já inclui em seu interior a certeza de que o homem pecará e "certamente morrerás", a certeza de que será punido com a morte, ou seja, com a negação da vida eterna, Deus tem que criar Eva como "uma ajudante para ele": "Que ela possa ajudá-lo a ter filhos que persistirão no mundo, similares a ele" (p. 63). A eternidade da espécie sucede, portanto, no lugar da eternidade do indivíduo. Por isso, a serpente estava certa quando disse a Eva: "e, por causa da morte, o homem terá necessidade de você" (p. 66); entretanto, a explicação de Bar Ḥiyya para esse fato é diferente daquela da serpente. A mulher não foi criada porque o homem era mortal desde o momento de sua criação, mas porque Deus sabia antecipadamente que ele pecaria e seria punido com a negação da vida eterna.

O ato de pecar é explicado por Bar Ḥiyya seguindo a mesma linha de raciocínio. Ele argumenta que a serpente tentou a mulher, e não o homem, "porque a corrupção que surgiu antes do Todo-Poderoso pela qual ambos se desencaminhariam fez que a mulher viesse ao mundo e, como consequência, que esse pecado viesse a acontecer por meio dela" (p. 65).

Por conseguinte, é preciso entender que, segundo Bar Ḥiyya, havia um plano divino determinado antecipadamente: o homem tinha a finalidade de pecar e ser punido por seu pecado com a negação da vida eterna, e, por essa razão, a mulher foi criada inicialmente a fim de facilitar a continuidade da espécie humana. De modo simbólico, deliberado, porque sua própria existência foi uma consequência do pecado, Eva foi também a causa do pecado. Ainda que o curso dos eventos estivesse determinado antecipadamente, a condição do pecado e sua punição não seriam anuladas: comer da Árvore do Conhecimento é uma *transgressão* da ordem de Deus, ainda que fosse uma transgressão da qual Deus tivesse conhecimento antecipado e fosse até determinada por Ele; e a anulação da vida eterna foi uma *punição* por essa transgressão, ainda que essa punição fosse conhecida e predeterminada por Deus. O pecado e sua punição foram ambos elos necessários na cadeia determinista de eventos.

Bar Ḥiyya obtém sua explicação da negação da vida eterna ao homem a partir de sua interpretação de Gênesis 2:21, "[...] e Ele tomou uma de suas costelas", recorrendo ao eixo semântico científico-filosófico. Aí, Bar Ḥiyya volta a uma ideia que já havia desenvolvido em sua interpretação de Gênesis 1:29, na esteira da fisiologia de Galeno, segundo a qual o alimento vegetal ingerido por Adão foi completamente transformado, logo após a ingestão, nas partes de seu corpo, que foram deterioradas graças à evaporação de suas umidades.

Desse modo, tanto o envelhecimento quanto a morte causada pela velhice foram evitados. Enquanto em suas exposições anteriores desse ponto de vista, Bar Ḥiyya falava somente de uma força responsável por esse processo, a força de transformação, ele faz, aí, uma distinção entre duas forças: "a força de transformação" (*koaḥ ha-hamará*) e "a força formativa" (*koaḥ ha-meṣayer*). A força transformativa, "que transforma a forma do alimento, mas não pode assimilá-lo ao que falta ao corpo" (p. 64), e a força formativa, "que mudaria o alimento em seu corpo na forma do que se deteriora em cada um dos órgãos" (p. 64). De acordo com o que Bar Ḥiyya afirma mais adiante em sua interpretação, torna-se claro que ele vê essas duas forças como dois níveis da mesma força: a força de transformação em seu estado mais completo, quando é reforçada, é capaz de provocar a transformação completa do alimento nas formas dos órgãos que faltam e, assim, é idêntica à "força formativa". No entanto, quando a "força formativa" está enfraquecida, "nada resta dessa força, a não ser a força de transformação" (p. 64)[47].

Ṣela' (geralmente, traduzida por "costela" ou "flanco"), em Gênesis 2:21, é explicada por Bar Ḥiyya como uma metáfora criada por analogia. A força formativa é uma das quatro forças que sustentam o corpo, ou seja, uma das quatro forças da força nutritiva da alma vegetativa. Sua relação com o corpo é como a da costela com o corpo, assim como é a da viga central de um edifício com o edifício. Donde é possível se referir a ela como "a viga central do corpo", por analogia. Assim, "e Ele tomou uma de suas costelas [flancos]" significa que Ele tomou uma das forças que sustentam o corpo, a saber, a força formativa. Segundo essa interpretação, Adão já possuía uma força formativa. Ele era capaz de transformar seu alimento, completamente, nas formas dos órgãos em seu corpo que estavam deteriorados e, por isso, não envelhecia e pôde antecipar a vida eterna. Após a criação da mulher, essa força foi tirada dele e dada a ela. Bar Ḥiyya interpreta "E Ele fechou a carne abaixo dela" com o sentido de que o homem recebeu o poder da fertilidade no lugar da força formativa que havia sido removida dele. De acordo com o léxico bíblico, a palavra *basar*, "carne", possui também o sentido de "semente" (*zera'*). Assim, os versículos "mas és meu osso e minha carne" (*'aḵ 'aṣmi u-vesari 'ata*; Gênesis 29:14) ou "a sua carne vaza (*rar besaró*) com seu corrimento" (Levítico 15:3) indicam que os "órgãos da geração no homem são denominados carne". Assim, em Gênesis 2:21, a palavra "carne" aparece, segundo a interpretação de Bar Ḥiyya, no sentido de sêmen.

"E o Senhor Deus tomou a costela/o flanco que Ele havia tirado do homem e disso fez (literalmente: "construiu") uma mulher" (Gênesis 2:22) refere-se à função da força formativa, que foi tirada do homem e dada à mulher. O versículo diz "e Ele construiu" (*va-yiven*), e não "Ele formou (*va-yeṣer*)" ou "Ele fez (*va-ya'as*)", porque a força formativa que foi tirada de Adão não atua no interior da mulher da mesma maneira como atuava anteriormente no interior do homem e não transforma completamente seu alimento nas formas de seus órgãos deteriorados, mas opera sobre o feto dentro de seu útero. A vida do feto no útero da mãe é conduzida conforme o mesmo princípio utilizado por Bar Ḥiyya para explicar a imortalidade de Adão: o sangue recebido pelo feto é seu alimento; é exatamente o que basta para ser transformado nas partes de seu corpo, assim como o alimento de Adão era transformado completamente nos órgãos de seu corpo que se encontravam deteriorados. No sangue, não há falta nem excesso; razão por que o feto, segundo Bar Ḥiyya, não tem quaisquer corrimentos ou matéria desperdiçada. O processo de transformação do sangue nos órgãos do corpo fetal é desempenhado pela "força formativa" que a mulher recebeu do homem e que atua no interior do feto enquanto estiver dentro do útero da mãe. Após deixar o útero, resta-lhe apenas a força de transformação, cujo poder de transformação é imperfeito; por isso, o homem está condenado à velhice e à morte causada pela velhice. A força formativa cuja atividade somos capazes de observar hoje em dia, depois do pecado do Jardim do Éden, é uma versão transformada da força formativa que existia em Adão, na qual a capacidade para a vida eterna "pessoal" foi transmutada na vida interna da espécie mediante sua atividade sobre o feto.

A PUNIÇÃO DA SERPENTE

A punição dada à serpente foi baseada no princípio da medida por medida: a serpente "reduziu" o sentido de seu nome, *naḥash*, que foi derivado da palavra *le-naḥesh*, "conjecturar, especular", no sentido de capacidade para "conjecturar" e "conhecer o futuro com o auxílio de vários sinais". "Mas ela derivou de seu nome sua recomendação enganadora" (p. 66), que foi, por um lado, tentar entender as palavras de Deus de modo diferente e, por outro, ocupar-se com adivinhação e astrologia a fim de conhecer as coisas boas e más que aconteceriam no futuro[48]. Consequentemente, ela foi punida com uma redução de sua estatura. Bar Ḥiyya aceita a concepção dos Sábios presente em Talmud Babilônico, Tratado Sotá 9b, a respeito da serpente primordial: "Eu disse que ela caminharia com a postura ereta e agora ela rastejará sobre seu ventre". Contudo, ele explica isso com base em sua interpretação do pecado do Jardim do Éden. A serpente tinha pensado que "a adivinhação poderia revelar a essência de todas as coisas". Portanto, com base no princípio da medida por medida, ela foi obrigada a rastejar sobre a "essência" do mundo inferior, a saber, sobre a terra: "Pois o pó e a terra são a raiz e a matéria das quais foram formados os corpos deste mundo. Do pó foi formado o homem, e da terra, as demais criaturas vivas" (p. 66); e foi também obrigada a comer dessa "essência": "comerás pó" (Gênesis 3:14). As últimas palavras de Deus são interpretadas por Bar Ḥiyya de modo irônico: "Vem, conjectura sobre o pó, se és capaz de entender com teus poderes de adivinhação a diferença entre o pó de que foi formado Adão e a terra de que foram formadas as demais criaturas da terra juntamente com a vegetação da terra". Em outras palavras: vê se teus poderes de adivinhação te levaram efetivamente a um entendimento da estrutura do mundo, se podes distinguir o pó selecionado do qual foi formado o homem do pó ordinário do qual foram formadas as demais criaturas vivas. "Todos os dias da tua vida" (Gênesis 3:14) refere-se também aos dias do Messias. Por conseguinte, igualmente, segundo a visão de Isaías do fim dos dias, "pó será o alimento da serpente" (Isaías 65:25) – a serpente continuará a comer pó.

O Relato do Jardim do Éden Como um Capítulo da Teoria Ética e da Teoria da Recompensa

No início de sua interpretação do Relato do Jardim do Éden, Bar Ḥiyya assevera que esse relato é uma interpretação "da história do mundo de modo diferente e de outras questões" (p. 60) que não a da "formação do homem". Ele se refere a uma interpretação que concebe o Relato do Jardim do Éden como um relato sobre a humanidade em geral e sobre seu comportamento ético-religioso em particular.

INTERPRETAÇÃO DOS VERBOS QUE INDICAM A ENTRADA DE ADÃO NO JARDIM DO ÉDEN

No segundo capítulo do Gênesis, três verbos diferentes são empregados para indicar a entrada de Adão no Jardim do Éden. No versículo 8, diz-se: "e o Senhor Deus plantou um jardim no Éden, no Oriente, e Ele pôs ali (*va-yasem*) o homem que Ele havia formado". Ao passo que, no versículo 15, aparecem dois outros verbos: "E o Senhor Deus tomou (*va-yiqaḥ*) o homem e o colocou (*va-yaniḥehu*) no Jardim do Éden para trabalhá-lo e guardá-lo". Caso fosse o desejo da Escritura simplesmente descrever a entrada de Adão no Jardim do

Éden, bastaria ter usado apenas o primeiro verbo: *va-yasem*, "e Ele pôs". Uma vez que são utilizados três verbos diferentes, devemos supor que cada um deles possui um sentido específico. Bar Ḥiyya entende, então, que esses três verbos têm a finalidade de indicar três estados diferentes do homem em geral no Jardim do Éden, relativos à história da espécie humana, e não apenas a Adão.

A metodologia a que ele recorre é homilética. Em outras palavras, ele não se apoia no léxico bíblico, nem no uso comum da língua hebraica, nem no léxico bíblico-filosófico. A interpretação desses três verbos é determinada com base na suposição, que ele aceitou *ab initio*, concernente à esfera de significação desses verbos e, para sua interpretação, faz uso também das associações que foram obtidas em outros versículos bíblicos. Assim, *va-yasem* ("e Ele pôs") refere-se a Adão e descreve sua condição imediatamente após sua criação. Adão foi criado, nesse momento, com o propósito de ser imortal, como Bar Ḥiyya já demonstrara em sua interpretação do Relato da Criação do Homem: *va-yiqaḥ* ("e Ele tomou") refere-se à expulsão de Adão do Jardim do Éden como punição por seu pecado. Bar Ḥiyya apoia-se aí em uma associação linguística: o verbo *laqoaḥ*, "tomar", aparece também na descrição do pecado de Eva em Gênesis 3:6: "e ela tomou (*va-tiqaḥ*) de seu fruto e comeu". Por conseguinte, também em Gênesis 2:15, o verbo *laqoaḥ* refere-se ao estágio de pecado no decorrer dos eventos humanos. "E Ele o colocou" (*va-yaniḥehu*) indica a tranquilidade da alma do justo no Jardim do Éden após a morte do corpo e antes da ressurreição dos mortos. Bar Ḥiyya baseia essa interpretação no sentido do verbo *nuaḥ*, "descansar", razão por que entende o verbo *va-yaniḥehu* como "Ele o colocou para descansar". A alma encontra descanso no Jardim do Éden após a morte do corpo; consequentemente, o verbo *va-yaniḥehu* ("e Ele o colocou para descansar") refere-se a esse estado do homem. A ideia central expressa na interpretação desses três verbos é sugerida especificamente em sua interpretação do último verbo, "e Ele o colocou para descansar". Esse verbo indica que alguns indivíduos da espécie humana que haviam vivido anteriormente no Jardim do Éden com a finalidade de viverem lá eternamente, no corpo e na alma, mas foram expulsos por causa de seu pecado, podem voltar ao Jardim do Éden somente em suas almas, após a morte de seus corpos, e lá permanecer até a ressurreição dos mortos. Os verbos "para cultivá-lo (*le-'ovdá*, literalmente, para trabalhá-lo) e guardá-lo (*le-shomrá*)" completam a ideia implícita no verbo *va-yaniḥehu*. Eles têm a finalidade de indicar "duas questões em relação às quais o justo herda a vida do mundo vindouro" (p. 61): "Para cultivá-lo (*le-'ovdá*) refere-se ao serviço da Torá (*'avodat ha-Torá*) e ao temor aos Céus pelos quais ele faz jus à vida do mundo vindouro" (p. 61). Em outras palavras: por meio de que o homem justo ganha a vida do mundo vindouro? Por meio de seu serviço a Deus e de seu temor a Deus. "'E para guardá-lo' (*le-shomrá*) – que esse privilégio é guardado para ele (*shemurá lo*) até que ele se eleve de seu túmulo e possa viver junto com os que vivem no mundo do Messias" (p. 61). A existência da alma separada do corpo no Jardim do Éden é somente um estado temporário, um estágio intermediário entre a morte do indivíduo e sua ressurreição nos dias do Messias, quando a alma voltará a se unir ao corpo e ambos em conjunto desfrutarão da vida eterna.

A INTERPRETAÇÃO DA ÁRVORE DA VIDA

A interpretação de Bar Ḥiyya da Árvore da Vida se encaixa bem nessa interpretação dos verbos que indicam a entrada de Adão no Jardim do Éden. A Árvore da Vida, segundo a interpretação de Bar Ḥiyya, não é outra coisa senão a Torá. Assim como muitos outros comentadores, Bar Ḥiyya se apoia em Provérbios 3:18: "É uma árvore da vida para os que a seguram". A Árvore da Vida é "a árvore na qual se encontram a vida, o entendimento, a sabedoria, a luz e todas as boas qualidades, e não possui qualidade alguma que não seja boa e louvável. E quem faz jus a essa árvore faz jus ao plano do mundo superno e dos anjos" (p. 61). Segundo a teoria da alma adotada por Bar Ḥiyya, a alma humana (*neshamá*) é a alma (*nefesh*) "através da qual o homem é capaz de entender as palavras de sabedoria, o temor a Deus e a ocupação com as questões da Torá e os mandamentos que conduzem à vida do Mundo Vindouro" (p. 58). De acordo com suas interpretações de "à nossa semelhança" (Gênesis 1:26) e "à semelhança de Deus" (Gênesis 5:1) e com sua teoria da alma, essas boas qualidades em relação às quais o homem se assemelha às criaturas do mundo superior são as qualidades de sua alma da vida, as qualidades pertencentes apenas à alma racional. "A Árvore da Vida", a Torá, é, portanto, o meio entregue nas mãos do homem para que possa adquirir as qualidades da alma racional, de modo que se assemelhe aos seres do mundo superior e, assim, desfrute da vida do Mundo Vindouro; isto é, para que sua alma retorne ao Jardim do Éden após a morte de seu corpo e lá permaneça até a ressurreição dos mortos.

Essa interpretação da Árvore da Vida permite que Bar Ḥiyya solucione um dos problemas exegéticos mencionados anteriormente, a saber: Adão também estava proibido de comer da Árvore da Vida? Segundo a interpretação de Bar Ḥiyya, Adão tinha permissão para tal, pois foi dito "de *toda* árvore do Jardim certamente comerás", donde se pode entender que "lhe foi prometido e permitido comer da Árvore da Vida, porque a Árvore da Vida estava entre as árvores do Jardim, sobre a qual se disse 'de toda árvore do Jardim [...]'" (p. 58). No entanto, essa ação de comer permissível refere-se à ação de comer no mundo futuro: depois da expulsão do Jardim do Éden e depois da entrega da Torá, no "terceiro dia" dos dias do mundo. Por "dois dias, o primeiro dia e o segundo dia, os habitantes do mundo não estavam aptos a receber a Torá por causa do pecado de Adão, até que esse pecado foi expiado no tempo do Dilúvio no fim do segundo dia e se tornou conveniente que a Torá descesse sobre a terra no terceiro dia" (p. 24). A punição da humanidade não foi apenas a perda da vida eterna por parte de Adão e das gerações que vieram depois dele, mas também "por causa do pecado de Adão, a vinda do Dilúvio ao mundo, pois é dito a respeito do pecado de Adão 'o solo será maldito por tua causa' (Gênesis 3:17)" (p. 24). Essa maldição se refere ao Dilúvio, pois, quando a Torá interpreta a significação do nome de Noé, declara: "Este nos trará alívio (literalmente: nos confortará) ao nosso trabalho e à fadiga das nossas mãos, *provenientes do solo que o Senhor amaldiçoou*" (Gênesis 5:29). Esse alívio que aconteceu por intermédio de Noé foi a anulação do édito do Dilúvio, pois, em Gênesis 8:21, depois do Dilúvio, Deus diz: "Nunca mais *amaldiçoarei o solo* por causa do homem". Com o cancelamento do édito do Dilúvio, foram entregues ao homem os meios para retornar ao Jardim do Éden do qual fora expulso, foi-lhe entregue a Torá e permitido comer da Árvore da Vida.

Essa interpretação, segundo a qual a permissão para comer da Árvore da Vida se situa no futuro escatológico, é fundamentada por Bar Ḥiyya de duas formas: a) com base no pressuposto exegético de que não há coisa alguma insignificante na Bíblia, a duplicação das palavras *'aḵol t'oḵel* ("certamente comerás") deve ser significativa. Portanto, Bar Ḥiyya interpreta "comer" (*'aḵol*) como uma referência à "Árvore do Conhecimento, da qual comerás imediatamente" (p. 62), ou seja, o pecado de Adão e Eva. No entanto, a palavra *to'ḵel* ("comerás") refere-se à "Árvore da Vida, da qual comerás no futuro" (p. 62). Em outras palavras: ela faz referência ao cumprimento da Torá após ser entregue ao povo de Israel. Essa interpretação é reforçada por uma análise linguística: "comerás" é expresso no futuro; b) a partir de um exame dos usos linguísticos presentes na Bíblia, Bar Ḥiyya descobre o fato de que o verbo *va-yeṣav* ("e Ele ordenou"), acompanhado da preposição *'al*, "sobre", sempre aparece antes de uma ordem negativa, ao passo que, quando acompanhado da preposição *et*, indica uma ordem positiva. No versículo 16, é dito *va-yeṣav 'al*, "e Ele ordenou [ao homem] (literalmente: sobre o homem) [...]", donde se segue que a ordem a que se referiu é negativa[49]. Assim, a frase "de toda árvore do Jardim certamente comerás" não contém nenhuma ordem e, por isso, deve ser lida como uma observação entre parênteses cujo conteúdo é uma promessa para o futuro: isto é, no futuro, depois da entrega da Torá, o povo de Israel será capaz de fazer jus à vida do mundo vindouro cumprindo a Torá e suas *miṣvot*.

A EXPULSÃO DO JARDIM DO ÉDEN

A interpretação da expulsão do Jardim do Éden complementa a interpretação da Árvore da Vida, por um lado, e responde a um problema exegético que surge do Relato do Jardim do Éden, por outro.

No capítulo 3 do Gênesis, são dadas duas versões diferentes da expulsão de Adão do Jardim do Éden. No versículo 23, é dito: "E o Senhor Deus o enviou (*va-yeshalḥehu*) para fora do Jardim do Éden, para cultivar o solo do qual fora tirado"; ao passo que no versículo 24 é dito: "E Ele expulsou (*va-yegaresh*) o homem; e Ele colocou ao oriente do Jardim do Éden os querubins e uma espada flamejante que se revolvia, para guardar o caminho da Árvore da Vida". Os estudiosos modernos da Bíblia veem a existência dessas duas versões como mais uma prova da redação tardia do relato com base em duas fontes, sendo que a Árvore da Vida é citada em apenas uma delas. Os versículos 22 e 24 pertencem, em sua opinião, a uma narrativa que também fala sobre a Árvore da Vida, enquanto o versículo 23 é evidentemente a continuação original do versículo 19 no relato em que somente a Árvore do Conhecimento é citada. O problema da existência dessas duas versões do afastamento de Adão do Jardim do Éden é solucionado por Bar Ḥiyya de maneira similar à de sua solução do problema da inconsistência nas descrições das funções dessas duas árvores – a Árvore da Vida e a Árvore do Conhecimento –, a saber, mediante a apresentação de diferentes eixos semânticos para cada uma das versões. De acordo com sua interpretação, o versículo 23 fala sobre o destino da *alma* do homem, ao passo que o versículo 24 fala sobre o destino de seu *corpo*.

Bar Ḥiyya baseia sua interpretação em uma análise linguística. O verbo *shalaḥ* é uma palavra ambígua. Pode indicar o envio de alguém como um emissário ou pode indicar a retirada de alguém, seu afastamento. Bar Ḥiyya mostra que, quando o verbo *shalaḥ* aparece na Bíblia no sentido de afastamento ou distanciamento, é sempre acompanhado da preposição *et*, como no versículo "certamente deixarás a mãe ir" (*shaleḥ teshalaḥ 'et ha-'em*; Deuteronômio 22:7). Quando aparece, porém, no sentido de enviar um mensageiro, a Escritura não acrescenta a preposição *'et*. Assim, em Gênesis 3:23, lemos "e o Senhor Deus o enviou (*va-yeshalḥehu*)", sem o acréscimo da palavra *'et*. Por isso, deve-se entender o sentido da palavra *shalaḥ* nesse versículo na acepção de "enviar", ou seja, "que Ele fez dele um mensageiro a fim de que pudesse retornar" (p. 67). O enviado em uma missão, segundo a interpretação de Bar Ḥiyya, é a alma do homem, sua alma racional. Para essa interpretação, sustenta que, no início da Bíblia, o uso do pronome aparece no lugar do uso do nome "Adão" na descrição da criação do homem em Gênesis 2:7. Ali é dito: "E Ele insuflou nas suas narinas a alma (ou: o hálito) da vida", também se referindo à alma. A consequência disso é que a expressão "e Ele o enviou" concerne igualmente à alma. A missão da alma é "trabalhar (ou: cultivar) a terra", que, como Bar Ḥiyya já explicou em sua interpretação de Gênesis 2:15, se refere ao "serviço da Torá e ao temor a Deus pelos quais ele faz jus à vida do mundo vindouro" (p. 61). Mediante o cumprimento das *miṣvot*, o homem justo faz jus ao retorno ao Jardim do Éden, que é o mundo vindouro[50]. A isso Bar Ḥiyya acrescenta: "'E Ele o enviou' nas Escrituras Sagradas – ele vem ao mundo por uma questão de dignidade" (p. 67). Ele baseia seu argumento exegético no uso do verbo *shilaḥ* em II Samuel 3:24, em I Reis 20:34 e em Jeremias 40:5. O "envio" em Gênesis 3:23 é, portanto, um envio da alma do homem "com honra, com a possibilidade de retorno, mas o corpo é que é expulso" (p. 68)[51].

A primeira metade do versículo 24 fala sobre o destino do *corpo* do homem. Bar Ḥiyya infere isso do aparecimento do substantivo *'adam*, "homem", depois do verbo, em vez do acréscimo do pronome ao próprio verbo. Ali se diz: "e Ele expulsou o homem". Com efeito, na descrição da criação do homem, o substantivo *'adam* é usado sempre que se reporta apenas ao corpo do homem. Assim, em Gênesis 1:27, é dito "E Deus criou o homem", que, como vimos, Bar Ḥiyya interpreta como uma referência à criação do corpo humano e seus poderes da alma inferior, que constituem sua "imagem". A respeito do corpo do homem, é dito "e Ele o expulsou", em vez de "Ele o enviou", para ficar claro que se está aludindo somente à *retirada* do corpo humano do Jardim do Éden, e não a seu envio como um mensageiro que retornará. O homem jamais retornará em seu corpo ao Jardim do Éden.

A segunda metade do versículo 24 é associada por Bar Ḥiyya à sua interpretação da Árvore da Vida e ao versículo 23, que ele entende como uma referência ao destino dos membros da raça humana no futuro: "E Ele colocou ao oriente do Jardim do Éden os querubins e uma espada flamejante que se revolvia, para guardar o caminho da Árvore da Vida". Os querubins se referem à "Torá que foi entregue entre os querubins" (p. 68). Bar Ḥiyya evidentemente pressente nesse passo a descrição do Tabernáculo em Êxodo 25. A palavra *qedem* (que traduzimos aqui por "oriente") é interpretada por ele, como no caso da palavra *qadima*, com o sentido de "antes". A Torá precede o Jardim do Éden no caminho da alma justa em direção à vida do mundo vindouro: quando um ser humano se dedica à Torá, sua alma faz jus ao Jardim do Éden. A palavra "espada" (*ḥerev*) possui igualmente um sentido oculto e não deve ser compreendida em seu sentido literal. A própria Bíblia nos informa sobre a existência desse sentido oculto ao fazer a palavra *ḥerev* ("espada") ser precedida pela palavra *lahaṭ* ("flamejante"). *Lahaṭ* é entendida por Bar Ḥiyya como derivada da palavra *lahaṭehem* (Êxodo 7:11), ou seja, seus truques mágicos; portanto, ela se refere a algo oculto. Bar Ḥiyya considera a palavra *lahaṭ* uma diretiva que nos foi dada pelo próprio texto bíblico para a leitura da palavra seguinte. A palavra *lahaṭ* nos instrui a buscar algum sentido oculto na palavra "espada" (*ḥerev*)[52]. Segundo a interpretação de Bar Ḥiyya, a palavra "espada" diz respeito aos vários tipos de morte dos seres humanos. A "espada" é um instrumento utilizado para matar na guerra; essa palavra, portanto, diz respeito à morte por esfaqueamento. *Ḥerev*, na construção verbal *qal*, é uma palavra ambígua. Um de seus sentidos é "seco", o outro é "destruído" ou "exterminado". A partir de cada um desses sentidos, Bar Ḥiyya infere um tipo diferente de morte. *Ḥerev* no sentido de secura indica a morte causada pela velhice, cuja causa é, seguindo a doutrina de Galeno, aceita por ele, o ressecamento dos fluidos vitais do corpo. *Ḥerev* no sentido de destruição ou extermínio indica "a morte na juventude, que é similar à destruição; pois a morte de pessoas jovens que não completaram seus dias é uma destruição do mundo" (p. 68). *Mithapeḵet* ("revolver" ou "girar") refere-se à "espada" – ou seja, aos vários tipos de morte que "se voltam para o bem" no caso dos justos, cujas almas retornam ao Jardim do Éden. O "caminho da Árvore da Vida" é, portanto, o caminho da Torá. Se alguém vive na observância dos caminhos da Torá e cumpre seus mandamentos, *miṣvot*, sua alma retornará ao Jardim do Éden após sua morte.

Assim, embora à primeira vista a interpretação de Abraão bar Ḥiyya do Relato da Criação do Homem e daquele do Jardim do Éden pareça fragmentária, saltando de um eixo semântico para outro, uma leitura mais próxima e mais precisa revela que ela possui uma lógica interna considerável. Ao contrário dos estudiosos modernos da Bíblia, Bar Ḥiyya admite que essas narrativas possuem vários eixos semânticos diferentes: elas não giram em torno apenas de um evento que ocorreu no começo da história humana, mas apontam para o curso geral da história humana, enfatizando seu ponto de conclusão na ressurreição dos mortos, que ocorrerá no tempo da Redenção. Esses dois relatos envolvem também uma dimensão que transcende o tempo: eles explicam várias características básicas da psicologia humana e da ética religiosa. Em todas as esferas dessa interpretação, Bar Ḥiyya supõe que as expressões bíblicas estão sujeitas a interpretação de acordo com um eixo semântico científico-filosófico. Uma vez estabelecidas essas suposições *a priori*, seu comentário é muito consistente e completo, e ele consegue superar a maior parte das dificuldades exegéticas sobre as quais os pesquisadores da Bíblia vêm ponderando até a nossa época.

Notas

1. A primeira parte da tradução deste artigo se baseia em uma versão mais longa do que a impressa em hebraico que eu possuía em forma manuscrita.
2. Há também interpretações parciais do Relato da Criação do Homem em: *Hegyon ha-Nefesh ha-'Aṣuvá* (Reflexões da Alma Triste), I. p. 53; 54; 55/p. 50; 51; 52. As referências dizem respeito primeiro ao texto hebraico: BAR-HAYYA, AVRAHAM. *Hegyon ha-Nefesch ha-'Aṣuvá*. Edição com introdução e notas de Geoffrey Wigoder. Jerusalem, 1971; em seguida, depois da barra, à tradução inglesa: *The Meditation of the Sad Soul by Abraham Bar Hayya*. Tradução (do hebraico) com uma introdução de Geoffrey Wigoder. London, 1969. O presente artigo refere-se apenas ao *Sefer Megillat ha-Megallé*.
3. Ver GUTTMANN, J. Introduction. In: *Sefer Megillat ha-Megallé*. Ed. de A. Poznanski. Berlin, 1924; edição fac-símile: Jerusalem, 1968, p. x (em hebraico).
4. Ver BAR ḤIYYA. *Sefer Megillat ha-Megallé* III, p. 49 (todas as citações de *Sefer Megillat ha-Megallé* seguem a edição supracitada).
5. Isaías 26:14; 19. Esses versículos são apresentados por SA'ADIA GAON. *Sefer ha-'Emunot ve-ha-De'ot* VII, 4, na tradução feita por Yehudá ibn Tibbon. O terceiro versículo é Isaías 27:13, que não encontrei na tradução de Ibn Tibbon nem na segunda edição da parte VII, traduzida por Y. Qāfiḥ, *Sefer ha-Nivḥar ba-'Emunot u-va-De'ot*. Jerusalem, 1970.
6. Esse argumento já fora levantado na época de R. Sa'adia Gaon. Na segunda edição da parte VII de *Sefer ha-Nivḥar ba-'Emunot u-va-De'ot*, cap. 1, R. Sa'adia Gaon afirma: "E vi algumas pessoas da nação que explicam cada versículo em que é mencionada a ressurreição dos mortos no tempo da Redenção como uma referência à restauração da soberania e ao renascimento da nação" (p. 219). Na primeira versão da parte VII, tal como traduzida por Ibn Tibbon, R. Sa'adia Gaon apresenta sua abordagem como uma interpretação possível dos versículos, e não como uma interpretação dada por vários de seus contemporâneos: "Talvez seja possível conceber outros pontos de vista a respeito desses versículos, de forma que a questão da ressurreição dos mortos se referisse ao renascimento dos reis e à restauração da monarquia" – *Sefer ha-'Emunot ve-ha-De'ot*. Trad. de Yehudá ibn Tibbon. Josefop, 1878; edição fac-símile: Jerusalem, 1962.
7. Ezequiel 37:12-14; Daniel 12:2. Esses versículos também são citados por SA'ADIA GAON. *Sefer ha-'Emunot ve-ha-De'ot* VII. 4.
8. Ver BAR ḤIYYA. *Sefer Megillat ha-Megallé*, II, p. 14; 39.
9. Ver ibid., III, p. 50-51.

10. A respeito de Galeno, e sobre como Bar Ḥiyya se baseia nele, ver ao longo deste artigo as seções sobre "A imortalidade de Adão" e "A negação da vida eterna".
11. Segundo Bar Ḥiyya, Aristóteles estava próximo da ideia de Ressurreição quando afirmou que "todas as formas e almas serão transmitidas e retornarão ao mundo no futuro" (III, p. 50). Contudo, segundo Bar Ḥiyya, ele não pensa que retornarão à sua matéria original, ao passo que a ideia da Ressurreição se baseia na crença de que as almas devem retornar à sua matéria original. A passagem supracitada não aparece em *De Generatione et Corruptione*, de Aristóteles, obra à qual Bar Ḥiyya remete o leitor nesse passo. É possível que essa seja a interpretação de Bar Ḥiyya ou de alguém que o instruiu sobre esses temas presentes em *De Generatione et Corruptione* II.11; cf. sobre essa questão, GUTTMANN, 1968, op. cit., que sustenta que Bar Ḥiyya "se equivocou em sua compreensão de Aristóteles, pois essas formas de geração e corrupção que se revolvem perpetuamente não são, para Aristóteles, entidades individuais como uma alma humana individual, mas são as espécies das coisas, que nunca deixam de existir e que se movem de um indivíduo para outro" (xvii-xviii).
12. É importante notar que, ao contrário de Maimônides, que lhe é posterior, Bar Ḥiyya não considera que algumas seções da Bíblia foram escritas na forma de "parábolas" – isto é, como textos dotados de dois níveis de sentidos, um nível "evidente" e um nível "oculto", cujo sentido filosófico "verdadeiro" estaria em seu nível "oculto". A abordagem esotérica de Maimônides lhe era completamente estranha. Segundo Bar Ḥiyya, o texto bíblico tem somente um nível de sentido, mas esse nível pode ser interpretado simultaneamente de muitos e diferentes modos.
13. BAR ḤIYYA. *Sefer Megillat ha-Megallé* III, p. 74-75. A fórmula presente no Talmud Babilônico, Tratado Sanhedrin 34a é: "Abbaya disse: A Escritura afirma que 'Deus falou uma vez e ouvi duas vezes, pois há força para Deus' (Salmos 62:12). Um versículo da Escritura leva a vários sentidos, mas um sentido não vem de vários versículos da Escritura. Na escola de R. Ishmael, ensinam: 'e como um martelo que despedaça a pedra' (Jeremias 23:29). Tal como um martelo se divide em várias faíscas, uma Escritura se divide em várias interpretações".
14. A regra de que a interpretação da Escritura tem de se ajustar ao uso habitual das pessoas que falam a língua em que está escrita já fora proposta por R. Sa'adia Gaon. Ver SA'ADIA GAON. *Comentário ao Livro de Jó* (*'Iyov, 'im Targum u-Perush Rabenu Saadyah ben Yosef*). Traduzido para o hebraico, explicado e editado por Yosef Qāfiḥ. Jerusalem, 1973, p. 20.
15. Ver, por exemplo, BAR ḤIYYA. *Sefer Megillat ha-Megallé* I, p. 5, 10.
16. Ver especialmente ibid., p. 13; e id. *Hegyon ha-Nefesh ha-'Aṣuvá* I, p. 47; 50-51; cf. id. *Sefer Megillat ha-Megallé* II, p. 14, 39; III, p. 51.
17. Ver ibid., III, p. 74. Nesse passo, as coisas são ditas em relação à questão concreta do cálculo do Fim por meio da interpretação do Relato da Criação, e não em geral.
18. Ver ibid., I, p. 8-10.
19. "E encontramos escrito que, se é mencionada a existência das coisas em potência de modo que seja atualizada, isso se chama criação (*beri'á*) e sua atualização se chama formação (*yeṣirá*) ou feitura (*'asiyá*)" (*Sefer Megillat ha-Megallé* II, p. 15).
20. "Criação, cujo significado é o de que uma coisa existe potencialmente ou é incompleta" (ibid., III, p. 55).
21. Essa interpretação permite a Bar Ḥiyya interpretar de modo coerente o fato surpreendente de que a palavra "e Ele criou" é empregada a respeito dos grandes monstros marinhos: "E

foi dito a seu respeito 'e Ele criou' (*va-yivrá*), e não 'e Ele fez', porque sua participação na vida não é completa, mas sua vitalidade é uma força de vitalidade incompleta, uma vez que eles não possuem pulmões com os quais respirar nem possuem o poder de viver fora da água como as outras coisas vivas" (ibid., III, p. 53).

22. Ver também ARISTÓTELES. Ética Nicomaqueia III, 5, 1112b 24; *Metafísica* VII, 7, 1032b 6-30; cf. BAR ḤIYYA. *Sefer Megillat ha-Megallé* I, p. 8, linhas 24-28.
23. É interessante que Maimônides evoque o mesmo exemplo ao interpretar a palavra *ṣelem* (imagem) no *Guia dos Perplexos* I.1. Esse exemplo, em particular, faz que ele hesite, ou pareça hesitar, ao interpretar a palavra *ṣelem*. Primeiro, ele diz: "Pois o que era visado por eles era a noção de se precaver contra o dano causado pelas *hemorroidas*, e não pela figura das *hemorroidas*" (tradução de Shlomo Pines do *Guia dos Perplexos*, p. 22), estando de acordo com a concepção de que *ṣelem* se refere à forma natural ou substância de uma coisa. Depois, porém, ele diz: "Se, no entanto, não deve haver dúvida quanto às expressões *as imagens das suas hemorroidas*, sendo *imagens* usada para denotar a figura e a configuração [...]" (ibid.). Ou seja, a palavra "imagem", na expressão "a imagem das suas *hemorroidas*", é, todavia, uma forma física. "Se, no entanto, não deve haver dúvida" indica que essa última interpretação é a interpretação aceita para "imagens das suas *hemorroidas*", e Maimônides é "obrigado", ao menos ao que tudo indica, a aceitá-la. Para uma discussão sobre a interpretação de Maimônides do substantivo *ṣelem* e sua interpretação de *ṣalmê teḥorehem* ("as imagens das suas hemorroidas"), ver KLEIN-BRASLAVY, S. *Adam Stories, Maimonides' Interpretation of the Adam Stories in Genesis*: A Study in Maimonides' Anthropology. Jerusalem: Rubin Mass, 1986, p. 18-22 (em hebraico); HARVEY, Z. Como começar a estudar o *Guia dos Perplexos* I.1. *Da'at*, n. 21, p. 5-23; p. 6-13, 1988 (em hebraico); KASHER, H. Sobre as formas das "imagens" (notas adicionais ao *Guia* I.1). *Da'at*, n. 53, p. 31-42, 2004 (em hebraico).
24. Essa identificação é uma das manifestações da mistura de elementos neoplatônicos com aristotélicos em sua psicologia. O que também se pode encontrar em dois outros pensadores contemporâneos de Bar Ḥiyya: Yosef ibn Ṣaddiq e Abraão ibn Ezra. A identificação da alma apetitiva platônica com a alma vegetativa já havia sido feita por Galeno – ver CHAIGNET, A.-Ed. *Histoire de la psychologie des grecs*. Paris, 1887-1893, p. 360. v. III. Ela aparece em IBN ṢADDIQ, YOSEF. *Sefer ha-'Olam ha-Qatan*, p. 25/p. 82; em IBN EZRA, A. *Comentário sobre Eclesiastes 7:3*, em *Yesod Morá*, p. 7, e em outras passagens. Cito o texto hebraico de *Sefer ha 'Olam ha-Qatan* na edição crítica de Saul Horovitz (Breslau, 1903), seguido, depois da barra, pela tradução para o inglês de Jacob Haberman em *The Microcosm of Joseph ibn Ṣaddiq*. Texto hebraico editado criticamente por Saul Horovitz, provido de uma tradução em inglês, introdução e notas de Jacob Haberman. Madison, NJ: Fairleigh Dickinson University Press, 2003.
25. A atribuição da qualidade de dominação sobre os animais à alma animal é evidentemente um eco da confusão entre as qualidades do poder da ira, na concepção platônica, e da alma animal, na concepção aristotélica. Compare-se com IBN EZRA. *Comentário a Eclesiastes 7:3*, que atribui à alma animal a capacidade de andar de um lugar para o outro (noção aristotélica) e a capacidade de domínio (noção platônica). Na continuação de seu comentário, na p. 58, Bar Ḥiyya apresenta outra interpretação segundo a qual é possível derivar do Relato da Criação do Homem a criação de cada um dos três poderes da alma humana separadamente, em ordem crescente. Por meio dessa interpretação, ele restringe o sentido da palavra "imagem" à alma apetitiva e vegetativa do homem, reservando para a alma animal, viva, a palavra *va-yiṣer* ("e Ele formou"). O versículo Gênesis 2:7, "E Ele

insuflou em suas narinas um hálito de vida", também indica, conforme essa interpretação, a criação da "alma racional (*dabranit*) dotada de pensamento".

26. Compare-se com SA'ADIA GAON. *Comentário sobre a Torá*, sobre Gênesis 1:26: "à nossa imagem e conforme a nossa semelhança – dominadora" (p. 12). Cito o *Comentário* de R. Sa'adia Gaon a partir de *Perush Rabbenu Sa'adiah Gaon 'al ha-Torah*. Edição, tradução, introdução e notas de Yoseph Qāfiḥ. Jerusalem, 1963.
27. Essa concepção se baseia no pensamento aristotélico. Ver, por exemplo, ARISTÓTELES. *De Anima*, 408b 18-29; 413b 24-27.
28. Em oposição a essa opinião expressa aqui, na quarta parte de seu livro (p. 109), Bar Ḥiyya discorre sobre a possibilidade da destruição das almas dos malfeitores e das nações do mundo.
29. Em *Guia dos Perplexos* II, 30, Maimônides diz, a respeito de Gênesis 2:3-4: "Ora, todos os Sábios [...] são unânimes em considerar que esse relato inteiro aconteceu na sexta-feira" (tradução de Shlomo Pines, p. 355), referindo-se, talvez, a *Pesiqta de-Rav Kahana*, segundo o qual: "Na primeira hora, ocorreu [a criação do homem] no pensamento divino; na segunda [hora], Ele se aconselhou com os anjos ministeriais; na terceira, Ele juntou seu pó; na quarta, Ele o misturou; na quinta, Ele o formou; na sexta, Ele o pôs como uma forma sobre suas pernas; na sétima, Ele lhe pôs uma alma; na oitava, Ele o situou no Jardim do Éden; na nona, Ele lhe deu uma ordem; na décima, ele [Adão] violou Sua ordem; na décima primeira, ele foi julgado; na décima segunda, ele se retirou silenciosamente perante o Santo, abençoado seja Ele". Bar Ḥiyya podia também ter esse *midrash* em mente, mas ele não declara explicitamente que o Relato do Jardim do Éden tenha acontecido no sexto dia da Criação.
30. Verifica-se aí uma contradição nas palavras de Bar Ḥiyya. Na página precedente, ele argumenta que a capacidade de domínio no sentido de "mandar e dominar as criaturas da terra" está entre as qualidades da alma que faziam o homem similar ao Criador. Do mesmo modo em *Hegyon ha-Nefesh* II, p. 57-58; 60-61, Bar Ḥiyya declara que o domínio sobre os animais é uma singularidade do homem. Essa é também a opinião de SA'ADIA GAON. *Sefer ha-'Emunot ve-ha-De'ot* IV, 1 (p. 151). Minhas citações da obra *Sefer ha-'Emunot ve-ha-De'ot*, de R. Sa'adia, são feitas a partir de *Sefer ha-Nivḥar ba-'Emunot u-va-De'ot le-Rabbenu Sa'adia ben Yosef Fioyomi ztz"l*, [*que a memória do justo seja abençoada*]. Texto e trad. de Y. Qāfiḥ. Jerusalem: Sura, 1970.
31. Bar Ḥiyya considera *neshamá*, ou alma racional, não apenas uma ferramenta para a aquisição de conhecimento mas também uma ferramenta religiosa – ela é responsável pelo temor a Deus e pela observância dos mandamentos (cf. ibid., III, p. 58). Isso deriva de sua concepção de que somente a alma racional tem escolha e que, em razão disso, só ela é capaz de receber os mandamentos, de lhes obedecer ou de violá-los. Ver BAR ḤIYYA. *Hegyon ha-Nefesh ha 'Aṣuvá* II, p. 62, 65; id. *Sefer Megillat ha-Megallé* III, p. 73; e, adiante, a seção "A interpretação da Árvore do Conhecimento e o pecado de Adão e Eva".
32. Uma discussão completa sobre as várias acepções da preposição *bet* aparece na primeira parte de *Megillat ha-Megallé*, I, 6-7. Nesse contexto, Bar Ḥiyya tem em mente dois sentidos básicos ou "duas regras" com relação a *bet*: *bet* no sentido de "com" e *bet* no sentido de "no interior de", cada um dos quais é dividido em sentidos secundários. Para o propósito de nosso tema, ele aí detalha especificamente os da "segunda regra".
33. Somente os *corpos* das criaturas deste mundo inferior foram criados pela terra ou pela água; seu espírito vital (isto é, sua alma animal) lhes foi dado por Deus. Ver III, p. 53.
34. A ideia da criação direta aparece também em *Sefer Megillat ha-Megallé*, III, p. 51. Aí, Bar Ḥiyya mostra que o homem é similar, quanto ao modo de sua criação, às criaturas do

mundo superior, que foram também criadas de modo direto, ao contrário das criaturas do mundo inferior, que foram criadas de modo mediato. Em *Hegyon ha-Nefesh*, I, p. 50-51, 54, ele entende a criação direta de Adão como sinal de sua dignidade.

35. Como exemplo, Bar Ḥiyya cita as promessas divinas feitas a Abraão e a Jacó, nas quais declara, quanto à sua descendência, que serão "como as estrelas nos céus e como as areias que estão na praia do mar" (Gênesis 22:17); "como o pó da terra" (Gênesis 28:14) e "como a areia do mar" (Gênesis 32:13). Ele julga que o análogo desses versículos está no recenseamento dos israelitas no livro dos Números (1:18 e 3:15), segundo o qual a contagem dos filhos de Israel não estava concluída, uma vez que nem as mulheres nem os levitas foram incluídos no recenseamento dos israelitas, tampouco o foram os homens com idade entre 1 mês e 20 anos. As palavras de Deus em sua promessa aos patriarcas pretendiam apenas indicar que o número dos filhos de Israel seria tão grande que não poderia ser completado – e isso foi dito como hipérbole, usando o "*kaf* de comparação" (III, p. 54).
36. Bar Ḥiyya não desenvolve uma discussão sobre a teoria dos atributos divinos e, por isso, não estabelece nenhuma comparação entre as qualidades de Deus e as dos seres humanos.
37. Sobre o assunto, ver GUTTMANN, J. Ueber Abraham bar Chijjas Buch der Enthüllung. *MGWJ*, n. 47, p. 547, 1903 e n. 1 dessa página. Comparar com AVICENA. *Cânone*, v. I, p. 149: "O corpo existe durante o tempo em que existe não porque sua umidade natural primitiva [seja capaz] de resistir continuamente ao calor crescente e ao calor de seu corpo – que pertence à sua própria natureza e é criado por seus movimentos – que a dissolverão, pois a resistência da umidade natural é muito fraca para esse fim; pelo contrário, ele existe em virtude do fato de que há troca daquilo que se dissolve a partir dele, e isso é o alimento [...] quando o ressecamento é concluído, o calor se extingue e ocorre a morte natural [...]" (p. 100, n. 102). E cf. AVICENA. *Cânone*, I, p. 148: "Um dos dois tipos de falha é a dissolução daquilo a partir do que foi criado, e isso acontece gradativamente" (ver ibid., n. 100). E cf. ibid., p. 149: "E cada um dos dois (isto é, a dissolução da umidade e o declínio da umidade) acontece por motivos externos, tal como o ar que a dissolve e causa declínio, e motivos internos, tal como o calor natural em nós que dissolve nossa umidade e o calor alheio criado em nosso interior a partir do alimento e outras coisas que declinam" (ver ibid., n. 101). Citei o *Cânone* de Avicena segundo as notas do prof. Gotthold Eliakim Weil em sua edição da obra *Maimonides über die Lebensdauer*, traduzida para o hebraico e atualizada por Michael Schwarz: *Maimônides' Response Regarding the Spam of Life* (Tel Aviv: Papyrus, 1979). As notas não esclarecem a edição a partir da qual o *Cânone* foi citado.
38. Para coisas mais gerais ditas por Galeno sobre essa questão e análogos na filosofia judaica medieval, ver GUTTMANN, 1968, op. cit., p. xviii.
39. Em seu comentário à Torá (p. 93), Abravanel explica a causa do envelhecimento e da morte de modo similar ao de Bar Ḥiyya. Entretanto, ele interpreta a função da Árvore da Vida de modo diverso de Bar Ḥiyya. Em sua opinião, a Árvore da Vida tinha o propósito de causar a transformação completa do alimento diretamente nos órgãos do corpo que desfrutasse dela e, consequentemente, causaria a longevidade e perpetuaria a vida. Para a concepção de Bar Ḥiyya sobre a Árvore da Vida, ver infra a seção "A interpretação da Árvore da Vida".
40. A respeito dos problemas exegéticos inerentes a esse relato, ver SKINNER, J. *The International Critical Commentary*: A Critical and Exegetical Commentary on Genesis. Edinburgh, 1930, p. 52-53. Os estudiosos modernos da Bíblia procuram solucionar esses problemas exegéticos afirmando que o Relato do Jardim do Éden em sua forma existente é

uma redação tardia que combina dois relatos originalmente distintos. Em um deles, apenas a Árvore do Conhecimento é citada e, no outro, a Árvore da Vida também é citada. O relato dominante no texto existente é o primeiro. Ver ibid., p. 53.

41. Ver ibid., p. 95-97.
42. R. Sa'adia Gaon já percebia esse problema quando traduziu Gênesis 3:5: "conhecendo *melhor* o bem e o mal" (*Comentário à Torá*, p. 15); em outras palavras, mesmo antes de seu pecado, Adão e Eva possuíam algum tipo de discernimento ético.
43. Desse modo, Bar Ḥiyya antecipou a interpretação de Maimônides do substantivo *naḥash* com base em sua etimologia, real ou imaginária. Há, porém, uma diferença significativa entre a interpretação de Bar Ḥiyya e a de Maimônides. Este compreende a serpente como uma figura alegórica cujo sentido é indicado pelo substantivo *naḥash*, ao passo que Bar Ḥiyya utiliza o método etimológico para explicar a natureza da atividade sedutora da serpente em vez de identificar a figura da serpente no Relato do Jardim *per se*. Ele não se ocupa absolutamente de interpretar a figura da serpente. Assim, Maimônides não explica o significado do substantivo *naḥash* e apenas faz uso do método etimológico como sugestão para identificar essa figura, deixando sua identificação efetiva para o leitor que "é sábio e entende por si mesmo", ao passo que Bar Ḥiyya explica, em ambos os seus comentários, o sentido da atividade sedutora da serpente com base na etimologia. Para a interpretação de Maimônides da figura da serpente, ver KLEIN-BRASLAVY, S. Interpretative Riddles in Maimonides' *Guide of the Perplexed. Maimonidean Studies*, n. 5, p. 141-158, 2008; reimpr. em KLEIN-BRASLAVY, S. *Maimonides as Biblical Interpreter*. Brighton, MA: Academic Studies Press, series Emunot, 2011, p. 145-160.
44. Ver *Talmud Babilônico*, Tratado Sanhedrin 29a. Gostaria de agradecer ao tradutor deste artigo [para o inglês], Yehonatan Chipman, essa referência.
45. "Experimento" (*nisayon*) é tomado aqui em sentido astrológico. Ver EFRAT, Y. Terminology in the Writings of R. Abraham Bar Ḥiyya Ha-Nasi. In: EFRAT, Y. *Jewish Philosophy in the Middle Ages*: Terms and Concepts. Tel Aviv, 1969, p. 168 (em hebraico).
46. A duplicação presente na expressão *mot tamut* ("certamente morrerás") refere-se, segundo Abraão bar Ḥiyya, a dois níveis de punição: *mot* – "a respeito da punição para a transgressão na qual toda a criação foi exterminada" (p. 62) – isto é, a punição da geração do Dilúvio. Segundo sua interpretação, o Dilúvio veio por causa do pecado de Adão, e a maldição, "a terra será maldita por tua causa" (Gênesis 3:17), refere-se a ele (*Sefer Megillat ha-Megallé* II, p. 24-25). *Tamut* – "referência à morte, que foi decretada para todas as coisas vivas até hoje" (p. 62); ou seja, que o fato de o homem ser mortal é uma consequência do pecado.
47. Yosef ibn Ṣaddiq (*Sefer ha-'Olam ha-Qatan*, p. 25-26/p. 82-83) fornece uma descrição mais clara dessas duas forças e de suas relações mútuas. De acordo com a descrição de Ibn Ṣaddiq, a força formativa é o primeiro poder da alma vegetativa que se desenvolve no interior do homem. Está presente em seu interior desde o momento em que o sêmen do macho e o óvulo da fêmea se juntam (isto é, a concepção), cuja função é moldar a forma dos órgãos do feto até seu acabamento. A força aumentativa desenvolve os vários órgãos, cuja forma já foi moldada pela força formativa, e faz que cresçam. A força nutritiva ajuda ambas essas forças primárias. Ela própria atua por meio de quatro forças: a força atrativa, a força de manutenção, a força transformativa e digestiva, e a força excretora. Ibn Ṣaddiq define a força de mudança (*ha-koaḥ ha-meshané*) declarando: "Ela proporciona a assimilação do alimento pelo indivíduo que é nutrido por ele, transformando-o para se adequar à sua natureza" (p. 19/p. 75). Essa força é, pois, similar à "força transformativa"

mencionada por Bar Ḥiyya. Parece que Bar Ḥiyya atribui à força formativa presente em Adão a capacidade de realizar a transformação completa do alimento em vez da função de moldar os órgãos do feto. Em sua opinião, depois de essa força ter sido removida de Adão, restaria somente a força transformativa em seu interior, que é uma das forças nutritivas no interior da alma vegetal, cuja capacidade transformativa é incompleta.

48. Bar Ḥiyya não explica como ele compreende a ligação entre a ação de comer da Árvore do Conhecimento e o vaticínio e a adivinhação.
49. Essa interpretação é repetida por Abraão ibn Ezra na Segunda Recensão de seu *Comentário sobre o Gênesis*: "Toda ordem que é seguida por *'al* ("sobre") é uma ordem negativa, como em 'e ordenarei às nuvens que não chovam sobre ela' (Isaías 5:6)" (p. 150). A referência ao *Comentário sobre o Gênesis* é a Abraão ibn Ezra, *Perush ha-Torah*, editado por Asher Weiser (Jerusalem: Mossad ha-Rav Kook, 1976. v. 1).
50. A solução de Bar Ḥiyya é oposta à dos comentadores modernos. Ele associa o versículo 23 ao Relato da Árvore da Vida, ao passo que eles o associam ao Relato da Árvore do Conhecimento, e o versículo 24, ao da Árvore do Conhecimento. No entanto, Bar Ḥiyya atribui também a segunda metade do versículo 24 ao Relato da Árvore da Vida.
51. Essa concepção é apresentada por Ibn Ezra em seu comentário a Gênesis 3:23 em nome de "um grande sábio espanhol" ao qual ele se opõe, como já havia sido notado por Julius Guttmann em sua introdução a *Sefer Megillat ha-Megallé*, p. xxii. D. Kaufmann se equivocou ao identificar o "grande sábio espanhol" com Salomão ibn Gabirol. [Ver KAUFMANN, D. A Interpretação Alegórico-Filosófica de Salomão ibn Gabirol. Em seu *Meḥkarim ba-Sifrut ha-'Ivrit*. Jerusalem, 1965, p. 131, n. 26 (em hebraico).]
52. Em meu livro *Maimônides' Interpretation of the Story of the Creation* (Jerusalem, 1978; 2. ed., 1987), p. 102-103, demonstrei que Maimônides também discorre sobre a existência de uma espécie de "metalinguagem" na Torá. Ele interpreta o verbo *qará* (chamar) como uma diretriz dada pelo texto para compreender um dos dois objetos desse verbo como um substantivo ambíguo, cujo sentido, quando ao lado de *qará*, é diferente de seu sentido anterior no mesmo texto. Ver também (nesse volume): The Interpretation of the Second Day of Creation. 3. The Interpretation of the verb *Va-yiqrá*. Bar Ḥiyya antecipou, portanto, Maimônides ao perceber que a Bíblia contém diretrizes para sua própria interpretação.

O *Corpus* Científico de Abraão Ibn Ezra *

Shlomo Sela **

Introdução

Abraão ibn Ezra (ca. 1089-ca. 1167) foi um prolífico escritor que tratou de uma ampla gama de assuntos, o que faz dele um dos pensadores medievais mais originais. Seu renome deveu-se principalmente à sua extraordinária exegese bíblica, mas ele também compôs poesia religiosa e profana, bem como um conjunto de monografias religioso-teológicas [1]. No entanto, o interesse intelectual de Ibn Ezra também se estendeu para o campo da ciência. Sua principal contribuição para a história da ciência assenta-se na elaboração de um *corpus* científico significativo, cujo conteúdo reflete típica e fielmente sua época. Por um lado, sua contribuição científica pode ser entendida como o início do desenvolvimento de uma história cultural, que poderíamos chamar de *renascimento científico do hebraico medieval.* Isso constituiu um processo

---

* Tradução de Luizir de Oliveira do original inglês: "Abraham Ibn Ezra's Scientific Corpus". Revisão técnica de Rosalie Helena de Souza Pereira.

** Agradeço a Israel Science Foundation (Grant No. 17/12), que me concedeu uma generosa bolsa, tornando possível a realização deste trabalho.

durante o qual estudiosos judeus gradativamente abandonaram a língua árabe e adotaram a *língua sagrada* como um veículo que não se limitava aos conteúdos estritamente religiosos, mas que se expandia a fim de exprimir ideias seculares e científicas[2].

Por outro lado, em um contexto europeu bem mais amplo, a produção científica de Ibn Ezra pode ser entendida como uma das múltiplas expressões do *renascimento científico do século XII*, um processo cultural no qual a concepção grega de mundo foi transferida para os estudiosos da Europa Ocidental, depois de ter sido adotada, refinada e expandida pela cultura islâmica em língua árabe. Nesse contexto, o *corpus* científico de Ibn Ezra representou um caso excepcional: em vez do modelo latino comum, adotado pelos estudiosos que chegavam do norte cristão e que ousavam penetrar na Península Ibérica a fim de dar início ao seu trabalho de tradução, temos em Ibn Ezra o contrário: um intelectual impregnado da cultura árabe, que abandona Al-Andalus, peregrina por países cristãos e dissemina, ao longo de suas viagens pela Itália, pela França e pela Inglaterra, a bagagem científica e cultural que angariara durante sua juventude em Al-Andalus[3].

Alguns componentes do *corpus* científico de Ibn Ezra já haviam sido explorados por pesquisadores no passado. Um começo notável dessa investigação pode ser encontrado nos anos finais do século XIX, na contribuição bibliográfica de Moritz Steinschneider[4] e Moritz Silberberg, que traduziram e prepararam uma edição crítica do *Sefer ha-Mispar* (Livro do Número) de Ibn Ezra[5]. No século XX, José Maria Millás Vallicrosa voltou sua atenção aos trabalhos astronômicos de Ibn Ezra, editando dois importantes tratados latinos atribuídos por ele a Ibn Ezra[6], assim como B. R. Goldstein, em ligação com sua pesquisa sobre o *Comentário de Ibn al-Muthannā sobre as Tábuas Astronômicas de Al-Khwārizmī*, uma importante fonte astronômica árabe desaparecida – que só sobreviveu em suas traduções em latim e hebraico –, editada, traduzida e comentada a partir das traduções hebraicas, que inclui a versão elaborada por Ibn Ezra[7]. Mas esses trabalhos relevantes representam quantitativamente apenas uma pequena parcela do *corpus* científico de Ibn Ezra. A grande maioria das obras que compõem seu *corpus* científico são, como veremos, tratados originais escritos em hebraico. Alguns deles foram impressos tendo em vista objetivos importantes, mas que eram apenas tangenciais aos conteúdos científicos do *corpus*. Como exemplo podemos citar Raphael Levy, que editou o texto hebraico do *Reshit Ḥoḵmá* (Início da Sabedoria), de Ibn Ezra, juntamente com sua tradução medieval francesa, não tanto porque estivesse interessado nesse importante tratado astrológico hebraico, o mais famoso do *corpus* científico de Ibn Ezra, mas porque a tradução medieval francesa do *Reshit Ḥokmá* constituía uma excelente fonte para sua pesquisa acerca do processo de cristalização da incipiente língua francesa[8]. De modo semelhante, J. L. Fleischer, um estudioso interessado na biografia e na obra literária de Ibn Ezra, publicou algumas de suas obras astrológicas, mas confessou abertamente que entendia sua tarefa não tanto porque tivesse atração por seu conteúdo, mas porque acreditava que poderia encontrar, no assunto objeto desses textos, dados biográficos significativos que lhe permitiriam saber mais sobre a biografia e os comentários bíblicos de Ibn Ezra[9].

Meu objetivo principal neste artigo é oferecer um quadro o mais abrangente e detalhado possível do *corpus* científico de Ibn Ezra, dado o estado atual da pesquisa sobre ele. A obra científica de Ibn Ezra será dividida em quatro gêneros principais: 1) matemática, astronomia, ferramentas e instrumentos científicos; 2) o calendário hebraico; 3) a enciclopédia astrológica; 4) traduções do árabe para o hebraico. Nesses gêneros serão abordados separadamente, seguindo a ordem cronológica, os tratados que compõem o *corpus* científico, inclusive as várias versões de um mesmo tratado, a fim de se oferecerem fatos bibliográficos fundamentais, tais como a data e o local da composição. Ao mesmo tempo, o conteúdo científico dessas obras será exposto brevemente, e suas fontes, indicadas esporadicamente. Darei atenção especial às questões relativas à problemática autoria de algumas obras de Ibn Ezra.

Matemática, Astronomia, Ferramentas e Instrumentos Científicos

Iniciamos nossa revisão pelas obras de Ibn Ezra que tratam sobretudo de matemática e astronomia. Como veremos brevemente, não é com o propósito principal de oferecer um puro conhecimento teórico de matemática ou astronomia que essas obras foram escritas. Elas visavam primariamente a resolver problemas astronômicos técnicos que surgiam a partir da *práxis* astrológica. De importância capital nesse contexto era explicar e ensinar como utilizar ferramentas e instrumentos científicos, como o astrolábio e as tábuas astronômicas. Outro objetivo importante era explicar os fundamentos do calendário hebraico, pondo em prática as ferramentas oferecidas pelas astronomias grega e árabe.

Sefer ha-Mispar *(Livro do Número)*

Esse tratado foi escrito na Itália, possivelmente na cidade de Lucca, por volta de 1146 ou pouco antes e, por essa razão, deve ser considerado o primeiro trabalho científico de Ibn Ezra. Afirmamos isso com base em dois fatores. Primeiramente, o *Sefer ha-Mispar* foi seguramente escrito antes de/ou em 1146, uma vez que Ibn Ezra o menciona como uma obra já concluída em seu *Sefer ha-'Ibbur* (Livro da Intercalação), o qual foi seguramente composto na cidade de Verona em 1146 (ver infra p. 228). Em segundo lugar, em seu *Sefer ha-Mispar,* Ibn Ezra refere-se, em duas ocasiões diferentes, à primeira versão em hebraico do *Sefer Ṭa'amê ha-Luḥot* (Livro das Razões das Tábuas Astronômicas) utilizando-se do verbo no tempo futuro e, assim, aludindo a ele como uma obra ainda inacabada [10]. Dado que a primeira versão em hebraico do *Sefer Ṭa'amê ha-Luḥot* foi feita em Lucca por volta de 1146 (ver infra), segue-se que o *Sefer ha-Mispar* foi escrito em 1146 ou antes, na cidade de Lucca, ou em Roma, onde Ibn Ezra havia morado anteriormente. Esse tratado foi publicado em uma edição crítica em 1895, trazendo um comentário e uma tradução em alemão [11].

O *Sefer ha-Mispar* foi pensado como um livro de aritmética e, como tal, foi dividido em sete capítulos tratando das seguintes operações básicas: multiplicação, divisão, adição, subtração, frações, proporções e raízes quadradas. Ao mesmo tempo, apresenta e explica em seu capítulo introdutório o sistema de posicionamento decimal, que assume, além de símbolos distintos para os números de 1 a 9, também um símbolo "vazio" adicional para o 0 como uma incógnita, e Ibn Ezra refere-se explicitamente a ele de modo metafórico como uma "roda, *como palha ao vento*, destinada a manter os valores em seus graus, e em língua estrangeira (árabe) é chamada de *sifra*" [12]. Antes de retomar a explicação do sistema de posicionamento decimal, Ibn Ezra afirma em seu *Sefer ha-Mispar* que esse sistema foi uma invenção dos sábios hindus [13]. Ademais, na introdução da sua tradução do *Comentário de Ibn al-Muthannā sobre as Tábuas Astronômicas de al-Khwārizmī*, Ibn Ezra nos informa que Kanka, um erudito hindu, "ensinou aos árabes a base dos números, isto é, os nove numerais", e subsequentemente "todos os sábios árabes posteriores multiplicaram, dividiram e extraíram raízes quadradas como está escrito no livro de Muḥammad b. Mūsa al-Khwārizmī sobre o cálculo hindu" [14]. Segue-se que o *Sefer ha-Mispar* muito provavelmente baseou-se no *Tratado sobre o Cálculo com Números Hindus* ou no *Livro da Adição e da Subtração pelo Método de Calcular dos Hindus*, de Al-Khwārizmī, que pode ter sido o primeiro a expor, em árabe, o uso dos números hindus de 1 a 9, o 0 e o sistema de notação posicional, além das quatro operações básicas – adição, subtração, multiplicação e divisão –, como também a extrair a raiz quadrada[15]. Nesse contexto, vale a pena salientar que o *Sefer ha-Mispar* hebraico é um dos primeiros livros a introduzir a aritmética de Al-Khwārizmī na Europa latina, sem falar da apresentação do sistema posicional decimal, em conjunto e em paralelo a uma versão latina contemporânea denominada *algorismus*, um nome que denuncia claramente a influência de Al-Khwārizmī[16].

Tony Lévy e Charles Burnett descobriram recentemente um tratado anônimo sobre aritmética e geometria intitulado *Sefer ha-Middot* que atribuíram a Abraão ibn Ezra e que consideraram uma versão preliminar do *Sefer ha-Mispar*. Isso abre a possibilidade para que algumas das referências anteriormente apresentadas se refiram a essa versão anterior, e não ao texto publicado sob o título de *Sefer ha-Mispar*, que poderia ser posterior. Essa é uma proposição que ainda precisa ser averiguada[17].

Sefer Ṭa'amê ha-Luḥot *(Livro das Razões das Tábuas Astronômicas)*

Abraão ibn Ezra compôs esse tratado provavelmente em quatro versões diferentes, duas em hebraico e duas em latim[18]. As versões em hebraico se perderam, mas um texto latino, o *Liber de rationibus tabularum*, foi atribuído a Ibn Ezra e editado em 1947 por José Maria Millás Vallicrosa[19]. Temos evidência segura acerca da autoria de Ibn Ezra desse tratado e de ambas as versões em hebraico: de acordo com o testemunho altamente confiável de Yosef Bonfils em seu trabalho *Ṣafenat Pa'neaḥ* – um comentário escrito sobre o comentário de Ibn Ezra sobre o *Pentateuco* no final do século XIV –, Ibn Ezra redigiu duas diferentes versões em hebraico das tábuas astronômicas, a primeira em Lucca e a segunda em Narbona. No que se refere à primeira versão em hebraico, além de ter sido composta em Lucca, como afirma Joseph Bonfils, é possível estabelecer com razoável certeza que foi realizada em 1146, depois de Ibn Ezra ter escrito seu *Sefer ha-Mispar*, pouco antes de ter se mudado para Verona[20]. Com relação à segunda versão em hebraico do *Sefer Ṭa'amê ha-Luḥot*, sabemos com segurança que foi escrita em Narbona, como afirma Yosef Bonfils, o que nos permite asseverar que foi composta depois que Ibn Ezra partiu da Itália e alcançou a Provença, em 1148, mas antes de 1154[21].

Como mencionamos anteriormente, as duas versões em hebraico estão perdidas, mas podemos ter uma noção de seu conteúdo por meio de outras fontes. Se considerarmos o *Ṣafenat Pa'neaḥ*, de Yosef Bonfils, é possível encontrar quatro referências importantes que apontam diretamente para quatro passagens do *Sefer Ṭa'amê ha-Luḥot*, de Ibn Ezra – duas que tratam dos movimentos da lua, uma que discute a longitude de Jerusalém e uma que tece elogios a Claudio Ptolomeu. Uma análise dessas passagens mostra que seus conteúdos ou são semelhantes, mas não idênticos, a passagens análogas encontradas na versão em latim ou não existem nela[22]. De modo semelhante, uma comparação entre as numerosas referências ao *Sefer Ṭa'amê ha-Luḥot* encontradas no *corpus* científico hebraico de Ibn Ezra[23], juntamente com as quatro referências a ele já mencionadas, encontradas no *Ṣafenat Pa'neaḥ*, por um lado, e o conteúdo da versão em latim existente, por outro, permitem-nos concluir que as versões em hebraico e em latim eram semelhantes em alguns detalhes, mas muito diferentes em outras partes significativas.

Voltemo-nos para a versão em latim. Vários manuscritos dessa versão chegaram até nós, como mencionamos anteriormente, e foram editados por José Maria Millás Vallicrosa em 1947, que, seguindo algumas reivindicações um tanto hesitantes de Moritz Steinschneider[24], também atribuiu essa obra a Abraão ibn Ezra[25]. Apesar da importante contribuição de Millás Vallicrosa na edição dessa obra, alguns obstáculos ainda permanecem e precisam ser removidos antes que a autoria de Ibn Ezra possa ser assumida de modo seguro. Referir-me-ei a essas dificuldades ao mesmo tempo que oferecerei informação bibliográfica sobre a versão em latim.

No texto em latim, em várias passagens o nome *Abraham* ou *Abraham Iudaeus* é indicado como sendo o do autor do texto[26]. Tal observação seguramente pressupõe que o autor foi um judeu de nome Abraham. Contudo, isso não significa necessariamente que *Abraham* ou *Abraham Iudaeus* seja Ibn Ezra. E mais: em minha opinião, a evidência sugere os três pontos seguintes: i) Ibn Ezra foi o autor dos conteúdos encontrados no texto em latim; ii) o texto em latim não era uma simples tradução da fonte em hebraico; iii) Ibn Ezra tinha algum conhecimento da língua latina, fato que pode favorecer a possibilidade de que ele estivesse, de algum modo, envolvido na composição da versão em latim. Esses pontos podem ser sustentados como apresento a seguir.

i) A autoria de Abraão Ibn Ezra fundamenta-se primariamente nas correspondências entre o texto em latim e outras suas obras conhecidas. Nesse contexto, o principal argumento de Millás Vallicrosa foi oferecer uma série de referências encontradas no *corpus* científico em hebraico de Ibn Ezra que apontam para o *Sefer Ṭa'amê ha-Luḥot* ou *Sefer ha-Luḥot* (Livro das Tábuas Astronômicas)[27]. Contudo, além do fato de essa lista poder ser ampliada e de as referências nem sempre apontarem para tópicos que podem ser realmente encontrados no texto em latim, minha principal objeção a esse argumento é que, baseadas em passagens extraídas do *corpus* científico em hebraico de Ibn Ezra, essas referências indicam naturalmente as *versões em hebraico* perdidas do *Sefer Ṭa'amê ha-Luḥot* ou *Sefer ha-Luḥot* e, portanto, não podem ser apresentadas como provas da autoria de Ibn Ezra da sua contraparte em latim. Em minha opinião, uma demonstração apropriadamente metodológica deveria empregar abordagem oposta, isto é, considerar o texto em latim como ponto de partida; linhas de contato deveriam ser traçadas a fim de associar o texto em latim à obra em hebraico de Ibn Ezra. Nesse contexto, Millás Vallicrosa e especialmente B. R. Goldstein já fizeram importantes contribuições ao mostrarem a existência de uma correspondência próxima e direta entre os conteúdos de algumas partes do texto em latim e da tradução de Ibn Ezra do *Comentário de Ibn al-Muthannā sobre as Tábuas Astronômicas de al-Khwārizmī*[28]. E mais, evidência adicional ainda pode ser aduzida ao se mostrar a marcante semelhança entre algumas passagens do texto em latim e passagens análogas de toda a obra em hebraico de Ibn Ezra, isto é, o *corpus* científico, como também sua exegese bíblica e suas monografias teológicas[29].

ii) Como já mencionado, uma comparação das referências no *corpus* científico em hebraico de Ibn Ezra relativas ao *Sefer Ṭa'amê ha-Luḥot* ou *Sefer ha-Luḥot* com as passagens correspondentes no *Liber de rationibus tabularum* mostra-nos que as versões em latim e em hebraico eram semelhantes em alguns detalhes, mas muito diferentes em outras partes significativas. Algumas dessas diferenças – uma referência a Jerusalém e uma abordagem comparativa e didática a fim de explicar as semelhanças entre os calendários judeu e cristão – implicam que as versões em hebraico e em latim foram preparadas respectivamente para públicos judeus e cristãos[30]. Essas semelhanças e diferenças favorecem a defesa da possibilidade de que ambos os textos constituíssem versões diferentes bem como advogassem contra a possibilidade de que a versão em latim fosse uma simples tradução da versão em hebraico.

iii) Com relação à habilidade de Ibn Ezra em escrever diretamente em latim ou ao fato de ter estado envolvido com a composição do tratado científico em latim, uma investigação da sua exegese bíblica revela alguns exemplos importantes que mostram claramente que Ibn Ezra conhecia a língua latina suficientemente bem para que pudesse referir-se criticamente a algumas partes da *Vulgata Latina* ou debater com alguns de seus companheiros judeus comentadores, utilizando-se de palavras traduzidas para o latim[31]. Como consequência disso, podemos assumir que ele estava capacitado, seja por si mesmo, seja, mais provavelmente, pela ajuda de um discípulo, a escrever um tratado científico técnico em latim. De fato, há outra ocorrência de um tratado científico que, como esclareceremos (ver infra), Ibn Ezra escreveu em latim com o auxílio de um discípulo cristão: um *Livro sobre o Astrolábio*, versão análoga de seu *Keli ha-Neḥoshet* (Instrumento de Bronze) em hebraico.

Há ainda uma característica adicional do texto em latim – o lugar em que foi composto – que também deve ser reconciliada com a biografia conhecida de Ibn Ezra a fim de que se possa atribuir-lhe a autoria do livro. O conteúdo do *Liber de rationibus tabularum* mostra claramente que o texto foi escrito no ano de 1154 em algum lugar não especificado na França[32]. De fato, o texto em latim registra que *he tabule composite sunt secundum meridiem Pisanorum quorum remotio est ab occidentis termino 33 gradus*[33], observação que implica que um versão anterior, primeira, em latim fora redigida em Pisa. Desse modo, quando se tenta identificar o autor do texto em latim, é fundamental que se determine se Ibn Ezra residiu ou se fez apenas uma parada na cidade de Pisa. Possuímos informação suficiente sobre a estada de Ibn Ezra na cidade vizinha de Lucca, onde produziu uma literatura bastante rica[34] e onde escreveu, como já mencionado, a versão análoga em hebraico do *Liber de rationibus tabularum.* Não obstante, investigações anteriores não conseguiram encontrar nenhuma referência à residência de Ibn Ezra em Pisa. Por sorte, um fragmento da segunda versão em hebraico do *Sefer ha-'Olam* (Livro do Mundo), de Ibn Ezra – sugerindo que fez observações astronômicas com a clara intenção de utilizá-las astrologicamente tanto em Pisa quanto em Lucca –, permite-nos estabelecer com bastante segurança que ele residiu algum tempo em Pisa[35].

Uma visão panorâmica do texto em latim indica que Ibn Ezra escreveu esse tratado a fim de fornecer um conhecimento teórico astronômico e astrológico a quem quer que pudesse se interessar pela utilização das tábuas astronômicas[36], bem como de expor e de explicar as características principais e os usos dessas tábuas[37]. O tratado começa explicando as características astronômicas e astrológicas de cada um dos sete planetas e trata de modo extenso e particular do sol e da lua; segue com um capítulo trigonométrico e termina abordando problemas astronômicos específicos, tais como os estabelecimentos da latitude da lua, da latitude das cidades, das horas das estações, das 12 casas astrológicas ou da primeira vista do crescente lunar. O autor do tratado refere-se explicitamente a fontes gregas e herméticas, tais como Hiparco, Ptolomeu, Dorônio e Hermes[38]; tábuas astronômicas hindus são mencionadas em geral como *tabulas indorum* e em particular como *zîj al-Sindhind*[39]; astrônomos e astrólogos árabes são mencionados de modo geral como *magistri probationum* e de modo particular com os nomes de cientistas notáveis como Al-Khwārizmī, Al-Battānī, Al-Ṣūfi, Ibn Sīnā, Thābit b. Qurra, Al-Nayrizī, Ibn Yūnus, Banū Sākir, Māshā'allāh, Abū Ma'shar[40]; cientistas andaluzes como Ibn al-Muthannā, Maslama, Ibn al-Ṣaffār e Azarchiel também são citados[41].

Keli ha-Neḥoshet *(O Instrumento de Bronze – O Livro do Astrolábio)*

Até onde pude averiguar, esse tratado de Abraão ibn Ezra foi composto, com o intuito de descrever a configuração física do astrolábio bem como de ensinar como utilizá-lo astronômica e astrologicamente[42], em três versões diferentes em hebraico. Ademais, Ibn Ezra também preparou, com o auxílio de um discípulo, uma versão em latim do *Livro do Astrolábio*.

O ano 4906 AM (= 1146 d.C.) está gravado na lista das estrelas para a *rete*[43][44]. Em todas as três versões do *Keli ha-Neḥoshet*, o ano que acompanha as listas das estrelas fixas constitui uma indicação confiável da data da composição: como explicado pelo próprio Ibn Ezra, tais listas servem para determinar a idade exata de um astrolábio por meio da comparação entre a localização de uma determinada estrela constante da lista de estrelas para a *rete* na data da composição do livro e a localização da mesma estrela quando observada em outra data, levando-se em consideração a precessão das estrelas fixas. Isso é confirmado pelo *terminus ante quem* derivado do *Sefer ha-'Ibbur*, escrito em Verona em 1146, no qual o *Keli ha-Neḥoshet* é referenciado com os verbos no passado[45]. O local da composição é determinado pelo que sabemos sobre as viagens de Ibn Ezra. Ademais, no texto da primeira versão do *Keli ha-Neḥoshet*, o autor destaca que já escrevera um livro no qual tratara das diferenças de opinião sobre aspectos astrológicos confrontando os sábios da Grécia, da Índia e da Pérsia[46]. Essa passagem, embora de marcadas conotações astrológicas, está diretamente relacionada à astronomia, logo supomos ser uma referência à primeira versão em hebraico do *Sefer Ṭa'amê ha-Luḥot*, composto em Lucca em 1146 ou anteriormente a essa data[47].

O ano de composição, 4906 AM (=1146 d.C.), da segunda versão do *Keli ha-Neḥoshet* está registrado na lista de estrelas para a *rete*. Esse tratado só nos chegou em manuscrito[48]. Nele também consta que a segunda versão foi escrita no mesmo ano que a primeira (de fato, como veremos, alguns meses depois), e não nos causa espécie que a segunda versão seja em algumas partes muito semelhante à primeira – na data de composição, na lista de estrelas da *rete* e em sua estrutura geral. Contudo, as duas versões possuem traços fundamentalmente diferentes que as tornam distintas uma da outra, os quais passo a apresentar:

i) As duas versões diferem nitidamente tanto nos detalhes quanto na formulação de algumas das operações do astrolábio, *inter alia,* em relação ao procedimento para determinar "a latitude das cidades ou lugares"[49], "em quantos graus cada signo zodiacal aparecerá no equador"[50], o modo como se localiza uma das estrelas da *rete*[51] ou o modo como se localiza um dos planetas[52]. No que diz respeito a esta última operação, veremos adiante uma passagem significativa da segunda versão referente à visibilidade de Vênus sob condições muito especiais, referência que torna única a segunda versão no quadro das três versões em hebraico, mas que, ao mesmo tempo, acentua a ligação com uma referência extremamente semelhante que pode ser encontrada na versão em latim do *Livro do Astrolábio* (ver infra).

ii) As duas versões são diferentes em relação ao *Sefer ha-'Ibbur*. Na segunda versão do *Keli ha-Neḥoshet*, Ibn Ezra induz o leitor a consultar o *Sefer ha-'Ibbur* referindo-se a ele como um trabalho terminado[53]. Contudo, no próprio *Sefer ha-'Ibbur*, ele alude ao *Keli ha-Neḥoshet* como se fosse um trabalho também concluído[54]. A explicação para essas aparentemente incompatíveis referências cruzadas é que o *Sefer ha-'Ibbur* foi composto em algum momento no ano de 1146, entre as redações das duas versões diferentes do *Keli ha-Neḥoshet*. A primeira versão do *Keli ha-Neḥoshet* foi redigida em algum momento no início do ano de 1146, e esta é a versão a que ele se refere no *Sefer ha-'Ibbur*. A segunda versão foi escrita mais tarde naquele ano, depois que Ibn Ezra havia concluído o *Sefer ha-'Ibbur*, e, nessa segunda versão do *Keli ha-Neḥoshet*, Ibn Ezra reporta-se ao *Sefer ha-'Ibbur* como uma obra já concluída.

iii) É possível encontrar em ambas as versões do *Keli ha-Neḥoshet* uma série de referências específicas que traçam uma linha divisória bem clara entre a primeira e a segunda versões do *Keli ha-Neḥoshet*[55]. Num claro contraste com a primeira versão, Ibn Ezra menciona, muitas vezes na segunda versão, o *Sefer ha-Luḥot* como um trabalho ainda não redigido[56], donde podemos supor que, depois de ter-se mudado de Lucca para Verona ou Mântua, Ibn Ezra foi convidado a redigir uma nova versão do *Sefer ha-Luḥot*, o que acabou fazendo depois de chegar à Provença. Do mesmo modo, referências ao *Sefer ha-Mishpaṭim* (Livro dos Julgamentos Astrológicos), que aparecem muitas vezes na primeira versão do *Keli ha-Neḥoshet*[57], desaparecem completamente da segunda versão.

A terceira versão do *Keli ha-Neḥoshet*, que também sobreviveu em manuscrito[58], foi redigida quase dois anos antes (4908 A.M.), no início de 1148, como o autor registra na lista de estrelas fixas da *rete* correspondente[59]. Os detalhes, vocabulário e composição da terceira versão são substantivamente diferentes daqueles das versões anteriores. Ademais, na lista das estrelas fixas da *rete* encontramos 36 estrelas, ao passo que as duas versões anteriores incluem apenas 23[60]. Como a segunda versão, a terceira continua remetendo o leitor ao *Sefer ha-Luḥot* utilizando os verbos no futuro[61]. Contudo, na terceira versão, pela primeira vez encontramos uma referência, com o verbo no futuro, a um tratado astrológico chamado *Reshit Ḥok̲má*, livro que Ibn Ezra terminaria nas semanas seguintes ou nos meses seguintes[62]. Partindo dessa evidência, podemos concluir que a terceira versão do *Keli ha-Neḥoshet* foi o primeiro trabalho que Ibn Ezra redigiu na Provença, depois de haver deixado a Itália. O fato de Ibn Ezra ter preparado outra versão do mesmo *Livro do Astrolábio* antes até de haver começado a redação da sua *enciclopédia astrológica,* que tem o *Reshit Ḥok̲má* como abertura, constitui uma prova adicional da importância do astrolábio para a solução de problemas astronômicos e astrológicos.

Um manual em latim que descreve o astrolábio e ensina como utilizá-lo também está disponível em dois manuscritos da Biblioteca Britânica – Ms. Cotton Vesp, fols. 40-37 e Ms. Arundel 377, fols. 63-68 – a partir de cópias do texto em latim do *Liber de rationibus tabularum* atribuído a Abraão ibn Ezra. Moritz Steinschneider foi o primeiro a chamar a atenção para esse texto e a relacioná-lo com o trabalho de cientistas medievais judeus. A fim de confirmar sua tese, Steinschneider cita uma passagem do texto em latim que menciona um personagem de nome *Abraham*, sem dúvida alguma um judeu, ditando o manual do astrolábio para um discípulo. Esse discípulo não conseguiu esconder sua profunda admiração por seu mestre e escreveu: "Ut ait philosophorum sibi contemporaneorum Abraham magister noster egregius quo dictante et hanc dispositionem astrolabii conscripsimus [...]"[63]. Contudo, Steinschneider ficou em dúvida se o autor foi Abraão ibn Ezra, Abraão bar Ḥiyya ou Abraão Zacuto[64]. A cadeia de eventos posterior relacionada à pesquisa sobre esse texto foi muito parecida com a relatada no *Liber de rationibus tabularum.* O pesquisador polonês A. Birkenmajer levantou a hipótese de que Ibn Ezra tenha sido o autor desse texto em latim para José María Millás Vallicrosa. Esse eminente historiador espanhol da ciência, ao voltar para a pátria após a Guerra Civil Espanhola, prosseguiu com sua pesquisa e em 1940 publicou um artigo importante acerca do texto em latim. A metodologia desse artigo foi semelhante à adotada em relação ao *Liber de rationibus tabularum.* Millás Vallicrosa editou, muito cuidadosamente, o texto em latim desse manual do astrolábio propondo que Ibn Ezra tenha sido o autor[65]. A fim de confirmar sua tese, Millás Vallicrosa enfatiza duas passagens principais, a par da que menciona *Abraham magister noster*. A primeira explica que *locum lune in tabulis coequationis planetarum secundum artem quam dedimus de coequandis planetis ad quamuis horam sume*, afirmação um tanto vaga que, na opinião de Millás Vallicrosa, refere-se às tábuas astronômicas que Ibn Ezra havia preparado anteriormente[66]. A segunda passagem menciona um fenômeno astronômico singular que poderia ser observado na Inglaterra – *si quis fuerit in Anglia cum sol fuerit a parte capricorni* [...] –, referência que, na opinião de Millás, indicava que o texto em latim fora composto por Ibn Ezra na Inglaterra no período em que lá viveu, por volta de 1160[67]. Voltaremos a essa passagem mais adiante com uma interpretação diferente. Embora Millás Vallicrosa tenha dado uma formidável contribuição para o esclarecimento desse problema, restringiu sua análise ao conteúdo do texto em latim. Millás Vallicrosa conhecia apenas a primeira versão do *Keli ha-Neḥoshet,* mas nem sequer a comparou com o texto em latim e desculpou-se escrevendo que a Primeira Guerra estava no auge quando publicou seu artigo[68].

Sem dúvida, uma vez que Ibn Ezra preparou três versões do *Keli ha-Neḥoshet*, atribuir-lhe a autoria de uma contraparte em latim só seria cabível por meio de uma comparação entre os textos em hebraico e em latim. Depois de um exame como esse, que levei a cabo, todas as evidências apontam a favor da hipótese de Millás Vallicrosa de que Ibn Ezra seja o autor. As três versões em hebraico são muito parecidas com o texto em latim, não apenas com relação à descrição do astrolábio – como era de se esperar, dado que descrevem o mesmo instrumento – mas também em suas fontes, na composição dos tratados bem como nos termos utilizados para explicar os usos do astrolábio. A maioria das fontes científicas registradas no texto em latim – os *magistri probationum,* importante grupo de astrônomos e astrólogos como Ptolomeu, Enoque (Hermes), Mesella (Māshā'allāh), Albumassar (Abū Maᶜshar), Doroneus (Dorotheus de Sidon), Andruzgar (Andarzagar ibn Sādān Farruh), Anurizi (Al-Fadl b. Hatim al-Nayrizi) – pode ser encontrada no *corpus* científico de Ibn Ezra, inclusive no *Liber de rationibus tabularum*[69]. A transliteração em árabe dos nomes das fontes e dos componentes do astrolábio, como vimos aqui – termos como *alhidada*, *alilac*, *assabata*, *acemuth*, *almucantarath*[70] –, indica claramente que o autor do texto em latim foi educado em Al-Andalus, como aconteceu com Ibn Ezra. Ademais, algumas expressões técnicas usadas no texto são marcantes reminiscências da terminologia paralela em hebraico encontradas nas três versões do *Keli ha-Neḥoshet*, tais como a expressão *ductus planetae*, cuja contraparte em hebraico é *nihug ha-ko̱kav*[71], ou como no caso da operação *ponere in linea medii caeli*, que corresponde em hebraico a *lasim be-ḥeṣi ha-shamayim*[72], ou ainda o termo mais genérico *iudicia*, que no texto em latim é usado como sinônimo de "regras astrológicas", cujo correspondente em hebraico é *mishpaṭim*, palavra usada por Ibn Ezra, em hebraico pela primeira vez, com conotações claramente astrológicas[73].

Uma característica comum a ambos os textos é que, embora o astrolábio seja mais conhecido como um instrumento majoritariamente usado com finalidades astronômicas, uma importante parte dos textos das quatro versões, três em hebraico e uma em latim, dedica-se a mostrar os usos tipicamente astrológicos. Uma vez que o astrolábio permitia determinar o padrão do céu em qualquer tempo (passado, presente e futuro) (nascimento, coroação, fundação de uma cidade etc.), era extremamente útil calcular os componentes fundamentais do horóscopo, particularmente as partes que acarretavam cálculos relacionados à trigonometria esférica, evitando cálculos cansativos que teriam sido necessários caso o instrumento não estivesse disponível. Nesse contexto, as quatro versões são muito semelhantes e referem-se aos três procedimentos relacionados ao horóscopo: a) organizar as 12 casas astrológicas; b) estabelecer os *aspectos* astrológicos; c) realizar os procedimentos do *ducere gradus*[74]. Além disso, esses tópicos astrológicos são tratados de modo muito semelhante nas quatro versões. Um fator marcante que diferencia Ibn Ezra como escritor é sua propensão a tratar aspectos técnicos de algum problema registrando as divergências que surgiam entre diferentes escolas de pensamento a fim de resolver essa questão. Este é um traço característico que pode ser detectado nas quatro versões, hebraica ou latina, do *Livro do Astrolábio*[75].

Contudo, o que dizer a respeito do lugar e do período em que a versão em latim do *Livro do Astrolábio* foi composta? Nesse contexto, é válido reexaminar a passagem em que Millás Vallicrosa afirma que o texto em latim foi escrito na Inglaterra, aproximadamente no ano de 1160. Essa passagem é parte de um capítulo intitulado *De loco planete cognoscendo*, que descreve várias técnicas para estabelecer a localização de um planeta e especialmente para descobrir se o planeta está retrógrado ou fixo. Depois de lidar com Júpiter e Marte, o autor passa a tratar o caso especial dos planetas inferiores, Mercúrio e Vênus. O ponto essencial é o fato de Mercúrio e Vênus nunca se afastarem muito do sol, o que torna quase impossível utilizar as mesmas técnicas que foram implementadas anteriormente com relação a Júpiter e Marte. Contudo, o autor da versão em latim segue explicando: *Simili modo operandum est de uenere, si quis fuerit in Anglia cum sol fuerit a parte capricorni et uenus a sole remotissima quod est 47 gradibus, alibi autem non*[76]. Essa interessante passagem do texto em latim está relacionada muito de perto a uma passagem muito semelhante que pode ser encontrada na segunda versão em hebraico do *Keli ha-Neḥoshet*:

> Será possível saber a posição de Vênus ou de Mercúrio quando surgem ou se escondem, mas no *meio do céu* é impossível vê-los [...] Contudo, se se estiver *na sétima região climática,* isto é, a região chamada de *Pequena Britânia* por Ptolomeu[77], que está localizada depois da *Inglaterra* do lado ocidental, então será possível ver-se Vênus no *meio do céu* quando o sol estiver no signo de Escorpião e Vênus, saindo do signo de Câncer. Mas em outras localidades é impossível (ver Vênus no meio do céu)[78].

Segue-se que a Inglaterra é mencionada nessas duas passagens paralelas somente com o intuito de corroborar que Vênus, normalmente visível não muito distante do sol e aparecendo como a estrela vespertina ou a estrela matutina, pode ser visto excepcionalmente *a sole remotissima* ou no *meio do céu*[79]. O ponto principal a ser enfatizado aqui é que Ibn Ezra considerava apropriado *quando morava no norte da Itália*, utilizando alguma fonte desconhecida[80], referir-se a um fenômeno astronômico singular que podia ser observado na Inglaterra, uma vez que a segunda versão do *Keli ha-Neḥoshet*, na qual essa passagem pode ser encontrada, foi composta em 1146 em Mântua ou Verona. Desse modo, a ligação proposta por Millás Vallicrosa entre o registro desse fenômeno singular e o fato de Ibn Ezra ter provavelmente vivido na Inglaterra fica descartada. Ademais, esse interesse pela Inglaterra (como um parâmetro geográfico especial ou um cenário adequado para realizar observações astronômicas) também pode ser encontrado na primeira versão do *Sefer ha-'Ibbur*, que, sem dúvida nenhuma, foi composta em Verona, Itália, em 1146[81].

Assim, podemos concluir que a menção à Inglaterra no contexto do registro de observações astronômicas não indica que a versão em latim do *Livro do Astrolábio* tenha sido lá escrita. Levando-se em consideração um registro muito semelhante encontrado na segunda versão do *Keli ha-Neḥoshet*, composta no norte da Itália, consideramos muito provável que a versão em latim do *Livro do Astrolábio* pertença ao período italiano da carreira de Ibn Ezra, escrita em Verona ou Mântua, aproximadamente ao mesmo tempo que a segunda versão do *Keli ha-Neḥoshet*. Para reforçar essa afirmação, podemos aduzir a interessante hipótese de Enea Datei. De acordo com ela, Ibn Ezra forneceu conselhos astronômicos à cidade de Mântua para a construção das quatro torres chamadas *Torri del Sole*. A posição relativa dessas quatro torres, que foram construídas em algum momento na metade do século XII, foi escolhida e destinada de modo exato, como mostrou Enea Datei, para refletir as quatro posições principais do trajeto do sol, os dois equinócios e os dois solstícios[82]. Assim, é bem possível que Ibn Ezra, que compusera em Mântua um tratado acerca da gramática hebraica, chamado *Sefer Ṣaḥut*, e possivelmente também a segunda versão em hebraico do *Keli ha-Neḥoshet*, tenha redigido também na mesma cidade uma versão paralela em latim do *Livro do Astrolábio* movido pela necessidade de oferecer recomendações ao conselho da cidade de Mântua acerca da melhor localização para as já mencionadas *Torri del Sole*.

Sefer ha-'Eḥad *(Livro sobre a Unidade)*

Ibn Ezra redigiu esse pequeno tratado matemático, que apresenta os atributos dos números em lugar e data incertos e está dividido em nove pequenos capítulos, cada qual explicando as características de cada um dos nove números com base em uma variedade de elementos oriundos da aritmética, da geometria, da análise combinatória, como também da astrologia e da teologia. O *Sefer ha-'Eḥad* é um livro sobre matemática considerado menos importante que o *Sefer ha-Mispar*[83], mas ainda assim pode ser considerado um extraordinário tratado matemático, precisamente porque sua preocupação é com a matemática pura, sem nenhuma pretensão de servir, como também acontece com o *Sefer ha-Mispar*, como uma ferramenta auxiliar ou prática para solucionar problemas astronômico-astrológicos e tampouco para elaborar o calendário hebraico[84]. O *Sefer ha-'Eḥad* já fora editado e comentado em 1921 e também contou com uma edição atualizada[85].

Calendário Judaico

O calendário sempre constituiu uma questão importantíssima na vida de uma congregação judia medieval educada. A razão disso decorre do enorme impacto que as conotações rituais e sociais oriundas de preocupações com o calendário exerciam na consciência coletiva religiosa das sociedades medievais, além das questões concernentes à identidade nacional de uma comunidade medieval minoritária, sejam internas sejam externas a ela. Por volta do século X, quase dois séculos antes da geração de Ibn Ezra, já havia sido estabelecido um sistema regular e estável que assumia as regras do calendário administrado pela Suprema Corte da Palestina sob o domínio romano. Mesmo havendo pouco a acrescentar às próprias regulamentações do calendário, Ibn Ezra, como outros intelectuais espanhóis judeus do século XII do meio rabanita, tais como Abraão bar Ḥiyya e Maimônides, deram significativas contribuições nesse campo. Começaram a escrever sobre o calendário em hebraico, um marco de inovação que possibilitou a expansão de suas obras para além das fronteiras culturais que separavam as comunidades judaicas orientais e ocidentais. E mais, seus trabalhos não foram apenas documentais, informativos ou explicativos, mas marcados por uma espirituosa complementação polêmica, mormente quando estudavam e discutiam as fontes das quais alegavam ser herdeiros.

Por um lado, voltavam-se para o que consideravam ser as fontes primárias da lei judaica, a fim de reforçar e salvaguardar as regulamentações do calendário judaico como as conheciam e descreviam. Por outro lado, explicavam os fundamentos do calendário judaico usando ferramentas fornecidas pela nova astronomia greco-árabe, com a qual intelectuais andaluzes haviam se familiarizado ao longo das décadas anteriores. Este último ponto é a nossa principal justificação para classificar como *científica* a obra sobre o calendário de Ibn Ezra, Abraão bar Ḥiyya e Maimônides. Contudo, seria mais apropriado classificar esse tipo particular de literatura científica, posto ser composta de tratados que incluem tópicos científicos que eram aplicados à ritualística judaica e às necessidades sociais. Nesse campo, Abraão ibn Ezra ofereceu uma influente contribuição. Diferentemente de seus pares, tratou dos problemas relativos ao calendário em seus comentários bíblicos dando-lhes mesmo um sabor todo especial[86]. Também dedicou partes de seu *Liber de rationibus tabularum* para apresentar aos leitores cristãos os pontos de contato entre os calendários judaico e cristão, além de, presumivelmente, partes da perdida contraparte em hebraico do *Sefer Ṭa'amê ha-Luḥot*, a fim de tratar de aspectos astronômicos do calendário judaico[87]. Ibn Ezra também compôs várias obras específicas sobre o calendário judaico, como veremos em seguida.

Sefer ha-'Ibbur *(Livro da Intercalação)*

Abraão ibn Ezra compôs esse tratado, dedicado a fixar o calendário judaico e a explicar seus fundamentos, em duas versões diferentes, como registra Yosef Bonfils em seu grande comentário *Ṣafenat Pa'neaḥ*[88]. A primeira versão do *Sefer ha-'Ibbur*[89] foi redigida em Verona em 1146 (4906) – como o próprio

Ibn Ezra afirma no texto do livro[90] – entre a composição da primeira e da segunda versões do *Keli ha-Neḥoshet* (ver supra). A segunda versão do *Sefer ha-'Ibbur*, que se perdeu, foi redigida em Narbona – como Yosef Bonfils registra em *Ṣafenat Pa'neaḥ* –, e assumimos que foi composta depois de 1148, após a mudança de Ibn Ezra da Itália para a Provença.

A primeira versão do *Sefer ha-'Ibbur* foi originalmente preparada em três capítulos. O primeiro capítulo trata de quatro maneiras diferentes de calcular o *molad* (o momento da oposição entre o sol e a lua), isto é, de determinar o início do mês lunar, uma característica fundamental do calendário solar-lunar judaico; o segundo capítulo, quase duas vezes maior que o primeiro, discute os problemas teóricos fundamentais do calendário judaico e avança a discussão utilizando importantes elementos das astronomias grega e árabe, particularmente os traços relevantes que oferecem não só uma explicação científica para o tempo cíclico mas também a base lógica que sustenta o calendário judaico. Como mencionamos anteriormente, falta o terceiro capítulo nos manuscritos da primeira versão do *Sefer ha-'Ibbur* como também na versão impressa. Mas, curiosamente, Ibn Ezra refere-se várias vezes, nos dois capítulos existentes, aos tópicos e aos conteúdos do terceiro capítulo perdido, talvez sequer escrito. A partir dessas referências, podemos concluir que o terceiro capítulo incluía (ou pretendia incluir) assuntos estritamente astronômicos, tais como a primeira visualização da lua[91], as irregularidades do ciclo lunar[92] ou a duração do ano solar[93].

O terceiro capítulo também falta na versão impressa do *Sefer ha-'Ibbur*. Ademais, a maioria dos manuscritos da primeira versão do *Sefer ha-'Ibbur* também só traz dois capítulos. Contudo, surpreendentemente, Ibn Ezra inicia o tratado com um sumário segundo o qual é possível saber que o terceiro capítulo deveria analisar o "verdadeiro [cálculo do] equinócio da primavera (*tequfat ha-'emet*), a conjunção dos luminares, a visibilidade da lua em todos os países, sejam orientais, ocidentais ou setentrionais, os momentos dos eclipses lunares e solares, a extensão do eclipse medida a partir do diâmetro e do corpo (do astro) e a duração do eclipse"[94]. E mais, Ibn Ezra refere-se várias vezes, nos dois capítulos existentes, aos tópicos e conteúdos do terceiro capítulo. A partir dessas referências, podemos concluir que o terceiro capítulo pretendia incluir assuntos estritamente astronômicos bem como tópicos muito técnicos, como a primeira visualização da lua[95], as irregularidades no ciclo lunar[96], o surgimento dos signos zodiacais[97], ou a duração do ano solar[98]. Isso nos levou, em um estudo anterior da obra científica de Ibn Ezra, à conclusão de que ou bem Ibn Ezra deixou o terceiro capítulo incompleto ou bem os copistas posteriores presumivelmente não o julgaram relevante o bastante, visto que incluía conteúdos astronômicos obscuros e difíceis, e assim o excluíram dos manuscritos[99].

Felizmente, foi encontrado um manuscrito que parece ter incluído um fragmento do terceiro capítulo[100]. Embora uma investigação preliminar, feita a partir de uma microfilmagem imperfeita do manuscrito, não tenha resultado num texto completo, as partes legíveis e compreensíveis trazem informação bastante instrutiva. O capítulo inicia com a seguinte afirmação:

> O terceiro capítulo: antes de discutir o [cálculo] correto do equinócio de primavera (*tequfat ha-'emet*), devo preparar as tábuas dos arcos e das cordas; depois, as tábuas da declinação do sol para o norte ou para o sul, e também as tábuas das sombras. Somente após estarmos familiarizados com esses tópicos seremos capazes de calcular a latitude de qualquer lugar, a qualquer hora do dia ou da noite, as divisões das horas, o arco do dia, em quantos graus cada constelação dos signos zodiacais eleva-se em qualquer lugar. Posteriormente, prepararei as tábuas da posição dos luminares e da posição da *caput dragonis* (Cabeça do Dragão, o nodo lunar ascendente), muito necessária quando se deseja calcular os eclipses dos luminares[101].

O texto segue com uma discussão das cordas e arcos (*yeterim ve-qeshatot*), dos graus dos números (*ma'alot ha-mispar*) e suas divisões (*ḥiluq*), o cálculo dos anos intercalados (*'ibbur*) e das revoluções do ano solar (*tequfot*)[102]. A mais interessante é a seção dedicada aos graus dos números, aritmeticamente elaborada (*sha'ar ha-ma'alot*), que estabelece uma ligação interessante entre essa obra e o *Sefer ha-Mispar*. O autor começa afirmando que os números de 1 a 9 pertencem ao primeiro grau; de 10 até o nono grupo de dezenas pertencem ao segundo grau; de 100 ao nono grupo de centenas, ao terceiro grau, e assim por diante. Então, numa digressão, lemos o seguinte:

> este é o método de cálculo dos sábios da Índia: eles utilizam dígitos de 1 a 9, e quando querem escrever o número 10, escrevem אO[103] pois, desse modo, indicam que é número no segundo grau; e, em vez do número 100, escrevem אOO, e, em vez do número 1.000, escrevem אOOO [...][104].

Resumindo, o autor desse texto utiliza os princípios básicos do sistema posicional decimal (que assume, além dos símbolos distintos para os números de 1 a 9, um símbolo "vazio" adicional para o 0 como uma marca substitutiva) a fim de esclarecer a discussão sobre os graus dos números. Digno de nota a esse respeito é o fato de encontrarmos no *Sefer ha-Mispar* um tratamento muito parecido acerca dos graus dos números (*ma'alot ha-mispar*), juntamente com uma referência também muito semelhante ao sistema posicional decimal, que ali também é mostrado como uma invenção dos sábios da Índia [105]. Desse modo, estabelece-se uma ligação muito próxima entre o terceiro capítulo do *Sefer ha-'Ibbur* e o *Sefer ha-Mispar*, que, como mencionamos anteriormente, foi composto por Ibn Ezra na Itália, por volta de 1146 ou mesmo antes, ou seja, pouco antes da produção do *Sefer ha-'Ibbur* [106].

O terceiro capítulo do *Sefer ha-'Ibbur*, como consta no MS Vatican Urbinati Ms. Ebr. 48, fol. 75a, encerra-se abruptamente com as seguintes palavras:

> e com o astrolábio deve-se adicionar o signo ascendente às horas em qualquer grau de longitude no ponto cardeal oriental; escrevi acerca da forma e da aparência das estrelas e dos luminares levando em consideração a longitude dos lugares, e o significado da palavra (longitude) é a distância do ponto cardeal oriental [107].

Provavelmente a interrupção foi causada pelos pontos muito técnicos e também pelos conteúdos astronômicos obscuros constantes no restante do terceiro capítulo, o que possivelmente impediu que um copista posteriormente continuasse sua obra. O mesmo argumento também pode servir como esclarecimento do fato de os outros manuscritos sobreviventes incluírem apenas os dois primeiros capítulos do *Sefer ha-'Ibbur*. De todo modo, o fragmento do terceiro capítulo do *Sefer ha-'Ibbur* traz evidências que apontam para sua autenticidade como autoria de Ibn Ezra. Como mencionamos anteriormente, encontramos uma ligação muito próxima com o *Sefer ha-Mispar*, que foi composto pouco antes do *Sefer ha-'Ibbur*. Também encontramos nesse fragmento alguns traços que caracterizam Ibn Ezra como um escritor científico: sua propensão a ampliar o escopo da discussão, seja apresentando uma opinião diferente oriunda de tempos e culturas distintos, seja comentando termos difíceis que aparecem no texto. O que encerra o argumento a favor da autoria de Ibn Ezra, contudo, é a nomenclatura científica específica: percebemos nesse pequeno texto termos técnicos próprios de Ibn Ezra, tais como *qadrut ha-me'orot*, isto é, o eclipse dos luminares, e especialmente o característico *keli ha-neḥoshet*, que é o termo cunhado por Ibn Ezra para designar o astrolábio.

Três Responsa

Essas *responsa* relacionadas ao calendário judaico foram redigidas por Ibn Ezra como resposta a três questões propostas por um certo David ben Yosef, de Narbona. Lembremos que, em Narbona, Ibn Ezra também compusera a segunda versão em hebraico do *Ṭa'amê ha-Luḥot* e a segunda versão de seu *Sefer ha-'Ibbur,* como propusera Yosef Bonfils. Assim, podemos afirmar seguramente que essas *responsa* também foram compostas por ele durante sua estada em Narbona, depois de haver deixado a Itália e chegado à Provença, entre 1148 e 1154. As três questões e as *responsa* correspondentes foram publicadas em 1847 por M. Steinschneider, que também apresentou alguns comentários[108]. Desde sua publicação, contudo, as *responsa* de Ibn Ezra raramente receberam atenção dos pesquisadores.

A autoria de Ibn Ezra pode ser assumida de modo inequívoco a partir das seguintes evidências: a) em seu grande comentário *Ṣafenat Pa'neaḥ*, Yosef Bonfils cita uma passagem inteira que afirma ter sido retirada de uma carta que Ibn Ezra escrevera como resposta a algumas questões que lhe haviam sido propostas anteriormente. Se nos detivermos cuidadosamente sobre essa passagem citada em *Ṣafenat Pa'neaḥ*, que contém um comentário adicional de Ibn Ezra sobre Gênesis 1:16, perceberemos que consiste numa citação quase exata de um fragmento do terceiro *responsum*[109]; b) o texto das *responsa* inclui palavras e expressões hebraicas, tais como o uso específico da palavra *muṣaq* para significar centro[110], o que claramente atesta em favor de Ibn Ezra; c) os tópicos e a sistematização de duas das três *responsa* apresentam marcantes semelhanças se comparadas a passagens paralelas que Ibn Ezra redigiu na primeira versão de seu *Sefer ha-'Ibbur* e em outras partes de sua obra. De todo modo, essas três breves *responsa* não apenas fornecem uma ilustração concisa e eloquente do modo como Ibn Ezra abordava o calendário, mas também exprimem as preocupações com o calendário compartilhadas por um público judeu educado na Provença em meados do século XII. Passemos aos conteúdos das três *responsa.*

No primeiro *responsum*, Ibn Ezra fora inquirido acerca do valor e da utilidade de uma tabela de calendário específica que abrangesse 247 anos e que incluísse ciclos de 19 anos. Essa tabela fora composta por Naḥshon Gaon (m. 880) a fim de tentar determinar a ocorrência precisa dos dias da semana nas luas novas e festividades de determinados anos[111]. Ibn Ezra, por sua vez, fez um trocadilho com a palavra hebraica RM"Z, que significa tanto *sugestão* quanto *duzentos e quarenta e sete*, enfatizando que a tabela cria uma discrepância de 986 partes e sugerindo que David ben Yosef abandonasse a tabela uma vez que era inútil e deveria cair no esquecimento [112].

Na segunda questão, David ben Yosef destacou a conexão entre os calendários cristão e judeu. Ibn Ezra foi chamado a explicar por que havia um hiato de quatro semanas ocorrido em 1139 entre as Páscoas judaica e cristã. Ibn Ezra esclareceu que esse hiato sempre ocorria no décimo sexto ano do ciclo de 19 anos. Em sua opinião, a discrepância se devia ao fato de os cristãos defenderem um ano tropical de 365¼ dias (o mesmo adotado pela escola judaica chefiada por Mar Samuel) e determinarem o momento em que o sol entra na constelação de Áries (*tequfat Nisan*) somente após 20 de Março [113]. A fim de provar que isso estava errado, Ibn Ezra recorreu ao auxílio de amigos astrônomos de diferentes idades, escolas e nações. Apresentou as opiniões dos astrônomos indianos, persas, gregos e muçulmanos acerca da duração do ano solar: todos eles divergiam acerca da duração do ano solar, mas todos concordavam em negar que a duração do ano tropical fosse de 365 ¼ dias [114].

Na terceira questão, que ocupa dois terços de toda a extensão das *responsa*, Ibn Ezra é indagado acerca do significado da misteriosa expressão hebraica Z"Ṭ TRMB, uma combinação de letras que significa 7 dias, 9 horas e 642 partes (cada uma igual a 1/1080 de hora). Um exame de outras obras hebraicas coetâneas sobre o calendário revela que, por trás desse valor cronológico, esconde-se uma controvérsia que divide os sábios judeus acerca da cronologia da criação do mundo [115]. Em seu terceiro *responsum*, Ibn Ezra explicou que Z"Ṭ TRMB representa o intervalo entre o equinócio de primavera do primeiro ano da criação e a primeira conjunção do sol e da lua em Nisan [116].

Para além dessas minúcias sobre dados técnicos, a atenção do leitor desse *responsum* recai no fato de ser principalmente polêmico. Após reportar-se rapidamente aos problemas referentes a aspectos cronológicos e técnicos, Ibn Ezra desfere um ataque sobre um "comentador" não nomeado que, em sua opinião, ofereceu uma explicação equivocada sobre Z"Ṭ TRMB. De fato, como afirma Ibn Ezra, o erro capital do comentador foi ter interpretado mal duas fontes inter-relacionadas: a) uma aparente contradição em Gênesis 1:16 – na qual a lua é denominada de modos variados, como o grande luzeiro e o pequeno luzeiro; b) um famoso *midrash* que explica essa contradição sugere que a lua foi feita como um luzeiro menor após ter sido punida por se queixar a Deus sobre seu *status* em relação ao do sol [117]. Baseando-se em ambas as fontes, observa Ibn Ezra, esse comentador anônimo afirmava que

> a lua mereceria ser chamada pelas duas denominações no quarto dia (da Criação): [chamava-se] o luzeiro menor porque sua luz minguou quando foi criada; [chamou-se] o grande luzeiro porque depois, no mesmo dia (isto é, depois de 9 horas e 642 partes), sua luz aumentou e iluminou a terra.

Quem foi esse "comentador" anônimo? Ibn Ezra estava se referindo a Abraão bar Ḥiyya, que, em seu próprio *Sefer ha-'Ibbur,* explicara o significado de Z"Ṭ TRMB do mesmo modo como Ibn Ezra o fizera em seu *responsum*[118]. No restante do terceiro *responsum*, que ocupa mais da metade das *responsa*, Ibn Ezra dedica-se a refutar a interpretação de Bar Ḥiyya. Em primeiro lugar, Ibn Ezra procurou conciliar a aparente contradição com relação à lua encontrada em Gênesis 1:16, fornecendo, como lhe é costumeiro, um comentário que destaca o *peshaṭ*, isto é, o significado simples, óbvio, literal do texto bíblico. De fato, desenvolvendo o comentário que fizera em Lucca, em 1145, escreve ele que "tanto o sol quanto a lua foram chamados de grandes luminares porque suas luzes são maiores do que a luz das estrelas, e a luz do sol é a maior de todas. Isso permite afirmar que a luz da lua é maior que a luz das estrelas, mas menor que a luz do sol"[119].

A principal preocupação de Ibn Ezra, contudo, foi oferecer uma nova explicação racional e científica para o *midrash*. A ênfase que Bar Ḥiyya dera ao sentido literal e evidente do *midrash*, somada à sua aprovação injustificada da opinião de que a lua se queixara do seu *status* em relação ao do sol e fora punida por isso, era algo que Ibn Ezra não podia aceitar. Tanto os filósofos (*'anshê ha-tushiyá*) que pensam que a lua tem uma alma, quanto os pesquisadores (*'anshê ha-meḥqar*) que acreditam que a lua tem um corpo feito de pedra, vidro e cobre, afirma Ibn Ezra, irão repudiar a opinião de que a lua tivesse se queixado a Deus a respeito de seu *status* em relação ao do sol[120]. Após derrubar a base do argumento de Bar Ḥiyya, Ibn Ezra apresenta sua própria interpretação do *midrash*. Em sua opinião, a alegação de que a lua foi punida por queixar-se a respeito de seu *status* em relação ao do sol deveria ser vista como uma metáfora para um determinado fenômeno astronômico-astrológico. Que uma estrela "ofenda", "brigue" ou "discuta" com outra estrela significa que uma está em oposição à outra, que estão separadas pela metade de uma esfera, isto é, seis signos zodiacais. Uma vez que o sol tem luz própria e a lua não, quando o sol está em oposição à lua, esta brilha completamente e sua luz torna-se igual à do sol. Nessa situação, como é reconhecido pelos astrônomos (*ḥaḵmê ha-mazzalot*), o diâmetro da lua parece, quando vista da Terra, ser igual ao diâmetro do sol, isto é, um grau e trinta e um avos de grau (1º 31'). Então, depois de ter "ofendido" o sol, a lua gradativamente perde sua luz e se apaga[121].

'Iggeret ha-Shabbat *(Epístola sobre o Shabat)*

A *Epístola sobre o Shabat*, editada pela primeira vez em 1839 por S. D. Luzzato e, posteriormente, em 1894 por M. Friedlander[122], foi redigida por Ibn Ezra em dezembro de 1158 em alguma cidade da Inglaterra, como ele revela de modo específico na frase inicial dessa obra, de certo modo apresentando seu cenário judaico científico[123]. Na sequência, Ibn Ezra entretece intrigantes elementos ficcionais a fim de fundamentar os conteúdos e a mensagem da epístola. Um mensageiro enviado pelo Shabat apareceu-lhe num sonho portando uma carta que continha uma terrível reclamação: "Ontem, seus alunos trouxeram livros contendo comentários sobre a Torá que os incitavam a violar o Shabat"[124]. A queixa do Shabat contra ele, embora expressa em versos rimados, é proferida por Ibn Ezra em termos extremamente vagos: nem o verso da Torá, nem nenhum outro detalhe sobre o comentário nele aludido, nem mesmo o comentador a ser responsabilizado por ele são referenciados. Não obstante, como se movido por um peso na consciência e como se conhecesse *a priori* a fonte de todos os seus problemas, Ibn Ezra rapidamente encontrou em sua casa o verso mencionado e seu respectivo comentário, mas manteve um instigante silêncio com relação à identidade do comentador. Tratava-se de um comentário sobre o Gênesis 1:5, que, ao explicar as palavras "houve uma tarde e uma manhã", afirmava que "quando a manhã do segundo dia [da Criação] chegou, então surgiu um dia completo, uma vez que a noite vem depois do dia!"[125]. Evidentemente, o que ofendeu o Shabat foi a implicação de que o dia começa de manhã, e não, como é regra na crença judaica, no pôr do sol. Isso traz não apenas o risco de levar a uma profanação do Shabat, mas também, como expressa claramente Ibn Ezra, a possibilidade de que "os judeus tornar-se-iam objeto de escárnio e ridículo aos olhos dos gentios"[126]. Esse comentário trouxe à discussão aspectos do calendário que não só punham em risco a identidade religiosa judaica a partir de sua própria interioridade mas também afetavam sua identidade como uma minoria nacional externamente.

Um leitor que se limitasse ao parágrafo inicial dificilmente teria percebido que a *Epístola sobre o Shabat*, em suas partes principais, é um tratado científico sobre o calendário judaico. Ibn Ezra recebeu a ordem do mensageiro de "lutar pela Torá contra os inimigos do Shabat", e ele, de sua parte, comprometeu-se a redigir "uma longa epístola sobre o começo do dia da Torá". De fato, a maior parte da epístola lida com tópicos sobre o calendário, contém uma introdução e três capítulos, cada um abordando o começo dos três períodos principais do tempo cíclico: o ano, o mês e o dia. Na introdução, Ibn Ezra imediatamente apresenta ao leitor os "dois movimentos primários dos céus", uma teoria astronômica ptolomaica fundamental, defendida por ele como um meio de entrar em acordo com os "especialistas nos regulamentos do céu" (*maskilê ḥuqot shamayim*), nome alternativo para os astrônomos e astrólogos que Ibn Ezra deriva de Jó 38:33. Os dois movimentos primários dos céus são apresentados, com o auxílio de vários versos ilustrativos cuidadosamente selecionados do texto bíblico, como geradores das variações climáticas, como responsáveis pela mudança na duração dos dias, como marcadores das quatro *tequfot* (os solstícios e os equinócios) que marcam o início das quatro estações. A teoria ptolomaica assume uma importância estratégica na epístola, porque Ibn Ezra acreditava constituir um meio apropriado de assentar a fundamentação astronômica para a subsequente determinação dos inícios do ano, do mês e do dia[127].

O primeiro capítulo, embora tivesse sido preparado especificamente para discutir o começo do ano, inicia com um debate relativamente extenso acerca do ano tropical. Em consonância com outras passagens semelhantes encontradas por toda a obra de Ibn Ezra, a primeira parte do debate foi preparada por ele como uma controvérsia que se estendia desde a Antiguidade até seus dias e que dividia as escolas astronômicas quanto à questão da exata duração do ano solar, se de mais ou menos 365 dias e um quarto de dia[128]. Em seguida, Ibn Ezra muda o foco, deixando os debates científicos externos em favor dos desacordos que dividiam o grupo judaico. Ele começa com uma incisiva crítica sobre o misterioso Yehudá ha-Parsi, que propunha um calendário solar semelhante ao calendário Juliano, adotado pelos cristãos[129]. Em seguida, apresenta os argumentos principais que dividem as duas famosas escolas talmúdicas chefiadas por Mar Samuel e por Rav Adda Bar Ahava. Esses dois sistemas são trazidos ao debate a fim de discutir as opiniões divergentes acerca da duração do ano tropical, da cronometragem das quatro *tequfot* como também do ciclo metônico e do método da intercalação[130]. O começo do ano só é tratado na seção final do primeiro capítulo, e sua discussão segue o mesmo caminho eclético que permeia a discussão sobre a duração do ano tropical. Essa última seção é introduzida por uma afirmação relativista de acordo com a qual qualquer pessoa pode determinar por sua própria vontade o início do ano, cujo período cíclico é ilustrado pela figura de um círculo. A isso se segue uma série de opiniões que representam as diversas posições defendidas por vários estudiosos, nações e religiões acerca dessa questão. A abordagem de Ibn Ezra, contudo, não era meramente eclética, mas tencionava enfatizar que não há razão em tentar aplicar qualquer padrão objetivo para determinar o início do ano. Seu objetivo essencial era apenas enfatizar que o único modo factível é o oferecido pela abordagem rabanita, que afirma a necessidade de se confiar em um *corpus* de conhecimento arbitrário (como o talmúdico) a fim de resolver o problema[131].

Em contraste com o primeiro capítulo, o segundo apresenta desde o início seu tema original. Em primeiro lugar, Ibn Ezra mostra o critério principal para a determinação do início do ano. O mês *pertence* à lua, uma vez que apenas a sua luz, dentre a de todas as outras estrelas, é renovada, portanto o começo do mês deveria ser determinado pelo *molad*, isto é, a conjunção da lua com o sol. A maior dificuldade, de acordo com Ibn Ezra, é a existência de uma significativa diferença entre o *molad* "médio", determinado pelo movimento médio da lua e do sol, e o *molad* "exato", que leva em consideração, como os velhos sábios de Israel costumavam afirmar, que às vezes a lua "viaja por uma longa rota" e às vezes "viaja por uma rota curta"[132]. Ademais, há algumas concepções errôneas e seriíssimos erros de cálculo, que Ibn Ezra procura desvelar[133]. Ele também tece ácidos comentários contra os pseudoastrônomos judeus que viviam em países cristãos, os quais, sem serem versados em astronomia e equipados apenas com as fórmulas básicas para a preparação do calendário, voltavam-se para os cristãos e lhes revelavam os segredos da intercalação judaica de maneira incorreta[134]. Surpreendentemente, depois de oferecer, de modo sucinto, as regras astronômicas que, em sua opinião, explicam o *segredo* por trás da fórmula talmúdica de que a lua às vezes "nasce antes da meia-noite"[135] e de enfatizar que não há atalhos para o conhecimento astronômico, Ibn Ezra apresenta o que considera a solução do problema: o começo do mês, como escrito na Mishná, deveria ser determinado pelo reaparecimento da luz da lua vista a olho nu[136].

O início do terceiro capítulo aponta os quatro momentos que podem servir como um começo adequado do dia: meio-dia, tarde, meia-noite e manhã. Essa opinião é astronomicamente justificada quando se têm em mente os dois movimentos primários dos céus e se estabelece uma analogia entre eles. Por sua vez, as quatro *tequfot* marcam competentemente o começo das quatro estações do movimento ocidental anual, e sua divisão, meio-dia, tarde, meia-noite e manhã, indica o começo dos quatro quartos do movimento diário oriental e sua divisão. A vantagem científica dessa proposta, de acordo com Ibn Ezra, respalda-se na opinião dos *ḥakmê ha-mazzalot*, isto é, dos astrônomos e astrólogos que defendiam que o meio-dia é o começo mais adequado para o dia. Faziam isso, como afirma Ibn Ezra, baseados em fundamentos tanto geométricos, os quais ele se recusa a enumerar, quanto de observação, isto é, em razão de a sombra projetada ao meio-dia ser a menor. Ibn Ezra, contudo, responde que mesmo utilizando o astrolábio ou o gnômon* é muito difícil determinar o meio-dia com a acuidade necessária; o mesmo se aplica, de modo ainda mais exigente, com relação à meia-noite[137]. Depois de eliminar o meio-dia e a meia-noite, a manhã e a tarde ainda precisam ser discutidas, dois momentos que são relativamente mais fáceis de determinar, mas difíceis de reconhecer, por causa de suas carregadas conotações culturais e religiosas.

Mantendo-se fiel à sua herança judaica, Ibn Ezra empenha-se em demonstrar que a tarde é a melhor escolha, pelo menos do seu próprio ponto de vista cultural e religioso. Primeiramente, para fechar a questão, ele novamente ajusta o movimento anual ocidental ao movimento diário oriental. Mais precisamente, ele traça um paralelo entre o movimento solar diário e o movimento solar ao longo do zodíaco. Assim, por exemplo, o período entre a manhã e o meio-dia é comparado ao período entre o equinócio da primavera e o solstício de verão; e o equinócio do outono, isto é, a *tequfát Tishrei*, é análogo à tarde, quando o sol cruza o horizonte descendentemente. Tudo isso permite a Ibn Ezra afirmar que, se *Tishrei* indica o começo do ano de acordo com a crença judaica, então, necessariamente, a tarde, o ponto paralelo no caminho diário do sol em direção ao equinócio de outono, tem de assinalar o começo do dia.

Nessa última seção, Ibn Ezra abandona a astronomia e passa a citar uma longa série de trechos bíblicos e talmúdicos que são interpretados por ele como corroboração da conclusão de que a tarde assinala o começo do dia.[138] A despeito de todo o esforço explicativo investido, ainda se impõe a Ibn Ezra o compromisso de dar conta de Gênesis 1:5, posto ser precisamente um comentário sobre esse versículo que aparentemente havia motivado a queixa do Shabat e a subsequente elaboração da epístola. Não é de se admirar que a última seção da epístola se destinasse a oferecer um comentário alternativo sobre Gênesis 1:5.

Neste momento, parece-nos apropriado trazer à discussão uma questão que fora postergada: qual o autor desse comentário apresentado por Ibn Ezra que provocara a condenação do Shabat? Passamos a apontar os resultados

---

* Parte do relógio solar que possibilita a projeção da sombra. (N. da T.)

mais recentes da investigação especializada e a oferecer sucintamente algumas sugestões adicionais.

A resposta padrão a essa questão é que Ibn Ezra referia-se ao Rashbam, Rabi Shmuel ben Meir (ca. 1080-ca. 1160), comentador talmúdico e exegeta bíblico contemporâneo a ele. Essa tese pode ser defendida tendo por base, em primeiro lugar, o fato de o período de atividade de ambos os comentadores coincidir, mas também o fato de Ibn Ezra ter passado algum tempo na Europa do norte, onde o Rashbam residia. Ademais, parece que o Rashbam morou em Rouen nos mesmos anos em que Ibn Ezra aparentemente andou por lá, assim, é plausível que um estivesse familiarizado com o trabalho e o pensamento do outro.[139] Em segundo lugar, o Rashbam, em seu próprio comentário sobre Gênesis 1:5, referindo-se especificamente à primeira parte desse versículo, escreveu que "a luz sempre vem primeiro, e as trevas a seguem", afirmação que pode, se bem que não necessariamente devesse, ser lida como um postulado de que o dia precede a tarde[140]. Em terceiro lugar, alguns dos comentários de Ibn Ezra foram elaborados como críticas aos comentários bíblicos do Rashbam.[141] Assim, a opinião de que Ibn Ezra estivesse se referindo ao Rashbam é um lugar-comum como resposta à questão proposta, fundamentada por quase todos os que se deparam com a *Epístola sobre o Shabat*, mesmo que por motivos distintos.[142]

Contudo, alguns pontos significativos podem ser aduzidos contra essa posição, em minha opinião. Primeiro, é digno de nota que Ibn Ezra, que em muitos casos não se furtava a nomear suas fontes, nem mesmo quando entrava em disputa com elas, *nunca* tenha mencionado Rashbam pelo nome, nem este a ele. Segundo, se ambos viveram em Rouen ou na Europa setentrional e estavam familiarizados com a obra um do outro, por que Ibn Ezra esperou até chegar à Inglaterra para dar seu julgamento acerca do comentário do Rashbam sobre o Gênesis? Em outros termos: por que Ibn Ezra não se aproveitou desse segundo comentário sobre o Pentateuco, que foi redigido em Rouen e que incluía algumas partes que poderiam ser lidas como referências a partes do comentário do Rashbam sobre o Êxodo? Terceiro, e este é o ponto central do meu argumento, o comentário de Ibn Ezra sobre Gênesis 1:5, como desenvolvido em sua *Epístola sobre o Shabat*, contém uma verdadeira volta-face em seu ponto de vista exegético e não é apenas uma mera reiteração ou variação de dois outros comentários que ele redigira sobre o mesmo versículo. Ademais, essa mudança de foco pode ser vista como um meio que Ibn Ezra encontrou de consertar e retificar uma opinião anterior, que ele mantivera quando preparava os dois outros comentários sobre o mesmo versículo. Esses dois outros comentários, por sua vez, e não apenas o do Rashbam sobre Gênesis 1:5, podem ser considerados solapadores da posição judaica tradicional e causadores da ofensa de que o Shabat se queixava, sugerindo que o dia começa de manhã e não ao pôr do sol. Passemos a tratar brevemente deste último ponto.

Para começar, vale a pena notar que o próprio texto de Gênesis 1:5 tem base suficiente para fornecer a justificação para as versões cristã e judaica do começo do dia. Enquanto a primeira parte do versículo – "e Deus chamou à luz 'dia', e às trevas 'noite'" – põe a luz antes das trevas e, assim, poderia ser interpretada como um fundamento a favor da versão cristã, a segunda parte do versículo – "houve uma tarde e uma manhã: primeiro dia"* – põe a tarde antes da manhã e, assim, poderia ser usada a favor da posição judaica. Esta última pode ser tida como a correta, contudo, sob a condição de que tanto a tarde quanto o dia sejam definidos como componentes de "um dia", de modo que a tarde anteceda a manhã. Note-se que em seus primeiros dois comentários sobre Gênesis 1:5, Ibn Ezra enfatizara que a segunda parte do versículo *não* é uma definição do dia, assim não há razão para depreender-se dela quais são os componentes do dia e qual é a sua ordem cronológica (primeiro a tarde e depois a manhã).

Na opinião de Ibn Ezra, tal interpretação deveria ser rejeitada porque é o mesmo que afirmar que o versículo contém uma contradição gritante. Ele defendera claramente essa ideia em Lucca por volta de 1145 no primeiro comentário sobre Gênesis 1:5, no qual escreveu que, "dado que está assentado que Deus chamou à luz dia, é impossível sustentar que a tarde, também, possa ser considerada parte do dia". Ele reforçou a mesma ideia dez anos depois em Rouen, no começo de seu segundo comentário sobre Gênesis 1:5, no qual escreveu: "Dado que a tarde é [parte da] noite, não faz sentido que a Escritura designe a tarde e a manhã como 'um dia'. Como a noite é oposta ao dia, como poderia ser designada 'dia'?"[143]. Além disso, assumir que Gênesis 1:5 traz uma definição de dia, apresentando seus componentes e sua ordem cronológica, é o mesmo que manter que o texto bíblico não somente defende ideias contraditórias, mas que também é redundante em larga medida, visto que a mesma fórmula aparece, várias vezes, depois do fim de cada dia da criação do mundo[144].

Oferecendo um pronunciado contraste, no terceiro comentário sobre Gênesis 1:5 que se encontra na *Epístola sobre o Shabat*, Ibn Ezra retratou-se

* Para as citações bíblicas, seguimos a tradução da *Bíblia de Jerusalém*. São Paulo: Paulinas, 1991. (N. da T.)

completamente sobre a opinião apresentada anteriormente, afirmando desde o início que "o significado de *houve uma tarde e uma manhã* é que de uma tarde a outra se tem um dia". A fim de corroborar essa afirmação, Ibn Ezra apresenta *novas* evidências para provar, em flagrante contradição com o que vinha mantendo nos outros dois comentários, que às vezes o texto bíblico oferece duas noções opostas para uma mesma palavra. Um exemplo disso é Gênesis 5:2, em que "homem" e "mulher" são agrupados em um único nome e chamados Adão[145]. Como corolário, Ibn Ezra chega à conclusão de que "o dia inclui ambos os períodos, que estão incluídos em um movimento [...] e assim fica esclarecido com a evidência bíblica da criação que o dia estende-se de tarde a tarde"[146]. À luz de tudo isso, não se deve descartar a possibilidade de que a *Epístola sobre o Shabat*, antes de ser um ataque contra Rashbam, é uma apologia escrita por Ibn Ezra para defender-se contra os ataques lançados contra ele, como também é um meio de anular as perigosas implicações de seus dois outros comentários anteriores sobre esse versículo. É digno de nota que Abraão ibn Ezra, o exegeta e o cientista, incorporou seu novo e inovador comentário em um tratado científico destinado a discutir o calendário.

Os Tratados Astrológicos

As obras de Ibn Ezra que tratam de astrologia possuem três características marcantes. Em primeiro lugar, os títulos dos tratados astrológicos em hebraico que chegaram até nós indicam que foram redigidos de acordo com os ramos e gêneros da astrologia já bem estabelecidos pelos gregos e pelos árabes: introduções à astrologia, natividades, horóscopo cotidiano, astrologia meteorológica e histórica, previsões, consultas e astrologia médica. Em segundo lugar, os tratados individuais foram elaborados como capítulos para "enciclopédias astrológicas" cuja unidade é obtida por meio de uma rede de referências cruzadas. Por último, ele normalmente redigia pelo menos duas versões diferentes ou revisadas de cada tratado. Isso é típico da carreira literária de Ibn Ezra: o fato de haver pelo menos duas versões da maioria de seus comentários bíblicos, tratados científicos e escritos astrológicos é resultado de sua existência nômade e também uma indicação de que ele ganhava a vida escrevendo. Ele comumente elaborava uma nova versão de uma obra antiga para um novo patrono quando chegava a uma nova cidade, o que lhe permitia seguir estimulando a atenção e a curiosidade dos leitores ao longo de seu itinerário pela Europa latina.

O catálogo dos tratados astrológicos em hebraico de Ibn Ezra ampliou-se recentemente em virtude de novas descobertas. Atualmente, conhecemos 18 obras: (1-3) *Reshit Ḥoḵmá*, em duas versões[147], e *Mishpeṭê ha-Mazzalot* (Livro dos Julgamentos dos Signos do Zodíaco), que são textos introdutórios de astrologia; (4-5) *Sefer ha-Ṭe'amim* (Livro das Razões), em duas versões, obra que explica as razões astrológicas por trás dos conceitos utilizados em ambas as versões do *Reshit Ḥoḵmá*[148]; (6-7) *Sefer ha-Moladot* (Livro das Natividades), duas versões, sobre a astrologia genetlíaca[149]; (8) *Sefer ha-Tequfá* (Livro da Revolução), sobre o horóscopo cotidiano[150]; (9-10) *Sefer ha-'Olam* (Livro do Mundo), duas versões, sobre astrologia histórica e meteorológica[151]; (11-13) *Sefer ha-Mivḥarim* (Livro das Escolhas), em três versões, obra que trata da escolha do momento mais auspicioso para conduzir determinadas ações; (14-16) *Sefer ha-She'elot* (Livro das Interrogações), em três versões, livro que apresenta respostas às questões endereçadas ao astrólogo[152]; (17-18) *Sefer ha-Me'orot* (Livro dos Luminares), duas versões, sobre astrologia médica[153].

Sefer Reshit Ḥoḵmá *(Livro sobre o Início da Sabedoria)*

Trata-se de uma introdução à astrologia, que sobreviveu em mais de cinquenta manuscritos e que é considerado o ápice das obras astrológicas de Abraão ibn Ezra. Isso se deve às múltiplas referências a essa obra, anotadas por Ibn Ezra em seus outros tratados astrológicos, a fim de elucidar diversos conceitos astrológicos. O lugar e a data da composição são indicados em um colofão*: "acabado no mês de Tamuz, 4908 A.M. [= junho de 1148 E.C.], na cidade de Béziers"[154]. Esse ano também aparece no corpo do texto[155]. Esse tratado constituiu o primeiro elo de um esforço concentrado e contínuo que resultou em sete tratados, cobrindo os vários ramos da astrologia, escrito no ano de 1148 e num mesmo local, a cidade de Béziers, na Provença. Enquanto redigia o *Reshit Ḥoḵmá*, Ibn Ezra já planejava seus outros componentes. Dessa forma, a partir do *Reshit Ḥoḵmá,* ele remetia seus leitores, utilizando o tempo futuro do verbo, ao *Sefer ha-Ṭe'amim*, o segundo componente da sua *enciclopédia astrológica*, e também ao *Sefer ha-Moladot*, o terceiro componente[156]. O

* Inscrição no fim de manuscritos ou de livros impressos, em geral relativa ao autor, ao lugar de publicação e à data da edição da obra. Trata-se de um procedimento comum em manuscritos medievais. (N. da T.)

Reshit Ḥokmá foi traduzido para várias línguas europeias após a morte de Ibn Ezra. Entre essas traduções, a melhor é a francesa medieval. Elaborada por um judeu de nome Hagin sob a supervisão de Henry Bate, em 1273, foi extremamente útil para se compreender como ocorreu o processo de cristalização da incipiente língua francesa [157]. A tradução francesa, juntamente com a tradução inglesa e o texto em hebraico, foram editados por Raphael Levy em 1939 [158].

Após uma breve introdução, Ibn Ezra dividiu o *Reshit Ḥokmá* em dez capítulos, tratando dos seguintes assuntos: i) um catálogo das principais constelações e das estrelas fixas; ii) uma descrição detalhada dos signos do zodíaco; iii) os quadrantes do zodíaco e as 12 casas astrológicas; iv) uma descrição detalhada dos sete planetas; v) os bons e maus aspectos, forças e fraquezas dos planetas; vi) as condições dos planetas em si mesmos e com relação ao sol; vii) as condições relativas aos aspectos, conjunções, junções e separações dos planetas; viii) 120 aforismos relativos às natividades, às revoluções e às interrogações; ix) o destino de acordo com os planetas e os lugares; x) uma discussão acerca dos procedimentos relativos à astrologia geral [159].

Podemos sugerir que Ibn Ezra tenha redigido uma segunda introdução à astrologia sob o mesmo título (doravante *Reshit Ḥokmá* II) pela comparação entre as duas redações do *Sefer ha-Ṭe'amim* e por um estudo de sua relação ao *Reshit Ḥokmá*, tal como o temos atualmente (doravante *Reshit Ḥokmá* I). A primeira versão do *Sefer ha-Ṭe'amim* (doravante *Ṭe'amim* I) está repleta de citações do *Reshit Ḥokmá* I e as apresenta na mesma ordem, oferecendo quase uma réplica acerca dos principais tópicos e pontos astrológicos discutidos no *Reshit Ḥokmá* I [160]. Em contraste, na frase de abertura da segunda redação do *Sefer ha-Ṭe'amim* (doravante *Ṭe'amim* II), Ibn Ezra promete "oferecer os fundamentos do *Livro sobre o Início da Sabedoria*" [161]. Contudo, mesmo que o *Ṭe'amim* II contenha citações evidentes de um texto subjacente e que muitas partes do *Ṭe'amim* II não façam sentido a menos que assumamos que constituem comentários das passagens citadas, é praticamente impossível encontrar citações explícitas e evidentes do *Reshit Ḥokmá* I no *Ṭe'amim* II. Ademais, algumas partes do *Ṭe'amim* II referem-se a uma variedade de conceitos relativos às natividades que nunca são abordados no *Reshit Ḥokmá* I. E mais, em muitos casos nos quais tópicos semelhantes são discutidos no *Reshit Ḥokmá* I e no *Ṭe'amim* II, são tratados numa ordem diferente.

Qual é o texto que o *Ṭe'amim* II comenta? Não poderia ser o *Mishpeṭê ha-Mazzalot* (outra introdução à astrologia de autoria de Ibn Ezra), porque as citações em *Ṭe'amim* II não são encontradas no *Mishpeṭê ha-Mazzalot* e também porque *Ṭe'amim* II utiliza uma terminologia diferente e apresenta os tópicos sobre astrologia em uma ordem diferente da encontrada no *Mishpeṭê ha-Mazzalot*. Desse modo, somos forçados a concluir que o *Ṭe'amim* II é um comentário sobre uma segunda redação do *Reshit Ḥoḵmá*. Afortunadamente, encontrei recentemente um fragmento que fazia parte do *Reshit Ḥoḵmá* II[162], provavelmente pertencente à sua primeira parte, que divide os signos do zodíaco numa série de categorias, lista cada signo em sua categoria e resumidamente recapitula as casas planetárias e as exaltações[163].

Se analisarmos o conteúdo e a organização do *Ṭe'amim* II, poderemos reconstruir a estrutura dos capítulos do *Reshit Ḥoḵmá* II: 1) uma introdução que apresenta as várias camadas do mundo supralunar e seus movimentos, bem como as metodologias da astrologia e da astronomia; 2) as categorias dos signos zodiacais e os signos que pertencem a cada categoria; 3) as propriedades dos planetas que dependem dos signos zodiacais: casas planetárias, exaltações, triplicidades* e termos**; 4) as casas astrais e suas indicações; 5) a discussão das condições dos planetas em relação uns com os outros, semelhante à constante nos capítulos VII e VIII do *Reshit Ḥoḵmá* I; 6) as propriedades astrológicas dos planetas; 7) vários procedimentos relativos às natividades, totalmente ausentes no *Reshit Ḥoḵmá* I: a escolha do ascendente de uma natividade, os lugares da vida e a escolha do *hyleg,* as revoluções do ano, do mês, da semana e dos dias; 8) o destino apontado por cada planeta e das 12 casas.

Sefer ha-Ṭe'amim *(Livro das Razões)*

Ibn Ezra não considerava o *Reshit Ḥoḵmá* uma obra autoevidente, uma vez que apresentava conceitos astrológicos de forma crua sem oferecer os *fundamentos*, isto é, as explicações racionais. Isso o levou a escrever, na própria introdução ao *Reshit Ḥoḵmá* I, que, "quando este livro for concluído, espero ter composto um tratado que explique os *fundamentos astrológicos*"[164]. Ele concluiu essa tarefa em 1148 (4908 A.M.)[165]. *Ṭe'amim* I deve ter sido terminado entre junho e novembro de 1148, em Béziers[166]. A primeira versão do *Sefer*

* Trata-se de um tipo específico de dignidade essencial que mostra a afinidade que cada planeta possui com determinado elemento. (N. da T.)

** Outra forma de dignidade essencial. Cada signo é dividido em cinco segmentos desiguais ou "termos". Cada um dos cinco planetas clássicos (Mercúrio, Vênus, Marte, Júpiter, Saturno) tem uma afinidade especial com um dos termos de cada signo. (N. da T.)

ha-Ṭe'amim foi redigida quando a lembrança do *Reshit Ḥokmá* ainda estava fresca na memória de Ibn Ezra. As duas obras estão ligadas de um modo tão estreito que acreditamos terem sido compostas quase simultaneamente.

Ibn Ezra preparou uma segunda versão do *Sefer ha-Ṭe'amim*, que também foi pensada como um comentário ao *Reshit Ḥokmá*, como se pode verificar a partir das palavras expressas na introdução[167]. Pode-se inferir a data de composição do *Sefer ha-Ṭe'amim* II a partir da diferença entre os dois valores de correção, dados nas duas versões do *Sefer ha-Ṭe'amim,* para determinar a localização dos "graus luminosos" e dos "graus sombrios", bem como dos "poços" (que constituem graus específicos no cinturão zodiacal dotados de qualidades astrológicas específicas)[168]. Segue-se que o *Sefer ha-Ṭe'amim* II foi escrito uns seis anos depois do *Sefer ha-Ṭe'amim* I, isto é, por volta de 1154. Com relação ao local da redação, o *Ṭe'amim* II especifica 50º como a latitude para uma observação astronômica, o que corresponde aproximadamente à região de Rouen, onde sabemos que Ibn Ezra vivia em 1154[169].

Mas, mesmo que esses tratados-irmãos tenham sido supostamente preparados com intuito de um mesmo propósito e, consequentemente, compartilhem um nome comum, *Ṭe'amim* I e *Ṭe'amim* II são bem diferentes entre si: 1) Enquanto o *Ṭe'amim* I está repleto de citações do *Reshit Ḥokmá* I, a identidade do texto que subjaz ao *Ṭe'amim* II mantém-se envolta em mistério. 2) Enquanto o *Ṭe'amim* I está estruturado na forma de longas citações seguidas de breves glosas, não fica claro se o *Ṭe'amim* II também fora organizado como um comentário mais solto acerca de ideias apenas esboçadas ou como um comentário corrente e específico acerca de algum outro texto. 3) Tópicos importantes abordados no *Ṭe'amim* II estão totalmente ausentes no *Ṭe'amim* I e vice-versa. 4) Os pontos que são referidos em ambos os tratados são abordados numa ordem diferente, não raro de um modo diferente também. Assim, dadas essas dessemelhanças, não é de surpreender que na Idade Média e no começo da Idade Moderna *Ṭe'amim* I e *Ṭe'amim* II circulassem como dois tratados diferentes e não como duas versões de um mesmo texto. Em pelo menos sete coleções de manuscritos em hebraico e uma em latim dos tratados astrológicos de Ibn Ezra, *Ṭe'amim* I e *Ṭe'amim* II foram copiados lado a lado, ou um após o outro, como se fossem dois tratados diferentes que deveriam ser lidos em sequência[170].

Tanto o *Ṭe'amim* I quanto o *Ṭe'amim* II começam com uma descrição abrangente do universo. O primeiro capítulo do *Ṭe'amim* I examina as estrelas, as constelações e os signos do oitavo orbe, as posições relativas dos orbes planetários e a natureza física das estrelas fixas e dos planetas. *Ṭe'amim* II inicia com uma introdução completa que apresenta a estrutura orbicular do universo partindo dos orbes planetários até alcançar o nono e mais importante orbe, deduzindo-o por meio de argumentos semelhantes aos utilizados no *Ṭe'amim* I[171]. Os capítulos seguintes nos *Ṭe'amim* I e *Ṭe'amim* II tratam das propriedades astrológicas dos signos do zodíaco e também das propriedades astrológicas dos planetas que dependem de sua posição com relação aos signos do zodíaco (casas planetárias, exaltações, senhores das triplicidades, termos, nonas partes e dodecatemoria*). *Ṭe'amim* I, que segue o modelo do *Reshit Ḥokmá* I, estuda alguns signos do zodíaco e suas propriedades específicas separadamente[172] e incorpora digressões acerca de graus significativos do zodíaco e das propriedades planetárias que dependem dos signos do zodíaco[173]. *Ṭe'amim* II, em comparação, explora várias categorias dos signos zodiacais[174] e estende-se a fim de cobrir as propriedades planetárias que dependem dos signos zodiacais[175]. A partir desse ponto, *Ṭe'amim* I e *Ṭe'amim* II seguem juntos com relação à ordem da apresentação dos tópicos. O capítulo 3 do *Ṭe'amim* I inclui, em um excurso acerca dos aspectos e num outro sobre os 12 planetas, tópicos que são apresentados no *Ṭe'amim* II ao longo de linhas virtualmente idênticas, mas em lugares diferentes[176]. O capítulo 4 do *Ṭe'amim* I aborda as propriedades astrológicas dos planetas em sequência, de Saturno até a lua. Sua contraparte, o quinto capítulo do *Ṭe'amim* II, apresenta os planetas numa ordem diferente: o sol e a lua, seguidos pelos outros cinco planetas, e por fim a cabeça e a cauda do dragão. Os capítulos 5 a 8 do *Ṭe'amim* I cobrem as "condições" dos planetas por si mesmos, com relação ao sol e com relação aos outros planetas; apenas algumas dessas condições são examinadas no quarto capítulo do *Ṭe'amim* II, imediatamente antes do exame minucioso dos planetas. O capítulo 9 do *Ṭe'amim* I trata dos destinos astrológicos, tópico encontrado no sétimo capítulo do *Ṭe'amim* II.

Ṭe'amim I e *Ṭe'amim* II divergem marcadamente. Tópicos centrais que são abordados em um estão completamente ausentes no outro e vice-versa. Desse modo, o relativamente longo décimo capítulo do *Ṭe'amim* I constitui um exame altamente técnico do cálculo dos aspectos, das direções e das casas astrais, bem como de uma série de períodos usados constantemente em astrologia; nada disso é encontrado no *Ṭe'amim* II. De modo oposto, os capítulos 6 e 7 do *Ṭe'amim* II tratam principalmente das natividades: a seleção do ascendente do nativo, as cinco casas da vida, a escolha do *hyleg*, as revoluções dos anos,

* Trata-se de um método de divisão do zodíaco em 12 segmentos de 2,5°. Isso significa que cada signo do zodíaco é dividido em 12 seções que são equivalentes aos 12 signos zodiacais. (N. da T.)

meses, semanas e dias; e nenhum desses tópicos está presente no *Ṭe'amim* I. A par dessas discrepâncias, *Ṭe'amim* I e *Ṭe'amim* II são harmônicos em dois aspectos essenciais: em primeiro lugar, a utilização de uma nomenclatura astrológica praticamente idêntica; em segundo lugar, a utilização de argumentos muito semelhantes em ambos para elaborar as "razões" subjacentes a conceitos astrológicos idênticos[177].

Sefer Mishpeṭê ha-Mazzalot
(Livro dos Julgamentos dos Signos do Zodíaco)

É possível inferir o lugar de composição do *Mishpeṭê ha-Mazzalot* a partir de uma menção nele contida a respeito de uma observação astrológica feita com a utilização de um astrolábio na latitude 50,5°, que corresponde aproximadamente à da cidade de Rouen[178]. *Mishpeṭê ha-Mazzalot* refere-se, usando o tempo futuro dos verbos, ao *Sefer ha-Moladot*[179], que é, muito provavelmente, o perdido tratado *Sefer ha-Moladot* II, e, usando os verbos no passado, ao *Sefer ha-Luḥot*[180], que também é, muito provavelmente, a segunda versão em hebraico perdida do *Sefer Ṭa'amê ha-Luḥot*. Com base nisso, podemos admitir que tenha sido composto em Rouen, entre 1154-1157, período aventado com base no que sabemos acerca das viagens de Ibn Ezra.

Um exame da terminologia técnica utilizada no *Mishpeṭê ha-Mazzalot* demonstra que esse tratado é, sem nenhuma dúvida, obra de Abraão Ibn Ezra. *Mishpeṭê ha-Mazzalot* foi organizado como uma sequência de referências a variados temas que tratam dos principais elementos da astrologia. Os tópicos principais, na ordem em que aparecem no próprio tratado são: a) as constelações zodiacais e suas características astrológicas; b) as casas astrais e as diferenças de opinião, confrontando outros astrólogos sobre sua correta organização; c) os planetas e suas características astrológicas; d) os aspectos astrológicos; e) o destino apontado pelos astros; f) os procedimentos do *nihug ha-kokav* (ver nota 74)[181]. Em meio a esse cenário claramente astrológico, podemos encontrar interessantes observações astronômicas inseridas de modo natural que se relacionam principalmente com a elongação dos planetas com relação ao sol. *Inter alia*, encontramos uma tabela mostrando as maiores elongações orientais e ocidentais de Vênus e Mercúrio [isto é, a distância do sol][182], bem como uma tabela para saber "quantos graus cada planeta retrograda e aproximadamente quantos dias ele retrograda"[183].

Sefer ha-Moladot *(Livro das Natividades)*

Após terminar a primeira versão do *Sefer ha-Ṭe'amim*, Ibn Ezra seguiu em 1148 em Béziers com a redação do *Sefer ha-Moladot*[184]. Esse tratado, considerado por Ibn Ezra uma de suas obras astrológicas principais, como podemos inferir a partir das muitas referências a ela encontradas em outras partes do seu *corpus* científico, aborda a astrologia genetlíaca ou das natividades, cujo princípio fundamental sustenta que o destino do recém-nascido é determinado pela configuração dos corpos celestes no momento do nascimento.

Na introdução, Ibn Ezra defende que as interpretações astrológicas que situam os seres humanos em unidades sociogeográficas mais amplas têm precedência sobre as interpretações que limitam os indivíduos a seus destinos pessoais. Desse modo, usando de oito maneiras notáveis para sua demonstração, Ibn Ezra apresenta a correção da afirmação anterior. São elas: 1) afiliação nacional ou religiosa; 2) o local do nascimento de acordo com os sete climas; 3) a grande conjunção de Saturno e Júpiter; 4) a "revolução do mundo"; 5) a posição social da família; 6) a autoridade do rei; 7) o clima; 8) o poder da alma sábia[185]. Apesar das aparências, a introdução do *Sefer ha-Moladot* não constitui um ataque à doutrina das natividades, tampouco procura expor seu calcanhar de Aquiles, mas é, antes, uma sofisticada defesa contra seus detratores, baseada na explicação de suas fraquezas estruturais a partir dos fatores da astrologia mundial[186]. Após a introdução, o *Sefer ha-Moladot* examina, numa seção longa e detalhada, o problema fundamental da determinação dos critérios a serem utilizados para estabelecer o ascendente para a natividade, a partir do qual as casas do mapa astral podem ser calculadas[187]. A parte central, e maior, do tratado é dividida em 12 capítulos, cada um analisando cada uma das 12 casas astrais e das técnicas de interpretação das características astrológicas[188]. Ibn Ezra conclui o tratado discutindo as chamadas *tequfot ha-shanim* (*revolutiones annorum* em latim ou *taḥāwil al-sinīn* em árabe), o cálculo dos anos, ou da fração dos anos, que transcorreram desde o nascimento de um nativo de um signo[189].

Ibn Ezra redigiu uma segunda versão do *Sefer ha-Moladot*. O texto em hebraico está perdido, mas sua tradução em latim, intitulada *Liber Nativitatum*, foi descoberta recentemente[190]. *Liber de Nativitatibus*, um outro tratado em latim que trata da astrologia genética, foi publicado por Erhard Ratdolt em Veneza, no ano de 1485, e atribuído a "Abraham Iudeus." Desde Steinschneider, tem-se aceitado que é uma obra autêntica de Ibn Ezra. Steinschneider, secundado por estudiosos posteriores, provavelmente assumiu que era uma tradução, embora não haja nenhum original em hebraico[191]. Se o *Liber de Nativitatibus* é uma tradução em latim de um original em hebraico escrito por Ibn Ezra ou um texto escrito por Ibn Ezra diretamente em latim, como foi proposto recentemente[192], permanece uma questão aberta que requer pesquisas mais aprofundadas.

Sefer ha-Tequfá *(Livro da Revolução)*

O texto completo de um tratado astrológico, até há pouco desconhecido, de autoria de Ibn Ezra, o *Sefer ha-Tequfá*, foi recentemente identificado em quatro manuscritos[193]. Embora o nome do autor não esteja registrado em nenhuma das cópias sobreviventes, fortes evidências levam a se admitir a autoria de Ibn Ezra: a nomenclatura astrológica em hebraico, o estilo, o conteúdo e a estrutura, ligações com outras partes de sua obra e a descoberta de que o *Sefer ha-Tequfá* é a versão original em hebraico do *Liber revolucionum*, texto astrológico em latim recentemente reconhecido como uma tradução de um texto seu original em hebraico original[194].

O *Sefer ha-Tequfá* trata do horóscopo do dia do aniversário, ou seja, propõe que seja elaborado um novo mapa astral em cada aniversário – quando o sol volta ao mesmo ponto no zodíaco onde ele estava na hora do nascimento – ou mesmo em cada início do mês, da semana, do dia ou da hora; esse novo mapa deve ser comparado com o mapa astral do aniversário do nativo daquele dia. Ibn Ezra dedicou a esse tema a seção final do *Sefer ha-Moladot*, intitulada *tequfot ha-shanim*, isto é, revoluções anuais, texto que possui semelhanças marcantes com o *Sefer ha-Tequfá*.

O Sefer ha-Tequfá estuda os tópicos do horóscopo contínuo em três seções: a) introdução, que define o termo "revolução do ano" com instruções para o seu cálculo[195]; b) seção principal, que estuda sete fatores astrológicos (apresentados na forma de "testemunhas") que desempenham um papel central na análise do horóscopo do dia do aniversário[196]; c) seção final, que examina brevemente as revoluções mensal, semanal, diária e horária e define a força relativa desses tipos de revoluções (ano, mês, semana, dia) entre si[197].

Sefer ha-Mivḥarim *(Livro das Escolhas)* *e* Sefer ha-She'elot *(Livro das Interrogações)*

A utilização da astrologia para determinar um momento propício para iniciar uma determinada atividade é chamada "doutrina das escolhas" ou "astrologia catártica" (*ibtidā'āt al-aᶜmāl*); e aquela para responder a questões específicas relacionadas à vida cotidiana do consulente é chamada "doutrina das interrogações" (*masā'il*). Na doutrina das escolhas, o astrólogo oferece ao consulente um horóscopo eletivo específico dentre várias possibilidades de configurações astrais cuja hora corresponde a uma configuração astral específica, deliberadamente escolhida porque o astrólogo a considera propícia para que se inicie a atividade para a qual a consulta foi feita. Na doutrina das interrogações, o horóscopo é elaborado para a hora em que o consulente faz sua pergunta ao astrólogo. De acordo com descobertas recentes, Abraão ibn Ezra compôs não duas, mas três versões do *Sefer ha-Mivḥarim*, dedicadas à doutrina das escolhas; e não duas, mas três versões do *Sefer ha-She'elot*, dedicadas à doutrina das interrogações[198].

Referências cruzadas e considerações terminológicas indicam que as primeiras versões do *Sefer ha-Mivḥarim* e do *Sefer ha-She'elot* foram compostas em 1148 em Béziers, após as primeiras versões do *Reshit Ḥok̲má* e do *Sefer ha-Moladot*[199]. É difícil precisar a data da segunda versão do *Sefer ha-Mivḥarim,* porque não há referências cruzadas com outras obras de Ibn Ezra. Para a segunda versão do *Sefer ha-She'elot*, as referências cruzadas e as considerações terminológicas sugerem que tenha sido redigida no norte da França após 1148 ou na Inglaterra depois de 1157[200]. O exame de um pergaminho bifólio recentemente encontrado no *Archivio di Stato*, Módena (MS 363.3), levou a descobertas surpreendentes. Em primeiro lugar, embora o lado direito do *verso* e o lado esquerdo do *recto* contenham um fragmento de uma redação do *Sefer ha-Mivḥarim* até então desconhecido, o lado esquerdo do *verso* e o lado direito do *recto* contêm outro fragmento de uma redação do *Sefer ha-She'elot* também desconhecido até então, ambos de autoria de Ibn Ezra. Em segundo lugar, uma tradução em latim muito próxima desses fragmentos em hebraico foi encontrada em dois manuscritos em latim que contêm duas obras astrológicas designadas como *Liber eleccionum* e *Liber interrogacionum*, o que confirma a tese de que esses textos em latim são traduções dos textos completos das terceiras versões em hebraico perdidas do *Sefer ha-Mivḥarim* e do *Sefer ha-She'elot*[201].

Podemos depreender, a partir das introduções do *Mivḥarim* I e do *Mivḥarim* II, que Ibn Ezra acreditava que a astrologia eletiva aportava duas grandes consequências filosóficas. Primeiro, uma vez que a astrologia eletiva centra-se na escolha dos melhores momentos para começar uma atividade, ela destaca a possibilidade de que os seres humanos possam modificar seus destinos, o que traz à discussão a tensão entre o livre arbítrio e o determinismo astrológico. Segundo, como podemos depreender da frase de abertura da introdução do *Mivḥarim* I e também de toda a seção inicial da introdução do *Mivḥarim* II, a astrologia eletiva implica que o homem *pode* escapar das determinações dos astros. Isso é possível porque, para Ibn Ezra, os homens são dotados de uma "alma superior", a mais elevada das três partes da alma (a vegetativa ou apetitiva; a animal ou locomotora; e a sábia ou racional). Mas as introduções do *Mivḥarim* I e do *Mivḥarim* II também explicam que a doutrina das escolhas permite escapar apenas parcialmente das determinações dos astros. Isso acontece porque a escolha não será capaz de anular completamente os danos determinados pelo mapa astral natal. Desse modo, um horóscopo eletivo pode ser "auspicioso" apenas se estiver alinhado apropriadamente com o mapa astral natal[202].

Outro ponto a assinalar é o fato de as introduções de ambos, o *Mivḥarim* I e o *Mivḥarim* II, apresentarem métodos para as escolhas. De acordo com o primeiro texto, o mapa astral eletivo é elaborado em relação ao mapa astral natal por meio da transferência de componentes-chave deste último para o primeiro. O mais importante a se destacar é que o lugar da casa astral no mapa natal do consulente, que indica a natureza da tarefa do consulente, deveria ser transposta para o ascendente no mapa eletivo[203]. O segundo método, utilizado quando não se sabe a hora de nascimento do consulente, consiste na escolha de um certo planeta e na determinação de sua posição, de modo que os significados do planeta correspondam à solicitação do consulente[204]. Como era de se esperar, Ibn Ezra considera o primeiro método mais preciso e mais correto do que o segundo[205].

As primeiras linhas das introduções do *She'elot* I e do *She'elot* II registram a disputa entre dois grupos de astrólogos acerca da validade da doutrina das interrogações. Ambos concordam que a mudança no mundo sublunar é causada pelo movimento dos corpos celestes no mundo supralunar. Assim, examiná-los oferece uma indicação sobre os negócios mundanos e individuais, como aprendemos por meio das doutrinas da astrologia histórica e das natividades. O pomo da discórdia entre esses grupos é saber se a alma humana também é suscetível a tal influência. Mas, por que uma questão como essa deveria ser relevante para que pudesse validar a doutrina das interrogações? A resposta é que a doutrina pressupõe que as configurações astrais propõem às mentes humanas questões análogas à configuração celestial, de tal modo que o astrólogo pode ler os pensamentos e perguntas do consulente estudando a configuração astral. A escola que aprova a doutrina das interrogações defende que, como os astros causam a forma natural do corpo e os pensamentos mudam de acordo com as mudanças na natureza física do corpo, o astrólogo é capaz de determinar pensamentos e questões a partir do conhecimento que tem do movimento dos astros. Isto permite que a doutrina das interrogações seja precisa e confiável[206].

Após oferecer essa argumentação paralela sobre a disputa da validade da doutrina das interrogações, as introduções do *She'elot* I e do *She'elot* II divergem. Ao considerar seriamente o aviso ao astrólogo para que este não emita nenhum julgamento sobre a possibilidade de o consulente estar trapaceando ou zombando ao fazer suas perguntas e ao guiar-se pela afirmação determinista de que a configuração dos planetas produz uma pergunta na mente do consulente que corresponde à configuração astral, Ibn Ezra dedica o restante da introdução do *She'elot* I à exposição de uma série de técnicas que possibilitariam ao astrólogo saber o que o consulente está pensando[207]. Ao contrário, o restante da introdução do *She'elot* II é uma breve visão geral da astrologia que define os princípios fundamentais e ressalta sua relevância e aplicação na doutrina das interrogações[208]. E é apenas no fim da introdução do *She'elot* II que Ibn Ezra apresenta dois procedimentos de leitura da mente do consulente, o ponto mais interessante da introdução do *She'elot* I[209].

A par das introduções, todas as versões do *Sefer ha-Mivḥarim* e do *Sefer ha-She'elot* estão organizadas em 12 capítulos, preparados por Ibn Ezra para tratar das escolhas e das interrogações cujos assuntos correspondem às indicações das casas astrológicas correspondentes. Em virtude dessa organização, não é de surpreender que os conteúdos das várias versões do *Sefer ha-Mivḥarim* e do *Sefer ha-She'elot* frequentemente se sobreponham. Na segunda casa astrológica (isto é, o segundo capítulo que corresponde à segunda casa astrológica), a primeira e a segunda versões do *Sefer ha-Mivḥarim*, por um lado, e a primeira e a segunda versões do *Sefer ha-She'elot*, por outro, abordam os empréstimos, o dinheiro e o modo como obter lucro; na terceira casa, abordam-se as pequenas viagens; na quinta, como saber o sexo do bebê; na sexta, a compra de escravos; na sétima, os assuntos relativos às associações, aos casamentos e às declarações de guerra; na nona, as grandes viagens; na décima, as petições para um rei, governante ou alguma pessoa importante; na décima primeira, a busca do amor; e, por último, na décima segunda, a compra de animais. No entanto, quando se trata de tópicos que são relevantes para as escolhas, mas não para as interrogações, de modo especial o momento propício para começar algo (e vice-versa), o *Sefer ha-Mivḥarim* e o *Sefer ha-She'elot* consistentemente caminham lado a lado[210].

Sefer ha-Me'orot *(Livro dos Luminares)*

De acordo com a visão grega, o curso de doenças agudas é determinado por "crises" ou "dias críticos" quando mudanças significativas nos sintomas de uma doença aparecem e fazem que ela atinja seu clímax, seja este bom, seja mau. Desde a Antiguidade até a Idade Média, a posição da lua com relação à posição que ocupava quando a doença começou estava ligada ao momento e ao caráter desses "dias críticos". Essa ligação constitui um dos princípios fundamentais do *Sefer ha-Me'orot*, que apresenta a teoria astrológica por trás da doutrina dos dias críticos.

Um exame da terminologia técnica e três citações (ou paráfrases) do *Sefer ha-Me'orot* que Yosef ben Eliezer Bonfils incluiu no *Ṣafenat Pa'neaḥ* (duas das quais não são encontradas no texto sobrevivente do *Sefer ha-Me'orot*) sugerem que o *Sefer ha-Me'orot*, como a maioria dos tratados astrológicos de Ibn Ezra, foi elaborado em pelo menos duas versões[211]. Uma delas, agora perdida, fazia parte de uma enciclopédia de 1148. A segunda versão que chegou até nós foi composta provavelmente depois de 1148, no norte da França ou na Inglaterra.

Sefer ha-Me'orot começa com um prefácio cosmológico que trata da fonte da luz do sol e da lua no âmbito de uma cosmologia que divide a realidade nos "três mundos" anteriormente mencionados: o mundo divino, o mundo dos astros e dos orbes e o mundo sublunar[212]. A seção principal da introdução do *Sefer ha-Me'orot* é dedicada à defesa da teoria astrológica que se encontra por trás dos dias críticos. Isso é levado a efeito por meio de um debate entre um defensor e um oponente, que expõem algumas das fraquezas dessa teoria. Ibn Ezra trata de problemas tais como: por que as crises não acontecem sempre nos mesmos dias? Por que duas pessoas que ficam doentes ao mesmo tempo não passam pelas mesmas crises[213]?

A organização interna do *Sefer ha-Me'orot*, após a introdução, pode ser dividida em quatro partes. A primeira, subdividida em dez "capítulos", destina-se aos prognósticos apontados por várias configurações astrológicas e astronômicas no momento em que a doença começa ou pelo fato de a lua estar em quadratura ou em oposição com relação à sua posição no início da doença[214]. A segunda parte trata de três definições técnicas: conjunção, oposição e quadratura[215]. A terceira parte, um longo e específico "capítulo das conjunções", consiste em 11 seções que descrevem os prognósticos de uma doença, baseados nas conjunções da lua com um planeta, com um conjunto de planetas ou com uma estrela fixa, no início da doença[216]. A quarta e última parte (§§ 34-35) consiste em dois breves "capítulos". O primeiro aborda as condições que têm de ser satisfeitas para que as indicações astrológicas dos dias críticos sejam válidas – ou seja, que a lua esteja em aspecto com o mesmo planeta no início da doença e no dia crítico[217]. O segundo "capítulo" é a única seção substancial no *Sefer ha-Me'orot* que trata exclusivamente dos prognósticos das doenças crônicas que estão relacionados com o ciclo solar anual[218].

Sefer ha-'Olam *(Livro do Mundo)*

Abraham Ibn Ezra preparou duas versões do *Sefer ha-'Olam*, que aborda a "astrologia mundial", o ramo da astrologia árabe dedicado à reconstrução, à interpretação e à previsão de eventos políticos, históricos e religiosos, por um lado, e à previsão do tempo, por outro. O conteúdo das duas versões do *Sefer ha-'Olam*, como o de todos os tratados medievais sobre astrologia mundial, consiste em um acúmulo de fontes e doutrinas que datam do início da literatura astrológica. Em contraste com outros tratados medievais, contudo, as duas versões do *Sefer ha-'Olam* fornecem informações valiosas acerca das fontes anteriores e das doutrinas sobre a astrologia mundial.

A doutrina mais importante nas duas versões do *Sefer ha-'Olam* é a que utiliza os ciclos das conjunções de Saturno e Júpiter para previsões mundiais ou para análises históricas, doutrina persa herdada pelo mundo árabe e posteriormente transmitida para as culturas hebraica e latina. Em sua forma básica, essas conjunções são divididas em três tipos ou ciclos: a "pequena" conjunção, com um período de 20 anos entre duas conjunções sucessivas; a conjunção "média", com um período de 240 anos entre duas mudanças de uma triplicidade a outra; e a "grande" conjunção, com um período de 960 anos entre duas conjunções na cabeça de Áries.

Um quadro abrangente do peso histórico do conjuncionalismo é apresentado numa passagem notável da segunda versão do *Sefer ha-'Olam*. Os três tipos de conjunções Saturno-Júpiter, juntamente com os mapas astrais anuais elaborados no ano da revolução, marcam hierarquicamente o ritmo da história humana em praticamente todos os seus níveis. A duração dos seus períodos (960 anos, 240 anos, 20 anos, 1 ano) é diretamente proporcional aos intervalos de tempo nos quais a influência de cada um desses agentes astrológicos continua sendo sentida: a grande conjunção Saturno-Júpiter traz indicações "sobre todas as nações"; a conjunção "média", "sobre os reis de todas as nações", a "pequena" conjunção, "sobre o aumento ou diminuição no reinado", e o mapa astral e a revolução anual, sobre "eventos que acontecem como que por acaso e que desvanecem rapidamente"[219]. Na primeira versão do *Sefer ha-'Olam* (§ 10:2), podemos ler que a grande conjunção "significa que um profeta virá fundar uma nação"[220]; e noutra passagem importante da segunda versão do *Sefer ha-'Olam,* Ibn Ezra fornece um quadro sucinto mas abrangente de como as conjunções de Saturno e Júpiter possibilitaram o surgimento das três religiões monoteístas[221]. Contudo, via de regra, nas duas versões do *Sefer ha-'Olam*, as conjunções Saturno-Júpiter têm um papel relativamente modesto na formação da história das cidades, indicando guerra, alta ou baixa de preços, fome, seca ou abundância[222].

Referências cruzadas indicam que a primeira versão do *Sefer ha-'Olam* é muito provavelmente a última parte da enciclopédia astrológica, redigida rapidamente em Béziers entre junho e novembro de 1148. Não há informações precisas acerca da data e do lugar da redação do *'Olam* II, embora um bom número de indicações sugira que tenha sido redigido depois que Ibn Ezra deixou a Itália em direção ao sul da França, por volta de 1154 no norte da França.

Traduções do Árabe Para o Hebraico

É indiscutível que Ibn Ezra seja o autor da segunda tradução em hebraico existente do *Comentário de Ibn al-Muthannā sobre as Tábuas Astronômicas de Al-Khwārizmī*, a chamada "versão de Parma" (encontrada em Parma, Bib. Palatina, MS 2636, fols. 1-13ᵛ). Isso pode ser seguramente afirmado com base na extraordinária introdução feita por Ibn Ezra, na qual ele não apenas revela abertamente sua identidade como *Abraão, o Espanhol*, e especifica o ano de 1160 como o da composição do texto, mas também apresenta sua própria versão da transmissão das astronomias hindu e grega para a civilização árabe[223]. Essa tradução foi descoberta por Moritz Steinschneider, que publicou a introdução pela primeira vez[224]. Millás Vallicrosa, em um artigo publicado em 1938, foi o primeiro a determinar que o autor dessa obra era Aḥmad ibn al-Muthannā ibn ᶜAbd al-Karīm[225]. A versão de Parma integral foi editada e traduzida para o inglês por B. R. Goldstein, que mostrou que partes do *Comentário* de *Ibn al-Muthannā* haviam sido inseridas no *Liber de rationibus tabularum*, a versão em latim do *Sefer Ṭa'amê ha-Luḥot*, uma evidência adicional para que se possa assegurar que Ibn Ezra realmente esteve envolvido em sua composição[226].

Notas

1. Para uma discussão da exegese bíblica de Ibn Ezra voltada particularmente para seu comentário sobre os Salmos, mas também útil para uma avaliação mais abrangente de sua contribuição exegética, ver SIMON, U. *Four Approaches to the Book of Psalms from Saadia Gaon to Abraham Ibn Ezra*. Albany: State University of New York Press, 1991, p. 145-205. Ver também SARNA, N. M. Abraham Ibn Ezra as Exegete. In: TWERSKY, I.; HARRIS, J. M. (Org.). *Rabbi Abraham Ibn Ezra*: Studies in the Writings of a Twelfth Century Jewish Polymath. Cambridge, MA: Harvard University Press 1993, p. 1-27. Para a poesia religiosa de Ibn Ezra, ver LEVIN, I. Shirê ha-Qodesh shel Avraham ibn Ezra. Jerusalem, 1975-1980. Para sua poesia profana, ver EIGER, E. *Diwan le-Rabbi Abraham ibn Ezra*. Berlin, 1886. Para uma revisão geral da poesia de Ibn Ezra, ver LEVIN, I. Avraham Ibn Ezra, Ḥayav ve-Shirató (Hebrew). Tel Aviv, 1956; SCHIRMAN, J. The History of Hebrew Poetry in Christian Spain and Southern Spain. Edited, supplemented and annotated by Ezra Fleischer (em hebraico). Jerusalem, 1997, p. 13-92; ITZHAKI, M. Nouvelles tendances dans la poésie profane d'Abraham Ibn Ezra. In: *Abraham Ibn Ezra, savant universel*. Bruxelles, 2000, p. 53-59. Para uma avaliação do pensamento filosófico-religioso de Ibn Ezra, cf. as seguintes obras: FRIEDLANDER, M. *Essays on the Writings of Abraham ibn Ezra*. London, 1877; ROSIN, D. Die Religionsphilosophie Abraham Ibn Esra's. *Monatsschrift für Geschichte und Wissenschaft des Judentums*, v. 42-43, 1898-1899; GREIVE, H. *Studien zum jüdischen Neuplatonismus*: Die Religionsphilosophie des Abraham ibn Ezra. Berlin, 1973; SCHWARTZ, D. *Studies on Astral Magic in Medieval Jewish Thought*. Leiden/Boston, 2005, p. 9-26. Para uma discussão acerca da contribuição de Ibn Ezra para o desenvolvimento da gramática hebraica, cf. CHARLAP, L. *Innovation and Tradition in Rabbi Abraham ibn-Ezra's Grammar According to His Grammatical Writings and to His Bible Exegesis* (em hebraico). Dissertação (mestrado), Bar Ilan University, 1995. Para um estudo da utilização que Ibn Ezra faz de conceitos astrológicos em sua filosofia, de uma perspectiva da história do pensamento judaico, ver LANGERMANN, Y. T. Some Astrological Themes in the Thought of Abraham Ibn Ezra. In: TWERSKY, I.; HARRIS, J. M. (Org.). *Rabbi Abraham Ibn Ezra*: Studies in the Writings of a Twelfth Century Jewish Polymath. Cambridge, 1993, p. 28-85. Para um estudo da incorporação de conteúdos científicos nos comentários bíblicos de Ibn Ezra, bem como de suas monografias teológicas, cf. SELA, S. *Astrology and Biblical Exegesis in the Thought of Abraham Ibn Ezra* (em hebraico). Ramat Gan: Bar Ilan University Press, 1999a.
2. Adotei esta denominação especial – *renascimento científico do hebraico medieval* – porque os intelectuais judeus medievais acreditavam que seus ancestrais hebreus haviam se envolvido energicamente com as ciências. De fato, a filosofia e as ciências gregas haviam sido resultado do "roubo" perpetrado pelos gregos da primitiva sabedoria hebraica. Por essa razão, os pensadores judeus medievais assumiram que envolver-se com as ciências de origem grega ou árabe significava que eles estavam de verdade fazendo renascer seu brilhante passado científico. Para uma discussão do desenvolvimento dessas ideias, especialmente na Antiguidade Tardia, ver ROTH, N. The "Theft of Philosophy" by the Greeks from the Jews. *Classical Folia*, 32, p. 53-67, 1978. Para uma discussão dessa crença, especialmente centrada no trabalho dos pensadores judeus do século XII, ver SELA, S. *Abraham Ibn Ezra and the Rise of Medieval Hebrew Science*. Leiden, 2003, p. 296-313.

3. Para um balanço da contribuição científica de Ibn Ezra, cf. MILLÁS VALLICROSA, J. M. El magisterio astronómico de Abraham Ibn Ezra en la Europa latina. In: MILLÁS VALLICROSA, J. M. *Estudios sobre historia de la ciencia española.* Barcelona, 1949, p. 289-347; BARON, S. *A Social and Religious History of the Jews*. New York, 1958, VIII, p. 138-220; LEVEY, M. Abraham ibn Ezra. In: GILLISPIE, C. C. (Org.) *Dictionary of Scientific Biography*. 1971, v. IV, p. 502-503; GOLDSTEIN, B. R. Astronomy and Astrology in the Works of Abraham ibn Ezra. *Arabic Sciences and Philosophy*, n. 6, p. 9-21, 1996; LÉVY, T. Abraham Ibn Ezra et les mathematiques; remarques bibliographiques et historiques. In: TOMSON, P. J. (Org.). *Abraham ibn Ezra, savant universel.* Conférences données au coloque de l'Institutum Iudaicum Namur, 25 Novembre 1999. Bruxelles, 2000, p. 60-75; SELA, 2003, op. cit., p. 17-92; SMITHUIS, R. Abraham Ibn Ezra's Astrological Works in Hebrew and Latin – New Discoveries and Exhaustive Listing. *Aleph*, VI, p. 239-338, 2006. Para uma listagem cronológica dos escritos eruditos de Ibn Ezra (comentários bíblicos, livros relacionados à língua hebraica ou de caráter teológico, tratados científicos), cf. SELA, S; FREUDENTHAL, G. Abraham Ibn Ezra's Scholarly Writings: A Chronological Listing. *Aleph*, VI, p. 13-55, 2006.
4. Cf. especialmente STEINSCHNEIDER, M. Abraham Ibn Esra (Abraham Judaeus, Avenare). *Supplement zur Zeitschrift für Mathematik und Physik*, XXV, 1880, p. 59-128; reimpresso em: STEINSCHNEIDER, M. *Gesammelte Schriften* [eds. H. Malter and A. Marx. Berlin, 1925)], p. 407-498; id. Abraham Judaeus – Savasorda und Ibn Esra. *Supplement zur Zeitschrift für Mathematik und Physik*, XXII, 1867, p. 1-44; reimpresso em: STEINSCHNEIDER, M. *Gesammelte Schriften* [eds. H. Malter and A. Marx. Berlin, 1925)], p. 327-387.
5. *Sefer haMispar*, SILBEBERG, 1895, p. 27; 79 (= *Sefer ha-Mispar*, o Livro do Número, pela primeira vez publicado em alemão, traduzido e explicado pelo Dr. Moritz Silberberg. Frankfurt a. M., 1895).
6. *Liber de rationibus tabularum* (MILLÁS VALLICROSA, J. M. *El libro de los fundamentos de las tablas astronómicas de R. Abraham ibn Ezra*. Madrid/Barcelona, 1947) e *Astrolabio* (IBN EZRA. *Astrolabio*. Ed. de J. M. Millás Vallicrosa. In: MILLÁS VALLICROSA, J. M. Un nuevo tratado de astrolabio de R. Abraham ibn Ezra. *Al-Andalus*, n. V, p. 9-29, 1940).
7. GOLDSTEIN, B. R. *Ibn al-Muthannā's Commentary on the Astronomical Tables of al-Khwārizmī*. New Haven/London, 1967.
8. Cf. LEVY, R. *The Astrological Works of Abraham ibn Ezra*. Baltimore: Johns Hopkins Press, 1927, p. 65: "A presente obra não foi elaborada como um estudo preocupado principalmente com o significado literário desses tratados. Seu objetivo principal foi investigar a língua da tradução francesa do ponto de vista da lexicografia francesa". Cf. tb. LEVY, R.; CANTERA, F. *Beginning of Wisdom*: An Astrological Treatise by Abraham Ibn Ezra. Baltimore: Johns Hopkins Press, 1939, p. 15.
9. Ver o que J. L. Fleischer escreveu, com sua franqueza notável, na introdução de sua edição da primeira versão do *Sefer ha-Ṭe'amim* (Livro das Razões) (IBN EZRA. *Sefer ha-Ṭe'amim* [first version]. Edited by J. L. Fleischer. Jerusalem, 1951, p. 8-9): "Eu não estava de modo algum interessado no aspecto astrológico-profissional deste livro. Em vez disso, tirei fotografias dos manuscritos das obras astrológicas de Ibn Ezra porque queria encontrar nelas novos dados acerca da biografia de Ibn Ezra, da cronologia de suas obras e de uma nova compreensão de seu caráter intelectual que eu pudesse explorar".
10. *Sefer haMispar*, SILBERBERG, 1895, op. cit., p. 27; 79.

11. Ver nota 5 supra. Para uma discussão de alguns tópicos aritméticos e terminológicos relacionados a esse livro, cf. BEN-AMI SARFATTI, G. *Mathematical Terminology in Hebrew Scientific Literature of the Middle Ages* (em hebraico). Jerusalem, 1968, p. 131-139.
12. *Sefer haMispar*, SILBERBERG, 1895, op. cit., p. 3. A palavra *sifra* aparece com o mesmo sentido no *Liber de rationibus tabularum*, a versão latina do *Sefer Ṭa'amê ha-Luḥot*, como *cifre*, uma transliteração da palavra árabe que significa vazio ou zero (*ṣifer*). Ver MILLÁS VALLICROSA, 1947, op. cit., p. 102; 114.
13. *Sefer haMispar*, SILBERBERG, 1895, op. cit., p. 2.
14. GOLDSTEIN, 1967, op. cit., p. 148; 301-302.
15. Para uma discussão desses dois tratados de aritmética de Al-Khwārizmī, ver TOOMER, G. *Dictionary of Scientific Biography*, 1973, vii, p. 360; para uma discussão do papel de Al-Khwārizmī nos primórdios da álgebra, ver RASHED, R. *Entre arithmétique et algèbre*: recherches sur l'histoire des mathématiques arabes. Paris, 1984, p. 17-29.
16. O nome do tratado latino é *Liber Ysagogarum Alchorismi*, e um dos oito manuscritos existentes o atribui ao *Magister A*. Nomes como o de Abelardo de Bath, Abraão bar Ḥiyya e Petrus Alphonsi foram apresentados como candidatos plausíveis, mas, se levarmos em conta que Ibn Ezra escreveu o *Sefer ha-Mispar*, que claramente revela a influência de Al-Khwārizmī, e que o tratado latino também trata de tópicos *judaicos*, tais como o calendário judaico, os nomes hebraicos dos planetas etc., não é impossível que o *Magister A* fosse o próprio Abraão ibn Ezra. Para uma discussão desse tratado aritmético latino introduzido na Europa em meados do século XII, ver especialmente ALLARD, A. The Arabic Origins and Development of Latin Algorisms in the Twelfth Century. *Arabic Sciences and Philosophy*, n. 1, p. 233-283, 1991; ver também COCHRANE, L. *Adelard of Bath, the First English Scientist*. London, 1994, p. 80-81; 83-84 (n. 31; 32); MAHONEY, M. S. Mathematics. In: LINDBERG, D. (Org.). *Science in the Middle Ages*. Chicago, 1978, p. 150-151.
17. LÉVY, T.; BURNETT, C. *Sefer ha-Middot*: A Mid-Twelfth-Century Text on Arithmetic and Geometry Attributed to Abraham ibn Ezra. *Aleph* 6, p. 57-238, 2006.
18. Para uma discussão das diferentes versões desse tratado, especialmente no que se refere à suposta autoria de Ibn Ezra, cf. as seguintes obras: STEINSCHNEIDER, 1880, op. cit., p. 494; 469; MILLÁS VALLICROSA, J. M. Abraham Ibn Ezra's Astronomical Work (em hebraico). *Tarbiz*, IX, p. 306-322, 1938; id., 1947, op. cit., p. 11-21; id., 1949, op. cit., p. 289-347. Tratei desse assunto em dois artigos; e aqui me limitarei apenas a apontar meus argumentos principais: SELA, S. Contactos científicos entre judíos y cristianos en el siglo XII: el caso del *Libro de las tablas astronómicas* de Abraham Ibn Ezra en su versión latina y hebrea. *Miscelanea de Estudios Arabes y Hebraicos*, 45, p. 185-222, 1996; id. Puntos de contacto entre contenidos del *Libro de las tablas astronómicas* en su versión latina y las obras literarias hebreas de Abraham Ibn Ezra. *Miscelanea de Estudios Arabes y Hebraicos*, 46, p. 37-56, 1997.
19. Ver nota 6 supra. Esse tratado, como veremos brevemente, é a segunda versão em latim do *Liber de rationibus tabularum*.
20. Podemos basear essa última afirmação em dois pontos: primeiro, como afirmamos anteriormente, em seu *Sefer ha-Mispar*, Ibn Ezra refere-se em duas ocasiões diferentes a um certo *Sefer Ṭa'amê ha-Luḥot*, isto é, o *Livro das Razões das Tábuas Astronômicas*, utilizando o verbo no futuro e, assim, aludindo a ele como um trabalho ainda inconcluso. Segundo: posteriormente, em 1146, Ibn Ezra deixa Lucca e se muda para Verona, onde também escreve, no mesmo ano, a primeira versão de seu *Sefer ha-'Ibbur*, fato registrado pelo próprio Ibn Ezra em seu livro (ver infra).

21. A segunda versão em hebraico foi quase certamente composta antes de 1154, quando Ibn Ezra escreveu a segunda versão de seu *Sefer ha-Moladot* (Livro das Natividades), em cuja versão existente em latim encontramos uma referência ao *Liber de rationibus tabularum*.
22. As quatro referências podem ser encontradas em *Sophnat Pane'ach*, HERZOG, 1911, I, p. 14-15; 17-18; 84; 142 (= BONFILS, J. *Sophnat Pane'ach*, Ein Beitrag sur Pentateuchexegeses des Mittelalters von D. Herzog. Heidelberg, 1911). Analisei essas quatro referências em SELA, 1996, op. cit., p. 200-207.
23. Para revisão e análise dessas referências, ver MILLÁS VALLICROSA, 1947, op. cit., p. 11-19; SELA, 1996, op. cit., p. 190-200.
24. STEINSCHNEIDER, 1880, op. cit., p. 494; 469.
25. MILLÁS VALLICROSA, 1947, op. cit., p. 11-19.
26. O texto em latim começa com as palavras "Dixit Abraham Iudaeus", e o nome de Abraham aparece em várias ocasiões, especialmente no capítulo sobre trigonometria. Ver MILLÁS VALLICROSA, 1947, op. cit., p. 73; 137; 148; 154; 159.
27. Ibid., p. 11-19.
28. Ibid., p. 51-54; 73; 137; 148; 154; 159; GOLDSTEIN, 1967, op. cit., p. 11; 200-208; 218; 231; 234.
29. Tratei desse problema em SELA, 1997, op. cit. Nesse artigo, apresentei várias ligações entre o texto em latim e a obra de Ibn Ezra, mas me limitei a dois tópicos principais: um tema científico, como a relação entre o perímetro e o raio de um círculo, e um denso problema religioso, como a comparação entre os calendários hebraico e cristão. Contudo, marcantes ilustrações adicionais podem ser oferecidas, mas aqui me limitarei a apenas uma. Refere-se a uma passagem encontrada no texto em latim, como também na primeira versão do *Sefer ha-'Olam*, que discute, tanto em latim quanto em hebraico, os vários valores atribuídos à inclinação do sol utilizando uma abordagem semelhante e praticamente as mesmas palavras: MILLÁS VALLICROSA, 1947, op. cit., p. 77: "Nam indi dicunt 24 graduum integrorum declinationem solis esse, sed Abrachix et Ptholomeus dixerunt 23 graduum 51 minutorum, secundum horum sententiam arcus declinationis sic se habebit ad totum circulum ut 11 ad 83. Omnes vero alii magistri probationum dixerunt declinationem esse 23 graduum et 35 minutorum, exceptis Abnebimezor et Azarchel qui dixerunt eam esse 23 graduum et 33 minutorum"; *'Olam* I, SELA, 2010, § 14:5-9, p. 60-61 (= IBN EZRA. *Sefer ha-'Olam* [first version]. In: *The Book of the World*: A Parallel Hebrew-English Critical Edition of the Two Versions of the Text. Edited, translated, and annotated by Shlomo Sela. Leiden: Brill, 2010). Ver outro exemplo, com referência às duas versões diferentes de *trepidatio*, em MILLÁS VALLICROSA, 1947, op. cit., p. 77; cf. a contraparte em hebraico em *'Ibbur*, HALBERSTAM, 1874, p. 10a (= IBN EZRA. *Sefer ha-'Ibbur*. Ed. de S. Z. H. Halberstam. Lyck, 1874).
30. Nesse contexto, deve-se notar que, em HERZOG, 1911, I, op. cit., p. 142, faz-se uma menção ao *Sefer ha-Luḥot*, de Ibn Ezra, fornecendo a longitude exata de Jerusalém, referência que não aparece no texto paralelo em latim. Uma vez que os parâmetros geográficos de Jerusalém são normalmente fornecidos por Ibn Ezra revestidos de importância ritualística e religiosa judaicas, isso pode explicar por que a versão análoga em latim, que provavelmente foi endereçada a um público cristão, não contém a mesma referência a Jerusalém. Ademais, algumas passagens podem ser encontradas no texto em latim, com uma abordagem abertamente comparativa e didática dos princípios da interpolação judaica ao lado de algumas características do calendário cristão. Ver MILLÁS VALLICROSA, 1947, op. cit., p. 98-100. Essas passagens podem ser interpretadas como um esforço do

autor, *Abraham Iudaeus*, em traduzir para um público cristão os princípios do calendário judaico, enfatizando de modo particular as semelhanças que o ligam ao calendário cristão.

31. Em seu breve comentário ao Gênesis 37:35 e a Isaías 38:10, Ibn Ezra critica duramente Jerônimo por causa de sua tradução equivocada da palavra hebraica *She'ol* pelo termo latino *infernus*. E, em um comentário sobre Gênesis 49:10, apontado por Joseph Jacob de Modeville (cf. FRIEDLANDER, 1877, op. cit., p. 67-68), Ibn Ezra também critica Jerônimo, pois em sua tradução este havia distorcido um termo geográfico como *Shilo*, atribuindo-lhe um sentido que sugeria o surgimento do cristianismo. De modo contrário, no breve comentário sobre *Êxodo* 30:23, Ibn Ezra utiliza o termo *myrrha*, que é a tradução latina do termo hebraico *mor*, a fim de se contrapor a seu confrade comentador Sa'adia Gaon.
32. Isso nos lembra que o *Liber Abraham Iude de Nativitatibus*, tratado astrológico acerca dos horóscopos atribuído a Ibn Ezra, também foi escrito aproximadamente no mesmo ano. Comparem-se as duas referências seguintes: a) MILLÁS VALLICROSA, 1947, op. cit., p. 78: "anno 1154 ab incarnatione Domini, quo hanc edicionem fecimus"; ver também p. 99; b) *Liber Abraham Iude de Nativitatibus* (Venetia, 1484), p. c 3^{v}: "Hoc 1154 ab incarnatione Domini est adunatio eorum in triplicitate terrae".
33. MILLÁS VALLICROSA, 1947, op. cit., p. 87.
34. FLEISCHER, J. L. Abraham ibn Ezra's Literary Output in the City of Lucca in Italy (em hebraico). *Hasoker*, n. 2, p. 77-84, 1934; n. 4, p. 186-194, 1936-1937.
35. No *'Olam* II, SELA, 2010, § 15:1-25, p. 164-167 (= IBN EZRA. *Sefer ha-'Olam* [second version]. In: *The Book of the World*: A Parallel Hebrew-English Critical Edition of the Two Versions of the Text. Edited, translated, and annotated by Shlomo Sela. Leiden: Brill, 2010), lemos que Ezra elaborou uma lista de 22 cidades, incluindo Lucca e Pisa, acompanhadas de seus respectivos *signos* astrológicos e de seus parâmetros eclípticos. Contudo, embora na grande maioria das cidades Ibn Ezra tenha se limitado a anotações rotineiras do signo zodiacal e sua eclíptica exata, com relação às cidades de Lucca e Pisa, precisamente, ele adotou um modo completamente diferente de registro; assim, escreveu que "Pisa, dizem alguns <que seu signo é> Peixes, mas, de acordo com o que pude verificar por experiência própria, seu signo é Aquário 6°; Lucca, de acordo com o que pude verificar por experiência própria muitas vezes, é do signo de Câncer, mas na relação com Júpiter".
36. MILLÁS VALLICROSA, 1947, op. cit., p. 83: "Nunc autem antequam ratiocinemus de compositione tabularum quas fecimus secundum probationem predictorum virorum sibi consentientium, *quedam convenienter ad totam astronomiam premittemus*". Pode-se afirmar que a expressão *tota astronomia* encerra elementos de astronomia e de astrologia, lendo-se as linhas seguintes. Ver, por exemplo, o conteúdo da próxima nota.
37. Ibid., p. 84-85: "He tabule quas composuimus utiles sunt ad declinationem solis sciendum et altitudinem meridianam et ad inveniendum oriens per altitudinem solis et per umbram et ad cognoscendas horas temporales diei et noctis coequationem domorum orientis et ascensionis terrarum et ad apparitiones planetarum matutinas et nocturnas et remotiones fixarum a recto circulo et ad cognoscendum cum quo gradu fixa sit in medio celi et cum quo sit in oriente et cum quo occidat, et ad arcum diurnum et nocturnum fixe ad sciendum quantitatem mutacionis visus secundum longitudinem et latitudinem et adunacionem solis et lune et oposicionem, et quando prima erit secundum visum et ad eclipsum lune et quantitatem eius et in qua parte, utrum scilicet dextra an sinistra, et suum colorem et ad cognoscendum sua tempora eclipsis et eclipsim solis, partesque omnes eius et omnes ductus qui sunt secundum latitudinem terre, et signa mobilia et fixa et bicorpa et recta signa et obliqua et longa et curta et omne opus astrolabii".

38. Ver as seguintes referências em MILLÁS VALLICROSA, 1947, op. cit.: Claudius Ptholomeus: p. 74-82; 89; 93; 130-131; 143; 155; 160; Hipparchus (Abracaz ou Abracax): p. 75; 77; 80; 91; 105; Hermes: p. 77; 160; Doronius: p. 160; Hermes: p. 77; 160.
39. Para *Zîj al-Sindhind* (Scindehind, Acintdeindi), ver ibid., p. 75; 88; cf. referências às *tabulas indorum*, p. 81; 82; 89; 101; 120; 130.
40. Cf. as referências seguintes: Al-Khwārizmī (Elcaurezmus): p. 74; 75; 105; 109; 110; 126; 127; 144; 155; 160; 164; 166; 167; Al-Battānī (Albateni): p. 78; 80; 83; 86; Al-Ṣūfi (Azofi): p. 78; 86; 87; 98; Ibn Sīnā (Abencine): p. 76; 77; 79; 81; 82; 95; Thābit b. Qurra (Tebith ben Core): p. 76; 79; 81; 82; 83; Al-Nayrizī (Anarizi): p. 76; Ibn Yūnus (Abeniunuz): p. 83; 86; Banū Sākir (fratres Beni Saquir): p. 81; 83; Māshā'allāh (Mescella): p. 75; 160; Abū Ma'shar (Albumasar): p. 75; 160.
41. Cf. as seguintes referências: Ibn al-Muthannā (Abenmucenne): p. 110; 130; 147; 153; 154; 155; 158; 160; 161; 163; 166; Maslama (Mezlame): p. 75; Ibn al-Ṣaffār (Abnezafar): p.75; Azarchiel (Acerchel, Azarchiel Hispanus): p. 76; 77; 79; 80; 83; 86; 87; 93; 95.
42. O astrolábio é um instrumento inventado pelos gregos e empregado por astrônomos e astrólogos tanto na Antiguidade quanto na Idade Média e no Renascimento. Dentre seus muitos usos, destacam-se a localização e a previsão das posições do sol, da lua, dos planetas e das estrelas; a determinação da hora local dada a latitude e vice-versa; o levantamento, a triangulação e também a preparação de horóscopos.
43. No astrolábio, a *rete*, que gira livremente em torno de um eixo, é uma projeção estereográfica da eclíptica e de um número das estrelas fixas mais brilhantes; está gravada em um disco circular do qual se recorta muito do metal utilizado para revelar os componentes subjacentes.
44. *Neḥoshet* I, EDELMAN, 1845, p. 31 (= IBN EZRA. *Keli ha-Neḥoshet* [first version]. Ed. de H. Edelman. Koenisberg, 1845). Também consultei os seguintes manuscritos: Paris: Bibliothèque Nationale de France (doravante Paris, BNF), MS Héb. 1053 fols. 1^{v}-36^{v}; Paris: BNF, MS Héb. 1061 fols. 148^{v}-164^{r}; St. Petersburg: MS 311, fols. 4^{v}-20^{v}; Moscow: MS Gunzburg 1080, fols. 53^{v}-67^{v}; para outra versão impressa desse texto, ver *Neḥoshet* I, BAK'AL, 1971 (= IBN EZRA. *Keli ha-Neḥoshet* [first version]. In: BAK'AL, M. Y. (Org.) *Sefer Mishpetei haKokhavim*. Jerusalem, 1971, p. 99-132).
45. HALBERSTAM, 1874, op. cit., p. 8a.
46. EDELMAN, 1845, op. cit., p. 29.
47. Uma opinião semelhante a essa pode ser encontrada em MILLÁS VALLICROSA, 1947, op. cit., p. 15.
48. *Neḥoshet* II, MS Mant. 10 (= IBN EZRA. *Keli ha- Neḥoshet* [second version], in Mantova, Biblioteca di Mantova, Fondo Ebraico Mantovano, MS Ebr. 10). Também utilizei os seguintes manuscritos: Varsóvia, MS Pinsker 26, fols. 58-71, left col.; Paris, BNF, MS Heb. 1045 fols. 188^{r}-196^{v}; Paris, BNF, MS Heb. 1047 fols. 76^{r}-84^{v}; São Petersburgo, MS 349, fols. 1^{v}-14^{r}; Nova York, Jewish Theological Seminary MIC 2550/2, fols. 72-82.
49. *Neḥoshet* II, MS Mant. 10, op. cit., fols. 42^{v}-42^{r}; cf. EDELMAN, 1845, op. cit., p. 22-23.
50. *Neḥoshet* II, MS Mant. 10, op. cit., fol. 41^{v}; cf. EDELMAN, 1845, op. cit., p. 20.
51. *Neḥoshet* II, MS Mant. 10, op. cit., fol. 44^{v}; cf. EDELMAN, 1845, op. cit., p. 35.
52. *Neḥoshet* II, MS Mant. 10, op. cit., fol. 44^{v}; cf. EDELMAN, 1845, op. cit., p. 23-24.
53. *Neḥoshet* II, MS Mant. 10, op. cit., fol. 46^{v}.
54. HALBERSTAM, 1874, op. cit., p. 8a.
55. Mas também encontramos, em ambas as versões do *Keli ha-Neḥoshet*, algumas referências semelhantes a outras obras de Ibn Ezra. Desse modo, em ambas as versões do *Keli ha-*

Neḥoshet, Ibn Ezra refere-se a um livro já escrito acerca das diferentes opiniões dos sábios da Grécia, da Índia e da Pérsia a respeito de aspectos astrológicos. Ver *Neḥoshet* II, MS Mant. 10, op. cit., fol. 47v. Cf. EDELMAN, 1845, op. cit., p. 29. Como mencionamos supra, acredito que ambas as referências apontam para a primeira versão em hebraico do *Sefer Ṭa'amê ha-Luḥot*, redigida em Lucca em 1146 ou antes disso. Do mesmo modo, como na primeira versão, seguimos encontrando na segunda versão referências ao *Sefer ha-Moladot*, reiteração que se explica pelo fato de o *Sefer ha-Moladot* ter permanecido um projeto inacabado até 1148. Ver *Neḥoshet* II, MS Mant. 10, op. cit., fol. 36v. Cf. EDELMAN, 1845, op. cit., p. 9; 14.

56. *Neḥoshet* II, MS Mant. 10, op. cit., fols. 37r; 42r.
57. EDELMAN, 1845, op. cit., p. 25; 29; 30; 31.
58. *Neḥoshet* III, MS Pinsker 26 (= IBN EZRA. *Keli ha-Neḥoshet* [third version], in Warsaw, MS Pinsker 26). Também utilizei os seguintes manuscritos: Paris, BNF, MS Héb. 1054 fols. 4v-10r; Moscow, MS Gunzburg 179, fols. 111v-116r; Moscow, MS Gunzburg 937, fols. 2v-14r.
59. *Neḥoshet* III, MS Pinsker 26, op. cit., fol. 67v, col. direita.
60. Ibid. Cf. EDELMAN, 1845, op. cit., p. 31; *Neḥoshet* II, MS Mant. 10, op. cit., fol. 39v. As listas das estrelas da primeira e da terceira versões do *Keli ha-Neḥoshet* foram cuidadosamente estudadas por B. R. Goldstein em sua investigação acerca das listas de estrelas em hebraico. Ver GOLDSTEIN, B. R. Star Lists in Hebrew. *Centaurus*, 28, p. 185-208, 1985.
61. *Neḥoshet* III, MS Pinsker 26, op. cit., fols. 59v; 60r; 66r, col. direita.
62. Ibid., fol. 65v, col. direita.
63. *Astrolabio*, Vesp. A I, fol. 40r (= IBN EZRA. *Tractatus de Astrolabio conscriptus disctante authori quodsam egregio pilosopho Mro. Abraham*. London: British Library, MS Cotton Vesp. A I, fol. 40r); e *Astrolabio*, Arundel 377, fol. 68r (= IBN EZRA. *Tractatus de Astrolabio conscriptus disctante authori quodsam egregio pilosopho Mro. Abraham*. London, British Library, MS Arundel 377, fol. 68r).
64. STEINSCHNEIDER, 1880, op. cit., p. 494-495; id. *Die Hebraeischen Uebersetzungen des Mittelalters und die Juden als Dolmetscher*. Graz, 1956, p. 569.
65. MILLÁS VALLICROSA, 1940, op. cit., p. 9-29.
66. *Astrolabio*, Vesp. A I, op. cit., fol. 39r, e *Astrolabio*, Arundel 377, op. cit., fol. 66r; Cf. MILLÁS VALLICROSA, 1940, op. cit., p. 2; 19.
67. *Astrolabio*, Vesp. A I, op. cit., fol. 39r, e *Astrolabio*, Arundel 377, op. cit., fol. 67v; Cf. MILLÁS VALLICROSA, 1940, op. cit., p. 3-4; 22. Com relação à estada de Ibn Ezra na Inglaterra, ver FRIEDLANDER, M. *Transactions of the Jewish Historical Society*. London, 1894-1895, p. 47-60; FLEISCHER, J. L. Abraham ibn Ezra's Literary Work in England (em hebraico). *'Etṣ ha-Ḥayyim*, n. VII, p. 69-76; 107-111; 129-133; 160-168; 189-203, 1931.
68. MILLÁS VALLICROSA, 1940, op. cit., p. 5, nota 3.
69. *Astrolabio*, Vesp. A I, op. cit., fols. 39r-40v, e *Astrolabio*, Arundel 377, op. cit., fol. 67r.
70. *Astrolabio*, Vesp. A I, op. cit., fol. 38v, e *Astrolabio*, Arundel 377, op. cit., fols. 63r-64v; MILLÁS VALLICROSA, 1940, op. cit., p. 9-11.
71. *Astrolabio*, Vesp. A I, op. cit., fol. 40r; Cf. *Reshit Hokhmah*, LEVY; CANTERA, 1939, cap. X, p. lxxv (= IBN EZRA. *Sefer Reshit Hokhmah* I. In: LEVY, R; CANTERA, F. *The Beginning of Wisdom*: An Astrological Treatise by Abraham Ibn Ezra. Baltimore: Johns Hopkins Press, 1939). Com relação a esse procedimento, ver nota 74 infra.
72. *Astrolabio*, Vesp. A I, op. cit., fol. 40r. Cf. EDELMAN, 1845, op. cit., p. 19; *Neḥoshet* II,

MS Mant. 10, op. cit., fol. 41v; *Neḥoshet* III, MS Pinsker 26, op. cit., fol. 60r, col. direita. Esse procedimento implica posicionar determinada parte da *rete* sobre a linha do meio do céu do astrolábio, que corresponde à projeção do meridiano do observador.

73. *Astrolabio*, Vesp. A I, op. cit., fol. 40r. O sinônimo em hebraico, *mishpaṭim*, foi amplamente utilizado por Ibn Ezra em sua produção literária em hebraico como também em sua exegese bíblica. Como apontei em SELA, S. El papel de Abraham Ibn Ezra en la divulgación de los "juicios" de la astrología en la lengua hebrea y latina. *Sefarad*, 59, p. 159-194, 1999, Ibn Ezra cunhou esse novo termo hebraico, ou melhor, readaptou-o do velho termo bíblico *mishpaṭim*, isto é, *julgamentos*, dando-lhe nova conotação astrológica. Depois de sua morte, a nova palavra hebraica passou a ser amplamente utilizada com seu novo sentido astrológico, carregando, implícita ou explicitamente, o lembrete de que a palavra *mishpaṭim* se originou na obra de Ibn Ezra.
74. Nesse procedimento, algum planeta (chamado *apheta* em grego, *indicator* em latim ou *paqid* em hebraico) é direcionado de um dos *cinco planetas da vida* para um dos *cinco planetas da morte*. Isso significa calcular a distância angular entre dois lugares no céu. O número de graus resultante é convertido então em um número de anos, que são interpretados como a expectativa de vida do recém-nascido. Com relação a esse procedimento, ver *Tetrabiblos*, ROBBINS, 1980, III: 0, p. 271-307 (= Ptolemy, *Tetrabiblos*. Edited and translated by F. E. Robbins. London: Loeb Classical Library, 1980); BOUCHÉ-LECLERCQ, A. *L'Astrologie grecque*. Paris, 1899, p. 411-419.
75. Comparem-se as seguintes passagens: *Neḥoshet* I, EDELMAN, 1845, op. cit., p. 29-31; *Neḥoshet* II, MS Mant. 10, op. cit., fols. 46v-49r; *Neḥoshet* III, MS Pinsker 26, op. cit., fols. 64r-66r, col. direita; MILLÁS VALLICROSA, 1940, op. cit., p. 22-29. Para uma abordagem e tratamento semelhantes dos tópicos tratados no *Livro do Astrolábio*, bem como em outras obras de Ibn Ezra: MILLÁS VALLICROSA, 1947, op. cit., p. 84-85; 93-94; 97-98; *Ṭe'amim* I, SELA, 2007, § 10.3:1-6, p. 96-99 (= IBN EZRA. *Sefer ha-Ṭe'amim* [first version]. In: *The Book of Reasons*: A Parallel Hebrew-English Critical Edition of the Two Versions of the Text. Edited, translated, and annotated by Shlomo Sela. Leiden: Brill, 2007).
76. *Astrolabio*, Vesp. A I, op. cit., fol. 40v, e *Astrolabio*, Arundel 377, op. cit., fol. 67v: Tradução: "No que se refere a Vênus, esse procedimento pode ser usado de modo semelhante (ao de Júpiter e Marte) se alguém estiver na Inglaterra quando o Sol estiver no signo de Capricórnio e Vênus, localizado a 47 graus de distância do Sol. Em outras localidades, porém, é impossível proceder desse modo".
77. Ver ROBBINS, 1980, op. cit., p. 88.
78. *Neḥoshet* II, MS Mant. 10, op. cit., fol. 44v. Cf. *Neḥoshet* III, MS Pinsker 26, op. cit., fol. 66v, col. direita.
79. É importante ressaltar que essa passagem da segunda versão em hebraico do *Keli ha-Neḥoshet* torna essa versão única em todo o contexto das três versões em hebraico, em especial claramente distinta da primeira versão do *Keli ha-Neḥoshet*.
80. Não me foi possível localizar essa fonte, mas pode ter sido alguma discussão sobre a visibilidade de Vênus baseada no *Almagest* XIII, 7-10. Uma passagem semelhante é encontrada no *Mishpeṭê ha-Mazzalot*, à qual nos referiremos adiante, que foi analisada em: FISCHER, K.; KUNITZSCH, P.; LANGERMANN, Y. T. The Hebrew Astronomical Codex Ms. Sasson 823. *The Jewish Quarterly Review*, LXXVIII, p. 257-258, 1988.
81. HALBERSTAM, 1874, op. cit., p. 8-9.
82. DATEI, E. Mantova, le torri del sole. *Civiltà Mantovana*, XXVIII, p. 57-65, 1993.
83. Ver BEN-AMI SARFATTI, 1968, op. cit., p. 139-140.

84. Um exame mais minucioso mostra que alguns elementos do *Sefer ha-'Eḥad* foram transpostos por Ibn Ezra para sua exegese bíblica, especialmente em um contexto teológico. Comparem-se, por exemplo, o tratamento dado ao número um e o *Grande Comentário sobre o Êxodo* 3:15.
85. *'Eḥad*, MÜLLER, 1921 (= IBN EZRA. *Sefer ha-'Eḥad*. In: MÜLLER, E. *Buch der Einheit*. Aus dem Hebräischen übersetzt nebst Parallelstellen und Erläuterungen zur Mathematik Jbn Esras. Berlin, 1921). Para uma edição atualizada, ver *'Eḥad*, LEVIN, 1985 (= IBN EZRA. *Sefer ha-'Eḥad*, in *Abraham Ibn Ezra Reader* [em hebraico]. Annotated texts with introductions and commentaries by Israel Levin. New York/Tel Aviv, 1985, p. 399-414).
86. Cf. os seguintes comentários bíblicos de Ibn Ezra: *Com. sobre Lev*. 25:9; prefácios dos pequenos e grandes comentários do Pentateuco, *Com. sobre Gên*. 1:14; 7:11; 8:3; 8:14; Êx. 12:2; *Lev*. 23:4; 23:24; *Sl*. 81:4; 104:19; *Ester* 9:22; etc.
87. Estes são os tópicos acerca do calendário discutidos por Ezra no *Liber de Rationibus Tabularum*: a) o *computus iudeorum* do ano astronômico, apontado como extremamente próximo aos resultados alcançados por Ptolomeu e por aqueles que estimavam a duração exata do ano solar como sendo de 365 dias mais seis horas (MILLÁS VALLICROSA, 1947, op. cit., p. 75-76); b) a versão judaica do ciclo metoniano [ciclo de 19 anos da cronologia grega (N. da T.)], que é apresentado no cenário mais amplo da comparação entre as versões que Ibn Ezra atribuía aos caldeus, a C. Ptolomeu, a Al-Ṣūfī e aos *magistri probationum* (os astrônomos árabes) (ibid., p. 98-99); c) o ciclo de trinta anos adotado pelos muçulmanos para seus anos lunares (ibid.); d) uma comparação entre as metodologias judaica e cristã para a intercalação (ibid., p. 99-100); e) uma comparação entre as metodologias judaica e cristã para o cálculo das Páscoas judaica e cristã (ibid., p. 99).
88. HERZOG, 1911, I, op. cit., p. 142.
89. Essa primeira versão está disponível em manuscritos e já havia sido publicada em 1874: 'Ibbur, HALBERSTAM, 1874, op. cit. Utilizamos essa edição. Ver também *Sefer ha-'Ibbur*, in: 'Ibbur, BAK'AL, 1971 (= IBN EZRA. *Sefer ha-'Ibbur*. In: BAK'AL, M. Y. (Org.). *Sefer Mishpetei haKokhavim*. Jerusalem, 1971, p. 57-94); 'Ibbur, GOODMAN, 2011 (= IBN EZRA. *Sefer ha-'Ibbur*. A Treatise on the Calendar by Abraham Ibn Ezra. Translated and annotaded by M. S. Goodman. Jerusalem, 2011).
90. HALBERSTAM, 1874, op. cit., p. 8b; 9a-b.
91. Ibid., p. 4 a-b; 8a; 11a.
92. Ibid., p. 3b; 11a.
93. Ibid., p. 3b.
94. Ibid., p. V. Cf. *'Ibbur*, Vatican Ms Ebr. Urbinati 48, fol. 59b (= IBN EZRA. *Sefer ha-'Ibbur*. Vatican Ms Ebr. Urbinati 48).
95. HALBERSTAM, 1874, op. cit., p. 4a-4b, 8a, 11a.
96. Ibid., p. 3b; 11a.
97. Ibid., 1874, p. 4a.
98. Ibid., p. 3b.
99. SELA, S. Abraham Ibn Ezra's Scientific Corpus Basic Constituents and General Characterization. *Arabic Sciences and Philosophy*, v. 11, n. 1, 2001, p. 113-114.
100. *'Ibbur*, Vatican Ms Ebr. Urbinati 48, op. cit., fols. 72a-75a. Agradeço a S. Walter por ter me informado acerca da existência desse manuscrito. Ver WALTER, S. On the Third Chapter of Abraham Ibn Ezra's *Sefer ha-'Ibbur* (em hebraico). *Yodei Binah*, I, p. 211-214, 2002.
101. *'Ibbur*, Vatican Ms Ebr. Urbinati 48, op. cit., fol. 72a.

102. Ibid., 72a-75a.
103. A letra hebraica א representa o número 1.
104. *'Ibbur*, Vatican Ms Ebr. Urbinati 48, op. cit., fol. 72b.
105. SILBERBERG, 1895, op. cit., p. 1-5.
106. Lembremos que Ibn Ezra menciona o *Sefer ha-Mispar* como obra acabada no segundo capítulo de seu *Sefer ha-'Ibbur*. Ver HALBERSTAM, 1874, op. cit., p. 4a.
107. *'Ibbur*, Vatican Ms Ebr. Urbinati 48, op. cit., fol. 75a.
108. *Three Questions*, STEINSCHNEIDER, 1847 (= 'Elu ha-shalosh she'elot, nishalu le-rav ha-hakham morenu R. Abraham Ibn Ezra, sha'alam tor ha-torah we-'edei ha-te'uda, rabenu David Bar Kavod Ravenu Joseph Narboni. In: STEINSCHNEIDER, M. (Org.). *Sefer Shne ha-Me'orot*. Berlin, 1847).
109. *Sophnat Pa'neach*, HERZOG, 1911, I, op. cit., p. 42: "Os geômetras (*ḥak̲mê ha-middot*) declararam que o diâmetro da lua quando está em oposição ao sol é igual ao diâmetro do sol (quando visto da Terra), isto é, um grau e trinta e um avos de grau". Cf. STEINSCHNEIDER, 1847, op. cit., p. 3, em que, em vez de "geômetras" (*ḥak̲mê ha-middot*), aparece "astrônomos" (*ḥak̲mê ha-mazzalot*). Essa passagem é citada adiante na nota 119.
110. Para o uso dessa palavra, cf. SELA, 2003, op. cit., p. 113-116.
111. BARON, 1958, op. cit., VIII, p. 192, n. 59.
112. STEINSCHNEIDER, 1847, op. cit., p. 1.
113. Ibid. A referência que Ibn Ezra faz a esse problema em seu *responsum* é muito semelhante à sua abordagem na primeira versão do *Sefer ha-'Ibbur* (ver HALBERSTAM, 1874, op. cit., p. 6b) e também ao capítulo do *Liber de rationibus tabularum* que trata dos pontos de contato entre os calendários judeu e cristão. Ver MILLÁS VALLICROSA, 1947, op. cit., p. 100.
114. Ibn Ezra mostrou a mesma controvérsia que dividia astrônomos indianos, persas, gregos e muçulmanos acerca da duração do ano tropical de modo muito semelhante nas seguintes passagens: *Comentário sobre Levítico* 25:9; MILLÁS VALLICROSA, 1947, op. cit., p. 74-76; 79; HALBERSTAM, 1874, op. cit., p. 8a; *'Iggeret ha-Shabbat*, FRIEDLANDER, 1894-1895 (= IBN EZRA. *'Iggeret ha-Shabbat*. In: FRIEDLANDER, M. Transactions of the Jewish Historical Society of England. London, 1894-1895, v. 2, p. 61-75); *Moladot*, BNF 1056, fols. 58b-59a (= IBN EZRA. *Sefer ha-Moladot*, Paris, Bibliothèque Nationale de France, MS Héb. 1056); *'Olam I*, SELA, 2010, op. cit., § 17:1-12, p. 62-63; *Ṭe'amim*, SELA, 2007, op. cit., § 2.12:2-6, p. 50-51.
115. Essa controvérsia também é apontada por Maimônides em: *Sanctification of the New Moon*, GANDZ, 1967, 9:3, p. 37 (= *The Code of Maimonides, Sanctification of the New Moon*. Translated by S. Gandz, with an introduction by Julian Obermann and an astronomical commentary by O. Neugebauer. New Haven, 1967); por Ibn Ezra em: HALBERSTAM, 1874, op. cit., p. 5a-6a; e por Abraham bar Ḥiyya em: *'Ibbur*, PHILIPOBSKY, 1851, III, 7, p. 96-98 (= BAR ḤIYYA. *Sefer ha-'Ibbur*. Ed. de T. Philipobsky. London, 1851).
116. Como também podemos depreender a partir de uma referência semelhante no *Sefer ha-'Ibbur*; na opinião de Ibn Ezra, Z"Ṭ TRMB não representa nenhum fenômeno cronológico real, mas um mero valor cronológico resultante de um erro devido à metodologia errônea adotada pelo chefe da escola, Mar Samuel. Ver HALBERSTAM, op. cit., 1874, p. 5a-6a.
117. Ḥulin 60a; Midrash Rabá Bereshit VI, 3; *Pirqê de-Rabbi Eliezer* (Capítulos de Rabi Eliezer), cap. 5.
118. PHILIPOBSKY, 1851, op. cit., III, 4, p. 88: "A *Tequfá* (de Nisan) precede o (primeiro) *molad*, de acordo com Rav Adda, em 9 horas e 642 partes porque a lua queixara-se sobre

seu *status* relativo ao do sol [...] e Deus diminuiu a luz da lua [...] mas o corpo da lua não foi diminuído, como a maioria das pessoas acredita, apenas sua luz minguou e depois brilhou. É por isso que a Escritura dá à lua duas denominações: o grande luzeiro, porque sua luz brilha até alcançar a lua cheia; o luzeiro menor, porque sua luz míngua e desaparece completamente". Ibn Ezra referiu-se explicitamente a Abraão bar Ḥiyya e discutiu com ele em termos semelhantes na primeira versão do *Sefer ha-'Ibbur*. Ver HALBERSTAM, 1874, op. cit., p. 5b.

119. Posteriormente, não contente com a mera explicação do texto bíblico, Ibn Ezra reforçou seu argumento invocando o auxílio dos astrônomos. *Three Questions*, STEINSCHNEIDER, 1847, op. cit., p. 3: "Os astrônomos (*ḥak̲mê ha-mazzalot*) afirmam que o diâmetro da lua é igual ao diâmetro do sol (como visto da Terra), isto é, um grau e trinta e um avos de grau (1° 31'). Assim, quando a lua brilha plenamente, está a 7 signos de distância do sol, exatamente no grau e localização opostos ao sol". Cf. *Sophnat Paneach*, HERZOG, 1911, I, op. cit., p. 42.
120. STEINSCHNEIDER, 1847, op. cit., p. 3.
121. Ibid., p. 3.
122. Para as edições impressas, cf. *'Iggeret ha-Shabbat*, LUZZATO, 1939 (= IBN EZRA. *'Iggeret ha-Shabbat*. In: LUZZATO, S. D. *Kerem Hemed*, 1939, v. IV, p. 159-173); *'Iggeret ha-Shabbat*, FRIEDLANDER, 1894-1895, op. cit. Uma tradução em inglês da introdução dessa epístola pode ser encontrada em JACOBS, J. *The Jews in Angevin England*. London, 1893, p. 35-58. Se atraiu alguma atenção foi porque a *Epístola sobre o Shabat* contém um terceiro comentário alternativo de Ibn Ezra sobre Gênesis 1:5. Para bibliografia, referências históricas e literárias sobre essa obra, ver FRIEDLANDER, *Transactions*, 1894-1895, op. cit., p. 52-60; GRAETZ, H. *History of the Jews*. Philadelphia, 1894, VI, p. 373-375; FLEISCHER, 1934-1937, op. cit., p. 129-133; 160-168; GOLB, N. *The Jews in Medieval Normandy*. Cambridge, 1998, p. 301-303.
123. FRIEDLANDER, 1894-1895, op. cit., p. 61: "No ano de 4919, na noite de sábado, no décimo quarto dia do mês de *Tevet* [= 7 de dezembro de 1158], eu, Abraão ibn Ezra, o Espanhol, estava em uma das cidades da ilha chamada *qeṣe ha-'areṣ* (Inglaterra), que é parte do sétimo entre os *gevulot ha-'areṣ* [isto é, o sétimo clima] da parte habitada da Terra".
124. Ibid., p. 62.
125. Ibid., p. 62-63.
126. Ibid., p. 63.
127. Ibid.: "Este é o começo da epístola. Não há divergência entre os estudiosos das *leis dos céus* (Jó 38:33) de que há dois círculos que abrangem os dois movimentos superiores cujo *muṣaq* [isto é, o centro] (Jó 36:16) é a Terra. Os dois círculos se interseccionam em dois pontos, e de lá se separam, uma vez que um dos círculos se inclina para o sul e também para o norte na razão de dois quintos de um sexto círculo [isto é, 24 graus]. Um dos movimentos engloba todos os movimentos das esferas, e sua direção é para o leste, e [em sua estrutura] os 12 signos do zodíaco ascendem em 24 horas, e os sete planetas também ascendem quase na mesma proporção [de horas]. O segundo movimento é em direção ao oeste e também engloba todos os movimentos das esferas, pois os polos das esferas dos planetas são semelhantes aos polos da esfera dos signos zodiacais. Apenas o sol mantém a linha dos signos zodiacais e não se desvia para o norte ou para o sul [...] e [seu movimento] corresponde ao ano real [...] e porque o ano se divide em meses, e o mês depende da lua, que é o luzeiro menor, eu dividi essa epístola em três partes: a primeira parte, que trata do ano da Torá; a segunda, do mês da Torá, e a terceira, do começo do dia da Torá".

128. Ibid., p. 64-65. Para o debate sobre a duração do ano tropical, ver nota 114 supra.
129. Ibid., p. 65.
130. Ibid., p. 65-67.
131. Ibid., p. 68-70.
132. Talmud Babilônico, Tratado Rosh ha-Shaná 25a. Para uma explicação dessa expressão talmúdica, ver GANDZ, 1967, op. cit., 17:23-24, p. 72-73. Esse é um dos assuntos que Ibn Ezra pretendia discutir na terceira parte de seu *Sefer ha-'Ibbur*. Ver HALBERSTAM, 1874, op. cit., p. 3b, 11a. Ver também o extenso comentário sobre Êxodo 12:2, de Ibn Ezra 12:2; 34:21, e sobre Levítico 23:4. É interessante notar que Ibn Ezra utiliza a mesma expressão talmúdica para descrever algumas anomalias no movimento solar. Ver, por exemplo, *Neḥoshet* II, MS Mant. 10, op. cit., fol. 37b, no qual ele remete o leitor a suas tábuas astronômicas.
133. Os *ge'onim*, por exemplo, não levavam em consideração, como o fazem os astrônomos, que às vezes a "lua viaja por uma longa rota" e às vezes "viaja por uma rota curta"; e que a longitude e a latitude geográficas causam significativas alterações no momento da primeira visualização do novo crescente. Ver FRIEDLANDER, 1894-1895, op. cit., p. 70-71.
134. Não se trata apenas de manter no mais alto sigilo os segredos do calendário judaico. Trata-se, sim, de uma questão de honra e de um orgulho "nacional". Isso também é enfatizado por Ibn Ezra quando sustenta que esses contatos inter-religiosos deveriam estabelecer-se no mais alto nível, não por charlatães e amadores, mas por sábios e especialistas no calendário judaico. Para uma análise dessa passagem, ver SELA, 1996, op. cit., p. 216-217.
135. Talmud Babilônico, Tratado Rosh ha-Shaná 20a. Para uma explicação dessa expressão talmúdica, ver também HALBERSTAM, 1874, op. cit., p. 11a; 11b.
136. FRIEDLANDER, 1894-1895, op. cit., p. 70-72; cf. Talmud Babilônico, Tratado Rosh ha-Shaná 22a.
137. FRIEDLANDER, 1894-1895, op. cit., p. 72. É interessante notar que, mesmo que estivesse intimamente familiarizado com o astrolábio, ou talvez precisamente por causa disso, Ibn Ezra às vezes enfatiza a inabilidade do astrolábio e do gnômon para obter resultados acurados. Ver a esse respeito: ibid., p. 65; MILLÁS VALLICROSA, 1947, op. cit., p. 79; 81; 83; 88-89; 92; 93.
138. FRIEDLANDER, 1894-1895, op. cit., p. 72-74.
139. GOLB, 1998, op. cit., p. 297-303. Ver também a ressalva apresentada em MONDSCHEIN, A. Concerning the Inter-Relationship of the Commentaries of Abraham Ibn Ezra and Samuel B. Meir to the Pentateuch: A New Appraisal (em hebraico). *Teuda*, Tel Aviv University, XVI-XVII, p. 15, nota 3, 2001.
140. ROSIN, D. (Org.). *Perush haTorah asher katab haRashbam*. Breslau, 1882, p. 5.
141. MARGALIOT, A. Ha-Yaḥas she-ben Perush ha-Rashbam le-Perush ha-Rabah 'al ha-Torá. *Sefer Asaf*. Jerusalem, 1953, p. 357-369; cf. SIMON, U. Le-Darkó ha-Parshanit shel ha-Rav Avraham ben Ezra 'al-pi Shloshet Be'urav le-Pasuq 'Eḥad (em hebraico). *Bar Ilan*, 3, p. 130-138, 1964; MONDSCHEIN, 2001, op. cit., p. 15-45.
142. ROSIN, 1882, op. cit., p. 30-32; GRAETZ, 1894, VI, op. cit., p. 373-375; FLEISCHER, 1931, op. cit., p. 164-166; SIMON, 1964, op. cit., p. 130-138, esp. 136; GOLB, 1998, op. cit., p. 301-303; MONDSCHEIN, 2001, op. cit., p. 40-45. Ver também as ressalvas feitas por FRIEDLANDER, 1894-1895, op. cit., p. 52-60.
143. *Second Commentary on Genesis*, WEISER, 1976, p. 159 (= IBN EZRA. *Commentary on Genesis*. In: WEISER, A. (Org.). *Ibn Ezra's Commentary on the Torah*, I. Jerusalem, 1976).

144. Ver *First Commentary on Genesis*, STRICKMAN; SILVER, 1996, p. 33-34 (= IBN EZRA. *Ibn Ezra's Commentary on the Pentateuch*: Genesis (Bereshit). Translated and annotated by H. N. Strickman & A. M. Silver. New York, 1996) (com pequenas alterações): "Uma vez que se afirma que Deus chamou à luz 'dia', é impossível sustentar que a tarde também deva ser considerada parte do dia. A interpretação correta [de "houve uma tarde e uma manhã: 'primeiro dia'" (Gênesis 1:5)] é que a tarde terminou, e a manhã do primeiro dia também chegou (de modo que a tarde está separada do 'primeiro dia', mas a manhã está ligada a ele). Se a intenção [desse versículo] é ensinar que a tarde e a manhã fazem um dia, então qual o sentido de '[houve uma tarde e uma manhã,] segundo dia'".
145. Para uma análise da mudança de foco exegético de Ibn Ezra, ver SIMON, 1964, op. cit., p. 92-138, esp. p. 98-100. [Na tradução brasileira da *Bíblia de Jerusalém* dessa passagem, encontramos "Homem" em lugar de "Adão". (N. da T.)]
146. FRIEDLANDER, 1894-1895, op. cit., p. 75.
147. Essas duas versões serão doravante designadas por *Reshit Ḥoḵmá* I e *Reshit Ḥoḵmá* II. Apenas um fragmento da segunda versão sobreviveu. Ver SELA, S. A Fragment from an Unknown Redaction of *Reshit Hoḵmah* by Abraham Ibn Ezra. *Aleph* 10.1, p. 43-66, 2010. Para as minhas referências ao texto em hebraico do *Reshit Ḥoḵmá* I, utilizei a edição de Raphael Levy e Francisco Cantera no formato: *Reshit Hokhmah*, LEVY; CANTERA, 1939, op. cit., X, lxxv:15, 18 = *Hokhmah*, 1939, cap. X, p. lxxv, linha 18.
148. Para uma edição crítica, acompanhada de tradução em inglês e comentário, da primeira versão do *Sefer ha-Ṭe'amim*, ver *Ṭe'amim* I, SELA, 2007, op. cit., e da segunda versão, ver *Ṭe'amim* II, SELA, 2007 (= IBN EZRA. *Sefer ha-Ṭe'amim* [second version]. In: *The Book of Reasons*: A Parallel Hebrew-English Critical Edition of the Two Versions of the Text. Edited, translated, and annotated by Shlomo Sela Leiden: Brill, 2007, p. 182-336).
149. O texto em hebraico da segunda versão se perdeu, mas sobreviveu em uma tradução em latim intitulada *Liber Nativitatum*. Ver SMITHUIS, 2006, op. cit., p. 262-266.
150. Para essa obra recém-descoberta, ver SELA, S. *Sefer ha-Tequfah*: An Unknown Treatise on Anniversary Horoscopy by Abraham Ibn Ezra. *Aleph* 9.2, p. 241-254, 2009.
151. Para uma edição crítica, acompanhada de tradução em inglês e comentário, da primeira versão do *Sefer ha-'Olam*, ver *'Olam* I, SELA, 2010, op. cit.; da segunda versão, ver *'Olam* II, SELA, 2010, op. cit.
152. Para as recém-descobertas terceiras versões do *Sefer ha-Mivḥarim* e do *Sefer ha-She'elot*, ver SELA, S; SMITHIUS, R. Two Hebrew Fragments from Unknown Redactions of Abraham Ibn Ezra's *Sefer ha-Mivharim* and *Sefer ha-She'elot*. *Aleph* 9.2, p. 225-240, 2009.
153. Para uma edição crítica, seguida de tradução em inglês e comentário, ver *Me'orot*, SELA, 2011 (= IBN EZRA. *Sefer ha-Me'orot*. In: *Abraham Ibn Ezra on Elections, Interrogations and Medical Astrology*: A Parallel Hebrew English Critical Edition of the Book of Elections [3 versions], the Book of Interrogations [3 versions] and the Book of the Luminaries. Edited, translated and annotated by Shlomo Sela. Leiden: Brill, 2011, p. 452-524).
154. *Reshit Hokhmah*, Berlin, Staatsbibliothek 220, f. 30; em LEVY; CANTERA, 1939, op. cit., seção hebraica, p. lxxvi:25; há um erro de impressão no colofão incompleto; cf. seção em inglês, p. 235.
155. LEVY; CANTERA, 1939, op. cit., p. x:19 passim.
156. Ibid., cap. VI, p. xliv; lvii.
157. LEVY, 1927, op. cit., p. 19-32.

158. LEVY; CANTERA, 1939, op. cit.
159. Ibid., p. v.
160. Para um exemplo, ver *Ṭe'amim*, SELA, 2007 (Appendix 2), p. 341-344 (= IBN EZRA. *Sefer ha-Ṭe'amim*. In: *The Book of Reasons*: A Parallel Hebrew-English Critical Edition of the Two Versions of the Text. Edited, translated, and annotated by Shlomo Sela. Leiden: Brill, 2007).
161. *Ṭe'amim* II, SELA, 2007, op. cit., § 1.1:1, p. 182-183.
162. Esse texto permaneceu em dois manuscritos: Oxford, Bodleian Library, Opp. 707 [Neubauer 2025] (IMHM: F 19310), ff. 114a-141b; Munich, Bayerische Staatsbibliothek, Cod. Hebr. 45 (IMHM: F 01139), ff. 478a-509b. No cabeçalho desse último manuscrito, lemos: "Livro das Interrogações. R. Avraham, filho de Meir ibn Ezra, de abençoada memória, disse: 'O segredo do Senhor é para aqueles que O temem, fazendo-os conhecer Sua aliança'" (Salmos, 25:14). [Sigo usando a tradução da *Bíblia de Jerusalém*. (N. da T.)]
163. Ver SELA, 2010, op. cit. [Em astrologia, exaltação é a segunda dignidade essencial, que aparece em segundo lugar. É um aumento, um exagero na expressão do planeta. As qualidades do planeta são estimuladas e direcionadas em sua potência máxima. (N. da T.)]
164. LEVY; CANTERA, 1939, op. cit., p. v.
165. A data da composição do *Ṭe'amim* I, 4908 AM [=1148 d.C.], é indicada duas vezes na própria obra. Ver *Ṭe'amim* I, SELA, 2007, op. cit., § 1.2:3, p. 30-31; § 2.12:14, p. 52-53.
166. Isso se pode inferir porque foi composto imediatamente depois da redação do *Reshit Ḥokhmá* I e também porque se refere, no tempo futuro, ao *Sefer ha-'Olam* I (*Ṭe'amim* I, SELA, 2007,op. cit., § 2.4:5, p. 42-43; § 6.3:6, p. 86-87; § 10.9:4, p. 106-107.
167. *Ṭe'amim* II, SELA, 2007, op. cit., § 1.1:1, p. 182-183: "observem que desejo apresentar a fundamentação do *Livro do Início da Sabedoria*". Para as opiniões que defendem ser essa versão do *Sefer ha-Ṭe'amim* um comentário sobre o *Mishpeṭê ha-Mazzalot*, ver *Sefer ha-Ṭe'amim*, FLEISCHER, 1951 (Introduction), op. cit., p. 19-22. Ver também STEINSCHNEIDER, M. Zur Geschichte der Uebersetzungen aus dem Indischen ins Arabische und ihres Einflusses auf die Arabische Literatur. *Zeitschrift der deutschen Morgenländischen Geselschaft*, 24, p. 342-341, 1870.
168. De acordo com Ibn Ezra, essas localizações mudam constantemente em relação aos equinócios, mas não em relação às constelações zodiacais. Consequentemente, se se deseja localizá-las baseando-se em tábuas astronômicas, faz-se necessária uma correção que leve em consideração a precessão das estrelas fixas, para a qual Ibn Ezra fixa, em ambas as versões do *Sefer ha-Ṭe'amim*, a razão de 1° a cada setenta anos, isto é, 51″ por ano. Em passagens paralelas do *Ṭe'amim* I e II, ele apresenta diferentes valores de correção: no *Ṭe'amim* I, SELA, 2007, op. cit., § 2.12:14, p. 52-53, o valor dado é 8°, ao passo que no *Ṭe'amim* II, SELA, 2007, op. cit., § 8.7:4, p. 254-255, é 8° 5′. Assumimos que essa diferença corresponde à precessão das estrelas fixas no intervalo entre a preparação das duas versões. Uma vez que Ibn Ezra, como já apontamos, aceita a movimentação de 51″ por ano, uma diferença de 5′ corresponde a aproximadamente seis anos.
169. *Ṭe'amim* II, SELA, 2007, op. cit., 4.8:2, p. 212-213. Sobre a estada de Ezra em Rouen, ver GOLB, N. *The History and Culture of the Jews of Rouen in the Middle Ages* (em hebraico). Tel Aviv, 5736 (1976), p. 45-66.
170. Munich, Bayerische Staatsbibliothek, Cod. Hebr. 202, ff. 35a-67a; New York, Columbia University Library, X 893 Ib 53, ff. 1-35; Paris, Bibliothèque Nationale de France, héb. 1044, ff. 192b-239b; Vatican, Biblioteca Apostolica Vaticana 47, ff. 25a-34b, 44b-53b; Berlin, Staatsbibliothek 220, ff. 1b-32a, 51b-54a; Cambridge, University Library, Add.

1186, ff. 36b-51b, 87a-100a; Jerusalem, Benyahu ע133, ff. 1a-35a; Leipzig, University, 1466, ff. 49b2-73b1.

171. Cf. *Ṭe'amim* II, SELA, 2007, op. cit., 1.2:1-3, p. 182-183, com o *Ṭe'amim* I, SELA, 2007, op. cit., § 1.3:5-7, p. 30-31.
172. *Ṭe'amim* I, SELA, 2007, op. cit., § 2.1-§ 2.3; § 2.13-§ 2.15; p. 36-55.
173. Ibid., § 2.4-5; § 2.7-12, p. 42-53.
174. *Ṭe'amim* II, SELA, 2007, op. cit., § 2.3-4, p. 188-195.
175. Ibid., § 2.1; § 2.5-9, p. 184-185; 194-103.
176. Os aspectos, em *Ṭe'amim* II, SELA, 2007, op. cit., § 4.2-8, p. 208-215; os lugares, em ibid., § 3.1-3, p. 202-207.
177. Notem-se, por exemplo, a discussão dos aspectos em ibid., § 4.6:1-6; § 4.7:1-8; § 4.8:1-3, p. 210-213, virtualmente uma réplica do *Ṭe'amim* I, SELA, 2007, op. cit., § 3.1:1-6; § 3.2:1-12, p. 58-63, e a discussão das casas astrais no *Ṭe'amim* II, SELA, 2007, op. cit., § 3.1:1-12; § 3.2:1-6; § 3.3:1-7, p. 202-207, que constitui uma paráfrase do *Ṭe'amim* I, SELA, 2007, op. cit., § 3.5:1-11; § 3.6:1-18, p. 64-67.
178. *Mishpeṭei ha-Mazzalot*, BNF 1058, f. 16a (= IBN EZRA. *Mishpeṭei ha-Mazzalot*, in Paris, Bibliothèque Nationale de France, MS Héb. 1058, fol. 14b-26b).
179. Ibid., f. 25a.
180. Ibid., f. 15b.
181. Trata-se de uma referência ao procedimento de "direção" ou "prorrogação" – *aphesis* em grego; *tasyīr* em árabe; ניהוגים (*nihugim*) em hebraico; *ductus* em latim – utilizado na doutrina das natividades para determinar a expectativa de vida do nativo. Nesse procedimento, desenha-se um arco do zodíaco entre uma das cinco casas da vida e uma casa da morte. A duração da vida é determinada convertendo-se os graus do arco, normalmente projetados no equador, em um número correspondente de anos, meses e dias. Em outras palavras, o procedimento da "direção" funciona como um ponteiro de relógio imaginário que é posto em movimento em alguma casa zodiacal, move-se pelo zodíaco numa razão determinada e alcança outra casa zodiacal.
182. *Mishpeṭei ha-Mazzalot*, BNF 1058, op. cit., f. 18a.
183. Ibid., 19b.
184. Na primeira versão do *Sefer ha-Ṭe'amim*, Ibn Ezra refere-se várias vezes ao *Sefer ha-Moladot*, sinal de que sua composição estava bem próxima. Ver *Ṭe'amim* I, Sela, 2007, op. cit., § 1.5:5; § 8.1:9; § 10.5:20, p. 34-35; 90-91; 102-103. Muitas referências cruzadas indicam que essa obra foi composta depois do *Reshit Ḥokmá* I e do *Ṭe'amim* I, mas antes do *Sefer ha-Mivḥarim* I e do *Sefer ha-She'elot* I. Ver SELA; FREUDENTHAL, 2006, op. cit., p. 35.
185. *Moladot*, BNF 1056, op. cit., ff. 46a-46b.
186. Essas fraquezas, tradicionalmente invocadas pelos oponentes da astrologia, podem ser apresentadas sob duas perspectivas: a) Por que duas pessoas nascidas no mesmo local e no mesmo momento (isto é, gêmeos), portanto tendo o mesmo mapa astral, têm destinos diferentes? b) Por que muitas pessoas nascidas em horas e lugares diferentes, portanto tendo mapas astrais diferentes também, têm o mesmo destino?
187. *Moladot*, BNF 1056, op. cit., ff. 46b-47b.
188. Ibid., ff. 47b-58b.
189. Ibid., ff. 58b-61a.
190. SMITHUIS, 2006, op. cit., p. 246-266.
191. STEINSCHNEIDER, 1880, op. cit., p. 497.
192. SMITHUIS, 2006, op. cit., p. 251-252.

193. Jerusalem, Jewish National and University Library MS Heb. 8°3916, ff. 57a-59a; Cambridge, University Library Add. 1186, ff. 84a-86b; New York, Jewish Theological Seminary MS 2601, ff. 86a-88a; Oxford, Bodleian Library MS Reggio 13, ff. 83a-84b.
194. SELA, 2009, op. cit.
195. *Tequfah*, Jerusalem Heb. 8°3916, ff. 57a-57b.
196. Ibid., ff. 57b-59a.
197. Ibid., ff. 59a-59b.
198. Para as recentemente descobertas terceiras versões do *Sefer ha-Mivḥarim* e do *Sefer ha-She'elot*, ver SELA; SMITHUIS, 2009, op. cit.
199. SELA; FREUDENTHAL, 2006, op. cit., p. 35-36.
200. Ibid., p. 40.
201. SELA; SMITHUIS, 2009, op. cit., p. 225-226. Ver *Mivḥarim* III, SELA, 2011 (= IBN EZRA. Sefer ha-Mivḥarim [third version]. In: Abraham Ibn Ezra on Elections, Interrogations and Medical Astrology: A Parallel Hebrew English Critical Edition of the Book of Elections [3 versions], the Book of Interrogations [3 versions] and the Book of the Luminaries. Edited, translated and annotated by Shlomo Sela. Leiden: Brill, 2011, p. 218-237); *She'elot* III, SELA, 2011 (= IBN EZRA. Sefer She'elot [third version]. In: Abraham Ibn Ezra on Elections, Interrogations and Medical Astrology: A Parallel Hebrew English Critical Edition of the Book of Elections [3 versions], the Book of Interrogations [3 versions] and the Book of the Luminaries. Edited, translated and annotated by Shlomo Sela. Leiden: Brill, 2011, p. 438-450).
202. *Mivḥarim* I, SELA, 2011, § 1:1-4, p. 46-47 (= IBN EZRA. *Sefer ha-Mivḥarim* [first version]. In: *Abraham Ibn Ezra on Elections, Interrogations and Medical Astrology*: A Parallel Hebrew English Critical Edition of the Book of Elections [3 versions], the Book of Interrogations [3 versions] and the Book of the Luminaries. Edited, translated and annotated, by Shlomo Sela. Leiden: Brill, 2011, p. 46-136); *Mivḥarim* II, SELA, 2011, § 1:1-6, p. 142-143 (= IBN EZRA. *Sefer ha-Mivḥarim* [second version]. In: *Abraham Ibn Ezra on Elections, Interrogations and Medical Astrology*: A Parallel Hebrew English Critical Edition of the Book of Elections [3 versions], the Book of Interrogations [3 versions] and the Book of the Luminaries. Edited, translated and annotated, by Shlomo Sela. Leiden: Brill, 2011, p. 142-216).
203. Ver *Mivḥarim* I, SELA, 2011, op. cit., § 2:1-3, p. 46-47; *Mivḥarim* II, SELA, 2011, op. cit., § 2:1; § 3:1-3, p. 144-147.
204. Ver *Mivḥarim* I, SELA, 2011, op. cit., § 5:1-2, p. 48-49; *Mivḥarim* II, SELA, 2011, op. cit., § 5:1-2, p. 146-147.
205. Ver ibid., § 2:1, p. 144-145.
206. *She'elot* I, SELA, 2011, § 1:1-7; § 2:1-3, p. 240-241 (= IBN EZRA. *Sefer She'elot* [first version]. In: *Abraham Ibn Ezra on Elections, Interrogations and Medical Astrology*: A Parallel Hebrew English Critical Edition of the Book of Elections [3 versions], the Book of Interrogations [3 versions] and the Book of the Luminaries. Edited, translated and annotated by Shlomo Sela. Leiden: Brill, 2011); *She'elot* II, SELA, 2011, § 1:1-5, p. 348-349 (= IBN EZRA. *Sefer She'elot* [second version]. In: *Abraham Ibn Ezra on Elections, Interrogations and Medical Astrology*: A Parallel Hebrew English Critical Edition of the Book of Elections [3 versions], the Book of Interrogations [3 versions] and the Book of the Luminaries. Edited, translated and annotated by Shlomo Sela. Leiden: Brill, 2011).
207. *She'elot* I, SELA, 2011, op. cit., §§ 4-11, p. 242-247.
208. *She'elot* II, SELA, 2011, op. cit., §§ 2-10, p. 348-357.

209. Ver ibid., § 9:1-3, § 10:1-5, p. 354-357.
210. *She'elot* I, SELA, 2011, op. cit., p. 247-297; *She'elot* II, SELA, 2011, op. cit., p. 357-397.
211. *Sophnat Pane'aḥ*, HERZOG, 1911, II, op. cit., p. 35:6-7; 36:10-12; 13:19-22.
212. *Me'orot*, SELA, 2011, op. cit., § 1:1-11, p. 452-455.
213. Ibid., §§ 2-9, p. 454-461.
214. Ibid., §§ 10-19, p. 462-467.
215. Ibid., §§ 20-22, p. 466-469.
216. Ibid., §§ 23-33, p. 468-481.
217. Ibid., § 33:1-6, p. 478-481.
218. Ibid., § 34:1-5, p. 480-481.
219. 'Olam II, SELA, 2010, op. cit., § 11:1-4, p. 162-163.
220. 'Olam I, SELA, 2010, op. cit., § 10:2, p. 56-57.
221. 'Olam II, SELA, 2010, op. cit., § 14:1-6, p. 164-165.
222. 'Olam I, SELA, 2010, op.cit., § 25:1-5; § 32:1-8, p. 68-69; 72-75; § 39:1-9, p. 78-79 (guerras, cidades); § 40:1-3, p. 78-79 (fome e abundância, preços altos/baixos); § 42:1-7, p. 80-81 (cidades, preços altos/baixos do trigo); § 43:1-9, p. 80-83 (preço do azeite de oliva); § 57:1-4, p. 88-91 (seca/abundância nas cidades); 'Olam II, SELA, 2010, op. cit., § 21:1-2, p. 170-171 (boa ou má sorte nas cidades); § 27:1-2, p. 174-175 (preços altos/baixos).
223. Ver a introdução em GOLDSTEIN, 1967, op. cit., p. 300-302.
224. STEINSCHNEIDER, 1870, op. cit., p. 325-392. Posteriormente, D. Smith e Y. Ginsburg traduziram para o inglês o texto da introdução em hebraico de Steinschneider e acrescentaram um comentário. Ver SMITH, D; GINSBURG, Y. Rabbi ben Esra and the HinduArabic Problem. *The American Mathematical Monthly*, XXV, p. 99-108, 1918.
225. MILLÁS VALLICROSA, 1938, op. cit., p. 306-322.
226. GOLDSTEIN, 1967, op. cit., p. 11; 200-208; 218; 231; 234; Cf. MILLÁS VALLICROSA, 1947, op. cit., p. 51-54.

Yehudá Halevi e a Filosofia [*]

Rafael Ramón Guerrero

Um dos mais prestigiosos autores hispano-judeus da Idade Média é Yehudá Halevi, nascido em Tudela, na Espanha, e morto às portas de Jerusalém. Passou para a história do pensamento judaico medieval por seu rigoroso ataque à filosofia de origem grega, especialmente a exposta pelos primeiros filósofos do Islã, Al-Fārābī e Avicena. Sua obra poderia equiparar-se ao ataque que o muçulmano Al-Ġazālī dirigiu contra os filósofos, uma vez que as três proposições que este último condenou em seu *Tahāfut al-Falāsifa* (Destruição dos Filósofos) como *takfīr* (incredulidade) estão igualmente presentes na obra de Halevi.

Alguns disseram que tudo na vida desse homem extraordinário foi grande, luminoso, elevado e puro. Todavia, pouco é o que se conhece, pois sua biografia se encontra rodeada de névoa, o que impede estabelecê-la com segurança.

Vida e Obra

Durante muito tempo, pensou-se que Yehudá Halevi nascera em Toledo, conforme se afirma em uma passagem do *Livro da Poética*, de Moshé ibn Ezra, na

[*] Tradução de Esteve Jaulent do original espanhol: "Yehudah Halevi y la Filosofía". Revisão técnica de Rosalie Helena de Souza Pereira.

qual se lê que Halevi e Abraão ibn Ezra eram toledanos. Pesquisas especializadas mostraram que seu lugar de nascimento foi Tudela, como o confirma Abraão ibn Ezra ao afirmar de si próprio que era tudelano. Tudela era uma cidade que pertencia ao reino dos Banū Hūd de Saragoça e onde existia uma florescente comunidade judaica. Aceita-se como data do nascimento de Halevi o ano 1070, embora algumas fontes retardem seu natalício até 1085 ou 1086.

É muito possível que Halevi tenha conseguido sua ampla formação nas culturas hebraica e árabe em sua cidade natal e em Saragoça. À sua profunda educação religiosa acrescentou um vasto conhecimento da cultura profana, que se revela em toda a sua obra. Sabe-se que seu aprendizado se desenvolveu em uma atmosfera boa e agradável e que residiu em cidades caracterizadas por suas prestigiosas aljamas, como Lucena, Sevilha e Córdova, onde Halevi mostrou suas prodigiosas faculdades de improvisação poética. Aos 14 anos já havia composto versos dedicados a personagens importantes de sua época.

Era dono de uma personalidade atrativa, de caráter afável e sossegado, que lhe granjeou muitas amizades. Em Córdova, fez amizade com o granadino Moshé ibn Ezra e, posteriormente, mudou-se para Granada, onde existia uma comunidade rica e cultivada e onde permaneceu uma longa temporada, frequentando os quatro irmãos Ibn Ezra, uma instruída família formada nas tradições culturais dos ambientes islâmico, no qual vivia, e judaico, ao qual pertencia. Halevi teve um grande sentido da amizade, que se reflete em várias de suas composições, como nos versos seguintes:

> Meu coração encerra uma arca da aliança para a amizade,
> e sobre a arca dançam os querubins; só com eles quero estar,
> pois sua companhia me agrada como a dos anjos de Mahanaim[1].

Obteve em Granada um êxito muito grande, rivalizando em perspicácia poética com poetas tão experientes na língua árabe quanto ele. Seus temas são os habituais da poesia profana: o amor, a amizade, o vinho, as penas e a morte. Lá conheceu diversos personagens notáveis: o literato Yehudá ben Gayyat, em cuja honra compôs alguns poemas e com cujo filho manteve correspondência poética; Yiṣḥaq ben Qrispin, a quem dedicou uma composição lírica; o poeta e filósofo cordovês Yosef ibn Ṣadiq; e também Abraão ibn Ezra, com quem percorreu diversas cidades, incluindo o Norte da África.

Os poemas compostos nessa época refletem o ambiente alegre e exultante em que viveu: "Vede a mesa que se assemelha ao firmamento, e eu no centro dela como a lua; os nobres aproximaram de mim suas mãos porque não careço de nada"[2].

Esse tipo de vida, porém, não se prolongou. A invasão dos almorávidas em 1090 e a ocupação de Granada obrigaram os judeus a escolher entre a adesão à religião dos novos mestres e o exílio. Yehudá Halevi, como muitos outros, viu-se obrigado a emigrar para terras castelhanas, onde havia comunidades toleradas pelos cristãos. Pouco tempo depois, seguiram-no os irmãos Ibn Ezra. Eles respondiam ao pedido de alguns monarcas que queriam atrair para suas cortes homens capazes de promover as artes e as ciências, aptos para a administração das cidades e dos estados; estabeleceram-se em Toledo, onde Yehudá ben Yosef ibn Ezra chegou a ser almoxarife de Alfonso VII de Castela e intendente da praça-forte de Calatrava.

Yehudá Halevi exerceu a medicina para ajudar em seu sustento diário, embora confessasse em carta a um amigo que não dominava bem esse ofício. Parece que residiu também em Guadalajara, pois foi encontrada uma referência a essa cidade em poesia laudatória dedicada ao magnata judeu Yosef ben Ferruziel, médico e ministro da confiança de Alfonso VII, e conhecido pelo nome de Cidellus (o pequeno Cid). Nesse poema, há uma coda, possivelmente um dos mais antigos versos em castelhano conservados: "Viva o príncipe! Dizei: Amém, e entoarão cantos de júbilo: De onde vem meu Cidellus? Que boas notícias! Como raio de sol que sai em Guadalajara"[3].

Nessas cidades, Halevi conhece alguns dignitários judeus, mas percebe que eles carecem do ambiente refinado e culto das comunidades judaicas que existiam em terras islâmicas. Eram cidades grandes, cheias de moradores gigantes, que lhe produziram tristeza e angústia: "Admiro Babel, porém ela continua miserável"[4].

Deduz-se de seus poemas que foi casado e teve uma filha e um neto com seu mesmo nome[5].

Yehudá Halevi – cuja existência foi relativamente aprazível e favorável à expansão de seus talentos poéticos – tomou consciência da precariedade de sua situação quando seu protetor Yosef ben Ferruziel (m. 1108) foi assassinado ao voltar de uma missão que lhe fora confiada pelo rei. Ao se dar conta de que o sossego e a tranquilidade eram impossíveis em qualquer parte dos reinos hispânicos, decidiu retornar às cidades islâmicas. A partir de então, residiu em Granada, Guadix, Lucena, Córdova e Sevilha, onde, ao desfrutar de relativa tolerância, pôde entregar-se novamente à poesia e à composição de outras obras.

A insegurança aumentou, porém, quando, até entre os judeus sefaraditas, começou a surgir e a crescer um sentimento messiânico com profecias e cálculos sobre o fim do poder islâmico e o advento do Messias em 1130. Halevi participou desse ambiente messiânico e sentiu-se um desterrado vivendo longe de sua verdadeira pátria:

> Meu coração está no Oriente e eu, nos confins do Ocidente.
> Como encontrar gosto nos manjares e desfrutá-los?
> Como cumprir meus votos e promessas,
> se Sião continua sob o poder cristão e eu submetido aos árabes?
> Ser-me-ia fácil abandonar o bem-estar de Sefarad
> e precioso contemplar as ruínas do Santuário destruído[6].

Desistindo de continuar em Al-Andalus e de se refugiar nos reinos cristãos do norte, e após a decepção da não chegada do Messias no ano esperado, Yehudá Halevi decidiu abandonar Sefarad e dirigiu-se a Jerusalém. Este é um desejo constante em seus textos:

> Desejo ardentemente o instante em que Deus me dê a liberdade para ir aos lugares onde se encontram a ciência vivificante e as fontes da sabedoria.
> Quem me dera ter asas para me afastar voando, arrastar pedaços de meu coração entre tuas colinas! Cairia com meu rosto sobre a tua terra, com grande afeto pelas pedras, acariciando teu pó e, ao encontrar-me junto às tumbas de meus antepassados, comover-me-ia no vale do Hebron perante teus mais seletos sepulcros[7].
> Sião, formosura perfeita, amor e graça estão juntos em ti desde o início; em ti se unem as almas de teus amigos, os que se alegram de teu bem-estar e condoem-se por tua desolação, chorando por tuas ruínas. Desde o poço do cativeiro suspiram por ti e se rendem lá onde se encontram, em direção às tuas portas, os rebanhos de teu povo que foram desterrados, dispersos pelos montes e colinas, mas não se esqueceram de teus apriscos, que se exasperam na borda de teu manto e se esforçam por subir para recolher os ramos de tuas palmeiras[8].
> Desejou-te Deus como morada; feliz quem escolhe aproximar-se e residir em teus átrios. Venturoso quem aguarda e consegue ver a ascensão de tua luz, despontando sobre ele tuas auroras, ao contemplar a ventura de teus escolhidos e ao se regozijar com tua alegria quando voltares ao estado de tua mocidade![9]

Interpretaram-se esse seu desejo e sua posterior realização como um ato de realismo político e de reação diante dos sofrimentos padecidos pelos judeus hispânicos. Seu projeto de ir para a Palestina, passando pelo Egito, e a possibilidade de realizar seu sonho se concretizaram graças à chegada de um rico mercador judeu, estabelecido no Egito, Sayf Ḥalfon Halevi. Com a segurança de poder contar com sua ajuda material, Yehudá Halevi atravessou o mar e desembarcou em Alexandria após uma difícil viagem. Alude a isso no seguinte poema: "O barco navega entre o arremessar dos ventos: os do Poente empurrando-o, os do Oriente atraindo-o. Somente algumas leves tábuas os separam do profundo vácuo, somente um fechar de olhos entre a nau e a morte"[10].

Da cidade de Alexandria, onde permaneceu algum tempo na companhia de amigos e conhecidos, trasladou-se para o Cairo acompanhado por aqueles que o rico protetor enviara a seu encontro, entre eles o Nasi (príncipe ou chefe da comunidade) Shmuel ben Ḥanania.

Nada se sabe de sua estada no Egito, assim como não se sabe se pôde continuar seu projeto de chegar à Terra Santa, embora sempre vivesse com a ideia de realizá-lo, conforme se deduz de um poema dedicado ao amigo Ibn al-'Umānī: "Por acaso poderia o Egito abrigar-me, se minha alma e minhas ânsias estão vinculadas ao monte Sião, se suas pedras estão abrasadas pelo ardor de meu coração?"[11]

Seus poemas "Sionidas" falam de seus planos e desejos de visitar a Terra Santa. Neles, a imagem de Jerusalém apresenta-se não como algo remoto, mas sim como um sentimento entranhável, como ânsia de redenção que quer atualizar-se.

Alguns opinam que morreu em 1141, no Egito. De acordo com outras fontes, morreu assassinado por um soldado a cavalo em 1161, perto de Jerusalém, então capital de um reino dos cruzados. É possível, porém, que essa última versão seja uma lenda elaborada em torno de sua memória.

Yehudá Halevi compôs numerosos poemas, dos quais se identificaram 827, que constituem um conjunto editado com o nome de *Dīwān*[12]. São composições de tipo secular e litúrgico, em que se descobre um espírito descritivo e evocador. Aborda todos os temas tradicionais da poesia de origem árabe: panegíricos, amizade e amor, elegias, hinos e cânticos penitenciais. Gozaram de grande prestígio entre os judeus.

Além de destacado lírico e hábil apologista, Halevi sobressaiu por um importante livro, escrito em árabe entre 1130 e 1140, que o fez figurar na história das ideias: *Kitāb al-ḥujja wa-l-dalīl fī nuṣr al-dīn al-ḏalīl* (Livro da Prova e do Fundamento em Defesa da Religião Desprezada)[13], que foi traduzido para o hebraico por Yehudá ibn Tibbon em 1167, com o título *Sefer ha-Kuzar*, do qual derivou o nome pelo que é conhecido. Em 1660, foi traduzido para o latim por Johannes Buxtorf[14]. Poucos anos depois, em 1663, foi traduzido para o castelhano pelo judeu de origem hispânica Jacob Abendana[15]; essa tradução fez que Bonilla y San Martín afirmasse que "está longe de ser fácil, ou melhor, está cheia de dificuldades e é de leitura densa; mas a versão não deixa de interessar por sua fidelidade e pela originalidade da linguagem"[16].

O *Kuzari* e a Filosofia

Trata-se de uma obra clássica da literatura judaica cujo objetivo é a defesa do judaísmo em uma Espanha em que o cristianismo e o islamismo eram religiões majoritárias e a filosofia de origem grega estava presente em terras de Al-Andalus com poder de sedução por suas propostas racionalistas.

A obra, dividida em cinco discursos, está escrita em forma de diálogo entre o rei pagão dos kazares e um judeu que fora convidado para lhe ensinar os princípios da religião judaica. Atormentado por problemas religiosos, o rei acabou se convertendo a essa religião. Em vez de criar personagens imaginários, Yehudá Halevi recorre a um fato histórico: a conversão ao judaísmo de Bulán, o rei dos kazares[17]. É possível que pensasse que a figura histórica de um rei que se converte ao judaísmo redundaria em benefício para a comunidade ao aumentar o sentimento de orgulho por um rei – e de grande parte de seu povo – ter escolhido o judaísmo como religião.

Intenção e Argumento da Obra

O *Kuzari* foi uma das mais adequadas exposições do judaísmo e teve forte influência nos pensadores judeus de todos os tempos, especialmente nos círculos cabalísticos e antirracionalistas. De acordo com os documentos conservados na Genizá do Cairo[18], Yehudá Halevi demorou mais de vinte anos para compor o texto, o qual, apesar de algumas revisões, manteve muitas de suas primeiras opiniões. Destas constam sua inicial afirmação da supremacia do judaísmo e sua rejeição à filosofia grega (na versão árabe) como a mais perigosa de todas as doutrinas (incluídas as outras religiões) por sua confiança na razão humana. Halevi sentiu, por isso, a necessidade de sublinhar os limites desta para reforçar os fundamentos do judaísmo. Isso não quer dizer que ele era um antirracionalista; pelo contrário, estava consciente sobre o que os filósofos ganharam por meio da razão: "Os modos das demonstrações e razões intelectuais são diferentes e diversos: algumas são certas e extremadamente sutis, outras são imperfeitas; e destas, a mais sutil é a filosofia"[19].

O conhecimento do que é obtido pela razão lhe fez ver o disparate que significaria rejeitar completamente a filosofia ou vê-la como uma ameaça radical para o judaísmo. Ao perceber que os filósofos muçulmanos intentaram coordenar os ensinamentos da filosofia com os da religião, considerou que a filosofia, sendo uma faca de dois gumes, poderia ser utilizada como suporte da própria revelação, como ajuda para compreendê-la[20].

Depois de uma breve descrição das circunstâncias que antecedem a conversão do rei e da conversação deste com um filósofo, um cristão e um muçulmano sobre suas respectivas crenças, o judeu entra em cena para explicar e defender os princípios de sua religião.

O *Kuzari* confronta o judaísmo com o cristianismo, o Islã e a filosofia, e defende a superioridade da religião revelada e profética sobre os argumentos racionais. Ao destacar a especificidade da Lei de Moisés e assinalar o caráter de povo escolhido por Deus que o povo judeu defende, Halevi obriga-se a sublinhar a estreita relação que o homem tem de manter com o Ser divino em todos os aspectos. Seu argumento se assemelha ao do *Diálogo entre um Filósofo, um Judeu e um Cristão*, de seu coetâneo Pedro Abelardo.

No primeiro dos cinco discursos, o sábio judeu Haber, que é o próprio Yehudá Halevi, expõe a continuidade e a veracidade da tradição judaica sobre o mundo, criado do nada, e sobre a Lei. No segundo discurso, apresenta os nomes e atributos divinos. Estes podem ser ativos ou positivos, e deles não se deduz nenhuma multiplicidade em Deus, ou negativos, que se predicam d'Ele para negar e excluir o que expressam. Além disso, narra as excelências da *Ereṣ Israel* (Terra de Israel), as quais não são devidas à própria terra, mas ao povo que nela se estabeleceu por mandado divino; e se pronuncia sobre a língua hebraica, mais perfeita que a língua árabe, embora esta pareça mais bela e ampla[21]. No terceiro discurso, trata das excelências do varão piedoso, cuja vida deve se desenvolver não na solidão e no isolamento, mas sim na sociabilidade: "Ama o mundo e a longuidão dos dias, porque mediante isso adquirirás a vida eterna no outro mundo"[22]. O piedoso busca a virtude não pela ciência e pelo estudo, mas pelo cumprimento da vontade alheia, pela execução do mandado divino mediante a observância do prescrito pela Lei:

> Já declarei que não se consegue [realizar] a vontade de Deus com a ciência e a consideração humana na Lei; e, se não fosse assim, os que acreditam nos deuses e que o mundo é abeterno, os que se ocupam em diminuir a influência dos espirituais, os que levam vida solitária nos montes e os que queimam seus filhos no fogo procuram aproximar-se de Deus, e já dissemos que não se pode chegar a Ele senão por meio dos preceitos encomendados pelo próprio Deus, porque somente Ele sabe sua quantidade, peso, tempo, lugar e o que depende dessas preparações[23].

O quarto discurso é um estudo dos nomes divinos e um ataque contra o racionalismo da filosofia, uma vez que a Deus "mencionamos por conhecimento profético e por visão espiritual; pois as provas e razões intelectuais são fraudadoras e iludem os homens, e pelas razões intelectuais chegam ao homem heresias e opiniões falsas e perniciosas"[24].

Insiste constantemente em que as forças naturais do entendimento não bastam para entender o que de Deus se sabe pela revelação. O discurso termina com uma longa dissertação sobre o *Sefer Yeṣirá* (Livro da Criação), um texto cabalístico que Halevi atribui a Abraão e do qual afirma ser um livro muito profundo, que requer explicação, se bem que esta demande certas condições a que poucos estão dispostos.

Finalmente, no quinto discurso, Yehudá Halevi ocupa-se de algumas doutrinas filosóficas, como a teoria hilemórfica aristotélica; a dos quatro elementos; a natureza; a alma e suas diversas faculdades, debatendo o tema da alma racional e o da concordância do decreto divino com a liberdade humana (afirma a liberdade, mas reconhece que esta não exime o decreto divino):

> *Kuzari*. Acreditando tu em tudo quanto disseste, já conhece Deus teu oculto pensamento; e o piedoso nosso Senhor quer o coração bom, conhece o intrínseco e descobre as coisas ocultas.
> *Haber*. Isso é verdade se for impossível conseguir a ação, mas o homem tem livre-arbítrio e é senhor de seus desejos e ações; será culpado se, podendo, não levar ao ato sua boa intenção para alcançar o prêmio perfeito[25].

A obra termina com o anúncio do sábio judeu Haber de que sairá da terra de Kuzar e irá a Jerusalém porque "a *Sheḵiná*, santidade oculta, espiritual, encontra-se em todo israelita e em qualquer um que possua a lei verdadeira, que for esmerado nas obras, limpo de coração e de alma pura para com o Deus de Israel"[26].

Quando o sábio anuncia ao rei sua intenção de trasladar-se para Israel, o rei intenta dissuadi-lo, esquecendo-se de tudo o que Haber lhe ensinara e argumentando, contra a viagem, que, para se aproximar de Deus, é suficiente a qualquer homem, em qualquer lugar, ter um coração puro.

A conclusão parece manifestar a profunda decepção que Halevi tinha por não ter sabido convencer seus correligionários de Sefarad – representados pela incompreensão do rei – do significado espiritual e messiânico que tinha sua partida.

O Debate

Por causa de um sonho, Yehudá Halevi apresenta o rei dos kazares, homem piedoso que não pertencia a nenhuma das grandes religiões e interessado em manter um diálogo com um filósofo, um cristão, um muçulmano e um judeu:

> Lembrei-me do que ouvira das explicações que Haber teve com o rei Kuzar, que este se converteu à religião judaica uns quatrocentos anos atrás, como se descreve e se menciona em suas crônicas, por um sonho que se repetiu muitas vezes; um anjo falava com ele e lhe dizia: tua intenção foi aceita pelo Criador, mas tuas obras não lhe agradam. O rei era muito devoto e diligente nos ritos da lei de Kuzar, a tal ponto que ele mesmo servia na administração do templo e dos sacrifícios, com coração perfeito e grande devoção; mas, quanto mais diligente nesses ofícios, mais o anjo lhe aparecia à noite e lhe dizia: tua intenção é aceita, mas tuas obras não; e isso foi a causa para que especulasse e inquirisse sobre todas as opiniões e religiões, e por fim fez-se judeu[27].

As palavras do anjo podem tomar-se como uma revelação, daí que Halevi parece sugerir que a atividade espontânea da razão humana não impulsiona o homem à procura da verdadeira religião; para tanto, são necessárias a profecia e a revelação.

Pergunta, então, a um filósofo, a um cristão e a um muçulmano sobre suas respectivas crenças e doutrinas. O diálogo inicia-se com o filósofo apresentando as opiniões e os compromissos da filosofia. Nega os pressupostos do sonho do rei e trata de substituí-los por outros, os da filosofia, que busca a vida agradável por si mesma, por natureza[28]. Depois, tanto o cristão quanto o muçulmano justificam sua fé como um imperativo categórico que se impõe diante daquela fé que os precedeu.

O cristão, tido como os "edomitas" do texto – muito clássico em sua argumentação –, evoca com termos elogiosos a antiga Terra de Israel, sua proximidade com o divino, seus textos fundadores, mas destaca que o judaísmo acabou quando Deus se encarnou em uma virgem que deu à luz um menino, homem externa e internamente divino. O muçulmano, os "ismaelitas" do texto, acredita igualmente na unidade e na eternidade de Deus e que todos os homens procedem de Adão, mas rejeita a encarnação de Deus. Acredita, além disso, que o Livro de sua Lei é a própria Palavra de Deus, o que significa um milagre divino que é preciso receber. Afirma ainda que seu Profeta é o selo da profecia, que aboliu todas as leis anteriores convidando todas as nações a seguir o Islã[29]. Cristianismo e Islã são apresentados como duas revelações que tiveram de usar argumentos persuasivos para atrair e garantir seguidores.

Em Israel, isso não ocorreu. A revelação no Sinai é a pedra angular sobre a qual Yehudá Halevi constrói sua defesa do judaísmo: no Sinai, Deus irrompeu na história. Foi uma teofania da qual milhares de homens foram testemunhas. A manifestação de Deus foi acompanhada de uma multidão de sinais, maravilhas e provas. Tudo isso é notório e nada há que possa ser atribuído a truques ou ilusão[30]. O rei kazar então afirma que deve consultar os judeus, porque neles a ininterrupta tradição transmitiu a lembrança desses milagres a gerações posteriores: "Compreendo que é necessário consultar os judeus, porque eles são a relíquia dos filhos de Israel, pois vejo que eles são a demonstração e a prova para todos aqueles que têm religião, de que na terra há uma lei do Criador"[31].

O judaísmo não é resultado de um único eleito, como Jesus no cristianismo ou Maomé no Islã, mas é obra de um povo, cujo atributo característico é o consentimento coletivo na aceitação do jugo do céu. Um povo inteiro é apresentado como testemunho da veracidade do acontecimento do Sinai e de outros que o precederam e o seguiram. Esses sucessos históricos, que refletem a atividade sobrenatural de Deus, proporcionam mais certeza que qualquer prova racional. O conteúdo da revelação no Sinai satisfez o desejo do rei de descobrir que ações agradam a Deus. Com essa revelação, são refutadas as provas apresentadas pelo filósofo, pelo cristão e pelo muçulmano.

A partir desse ponto, o texto apresenta-se como um debate em que o rei expõe ao sábio judeu Haber os grandes problemas presentes na Lei judaica: o antropomorfismo, a eleição divina de Israel, a superioridade de Sião, as ciências profanas, a excelência da língua hebraica, os atributos divinos, assim como questões postas a respeito da afirmação da eternidade do universo diante do conceito de criação a partir do nada, aceito por Israel, a importância da comunidade diante das tendências ascéticas e solitárias etc. Nesse debate, o autor põe em risco seus profundos conhecimentos filosóficos, que rejeitou radicalmente nas primeiras páginas do livro, quando o rei pergunta ao filósofo e suas respostas não o satisfazem. Halevi opõe-se à concepção aristotélica do divino, à ideia de um Primeiro Motor imóvel, impessoal e estranho ao homem, e também não aceita a ideia de uma religião racional.

A Filosofia

Duas são as exigências do rei perante o filósofo: a existência de um Deus providencial, que se interesse pelos indivíduos, e a preocupação com as ações humanas que conduzam à virtude moral. A Yehudá Halevi não interessam as virtudes intelectuais, porque o que quer descobrir é um modelo de piedade verdadeira, que a virtude intelectual não proporciona.

O filósofo argumenta expondo doutrinas neoplatônicas e aristotélicas e estabelecendo as diferenças essenciais entre o deus aristotélico, que desconhece o indivíduo humano e se mostra totalmente indiferente perante os homens, e o Deus da religião: "Entendo a diferença que existe entre o Deus de Abraão e o deus de Aristóteles"[32].

A filosofia, conforme Halevi, oferece um conceito abstrato e impessoal de Deus, e por isso deve ser desqualificada completamente. Já a religião exige um Deus pessoal, com vontade própria.

No que diz respeito à segunda questão, o filósofo expõe que o fim supremo do homem é alcançar a união com o Intelecto Agente, com que conseguirá o conhecimento de todas as coisas inteligíveis, ou seja, a completa virtude intelectual. É uma opinião que representaria, como alguns disseram, a doutrina filosófica de Avempace[33].

Por outro lado, Halevi afirma o predomínio da ação em relação ao pensamento, a prevalência do ato sobre o conhecimento. A religião tem como objeto a formação moral: seu fim não é criar boas intenções nas ações do homem, mas dispô-lo e prepará-lo para que realize boas ações. Isso não pode ser alcançado pela filosofia, daí a religião se apresentar como superior à filosofia.

Outro tema ao longo da obra é o da profecia. O rei, que está impressionado com seu sonho, apresenta-lhe a seguinte dúvida: por que a filosofia não teve nunca profetas e por que os sonhos verdadeiros não acontecem aos homens que mais sabem? Se a filosofia fosse a verdadeira religião, o filósofo, então, por estar mais próximo à união com o Intelecto Agente, deveria ser também profeta, porém não o é. Trata-se de uma pergunta que mostra que Halevi não conhecia bem a doutrina farabiana, que aceita a identificação do filósofo-governante com o profeta.

Para o rei kazar, filosofia e profecia vão por distintos caminhos; por isso, ele sugere ao filósofo que não há certezas absolutas na filosofia, uma vez que sua pretensão a esclarecer a realidade se apoia em uma confusão. Além disso, a religião do judeu está baseada no fato de que Deus pode ter uma relação muito estreita e direta com o homem. Este poderá conhecer a Deus não pela consideração do universo, mas estudando a história judaica, sua tradição, sua Lei:

> De tudo o que temos dito, consta claramente que o homem não pode aproximar-se de Deus senão mediante o cumprimento dos preceitos divinos, que não se podem conhecer senão por via da profecia, não pelo entendimento humano nem pela consideração deste. Não se pode dar entre nós e entre essas coisas outra aproximação senão por verdadeira tradição; e os que nos entregaram esses preceitos não foram indivíduos simples e poucos, mas foram muitos e grandes sábios, que alcançaram os profetas; embora não fossem sacerdotes, levitas e anciãos, receberam a tradição contínua da Lei mental, sem interrupção desde Moisés[34].

Yehudá Halevi só aceitou a validade da percepção sensível e dos argumentos lógicos e matemáticos negando que a mente humana seja capaz de alcançar verdades físicas e metafísicas. A prova disso é que diversos filósofos costumam estar de acordo sobre verdades lógicas e matemáticas, mas discordam a propósito das físicas e metafísicas:

> *Kuzari*. Parece-me que estas coisas filosóficas têm mais sutileza e certeza que as outras.
> *Haber*. Eu receava isto, que te persuadisses com suas opiniões e tua alma se satisfizesse com elas, pois, ao verem que eles usam de demonstrações na ciência matemática e na lógica, os homens acreditaram em tudo o que eles disseram na física e na metafísica, e pensaram que tudo quanto dizem é demonstrativo[35].

O autor insiste continuamente, em especial no quarto e no quinto discursos, em que as forças naturais do homem não bastam para alcançar o conhecimento de Deus, só obtido por revelação:

> Como poderei mencionar com nome próprio aquele de quem não temos nenhum conhecimento senão de seu ser por suas obras? Mas o mencionaremos por conhecimento profético e por visão espiritual; que as provas e razões intelectuais são falazes e levam os homens ao erro, e as razões intelectuais conduzem o homem à heresia e às opiniões falsas e perniciosas; quem induziu os que acreditam haver dois deuses a que dissessem que havia duas causas abeternas senão as razões intelectuais? E assim também os que opinaram em favor da abeternidade do mundo, que coisa os moveu a dizer que a esfera celeste é abeterna e que é causa de si mesma e causa de outra senão as razões intelectuais?[36]
>
> E essas coisas que não se alcançam pela consideração intelectual negaram-nas os filósofos gregos, porque a consideração intelectual não admite o que não se vê; e as receberam e as confirmaram os profetas, porque não puderam negar o que viram com o olho espiritual, pelo qual lhes foi dada singular excelência[37].

Apesar da crítica que dirige à filosofia, Halevi não a rejeita – no fundo, o racionalismo estava impregnado na mente do pensador judeu – e reconhece a validade que a filosofia pode ter:

> Muito embora [os filósofos] se afastem para tão longe da verdade, não devem ser culpados, pois alcançaram um conhecimento de Deus somente pela especulação intelectual, e isso é apenas o que alcançaram mediante seu discurso e especulação; e aquele que dentre eles confessar a verdade dirá aos que professam a lei o mesmo que disse Sócrates ao povo, *esta é a vossa ciência divina, eu não digo que é falsa, mas digo que não a entendo nem a alcanço, mas eu sou sábio na ciência humana*[38].

Para ele, não se deve duvidar dos princípios da filosofia, embora seus resultados sejam equívocos:

> Alcançou Abraão, nosso pai, esta conclusão sobre a Deidade e a unidade, ao atingir mediante sua especulação natural, antes de com Ele

> falar em visão; e, depois de ter falado com Ele, deixou todas as suas especulações intelectuais e se converteu para buscar a vontade de Deus[39].

Conforme mencionado, Yehudá Halevi expõe, no quinto discurso, algumas das principais doutrinas filosóficas: a teoria da matéria e da forma; os quatro elementos; a natureza; a alma e suas funções, com expressões que parecem ter sido tomadas de Avicena. Ele não concede importância a todas essas doutrinas filosóficas porque reitera repetidas vezes que o verdadeiro crente há de confiar somente na revelação e na tradição:

> Em todas [essas coisas] há dúvidas e não há conformidade entre um filósofo e seu companheiro; mas, mesmo assim, devem ser desculpados e merecem louvor pelo que alcançaram com sua simples especulação e tiveram intenção boa, e fizeram as leis intelectuais, e aborreceram o mundo; de qualquer modo, são dignos de louvor, sendo que não eram obrigados a receber o que temos por testemunho e tradição, enquanto nós somos obrigados a receber o testemunho e a tradição[40].

Assim, o *Kuzari* é mais uma obra apologética que uma obra filosófica. Todavia, o uso que faz de doutrinas filosóficas, bem como seu reconhecimento da filosofia como resultado exclusivo da razão natural[41], convertem-no em uma obra importante para a história do pensamento judaico.

Notas

1. HALEVI, Y. *Dîwân des Abû-l-Hasan Jehuda ha-Levi*. Ed. de H. Brody. Berlin, 1901-1930. 4 v.; *Dîwân* I, 33, apud MILLÁS VALLICROSA, J. M. *Yehudah ha-Leví como poeta y apologista*. Madrid: CSIC, 1947, p. 43.
2. HALEVI, Y. *Dîwân* II, 99, apud MILLÁS VALLICROSA, 1947, op. cit., p. 23.
3. MILLÁS VALLICROSA, J. M. *Literatura hebraico-española*. Barcelona: Labor, 1967, p. 91. Também em: SÁENZ-BADILLOS, A. *Literatura hebrea de la España medieval*. Madrid: Fundación Amigos de Separad, 1991, p. 138.
4. MILLÁS VALLICROSA, 1947, op. cit., p. 66.
5. Cf. LOMBA, J. *El Ebro*: puente de Europa – pensamiento musulmán y judío. Zaragoza: Mira Ediciones, 2002, p. 437.
6. HALEVI, Y. *Poema de Sión*. In: SÁENZ-BADILLOS, 1991, op. cit., p. 141.
7. Ibid., p. 141-142.

8. Ibid., p. 142.
9. Ibid., p. 143.
10. Apud GIL-ALBERT, J.; KAHN, J. *Yehudah ha-Levi*. Madrid: Júcar, 1986, p. 152.
11. HALEVI, Y. *Dîwân* I, 88, apud MILLÁS VALLICROSA, 1947, op. cit., p. 71.
12. Edição citada.
13. HALEVI, Y. *Kitāb al-Khazari*. Ed. de D. H. Baneth; H. Ben Shammai. Jerusalem: Magnes Press, 1977.
14. Id. *Liber Cosri*. Basel, 1660. Johannes Buxtorf (Basileia, 1599-1664) foi um conhecido protestante especializado em temas hebraicos que também traduziu o *Guia dos Perplexos*, de Maimônides, para o latim: MAIMÔNIDES. *Doctor Perplexorum*. Basel, 1629.
15. HALEVI, Y. *Cuzari*. Trad. de Jacob Abendana. Edição preparada por J. Imirizaldu. Madrid: Nacional, 1979. Todas as citações presentes neste texto foram retiradas dessa versão.
16. BONILLA Y SAN MARTÍN, A. *Historia de la filosofía española* (siglos VIII-XII: judíos). Madrid: Librería de Victoriano Suárez, 1911, p. 240, nota.
17. Cf. DUNLOP, D. M. *The History of the Jewish Khazar*. New York: Schocken Book, 1954; BROOK, K. *The Jews of Khazaria*. Northvale, NJ: Jason Aronson, 1999.
18. GOITEIN, S. D. The Biography of R. Judah Halevi in the Light of the Cairo Geniza Documents. *PAAJR*, n. 28, p. 41-56, 1959.
19. HALEVI, Y. *Cuzari* IV, 3; trad. de Abenadana, p. 175.
20. Cf. KREISEL, H. Judah Halevi's *Kuzary*: Between the God of Abraham and the God of Aristotle. In: MUNK, R.; HOOGEWOUD, F. J. (Org.). *Joodse filosofie tussen rede en traditie*. Kampen: Kok, 1993, p. 24-34.
21. HALEVI, Y. *Cuzari* II, 67.
22. Ibid., III, 1, p. 115.
23. Ibid., III, 23, p. 139.
24. Ibid., IV, 3, p. 175.
25. Ibid., V, 26-27, p. 263.
26. Ibid., V, 23, p. 261.
27. Ibid., I, Introducción, p. 27.
28. Cf. KOGAN, B. S. Judah Halevi and His Use of Philosophy in the *Kuzari*. In: FRANK, D. H.; LEAMAN, O. (Org.). *The Cambridge Companion to Medieval Jewish Philosophy*. Cambridge: Cambridge University Press, 2003, p. 112-113.
29. HALEVI, Y. *Cuzari* I, 4-6, p. 32-33.
30. Ibid., 9; 11, p. 34-35.
31. Ibid., 10.
32. Ibid., IV, 16, p. 196.
33. Cf. PINES, S. Shî'ite Terms and Conceptions in Judah Halevi's *Kuzari*. *Jerusalem Studies in Arabic and Islam*, n. 2, p. 210-219, 1980. Pines assinala que a descrição que Halevi faz dos ensinamentos dos filósofos está baseada em Avicena e em Avempace. É também muito provável que as doutrinas que expõe pertençam a Al-Fārābī, autor suficientemente conhecido em Al-Andalus na época em que escrevia Halevi.
34. HALEVI, Y. *Cuzari* III, 53, p. 159.
35. Ibid., V, 13-14, p. 239.
36. Ibid., IV, 2-3, p. 175.
37. Ibid., 3, p. 185.
38. Ibid., 13, p. 192.
39. Ibid., 27, p. 212-213.

40. Ibid., V, 14, p. 243.
41. Ibid., 20, p. 258: "Sobre estas coisas e outras semelhantes a especulação é boa".

Abraão Ibn Daūd e Sua Obra *A Fé Sublime**

Amira Eran

Abraão ibn Daūd nasceu em Córdova por volta do ano 1110 e recebeu uma educação tanto religiosa quanto secular geral. Estudou a Bíblia com seu tio materno, Rabi Baruk̲ ben Rabi Yiṣḥaq ibn Albalia. Quando os almôadas, muçulmanos fanáticos, invadiram a Espanha e obrigaram seus habitantes a se converterem ao Islã, Ibn Daūd fugiu para o reino cristão de Castela. Estabeleceu-se em Toledo, cidade em que, mais tarde, nasceriam R. Yehudá ha-Kohen, R. Isaac Israeli, R. Yosef ibn Wakar e R. Efraim Ankawa, que futuramente o mencionariam em suas obras. As fontes judaicas relatam a seu respeito que morreu no martírio pela fé em 1180, mas a pesquisa científica pressupõe ter ele atuado como tradutor na corte do bispo de Toledo.

Abraão ibn Daūd compôs duas obras: *Sefer ha-Qabbalá* (O Livro da Tradição)[1] e *Sefer ha-'Emuná ha-Ramá* (A Fé Sublime; em árabe: *Al-ᶜAqīda al-Rafīᶜa*), ambas em 1160. Nelas, ele se mobiliza para defender a perenidade da religião de Israel. Em *Sefer ha-Qabbalá*, apresenta a religião como uma verdade histórica inquestionável, pois a corrente das gerações, a transmissão e a recepção asseguram sua veracidade e sua origem divina[2]. Na obra 'Emuná Ramá, volta-se para a mesma missão: a demonstração da veracidade da Torá e de sua unidade; nesse caso, porém, Ibn Daūd o faz por meio da crítica racional.

---

* Tradução de Margarida Goldsztajn do original hebraico. Revisão técnica de Nachman Falbel.

Em *'Emuná Ramá*, Ibn Daūd demonstra que a origem do sistema causal é divina, do mesmo modo em que prova, no Sefer ha-Qabbalá, a origem divina da Lei bíblica. Assim como o domínio divino sobre a natureza é exercido mediante causas racionais e psíquicas que, aos olhos do observador ignorante, parecem tomar o lugar da divindade, o domínio divino sobre a História é levado a cabo pela intermediação de nações estrangeiras que, aos olhos do observador ignorante, parecem sobrepujar a força de Israel. No *Sefer ha-Qabbalá*, a transmissão boca a boca cria os elos que unem a origem da mensagem à sua destinação em uma rede horizontal e física, ao passo que, na obra *'Emuná Ramá*, a cunhagem da forma na matéria cria os elos que unem a origem da mensagem divina à sua destinação em uma hierarquia vertical e abstrata.

Sobre a Obra *'Emuná Ramá*

A obra de Ibn Daūd denominada *Al-ᶜAqīda al-Rafīᶜa* foi composta originalmente em árabe-hebreu e traduzida duas vezes para o hebraico na Espanha cristã, no final do século XIV. O original árabe se perdeu, restando as duas traduções: uma, de autoria de Solomon ibn Labi, publicada com o título *Ha-'Emuná ha-Ramá*, que é a mais difundida[3], da qual restam 16 cópias, em sua maioria completas; a outra, concluída por Samuel Moṭoṭ no ano 1392, intitulada *Ha-'Emuná ha-Nisa'á*, da qual só restou uma cópia[4]. Em 1852, Samson Weil publicou uma edição baseada em um único manuscrito, o MS Munique 201. Por mais de 100 anos, foi essa a única edição impressa da obra de Ibn Daūd. Em 1986, Yehudah Eisenberg[5] publicou as traduções de Salomão ben Lavi e de Samuel Moṭoṭ, cotejadas lado a lado, a partir do segundo tratado, quinto princípio, até o fim da composição. A edição de Eisenberg se baseia no MS Montefiori 274, cuja cópia realizada por 'Elazar ha-Parnas foi finalizada em 1477 no sul da Itália. Também em 1986 foi publicada uma abrangente edição crítica de *'Emuná Ramá* com tradução inglesa[6]. Os editores Norbert Samuelson e Gershon Weiss basearam sua edição em uma segunda cópia do mesmo manuscrito utilizado por Eisenberg[7]. Samuelson e Weiss examinaram minuciosamente cinco manuscritos e documentaram as variações de suas versões com um aparato crítico profissional[8]. Cinco manuscritos adicionais foram investigados a fundo apenas para fins de crítica, embora na tradução inglesa[9] tenham sido consideradas as variações de versão. As diversas edições refletem a visão de mundo do editor, e pode-se discernir facilmente que a motivação de Weiss e de Samuelson é científica e universalizante, pois a tradução para língua estrangeira e a discussão filosófica são muito mais enfatizadas do que o cotejo das variações das versões nos manuscritos. Em contraposição, a abordagem local e nacional de Yehudah Eisenberg confere, de forma exuberante, uma coloração nacional e local à composição de Ibn Daūd. Não é de surpreender que Eisenberg tenha escolhido o trecho que trata da profecia e da Providência, e, por essa razão, a obra de Ibn Daūd é retratada como uma composição polêmica que sai em defesa da Lei e dos estatutos mosaicos.

A obra *'Emuná Ramá* demonstra que seu autor tinha amplo conhecimento da filosofia aristotélica, permeado por um moderado cunho neoplatônico. Ainda que as tradições de citação adotadas na Idade Média não o obrigassem a reconstituir discursos de acordo com as opiniões específicas de seus autores, com base nas figuras mencionadas em seus escritos é possível aprender a respeito de sua biblioteca real. Entre outras, Ibn Daūd traz citações de Aristóteles, Al-Fārābī, Hipócrates, Albumassar, Salomão ibn Gabirol, Sa'adia Gaon e Yehudá Halevi. Apresenta também a poesia litúrgica de Isaac Ghiyyat e uma parábola de Levi ibn al-Tabbān [10].

A influência de Avicena é marcante e inquestionável, porém não está claro se Ibn Daūd de fato leu Avicena diretamente ou necessitou da mediação de Al-Ġazālī. A tese de Marie-Thérèse d'Alverny, segundo a qual Abraão ibn Daūd é identificado com Avendauth, também conhecido como "Avendeut israelita philosophus", que colaborou com o erudito cristão de Toledo Dominicus Gundissalinus na tradução de *O Livro da Cura* (*Kitāb al-Šifā'*), de Avicena, do árabe para o latim, corrobora igualmente as duas hipóteses, uma vez que ambos também traduziram em conjunto, do árabe para o latim, *Intenções dos Filósofos* (*Maqāṣid al-Falāsifa*), de Al-Ġazālī [11]. Como em alguns casos é, sem dúvida, evidente que a fonte direta é Al-Ġazālī, é bem possível que Ibn Daūd tenha extraído a maior parte de sua doutrina de *Intenções dos Filósofos*, composição considerada um sumário fácil de ser lembrado e fidedigno sobre a doutrina de Avicena. A afinidade entre a doutrina de Avicena e *'Emuná Ramá* já era conhecida por antigos leitores e talvez tenha propiciado sua tradução hebraica mais de duzentos anos depois de sua composição [12]. É bem possível que a tradução tenha sido realizada por iniciativa de Ḥasdai Crescas [13], em decorrência do ressurgimento do interesse por uma alternativa equivalente à interpretação de Averróis sobre os escritos de Aristóteles, que então dominava juntamente com a grande admiração por Maimônides. De fato, depois da tradução hebraica de *'Emuná Ramá*, Ibn Daūd foi mencionado por Crescas, Efraim Ankawa [14], Yosef ibn Shem-Ṭov [15] e Isaac ben Moshé Arama [16].

A Estrutura da Obra e Seu Método

A obra *'Emuná Ramá* tem o propósito de comprovar a validade lógica do discurso narrativo nos escritos sagrados. O leitor dotado de erudição filosófica vai se deleitar com argumentos teológicos apresentados por meio de uma estrutura silogística, considerada por Ibn Daūd a mais convincente:

> Não desejamos nos dar ao trabalho de introduzir, em cada tema, a ordem do silogismo, porém enunciaremos [cada tema] potencialmente como um silogismo ilustrativo, [de modo que], se os mestres da lógica assim o desejarem, poderão facilmente ordenar a compreensão de seu termo médio* (*Sefer ha-'Emuná ha-Ramá*[17], Prefácio, p. 3).

A obra se divide em três tratados. O primeiro apresenta os elementos essenciais da concepção aristotélica no tocante a temas básicos, como substância e acidente, matéria e forma, a alma e suas partes, integrados em princípios fundamentais como o princípio da contradição, o da força finita em um corpo finito, o da passagem da potência ao ato, entre outros. Ibn Daūd conclui cada um dos tópicos discutidos nesses capítulos com um adendo denominado "versículos comprobatórios ou referenciais", em que ele comprova a veracidade dos argumentos filosóficos por meio de citações de versículos bíblicos e ditos dos sábios judeus. Essa mesma estrutura se repete no segundo tratado, dedicado à apresentação das verdades teológicas, que trata da concepção de Deus, de Seus atributos e da Providência divina. Esse tratado compreende seis princípios, sendo que cada qual se estende por alguns capítulos.

Primeiro Tratado

Os temas abordados por Ibn Daūd no primeiro tratado são os elementos constrututivos dos quais fará uso no segundo, dedicado à sua teoria da divindade. Os termos básicos são aristotélicos, mas, no segundo tratado, Ibn Daūd os enquadra na concepção da divindade de Avicena, que de fato é a concepção neoplatônica da emanação.

---

* Todas as citações de Ibn Daūd se baseiam no original hebraico e na tradução inglesa de SAMUELSON, N. M. (Org.). The Exalted Faith: Abraham Ibn Daud. Trad. e comentários de N. M. Samuelson. Trad. editada por Gershon Weiss. Rutherford/London, 1986. (N. da T.)

O primeiro capítulo é dedicado à definição e à caracterização da substância e do acidente[18]. Ibn Daūd explica quais são os tipos de acidente. O conhecimento do que é substância e do que é forma é essencial para a fundamentação da teoria, que tem a alma humana como forma nesse tratado, e para a discussão sobre as teorias da divindade no tratado seguinte.

O segundo capítulo aborda os conceitos de matéria e forma. Ibn Daūd explica que, nos processos naturais de formação, a matéria se reveste cada vez de uma nova forma. O foco em discussão é a matéria primeira, porque é de interesse para o filósofo religioso a indagação se a matéria primeira é algo e qual é seu sentido. Esse mesmo motivo teológico impulsiona Ibn Daūd a explicar que, segundo Aristóteles, a potencialidade anterior à passagem da potência ao ato não é, verdadeiramente, algo real.

O terceiro capítulo é dedicado ao movimento. Para Aristóteles, movimento significa mudança, e mudança é a ocorrência que leva ao ato atributos ou aptidões naturais latentes na potência de algo que está em estado de repouso. Uma vez que todo movimento necessita de uma causa movente para sair da potência e passar ao ato, esse capítulo constitui a base para a comprovação da existência da causa movente não movida. Ao discutir o movimento natural, Ibn Daūd enfatiza a gradatividade do movimento local; esse tópico é essencial para a corroboração do argumento central da obra, de que a Providência divina é racional e direta.

O quarto capítulo é curto. Destina-se à comprovação de que não há nada material que seja infinito, comprovação necessária para instruir que o corpo finito tem, essencialmente, uma causa movente externa.

O quinto capítulo é consagrado à diferenciação clara entre a causa movente e a coisa movida. Essa distinção é vital para elucidar a hierarquia no cosmo e compreender o processo causal que a organiza. Sem essa diferenciação, é impossível explorar em detalhe a dependência crítica da coisa movida em relação à causa movente, ou a dependência do ente possível em relação ao ente necessário. Conforme citada no adendo "versículos comprobatórios ou referenciais", essa é a distinção entre a idolatria do faraó, que acreditava ser comparável às forças da natureza, que ele criaria e dominaria, e a concepção religioso-filosófica consciente da existência de uma origem causal onipotente, ainda que não visível.

No sexto capítulo, Ibn Daūd trata da definição da alma prevalecente na interpretação aristotélica medieval. Esse capítulo é, na verdade, seu trampolim para a discussão sobre a metafísica; pois, uma vez comprovada a existência de atos racionais cuja origem é uma faculdade intelectual que independe de um corpo vivo, está comprovada a existência da metafísica. O intelecto humano é o destinatário e o intérprete das verdades racionais eternas cuja origem está na divindade. O segredo da felicidade humana e da vida eterna consiste em sua revelação e decifração.

Esse capítulo é o mais longo da obra e constitui um sumário do *De Anima*, de Avicena, incluso na obra *O Livro da Cura*.

A alma é definida por Aristóteles como a completude de um corpo orgânico, isto é, um corpo vivo dotado de membros (instrumentos). O método comprobatório parte do material e visível ao imaterial e invisível, ou do acidente para a substância, e é análogo à inferência a respeito da divindade a partir do mundo material. Na alma humana, há três níveis funcionais distintos, correspondentes às diversas espécies na hierarquia cósmica: a alma vegetativa, a alma animal e a alma intelectiva. As faculdades da alma vegetativa refletem as da espécie vegetal e são o crescimento, a reprodução, a nutrição e a secreção de resíduos. As faculdades da alma animal refletem as características singulares dos seres vivos e são o movimento e a sensação. A sensação é composta dos cinco órgãos dos sentidos que conhecemos e pelo senso comum, cuja função é transferir a informação por eles coletada para a imaginação. Ao lado desses sentidos atuam as faculdades da imaginação, da memória, do pensamento (*maḥshavá*) e do discernimento, que assimilam a informação absorvida pelos sentidos externos e que a ela reagem, cada qual de acordo com sua função, sob a supervisão da faculdade apetitiva (*me'orer*) (que move à ação).

Finalmente, são apresentadas as funções da alma intelectiva. É de sua responsabilidade, por um lado, conduzir o corpo e supervisioná-lo e, por outro, estudar as verdades metafísicas cujas origens lhe são exteriores, racionalizá-las e delas extrair os princípios da natureza, o domínio divino e o significado da existência humana. A faculdade da alma que se expressa na racionalidade do homem vai da potência ao ato apenas depois da contenção da influência dominante das faculdades da nutrição, da reprodução e da sensação, no comportamento ético que busca o conhecimento.

O sétimo capítulo é dedicado à comprovação de que a alma humana é uma substância incorpórea. Essa é a chave de segurança dos filósofos, ou seja, de que o desenvolvimento das aptidões intelectuais do homem, por meio do estudo das verdades racionais e eternas e da identificação com elas, vai lhe conceder a vida eterna. Esse capítulo é um modelo da discussão filosófica a respeito da imortalidade da alma e da substituição da questão teológica da recompensa no mundo vindouro pelo argumento filosófico da eternidade da verdade e do prazer espiritual. O capítulo se baseia na discussão de Avicena sobre essa questão, e, em várias passagens, Ibn Daūd a retoma literalmente[19].

O oitavo capítulo discute o movimento das esferas celestes. O objetivo de Ibn Daūd é comprovar que o movimento do céu é um movimento psíquico-racional. A despeito disso, nessa parte da obra que encerra o primeiro tratado, ele ainda não apresenta a estrutura neoplatônica de Avicena e de Al-Ġazālī, a qual elucida de que modo o ente racional superior zela pela matéria cambiante, porém se satisfaz com a comprovação de que o movimento das substâncias celestes é eterno e circular. Em sua explanação dos "versículos comprobatórios e referenciais", Ibn Daūd demonstra que os escritos sagrados glorificam a sublimidade divina por meio do mesmo "discurso" atribuído à capacidade intelectiva (*kosher ha-sikli*) na alma humana denominada faculdade racional (*koaḥ dabri*). O comum entre o movimento humano e o movimento celeste é que, em seu nível mais elevado, também o movimento humano é racional e consciente, em contraposição ao movimento das plantas e dos animais, que não têm noção do porquê de seu crescimento e do porquê de sua reprodução. No entanto, apesar de sua racionalidade, o movimento humano não é persistente; ele é interrompido por causas externas e internas. As causas internas estão relacionadas à estrutura do homem, aos erros passíveis de serem cometidos em decorrência de cansaço e de enfermidades, ao passo que as causas externas têm a ver com interferências externas, desde desastres naturais e caprichos climáticos até divagações pelos caminhos, no mar e na terra, e acidentes diários inesperados. O movimento das esferas celestes é circular e eterno, enquanto o movimento humano é reto, interrompido e segmentado. A matéria da qual a criatura humana mortal é formada é exaurível; a matéria celeste, porém, é pura e existe para sempre.

Em resumo: o primeiro tratado segue, na verdade, a hierarquia cósmica que tem início com a matéria primeira, o fundamento do universo efêmero, e ascende até o movimento racional dos entes na abstração da matéria. Quanto mais aperfeiçoada é a representação, mais elevada é sua posição na hierarquia cósmica; quanto mais elevada sua posição, mais intelectual e menos corpórea ela é; sendo seu movimento mais estável e ela menos suscetível às mudanças externas, menores são as possibilidades de que fatores externos, não sujeitos a seu domínio, abalem sua existência e maiores as possibilidades de ela exaurir seu desejo racional para se realizar.

Introdução ao Segundo Tratado

O papel da introdução ao segundo tratado é fazer a mediação entre este e o primeiro. O primeiro aborda os elementos básicos da concepção aristotélica, desde matéria e forma até a substância intelectual superior; discute os conceitos de movimento e de mudança, do lugar e do infinito, a fim de estabelecer os fenômenos em um cosmo acessível do ponto de vista científico. O ápice do primeiro tratado é a função da alma humana. Visto que a alma humana reflete, de fato, a estrutura do cosmo, solucionando o difícil problema do encontro entre corpo e espírito, a introdução propicia a Ibn Daūd os instrumentos necessários para solucionar as dificuldades teológicas que o perturbam, sendo a primeira delas a questão do livre-arbítrio. Na introdução ao segundo tratado, Ibn Daūd faz uso, portanto, da estrutura anímica e de suas partes como cabeça de ponte que conecta o primeiro tratado ao segundo. No centro da introdução, encontra-se a parábola do peregrino e da besta (ou a parábola do entrelaçador dos fios, conforme denominada pelo autor), que Ibn Daūd tomou emprestada de Al-Ġazālī. A parábola discorre sobre um peregrino que pretende encontrar seu Deus em um lugar santificado; em vez disso, malbarata seu tempo em coisas marginais. Entre os peregrinos que tardam indefinidamente, há os que malbaratam seus dias alimentando o animal de montaria e os que malbaratam seus dias adornando o equipamento de montaria, e os que malbaratam seu tempo no trato e na saúde do animal. A moral da parábola diz respeito à escolha, pela maioria das pessoas, dos prazeres da comida, da vestimenta e da saúde física em vez do aguçamento de seu intelecto. A acessibilidade aos falsos objetivos e a seu caráter sedutor faz que eles mudem o caminho e, na maioria das vezes, causem imobilidade. Os objetivos errôneos derivam da incompreensão a respeito da posição do homem no universo e da negligência de suas virtudes intelectuais. Essa negligência se evidencia também na canalização da aptidão de aprendizagem das disciplinas, cuja utilidade é prática e temporária, como a matemática e a geometria, a língua, a gramática e a medicina. A escolha das ciências mensuráveis e materiais atesta igualmente a preferência pela corporeidade humana e sua existência material e mensurável em detrimento do culto ao divino em um esforço intelectual.

Segundo Tratado

O segundo tratado é dedicado à concepção de Deus e aos princípios da crença de Ibn Daūd. No primeiro princípio, Ibn Daūd faz uso dos princípios aristotélicos e da estrutura anímica a fim de provar que Deus é um ente necessário. Esse conceito, extraído da filosofia de Avicena, elucida o segundo princípio, que trata da unidade de Deus. A unidade divina significa que não há outro ente necessário além de Deus, que Ele é uno e único; que o ente necessário é o único cuja existência independe de qualquer coisa, e essa singularidade significa unidade e simplicidade absolutas. A implicação da total unidade divina é a impossibilidade de descrevê-la por atributos mais adequados a objetos adicionais. Esse elo na cadeia vincula a discussão ao terceiro princípio, dedicado aos atributos da divindade pela negação. Deus é uno e único, independe de qualquer coisa e é incomparável a qualquer coisa conhecida pelo ser humano; por isso, os atributos positivos a Ele conferidos são, na verdade, metáforas cuja função é depurar a consciência humana dos sedimentos da matéria e do tempo. Os atributos verdadeiros são os atributos da negação, isto é, atributos que não carregam uma mensagem positiva a respeito de Deus. A divindade não possui uma essência física passível de classificação, singularização e categorização linguísticas. O temor de que um atributo conferido a Deus possa parecer um tópico independente e macular a unidade pura com a nódoa da pluralidade amplia a limitação linguística.

O quarto princípio diz respeito à discussão acerca do agir divino, literalmente, no tocante à Sua relação com o universo. De acordo com seu título, o quarto princípio abrange quatro capítulos, mas o último, denominado "As Origens do Mal", inexiste. Ele figurará como título do segundo capítulo do sexto princípio, que aborda o livre-arbítrio e é intitulado "As Origens do Bem e do Mal". O quarto princípio é dedicado à interpretação da hierarquia cósmica e às substâncias inteligíveis. Tais substâncias, denominadas "anjos" nas Escrituras, atuam como intermediárias entre o pensamento divino e o humano. Ibn Daūd apresenta as inferências que provam que o pensamento é um movimento racional que necessita de um motor para a passagem do estado da potencialidade para o da atualização. Esse motor é o Intelecto Agente. Na base do conhecimento, estão julgamentos racionais elementares, de cuja validade absoluta toda pessoa inteligente está ciente. No processo de aquisição do conhecimento, os anjos, ou as substâncias inteligentes, constituem o motor que desperta nos entes semi-inteligentes, como o homem, o desejo de se assemelharem às substâncias totalmente inteligentes. Tanto o movimento de rotação segmentado (*mequṭá'at*) dos corpos celestes quanto o movimento do desejo racional derivam da aspiração das substâncias inferiores para se identificarem com as substâncias superiores a elas na hierarquia cósmica.

O quinto princípio aborda a profecia, a cujo fenômeno Ibn Daūd oferece uma explanação filosófica. Esse princípio é excepcional pelo fato de a discussão a seu respeito ser religioso-polêmica. Não são utilizados argumentos filosóficos, e a necessidade de "versículos comprobatórios ou referenciais" está integrada no cerne do capítulo. Conforme Ibn Daūd, a profecia é um evento psicoemocional para o indivíduo, mas suas mensagens possuem teor coletivo, que singulariza uma nação em contraposição a outras. Tais conteúdos estendem uma rede de normas do que é permitido e do que é proibido, que varia de uma sociedade a outra. Sua certeza deriva do fato de todo coletivo ser considerado testemunho de sua origem divina. Ibn Daūd enumera três níveis básicos de profecia, mas assinala que cada qual possui várias nuanças: o sonho verdadeiro; a visão profética acompanhada de torpor; e a profecia em que um profeta tem uma visão, porém se encontra perfeitamente desperto e em estado consciente. Esse último tipo é a profecia do futuro com base em uma análise racional e em uma compreensão profunda da ordem da realidade, das quais Moisés foi dotado. Essa aptidão profética superior confere ao profeta a capacidade de mudar a natureza das coisas na realidade com o auxílio de um domínio intelectual extraordinário, similar ao domínio de Deus sobre o universo e à cunhagem das formas racionais na matéria.

O segundo capítulo do quinto princípio é dedicado à rejeição dos argumentos concernentes às alterações feitas na versão original da Torá de Moisés e de seus preceitos. Os preceitos racionais* expressam desde o início princípios comuns a todas as religiões, mas Ibn Daūd explica que, no Deus idêntico a Si mesmo, todo o tempo não pode haver uma mudança voluntária e que, por conseguinte, também os preceitos tradicionais foram dados para a eternidade. Assim, Ibn Daūd rejeita a alegação do cristianismo de que a Lei mosaica foi substituída pelo Novo Testamento, bem como a alegação dos muçulmanos de que a religião original foi substituída por uma religião falsa no decurso do tempo.

O primeiro capítulo do sexto princípio tem por objetivo provar que, às vezes, a denominação *'Elohim* (Deus) é transferida aos anjos. O "anjo", como já observado, é uma substância à parte, porém há anjos anímicos que se revelam em figuras de carne e osso.

No final desse capítulo, Ibn Daūd retoma os versículos mencionados no início a fim de exemplificar a dificuldade (blasfêmia) que reside em atribuir a Deus enunciações contraditórias. É possível observar, portanto, como se fecha

---

* Os preceitos judaicos são divididos em duas categorias: 1) racionais, denominados *mishpaṭim*, que são julgamentos lógicos, como as proibições ao roubo e ao assassinato, cuja razão e utilidade nos são compreensíveis; 2) suprarracionais, denominados *ḥuqim*, como as leis dietéticas ou as leis de pureza familiar, que são aceitos como decretos divinos, apesar de sua incompreensibilidade e, no mais extremo dos *ḥuqim*, de sua irracionalidade. (N. da T.)

o círculo aberto no início da obra. O autor fez da questão do livre-arbítrio uma espécie de cabeçalho para a dificuldade teológica de justificar a Providência e a Revelação particular.

Terceiro Tratado

O terceiro tratado diz respeito à filosofia prática e à ética pessoal. Ibn Daūd aborda o aspecto prático do cumprimento dos princípios da Torá. O autor apresenta os argumentos ideológicos para o culto ao divino – depois de haver elucidado ao longo da obra o lugar da vontade humana no que concerne ao aperfeiçoamento intelectual e moral do homem – e do desejo ardente dessa vontade de se realizar em atos de amor. Seu propósito é guiar ao amor a Deus por meio do conhecimento, visto que "é impossível que o homem ame alguma coisa com amor intenso sem conhecê-la". A condição para a felicidade, oculta na realização do propósito humano, é a canalização da vontade para uma conduta moral, cuja função é auxiliar o indivíduo a não se desviar dessa finalidade.

De acordo com o título, o terceiro tratado é composto de dois capítulos, mas de fato contém apenas um. O título "A Medicina da Alma" lembra o da obra monumental de Avicena, *O Livro da Cura*. O princípio que une os preceitos da religião em um único bloco é o mesmo que preserva a boa ordem no equilíbrio humano e no equilíbrio cósmico: a retidão. O equilíbrio das potências da alma humana é alcançado por meio do cumprimento minucioso dos preceitos denominados racionais. O cumprimento desses preceitos facilita a realização da natureza humana, em harmonia com a ordem político-social. A função dos preceitos suprarracionais, igualmente instituídos com sabedoria, é refrear os instintos e a crueldade do homem, educá-lo para boas ações e reforçar sua crença de que o universo é cuidado e supervisionado com justiça e retidão.

A Teologia de Ibn Daūd

Ente Necessário e Ente Possível

O primeiro tema tratado por Ibn Daūd no segundo tratado de *'Emuná Ramá* é a concepção de Deus. O atributo por ele utilizado com relação à divindade é ente necessário. Esse conceito inclui, segundo Ibn Daūd, a informação positiva mais esclarecedora a respeito da divindade:

a) O ente necessário deve ser *in actu*.
b) O ente necessário deve ter uma origem causal *per se*.
c) O ente necessário deve ser verdadeiro.

Ibn Daūd vai no encalço de Avicena, que usa a expressão "ente necessário" em vez de Deus criador, para adequar a concepção do Deus bíblico ativo ao discurso religioso-filosófico e racional. No nível intelectivo e metafísico em que discorrem os filósofos, não há uma distinção visível entre o estado em potência e o estado em ato. Aos olhos do observador desprovido de erudição filosófica, a realidade intelectiva abstrata pode ser desenhada como um conceito apenas intelectivo ou, pior ainda, como algo que absolutamente inexiste. Em contraste, para o homem da filosofia religiosa, não há nada mais importante do que provar ao crente ingênuo que a presença divina é unicamente intelectiva, sendo totalmente inconcebível que Deus tenha corporeidade. O conceito de ente necessário contorna a dificuldade com a qual depara aquele que está habituado a orar a Deus suplicando que Ele atenda às suas aflições e esperanças, e termina por construir uma base sólida justamente sobre o ponto fraco: "A crença das pessoas simples habituadas a aceitar a noção popular de Deus, glorificado seja, é [que Deus é corpóreo], pois elas pensam que tudo o que não tem corporeidade não tem existência" (*'Emuná Ramá*, Primeiro Princípio, p. 47).

Para falar sobre Deus na linguagem da razão e da causalidade, é essencial criar um conceito causal e inteligível que expresse Sua exclusividade. "Ente necessário" significa que não se deve separar o conceito inteligível de Deus de Sua existência fora do intelecto. A dependência de todo ente de uma "causa primeira", ou de um "primeiro motor" – expressões que a filosofia introduziu no pensamento religioso para reforçar o *status* da divindade como causa única e como motor único –, levou ao enfraquecimento do estado de existência dos demais entes no universo. Nesse *insight*, fundamenta-se a comprovação de Avicena da existência de Deus como ente necessário, adotada literalmente por Ibn Daūd:

a) O número de entes na existência é finito.

b) Se todos os entes fossem entes possíveis, seu número seria infinito, pois cada qual dependeria de outro ente.

c) Contudo, a existência de um número infinito de entes é impossível[20].
d) Portanto, há pelo menos um ente que é um ente necessário[21].

> No entanto, dizemos [com referência ao] ente necessário que os entes ou adquirem existência [que é] possível a partir do que é de existência possível, mas [esse] estado não perdura na posse de certo ente; ou que os entes necessários são entes infinitos. [Esse é o caso] porque todo ente possível adquire existência a partir de algo além de si mesmo, e acima de sua existência há algo do qual ele adquire existência. Todos eles são iguais. Não há nenhum deles que o intelecto não compreenda [ter se tornado] ente a partir de algo acima na graduação da qual ele adquire existência, mas essa [entidade] não perdura na posse de [esse estado], [de modo que] eles sejam entes infinitos. Já explicamos que [a alegação de que] entes dessa ordem sejam, de fato, entes infinitos, é falsa[22]. [Portanto], nem todos os entes são entes possíveis. Mais exatamente, é impossível que o estado [de existência] não perdure na posse de alguns entes [que] não adquirem sua existência de algo outro que de si mesmos. [Tal ente] é denominado "ente de existência necessária" ou "entes de existência necessária" (*'Emuná Ramá*, Primeiro Princípio, p. 47-48).

Essa comprovação difere da de Avicena, segundo a qual, se todos os entes fossem possíveis, poder-se-ia conceber que, em determinado momento, não existiriam absolutamente, e a existência de todo o universo seria posta em dúvida.

Ibn Daūd distingue três tipos de existência: o primeiro, a existência em potência, como a do pinto dentro do ovo[23]. Nesse estado de existência, a transformação do ovo em pinto é considerada possível e mesmo esperada, porém ela não está em ato; o segundo, a existência de entes que, em uma determinada fase, deixarão de existir, como todos os entes que vêm e vão do mundo. Nesse estado de existência, cada ente é efêmero e, portanto, possível, e a prova disso é a morte esperada; e o terceiro, a existência de entes eternos.

> Está claro que muitos entes existem em potência, mas não existem em ato, como as plantas nas sementes e as aves nos ovos. Esse [estado] é mais verdadeiro [do que o denominado] pelo termo *possível* do que qualquer outra coisa. [A razão disso] é que a impressão do possível é a de que é algo que agora inexiste e, se fosse postulado posteriormente [que] existe ou inexiste, nenhuma falta de lógica necessariamente resultaria dessa [alegação] (*'Emuná Ramá*, Primeiro Princípio, p. 47).

Ibn Daūd também divide os entes eternos em entes necessários *per se* (em sua substância) e entes necessários *ab alio* e possíveis em sua substância, porque sua existência depende de outros entes. São as inteligências denominadas anjos, as esferas e os corpos celestes. Há unicamente um ente que é necessário em sua essência, cuja essência é suficiente para sua existência, que é Deus. Os conceitos "possível *per se*" e "necessário *ab alio*", no que concerne aos entes translunares, são paralelos ao conceito de "matéria e forma" com relação aos entes sublunares. Talvez a origem da contestação acerca do estado da existência dos entes racionais seja Al-Fārābī, que deu a Avicena a racionalização para a criação da hierarquia translunar. Al-Fārābī, que compreendeu muito bem que deve haver um ente cuja existência, causa e essência são idênticas, definiu-o como a origem de todos os entes. Assim, ele afirma em sua obra *Os Princípios dos Seres*:

> Visto que o ente possível é uma das duas formas de entes, e a existência possível é uma das duas formas de existência, a causa primeira, em que essência e existência se identificam, emanou não apenas a existência do que não pode deixar de existir como também a existência do que pode deixar de existir, de modo que não permaneça nenhuma das formas de existência que ela não tenha gerado[24].

Avicena estava ciente disso, uma vez que a descrição dos entes eternos como "necessários *ab alio*" e "possíveis *per se*" pode ser interpretada como um enfraquecimento da existência das substâncias celestes. Segundo Falaqera, a razão pela qual Avicena escolheu distinguir entre "entes possíveis *per se* e necessários *ab alio*" e ente necessário provém da assertiva de Aristóteles de que há a possibilidade teórica da destruição do céu, por ele descrito desde o início como dependente[25] do ente necessário[26]:

> Ainda mais porque Aristóteles explicou, no segundo tratado sobre o céu e o universo, que o céu possui uma força exaurível e não pode nele haver mais estrelas do que as que há; e, quando Avicena ouviu tais coisas e ouviu o que disse Alexandre e acreditou que o necessário tem duas partes, o necessário *ab alio* e possível *per se*, e o necessário *per se*. E colocou o céu no necessário *ab alio* e no necessário *per se* o motor das esferas[27].

Avicena deveria, pois, decidir o que era mais perigoso para a religião, a pluralidade de forças e, aparentemente, a pluralidade de divindades por causa da existência de alguns "entes necessários" ou o enfraquecimento da força de existência da cadeia de motores.

Para Ibn Daūd, seria cômodo apegar-se à linguagem da tradição religiosa e substituir o atributo "possível" por "criado", porém ele não o faz. Em vez disso, ele arrola uma cadeia de entes que criam uma hierarquia cósmica segundo a medida de sua independência. Conforme determinado elemento esteja situado em uma posição superior na escala da existência, menos ele depende de outros entes e, de todo modo, tem reduzida a possibilidade de ser destruído. A transição do universo supralunar, cujo movimento é eterno, para o universo sublunar, que é transiente e cujo movimento é segmentado, é manifestada pelas expressões "ente possível" ou "ente necessário *ab alio*".

O ente possível, por força de sua definição, prediz dentro de si sua não existência[28]. Ao que parece, a fonte de Ibn Daūd é Al-Ġazālī, uma vez que este último faz uso dessa evidência, e de nenhuma outra, para questionar a prova de Avicena no que tange à imprescindibilidade do ente necessário como fator que garanta a existência da cadeia causal. Segundo Ibn Daūd, o significado de ente necessário abrange em si a anuência de que o ente necessário pode ser apenas como ele é: uno, eterno e em ato:

> E um ente, cuja essência seja suficiente para a existência de sua essência, é um ente necessário. [A razão disso é] que, se fosse possível a ele adquirir a existência de algo outro que de si próprio, sua existência não seria suficiente para a existência de sua essência. Contudo, já foi postulado [que ela é] suficiente para a existência de sua essência. [Por conseguinte,] seria suficiente e insuficiente, e isso é falso. [Por conseguinte,] está claro a partir dessa demonstração que o ente necessário não tem causa e constitui a causa de todas [as coisas contingentes]. [Contudo,] uma vez que o movimento é a perfeição do que é movido, [então] o primeiro motor, que é imóvel, faz que todas as coisas adquiram sua perfeição, mas o que atinge sua própria perfeição no princípio não adquire [perfeição] de outrem (*'Emuná Ramá*, Primeiro Princípio, p. 48).

Ainda no contexto da realidade aristotélica, são a inteligibilidade e a causalidade que determinam a substância da existência, sua independência e seu absolutismo: "Para todo ente que se move existe a possibilidade de mudança [...]. Mas, como há um ente que move ao mesmo tempo que resta imóvel, a despeito de estar em ato, esse ente não é suscetível de nenhuma mudança"[29]. Na visão de mundo religioso-racional, criou-se a necessidade de destacar o *status* da existência de Deus sem romper com os conceitos da linguagem racional e científica. A expressão "ente necessário" reúne em si as distinções de que Deus é uno, existente e eterno[30]. Cientificamente, isso significa que Deus é um gerador causal independente. Ele permite substituir a fórmula criado-Criador, com a qual os filósofos racionais adeptos do método aristotélico têm dificuldades, pela fórmula ente necessário-ente possível e, assim, contornar a complexidade da existência sem causa (criação *ex nihilo*).

Ademais, o "ente necessário *ab alio*" elude o problema da morte, do mundo vindouro e da renovação da existência. De acordo com a concepção que Ibn Daūd adotou de Avicena[31], no interior dos entes eternos há também entes possíveis. O "possível", por conseguinte, não são apenas o material e o exaurível, de duração definida, mas também o que pertence aos entes que existem eternamente no universo supralunar, que, porém, dependem do ente necessário perfeito.

A Unidade de Deus e Seus Atributos

Ibn Daūd deriva a unidade do ente necessário de seu *status* exclusivo. A unidade do ente necessário decorre essencialmente da identificação entre a coisa e seu atributo e da identificação entre a coisa e sua causa. A fusão lógica entre a definição e a questão da existência da coisa, no caso da divindade, implica que, a partir do momento em que a consciência admite a possibilidade de Sua existência, ela deve inferir que a divindade necessariamente existe e que não possui nenhum outro atributo.

A definição do ente necessário diz respeito tanto ao conceito quanto a seu atributo. Isso significa que, no caso do ente necessário, é inconcebível que Ele não seja uno, pois, se tivesse alguns atributos, seria inconcebível que todos fossem igualmente necessários, uma vez que, conforme já dito, o conceito "ente necessário" significa a identificação da existência com o atributo e, ao mesmo tempo, a identificação da coisa com seu atributo e com sua essência, ou da coisa com sua causa. É óbvio que um ente com tal número de atributos é impossível. Em última análise, também atributos isolados, que constituem uma afirmação linguística por si só, tais como "verdadeiro", "vivo" e "que sabe" derivam do fato de que Deus é um ente necessário em Sua essência:

> [Ademais, quando] Lhe atribuímos ser Ele verdadeiro e mais verdadeiro do que qualquer coisa [que seja] verdadeira no sentido da verdade, [essa

> alegação] refere-se [ao fato] de que Ele não deixou de ser um ente e Ele não deixará de ser um ente, [uma vez que] Ele não adquire existência a não ser de Si mesmo. [Similarmente, quando] Lhe atribuímos que Ele está vivo, isso se refere também [ao fato] de que nada é como Ele. [A razão para] isso é que a existência de cada ente depende Dele, glorificado seja, e Dele é adquirida. Os entes mais virtuosos que Dele dependem, glorificado seja, são entes vivos. É impossível que eles adquiram [alguma] coisa que Ele não tenha. [Por conseguinte,] é claro que Ele é vivo com respeito à relação ou à negação, isto é, com respeito à explanação de que Sua existência é mais perfeita que a existência de qualquer [outro] ente ou de que nada é como Ele. A demonstração de que Ele sabe se refere a [o fato de] que Ele, glorificado seja, não depende, de modo algum, de entes materiais (*'Emuná Ramá*, Terceiro Princípio, Sobre os Atributos, p. 54).

Ibn Daūd enfatiza particularmente o *status* dos anjos, ou os entes eternos, que, em razão do aspecto possível de sua existência, não constituem verdadeiramente um único ser absoluto:

> Ademais, dizemos também que nenhuma das inteligências notáveis que denominamos "anjos" é verdadeiramente uma só. [A razão para] isso é que sua existência, como já dissemos, depende de outra coisa que não de si mesma, de modo que elas não têm necessidade de existência a partir de sua essência; mais exatamente, [elas têm] possibilidade de existência, e [elas têm] necessidade de existência a partir de algo além de si mesmas. [Por conseguinte,] elas são compostas de duas noções: da possibilidade de existência que têm em sua essência e da necessidade de existência que têm a partir de algo que não de si mesmas. [Assim,] já está claro que qualquer coisa cuja existência dependa de algo que não de si mesma não possui absolutamente unidade. [Portanto,] é possível que o ente, de cuja existência dependam os entes e que é denominado ente necessário, seja uno. [Sendo assim,] resta-nos examinar [essa alegação] e demonstrá-la, se Deus quiser (*'Emuná Ramá*, Segundo Princípio, Sobre a Unidade, p. 49).

O atributo "ente necessário" implica a dedução de que esse é o único atributo apropriado à divindade na condição de onisciente, pois apenas a verdade, por força de sua definição, é essencial para uma existência independente e autossuficiente.

> [No entanto,] aquele [ente] cuja existência não depende de algo que não de si mesmo, mas cuja essência seja suficiente para a existência de sua essência, é verdadeiro por si só. Já explicamos, exemplarmente, que a existência de cada ente depende de outro ente, e esse ente é verdadeiro por si só. Outros entes dele e nele têm a verdade, ao passo que de sua própria essência têm dúvida e possibilidade (*'Emuná Ramá*, Terceiro Princípio, Sobre os Atributos, p. 49).

A racionalidade do ente necessário origina-se de sua unidade. A identidade do que conhece e do conhecido, equivalente à identificação de causa e consequência, é o atributo evidente do ente necessário. Esse discernimento subjaz ao fundamento da assertiva de Ibn Daūd de que a escala da hierarquia cósmica foi criada pela estratificação de entes possíveis. Ela expressa a medida de racionalidade que se tornou em ato e que está concentrada em cada ente.

Os Anjos

A discussão de Ibn Daūd acerca dos anjos está atrelada a dois objetivos opostos:

a) O primeiro é demonstrar que os anjos constituem os elos que fazem a intermediação de Deus com o mundo, não sendo idênticos à própria divindade. Por conseguinte, é possível atribuir-lhes uma ação que não seja direta e contínua, como a vontade, o arrependimento ou o amor.

b) O segundo é demonstrar que, às vezes, a denominação *'Elohim* se aplica aos anjos. A separação de divindade e anjo permite a realização da Providência divina sem afetar a unidade e a exclusividade de Deus enquanto ente necessário, sempre existente em ato, transcendente a qualquer mudança.

Esses dois objetivos destacam bem a finalidade de Ibn Daūd de conciliar o interesse filosófico pela preservação de uma divindade diferenciada ao máximo do mundo, que transcende os atributos humanos, com o interesse religioso pela preservação da leitura cândida das Sagradas Escrituras e a crença na Providência divina. Visto que os anjos denominados "Deus" não constituem a causa primeira, mas potências intermediárias na hierarquia cósmica, não é inadequado atribuir-lhes uma mudança voluntária.

> Portanto, a boa expressão e a assertiva puramente verdadeira com relação às quais a tradição e a filosofia concordam é que esses são os atributos dos entes espirituais [e] não são atributos de Deus, glorificado

> seja. Alguns desses entes espirituais são apenas semelhantes às almas das esferas [e] não são semelhantes aos intelectos. Como esses [entes] constituem os princípios dos movimentos dos corpos, não há dano em sua mudança. Por intermédio deles, a vontade e a ira [de Deus] são lançadas sobre um povo. [Por isso,] eles aparecem como entes materiais corpóreos, visto que são as formas dos entes materiais corpóreos e o princípio de sua existência (Segundo Tratado, Sexto Princípio, Primeiro Capítulo, p. 89).

A diferenciação entre anjos racionais e anímicos tem por intuito explicar como a divindade una, imaterial e sublime está relacionada com o mundo material continuamente em mudança. O movimento segmentado e cambiante é o sinal mais significativo do acontecimento corpóreo, ao passo que o movimento direto e imediato que se lança diretamente do ponto de partida ao propósito é o sinal mais significativo do processo intelectivo, como a compreensão, o saber e a inspiração profética. A distinção entre o movimento anímico-corpóreo e o movimento do intelecto se aplica igualmente aos objetos e substâncias celestes. Cada esfera é acompanhada por uma substância que é sua alma e por uma substância adicional que é seu intelecto. A substância anímica que acompanha a esfera lunar é que estabelece o contato com os seres humanos no nível anímico-imaginativo, e a substância intelectiva (o Intelecto Agente) que a acompanha torna ativo o desejo intelectivo. Quando o profeta vivencia uma revelação ou uma visão por meio de seus sentidos, ele testemunha um acontecimento imaginativo, criado pela alma celeste para a alma do profeta:

> Um deles – o que é transportado – é o princípio do movimento do corpo, e [o outro] – o que não é transportado – é o princípio do movimento da alma. O princípio do movimento da alma é denominado "intelecto", e o princípio do movimento do corpo [é denominado] "alma". Similarmente, os motores do céu são almas e os princípios dos movimentos de suas almas são intelectos, e os motores do céu são os que se revelam aos homens, [mas] não [aquelas coisas] que são intelectos abstratos. Essas substâncias, que são reveladas aos homens, fazem dos elementos criados formas para seu tempo a fim de aproximar essa [forma] dos sentidos do profeta. É uma forma falsa [que] não é verdadeira (Segundo Tratado, Sexto Princípio, Primeiro Capítulo, p. 91).

Segundo Ibn Daūd, quando Moisés se dirige a Deus pedindo que Ele se lhe revele (Êxodo 33:13), dirige-se ao anjo denominado "costas". Esse anjo é uma substância anímica, não um ente racional como o anjo denominado "face", e, por isso, ele tem a possibilidade de se revelar aos seres humanos como uma figura de carne e osso:

> Ele fez inicialmente alusão a esse pedido [ao dizer] "Não me revelaste quem mandarás comigo", até interpretar [o pedido] posteriormente ao dizer "Que Yahweh siga em nosso meio conosco, mesmo que este povo [seja de cerviz dura] etc.". O segundo pedido foi o de deixá-lo ver o anjo incumbido do povo em matéria corpórea para que pudessem vê--Lo, pois não O haviam visto em Horev. De acordo com as Escrituras, "Porque temia olhar para Deus". Ele fez alusão a esse pedido ao dizer "Mostra-me o Teu caminho", até interpretar [o pedido] posteriormente ao dizer "Mostra-me a Tua glória", e Ele responde ao primeiro pedido dizendo-lhe "Minha face irá", isto é, o mais notável entre os anjos que estão abaixo do anjo incumbido da nação. É aquele chamado "face", e o que está abaixo dele é chamado "costas" (Segundo Tratado, Sexto Princípio, Primeiro Capítulo, p. 90).

De acordo com a interpretação de Ibn Daūd de Êxodo 33:13-23, Moisés falou inicialmente com os anjos nomeados *'Elohim* e não se dirigiu à entidade divina transcendental. Os dizeres das Escrituras "Que Yahweh siga em nosso meio conosco" são, portanto, dirigidos ao anjo, e não à própria divindade, "o Primeiro". Segundo a ordem cósmica rígida, uma substância racional não pode se revelar a não ser aos olhos do intelecto, e, por essa razão, Moisés proferiu um discurso físico apenas com o anjo dotado da faculdade de ser visto fisicamente, o anjo "das costas":

> Saiba, pois, que ele viu *prima facie* apenas o anjo ou os anjos denominados "costas". [Ele não viu] o incumbido do povo, tampouco aquele que está abaixo dele, denominado "face". O Primeiro, abençoado e glorificado seja, não discorre com [Moisés] por intermédio de nenhum desses seres espirituais. Portanto, Ele disse [a Moisés]: "E retirarei minha mão e verás minhas costas, porém minha face não será vista" (*Êxodo* 33:23). Uma vez que o denominado "costas" é também denominado "YHWH", é possível que [as Escrituras] afirmem: "E ele vê a forma de YHWH" (Números 12:8). [Isso é possível] porque é impossível para o incum-

> bido da nação, denominado "face", ser revelado em matéria corpórea. Ele diz: "Pois não poderá ver-Me o homem e viver" (Êxodo 33:20). Essas duas afirmações não se contradizem. Aquele que pensa que cada [ocorrência do termo] YHWH na língua hebraica significa Deus, glorificado seja, tem em mãos textos das Escrituras contraditórios entre si. Ele tateia uma parede à semelhança dos cegos e se sobrecarrega de cargas vãs. Profere palavras insolentes e muito desconcertantes contra o Primeiro, abençoado e glorificado seja. Não segue um dos caminhos da abstinência. [Por isso,] Deus, abençoado e glorificado seja, comandou o anjo incumbido da nação, e o anjo incumbido da nação falou com [Moisés] e aquele que está abaixo [do anjo] denominado "costas" se revelou [a Moisés]. Não há nenhuma controvérsia acerca disso nas Escrituras, e [essa alegação] não é estranha à filosofia. Ao contrário, é possível ou mesmo necessária (Segundo Tratado, Sexto Princípio, Primeiro Capítulo, p. 90).

O sistema hierárquico adotado por Ibn Daūd, construído segundo a distinção feita por Avicena entre "necessário *per se*" e "necessário *ab alio*", a separação entre a divindade e o mundo, existe apenas no sistema de emanação. Os anjos são as entidades eternas diferenciadas de Deus pelo fato de serem necessários *ab alio*, e não *per se*. A distinção entre o caráter anímico e o racional dos anjos constitui fator adicional que traduz a graduação hierárquica em uma graduação consciente. Contudo, deve-se ter em mente que, em conformidade com os princípios da doutrina de Avicena, a racionalidade expressa tanto o significado quanto o *status* da existência, tanto a operação da consciência quanto a cunhagem da forma sobre a matéria. Essa duplicidade se expressa igualmente na denominação *'Elohim*, apropriada tanto à divindade, origem de todas as formas, quanto ao anjo, uma forma racional isolada[32].

A Concepção do Mal e a Evolução Positiva

De acordo com a teologia de Ibn Daūd, o ente necessário satisfaz, em seus atributos, o conceito aristotélico de perfeição. Está sempre em ato e não depende de coisa alguma. Se esse é o grau do ente supremo, seu oposto é a coisa mais imperfeita. Se a divindade é o bem absoluto, seu oposto é o mal; se Deus é a realização plena, o mal é a ausência da realização. Se a divindade é um paradigma de unidade e independência, todo sistema complexo está condenado à desgraça:

> Sabe-se que Ele concebe tudo cuja existência seja remota Dele em ordem com deficiência [que é] proporcional ao distanciamento [da coisa conhecida], e sua ordenação também é [proporcionalmente] aquém da perfeição (Sexto Princípio, Segundo Capítulo, p. 93).

Essa concepção do mal tem origem em Avicena, que combinou a concepção aristotélica da matéria e da forma com a concepção negativa da matéria característica das fontes neoplatônicas. Ele conferiu ao mal um toque científico ao explicar que a matéria essencial para a ordem do mundo é uma espécie de ausência.

> Ademais, digo que, entre os atributos [que expressam] deficiência, estão os atributos [que expressam] ausência. Alguns deles [parecem-me] positivos ou levemente positivos. Podemos ilustrar as ausências [como a seguir]: dizemos que a luz é algo gerado no ar quando um corpo brilhante nele reluz, mas, quando o corpo brilhante se distancia, [o ar] é escuro. Nada nele é gerado; ao contrário, a coisa gerada dele se distancia. Por conseguinte, a escuridão é a ausência de algo, [que é] o oposto da existência, e não é uma coisa. Similarmente, a riqueza de um homem é a existência de dinheiro para ele, [mas] a pobreza é a ausência [dessa riqueza, que é] o oposto da existência da riqueza para ele. Do mesmo modo, o intelecto, o apreço e a prática religiosa são coisas que a inteligência adquire, mas, se a inteligência está ausente, [então também] elas [isto é, as virtudes] estão ausentes. Nem Deus, glorificado seja, nem coisa alguma, faz tais ausências, visto que elas não são coisas que possam ser feitas (Sexto Princípio, Segundo Capítulo, p. 94).

De acordo com Ibn Daūd, o mal que experimentamos é a ausência de algo cuja existência experimentamos enquanto bem. Uma vez que a ausência não é uma consequência, é impossível considerar que Deus a tenha criado. Ao contrário, essa concepção do mal enfatiza que a divindade é responsável, diretamente ou por intermediação, pela existência real das coisas boas. De fato, a intermediação aumenta a possibilidade de uma interferência fortuita, pois, quanto mais numerosos e complexos os fatores responsáveis pela execução, maior a probabilidade de que uma interferência fortuita em um deles perturbe a boa ordem e impeça o resultado almejado, conforme ilustrado na parábola a seguir:

> Um exemplo disso [pode ser tomado de] um semeador que lance sementes sobre a terra e algumas das sementes caiam sobre um solo rico, um solo úmido que tenha uma boa relação com o sol [a fim de] preparar [sua] mistura, e então elas crescerão bem. Mas algumas [das sementes] crescerão débeis, [especialmente aquelas] que caírem sobre um solo árido, pobre, ou [aquelas] que tiverem uma relação com o sol que não seja boa [a fim de] se beneficiar da mistura. E algumas [sementes] que caírem sobre as pedras nem sequer crescerão. Uma tempestade as dispersará ou as aves as comerão ou elas se tornarão mofadas[33] (Sexto Princípio, Segundo Capítulo, p. 94).

Nas versões análogas a essa parábola do Novo Testamento, os sermões que penetram no coração dos ouvintes constituem a moral que dela se depreende. Nessa difundida versão, a mensagem é que o aprendizado da lição depende do ouvinte. Na versão da parábola de Ibn Daūd, o resultado desejável independe totalmente do homem, pois as condições essenciais para a passagem da potência ao ato – na parábola em questão, a transformação da semente em uma árvore frutífera – se estendem em um *continuum* de possibilidades muito diversificado[34]. O acaso por si só faz que algumas sementes não caiam sobre um solo de primeira qualidade e não criem raízes; outras serão feridas pelas pedras e mofarão antes ainda de encontrar um solo nutritivo; e há aquelas que serão carregadas pelo vento ou comidas pelas aves. De forma tortuosa e estranha, Ibn Daūd intenta demonstrar que justamente as consequências que parecem causar o mal constituem o melhor testemunho da existência de Deus, pois a Providência divina age como qualquer mutação evolucionista:

> Não é necessário que, quando o Criador, glorificado seja, deu início à criação, houvesse coisas misturadas. No que concerne à emanação da forma sobre elas, depois que sua perfeição final emana a impressão de suas qualidades sobre elas, tais qualidades são como são e a mistura é como é, de modo que todos os seres humanos, bem como todos os animais e plantas, estão constantemente [voltados para] o final de sua perfeição. Quem quer que diga que seria apropriado que Deus, glorificado seja, escolhesse o melhor diz [algo] falso. [A razão disso é] que, se Ele escolhesse o melhor para todas as coisas, resultaria necessariamente que todas as plantas seriam animais, todos os animais [seriam] seres humanos, todos os seres humanos [seriam] como Moisés, nosso mestre, que a paz esteja com ele, e Moisés [seria] o mais notável dos

> anjos. Nenhuma ordem existiria, e as graduações das coisas não careceriam de nada que estivesse distante do Primeiro Princípio. As coisas existiriam apenas de um modo, e os entes cessariam de fortalecer sua perfeição, como algo arrancado antes de seu tempo. A perfeição do Primeiro, abençoado e glorificado seja, que emana sobre tudo o que pode receber [emanação], deixaria de fazê-lo. Ao contrário, Sua perfeição se realizaria apenas sobre Si Mesmo e sobre alguns poucos [entes]. Quem quer que diga isso enaltece [a si mesmo] para julgar de acordo com sua [própria] vontade. [A razão disso é] que a benevolência de Deus, abençoado seja, não é pouca e não se realiza em poucos entes inferiores; ao contrário, ela é muito grande e há inúmeras graduações [...]. Verás que há [diferentes] espécies de deficiências. Ainda que suas causas sejam opressivas [a um indivíduo] ao impedir [sua] mistura de [realizar sua] perfeição, mesmo assim elas beneficiam a existência em geral (Sexto Princípio, Segundo Capítulo, p. 94-95).

A linha de pensamento de Ibn Daūd considera que, se todo ente isolado exaurisse o propósito de sua espécie, poderíamos encontrar apenas entes de um só tipo: todos os seres humanos seriam sábios e íntegros como Moisés. A ausência de realização que pode vir a ser uma calamidade para o indivíduo se revela uma bênção para a humanidade, visto que há necessidade dos vários graus intermediários, de carregadores e dos que tiram a água do poço. O possível é, portanto, uma grande dádiva de Deus para Suas criaturas, uma vez que, na casualidade de sua realização, se ocultam a pluralidade e a diversidade.

Além disso, a própria existência do possível e o fato lamentável de existirem seres humanos tolos e maus são a melhor comprovação da existência do livre-arbítrio. O indivíduo tem a possibilidade de negligenciar as aptidões ocultas em sua natureza não adquirindo princípios éticos, mas o ser humano também possui forças para retificar aquilo de que ele foi privado pela natureza:

> A ordem da existência necessitaria de que [algumas coisas], em uma de suas extremidades, tivessem mais virtudes que [outras], na [outra] extremidade, [tivessem] mais defeitos, e que [outras] estivessem entre [as duas extremidades]. Às vezes, [ou] na mistura [que resultou] da emissão de sêmen ou do útero, ou [de] ambos, alguém tem pouco calor e [seu] coração é mais frio do que o apropriado; por consequência, [aquele] homem é ignorante e simplório sem nada saber ou temer. [Tal homem] não vê que o bom é bom, tampouco que o desprezível é desprezível.

> Ele é ardoroso em suas paixões, agindo [de modo que] seja bom para aqueles que são cegos. A fim de se opor a todas essas características desprezíveis, Deus, abençoado e glorificado seja, estabeleceu homens que estão livres de todas essas características [ignóbeis], [que] trouxeram àqueles por elas infectados os mandamentos e as advertências de Deus, glorificado seja. Mais tarde, não é completamente impossível que aqueles infectados por tais características ignóbeis a elas se oponham, pois, se assim fosse, Deus, glorificado seja, não ordenaria algo que fosse impossível. Ademais, se fosse imprescindível, em todos os aspectos, que o homem os cumprisse, assim como ele respira inspirando o ar frio para seu coração e dele exalando o ar quente, não seria necessário introduzir os mandamentos de Deus, glorificado seja, a tal respeito, do mesmo modo como Seus mandamentos não vêm a nós com a estipulação de respirar a fim de preservar nossa vida, ainda que isso seja possível. Já levamos a vosso conhecimento, no Primeiro Tratado, que assim como Deus, glorificado seja, criou coisas e lhes conferiu certos atributos necessários como a racionalidade ao homem – porque uma vez homem ele é racional em todos os aspectos, isto é, ele é internamente racional e é capaz de conceber –, e assim como Ele criou coisas e lhes conferiu atributos impossíveis como a racionalidade a uma pedra, Deus criou coisas e lhes conferiu certos atributos possíveis (Sexto Princípio, Segundo Capítulo, p. 95-96).

O homem, à semelhança de todos os fenômenos cósmicos, opera no reino da existência possível. Nesse espaço, que não está hermeticamente fechado às influências de fatores fortuitos, como ocorre com o ente necessário, abre-se uma brecha para a influência de causas imprevisíveis. As causas eletivas constituem um subgrupo delas, visto não serem naturais ou divinas. Por conseguinte, o homem tem a possibilidade de fazer efluir de dentro de si a boa vontade, que não se renderá ao sistema da natureza, decretado de antemão, mas atuará de forma independente e soberana, à semelhança da divindade.

A Causalidade e a Vontade

Conforme a definição de Ibn Daūd, a vontade é uma ação independente. O filósofo e homem de ciência, que acredita que a natureza opera segundo princípios racionais e processos passíveis de definição e de previsão, estará em conflito com a crença na soberania absoluta da vontade. Ele deverá decidir para onde direcionar sua veneração absoluta: ao instituidor da cadeia causal, o primeiro motor e a causa primeira, ou ao Deus dotado de vontade própria. A segunda alternativa não se satisfaz com que o Primeiro na cadeia de causas-movimentos tenha liberdade, cadeia essa que organiza e aciona um mundo racional, visto que seu comportamento é, na maioria das vezes, previsível. Os teólogos, não obstante sua tendência filosófica, queriam ver a vontade divina como geradora causal, que opera de forma surpreendente em qualquer momento, uma vez que não está subordinada a outros fatores. É evidente que a vontade humana foi descrita como uma medida em escala reduzida da independência divina absoluta.

Ibn Daūd, que dedicou seu livro à questão do livre-arbítrio, deseja manter um sistema causal estreito. Em todos os capítulos do livro, desenrola-se o sistema natural das causas: do mecanismo básico de matéria e forma, que opera todas as cenas da natureza, passando pelos processos de movimento e mudança, pela transição da potência ao ato em todo elemento e em todo sistema, culminando com as relações entre a divindade e os mundos sublunar e supralunar. Paralelamente, é explicado o mecanismo racional humano, cuja função é decifrar a causalidade e, desse modo, aproximar-se de Deus, que também atua exatamente segundo tais regras.

Ibn Daūd indubitavelmente crê, à semelhança dos aristotélicos muçulmanos, na supremacia do intelecto divino sobre a vontade. Essa concepção perpassa o livro como um *leitmotiv*. Por isso, ele está ciente de que deve pagar o preço por seu empenho em preservar o livre-arbítrio. Tal preço se traduz na renúncia à racionalidade absoluta. Essa lacuna, que introduz no sistema uma "bolha" de falta de controle, em termos humanos se contrapõe à ausência cósmica e equivale ao mal. A falta de controle divino significa o possível cósmico, que tende a ser interpretado como mal; a falta de controle humano, por outro lado, significa a existência do possível moral, no qual atua o livre-arbítrio. Do mesmo modo como a falta de controle divino, na ausência do contraposto ao que existe e ao ente necessário, converte-se, no final das contas, em bem, também a vontade humana, que é consequência do desconhecimento, transforma-se no final das contas em uma fonte de boas práticas. Não nos olvidemos que Ibn Daūd vincula o amor ao conhecimento. O amor é, pois, um motor racional. Ele é paralelo ao desejo cósmico ardente de realizar todas as formas. Em contraste a ele, a vontade é um gerador independente, que não aquiesce ao sistema causal, que tudo abrange. A questão é apenas saber se essa qualidade causalidade, essa criação de um possível imaginário, é concebida por Ibn Daūd como positiva ou negativa. A concepção do mal de Ibn Daūd determina que, apesar de o mal ser, em essência, parte de um acontecimento que foge ao controle divino, ele ainda é considerado um bem para a ordem geral. Nesse mesmo diapasão, é possível ver que a ativação da vontade, que em essência é uma expressão intensificada de ausência de racionalidade e de falta de controle, acaba, no final das contas, beneficiando a ordem do mundo e o homem. Isso porque ela confere um horizonte otimista a uma ação totalmente irracional e impremeditada. Aí, o otimismo não advém de se preferir o geral ao particular.

A vontade humana seria um gerador causal por si só? Ibn Daūd responde a essa questão ao definir quatro tipos de causa:

> Por um lado, as causas são de quatro espécies e, por outro lado, são de uma única espécie. [A explicação para isso] é porque algumas são divinas, isto é, por uma intenção primária de Deus, glorificado seja; algumas delas são naturais, algumas acidentais e outras, voluntárias. David, que a paz esteja com ele, já havia enumerado três em uma passagem bíblica: "E David disse: É o Senhor quem o há de ferir" (I Samuel 26:10). Essa é a espécie divina, que ocorre quando o servo embarca em uma rebelião e o decreto divino o golpeia, [quer] a natureza o decrete, quer não. "Seja que, chegando o seu dia, morra." Essa é a espécie natural, contra a qual o servo não tem a força de se proteger. "Seja que pereça em batalha." Essa é a espécie acidental, contra a qual o servo tem a força de se proteger, e está em suas mãos se entregar a esse [destino] e tombar [vítima dele]. No que concerne ao que se assemelha a isso, disse [Salomão]: "Espinhos e laços há no caminho do perverso". Também nesse caso há escolhas, como [quando] David foi a Queilá e de lá partiu. Há muitos outros [textos] como esses. Também no que diz respeito ao cumprimento dos preceitos e à [sua] violação, há escolha. Não fosse assim, os profetas não teriam vindo e não teriam testemunhado acerca da recompensa ou da punição, e a Torá teria destruído os caminhos do bem e das bênçãos. Quando certos acidentes ruins [acidentais ou naturais] são criados e deles decorrem características e feitos vergonhosos, é possível contrapor-se a eles. Existem igualmente diferentes graus de pessoas sujeitas [a tais infortúnios]. [Se esse for o caso,] há quem não tenha o mal dentro de si e não tenha, pois, necessidade de se contrapor [a uma característica ruim], ao passo que [outros] aceitam-na, e há quem se encontre a uma distância tão extrema do bem que a oposição não o

> beneficiaria nem um pouco. Ainda que ele tente, não conseguirá [opor-se a isso]. Entre esses dois [extremos], há inúmeras graduações intermediárias. Para alguns, a reprimenda é suficiente [para mudá-los], e para outros, a repreensão [é suficiente], e para outros [ainda], punições e castigos [são suficientes] (Sexto Princípio, Segundo Capítulo, p. 97).

A vontade, enquanto causa por si só, tampouco possui justificação utilitária, uma vez que a autorrealização, na doutrina aristotélica, identifica-se com a necessidade da existência (e com o prazer da existência). Por conseguinte, o argumento sobre o surgimento da vontade é desviado do bem particular para o bem comum. Em vez de utilidade direta e prazer direto, a vontade torna-se uma utilidade indireta e o prazer surge na qualidade de subproduto.

O cosmo todo se beneficia do fato de seus elementos não atingirem o ápice de seu aprimoramento. Os graus intermediários, em um rico diapasão no qual matizes inumeráveis servem uns aos outros e criam um mosaico esplêndido, como os desenhos nas caudas dos pavões, são realizados como insucessos contínuos. Nessa situação de movimento efervescente e de mudança constante, a vontade toma o lugar do intelecto, a prática do bem toma o lugar da percepção da verdade e o tatear na escuridão substitui o acerto preciso do alvo simultaneamente. Os acontecimentos vigorosos, as mudanças frequentes, são fruto do desejo intenso, de todo ente, de alcançar o grau de existência que está acima dele.

O apelo à vontade acaba por se transformar em um meio educativo-ético também para a instrução da disciplina sociorreligiosa. Embora Ibn Daūd se empenhe em encontrar argumentos filosóficos para a lógica da Lei mosaica, ele explica, no terceiro tratado da obra, que os princípios racionais da religião são apresentados ao crente como inacessíveis do ponto de vista racional, como iniciativa da vontade divina:

> É como se ele [isto é, o profeta] não trouxesse algo impossível para o intelecto, que nenhuma regra religiosa não fosse incapaz de suportar, e como se na conduta [do profeta] perante o mundo nunca surgisse algo extenuante, e ele não deixasse de ser distinguido e respeitado por Deus, glorificado seja, em sua nação. Mais tarde, [quando o profeta] diz à nação que Deus vos ordenará acerca de tal e tal coisa, e Ele vos advertirá acerca de tal e tal coisa, na medida em que [as pessoas] não sabem sua causa e seu motivo, [então] aquele que aceitar sua afirmação pela fé e pela retidão é crente e devoto (Terceiro Tratado, p. 103).

O argumento central de Ibn Daūd é que o insucesso particular no aproveitamento do *optimum* natural destinado a determinado acontecimento é proveitoso indiretamente para todos e diretamente para os entes situados sob o ser desejoso. O bem é sempre detalhado em proveitos numerosos e diversificados, revelados aos olhos por meio de movimentos distintos, e está sempre relacionado a um obstáculo físico, que retarda a realização da forma no esplendor de sua racionalidade, com precisão e com um único golpe de espada.

> Portanto, alguém que for sensato aos seus próprios olhos não deveria dizer, ao ver o fogo queimar certa semente, que a criação do fogo foi ruim, porque essa semente, assim como todas as sementes no mundo, assim como todas as plantas e todos os animais, têm o fogo como um de seus elementos. Se não fosse o fogo, nem as plantas nem os animais existiriam. Dever-se-ia separar a pequena [quantidade] de dano da grande [quantidade] de benefício? Similarmente, quando alguém vê o vento afundar uma embarcação no mar, não deveria pensar que a criação do vento é prejudicial. Ao contrário, ele deveria pensar sobre as criaturas nele – seu corpo, animais e plantas – que por ele são aprimoradas, e ele verá que o dano não tem valor nenhum em comparação ao benefício (Terceiro Princípio, Segundo Capítulo, p. 95).

No terceiro tratado, que conclui a obra, Ibn Daūd discorre sobre os "imensos benefícios" que se expressam nos preceitos bíblicos em todos os seus detalhes. O princípio que norteia a linha de pensamento que une os preceitos em um único bloco lógico é o mesmo de Avicena: o bem geral está relacionado com um fazer constituído de várias particularidades, visto que é resultado direto da incapacidade do intelecto de extrair totalmente a perfeição que lhe foi designada e realizar sua essência (abstrata). A imitação dos atos divinos, da benevolência de Deus com o mundo, é o propósito a que se aspira e é consequência do amor a Deus. Por influência de Avicena, Ibn Daūd vê o amor à divindade como o teor mais sublime do aperfeiçoamento pessoal. Para Avicena, a identificação racional com a forma é alcançável e, por isso, a semelhança com Deus nas boas ações é secundária. Ibn Daūd, por outro lado, vê a semelhança com Deus como o principal. Esse é o ponto em sua doutrina em que a vontade toma o lugar do intelecto, e o ato religioso o lugar do conhecimento filosófico científico abstrato. Nesse ponto arquimediano, os teores da religião são preenchidos por orientações práticas, pelo cumprimento dos preceitos e pelo fazer ético, conduzidos pela vontade.

Influências Tardias

Maimônides

A influência evidente em Maimônides diz respeito ao propósito, do modo como é expresso na introdução do segundo tratado, da percepção da divindade como um ente necessário e da questão do mal. No pensamento de Avicena e de Ibn Daūd, o propósito racional, que marca o objetivo final, vigoroso e necessário do movimento natural, é detalhado em movimentos locais, específicos e diferenciados entre si. Tais objetivos locais, diferenciados e desconectados não são percebidos como um desvio fortuito do objetivo final, mas como a realização de uma vontade particular.

A parábola do palácio (3:51) e a conclusão de *O Guia dos Perplexos* (3:54) são reminiscentes da introdução de Ibn Daūd ao segundo tratado. Em ambas as composições, errar o alvo no que tange ao propósito adequado e escolher um propósito falso se baseiam nas palavras do profeta Jeremias no capítulo 9:

> Eis o que diz o Senhor: não se envaideça o sábio do saber, nem o forte de sua força, e da riqueza não se orgulhe o rico! Aquele, porém, que quiser se vangloriar, glorifique-se por possuir inteligência e por saber que eu, seu Senhor, exerço a bondade, o direito e a justiça sobre a terra, pois nisso encontro meu agrado – oráculo do Senhor.

Ibn Daūd atribui a busca da falsa riqueza ao cultivo da alma vegetativa no homem, responsável pela nutrição do corpo; a busca da bravura e da força ele atribui ao cultivo unicamente das virtudes essenciais da alma animal no homem, cuja atividade é paralela à atividade dos animais; a sabedoria ele atribui à alma racional. A sabedoria digna de apego é o conhecimento de Deus e de seus atributos, do qual deriva o conhecimento de suas ações no mundo.

Enquanto Ibn Daūd analisa os propósitos errôneos de acordo com as diversas funções da alma humana, Maimônides os atribui a uma escolha deficiente em perfeições relativas, como bens, saúde, moral e intelecto. Aparentemente, Maimônides receava que as várias faculdades da alma fossem consideradas almas por si só[35]. Ele abandona a estrutura anímica enquanto código interno e, em seu lugar, põe o empenho pelo propósito. De fato, no cap. 54, em que discorre sobre os propósitos falsos, Maimônides precisa justificar a analogia por ele tecida entre o conhecimento da sabedoria e o caminho da moral.

A parábola do palácio de Maimônides reverbera a introdução de Ibn Daūd ao segundo tratado, no sentido de que o caminho rumo ao propósito adequado é comparado à caminhada rumo a um lugar importante, e os erros são comparados ao extravio nos caminhos. Esse paralelismo permite considerar os caps. 51 e 54, que interpretam as palavras de Jeremias, uma única unidade literária e significativa em *O Guia dos Perplexos*.

Maimônides foi influenciado por Ibn Daūd ainda no tocante ao embasamento da comprovação da existência de Deus, da necessidade da existência do ente necessário e do que dela deriva, da unidade e da racionalidade de Deus. Maimônides não se mostra tão consistente quanto Ibn Daūd e não abre mão da comprovação cosmológica da existência da divindade, tampouco da comprovação baseada no movimento, mas adota o atributo do existente obrigatório, ou do ente necessário, o que lhe permite discutir a teoria dos atributos de forma não instrutiva.

Em sua obra *O Guia dos Perplexos*, Maimônides também enumera três espécies de mal, originários do *status* cognitivo do possível.

O primeiro mal é a ausência do bem; o segundo é o mal real, ôntico, mas é um pouco reduzido em relação ao bem; o terceiro é o mal decorrente da realização da vontade, o qual o homem inflige a si mesmo, causado por sua estupidez, seus instintos, sua cobiça ou sua maldade.

Generalizando, todos esses tipos de mal são identificados com a matéria: a ausência é o mal ôntico, causado pela falta de uma razão ativa e intencional; o possível é o mal cósmico, decorrente da não realização da forma natural em virtude de uma interferência material local; e o mal moral é consequência da ausência de realização da forma humana quando prevalecem os instintos e a corporeidade do homem.

Crescas

Crescas é um dos poucos filósofos que, em seus escritos, mencionam Ibn Daūd e sua obra por seu nome completo. Na introdução ao primeiro tratado de seu livro, ele cita Ibn Daūd entre um grupo seleto de filósofos religiosos que discorreram a respeito da existência de Deus:

> Aristóteles foi o primeiro a discorrer amplamente [sobre a existência de Deus] em suas obras, como resultado de seus estudos sobre a natureza e o que está além dela, seguido dos peripatéticos comentadores de suas

> composições, como Temístio e Alexandre [de Afrodísia]; posteriormente, Abū Naṣr al-Fārābī, Ibn Rushd (Averróis) e outros autores como Ibn Sīnā (Avicena), Abū Hāmid [Al-Ġazālī] e Abraão Ibn Daūd (41, Introdução, p. 13).

Crescas considerava Avicena, Al-Ġazālī e Ibn Daūd os representantes da corrente alternativa ao pensamento pró-aristotélico cujo maior expoente foi Averróis[36].

A obra *'Emuná Ramá* forneceu a Crescas informações sucintas sobre a filosofia de Avicena, particularmente no que concerne à questão do livre-arbítrio, que constitui o cerne da doutrina de Ibn Daūd, possibilitando-lhe implantá-la no campo da discussão sobre a essência do ente possível e do ente necessário. Conforme Zev Harvey, a obra *'Emuná Ramá* serviu para Crescas de modelo de apresentação dos argumentos filosóficos e de paradigma de como mesclá-los com ditos dos sábios e versículos bíblicos, seja no tocante a questões humanas relacionadas com a felicidade do homem na qualidade de eleito de Deus[37], seja no tocante a questões nacionais pertinentes ao sucesso de uma nação na qualidade de nação eleita[38]. A concepção de vontade de Crescas sofreu a influência das concepções de amor e de vontade de Ibn Daūd. Em ambas as doutrinas, a vontade é definida como um motor diferenciado do intelecto. A separação da vontade enquanto motor por si só encontra expressão na semelhança com a divindade, por meio da identificação com Sua forma, na ação reflexiva (que é a característica central do Deus racional) e no amor, ou seja, identificação e empatia[39], em obediência cega (se bem que racional) à necessidade da existência natural[40]. Para os dois filósofos, o teor do culto a Deus se traduz em determinadas ações explícitas, muitas das quais não necessariamente apreendidas pela razão (os preceitos suprarracionais). Tais ações são, essencialmente, a expressão do amor que o crente retribui a Deus por Sua benevolência[41]. No terceiro tratado, que finaliza a obra, Ibn Daūd apresenta os "imensos benefícios" que têm expressão nos preceitos bíblicos, em todos os seus detalhes. A linha de pensamento que une os preceitos em um único bloco segue o princípio tomado da interpretação teológica, feita por Avicena, da ética aristotélica, segundo a qual a boa prática é composta de inúmeros pormenores, visto que é consequência direta da incapacidade de se realizar a perfeição racional abstrata. A inabilidade em localizar o verdadeiro propósito racional conduz a muitos atos, cada qual com um propósito restrito, particular e relativo.

Albo

Foram recentemente encontrados no *Sefer ha-'Iqqarim* (Livro dos Princípios), de R. Yosef Albo, formulações e termos oriundos da tradução da obra de Ibn Daūd feita por Ibn Lavi[42]. Esses termos, exclusivos nas obras de ambos os filósofos, reforçam a suposição de que Albo os tenha extraído diretamente de *'Emuná Ramá*. Tal premissa é corroborada pelo fato de Albo apresentar, e rejeitar, a crença na eternidade da Torá por meio do uso de argumentos e referências das Sagradas Escrituras extraídos da obra de Ibn Daūd. A influência deste último se faz sentir igualmente na fundamentação da crença na existência de Deus. É possível que Albo se tenha impressionado com a declaração de Ibn Daūd, na introdução à sua obra, de ser sua intenção formular os princípios da crença na divindade[43], o que de fato ele fez no segundo tratado, e talvez Ibn Daūd tenha sido a fonte de inspiração de Albo para a polêmica com os cristãos.

Referências Complementares

ARFA, M. *Abraham ibn Daud and the Beginnings of Medieval Jewish Aristotelianism*. Tese (Doutoramento), Columbia University, 1954.

BACHER, W. *Die Bibelexegese der jüdischen Religionsphilosophen des Mittelalters vor Maimûni*. Berlin, 1892, p. 137-155.

ERAN, A. *Me-'Emuná Tamá le-'Emuná Ramá* (Da Fé Simples à Fé Sublime From Simple Faith to Sublime Faith). Ibn Daud's Pre-Maimonidean Thought. O Pensamento Pré-Maimonidiano de Ibn Daud. Tel Aviv, 1998 (em hebraico).

FIDORA, A. Abraham ibn Daud und Dominicus Gundissalinus: Philosophie und religiöse Toleranz im Toledo des 12. Jahrhunderts. In: LUTZ-BACHMANN, M.; FIDORA, A. (Org.). *Juden, Christen und Muslime: Religionsdialoge im Mittelalter*. Darmstadt, 2004, p. 10-26.

FONTAINE, R. *In Defence of Judaism*: Abraham ibn Daud. Sources and Structure of ha-Emunah ha-Ramah. Amsterdam, 1990.

______. Abraham ibn Daud and the *Midrash ha-Hokhma*: A Mini-Discovery. *Zutot: Perspectives on Jewish Culture*, n. 2, p. 156-163, 2002.

______. Abraham ibn Daud's Polemics against Muslims and Christians. In:

ROGGEMA, B.; POORTHUIS, M.; VALKENBERG, P. (Org.). *The Three Rings, Textual Studies in the Historical Trialogue of Judaism, Christianity, and Islam*. Leuven/Dudley, 2005, p. 19-34.

______. Was Maimonides – An Epigone? *Studia Rosenthaliana*, n. 40, p. 9-26, 2005.

GUGGENHEIMER, J. *Die Religionsphilosophie des Abraham b. David ha-Levi*. Augsburg, 1850.

GUTTMANN, J. Die Religionsphilosophie des Abraham ibn Daud aus Toledo. *Monatsschrift für Geschichte und Wissenschaft des Judentums*, n. 26, p. 461-477; 540-556, 1877; n. 27, p. 14-35; 110-129; 161-169; 202-217; 262-281; 304-316; 361-376; 400-422; 452-469; 503-522; 532-568, 1878.

HOROVITZ, S. *Die Psychologie des Aristotelikers Abraham ibn Daud. Jahresbericht des jüdisch-theologischen Seminars Fraenckel'scher Stiftung für das Jahr 1911*. Breslau, 1912.

KAUFMANN, D. *Geschichte der Attributenlehre in der jüdischen Religionsphilosophie des Mittelalters von Saadja bis Maimûni*. Gotha, 1877, p. 241-252; 341-360.

KRAKOWSKI, E. On the Literary Character of Abraham ibn Daud's *Sefer ha-Qabbalah*. *European Journal of Jewish Studies*, n. 1, p. 219-247, 2007.

SCHMELZER, M. Two Philosophical Passages in the Liturgical Poetry of Rabbi Isaac ibn Giat. In: LINK-SALIGER, R. (Org.). *Of Scholars, Savants and their Texts*. New York, 1989, p. 209-215.

WOLFSON, H. A. In: TWERSKY, I.; WILLIAMS, G. H. (Org.). *Studies in the History of Philosophy and Religion I-II*. Cambridge, MA, 1973; 1977 index, s.v. Abraham ibn Daud.

Notas

1. Ver COHEN, G. D. *The Book of Tradition by Abraham Ibn Daud*. Philadelphia, 1967.
2. A história dos "quatro cativos", que figura nessa obra, usufruiu da atenção da pesquisa. Ela conta sobre quatro rabinos que zarparam da cidade de Bari, na Itália, para angariar fundos destinados a uma academia rabínica e foram tomados como prisioneiros. Dois deles terminaram sendo levados à Espanha, onde estabeleceram a comunidade judaica de Córdova. Essa história tem como intuito instruir que a comunidade de Córdova é um elo

na corrente das comunidades judaicas, unidas por laços muito fortes à Terra de Israel, por meio da Itália e do Egito. A narrativa dos quatro cativos demonstra que uma ponte de carne e osso, uma ligação genética incontestável, assegura a uniformidade da Torá de Israel; ainda que oceanos e continentes separem seus filhos-transmissores, jamais haverá uma mácula na mensagem divina da Torá de Israel. Ver TSFATMAN, S. *Ben Ashqenaz li-Sefarad – Le-Toldot ha-Sipur ha-Yehudi bi-Mei ha-Benayim* (Entre Asquenaz e Sefarad – A História da Narrativa Judaica na Idade Média). Jerusalem, 5753, p. 111-113; COHEN, G. D. The Story of the Four Captives. *Proceedings of the American Academy for Jewish Research*, n. XXIX, p. 55-113, 1960-1961.

3. Para uma discussão acerca das traduções de *'Emuná Ramá*, datas e circunstâncias de sua composição e diferenças entre elas, ver, por exemplo, PINES, S. Ha-'Im Diber Shlomó Ibn Gvirol Sará al ha-'Umá? (Porventura Salomão ibn Gabirol Caluniou a Nação?). *Ben Maḥshevet Israel le-Maḥshevet ha-'Amim: Meḥqarim be-Toldot ha-Filosófia ha-Yehudit* (Entre a Filosofia de Israel e a Filosofia dos Povos: Pesquisas sobre a História da Filosofia Judaica). Jerusalem, 5737, p. 61-67; KATZ, S. Rabbi Shlomó ibn Gvirol 'Dover Sará al ha-'Umá'. *Sinai*, n. 89, p. 171-175, 5741; ver ainda: ERAN, A. Ha-Yaḥas ben Shne ha-Targumim le-Sifró shel Ibn Daūd *Al-ᶜAqīda al-Rafīᶜa* (A Relação entre as Duas Traduções da Obra *Al-ᶜAqīda al-Rafīᶜa*, de Ibn Daūd). *Tarbiz*, n. 65, p. 79-107, 5756; *Me-'Emuná Tamá le-'Emuná Ramá*: Hagutó ha-Qdam Maimonit shel Rabbi Avraham ibn Daud (Da Fé Simples à Fé Sublime: A Filosofia Pré-Maimonídea de Abraão ibn Daūd). Tel Aviv, 5758, p. 22-25.
4. MS Mântua 81. Ver também meu trabalho: ERAN, A. *Meqorotav ha-Filosofiyim shel Avraham ibn Daud be-Sifró Al-ᶜAqīda al-Rafīᶜa* (*Dagesh Meyuḥad al Targumó shel Shmuel Moṭoṭ*: Ha-'Emuná ha-Nisa'á); *Maadurá Biqortit ve-Nisayyon Shiḥzur* (As Origens Filosóficas de Abraão ibn Daūd em sua Obra *Al-ᶜAqīda al-Rafīᶜa* [com ênfase especial na trad. de Samuel Moṭoṭ: *A Fé Sublime*]. Edição crítica e tentativa de restauração). Tese (Doutoramento) em filosofia sob a orientação de Shlomo Pines, Haggai ben-Shammai e Zev Harvey.
5. Ver EISENBERG, Y. *'Emuná Ramá – Peraqim mi-Tok̲ 'Emuná Ramá le-Rabbi Avraham ibn Daud* (*'Emuná Ramá* – Capítulos da Obra *'Emuná Ramá* de R. Abraão ibn Daūd), Jerusalem: Haskel, 5747.
6. SAMUELSON, N. M. (Org.). *The Exalted Faith*: Abraham Ibn Daud. Trad. e comentários de N. M. Samuelson. Trad. editada por Gershon Weiss. Rutherford/London, 1986.
7. MS Oxford-Bodleian 57. Essa cópia foi realizada em 1827 por Ishmael Menaḥem de Ferrara, a pedido de Mordek̲ai Shemuel Girondi.
8. Ver SAMUELSON, 1986, op. cit., p. 19, nota 6. Os manuscritos que serviram de base para a edição, além de Oxford 57, foram os seguintes: MS Londres 2239; MS Munique 201 [Weill]; MS Vaticano 259.
9. Ibid., p. 20. A referência é a: MS Montefiore 274; Nova York JTS 2238; Nova York JTS 2243; MS Londres 1069.
10. As traduções hebraicas não mencionam os nomes das obras tais como são conhecidas atualmente. Assim, o *Livro das Crenças e Opiniões*, de Sa'adia Gaon, é denominado *Livro das Crenças e das Conjecturas*; a obra *Dialética* é intitulada *Livro dos Lugares*.
11. D'ALVERNY, M.-T. Notes sur les traductions médiévales d'Avicenne. *Archives d'Histoire Doctrinale et Littéraire du Moyen Âge*, n. 19, p. 351 (p. 337-358), 1952.
12. ZONTA, M. Avicenna in Medieval Jewish Philosophy. In: JANSSENS, J.; DE SMET, D. (Org.). *Avicenna and His Heritage*. Leuven, 2002, p. 267-279.

13. Segundo Samuel Moṭoṭ, sua tradução foi realizada a pedido do R. Isaac ben Sheshet (1326-1408), cujo tempo e palco de atividades coincidem com os de Ḥasdai Crescas.
14. R. Efraim Ankawa menciona Ibn Daūd e a composição *'Emuná Ramá* em sua obra *Sha'ar Kevod ha-Shem* (O Portal da Glória de Deus). Ver SIRAT, C. La Pensée philosophique d'Ephraim Al-Naqawa. *Daat*, n. 5, p. 21, 1980.
15. R. Yosef ibn Shem-Ṭov menciona nominalmente Ibn Daūd e *'Emuná Ramá*. Ver KAUFMANN, D. Asagotav shel R. Avraham ibn Daud al *Meqor Ḥayyim* (As Objeções de Abraão ibn Daūd sobre o *Fons Vitae*). *Meḥqarim ba-Sifrut ha-'Ivrit shel Yemê ha-Benayim* (Pesquisas na Literatura Hebraica da Idade Média). Jerusalem, 5722, p. 139, nota 13.
16. Ver BEN MOSHÉ ARAMA, I. *Sefer 'Aqedat Isḥaq* (Livro do Sacrifício de Isaac). Pressburg, 1849; HELLER-WILENSKY, S. *R. Yiṣḥaq Arama u-Mishnató* (A Filosofia de R. Isaac Arama). Jerusalem/Tel Aviv, 5716, p. 42; 114. Para menções adicionais de Ibn Daūd e suas obras, ver FONTAINE, R. Abraham ibn Daud and the *Midrash ha-Hokhmah*: A Mini-Discovery. *Zutot*, n. 2, p. 161, 2002; ASOUDRI, I. *Torat ha-Nevu'á le-Rabbi Avraham ibn Daud ve-Zikatá le-Mishnat Avraham ben 'Ezra* (A Teoria Profética de Abraão ibn Daūd e sua Relação com a Doutrina de Abraão ibn Ezra). Dissertação (Mestrado) – Universidade Hebraica de Jerusalém, 5763, p. 97-98.
17. Ed. de Samson Weil, Frankfurt, 1852. Todas as citações a seguir de *'Emuná Ramá* serão extraídas dessa fonte.
18. Ver meu artigo: ERAN, A. Abraham Ibn Daūd's Definition of Substance and Accident. *Arabic Sciences and Philosophy*, n. 7, p. 228-265, 1997.
19. Ver meu artigo: ERAN, A. Hashpa'at Ibn Sina al Hoḵaḥat Hisha'arut ha-Nefesh be-Mishnat Avraham ibn Daud (A Influência de Avicena sobre a Comprovação da Imortalidade da Alma na Doutrina de Ibn Daūd). *Da'at*, n. 31, p. 5-26, 1993.
20. Cf.: "E essa substância não pode ter uma grandeza infinita, porque isso absolutamente não existe". ARISTÓTELES. *Metafísica* XII, 7, 1073a; cf. *Física* III, 8, 208a.
21. Cf. id. *Metafísica* XII, 6, 1071a: "Pois, se todas as substâncias são corruptíveis, tudo o que é seria corruptível". Cf. também *Metafísica* II, 2, 994a et seq.
22. Ver capítulo IV. Cf. AVICENA (IBN SĪNĀ). *Kitāb al-Najāt* (O Livro da Salvação). Cairo, 1938, p. 124-125.
23. Cf. "Pois a semente se origina de seres perfeitos que lhe são anteriores. O primeiro ser não é a semente, mas o ser perfeito. Podemos, pois, dizer que o homem é anterior ao sêmen". ARISTÓTELES. *Metafísica* XII, 7, 1072b-1073a.
24. AL-FĀRĀBĪ, Abū-Naṣr Muḥammad. *Kitāb al-Siyāsa al-Madaniyya* (Livro da Política), também denominado *Os Princípios dos Seres*. Em hebraico: *Ha-Ḥevrá ha-Poliṭit* (A Sociedade Política). Trad. de Abed Shoukri. Tel Aviv, 1992, p. 60.
25. ARISTÓTELES. *Metafísica* XII, 7, 1072b: "Este é, pois, o primeiro princípio, do qual dependem o céu e toda a natureza".
26. Ibid.
27. FALAQERA. *Moré ha-Moré* (O Guia do *Guia* [*dos Perplexos*]). Ed. de Yair Schiffman. Jerusalem: World Union of Jewish Studies, 2001, p. 216. Ver as notas sobre as linhas 145-147.
28. Cf. ARISTÓTELES. *Metafísica* XII, 6, 1071b: "Por que é possível que o que é em potência não passe ao ato", ou seja, o primeiro motor é um ente necessário. Ver também id. *Metafísica* XII, 7, 1072b.
29. Ibid., 6, 1072b. Ver também CRESCAS, Ḥ. *'Or ha-Shem* (A Luz do Nome [de Deus]). Primeiro princípio, cap. XXIX, ed. de Fisher, 1990, p. 58.

30. Cf. FALAQERA, (ver supra nota 27), 2001, op. cit., cap. LVIII, p. 153-154, linhas 44-50. Falaquera enfatiza a exclusividade do Ente Necessário ao tomar como referência o fato de que, na tradução de Aristóteles para o árabe, o termo não é Ente Necessário, mas "Ente Essencial", que, a seu ver, significa "algo que não pode existir a não ser de si mesmo".
31. IBN SĪNĀ, Abū ᶜAlī al-Husayn ibn ᶜAbd Allāh (AVICENA). *'Antológia le-Kitvê 'Ibn Sina* (Antologia dos Escritos de Avicena). In: HARVEY, S. (Org.). Trad. de Aviva Schusman. Universidade de Tel Aviv, 2009, p. 188-198.
32. ALTMANN, A. Essence and Existence in Maimonides. *Studies in Religious Philosophy and Mysticism*. Ithaca/New York, 1969, p. 108-127. Ver também a obra de minha autoria: ERAN, A. *Me-'Emuná Tamá le-'Emuná Ramá – 'Al Hagutó ha-Qdam Maimonit shel Avraham Ibn Daud*. Tel Aviv: Hakibbutz Hameuchad, 1998, p. 142-147; 197-206.
33. Cf. Novo Testamento: Mateus 13; Marcos 4-9; Lucas 8:5-8. Cf. AL-ĠAZĀLĪ, Abū Hāmid Muḥammad ibn Muḥammad. *Maqāṣid al-Falāsifa* (Intenções dos Filósofos), II (*Ilāhiyyat*). Cairo, 1936, p. 112 (tradução de minha autoria).
34. Ver meu artigo: ERAN, A. U-Qeṣat ha-Gar'inim Yifgeshú 'Eretz Shemená – Mashal ha-Zéra' ve-Hazorêa' be-Sefer *'Emuná Ramá* le-Avraham Ibn Daud (E Algumas Sementes Cairão sobre um Solo Rico – A Parábola da Semente e do Semeador na Obra *'Emuná Ramá* de Abraão Ibn Daūd). *Tarbiz*, n. 53, p. 139-150, 2003.
35. Ver, por exemplo, suas afirmações na obra *Oito Capítulos*, na introdução ao primeiro capítulo: "Saiba que a alma humana é uma, mas que tem muitas ações diversificadas. Algumas dessas ações, de fato, têm sido denominadas 'almas', o que deu origem à noção de que o homem possui muitas almas, como acreditavam os médicos, sendo que o mais eminente deles declara, na introdução de sua obra, que há três almas, a física, a vital e a psíquica".
36. HARVEY, W. Z.; HARVEY, S. Yaḥasó shel Ḥasdai Crescas le-Al-Ġazali (A Relação entre Ḥasdai Crescas e Al-Ġazālī). In: NAHEM, I. (Org.). *Ha-'Islam ve-'Olamot ha-Shezurim Bó – Qoveṣ Ma'amarim le-Zikrá shel Ḥava Lazarus-Yafe* (O Islã e os Mundos Nele Entrelaçados – Antologia de Ensaios em Homenagem a Hava Lazarus-Yafe). Jerusalem, 2002, p. 196-210. Ver também HARVEY, S. (Org.). *'Antológia le-Kitvê 'Ibn Sina*, 2009, op. cit., p. 31. (Ver supra nota 31.)
37. Para Zev Harvey, Ḥasdai Crescas extraiu de *'Emuná Ramá* as comprovações bíblicas acerca da indestrutibilidade da alma humana. Não está claro se ele também foi influenciado pelas explanações de Ibn Daūd ao definir a alma como uma substância racional, porém é evidente que ele manifestou interesse pelas definições aristotélicas. HARVEY, W. Z. R. Ḥasdai Crescas ve-Bernat Metge al ha-Nefesh (Ḥasdai Crescas e Bernat Metge Sobre a Alma). *Meḥqare Yerushalayim be-Maḥschévet Israel* (Pesquisas Jerosolimitas sobre a Filosofia Judaica), n. V, p. 148-151, 1996.
38. HARVEY, Z. R. Ḥasdai Crescas al 'Iḥudá shel 'Eretz-Yisrael (R. Ḥasdai Crescas sobre a Singularidade da Terra de Israel). In: HALLAMISH, M.; RAVITZKY, A. (Org.). *'Eretz Yisrael ba-Hagut ha-Yehudit bi-Me ha-Benayim* (A Terra de Israel no Pensamento Judaico Medieval). Jerusalem, 1991, p. 151; 154.
39. "'E amarás' [...] que é o segredo do labor e do verdadeiro amor." CRESCAS, Ḥ. *'Or ha-Shem*, Tratado II, seção 6, cap. 1, p. 238.
40. "E Lhe obedecerás com imensa rapidez para cumprir os Seus preceitos [...] com alegria e bondade" [...]. É "o segredo do labor e do verdadeiro amor". Ibid.
41. A respeito da possível influência de Ibn Daūd sobre a doutrina de Crescas, ver WOLFSON, H. A. Crescas' Critique of Aristotle's Physics. *Jewish and Arabic Philosophy*. Cambridge, MA, 1929, p. 22; 131; 418 (nota 34); 579 (nota 16); 578-588 (nota 18); 590; 600 (nota 27);

HARVEY, W. Z. *Physics and Metaphysics in Hasdai Crescas*. Amsterdam, 1998, p. 75-78, especialmente p. 75, nota 6; SAMUELSON, 2006, op. cit. (Ver supra nota 6.)

42. ERLICH, D. Le-Ashpa'atá shel *Ha-'Emuná ha-Ramá* le-Rabbi Avraham Ibn Daud al *Sefer ha-'Iqqarim* le-Rabbi Yosef Albo (A Influência da *'Emuná Ramá*, de R. Abraão Ibn Daūd, sobre o *Livro dos Princípios*, de Yosef Albo). *'Ale Sefer*, n. 23, p. 35-46, 2010.

43. "Quando implorei a Deus, abençoado seja, que me ajudasse a abrir os olhos dos homens de especulação de nossa nação, no que concerne aos princípios de sua fé, apresentando-lhes provas das passagens bíblicas e demonstrações da verdadeira filosofia." IBN DAŪD, A. *Emunah Ramah*. Ed. de Samson Weil, 1852, Introdução, p. 3.

Maimônides e o Deus dos Filósofos[1]

Samuel Scolnicov

I

A filosofia medieval é, em grande parte, consequência do encontro – e, frequentemente, do choque – entre a filosofia grega, ou helenística, e as religiões monoteístas. O problema básico da filosofia medieval deriva da necessidade de incluir, em um contexto filosófico, a existência de um Deus pessoal e criador cuja relação com o mundo é de iniciativa unilateral. Tal Deus é diversamente entendido pelas várias religiões bíblicas e, mesmo em cada uma delas, conforme as diferentes interpretações dadas por suas diversas variedades. Evidentemente, há problemas comuns e influências mútuas. Aqui me limito às questões mais típicas e específicas; mais exatamente, examino uma solução exemplar para esse problema sob um aspecto particular, o aspecto moral: a solução proposta por Moisés Maimônides (1135-1204). Mostro como seu ponto de vista – se bem que inicialmente formado pela metafísica e pela ética aristotélicas, com devidas modificações neoplatônicas – foi determinado, em relação a importantes noções, por sua concepção especificamente judaica da divindade.

O cristianismo, ou ao menos o cristianismo paulino, foi, desde seus inícios, o resultado da "helenização", ou melhor, da "catolização" (do grego *katholos*, universal) do monoteísmo hebraico. Para difundir o monoteísmo bíblico moral *urbi et orbi* – para a cidade de Roma e para o mundo inteiro –, São Paulo teve necessariamente de adaptá-lo ao espírito greco-romano. Desse ponto de vista, a filosofia medieval cristã difere, em alguns aspectos importantes, de seus paralelismos islâmicos e judaicos. Pode-se dizer que o cristianismo é em parte nascido do próprio helenismo ou de sucessivas reorientações em relação ao neoplatonismo e ao aristotelismo, mais do que de confrontações entre revelação e filosofia (embora, sem dúvida, tais confrontações também não tenham faltado). Apesar das dificuldades iniciais, o estoicismo e, mais tarde, o neoplatonismo tiveram no cristianismo uma recepção relativamente fácil. A cristologia, em especial, encontrou uma conceitualização bem congenial em alguns aspectos do neoplatonismo. É verdade que a absorção do aristotelismo pelo cristianismo não foi sem dificuldade (veja a proibição de Aristóteles, em Paris, ainda em 1270). Contudo, mesmo nesse caso, a impressão é de que se tratou, na Idade Média, mais de uma divergência entre platonismo e aristotelismo que de uma oposição entre religião e filosofia.

Não foi esse o caso das filosofias árabe – ou melhor, islâmica – e judaica. A rápida expansão das doutrinas de Maomé da Península Arábica para o Oriente Médio, e especialmente para a Pérsia (incluindo o Iraque moderno) e para a Síria (incluindo o Líbano e a Palestina), pôs essa religião intensamente monoteísta em brusco contato com a filosofia helenística em suas versões siríacas. Foi aí, na Pérsia e no Iraque, que a oposição entre religião e filosofia fez valer seus traços mais nítidos. No século XII, as linhas de batalha já estavam bem definidas. De um lado, por exemplo, Al-Fārābī e Avicena absorvem, cada qual a seu modo, o neoplatonismo, bem como algo de Aristóteles, e redefinem o Islã em termos filosóficos. Aí também o neoplatonismo ofereceu os meios de uma expressão mais rigorosa da unidade e da unicidade de Deus; de outro lado, Al-Ġazālī defende a ortodoxia islâmica contra o que ele considera tentativas de despersonalização da divindade.

No judaísmo, o principal problema filosófico é o de um Deus que se manifesta essencialmente como vontade, quer dizer, um Deus que cria e comanda. O Deus do Pentateuco e dos profetas se faz conhecido por sua vontade moral. O monoteísmo hebraico não está baseado em uma ideia abstrata de Deus, mas em uma poderosa consciência de uma vontade divina que cria o mundo, emite mandamentos e dirige a história.

Criação e mandamento estão intimamente ligados: ambos são expressões da vontade. No entanto, todo voluntarismo, humano ou divino, está quase completamente ausente do pensamento grego[2]. Por isso, a filosofia grega padeceu com o problema da *akrasia* – tradicional mas erroneamente traduzida por "fraqueza da vontade" –, ou seja, a possibilidade de optar pelo mal com plena consciência.

No Livro III da *Ética Nicomaqueia*, Aristóteles trata das questões de escolha e responsabilidade. Tem-se responsabilidade pelos atos quando se age com total conhecimento das circunstâncias e livre de coerção. Para Aristóteles, o conceito principal é o de deliberação (*bouleusis*), ou seja, a consideração das circunstâncias e a decisão tomada por força de tal consideração[3]. Como ele afirma, em uma passagem um tanto surpreendente, a conclusão, que a tradição chamou depois de "silogismo prático", é o próprio ato: "Preciso de um abrigo; um casaco é um abrigo: preciso de um casaco. Algo de que preciso devo fazer. Preciso de um casaco: faço um casaco. E a conclusão, devo fazer um casaco, é a ação". Do momento em que apreendi as premissas, o ato segue "imediatamente" (*euthus*) como consequência "se não há nada que obrigue ou impeça"[4]. Não há intervalo algum entre deliberação intelectual, decisão e desejo: "É o mesmo sobre o que se delibera e o que se escolhe [...], pois, quando temos escolhido como resultado da deliberação, desejamos de acordo com nossa deliberação"[5]. Não há lugar para a intervenção de uma vontade que possa impedir a passagem ao ato ou que lhe caiba fazer o que a conclusão proposicional requer e sem a qual a conclusão não poderia passar ao ato – uma vontade que poderia, portanto, decidir também por omissão "contra o melhor juízo", como se diz.

Para Aristóteles, o agente é o sujeito da responsabilidade enquanto hábil para prover meios aos fins e não está impedido de tomar tais ações que julga necessárias para implementar esses fins. Todavia, o fim em si, observa Aristóteles, não pode ser objeto de deliberação, mas só o que contribui para ele[6]. Onde não há deliberação não há, a seu ver, escolha. Não se pode *escolher* erroneamente o fim último, ou seja, a *eudaimonia*, isto é, a felicidade e o sucesso, mas é possível *enganar-se* sobre aquilo em que consiste a *eudaimonia.*

Por outro lado, o conceito de agente moral, como gradualmente emerge da Bíblia, especialmente do Deuteronômio em diante, é o conceito de pessoa considerada moralmente responsável por seus atos porque *escolheu* agir ou não agir de acordo com as prescrições divinas: "Vê, tenho hoje posto em frente a ti a vida e o bem, e a morte e o mal". Um pouco mais adiante: "[...] escolhe, pois, a vida"[7]. O contraste com Aristóteles salta aos olhos. As premissas estão todas aí. Não há considerações além das apresentadas ao homem: eis o que é o bem e o que é o mal, e eis suas respectivas consequências, e então vem a injunção de escolher o bem. A decisão não é imediata (*euthus*); é necessária uma *volição*, um ato de vontade, de espontaneidade. Essa vontade não é cega; considera razões, mas não é totalmente *determinada* pelas razões. As dificuldades de Aristóteles concernentes à *akrasia* devem ser entendidas em relação à falta de um conceito de vontade desse tipo[8].

O mandamento pressupõe uma relação entre duas *pessoas*: 1) uma pessoa que comanda, isto é, que faz uma exigência que poderia não fazer, logo uma exigência que é produto de pura espontaneidade; e 2) uma pessoa que é comandada e, portanto, que pode obedecer ou desobedecer – ou melhor, que pode obedecer precisamente *porque* pode desobedecer. A natureza não comanda estritamente: onde não há lugar para desobediência não pode haver, por isso mesmo, obediência, mas só automatismo.

Para os gregos, o universo era primário e irredutível. Parmênides formulou o princípio que nenhum filósofo grego discutiria: "Pois isto jamais será forçado: que os que não são sejam"[9]. Por consequência, não há criação e não há destruição: "O que é é ingerado e imperecível [...]; pois que necessidade o constrangerá, cedo ou tarde, partindo do nada, a ser?"[10]. O próprio conceito de uma possiblidade não realizada era, para ele, uma contradição em termos. Do mesmo modo, na matemática clássica, como vai se desenvolver a partir da própria metafísica parmenidiana, a mera possibilidade é condição suficiente da existência[11]. O que é possível tem de ser. A filosofia helenística notoriamente tropeçará no problema do meramente possível, ou contingente. O que significa, se é que significa algo, dizer que a batalha naval de amanhã é possível mesmo que nunca venha a acontecer[12]?

A natureza grega, como o sistema da totalidade do que é, é a realidade autônoma, suficiente em si mesma. "Este *cosmos*", diz Heráclito, "o mesmo para todos, nem deus nem homem o fez, mas sempre foi e é e será fogo sempre-vivo, acende-se por medida e apaga-se por medida"[13]. "O sol", afirma, "não ultrapassará suas medidas; ou as Fúrias, amas da Justiça, o descobrirão"[14].

Desde a aurora da filosofia, a ordem do universo era a ordem imanente da medida e da restrição mútua. No século VI a.C., Anaximandro, o primeiro filósofo cujas palavras chegaram a nós, escreve sobre as coisas que "dão retribuição umas às outras por sua injustiça"[15]. Mesmo antes dele, na mitologia homérica, os deuses se restringem mutuamente, como na divisão de poderes entre Zeus, Poseidon e Hefaísto, regendo respectivamente o céu, o mar e a terra, e o inferno; a *détente* entre eles era garantida pela semipessoal Moira, ou Destino (literalmente, "porção").

A metafísica implícita no conceito bíblico de criação – e não entro no problema quando o conceito de criação *ex nihilo* aparece pela primeira vez[16] –

é radicalmente oposta àquela que os gregos destilaram de suas cosmogonias evolucionárias. Na concepção bíblica, Deus é o existente primário, o mundo é derivativo e segue de um ato espontâneo de Deus: "E Deus disse"[17]. Há regularidades naturais, mas estas também dependem da palavra de Deus. A terra produziu "grama e erva que produzem semente, e árvore frutífera da própria espécie, cuja semente está em si mesma sobre a terra" – mas só sob o comando de Deus[18]. A terra de Jó também tem suas medidas, e seu mar não ultrapassará suas portas tanto quanto o sol de Heráclito não ultrapassará seus limites[19], mas essas não são restrições mútuas, em uma natureza contida em si mesma, regulando-se a si própria por si só. Não é surpreendente que não haja um conceito bíblico que corresponda ao conceito grego de *physis*, natureza. No pensamento bíblico, a totalidade dos seres é sempre derivativa e dependente e, como tal, irrevogavelmente contingente.

Não é coincidência que o conceito de *spontanea voluntas*, livre-arbítrio, tenha aparecido, pela primeira vez, em um contexto cristão, no século VI, no Código Justiniano, em Constantinopla[20]. O protótipo e a origem de tal conceito de vontade são os de um Deus que cria por sua pura vontade; e é esse conceito de vontade que eventualmente fruirá na distinção medieval entre essência e existência, entre *o que* uma coisa é e o mero fato de *que* ela é, ou existe.

Entende-se, portanto, por que os conceitos de essência e existência não foram distinguidos antes de Avicena[21]. A existência é então concebida como superveniente à essência, e criar é dar existência ao que previamente não existia; e o que previamente não existia poderia permanecer irrealizado. O ato da criação, para ser exato, é puramente voluntarista. Contudo, ao racionalismo grego – e, de fato, a todo racionalismo –, qualquer voluntarismo é repugnante. Aristóteles sugere tal distinção nos *Analíticos Posteriores*, e a lógica estoica se aproxima de uma distinção explícita[22], mas isso aparentemente é tudo. Os gregos não fizeram essa distinção precisamente porque haviam excluído de modo categórico, desde Parmênides, qualquer possibilidade de *creatio ex nihilo*[23]; *que* o universo existe tal como é, e que é inconcebível que pudesse não ser ou que pudesse ser diferente do que é – essa era, para o espírito grego, uma premissa evidente. A existência de um universo e de seus seres estava pressuposta em suas essências e era inseparável delas.

Isso explica, pelo menos parcialmente, por que a transcendência absoluta do Deus hebraico era alheia ao pensamento grego. O Deus hebraico é o Outro. Sua verdade (isto é, Sua realidade), diz Maimônides no início de seu *Mishné Torá* (Repetição da Lei), citando Deuteronômio 4:39, não é como a verdade dos outros seres. "Nada mais além d'Ele"[24]. Na interpretação de Maimônides, tudo o que é dito de Deus é dito por pura homonomia: "Todas as descrições do Sagrado no Pentateuco e as mencionadas pelos profetas são tão somente metafóricas e figurativas" [I.12].

É verdade: a Ideia do Bem de Platão está "além do ser", e o Um do "Primeiro Argumento" da Segunda Parte de seu *Parmênides* é inefável e impensável, mas sua transcendência é lógica e analítica, requerida por considerações filosóficas. O neoplatonismo, de Plotino a Proclo, acentuou a unidade absoluta e a transcendência do princípio primeiro. No entanto, dessa unidade toda pluralidade deriva necessariamente; as ordens inteligíveis e físicas emanam automática e inevitavelmente do Um neoplatônico. Elevado quanto seja, não há entre o Um neoplatônico e suas emanações nada comparável à infinita separação entre o Deus bíblico e Seu universo criado.

Assim, para os gregos, não poderia haver lugar para valores absolutos independentes da natureza ou mesmo opostos a ela. Sendo a natureza, para eles, um dado irredutível, as únicas alternativas para eles eram ou a *physis*, ou o *nomos*, ou a natureza, ou a convenção. Para alguns deles, valor era coextensivo com fato. Para Trasímaco, no Livro I da *República*, de Platão, a natureza é o que é imediatamente dado neste mundo: o poder político é sua própria justificação[25]. Para Aristóteles, a natureza de um ser é a perfeição de sua potencialidade imanente[26]. Também para Platão, a ordem ideal, mesmo se transcendente, é, contudo, um fato a ser reconhecido; é essa ordem ideal que é mais exatamente dita "natureza", da qual nosso universo é mero reflexo[27]. Para outros, como o sofista Antifão, o bem é *nomos*, convenção humana, sem base natural e, portanto, necessariamente relativa ao homem e à sociedade[28]. A concepção de uma ordem de coisas meramente possível, mas absolutamente prescritiva, não era, para os gregos, uma opção viável. Assim eles não puderam ter um conceito de mandamento, tampouco um conceito de dever. O mais próximo a que chegaram de tais conceitos foi com o *kathekhon* de Zeno de Cítio, a ação apropriada, a coisa certa a fazer ou, na definição citada por Diógenes Laércio, "a ação conforme à ordem natural"[29].

Em um contexto criacionista, o caso é outro. Deus é o criador, e a natureza depende d'Ele, e, portanto, Ele é também a fonte de valores que são não naturais, mas absolutos. A concepção ética grega é guiada pelo esforço para se pôr de acordo com a natureza, definida como seja, ao passo que a ética que deriva da Bíblia requer do homem que supere a natureza.

A oposição se manifesta em todos os níveis: de um lado, um Deus ontológico, *summum ens*, uma realidade platônico-aristotélica, eterna e autossuficiente, e uma ética eudaimonística baseada em uma concepção naturalística da virtude; de outro lado, um Deus pessoal e voluntarista, um mundo que não é irredutivelmente dado e que poderia também não ser, e uma moral supranatural, não intelectualística, às vezes até mesmo anti-intelectualística.

II

Também para Maimônides, Aristóteles foi "o chefe dos filósofos"; e, para Maimônides, como para Aristóteles, a moral era moral de *aretai*, de perfeições naturais, mas, ao mesmo tempo, era também uma moral de mandamentos. Sa'adia Gaon, no século X, já se confrontava com essa dualidade entre mandamento e perfeição natural, e seu racionalismo o conduziu a subordinar o mandamento divino à perfeição e à felicidade humanas. Todos os mandamentos, afirma Sa'adia, podem ser racionalmente explicados, completa ou, ao menos, parcialmente. Em geral eles são "a causa que leva a atingir o bem perpétuo" [30].

Maimônides vê bem claro o dilema: se todos os mandamentos conduzem à virtude e à felicidade, e, se a virtude é imanente à natureza humana, os mandamentos são, em última análise, supérfluos. Todavia, pelo menos *prima facie*, nem todos os mandamentos podem ser explicados por referência a necessidades ou à perfeição humana. Em seus imensamente populares *Oito Capítulos*[31] (de fato, sua Introdução à *Ética dos Pais*, em seu *Comentário sobre a Mishná*), ao discutir os relativos méritos do homem santo e do homem autocontrolado, Maimônides distingue entre os mandamentos, "sobre os quais os Rabis disseram que, se já não estivessem escritos na Lei, seria apropriado acrescentá-los"[32], como "homicídio, roubo, assalto, fraude, injúria a quem não causou dano, ingratidão, desrespeito para com os pais etc.", e aqueles "estatutos", que não têm explicação racional e cujo único mérito está na obediência que exigem, resumidos nas palavras de Rabi Shimon ben Gamliel: "Não digas: 'não quero comer carne com leite; não quero vestir lã com linho; não quero cometer incesto'. Mas diz: 'sim, quero, mas não devo, pois meu Pai no céu me o proibiu'"[33].

No *Guia dos Perplexos*, Maimônides, porém, oblitera essa distinção. Aqueles, observa ele, que "consideram grave que causas sejam dadas a uma lei qualquer" sofrem de uma doença da alma. Eles argumentam que "algo para o qual o intelecto não possa encontrar sentido algum e que não conduza a nada de útil é, sem dúvida, derivado de Deus".

Desse ponto de vista, é precisamente a irracionalidade do mandamento que proclama sua origem divina. Ao que Maimônides objeta que é como se,

> para esses débeis de intelecto, o homem fosse mais perfeito que seu Criador; pois o homem fala e age de modo que conduza a um fim visado, e a divindade não age assim, mas nos ordena a fazer o que não nos é útil e nos proíbe fazer o que não nos traz dano.

O Deus de Maimônides, como o de Espinosa, não é irracional. Confiantemente, Maimônides afirma que todo mandamento tem um fim bem definido: comunicar uma opinião correta ou erradicar uma opinião prejudicial, comunicar uma regra de justiça ou prevenir uma injustiça, doar ao homem uma virtude moral ou preveni-lo contra um vício moral. "Portanto" – resume ele –, "todos [os mandamentos] têm a ver com estas três: opiniões, qualidades morais e ações políticas" [*Guia dos Perplexos* III, 31]; e elas podem ser vistas sob duas categorias: o bem-estar da alma e o bem-estar do corpo. A perfeição deste leva à perfeição daquela. O corpo requer "alimento, abrigo, banho etc.", e isso não pode ser obtido pelo indivíduo sozinho; necessita da associação política, sendo o homem um ser político "por sua natureza". A perfeição do corpo é um pré-requisito para a perfeição última do homem, definida, a modo aristotélico, como a racionalidade *in actu*.

Se isso é assim, seriam todas as perfeições humanas puramente naturais? Se o homem é político "por natureza" e se sua perfeição última é a atualização do intelecto que ele já possui, mesmo se só em potência, que necessidade há de mandamentos? Se, como Maimônides argumenta em uma bem conhecida passagem dos *Oito Capítulos*[34], não se pode falar de virtudes e vícios das faculdades da nutrição e da imaginação, sobre as quais não temos controle voluntário, como se pode, desse ponto de vista, falar apropriadamente de virtudes (não de perfeições) políticas, morais e talvez mesmo intelectuais? Ao que parece, não restará diferença alguma entre obediência à Lei e "a ação conforme à ordem da natureza", com todas as implicações naturalísticas de tal opinião.

Pode-se, é claro, fazer uma nítida distinção entre as obras esotéricas e as obras exotéricas de Maimônides, entre o que escreveu como filósofo e o que escreveu como mestre religioso e mentor moral e político. Daí se pode perguntar, como muitas vezes se perguntou, qual foi sua "verdadeira" doutrina. Por si só, porém, essa linha interpretativa não leva muito a sério sua monumental codificação da lei rabínica judaica, o *Mishné Torá*, codificação pela qual ele é até hoje relembrado e estimado. Além disso, parece que essa interpretação contorna o problema inicial em vez de resolvê-lo, a saber: qual é a relação, na filosofia de Maimônides, entre a especulação teorética do filósofo e sua atividade moral e política? Em um sistema de moral "natural", no sentido explicado supra, a relação é razoavelmente clara. O rei-filósofo de Platão, por exemplo, depois de haver contemplado a ordem ideal, está qualificado, e mesmo obrigado, a realizar essa ordem em sua cidade. O filósofo de Aristóteles não decreta a lei, mas tão somente analisa o que faria o homem educado, de acordo com sua natureza humana e social. Contudo, no caso de Maimônides, tal interpretação lhe imputaria uma atitude arrogante no que diz respeito à Lei religiosa, atitude não facilmente conciliável com sua prática e seus pronunciamentos.

Nesse ponto, Maimônides abandona Aristóteles e se volta para o neoplatonismo, sempre mais congenial à consciência religiosa que o aristotelismo. Maimônides interpreta as virtudes aristotélicas não como excelências humanas, mas como os objetos próximos da *imitatio Dei*: "Pois a virtude última do homem é tornar-se semelhante a Ele, exaltado seja, o quanto seja capaz, quer dizer, fazer nossas ações semelhantes às d'Ele, como os Sábios deixaram claro em sua interpretação do versículo 'Sagrados sereis'"[35] [I, 54].

Assim Maimônides platoniza Aristóteles e assim dá à ética aristotélica a base transcendente que lhe falta. O fim último da moral não mais é imanente no homem, não mais é *eudaimonia* interpretada como a atualização autossuficiente das potencialidades de cada um. A virtude moral e política conduz à *imitatio Dei*, e é a *imitatio*, não a natureza, que dá valor a todas as virtudes humanas.

A legislação política é, em si, uma imitação de Deus. Moisés pede a Deus sabedoria teorética para que possa cumprir sua missão política. Como Maimônides o põe, citando o versículo do Êxodo: "'Que eu possa saber-Te para que ache graça em Teus olhos e ver que esta nação é Teu povo'[36] – o qual eu preciso governar, agindo de modo semelhante a Tuas ações ao governá-lo" [I, 54].

Os diversos atos políticos imitam Deus agindo com justiça, mercê, graça etc. Como Deus é percebido a guiar Seu povo, assim também o profeta deve guiar o povo[37]:

> Ao refutar a doutrina dos atributos divinos – escreve Maimônides ao final do *Guia* –, já explicamos que todo atributo pelo qual Deus é descrito nos livros [dos profetas] é um atributo de ação[38]. Assim, Ele é chamado

> possuidor de graça [*ḥasid*] porque deu ao todo existência; justo [*ṣadiq*], por Sua misericórdia para com os fracos – quer dizer, Seu governo das criaturas viventes por seus próprios poderes; e juiz, pela ocorrência no mundo de relativos bens e relativas grandes calamidades, necessitados pelo julgamento [*ḥukm*] que deriva da sabedoria [*ḥikma*] [III, 53].

Contudo, o Deus de Maimônides é totalmente transcendente; Ele é o Outro Absoluto [III, 21; 22]. Seguindo a tradição medieval do neoplatonismo judeo-árabe, Ele é a Unidade absoluta sem complexidade alguma, que, portanto, não admite nenhuma predicação. Os termos "sabedoria", "poder", "vontade" e "vida", aplicados, por um lado, a Deus e, por outro lado, a todos aqueles que possuem sabedoria, poder, vontade e vida são puramente equívocos, e seu sentido, quando predicados dele, não é, de modo algum, como seu sentido nas outras atribuições [I, 56]. Como, então, podemos entender essa *imitatio Dei*? Se Deus é sábio, justo ou misericordioso por pura homonomia, segundo Maimônides acentua muitas vezes, em que sentido se deve tomar a injunção de imitá-lo e andar em suas vias?

Até mesmo a via analógica de Tomás de Aquino está bloqueada para Maimônides. Deus não pode ser o análogo supremo, o *summum ens*; Ele não pode ser *eminenter*, o que nós somos só por analogia:

> Não penses que [esses termos] são usados por anfibologia. Porque, quando os termos são usados anfibologicamente, são predicados de duas coisas entre as quais há uma semelhança em relação a uma noção qualquer, que é um acidente pertinente a ambos, e não um elemento constituinte da essência de cada um deles. [...] Isso é, portanto, uma demonstração cogente, que não há absolutamente nada em comum entre o sentido desses atributos a Ele atribuídos e o sentido daqueles que conhecemos nós – mas somente o nome é comum e nada mais. Assim sendo, não hás de crer, porque o nome é comum, que existem n'Ele noções supervenientes à sua essência [III, 53].

Não há e não pode haver aí analogia. Contra Santo Tomás, Deus *não* é em relação a seus atributos como o homem é em relação a suas qualidades. Toda perfeição afirmada de Deus é uma perfeição só em relação a nós [I, 59].

Isso é bom neoplatonismo medieval árabe, como em Avicena. No entanto, na base da doutrina de Maimônides, está também uma concepção particularmente judaica de Deus. A concepção de um Deus que comanda e de um homem que obedece requer que eles sejam completamente diferentes, que o contato entre eles não seja ontologizado de forma nenhuma, sob pena de que a confrontação entre duas pessoas seja transformada em uma relação entre seres, e os mandamentos sejam reduzidos a uma inevitabilidade natural.

Contudo, o que impede Maimônides de aproximar Deus ao homem, mesmo por analogia, é também o que lhe permite estabelecer o contato entre eles: os conceitos de mandamento e obediência como atos de vontade. A simetria de ordenar e obedecer requer um intervalo ontológico intransponível entre Deus e o homem, mas também postula uma relação de pessoa a pessoa que não deriva, de modo algum, de uma necessidade ontológica. Não sendo ontológica no sentido clássico, essa relação não pode ser apreendida em si pela linguagem e pela concepção humanas, se bem que possa ser exprimida em termos políticos e educacionais.

Vimos como a relação entre mandamento e comandado revolve em torno ao conceito de vontade. Em si, diz Maimônides, a vontade é pura arbitrariedade. Em suas palavras: "A realidade e a quididade da vontade são, as duas: querer e não querer" [II, 18]. Todavia, um agente dotado de vontade pode agir e pode ser movido para agir ou impedido de agir por circunstâncias externas. No exemplo de Maimônides, um homem pode querer possuir uma casa mas não construí-la por falta de materiais de construção; ou ele pode não mais querer construir uma casa porque já não necessita de abrigo; mas, se sofrer frio ou calor, poderá se arrepender outra vez.

Maimônides resume:

> Ficou claro, então, que acidentes supervenientes podem mudar a vontade e que impedimentos podem se opor à vontade de forma tal que evitem que ela seja executada. Tudo isso, porém, ocorre apenas quando atos estão a serviço de algo externo à vontade. Contudo, quando o ato não tem nenhum fim exceto seguir a vontade, esta não necessitará de incentivo. Quem quer não é sempre obrigado a agir, mesmo se não há impedimento [II, 18].

Nos entes materiais, a vontade é impedida ou excitada por circunstâncias externas[39]. A vontade de Deus, porém, não sendo sujeita a impedimentos ou a acidentes supervenientes, é vontade pura, sem necessidade de incentivos. Seus atos, portanto, não terão nenhum fim, exceto serem consequentes à Sua vontade. Essa foi, de fato, a opinião dos *mutakallimun* árabes, que já citamos em um contexto diferente: Deus não faz uma coisa em vista de outra, e não há causa e efeito (ou melhor, não há teleologia), mas todas as ações de Deus correspondem somente à Sua vontade. Isso as teria posto na categoria chamada por Maimônides de "ações fúteis", isto é, ações em que nenhum fim é visado, tal como brincar com as mãos enquanto se pensa.

No entanto, se assim é, toda ciência, ou ao menos toda ciência aristotélica, é impossível. Os que mantêm essa posição negariam, em uma variante do argumento antiteleológico citado por Aristóteles em sua *Física*[40], que a córnea do olho é transparente para que o fluido visual possa passar. Ao contrário, mantêm eles, Deus assim o quis, sem que houvesse, para isso, nenhuma necessidade teleológica.

No entanto, não é assim, de acordo com Maimônides. O alimento visa somente preservar o ser vivo por algum tempo, e os sentidos visam exclusivamente à sua utilidade. Há no mundo uma rede teleológica de causas e efeitos, e é essa rede de necessidades condicionais que possibilita a ciência e os atos visando fins. A especulação filosófica requer que não haja nada fútil ou vão em todos os atos da natureza. Essa também, de acordo com Maimônides, é a opinião dos conhecedores da Lei, "que os pormenores dos atos naturais estão bem arranjados e ordenados e entrosados uns com os outros, todos eles sendo causas e efeitos" [III, 25], quer dizer, causas e efeitos teleológicos.

Em outra passagem, Maimônides afirma: "Em nossa opinião, [em Deus] a volição também é consequente à sabedoria, sendo ambas o mesmo – quer dizer, Sua essência e Sua sabedoria –, pois nós não cremos em atributos" [II, 18].

Para ele, não há diferença entre a opinião dos sábios talmúdicos e a opinião filosófica (como interpretada pelos neoplatônicos árabes) no que diz respeito aos pormenores do que existe. A única diferença é, como Maimônides nota secamente, "que eles [isto é, os filósofos] consideram o mundo eterno e nós o vemos como produzido no tempo" [III, 25].

Não é coisa de pouca importância. Maimônides deixa bem explícito que a criação é "a base de nossa Lei" [II, 29]. Contudo, essa opinião não pode ser sustentada pela autoridade das Escrituras. Mais ainda, assim como as referências antropomórficas a Deus foram descartadas no Livro I do *Guia*, nada impediria uma interpretação figurativa daqueles textos que, tomados ao pé da letra, parecem requerer crença em criação temporal. Ao contrário, a crença na criação é suscitada pela crença na revelação profética e na validez geral dos mandamentos, que nenhum judeu negaria. Assim como Deus deu existência ao mundo como quis, sem que saibamos que relação essa vontade tem, se é que tem, com Sua sabedoria, do mesmo modo temos de aceitar a profecia e os mandamentos como emanados de Sua vontade e de Sua sabedoria, tanto quanto podemos rastreá-los a esta última. "Pois, se a criação no tempo fosse demonstrada", assim conclui Maimônides esse capítulo, "mesmo somente como Platão entende criação", isto é, na interpretação de Maimônides, como a imposição temporal da forma em uma matéria preexistente[41], "todas as descuidadas afirmações feitas nesse assunto pelos filósofos seriam vácuas". Por outro lado, entretanto, "se os filósofos conseguirem demonstrar a eternidade como Aristóteles a entende" – quer dizer, que forma e matéria estão conjuntas por necessidade natural[42] –, "a Lei, em sua totalidade, se tornará vácua" [II, 25].

Contudo, isso não impede Maimônides de continuar e de declarar, imediatamente depois dos capítulos que estivemos discutindo, que o mundo não foi criado em certo momento do tempo: "A base de nossa Lei – diz ele agora – é a noção de que Deus criou o mundo do nada, sem que houvesse um início temporal. Pois o tempo é criado, consequente ao movimento da esfera [celeste], que é criada" [II, 30].

A contradição pode ser só aparente. Na opinião de Maimônides, conforme vimos, criação é o trazer à existência a partir da inexistência ou, seguindo Avicena, a superimposição de existência a algo que era previamente inexistente. A diferença entre Deus e o universo é que, conquanto em todos os seres a existência seja superveniente à essência, em Deus existência e essência coincidem. Dizer, pois, que o mundo é criado, mas não no tempo ou, pelo menos – para se esquivar de algumas espinhosas disputas interpretativas –, não necessariamente no tempo, é dizer que o mundo em sua totalidade é inerentemente contingente, se bem que sua contingência não seja incompatível com sua eternidade.

Será então o caso de que tudo no universo visa a um fim, mas o universo em sua totalidade é fútil, isto é, sem um fim? Assim seria se a vontade de Deus fosse separada de Sua sabedoria, como no homem (e nos animais), mas a rejeição de atributos divinos de qualquer tipo exclui a postulação de uma vontade separada. A identidade – ou melhor, a não separação – entre a vontade e a sabedoria divinas nos força a concluir que o mundo existe porque a existência é melhor que a não existência, e "melhor" há de ser entendido em sentido teleológico:

> O único fim [da criação] consiste em trazer à existência, como vês, tudo cuja existência é possível, pois Sua sabedoria não requereu de forma alguma que fosse de outro modo, visto que isso é impossível, porque os eventos ocorrem de acordo com o que requer Sua sabedoria [III, 25].

Esse é, de fato, o princípio neoplatônico da plenitude, mas com uma diferença: essa plenitude é *contingente*. Não estamos de volta à equação de Parmênides de possibilidade e necessidade. Para que exista, o universo depende de um ato (não temporal) de Deus[43].

No interior do universo, há necessidade condicional. O quanto é estrita essa necessidade para Maimônides não sei dizer, mas o universo em sua totalidade é contingente. Como vimos em outro contexto, essa é a diferença entre a graça (*ḥesed*) de Deus e Sua justiça (*ṣedaqá*). Deus é dito como possuidor de graça porque Ele trouxe o todo à existência e justo pelo modo como as criaturas vivas se regem por meio de suas próprias forças. Ainda mais, no início do cap. III, 53, Maimônides definiu *ḥesed* (graça) como "excesso em qualquer matéria em que o excesso é praticado" e, especialmente, "excesso em beneficência". Ele continua e distingue entre duas noções incluídas no conceito de beneficência: 1) "o exercício de beneficência para quem não tem o direito de exigi-la"; e 2) "o excesso de beneficência para quem a merece, mas em medida maior que a merecida". Conclui explicitamente: "Esta realidade como um todo – quer dizer, que Ele, exaltado seja, trouxe à existência – é *ḥesed*". Em outras palavras, a existência deste universo não é necessária por nenhuma razão determinante em si, mas sua existência não é puramente arbitrária. A existência *é* melhor que a inexistência. Ser um bem, porém, não é razão suficiente para que o mundo exista. Contra a doutrina aristotélica e o emanatismo neoplatônico, o bem precisa de um ato de vontade, sem o qual ele ficará irrealizado. Exceto que Deus, e só Deus – em quem vontade e razão coincidem –, não é sujeito à *akrasia*[44].

Ṣedaqá, explica Maimônides, deriva de *ṣedeq*, justiça; e *ṣedeq*, de acordo com o penúltimo capítulo do *Guia*, é "dar a cada um que tem direito a algo aquilo a que ele tem direito e dar a cada ser o que corresponde a seus méritos" [III 53]. O aspecto natural da justiça é a teleologia interna no universo e em cada organismo, pela qual todos têm suas necessidades providas desde que existam. Seu aspecto social e político é o desencargo dos deveres impostos em vista de outros, como restituir um débito ou pagar o salário de um trabalhador. No entanto, justiça (*ṣedeq*) ainda não é *ṣedaqá*. *Ṣedaqá* é o cumprimento de deveres em relação a outros que são impostos pela virtude *moral*, como curar as injúrias de todos os injuriados. Todavia, *ṣedaqá* não é supererrogatória, como Maimônides afirma claramente: "Quando vais no caminho das virtudes morais, fazes justiça a tua alma racional", a saber, sua perfeição. A *ṣedaqá* para com o outro é *ṣedeq* para com a própria alma.

O final do *Guia dos Perplexos* ilumina em retrospecto seu início. O *Guia*, relembremos, começa com a firme rejeição da corporalidade e de qualquer antropomorfismo a respeito de Deus. O segundo capítulo é a interpretação de Maimônides da história da expulsão do Jardim do Éden. Essa conjunção não é fortuita. Poucas coisas no *Guia* são fortuitas. O castigo de Adão – essa é a moral que Maimônides tira da história – foram a privação do conhecimento teorético, que era suposto ele ter, e sua substituição pelo conhecimento ético, inferior àquele [I, 2; III, 51]. Até aí, Maimônides é um aristotélico ortodoxo. A missão do filósofo é se aproximar o tanto quanto possível daquele conhecimento teorético miticamente perdido. Para Maimônides, tal conhecimento conduz, além da física, à compreensão da alteridade absoluta de Deus.

Isso nos traz de volta, agora, ao neoplatonismo, mas é uma versão peculiar de neoplatonismo. O conhecimento teorético é sempre superior ao conhecimento moral, aí incluído também o conhecimento religioso enquanto prático, quer dizer, ético. O profeta, de acordo com Maimônides (seguindo Al-Fārābī), é aquele que atingiu as virtudes morais e intelectuais e pode, portanto, como rei-filósofo, traduzir sua visão do Outro Absoluto em termos de mandamentos divinos. O profeta dá ao inefável forma de atributos exemplares e articula a relação entre Deus e o homem como uma relação pessoal.

Foi o que fez Moisés, o primeiro entre os profetas [II, 32]. Baseando-se em um bem conhecido *midrash*[45], Maimônides afirma que, ao sopé do Monte Sinai, o povo ouviu uma grande voz, mas nenhuma articulação de palavras. As palavras foram comunicadas ao povo por Moisés. Pouco mais adiante, Maimônides cita outro *midrash*, em que se afirma que só os dois primeiros mandamentos foram ouvidos diretamente por todo o povo reunido[46]:

> Pois estes dois princípios – diz ele – [...], a existência da divindade e Sua unidade, são conhecidos pela especulação humana por si só. Pois em relação a tudo que pode ser conhecido por demonstração, o profeta e qualquer outro que sabe são iguais: um não é superior ao outro. [...] Os outros mandamentos pertencem à classe das opiniões geralmente aceitas, adotadas por tradição, e não à classe dos que são apreendidos pelo intelecto [II, 33].

Em outras palavras, o papel do profeta é traduzir a inefabilidade de Deus em termos morais e políticos. Contudo, se bem que o moral e o político pertençam à categoria do que é aceito e do que é tradicional, eles não são só por isso arbitrários:

> O fim das ações prescritas pela Lei toda é suscitar as paixões que é correto que sejam suscitadas. [...] Refiro-me à reverência a Ele, exaltado seja,

> e o temor diante de seus mandamentos. [...] Pois esses dois fins, amor e temor, se atingem por dois meios: o amor, pelas opiniões ensinadas pela Lei, as quais incluem a apreensão de Seu ser como Ele, exaltado seja, é em realidade; e o temor, por meio de todas as ações prescritas pela Lei, como explicamos [III, 52].

A Lei em geral tem dois fins. O primeiro é, de fato, *amor Dei intellectualis*. O amor é consequência do conhecimento e proporcional à apreensão. Assim, está claro que, seguindo a apreensão, serão procurados a total devoção a Ele e o emprego do pensamento intelectual para amá-Lo constantemente.

Maimônides pede nossa atenção:

> Já te clarificamos[47] que esse intelecto que emana d'Ele, exaltado seja, é, para nós, o laço entre nós e Ele. Tens a escolha: se queres fortalecer e estreitar esse laço, podes fazê-lo; se, porém, queres gradualmente enfraquecê-lo e debilitá-lo até que te desprendas d'Ele, também podes fazê-lo [III, 51].

Todavia, Maimônides não é Espinosa, embora lhe seja próximo. O outro fim da Lei é inculcar nos homens o temor a Deus, mas o temor não depende do conhecimento; ou, se depende, depende muito menos que o amor. Temor é produzido não pela especulação, mas pela obediência.

Há, de fato, uma necessidade ou racionalidade condicional nos mandamentos divinos. Seu fim geral é, em última análise, a máxima perfeição humana. No entanto, se isso fosse tudo, eles seriam supérfluos, tal como Maimônides critica Sa'adia Gaon. Não há razão alguma por que o homem seja comandado a atingir a perfeição à qual ele se esforça em obter, de modo aristotélico, por sua própria natureza.

No último parágrafo do *Guia*, Maimônides descreve brevemente a verdadeira perfeição do homem. Esta inclui a apreensão de Deus, se bem que negativa, na medida da capacidade de cada um, e o conhecimento de Sua providência "para com Suas criaturas, como se manifesta no ato de lhes conferir existência e regê-las como são" [III, 54]. Conforme vimos, a apreensão limitada de Deus é puramente intelectual. A teleologia condicional, pela qual os seres vivos e o universo em sua totalidade se regem a si mesmos, é o âmbito de uma ciência da natureza. Essas duas apreensões não necessitam da ajuda da profecia e dos mandamentos. Entretanto, a compreensão da contingência do universo, implícita em seu vir a existir, em contraste com a existência necessária de Deus, não pode resultar só da especulação filosófica. Tem de ser inculcada pelo mandamento como tal, à parte seus fins éticos ou políticos.

O mandamento pode ser ditado pela sabedoria, mas ainda precisa de um ato da vontade, assim como, em uma intepretação não aristotélica, é necessário um ato da vontade para passar do silogismo "Preciso de um casaco; do que preciso devo prover-me; portanto, devo prover-me de um casaco" à ida ao alfaiate – do mesmo modo, há de haver uma volição que intervenha entre o silogismo "O adultério é um mal moral; não deves fazer o mal; portanto, não cometerás adultério" e o mandamento incondicional "Não cometerás adultério".

Em última análise, os mandamentos são, para Maimônides, um instrumento educativo e político nas mãos do profeta e do rei-filósofo para inculcar nas massas uma medida de conhecimento da alteridade absoluta de Deus, ou seja, da diferença entre um ser em que a essência e a existência são inseparáveis e os outros, em que a existência não pode ser senão superveniente a suas essências. Os mandamentos situam o homem decisivamente como criado e como possuidor de uma vontade separada de seu intelecto. A revelação judaica confronta a vontade humana com outra vontade, que requer a obediência, mas que não a necessita. (A questão do livre-arbítrio do homem não é imediatamente relevante nesse contexto.)

Além da significação política dos diversos mandamentos, o próprio ato do profeta imita Deus ao decretar mandamentos como uma expressão da vontade. Em Deus, porém, essa vontade é indistinguível de sua essência, que é totalmente diferente de qualquer outra essência. O mandamento é sua tradução em termos humanos como atributo de ação no domínio moral e político. A matéria do mandamento, isto é, seu conteúdo, é moral e política, e, portanto, é atingível pelo intelecto puro como expressão da justiça divina. Para Maimônides, porém, sua forma, isto é, ser um *mandamento* porta uma mensagem educativa de máxima importância. Em sua totalidade, os mandamentos enquanto tais instilam no homem uma profunda consciência de sua contingência, de ele ser dependente da graça de Deus, uma consciência que não poderia ser derivada da especulação filosófica por si só.

Notas

1. Uma versão preliminar do presente artigo foi publicada como "Maimonide et le Dieu des philosophes". In: ZARCONE, T. (Org.). *Individu et société*: l'influence d'Aristote dans le monde méditérranéen. Istambul/Paris: Isis, 1988.
2. Cf. DODDS, E. R. *The Greeks and the Irrational*. Berkeley, 1951, p. 6; 105. Sobre o conceito grego de *bouleusis* e o conceito de *voluntas* em Agostinho, ver DIHLE, A. *The Theory of Will in Classical Antiquity*. Berkeley, 1982.
3. Cf. ARISTÓTELES. *Ética Nicomaqueia* III, 3. Todas as traduções são minhas.
4. Id. *Movimento dos animais* 7, 701a 11-20.
5. Id. *Ética Nicomaqueia* III, 3. 1113a 3-12.
6. Ibid., 3. 1112b 33. É claro que os gregos conheceram o fenômeno da *akrasia*. Ver, por exemplo, *Medeia* ou *Hipólito*, de Eurípides. No entanto, sua filosofia racionalista não era facilmente compatível com tal fenômeno.
7. Deuteronômio 30:15; 19.
8. Cf. ARISTÓTELES. *De Anima* III, 9-10; *Ética Nicomaqueia* III, 2, e especialmente III, 1112a 10 et seq.
9. PARMÊNIDES. Fr. 7 Diels-Kranz.
10. Id. Fr. 8.3-10 Diels-Kranz.
11. Cf. id. Fr. 6.1 Diels-Kranz.
12. Ver ARISTÓTELES. *De Interpretatione* 9, 19a 30; e, p. ex., DIODORUS CRONUS. In: EPICTETO. *Discursos* II, 19.9.
13. HERÁCLITO. Fr. 30 Diels-Kranz
14. Id. Fr. 94 Diels-Kranz.
15. ANAXIMANDRO. Fr. 1 Diels-Kranz.
16. Parece que essa noção não é atestada univocamente nas fontes judaicas antes de II Macabeus VII: 28. Cf. SCHOLEM, G. Schöpfung aus Nichts und Selbstverschränkung Gottes. *Eranos-Jahrbuch*, n. 25, 1957. Contudo, essa já era a interpretação da criação aceita pelos inícios da era cristã. Ver, por exemplo, *Bereshit Rabá* I: 12.
17. Gênesis 1:3.
18. Ibid. 1:11-12.
19. Jó 38:5; 8.
20. *Corpus iuris civilis*, *Codex Iustinianus* 2.3.2.
21. AVICENA. *Al-Illāhiyāt*, cap. 1; cf. PINES, S. Studies in Abu'l-Barakat al-Baghdadi's Poetics and Metaphysics. *Scripta Hierosolymitana* VI: Studies in Philosophy. Jerusalem: Magnes Press, 1960, p. 148, n. 87.
22. ARISTÓTELES. *Analitica Posteriora* II, 1. 89b 1-35. *Stoicorum Veterum Fragmenta* II, 323-332.
23. PARMÊNIDES. Fr. 8.6 Diels-Kranz.
24. *Mishné Torá*, Sefer ha-Madá' (Livro da Sabedoria) I: 4.
25. PLATÃO. *República* I, 338e 6 et seq.
26. ARISTÓTELES. *Física* II, 1, 193b 6 et seq.; id. *Metafísica* Δ, 4, 1015a 4 et seq.
27. Cf., p. ex., PLATÃO. *República* VI, 501b 1; X, 598a.
28. Cf. especialmente ANTIFÃO. Fr. 44 Diels-Kranz.
29. DIÓGENES LAÉRCIO. VII, 108.

30. SA'ADIA GAON. *Livro das Crenças e Opiniões* III. Introdução; caps. 1-3.
31. MAIMÔNIDES. *Oito Capítulos*. Cap. VI.
32. Talmud Babilônico, Tratado Yomá, p. 67b.
33. *Sifrá*, Levítico 20:26; *Midrash Yalquṭ*, Levítico, p. 226.
34. MAIMÔNIDES. *Oito Capítulos*. Cap. II, *in fine*.
35. Levítico 19:2.
36. Êxodo 33:13.
37. Davidson entende assim a atividade política do profeta de acordo com o *Guia*. Ele tem razão, na medida em que, de acordo com Maimônides, se possa atribuir a Deus atributos de ação. No entanto, como ficará claro no que segue, esse não é o último pronunciamento de Maimônides nesse assunto. Davidson não dá suficiente importância, nesse contexto, à doutrina dos atributos negativos. Cf. DAVIDSON, H. A. The Middle Way in Maimonides' Ethics. *Proceedings of the American Academy for Jewish Research*, n. 64, p. 31-72.
38. Cf. MAIMÔNIDES. *Guia dos Perplexos* I, 53-54.
39. Cf. ibid., II, 18.
40. ARISTÓTELES. *Física* II, 8.
41. Cf. MAIMÔNIDES. *Guia dos Perplexos* II, 13.
42. Cf. ibid.
43. Cf. ALTMANN, A. Essence and Existence in Maimonides. In: ALTMANN, A. *Studies in Religious Philosophy and Mysticism*. Ithaca: Cornell University Press, 1969, p. 116-117: "To exist [in Maimonides' view] is to be willed by God [...]. It appears that on the whole Maimonides related essence to the Wisdom, and existence to the Will of God, although he is rather vague in his utterances on the subject". Ver também GUTMANN, J. O problema da existência contingente na filosofia de Maimônides. *Religião e ciência*. Jerusalem, 1979, p. 119-135 (em hebraico); IVRY, A. Maimonides on Possibility. In: REINHARZ, J.; SWETSCHINSKI, D. (Org.). *Mystics, Philosophers and Politicians*. Durham, 1982, p. 67-84.
44. Cf. DIESENDRUCK, Z. O fim e os atributos na doutrina de Maimônides. *Tarbiz*, n. 1, p. 106-136, 1920; n. 2, p. 27-37, 1921; reimpresso em: EPSTEIN, J. N.; IDEL, M. (Org.). *Antologia Maimônides* (*Likutei Tarbiz*). Jerusalem, 1985, p. 189-264 (em hebraico): "A Vontade parece que só executa o que é determinado ser possível pela Sabedoria – mas não há autonomia nessa execução; ao contrário, a execução está permeada por uma teleologia de grande importância, e a Vontade realiza o possível, *porque a existência é boa*" (cap. III, 25) (p. 203; cf. também p. 210-217). Não estou certo se bem entendo Kreisel quando ele escreve que, "do ponto de vista de Deus [...], não há, de fato, possibilidade de não criar [o mundo]" – KREISEL, H. O problema do bem no pensamento de Maimônides. *Iyyun*, n. 38, p. 199, 1989 (em hebraico). Contudo, pode ser que a diferença entre nós, nessa questão, não seja grande.
45. *Meḵilta*, Êxodo 20:1.
46. Talmud Babilônico, Tratado Makot 22a; *Midrash* Cântico dos Cânticos 1:2.
47. Cf. MAIMÔNIDES. *Guia dos Perplexos* II, 12; 27.

Tensões e Encontros no Pensamento de Maimônides Entre o Aristotelismo Medieval e a Tradição Rabínica

Alexandre Leone

O Encontro Entre o Racionalismo Rabínico e a Filosofia Aristotélica

O pensamento de Rabenu Moshé ben Maimon ha-Sefaradi (Córdova, 1135/1138 - Fostat, 1204), chamado na literatura judaica pelo acróstico Rambam e que se tornou conhecido no Ocidente como Maimônides (filho de Maimon), desenvolveu-se no encontro entre o racionalismo rabínico e a filosofia medieval. Segundo Heschel[1], o racionalismo rabínico tem suas raízes no pensamento que se formou na escola de Rabi Ishmael, no segundo século da E.C., durante o período conhecido como dos tanaítas, isto é, dos sábios que viveram durante os mais de trezentos anos entre o século I a.E.C. até o início do século III da E.C., quando o Oriente Médio, helenizado em torno do Mediterrâneo oriental, estava em poder do Império Romano.

As principais coleções de ditos e ensinamentos dos *tana'im* estão reunidas nos tratados da Mishná e em tratados externos a essa obra, como o Sifre, a Sifra, a Mekilta de-Rabi Ishmael, bem como em outros compilados durante o século III, além de muitas *baraitot*, ou seja, tradições orais mencionadas na Guemará, que é de compilação posterior. Tal pensamento se caracterizaria por aquilo que Heschel denomina *ashqafá shel maṭa* (o ponto de vista terreno). Esse modo de pensar é fruto de uma experiência religiosa segundo a qual a transcendência divina implica, de um lado, a impossibilidade da união mística relacionada à profecia e, de outro, a ideia de que a Torá deve ser interpretada à luz da razão[2], e não de qualquer *insight* místico ou sobrenatural.

Segundo Heschel e David Tzvi Hoffmann, as principais características do pensamento da escola de Rabi Ishmael são:

1) A busca de uma exegese bíblica fundamentada na máxima: *Dibrá Torá kilshon bne 'adam* (a Torá fala a linguagem humana). Em outras palavras, a exegese do texto bíblico deve seguir o que é racional e válido para qualquer outro escrito humano no que concerne à hermenêutica de um texto, levando-se em consideração o contexto, a edição, os modos da época, a gramática e a sintaxe da língua hebraica, bem como a intenção do autor. Essa mesma posição é defendida por Maimônides no *Comentário sobre a Mishná* (*Perush ha-Mishnayot*), no *Mishné Torá* (Repetição da Torá) e no *Moré Nevuḵim* (*Guia dos Perplexos*).

2) A ideia de que a hermenêutica do texto da Torá deve ser baseada em regras lógicas, como as sete regras de Hilel (século I da E.C.), que foram expandidas nas 13 regras hermenêuticas de Rabi Ishmael (século II da E.C.) e nas regras criadas na Idade Média por Sa'adia Gaon e por Maimônides, que aparecem no tratado introdutório ao *Mishné Torá*, conhecido como *Sefer ha-Miṣvot* (Livro dos Preceitos), e no *Guia dos Perplexos*.

3) A afirmação da transcendência radical de Deus, considerado ontologicamente diferente do mundo. Surge daí uma noção mais clara de um mundo dependente de Deus, porém autônomo, que leva ao desenvolvimento da ideia de *ṭeva'* (natureza), que segue seu estatuto próprio e o modo de fluir que lhe é costumeiro (*dereḵ ha-'olam*), com o mínimo de intervenção divina por meio de milagres; tal intervenção tende, assim, a ser interpretada de maneira mais naturalizável.

4) Daí segue a negação veemente do antropomorfismo, considerado absurdo, o que leva à tendência a ler e a interpretar o texto bíblico e rabínico de modo que se minimize a linguagem antropomórfica.

5) A radical oposição à idolatria, vista como o conceito central por trás dos mandamentos (*miṣvot*) da Torá.

6) A alteridade radical de Deus em relação ao ser humano. Conforme mencionado, trata-se da negação da união mística, que põe em seu lugar a ideia da contemplação racional e intelectual de Deus. O ser humano aproxima-se de Deus por meio da vida ética e do estudo. Surge, assim, uma religiosidade

menos exaltada e mais voltada para a vida secular (profissão, vida familiar e estudo), vista como o local principal de sua realização. A posição dessa corrente é geralmente de desconfiança e de minimização da experiência mística.

Heschel, que denomina tal corrente do pensamento rabínico *ashqafá shel maṭa* – como mencionado anteriormente –, busca demonstrar sua continuação desde o período tanaítico até a Idade Média, desenvolvendo-se em tensão dialética com a *ashqafá shel ma'la* (o ponto de vista celeste), o misticismo rabínico, encarnado, durante o segundo século, na escola de Rabi Aqiva e, a partir do século XII, nos *hasidê 'Ashkenaz* e na Cabalá, a qual então se desenvolvia na Provença, em Sefarad (nos reinos ibéricos) e na Itália.

Como é possível depreender das particularidades listadas, Maimônides foi um dos representantes mais característicos do racionalismo rabínico. Outros racionalistas rabínicos medievais são Sa'adia Gaon, Rabenu Ḥananiel, os tossafistas franceses e alemães, Ibn Daūd e, depois de Maimônides, os aristotelizantes do século XII ao XV, como Moisés Narboni, Gersônides, Rabenu Menaḥem ha-Meiri, entre outros. Durante a Idade Média, o racionalismo rabínico tendeu a identificar-se, de início, com o *Kalām* e, em seguida, com a filosofia; a partir do século XII, especialmente com o aristotelismo matizado de influências neoplatônicas; e, depois, com o averroísmo que os judeus receberam por intermédio dos filósofos muçulmanos por compartilharem, naquele período, o mesmo ambiente cultural, como é possível perceber nas obras de Ibn Daūd, Maimônides, Gersônides e Narboni. Note-se que, fora do mundo rabínico, a tendência racionalista na Idade Média entre os caraítas inclinou-se mais para o atomismo do *Kalām* que para a filosofia aristotélica.

Seguindo uma tendência diversa, durante a Idade Média, a relação entre as correntes místicas rabínicas e a filosofia foi bem mais tensa e multifacetada, indo da crítica à filosofia ao estilo de Al-Ġazali feita por Yehudá Halevi, passando pela influência do neoplatonismo em Baḥya ibn Paqūda, pelos cabalistas ibéricos, provençais e italianos dos séculos XII e XIV, até a crítica ao aristotelismo representado pelas posições maimonídeas feita por Ḥasdai Crescas no fim do século XIV e no início do século XV[3]. As ideias filosóficas que se disseminaram entre os místicos foram, em geral, originadas do neoplatonismo, em especial daquele que remonta, mesmo que por vias indiretas, aos *Tratados das Enéadas*, de Plotino. Mixadas essas ideias com outras originadas da própria tradição judaica, os espiritualistas e místicos buscaram, na Idade Média, compor a *'Agadá*, a narrativa sapiencial-teológica de um judaísmo que, desconfiado da supremacia da razão (*seḵel*) como principal veículo para explicar o mundo e alcançar Deus, sublinhava serem a Revelação e a tradição o caminho para esse conhecimento. Outro motivo de oposição à filosofia, sobretudo ao aristotelismo, foi a constatação de que a ideia de um mundo eterno governado pela necessidade minava as bases da crença na Revelação. É interessante que este último seja também um tema em que Maimônides, mesmo identificando-se em geral com o aristotelismo, se viu obrigado a divergir das posições peripatéticas.

A partir do século XI, no Ocidente islâmico – Egito, Maġreb e Al-Andalus – e, depois, em terras cristãs latinas, o racionalismo judaico ruma em direção à via da composição da narrativa racionalista do judaísmo no sincretismo ou, do ponto de vista de Michel Löwy, na afinidade eletiva com o aristotelismo medieval, seja aquele com elementos neoplatônicos típico de Al-Fārābī e de Avicena, seja o aristotelismo depurado desses elementos representado por Averróis. Em ambas as tendências medievais, Aristóteles é entendido e interpretado como um "sumarizador" enciclopédico do conhecimento já em grande parte adquirido. Em geral, esse aristotelismo era, em seu primeiro momento, fruto de uma mescla das ideias de Aristóteles com as ideias neoplatônicas em virtude de dois textos – a *Teologia de Aristóteles* e o *Liber de Causis* – terem sido considerados, na época, erroneamente, partes do conjunto da obra aristotélica[4]. No caso de Maimônides, esse encontro entre o pensamento rabínico e o aristotelismo neoplatonizado é muito evidente em seus escritos.

Segundo Tirosh-Samuelson, "a intelectualização do judaísmo rabínico chegou a seu zênite com Moisés Maimônides"[5]. Com ele, assim como antes dele, com Ibn Daūd, o racionalismo rabínico foi amalgamado com o aristotelismo medieval recebido por influência da filosofia árabe (*falsafa*). A recente pesquisa tem demonstrado que no pensamento de Maimônides há forte influência, sobretudo, de Al-Fārābī e de Avicena, mas também de Ibn Ṭufayl e de Ibn Bājjah. Em sua física e metafísica, Maimônides dialoga com Al-Fārābī e com Avicena; parece concordar com a concepção de filósofo de Ibn Ṭufayl e de Ibn Bājjah, a saber, alguém que deveria ocultar suas ideias do público não iniciado em filosofia e nas ciências. Esse aspecto do pensamento de Maimônides gerou, ainda na Idade Média, leituras de sua obra – em especial do *Guia dos Perplexos* – que tendem a enfatizar a tese de que ele velou suas verdadeiras posições no debate medieval sobre se o mundo seria eterno ou se foi criado. No entanto, ainda que dialogue com ideias concebidas antes dele e faça uso delas, o pensamento de Maimônides tem ardor e finura; é um racionalismo preciso, equilibrado e crítico, diferente da entusiástica e mais singela fé na razão de Sa'adia Gaon. Maimônides tinha como propósito harmonizar com a filosofia o judaísmo rabínico em sua interpretação da Bíblia, do Talmud e do Midrash. Desse modo, entendia e defendeu em seus escritos que, para obter o conhecimento de Deus, seria necessário o estudo da filosofia natural e da metafísica paralelamente aos estudos dos textos tradicionais. Isso porque, para Maimônides, o aristotelismo é a melhor explicação para o funcionamento do mundo sublunar e para a rotação das esferas celestes. Nos textos de Maimônides, encontram-se numerosas referências diretas e indiretas a Aristóteles na afirmação de categorias lógicas e no uso constante de conceitos da física e da metafísica, além de seus escritos médicos.

O encontro que Maimônides estabelece entre Aristóteles e o pensamento rabínico se dá, entretanto, com certa tensão. De um lado, é notável o alto grau de respeito que ele demonstra para com o Estagirita e seus seguidores árabes; de outro, muitos estudiosos de seu pensamento discutem até hoje o grau de adesão de Maimônides às teses aristotélicas e sua divergência em questões cruciais, como no debate sobre a criação do mundo e a Revelação. Sobre isso várias controvérsias ocorreram no período medieval nos séculos que se seguiram à sua morte; essas controvérsias foram retomadas no século XX por Julius Guttmann e Leo Strauss, que polarizaram as duas visões díspares do pensamento de Maimônides: de um lado, a visão de um pensador comprometido com a tradição rabínica, que buscou sintetizá-la e harmonizá-la até certo ponto com a filosofia aristotélica, e, de outro, a visão de um pensador aristotelizante que encobriu suas verdadeiras posições para manter a coesão social que a religião proporcionava para as pessoas comuns.

É importante notar que não se deve consultar Aristóteles como guia para entender o que Maimônides escreve, como se este fosse apenas um comentarista daquele. Muito melhor é entender que Maimônides usa a linguagem aristotélica para seus próprios propósitos. É como se o aristotelismo fosse uma linguagem que ele usa para fazer as próprias afirmações. Maimônides poderia ser mais bem entendido como engajado em um diálogo crítico com Aristóteles, discordando deste em vários pontos fundamentais, porém permanecendo dependente da linguagem e das ideias aristotélicas, centrais em seu discurso, em seu modo de argumentar e em seu vocabulário filosófico.

Há vários exemplos de discordância entre Maimônides e Aristóteles. Ao contrário de Aristóteles, Maimônides não pensa que o mundo é eterno, apesar de afirmar que o mundo não será destruído[6]; não pensa que o supremo bem reside apenas na atividade contemplativa[7]; também não afirma que o normativo, em matéria moral, seja exatamente o que Aristóteles ensina[8], pois, apesar de aceitar a distinção que Aristóteles faz entre virtudes intelectuais e morais[9], diferentemente do Estagirita, Maimônides é claro ao afirmar a superioridade das virtudes morais como condição necessária, ainda que não suficiente, para a obtenção das virtudes intelectuais. É também claro que Maimônides tem uma visão muito mais voluntarista da liberdade humana que Aristóteles, para quem, a partir de certo ponto, o desenvolvimento humano são fado e necessidade[10]. Maimônides, assim, não seria um aristotélico por concordar com Aristóteles em pontos substantivos do pensamento deste, mas por usar e adaptar de modo criativo as categorias e a linguagem aristotélicas para seus propósitos, sendo a finalidade central a explicação, a organização enciclopédica e a racionalização de sua própria tradição. Alguém pode ser um aristotélico simplesmente por perguntar seriamente se o mundo é ou não eterno, algo que Maimônides certamente faz na segunda parte do *Guia*, quando argumenta contrariamente à interpretação de Aristóteles, o que era comum em sua época. Seu ponto de partida filosófico é Aristóteles, apropriado, no entanto, para desenvolver suas próprias posições em diversos temas. Por exemplo, Maimônides expõe, com muita agudeza, a oposição entre o aristotelismo e a ideia tradicional judaica de Revelação a fim de superá-la, em uma tentativa de síntese genuína. Essa realização maior o converteu em figura de proa e em um verdadeiro divisor de águas da filosofia judaica medieval. Usando uma figura de linguagem composta por Michel Löwy[11], é possível afirmar que, em Maimônides, o racionalismo rabínico e o aristotelismo medieval se encontram, por afinidade eletiva, em nova síntese criativa, produzida com vários elementos de tensão que permeiam sua obra e que podem ser notados em especial na segunda parte do *Guia dos Perplexos*. Segundo Guttmann, para Maimônides, o desafio do aristotelismo solicita uma purificação filosófica do judaísmo, mas também, igualmente, um ajuste ao sistema aristotélico[12]. Como Sa'adia, ele mantém que a Torá não deve ser interpretada literalmente nos pontos em que o entendimento do texto não seja compatível com conclusões claramente demonstradas pela razão. Por outro lado, isso significa ainda que o aristotelismo deve ser revisto para que sejam consideradas certas ideias acerca da realidade final da ação humana derivadas do monoteísmo ético, ideias que, segundo Seltzer, "Aristóteles não incluiu em seu sistema por causa de preconceitos e limitações inerentes ao antigo paganismo grego"[13]. É possível acrescentar, conversivamente, que Maimônides foi obrigado a incluir tais ideias em virtude das limitações que lhe eram impostas por sua adesão à tradição rabínica.

O Projeto Filosófico de Maimônides Por Meio de Seus Escritos

A linha mestra de Maimônides como pensador que unifica as diferentes vertentes de seu pensamento ao longo de seus escritos é a busca da sistematização, da organização e da racionalização do pensamento judaico. Maimônides visualiza a tradição judaica formando uma totalidade que, em sua opinião, precisa e carece de ser organizada de modo coerente. Ele então se propõe essa tarefa hercúlea e singular, que Heschel descreve como tentativa de reforma educacional, sobretudo no ambiente intelectual e nos modos de pensar e estudar da academia rabínica medieval[14]. No entender de Maimônides, juntamente com o estudo da Torá escrita – isto é, do texto bíblico – e do Talmud, seria necessário o estudo da lógica, da metafísica e da filosofia natural. Essa sistematização estendeu-se pelas duas grandes vertentes da literatura judaica: a *Halaḵá*, o pensamento jurídico, e a *'Agadá*, o pensamento sapiencial-teológico.

É interessante observar que Maimônides estreie sua vasta obra com um pequeno tratado sobre o calendário judaico, tema que, ao mesmo tempo, é de interesse científico e legal, pois lida com a astronomia e com questões importantes derivadas da datação para fins da *Halaḵá*. Esse tratado, escrito em árabe em 1159, chama-se *Sobre a Estimativa da Lua Nova*. No corpo do texto, Maimônides versa sobre lógica, as fontes do conhecimento (cap. 8), as quatro causas (cap. 9), os cinco predicáveis (cap. 10), substância e acidente (cap. 11), antes e depois (cap. 12), os diferentes tipos de ambiguidade (cap. 13) e a divisão das ciências (cap. 14). Assim, o tratado vai muito além de um mero estudo do calendário e é uma verdadeira introdução ao pensamento aristotélico, que já transparece claramente no pensamento do jovem Maimônides. Desse modo, a tendência de expor um assunto da lei judaica buscando harmonizá-lo com o pensamento aristotélico e desviando-se da dialética do *pilpul* rabínico[15] em prol do silogismo peripatético já está presente nesse texto juvenil.

Em sua condição de erudito rabínico, Maimônides buscou criar uma filosofia do direito que sistematizasse a *Halaḵá*, o direito judaico. Em sua primeira suma nessa direção, o *Comentário sobre a Mishná*, ele frisa, em diversos momentos, que a doutrina dos sábios, ou seja, dos rabinos, conforme exposta no Talmud, se harmoniza com a dos filósofos, ou seja, a dos peripatéticos. O *Comentário sobre a Mishná* apresenta uma estrutura interessante: seletas introduções escritas extensamente, na forma de longas explanações, que contrastam de modo incisivo com as sumárias e peremptórias explicações das seções da Mishná. São perceptíveis, no conteúdo, várias tendências divergentes, como se o autor estivesse tentando alcançar objetivos conflitantes. As partes estritamente explanatórias sobre temas legais contêm conclusões sobre interpretações relevantes, assim como observações do autor que se afastam da matéria jurídica e que têm pouca conexão com a Mishná, de modo que elas apareçam no texto como um material estranho[16]. Maimônides, muitas vezes, sai da simples matéria legal e adentra na teologia, formulando, em certa altura, um credo que consiste nos famosos 13 princípios de fé. Essa lista de dogmas é interessante não apenas por ser uma das primeiras tentativas de formular um credo judaico mas também pelo uso de uma formulação filosófica para esses princípios. Por exemplo, no sexto princípio para explicar a profecia, Maimônides introduz o leitor na teoria do Intelecto Ativo como a causa mais próxima para a emanação profética. A tensão evidente no corpo do texto do *Comentário sobre a Mishná* se deve certamente à divergência entre o modo maimonídeo de pensar e a natureza de sua tarefa. Como bem afirma Heschel, às vezes a filosofia simplesmente força entrada no meio do assunto discutido. Maimônides quer ir mais longe do que escrever um comentário legal. Seu projeto não é o de um simples comentarista, figura que por séculos existiu nos meios rabínicos; ele almeja ser um sintetizador e um sistematizador da *Halaḵá*, o direito rabínico, apoiando-a sobre uma nova base intelectual. Da mesma forma, enfatiza que a *Halaḵá* não é determinada pela simples autoridade carismática profética, mas sim pela análise da lei pelos rabinos, os juristas, de acordo com certas regras prescritas. Em seu trabalho, Maimônides clarifica e conceitua os diversos temas da lei rabínica e tenta encontrar um motivo lógico para a ordem dos assuntos dos tratados da Mishná, além de buscar definir de modo claro os diversos conceitos jurídicos formulados na *Halaḵá*.

Seu passo seguinte é voltar-se para a sistematização do Talmud. Aqui Maimônides abandona de vez o simples comentário. A tarefa de quem quer introduzir a lógica aristotélica no *bet midrash* (a academia rabínica) exige, no entender de Maimônides, o afastamento do pensamento dialético rabínico, portador de uma lógica irreconciliável com o aristotelismo. Na busca da sistematização, ele elabora um código: o *Mishné Torá*. A necessidade da elaboração de um texto que organizasse o mar do Talmud já se fazia sentir nas gerações que precederam Maimônides. Uma tentativa foi elaborada um século antes por Isaac Alfassi, o *Sefer ha-Halaḵot*, que Maimônides estudou na juventude. Para ele, em seu tempo, bem poucos judeus, mesmo entre os que cursavam as academias rabínicas, eram capazes de derivar a lei diretamente da leitura do Talmud para o uso nas cortes e nos tribunais rabínicos. Uma obra que abordasse o Talmud era, assim, uma continuação para quem já havia feito um comentário sobre a Mishná.

Para Maimônides, já era chegada a hora de sistematizar a produção intelectual dos séculos precedentes. A evolução da literatura judaica sempre se realizou de forma peculiar em torno de um texto que permanecia o foco do trabalho intelectual por eras inteiras. No período pós-bíblico, as Escrituras foram objeto de estudo e pesquisa. Durante séculos, quase toda a atividade intelectual se concentrou no texto bíblico. No começo do século III, os resultados da investigação e da exegese de várias gerações foram sumariados de modo seletivo por Rabi Yehudá ha-Nasi, o redator da Mishná. Em vez de usar a forma do *midrash*, em que o versículo bíblico é esmiuçado e comentado, Rabi Yehudá ha-Nasi destacou os comentários de seu vínculo bíblico e cristalizou as discussões e decisões. É na elaboração da Mishná que o comentário, pela primeira vez, é substituído pelo tratado na forma de compêndio. Em seguida, as gerações sucessoras mapearam esse compêndio. O Talmud – tanto o palestino quanto o babilônico – foi elaborado como um comentário e um apêndice da Mishná. Tal comentário gigantesco, complexo, formulado em uma dialética inebriante, foi redigido como ata das discussões e controvérsias que animaram as academias rabínicas entre os séculos III e VI. O Talmud, porém, raramente apresenta as decisões finais dessas discussões. Nas gerações seguintes, após sua conclusão, ficou óbvia a dificuldade desse tipo de estudo; sem o contato vivo com eruditos, o estudo do próprio Talmud se fazia impossível. No entanto, essa forma de estudo é cansativa e muito longa. Exige uma mente flexível e voltada para o raciocínio dialético, além de muitos anos de leituras contínuas e discussões sem fim. Assim, para tornar o Talmud útil na vida prática, os eruditos pós-talmúdicos tenderam a focar seus comentários geralmente em passagens específicas, sem abranger o todo[17].

De acordo com Maimônides, o pensamento da academia rabínica, em seu tempo, havia decaído. Ele escreve no prefácio do *Mishné Torá*:

> Nesse tempo, apareceram, de modo agressivo, sofrimentos suplementares, e a urgência da hora está em tudo; apesar disso, perdeu-se a sabedoria de nossos sábios, e o entendimento de nossos homens de inteligência foi escondido. Assim, aquelas interpretações, leis e *responsa* que foram compostas pelos *ge'onim*, que eram consideradas palavras esclarecedoras, tornaram-se, para muitos, difíceis de entender em nossos tempos e são entendidas de modo limitado. E não é necessário mencionar a Guemará em si mesma, tanto a babilônica quanto a de Jerusalém, e tratados como a Sifra, o Sifre e a Toseftá, pois eles necessitam [para sua compreensão] de conhecimento amplo, alma sábia e tempo longo. Só assim

> pode ser sabido o caminho certo sobre o que é proibido e permitido, e os vários juízos da Torá, como eles são[18].

Maimônides pôs sobre si mesmo a tarefa de sistematizar e ordenar o mar do Talmud a fim de que se tornasse acessível e claro. Ao organizar o livro que recebeu o nome de *Mishné Torá*, começou por comparar diversos manuscritos e separar a lei (obrigatória) do costume (opcional). Segundo suas próprias palavras, tratava-se de seguir o método que o próprio Rabi Yehudá ha-Nasi usou na elaboração da Mishná. Em nome da unidade e da concisão, Maimônides ignorou a prática comum na literatura judaica de citar as fontes e as controvérsias entre os debatedores, deixando apenas a explicação direta dos assuntos legais. Escolheu ainda, por considerar mais racional, organizar os diversos assuntos de modo diferente da organização de obras haláḵicas, que, até aquele momento, ou seguiam a ordem do texto bíblico fazendo-lhe o comentário, tal como os tratados de *midrash halaḵá*, como o Sifre e a Sifra, ou seguiam a ordem dos tratados da Mishná, como o Talmud e muitos livros de autores medievais. Esses eram os modelos seguidos até então. A reorganização dos temas do direito judaico segundo categorias, conforme hierarquias internas de assunto seguindo o *Órganon* aristotélico, já é, em si mesma, além de enorme inovação, uma indicação de até que ponto o aristotelismo se amalgamou no pensamento do jurista Maimônides. O *Mishné Torá* é dividido em 14 tratados, subdivididos em capítulos e seções abrangendo todos os 613 mandamentos (*miṣvot*). Após a introdução, em que Maimônides explica os motivos para compor a obra, segue o *Sefer ha-Miṣvot*, uma espécie de tratado introdutório em que são listados e explicados sumariamente todos os 613 mandamentos. Para tanto, ele formula 14 regras de como enumerá-los com base no texto bíblico. Os diversos tratados do livro seguem-se um após o outro; no entanto, não são escritos em estilo seco e legalista, pois, em geral, as leis são apresentadas com explicações éticas ou com seus motivos lógicos ou religiosos. Outra característica do *Mishné Torá* é o amplo uso de explicações baseadas nos paradigmas científicos de seu tempo, em que é possível perceber a grande influência do pensamento aristotélico.

Nesse mesmo prefácio do *Mishné Torá*, Maimônides deixou claro que seu intuito era certamente reformador:

> Até que todas as leis estejam esclarecidas, tanto para o pequeno quanto para o grande, em relação a cada *miṣvá* e a seus regulamentos, todas as palavras que decretaram os sábios e profetas, a consolidação de todo o

> assunto de modo que uma pessoa não precise de outro texto no mundo em relação às leis de Israel, ao contrário, este texto reúne toda a Torá oral, junto com os decretos, os costumes e as sentenças que foram feitos desde a morte de Moisés, nosso mestre, até a composição da Guemará, tal como foram comentados para nós pelos *ge'onim* em todos os seus escritos que foram compilados depois da Guemará. Assim, chamei este livro de *Mishné Torá*[19].

Com a composição de seu código, Maimônides imaginava que qualquer um, tanto leigo quanto jurista, poderia recorrer ao *Mishné Torá* para esclarecer qualquer dúvida sobre a *Halaḵá* sem precisar valer-se de outro livro. Esse trabalho de anos tinha como intenção tornar-se um código que, se não substituiria o estudo do Talmud, pelo menos o tornaria matéria apenas para os eruditos mais avançados.

A paixão que Maimônides nutria pela discriminação, pela clarificação e pela organização do pensamento fez que se afastasse o máximo possível do pensamento dialético que caracterizava até então os debates e as controvérsias rabínicas. Qualquer um que venha a estudar o Talmud é posto em íntimo contato com um debate intergeracional entre sábios e academias, com a tradição despontando em pleno movimento. Maimônides, que chama os eruditos talmúdicos de "santos mestres", manteve suas opiniões teóricas, mas deixou de fora as circunstâncias concretas, a instigação, o processo de formação de seus julgamentos, os nomes dos disputantes e daqueles que enunciaram decisões. Aqui, segundo Heschel[20], estão os defeitos inerentes de sua codificação: em vez do processo, o conceito; em vez do caso, a lei; em vez das pessoas, o assunto; em vez da história, a teoria; em vez da atmosfera viva, a autoridade anônima; em vez da situação, a abstração. Assim, ao mesmo tempo que o livro teve forte impacto nas comunidades por toda a diáspora, pois tanto o juiz local quanto a pessoa comum poderiam verificar a decisão de uma corte, fato que despertou o interesse geral, muitos foram os que se opuseram à própria lógica interna do *Mishné Torá*.

O *Mishné Torá* foi escrito em hebraico mishnaico, e não em aramaico, como era o padrão na academia rabínica, ou em árabe, usual entre os judeus que habitavam as regiões onde imperava a língua corânica. A intenção de Maimônides era torná-lo acessível a todas as comunidades judaicas que, tanto nos países islâmicos quanto no Ocidente cristão, deixavam de lado o aramaico, língua que, desde o Talmud, havia prevalecido na literatura rabínica até então. Somente isso já diz muito sobre o projeto maimonídeo de renovação do espírito da academia rabínica. Sua repercussão foi muito rápida e, com ela, adveio a vultosa mudança de paradigma que apontava para a sistematização da *Halaḵá* em uma filosofia do direito. A divisão radical da obra de Maimônides em haláḵica, filosófica e médica é, especialmente em relação à *Halaḵá* e à filosofia, baseada em um conhecimento pobre de sua obra. Todo o *Mishné Torá*, e não somente o *Sefer ha-Madá'* (Livro do Conhecimento), tem enorme influência aristotélica e relevância filosófica. Assim, sua obra é, ao mesmo tempo, filosófica e parte da literatura rabínica, e, por causa disso, teve desde então dupla recepção – nos círculos filosóficos e nas academias rabínicas.

A Ideia de Deus em Maimônides: O *Maṣui Rishon*

Como no campo da *Halaḵá*, também no da *'Agadá*, isto é, da narrativa sapiencial-teológica, o impacto de Maimônides foi muito forte no judaísmo medieval, a começar pela relação que o autor tece entre o pensamento jurídico e a narrativa teológica no início do primeiro dos 14 livros do *Mishné Torá*. Maimônides entende que o correto conhecimento de Deus é a base de toda a tradição judaica. Para ele, a crença em Deus não seria apenas um artigo de fé, mas uma lei religiosa em si mesma. É aqui que a influência do aristotelismo é mais evidente em seu pensamento. Entre todos os 14 livros do *Mishné Torá*, é, sobretudo, o primeiro tratado, o chamado *Sefer ha-Madá'*, aquele que mais impacto filosófico teve tanto na filosofia judaica quanto na filosofia ocidental. Em sua parte inicial, Maimônides trata dos fundamentos do judaísmo (*Yesode ha-Torá*). Os primeiros parágrafos contêm um resumo da cosmologia e da metafísica, que, na época, tinham validade científica: a ideia de Deus como o Ser Necessário aviceniano, as esferas celestes, os quatro elementos que compõem a região sublunar, os anjos como espíritos que dirigem as esferas celestes etc. Vários desses temas tratados de modo sucinto no *Sefer ha-Madá'* são depois retomados e discutidos no *Guia dos Perplexos*. Destaca-se, em ambas as obras, a ideia de Deus como conceito central do pensamento de Maimônides e com o qual ele inicia esses livros.

No começo do *Sefer ha-Madá'*, afirma:

> O princípio de todos os princípios e o pilar de todas as sabedorias é saber que há um Primeiro Existente [ou Ser Real Primário] (*Maṣui*

> *Rishon*), e Ele traz à existência [ou à realidade] (*mamṣi*) tudo o que é tornado existente [ente, ser] (*nimṣá*), e todos os entes [ou os existentes] (*ha-nimṣa'im*) dos céus até a terra, e tudo o que há entre eles não foi tornado existente (*nimṣe'u*), a não ser pela verdade de sua existência (*himaṣ'ó*)[21].

A afirmação de Maimônides lembra a famosa máxima de Al-Fārābī: "O Ser Primeiro é a causa da existência de todos os seres"[22]. Aqui é clara a influência de Al-Fārābī sobre Maimônides. Em árabe, o termo usado por Al-Fārābī é *wujūd*. Considerado por Attié Filho de difícil tradução, "esse termo expressa, na língua árabe, a noção de ser, existência, ente, existente e demais termos relacionados"[23]. Em hebraico, Maimônides usa várias palavras derivadas da raiz מצא – *mem*, *ṣadi*, *'alef* –, que expressa, no hebraico medieval, todos os sentidos de *wujūd*, porém com a nuança de algo encontrado quando o sujeito sai de si e depara com o que está fora dele, o dado externo. Vemos assim que a noção de realidade (*meṣi'ut*) carrega, em hebraico, o aspecto de algo para além do sujeito, algo que não é apenas o sujeito ou fruto de algo interno produzido por ele e que, no entanto, escapa de todo solipsismo. Temos aqui a noção de existência como transcendente ao sujeito. Maimônides, ao longo de sua obra, tece uma compreensão de Deus em que não há nenhuma imanência: o *Maṣui Rishon* é concebido como radicalmente transcendente.

A frase hebraica carrega ainda um jogo de palavras e de sons de tom quase poético, por meio dos quais Maimônides expressa a atividade divina como causadora da existência. Note-se o verbo מצא no *hif'il*, isto é, um verbo causativo ativo expressando a ação de causar a existência, a realidade. Os entes são chamados *nimṣa'im* (no passivo), aqueles que são "existidos", são tornados existentes pelo *Maṣui Rishon*, que é *maṣui* (no estado ativo), ao passo que os entes são *nimṣa'im* (no estado passivo). Talvez daí tenha Spinoza, que recebeu influências de Maimônides, retirado sua ideia de natureza *naturanda* e natureza *naturada*, obviamente trocando a transcendência radical maimonídea pela ideia da imanência radical.

Esse Deus é também concebido como o Ser Necessário à maneira do que já aparecera na filosofia árabe com Avicena. Vejamos como Maimônides descreve Deus como Ser Necessário: "Se for suposto que Ele não existe (*'enó maṣui*), nada mais poderia existir (*lehimaṣ'ot*)"[24].

O Ser Necessário é, assim, a causa da existência de todos os seres, pois sem Sua existência estes não poderiam existir; desse modo, Sua existência tem precedência ontológica à existência dos seres. Essa precedência poderia ser concebida como precedência no tempo ou apenas na ordem das causas, como propôs Avicena, uma vez que a causa, segundo Aristóteles, pode ser concebida como sincrônica ao efeito e, assim, isso resultaria em um universo coeterno com Deus ou que, pensado à maneira neoplatônica, é eternamente emanado d'Ele. No entanto, a definição maimonídea de Ser Necessário pode também excluir a possibilidade de um universo coeterno com Deus, já que a existência de Deus independe da existência dos demais seres.

> Se fosse suposto que os entes existentes (*nimṣa'im*) não existissem (*'en meṣuyim*), a não ser Ele sozinho (*hu levadó ihiye maṣui*), isso não anularia Sua existência, pois todos os entes (*nimṣa'im*) precisam d'Ele, são dependentes d'Ele, mas Ele não necessita de suas existências; desse modo, Sua verdade, Sua essência verdadeira não é como a deles[25].

Em Maimônides, o *Maṣui Rishon* está além dos entes (*nimṣa'im*), transcende-os, tem um grau superlativo de existência para além da existência do mundo; somente por homonímia eles podem ser comparados. O Deus maimonídeo é transcendente por não compartilhar Sua essência com os outros seres. Essa era a tendência da maioria dos filósofos judeus medievais, a ponto de ter se tornado quase uma tradição entre eles. Em oposição, a ideia da imanência divina era, em geral, proposta na literatura mística. Tanto em Al-Fārābī quanto em Maimônides temos a ideia do Primeiro Motor aristotélico, incorpóreo, cuja natureza é definida, segundo a metafísica comum entre os filósofos árabes, como de uma só vez intelecto, inteligente e inteligível[26]; o Primeiro Motor aristotélico é mesclado à ideia do Uno neoplatônico acima da existência dos entes e para além de toda multiplicidade.

Essa preocupação em caracterizar Deus como Uno para além da existência dos entes transparece em vários escritos maimonídeos. Além do *Sefer ha-Madá'*, ela está presente no *Guia dos Perplexos* e em tratados menores atribuídos ao Rambam, como o *Ma'amar ha-Yiḥud* (Tratado Sobre a Unidade de Deus), o *Sefer ha-Nimṣá* (Tratado sobre a Existência) e os *Tish'á Peraqim Mi-Yiḥud* (Nove Capítulos sobre a Unidade de Deus). Em todos esses escritos, Maimônides elabora a ideia de Deus como uma essência absolutamente simples, para além da existência dos entes (*nimṣa'im*), da qual estão excluídas (quase) todas as definições positivas. Como afirma Guttmann[27], nesse aspecto central de seu pensamento, Maimônides segue a tradição neoplatônica tal como recebida pelo aristotelismo árabe dos séculos precedentes. Sua explicação da ideia de Deus é idêntica à dos neoplatônicos na estrutura formal, ainda que ele vá além de seus predecessores árabes, como Al-Fārābī e Avicena, no tocante à radical elaboração da transcendência divina. O que o levou a aceitar o conceito neoplatônico da divindade foi, decerto, a aparente clara consistência formal com que o neoplatonismo processou a ideia da unidade abstrata e a aplicou a Deus. Para Maimônides, essa conceituação da ideia de Deus concorda com sua noção de monoteísmo concebida conforme o racionalismo rabínico ao estilo da escola de Rabi Ishmael e de seus sucessores.

Sobre isso ele escreveu no *Sefer ha-Madá'*:

> Esse Deus é Um (*'eḥad*) e não há dois ou mais do que dois, não há senão o Um. Assim, nenhuma coisa das existentes (*ha-nimṣa'im*) no universo (*ba-'olam*) às quais o termo "um" é aplicado é como Sua unidade (*lo 'eḥad ke-min she-hu*), nem é tal unidade como uma espécie que compreende muitas [subunidades, subespécies], nem é tal unidade como um corpo físico que consiste em partes e dimensões. Sua unidade é tal que não há como ela no mundo[28].

Maimônides retoma esse tema de modo mais extenso no *Guia*, parte I, cap. 57. Nessa obra, refere-se à *Metafísica*, de Aristóteles, para afirmar que, no caso dos seres contingentes, "a contagem não pertence à essência das coisas contadas", sendo assim sua unidade ou pluralidade um acidente. Os seres em geral têm existência possível, mas em Deus, que é Existência Necessária e cuja essência é simples e isenta de qualquer composição, Sua unidade não é um acidente. "Ele é Um, mas não por meio de Sua unidade." Esse ser (*maṣui*, existência ativa) é Um e único e em nada se assemelha aos outros seres (*nimṣa'im*, existência passiva), que têm a unidade como acidente, pois podem ser divididos em partes. Sendo assim, não é possível que exista outro como Ele. Se existissem muitos deuses, eles deveriam necessariamente ser corpóreos e, sendo corpóreos, estariam submetidos à geração e à corrupção; portanto, não seriam eternos, visto que isso implicaria uma limitação (*keṣ*) impossível nesse Ser incorpóreo e ilimitado. Deus não é corpo nem força que atua em um corpo (אין כחו כח גוף).

Para Maimônides, a linguagem humana, assim como a razão, não é suficiente para descrever e entender Deus, que é certamente o outro por excelência em relação aos seres. Poderíamos afirmar, usando as palavras de Lévinas, que o Deus de Maimônides é a alteridade para além dos seres. Os termos que descrevem o divino são "conformes à linguagem dos seres humanos". É assim, aliás, que Maimônides vai lidar com os termos antropomórficos usados sobretudo nas Escrituras, mas também no Talmud, para se referir a Deus. Eles só fazem sentido se forem entendidos como homônimos e como metáforas. Dessa forma, "quando dizemos Um, seu significado é que nada se assemelha a Ele, e não que o atributo da unidade se aplique à Sua essência" (*Guia* I, 57). Esse método que Maimônides utiliza para interpretar as passagens bíblicas como metáforas e alegorias a fim de harmonizá-las com sua ideia de Deus já fora usado antes dele, em parte por Filo de Alexandria (século I da E.C.). Ambos os pensadores desenvolveram a noção de que, por trás das metáforas e das alegorias, existiria um sentido esotérico racional para além do literal, ainda que ligado a este. Em Maimônides, talvez mais do que em Filo, trata-se de reinterpretar o texto bíblico e a literatura rabínica de seu tempo para harmonizá-la com a razão. Desse modo, ele trata como homônimos os vários termos usados no texto bíblico e no Talmud para se referir a Deus, como mencionado. Aqui o termo "homônimo" é oriundo de Aristóteles e referido por Maimônides no *Sefer ha-Higayon* (Discurso sobre a Lógica); "homônimo" significa uma palavra que se parece com outra, é escrita da mesma forma e pode até ter o mesmo som, mas tem um sentido diferente, já que não tem uma ideia em comum com a outra. Por exemplo, a palavra hebraica "misericordioso" (*raḥaman*), um dos atributos de Deus na Bíblia, é tratada por Maimônides como um homônimo. De acordo com sua opinião, a mesma palavra é usada na linguagem para descrever tanto uma qualidade humana quanto uma divina, embora essa mesma palavra não tenha o mesmo sentido quando aplicada a Deus. Elas não são apenas diferentes em grau, mas em qualidade, pois são aplicadas a duas realidades distintas. Diferentemente de Crescas, para quem haveria uma anfibologia dos sentidos, em Maimônides seu sentido, quando aplicado a Deus, é algo que não pode ser entendido como um atributo. De fato, insiste Maimônides, não há nenhum atributo positivamente concebido para Deus que corresponda à noção de misericórdia humana. Isso não é novo no pensamento judaico. Mesmo sem remontar a Filo, com cuja obra Maimônides quase seguramente não teve contato – pois a pesquisa atual supõe que os escritos de Filo não eram conhecidos pelos judeus medievais –, poderíamos evocar Ibn Daũd, filósofo mais próximo de Maimônides que o antecipou em vários pontos de seu pensamento. Ibn Daũd também fez uso da ideia de homônimo como base de seu método interpretativo das Escrituras, porém sem a mesma ênfase e centralidade que o conceito assumiu em Maimônides.

Abordar o caminho pelo qual é possível meditar, refletir sobre Deus utilizando-se da razão (*seḵel*), de modo que venha a conhecê-Lo e possa contemplar intelectualmente a Deus, é um elemento central no pensamento de

Maimônides. Considerando que, para ele, a capacidade humana de utilizar a razão é débil quando tenta alcançar algum conhecimento de Deus, há que se buscar um caminho indireto para a meditação sobre o divino. Sobre isso se perguntou Guttmann: "Como podem os atributos de Deus se harmonizar com o princípio de que a unidade de Deus exclui toda pluralidade, até mesmo a pluralidade conceitual, como requer o elemento neoplatônico no pensamento de Maimônides?"[29]. Séculos antes dele, Sa'adia Gaon afirmara, em o *Livro das Crenças e Opiniões*, que os três atributos positivos cruciais de Deus (vida, conhecimento e poder divino) eram parte de Sua essência de uma forma que a linguagem não pode exprimir[30]. Entre os árabes, Al-Fārābī já havia afirmado que o Ser Primeiro é indivisível e Sua substância não é passível de definição[31]. Maimônides, porém, vai muito além. Segundo ele, não se pode afirmar nenhum atributo positivo sobre a essência de Deus. A essência divina só é acessível, indiretamente, por meio de atributos negativos, pois só eles são compatíveis com a ideia da unidade absoluta de Deus. Essa doutrina tem uma extensa história no pensamento anterior, mas Maimônides lhe dá um sentido mais radical ao insistir em que os atributos negativos fornecem o conhecimento real de Deus. Pela via da teologia negativa, podemos chegar a conhecer um objeto com precisão crescente se pudermos rejeitar um número crescente de descrições alternativas dele. Cada atributo negativo exclui da essência de Deus alguma imperfeição. Por exemplo, quando se diz que Deus é imaterial, isso significa que Ele não tem corpo, com o que se distingue Deus de todos os seres corpóreos. Quando é afirmado que Deus é eterno, isso significa que Ele não tem causa. Quando é afirmado que é onisciente, excluímos de Deus toda a ignorância. Quando é dito que Deus existe, é negada Sua não existência; em outras palavras, é afirmado que a essência divina contém em si mesma, de maneira conspícua, o que usualmente é denominado existência, e assim por diante. No que se refere a Deus, já que é impossível estabelecer uma definição, é possível que nosso conhecimento aumente quando podemos distinguir e nos desviar das afirmações falsas e impróprias a Seu respeito. Fazendo isso, aumentamos nosso entendimento da absoluta e qualitativa diferença entre Deus e os seres em geral.

Os únicos enunciados positivos que são possíveis de serem feitos acerca de Deus se referem aos efeitos que são oriundos d'Ele e que ocorrem no mundo. De acordo com Maimônides, ao lado dos atributos negativos, há outros tipos de atributo que podem ser considerados legítimos do ponto de vista da razão: por exemplo, os atributos de ação, que são descrições dos efeitos da essência de Deus sobre o universo, mas que não informam nada sobre Sua essência;

em outras palavras, não são verdadeiros atributos essenciais divinos. Ou seja, quando falamos do amor ou da ira de Deus, referimo-nos a algum efeito da Causa Primeira no mundo. Quando é dito que Deus é misericordioso, isso não envolve atribuir-Lhe emoção, pois o Ser Necessário transcendente, união do Uno neoplatônico com o Motor imóvel aristotélico, é impassível. Isso então, explica Maimônides, significa apenas que Deus faz o bem a Suas criaturas até quando elas não merecem. A negação de qualquer conhecimento positivo acerca da essência de Deus decorre da necessidade de interpretar as declarações sobre Deus contidas nas Escrituras de acordo com a razão. Nesse ponto, Maimônides segue o modo interpretativo segundo o qual *dibrá Torá kilshon bne 'adam* (a Torá fala a linguagem humana), que foi usado pela primeira vez na escola de Rabi Ishmael, no século II da E.C., e teve ao longo dos séculos, até Maimônides, vários defensores entre os racionalistas rabínicos. Desse modo, Maimônides entende as declarações positivas e os antropomorfismos da Bíblia e da literatura rabínica, em suas referências a Deus, em parte como forma de expressão positiva de proposições negativas e em parte como afirmações relativas não ao ser, mas ao atuar de Deus no Mundo.

A teologia negativa ocupa quase toda a primeira parte do *Guia*. A posição maimonídea exerceu larga influência na filosofia judaica nos séculos que se seguiram à sua morte. Entre os séculos XIII e XV, o aristotelismo de Maimônides e de Averróis era a principal expressão da filosofia judaica. Cerca de apenas duzentos anos após a morte de Maimônides, Ḥasdai Crescas surge como o primeiro filósofo a se opor à ideia de Deus radicalmente transcendente de Maimônides. Segundo Crescas, que criticou as 26 proposições aristotélicas que Maimônides usou para provar a existência de Deus, é legítimo, do ponto de vista da razão, afirmar que Deus tem atributos positivos que, por serem infinitos, jamais serão conhecidos por completo. Assim, Crescas, apesar de propor um Deus que é transcendente e imanente ao mesmo tempo, concorda com Maimônides a respeito de Sua quididade, que está além do entendimento humano. Opinião também aceita pelos místicos judeus medievais.

Eternidade ou Criação do Mundo

Maimônides começa a segunda parte do *Guia* com a enumeração de 26 "proposições dos peripatéticos para demonstrar a existência de Deus"[32]. Essa lista é um sumário dos principais pontos da física e da metafísica aristotélicas, conforme a leitura em parte elaborada por Maimônides e em parte recebida por ele de Ibn Daūd. As proposições abordam a impossibilidade de uma magnitude infinita; as diversas categorias sujeitas a mudanças, isto é, ao movimento; o movimento como transição da potência ao ato; os acidentes; a divisibilidade das coisas mutáveis; a definição de espaço; o tempo como acidente inerente ao movimento; a eternidade do movimento; entre outros pontos. Maimônides concorda com 25 proposições e discorda da última, que afirma a eternidade do movimento.

Em seguida, ele passa à formulação de provas filosóficas da existência de Deus de acordo com premissas baseadas estritamente nas proposições, concluindo pela admissibilidade da existência de Deus como ser uno e incorpóreo, não fazendo diferença se for assumido que a Primeira Causa produziu o universo pela criação *ex nihilo* (*ḥidush ha-'olam*) ou se for admitida a posição que advoga a eternidade do universo que coexistiu desde sempre, eternamente, com a Primeira Causa (*qadmut ha-'olam*). Após essa discussão, Maimônides toca brevemente no tema das esferas celestes e das inteligências puras separadas, que são reinterpretadas como se fossem os anjos (*mal'aḵim*) mencionados na tradição judaica. Nesse ponto, ele discute várias questões referentes à astronomia, às esferas celestes e seus movimentos. Uma porção maior provém da segunda parte do *Guia dos Perplexos* e é dedicada a dois temas interligados: a confrontação entre a posição que advoga que o universo foi criado (*ḥidush ha-'olam*) e a posição que defende que o universo é eterno (*qadmut ha-'olam*). O segundo tema abordado é o da profecia (*nevu'á*), isto é, a possibilidade e a admissibilidade da Revelação da Torá, tópico muito importante em seu sistema, que ele liga à admissão da possibilidade dos milagres. Por meio da discussão desses dois temas, é possível perceber a tensão e a difícil tentativa de harmonização entre a filosofia (Aristóteles) e a Revelação, ou seja, é aqui que Maimônides adentra em um dos temas centrais da reflexão de muitos filósofos medievais: a relação tensa entre a razão e a fé.

É entre os caps. 13 e 31 da segunda parte do *Guia* que Maimônides debate as ideias da criação do universo *versus* a eternidade deste. Em lugar do *pilpul*[33], usa como método a lógica aristotélica, que não admite, como no caso do *pilpul*, a contradição. Lembremos que também o modo dialético de pensar do *Kalām*, isto é, dos teólogos e juristas muçulmanos e judeus, é tratado com desprezo intelectual por Maimônides em vários momentos. No entanto, apesar da paixão pela razão, o encontro que se opera no pensamento de Maimônides, a saber, entre Rabi Ishmael e Aristóteles, não é fácil. A tensão entre o pensamento maimonídeo e o aristotelismo medieval, com o qual em geral ele concorda, é de fato a tensão não apenas com Aristóteles mas também com sua particular interpretação feita por Al-Fārābī e Avicena, filósofos que Maimônides respeita profundamente, mas com quem será forçado a debater. Esses filósofos muçulmanos reformularam e reinterpretaram o entendimento tradicional da criação e da profecia elaborando, em uma tentativa de harmonização da fé com Aristóteles, a teoria de que Deus está eterna e necessariamente criando o mundo. Apesar de concordar e de ser em geral influenciado por eles, nesse ponto Maimônides discorda deles, preferindo argumentar em prol da liberdade e da vontade divinas e da criação *ex nihilo*, que ele pensa estar em segundo lugar, depois da ideia de Deus como *Maṣui Rishon*, a Primeira Causa una e imaterial da existência dos seres, princípio fundamental da Torá. Em sua época, ambos os temas se tornaram mais tensos, pois a assimilação do aristotelismo, que nega a criação e questiona a legitimidade da profecia, era de difícil integração com a tradição. Assim, apesar do grande respeito que Maimônides reserva a Aristóteles, a Avicena e a Al-Fārābī, ele constrói argumentos em prol da tese de acordo com a qual a ideia tradicional de uma criação *ex nihilo* (*me-lo davar*) e a da profecia podem ser admitidas e legitimadas conforme as bases filosóficas.

Maimônides começa delineando três teorias sobre a criação que considera dignas de serem contempladas, isto é, apenas entre aqueles que admitem a existência de Deus: "As ideias, os pontos de vista sobre a eternidade (*qadmut ha-'olam*) do mundo ou sobre sua criação (*ḥidushó*) entre todos aqueles que acreditam que há um Deus existente (*nimṣá*)"[34].

Em primeiro lugar, Maimônides descreve aquela que, para ele, é a visão da tradição judaica: a criação *ex nihilo*. Assim como Sa'adia, Maimônides insiste no princípio de que Deus não criou o mundo de alguma matéria ou substrato preexistente. Segundo essa posição, até mesmo o tempo (*zeman*) foi criado junto com a criação do mundo:

> E o tempo em si mesmo também faz parte do conjunto dos seres criados, pois o tempo é decorrência do movimento, e o movimento é um acidente da coisa movida, e a coisa movida da qual decorre o tempo assim que ela passa ao movimento é algo criado que passa a existir depois de não ter existido, e o Criador era antes que tivesse criado o mundo[35].

De acordo com Maimônides, apesar de haver um instante inicial, o *fiat lux* da criação, não há tempo anterior a esse instante, pois, sendo o tempo um acidente do movimento de um corpo, antes de existirem corpos, não havia tempo. Deus, que é concebido como incorpóreo, está além do espaço e do tempo. No entanto, a ideia da criação *ex nihilo* significa que, acima de tudo, para Maimônides, o ato criativo foi voluntário, visto que Deus é um agente livre. Assim, a criação não é fruto de uma necessidade divina de criar, mas antes oriunda da vontade livre. Depois de criado, porém, o mundo está submetido à cadeia de causa e efeito, e o movimento a partir daí é eterno, passando a valer então a física aristotélica.

Quanto à segunda teoria, Maimônides a atribui a vários pensadores, embora mencione apenas um pelo nome, Platão (Aplaton). Conforme essa teoria, Deus criou o universo a partir de uma matéria-prima sem forma e preexistente no começo dos tempos, pois "nada poderia vir a existir do nada"[36]. Aqui não temos a ideia da criação *ex nihilo*, mas de uma criação na qual Deus outorga forma à matéria preexistente. De certo modo, Maimônides descreve essa teoria como um híbrido. Apesar de ser admitido um começo absoluto para o cosmos, nessa teoria é advogada a eternidade da matéria. No entanto, o mundo em si mesmo não seria eterno e, por isso, poderia no futuro vir a deixar de existir.

Finalmente, Maimônides descreve a teoria aristotélica da eternidade do mundo, segundo a qual não há nenhuma criação, apenas a continuação eterna do movimento das esferas celestes e da geração e da corrupção tanto no passado quanto no futuro. Também aqui, para essa teoria, a objeção à ideia da criação *ex nihilo* é que nada poderia vir do nada. A eternidade do movimento das esferas celestes é relacionada à própria eternidade do tempo.

Há um aspecto na apresentação que Maimônides faz da teoria de Aristóteles que é crucial para entender por que ele pensa que ela é não apenas falsa mas também que deve ser rejeitada como antagônica ao judaísmo; esse será, aliás, também o elemento usado por ele para criticar a cosmologia aristotélica. De acordo com Maimônides, o mundo de Aristóteles é governado por leis estritas de causa e efeito, isto é, pela necessidade, não sendo permitida nenhuma exceção às leis naturais; trata-se de um universo em que não há nenhum desígnio transcendente e nenhuma vontade divina livre. Apesar de, para Aristóteles, haver uma causa final, teleológica, Deus, que de algum modo está conectado à natureza, não é o criador. Essa concepção de Deus e da natureza é inaceitável para Maimônides e subversiva à sua interpretação da Torá. Isso não porque o primeiro versículo do Gênesis declare que Deus criou o mundo, mas porque o naturalismo determinístico de Aristóteles mina, aos olhos de Maimônides, a crença nos milagres e, sobretudo, a ideia da livre atividade divina, sua Revelação e Providência[37].

Maimônides escreve que, "em geral, os portões da interpretação não estão fechados"[38]. Em outras palavras, seria possível interpretar um versículo bíblico para satisfazer uma demanda filosófica ou científica se necessário, se essa ideia filosófica tivesse sido provada. No entanto, no caso da criação, os portões da interpretação estão fechados, pois a própria existência da Torá seria subvertida se as leis que regem o universo negassem completamente os milagres e a Providência. Assim, não é sem justificativa que Maimônides considera a doutrina da criação o segundo mais importante princípio do judaísmo após a ideia da unidade e da incorporeidade de Deus.

A estratégia de Maimônides para defender a criação *ex nihilo* é a seguinte: em primeiro lugar, ele lista sete argumentos por meio dos quais, em seu entendimento, Aristóteles busca provar a eternidade do mundo. Sucintamente, são os que seguem: 1) a eternidade do movimento; 2) a eternidade da primeira substância comum aos quatro elementos; 3) a substância das esferas celestes: por não conterem elementos contrários, pois o movimento que realizam é o circular, elas são indestrutíveis; 4) a produção e a mudança corrente de algo devem ser precedidas no tempo por sua possibilidade; se não há matéria eterna (*ḥomer rishon*), qual seria o substrato dessa possibilidade? 5) Se Deus produziu o universo do nada, antes de ser um agente de fato, Ele deveria ter sido um agente em potencial, que teria passado da potência ao ato. Deus, porém, é completamente ativo; como poderia, então, passar da potência ao ato? 6) Um agente é ativo em um momento e inativo em outro de acordo com os acidentes e obstáculos que lhe ocorrem, mas Deus não está sujeito a obstáculos, ao contrário, Ele está sempre ativo e Sua existência é constante; 7) as ações de Deus são perfeitas. Assim, conclui Maimônides que, segundo Aristóteles, o universo não pode ser melhorado; deve, portanto, ser indestrutível.

Maimônides passa então a contra-argumentar afirmando que Aristóteles não provou sua teoria, pois a descreveu como simples opinião, e as provas, como meros argumentos: "Aristóteles nunca pretendeu provar essas coisas"[39]. Em seu primeiro movimento, Maimônides afirma que o problema não estaria em Aristóteles, mas na tradição interpretativa que distorceu sua opinião. Aristóteles parece ter estado só ou ter sido um dos poucos em seu tempo a fazer críticas em relação ao que então era considerado incontestável nos meios filosóficos. Para Maimônides, os que professavam esses argumentos como incontestes estavam se baseando apenas na autoridade de filósofos famosos, na leitura de Aristóteles feita por seus seguidores medievais. Essa argumentação é, portanto, frágil. Em seguida, Maimônides afirma que, apesar de não ser possível provar, sem sombra de dúvidas, a teoria da criação, nem a da eternidade do universo, a da criação *ex nihilo* é mais plausível, pois, se for para aceitar uma delas em virtude de argumentos de autoridade, a da profecia é superior à da filosofia especulativa. Além disso, a teoria da criação explicaria melhor a irregularidade na natureza, em especial no domínio das esferas celestes.

Finalmente, segundo Maimônides, uma das duas teorias da criação que rivalizam com a da criação *ex nihilo* é incoerente, e a outra, não comprovada. Não há, portanto, nenhuma boa razão para rejeitar a teoria da criação *ex nihilo*. Há motivos, contudo, para rejeitar a teoria da criação eterna, isto é, a de que o universo é eternamente criado por Deus, que é uma teoria de compromisso formulada por filósofos muçulmanos, como Al-Fārābī. Também é rejeitada a doutrina de Platão, segundo a qual o mundo foi criado a partir de uma matéria eterna. Essas duas teorias não são, para Maimônides, melhores que a da criação *ex nihilo*.

Em seu afã de invalidar os argumentos em prol da eternidade do universo – entre todas as rivais da teoria da criação, é a que Maimônides afirma respeitar mais –, ele divide os argumentos em dois grupos: os baseados na física de Aristóteles e os baseados na metafísica. Maimônides elabora então contra-argumentos para minar os argumentos físicos e os metafísicos.

Todos os argumentos científicos dos peripatéticos são assertivos em defender que a ideia da criação é absurda porque a hipótese de um primeiro momento no tempo em que o mundo começa a existir é incompatível com os princípios da física. O argumento mais importante de Aristóteles é que o movimento (*tenu'á*) não pode ser concebido como tendo começado em algum momento, pois a gênese do movimento como transição da possibilidade para a realidade – *bișiá min ha-koaḥ el ha-po'al* – é ela mesma um movimento; o hipotético primeiro movimento deveria então ter sido precedido por outro até o infinito. Para Maimônides, o ponto frágil desse argumento consiste na transferência das leis que regulam os eventos intramundanos para a gênese do mundo. Maimônides faz então a seguinte argumentação:

> Suponhamos que um indivíduo nascido perfeito tenha sido cuidado por sua mãe durante poucos meses e que, quando ela morreu, seu pai o tenha levado para viver em uma ilha deserta até crescer, tornar-se inteligente e adquirir conhecimento. Suponhamos também que esse indivíduo, que nunca viu uma mulher nem mesmo uma fêmea de animal, perguntasse como alguém nasce e se desenvolve e recebesse a seguinte resposta: "O ser humano começa sua existência no ventre de um indivíduo de nossa

> espécie, de uma mulher, que tem determinada forma. Quando está no ventre, ele é bem pequeno, mas tem vida e se move, alimenta-se e aos poucos vai crescendo até certo estágio, quando ele deixa o ventre e continua crescendo até que esteja em condições de ser notado por você". O tal órfão então perguntaria: "E essa pessoa, quando estava no ventre, viva, movendo-se e crescendo, comia e bebia, respirava pelo nariz ou pela boca, excretava?". A resposta seria: "Não". Certamente ele se recusaria a aceitar essa resposta e se apressaria em demonstrar que isso é impossível baseando-se no exemplo da pessoa totalmente desenvolvida. Ele diria: "Se alguém fosse privado de respirar morreria, como então imaginar que alguém possa ficar durante meses dentro de uma bolsa e essa bolsa dentro de um corpo e permanecer vivo e em movimento? Se alguém devorasse um pássaro vivo, este morreria ao chegar ao estômago e, com mais razão, ao chegar ao baixo ventre. No caso de alguém não comer e não beber, morreria em pouco tempo. Então como eu poderia acreditar que uma pessoa poderia viver muitos meses sem comer ou beber? Qualquer um que, se alimentado, não evacuasse sofreria de dores terríveis e em pouco tempo morreria...". Esse tipo de raciocínio levaria o órfão a rejeitar aquela explicação[40].

Esse argumento, que indicaria um erro metodológico em Aristóteles, traz consigo um aspecto interessante: o *insight* de que o ente não tem condição de saber como sua criação se deu – isto é, a gênese de seu ser – está profundamente enraizado no pensamento de Maimônides, que era sensível ao problema do limite do intelecto desde sua juventude[41]. Em seus primeiros escritos, Maimônides descreve o problema da existência individual como uma fronteira impenetrável no limite da possibilidade de uma solução filosófica. Ele mostra a fragilidade dos argumentos em prol da eternidade do movimento, pois os filósofos aristotelizantes assumem que as leis naturais são uniforme e universalmente retroativas a todos os momentos do passado, o que apenas tangencia o problema. A hipótese da criação *ex nihilo* afirma que o primeiro momento da existência do mundo é único e singular, visto que, sendo o primeiro, não é restrito por nenhuma lei ou momento anterior a ele. É, em certo sentido, um "evento livre". No entanto, uma vez criado, o universo exibe leis características de uma organização interna, o que, porém, é um fato posterior à criação, contingente a ela e que não a limita.

Maimônides ataca os argumentos metafísicos contrários à hipótese da criação por meio da aplicação da doutrina dos atributos negativos[42]. Tais argumentos são variações em torno do tema de que criar ou produzir algo de modo absoluto seria um ato motivado por uma necessidade ou desejo particular, o que significaria alguma imperfeição naquele que é o agente que produz ou cria. Por que o criador criaria, que necessidade Ele teria de criar? Maimônides mostra que esse argumento pressupõe um princípio que, para ele, é simplesmente falso: o de que a vontade de Deus é igual à vontade humana. Já fora argumentado na primeira parte do *Guia* que não há nenhuma analogia entre a vontade divina e a humana[43]. Com seus contra-argumentos, Maimônides sente-se livre para concluir que a teoria da criação não só não foi falseada como também seria uma opção até mais plausível.

Para demonstrar que a hipótese da criação do mundo é mais plausível que a da eternidade do mundo, Maimônides toma emprestado um argumento do *Kalām* sem o admitir. Cabe observar que, em geral, ele é muito reticente e crítico em relação ao modo de argumentação dos teólogos e juristas (*medabrim*). Esse seria um argumento de particularização. O mundo de Aristóteles é um mundo determinístico, governado por leis estritas que não permitem nenhuma exceção ou anomalia. Aristóteles, tal como é interpretado por Maimônides, está comprometido com o princípio da máxima racionalidade: tudo na natureza é explicável. O problema é que várias anomalias ocorrem no mundo, em especial no domínio celeste, onde não deveria haver nenhuma, pois, segundo o Estagirita, é justamente lá que reina a perfeição. Por exemplo, a variação nas cores da luz refletida por Marte, que é avermelhada, e a refletida por Vênus, que é azulada; de acordo com Aristóteles, os corpos celestes são feitos do mesmo elemento, o éter, a quintessência; essa variação de cores não pode, então, ser explicada por um motivo inerente a esse elemento. Da mesma forma, não são explicáveis a variação de distâncias no movimento e nas velocidades dos astros e esferas celestes ou por que as estrelas não se distribuem uniformemente pelo céu. De acordo com Maimônides, esses fenômenos são incongruências e irracionalidades que não são apenas raridades, mas antes anomalias na natureza, inexplicáveis dentro do sistema aristotélico. Contudo, segundo a hipótese da criação *ex nihilo*, esses fenômenos deixam de ser um problema. As variações e particularidades são explicadas, conforme essa hipótese, como resultado da vontade divina. Deus escolheu fazer Vênus azul e Marte vermelho. A teoria da criação *ex nihilo* teria, assim, mais poder explicativo, cobrindo fatos que a teoria da eternidade não alcança, mas que deveria poder explicar por ser determinística. Maimônides deixa claro que seus argumentos não provam a teoria da criação com a força de uma demonstração, mas a tornam uma hipótese mais plausível.

Finalmente, Maimônides elimina as duas outras versões sobre a criação: a criação eterna e a criação platônica a partir da matéria eterna. A criação eterna é descartada como incoerente, uma vez que tenta casar a noção de universo eterno com a ideia de que ele foi criado por Deus. Como, pergunta Maimônides, essas duas teses podem ser combinadas? Se o universo é uma emanação necessária da Primeira Causa, conforme propõem Al-Fārābī e Avicena, como poderia exibir desígnio e propósito, que são os sinais distintivos da ideia de criação? Nesse mundo, não haveria nenhuma contingência, tudo seria governado pela necessidade e, desse modo, os milagres não seriam possíveis de maneira alguma. Segundo Heschel[44], para Maimônides, a real contradição entre a posição judaica, tal como ele a entendia, e a posição segundo a qual o mundo é eterno, não tendo passado a existir a partir do *fiat lux*, mas sim tendo emanado necessariamente de Deus, é que esse mundo proviria da existência de Deus como efeito necessário de uma causa. A conclusão dessa hipótese é que os seres necessariamente existiriam em virtude da existência de Deus; se há Deus, então existem os seres, mas Ele não seria o criador em virtude de Sua vontade livre. A relação entre criador e criatura seria, assim, baseada na necessidade. Seria então impensável que qualquer coisa existente na natureza pudesse ser alterada. O que governaria o universo: o livre-arbítrio ou a necessidade? Ou bem Deus é concebido como o soberano que governa o universo de acordo com Sua vontade ou Ele também está inalteravelmente amarrado à ordem natural. Para Maimônides, essa é a contradição central entre essa hipótese e o ensinamento da tradição judaica. Se não há milagres, nenhum evento poderia transcender a ordem natural e, desse modo, a profecia seria impossível. É importante notar que outros filósofos judeus posteriores a ele, como Crescas, defenderam a teoria da eternidade do mundo, não vendo aí nenhuma contradição com a tradição judaica.

Maimônides mostra mais tolerância em relação à posição platônica. Diferentemente de Aristóteles, de Al-Fārābī e de Avicena, a posição caracterizada por Maimônides como platônica afirma que Deus criou o mundo por Sua vontade. Essa visão permitiria os milagres. Contudo, como não foi provada, não há necessidade de aceitá-la e de reinterpretar a Escritura a fim de acomodá-la à tradição. Assim, Maimônides entende que há liberdade para seguir sua leitura da tradição e aceitar a criação *ex nihilo* ao mesmo tempo que, após a criação do mundo, a física aristotélica passaria a vigorar. Essa solução é muito problemática e talvez por isso tenha suscitado tantos debates em torno da interpretação da obra maimonídea nos séculos que se seguiram à sua elaboração.

A Obra de Maimônides e a Filosofia Judaica

A história da filosofia judaica medieval pode ser dividida em dois períodos: o primeiro, *grosso modo*, vai do século X, iniciando-se com Isaac Israeli e Sa'adia Gaon, até o fim do século XII, com Maimônides; o segundo vai do século XIII ao XV e poderia ser caracterizado como o período da recepção da obra de Maimônides nas academias rabínicas. No primeiro período, a filosofia judaica esteve fortemente associada à cultura árabe islâmica. Os judeus que viviam no Oriente Médio, no Norte da África e na Península Ibérica se expressavam em árabe e estavam muito integrados às sociedades em seu entorno, participando ativamente da vida cultural daquele momento. No terreno da filosofia, é bastante perceptível a influência das mesmas correntes de pensamento – *Kalām*, neoplatonismo e aristotelismo – que também caracterizavam a filosofia árabe daquela época. A filosofia judaica medieval desse primeiro período dialogou com a tradição judaica nos moldes da abordagem típica da *falsafa*. Essa filosofia, apesar de muito influenciada pelo entorno cultural, chegou a produzir filósofos que deixaram marca própria na história do pensamento. Entre todos eles, foi Moshé ben Maimon, ou Maimônides, quem mais influenciou a filosofia judaica e a filosofia ocidental posterior. A obra de Maimônides marca o auge e também o fim desse primeiro período da filosofia judaica medieval. Na obra maimonídea, o racionalismo rabínico encontrou-se com o aristotelismo medieval neoplatonizado tal como recebido dos filósofos árabes antes do ingresso de Averróis. Esse encontro, porém, não se deu sem tensão, como é perceptível na obra de Maimônides.

A partir do século XIII, o cenário da filosofia judaica medieval começou a se transformar. Em virtude de um complexo de diferentes razões, a civilização árabe islâmica medieval começou a perder seu ímpeto inicial, e essa perda foi sentida em vários aspectos da vida cultural e econômica. Nesse cenário, a filosofia árabe medieval começou a entrar em declínio, não encontrando uma solução de continuidade em seu próprio meio. Sobreviveu outra filosofia islâmica, bem distante da *falsafa* em sua temática. Naquele período histórico, também começou a ocorrer o lento declínio da hegemonia cultural das comunidades judaicas de países islâmicos sobre o restante do mundo judaico. É nesse momento, no começo do século XIII, que o epicentro do pensamento e da filosofia judaica se muda para terras cristãs, próximas à bacia do Mediterrâneo, que se tornaram lugares mais hospitaleiros ao desenvolvimento de comunidades judaicas mais sofisticadas. A filosofia judaica medieval passa então a se desenvolver nos reinos cristãos ibéricos, na Provença e na Itália. Essa mudança do epicentro cultural judaico para a Europa mediterrânica cristã latina está intensamente associada à migração da vida interna das academias rabínicas para o Ocidente, em especial em Sefarad, a Península Ibérica, determinando o segundo período da filosofia judaica medieval. Não apenas a filosofia mas também o pensamento judaico em geral se tornaram mais criativos e dinâmicos em terras cristãs latinas.

Essa importante mudança no contexto cultural, com acentuados reflexos na filosofia judaica medieval desse segundo período, está relacionada ao modo diferente como os judeus se inseriram nessas sociedades. Enquanto nas sociedades islâmicas eles faziam parte, sem quase nenhum entrave, da cultura geral, e isso se refletia em uma produção filosófica em árabe, em terras cristãs, ainda que houvesse contatos com os círculos cristãos, os judeus tenderam a criar nichos sociais e intelectuais próprios. Em geral, os judeus, com exceção dos que viviam em Pádua, na Itália, a partir do século XV, não podiam frequentar as universidades e poucos eram fluentes em latim. Como resultado disso, o hebraico tornou-se a língua dos escritos filosóficos e científicos judaicos. Junte-se a isso o fato de que os judeus, nos países cristãos, não compartilhavam uma língua vernácula comum, e assim é possível entender como ocorreu o renascimento do hebraico e, em menor grau, do aramaico como línguas cultas de expressão do pensamento, da religiosidade e das artes. É marcante, no fim do século XII e na primeira metade do século XIII, um amplo movimento de tradução para o hebraico de textos de filosofia judaica produzidos durante o período islâmico, juntamente com a tradução para esse idioma de muitas obras filosóficas não judaicas, clássicas e medievais. Destaca-se aqui o trabalho de muitos membros da família Ibn Tibbon, que na Provença se dedicaram ao ofício da tradução e da composição do hebraico filosófico, isto é, da versão dos termos filosóficos neoplatônicos e aristotélicos para o hebraico[45]. São geralmente as traduções hebraicas das obras dos filósofos do período islâmico que chegaram aos dias atuais. Constituiu-se, assim, um hebraico filosófico que se tornou, para os judeus residentes nas comunidades sediadas em terras cristãs, o meio de acesso à literatura filosófica judaica medieval produzida anteriormente em árabe e escrita diretamente em hebraico a partir de então. A própria obra maimonídea, mesmo o que fora escrito em árabe como o *Guia*, é inteiramente recebida em hebraico.

É importante ressaltar que Maimônides tem um papel muito importante na construção do hebraico filosófico. Em primeiro lugar, porque o *Mishné Torá*, em especial o *Sefer ha-Madá'*, pode ser considerado o primeiro tratado de filosofia judaica escrito em hebraico. Em segundo lugar, porque a tradução do *Guia dos Perplexos* para o hebraico, feita por Samuel ibn Tibbon pouco antes da morte de Maimônides, teve uma recepção que causou grande impacto nos círculos intelectuais judaicos nos séculos que se seguiram à morte de seu autor. A recepção da obra maimonídea não se fez notar apenas nos meios filosóficos e entre os halakitas, mas também é notado o uso da linguagem filosófica de Maimônides em obras da literatura mística, como no *Ginat 'Egoz* (Jardim das Nogueiras), de Yosef Gikatilla, escrito no fim do século XIII. A recepção da obra de Maimônides, aliada ao movimento de tradução para o hebraico da literatura filosófica escrita em árabe, levou à composição de obras já diretamente escritas em hebraico entre os séculos XIII e XV. Finalmente, a filosofia adentrou na academia rabínica não apenas como matéria de corredores e de debates informais mas também como parte do acervo das obras do *bet midrash*, a casa de estudos. Esse talvez tenha sido o mais impactante aspecto da revolução educacional que, segundo Heschel, era pretendida por Maimônides para a academia rabínica.

É importante frisar que uma ampla controvérsia em relação à recepção da obra de Maimônides nas comunidades judaicas sediadas em terras cristãs delimita o início do segundo período da filosofia judaica medieval. Moisés Maimônides, o mais respeitado e conhecido filósofo judeu medieval, morreu em 8 de dezembro de 1204. A tentativa de Maimônides de formular uma narrativa racionalista do judaísmo levou a uma controvérsia entre seus seguidores e oponentes que se estendeu por todo o século XIII, chegando até o início do século XV. As primeiras décadas do século XIII, contudo, foram as mais acaloradas. Como exemplo dessas querelas é notável que menos de trinta anos depois de sua morte, em 1232, dois de seus livros mais importantes – o *Guia dos Perplexos* e o *Sefer ha-Madá'* – foram banidos e queimados na cidade de Montpellier, no sul da França. As controvérsias em relação à sua obra começaram ainda durante sua vida, mas foi a recepção de sua obra na Europa durante o século XIII que causou uma acalorada divisão entre os partidários das posições maimonídeas e seus opositores. Com a radicalização das posições, ambos os grupos chegaram a se excomungar mutuamente, o que induziu os oponentes de sua filosofia, que também se opunham ao pensamento de Averróis, a recorrer às autoridades cristãs, levando o bispo local a ordenar aos dominicanos que queimassem as obras de Maimônides, consideradas fomentadoras de heresias. Essa controvérsia entre correntes racionalistas e místicas marcará a filosofia judaica medieval nos séculos seguintes.

A controvérsia sobre a obra de Maimônides se desenvolveu a ponto de se tornar um debate sobre a legitimidade da própria filosofia. Tentativas malsucedidas de banimento do estudo da filosofia ocorreram, o que não levou ao declínio da filosofia, mas a um dos períodos mais criativos e produtivos da história do pensamento judaico. A quantidade de filósofos cujas obras ou parte delas chegaram até os nossos dias é muito maior nesse período da filosofia judaica medieval que no primeiro. Dentre eles poderíamos destacar Samuel ibn Tibbon, Shem Tov ibn Falaqera, Moisés Naḥmânides, Yosef ibn Kaspi, Hillel ben Shmuel, Isaac Albalag, Avner de Burgos, Isaac Pulgar, Moisés Narboni, Levi ben Gershom, Ḥasdai Crescas, Shimon ben Ṣemaḥ Duran, Yosef Albo, Isaac Abravanel, Leone Ebreo, Elia del Medigo, Yosef del Medigo, Yehudá Messer Leon e muitos outros. No mesmo período em que a filosofia árabe declinava e fenecia, a filosofia judaica, agora definitivamente também em contato com o mundo ocidental, pôde despontar de modo mais nítido e em cores próprias.

Com suas tensões e encontros entre o racionalismo rabínico e o aristotelismo medieval, a obra de Maimônides tornou-se o divisor de águas e também a responsável pela definitiva entrada da filosofia no pensamento rabínico medieval.

Notas

1. HESCHEL, A. J. *Torá Min ha-Shamayim be-'Aspaqlariyá shel ha-Dorot*. London: Soncino Press, 1962, v. 1.
2. Ibid.
3. TIROSH-SAMUELSON, H. Philosophy and Kabbalah. In: FRANK, D. H.; LEAMAN, O. (Org). *Medieval Jewish Philosophy*. Cambridge: Cambridge University Press, 2003, p. 218-245.
4. SELTZER, R. M. *Povo judeu, pensamento judaico*. Rio de Janeiro: A. Koogan Editor, 1989, p. 417. (Coleção Judaica, t. II). Ver também PEREIRA, R. H. de S. *Bayt al-Ḥikma* e a transmissão da filosofia grega para o mundo islâmico. In: PEREIRA, R. H. de S. (Org.). *Busca do conhecimento*: ensaios de filosofia medieval no Islã. São Paulo: Paulus, 2007, p. 17-62.
5. TIROSH-SAMUELSON, 2003, op. cit., p. 219.
6. MAIMÔNIDES. *Moré Nevuḵim*. Responsa Project Version 11. New York: Bar-Ilan University/TES, 2004, Parte II, cap. 27.
7. Ibid., Parte III, cap. 54.
8. Id. *Mishné Torá, Haqdamot ha-Rambam*. Jerusalem: Segula Publishers, 2003, p. 5 (MT Hilḵot De'ot, caps. 1-2).
9. Id. *Shemoná Peraqim* (Oito Capítulos). Yeshivath Beth Moshe, Scranton, 1994, cap. 2,

p. 10-13, e *Moré Nevukim*. Responsa Project Version 11. New York: Bar-Ilan University/ TES, 2004 (3:54, 1:1-2 e 3:54).
10. Id., 1994, op. cit., cap. 1.
11. LÖWY, M. *Redenção e utopia*: o judaísmo libertário na Europa Central. São Paulo: Companhia das Letras, 1989.
12. GUTTMANN, J. *A Filosofia do Judaísmo*. São Paulo: Perspectiva, 2003, p. 182.
13. SELTZER, R. M. *Povo judeu, pensamento judaico*. Rio de Janeiro: A. Koogan Editor, 1989, p. 370. (Coleção Judaica, t. II).
14. HESCHEL, A. J. *Maimonides*: The Life and Times of the Great Medieval Jewish Thinker. New York: Image Books, 1991.
15. Ibid.
16. Ibid., p. 83.
17. Ibid., p. 85-86.
18. MAIMÔNIDES, *Mishné Torá, Haqdamot ha-Rambam*, 2003, op. cit., p. 5.
19. Ibid.
20. HESCHEL, 1991, op. cit.
21. MAIMÔNIDES. *Mishné Torá, Sefer ha-Madá'*. Jerusalem: Segula Publishers, 2003, p. 1.
22. AL-FĀRĀBĪ apud ATTIÉ FILHO, M. *Falsafa*: a filosofia entre os árabes. São Paulo: Palas Athena, 2002, p. 202.
23. ATTIÉ FILHO, 2002, op. cit., p. 202, nota 11. Ver também GUTTMANN, J. *A filosofia do judaísmo*. São Paulo: Perspectiva, 2003.
24. MAIMÔNIDES. *Mishné Torá, Sefer ha-Madá'*, 2003, op. cit., p. 2.
25. Ibid.
26. Id., 2004, op. cit., Parte I, cap. 68.
27. GUTTMANN, 2003, op. cit., p. 188.
28. MAIMÔNIDES. *Mishné Torá, Sefer ha-Madá'*, 2003, op. cit., p. 2.
29. GUTTMANN, 2003, op. cit.
30. SELTZER, 1989, op. cit., p. 372. (Coleção Judaica, t. I).
31. AL-FĀRĀBĪ apud ATTIÉ FILHO, 2002, op. cit., p. 204.
32. MAIMÔNIDES, 2004, op. cit., Parte II, cap. 13.
33. A dialética rabínica talmúdica veio a ser conhecida como פלפול, *pilpul*, termo que designa diferentes métodos de estudo e exposição de discurso em que são usados modos sutis de conceituar diferenciações legais e casuísticas, e, por meio do embate de posições opostas, o assunto posto em questão é aprofundado e desenvolvido. O termo *pilpul* é originado da mesma raiz hebraica da palavra פלפל, *pilpel* (pimenta), indicando que esses métodos dialéticos de raciocínio seriam usados pelos mais perspicazes estudiosos da Lei (Halaká) com o objetivo, por meio do raciocínio dialético, de penetrar no sentido dos textos, clarificar e inovar as possibilidades de entendimento da aplicação da Lei.
34. MAIMÔNIDES, 2004, op. cit., Parte II, cap. 13.
35. Ibid.
36. Ibid.
37. Ibid., cap. 25.
38. Ibid., cap. 23.
39. Ibid., cap. 27.
40. Ibid., cap. 17.
41. HESCHEL, 1991, op. cit., p. 85-86 e 154.
42. MAIMÔNIDES, 2004, op. cit., Parte II, cap. 18.

43. Ibid., Parte I, cap. 56.
44. HESCHEL, 1991, op. cit., p. 151.
45. FRAENKEL, C. *Min ha-Rambam li-Shmuel ibn Tibbon* (De Maimônides a Samuel ibn Tibbon). Jerusalem: Magnes, 2008.

A Ética na Obra de Maimônides

Nachman Falbel

Maimônides é conhecido por seu esforço em harmonizar a razão com a fé, a filosofia com a religião, e sua obra é considerada a mais significativa na história da filosofia judaica medieval. Penso que esse pressuposto geral que caracteriza o pensamento de Maimônides também se aplica à sua reflexão filosófica sobre a ética [1]. Antes de tudo, porém, devemos observar que os escritos éticos de nosso filósofo fazem parte de obras maiores e nelas encontramos tratados ou capítulos que abordam o tema. Apesar da multiplicidade de textos e de sua inserção nas obras maiores, percebemos a clara intenção do autor de dar à ética um tratamento sistemático e profundo. Vejamos então quais são os textos no conjunto de sua obra concernentes às questões éticas.

1) No Comentário sobre a Mishná (*Perush ha-Mishná*) (1158-1168), temos os seguintes escritos éticos: a) Introdução Geral ao Comentário sobre a Mishná (*Petiḥat Perush ha-Mishná*); b) Introdução ao Tratado *Sanhedrin*, cap. X (*Pereq Ḥeleq*); c) Introdução ao Tratado dos Pais (*Perush ha-'Avot* ou *Shemoná Peraqim* [Oito Capítulos]); d) Comentário ao Tratado dos Pais, propriamente dito (*Perush ha-'Avot*).

2) No *Sefer ha-Miṣvot* (Livro dos Preceitos), encontra-se um número importante de passagens éticas.

3) No *Mishné Torá* ou *Yad ha-Ḥazaqá* (Mão Forte), o grande comentário da Lei escrito em 14 livros, daí o nome "Yad" (catorze em hebraico), que até hoje permanece como uma obra indispensável para o conhecimento da *Halaḵá*, o conjunto da jurisprudência assentada sobre a Lei judaica, temos alguns tratados de caráter eminentemente ético: a) no *Sefer ha-Madá'* (Livro da Sabedoria), o *Hilḵot De'ot* (Leis Relativas ao Comportamento) e o *Hilḵot Teshuvá* (Leis Relativas ao Arrependimento); b) no *Sefer Shofṭim* (Livro dos Juízes), o *Hilḵot Melaḵim u-Milḥamotehem* (Leis dos Reis e suas Guerras)[2].

4) No *Moré Nevuḵim* (Guia dos Perplexos), em vários lugares, mas especialmente na parte III, caps. 51-54.

5) Também em outras obras menores, a saber: a) no *Millot ha-Higgayon* (Discurso sobre a Lógica); b) no *Ma'amar ha-'Iḥud* (Tratado sobre a Unidade de Deus); c) nas *Teshuvot* (Responsa), em especial nas *'Iggerot* (Epístolas) e em particular na *Epístola a Yosef*, isto é, dirigida a Yosef ben Yehudá ibn Shimon ou Shamun, seu dileto discípulo, a quem dedicou o *Guia dos Perplexos* e com o qual se correspondeu; d) nos *Pirqe Moshé* (Aforismos Médicos).

6) O tratado médico conhecido como *Fī Tadbīr al-Ṣaḥà* (Sobre o Cuidado da Saúde). Nesses últimos tratados médicos, ele estabelece uma relação clara entre o estado de saúde corporal e a conduta moral ou ética, assim como em outros escritos ele vai enfatizar a associação do estado do corpo e da alma em uma visão holística do ser humano.

Como médico, escreveu vários tratados voltados a esse conhecimento nos quais faz jus à fama que possuía nesse campo de sua atuação profissional junto a muçulmanos e judeus. Sua obra médica é significativa, e alguns de seus tratados passaram a ser conhecidos ainda na Idade Média. Sabemos que médicos cristãos, muçulmanos e judeus escreviam tratados, por vezes sob o título *Regimen Sanitatis*, com a intenção de que servissem como uma espécie de guia para a saúde, nos quais incluíam recomendações e cuidados em relação ao corpo, aos hábitos, à higiene, à alimentação e sobre como evitar as doenças e os males que acometem o ser humano.

Quando estudamos o pensamento de Maimônides por meio de seu *opus majus*, o *Moré Nevuḵim*, não encontramos uma concepção ética exposta sistematicamente, como poderíamos supor; e isso por dois motivos: a) o *Guia dos Perplexos*, em seu conjunto, é pouco sistemático, pois abrange uma multiplicidade de temas e questões de ordem metafísica que, no fundo, procuram responder às dúvidas de uma elite intelectual judaica de seu tempo e, portanto, à ética propriamente dita dedica atenção somente nos caps. 51-54 da parte III, ao par de passagens que podemos encontrar e se encontram subjacentes em outros capítulos de sua densa obra filosófica; b) ao tratar de questões concernentes à teologia da religião judaica, passa a apontar seu caráter exemplar como uma prática de comportamento normativo, inspirada na lei da Torá, dos mandamentos e dos preceitos que a compõem, considerando secundários os conceitos abstratos de "bem" e "mal", minimizando tais especulações que passam a ser importantes para o conhecimento de sua doutrina ética, sobre a qual vamos nos referir mais adiante.

Maimônides, porém, foi um dos primeiros pensadores judeus que dedicaram atenção especial à ética especulativa, ou à ética filosófica propriamente dita, a começar com o tratado denominado *Shemoná Peraqim*, que, ao lado dos já lembrados capítulos do *Guia dos Perplexos* e de outros escritos supramencionados, servirá para entender seu pensamento no tocante ao tema.

Podemos nos anteceder e dizer que o pensamento maimonidiano, em relação à ética, oscila entre dois polos. De um lado, o filósofo acentuará a importância da tradição normativa, isto é, a tradição legalística da *Halaḵá*, ou seja, dos preceitos da lei aplicados e adaptados, através do tempo, ao plano prático da vida, assim como os encontramos no tratado *Pirqe 'Avot*, no final da quarta ordem (*seder*), denominada *Neziqin* da Mishná, que acentua o comportamento ético individual e o temor a Deus como superior a toda sabedoria. Para os sábios do período talmúdico, a prática do bem está acima do conhecimento e da especulação teórica ou do aperfeiçoamento da razão. A pureza de costumes, uma vida honesta e o ideal de santidade são valores que se sobrepõem às outras virtudes que o ser humano deve cultivar para sua elevação espiritual. Daí encontrarmos a afirmação no tratado talmúdico Bava Kama 30a de que "quem quiser ser justo tem de cumprir as palavras do 'Avot".

No entanto, Maimônides, ao contrário de outros pensadores judeus que o precederam, em particular os que somente se apoiaram nos sábios moralistas do Talmud, defrontou-se com o entendimento dos princípios especulativos da ética filosófica originária e proveniente da filosofia grega transmitida pelos pensadores muçulmanos. Nesse sentido, retoma uma contínua tendência que surgirá entre os filósofos judeus na Idade Média, a começar por Sa'adia ben Yosef Gaon al-Fayyūmī (882-942), autor do *Sefer 'Emunot ve-De'ot* (Livro das Crenças e Opiniões), que no tratado 10 de sua obra utiliza conceitos éticos, apesar de centrar sua preocupação em uma moral que induz e orienta um comportamento de conduta. O tratado ético em questão difere do restante de sua obra por não se inspirar na antiga tradição do pensamento judaico e, talvez por essa razão, pouca influência teve na literatura ética posterior. Outro tratado ético intitulado *Tiqun Midot ha-Nefesh* (Do Aperfeiçoamento das Qualidades da Alma), do pensador Salomão ibn Gabirol (1021/2-1058/1070), autor da obra filosófica *Fons Vitae* (*Meqor Ḥayyim*), o qual desenvolve um sistema – também estranho ao judaísmo – em que associa os quatro elementos, terra, ar, fogo e água, aos cinco sentidos, atribuindo a cada sentido certas qualidades do caráter ou da personalidade do ser humano. Também nessa obra vemos o quanto essas ideias filosóficas eram estranhas à ética judaica e o quanto não se fundiam com a tradição dos sábios do Talmud. Outro tipo de elaboração visando a ensinamentos éticos encontramos no *Sefer ha-Ma'asiot* (Livro das Narrativas), escrito por Nisim ben Yaaqov ben Nisim ibn Shahin (século XI), que reuniu histórias e ditos do Talmud mesclando-as com as de seu tempo, sem pretensão maior de elaborar um sistema ético como o dos autores antes mencionados. Escrito originalmente em árabe, assim como os demais, foi traduzido ao hebraico e amplamente aceito e difundido nos séculos posteriores.

Contudo, um momento marcante no desenvolvimento da literatura ética se deu com a obra *Ḥovot ha-Levavot* (Deveres do Coração), de Baḥya ibn Paqūda (c. 1080), escrita em árabe com o título *Kitāb al-Hydāia ilā Fara'iḍ al-Qulūb* (Livro sobre a Direção dos Deveres do Coração) e traduzida ao hebraico por Yehudá ibn Tibbon em 1161. Nela, já encontramos um sistema ético vinculado ao pensamento judaico e destinado a servir as comunidades como um guia aos que querem seguir uma vida devotada a Deus. O livro encerra um sistema ético que se defronta com os problemas espirituais próprios daquele tempo. Divide as obrigações do homem verdadeiramente religioso em deveres do corpo (*ḥovot ha-'evarim*), que se ligam a ações explícitas, que são as rituais e éticas exigidas pela Torá – como a observação do *shabat*, orações, atos de caridade –, que podem ser obrigatórias ou mesmo não prescritas; e em deveres do coração (*ḥovot ha-levavot*), relativos às crenças, como a crença na existência e na unidade de Deus e as de características espirituais, como a fé na divindade, o amor e o temor à divindade e o arrependimento. Mesmo certas manifestações da alma como rancor e desejo de vingança estão associadas aos deveres do coração. Baḥya ibn Paqūda justificaria a elaboração de sua obra na medida em que os predecessores de seu tempo negligenciaram as obrigações do coração e observaram as normas religiosas prescritas sem lhes adicionar uma intenção espiritual (*kavaná*), ou seja, apenas como obrigações do corpo. A obra é dividida em dez "portais" (*she'arim*) dedicados a determinadas obrigações do coração a que todo judeu deve aspirar para atingir uma perfeição espiritual. São eles: 1) a afirmação da existência e da unidade de Deus (*yiḥud*), em que encontramos uma explicação filosófica e teológica e a discussão sobre os atributos divinos; 2) a natureza do universo revelada na Criação divina (*beḥinat ha-'olam*), na qual se discutem a ordem do universo e o microcosmo, o ser do homem; 3) o culto divino (*avodat ha-'Elohim*); 4) a confiança em Deus (*bitaḥon*); 5) a sinceridade de propósitos (*yiḥud ha-ma'asé*); 6) a humildade (*kniyá*); 7) o arrependimento (*teshuvá*); 8) a introspecção da alma (*ḥeshbon ha-nefesh*); 9) o ascetismo (*perishut*); e 10) o amor a Deus (*'ahavat ha-Shem*).

Sob a influência provável do misticismo muçulmano, ele retoma a concepção platônica de que a alma humana, celestial em sua origem, é posta no corpo por decreto divino, correndo o risco de esquecer sua natureza e missão. A alma humana, porém, é auxiliada pelo intelecto e pela Lei revelada que lhe permite atingir seu objetivo. Assim como parece ter sido influenciado pelas *Rasā'il Iḫwān al-Ṣafā'* (Epístolas dos Irmãos da Pureza), do século X, mas corrente em seu tempo, ele também o teria sido pelo racionalismo do movimento dos *mu'tazilitas*, que se desenvolveu com o movimento teológico-filosófico islâmico do *Kalām*. Nele se encontra a distinção entre mandamentos racionais e tradicionais para elucidar as questões no tocante às obrigações do corpo, das quais se utilizaria para aplicá-las aos preceitos judaicos. Com a ajuda da razão e da Lei revelada, a alma pode triunfar sobre seu inimigo, o mau instinto (*yeṣer ha-rá'*).

Por seu conteúdo de elevada espiritualidade e orientação religiosa, a obra de Baḥya ibn Paqūda teve grande aceitação na Idade Média, assim como teria ampla repercussão em períodos históricos posteriores.

Ainda no mesmo período medieval, outro pensador que viveu na Espanha e ocupou uma posição político-administrativa elevada naquele reino, Abraão bar Ḥiyya, ha-Nasi, de Barcelona (segunda metade do século XI-c. 1136), foi autor da obra *Hegiyon ha-Nefesh* (Meditação sobre a Alma), na qual manteve, em parte, a linha da reflexão ético-filosófica de seus predecessores, procurando enfatizar o significado espiritual do arrependimento (*teshuvá*). Mesmo o tratado *Yesod Morá* (Fundamento da Reverência), do notável exegeta e pensador Abraão ibn Ezra (1089-1164), visou também dar fundamentação espiritual aos mandamentos judaicos.

A literatura ética judaica constituiu-se de várias correntes, entre as quais uma reação à corrente ético-filosófica dos pensadores da Península Ibérica, que naquele tempo se manifestou na ampla literatura ético-rabínica. Nessa mesma linha, e como um desdobramento original desta, inclui-se a literatura ética da *Ḥasidut* asquenazita da Alemanha medieval (Ashkenaz), centrada no *Sefer Ḥasidim* (Livro dos Piedosos), originário e fruto dos membros da destacada família Qalonimos, à qual nos referiremos mais adiante. Também a corrente místico-cabalística produziu uma literatura ética altamente representativa por seu teor original, que teve como um de seus centros, no século XVI, a cidade de Safed na Terra de Israel[3].

Podemos afirmar, ainda que seja uma generalização, que encontramos, nas obras de grande número de pensadores na Idade Média, reflexões voltadas a certos aspectos do pensamento ético mesmo quando não se definem como tal.

Maimônides, especialmente no *Shemoná Peraqim*, vai se utilizar de alguns conceitos da ética aristotélica, o que comprova sua admiração pelo filósofo grego e seu racionalismo aplicado também a esse aspecto do pensar filosófico, estando seu nome diretamente associado à influência da filosofia aristotélica no mundo do pensamento judaico medieval.

Do mesmo modo como o aristotelismo se insinua nas questões metafísicas largamente tratadas no *Guia dos Perplexos*, em que Maimônides as analisa de um prisma interpretativo próprio, assim o faz ao especular sobre o sentido e a finalidade da ética, associando-a, como Aristóteles, ao intelecto prático, uma vez que se preocupa com o bem e o mal, à diferença do intelecto teórico, que se preocupa com o verdadeiro e o falso[4]. Contudo, sua leitura aristotélica, filtrada por meio do prisma da filosofia árabe, passa a ser uma reflexão original ao se fundir com suas convicções religiosas assentadas sobre a crença monoteísta.

Convém lembrar que Maimônides vincula a ética à Lei, à Torá, que indubitavelmente passa a ser o eixo ao redor do qual gira sua extensa obra filosófica. Todos os textos éticos saídos de sua mente são, em parte, momentos da monumental atividade exegética à qual se dedicou com a finalidade de tornar acessível e racional a Lei, que culmina em sua obra fundamental, o *Mishné Torá*, fonte indispensável para o entendimento e o estudo da Lei.

A ética maimonidiana, nesse sentido, estaria ligada à legislação formal e ao legalismo decorrente dela como um conjunto de regras de conduta, consideradas aptas a manter a ordem e a vida social. Em outras palavras, a ética e a ordenação da Lei se complementam, pois esta determina as regras, e aquela se propõe a julgá-las em sua aplicabilidade prática. Se considerarmos que, para Aristóteles e seus comentadores muçulmanos, a ética é parte da filosofia prática, ou da ciência política, poderemos inferir que ela estará próxima à Lei; logo, nosso filósofo não verá nenhuma contradição entre ambas. De fato, Maimônides, assim como Aristóteles na *Ética Nicomaqueia* e também na *Política*, associa diretamente a filosofia ética a essa aplicabilidade prática. A ética deve reger a vida social, não somente o comportamento individual mas também a sociedade humana como um todo; e, nesse sentido, para Maimônides, ela se harmoniza e está de acordo com a Lei judaica.

No domínio da lei, isto é, na sociedade dos homens, o comportamento é tudo, e o comportamento do ser humano, considerado animal político, *zôon politikón* – expressão empregada por Aristóteles –, determina sua convivência com os demais, da qual não se pode prescindir justamente por ser o homem um "animal político".

Para o filósofo judeu, o significado da expressão "animal político" é de um ser que tem a obrigação de conviver em sociedade para poder atender às suas múltiplas necessidades corporais ou materiais, como alimentação, vestuário e abrigo.

No entanto, a sociedade humana somente pode ser ordenada por leis, pois, do contrário, é incapaz de subsistir. Daí seu caráter político, uma vez que as leis, além de serem elaboradas para o bem-estar geral, devem ser definidas e promulgadas por uma autoridade aceita e instituída. Lei, autoridade política e sociedade formam um tripé no qual cada elemento se caracteriza por possuir e definir um campo de atuação próprio, mas são indissociáveis entre si. Todavia, nesse contexto, devemos nos perguntar qual é a concepção de Maimônides sobre o papel da ética e como o pensador judeu concebe sua aplicabilidade no plano da vida do indivíduo e no plano coletivo da sociedade humana.

Para Maimônides, a ética é entendida como a ciência da formação das qualidades do caráter da alma humana. A formação do caráter ou dos hábitos morais é o fim que a ética procura realizar por meio da educação, aspecto ao qual dará muita importância em vários de seus escritos. Contudo, o filósofo não a desvincula de uma permanente preocupação nomológica, a ponto de dedicar um capítulo de seu *Mishné Torá* às leis concernentes às faculdades de caráter. Trata-se do já lembrado tratado denominado *Hilḵot De'ot*, no *Sefer ha-Madá'*, o Livro da Sabedoria, primeiro livro do *Mishné Torá*, no qual trata da moral do sábio e de sua relação com a comunidade dos homens. Para ele, a preocupação com o indivíduo se justifica como ponto de partida para alicerçar o bem-estar da sociedade humana.

A moralidade tem como finalidade dar ao indivíduo a virtude da serenidade do corpo e do espírito. É o significado da expressão hebraica *meyashev da'ato shel 'adam*, "equilibra o espírito do homem", que permite atingir o nível mais elevado, ou seja, a vida contemplativa. Aí temos um conceito central da ética aristotélica que será transmitido por intermédio dos pensadores árabes à filosofia judaica medieval. Um desses pensadores cuja obra teve grande influência em Maimônides é Al-Fārābī (ca. 870-950), a quem reconhece como um dos grandes pensadores muçulmanos[5].

Aparentemente, haveria certa contradição entre a natureza político--social e o ideal da vida contemplativa do homem a que a ética aspira. Essa contradição, no entanto, é aparente, pois a primeira se refere às ações ou hábitos morais, envolvendo seus semelhantes e dirigida a eles, enquanto a vida contemplativa se circunscreve no nível interior das ideias, o que nos leva a concluir que a natureza político-social implica uma racionalidade que não pode ser divorciada da vida contemplativa e também que a ética deve estar assentada sobre a natureza racional do homem.

No *Hilkot De'ot*, ele dedica os primeiros capítulos à moralidade do sábio. O grau de elevação para chegar à "vida contemplativa" é tal que somente o sábio poderá alcançá-la e que, portanto, exclui a maioria dos homens, sem que isso os isente de uma conduta moral que deve reger a vida de todos os seres humanos. Do mesmo modo, lemos na *Ética Nicomaqueia* que o fim último e superior da ética individual somente pode ser alcançado pelos sábios ou filósofos, o que constitui seu especial privilégio. Apenas a elite intelectual voltada à atividade da razão apreende o que a ética propõe em seu nível mais elevado, isto é, a vida contemplativa. Esta significa viver em função do intelecto; a racionalidade que distingue o ser humano dos demais seres criados é seu fim último, mas esse grau só os filósofos ou os legisladores, os sábios que conhecem as leis e que pensam teoricamente sobre as leis poderão alcançá-lo. O mais importante, porém, é que as leis que ordenam a conduta humana são as que devem orientar toda a sociedade, uma vez que o sábio, *talmid ḥakam*, deve servir de paradigma a todos os demais, independentemente da incapacidade da maioria de ascender ao nível de sua moralidade.

O sábio, o filósofo, o legislador figuram como paradigma e modelo de conduta para as demais camadas da sociedade humana e do mesmo modo são eles os responsáveis pelas leis que devem modelar a sociedade.

A ética de Maimônides, assim como a de Aristóteles, está centrada em outro princípio, que é o "caminho do meio" ou o que os latinos denominavam a *aurea mediocritas*, isto é, a regra moral ideal para chegar à vida contemplativa. O "caminho mediano", *ha-derek ha-'emṣa'it*, ou *midá benonit*, está muito próximo do conceito aristotélico de *mesótes*, a "medida justa" que o Estagirita explica na *Ética Nicomaqueia* como sendo o caminho que evita os excessos ou os extremos, nem para mais, nem para menos, e que possibilita alcançar o mais elevado nível, conforme ele o expressa em sua obra[6].

Se aceitarmos a distinção de Aristóteles entre *sophía*, isto é, sabedoria especulativa ou teórica, e *phrónesis*, isto é, sabedoria prática, parece-nos que, em Maimônides, a ética se enquadraria essencialmente na última. Isso implica o controle dos desejos materiais ou corporais que auxilia a atingir a serenidade, o equilíbrio da mente, e evita o excesso de estímulo ou excitação.

Há certa semelhança entre a concepção de Aristóteles e a de Maimônides quanto ao fim precípuo a que a ética visa, ainda que nosso filósofo se atenha à tradição judaica na procura do Supremo Bem e na felicidade do homem ou naquilo que Aristóteles denomina *eudaimonía*. Também em Maimônides o fim último do ser humano é alcançar um estado de felicidade possível pela adoção do "caminho mediano". Em Maimônides, o caminho mediano, além de aquietar a mente, dispondo-a ao estudo, uma vez que elimina o excesso de preocupações materiais, e permitindo-lhe o ócio necessário para seu aperfeiçoamento espiritual, refreia os desejos de aquisição e posse de bens que representam a fonte dos males da vida humana na sociedade[7]. No entanto, o caminho mediano não é suficiente como princípio, pois, no *Hilḵot De'ot*, encontramos um elevado conceito de moralidade que caminha junto ao primeiro e até ultrapassa as próprias exigências da Lei, ou seja, a piedade, *ḥasidut*, que contém em si a generosidade e a humildade[8].

Esse conceito, que possui conotações ético-moralistas, está presente em várias correntes religioso-espirituais no decorrer da história judaica, atravessando os tempos até o presente.

Na Idade Média, uma influente corrente religioso-espiritual, cuja doutrina pietista estaria, em parte, associada ao significado que Maimônides atribui ao termo, foi a *Ḥasidut* (Pietismo) asquenazita dos séculos XII e XIII, já lembrada anteriormente. Seus ideais éticos foram expressos no *Sefer Ḥasidim*, também já lembrado anteriormente. Seu centro de atuação se encontrava na Alemanha medieval e era representado por uma família de sábios liderada por R. Shmuel ben Qalonimos he-Ḥasid, R. Yehudá ben Shmuel he-Ḥasid, R. Eleazar de Worms e outros autores de obras éticas que marcaram seu tempo. Essa espiritualidade também está associada ao contexto histórico das comunidades judias alemãs e à trágica situação em que se encontraram com a passagem das Cruzadas pela região da Alemanha, durante as quais se entregaram à prática do *qidush ha-Shem* (a santificação do Nome divino, ou seja, preferir morrer a aceitar a conversão ao cristianismo). Esse pietismo se caracterizará pelo culto sinagogal, no qual serão preservados a recordação dos nomes que morreram "santificando o Nome", o ascetismo rigoroso, o desprezo do mundo material e a elevada inspiração mística, bem como pela rigorosa conduta ética[9].

Em Maimônides, a concepção ética também tem um significado especial que implica a capacitação de o ser humano adotar um comportamento que o torne imune às adversidades, pois elimina sua arrogância e o faz enfrentar os sentimentos negativos de ódio e vingança mesmo em situações difíceis em que sofre insultos e abusos. Esse é o verdadeiro caminho que o habilita a atingir o conhecimento de Deus. Quanto mais o homem se desprende das necessidades materiais ou dos apetites de seu próprio instinto, mais ele poderá galgar os degraus da ascensão espiritual para atingir o verdadeiro conhecimento de Deus.

Contudo, também aí é preciso não esquecer a regra do caminho mediano, pois não se devem desprezar em excesso os bens materiais a fim de evitar cair no outro extremo, isto é, o que leva ao abandono e à falta de cuidado com a saúde corporal necessária para manter o desejado equilíbrio para que se possa atingir a vida contemplativa.

No *Hilkot De'ot*, Maimônides se propõe a ensinar regras de comportamento humano no que tange à saúde, ao trabalho, ao respeito mútuo, à conversação e às relações humanas que favorecem o bem-estar social, fundamentadas e inspiradas antes de tudo na leitura dos versículos bíblicos e ditos rabínicos. Se observarmos com atenção as enunciações nesse escrito, veremos que nele se encontram subjacentes também as regras que devem reger as relações humanas entre judeus e não judeus no contexto da sociedade medieval daquele tempo.

Para Maimônides, a ética é uma ciência de formação das qualidades de caráter e de hábitos morais, e, sendo assim, exige o conhecimento da natureza da alma humana. Sob esse aspecto, Maimônides seguirá de perto a psicologia de Al-Fārābī.

Ele explicará que a alma do ser humano é composta de cinco faculdades ou níveis: nutritiva, sensitiva, imaginativa, apetitiva e racional. A faculdade nutritiva está diretamente ligada às necessidades de preservação do organismo humano e deve ser a preocupação da ciência médica. A sensitiva se refere aos cinco sentidos. A imaginativa possui o poder de reter a forma dos objetos sensíveis quando eles já não se encontram presentes; além do mais, ela tem o poder de combinar os elementos dos sentidos com formas de objetos que não possuem existência real no mundo exterior. A apetitiva dá à alma o poder de desejar ou rejeitar alguma coisa; é a parte apetitiva da alma que aloja as qualidades de caráter, os hábitos morais.

Contudo, é preciso observar que, apesar de a educação moral não poder prescindir das opiniões corretas do pensamento e das ações que preparam uma conduta virtuosa, a ética, no entanto, nada tem a ver com opiniões ou ideias, uma vez que estas estão relacionadas com a qualidade racional da alma; tampouco, de modo geral, tem a ver com as ações humanas propriamente ditas, mas sim com as virtudes morais. No *Shemoná Peraqim*, já mencionado, Maimônides esboçará uma ética fundamentada nas fontes judaicas, na filosofia grega e ainda nos pensadores do mundo islâmico de seu tempo [10]. Ele mesmo dirá na Introdução:

> Saiba que as coisas sobre as quais falaremos nesses capítulos e no comentário (Comentário ao 'Avot) não são questões inventadas por mim mesmo nem explanações saídas de minha pena. Na verdade, são questões colhidas dos escritos dos sábios do Midrash, do Talmud e outros textos deles, assim como dos escritos dos antigos e modernos filósofos e de muitos outros pensadores.

Entre esses outros pensadores, como bem demonstrou Herbert Davidson, encontra-se Al-Fārābī, cuja obra *Fuṣūl al-Madanī* (Aforismos da Política) se faz presente no *Shemoná Peraqim*, sem que seja nominalmente citada [11]. Contudo, a ética filosófica no *Shemoná Peraqim*, como bem afirma Raymond L. Weiss, está subordinada a um objetivo da consecução do conhecimento teórico, uma concepção de conduta contrária ao aristotélico nobre modo de vida do homem da classe elevada grega. A conduta moral no tratado de Maimônides é instrumental para um fim mais elevado, enquanto no aristocrata grego a nobreza de conduta é em nome dela mesma (*tò kalón*) [12]. Nesse caso, podemos entender o significado como sendo a aristocracia a exclusiva possuidora da *areté*, a elevada virtude de conduta fruto do ideal cavalheiresco grego, assim como é retratado na monumental obra de Werner Jaeger [13]. Jaeger o expressa bem ao escrever que "o pensamento ético dos grandes filósofos atenienses permanece fiel à sua origem aristocrática ao reconhecer que a *areté* só pode encontrar sua verdadeira perfeição nas almas seletas" [14].

Também no *Shemoná Peraqim*, o médico-filósofo dá importância ao tratamento das doenças da alma que se alojam na parte apetitiva, ainda que não se limitem a ela, mas também na parte racional, como sendo indispensável para o ser humano adquirir uma conduta ética. Em uma visão médica holística que não deixa de surpreender o leitor de nossos dias, considerando o tempo em que escreveu seu tratado, ele lembrava no *Hilḵot De'ot* que

> aqueles cujo corpo está enfermo sentem o amargo como sendo doce e doce como se fosse amargo, desejando alimentos que não lhes convêm e recusando aqueles que lhes fariam bem. Do mesmo modo, as pessoas que têm a alma doente estão inclinadas às más atitudes de caráter e odeiam o caminho do bem [15].

As doenças da alma estão intimamente relacionadas com as doenças do corpo e ambas exigem tratamento adequado.

Sobre essas últimas, como de hábito recorrendo sempre às Escrituras Sagradas como fonte segura de todas as verdades, Maimônides cita o profeta Isaías [16]: "Ai dos que chamam mal de bem, e o bem de mal. Mudam as trevas em luz, e a luz em trevas; que mudam o amargor em doçura, e a doçura em amargor". E ainda enfatiza com outra citação das Escrituras: "Saem da via reta e correm por rotas escuras" [17].

Qual é o remédio para aqueles cuja alma está enferma? Maimônides aconselhará que procurem os homens sábios, que são os médicos da alma, e eles os curarão por meio das faculdades de caráter que lhes serão inculcadas, até que possam retornar ao caminho mediano. O médico-filósofo conhece as fórmulas para a cura das enfermidades da alma:

> O irascível deverá ser golpeado e amaldiçoado até ficar insensível, e sua fúria ser desenraizada de seu coração. Se seu coração é soberbo, ele deverá ser degradado de tal modo que sua arrogância seja extraída de seu coração e possa voltar ao caminho mediano [18].

Assim, desse modo, ele deverá fazer com todas as qualidades de caráter.

O processo de cura das enfermidades da alma é passar de um extremo a outro para poder chegar ao bom caminho, ao caminho mediano. Nesse caso, passar ao outro extremo é utilizar apenas um método curativo para chegar ao caminho mediano, e podemos considerá-lo um método educativo provisório, que permite modelar uma qualidade de caráter.

Maimônides será explícito no *Hilkot De'ot* [19] ao condenar a abstinência extrema de comer carne ou o exagero dos jejuns; ao condenar o ascetismo extremado, ao condenar o vinho e as relações sexuais em excesso e o excesso no vestir e no habitar, "tal como o fazem os sacerdotes de 'Edom", isto é, os clérigos cristãos de seu tempo. Ele está, aí, condenando o ascetismo praticado por certos grupos ou indivíduos cristãos, clérigos ou laicos que adotavam regras rígidas de autopunição, seja como forma de penitência, seja como adoção de uma conduta monacal extremada. Novamente, sob esse aspecto, ouvimos ressoar a voz do médico, que valoriza o corpo como o receptáculo da saúde da alma, que favorece uma boa conduta ao ser humano, porque inevitavelmente um corpo doentio tenderá a abrigar uma alma doentia. Portanto, é preciso tratar da saúde do corpo, mas podemos supor que a par da razão médica estaria subjacente em Maimônides a razão teológica que veria o corpo humano como parte da Criação divina. O homem feito "à imagem de Deus" compartilha do caráter sagrado de toda a Criação divina, o que se confirma nas proibições bíblicas de profanar o corpo como o fazem certos povos idólatras ao se flagelarem, macerarem, tatuarem, costumes esses condenados pelos hebreus desde a antiguidade bíblica.

Contudo, se no *Hilḵot De'ot* encontramos um verdadeiro *regimen sanitatis*, próprio dos grandes médicos do período medieval, no *Shemoná Peraqim* nosso filósofo se aplica a elucidar questões de natureza especulativo-filosófica, a começar pelo primeiro capítulo, que se refere à alma e a seus poderes e qualidades, certamente acessíveis a poucos, mas que conduzem à perfeição mais elevada e à verdadeira felicidade. Maimônides, em *Shemoná Peraqim*, procura elucidar a existência de uma única alma, com a capacidade de empreender muitas ações, o que leva muitos, assim diz o filósofo, a denominá-la "almas", no plural, tal como médicos eminentes costumam crer, apoiados em Galeno. Galeno, cuja obra fundamentou e orientou a prática da medicina medieval, referiu-se a três almas: natural, vital e psíquica. Também são denominadas "poderes" ou "partes", de modo que os filósofos costumam se expressar acerca das "partes das almas", mas considerando-as um todo, do mesmo modo como quando falamos das partes do corpo[20].

Maimônides explicita que a parte apetitiva é a que proporciona ao homem o desejo ou o sentimento de repulsa por algo. Desse poder se originam as ações que levam à procura ou ao afastamento de algo, ao sentimento de atração ou rejeição, de raiva ou simpatia, de medo ou coragem, de crueldade ou compaixão, de amor ou ódio, e a muitas outras perturbações da alma. Além do mais, essa parte da alma se utiliza de todos os órgãos do corpo como seus instrumentos de ação. Todas essas partes, poderes ou qualidades da alma são, na verdade, sua *matéria*, enquanto o intelecto é a *forma*, terminologia aristotélica de que Maimônides faz uso associando-a com o entendimento do verso de Provérbios 19:2: "Na verdade, sem conhecimento uma alma não é boa". A desobediência e a obediência à lei somente se encontram em duas partes da alma, a sensitiva e a apetitiva. Obviamente, a parte racional também tem o poder de induzir à obediência ou não, ou ainda de crer em uma falsa ou verdadeira opinião, mas nela não se dá a *ação* de obedecer ou transgredir.

Maimônides fará uma diferenciação entre o homem virtuoso e o homem continente, sendo este último o que tem certo autodomínio sobre seus apetites, desejos, sobre seus instintos. Ou seja, aquele que não comete más ações, mas sente forte desejo de cometê-las e luta com todas as suas forças apetitivas, não obstante seu desejo e situação de sua alma para fazer coisas más. O homem virtuoso naturalmente segue o que o desejo e o estado de sua alma despertam nele e somente faz coisas boas por ser atraído a fazê-las. O homem virtuoso tem a alegria em fazer coisas boas, enquanto o homem continente carrega consigo a dor e o sofrimento para cometer os atos bons, que contrariam sua inclinação de alma, que é para o mal. Nesse sentido, a Lei e a opinião dos filósofos estão de acordo, pois está escrito: "A alma do ímpio deseja o mal"[21]; e ainda: "Apraz ao justo fazer justiça, mas o terror é para os malfeitores"[22].

Mesmo sem se referir claramente a Aristóteles, parece evidente que Maimônides, ao lembrar a harmonia de opiniões entre a lei e os filósofos, reporta-se à *Ética Nicomaqueia*, em que o pensador grego desenvolve a ideia de que o verdadeiro prazer é o do homem virtuoso e acompanha o ato bem-sucedido, e a atividade, quanto mais perfeita for, mais prazer causará, como o corolário do ato, como uma espécie de fim acrescido, como o brilho da beleza na força da idade[23].

Precisamos ter em mente que Maimônides não lia grego, assim como a maioria absoluta dos demais pensadores, judeus, muçulmanos e alguns poucos cristãos da Idade Média. Maior conhecimento da língua os sábios cristãos adquirirão somente a partir da Quarta Cruzada, que em 1204 conquista Constantinopla, facilitando o contato e mais acesso à cultura grega. No entanto, ainda seria necessário esperar pelo menos até o final do século XIV e o início do XV para os pensadores medievais terem um melhor conhecimento dessa língua.

Maimônides, citando os versículos dos Provérbios, também ao tratar da ética especulativa, mantém-se fiel ao método utilizado em outros de seus escritos. Em outras palavras, a leitura da ética dos filósofos gregos e de seus comentadores muçulmanos não contradiz o ensinamento da Lei e das Sagradas Escrituras. Devemos ter em mente que os filósofos muçulmanos também reelaboraram o pensamento grego, adaptando-o e harmonizando-o à sua própria visão de mundo religiosa monoteísta, e isso desde que com ele entraram em contato. Esse processo se deu com a expansão do Islã, no século VII, na região da Grande Síria, onde viviam minorias de cristãos nestorianos, jacobitas e melquitas, no meio cultural de influência helenística, que conheciam a língua grega e puderam traduzir as obras filosóficas clássicas ao siríaco, língua semita que falavam e que fazia parte de seu cotidiano. Os tradutores muçulmanos puderam, desse modo, traduzi-las do siríaco ao árabe, ainda que alguns sabidamente estavam aptos para traduzi-las diretamente do grego.

Na *Ética Nicomaqueia*, encontramos a afirmação de que, "tendo um homem de bem cometido um ato vil, sentiria após vergonha", mas, se ele é um homem virtuoso, esse sentimento não o acometeria, mesmo porque ele não chegaria a cometê-lo[24]. Contudo, logo veremos que esse enunciado embute em si uma concepção aparentemente diferenciada da tradição dos sábios judeus com a qual Maimônides deverá defrontar-se, o que não nos impede de enfatizar o quanto de ideias contidas na obra ética de Aristóteles também se encontra em Maimônides ao tratar da aquisição dos hábitos morais ou qualidades de caráter. Exemplo ilustrativo observamos na obra do Estagirita, que, ao tratar das causas da má conduta, escreve:

> Respondemos que, levando uma existência desregrada, os homens são pessoalmente responsáveis por terem se tornado desregrados ou por terem se tornado injustos ou intemperantes, agindo no primeiro caso com perfídia ou, no segundo caso, passando a vida a beber ou cometendo excessos do mesmo tipo. É pelo exercício das ações particulares que eles adquirem um caráter idêntico a elas[25].

A preocupação de Maimônides em harmonizar os filósofos com os sábios da lei não se restringe a uma enunciação superficial da questão, pois ele sabe que, na literatura rabínico-talmúdica, acentua-se que o mais virtuoso dos homens é o que deseja mais fortemente transgredir, e não o que não se inclina a fazê-lo, que, como já dissemos, não sofre nenhuma dor em se abster das más ações. Os sábios chegaram a afirmar que, quanto mais virtuoso um indivíduo for, maior será seu desejo de transgredir e maior será sua dor no momento em que ele se abstiver de transgredir. Dizem ainda que a recompensa do homem continente, aquele que tem o desejo de transgredir, é proporcional à dor em conter a si mesmo: "A recompensa é idêntica ao sofrimento"[26].

Maimônides aceita que são as tentações que levam o ser humano a sofrer para não cometer o mal e, quando não o comete, porque é continente, será recompensado. Ele lembra que os sábios da Lei, que ordenam tanto a continência quanto não fazer o mal, proíbem a alguém dizer "Eu não cometeria naturalmente essa transgressão, mesmo que não fosse proibida pela Lei". Aparentemente, as duas atitudes, dos sábios e dos filósofos, parecem ser contraditórias, uma vez que, para os filósofos, o homem virtuoso não deseja naturalmente o mal. O filósofo judeu, porém, demonstrará que não há contradição entre ambas, pois as más coisas ou ações às quais se referem os filósofos, quando afirmam que o homem virtuoso não as deseja, logo é mais virtuoso do que aquele que as deseja, são coisas aceitas por todos como más, tais como o assassinato, o roubo, a fraude, a injustiça para com o inocente, a ofensa aos pais, a paga do bem com o mal etc. São leis sobre as quais os sábios disseram: "Se não estivessem escritas, não precisavam ser escritas"[27].

Ele lembra que há dois tipos de leis. As chamadas leis naturais – denominadas na tradição rabínica judaica "Leis de Noé" ou "Leis Noaquitas" – são leis que não são escritas, pois não é necessário que se escreva o que não se deve fazer ou proibir cometer tal e tal ato. Nesse sentido, natural é que as pessoas não vão transgredi-las. O problema está em relação àquelas que são escritas, como certas proibições bíblicas, de que, por vezes, não temos compreensão imediata, natural, para saber que são proibidas. "Sem dúvida", explica ele,

> a alma que se inclina a qualquer das transgressões, noaquíticas, é defectiva. Porque são leis racionais, naturais e nenhuma alma virtuosa poderá aspirar a nenhuma dessas más coisas. E de nenhum modo poderá sentir qualquer sofrimento ou dor por sua proibição[28].

Quando os sábios da lei afirmam que o homem continente é mais virtuoso e sua recompensa é maior, têm em mente outras leis ou proibições denominadas "Leis tradicionais ou cerimoniais", que, se não fossem proibidas, não seriam más de todo. São as que se referem às leis que constam das Sagradas Escrituras. Por exemplo: a mistura de carne com leite; de lã com linho; de uniões sexuais ilícitas; e as que se referem aos preceitos em geral, que se diferenciam dos mandamentos e das leis racionais mencionadas anteriormente. Não nos cabe, nos limites de nosso estudo, abordar a complexa questão concernente às razões ou justificativas (*ṭa'ame ha-miṣvot*) dos assim denominados 365 preceitos negativos enumerados no *Sefer ha-Miṣvot*[29], de Maimônides, que, em alguns de seus escritos, incluindo específicas passagens no *Moré Nevuḵim*, parece ter elaborado explicações dirigidas a públicos leitores diferentes[30].

Maimônides terminará sua engenhosa explanação, na parte final do sexto capítulo do texto do *Shemoná Peraqim*, com palavras que denotam sua gratificação intelectual por conseguir harmonizar os sábios da Lei judaica e os filósofos: "Essa demonstração é de uma sutileza maravilhosa e uma extraordinária reconciliação dos dois pontos de vista. E os textos que os apoiam confirmam que nossa explicação é correta"[31].

Vimos que a procura na aquisição das virtudes – e não devemos esquecer que, para Maimônides, elas são racionais e morais, do mesmo modo como os vícios racionais (como a ignorância, a estupidez, a falta de entendimento) e morais (como a luxúria, a arrogância, a irracionalidade, a cólera, a impudicícia, a ganância etc.) – deve ser a aspiração do ser humano, uma vez que esse é o único modo de vislumbrar as verdades divinas. Para chegar a elas, no entanto, é preciso eliminar as *divisórias*[32] que se interpõem entre os seres humanos e a divindade, os vícios que devem ser removidos e os impedem de alcançar esse propósito. Mesmo os profetas, que eram modelos de conduta e virtudes, tiveram dificuldade de vislumbrar a divindade, porque algumas *divisórias* diminuíam seu grau de profecia. Somente Moisés, o profeta dos profetas, cujas virtudes morais e racionais eram perfeitas em sua pessoa, esforçou-se em apreender a verdadeira realidade da existência da divindade, pois nenhuma *divisória* o impedia. Assim mesmo, argumenta Maimônides, não o conseguiu inteiramente, porque "era um intelecto existindo na matéria, ou seja, um ser humano, e Deus o advertiu: 'Nenhum homem verá a mim e viverá'"[33]. Contudo, entre Moisés e a percepção verdadeira da existência da divindade, havia apenas um *véu* transparente, o intelecto humano, o que lhe dava uma percepção acima da dos demais seres. Se nenhum ser humano alcançou essa percepção da verdadeira existência de Deus, vislumbrar sua *face* (*panim*), pelo menos podemos dizer que Moisés teve o privilégio de ver suas espaldas, pois está escrito: "E você verá minhas espaldas"[34], o que deve ser interpretado como possuir uma percepção incomum, qualidade que distinguia também os profetas entre si, em razão da existência dos dois tipos de vício, o moral e o racional, que constituem as *divisórias* que se interpõem entre o homem e a divindade.

Maimônides, na parte final de *Shemoná Peraqim*, reitera claramente que o ser humano não nasce naturalmente com vícios e virtudes, assim como não nasce para exercer nenhuma profissão das artes práticas. Ele tem uma disposição natural seja para o vício, seja para a virtude, de modo que lhe é possível se inclinar a ambos, e isso por causa de seu temperamento, que, no tempo de nosso filósofo, era explicado e compreendido à luz da antiga teoria dos quatro humores que compõem o organismo humano. A disposição natural para a prática de vícios e virtudes também pode ser entendida sob o olhar da concepção rabínico-talmúdica da existência do *yeṣer ṭov ve-yeṣer rá'*, ou seja, o bom e o mau instinto. O ser humano abriga ambos e vivencia a luta que se trava entre as duas forças em seu interior, ora predominando uma, ora outra. Esse debate é parte da natureza humana desde que o bem e o mal se fixaram na humanidade.

Todavia, o temperamento e a disposição natural para a virtude e o vício não são absolutos ou decisivos – concepção central do pensamento ético maimonidiano –, uma vez que são condicionados e superados pela educação e pela orientação que o indivíduo receber durante sua trajetória de vida. Ele dirá:

> Do mesmo modo, aquele cujo coração possui um temperamento mais quente que o necessário será corajoso, isto é, naturalmente disposto à coragem; se for educado para ser corajoso, facilmente o será. No entanto, outro cujo coração possui um temperamento mais frio que o necessário é inclinado à covardia e ao medo, mas, se for educado adequadamente, adquirirá esses traços de caráter e será corajoso. Aliás, a temperatura também está associada aos humores. Pois, se for orientado a ser corajoso, ele poderá, com dura aplicação, tornar-se corajoso, sem dúvida, assim será se for habituado[35].

Destacando o papel da educação na aquisição dos hábitos morais e na formação do caráter, Maimônides recorre à doutrina do livre-arbítrio, que determina escolher entre a virtude e o vício. O filósofo racionalista não perderá a oportunidade para fazer uma digressão a fim de demonstrar a falta de fundamento da crença na astrologia tão difundida em seu tempo e na "ciência" dos astrólogos, que acreditavam na influência dos astros, por ocasião do nascimento de uma criança, para determinar sua personalidade e destino. Ele não poupará os que acreditavam cegamente serem os astros os que determinavam, nos seres humanos, a propensão à virtude ou ao vício e que os compeliam a cometer tais ou quais atos. Maimônides se refere aos astrólogos como *forjadores de disparates* e expressa claramente que "nossa Lei, assim como a filosofia, está de acordo em que todas as ações humanas são resultado de sua própria vontade, o que pode ser demonstrado com provas verídicas"[36]. Para ele, não se deve atribuir à compulsão nem a causas externas a inclinação para o bem ou para o mal, exceto sua disposição por temperamento, cujo poder é limitado, uma vez que nada impele ou impede o homem de optar por determinado caminho. Se as ações do homem fossem produto da compulsão, os mandamentos e as proibições da Lei seriam nulos e vãos, uma vez que o ser humano não teria poder de escolha em relação aos seus atos. Do mesmo modo, a instrução e a educação, incluindo-se nelas a instrução nas artes produtivas, necessariamente seriam inúteis, pois, de acordo com os astrólogos, haveria uma causa externa, necessária e inevitável para justificar certa ação, estudar determinada ciência ou adquirir certo hábito moral. Recompensa e castigo poderiam ser interpretados como injustos, uma vez que os homens são incapazes de evitar e controlar o que fazem. Também toda preocupação seria inútil, nesse caso, pois como poderíamos usá-la se tudo o que foi preordenado deverá acontecer inevitavelmente? E a justiça divina seria inconcebível, em virtude desse determinismo extremado, visto que as ações boas ou más não poderiam ser evitadas e, muito menos, julgadas. Tudo isso, conclui Maimônides, é absurdo e falso, contrário à compreensão e ao entendimento do intelecto ou da razão, e à percepção da realidade que nossos sentidos captam para o conhecimento do mundo que nos rodeia. Além do mais, dirá ele, isso abriria o caminho para destruir o *muro da lei* e considerar Deus injusto. Devemos observar que a expressão "muro da lei" (*ḥomá*) tem sua correspondência no *Pirqe 'Avot*[37], na expressão hebraica *seyag la-Torá*, que contém a ideia de proteção ou invulnerabilidade da Lei.

Em suma, as ações humanas são voluntárias, e cabe ao ser humano a decisão de cometer ou não tal ou qual ato. É nesse sentido que se deve entender o dito talmúdico: "Tudo está nas mãos dos céus, com exceção do temor aos céus"[38], de modo que a obediência ou a desobediência se fundamentam nas ações voluntárias do homem. A expressão *Tudo está nas mãos dos céus* assim se explica: refere-se aos eventos naturais perante os quais o homem não tem o poder de escolha, como ser alto ou baixo, a chuva e a seca, e outros fenômenos da natureza, excetuando-se o movimento ou o descanso do homem, isto é, sua ação ou inação. A obediência e a desobediência que resultam da vontade do indivíduo, e sem interferência da Divindade, encontram sua explicação no versículo de Jeremias[39]: "Não é da boca do Altíssimo que procedem males e benefícios?", pois *males* (*ra'ot*) ou *benefícios* (*ṭovot*) não são preordenados na medida em que o homem tem a capacidade de se lamentar e de se arrepender se de livre escolha errou. Assim como o remédio e o tratamento para uma enfermidade estão em nossas mãos, do mesmo modo estão o arrependimento e o afastamento das más ações.

Maimônides procurará demonstrar filosoficamente, e contra a doutrina dos que ele denomina teólogos dialéticos, isto é, os *muᶜtazilitas*, os racionalistas da corrente do *Kalām* que representou um movimento teológico inicial do Islã, que formulou a doutrina da intervenção contínua da Divindade em todas as situações ou tempos, que a vontade de Deus se manifestou nos seis dias da Criação, quando a natureza das coisas foi ordenada e seus atributos, fixados. Quanto ao ser humano, o livre-arbítrio é parte de seu ser e imanente à sua natureza, desde a Criação, ao lhe ser dado o privilégio da razão. Maimônides argumenta que, do mesmo modo que Ele desejou que o homem fosse ereto, possuísse dedos nas mãos, assim desejou que se movesse ou ficasse imóvel de acordo com sua vontade e agisse voluntariamente. Essa ideia, diz Maimônides, já foi exposta no Livro da Verdade (na Bíblia Hebraica), quando disse:

"Eis que o homem se tornou um de nós, conhecendo o bem e o mal"[40], aduzindo também ao Targum, o comentário aramaico às Sagradas Escrituras, para esclarecer a expressão *como um de nós, conhecendo o bem e o mal*, no qual o homem-Adão se tornou único no mundo, isto é, uma espécie que não tem similar entre as espécies no tocante à qualidade ou atributo do livre-arbítrio que lhe foi dado. E no que se revela essa qualidade ou atributo? Em sua própria capacidade de conhecer as coisas boas e más, desejando o que lhe apraz, sem que nada o possa impedir. Sendo assim, ele poderia estender sua mão e pegar da árvore, "comer e viver para sempre"[41]. Visto que é necessário à existência humana, diz Maimônides, que o homem realize boas e más ações por sua livre escolha e quando quiser, concluímos que também ele pode ser instruído no bom caminho, bem como ordenado, proibido, punido e recompensado.

Podemos concluir dizendo que o pensamento ético maimonidiano, assim como o filósofo o apresenta no *Shemoná Peraqim*, é que o homem deve acostumar sua alma a praticar boas ações até adquirir as virtudes necessárias para evitar más ações e para que seus vícios desapareçam caso tenha algum. Ele não deverá dizer que está preso a condições que ele não tem o poder de modificar, pois toda condição é passível de mudança. Do bem para o mal, do mal para o bem; a escolha é dele, logo, a aquisição de virtudes ou vícios está em suas mãos, exatamente como expressa o tratado *Pirqe 'Avot*: "Se eu não for por mim, quem será por mim?"[42]. O mesmo dito, na tradição rabínica, possui outras interpretações, podendo ser aplicado a outros contextos, mas aí Maimônides o assimila e integra em sua doutrina ética.

No plano social, as implicações dessa doutrina ética seguem uma linha de coerência, apoiada nas premissas iniciais do *Shemoná Peraqim*, também expostas no *Guia dos Perplexos*:

> Claramente se tem proclamado que o homem é, por sua natureza, um ser social, e ela lhe impõe viver em sociedade. Desse modo, dado que a natureza humana implica uma variedade de indivíduos e que lhe é inerente a sociabilidade, por sua própria índole é impossível que a sociedade seja perfeita sem um guia que coordene os esforços individuais, suprindo ao defectivo e moderando o excessivo, e que possa prescrever ações e normas éticas obrigatórias a todos, em conformidade com um mesmo modelo, de modo que a variedade natural se anule mediante grande harmonia convencional e a sociedade se mantenha em ordem. Por isso, insisto em que a Lei, ainda que não seja natural, se insere nessa categoria, pois a sabedoria divina dispôs que, para conservar essa es-

> pécie, a humana, cuja existência preordenou, tivessem seus indivíduos uma faculdade diretiva[43].

Em suma, podemos concluir que, para Maimônides, a ética, acima de tudo, tem como objetivo e finalidade possibilitar a própria existência da sociedade humana.

Notas

1. A literatura medieval judaica sobre ética ainda oferece um campo para investigação científica; para uma visão sobre o assunto, ver as obras de DAN, J. *Sifrut ha-Musar ve-ha-Derash* (Literatura sobre Ética e Homilética). Jerusalem: Magnes Press, 1975; TISHBY, I.; DAN, J. *Mivḥar Sifrut ha-Musar* (Seleta de Literatura Ética). Jerusalem: Magnes Press, 1970.
2. Para um melhor conhecimento do *Mishné Torá* e do pensamento *halákico* de Maimônides, ver a fundamental obra de TWERSKY, I. *Introduction to the Mishneh Torah of Maimonides*. Utilizei a versão para o hebraico *Mavó le-Mishné Torá le-ha-Rambam*. Jerusalem: Magnes Press, 1991.
3. Ver DAN, J. *Al ha-Qedushá*: Dat, Musar, ve-Mistiqa be-Yahadut u-ve-Datot Aḥerot (Sobre a Santidade: Religião: Ética e Mística no Judaísmo e em Outras Religiões). Jerusalem: Magnes Press, 1998, p. 322-354, em que faz uma apreciação sobre a literatura ética nas diversas correntes de pensamento judaico.
4. Ver a interessante e original análise de Shlomo Pines no Appendix II do artigo sobre Yahia ibn 'Adi's Refutation of the Doctrine of Acquisition (Iktisab), intitulado "Adam's Disobedience in Maimonides' Interpretation and a Doctrine of John Philiponus", em que trata da "queda de Adão" referida no cap. 2 da parte I do *Guia dos Perplexos*, em: STROUMSA, S. (Org.). *The Collected Works of Shlomo Pines, Studies in the History of Arabic Philosophy*. Jerusalem: The Magnes Press/The Hebrew University of Jerusalem, p. 123-125. v. III.
5. Al-Fārābī é tido em alta conta na famosa carta de Maimônides ao tradutor do *Moré Nevukim*, Shmuel ibn Tibbon. A carta se encontra na obra de: SHAILAT, I. *'Iggerot ha-Rambam*. Ed. Maalyot Press, Maaleh Adumim, 1988, p. 530-554, em especial p. 552-554, v. 2. Steven Harvey estuda o conteúdo da carta sob o ângulo que o título indica: HARVEY, S. Did Maimonides' Letter to Samuel ibn Tibbon Determine Which Philosophers Would Be Studied by Later Jewish Thinkers? *The Jewish Quarterly Review*, New Series, v. 83, n. 1-2, p. 51-70, jul./out. 1992.
6. ARISTÓTELES. *Ética Nicomaqueia* II, 5, 1106b-1107a.
7. MAIMÔNIDES. *Guia dos Perplexos* II, 39.
8. Sobre o conceito de *ḥasid* e outros aspectos da ética em Maimônides, ver as observações e notas bibliográficas no artigo de SEPTIMUS, D. (Bernard). Mivné ve-ṭi'un be-Sefer ha-Madá' (Literary Structure and Ethical Theory in Maimonides' Book of Knowledge). In: RAVITZKY, A. (Org.). *Ha-Rambam – Shamranut, Meqoriut, Mahapkanut* (Maimonides–

Conservatism, Originality, Revolution). 2 v. Jerusalem: The Zalman Shazar Center for Jewish History. Jerusalem, 2008, v. 1, p. 223-246.

9. FALBEL, N. *Kidush ha-Shem*: crônicas hebraicas sobre as Cruzadas. São Paulo: Edusp/ Imprensa Oficial, 2001; BEN-SASSON, H. H. Ḥaside Ashkenaz al ḥaluqat qinyanim ḥomriyim u-neḵasim ruḥaniyim ben bne 'adam (The Distribution of Wealth and of Intellectual Abilities According to Ashkenazi Hasidism). *Zion*, Jerusalem, v. XXXV, 1-4, p. 61-79, 1970.
10. Utilizo a edição crítica de GORFINKLE, J. I. *The Eight Chapters of Maimonides on Ethics, Schmonah Perakim*. New York: Columbia University Press, 1912.
11. DAVIDSON, H. Maimonides' *Shemonah Peraqim* and Alfarabi's *Fuṣūl al-Madanī*. *Proceedings of the American Academy for Jewish Research*, v. 31, p. 33-50, 1963. Disponível em: http://www.jstor.org/stable/3622399.
12. WEISS, R. L. *Maimonides' Ethics*: The Encounter of Philosophic and Religious Morality. Chicago/London: The University of Chicago, 1991, p. 28.
13. JAEGER, J. *Die Formung des griechischen Menschen*. Utilizo a edição em espanhol sob o título *Paideia*: los ideales de la cultura griega. México/Buenos Aires: Fondo de Cultura Económica, 1962, p. 19-29, em que trata da "nobreza e da areté".
14. Ibid., p. 27.
15. MAIMÔNIDES. *Hilḵot De'ot* II, 1.
16. Isaías 5:20.
17. Provérbios 2:13.
18. MAIMÔNIDES. *Hilḵot De'ot* I, 2.
19. Ibid., 3.
20. Id. *Shemoná Peraqim* I.
21. Provérbios 21:10.
22. Provérbios 21:15.
23. ARISTÓTELES. *Ética Nicomaqueia* X, 4, 1174.
24. Ibid., IV, 9, 1128b.
25. Ibid., III, 5, 1114a.
26. *Pirqe 'Avot* V, 19.
27. MAIMÔNIDES. *Shemoná Peraqim* VI, Talmud Babilônico, Tratado Yoma 67b.
28. MAIMÔNIDES. *Shemoná Peraqim* VI.
29. Uma versão do *Sefer ha-Miṣvot* ao português foi feita por Giuseppe Nahaïssi: *Maimônides, Os 613 Mandamentos* (*Tariag Mitzvot*). São Paulo: Nova Stella, 1990.
30. Sobre essa questão, ver o importante artigo de: NEHORAI, M. Z. Ha-Rambam al Miṣvot ki-Gzerot Meleḵ u-ke'Etgar 'Inteleqṭuali (The Mitzvot – a Decree of God or an Intellectual Challenge). In: RAVITZKY, A. (Org.). *Ha-Rambam – Shamranut, Meqoriut, Mahapḵanut* (Maimonides – Conservatism, Originality, Revolution). 2 v. Jerusalem: The Zalman Shazar Center for Jewish History, 2008, p. 367-374. v. 2.
31. MAIMÔNIDES. *Shemoná Peraqim* VI.
32. O termo hebraico utilizado por Maimônides é *meḥiṣá*, isto é, no sentido de obstáculo, divisória, biombo ou "separatória", que servem para afastar ou separar uma coisa de outra.
33. Êxodo 33:20.
34. Êxodo 33:23.
35. MAIMÔNIDES. *Shemoná Peraqim* VIII.
36. Ibid.
37. *Pirqe 'Avot* 1, 1.

38. Talmud Babilônico, Berakot 33b; Megilá 25a; Nidá 16b.
39. Lamentações 3:38.
40. Gênesis 3:22.
41. Ibid.
42. MAIMÔNIDES. *Shemoná Peraqim* VIII.
43. Id. *Guia dos Perplexos* II, 40.

A Declaração de Maimônides Sobre a Ciência Política*

Leo Strauss

Sed quid ego Graecorum?
Nescio quo modo me magis nostra delectant.
[Mas o que tenho a ver com os gregos?
Não sei bem por quê, mas tenho mais prazer com as nossas coisas.]
(Cícero. *De divinatione* I)

Maimônides examina o objeto e a função da ciência política no final do último capítulo (cap. 14) de seu *Discurso sobre a Lógica* (*Millot ha-Higgayon*)[1]. A filosofia ou a ciência, segundo ele, compõe-se de duas partes: a filosofia teórica e a filosofia prática, sendo esta última também chamada de filosofia humana, filosofia política ou ciência política. A filosofia teórica consiste em três partes:

* Tradução de Leonardo Meirelles Ribeiro da versão francesa: Le propos de Maïmonide sur la science politique. O original (inglês) STRAUSS, L. Maimonides' Statement on Political Science. *Proceedings of the American Academy for Jewish Research*, n. 22, p. 115-130, 1953, foi reelaborado e publicado em STRAUSS, L. *What is Political Philosophy?* New York: The Free Press, 1959, p. 155-169. Há duas traduções francesas dessa última edição: a de Rémi Brague, publicada in: STRAUSS, L. *Maïmonides*. Paris: PUF, 1988, p. 277-295; e a tradução de Olivier Sedeyn, publicada em STRAUSS, L. *Qu'est-ce que la philosophie politique?* Paris: PUF, 1992, p. 151-164. A tradução em português foi feita a partir da versão francesa de Olivier Sedeyn, mas cotejada com o original inglês por Rosalie Helena de Souza Pereira.

a matemática, a física e a teologia; a prática, em quatro partes: o governo do homem por si mesmo, o governo da casa, o governo da cidade e o governo da grande [numerosa] nação ou das nações. A primeira parte da ciência política trata das virtudes e dos vícios, dos bons e dos maus hábitos. "Há um grande número de livros de filosofia sobre os hábitos". A ética não trata dos "mandamentos", isto é, desse modo de direção pelo qual um homem conduz outros homens; com efeito, disso tratam as outras três partes da filosofia prática. A parte que trata do governo da casa fornece o conhecimento da maneira como seus membros podem se ajudar mutuamente e do que basta para a melhor organização possível de suas ocupações, considerando apropriadamente o tempo e o lugar. Já a que trata do governo da cidade é a ciência que fornece o conhecimento da felicidade humana e do caminho que conduz a ela, assim como de seus contrários:

> Além disso, estabelece as regras de justiça pelas quais as associações humanas são adequadamente organizadas; ademais, os sábios homens das perfeitas nações [antigas][2], cada um deles segundo sua perfeição, estabeleceram regras de governo pelas quais seus súditos são governados [pelas quais seus reis governam a multidão]; eles as chamaram [chamam] [isto é, as regras de governo] de *nomoi*; as nações foram governadas por esses *nomoi*. Acerca de todos esses temas, os filósofos escreveram muitos livros que já foram traduzidos para o árabe, mas talvez muitos ainda que não o tenham sido. No entanto, não precisamos, nos tempos atuais, de tudo isso, quer dizer, [dos mandamentos,] das leis, dos *nomoi*; do governo [exercido] por [esses] seres humanos nas coisas divinas [quanto às leis e aos *nomoi*; o governo dos seres humanos se faz agora por coisas divinas].

O significado dessa declaração não está inteiramente claro. As obscuridades se devem, parcialmente, ao fato de que o original árabe de parte da segunda metade da *Lógica* está perdido* e ao fato de que as diferenças entre as três traduções em hebraico** ou mesmo entre os diferentes manuscritos dessas traduções são suficientemente grandes para tornar incerta a reconstituição do original em cada um dos pontos importantes. No parágrafo anterior, as pala-

---

* Foi reencontrado desde então. Cf. nota 1, de Olivier Sedeyn, no início deste artigo.

** De Ibn Tibbon, de Ahitub e de Vivas (nota de Olivier Sedeyn).

vras e as expressões entre colchetes correspondem a traduções ou a leituras diferentes e parecem tão defensáveis quanto as versões preferidas.

Três dificuldades nos acometem à primeira vista: Maimônides rejeita os livros dos filósofos sobre a política propriamente dita por considerá-los inúteis para "nós" "nos tempos atuais"; em seguida, divide a política propriamente dita de maneira não habitual; por fim, quando designa o estudo das virtudes à ética, designa a compreensão da felicidade não à ética, primeira parte da filosofia prática, mas à política propriamente dita, a última parte da filosofia prática.

Para começarmos pela primeira dificuldade, somos naturalmente inclinados a crer que "nós" significa "nós, os judeus": nós, os judeus, não temos necessidade do ensinamento político, talvez tampouco do ensinamento econômico dos filósofos, já que temos a Torá, que nos guia perfeitamente sobre todos os aspectos, especialmente no que concerne às coisas divinas[3]. No entanto, isso não está suficientemente claro. Em primeiro lugar, enquanto Maimônides afirma, no que tange à política propriamente dita ou à parte dela, que não temos necessidade dos livros dos filósofos a esse respeito, em relação à ética simplesmente afirma que os filósofos escreveram muitos livros sobre esse assunto; ele não diz que não precisamos dos livros dos filósofos sobre ética[4]. Maimônides nada menciona nesse contexto sobre os livros dos filósofos que se referem aos assuntos teóricos. Não é necessário provar que ele conhecia a existência de tais livros e que estava longe de considerá-los inúteis para "nós": a declaração em discussão encontra-se em um compêndio de lógica fundada em livros de filósofos sobre lógica e sobre filosofia teórica. O que Maimônides sugere, por conseguinte, é que, de todos os livros autenticamente filosóficos, apenas os livros sobre a política propriamente dita (e talvez os livros sobre economia) se tornaram supérfluos por causa da Torá. Isso implica que a função da Torá é enfaticamente política. Essa interpretação é confirmada pelo *Guia dos Perplexos*. Nessa obra, Maimônides menciona que a Torá oferece, no tocante aos assuntos teóricos, somente indicações sumárias, ao passo que, no que diz respeito ao governo da cidade, tudo fora feito para torná-lo preciso em todos os seus detalhes[5].

No entanto, Maimônides acrescenta uma importante precisão à sua afirmação segundo a qual não necessitamos dos livros de filósofos sobre a política propriamente dita: não necessitamos desses livros "nos tempos atuais". Ora, a Torá precede, em muitos séculos, a filosofia ou a sabedoria grega. Se a Torá tivesse tornado supérfluos os livros políticos dos filósofos, tais livros não teriam sido mais necessários ao povo judeu em qualquer tempo. Por conseguinte, parece que seríamos compelidos a compreender a afirmação de Maimônides do seguinte modo: não são bem os judeus em geral, mas os judeus no exílio, os judeus desprovidos de existência política que não têm necessidade dos livros políticos dos filósofos. A Torá não basta então para governar uma comunidade política[6]. Isso implicaria o fato de que os livros políticos dos filósofos serão novamente necessários após a vinda do Messias, como o eram antes do exílio.

Essas estranhas consequências nos forçam a reconsiderar a suposição segundo a qual Maimônides designava por "nós" "nós, os judeus" ou segundo a qual sua *Lógica* é um livro judaico, ou seja, um livro escrito por um judeu enquanto tal para judeus enquanto tais. O autor caracteriza a si próprio como alguém que estuda a lógica e caracteriza seu destinatário imediato como uma autoridade nas ciências fundadas sobre a lei divinamente revelada, tal como na eloquência árabe: ele não se caracteriza nem caracteriza seu destinatário como judeu. Quando emprega a primeira pessoa do plural em sua *Lógica*, isso significa normalmente "nós, os lógicos", embora Maimônides fale igualmente de "lógicos" na terceira pessoa do plural. Entretanto, em algumas ocasiões, ele fala de assuntos que pertencem à filosofia propriamente como distinta da lógica. Por conseguinte, "nós" poderia significar, em alguns casos, "nós, os filósofos", embora Maimônides fale de "filósofos" na terceira pessoa do plural e até parece indicar que ele não faz parte dos filósofos[7]. Somos tentados a considerar que a *Lógica* é o único livro filosófico que Maimônides escreveu. Não cometeríamos um grave erro se compreendêssemos "nós" com o significado de "nós, os homens da teoria", cuja expressão é mais abrangente que "nós, os filósofos" e quase se aproxima em compreensibilidade da atual expressão "nós, os intelectuais". Por consequência, é preciso compreender que Maimônides diz que os homens que especulam sobre os princípios ou raízes não precisam, "nestes tempos", dos livros dos filósofos dedicados à política propriamente dita em virtude da predominância das leis divinamente reveladas[8]. Já que a declaração de Maimônides, em seu conjunto, implica que a necessidade que temos dos livros dos filósofos sobre ética, e muito particularmente sobre a filosofia teórica, não foi afetada pelo avanço das religiões reveladas, ele de fato sugere que a função da religião revelada é claramente política. Além disso, considera inúteis, "nestes tempos", apenas os livros dos filósofos que tratam "das leis, dos *nomoi*, do governo exercido por seres humanos acerca das coisas divinas". Maimônides não nega a validade da parte fundamental do ensino político dos filósofos[9]: de fato, os filósofos apropriadamente distinguem entre a felicidade verdadeira e a imaginária, e entre os meios adequados a uma e à outra, e eles têm um conhecimento suficiente das regras de justiça. Ademais, se somente a parte mais prática do ensino político dos filósofos é supérflua "nestes tempos", uma vez que sua função está presentemente preenchida pelas religiões reveladas, e se, por isso, a função da religião revelada é claramente política, a filosofia política é tão necessária "nestes tempos" quanto em todos os outros para a compreensão teórica da religião revelada.

Pode-se afirmar que a divisão normal da política propriamente dita é a que distingue entre o governo da cidade, o governo da nação e o governo dc muitas nações ou de todas as nações (isto é, o governo da união política como distinto de uma mera aliança entre muitas nações ou entre todas as nações)[10]. À primeira vista, Maimônides parece substituir "a cidade – a nação – muitas [todas as] nações" pela "cidade – a grande nação – as nações". Parece, por conseguinte, que substitui a nação pela grande nação, deixando-nos a pergunta por que "a pequena nação" não é tema para a política. No entanto, parece igualmente possível que ele utilize "a grande nação" como equivalente a "as nações" ou a "muitas nações ou todas as nações", em cujo caso Maimônides teria simplesmente deixado de lado "a nação", deixando-nos a pergunta por que "a nação" não é política. De qualquer modo, ele não substitui uma nova tripartição da política propriamente dita pela tripartição normal, mas, antes, substitui a tripartição por uma bipartição: põe o governo da cidade em um ramo da filosofia política e o governo da grande nação ou das nações em outro ramo. O princípio subjacente à tripartição normal era a consideração da diferença de tamanho entre as comunidades políticas (pequena, média e grande). É razoável supor que a bipartição se fundamente na consideração de outra diferença importante entre as comunidades políticas.

As referências de Maimônides às nações são parcialmente escritas no tempo passado. É até mesmo possível que ele tenha se referido explicitamente a "nações antigas". Ademais, Maimônides chama o governo das nações de *nomoi*. Por fim, no mesmo contexto, menciona um governo exercido por seres humanos nas coisas divinas como algo que pertence ao passado. Em consideração a esses fatos e a certas passagens paralelas do *Guia*, o prof. H. A. Wolfson sugere que a expressão "as nações" representa as nações pagãs antigas e que "a grande nação" representa Israel, e, por conseguinte, que Maimônides passa tacitamente da distinção entre as comunidades políticas do ponto de vista do tamanho à sua distinção do ponto de vista da religião: a cidade representa o "Estado civil"; as nações pagãs e Israel representam diferentes formas do "Estado religioso"[11]. Tal sugestão implica necessariamente que o governo de Israel, ou o que guia Israel, quer dizer, a Torá, seja tema pertencente à filosofia política. Mais precisamente, a sugestão de Wolfson implica necessariamente que o governo da grande nação, isto é, a Torá, e o governo das nações, isto é, os *nomoi*, sejam objetos de um único e mesmo ramo da filosofia política. Isso não deve causar surpresa: a mesma ciência trata dos contrários. Consequentemente, os capítulos do *Guia* que versam sobre a diferença entre a Torá e os *nomoi* dos pagãos pertenceriam à ciência política. Considerando que um desses capítulos (II, 40) é o capítulo central da parte dedicada à profecia, estaríamos autorizados a sugerir que a profetologia de Maimônides, em seu conjunto, é um ramo da ciência política. Tal sugestão é confirmada pelas considerações que não estão de forma alguma fundadas no que ensina a *Lógica*. Essas inferências estão em perfeito acordo com a observação conclusiva de Maimônides segundo a qual não temos nenhuma necessidade, "nestes tempos", dos livros de filósofos sobre as leis, os *nomoi*, o governo exercido por seres humanos nas coisas divinas: o uso prático de obras destinadas somente a um uso prático é uma coisa; o uso para fins puramente teóricos de livros que são pelo menos parcialmente teóricos é outra completamente diferente.

A sugestão de Wolfson é, em parte, confirmada pela divisão da filosofia política efetuada por Avicena, que usa uma bipartição fundada exatamente no mesmo princípio que o princípio visto por Wolfson na declaração de Maimônides. Segundo Avicena, um ramo da filosofia política trata da realeza; os textos clássicos sobre esse assunto são os livros de Platão e de Aristóteles sobre o governo. O outro ramo trata da profecia e da Lei divina; os textos clássicos a respeito são os livros de Platão e de Aristóteles sobre os *nomoi*. Esse segundo ramo examina a existência da profecia e a necessidade da Lei divina para o gênero humano; examina as características comuns a todos os códigos divinos, assim como as que são próprias a determinados códigos divinos; trata da diferença entre a profecia verdadeira e a que não o é[12].

É necessário modificar um item na sugestão de Wolfson. Não há razão alguma para identificar a grande nação com Israel. Se Maimônides tivesse mencionado "a nação" ou "a nação virtuosa", poderíamos afirmar que ele teria assim designado Israel, mas ele discorre sobre "a grande nação". Ele gosta de citar Deuteronômio 4:6, em que Israel é denominada "uma grande nação". Como Maimônides indica, o versículo bíblico implica que Israel não é a única grande nação. É, portanto, impossível, se quisermos falar com precisão, denominar Israel de "a grande nação" pura e simplesmente. Ao contrário, já que "grande" significa aqui "numerosa", o termo se aplicaria mais ao Islã (e ao cristianismo) que propriamente a Israel. De fato, seria mais apropriado denominar Israel de "a pequena nação": Jacó é pequeno (Amós 7:5)[13]. Poderíamos imaginar, por um instante, que Maimônides menciona a grande nação precisamente para excluir a pequena nação, isto é, Israel, e, por conseguinte, a Torá, do domínio da filosofia política. No entanto, a essa possibilidade se opõem todas as considerações aqui expostas, em particular o fato de que a *Lógica* não é um livro judaico. Assim, sugerimos que Maimônides designa, com a expressão "as nações", as antigas nações pagãs e, com a expressão "a grande nação", qualquer grupo constituído de uma religião universalista. Ao mencionar "a grande nação", no singular, ele faz referência à pretensão universalista e, por consequência, exclusivamente cultivada por cada uma das três grandes religiões monoteístas: segundo os princípios de cada uma, só pode haver uma única comunidade religiosa legítima. Ao mencionar nações, no plural, Maimônides faz referência ao caráter nacional das religiões dos pagãos: esse caráter nacional explica a coexistência de numerosas comunidades religiosas igualmente legítimas[14].

É verdade que, após ter dividido, no início de sua declaração sobre a ciência política, a política propriamente dita em governo da cidade e governo das grandes nações, Maimônides não faz uso explícito dessa bipartição na sequência: ao examinar a função e o propósito da política propriamente dita, ele identifica o conjunto da política propriamente dita com o governo da cidade. Isso não quer dizer, contudo, que Maimônides abandona a bipartição original como se ela não tivesse importância; ao contrário, significa que tal bipartição é uma indicação dirigida ao leitor atento e que passará certamente despercebida aos outros. Compreender o pensamento de Maimônides significa compreender suas alusões. É possível explicar uma alusão particular de maneira perfeitamente explícita, mas a natureza do assunto obriga o intérprete a recorrer, mais cedo ou mais tarde, a outras alusões.

Essas observações não bastam para esclarecer as obscuridades da posição de Maimônides. Como regra geral, ele enumera, no final de cada capítulo da *Lógica*, os termos que explicou no corpo do capítulo. Na enumeração do final do cap. 14, por exemplo, não menciona os termos que designam as quatro partes da filosofia prática ou política, mas faz menção aos termos que designam as três partes da filosofia teórica. Assim, Maimônides nem mesmo pretende ter explicado em particular a significação da expressão "governo da grande nação ou das nações". Vimos quanto essa afirmação silenciosa é apropriada. Existem somente dois termos pertencentes à política propriamente dita e à economia que ele menciona como tendo sido explicados no capítulo: "mandamentos"[15] e *nomoi*. Maimônides define "mandamento": um mandamento é esse modo de conduzir pelo qual um homem conduz outros homens. Ele, porém, não define *nomos*. Todavia, a observação no final do capítulo mostra que a definição de *nomos* é dada implicitamente por meio da declaração sobre a economia e sobre a política propriamente dita. É evidente que o *nomos* deve ser necessariamente uma espécie do gênero "mandamento". Ao examinar o governo da casa, Maimônides diz que esse governo deve levar em conta o tempo e o lugar. Ele não faz menção à consideração do tempo e do lugar quando examina a política propriamente dita. Sugerimos que *nomos* seja um tipo de mandamento geral por não considerar o tempo e o lugar ou por não considerar o indivíduo em sua individualidade. A outra espécie de mandamento é a dos mandamentos particulares, que se modificam conforme as circunstâncias transformadoras e especialmente conforme as diferenças entre os indivíduos a serem conduzidos [16].

Isso significa que todo governo político, ou todo governo político correto, seja governo pela Lei? Segundo Al-Fārābī – considerado por Maimônides a maior autoridade filosófica depois de Aristóteles –, a Lei divina imutável (*Sharīʿa*) é somente um substituto do governo de um governante perfeito que governa sem leis escritas e que, ao julgar conveniente, modifica seus estatutos de acordo com as mudanças no tempo [17]. O reino de uma inteligência vivente parece superior ao reino da lei. Existe então uma forma de governo político correto aparentada ao governo da casa, ou ao governo paterno, por dedicar ao tempo e ao lugar uma atenção apropriada, assim como ao que é bom para cada indivíduo – a forma de governo político muito prestigiada por Platão e por Aristóteles. Maimônides menciona o reino de uma inteligência vivente na casa e o reino da lei na cidade; não menciona o reino de uma inteligência vivente na cidade. Ele omite a possibilidade central. Uma de nossas primeiras impressões foi que Maimônides poderia ter omitido da enumeração normal dos tipos de governo político o governo da nação, quer dizer, o ponto central. Vemos agora que essa impressão não foi de todo errônea: de fato, ele omitiu um ponto central. No entanto, se de um lado permanecemos na incerteza quanto à questão de saber se omitiu a nação ou somente a pequena nação, de outro é totalmente certo que omitiu a dominação da inteligência vivente na cidade ou na nação.

Se o *nomos* é essencialmente um mandamento geral no sentido que indicamos, não é, como havíamos suposto anteriormente, essencialmente uma ordem religiosa. Talvez o próprio Maimônides tenha feito uma distinção explícita entre *nomos* e o "governo exercido por seres humanos nas coisas divinas" no final de sua declaração. De qualquer forma, em seu exame sobre o *nomos* no *Guia*, ele sugere que o *nomos*, em oposição à Lei divinamente revelada, está orientado somente para o bem-estar do corpo e se desinteressa pelas coisas divinas [18]. O *nomos* então, para empregar a expressão de Wolfson, é essencialmente a ordem de um "Estado civil" distinta da ordem de um "Estado religioso". Poderíamos pensar que os filósofos não tivessem admitido a possibilidade de um "Estado civil": segundo eles, o culto divino é uma função essencial e, em certo sentido, a função primordial da sociedade civil. Essa objeção, porém, negligencia o fato de que, se certamente é preciso reforçar o *nomos* pelo mito ou por uma "religião governamental", essa religião não faz parte da intenção principal do *nomos* e da associação ordenada pelo *nomos* [19].

Enquanto o *nomos* implica uma religião que está a serviço do governo, a Lei divinamente revelada, que é tema do mesmo ramo da filosofia política que o *nomos*, põe o governo a serviço da religião, isto é, da verdadeira religião, da verdade. A Lei divinamente revelada é então necessariamente desprovida da relatividade do *nomos*, ou seja, ela é universal do ponto de vista do lugar e perpétua do ponto de vista do tempo. A Lei então funda uma ordem social muito mais elevada que o *nomos*. Consequentemente, está exposta a perigos que não ameaçavam os *nomoi* dos pagãos. Por exemplo, o exame público do Relato da Criação, ou seja, a física, não feria os pagãos da maneira como poderia ferir os adeptos das Leis reveladas. As Leis divinamente reveladas também engendram perigos que não existiam entre os gregos: elas criaram uma nova fonte de discórdia entre os homens [20].

Para resumir, Maimônides orienta nossa atenção, em primeiro lugar, para as diferenças entre as sociedades políticas em relação a seu tamanho; em seguida, para as diferenças do ponto de vista da religião; e, finalmente, para as diferenças em relação à presença ou à ausência de leis. Ele nos leva, assim, necessariamente, a examinar os efeitos produzidos no que tange ao caráter das leis pela passagem do paganismo à religião revelada.

A divisão não habitual da filosofia prática, ou humana, feita por Maimônides resulta em estar a filosofia ou a ciência composta de sete partes. Uma cadeia de argumentos pouco comum chega a um resultado comum [21]. Não podemos, no presente caso, explicar esse resultado por seu caráter comum, precisamente porque foi obtido de modo particularmente pouco comum. Devemos examinar o significado do número sete dentro do próprio pensamento de Maimônides. Considerações desse tipo são necessariamente, de certa forma, desprovidas de seriedade, mas não são descompromissadas do ponto de vista de uma incompatibilidade com a seriedade da erudição. A própria *Lógica* se compõe de 14 (= 7 x 2) capítulos; o número de termos explicados na obra é 175 (= 7 x 25); no cap. 7, Maimônides examina os 14 modos de silogismos válidos. Seu *Mishné Torá* compõe-se de 14 livros. No *Guia*, ele divide os mandamentos bíblicos em grupos de um modo que difere consideravelmente da divisão subjacente ao *Mishné Torá*, porém o número de grupos de mandamentos é novamente 14. Em *Guia* III, 51 (123 b-124 a), que é o cap. 175 dessa obra, Maimônides atribui à lei, na primeira interpretação de uma imagem, o mesmo lugar que atribui, na segunda interpretação, à lógica: parece haver certa correspondência entre a lei e a lógica. Poderia haver ali uma ligação entre o número 14, de um lado, e a lógica e a lei de outro? No cap. 14 do *Guia*, ele explica o significado de "homem". Sugerimos a seguinte explicação: o homem, sendo um animal que possui discurso, é ao mesmo tempo animal racional, que se aperfeiçoa pela arte do raciocínio, e animal político, que se aperfeiçoa pela lei. O homem é um composto de matéria e de forma; ele tem uma dupla natureza. O próprio número 7, diferentemente de seu dobro, parece então fazer referência a seres de natureza simples, às inteligências puras, isto é, a Deus e aos anjos, que são temas da teologia filosófica ou do Relato da Carruagem. O *Guia*, cujo tema central e mais elevado é precisamente o Relato da Carruagem, compõe-se de sete seções: 1) os nomes e os atributos de Deus (I, 1-70); 2) a demonstração da existência de Deus etc., pressupondo a eternidade do mundo e o exame desse pressuposto (ou seja, a defesa da crença na criação *ex-nihilo*) (I, 71-II, 31); 3) a profecia (II, 32-48); 4) o Relato da Carruagem (III, 1-17); 5) a Providência (III, 8-24); 6) a Torá (III, 25-50); e 7) a conclusão (III, 51-54). A seção central de *Heptameres* de Maimônides, exame do Relato da Carruagem, o segredo dos segredos, compõe-se de sete capítulos. Seria prematuro tentar examinar a questão para saber por que a cifra 7 predomina a tal ponto. Precisamos nos limitar a observar que a seção dedicada ao Relato da Carruagem é cercada por duas seções de 17 capítulos cada uma e a remeter o leitor ao cap. 17 do *Guia*.

É próprio dessa classe de estratagemas, sendo muito úteis até certo ponto, nunca serem suficientes e jamais se destinarem a sê-lo: são tão somente alusões. Contudo, não existe alusão isolada: o caráter imperfeito de uma alusão é compensado por outras alusões. A sugestão efetuada no parágrafo anterior sofre de uma fraqueza evidente. A mesma estranha divisão da filosofia prática que resulta no fato de a filosofia ou a ciência estar composta de sete partes leva ao resultado suplementar de que a ética ocupa o lugar central na ordem das ciências; e, como Maimônides faz pressentir em sua declaração sobre a ciência política, a ética não merece o lugar central.

A ética é o estudo das virtudes, que significa, antes de tudo, virtudes morais; não é o estudo da felicidade ou do verdadeiro fim do homem; o estudo do fim do homem pertence à política propriamente dita. Isso significa, em primeiro lugar, que as virtudes morais e seu exercício não são o fim do homem.

Além disso, significa que as virtudes morais podem ser entendidas somente do ponto de vista de sua função política. Isso certamente não significa que o fim verdadeiro do homem seja político ou, mais radicalmente, que seu fim seja o bem-estar de seu corpo, mas significa que o fim verdadeiro do homem, ou a perfeição final do homem, só pode ser compreendido em contraposição à sua primeira perfeição, a saber, o bem-estar de seu corpo e, consequentemente, em contraposição à vida política do homem no que ela tem de melhor. Em outras palavras, a moral, no sentido corrente do termo, pertence ao reino das opiniões geralmente aceitas das *endoxa*. A compreensão teórica da moral conduz a moral, no sentido corrente do termo, a duas raízes diferentes: as exigências da sociedade e as exigências da perfeição última do homem, isto é, a compreensão teórica. A moral, no sentido corrente do termo, pertence ao reino das opiniões geralmente aceitas porque as exigências da sociedade e as da compreensão teórica não são totalmente idênticas, mas mantêm certa tensão umas com as outras. A moral de sentido comum desconhece essencialmente o fato de que ela é uma mistura de elementos heterogêneos, mistura que não tem princípio claro ou exato. Entretanto, é suficientemente coerente em quase todos os casos: ela é *doxa*. Trata-se aqui da expressão mais impressionante da dupla natureza do homem[22].

Consideremos mais uma vez a divisão das ciências de Maimônides. Sua divisão da filosofia teórica em três partes e da filosofia prática em quatro não é a última. Há ainda a subdivisão de duas partes da filosofia teórica: da matemática em quatro partes (aritmética, geometria, astronomia e música) e da teologia em duas (discurso sobre Deus e os anjos, e metafísica). Pode parecer estranho à primeira vista, mas não há nenhuma menção a qualquer subdivisão da física. Podemos considerar que as subdivisões da filosofia prática não são mais importantes que as subdivisões das matemáticas: nenhuma delas é mencionada ao final do capítulo na enumeração dos termos explicados no corpo do capítulo. Chegamos então a uma divisão da filosofia ou da ciência em 11 partes (aritmética, geometria, astronomia, música, física, discurso sobre Deus e os anjos, metafísica, ética, economia, governo da cidade e governo da grande nação ou das nações). A parte central dessa segunda divisão, que é ligeiramente menos digna de nota que a primeira, está ocupada pelo discurso sobre Deus e os anjos, isto é, por uma ciência que manifestamente merece o lugar central[23]. Entretanto, a própria plausibilidade dessa consequência da segunda divisão torna questionáveis a primeira e, por conseguinte, o significado da cifra 7 e as implicações desse significado[24]. Somos então levados a perguntar se o Relato da Carruagem é idêntico à ciência de Deus e dos anjos. Pelo simples fato de suscitarmos essa questão, reconhecemos o erro dos que sustentam que o tratamento alusivo do Relato da Carruagem por Maimônides não é razoável porque o segredo para o qual aponta esse tratamento é familiar aos eruditos de todas as religiões[25]. Reconhecer que uma crítica a Maimônides não seja razoável do ponto de vista acadêmico nos conduz a progredir na compreensão de seu pensamento. É bastante razoável que a seção do *Guia* dedicada ao Relato da Carruagem seja a mais misteriosa da obra.

O estudo do que Maimônides afirma sobre a filosofia prática, ou ciência política, conduz, assim, diretamente ao âmago do problema fundamental. Isso não é por acaso. Recuperar o que temos o costume de nomear de filosofia política clássica e o que Maimônides denominava simplesmente de ciência política, ou filosofia prática, é – o mínimo que se poderia dizer – uma condição indispensável para a compreensão de seu pensamento. Declara Maimônides que são capazes de responder à questão sobre se os sábios do Talmud eram ou não homens de ciência somente aqueles que são formados nas ciências a ponto de saberem como se dirigir à multidão, de um lado, e à elite, de outro, no que diz respeito às coisas divinas e às coisas semelhantes às coisas divinas, e a ponto de conhecerem a parte prática da filosofia[26]. A questão de saber se os sábios do Talmud eram homens de ciência é idêntica à questão da relação do Relato da Carruagem com a metafísica: os sábios do Talmud garantiam o significado místico do Relato da Carruagem[27].

O que Maimônides afirma sobre a ciência política, o que ele sustenta em uma só página, é uma obra-prima do resumo sobre o problema da Revelação tal como se apresenta do ponto de vista dos filósofos, ou seja, do ponto de vista mais sublime a que poderiam chegar os pagãos. Uma vez compreendido isso, encontramo-nos no caminho da solução de outros enigmas da *Lógica* – por exemplo, a estranha referência ao sabeu Abū Isḥāq no cap. 4 e a estranha definição da substância no cap. 10, a qual tem relação com essa referência. Maimônides buscou a abordagem filosófica até o fim porque ele foi "a grande águia" que, longe de temer a luz do Sol, "em virtude da força de seu sentido de visão, desfruta da luz e aspira a se elevar às alturas para dela se aproximar"[28] ou porque estava animado por essa piedade intrépida que não recua diante do cumprimento de algum dever que a oração nos impõe: "Purifica nossos corações para que possamos Te servir na verdade". Se ele não tivesse feito o maior sacrifício, não teria podido defender a Torá contra os filósofos tão admiravelmente como fez em seus livros judaicos.

Notas

1. Desde a publicação deste artigo, foram encontrados dois manuscritos árabes completos do *Discurso sobre a Lógica*. Eles foram editados, com uma tradução turca, por Mubahat Turker em *Ankara Üniversitesi Dil ve Tarih-Cografya Fakültesi Dergisi* XVII (1960), p. 40-64. Eis o texto do qual trata a análise de Strauss; Olivier Sedeyn traduz para o francês a partir da tradução inglesa em: LERNER, R.; MAHDI, M. (Org.). *Medieval Political Philosophy*: A Sourcebook. Ithaca, NY: Cornell University Press, 1963, p. 189-190 (Collection Agora Editions):
"A ciência política é composta de quatro partes: em primeiro lugar, o governo do homem individual por si próprio; em segundo, o governo da casa; em terceiro, o governo da cidade; e, em quarto lugar, o governo da grande nação ou das nações.
O governo do homem por si próprio consiste em fazê-lo adquirir hábitos morais virtuosos e em afastá-lo dos hábitos morais vis caso estes ainda persistam. Os hábitos morais são estados que se formam na alma até se tornarem disposições estáveis que se encontram na origem das ações. Os filósofos caracterizam o hábito moral como virtuoso ou vicioso; eles chamam de virtudes morais os hábitos morais nobres e chamam de vícios os hábitos morais vis. Chamam de boas as ações engendradas pelos hábitos morais virtuosos e de más as engendradas pelos hábitos morais vis. De modo similar, eles caracterizam o próprio ato de inteligir, isto é, o ato de conceber os inteligíveis como uma virtude ou um vício. Assim, falam de virtudes intelectuais e de vícios intelectuais. Os filósofos escreveram numerosos livros sobre a moral. Chamam de regime qualquer governo pelo qual um homem governa outro.
O governo da casa consiste em saber como eles [ou seja, os membros da casa] se ajudam mutuamente, considerando o que lhes é suficiente, a fim de que suas condições possam ser bem-ordenadas, na medida do possível, levando-se em conta as exigências próprias do tempo e do lugar.
O governo da cidade é uma ciência que oferece a seus cidadãos o conhecimento da verdadeira felicidade e lhes oferece [o caminho a ser seguido] para que se esforcem em alcançá-la; e o conhecimento da verdadeira infelicidade, oferecendo-lhes [o caminho a ser seguido] para que se esforcem em evitá-la, desenvolvendo seus hábitos morais para que abandonem o que é apenas suposto ser a felicidade a fim de que não ponham nela seu prazer nem a busquem com obstinação. Ela [isto é, a ciência do governo da cidade] lhes explica o que é somente presumido ser a infelicidade a fim de que eles não experimentem a dor nem a repugnem. Ademais, a ciência do governo da cidade lhes prescreve regras de justiça que organizam suas associações de modo apropriado. Os homens instruídos pelas comunidades religiosas (*milal*) do passado enunciaram, cada um segundo sua perfeição, os regimes e as regras pelos quais seus príncipes governavam seus súditos, que chamaram de *nomoi*; e as nações foram governadas por esses *nomoi*. Sobre todas essas coisas os filósofos escreveram muitos livros que foram traduzidos para o árabe, e os que não o foram são talvez ainda mais numerosos. Nos dias de hoje, dispensa-se tudo isso – quero dizer, os regimes e os *nomoi* –, e os homens são governados por mandamentos divinos". (Nota de Olivier Sedeyn.)
2. No original, poderia ser *al-umam al-madiyuna?* Samuel ibn Tibbon traduz a expressão *al-umam al-madiyuna* de AL-FĀRĀBĪ. *Siyasat* 51, 6 (Hyderabad, 1346), por *ha-'umot ha-*

'ovrot (42, 7 Filipowski). O adjetivo não significa necessariamente "antigo" ou "passado". Poderia igualmente significar "perfurante" ou "penetrante". O fato de que Maimônides tenha podido aplicar um termo elogioso assim aos gregos, aos persas etc., diferentemente do que fez em relação aos caldeus, egípcios etc., procede de *'Iggeret Teman* [*Epístola ao Iêmen*] 8, 15 Halki [MAIMÔNIDES. *Epîtres*. Paris: Verdier, p. 56, no alto], da *Epístola sobre a Astrologia* 351, 17-18 Marx [*MPP*, p. 228-229; Michel-Pierre Edmond publicou uma tradução dessa carta com um comentário em: *Temps Modernes*, p. 1053-1074, jan. 1979], e de *Guia* III, 29 (63a Munk).

3. Cf. COMTINO, MORDECAI BEN ELIEZER. Comentário às *Millot ha-Higgayon*. Edição de Varsóvia, 1865, p. 67 b; MENDELSSOHN, M. Comentário às *Millot ha-Higgayon*. In: *Gesammelte Schriften*, t. 14, p. 117.
4. Cf. MAIMÔNIDES. *Oito Capítulos*. Introdução.
5. Id. *Guia dos Perplexos* III, 27 (59 b-60 a). Cf. Introdução [5 a (cf. *Tratado da Ressurreição* 32 Finkel), 11 a]; I, 33 (37 a), 71 (93 b-94 a); III, Introdução (2 b), 28 (60 b-61 a), 54 (132 a). Cf. ALBO, Y. *'Iqqarim* (Livro dos Princípios) I, 3 (63, 13-19 Husik); 11 (100, 18); 15 (133, 9-134, 1).
6. Cf. MENDELSSOHN, op. cit. Cf. a referência à arte militar (a qual pertence à política propriamente dita e não é certamente uma parte da Torá) na *Epístola sobre a Astrologia*, de Maimônides, com *Mishné Torá*, Hilk̲ot Melak̲im (Repetição da Lei, Leis dos Reis) XI, 4; XII, 2-5, assim como em *Sobre a Ressurreição* 21, 11-23, 12. Cf. igualmente *Oito Capítulos* VIII (28, 13-20 Wolff) com ibid. (28, 2-3; 27, 19-20).
7. MAIMÔNIDES. *Lógica*. Prefácio; caps. 9 (43, 11-14 Efros, 1938); 10 (46, 16-18); 14 (61, 12-14). A primeira pessoa do plural é utilizada com frequência não habitual em uma parte de *Oito Capítulos* IV (9, 6-10, 16). Ali, o "nós" surge nas seguintes quatro diferentes significações: 1) o autor (três vezes); 2) nós, os seres humanos (três vezes); 3) nós, os médicos (quatro vezes); 4) nós, os médicos da alma (isto é, nós, os homens de ciência; ver ibid. III [7, 6]) (17 vezes). Não é necessário dizer que, em *Oito Capítulos* IV, "nós" significa com frequência "nós, os judeus"; ali, acredito, encontramos 14 vezes "nós" na significação de "nós, os judeus"; ver especialmente ibid. (12, 23), em que Maimônides diz que ele fala somente de "nossa lei" ou "dos adeptos de nossa lei". Para a interpretação, ver *Guia* I, 71 (97a). Uma sutileza (*nukta*) próxima consiste no uso destacado do "nós" (por exemplo, *'anaḥnu nir'é*) em oposição a seu uso não destacado, do qual encontramos bons exemplos em ALBO, Y. 'Iqqarim II, 4 (27, 9); 5 (48, 3-6) etc.
8. Cf. WOLFSON, H. A. "Notes on Maimonides" Classification of the Sciences. *Jewish Quarterly Review*, New Series, v. 26, n. 4, p. 369-377, Apr. 1936, p. 377.
9. Observar, na declaração de Maimônides, a passagem do tempo perfeito ao tempo passado.
10. AL-FĀRĀBĪ. *Siyāsa* (Hyderabad 1346) 39; 50; *Al-Madīna al-faḍila* 53, 17-19; 54, 5-10 Dieterici.
11. WOLFSON, 1936, op. cit., p. 372-376.
12. AVICENA. *Tis'Rasā'il*. Istanbul, 1298, 73-74. Cf. FALAQERA. *Reshit Ḥok̲má* (Início da Sabedoria) 58-59 David. Ver WOLFSON, H. A. Additional Notes. *Hebrew Union College Annual*, n. III, p. 374, 1926.
13. MAIMÔNIDES. *'Iggeret Teman* [Epístola ao Iêmen] 4, 8-10; 8, 3-6; 38, 1-2; 40, 4-6 (cf. a tradução de Ibn Tibbon); 40, 11 et seq. Halkin. Cf. *Guia* II, 11 próximo ao final; III, 31. Cf. o uso de "as grandes nações" que, enquanto tais, são distintas de Israel, no comentário de Ibn Aknin sobre o *Cântico dos Cânticos* (ed. Halkin, in: *Alexander Marx Jubilee Volume*. English section, New York, 1950, p. 421).

14. Cf. MAIMÔNIDES. *Guia* I, 71 (94b): "A nação cristã compreendia essas nações". No que diz respeito à intenção universal da Torá, cf., por exemplo, *Mishné Torá*, Sefer há-Maddá', Hilkot Teshuvá (Repetição da Lei, Livro do Conhecimento, Leis Relativas ao Arrependimento) IX, 9; *Ressurreição*, 32, 4-6.
15. Ibn Tibbon: *ha-ḥuqqim*; Vives: *ha-ḥoq*; Aḥitub: *ha-han'hagá*. O original teria sido *ḥukm*?
16. Cf. MAIMÔNIDES. *Guia* III, 34 com II, 40 (85b), em que Maimônides fala do caráter convencional do acordo engendrado pela lei entre os indivíduos de temperamentos diferentes e opostos. Ver as implicações da distinção entre as pessoas psiquicamente doentes, que, porque são homens de ciência, podem cuidar de si mesmas, e as que necessitam ser cuidadas por outros em *Oito Capítulos* III-IV.
17. AL-FĀRĀBĪ. *Siyāsa* 50-51; *Al-Madīna al faḍila* 60, 15 et seq.
18. Cf. MAIMÔNIDES. *Guia* I, 39 final com II, 40 (86a-b).
19. Cf. ARISTÓTELES. *Política*, 1299a 18-19; 1322b 16-22; 1328b 1; *Metafísica*, 1074b 1 et seq. Cf. HALEVI, Y. *Kuzari* I, 13; o comentário de Maimônides sobre o tratado da Mishná 'Avodá Zará (Idolatria) IV, 7 (27 Wiener).
20. MAIMÔNIDES. *Guia* I, 17, 31 (34b); III, 29 (65b). Cf. a variante de II, 39 (85a Munk; 269, 27 Jonovitz); *Oito Capítulos* IV (15, 13-20).
21. Cf. WOLFSON, H. A. The Classification of Sciences in Medieval Jewish Philosophy. *Hebrew College Jubilee Volume*. Cincinnati, 1925, p. 277-279; 283-285.
22. MAIMÔNIDES. *Lógica*, cap. 8; *Oito Capítulos* IV; *Guia* I, 2; II, 33 (75 a), 36 (79 a-b), 40 (86 b); III, 22 (45 b), 27, 28 (61 b), 46 (106 a). Cf. a distinção entre a justiça e as virtudes em: AL-FĀRĀBĪ. *Filosofia de Platão*, seção 30 (Rosenthal-Walzer), com a enumeração das virtudes em *Oito Capítulos* II, de um lado, e com sua enumeração em ibid., IV, de outro: a justiça é substituída pelo espírito, a liberalidade e o sentido da vergonha. Cf. *Guia* III, 23 (47 b) e I, 34 (39 b).
23. Em *Hebrew Union College Annual*, III, 1926, p. 373, Wolfson faz uma divisão da ciência em sete partes, composta em árabe, cuja tradução para o hebraico, embora se distancie totalmente do original no que diz respeito às ciências mencionadas, conserva a divisão da ciência em sete partes: tanto no original quanto na tradução, é a metafísica que ocupa o lugar central.
24. Com base na segunda divisão, a filosofia teórica se compõe de sete partes, com a música ocupando o centro. A opinião subjacente a essa divisão é que as ciências teóricas são por si mesmas a filosofia ou a ciência em sua totalidade, ou que somente as ciências teóricas são filosóficas. Essa opinião, porém, é a dos "antigos" (60, 11-14; 61, 16-17): não é a verdadeira opinião. É uma opinião pré-aristotélica e mesmo pré-socrática. (Cf. AL-FĀRĀBĪ. *A Filosofia de Platão*, loc. cit.). Cf. a apresentação da "opinião antiga" dos pitagóricos e de sua filosofia "musical" em *Guia* II, 8. Era a doutrina pitagórica que oferecia uma justificação sólida da aritmologia. Depois da refutação do pitagorismo pela descoberta dos números irracionais, a aritmologia deixou de ser levada totalmente a sério e tornou-se um jogo sério. Maimônides manifestamente não compartilha das "opiniões antigas". Cf. *Guia* III, 23 (49 b). Em sua primeira enumeração das virtudes morais nos *Oito Capítulos* II, Maimônides menciona sete virtudes morais; a seção de seu Código tratando da ética (*Mishné Torá*, Sefer ha-Maddá, Hilkot De'ot [Repetição da Lei, Livro do Conhecimento, Leis Relativas ao Comportamento]) compõe-se de sete capítulos.
25. Cf. MUNK, S. In: *Guia dos Perplexos* III, p. 8, nota 1. Ver igualmente a declaração referente à teologia na *Lógica*, cap. 4.
26. Introdução ao *Comentário sobre a Mishná* (E. Pococke, *Porta Mosis*, Oxford, 1655, 147). Cf. *Comentário sobre Berakot* IX, 5; *Guia* III, 22 (46 b).

27. Cf. MAIMÔNIDES. *Guia* III, 5.
28. Cf. ALBO. *'Iqqarim* II, 29 (190, 5-6); MAIMÔNIDES. *Guia* III, 6, final.

Comentário de Maimônides à Bíblia*

Sara Klein-Braslavy

Embora Maimônides não tenha escrito nenhum comentário sistemático sobre os livros da Bíblia, a exegese bíblica ocupa lugar central em seus escritos, sobretudo no *Guia dos Perplexos*[1]. Na Introdução ao *Guia*, Maimônides explica que o livro se destina a judeus de fé, que observam os mandamentos e aceitam a Bíblia como autoridade, mas também leram a filosofia aristotélica e a aceitam. Quando pessoas assim descobrem contradições entre a compreensão literal da Bíblia e os princípios da filosofia, ficam perplexas. A exegese de Maimônides pretende dar solução à sua perplexidade mostrando que a verdade bíblica é idêntica às verdades da filosofia, de modo que é possível ser judeu e filósofo ao mesmo tempo.

Dois pressupostos determinam o caráter da exegese de Maimônides. Em primeiro lugar, ele aceita a teoria política de Al-Fārābī, conforme a qual o Estado ideal é aquele cujas crenças se baseiam na filosofia. A religião vem depois da filosofia e oferece mitos educativos que imitam as verdades filosóficas por meio de imagens que possam ser entendidas pelas massas. Em segundo lugar, ele considera a Bíblia uma obra esotérica que oculta a verdade filosófica às massas,

---

* Tradução de Maria Clara Cescato do original inglês: Bible Commentary. In: SEESKIN, K. (Org.). *The Cambridge Companion to Maimonides*. Cambridge: Cambridge University Press, 2005, p. 245-272. Revisão técnica de Rosalie Helena de Souza Pereira. Agradecemos à Cambridge University Press pela permissão concedida para publicar o artigo traduzido para o português.

permitindo que estas conservem sua fé, mas que revela a verdade aos que têm o grau necessário de conhecimento e a capacidade de compreendê-la. Além de permitirem a Maimônides solucionar as contradições entre o significado literal do texto bíblico e a verdade filosófica, esses pressupostos permitem que ele explore o significado filosófico transmitido pelos mitos educativos ou ocultados das massas por meio de parábolas e outros dispositivos que ocorrem na tradição literária judaica.

O segundo pressuposto desempenha um papel mais importante na exegese bíblica de Maimônides, que identifica o Relato da Carruagem com a metafísica, e o Relato da Criação com a física.

De acordo com o Talmud[2], o Relato da Carruagem somente pode ser transmitido a alguém que seja "sábio e compreenda por si próprio" e pelos "títulos dos capítulos"[3] – o que Maimônides interpreta como significando "por meio de alusões". O Relato da Criação deve ser transmitido apenas a um único discípulo. Assim, ele acredita que o Talmud ordena o esoterismo filosófico. Em consequência, ao discutir essas questões em sua exegese bíblica, também deve escrever em um estilo esotérico, ocultando o significado verdadeiro às massas e revelando-o aos dotados de discernimento. É por isso que muitas vezes Maimônides deixa de oferecer uma abordagem completa e clara das palavras ou passagens examinadas e se refere a seu significado por meio de alusões ou indicações que somente alguns leitores entenderão. Além disso, seu exame de certos tópicos se dispersa por várias partes do *Guia*, tornando difícil aos leitores comuns captarem seu significado. Os leitores inteligentes, porém, formam sua própria interpretação. Isso faz da exegese bíblica de Maimônides um desafio intelectual que atrai os que, havia muito, tinham abandonado sua adesão à filosofia aristotélica.

De acordo com Maimônides, os dois principais componentes dos textos bíblicos que exigem interpretação são, de um lado, os termos individuais e, de outro, as passagens constituídas por um ou mais versículos consecutivos, que ele chama de "parábolas".

Palavras Individuais

Com relação aos termos individuais, a questão central é a equivocidade, fenômeno que ocorre sob duas formas. A primeira delas envolve os termos equívocos tratados na lógica aristotélica[4], que Maimônides conhecia por meio dos escritos de Al-Fārābī. Esses termos equívocos surgem tanto na linguagem comum quanto na profética. Maimônides não apresenta uma teoria da equivocidade porque presume que seu leitor já esteja familiarizado com ela. Em vez disso, enumera os termos equívocos comumente encontrados na Bíblia e explica por que a má compreensão deles pode levar ao erro. O segundo tipo de equivocidade é característico do discurso profético e somente pode ser resolvido pelo exame da etimologia das palavras em questão. Maimônides oferece uma teoria sobre esse tipo de equivocidade em *Guia* II.29, em que introduz sua interpretação da Criação e do Jardim do Éden, e em *Guia* II.43, em que discute as visões de outros profetas além de Moisés.

Termos Equívocos do Primeiro Tipo

O primeiro tipo de equivocidade sem dúvida recebe mais atenção. Na Introdução, Maimônides afirma que um dos objetivos de sua obra é interpretar termos desse tipo – termos completamente equívocos, termos derivados, termos convencionais e termos anfibológicos[5]. Dedica então 42 capítulos à montagem de um léxico de termos equívocos.

Ele estabelece o significado desses termos por meio de um método filológico, em geral derivando da Bíblia seus vários sentidos e ilustrando-os por meio dela. Mais adiante, quando passa a interpretar os versículos que incluem esses termos, apoia-se em seu léxico[6]. Isso está de acordo com a tendência de Maimônides a fundamentar sua interpretação bíblica, até onde possível, na tradição literária judaica, na própria Bíblia e, como veremos mais adiante, no *midrash*.

Seu procedimento típico consiste em apresentar o termo em questão, especificar os vários significados que esse termo pode ter e citar um texto da Bíblia que reflita cada um desses significados. Vamos examinar dois exemplos.

Em *Guia* I.15, Maimônides discute os sinônimos *naṣov* e *yaṣov*, cujo significado-raiz é "estar ereto" ou "estar aprumado". Ele enumera então seus diferentes significados iniciando, como de hábito, pelo significado físico e avançando para os mais abstratos. Apoiando-se em três versículos, o primeiro significado que cita é "pôr-se de pé" no sentido físico: "E sua irmã ficou em pé a certa distância" (Êxodo 2:4[7]); "Os reis da terra se posicionaram" (Salmos 2:2); Datan e Abiram "chegaram e se posicionaram" (Números 16:27). O significado fica evidente pelo contexto. O segundo significado, "ser estável e permanente", Maimônides encontra no versículo: "Tua palavra está firmada no céu"[8] (Salmos

119:89). Como a palavra de Deus não é uma substância física, nesse contexto o verbo deve ter um significado abstrato, como "ser estável e permanente".

Em *Guia* I.4, Maimônides aborda três verbos sinônimos, *ra'o*, *habeṭ* e *ḥazo*, que se referem todos à percepção. O primeiro significado compreende a visão ocular propriamente dita. Como exemplo desse significado de *ra'o*, ele oferece o seguinte: "Ao olhar, [Jacó] viu no campo um poço" (Gênesis 29:2). O segundo significado implica a apreensão intelectual, como na seguinte passagem: "Meu coração teve muita experiência de [literalmente: viu muita] sabedoria e conhecimento" (Eclesiastes 1:16). Como o coração não pode ver no sentido físico, é evidente que a espécie de visão considerada aí é abstrata – a apreensão intelectual[9].

Às vezes, o significado que pode ser derivado dos versículos bíblicos consiste apenas no que poderíamos denominar "uma estrutura de significação". Nesse caso, o leitor deve preencher o conteúdo de cada versículo bíblico examinando seu eixo semântico e levando em conta seu contexto. Isso é especialmente verdadeiro no caso de *'ishá* [mulher], como explicado em *Guia* I.6 e III.8, bem como no caso de *'ish* [homem], cujo significado derivado também é mencionado em *Guia* I.6 e III.8[10].

O primeiro significado de *'ishá*, "uma fêmea humana", é tão evidente que Maimônides não o ilustra com um versículo bíblico. Seu primeiro significado derivado é "uma fêmea em meio às outras espécies de seres vivos" (*Guia* I.6, p. 31). Maimônides extrai isso do versículo "Leva contigo sete pares de todos os animais puros, o macho e sua fêmea" (Gênesis 7:2). Um segundo significado derivado é "qualquer objeto apropriado para e moldado com a intenção de formar conjunto com algum outro objeto" (*Guia* I.6, p. 31), como em: "Cinco cortinas serão unidas umas às outras, uma mulher à sua irmã" (Êxodo 26:3). Essa última é uma "estrutura de significação" na medida em que define mulher como um objeto relacionado a outro, mas não indica que objeto é esse. Maimônides não tem como derivar do texto bíblico "o conteúdo" do termo e, dessa forma, o que de fato significa o substantivo "mulher" nos próprios versículos e passagens bíblicas.

Em *Guia* III.8 (um capítulo não lexicográfico), Maimônides interpreta a expressão *'eshet 'ish zoná* [uma prostituta casada], uma imagem de sua própria criação, com base no livro dos Provérbios[11]. Maimônides não explica a palavra "mulher", mas é evidente que, em *Guia* I.6, ele utiliza implicitamente o segundo significado derivado do substantivo e preenche a estrutura de significação com conteúdo filosófico. Maimônides identifica o "objeto apropriado para e moldado com a intenção de fazer conjunto com algum outro objeto" com a matéria ou, mais precisamente, a matéria do mundo sublunar. A expressão *'eshet 'ish zoná* denota a natureza da matéria, segundo a filosofia aristotélica:

> Que extraordinário o que Salomão disse, em sua sabedoria, ao comparar a matéria com *uma prostituta casada*, pois a matéria nunca se encontra sem uma forma e, em consequência, encontra-se sempre como *uma mulher casada* que nunca está separada de *um homem* e nunca é *livre*. Contudo, apesar de ser *uma mulher casada*, ela nunca deixa de procurar outro homem para substituir seu marido [...]. Essa é a condição da matéria. Pois qualquer que seja a forma que nela se encontra, ela somente a prepara para receber outra forma (*Guia* III.8, p. 431)[12].

O léxico serve sobretudo para eliminar toda e qualquer tendência a pensar em Deus em termos corpóreos. Isso está de acordo com a convicção de Maimônides (*Guia* II.25, p. 328) de que está demonstrado que Deus não é um corpo. Dessa forma, o leitor que vier a deparar com termos que parecem tratar Deus como corpóreo deverá escolher outro significado.

Como sempre, Maimônides tenta permanecer dentro dos limites da tradição literária judaica. Para justificar sua interpretação dos termos relacionados a Deus, cita a máxima rabínica de que "a Torá fala a língua dos seres humanos"[13]. Da forma como ele a compreende, essa máxima significa que a Torá emprega uma linguagem adequada à compreensão e ao modo de apreensão das massas. Como as massas somente apreendem o que pode ser captado pelos sentidos ou pela imaginação, e não o que pode ser apreendido pelo intelecto, elas aceitam a existência apenas de coisas corpóreas. E mais, as massas compreendem Deus por meio da comparação consigo próprias; desse modo, elas pensam que Deus é dotado das mesmas perfeições que elas. Como é destinada a um público amplo, a Bíblia descreve Deus como tendo um corpo e exemplificando perfeições humanas. No entanto, Maimônides acredita que, a essa altura, mesmo as massas "devem aprender a aceitar, com base na autoridade tradicional, a crença de que Deus não é um corpo; e que não há absolutamente semelhança alguma, sob nenhum aspecto, entre Ele e as coisas criadas por Ele" (*Guia* I.35, p. 80), de modo que ninguém deve interpretar os termos vinculados a Deus em seu sentido físico.

Em consequência, depois de apresentar os vários significados de um termo equívoco, juntamente com os textos que servem de comprovação, Maimônides muitas vezes explica quais deles podem ser aplicados a Deus. Oferece então exemplos desses usos utilizando para isso a interpretação dos próprios versículos bíblicos. Por exemplo, depois de explicar o segundo significado de *naṣov* e *yaṣov* em *Guia* I.15 – "ser estável e permanente" –, ele observa que, "em todos os casos em que esse termo ocorre com referência ao Criador, tem esse significado". Em seguida, dá um exemplo de versículo desse tipo, extraído do sonho de Jacó: "E eis que o Senhor estava sobre ela" (Gênesis 28:13). Isto é, explica Maimônides, o Senhor estava "estável e constantemente por cima dela – quer dizer, sobre a escada". Em *Guia* I.4, ele observa que "*toda menção a ver*, quando referida a Deus, seja Ele exaltado, tem esse significado figurativo" e cita vários exemplos. Um deles é extraído da descrição de Miqueias de sua visão de Deus: "Vi o Senhor" (I Reis 22:19). Nesse versículo, Deus é objeto da visão. Se a visão em questão é a do olhar, o versículo está sugerindo que Deus é um objeto físico. Como Deus não é corpóreo, devemos utilizar o segundo significado do verbo e entender que Miqueias teve uma apreensão intelectual de Deus. Maimônides também cita um versículo em que Deus aparece como sujeito: "E Deus viu que era bom" (Gênesis 1:10). Nesse caso, atribuir visão a Deus seria afirmar que Ele tem um órgão físico. Como Deus não é um objeto físico, devemos interpretar o termo "visão", também nesse versículo, como apreensão intelectual.

O léxico de Maimônides não se limita à interpretação dos versículos bíblicos que têm possibilidade de apresentar Deus de forma antropomórfica, tampouco os capítulos lexicográficos abordam, todos eles, termos aplicados a Deus na Bíblia[14]. Alguns abordam versículos que tratam de outros temas, como o Relato da Criação, o Relato da Carruagem e as profecias. Assim, o léxico também dá suporte à interpretação de passagens esotéricas. Nem é preciso mencionar que Maimônides espera que o leitor participe de forma ativa empregando o léxico na leitura da Bíblia e tomando "cada termo equívoco no sentido – entre seus vários sentidos – adequado a tal passagem específica" (*Guia* I.8, p. 34). Dessa forma, a exegese bíblica não se limita às interpretações efetivamente realizadas ou mencionadas no *Guia*; é um processo ao qual seu leitor deve dar continuidade.

Termos Equívocos do Segundo Tipo

Os termos equívocos do segundo tipo são aqueles cujo significado é determinado por sua etimologia. Maimônides afirma que, ao utilizar esse método exegético, está se apoiando na linguagem profética: "Em seus discursos, os profetas usam palavras equívocas e palavras que não se destinam a significar aquilo a que se referem em seu significado primário; a palavra vem a ser mencionada em razão de sua derivação (*Guia* II.29, p. 347)"[15].

Ele demonstra essa afirmação recorrendo a duas visões proféticas em que a imagem central é explicada, nessa mesma visão, de acordo com o significado etimológico: *maqqel shaqed* [um ramo de amendoeira] (Jeremias 1:11-12)[16] e *keluv qayiṣ* [um cesto de frutos de verão] (Amós 8:1-2). *Shaqed* deriva do verbo *shaqod* [apressar-se]. Maimônides explica que "as Escrituras, dessa forma, prosseguem afirmando *ki shoqed 'ani* (Jeremias 1:12) e assim por diante. Desse modo, a intenção da parábola não era relativa à noção de vara nem à de amêndoa" (*Guia* II.43, p. 392)[17]. Amós viu *keluv qayiṣ*. *Qayiṣ* deriva de *qeṣ* [fim], e, como explica a própria profecia, *ba ha-qeṣ* [o fim chegou] (Amós 8:2). Essas visões não têm conteúdo esotérico, mas predizem o futuro. No entanto, Maimônides afirma que, em suas visões, os profetas viram "coisas cujo propósito é assinalar aquilo para o que o termo que designa a coisa chama a atenção, por causa da derivação desse termo ou por causa da equivocidade dos termos" (*Guia* II.43, p. 392). Ele também emprega o método etimológico de interpretação para as visões proféticas cujo conteúdo é esotérico: as visões de Ezequiel e de Zacarias da Carruagem. Dessa forma, embora as interpretações etimológicas não sejam baseadas diretamente no vocabulário bíblico, ainda assim se baseiam na linguagem bíblica.

Apesar de a interpretação dos termos equívocos descrevendo Deus ou a apreensão de Deus pelos seres humanos também ser destinada às massas[18], as interpretações etimológicas se destinam exclusivamente à elite intelectual. Na medida em que as visões da Carruagem são esotéricas, Maimônides não as explica na íntegra, como faz no caso dos termos equívocos do primeiro tipo. Ele apenas alude a seu significado e deixa a cargo do leitor que é "sábio e entende por si próprio" apreendê-lo sozinho.

Maimônides menciona as seguintes palavras: *ḥashmal* (Ezequiel 1:4), *regel 'egel* (Ezequiel 1:7), *neḥoshet qalal* (ibid.) (II.29; II.43) e *neḥoshet* (Zacarias 6:1) (II.29). Em *Guia* III.1, refere-se também a *penê shor* [rosto de um boi] (Ezequiel 1:10)[19]. Ele oferece apenas indicações sobre as duas primeiras palavras (*Guia* III.2; 7); por exemplo: "Os pés eram redondos, 'como a sola da pata de um bezerro [*'egel*]'" (Ezequiel 1:7) (*Guia* III.2, p. 418), remetendo, com isso, à interpretação de que *'egel* deriva de *'agol* [redondo]. Contudo, é deixado ao leitor identificar a substância redonda que Maimônides tem em mente no contexto em que ela aparece[20].

Maimônides utiliza semelhante método de interpretação nos textos bíblicos esotéricos que não se vinculam a visões proféticas, mas que empregam termos que devem ser interpretados etimologicamente como dispositivos literários: a narrativa do Jardim do Éden, segundo ele escrita por Moisés, que profetizava sem a ajuda da faculdade de imaginação; as cenas no céu, nos dois primeiros capítulos de Jó, escritas por alguém que profetizava por meio do Espírito Santo e apreendia o conteúdo de suas profecias unicamente pelo intelecto; e um *midrash* abordando o Jardim do Éden escrito por sábios rabínicos, e não por profetas.

Em todos esses casos, os termos interpretados etimologicamente são nomes de criaturas sobrenaturais: *naḥash* [serpente] em Gênesis 3; "Satã" em Jó 1-2; e o demônio *Samma'el* nos *Pirqê de-Rabbi Eli'ezer* (*Capítulos de Rabi Eliezer*) (13). Uma vez que, na opinião de Maimônides, as criaturas sobrenaturais não são compatíveis com "as verdadeiras realidades da existência" (*Guia* I.70, p. 174), elas devem ser interpretadas figurativamente, de forma compatível com a filosofia aristotélica. A narrativa do Jardim do Éden é um texto esotérico. Assim, Maimônides apenas menciona a interpretação de *naḥash* [serpente] (na Bíblia) e de *Samma'el* (no *midrash*) afirmando que sua significação é indicada pela etimologia. Mais uma vez, o leitor deve entender por si só a alusão e interpretar os nomes em seu contexto utilizando os princípios da filosofia aristotélica. Como Maimônides apenas sugere seus significados, pode haver diferentes interpretações e, assim, diferentes identificações da serpente e de *Samma'el*.

Maimônides oferece uma sugestão mais ampla do significado de "Satã":

> Saibam que [a palavra] *satã* deriva de "*sete* [afastar-se] dele e seguir adiante" (Provérbios 4:15). Quero dizer que ela deriva da noção de se afastar e ir embora. Pois é ele, sem dúvida, que afasta as pessoas dos caminhos da verdade e as faz perecer nos caminhos do erro (*Guia* III.22, p. 489)[21].

Até mesmo essa indicação necessita de uma exegese complementar da parte dos leitores que estão familiarizados com a psicologia aristotélica e com outros capítulos do *Guia* em que Maimônides oferece indicações adicionais sobre a identificação de "Satã"[22].

A Revelação Divina

O léxico também permite interpretar descrições de revelações que contêm termos antropomórficos. As passagens mais importantes que podem ser interpretadas desse modo são a Revelação de Deus a Miqueias (I Reis 22:19) e a promessa de Deus de se revelar a Moisés na fenda do rochedo (Êxodo 33-34).

Miqueias descreve sua visão afirmando: "Vi o Senhor assentado em Seu trono e toda a hoste celestial em pé junto a Ele" (I Reis 22:19). Como vimos, Maimônides interpreta parte dessa descrição em *Guia* I.4, em que afirma que Miqueias não viu Deus com os olhos, mas teve uma apreensão intelectual. Segue-se que o restante de sua visão também não deve ser interpretado antropomorficamente. Em outra passagem, Maimônides explica mais dois termos equívocos que surgem na visão de Miqueias: *kissê* [trono] (*Guia* I.9) e *yeshivá* [o ato de sentar] (*Guia* I.11). Embora Maimônides não cite a visão de Miqueias como exemplo de termos usados em seu sentido derivado, o leitor é convidado a interpretá-lo com a ajuda do léxico. Um sentido de "trono" é "céu"; o outro, "Sua grandeza e sublimidade". O sentido figurativo de "estar sentado" se refere a "estados firmemente estáveis e invariáveis". Quando aplicado a Deus, o termo significa que Ele é estável e não sofre nenhuma forma de mudança. Desse modo, o leitor pode interpretar a visão de Miqueias como o reconhecimento de que Deus, que é imutável, é permanente no céu, isto é, é o primeiro motor das esferas celestes[23]; ou, então, que a sublimidade e a grandeza de Deus são estáveis e imutáveis.

Maimônides explica oito termos que surgem na Revelação de Deus na fenda do rochedo: *maqom* [lugar] (*Guia* I.8); *naṣov*, ou *yaṣov* [estar de pé, ou ficar ereto] (*Guia* I.15); *ṣur* [rochedo] (*Guia* I.16); *'avor* [passar] (*Guia* I.21); *kavod* Y.H.V.H [a glória de Y.H.V.H] (*Guia* I.64); *ra'o* [ver] (*Guia* I.4); *panim* [face] (*Guia* I.37); e *aḥor* [costas] (*Guia* I.38). Em todos esses capítulos, exceto em *Guia* I.64, ele cita fragmentos de versículos de Êxodo 33:21-23 como exemplos do significado do termo em questão[24].

O modo como o leitor deve entender a Revelação na fenda do rochedo pode ser ilustrado pela interpretação de Maimônides de Êxodo 33:21: "Eis aqui um lugar junto a Mim, onde ficarás sobre o rochedo". O versículo contém três termos que devem ser entendidos no sentido figurativo: "lugar", "ficar de pé" e "rochedo". Em *Guia* I.8, Maimônides explica que o sentido figurativo de *maqom* [lugar] é "posição"; o termo denota a "posição e situação de um indivíduo [...] com referência à sua perfeição em algum aspecto" (*Guia* I.8, p. 33). No final do capítulo, ele acrescenta que, "nesse versículo [Êxodo 33:21], o termo *maqom* significa uma posição na especulação teórica e a contemplação do intelecto – não a do olhar" (*Guia* I.8, p. 34). Claramente, o significado de "lugar" é determinado a partir de seu contexto e da interpretação de outros termos nesses versículos.

No versículo 23, Deus diz a Moisés: "Verás as Minhas costas". Como Deus não é corpóreo, devemos mais uma vez interpretar "visão" como apreensão intelectual. Pela mesma razão, "lugar" deve se referir à posição dessa apreensão. Segundo *Guia* I.16, o sentido figurativo de "rochedo" são "a raiz e o princípio de todas as coisas" (*Guia* I.16, p. 42). Quando aplicado a Deus, indica que "Ele é o princípio e a causa eficiente de todas as coisas outras que não Ele próprio" (*Guia* I.16, p. 42). A ilustração de Maimônides desse sentido do termo é precisamente neste versículo – "Tu ficarás sobre o rochedo". Como ele explica,

> Confiar e ser firme na consideração de Deus, seja Ele exaltado, como o primeiro princípio. Essa é a via de acesso pela qual chegarás a Ele, como esclarecemos ao discorrermos sobre o que Ele disse [a Moisés], "eis aqui um lugar junto a mim" (*Guia* I.16, p. 42).

Como o significado derivado de "estar de pé" é "ser estável e permanente", o sentido do versículo é que Deus está dizendo a Moisés que tenha uma apreensão intelectual estável e permanente d'Ele como o princípio primeiro[25].

Parábolas

De acordo com a Introdução, o segundo propósito do *Guia* é a interpretação "de parábolas obscuras que ocorrem nos livros dos profetas" (*Guia*, Introdução, p. 6). Por "parábolas", Maimônides entende versículos e passagens que têm dois significados: um significado externo e um interno ou oculto. O significado externo é apreendido por uma leitura do texto de forma convencional; o significado interno, por uma leitura de forma filosófica. O significado interno contém uma "sabedoria que é útil para crenças relativas à verdade enquanto tal" (*Guia*, Introdução, p. 12), isto é, verdades filosóficas. No entanto, o significado externo da parábola bem construída contém uma sabedoria que é útil para a vida prática, em especial "para a felicidade das sociedades humanas" (*Guia*, Introdução, p. 12).

Na visão de Maimônides, a Bíblia foi escrita por três tipos de profeta: Moisés, o profeta por excelência; a maioria dos outros profetas na Bíblia; e os autores dos *Hagiographa*, que escreveram sob a influência do Espírito

Santo. O denominador comum está no fato de que suas profecias se baseiam na apreensão intelectual de verdades teóricas e no fato de que todos eles utilizavam a imaginação para transmitir essas verdades[26]. Assim, todos os profetas comunicaram suas visões por meio de imagens e parábolas, não em linguagem científica ou filosófica. A teoria da profecia de Maimônides justifica a afirmação de que o significado interno das parábolas bíblicas reflete as verdades da filosofia aristotélica e, ao mesmo tempo, explica sua forma literária.

Maimônides dedica vários capítulos ou partes de capítulos do *Guia* à interpretação de textos bíblicos que ele considera serem parábolas. Os mais importantes são os seguintes:

— *Guia* II.30 trata da criação do universo. De acordo com Maimônides, esse relato é uma cosmologia – a descrição da estrutura do mundo físico conforme à física aristotélica –, não uma cosmogonia[27]. Em *Guia* I.1-2 e II.30, ele interpreta os relatos da criação do homem e do Jardim do Éden (Gênesis 1-3). Em *Guia* I.7 e II.30, aborda o relato dos filhos de Adão (Gênesis 4-5). Na opinião de Maimônides, todos os três relatos transmitem uma antropologia filosófica, e não uma narrativa histórica.

— *Guia* I.54 aborda a Revelação de Deus a Moisés na fenda do rochedo (Êxodo 33-34). De acordo com Maimônides, esses capítulos bíblicos concernem à doutrina dos atributos divinos, à profecia de Moisés, ao profeta como líder político, à providência e ao conhecimento de Deus que é possível ao homem[28].

— *Guia* I.15 e *Guia* II.10 oferecem duas interpretações diferentes do sonho de Jacó[29]. De acordo com a primeira passagem, o sonho representa a estrutura do mundo físico, sua descoberta pelo homem, a apreensão de Deus como primeiro motor das esferas e a imitação de Deus pelo profeta (que também é um líder político). De acordo com a segunda, há somente um tema: a visão do mundo sublunar[30].

— *Guia* III.1-7 concentra-se na visão de Ezequiel da Carruagem. Maimônides a interpreta como uma apreensão da estrutura do mundo celeste, da matéria primeira, dos quatro elementos do mundo inferior e do intelecto separado.

— *Guia* III.8 e parte da Introdução ao *Guia* interpretam parábolas sobre a "mulher". Segundo Maimônides, essas parábolas tratam de antropologia e da física do mundo sublunar.

— *Guia* III.22-23 aborda o Livro de Jó. Maimônides conclui que o texto trata de teorias da providência, da origem do mal, da felicidade e da miséria humanas, assim como da teodiceia.

Dois Tipos de Parábola

Embora Maimônides às vezes dedique partes de capítulos, capítulos inteiros ou séries de capítulos à interpretação de uma única parábola, em muitos casos somente podemos captar o pleno significado da parábola ao lermos outras partes do *Guia*. Na Introdução, ele distingue dois tipos de parábola. O primeiro consiste em parábolas que empregam termos ou expressões equívocas. Para compreendermos seu significado oculto, devemos interpretar esses termos. Dos significados apresentados para cada termo, o leitor deve escolher o mais adequado ao contexto e combinar os significados apropriados de cada termo para compreender a parábola. A determinação de que significados são apropriados pressupõe uma compreensão geral do tema da parábola.

O segundo tipo de parábola consiste em parábolas nas quais "a parábola como um todo indica todo o significado pretendido" (*Guia*, Introdução, p. 12). Nesses casos, nem todas as palavras contribuem para o significado oculto. Algumas simplesmente adornam a parábola, enquanto outras criam uma obscuridade deliberada e ocultam o significado verdadeiro aos leitores não especializados. Para compreendermos essas parábolas, precisamos interpretar apenas as partes que transmitem seu significado e podemos ignorar o restante.

A PRIMEIRA INTERPRETAÇÃO DO SONHO DE JACÓ

O exemplo de Maimônides de uma parábola do primeiro tipo é o sonho de Jacó (Gênesis 28:12-13). Na Introdução, ele divide a parábola em sete unidades de significação, demonstrando com isso que é uma parábola do primeiro tipo. No entanto, Maimônides não a explica. Vimos que, em *Guia* I.15, ele examina o significado de "estar ereto" e cita Gênesis 28:13: "E eis que o Senhor estava ereto sobre ela" para ilustrar o uso do verbo com referência a Deus. Faz o mesmo na interpretação do sonho inteiro. Contudo, para entendê-lo, é preciso completar a interpretação com base em outras partes do *Guia*. A parábola contém sete unidades de significação, como indicam as seguintes expressões: 1) "escada"; 2) "apoiada na terra"; 3) "E o topo dela alcançava o céu"; 4) "E eis que os anjos de Deus"; 5) "subindo"; 6) "e descendo"; 7) "E eis que o Senhor estava ereto sobre ela". As unidades 1, 2, 3 e 7 descrevem a escada[31]; 4, 5 e 6 compõem uma descrição dinâmica do movimento dos anjos nessa escada: "anjos de Deus subindo e descendo".

Segundo a interpretação de Maimônides, a parábola gira em torno de três questões: cosmologia, epistemologia e política. A descrição da escada se refere às duas primeiras. As palavras *shamayim* [céu] e *'ereṣ* [terra] não são explicadas nesse capítulo, tampouco se encontram em seu léxico. São, porém, explicadas em dois capítulos não lexicográficos do *Guia* I.70 e II.30. Conforme I.70, "céu" refere-se ao céu mais elevado, à esfera que abarca o universo. Conforme II.30, "terra" é um termo equívoco, empregado em sentido geral e em sentido específico. No primeiro sentido, a palavra denota os quatro elementos que compõem todas as substâncias do mundo sublunar; no segundo, o específico elemento terra. Maimônides não explica o termo "escada". Com base em suas interpretações de "céu" e "terra", no entanto, podemos inferir que "escada" se refere à hierarquia das substâncias físicas. Em *Guia* I.15, ele menciona primeiro a esfera mais elevada, refletindo o fato de que Jacó, descendo do céu à terra, viu o mundo. Esse tipo de descrição do mundo em linguagem filosófica Maimônides só fornece em *Guia* II.4, p. 28: "Assim como os corpos começam da mesma forma, com a esfera mais elevada, e terminam com os elementos e o que é composto deles".

Há também o aspecto epistemológico nessa parte da parábola. Maimônides explica que a escada vista por Jacó também reflete o progresso científico; a escada é também "a escada das ciências", porque "por ela sobe e ascende todo aquele que se eleva, de modo que, necessariamente, apreende Aquele que está em cima dela" (*Guia* I.15, p. 41). O filósofo procede gradualmente do conhecimento das substâncias sublunares inferiores ao conhecimento da esfera mais elevada e de Deus. Assim, o sonho de Jacó descreve o caminho pelo qual o filósofo alcança o mais alto conhecimento possível para os seres humanos – o conhecimento da existência de Deus, o primeiro motor das esferas.

Em contrapartida, a descrição dinâmica tem significado prático. Ela apresenta os profetas como líderes políticos, ideia central na filosofia de Maimônides. Essa parte do sonho é composta de três termos equívocos: *mal'aḵim* [anjos], *'olim* [subindo] e *yordim* [descendo]. Em II.15, Maimônides não diz que "anjo" é um termo equívoco, com vários significados, como faz em II.6; apenas explica o significado do termo no sonho de Jacó citando dois versículos em que o contexto deixa claro que "anjo" denota um profeta: "Ele enviou um anjo e nos conduziu para fora do Egito" (Números 20:16) e "Um anjo do Senhor subiu de Guilgal a Bochim" (Juízes 2:1).

Os termos "subindo" e "descendo" são também equívocos. Em *Guia* I.10 (p. 36), Maimônides os explica da seguinte forma:

> Do mesmo modo, o termo [descer] é também usado para denotar um estado inferior da especulação; quando alguém dirige seu pensamento

> para algo muito inferior, diz-se que ele *teria descido* e, da mesma forma, quando dirige seu pensamento para algo elevado e sublime, diz-se que *teria ascendido*.

Quando os profetas ascendem, apreendem certos degraus da escada, isto é, certas verdades físicas. Quando descem, concentram-se em questões práticas, que são assuntos inferiores do pensamento, a saber, o governo do povo e sua instrução. Maimônides chama a atenção do leitor para o fato de que a Bíblia menciona, em primeiro lugar, a subida e, depois, a descida. É possível afirmar que o profeta é como o rei-filósofo de Platão, o líder político ideal que governa o povo imitando as ações de Deus no mundo. Por isso, ele deve primeiro subir e apreender o mundo físico, e só então poderá descer para governar o povo com base nessa apreensão. A escada não é mais concebida como simplesmente o mundo físico, mas como os atributos da ação de Deus, conhecimento que serve de modelo para o governo da sociedade.

A PROSTITUTA CASADA

Para ilustrar o segundo tipo da parábola, na Introdução, Maimônides cita Provérbios 7:6-21. Segundo sua interpretação, o significado interno da parábola está vinculado à imagem de *'eshet 'ish zoná* [uma prostituta casada] e à proibição de segui-la. Nenhum dos outros elementos na parábola contribui para seu significado. Como vimos, Maimônides também evoca a imagem da prostituta casada em *Guia* III.8. Nessa passagem, a prostituta casada é uma metáfora para a matéria sublunar. Uma vez que a privação sempre acompanha a matéria, a matéria é a causa da corrupção. Segundo Maimônides, a mesma imagem é empregada em Provérbios para fazer referência a um tipo específico de matéria: a da substância "homem". Embora Maimônides não mencione explicitamente, sua interpretação de "uma prostituta casada" difere, nesse caso, da que ele oferece em *Guia* III.8. A prostituta ainda é uma mulher casada, matéria unida à forma, mas, na Introdução, ela é uma prostituta não porque repele uma forma e assume outra, mas sim porque, em vez de ajudar o marido (*'ish* = forma = intelecto), é a causa de desejos corpóreos cuja busca impede o intelecto de alcançar sua perfeição.

Maimônides discorre sobre o papel da matéria do homem também em *Guia* III.8, mas aí ele o apresenta na forma de doutrina filosófica e não faz a interpretação da imagem como a da prostituta casada. Na Introdução, interpreta a parábola com base na mesma doutrina e explica que diz respeito a uma questão prática: o ensino da conduta apropriada. Como a matéria é a causa do desejo corpóreo, a advertência contra a busca de uma prostituta casada é um aviso contra a busca dos desejos físicos e dos prazeres que resultem de sua satisfação. Em nenhuma das duas passagens, Maimônides explica como a matéria é a causa do desejo. Em outra passagem, no entanto, concede duas explicações. Conforme III.12, p. 445, a causa é o temperamento do corpo[32]; segundo a interpretação da narrativa do Jardim do Éden, tal como discutida em II.30, a causa é a imaginação humana[33].

A Interpretação de Parábolas Por Meio do Midrash

Como vimos, Maimônides procura fundamentar sua interpretação da Bíblia na tradição judaica e estabelece seu léxico com base na linguagem bíblica. Outro modo de interpretar a Bíblia no âmbito da tradição judaica consiste em usar o *midrash* rabínico. A suposição por trás dessa abordagem é que os Sábios, autores dos *midrashim*, eram verdadeiramente filósofos, bem como autoridades em exegese bíblica.

Maimônides não acredita que toda e qualquer interpretação oferecida pelos Sábios deve ser aceita. Com frequência, salienta que a interpretação na qual se apoia se encontra em todos os *midrashim*, o que equivale a afirmar que os Sábios chegaram a um consenso. Raramente cita o nome de um Sábio específico em cuja opinião ele se baseia. Em vez disso, fala de *um* Sábio ou *dos* Sábios. O uso de um *midrash* para interpretar parábolas bíblicas surge, em especial, em suas interpretações do sonho de Jacó, dos relatos da Criação e do Jardim do Éden e dos dois primeiros capítulos de Jó.

Maimônides aplica o *midrash* à exegese bíblica de várias maneiras. A mais comum se baseia na expansão agádica, na qual os Sábios acrescentam elementos não encontrados no texto original. Esses elementos são assimilados por Maimônides de diversas formas.

A SEGUNDA INTERPRETAÇÃO DO SONHO DE JACÓ

Conforme a interpretação do sonho de Jacó apresentada em *Guia* II.10, Jacó teve uma visão do mundo sublunar. Essa interpretação toma como base o termo equívoco "anjo", que Maimônides explica em *Guia* II.6, mas não em *Guia* II.10. Nessa passagem, ele pressupõe que as indicações que oferece nesse capítulo para o significado da parábola possibilitem ao leitor usar o significado correto de "anjo" na visão de Jacó e concluir a interpretação sem necessidade de ajuda[34].

Em *Guia* II.6, Maimônides extrai alguns significados de "anjo" por meio de seu método habitual, fundamentado em versículos bíblicos nos quais o contexto deixa o sentido evidente. Contudo, ele também apresenta o primeiro significado do termo como uma "estrutura de significação" a ser preenchida por um conteúdo específico: "O significado de *mal'ak̲* [anjo] é mensageiro" (*Guia* II.6, p. 262). Assim, quem quer que desempenhe o papel de mensageiro ou que cumpra uma ordem pode preencher essa estrutura de significação e ser considerado um anjo. Maimônides preenche a estrutura de significação com um conteúdo filosófico que satisfaz o que é requerido por ela, que, por sua vez, foi estabelecida com base no texto bíblico, o que dá legitimidade a esse conteúdo. Desse modo, considera os quatro elementos terrestres esses mensageiros. Na parte filosófica de *Guia* II.10, menciona os elementos como um dos fenômenos físicos que são quatro em número. Assim, o leitor deve entender o significado de "anjos" na interpretação do sonho de Jacó, que se segue ao discurso filosófico, com base nos dois capítulos e concluir que os anjos são os quatro elementos.

A passagem bíblica não diz quantos anjos Jacó teria visto. Maimônides não a interpreta diretamente, mas faz referência aos *midrashim* que a explicam. Para extrair o número quatro, correspondendo aos quatro elementos, recorre ao seguinte *midrash*: "Todos os manuscritos e todos os *midrashim* concordam que *os anjos de Deus*, que [Jacó] viu *subindo e descendo*, eram apenas quatro, e não qualquer outro número – *dois subindo e dois descendo*. (*Guia* II.10, p. 272)"[35].

Ele então indica que, de acordo com o *midrash*, "os quatro [anjos] estavam reunidos sobre um degrau da escada, todos os quatro em uma linha – a saber, os dois que sobem e os dois que descem" (*Guia* II.10, p. 272)[36]. Embora o *midrash* não explique quem eram os anjos, Maimônides supõe que o *midrash* também entenda "anjos" como os elementos. Assim, o significado é que os quatro elementos que Jacó viu em seu sonho – dois subindo (fogo e ar, conforme à filosofia aristotélica) e dois descendo (água e terra) – compõem as substâncias do mundo sublunar. É por isso que são descritos como ocupantes de um degrau da escada.

A CRIAÇÃO DO HOMEM

Conforme vimos, Maimônides sustenta que a Bíblia contém doutrinas esotéricas. Como o significado esotérico não pode ser divulgado, os Sábios que interpretaram as parábolas usaram suas próprias parábolas em vez de explicar o texto original em linguagem comum. Em consequência, sua exegese é em si própria também esotérica e, portanto, necessita ser interpretada. Maimônides também não pode divulgar os "mistérios da Torá", não explica por completo essas passagens bíblicas, tampouco os *midrashim* que as interpretam, de modo que suas interpretações também são esotéricas. Todavia, em vez de acrescentar mais uma camada de parábola, ele emprega indicações para chamar a atenção do leitor para os pontos que podem servir como chave para a compreensão dos *midrashim* e dos textos bíblicos que estes interpretam. Maimônides atribui esse método de interpretação aos Sábios[37], implicitamente mencionando que está fazendo uso de um método já aplicado à tradição exegética judaica. Como ele próprio explicitamente afirma em *Guia* II.30, sua interpretação consiste em selecionar os *midrashim* que indicam o significado do texto bíblico, comentá-los rapidamente, acrescentando suas próprias indicações para a compreensão, e organizar o material a fim de produzir a sequência lógica das ideias que constituem o significado interno do texto.

Maimônides deixa aos leitores do *Guia* a tarefa de compreender as indicações e os comentários. No final das contas, eles devem interpretar os textos bíblicos e os *midrashim* que os explicam. O leitor deve conhecer a filosofia aristotélica e estar familiarizado com todo o *Guia* para pôr em prática a instrução que Maimônides oferece na Introdução: "Deveis unir os capítulos uns com os outros" (*Guia* I, Introdução, p. 15). Como a compreensão dos textos bíblicos se baseia em indicações, é possível que haja discrepância entre as várias interpretações de Maimônides.

Examinemos a interpretação da criação do homem em *Guia* II.30. Maimônides concentra sua interpretação em Gênesis 1:27: "[...] macho e fêmea Ele os criou". Sugere que o versículo não relata um acontecimento histórico – a criação do primeiro homem e da primeira mulher –, mas sim expõe uma antropologia filosófica ao explicar a composição da substância "homem". O homem é composto de matéria (fêmea, *'ishá*, Eva) e forma (macho, *'ish*, Adão), que sempre estão juntas e são fisicamente inseparáveis. De modo semelhante, "Ele tomou uma de suas costelas e preencheu seu lugar com carne" (Gênesis 2:21) não descreve a criação da primeira mulher a partir da costela de Adão, mas discorre sobre a relação entre a matéria e a forma, a saber, que a matéria se opõe à forma.

Maimônides indica o significado do relato por uma alusão à sua interpretação em Gênesis Raba 8:1. Em vez de citar o texto do *midrash* palavra por palavra, ele o parafraseia em árabe, com isso dando ênfase ao que considera serem indicações dos Sábios para a interpretação do texto bíblico. Acrescenta então algumas observações que elucidam as indicações e reforçam a interpretação de outros dois versículos da Bíblia:

> Uma dessas máximas é a afirmação deles de que *Adão e Eva* foram criados juntos, com as costas unidas, e que esse ser foi dividido, sendo que uma metade dele, isto é, *Eva*, foi tomada e levada até [Adão]. A expressão "uma de suas costelas" (Gênesis 2:21) significa, de acordo com eles, um dos lados dele. Eles citam como prova a expressão "costela do tabernáculo" (Êxodo 26:20), que [a versão aramaica] traduz como: *um lado do tabernáculo*. De acordo com isso, eles dizem que [de suas costelas] significa: de seus lados. Entende [tu, leitor] o modo como foi explicado que eles eram dois sob determinado aspecto e que também eram um; como está dito: "[...] osso dos meus ossos e carne da minha carne" (Gênesis 2:23). Isso recebeu confirmação adicional porque está dito que ambos têm o mesmo nome: pois ela é chamada *'ishá* [mulher] "porque foi tirada de *'ish* [homem]". Está também confirmada sua união pelo dito: "E deverá se unir à sua mulher e eles se tornarão uma só carne" (Gênesis 2:24). Como é grande a ignorância daquele que não entende que tudo isso é necessário com o intuito de certa noção (*Guia* II.30, p. 355-356)[38].

O JARDIM DO ÉDEN EM *GUIA* II.30

Maimônides usa esse método para explicar duas outras parábolas: o pecado no Jardim do Éden (*Guia* II.30) e os dois primeiros capítulos de Jó (*Guia* III.22). Examino aqui rapidamente a primeira delas.

As indicações sobre a interpretação do relato do Jardim do Éden em *Guia* II.30 vêm depois das indicações relativas à criação do homem e da mulher e se concentram nos protagonistas e em suas relações. Segundo Maimônides, a narrativa explica a "sedução" de Eva – isto é, por que a matéria se deixa arrebatar pelo desejo. Ele baseia sua interpretação sobretudo em uma expansão agádica dos *Capítulos de Rabi Eliezer* (13), a qual introduz outro participante da narrativa: *Samma'el*. Maimônides não relata o *midrash* por inteiro, mas chama a atenção do leitor para os pontos que considera serem alusões ao significado do relato.

Como vimos, Maimônides entende Adão como forma do homem. Com base em Gênesis 1:26 ("Façamos o homem à nossa imagem, à nossa semelhança"), ele cria a fórmula "a imagem de Deus e Sua semelhança" (*Guia* I.1, p. 23; I.2, p. 24; III.8, p. 431). Os termos "imagem" e "semelhança" são explicados em *Guia* I.1, por meio do qual aprendemos que a expressão "a imagem de Deus e Sua semelhança" denota a perfeição intelectual do homem. Como forma do homem, Adão é o intelecto atualizado. Eva é a matéria do homem. Como a relação da matéria com a forma define a matéria em toda substância, é plausível que Maimônides entenda Eva como o corpo do homem (e as potências corporais, as partes inferiores da alma: a vegetativa e a animal).

Em relação aos outros dois personagens da história, a serpente e *Samma'el*, Maimônides afirma que eles devem ser interpretados etimologicamente, mas não oferece uma explicação. Em vez disso, fornece outra indicação: de acordo com os Sábios, *Samma'el* é Satã. Assim, podemos utilizar o tratamento que Maimônides dá a Satã em sua interpretação do Livro de Jó (*Guia* II.22) para explicar *Samma'el* nesse *midrash*.

Conforme vimos, Maimônides evoca a etimologia de "Satã" em *Guia* III.22 declarando que Satã "afasta as pessoas dos caminhos da verdade e as faz perecer nos caminhos do erro". Ele acrescenta várias outras indicações, das quais a mais importante é a declaração de Rabi Shimeon ben Laqish, citado por ele pelo nome: "Satã, a inclinação para o mal e o anjo da morte, é um e o mesmo"[39]. Em *Guia* II.12, p. 280, Maimônides identifica "a inclinação para o mal" com a imaginação, explicando que "toda deficiência da razão ou do caráter se deve à ação da imaginação ou decorre de sua ação". Assim, Satã em Jó II e *Samma'el* no Jardim do Éden fazem ambos referência à imaginação.

Os *Capítulos de Rabi Eliezer* acrescentam ainda outra indicação: *Samma'el* "cavalgou" sobre a serpente. Em *Guia* I.70, p. 171, Maimônides explica o verbo "cavalgar", observando que seu sentido derivado é "ter domínio sobre algo". Assim, *Samma'el* é a imaginação que domina a serpente. A serpente não atua sozinha; é apenas um meio usado por *Samma'el*, o verdadeiro sedutor. Do ponto de vista aristotélico, a serpente é o desejo humano, e a serpente cavalgada por *Samma'el* o desejo irracional. Como Maimônides afirma que a "serpente" deve ser interpretada etimologicamente, podemos inferir que o substantivo *naḥash* [serpente] deriva de *ḥash* [ágil em realizar uma tarefa]. O pecado do Jardim do Éden consistiu em seguir os desejos irracionais por objetos dados pela imaginação[40]. A imaginação induz o corpo do homem (Eva, a matéria) a perseguir desejos físicos e, assim, afasta Adão, o intelecto, da contemplação dos inteligíveis e de ser um intelecto perfeitamente atualizado.

O Jardim do Éden em Guia *I.2*

Guia I.2 não proporciona uma interpretação ampla da narrativa do Jardim do Éden. Em vez disso, Maimônides se preocupa com uma questão: a condição humana antes e depois da transgressão de Adão. Também oferece uma resposta alusiva à pergunta: qual foi o pecado de Adão? Como o pecado explica a inversão de sua condição, a resposta é também uma resposta à pergunta: por que a condição de Adão muda?

O tópico não é apresentado como interpretação direta da narrativa bíblica, mas em forma literária peculiar: Maimônides relata a história autobiográfica de uma discussão que teve anos antes com "um homem ocupado com as ciências", muito provavelmente um livre pensador que formulara "uma curiosa objeção". Argumentara que a Bíblia contava uma história absurda; isto é, que Deus pretendia que o homem fosse exatamente como os outros animais, sem intelecto. Quando o homem desobedeceu, foi sua desobediência que o dotou da capacidade de discernir entre o bem e o mal. Supondo que seja o intelecto que distingue o bem do mal, o interlocutor de Maimônides inferiu que o homem recebera o intelecto, sua forma, como resultado da desobediência e, desse modo, fora recompensado, e não punido por seu pecado.

A interpretação de Maimônides desse relato é uma discussão tanto da correta exegese do texto bíblico quanto das questões filosóficas que suscita. Ele responde que esse homem, por um lado, não leu o texto bíblico com cuidado e, por outro, desconhecia a filosofia. O texto bíblico declara que o homem foi criado "à imagem de Deus e à Sua semelhança". Assim, já era dotado de um intelecto teorético perfeito antes de pecar. Conforme Maimônides, o intelecto distingue a verdade da falsidade, e não o bem do mal. Segue-se que a afirmação de que o homem adquiriu seu intelecto em consequência do pecado é um erro também do ponto de vista filosófico.

Maimônides interpreta "bem" e "mal" em Gênesis III:5 como "bom" e "mau", que demarcam juízos morais relativos, em oposição a verdades metafísicas. Assim, depois de sua transgressão, o homem foi dotado da capacidade de tomar decisões com base no que Maimônides, na esteira de Aristóteles, denomina "opiniões geralmente aceitas". Maimônides sugere que também existem o mal e o bem absolutos, os quais seguem a perfeição intelectual e por ela são determinados. Como a perfeição intelectual é o bem, tudo o que contribui para que ela seja alcançada é bom, ao passo que tudo o que impede de alcançá-la é mau. O mandamento de não comer da árvore do conhecimento é prescrito pelo intelecto perfeito. Consiste na proibição de perseguir fins sensuais e da imaginação e, assim, diz respeito aos juízos morais relativos.

O pecado do homem foi ter perseguido seus desejos. Sua punição foi a perda da potência de apreensão intelectual e, portanto, da perfeição intelectual. Em seu lugar, o homem adquiriu a potência de apreensão das opiniões geralmente aceitas e ficou absorto em "julgar as coisas como boas ou más" (*Guia* I.2, p. 250) em vez de contemplar os inteligíveis.

No final do capítulo, Maimônides fornece uma segunda interpretação do discurso utilizando outro método de interpretação – a interpretação por meio de indicações. Ele indica o significado do relato concentrando-se no alimento e no que era e no que não era permitido ao homem comer. O homem transgrediu o divino mandamento ao comer, e sua punição foi ser "privado de tudo o que ele comia antes e de ter de comer os tipos mais inferiores de alimento, que antes ele não tinha como alimento" (*Guia* I.2, p. 26)[41]. Dessa forma, Maimônides chama a atenção para a posição central da alimentação no relato e, portanto, também para a posição central dos objetos da alimentação, mas não explica o que "comer" significa. É esperado do leitor que siga a indicação e complete a interpretação inspirando-se na resposta de Maimônides a seu interlocutor e em *Guia* I.30 – um capítulo lexicográfico que explica o termo equívoco *'akol* [comer].

O leitor pode interpretar as sugestões de várias maneiras. Acredito, no entanto, que nenhuma delas forneça uma interpretação coerente da história. Um ponto de vista plausível é que "comer" signifique apreensão e se refira à apreensão dos inteligíveis, bem como à das opiniões geralmente aceitas. Antes de ter pecado, o homem apreendia os inteligíveis – cada árvore do jardim – e tinha um intelecto perfeito. Pecou ao perseguir desejos sensuais e provocados pela imaginação e ao buscar apreender as opiniões geralmente aceitas, a árvore do conhecimento do bem e do mal. Sua punição foi a privação da perfeição intelectual, o exílio do Éden. Em vez disso, foi forçado a satisfazer suas necessidades materiais – foi enviado "para lavrar a terra" – e a se ocupar com o julgamento de tudo como bom ou mau, digno ou indigno de se almejar – a comer "a erva do campo"[42].

O Livro de Jó

O Livro de Jó é o único livro bíblico que Maimônides explica na íntegra. Ele o considera uma parábola do segundo tipo: uma história contendo detalhes dotados de função exclusivamente estética ou que são destinados a ocultar o verdadeiro significado aos leitores não qualificados. Assim, Maimônides dedica apenas dois capítulos do *Guia* (III.22-23) à sua exegese e afirma que "sumarizou todas as suas noções, nada deixando de lado" (*Guia* III.23, p. 497). Embora, de uma perspectiva, o Livro de Jó seja uma parábola do segundo tipo, repleta de detalhes que nada acrescentam à compreensão de seu significado, segundo Maimônides, a maior parte do livro não tem um significado oculto. Ele explica "literalmente" muitas de suas partes. Para captar o significado, é preciso concentrar-se nos versículos relevantes, extrair as ideias principais e ignorar o restante. Há, porém, algumas partes esotéricas que requerem interpretação, por exemplo, as cenas no céu, partes do discurso de Eliú (Jó 33:23; 29) e a imagem do Leviatã na Revelação de Deus (Jó 40:25-41:28).

Embora concisa, a interpretação de Maimônides é muito perspicaz, fornecendo várias soluções para os problemas do mal, da teodiceia e da providência divina. Posso oferecer aqui apenas uma breve discussão de um aspecto da interpretação. Do modo como Maimônides o lê, o Prólogo do Livro de Jó apresenta uma perplexidade teológica em forma biográfica:

> Um homem íntegro e perfeito, que era justo em suas ações e extremamente cuidadoso em evitar o pecado, foi atingido – sem que tivesse cometido nenhum pecado que pudesse levar a isso – por imensas e sucessivas calamidades, afetando sua fortuna, seus filhos e seu corpo (*Guia* III.22, p. 486).

Maimônides extrai essa declaração de três fatos: 1) a descrição de Jó como um "homem [que] era íntegro e reto, que temia a Deus e se afastava do mal" (Jó 1:1; cf. 1:8; 2:3); 2) as calamidades que se abateram sobre ele (Jó 1:13-19; 2:7); e 3) as inferências que o observador pode extrair desses versículos. A perplexidade resulta da contradição entre o pressuposto implícito de que Deus é justo e os fatos descritos na narrativa. É importante observar que Maimônides interpreta "reto" no texto bíblico como "justo em suas ações", pois entende que Jó exemplificava a virtude moral e praticava boas ações. Portanto, não precisa interpretar as longas descrições do comportamento de Jó. Ao que parece, ele as considera artifícios estéticos relacionados ao aspecto textual da história. Como os homens recebem recompensa e punição de acordo com suas ações, Jó merecia recompensa. A ideia que extraímos da história sobre os infortúnios de Jó é que ela discorre sobre três tipos de calamidade: a perda da fortuna, a perda dos filhos e a perda da saúde corporal. Tudo o mais que lemos sobre esses infortúnios faz parte exclusivamente do aspecto estético da história.

A perplexidade evocada pela vida de Jó conduz à principal questão do livro: a providência divina. As opiniões de Jó e de seus amigos constituem diferentes soluções para essa questão. Maimônides sumariza a lição dos discursos de Jó e diz que este tentou resolver o problema negando a providência divina no âmbito do mundo sublunar. Embora Deus saiba o que ocorre com cada uma das pessoas, conforme Jó, Ele as abandona em razão de seu desprezo por elas. Maimônides cita dez versículos como prova disso, dos quais o mais importante é o seguinte: "Tudo é o mesmo; por isso, eu digo: Ele destrói tanto o inocente quanto o perverso. Quando a calamidade traz a morte repentina, Ele zomba da desgraça do inocente" (Jó 9:22-23).

Deus, ao surgir do redemoinho – o que faz a narrativa retornar à história da vida de Jó –, faz que Jó se retrate e reconheça que sua concepção original da providência estava errada[43]. Novamente, Maimônides sumariza o relato bíblico para então explicar o propósito da Revelação:

> O propósito de tudo isso é mostrar que nosso intelecto não consegue apreender como essas coisas naturais que existem no mundo da geração e da corrupção se produzem no tempo, nem consegue conceber como a existência de uma força natural a partir de dentro delas as originou. São coisas que não se assemelham às que fazemos (*Guia* III.23, p. 496).

A Revelação de Deus proporciona a principal lição do livro: de um lado, ensina o fundamento da crença de que Deus exerce sua providência no âmbito do mundo sublunar. Essa crença se manifesta nas descrições de objetos naturais, em especial nas do Leviatã, que se referem a todos os animais do mundo sublunar; de outro, ensina que o governo que Deus exerce sobre o mundo é diferente do nosso e que não estamos em posição de compreendê-lo. Na concepção de Maimônides, "as duas noções não estão incluídas em uma definição [...] e não há nada em comum entre as duas, exceto apenas o nome" (*Guia* III.23, p. 496).

A resposta à perplexidade inicial apresentada pela história de Jó é que ela provém de uma suposição incorreta: um modelo antropomórfico de Deus conforme o qual Deus governa o mundo do mesmo modo como o homem governa o Estado; e, segundo esse modelo, Deus está sujeito às mesmas regras morais que o homem. A rejeição dessa suposição elimina a perplexidade. Casos como os de Jó não contradizem a afirmação de que Deus é justo e exercita Sua providência sobre o mundo, porque a justiça e a providência de Deus não podem ser compreendidas em termos humanos, tampouco a história de Jó pode levar à conclusão inicial de que Deus abandona indivíduos da espécie humana em razão de seu desprezo por eles. A Revelação, contudo, não estabelece uma teoria alternativa da providência em substituição à que ela refuta.

Conclusão

A exegese bíblica de Maimônides se destinava especialmente à elite intelectual de sua época. Buscava conciliar o texto judaico autorizado, a Bíblia, com a filosofia aristotélica e demonstrar que a Bíblia professa as ideias que predominavam em seu meio cultural. Assim, a exegese maimonídea abriu caminho para as interpretações filosóficas da Bíblia do final da Idade Média. As gerações que se seguiram deram continuidade a seu esforço e escreveram comentários filosóficos sobre a Bíblia, inspiradas pela exegese incluída no *Guia*. É preciso observar, no entanto, que as interpretações bíblicas de Maimônides são idiossincrásicas e muito diferentes das de outros exegetas antes e depois dele.

Em primeiro lugar, Maimônides não estava interessado em comentar livros inteiros para ajudar os leitores a compreendê-los; portanto, não escrevia nenhum comentário contínuo sobre o texto. Ao contrário, concentrava-se em dois tipos de passagem: as que pareciam atribuir um corpo a Deus e as que ele considerava ter um significado filosófico interno.

Em segundo lugar, ele tinha seu próprio modo especial de interpretar os termos bíblicos. Em vez de explicar as palavras em seu contexto, tal como faziam outros comentadores, construiu um léxico de palavras equívocas para uso na exegese bíblica. Embora também fornecesse versículos como amostra para ilustrar os diferentes significados das palavras que estava explicando e, com isso, também interpretando os versículos, a importância do léxico era mais a de servir de instrumento para outras exegeses bíblicas do que a de ser uma interpretação dos próprios versículos. Sua interpretação dos termos é uma exegese "aberta"; o léxico é um manual que seus leitores podem utilizar para as próprias interpretações, e não uma exegese autorizada dos versículos.

Em terceiro lugar, a exegese bíblica de Maimônides não é uma explicação sistemática e clara das passagens bíblicas. O principal papel de seu léxico é eliminar a tendência a pensar em Deus em termos corpóreos. Ao optar por montar um léxico de termos equívocos, Maimônides não oferece um comentário contínuo das Revelações divinas da Bíblia, deixando aos leitores a tarefa de explicá-las com a ajuda do léxico. Em virtude de sua suposição de que a Bíblia é uma obra esotérica e de que parte de seu conteúdo não deve ser divulgada ao público, Maimônides apenas indicava o significado do que considerava ser uma passagem esotérica. Também, nesse caso, os leitores deveriam completar a interpretação das passagens com o próprio esforço.

Para o leitor moderno, a exegese bíblica de Maimônides é um exemplo de como um grande filósofo judeu da Idade Média enfrentava o desafio da ciência e da filosofia de sua época e resgatava para seus contemporâneos a importância e a relevância do texto bíblico. De sua exegese bíblica, os estudiosos atuais interessados no pensamento de Maimônides podem descobrir as ideias filosóficas que ele conhecia e as que de fato endossava. Mais importante, podem aprender um pouco de suas doutrinas. As interpretações do relato da criação do homem, do Jardim do Éden, dos filhos de Adão e da parábola da prostituta casada, na Introdução ao *Guia*, apresentam a antropologia filosófica de Maimônides. Sua interpretação do Livro de Jó apresenta algumas de suas concepções sobre a providência divina e a teodiceia, e complementa o que ele escreveu sobre esses temas em outros capítulos do *Guia*. Dessa forma, o estudo da exegese bíblica de Maimônides contribui para uma compreensão mais profunda de seu pensamento.

Notas

1. As referências de página ao *Guia dos Perplexos* se baseiam na tradução para o inglês de: MAIMONIDES. *The Guide of the Perplexed.* Trad. de Shlomo Pines. Chicago, 1963. Palavras em itálico representam termos em hebraico no texto original em árabe (exceto no caso de versículos bíblicos e fragmentos de versículos, que foram romanizados para facilitar a leitura).
2. Mishná, Tratado Ḥagigá 2:1.
3. Talmud Babilônico, Tratado Ḥagigá 13a.
4. ARISTÓTELES. *Categorias* 1a 1-6.
5. Em *Guia* II.30, ele menciona outro tipo de termo equívoco, os termos usados em sentidos tanto genérico quanto específico.
6. Em *Guia* I.8, contudo, Maimônides baseia os significados de *maqom* na linguagem talmúdica e do *midrash*. Ele também, às vezes, interpreta os termos bíblicos com base em um eixo semântico-filosófico e lhes dá um significado filosófico.

7. As traduções das passagens bíblicas no texto original inglês seguem a *Revised Standard Version* ou a tradução *New JPS* (dependendo de qual delas se aproxima mais da compreensão que Maimônides tem do versículo), modificadas quando se faz necessário tornar claro um ponto. [As traduções para o português das passagens bíblicas foram mantidas o mais próximo possível da tradução para o inglês realizada pela autora do artigo, uma vez que seu comentário se refere diretamente à sua tradução para o inglês. (N. da T.)]
8. Tal como está na *Revised Standard Version*: "Thy word is firmly fixed in the heavens" ["Tua palavra está firmemente fixada nos céus"].
9. *Lev* é também um termo equívoco. Além de "coração", o órgão físico pode significar "mente" ou "intelecto" (cf. *Guia* I. 39).
10. Alguns dos significados dos termos "lugar" (I.8), "escada" (mencionada em I.15), "rocha" (I.16) e "anjo" (II.6) também são desse tipo.
11. Maimônides não cita o versículo ou o capítulo do qual deriva essa imagem. Como veremos, na Introdução ao *Guia* ele interpreta a passagem de Provérbios 7:6-21 como uma parábola em torno dessa imagem. As expressões "uma mulher casada", citada aqui e em *Guia* III.8 em hebraico, e *'eshet 'ish zoná*, também citada na Introdução ao *Guia* em hebraico, não estão em Provérbios 7:8-21, mas em Provérbios 6:26. Assim como na Introdução ao *Guia* (p. 13), Maimônides afirma que "todo o livro [de Salomão] se baseia nessa alegoria", que pode ser encontrada também em outros capítulos de Provérbios; parece-me bastante plausível que Maimônides derive essa imagem do paralelismo bíblico presente nesse versículo. O paralelismo permite que ele identifique a mulher casada mencionada na primeira expressão do paralelismo com a prostituta em sua segunda expressão. Para a interpretação da palavra *'ish* e da metáfora *'eshet 'ish zoná*, cf. também KLEIN-BRASLAVY, S. Maimonides' Strategy for Interpreting "Woman" in the *Guide of the Perplexed*. In: HAMESSE, J.; WEIJERS, O. (Org.). *Écriture et réécriture des textes philosophiques médiévaux*. Volume d'hommage offert à Colette Sirat. Turnhout: Brepols, 2006, p. 292-300 [versão revista em: KLEIN-BRASLAVY, S. *Maimonides as Biblical Interpreter*. Brighton, Mass.: Academic Studies Press, series "Emunot", 2011, p. 125-143].
12. Em *Guia* I.6, Maimônides não explica o segundo significado derivado de "mulher". *Guia* III.8 completa a interpretação. Em sua interpretação da "mulher", ele também alude ao significado de "homem" como forma, a essência de uma substância, mas Maimônides não se refere aí à "estrutura de significação" do termo, apenas a seu "conteúdo", seu significado nos Provérbios.
13. Talmud Babilônico, Tratado Berakot 31b.
14. Ver *Guia* I.6; 7; 14; 30.
15. Em *Guia* III.43, ele explica o mesmo fenômeno de forma ligeiramente diferente. Diz que os profetas descrevem o que veem em suas visões. A linguagem traduz as imagens que eles veem.
16. Esse exemplo ocorre também em *Guia* II.29.
17. Ver também *Guia* II.29, p. 347-348.
18. Ver *Guia* I.35.
19. Maimônides está atento a outros termos desse tipo na Bíblia; em *Guia* II.29, p. 348, faz a seguinte observação: "O mesmo se aplica a outras palavras".
20. Baseando-se na filosofia aristotélica, Crescas, comentador do *Guia* no século XIV, sugere que "a sola da pata de um bezerro" é "a esfera [celeste], que é redonda" (comentário a *Guia* II.29).

21. Sobre essas interpretações, cf. KLEIN-BRASLAVY, S. *Perush ha-Rambam La-Sipurim 'al 'Adam be-Parashat Bereshit* – Peraqim be-Torat ha-'Adam shel ha-Rambam (A Interpretação de Maimônides das Histórias de Adão em Gênesis – Um Estudo da Antropologia de Maimônides). Jerusalem: Rubin Mass, 1986, p. 209-226, e a bibliografia citada (em hebraico), bem como KLEIN-BRASLAVY, S. Interpretative Riddles in Maimonides' *Guide of the Perplexed. Maimonidean Studies*, n. 5, p. 147-157, 2008 (reimpresso em: KLEIN-BRASLAVY, 2011, op. cit., p. 145-160).
22. Cf. infra a interpretação da história do Jardim do Éden na subseção "O Jardim do Éden em *Guia* II.30".
23. Assim, essa visão é análoga à visão que Jacó tem de Deus no sonho, de acordo com a interpretação de Maimônides em *Guia* I.15.
24. Em *Guia* I.64, ele cita outro versículo descrevendo essa Revelação – Êxodo 33:18.
25. Para a interpretação na íntegra do relato da Revelação divina na fenda da rocha, ver KASHER, H. Perushe ha-Rambam le-Sipur Niqrat ha-Ṣur (A Interpretação de Maimônides sobre a História da Revelação Divina na Fenda da Rocha). *Da'at*, n. 35, p. 29-66, 1995.
26. Contudo, a explicação para o uso da imaginação pelos membros de cada grupo é diferente.
27. Ver KLEIN-BRASLAVY, S. *Perushe ha-Rambam le-Sipur Beri'at ha-'Olam* (A Interpretação de Maimônides da História da Criação). Jerusalem: The Bible Association, 1978; 2. ed. com correções e acréscimos: Jerusalem: Rubin Mass, 1987.
28. Como vimos, os termos da promessa de Deus de se revelar na fenda da rocha são interpretados em outros capítulos do *Guia*.
29. Em *Mishné Torá* I, Fundamentos da Torá, 3.7, Maimônides oferece uma terceira interpretação para essa parábola. Para essa interpretação, ver meu artigo: KLEIN-BRASLAVY, S. Perushe ha-Rambam le-Ḥalom ha-Sulam shel Ya'aqov (A Interpretação de Maimônides do Sonho da Escada de Jacó). *Sefer ha-Shaná shel 'Universitat Bar-Ilan, Mada'e ha-Yahadut ve-Mada'e ha-Ruaḥ, Sefer Moshé Schwarcz* (*Annual of Bar-Ilan University, Studies in Judaica and Humanities, Moshe Schwarcz Memorial Volume*), XXII-XXIII, 1987, p. 329-349; ver p. 330-333 e uma versão em inglês com algumas modificações em: KLEIN-BRASLAVY, 2011, op. cit., p. 89-123.
30. Ver ibid. (hebraico), p. 329-349; ibid. (inglês), p. 89-123.
31. Maimônides inclui a sétima unidade nesse grupo porque interpreta *niṣav 'alav* como estar de pé sobre ou acima *dela* – a escada –, e não "ao lado *dele*" –, isto é, Jacó, como alguns comentadores interpretam o texto. Em hebraico, *'alav* se refere a um termo masculino que, portanto, pode ser tanto Jacó quanto "escada" [substantivo masculino na língua hebraica].
32. Ver também *Guia* II, premissa 26, p. 240.
33. Para as parábolas da "prostituta casada", ver KLEIN-BRASLAVY, 2006, op. cit., p. 300-308; reimpresso em: KLEIN-BRASLAVY, 2011, op. cit., p. 125-143.
34. Para o método de Maimônides de utilizar indicações nas interpretações bíblicas, ver a subseção "A Criação do Homem", sobre sua interpretação da criação do homem.
35. Ver, por exemplo, *Capítulos de Rabi Eliezer* 4; Números Rabá 2a.
36. Maimônides alude a Gênesis Rabá 68:12, que ele parafraseia imediatamente depois dessa afirmação, com o objetivo de fundamentar sua interpretação. Ele também pode ter em mente o Tratado Ḥulin 91b, no qual a ideia parece estar ainda mais clara.
37. *Guia* II.29.
38. Para a interpretação de Maimônides sobre a criação do homem, ver também: KLEIN-BRASLAVY, 2008, op. cit., p. 144-146; reimpresso em: KLEIN-BRASLAVY, 2011, op. cit., p. 145-160.

39. Talmud Babilônico, Tratado Bava Batra 16a.
40. De acordo com essa interpretação, a serpente e *Samma'el* parecem ser partes de Eva, assim como Eva é parte do "homem".
41. De fato, Maimônides utiliza aí o método dos "livros dos Profetas" e desenvolve sua interpretação da narrativa utilizando o termo equívoco *akala* (em árabe, verbo "comer").
42. Maimônides inclui "para lavrar a terra" e "comer a erva do campo" em seu texto em hebraico. Para a interpretação da história do Jardim do Éden em *Guia* I.2, ver também meu artigo: KLEIN-BRASLAVY, S. On Maimonides' Interpretation of the Story of the Garden of Eden in the *Guide of the Perplexed* I.2. In: KLEIN-BRASLAVY, S. *Maimonides as Biblical Interpreter*. Brighton, Mass.: Academic Studies Press, series "Emunot", 2011.
43. Maimônides fornece também outra interpretação para o aparecimento de Deus no redemoinho.

A Psicologia de Maimônides e de Yehudá Halevi*

Lenn E. Goodman

Anatomia da Alma – Cognição e Integração

De acordo com a visão do Rambam, a psicologia é uma preparação necessária para o estudo da ética e também para o estudo da Torá, pois esta, conforme ele explica, não foi feita para o bem de Deus, mas para o nosso bem. Sua meta é nos tornar seres humanos melhores, bem como nos auxiliar a alcançar nosso objetivo mais elevado por meio da busca da afinidade com Deus latente na alma humana, assinalada nas Escrituras. Como nos ensina a Torá, o homem arquetípico foi criado à imagem de Deus. Essa imagem não é uma figura física, mas a forma humana pela qual fomos feitos seres conscientes, racionais. Assim é que a alma, sob diferentes aspectos, é tanto a base a partir da qual nos erguemos quanto o objetivo rumo ao qual nos esforçamos.

---

* Tradução de Luizir de Oliveira do original inglês: Maimonides' Psychology and Judah Halevi. Há uma versão em hebraico: The Psychology of the Rambam and Halevi. In: RAVITZKY, A. (Org.). *Maimonides*: Conservatism, Originality, Revolution. v. 2: *Thought and Innovation*. Jerusalem: The Zalman Shazar Center for Jewish History, 2008, p. 317-349. Revisão técnica de Rosalie Helena de Souza Pereira.

Seguindo essas diretrizes, Maimônides inicia seus *Oito Capítulos sobre Ética* com uma anatomia da alma. Explica que, embora houvesse os que falaram sobre as almas múltiplas em cada indivíduo, entre os quais alguns dos grandes médicos da Antiguidade, só existe de fato uma alma em cada um de nós. É a multiplicidade das atividades da alma que leva a se falar sobre as diferentes almas ou partes, ou, melhor ainda, faculdades dela. A palavra faculdades soa relativamente inocente ao Rambam. Significa apenas "poderes" em árabe e não parece nos levar a hipostasiar esses poderes, que são, ao fim e ao cabo, funções da alma unitária que se utiliza deles. Contudo, "partes" realmente sugerem divisão, "como as de corpos separados", e isso é tão questionável quanto falar de almas separadas. O argumento, implícito, é que, se uma alma não fosse um ser, não poderia agir; e a ação é o foco do Rambam mesmo em sua psicologia cognitiva.

É Platão quem tornara corrente a noção de almas múltiplas, do mesmo modo como fizera Aristóteles ao mencionar a alma vegetativa, animal e racional. Contudo, a intenção de Platão é mais sutil do que a imitação de sua linguagem por escritores posteriores poderia sugerir. Sua razão, na *República*, é dialética. O objetivo inicial é mostrar que a política e o julgamento são necessários mesmo quando se trata da interioridade de um único indivíduo, dado que podemos ser arrastados para direções diversas e frequentemente conflitantes – pelo apetite, pelo espírito e pela razão. Um sujeito único, a artimanha inicial proposta por Platão, não pode ser caracterizado por predicados incompatíveis. Assim, temos de abrigar almas diversas. Essa é a noção que se fixa na memória do estudante. Na continuação da *República*, porém, Platão visualiza a reunião dos elementos díspares da alma. Brincando com o nome de seu irmão Glauco, invoca a imagem de uma criatura marinha cinza-esverdeada que cresce nas brumas profundas – e confessa que, naturalmente, a alma é una[1]. Ademais, não possui *propriedades* incompatíveis apenas porque podemos nos sentir arrastados para direções incompatíveis. A síntese, ao unir os conflitantes argumentos iniciais e finais, é a tese central de Platão na *República*, qual seja, que a unidade da alma não é dada, mas alcançada: a justiça integra a alma, do mesmo modo como o faz com o Estado, dando força e estabilidade a ambos. Trasímaco defende o contrário ao afirmar que a justiça é o interesse dos mais fortes; o real interesse dos fortes é a justiça. As almas múltiplas da *República* são um artifício literário usado por Platão, assim como a personificação que ele faz dos interesses que competem por nossa energia e atenção como classes díspares, que necessitam ser integradas e reconciliadas quando competem pelos recursos ou pela atenção no Estado. Aristóteles compreendeu a parábola de Platão e traduziu-a em uma imagem (caracteristicamente biológica) própria dele: fala de almas vegetativas, animais e racionais, mas está pensando nas diferentes funções, e não em diferentes sujeitos.

É proveitoso distinguir analiticamente o apetitivo do assertivo ou o cognitivo do afetivo. Também é de grande valia, quando se discute ética, por exemplo, que Aristóteles classifique o prazer como um subproduto da atividade realizada ou mostre que a virtude é uma disposição, e não uma atitude ou ação ou ainda uma emoção. Esse é o tipo de análise gramatical que a anatomia aristotélica da alma torna possível. Ela não se degenera a partir da unidade da alma – como se não tivéssemos nenhuma consciência de nossos apetites ou nenhum poder para fazer o que consideramos melhor. Isso levaria a análise longe demais – como Hume faz quando tenta separar o julgamento da ação e torna o sentimento (sentimento puro? Uniformizado pelos fatos ou autoconsciência?) a única força motora das escolhas humanas[2]. Os estoicos conheciam melhor esse processo, pois defendiam que uma causa pode produzir grande variedade de efeitos: o sol derrete a cera, mas endurece o barro; branqueia as roupas, mas escurece a pele e amadurece as maçãs[3]. Aristóteles sabia tratar-se de uma mesma alma, tentada pelo desejo, disciplinada pelo treinamento, iluminada pela arte ou pela música, informada pela experiência e ampliada pela razão. Daí a ênfase do Rambam na unidade da alma e na diversidade de suas atividades, mesmo quando utiliza a linguagem de partes e faculdades.

Maimônides lista cinco "partes" da alma, identificadas por seu trabalho: nutrição, sensação, imaginação, desejo* e razão. Os nomes são descritivos, e não explicativos. São termos *portmanteaux*** em psicologia, mas decisivos para a taxonomia hierárquica da biologia de Aristóteles, pois nem tudo o que cresce ou se reproduz tem sensação, tampouco tudo o que tem sensação possui memória – ou razão.

Contudo, mesmo o crescimento e a nutrição são característicos da espécie na qual ocorrem. O crescimento e a nutrição humanos, como assinala Maimônides, não devem ser confundidos com os de um asno ou os de uma palmeira, que vivem de acordo com características próprias às suas espécies. Isso deveria descartar qualquer confusão engendrada por termos metafóricos como "vegetativa" ou "alma animal". Seres humanos crescem como o fazem as plantas; movem-se como os animais, mas o padrão do nosso crescimento

* "Desejo" aqui tem afinidade com o grego *órexis* do *De Anima*, de Aristóteles. (N. da Org.)

** Em francês no original. Significa uma fusão de dois termos, dois significados em uma mesma palavra. (N. da T.)

e os motivos do nosso movimento são caracteristicamente humanos. Assim, nós, humanos, não ficamos parados ao longo de uma estrada mascando cardo ou ruminando as refeições. Atualmente, diríamos que os parâmetros que definem o que é especificamente humano em nossas atividades e que partilhamos com outros humanos saudáveis são apenas análogos às funções encontradas nas outras espécies e estão definidos em nosso DNA – a base material para funções classicamente catalogadas como animais ou vegetativas.

Quando trata da faculdade nutritiva, Maimônides lista sete funções afins: o poder de 1) engolir ou ingerir alimentos; 2) retê-los ou armazená-los; 3) digerir ou assimilar sua matéria; 4) expelir os dejetos ou excessos; 5) crescer (sempre de acordo com um plano ou padrão fixo[4]); 6) reproduzir-se; e 7) filtrar fluidos e separar as coisas que devem ser mantidas das que devem ser expelidas. As primeiras quatro dessas funções, explica-nos ele, são irrefletidas. Poderíamos viver mais se esses processos fossem autorregulados e estivessem em vigor apenas quando e como fossem apropriados para preservar o indivíduo e a espécie[5]. Em termos atuais, o câncer, a superpopulação e as doenças autoimunes poderiam ser todos descritos como desarranjos nos controles internos das três últimas funções. Todas as sete possuem controles, mas nenhuma delas é de fato reflexiva ou perfeita para discriminar o que é necessário para seu funcionamento ideal. O argumento de Maimônides, que ele defende em *Oito Capítulos* (*Shemoná Peraqim*) e no *Guia dos Perplexos* (*Moré Nevuḵim*) I, 72, é a necessidade de controles racionais e reflexivos, com fins mais amplos, e não os propósitos meramente internos de dado órgão ou sistema orgânico como se fossem autônomos. Seu argumento, como o de Platão na *República*, é que apenas a razão está qualificada para governar.

A sensação diferencia animais de plantas; abrange as atividades dos cinco sentidos – novamente *portmanteaux*, não explicações. A imaginação é formada, de acordo com a psicologia clássica de Al-Fārābī e de Avicena, não como um substituto da criatividade, como fizeram dela os românticos modernos, mas como a capacidade de reter, combinar, separar e simular imagens sensoriais mesmo quando seus objetos não estão mais diante de nós. Autores árabes frequentemente usam a palavra grega *phantasía* nesse sentido. As atividades que marcam como trabalho da imaginação são cruciais para a memória, o aprendizado e o uso da linguagem, e para a produção artística e a reação às obras produzidas nas artes plásticas e performativas, bem como na literatura[6].

A imaginação tem papel vital na retórica. Seguindo Al-Fārābī, ao torná-la intermediária entre a razão e a sensação, Maimônides pode recorrer à imaginação a fim de permitir que os filósofos que são profetas possam traduzir seu conhecimento conceitual sublime mas abstrato em palavras e imagens acessíveis à maioria dos seres humanos, que está acostumada a pensar apenas em imagens ou (talvez de modo mais perigoso) em palavras. Pela imaginação, as imagens das Escrituras e as instituições dos rituais e das leis são recortadas do tecido do conhecimento filosófico de acordo com a medida estabelecida pela mente dos que as utilizam, por seu meio histórico e pelo ambiente cultural.

A imaginação não é critério de verdade, de possibilidade nem de necessidade. Tomá-la nesse sentido seria o grave erro dos *mutakallimūn*[7]. Contudo, porque serve de intermediária entre a razão e o mundo comum, a imaginação oferece resposta à dificuldade apresentada anteriormente por Platão na *República*, qual seja, que muitas pessoas não têm nenhuma noção de um mundo ou de um chamado superior além dos que são produzidos por sua experiência sensorial[8]. Ḥayy ibn Yaqẓān, de Ibn Ṭufayl, tem de retornar com Absāl para sua ilha isolada. Eles são incapazes de comunicar a homens comuns o entendimento que adquiriram e compartilham um com o outro[9]. Compreendem que foi um profeta que realmente transmitiu tais conhecimentos para o povo; mas, ao reconhecer a fraqueza moral e intelectual da maioria de seus ouvintes, o profeta o fez por meio de uma linguagem esmaecida que põe os símbolos entre o entendimento comum e as realidades que a inteligência humana pode alcançar. Ademais, ele minimizou as exigências de se emular a perfeição absoluta de Deus. O homem esclarecido de Platão, ao retornar para a caverna, tem de se voltar para a poesia, e Platão devolve os poetas à sua República para que possam comunicar a verdade de maneira que os homens comuns a aceitem e percebam que são capazes de compreendê-la. Do mesmo modo, é apenas a poesia, a licença poética da imaginação profética, afirma Maimônides, que possibilita a transição da profecia privada de um Abraão, cujos seguidores são membros próximos de seu clã e de seu círculo familiar, à profecia pública de um Moisés, que legisla para uma nação.

A imaginação, como defendera Avicena[10], tem de estar corporificada, mapeando as imagens do cérebro. Usando essa ideia como trampolim, Maimônides corajosamente atribui a diferença entre filósofos e profetas à diferença em suas corporificações. Se seus entendimentos são sadios e verdadeiros, ambos os profetas e filósofos têm o mesmo tipo de conhecimento. No entanto, aos filósofos que não são profetas, como por um milagre, falta a matéria necessária para traduzir sua compreensão clara das coisas em palavras e símbolos, leis, rituais e outras instituições. O verdadeiro profeta possui o cérebro e, assim, as palavras que lhe possibilitam atingir um público mais amplo, até mesmo além de sua própria época. Nesse sentido, é o que defenderemos, Maimônides toma como exemplo a ênfase dada por Halevi à história e à particularidade, as quais muitos filósofos monoteístas haviam desprezado em prol do universal e do abstrato. Halevi enxergou a centralidade da linguagem, do símbolo, das imagens e da lei ao modelar uma ética e um éthos que diferenciariam um monoteísta de outro. Cabe citar as palavras que ele põe na boca do rei Kazar no começo de seu famoso diálogo:

> Sei por mim mesmo que sou puro de alma e bem-intencionado em minhas ações em busca do prazer de Deus, mas a resposta que recebo é que minhas ações não são agradáveis ao Senhor, apesar de minha boa intenção. Claramente deve haver algum modo de vida por si mesmo que seja agradável a Ele, e não apenas de modo imaginário. De outro modo, por que cristãos e muçulmanos, que dividem o mundo habitado entre si, cada qual com a mais pura intenção de agradar a Deus, tornar-se-iam celibatários ou ascetas, jejuariam, orariam, mortificariam o corpo, competiriam matando uns aos outros, cada qual acreditando que matar o outro tem maior mérito e o leva mais perto de Deus? Donde suas lutas constantes, ambos os lados convencidos de que o seu é o caminho para o paraíso e a estrada para o céu. No entanto, racionalmente é impossível para ambos estarem certos [11].

Tanto no tema quanto na intenção, observa Halevi, as crenças monoteístas não estão tão distantes, mas, no éthos e no modo de vida, que tanto fornecem informações quanto refletem esse éthos, estão constantemente em desacordo. Essa divergência, segundo Halevi, exige que prestemos muita atenção ao lado prático e material de nossas tradições religiosas, cujas análises doutrinárias, sublimações filosóficas e contrapontos litúrgicos sempre parecem ser dados por certos. Território e língua, história e prática, os sons da poesia e o sentido dos rituais requerem um exame mais minucioso do que pode oferecer uma concepção intelectualista ou cognitivista da religião.

Acredito que Maimônides aproveitou a ideia de Halevi aplicando-a em sua própria problematização dessas questões por meio de um elemento aparentemente aleatório que ele encontra descrito biblicamente em termos da ação da vontade de Deus (distinto dos aspectos formal ou intelectual tradicionalmente tomados como manifestações da sabedoria de Deus) [12]. A escolha de Israel como povo eleito pesa na balança: a afiliação étnica que Halevi considera tão central ao éthos judaico é preservada no pensamento do Rambam como um vínculo linguístico, cultural, de valores e até de parentesco pelo qual os valores fundamentais são transmitidos. Israel compartilhará sua ideia com as nações do mundo, e cada uma tomará essa ideia de modo próprio, mas somente Israel deve manter claro o foco nessa ideia, que (como insiste o Kazar, de Halevi) está predeterminada pelos conceitos abstratos que procuram articulá-la. Ela só se articula adequadamente (a par dos intelectualistas) na vida, nas palavras e imagens, valores, símbolos, rituais e laços familiares de um povo – que floresce, como defende o Rambam, apenas quando a imaginação de seus filósofos está livre para a profecia por causa da vida vigorosa de uma nação livre vivendo em seu lar, em sua própria terra[13].

Sob a rubrica do desejo, para seguirmos com nossa argumentação acerca das faculdades psíquicas, Maimônides estabelece os impulsos éticos cruciais da apetição e da rejeição, da busca e da evitação – e assim os motivos e emoções como amor e ódio, raiva e aceitação, timidez e coragem, crueldade e compaixão. A análise, mais motivacional do que estritamente fisiológica *ou* cognitiva, tem suas raízes no pensamento estoico[14], mas permanece, elaborada de modo extensivo, no cômputo espinosano das emoções humanas, de fato nas forças e fraquezas do caráter, chamadas de emoções ativas e passivas na Ética de Espinosa. O que importa para Maimônides, do ponto de vista da ética, é o fato de todos os movimentos e inclinações corporais estarem sintonizados com o que parece benéfico e serem afastados do que parece nocivo. A verdade dessa afirmação se mostra evidente pela ubiquidade da valoração em nossa linguagem e em nossos julgamentos. Até mesmo a estética, na qual Kant aponta o desinteresse como chave de leitura, refina os temas acerca do interesse, e mesmo assim ecoa a temática estoica da apropriação ou da rejeição.

O grande problema da ética, para Maimônides exemplificado na história bíblica da perda do Éden, não está em algum tipo de herança do pecado atávica, mas na propensão para a subjetividade, que nos deixa de quatro como os animais: julgamos bem e mal de acordo com nossos supostos interesses e lemos esses interesses, muito frequentemente, em termos de nossos apetites e paixões[15]. A análise uma vez mais aponta para a necessidade de a razão julgar apropriadamente entre bens e males aparentes. Contrariamente aos ditames do apetite, a razão pode nos ensinar que dor e prazer não são as medidas máximas de valor[16]; e que a raiva e o orgulho, de modo oposto às suas exigências imperiosas, têm de ser minimizados, e não deixados à rédea solta. Contudo, o modelo de que a razão necessita para tais julgamentos está além do apetite e do espírito, como Platão os havia chamado – até mesmo além de tudo o que é mais caracteristicamente humano nos apetites e nas paixões. A razão, como nos ensina Maimônides, é privilégio dos homens entre todos os seres naturais. A imagem de Deus, como emblematicamente chamam as Escrituras, estabelece esse modelo no interior de nós mesmos. Do mesmo modo como a alma dá forma ao que é sem vida, ao corpo sem forma, a razão dá forma à alma. Sem ela, escreve o Rambam citando Provérbios 19:2, a alma não tem valor nenhum; nas palavras de Maimônides: *Be-lo da'at nefesh lo ṭov* – sem a mente, a alma não é boa[17].

Como o apetite, a sensação e a imaginação, a razão desempenha funções múltiplas. Elas são tanto práticas quanto especulativas, como as havia classificado Aristóteles. Incluem o entendimento, a autoconsciência, a compreensão das ciências e o discernimento para separar as ações corretas das incorretas. O trabalho prático da razão pode ser técnico – como na arquitetura, na agricultura, na medicina ou na navegação – ou deliberativo. Ambos os tipos de pensamento prático procuram meios para atingir seus fins. Entretanto, o técnico tem por fim manipular coisas; o deliberativo, avaliar o que é possível e encontrar meios de alcançá-lo; e o especulativo, conhecer as naturezas imutáveis das coisas[18]. É nesse ponto que surgem as ciências, pois o tema das ciências naturais são as leis permanentes da natureza, enquanto o da filosofia e da teologia é a realidade eterna de Deus.

O resultado disso para a ética é claro. Ao escolhermos nossos fins, temos três modelos possíveis para consultar: nossos apetites e paixões internas; os exemplos exteriores dados por nossos pais, companheiros e outros modelos de papel social; e o padrão mais elevado definido pela perfeição de Deus, que nos dirige ao impulso pela transcendência – também enraizado em nossa natureza – e à busca da perfeição. Apetite e paixão também procuram se ampliar, mas não vão além de si mesmos. Não reconhecem seus limites inerentes; o infinito que buscam é uma ilusão, uma fonte de frustração inevitável[19]. De fato, seus objetivos podem ser autodestrutivos de outro modo também, uma vez que o excesso gera a decadência e a perversidade. Apetite e paixão não possuem nenhuma garantia, nem mesmo da consistência de sua busca original.

Com relação à conformidade, pode ser um substituto útil e prático para a moralidade, desde que o éthos circundante seja benéfico. Contudo, a convenção e a obediência são tão estáveis quanto o éthos dos indivíduos que contribuem para sua formação; e, de modo típico, procuram o mais simples, o que agrada à maioria. Essa era a queixa de Ibn Ṭufayl[20]; e as coisas podem piorar. A moda e os modismos podem transformar a decadência privada em depravação pública, algo que tanto os profetas antigos quanto qualquer pessoa em sã consciência devem evitar. A conformidade pode ser uma escola de virtude, mas nunca constitui a virtude, a qual deve sempre significar fazer a coisa certa pela razão certa. Esse era o ensinamento moral de Aristóteles, que ainda fazia eco não só na ética de Kant como na de seus pósteros.

Além dos reclames dos apetites, do chamado da paixão e dos ditados da convenção, a Torá articula o mais alto padrão de Deus com a obrigação de emular Sua santidade (Levítico 19:2). Suas leis detalhadas só podem ser adequadamente compreendidas em referência a esse fim como delineamentos de práticas instrumentais a fim de atingir nosso objetivo. Estas, Maimônides as compreende como práticas feitas para incentivar as virtudes cujo exercício constitui a boa vida que a perfeição de Deus nos conclama a perseguir. Não é isso o que nos diz Salmos 19, que a Torá de Deus, que é perfeita, concede-nos a perfeição ao nos permitir aperfeiçoar nossa alma por meio da prática de suas leis?[21]

Virtudes e Vícios

Maimônides usa termos médicos para descrever as forças e fraquezas morais. Trata-se de uma linguagem tão antiga quanto as ideias de Sócrates acerca da terapia da alma. A expressão integra-se com o intelectualismo socrático, quando Aristóteles adapta a ideia médica à sua concepção de virtude como uma disposição para a ação de acordo com um meio determinado pela razão correta. O meio aristotélico é multifacetado, não simplesmente o "nada em excesso" da sabedoria popular grega. Procura a intenção e as consequências corretas, o sujeito, o objeto e as circunstâncias corretas, não apenas a moderação quantitativa, uma justa medida, digamos, na alimentação, no sono ou no exercício. Em vez disso, para cada virtude existe uma esfera própria de aplicação, orientada por algum bem ou mal *prima facie* – prazer ou dor, risco, perda, generosidade, honra, amizade, desprazer, ostentação. As circunstâncias circunscrevem o que é apropriado para cada caso em dada conjuntura. É isso o que a razão, guiada pela experiência e pelo exemplo da pessoa dotada de sabedoria prática, deve determinar.

Para Maimônides, bem como para Aristóteles, o princípio fundamental da virtude está dado na natureza humana. No entanto, no caso de Maimônides, os modelos principais são fornecidos, e mesmo corrigidos – lhes é dada a orientação –, pela Torá, pois, como enfatizamos anteriormente, a lei bíblica e seus mandamentos, na visão de Maimônides, não são fins em si mesmos, mas meios para o bem-estar humano. Todas as leis, como o Rambam as lê, procuram alcançar um destes três objetivos: 1) regular as interações sociais, no intuito de conter a força e a fraude, e incentivar a justeza, a saúde, a segurança e a prosperidade; 2) auxiliar-nos a aprimorar nosso caráter indicando ações que fomentem nossas virtudes morais – não apenas a moderação mas também a cordialidade e o bom humor, a humildade, a civilidade e a disposição de ânimo cooperativa em vez de, por exemplo, a animosidade e a agressão; 3) inspirar-nos, a partir dos rituais e das narrativas da Lei – o relato do Gênesis e a instituição do *Shabat* de modo paradigmático –, por meio das crenças apropriadas, pois as crenças verdadeiras, como em Platão, são um substituto útil para o conhecimento. De fato, para os que são capazes da compreensão conceitual, elas constituem um trampolim para o conhecimento verdadeiro, incluindo o tipo mais elevado de conhecimento, que é nosso objetivo final[22].

Maimônides despreza as racionalizações subservientes, frequentemente autoenganadoras, por trás das quais às vezes nos abrigamos para não nos responsabilizarmos por nossos atos. Não são nossos astros ou humores, ou nosso destino, ou o pecado original, que modelam nossas escolhas, mas nós mesmos[23]. Um temperamento tímido pode tornar as ações corajosas mais difíceis, e um temperamento impetuoso pode fazer da prudência algo mais difícil de se atingir[24]. O treinamento, incluindo o autotreinamento, realmente auxilia na formação do caráter, e a autodisciplina também é sempre necessária se queremos trilhar um caminho sadio. Contudo, no âmbito da possibilidade moral, nenhum propósito está completamente fora de alcance:

> Cada um de nós pode crescer tão correto quanto Moisés ou tão perverso quanto Jeroboão. Podemos nos tornar sábios ou tolos, clementes ou cruéis, mesquinhos ou generosos, o que vale para todas as virtudes e vícios [...]. Essa tese é axiomática e fundamental na Torá, como está dito: "Vê, hoje coloco diante de ti a morte e a desgraça" (Deuteronômio 30:15)[25].

Quando a Torá diz que Deus endureceu o coração do faraó, está descrevendo as consequências do curso de ação escolhido por ele. É parte da nossa natureza social, política e psicológica que nos tornemos cada vez mais comprometidos e envolvidos com as ações e as diretrizes que escolhemos, cada vez mais enredados em um processo dialético, e isso diminui nossos graus de liberdade, como haviam explicado os teólogos *mu*^{c}*tazilitas* do Islã e os estoicos antes deles. O endurecimento do coração do faraó foi uma punição natural de Deus, resultado implícito na dinâmica do curso de ação que ele havia escolhido livremente. Podemos construir a plataforma de nossa própria liberdade ou podemos cavar um buraco para nós mesmos, que vai ficando cada vez mais profundo, tornando-se impossível sair dele. Essa dialética, do mesmo modo que nossa liberdade, é parte do que Deus ordena ao conceder a alma humana.

Normalmente, não criamos armadilhas para nós mesmos de modo completo e irreparável. Quando percebemos que há excessos ou deficiências em nossas disposições ou mesmo quando prestamos atenção a elas – de acordo com a obrigação bíblica da repreensão (Levítico 19:17) –, somos capazes de autocorreção. O avarento pode treinar-se na generosidade agindo de tal modo que se veja forçado ao extremo ao qual não está acostumado. Um covarde pode aprender a ser corajoso ao se forçar a enfrentar o que teme. O rude pode aprender a ser gentil, e o grosseiro pode se tornar amável pela prática[26]. As *miṣvot* morais da Torá têm por objetivo instituir tais práticas, donde o mandamento de auxiliar nosso inimigo a erguer e recarregar seu jumento caído (Êxodo 23:5). A preocupação evidente aí não é com o animal. O dever seria aplicado igualmente se a carga tivesse caído de um caminhão. Tampouco é a cooperação o foco central, ou não haveria a necessidade de destacar o exemplo do inimigo. Em vez disso, recomenda insistentemente Maimônides, o objetivo da Torá é nos auxiliar a combater a irascibilidade e a alcançar uma natureza mais bondosa[27]. O hábito, como havia ensinado Aristóteles, é a segunda natureza, e não é imutável. Maimônides generaliza essa ideia encontrando na Torá não uma mera lei positiva, mas um mandamento geral que determina que aprimoremos nosso caráter e o tornemos um terreno mais apropriado para cultivar propósitos que vão nos elevar às altitudes espirituais que dão significado e direção à nossa existência.

Exercícios morais são tão fundamentais para o desenvolvimento moral quanto os exercícios físicos o são para a saúde do corpo. Na verdade, a Torá projeta uma instituição ascética, a vida do *nazir*, feita como uma estrada para a autopurificação. Alguns profetas e outras pessoas santas buscaram o isolamento e perseguiram a via da ascese em parte como uma busca espiritual e em parte como aversão a um ambiente social decadente. O ascetismo, porém, é facilmente mal interpretado, e Maimônides, como Sa'adia, insiste em que nunca é um fim em si mesmo. Se buscado em excesso, como explica Sa'adia, o ascetismo pode se tornar prejudicial moral e psicologicamente tanto quanto as vulgaridades e os excessos que despreza. O asceta, ensina-nos Sa'adia, pode buscar a pureza, mas acaba encontrando a melancolia, isto é, a depressão, um produto do isolamento; ele pode procurar a piedade, mas encontra apenas a misantropia e a amargura[28]. O retrato que Dostoievski constrói do padre Feraponte, em *Os Irmãos Karamázov*, oferece uma pintura vívida e colorida da imagem que a perspicácia psicológica de Sa'adia esboça.

O tolo, ao ver os benefícios de um medicamento, escreve Maimônides, pensa que, se um pouco é bom, mais será muito melhor e prontamente causa a si mesmo (ou aos outros!) mais danos do que proveito[29]. De modo semelhante, os que excessivamente se dedicam aos exercícios ascéticos estão não apenas escarnecendo das exigências da natureza pela medida em todas as coisas mas também violando a letra da Lei. É por essa razão que, como explica Maimônides, seguindo os sábios talmúdicos, mesmo o *nazir*, uma vez tendo cumprido seu voto (para o qual a Torá prevê um término), deve fazer o sacrifício da expiação "porque pecou contra a alma" (Números 6:11). "Contra a alma de quem?", perguntam os Rabis; e respondem: "Contra sua própria alma ao privar a si mesmo do vinho"[30]. Recreação, descanso, música, humor, boas vestimentas, uma casa agradável, uma esposa atraente são ornamentos acertadamente estimados na vida de um sábio, mas não são seu fim.

A Integração Aqui e no Além-Mundo

Ao se voltar para o problema do mal, e mais especificamente para o dos sofrimentos imerecidos, Maimônides critica filósofos como Sa'adia acusando-os de caírem na armadilha epicurista de considerar o prazer e a dor os verdadeiros padrões do bem e do mal[31]. Al-Rāzi também havia defendido essas ideias, e Sa'adia, incomodado com a ideia de que há males que não são revidados e sofrimentos de inocentes que não são recompensados, fundamenta seus argumentos a favor de punições e recompensas no além-mundo sobre o que Al-Rāzi já havia defendido – fundamentações fracas de acordo com a visão do Rambam. Maimônides insiste em que a doutrina rabínica dos *yisure 'ahavá*, sofrimentos de amor, impostos por Deus aos seus eleitos a fim de lhes garantir recompensas adicionais no além-mundo, não é bíblica, tampouco verdadeira[32]. Ele não nega que os prazeres são bens genuínos, embora tais bens possam ser enganadores, mas nega a premissa epicurista de que os prazeres são os únicos bens. O mesmo vale para as dores. Maimônides também não nega que sejam males, defende apenas que não são males absolutos. Desse modo, defende valentemente que o bem-estar, mesmo tomado no sentido físico, supera em tudo os sofrimentos neste mundo. Nascimentos com graves complicações são raros; e, mesmo em tempos de guerra, os sofrimentos não são universais. Muitas das doenças humanas nos são causadas por nossas fraquezas, vícios ou loucuras[33]. Ademais, Maimônides concorda com Sa'adia que há sofrimentos imerecidos. Como Sa'adia, ele também lê o Livro de Jó não como um conto de paciência heroica de um indivíduo único e isolado em face da inescrutável e arbitrária crueldade da parte de Deus, mas como investigação filosófica dos problemas da teodiceia[34]. Jó não é nem santo nem o protótipo de uma sabedoria mais elevada, mas o arquétipo do homem comum, um bom homem que, como muitos homens bons, deve carregar um fardo que não merece enquanto testemunha outros que prosperam imerecidamente. O heroico em Jó é sua recusa em dar voz à noção comum de que a boa ou a má sorte tenham de ser o sinal externo de recompensas terrenas por nosso caráter interior, um marcador do balanço final entre créditos e débitos da nossa conta com Deus. Jó sabe que é inocente de todos os crimes que mereçam os horrores que ele sofreu. É um bom homem, insiste Maimônides. Se também tivesse sido um homem sábio, seu destino não teria sido um mistério para ele.

Maimônides associa os sofrimentos humanos em geral à nossa vulnerabilidade, consequência necessária de nossa corporeidade. Se Jó está doente, é pelas mesmas razões que qualquer pessoa poderia contrair uma doença, e essas razões não ocorrem por causa de um erro do sofredor. O "Satã", ou adversário que Deus permite que aflija Jó, é uma figura alegórica, e não um mítico antideus. Os Rabis estão certos ao sugerirem que a figura representa o pecado e a morte – contudo, não podemos esquecer a premissa textual de que Jó não caiu vítima do pecado. Na linguagem em prosa introdutória que oferece uma moldura à poesia do Livro de Jó, Maimônides encontra um sinal da mensagem do livro sobre a posição do mal no mundo. O Satã é identificado não como uma das "crianças de Deus", retratado como parte do cortejo divino, mas como o que vem com eles (Jó 1:6). Para o Rambam, isso significa que a diversidade ou vulnerabilidade, consequência de nossa corporeidade, não é um princípio metafísico, tampouco uma força real ou um ser no mundo que, por ordem de Deus, tem o poder de se tornar um tentador ou atormentador, como muitas mitologias pretensamente monoteístas defenderiam, mas constitui algo simultâneo à nossa criação. Não fomos criados, defende Maimônides, para brilhar como o sol. Citando Galeno, ele rejeita a ideia de que qualquer ser composto pelo tipo de matéria de que nossos corpos são feitos pudesse durar para sempre[35].

O problema do mal e a questão levantada em relação aos sofrimentos imerecidos se deslocam para problemas acerca da corporeidade e também levam a pensar se a criação foi realmente um dom. Maimônides rejeita o recurso *aš^{c}arita* ao subjetivismo teísta como um modo de resolver o problema, como rejeitara também a proposta *mu^{c}tazilita*, a noção de que tudo está bem, ou estará, seja aqui, seja no além-mundo. Sa'adia pode ficar contente ao afirmar que Deus recompensa os sofrimentos imerecidos na vida após a morte. Contudo, se os sofrimentos não são merecidos, suas aflições são não apenas cruéis como também injustas, e torná-las condição de recompensa desproporcional não alivia, mas sim agrava a crueldade e a injustiça. Maimônides percebe que Sa'adia utiliza a escala errada para aferir o bem e o mal ao vê-lo concordar com Al-Rāzi que os males superam os bens nesta vida. Essa tese viola o tratamento axiomático da Torá da criação como um bem e da vida como um valor supremo. A confiança de Sa'adia no prazer e na dor como padrões de avaliação beira o absurdo, de acordo com Maimônides, quando o Gaon partilha da opinião de alguns *mu^{c}tazilitas* de que até os animais serão recompensados se sofreram indevidamente. Ao analisar a situação, Maimônides afirma que se faz necessário não um ajuste dos livros no cálculo dor-prazer, mas uma justificativa da criação – a descoberta ou o reconhecimento do valor que tornam vantajosa a existência de seres inferiores a Deus, vulneráveis à mudança, à decadência e à destruição de uns pelos outros por causa de seus vícios, fraquezas e loucuras.

Maimônides encontra essa garantia na abertura da mente para o conhecimento de Deus e na compreensão de sua afinidade latente para com Ele. Deus, como defende Platão, é generoso. Ele não impede a existência de seres inferiores[36]. Quando esses seres prosperam das mais diversas maneiras, argumenta Maimônides escolhendo a visão neoplatônica em lugar do antropocentrismo dos estoicos e do *kalām*, isso não ocorre apenas para nosso bem. Cada ser existe para si mesmo, e essa é a glória de Deus[37], mas a prosperidade humana não se assemelha à das outras coisas, pois a temos em nós para que possamos transcender as condições de nossa corporeidade a fim de conhecer e emular Deus. Isso dá um propósito e um significado à nossa criação, e não torna nossa vulnerabilidade algo injusto. Vale a pena, apesar de tudo.

É fácil interpretar erroneamente a tese de Maimônides nesse ponto. Quando ele fala da providência e se refere a Aristóteles, aos *mu^{c}tazilitas*, aos *aš^{c}aritas* e a outras fontes, incluindo uma que reputa como bíblica, pode parecer que esteja dizendo que os seres humanos recebem uma proteção mágica como recompensa por entrarem em contato com o divino. Pelo contrário, o que Maimônides defende, bem como o que ele pensa ser "a intenção do livro de Deus e das Escrituras proféticas", é que aqueles de nós que são abençoados, em alguma medida, com a capacidade de compreender a afinidade interior com Deus se alçam, nessa mesma medida, acima das limitações intrínsecas à corporeidade e alcançam a transcendência de que falam os Rabis usando a linguagem da imortalidade.

O Rambam lista cinco propostas acerca da providência ou do controle divino[38]. A primeira, que ele prontamente descarta, é a que chama de epicurista, que nega qualquer papel à providência ou ao controle divino da natureza, imputando todos os eventos ao acaso. Aristóteles, afirma Maimônides, recusou essa perspectiva com base no fato de que o acaso não pode produzir a regularidade que encontramos na natureza[39].

O ponto de vista que Maimônides atribui a Aristóteles fora desenvolvido na crítica das ideias estoicas sobre a providência pelo peripatético Alexandre de Afrodísia. Também fora elaborado por muitos neoplatônicos aristotélicos do círculo de Maimônides, os filósofos, como eram chamados usando a palavra grega. A tese, que reflete a adoração dos astros apoiada pelos filósofos pagãos na Antiguidade tardia, era que a providência se dirige aos eternos corpos celestes e se manifesta em sua beleza, seu movimento perfeito, sua não criação e duração perpétua. Por meio desses corpos divinos, o controle se estende a todas as espécies de coisas, pois todas elas derivam suas formas das influências que emanam dos corpos celestes e das inteligências celestiais que os governam. Deixando de lado suas raízes pagãs e suas promessas eternas, a dificuldade com essa perspectiva vista estritamente como uma causa da providência, como reforça Maimônides, é que ela dispõe o sábio e o sagrado no mesmo nível que qualquer animal, tornando-os sujeitos às mesmas vicissitudes. Não vê "nenhuma diferença entre um gato caçando e incomodando um rato, aranha ou mosca e um leão voraz atacando um profeta e fazendo-o em pedaços". O que é eterno, de acordo com os filósofos, é governado. Contudo, a história e a vida humana não o são. Assim, a providência é paralisada, se não eliminada. O problema de Maimônides é ajustar o que ele considera a visão bíblica com o naturalismo que dá sustentação às ciências e mesmo com o próprio projeto da teologia natural, a descoberta aristotélica da sabedoria divina na ordem natural.

Os *aš^caritas* foram na direção contrária à dos epicuristas. Negaram que algo ocorra por acaso e sujeitaram todos os eventos ao amplo controle de Deus. Eles também não viram diferença entre a queda de uma folha[40] e a morte de um sábio; defendiam que Deus controla cada evento: "O vento não sopra por acaso", dizem, "Deus impõe que se mova. E não é o vento que determina que as folhas caiam; cada folha cai por decreto de Deus, e é Ele que ordena quando e onde elas cairão". Tal visão, contrapõe Maimônides, nega a liberdade humana e suprime todos os mandamentos morais e religiosos. Chega até a remover a exigência de cuidado e as proibições de negligência exemplificadas pelo mandamento de se construir um parapeito no terraço a fim de prevenir acidentes trágicos[41]. Isso leva ao quietismo ou à passividade que nunca podem ser vividos de modo realista e que anulariam a relevância de todo esforço e de toda responsabilidade moral e legal se levados a sério. Suprimir a linguagem do comando e da proibição e eliminar o reconhecimento de que as ações humanas e os efeitos naturais fazem diferença nos eventos tornam a ciência impossível, e a revelação inútil. Aceitando as consequências de sua visão, os defensores da predestinação imputam todos os destinos à vontade imediata de Deus, recusando qualquer conexão entre os atos de Deus e as ideias humanas de justiça, sabedoria ou intenção. Todas as ações de Deus se tornam arbitrárias. Essa posição chega a tocar o absurdo ou o paradoxal quando os *aš^caritas* afirmam que não seria injusto Deus ordenar o impossível, punir a obediência aos Seus mandamentos ou recompensar a desobediência.

A quarta concepção, a dos *mu^ctazilitas*, vê sabedoria e proposto em todos os atos de Deus. O homem age por meio de uma capacidade que lhe é concedida por Deus, e todos os nossos atos e sofrimentos são recompensados por Deus, aqui ou no além-mundo. Os *mu^ctazilitas* ainda se apegam à defesa da teoria da predestinação de seus adversários *aš^caritas* e sofrem suas consequências indesejáveis, mas contornam as dificuldades imputando todos os sofrimentos a algum erro do passado, a menos que possam ser recompensados por uma recompensa futura:

> Mesmo quando o ser humano nasce com uma deformação congênita, que não é devida a nenhuma má ação de sua parte, só se pode dizer que é melhor assim, embora não saibamos bem como; não se trata de uma retribuição, mas representa um benefício real! Com relação à morte de um homem bom, a resposta deles é a mesma: isso aumenta sua recompensa na vida após a morte (*Guia* III, 17).

Tal *polianismo**, como analisa Maimônides, torna a justiça de Deus trivial de modo tão efetivo quanto o subjetivismo teísta dos *aš^caritas*. Todavia,

---

* O autor utiliza um neologismo baseado no nome da personagem Poliana, do romance homônimo de Eleanor H. Porter, publicado em 1915, que se tornou um clássico da literatura infantojuvenil. Trata-se do "jogo do contente", que consiste em encontrar algo de bom em qualquer coisa que nos aconteça. Optei pelo neologismo também em português a fim de manter o tom do texto original. (N. da T.)

enquanto os *aš^caritas* sobrecarregam a vontade de Deus, tornando-O um tirano arbitrário que só age por seu próprio prazer, os *mu^ctazilitas* sobrecarregam Sua sabedoria, satisfeitos por encontrarem sabedoria e graça, uma bênção disfarçada, mesmo nos infortúnios mais trágicos.

A quinta proposta é a concepção bíblica, da qual Maimônides se apossa, chamando-a de "nossa própria". A Torá, escreve ele, afirma a liberdade e a responsabilidade humanas: "Jamais uma negação desse axioma foi ouvida em nossa religião, graças a Deus". Ao mesmo tempo, a Torá também afirma a justiça ilimitada de Deus. Todas as bênçãos e infortúnios são merecidos, "pois todos os Seus caminhos são justos" (Deuteronômio 32:4). O problema para o Rambam é como reconciliar os axiomas bíblicos, o domínio justo de Deus e a liberdade humana com o naturalismo que permite que essa liberdade seja exercitada. Ele desconsidera a noção da recompensa para os animais, defendendo que a preocupação da Torá é para com a vida humana. Rejeita também tanto os extremos dos *mu^ctazilitas* quanto os dos *aš^caritas*, ao mesmo tempo que adverte seu leitor sobre a necessidade de compreender e respeitar as pressões teológicas que motivaram tais visões. A posição do próprio Maimônides é um refinamento do ponto de vista neoplatônico/aristotélico: a providência "é consequência da emanação divina", mas os aristotélicos estão errados em limitar seu impacto ao céu e à forma universal das coisas. Foi o próprio Aristóteles que nos ensinou que não há formas ou universais separados dos particulares. Assim, a forma do homem como um indivíduo emana diretamente de Deus. Quando essa forma se realiza no conhecimento de Deus, ganha a imortalidade, que é nosso bem mais alto e que dá sentido à nossa existência. Os sofrimentos que acompanham nossa corporificação são justificados em vista da oportunidade que nos é concedida para que alcancemos tal realização. Claro que não há garantia de que esse objetivo será alcançado. Como observa Al-Kindī, podemos nos distrair ao longo do caminho. Ou podemos sofrer privações ou doenças, ou morte prematura, frustrando nossa realização desse fim último ou até impedindo nossa concepção adequada de sua natureza. O objetivo, porém, está sempre ali. Donde a imagem bíblica da árvore da vida que está sempre presente e à disposição. Pode-se "estender a mão e apanhar seu fruto" e, como nos apresenta a Torá em sua linguagem poética, "comer e viver para sempre"[42].

Desse modo, a noção de que merecemos o que quer que seja que nos aconteça deve se referir não somente aos nossos méritos morais, e menos ainda a qualquer ato punitivo ou compensatório de Deus, mas em parte em razão da agressão que o corpo faz contra o ambiente em que se insere e que deve, ao fim e ao cabo, ser retribuída – como havia defendido Anaximandro nos albores da filosofia ocidental[43]. A imortalidade a que almejamos é a consumação da busca por Deus, o mais alto objetivo de nossa criação e a garantia real de todo risco e toda vulnerabilidade aos quais nossa corporificação nos torna sujeitos. Não se trata de um arbitrário manto de proteção estendido sobre os que agradaram a Deus procurando-O, mas uma consequência direta e constitutiva dessa busca. Os poetas podem visualizar a imortalidade como um além-mundo, uma paradoxal vida depois da morte. No entanto, o que suas imagens pressagiam, como o Rambam as analisa, não é uma existência temporal continuada, mas sim a transcendência da temporalidade.

Essa imortalidade pretendida, se bem que obscurecida por todas as imagens populares e alusões rabínicas de um mundo por vir, seria um estado individual ou coletivo? O raciocínio de Maimônides, nesse ponto, ampara-se na antiga reconstrução de Platão da intenção que este visualizara no ensinamento socrático de que nossa alma é imortal na medida em que é afim à realidade atemporal e imutável das ideias[44]. Maimônides encontra essa afinidade em nossa afinidade intelectual com Deus, mas as ideias são atemporais porque são universais. É a imortalidade humana também universal, e nós a atingimos apenas à medida que nos desvencilhamos de nossa individualidade – como Platão sugere quando menciona a perda da memória entre as almas imortais?[45]

O problema havia sido apontado por Avicena[46] antes que Maimônides tivesse de enfrentá-lo, e Maimônides telegraficamente reconhece a solução aviceniana de Ibn Bājjah, que parece ter sido adotada também por Al-Ġazālī e Ibn Ṭufayl – todos autores bem conhecidos do Rambam. A chave para as respostas que Maimônides adota, como faz Ibn Ṭufayl, em termos autenticamente neoplatônicos, é que a aritmética de almas desencarnadas não se parece com a dos corpos. As noções de mesmo e diferente não se aplicam às almas, do modo como se aplicam às coisas cuja distinção é assinalada pelas fronteiras físicas. O *noûs*, como Plotino o apresenta (utilizando a crítica aristotélica da problemática aritmética das formas de Platão), é/são um/muitos. Almas imortais, do modo como Ibn Ṭufayl compreende, não são nem mesmas nem são diferentes de sua Fonte ou Objetivo[47]. Há tanto unidade quanto diversidade entre elas, pois, como explica Ibn Bājjah, um coletivo é chamado de uno se possui um único tema, conceito ou propósito – como a *História*, de Al-Ṭabarī, é uma, apesar de seus muitos volumes, ou um discurso é um, apesar de suas muitas palavras. Aristóteles havia utilizado Homero como exemplo a fim de reforçar sua posição. Ibn Bājjah aplica-o para a unidade na diversidade (ou diversidade na unidade) das mentes que estão em comunhão intelectual com o divino e, assim, partilham da imortalidade. Sua individualidade é preservada, como havia defendido Avicena, por sua intencionalidade – isto é, pela individualidade de suas consciências, que não depende, ou não depende mais, de sua corporificação.

A crença na ressurreição, um dos *Treze Princípios da Fé*, de Maimônides, como todo artigo de fé no esquema platônico de Maimônides, permanece como um substituto e, pode-se esperar, um caminho para um entendimento conceitual mais elevado, nesse caso da imortalidade, que não é temporal mas transtemporal. A crença verdadeira em Deus e a crença verdadeira nas coisas eternas são cruciais para Maimônides, uma vez que permitem compreender os conceitos que elas auguram, até pelos que não são capazes de pensamento conceitual independente. As crenças verdadeiras possibilitam que a *Mishná* afirme que Israel tem uma parte do mundo por vir: o conhecimento de Deus dá acesso à imortalidade, mas, para os que não conseguem pensar conceitualmente, esse acesso é mediado pelos vislumbres da verdade que as crenças verdadeiras transmitem aos que as assimilam. Aí não há uma justificativa para a fé: a imortalidade não é uma recompensa, mas, como em Platão, um reflexo do estatuto ôntico que a inteligência pode alcançar. A crença, insiste Maimônides, só é boa na medida do entendimento que transmite[48], mas a crença verdadeira só pode transmitir uma pequena quantidade de entendimento, e o entendimento das coisas divinas é fundamental na imortalidade.

Desse modo, as imagens da ressurreição sugerem a verdade a respeito de nossa conexão mais profunda com Deus, e isso abre um caminho para pelo menos uma parcela da imortalidade. Contudo, os símbolos, como adverte Ibn Ṭufayl, podem impedir nossa visão do que pretendem representar; e as palavras de um credo, como adverte Maimônides, podem se tornar substitutos do entendimento. Os símbolos funcionam corretamente quando são janelas para as realidades que intencionam, e as palavras funcionam corretamente quando significam o que deve ser compreendido. Chavões religiosos, mas sem sentido, bem como preceitos, não nos levam para mais perto de Deus. Na verdade, como afirma o Rambam, eles nos distanciam de Deus; e os símbolos que perderam o contato com as realidades para as quais deveriam apontar e que circulam livremente, como se tivessem vida própria, sem nenhum propósito senão o de agir como se fossem fins em si mesmos são ainda piores. São distrações – nesse caso, distrações do nosso objetivo humano mais elevado.

Voltemo-nos para uma exposição um pouco mais completa das respostas que Maimônides dá a Halevi e para o uso que fez das advertências de Halevi contra os excessos do intelectualismo e do cognitivismo. Restrições de espaço e de tempo neste artigo não nos permitem uma discussão exaustiva dessas respostas, mas quero assinalar algumas das áreas em que são mais evidentes.

Harry A. Wolfson simboliza a tendência de grande parte do conhecimento e dos ensinamentos atuais para comparar esses dois grandes filósofos usando um como se fosse o oposto do outro, frequentemente em detrimento do Rambam e, de modos menos óbvios, de Halevi. Por fim, acaba por diminuir a continuidade da unidade da tradição filosófica judaica. Em sua primeira publicação profissional, Wolfson mostra o contraste, chamando Maimônides de "helenizador" e Halevi de "hebraizador":

> Esses dois homens representam polos opostos no pensamento judaico na Idade Média. Maimônides é um verdadeiro convertido à filosofia aristotélica [...]. Halevi, ao contrário, é cheio de dúvidas acerca da verdade das teorias de Aristóteles [...]. Maimônides é governado pela razão, nada é verdadeiro que não seja racional, e seu interesse é sobretudo lógico. Halevi é guiado pelos sentimentos, cheio de ceticismo quanto à validade da razão e fundamentalmente interessado na ética. A obra principal de Maimônides, *Guia dos Perplexos*, é um tratamento formal e impessoal de sua filosofia. O *Kuzari*, de Halevi, é escrito na forma de um diálogo, e seus problemas não são atacados *more scholastico*, mas do modo literário mais espontâneo e intenso de Jó. A principal contribuição de Maimônides, além de seu *Guia*, foi a codificação da Lei talmúdica; a obra principal de Halevi, além do *Kuzari*, foi a composição, para as sinagogas, de hinos de grande qualidade lírica (p. 129)[49].

É verdade que Halevi foi um poeta, talvez o melhor em hebraico desde os Salmos; e Maimônides foi um jurista, além de, claro, médico e filósofo. Pode-se quase desconsiderar o fato de que os primeiros dois livros do *Código* do Rambam tratam de questões de ética e espiritualidade, ao lado do esboço metafísico que dá à Lei talmúdica sua fundamentação ôntica. Pode-se, talvez, desconsiderar o calor profundamente pessoal da prosa no *Guia*, que também não é escrito como *summa* medieval, mas ao modo epistolar de ensaio, dirigido, em termos intimistas e atraentes, a um bem-amado discípulo – e também a todos os que são tomados de perplexidade em face das contradições aparentes entre a cosmologia científica e a metafísica dos neoplatônicos aristotélicos e da poética da Torá, que o Rambam chama de chave para um entendimento adequado de seus aspectos *não* legais[50]. Contudo, não podemos desconsiderar de modo algum a falsa dicotomia entre razão e sentimento, o que nos levaria a evitar de saída a própria base do projeto do Rambam, que é de realinhar nossos compromissos espirituais e intelectuais – não apenas reforçando os laços entre eles, mas demonstrando a unidade fundamental de razão e espírito na personalidade bem integrada, e que ressoa a unidade da vontade e da sabedoria em Deus. Não foi Maimônides quem censurou Sa'adia por classificar de racionais alguns mandamentos, como se algum deles não o fosse[51]? Não foi ele quem defendeu que nosso bem supremo, o que orienta todos os outros, é concretizar nossa semelhança interior com Deus aperfeiçoando nossa humanidade pelo aperfeiçoamento de nosso caráter e, assim, tornando nossas almas substratos adequados para nossa realização intelectual/espiritual daquele aspecto do Divino que ele identifica com a imagem da semelhança de Deus em nós[52]? Não foi ele quem escreveu que podemos aprender, a partir da história bíblica sobre o casal humano arquetípico, que ainda temos acesso à Árvore da Vida e que só precisamos esticar a mão, colher seu fruto e comê-lo para ganharmos a imortalidade? Isso dificilmente se assemelha à pálida lógica das escolas ou às precisas distinções da jurisprudência. Na verdade, o código haláḵico de Maimônides é reconhecido (e tornou-se ainda mais inquietante para os talmudistas que o sucederam) por sua rejeição da vida de estudo talmúdico como se fosse o objetivo absoluto de nossa existência. Para o Rambam, o estudo da Lei não era um fim em si mesmo, mas um meio para um fim, a vida plena e rica pela qual Halevi também havia ansiado. Realmente, as próprias *miṣvot*, e enfatizo isso uma vez mais, eram meios para um fim para o Rambam[53], sem servirem a nenhuma necessidade de Deus, mas endereçados às necessidades humanas: a organização da sociedade, o aperfeiçoamento do caráter humano e o incentivo ao conhecimento de Deus que a poesia bíblica procura despertar em nós não apenas por meio da poesia doxástica dos ensinamentos da Torá mas também pela poesia prática de seus rituais e símbolos[54].

Quando Sa'adia iniciou seus esclarecimentos sobre a estrutura dialógica do Livro de Jó, ao qual alude Wolfson, uma das ferramentas-chave usadas para isolar a tese central de cada um dos interlocutores e para desemaranhar as palavras que articulam cada tese a fim de que os argumentos ficassem livres de todo floreio e de todo rebuscamento, explica Sa'adia, foi a pressuposição de que cada discurso no diálogo constitui uma resposta para o que vem antes dele[55]. No entanto, ao ter considerado Maimônides e Halevi arquétipos opostos, Wolfson tratara Halevi como se *ele* estivesse respondendo a Maimônides, mas este nasceu em 1138, apenas três anos antes da morte de Halevi. É verdade, como nota Howard Kreisel, que "o rótulo de particularismo judaico atribuído a Halevi está bem distante do espírito de Maimônides", mas também é verdade que frequentemente "o *Guia* serve como resposta adequada ao *Kuzari*" – embora, segue Kreisel, nada indique "que foi escrito com tal propósito". A visão equilibrada do impacto do *Kuzari* sobre o Rambam é que o diálogo de Halevi "parece ter exercido uma influência sutil e multifacetada sobre ele, que aceita determinados pontos de vista, frequentemente de forma modificada, desconsidera outros de chofre e é estimulado por outros ainda a aprimorar suas próprias análises"[56].

No plano literário, como aponta Kreisel, Maimônides parece fazer eco à pequena parábola de Halevi que versa sobre como se pode saber que a Índia teve um soberano virtuoso. Ouvir dizer que a justiça é praticada na Índia, argumenta Halevi, é muito pouco. Todavia, se emissários chegam de lá trazendo reconhecidos testemunhos escritos de seu governo e presentes generosos que só poderiam vir da parte de um palácio real na Índia – incluindo remédios que realmente curam nossas doenças e preservam nossa saúde, e até venenos para nossos inimigos (!) –, "tu não te sentirias obrigado a condescender"[57]? No que Pine classifica como uma "espécie de vento contrário", o Rambam amplia o tropo de Halevi transformando-o em uma experiência de pensamento. Ele cita um governo ou regime (*sulṭān*) em vez de um soberano (*ṣāhib*), deixa de lado as concessões em prol de um tema mais cognitivo, a evidência (*dalīl*)[58], e civiliza uma localidade perguntando em termos práticos como se poderia responder a alguém que perguntasse "Este país possui um governo?":

> Tu responderias "É claro!". E que evidência há para tanto? Tu dirias: "A evidência é que este cambista, um homem pequeno e frágil como podes ver, tem diante de si uma pilha de dinares, ao passo que aquele outro homem, grande, forte, magro e pobre, está em frente a ele pedindo uma semente de alfarroba por esmola – e o banqueiro não só recusa, mas manda-o embora sob uma chuva de impropérios. Se não fosse por medo do governo, o pobre mendigo poderia matá-lo ou empurrá-lo e roubar o dinheiro. Isso mostra que esta cidade tem um rei!". E tu terias, de fato, provado a evidência da existência do rei citando a ordem social da cidade, fundada no medo do governo e seu efeito (*tawaqquᶜ*) de punição intimidante – embora nada em toda essa história revele quem governa ou mostre que tipo de governo é[59].

Vento contrário não é uma má descrição[60], uma vez que a versão de Maimônides encontra as falhas no raciocínio do Haber de Halevi: boa ordem realmente indica governo, insiste o Rambam, como defendia Aristóteles[61], mas Halevi está certo ao sugerir que a mera ordem não revela a natureza de um governo. Ademais, presentes e documentos não podem garantir sua própria procedência. Sempre trabalharemos no plano das inferências do impacto de Deus – algo que já havia sido apontado por Sa'adia[62] e que Maimônides enfatiza quando comenta a visão das "costas" de Deus concedida a Moisés em termos de uma intuição abrangente de como Deus age na natureza[63]. Os remédios, que significam alegoricamente os preceitos de Deus, dizem-nos mais. Eles são evidência – marcas da ação de Deus na natureza, na história e nas mentes e instituições humanas[64]. No entanto, também podemos, e Maimônides concorda com Halevi, julgar sua eficácia. Maimônides retira o veneno que Halevi pusera em sua história; e, ao fazer isso, retira também a alegoria. Ele explica que nós reconhecemos uma lei como divina em sua origem ou inspiração quando suas preocupações estão acima dos interesses mundanos de um governo em manter a ordem – fornecendo segurança pública, livrando a população do medo da força e da fraude e promovendo o bem-estar geral ao regular a economia e fiscalizar as relações sociais. Quando uma lei vai além dessas preocupações conhecidas e se dirige ao aprimoramento do caráter humano e à busca da perfeição intelectual/espiritual, sabemos então que é divina[65]. Isso, e não apenas uma autoproclamação, são o selo e a assinatura de Deus na Torá.

O argumento leva-nos além dos ecos literários. Entre os paralelismos doutrinários entre Halevi e o Rambam, Kreisel cita a teologia negativa, o monoteísmo radical, uma ideia de Deus espiritual/intelectual e entusiasmadamente não física, um lugar na mente para nossa afinidade com Deus[66] e um foco no *Tetragrammaton* como o emblema da supremacia de Deus[67]. Ele também mostra como Maimônides traduz o contraste feito por Halevi entre as descrições externa e essencial de um rei[68]. Observa que os dois "enfatizam os limites da razão, de modo particular com relação à astronomia e à metafísica", que nenhum dos dois considera as provas do Filósofo* acerca da eternidade do mundo como adequadas e que ambos falam do *amr ilah* (o Mandamento Divino), embora Halevi ressalte a noção de modo muito mais proeminente do que o faz o Rambam e lhe conceda um papel mais hipostático, como uma espécie de substituto voluntarista ao *noûs* neoplatônico, *ᶜaql* ou intelecto[69].

Contudo, o ponto em que me parece que Maimônides aproveita Halevi ao máximo é sua deferência para com os temas mais especiais de Halevi: sua celebração da particularidade terrestre representada na língua, na cultura, na

---

* Refere-se a Aristóteles. (N. da Org.)

poesia e na imaginação. Esses interesses emergem de modo marcante no tratamento que Maimônides dá à profecia, ao éthos e à história. Consideremos a mística da terra e do povo de Israel de Halevi. Imediatamente depois de descrever a lealdade, a devoção, a intimidade e o favor da ligação de Deus com Israel[70], Halevi canta o seguinte peã para seu povo e sua terra:

> Hoje, eu vos falei das ações do homem virtuoso. Vós sequer podeis imaginá-lo naqueles tempos e lugares felizes, naquela nação que formaram os eleitos descendentes de Abraão, Isaac e Jacó. Criada com modéstia entre homens e mulheres, sem nenhuma gota de malícia em sua língua, a pessoa virtuosa viveria sua vida, sua alma não seria manchada pelo som de qualquer palavra vil saída de seus lábios, seus trajes e seu corpo seriam livres de máculas e da sujeira causada por emissões, impurezas ou coisas rastejantes, cadáveres ou uma virulência leprosa, uma vez que todos jejuam em busca da pureza e da santidade – muito menos os que viveram na cidade da She<u>k</u>iná. Tudo o que encontraria seriam os vários graus e hierarquias da santidade – Sacerdotes, Levitas, Nazireus, Rabis, Sábios, Profetas, Juízes e Fiscais. Ou, entre a população, veria uma multidão festiva, *com brados de júbilo e louvor* (cf. Salmos 42:4) em cada um dos três festivais de peregrinação do ano. Dessa forma, ouviria a canção de Deus e veria apenas a obra de Deus[71].

Halevi está nitidamente extrapolando. Mescla o gerar com o educar e o espiritual com as ideias de pureza moral e física, como se tentasse recapturar o *continuum* bíblico que une o físico com o sobrenatural em um simbolismo que investe os objetos e os sujeitos físicos de um significado espiritual[72]. Maimônides não consegue explorar completamente a fértil ambiguidade de Halevi. A ambiguidade não é seu forte, e uma nostalgia romântica como a de Halevi, ressoando a do salmista, não é seu *métier*, mas sua especial clareza moral permite-lhe adotar a ideia de pureza moral, adquirida por meio da prática, preservada pelo hábito e pelos costumes sociais e elevada a um plano de pureza digno de profecia, como o próprio rei Kazar, de Halevi, sugere[73].

Somente a alma pura, e nisso insiste Maimônides, é receptiva à inspiração profética autêntica. A antropologia e a psicologia ética que sustentam tal visão são neoplatônicas e aristotélicas. Contudo, o texto rabínico usado para comprovar a afinidade existente entre a revisão hebraica e a helênica, quando se trata das virtudes humanas, é a esperança talmúdica de que a profecia só se faz presente para o homem sábio, rico e bravo[74]. Sabedoria, aí, é o entendimento que o filósofo possui acerca da verdadeira natureza das coisas e do nexo entre a perfeição transcendente de Deus e os valores imanentes na criação, realizáveis nos atos e escolhas humanas. A bravura, como Maimônides lê nos textos antigos, é a coragem moral do profeta, a coragem da licença profética, que permite e mesmo força os que são genuinamente inspirados a ousadamente falarem de seu Criador na língua de suas criaturas. A riqueza (tendo em mente a avaliação da Mishná de que é rico apenas quem se contenta com o que possui) substitui, metonimicamente, a totalidade das virtudes morais. O que o Rambam fez foi dar uma fundamentação ética e psicológica para o privilégio que Halevi concede ao éthos mosaico e, assim, ao seu ponto de vista específico acerca da santidade de Israel, um éthos reconhecido e apropriado já nos primeiros estágios da formação do povo de Israel – quando as parteiras de Israel se recusavam a jogar os recém-nascidos no Nilo (Êxodo 1:17) e quando Balaão viu que seria impossível cumprir sua missão de amaldiçoar a nação que migrava, uma vez que suas vidas estavam visivelmente imbuídas de justiça (Números 22-24).

Será que Maimônides também justifica os sólidos argumentos de Halevi sobre a semente de Israel? Ele o faz, de fato, por causa da profecia. Maimônides é um hilemorfista. Ele subscreve a visão aristotélica de que todas as substâncias naturais são compostas de matéria e forma – matéria representando seu potencial e receptividade; forma, sua atualidade e atividade. A matéria, em si mesma, é indefinida e, portanto, ininteligível, mera virtualidade. A forma é efetivada e, uma vez específica, é suscetível de compreensão racional. A forma é transmitida, para o sábio neoplatônico, por emanação, mas a matéria também se origina de Deus. Ela é o lugar da deficiência e da vulnerabilidade, do que nós, humanos, vemos como o acaso e o arbitrário na natureza e na história. Metafisicamente, Maimônides une a mente à forma e o particular à matéria. Metaforicamente, ele conecta a matéria com a alteridade do "adversário" bíblico que é concomitante à criação, a condição da expressão de Deus por meio da transmissão da realidade a qualquer ser menor que Ele próprio. Ainda metaforicamente, e de modo neoplatônico, ele lê a matéria como o princípio feminino: a matéria é a prostituta casada de Provérbios 7, que muda constantemente de parceiros, que são as formas [75]. No entanto, ela também é a boa mulher de Provérbios 31, o ideal da dedicação, da caridade, da prosperidade, da criatividade, da fidelidade [76]. Se olharmos para nosso próprio corpo, explica Maimônides, a questão a respeito de qual papel a matéria desempenhará se torna moral, um problema e um desafio de autodisciplina. Corpos indisciplinados são degenerados e fracos. Corpos bem regulados – o objetivo da medicina e da higiene moral, por meio das quais a mente exerce seu papel como dirigente legítima do corpo – não são apenas sustentáculos de força e de saúde, mas também fundamentos de uma força moral adicional, do caráter sadio que servirá, por sua vez, como substrato e receptáculo da perfeição intelectual/espiritual, isto é, da concretização de nossa afinidade com Deus, da consumação que é nosso objetivo humano mais elevado e orientador, a garantia e a justificação de nossa existência finita e vulnerável.

Biblicamente, o Rambam defende que o que compreendemos na natureza imputamos à sabedoria de Deus. O que falhamos em compreender ou consideramos misterioso, até mesmo acontecimentos que são devidos puramente ao acaso, também imputamos à vontade de Deus[77]. O próprio Deus, porém, é uno e indivisível. Vontade e sabedoria na mente de Deus são uma e a mesma coisa, muito embora as limitações do nosso conhecimento, que está sempre, no melhor dos casos, restrito a seguir a obra de Deus no mundo, caracteristicamente nos impeça de apreender sua unidade suprema. A razão humana, como vimos, é a expressão da sabedoria de Deus em nós, a marca especial que nos torna humanos, a essência que nos dá nossa realidade. A imaginação, na psicologia que Maimônides herda de Al-Fārābī e de Avicena, apresenta-se em termos bem diferentes, pois é uma faculdade situada fisicamente no cérebro humano, não uma forma, mas um mecanismo de armazenagem e de manipulação de informações sensoriais. Exatamente por isso, no entanto, a imaginação não é apenas uma importante fonte de erros e ilusões; também constitui o centro da linguagem e das capacidades que distinguem os profetas dos filósofos, pois a imaginação, como explicou Al-Fārābī, permite que os profetas vistam o entendimento puro mas abstrato de um filósofo sensato com palavras e gestos, imagens poéticas e simbolismo ritual, leis e instituições, normas e práticas éticas, e persuasão retórica.

Um profeta autêntico e original, insiste o Rambam, tem de ser sábio. Nenhuma pessoa ignorante pode dar conta das ideias sublimes que um filósofo deve descobrir e transmitir, tampouco alguém moralmente deficiente – sensual, dissoluto ou decadente – pode ter um caráter que permita o desenvolvimento e o florescimento do intelecto necessários para que o entendimento profético possa emergir. Contudo, a tarefa do profeta é comunicar esses conhecimentos, e não apenas possuí-los; como afirma o Rambam seguindo os passos de Al-Fārābī, ele deve aliar a imaginação a uma segura capacidade conceitual mental. Deve ter o cérebro de um poeta, de um orador, até mesmo de um legislador, ao atingir o mais alto grau da profecia, quando a visão particular se amplia de modo a não apenas ensinar mas também liderar o povo e torna-se capaz de integrar não somente seu próprio caráter mas o modo de vida de uma nação, um corpo de leis[78] digno de servir como um guia para todas as gerações[79], como propõe o Rambam. Assim narra o Rambam:

> Saibas que a profecia é essencialmente uma emanação que flui diretamente de Deus, por meio do Intelecto Agente, em primeiro lugar para a faculdade racional e depois para a imaginativa. Esse é o ponto mais elevado que o ser humano pode alcançar, o auge da perfeição para nossa espécie. Também é a perfeita concretização da faculdade imaginativa – um objetivo que não pode ser alcançado por qualquer pessoa. A perfeição no conhecimento intelectual e o refinamento de cada parte do nosso caráter moral, no mais elevado e justo grau possível, não são suficientes sem a máxima perfeição possível de nossa faculdade imaginativa.
>
> A excelência das faculdades do corpo, incluindo a imaginativa, como sabes, depende da melhor formação do órgão que a sustenta, da excelência de sua compleição e de sua matéria mais pura. Se essas coisas faltarem ou estiverem deficientes, nenhum regime pode consertá-las ou torná-las boas. Quando um órgão é naturalmente malformado, o máximo que um regime consegue fazer é preservá-lo em algum grau de sanidade, sem poder, contudo, fazê-lo atingir a perfeição total. Se a deficiência for no tamanho ou na localização, ou mesmo na própria substância do órgão (sua matéria), não há remédio. Tu sabes disso tudo, e eu não preciso me demorar na explicação.
>
> Estás também familiarizado com a tarefa da faculdade imaginativa – preservar, rearranjar e simular imagens sensíveis. Como sabes, a melhor e mais primorosa dessas tarefas só acontece enquanto os sentidos estão em repouso e inativos. É então que a imaginação recebe certa inspiração na medida de sua capacidade. Essa é a causa dos sonhos verdadeiros e também da profecia. Ambos diferem apenas em grau, não em tipo. Como se diz frequentemente: *um sonho equivale a 1/60 partes da profecia*[80]. Sabemos que proporções não se aplicam a coisas diversas. Não dizemos que um homem é tantas vezes melhor que um cavalo. Essa ideia é sublinhada no Gênesis Rabá (17; 44): *um sonho é um fruto imaturo (*novelet*) da profecia.* Que comparação maravilhosa! Pois *novelet* é mesmo um fruto, mas um que caiu antes de amadurecer e de se desenvolver completamente. A atividade da faculdade imaginativa é idêntica tanto durante o sono quanto no momento da profecia, contudo é insuficiente e não alcança sua perfeição.

Mas por que eu te ensino a partir das palavras dos Sábios (abençoadas sejam suas memórias) e negligencio os textos da Torá: *se entre vós houver profeta, Eu, o Senhor, a ele me farei conhecer em visão, em sonhos falarei com ele* (Números 12:6). O Próprio Deus nos ensina o que é realmente a profecia em sua essência. Ele nos informa que ela é um estágio da perfeição surgido em um sonho ou visão – sendo "visão" uma palavra derivada da palavra ver. A questão é que a faculdade imaginativa opera tão perfeitamente que "vê" uma coisa como se ela estivesse realmente ali. O objeto que se origina da própria faculdade imaginativa parece ter-lhe vindo como uma sensação exterior. Essas duas categorias, sonho e visão, cobrem todos os níveis da profecia, como veremos. É bem sabido que um objeto de que uma pessoa se ocupa quando está desperta e seus sentidos estão ativos, a coisa sobre a qual ela se debruça ou pela qual anseia, é aquilo com que a imaginação lida enquanto essa pessoa dorme, quando a mente esparge ideias sobre a imaginação, na medida de sua receptividade. Seria desnecessário dar-te exemplos, uma vez que o fenômeno é familiar e notório para todos. Pode-se compará-lo à percepção sensorial, contra a qual nenhum pensador em sã consciência oporia objeções.

A partir do que se apresenta até este ponto, devemos recordar que se trata de uma pessoa cuja substância cerebral, sobretudo sua origem, é feita de forma bem proporcional, de matéria pura, e cada uma de suas partes constituintes, de seu próprio modo, está perfeitamente equilibrada, ajustada e posicionada, sem desajustes em sua constituição causados por qualquer outro órgão. Quando tal pessoa adquire conhecimento e sabedoria e sua mente avança da potência ao ato, a razão humana está perfeita e completa nela, e o caráter humano atinge a pureza e o equilíbrio em todas as suas partes. Todos os anseios em tal indivíduo se concentram no conhecimento dos mistérios da existência e na compreensão de suas causas. Seu pensamento está sempre voltado para as coisas elevadas. Sua única ocupação é conhecer Deus, aprender as lições oferecidas por Suas obras e compreender o que se deveria acreditar a esse respeito. Tal pensamento já está liberto porque se desembaraça de todos os desejos animais – toda busca pelo prazer dos alimentos, das bebidas, do acasalamento –, em suma, os sentidos táteis (que são, como Aristóteles explica em sua Ética, "uma desgraça" para nós[81]). Que bela observação, e quão verdadeiro é assumir que tais desejos são uma desgraça para nós! Pois eles nos pertencem apenas em razão de sermos animais, como

> os outros; não envolvem a ideia de humanidade de modo nenhum [...][82]. Desviamo-nos de nosso propósito, mas era necessário. Muito do que pensa a maioria dos sábios se relaciona com esse tipo de prazeres, está mesmo repleto de desejos por tais prazeres – e, contudo, perguntam-se por que não se tornam profetas, uma vez que a profecia é um fenômeno natural! (*Guia* II, 36)

Maimônides conclui sua condenação dos prazeres do tato com uma advertência contra qualquer busca por poderes ilusórios e contra a confusão comum que se faz entre poder e dominação. Assim, seu alvo polêmico não é apenas o aspirante a profeta, mas qualquer usurpador falso, especialmente o que arroga para si o manto da profecia enquanto permanece imerso em pensamentos de prazer mundano, ganhos ou dominação. Contudo, sua confiança na fisiologia e na psicologia e seu recurso ao conhecimento médico e aos limites das técnicas de recuperação médicas servem-lhe para encontrar espaço para os argumentos de Halevi acerca do lado material da herança de Israel. Como Halevi, ele enfatiza a pureza física e usa esse tópico para unir as práticas rituais da Torá ao éthos e ao temperamento físico de Israel. Dessa forma, não é apenas a terra mas a própria etnicidade, sustentada pelo éthos de Israel, que tornam seu povo o instrumento escolhido da revelação profética – com valiosas consequências para todos os povos do mundo[83].

Dada a necessidade de uma faculdade imaginativa sadia e eficaz, Maimônides pode afirmar que nem todo filósofo, a despeito de sua capacidade para o pensamento conceitual, alcançará o nível da profecia. Os profetas diferem em seus dotes intelectuais, mas os filósofos, por uma espécie de milagre – uma intervenção aparentemente divina –, podem falhar em atingir o nível dos profetas não por causa de uma falta intelectual, mas por causa de uma deficiência naquela que constitui uma faculdade menor, a imaginação. Ao reconhecer a confiança que um profeta deposita na linguagem, no simbolismo, na imaginação concreta, que permitem que as ideias puras sejam representadas por meio de símbolos e rituais acessíveis ao povo e que também permitem que os ideais sejam exemplificados pelas leis e instituições que podem ser praticadas e que, pela prática, introduzem valores que transmitem um vislumbre de entendimento mesmo para as mentes pouco acostumadas ao pensamento conceitual, Maimônides criou condições tanto para a tese de Halevi quanto para a centralidade da linguagem e das imagens, do caráter e da prática. Ele também ofereceu uma solução caracteristicamente platônica para o problema de como os esclarecidos devem guiar e transmitir o conhecimento necessário, de modo criterioso, para os que não são esclarecidos, *ex hypothesi**, que muito improvavelmente (como mostra a experiência) vão se tornar esclarecidos do mesmo modo como os filósofos. Esse problema é apontado de modo especial pelo Rambam, uma vez que a Mishná (Tratado Sanhedrin 10.1) promete a toda a Israel, bem como a todos os justos de todas as nações, uma parte do mundo por vir. Símbolos, retórica, imagens, práticas rituais e cuidado moral do tipo que as Escrituras oferecem – todo o trabalho da imaginação profética – garantem uma parte na imortalidade mesmo para os que não são especialistas em pensamento conceitual ou inclinados a este.

Permitam-me mencionar outra instância desse lugar filosófico que o Rambam reserva ao pensamento de Halevi sobre o particular. Outra vez o problema surge ligado à profecia – o que não surpreende, uma vez que é na imaginação profética que o universal se encontra com o particular de modo mais proveitoso, tanto para o bem-estar geral quanto para a missão de Israel especificamente. Observamos que Maimônides classifica a coragem (*gevurá*) como uma virtude rabínica específica entre as outras requeridas a um profeta. Outras virtudes podem se agrupar sob a égide do contentamento com a própria sorte[84], mas a coragem merece atenção especial. No esquema platônico das virtudes cardeais, o contentamento do tipo que interessa ao Rambam é uma virtude de nossos interesses apetitivos. No entanto, a coragem, a virtude do lado espiritual da nossa natureza, não se reduz a termos apetitivos. Os interesses aperfeiçoados aí são de um tipo específico, pesados em sua própria moeda.

Platão pensa a coragem e o espírito em termos de honra, autoafirmação, dignidade social e respeito próprio. Biologicamente, em sua base, a coragem diz respeito ao que buscamos em prol de nosso interesse. Está ligada à irascibilidade no modelo psicológico que Maimônides adapta para seu uso em sua própria anatomização das virtudes[85], mas Maimônides nega enfaticamente que a irascibilidade seja uma virtude. De fato, a proeminência desse tipo de paixões é responsável tanto pelo bloqueio da inspiração profética quanto pelo controle dos apetites[86]. O erro trágico, embora transitório, que impediu Moisés de entrar na terra prometida foi precisamente este: haver permitido que a irascibilidade tivesse controle suficiente sobre sua mente a ponto de fazê-lo repreender duramente os exaustos israelitas, apequenando sua dignidade e dando assim um exemplo indigno de se seguir[87]. Contudo, falar abertamente de modo impetuoso é próprio da profecia, e nenhuma qualidade é mais afim com esse tipo de força do que a coragem moral. Desse modo, embora defina a

* Em latim no original. (N. da T.)

coragem em termos gerais como autocontrole, Maimônides faz de Moisés seu modelo de coragem:

> Tu deves compreender que todo homem tem alguma dose de coragem ou não seria racionalmente movido a se proteger do perigo. Essa capacidade, na minha visão, é o contraponto psicológico do instinto natural de autoproteção. Como todas as habilidades, ela varia em intensidade de uma pessoa para outra. Assim, encontrarás pessoas que avançam corajosamente na direção de um leão e outras que fogem de um camundongo. Um homem marchará adiante para combater um exército, ao passo que outro treme de medo se uma mulher grita consigo [...]. A sensibilidade também pode ser encontrada em todos os povos em graus variados [...]. Essas duas potências, coragem e sensibilidade, têm de ser ambas muito fortes nos profetas. Com a inspiração da inteligência, elas se fortalecem até alcançar, por fim, o nível que conhecemos: um indivíduo solitário com um cajado capaz de corajosamente enfrentar um grande rei para libertar seu povo da escravidão, destemido e impávido, porque lhe foi dito "Certamente Eu estarei contigo" (Êxodo 3:12)[88].

A coragem moral e a certeza intelectual que a sustenta e eleva pertencem a um aspecto fundamental do caráter de um profeta. Contudo, para seu trabalho de traduzir conceitos puros e ideias em uma linguagem concreta, em instituições, símbolos e palavras, um profeta necessita de outro tipo especial de coragem, o que o Rambam encontra mencionado pelos Rabis quando escrevem: "Como são corajosos os profetas, pois comparam a criatura ao seu Criador!"[89]. A coragem aí é a licença poética, ou profética, que "levou os profetas a" tentar falar do Transcendente e Único usando palavras da linguagem comum. Ao se centrar na coragem, *gevurá* em hebraico, uma palavra que normalmente significa heroísmo, o Rambam explica o uso pelos Rabis:

> Eles sempre falam desse modo quando expressam seu respeito a algo que foi dito ou feito e que parece terrível quando acontece, como quando dizem "o tal Rabi fez *ḥaliṣá* sozinho, calçado com um chinelo, à noite. Outro Rabi disse: 'Como é corajoso em ter feito isso sozinho!'." (Tratado Yevamot 104a).

A confiança de que necessitam os profetas, tanto moral quanto intelectual, argumenta o Rambam, desaparece em um povo que vive aprisionado – no exílio e sujeito "às nações do mundo", pois "tristeza e angústia podem fazer cessar a profecia"[90]:

> Sabes bem que toda faculdade corpórea pode enfraquecer-se ou debilitar-se. Pode perturbar-se em um momento e em outro estar saudável. E a faculdade imaginativa é sem dúvida uma faculdade corpórea. É por isso que verás cessar a profecia quando os profetas estão tristes, encolerizados ou tomados por uma paixão semelhante. Tu conheces as palavras: *a Profecia não acontece em meio à tristeza e à depressão* [...]. Essa foi, sem dúvida, a causa imediata da suspensão da profecia durante o exílio, pois a *depressão* e a *tristeza* pesam sobremaneira em uma pessoa, mais do que o fato de estar escravizada ou sujeita a bárbaros malfeitores que combinam em si falta de racionalidade e a consumação das paixões animais – [...] *porém, não haverá poder na tua mão* (Deuteronômio 28:32). Foi a esse respeito que fomos avisados, e isso é o que significa quando se diz: [...] *correrão por toda parte, buscando a palavra do Senhor, e não a acharão* (Amós 8:12), e também: [...] *rei e autoridades estão fora; não há lei; nem mesmo os profetas encontram as visões do Senhor* (Lamentações 2:9). Isso é verdadeiro, e a razão é clara, pois o instrumento foi abandonado. E o mesmo fenômeno explica como a profecia retornará para nós em sua forma conhecida, nos dias do Messias, que ele se revele em breve[91].

A restauração de Israel à sua terra, à soberania e à vida normal de povo livre aliviará sua gente da tristeza e da depressão que impediram a inspiração profética mesmo para aqueles que estão filosoficamente prontos e preparados para ela. A visão de Maimônides sobre a normalidade se alimenta do protossionismo de Halevi e também, é claro, das palavras do Rabi Samuel: "A única diferença entre este mundo e os dias do Messias é a sujeição de Israel à dominação estrangeira" (Tratado Sanhedrin 91b). Unir esses pensamentos significa desmitificar a era messiânica[92]. Também significa desmitificar a concepção de Halevi da terra de Israel. A terra não vai mais exalar poderes poéticos e inspirações proféticas. Contudo, o sentido de normalidade de Halevi se revigora com essa mudança. O que surge é a própria visão de Maimônides de uma vida natural sustentada e em contato íntimo com o solo e com Deus, e não mais enfraquecida em virtude de desejos deslocados e sublimados. Ao naturalizar a visão de Halevi, encontrando as causas do desânimo nacional e do potencial para um ressurgimento da nação não na terra mas na *psyché*[*] de um povo livre e independente, o Rambam não apenas acentuou a credibilidade dos argumentos de Halevi; também derramou sua própria luz sobre as condições para o ressurgimento de Israel.

Notas

1. Cf. PLATÃO. *República* X, 611c-d.
2. Cf. HUME, D. *A Treatise of Human Nature*. Ed. de L. A. Selby Bigge. Oxford: Oxford University Press, 1968, p. 414; 492; 521; 526.
3. SEXTO EMPÍRICO. *Adv. Phys.* I, 246.
4. É o padrão fixo de crescimento e desenvolvimento, como Aristóteles nos faria recordar, que diferencia a vida de um organismo dos processos encontrados em coisas não vivas como o fogo. Maimônides ilustra isso em *Guia* I, 72, ao nos lembrar a diferença entre o essencial e o não essencial: um homem pode ser mais ou menos peludo, mas ninguém tem um fígado dez vezes maior do que o tamanho normal.
5. MAIMÔNIDES. *Guia* I, 72; ed. de Munk 102ab.
6. Cf. GOODMAN, L. E. *Avicenna*. Ithaca: Cornell University Press, 2006, cap. 4, parte 3.
7. Cf. MAIMÔNIDES. *Guia* I, 73, art. 10: "A doutrina do que pode ser".
8. Cf. PLATÃO. *República* VII, esp. 517d.
9. Cf. IBN ṬUFAYL. *Ḥayy ibn Yaqẓān*. Trad. (inglesa) de Lenn E. Goodman. Chicago: University of Chicago Press, 2009, p. 156-166.
10. AVICENA. *Najāt* II, 6; trad. de Fazlur Rahman: *Avicenna's Psychology*. London: Oxford University Press, 1952; reimpr.: 1981, capítulo viii, p. 41-45. Avicena ressalta a passividade da imaginação e sua inabilidade de rearranjar os componentes do que é percebido. Essa assunção está em tensão com a assunção de que a imaginação abstrai as imagens a partir de muitas características concretas de um presumível original sensorial e, como Fazlur Rahman aponta (p. 99), conduz Avicena a dar como provado seu argumento, pelo menos em parte. Contudo, Maimônides mantém a ideia tradicional de que a imaginação trabalha com seu próprio material. Ele permanece muito próximo do ponto central do argumento mais razoável de Avicena: o reconhecimento de que o que é capaz de apreender os particulares (sensoriais) tem de ser físico, uma vez que os contornos do físico serão projetados dentro dele, parte por parte.
11. HALEVI, Y. *Kuzari* I, 2. A tradução do original árabe é do autor.
12. Cf. GOODMAN, L. E. Matter and Form as Attributes of God in Maimonides' Philosophy. In: LINK-SALINGER, R. et al. (Org.). *A Straight Path*: Studies in Honor of Arthur Hyman. Washington, DC: Catholic University of America Press, 1987, p. 86-97.
13. Id. *On Justice*: An Essay in Jewish Philosophy. Oxford: Littman Library of Jewish Civilization, 2008, cap. 5; id. *God of Abraham*. New York: Oxford University Press, 1996, cap. 6.
14. DIÓGENES LAÉRCIO. *Vidas dos filósofos ilustres* VII, 85-86. Também CÍCERO. *De Finibus* III, 17-22; EPICTETO. *Discursos* III, 3. 2-4.

[*] Em grego no original. (N. da T.)

15. Cf. MAIMÔNIDES. *Guia* I, 2.
16. Cf. ibid., III, 12.
17. Id. *Oito Capítulos*, 1.
18. ARISTÓTELES. *Ética Nicomaqueia* VI, 3.
19. Cf. MAIMÔNIDES. *Guia* III, 12.
20. Ver IBN ṬUFAYL, 2009, op. cit., p. 161-164.
21. Para a glosa do Rambam sobre o Salmo, ver MAIMÔNIDES. *Oito Capítulos*, 4; também id. *Guia* II, 39.
22. Cf. ibid., III, 27-29.
23. Id. *Oito Capítulos*, 8.
24. Ibid.
25. Id. *Mishné Torá*, Hilḵot Teshuvá (Repetição da Lei, Leis Relativas ao Arrependimento) 5.2.
26. Ver id. *Oito Capítulos*, 4.
27. Ibid. Cf. também GOODMAN, 1996, op. cit., p. 159-160.
28. SA'ADIA GAON. *Kitāb al-Muḫtar fī-l-Amānāt wa-l-I'tiqādāt* (Livro da Seleção das Doutrinas e Crenças) [doravante citado pelo Tratado e pelo capítulo como *ED*] X, 4: ed. de Kafih, p. 295; trad. de Rosenblatt, p. 367; cf. GOODMAN, 1996, op. cit., p. 144.
29. MAIMÔNIDES. *Oito Capítulos*, 4.
30. Ibid., com Talmud Babilônico, Tratado Nazir 19a; 22a; Tratado Ta'anit 11a; Tratado Bava Qama 91b; Tratado Nedarim 10a. Ao glosar 'Avot 5.14 (tr. Arthur David, p. 111), Maimônides cita os mesmos textos para mostrar que os que exageram na rejeição dos prazeres sensoriais são corretamente chamados de pecadores.
31. Id. *Guia* III, 12.
32. Ibid., 24.
33. Ibid., 12.
34. Ibid., 22-23.
35. Ver ibid., 12.
36. Cf. PLATÃO. *Timeu* 29e.
37. MAIMÔNIDES. *Guia* III, 13; 25.
38. Ibid., 17.
39. Ibid., II, 20.
40. Cf. Corão 6:59: "E não cai nenhuma folha sem que Ele saiba".
41. Deuteronômio 22:8, citado em MAIMÔNIDES. *Oito Capítulos*, 8.
42. MAIMÔNIDES. *Oito Capítulos*, 8.
43. Cf. ANAXIMANDRO. Apud SIMPLÍCIO, *Phys.* 24. 17.
44. Cf. PLATÃO. *Fédon* 100.
45. Id. *República* 611, 621.
46. Ver GOODMAN, 2006, op. cit., cap. 3.
47. IBN ṬUFAYL, 2009, op. cit., p. 150-154.
48. MAIMÔNIDES. *Guia* I, 50.
49. Ver WOLFSON, H. A. Maimonides and Halevi: A Study in Typical Jewish Attitudes towards Greek Philosophy in the Middle Ages. *Jewish Quarterly Review*, n. s. 2, p. 297-337, 1912; reimpresso em: id. *Studies in the History and Philosophy of Religion*. Ed. de Isadore Twerski; George H. Williams. Cambridge, MA: Harvard University Press, 1977, p. 120-160. As páginas dessa reimpressão são citadas entre parênteses neste artigo.
50. Ver MAIMÔNIDES. Introduction. In: *Guide to the Perplexed*. Ed. de Munk, 1. 6ab: "A chave para a compreensão de tudo o que os profetas disseram (que a paz esteja com eles)

e para reconhecer sua verdade está na interpretação de suas imagens, na compreensão do sentido de sua poesia. Tu conheces as palavras de Deus: [...] *por intermédio dos profetas Eu usei similitudes* (Oseias 12:11). E também conheces o que diz [o profeta]: [...] *propõe um enigma e profere uma alegoria* (Ezequiel 17:2). Tu sabes que os profetas usam as imagens tão profusamente que é possível dizer: [...] *dizem a meu respeito 'não é alguém que fala por parábolas?'* (Ezequiel 21:5). E também sabes como começa Salomão: *para entender provérbios e parábolas, as palavras e enigmas dos sábios* (Provérbios 1:6)".

51. Em *Oito Capítulos*, 6, Maimônides responsabiliza "os Rabis modernos contaminados pelos *mutakallimūn*" por selecionarem alguns mandamentos como racionais. Mantendo-se fiel a seu costume, ele evita nomear Sa'adia como a causa de seu desapontamento.
52. Ver MAIMÔNIDES. *Guia* I, 1.
53. Cf. ibid., III, 31. O Rambam corrige os que acham terrível imputar propósitos para as *miṣvot*. Com efeito, afirma ele, tais leituras tornam as ações de Deus inúteis.
54. Cf. ibid., 27.
55. SA'ADIA GAON. Introduction to *The Book of Theodicy*. Commentary on the Book of Job. Trad. (inglesa) de Lenn E. Goodman. New Haven: Yale University Press, 1988, p. 131.
56. KREISEL, H. Judah Halevi's Influence on Maimonides: A Preliminary Appraisal. *Maimonidean Studies*, n. 2, p. 95-121, 1991. As citações estão nas p. 103; 120.
57. PINES, S. Translator's Introduction. In: MAIMÔNIDES. *Guide of the Perplexed*. Chicago: University of Chicago Press, 1963, p. cxxxiii, citando HALEVI. *Kuzari* I, 19-24 [*The Book of Refutation and Proof on the Despised Faith*: The Book of the Khazars – Kuzari. Ed. de D. H. Baneth. Jerusalem: Hebrew University Magnes Press, 1977, p. 11].
58. HALEVI. *Kuzari* I, 19-20, ed. de Baneth, p. 11: "Disse o Rabi: 'Se lhe contassem que o governante da Índia é merecedor de seu louvor e de sua admiração e que o impacto de seu governo é descrito em termos da justiça de seu povo, de seu caráter e práticas virtuosos, isso seria suficiente para convencê-lo?'. 'Como poderia eu tomar tal inferência como necessária?', respondeu o Kazar, 'quando estivesse em dúvida se o povo da Índia seria justo por natureza sem ter um rei ou se seria justo antes de ter um rei – ou ambos!'".
59. Tradução do autor com base na edição árabe de Munk, 1.50ab.
60. Pines encontra outra descrição no uso que o Rambam faz da noção de uma terra plana como paradigma da ignorância (*Guia* I, 2, e *Kuzari* IV, 13). O eco aqui é literário, não filosófico, e surge no contexto de uma linha de argumento bem diferente nos dois filósofos. Dessa forma, como observa Kreisel (p. 116-117), "em lugar de criticar sutilmente Halevi nessa passagem, Maimônides pode ter tomado emprestado algo dele". Em *Guia* I, 36, como aponta Kreisel (p. 117-118), o Rambam parece reconhecer o argumento de Halevi ao mencionar os equívocos sobre a terra, isto é, que as visões falsas sobre Deus são mais sérias do que aquelas sobre problemas terrenos.
61. MAIMÔNIDES. *Guia* II, 20.
62. Ver SA'ADIA GAON. *ED* Introductory Treatise iii; I, Exordium.
63. MAIMÔNIDES. *Guia* I, 54.
64. Como argumenta Sa'adia em *ED* III, 8, não são os milagres por si sós que nos tornam confiantes acerca da autenticidade da missão de Moisés, mas o fato de ele nos haver conclamado a fazer o que é correto.
65. Ver MAIMÔNIDES. *Guia* II, 40.
66. Kreisel nota especialmente (p. 113-115) que tanto Maimônides quanto Halevi coroam suas exposições do tropo microcosmo/macrocosmo, em que o homem, e não apenas qualquer criatura viva, é o microcosmo, citando como prova textual a referência bíblica a

Deus como "a vida do mundo" (Daniel 12:7) – *ḥayye ha-'olamim*, na conhecida fórmula litúrgica, uma vez que ambos os filósofos comentam-na em termos que são muito pouco familiares. Como observa Kreisel, Maimônides (*Guia* I, 72) é cuidadoso ao qualificar o epíteto como uma expressão idiomática da língua hebraica.

67. Ver HALEVI. *Kuzari* III, 3; MAIMÔNIDES. *Guia* I, 61-63.
68. Cf. KREISEL, 1991, op. cit., p. 108-109, comparando HALEVI. *Kuzari* IV, 3 e MAIMÔNIDES, *Guia* I, 46. Kreisel (p. 110-111) observa que Halevi "oscila" entre a ideia da "glória criada" de Deus, de Sa'adia, e o relato farabiano da experiência visionária profética como operação da imaginação. Kreisel segue mencionando a possível dívida do Rambam para com o comentário sobre as "costas" de Deus como "o aspecto que a visão do profeta pode suportar". Isso situa a ambivalência de Halevi em uma posição intermediária entre Sa'adia e Maimônides nesse tópico.
69. KREISEL, 1991, op. cit., p. 118-120, compara *Guia* II, 10 a *Kuzari* I, 31-39, citando uma literatura que recorre a Goldziher (1905), Wolfson e Efros (ambos de 1941), Davidson (1972) e Pines (1980).
70. Ver GOODMAN, 2008, op. cit., p. 220.
71. HALEVI. *Kuzari* III, 21.
72. Ver GOODMAN, 1996, op. cit., cap. 6.
73. HALEVI. *Kuzari* III, 22.
74. Talmud Babilônico, Tratado Nedarim 38a; Tratado Shabat 92a, como são citados em MAIMÔNIDES. *Oito Capítulos*, 7; id. *Guia* II, 32.
75. Id. *Guia*, Introdução.
76. Ibid., III, 8.
77. Ibid., II, 48, citando Gênesis 24:51.
78. Ibid., III, 29.
79. Ver ibid., I, 2.
80. Talmud Babilônico, Tratado Berakot 57b.
81. A passagem que Maimônides cita de Aristóteles fundamenta sua crítica negativa acerca do sentido do tato. Também ajuda a explicar sua preocupação mais ampla acerca da temperança e do autocontrole. *Ética Nicomaqueia* III, 10, 1118a 2-1118b 5: "A temperança relaciona-se com os prazeres do corpo, mas não com todos eles; os que se deleitam com os objetos visuais, tais como as cores, as formas e a pintura não são chamados nem de temperantes nem de intemperantes [...] o mesmo se dá com os objetos da audição [...]. Tampouco aplicamos esses nomes aos que gostam dos odores [...]. A temperança e a intemperança relacionam-se com os tipos de prazeres que compartilhamos com outros animais, que, por isso, são inferiores e brutais: o tato e o paladar. No entanto, mesmo do paladar os animais parecem fazer pouco ou nenhum uso, pois a tarefa do paladar é distinguir sabores, o que é feito por provadores de vinho e cozinheiros quando temperam seus pratos. Contudo, raramente sentem prazer em fazer tais distinções, pelo menos tal não é o caso das pessoas intemperantes; mas o prazer real sempre acompanha o tato – comer, beber e manter relações sexuais. É por isso que certo glutão orou aos deuses para que sua garganta se tornasse mais comprida do que a de um grou, uma vez que o prazer está no contato. Assim, o sentido que envolve a intemperança é o que mais amplamente se compartilha. Por isso, ela parece digna de censura, uma vez que nos domina não como homens, mas como animais. Deleitar-se com tais coisas, e amá-las acima de tudo, é próprio de pessoas brutas".
82. Não penso que o Rambam contradiga seu argumento de que o crescimento e a nutrição são especificamente humanos: o que nos nutre especificamente não é o que nutre um jumento

ou uma palmeira. De modo geral, porém, somos como todos os outros animais no que se refere à nossa necessidade de nutrição e ficamos satisfeitos com (genericamente) os mesmos tipos de sensações táteis que satisfariam um cachorro ou um gato.

83. Ver MAIMÔNIDES. *Guia* III, 29; id. *Mishné Torá*, Hilkot Melakim (Repetição da Lei, Leis Relativas aos Reis) XII.
84. Ver *Mishná*, Tratado 'Avot 4.1, como citada em MAIMÔNIDES. *Oito Capítulos*, 2.
85. Ver MAIMÔNIDES. *Oito Capítulos*, 1.
86. Ibid., 7, citando o Tratado Pesaḥim 66b.
87. Ibid.
88. Id. *Guia* II, 38.
89. Gênesis Rabá 27, citado em MAIMÔNIDES. *Guia* I, 46.
90. MAIMÔNIDES. *Oito Capítulos*, 7.
91. Id. *Guia* II, 36; ed. de Munk 81b-90b.
92. Ver GOODMAN, 2008, op. cit., cap. 5.

A Legislação da Verdade: Maimônides, os Almôadas e o Iluminismo Judaico do Século XIII*

*Carlos Fraenkel***

No século XIII, maimonidianos no sul da França dedicaram-se "com zelo religioso" a ensinar filosofia para o grande público[1]. Adeptos ao mesmo tempo da natureza esotérica da filosofia, eles sustentavam que o acesso à filosofia deveria limitar-se a uma minoria de seletos[2]. Neste artigo, gostaria de propor uma solução para esse enigma.

Em seu estudo magistral sobre a apropriação e o papel das ciências nas comunidades judaicas medievais do sul da França, Gad Freudenthal documentou e explicou a transformação radical por que passaram essas comunidades, de centros tradicionais de Talmud-Torá a importantíssimos centros de filosofia e ciência. De acordo com Freudenthal, a interpretação feita por

---

* Tradução de Eduardo Coutinho Lourenço de Lima do original inglês: Legislating Truth: Maimonides, the Almohads and the Thirteenth-Century Jewish Enlightenment. In: FONTAINE, R. et al. (Org.). *Studies in the History of Culture and Science Presented to Gad Freudenthal on his 65th Birthday*. Leiden: Brill, 2010, p. 209-231. Revisão técnica de Rosalie Helena de Souza Pereira.

** Versões diferentes deste artigo foram apresentadas para acadêmicos na Universidade de Chicago e na McGill. Gostaria de agradecer pelas interessantes questões que levantaram. Também sou grato a Erik Dreff, Rachel Haliva e a um parecerista anônimo por comentários proveitosos, bem como a Zoli Filotas pela assistência técnica recebida.

Maimônides do judaísmo como religião filosófica desempenhou papel-chave nesse processo:

> Na realidade, a partir do princípio do século XIII, sobretudo logo após a penetração da filosofia de Maimônides nas comunidades judaicas do sul da França e norte da Espanha, as ciências e a filosofia puderam aí se estabelecer. [...] Essas ciências se tornaram, desse modo, parte integrante da "bagagem intelectual" não só de uma ínfima elite de filósofos propriamente ditos mas também de toda pessoa que quisesse se instruir por pouco que fosse em teologia no espírito maimonidiano. [...] Em suma [...] não há dúvida de que, à proporção que a visão maimonidiana do judaísmo se impôs, difundiu-se o estudo das ciências preparatórias para a metafísica, de modo que, desde meados do século XIII, grande parte dos judeus letrados "teve suas aulas" científicas[3].

Freudenthal defende com persuasão que a interpretação do judaísmo feita por Maimônides tanto estruturou o *corpus* de textos científicos e filosóficos traduzidos do árabe para o hebraico quanto forneceu uma justificação religiosa para o estudo desses textos. De acordo com Maimônides, o mandamento do amor a Deus (Deuteronômio 6:5) é um "chamado" para adquirir "todas as [...] opiniões corretas no que concerne à totalidade do ser – opiniões que constituem os numerosos gêneros de todas as ciências teóricas (*al-ᶜulūm al-naẓariyya*)"[4]. São "ciências teóricas" a matemática, a física e a metafísica, precedidas do estudo da lógica como ferramenta da filosofia[5]. Assim, Maimônides legitima o estudo de toda a gama de ciências filosóficas que preparam para o amor intelectual a Deus e nele culminam[6].

O que torna o processo descrito por Freudenthal um enigma é o fato de Maimônides insistir em que as ciências filosóficas são ciências *esotéricas* – "os segredos da Lei". Identificando audaciosamente a física com o Relato do Princípio e a metafísica com o Relato da Carruagem, Maimônides remete à autoridade do Talmud para salientar a natureza esotérica delas: enquanto o "Relato do Princípio não deve ser ensinado na presença de dois homens", o "Relato da Carruagem não deve ser ensinado a nenhum homem, salvo se for sábio e capaz de compreender por si mesmo, circunstância em que somente os títulos dos capítulos lhe podem ser transmitidos"[7]. De que modo, então, os maimonidianos do século XIII puderam tornar as ciências filosóficas "parte integrante da 'bagagem intelectual' [...] *de toda pessoa* que quisesse se instruir [...] em teologia de espírito maimonídeo"? À primeira vista, o quadro [teórico] maimonídeo a que Freudenthal recorre não consegue explicar esse fenômeno. Fornece tão só uma justificação religiosa para disseminar as ciências filosóficas entre "uma ínfima elite de filósofos propriamente ditos". A explicação do próprio Freudenthal ressalta a alfabetização amplamente difundida entre os judeus. "Dado que grande parte dos judeus da Idade Média é letrada, segue-se que os estudos científicos não são, como nas demais sociedades medievais, ocupação de um grupo limitado de eruditos [...]"[8]. No entanto, de acordo com os padrões de Maimônides, não basta saber ler e escrever para ser introduzido nos "segredos da Lei"[9].

Tudo fica ainda mais enigmático se levarmos em consideração os gêneros literários usados para disseminar filosofia e ciência no sul da França. Incluem não só obras de consulta, como dicionários de termos técnicos e enciclopédias filosóficas, que tornam o conteúdo científico acessível para um público mais amplo, mas também muitos gêneros nitidamente judaicos – de comentários sobre a Bíblia a sermões de sinagogas[10]. Em outras palavras, maimonidianos medievais apropriaram uma ampla gama de narrativas culturais tradicionais a seus propósitos. Como consequência, o sul da França do século XIII presenciou o que foi possivelmente, antes do Iluminismo, a tentativa mais abrangente de trazer a filosofia e a ciência para dentro da sala de estar de toda família!

O projeto paradoxal de ensinar filosofia, apesar de sua proibição, para *hoi polloi* não é somente um traço idiossincrático dos discípulos medievais de Maimônides. Estudiosos que se aperceberam do fenômeno não se deram conta, em geral, de que o paradoxo se encontra no âmago da obra do próprio Maimônides. Na interpretação destes, o aparente afastamento dos maimonidianos do século XIII relativamente a Maimônides foi resposta à preocupação de que vizinhos cristãos estivessem menosprezando a cultura intelectual dos judeus, situação a ser sanada por meio da promoção em larga escala da filosofia e da ciência[11]. O pouco caso que se faz do papel do próprio Maimônides nesse contexto tem como causa, em parte, a influência paralisante de Leo Strauss[12]. Segundo Strauss, Maimônides considera a filosofia o domínio exclusivo da elite intelectual, temendo que sua divulgação pública subverta as crenças religiosas dos não filósofos e leve à desintegração da ordem social[13]. Como veremos, essa interpretação deixa de apreender precisamente a originalidade do posicionamento de Maimônides. Para começar, grande parte do *Guia dos Perplexos* é dedicada a uma explicação sem rodeios do significado alegórico de termos e parábolas que ocorrem na Bíblia e em textos rabínicos. Especialmente dignas de nota são as explicações de passagens que representam Deus por meio de termos antropomórficos, que, segundo a leitura de Maimônides, referem-se esotericamente a características de um Deus incorpóreo [14]. Com essas explicações, Maimônides torna ao menos alguns dos "segredos da Lei" acessíveis para quem quer que consiga ler o *Guia*. O "segredo" da incorporeidade de Deus, por exemplo, é uma doutrina-chave do Relato da Carruagem [15]. Em outras palavras, Maimônides não tem receio de revelar publicamente o que os profetas e sábios rabínicos tiveram muito cuidado em encobrir! Além do mais, Maimônides inclui um resumo da filosofia aristotélica no *Livro do Conhecimento*, o primeiro livro do *Mishné Torá* (Repetição da Lei), que começa por formular as *Leis acerca dos Fundamentos da Torá*. Ficamos sabendo então que, por "Fundamentos da Torá", Maimônides postula os ensinamentos centrais da metafísica e da física de Aristóteles: da existência de Deus, deduzida a partir do movimento eterno das esferas celestes, até os quatro elementos do mundo sublunar [16].

Transmitir doutrinas filosóficas para o grande público por meio de exegese e legislação entra claramente em conflito com o platonismo político característico da escola de aristotelismo arábico fundada por Al-Fārābī (m. 950). Maimônides é tipicamente descrito como o maior representante judeu dessa escola. Lawrence Berman o chama de "o discípulo de Al-Fārābī", pois Maimônides, segundo Berman, pegou a teoria geral de Al-Fārābī sobre a relação entre filosofia, religião, teologia e jurisprudência e a aplicou ao judaísmo [17]. Ademais, parece que Maimônides e seus discípulos no sul da França repetem o que Platão considerou o equívoco trágico de Sócrates: tentar libertar os habitantes da caverna arrastando-os, escuridão afora, para dentro da luz da ciência.

***

Para explicar a justificativa em favor da disseminação da filosofia e da ciência para o grande público, primeiro examino brevemente o platonismo político que parece entrar em conflito com esse projeto, em particular a divisão dos seres humanos entre filósofos e não filósofos, bem como a natureza esotérica da filosofia decorrente dessa divisão. Defendo que o afastamento de Maimônides relativamente ao posicionamento platônico normal é mais bem compreendido como adaptação aristotélica do programa político-teológico dos governantes almôadas da Espanha e da África setentrional islâmicas, os quais impuseram crenças teológicas por meio de leis, como a crença na incorporeidade de Deus. Por sua vez, esse programa está inscrito na sociologia da religião de Maimônides, em proveito da qual ele se vale de forma construtiva do conceito cristão de acomodação divina e da literatura árabe sobre o paganismo. A suposição central de Maimônides é que, com a legislação de crenças verdadeiras, as crenças falsas dos não filósofos possam ser substituídas mediante *habituação intelectual*. No entanto, visto que a natureza humana não é passível de mudança radical, essa substituição deve se realizar gradualmente. Desse modo, é possível explicar o tratamento do antropomorfismo por Maimônides nos mesmos termos do modelo de progresso subjacente à análise histórica que fez, em *Guia* III.25-49, das razões para os mandamentos: não só práticas religiosas, como os sacrifícios, mas também crenças religiosas, como a representação antropomórfica de Deus, foram incluídas na Lei de Moisés graças ao "ardil" pedagógico de Deus operante na história. A habituação intelectual, contudo, é tão só um lado do programa de Maimônides para os não filósofos; seu complemento é o preceito do estudo da Lei de Moisés, *incluindo* seu conteúdo esotérico, isto é, o Relato do Princípio e o Relato da Carruagem. O alvo de Maimônides não é, pois, apenas substituir crenças falsas por verdadeiras, mas também trocar autoridade por sabedoria enquanto fundamento das crenças. Por fim, defendo que o programa de Maimônides foi adotado por Samuel ibn Tibbon, fundador do maimonismo no sul da França, que o transformou em uma teoria abrangente da divulgação progressiva do conteúdo esotérico da Lei divina. A principal diferença entre Maimônides e Ibn Tibbon é que, para aquele, a habituação intelectual a crenças verdadeiras depende da legislação, ao passo que, para este, depende da cultura científica do meio não judaico.

Filosofia Como Disciplina Esotérica

Discuti alhures a distinção de Platão entre filósofos e não filósofos, bem como suas implicações para o ensino público da filosofia e para o fim pedagógico-político da religião. Também tentei mostrar de que forma a tradição da *falsafa* medieval, a começar por Al-Fārābī, adotou o quadro conceitual de Platão para explicar a relação entre a filosofia e a Lei divina[18]. O posicionamento normal dos *falāsifa* é que *não* se deve divulgar conteúdo filosófico em público. De acordo com Ibn Rušd (Averróis), por exemplo, somente filósofos têm acesso à verdade mediante demonstrações científicas. Daí que o acesso ao "sentido alegórico" da Lei divina também deve se limitar a filósofos. Dizer em público que o sentido literal da Lei divina é falso e divulgar seu sentido alegórico deitaria por terra precisamente a intenção do Profeta que, em razão da divisão da humanidade entre filósofos e não filósofos, encobriu o sentido alegórico[19]. A remoção de crenças tradicionais, defende Ibn Rušd, corre o risco de infundir niilismo nos não filósofos, uma vez que são incapazes de substituí-las por crenças verdadeiras. Por essa razão, eles não mais seguirão a orientação do legislador, seja por causa do sentido literal da Lei divina, seja por causa do alegórico. Ibn Rušd salienta repetidas vezes que o sentido alegórico da Lei divina não deve ser tornado público. Sua crítica pungente aos teólogos muçulmanos, que "foram desencaminhados e fizeram desencaminhar", é motivada sobretudo pelo fato de terem "revelado sua interpretação alegórica à multidão" (*ṣaraḥū bi-ta'wīlihim li-l-jumhūr*)[20]. Entre as crenças que não devem ser questionadas em público, Ibn Rušd inclui explicitamente a "crença na corporeidade [de Deus]" (*iᶜtiqād al-jasmiyya*)[21].

Concordo *em parte* com a tradição de pesquisadores que situa Maimônides na escola filosófica fundada por Al-Fārābī. É verdade que ele partilha de muitas suposições dessa escola; por exemplo, que seres humanos se subdividem em filósofos e não filósofos, bem como a noção do filósofo-profeta, que, possuidor de um intelecto perfeito e de uma imaginação perfeita, educa filósofos mediante demonstrações e não filósofos mediante artifícios dialéticos, retóricos e poéticos – "a língua dos seres humanos"[22]. Além do mais, conforme já observado, Maimônides salienta a importância de encobrir o conteúdo alegórico da Lei divina para a proteção dos não filósofos. Em *Guia* I.33, faz uma defesa convincente da natureza esotérica tanto da filosofia quanto do conteúdo alegórico da Lei divina: divulgá-los, defende ele, subverte as crenças dos não filósofos baseadas na "autoridade" e, por isso, infunde-lhes o niilismo. Apenas estudantes "de mente perfeita" devem ser "elevados passo a passo" ao conhecimento verdadeiro[23]. Não obstante, o *Guia* é apresentado como um livro de exegese bíblica. Para entender o porquê, é importante esclarecer quem são os "perplexos" a quem Maimônides se dirige. Na Introdução ao *Guia,* o perplexo é caracterizado como um intelectual judeu que estudou filosofia mas que não consegue compreender a relação entre a filosofia e a Lei divina. Ele se encontra "aflito com os significados literais da Lei (*ẓawāhīr al-Šarīᶜa*)" porque entram em contradição com as doutrinas dos filósofos[24]. A princípio, o programa filosófico-exegético do *Guia* parece precisamente uma resposta para esse problema. O propósito de Maimônides é "dar indicações" (*tanbīh*) ao explicar "o significado de certos termos" e de "parábolas muito obscuras que ocorrem nos livros dos profetas". Ao que parece, o projeto do

Guia pode ser caracterizado por elevar filósofos judeus para além do sentido literal da Lei divina, elaborado para não filósofos e em conformidade com considerações pedagógicas e políticas, até o sentido alegórico da Lei divina, correspondente à "verdade como ela é", acessível unicamente para filósofos[25].

A Condução dos Não Filósofos Para Fora da Caverna

Em *Guia* I.33, Maimônides salienta que ensinar filosofia em público e divulgar o conteúdo alegórico da Lei divina leva, ulteriormente, à "negação absoluta" das crenças que os não filósofos sustentam com base na autoridade da tradição. Era de se esperar, portanto, que Maimônides fizesse, tão rigorosamente quanto Ibn Rušd, oposição à exegese filosófica desprovida de mediações. É verdade que Maimônides afirma ter encoberto seus ensinamentos no *Guia* ao tornar sua argumentação obscura por meio de artifícios esotéricos como desordem premeditada e contradições[26]. Tanto mais surpreendente, então, é que grande parte do *Guia* é dedicada à explicação do significado alegórico dos termos e parábolas presentes na Lei divina. Essas explicações são, afinal de contas, acessíveis para qualquer pessoa que consiga ler. Maimônides, ao que parece, faz precisamente o que os *falāsifa* e ele próprio enfatizaram que deveria ser evitado. Para solucionar esse enigma, minha afirmação-chave é que, para Maimônides, não só filósofos judeus mas também não filósofos precisam ser elevados do conteúdo literal da Lei divina ao alegórico. Embora não possam adquirir conhecimento mediante demonstração, os não filósofos podem ser habituados a crenças que correspondem à natureza verdadeira das coisas. Essas crenças, adquiridas mediante *habituação,* coincidem com o conhecimento que filósofos adquirem mediante *demonstração.* O poder da habituação é ressaltado na análise feita por Maimônides das "causas do desacordo sobre as coisas". Uma dessas causas está relacionada

> ao hábito [*'ilf*] e à educação [*tarbiya*], pois em sua natureza o homem ama [...] e deseja defender crenças a que está habituado [*mu*^{c}*tādātuhu*] e segundo as quais foi educado, e tem um sentimento de repulsão por crenças que não sejam essas. Também por essa razão, o homem é cego para a apreensão das realidades verdadeiras e tem inclinação para as coisas a que está habituado. Foi o que se passou com a multidão no que

> diz respeito à crença na Sua corporeidade [*al-tajsīm*] e a muitos outros assuntos metafísicos, conforme esclareceremos. A razão de tudo isso é que as pessoas estão habituadas a textos e foram educadas com eles [...], textos cujo significado externo é indicador da corporeidade de Deus e de outras fantasias que não encerram nenhuma verdade, pois foram apresentadas como parábolas e mistérios[27].

Se seres humanos podem ser habituados a crenças falsas, não há razão para que não deva ser possível também habituá-los a crenças verdadeiras, como defende Maimônides no que diz respeito à doutrina da incorporeidade de Deus. Essa doutrina

> tem de ser inculcada por força da autoridade tradicional [*taqlīd*] em crianças, mulheres, tolos e naqueles cuja disposição natural é imperfeita, da mesma forma como adotam a noção de que Deus é uno, de que Ele é eterno e de que nada deve ser adorado salvo Ele. Pois não há profissão de unidade [*tawḥīd*] a menos que a doutrina da corporeidade de Deus seja rejeitada[28].

A crença falsa de que Deus é corpóreo é, desse modo, substituída pela crença verdadeira de que Deus é incorpóreo. Em ambos os casos, a crença é resultado da habituação. Portanto, habituação tanto pode ser obstáculo quanto veículo para propagar a verdade. Com base em uma variante da Antiguidade tardia do *Órganon,* de Aristóteles, os *falāsifa* fizeram a distinção entre os métodos demonstrativo, dialético, retórico e poético de disseminar o conhecimento[29]. A esses quatro métodos Maimônides acrescenta um quinto, não derivado do mesmo quadro conceitual: "inculcar por força da autoridade tradicional". Deparamos aqui com os almôadas, isto é, os "professores da unidade de Deus" (*muwaḥḥidūn*) que fizeram do entendimento estrito do *tawḥīd* – que a unidade de Deus implica a incorporeidade de Deus – a doutrina oficial do reino almôada, doutrina que todos os muçulmanos foram forçados a adotar[30]. Sarah Stroumsa defendeu recentemente a influência impregnante do programa político-teológico dos almôadas sobre Maimônides, que viveu sob governo almôada de 1148 a 1165[31]. De maior importância para mim é o *muršida* ou *ᶜaqīda* dos almôadas, um catecismo que contém um conjunto de doutrinas religiosas fundamentais que foram impostas por lei a todos os muçulmanos. Visto que a doutrina da incorporeidade de Deus é uma pedra angular desse catecismo, Stroumsa defende de forma convincente que o zelo de Maimônides em impô-la a todos os membros da comunidade judaica é inspirado no programa almôada. Dado que os almôadas identificam a representação antropomórfica de Deus com idolatria, esse zelo não é difícil de entender, já que a erradicação da idolatria, segundo Maimônides, são o "fundamento" (*'asl*) e o "eixo" (*qutb*) da Lei mosaica[32]. É claro que evitar a denúncia, por parte de seus vizinhos muçulmanos, de que os judeus eram idólatras era mais urgente para Maimônides do que se preocupar com questões pedagógicas quanto à divulgação desse segredo bem guardado sobre a Lei divina, preocupações que ele também parece ter tido[33].

Por sua vez, é evidente que a doutrina da incorporeidade de Deus entra em conflito com muito do que a Lei divina tem a dizer sobre Deus:

> Quando as pessoas recebem essa doutrina, estão habituadas a ela [*'alifūhu*], são educadas [...] nela e, subsequentemente, ficam perplexas [*taḥayyarū'*] diante dos textos dos livros dos profetas, é preciso explicar-lhes o significado desses livros. É preciso elevá-las ao conhecimento da interpretação desses textos [*unhiḍū' li-ta'wīlihā*] e chamar a atenção delas para a equivocidade e para o sentido alegórico dos diversos termos – cuja exposição está contida neste Tratado –, de sorte que a correção da crença delas sobre a unicidade de Deus e a afirmação da verdade dos livros dos profetas fiquem fora de perigo[34].

Depois de serem habituados à doutrina da incorporeidade de Deus, também os não filósofos vão experimentar perplexidade diante do significado literal de passagens antropomórficas na Lei mosaica. Resulta, portanto, que grande parte do programa exegético do *Guia* tem por objetivo resolver a perplexidade não só de filósofos mas também de não filósofos!

No tocante à incorporeidade de Deus e suas implicações exegéticas, a postura de Maimônides não deve ser tomada como um desvio isolado na tradição platônica do encobrimento. Constitui parte de um amplo projeto para habituar os não filósofos a crenças verdadeiras, o que rompe claramente com o quadro teórico do platonismo[35]. Esse projeto não é só uma variação do catecismo de crenças religiosas fundamentais imposto pelos almôadas. Está inscrito no contexto mais amplo do que podemos chamar de sociologia da religião de Maimônides. Para essa sociologia da religião, Maimônides se vale construtivamente de diversas fontes, estudadas de forma minuciosa em pesquisas anteriores. Basta aqui um breve resumo. De acordo com Maimônides, a sabedoria de Deus é manifesta não só na ordem teleológica da natureza como um todo ou na ordem teleológica das partes de um animal mas também em processos orientados por objetivos, como o desenvolvimento biológico de animais e o desenvolvimento cultural-religioso de sociedades. Nesses processos, a sabedoria de Deus fornece o que é preciso para sustentar cada estágio de desenvolvimento até que o objetivo seja alcançado. Por exemplo:

> Deus dispôs com astúcia e benevolência [*talattafa*] todos os indivíduos entre os seres vivos que mamam, pois, ao nascerem, tais indivíduos são extremamente delicados e não podem se alimentar de comida seca. Por conseguinte, tetas foram feitas para eles a fim de que produzam leite tendo em vista eles receberem comida úmida, que se assemelha à composição de seus corpos, até que seus membros gradual e paulatinamente se tornem secos e sólidos[36].

A aplicação desse modelo ao desenvolvimento cultural-religioso de sociedades é possivelmente reflexo do conceito cristão de "acomodação divina", de acordo com o qual Deus "acomoda" sua orientação a um grupo específico de seres humanos, cujas práticas e crenças são moldadas por um contexto histórico concreto[37]. Os cristãos justificaram dessa forma a revogação da lei judaica ao descrevê-la como a orientação de Deus acomodada a um estágio necessário mas transitório no desenvolvimento de Israel rumo ao cristianismo. Segundo essa interpretação, o conteúdo legal da Bíblia não é válido para sempre; constitui somente uma medida educacional temporária, indispensável para corrigir a corrupção moral e intelectual dos judeus após sua escravização no Egito. Maimônides faz uma adaptação de elementos dessa concepção para explicar o grande número de mandamentos de justificativa não evidente incluído na Lei de Moisés. Sua explicação é baseada em uma tese ontológica aplicada à natureza humana: "Pois uma transição súbita de um oposto a outro é impossível. Por conseguinte, consoante à sua natureza, o homem não é capaz de abandonar de repente tudo a que foi habituado [*'alifa*]"[38].

Como defendeu Sarah Stroumsa, a reconstituição feita por Maimônides da religião do Egito antigo é baseada no estudo de uma ampla gama de obras árabes sobre o paganismo. Maimônides usa essa literatura para estabelecer um retrato das práticas e crenças religiosas do "sabeísmo", que não é para ele o nome de uma comunidade religiosa específica, mas um nome coletivo para religiões pagãs[39]. Na época de Moisés, a religião dos "sabeus" era praticada no "mundo inteiro"[40]. Portanto, era também a religião dos egípcios antigos, na qual os judeus foram "aculturados" enquanto escravos no Egito. Como consequência, Moisés teve de lidar com uma restrição dupla: a corrupção moral e intelectual dos judeus que se habituaram às práticas e crenças dos "sabeus" e o fato de que "o homem [...] não é capaz de abandonar de repente tudo a que foi habituado". Por essa razão, era impossível para Moisés promulgar uma revolução religiosa e substituir a religião antiga e falsa por uma nova e verdadeira. O efeito seria o mesmo que alimentar um recém-nascido com comida sólida. Em vez disso, Moisés teve de partir para um projeto de reforma gradual. O exemplo paradigmático das transigências que essa reforma exigiu são as leis do sacrifício. Na época em que os judeus foram escravos no Egito,

> o modo de vida geralmente aceito [*mašhūra*] e habitual [*ma'lūfa*] no mundo inteiro e o serviço universal com o qual fomos criados consistiam em oferecer várias espécies de seres vivos em templos onde imagens foram erigidas, adorá-las e queimar incenso diante delas. [...] Sua sabedoria, louvado seja, e Seu ardil benevolente, manifesto relativamente a todas as Suas criaturas, não fizeram necessário que Ele nos desse uma Lei que prescrevesse a rejeição [...] de todos esses tipos de adoração. Pois não se podia conceber então a aceitação de [tal Lei], levando em consideração a natureza do homem, que sempre gosta daquilo a que está habituada [*al-ma'lūf*]. Naquela época, isso equivaleria, na época atual, ao surgimento de um profeta que, rogando ao povo que adore a Deus, dissesse: "Deus vos deu uma Lei que vos proíbe de rezar a Ele, de jejuar e de rogar-Lhe por ajuda na desgraça. Vossa adoração deve consistir tão só na meditação sem quaisquer obras que sejam". Por essa razão, Ele, louvado seja, consentiu que permanecessem os tipos de adoração que anteriormente mencionamos, mas os transferiu de coisas criadas ou imaginárias e irreais para Seu próprio nome, louvado seja, ordenando que os pratiquemos relativamente a Ele, louvado seja. [...] Por meio desse divino ardil, sucedeu que a lembrança da idolatria fosse apagada e que o fundamento maior e verdadeiro de nossa crença – a saber, a existência e a unicidade da divindade – fosse firmemente estabelecido, ao mesmo tempo que as almas não sentiam repugnância [...] por causa da abolição dos modos de adoração a que estavam habituadas [*'alifat*][41].

Sacrifícios, portanto, têm valor não intrínseco, mas tão somente instrumental como modo de adorar a Deus; são uma concessão que Moisés teve de fazer ao estágio dos judeus em seu desenvolvimento cultural-religioso na época do êxodo do Egito. Seu papel é semelhante ao do leite para o recém-nascido. Ao mesmo tempo, Maimônides faz um esboço daquilo com que o caminho para o objetivo do processo poderia guardar alguma semelhança: sacrifícios são substituídos por formas menos inadequadas de adoração, como prece e jejum, que por sua vez são substituídas por meditação sem quaisquer obras[42]. Nesse estágio final, Deus é adorado adequadamente não só com relação a um contexto histórico específico mas também em termos absolutos. Portanto, hábitos inadequados de adoração podem ser substituídos por hábitos adequados em um processo de reformação religiosa gradual.

Embora as leis do sacrifício sejam um exemplo paradigmático, Maimônides aplica, do começo ao fim de sua discussão das razões dos mandamentos em *Guia* III.25-49, o mesmo tipo de explicação histórica a uma ampla gama de leis diferentes. No entanto, o que os estudiosos ainda não perceberam com clareza é que esse modelo de desenvolvimento se aplica não só a *práticas* religiosas mas também a *crenças* religiosas. Daí que os segredos da Torá possam ser divulgados não só para os filósofos mas também, passo a passo, para os não filósofos. No estágio final, as crenças dos filósofos, baseadas na demonstração, coincidirão com as crenças dos não filósofos, baseadas na habituação. No que diz respeito a crenças, o caso paradigmático é a incorporeidade de Deus. Moisés habituou os judeus à crença na "existência e unicidade" de Deus, afastando-os desse modo do politeísmo sabeu. Contudo, como vimos, dado que "uma transição súbita de um oposto a outro é impossível", Moisés não pôde igualmente impor a crença na incorporeidade de Deus. Na época de Maimônides, ao contrário, a pressuposição da existência e da unicidade de Deus podia ser dada por certa. A incorporeidade de Deus, além disso, passou a ser uma doutrina imposta por lei no contexto cultural-religioso da comunidade judaica em que Maimônides vivia. Sentindo-se assim autorizado a levar o projeto de reforma um passo adiante, Maimônides introduziu um novo aspecto da verdadeira noção de Deus, isto é, a incorporeidade de Deus, que é tanto imposta por lei no *Mishné Torá* quanto divulgada por exegese alegórica no *Guia.* Como no caso das leis do sacrifício, a crença na corporeidade de Deus é somente um exemplo paradigmático do funcionamento na história do ardil pedagógico de Deus. Já na passagem de *Guia* I.31 citada anteriormente, é dito que a corporeidade de Deus é um dos muitos "assuntos metafísicos" acerca dos quais os não filósofos foram habituados a crenças falsas. Um segundo exemplo é a crença na recompensa e na punição. De acordo com os "sabeus," que acreditavam em deuses astrais, a adoração de estrelas e planetas leva à

> prolongação da vida, prevenção de calamidades, ao desaparecimento de enfermidades, à fertilidade da semeadura e ao viço dos frutos. Ora, uma vez que essas noções eram aceitas, em geral, a tal ponto que eram tidas por indubitáveis e visto que Deus, louvado seja, desejava, em Sua compaixão por nós, apagar esse erro de nossas mentes [...] e nos dar leis por meio do nosso Mestre Moisés, este nos fez saber em Seu nome, louvado seja, que, se as estrelas e os planetas forem adorados [...], a chuva deixará de cair, a terra será devastada, as circunstâncias vão piorar, corpos sofrerão com doenças, vidas serão breves; ao passo que uma consequência necessária de abandonar sua adoração e de adotar a adoração de Deus serão a chuva, a fertilidade da terra, circunstâncias favoráveis, saúde do corpo e duração da vida[43].

Nesse exemplo, uma crença falsa sobre recompensa e punição é substituída por outra crença falsa que, no entanto, é mais próxima da verdade: não há, de todo, recompensa e punição no sentido tradicional, pois a crença "de que Ele vai nos conceder benefícios se obedecermos a Ele e que vai se vingar de nós se desobedecermos a Ele, [...] isso também é um ardil [*ḥīla*] usado por Ele para mandar em nós a fim de alcançar Sua primeira intenção quanto a nós"[44].

Como no caso das preces e do jejum, a crença na recompensa e na punição é somente um estágio intermediário no caminho para a verdadeira concepção da relação entre seres humanos e Deus. Resulta que as crenças falsas que Maimônides descreve, em *Guia* III.28, como "necessárias" são necessárias somente para certo estágio do desenvolvimento cultural-religioso dos judeus. Nesse estágio, a crença de que Deus "tem uma cólera violenta contra os que cometem injustiça" e a crença de que Deus "responde instantaneamente às preces de quem foi injustiçado ou enganado" são "necessárias para a abolição da injúria mútua ou para a aquisição de uma índole moral digna"[45]. Todavia, no final das contas, como veremos mais à frente, Maimônides quer que todos os membros da comunidade sirvam a Deus "por amor", e não para evitar punição ou receber recompensa.

O escopo da ambição de Maimônides no que diz respeito à disseminação de crenças verdadeiras entre os não filósofos fica claro nos primeiros quatro capítulos dos *Mandamentos sobre os Fundamentos da Lei,* que abrem o *Mishné Torá.* Aí, mais uma vez, Maimônides não transmite doutrinas nem mediante demonstração nem mediante artifícios dialéticos, retóricos ou poéticos. Em vez disso, impõe um resumo sucinto da metafísica e da física de Aristóteles por meio da autoridade da lei. Além do mais, como no *Guia,* considera a metafísica o mesmo que o Relato da Carruagem e a física o mesmo que o Relato do Princípio, e todo o corpo de doutrinas esotéricas o mesmo que *Pardes,* literalmente "Paraíso", termo usado na literatura rabínica em referência ao conteúdo esotérico da Lei mosaica[46]. Como sugerido por Sarah Stroumsa, *yesode ha-torá,* possivelmente tradução do árabe *cusūl al-dīn*, toma por modelo o catecismo almôada de doutrinas religiosas fundamentais[47]. Minha sugestão seria que o objetivo do catecismo *aristotélico* de Maimônides, no longo prazo, era habituar os não filósofos não apenas à incorporeidade de Deus mas também a *todos* os conceitos básicos do que ele considerava uma boa visão científica de mundo. Tão logo esses conceitos lancem raízes nas mentes dos membros da comunidade religiosa, a divulgação dos segredos da Torá por exegese alegórica teria de seguir o exemplo. Dito em outras palavras: a imposição gradual de crenças verdadeiras deve estar coordenada com a divulgação gradual do conteúdo esotérico da Lei divina. Nesse sentido, a obra de Maimônides pode ser considerada tão só um único estágio em um processo histórico mais amplo. Seguindo o modelo do que ele fez pela doutrina da incorporeidade de Deus, seus sucessores teriam de continuar a divulgar os segredos da Torá[48]. Platão e os *falāsifa* achavam que, se as crenças tradicionais dos não filósofos fossem contestadas, eles cairiam no niilismo por causa de sua inabilidade em substituí-las por novas. Maimônides, ao contrário, acha que é possível evitar o niilismo se crenças verdadeiras forem impostas gradualmente mediante habituação.

***

A dicotomia entre filósofos, que dão assentimento a crenças verdadeiras com base na demonstração, e não filósofos, que aderem a crenças verdadeiras com base na habituação, tem, no entanto, contornos menos nítidos do que os apresentados por mim até aqui. O objetivo supremo da Lei de Moisés, segundo Maimônides, é duplo. Ela

> se esforça para inculcar [*'i'ṭā'*], em primeiro lugar, crenças corretas relativamente a Deus, louvado seja, [...] *e* deseja tornar o homem sábio [*taḥkīm*], dar-lhe entendimento [*tafhīm*] e despertar sua atenção [*tanbīh*], de modo que ele possa conhecer a totalidade do que existe em sua forma verdadeira[49].

É claro que inculcar "crenças corretas" e tornar "o homem sábio" são dois objetivos distintos. No estágio do inculcar, os ensinamentos da Lei são aceitos "com base na autoridade tradicional", que Maimônides denomina "a ciência da Lei". Contudo, a autoridade tradicional, defende Maimônides, tem de ser substituída pela "sabedoria", isto é, "a verificação das opiniões da Lei mediante a especulação correta"[50]. De acordo com Maimônides, a "especulação acerca dos princípios fundamentais da religião" está incluída no que ele chama de Talmud, e o estudo do Talmud compete a *todos* os membros da comunidade. Nas *Leis acerca do Estudo da Torá,* Maimônides expõe da seguinte forma o currículo de estudo:

> O tempo reservado para o estudo deve ser dividido em três partes. Um terço deve ser dedicado à Lei escrita, um terço à Lei oral, e o último à compreensão [*yavin*] e à apreensão intelectual [*yaskil*] de inferências, à dedução de uma coisa a partir de outra e à comparação de uma coisa com outra. [...] Isso se chama Talmud. [...] As palavras dos Profetas estão contidas na Lei escrita, e a interpretação delas na Lei oral. Os assuntos denominados *Pardes* [isto é, o Relato do Princípio e o Relato da Carruagem] estão incluídos na Gemará. Essa regra se aplica ao começo dos estudos de alguém. No entanto, assim que tiver feito progresso quanto à sabedoria [*ḥokmá*] e não mais precisar aprender a Lei escrita ou ocupar-se da Lei oral o tempo inteiro, ele deve, em intervalos regulares, ler a Lei escrita e a Lei oral, de modo que não esqueça quaisquer regras da Lei, e deve dedicar todos os seus dias tão só ao estudo do Talmud, consoante à sua largueza de espírito e à maturidade de intelecto [*roḥav libó ve-yishuv da'ató*][51].

Se "Talmud" implica que é dever de todos os membros da comunidade refletir sobre os fundamentos filosóficos da Lei compreendidos no *Pardes*, então a substituição da autoridade tradicional pela sabedoria é uma obrigação universal: é exigido que todos entrem nas "antecâmaras" do palácio do Rei, segundo a parábola de Maimônides para os graus de perfeição em *Guia* III.51[52]. Isso é corroborado pelo que propus descrever como o catecismo aristotélico de Maimônides na abertura do *Mishné Torá.* Embora esse catecismo sirva para impor doutrinas filosóficas por lei, Maimônides não raro esboça provas em sua defesa, por exemplo, a prova física de existência, unidade e incorporeidade de Deus baseada no movimento eterno das esferas celestes[53]. Apesar de ficarem evidentemente aquém de demonstrações plenamente elaboradas, esses esboços fornecem pontos de partida para reflexões adicionais e mostram que o objetivo de Maimônides não é impor as doutrinas em questão apenas mediante autoridade legal, mas convencer a comunidade da correção delas por meio de argumentação racional. O objetivo de guiar todos os membros da comunidade para a adoração de Deus com base na sabedoria é formulado com clareza no que Maimônides descreve como "servir a Deus por amor":

> Por isso, ao instruirmos o jovem, a mulher ou os incultos em geral, ensinamos-lhes a servir a Deus por medo [*la'avod mi-yir'á*] ou em vista da recompensa, até que o conhecimento deles aumente e eles alcancem uma medida maior de sabedoria. Então, revelamos-lhes aos poucos esse segredo [o segredo de que não há recompensa nem punição no sentido tradicional] e lentamente os habituamos a ele até que o tenham entendido e compreendido, e sirvam a Deus por amor [*ve-ya'avduhu me-'ahavá*][54].

Isso não quer dizer que, para Maimônides, todo mundo tem a capacidade de se tornar um filósofo no sentido estrito; os que entram nas "antecâmaras" do Rei "sem dúvida ocupam *diferentes posições hierárquicas*"[55]. Em outras palavras, a qualidade epistêmica da compreensão alcançada pelos membros da comunidade será variável. Contudo, roga-se a todos que troquem autoridade por sabedoria tanto quanto forem capazes.

De Maimônides ao Maimonismo: Samuel Ibn Tibbon

Dado o enfoque de Maimônides no esclarecimento de não filósofos, a adesão ao esoterismo por muitos dos maimonidianos do século XIII e a devoção deles ao ensino da filosofia para o grande público não devem mais nos dar a impressão de constituírem um enigma. Um rápido exame da forma como Samuel ibn Tibbon, fundador do maimonismo no sul da França, justifica a divulgação do conteúdo alegórico da Lei divina corroborará a afirmação de que discípulos de Maimônides frequentemente davam continuidade a seu projeto[56]. Embora Ibn Tibbon modifique de algumas maneiras o enfoque de Maimônides, a habituação de não filósofos a doutrinas filosóficas é a ideia central que compartilham.

Ibn Tibbon adota o ponto de vista de Maimônides de que a Lei divina tem dois lados: um esotérico, direcionado para filósofos, e um lado público, direcionado para não filósofos, que ele caracteriza, seguindo Maimônides, por meio de Provérbios 25:11: "A palavra falada em tempo oportuno é como maçãs de ouro com enfeites de prata"[57]. Uma vez mais como Maimônides, Ibn Tibbon entende que a relação entre os lados esotérico e público da Lei divina é dinâmica. Sábios judeus têm uma tarefa dupla: é seu dever ensinar filosofia e divulgar o conteúdo alegórico da Lei divina a seus estudantes filosoficamente talentosos e também dar, aos ensinamentos públicos da Lei, uma forma consoante à cultura científica de seu tempo e lugar, que é o que determina o escopo do que não filósofos conseguem compreender[58]. Esse modelo permite a Ibn Tibbon explicar certos aspectos do relato da criação feito por Moisés que são, a princípio, enigmáticos da perspectiva de um aristotélico medieval; por exemplo, que a criação dos "luminares" (o Sol, a Lua etc.) venha depois da criação das plantas, ainda que, segundo a cosmologia aristotélica, aqueles sejam pela causa anteriores a estas. Ou a total omissão de intelectos imateriais, que, para o aristotélico, são as causas intermediárias entre Deus e o mundo físico. Por isso, um "homem inteligente" (*maskil*) deve perguntar: "Por que a Torá menciona a geração dos luminares no 'firmamento dos céus' depois do dia em que as plantas foram criadas e antes do dia em que os animais foram criados?"[59] Os luminares deveriam ter sido

> mencionados no terceiro dia, a criação das plantas no quarto, as "coisas vivas" do mar no quinto e as "coisas vivas" da terra firme e "o homem" no sexto. Em vez disso, ele procurou encobrir [*le-hastir*] tudo isso [...], de modo que os intermediários não fossem de modo algum percebidos pela multidão. Pela mesma razão, absteve-se de mencionar a criação dos anjos [...][60].

Ibn Tibbon explica o motivo para tal encobrimento da seguinte forma:

> Moisés deu a Torá em uma época em que a comunidade dos sabeus abarcava o mundo inteiro. Naquela época, as pessoas acreditavam somente na existência de coisas percebidas pelos sentidos [...], isto é, existentes corpóreos. Por causa disso, fizeram dos corpos celestes os deuses do mundo sublunar. Não acreditavam na existência de coisas que não fossem um corpo ou uma força em um corpo, mas intelectos separados de qualquer matéria ou substrato [...] e que é a partir dos

> [intelectos separados] e por meio da palavra deles que [os corpos celestes] fazem o que fazem. [...] Visto que queria cortar esse mal pela raiz, [Moisés] mencionou a criação dos princípios do mundo por Deus sem nenhuma referência a intermediários a fim de indicar que essas ações não lhes devem ser, de modo algum, atribuídas. São comandadas mais propriamente pela primeira causa, a saber, Deus, a fazer o que fazem[61].

Portanto, novamente segundo Ibn Tibbon, Moisés pôs em prática o "ardil" pedagógico de Deus na história. Para contrabalançar as crenças dos sabeus, que eram adoradores de estrelas, Moisés mencionou a criação dos "luminares" depois da criação das plantas, modificando, assim, "a ordem das coisas"[62]. Seu alvo era impedir que os corpos celestes fossem adorados como causas dos seres sublunares. Dessa forma, a causalidade de Deus é transmitida sem equívocos aos membros da comunidade judaica cujas práticas e crenças foram moldadas pela cultura religiosa dos sabeus. A estratégia de Moisés, na reformulação de Ibn Tibbon, é exatamente a mesma que a de Moisés no que diz respeito à recompensa e à punição na explicação de Maimônides que vimos anteriormente. Em ambos os casos, uma crença falsa é substituída por outra crença falsa que, no entanto, é mais próxima da verdade. Enquanto o objetivo de Moisés, naquele caso, era erradicar a crença de que as estrelas têm de ser adoradas por serem as causas dos seres sublunares, seu objetivo, nesse caso, é erradicar a crença de que a adoração das estrelas será recompensada com uma vida longa e próspera. Quanto aos intelectos imateriais, segundo Ibn Tibbon, eles foram deixados de fora do relato de Moisés pela mesma razão por que, segundo Maimônides, Moisés representa Deus em termos antropomórficos: porque, na época de Moisés, os judeus eram incapazes de conceber "a existência de coisas que não fossem um corpo ou uma força em um corpo". Em vez de misturá-las com causas imateriais entre Deus e o mundo físico, o objetivo de Moisés era assegurar que o conceito de Deus como causa primeira ficasse firmemente estabelecido na mente deles.

Essas estratégias, feitas sob medida para o contexto sabeu de Moisés, são os "enfeites de prata" do Relato do Princípio, conforme está exposto na Bíblia. Todavia, eles não cobrem completamente as "maçãs de ouro" – isto é, o conteúdo alegórico da Lei divina. Os "enfeites de prata" têm, mais precisamente, pequenos "orifícios" através dos quais as "maçãs de ouro" podem ser vistas por leitores filosóficos. Para esses leitores, Moisés assinala o papel causal dos corpos celestes ao mencionar a criação dos "luminares" *entre* a criação de diferentes gêneros de seres sublunares; e assinala a existência de intelectos imateriais, entre outras coisas, ao usar a palavra hebraica *'elohim* para se referir a Deus, "do começo ao fim do Relato do Princípio"[63]. Seguindo Maimônides, Ibn Tibbon considera *'elohim* um termo ambíguo que se refere tanto a Deus quanto aos anjos (isto é, intelectos imateriais), o que permite ao leitor filosófico entender, portanto, que Deus não é a única causa imaterial do mundo físico[64].

O próximo estágio de importância na história da divulgação do conteúdo alegórico da Lei divina é o período do rei Davi, considerado tradicionalmente o autor dos Salmos, e do rei Salomão, considerado tradicionalmente o autor de Provérbios, Eclesiastes e Cântico dos Cânticos[65]. Esses livros dão uma nova forma à relação entre os lados esotérico e público da Lei divina em resposta a uma cultura científica mais avançada:

> Na época de Salomão, a paz esteja com ele, a crença na existência da Divindade e dos anjos se tornou difundida por todo o mundo, e a posição hierárquica deles na existência e na relação com Deus foi conhecida. Por isso não havia mais necessidade de todos esses [esforços para] encobrir. Como consequência, Salomão não se absteve de mencionar por meio de indicações [*dereḵ remez*] a existência dos intermediários. No entanto, ele de fato manteve encobertas outras coisas sobre eles e sua natureza[66].

Na variante do Relato do Princípio revista por Salomão, os "anjos" representam os intelectos imateriais. Trata-se de um exemplo do modo como Ibn Tibbon entende a relação entre os escritos de Moisés e os de Salomão[67]. Assim ele descreve a natureza geral dessa relação:

> Eis como [Salomão] conseguiu fazer os homens de espírito entender [*le-havin la-nevonim*] o que o Mestre dos Profetas, a paz esteja com ele, encobriu. Isto é, ele *dilatou os orifícios nos enfeites de prata* com os quais o Mestre dos Profetas cobriu suas maçãs de ouro. Dessa forma, alguém que antes não conseguia ver as maçãs agora conseguiria vê-las, à luz de sua explicação adicional. Eis o que os Sábios queriam dizer quando disseram: "Assim [juntou] Salomão parábola com parábola e palavra com palavra" [Cânticos Rabá 1:1:8]. Isto é, substituiu as parábolas que encontrou na Torá por parábolas diferentes, com o que deu existência a uma explicação adicional. E substituiu palavras obscuras por palavras diferentes que indicam com mais clareza a finalidade delas[68].

O que Ibn Tibbon descreve como "dilatação dos orifícios nos enfeites de prata" é baseado, sugiro eu, no conceito maimonídeo de "elevação" de não filósofos. De acordo com Maimônides, a divulgação progressiva do conteúdo alegórico da Lei divina deve estar coordenada com a habituação gradual de não filósofos a doutrinas filosóficas. A explicação dada por Ibn Tibbon da relação entre os escritos de Moisés e os de Salomão é uma aplicação desse modelo. Depois de Moisés, Davi e Salomão, os estágios adicionais no processo de "dilatação dos orifícios nos enfeites de prata" são os profetas, os sábios rabínicos, Maimônides e o próprio Ibn Tibbon[69]. A explicação desse processo dada por Ibn Tibbon, conquanto mais completa e sistemática que a explicação no *Guia,* permanece claramente no interior da estrutura conceitual de Maimônides. Sua caracterização da contribuição de Maimônides para o processo de divulgação gradual substancia ainda mais essa afirmação:

> Quando [...] o divino filósofo e estudioso da Torá, nosso mestre Moisés [Maimônides], viu que sobrou apenas um pequeno número dos que entendiam as indicações [*ha-remazim*] dadas pelos que falaram por meio do espírito santo, pelos profetas e pelos sábios rabínicos, os quais dilataram [os enfeites de prata] no que diz respeito aos segredos da Lei, ele [por sua vez] acrescentou em vários lugares uma explicação às indicações deles, igualmente mediante indicações, explicando abertamente que [Deus] não é um corpo e não está sujeito a quaisquer propriedades e acidentes dos corpos. Disse o mesmo sobre os intelectos que estão separados da matéria e que são chamados de "anjos". Ele procedeu também da mesma forma no tocante às razões dos mandamentos, pois viu a grande necessidade de revelá-las por causa das nações que as interpretam todas alegoricamente[70].

Ibn Tibbon identifica com clareza os dois principais elementos da exposição feita por Maimônides da divulgação progressiva: o problema da incorporeidade e a explicação contextual dos mandamentos. Quanto à incorporeidade de Deus e dos anjos, Ibn Tibbon com certeza estava ciente do contexto almôada que instigou a postura de Maimônides. Afinal de contas, seu pai, Yehudá ibn Tibbon, era, como Maimônides, um refugiado espanhol dos almôadas, que tinham abolido a condição de proteção das comunidades religiosas reconhecidas no Islã como "povo do livro". Ibn Tibbon podia, pois, defender que, assim como na época de Salomão a crença em causas intermediárias "se tornou difundida", o mesmo valeria para a doutrina da incorporeidade na época de Maimônides. Em ambos os casos, a habituação de não filósofos à doutrina em questão foi seguida da "dilatação dos orifícios nos enfeites de prata".

A principal diferença entre as explicações da habituação intelectual a crenças verdadeiras dadas por Maimônides e por Ibn Tibbon é que, para Maimônides, constitui efeito da legislação, ao passo que, para Ibn Tibbon, é função da cultura científica do ambiente não judaico. Por essa razão, para Ibn Tibbon, todos os estágios do processo são dependentes dos contextos em mudança da história judaica. Para Maimônides, ao contrário, somente o primeiro estágio – o estágio de Moisés – é moldado diretamente pelas práticas e crenças religiosas dos sabeus.

Da Espanha muçulmana do século XII até a França cristã do século XIII, as condições culturais de entendimento mudaram o bastante para exigir a substituição da variante dos ensinamentos da Lei divina de Maimônides por uma variante adaptada ao tempo e ao lugar do próprio Ibn Tibbon. A preocupação com a percepção da comunidade judaica por seus vizinhos não judeus é mencionada somente na exposição feita por Ibn Tibbon de sua própria contribuição. Não se trata, portanto, de uma parte intrínseca da teoria em discussão:

> Revelei, pois, [...] o que revelei sobre [coisas] que ninguém antes revelara para não nos tornarmos uma vergonha aos olhos dos nossos vizinhos, objeto de escárnio e zombaria para aqueles à nossa volta. [...] E a verdade que será apreendida por meio [deste tratado] é o conhecimento do Deus verdadeiro[71].

Para um contemporâneo de Ibn Tibbon, o caminho mais curto que leva ao "conhecimento do Deus verdadeiro" não é mais o *Guia* ou os livros canônicos judaicos que, da Bíblia ao Talmud, vieram antes do *Guia*, mas as obras exegético-filosóficas do próprio Ibn Tibbon.

A esta altura deve ter ficado claro o modo como o quadro conceitual criado por Maimônides e desenvolvido ainda mais por Ibn Tibbon é capaz de justificar a disseminação da filosofia para não filósofos, em particular o uso de gêneros nitidamente judaicos para esse fim, de comentários sobre a Bíblia a sermões de sinagoga. Para usar a expressão cunhada por Ibn Tibbon: tudo isso é parte do projeto de "dilatação dos orifícios nos enfeites de prata". Conjugado ao chamado de Maimônides para que os membros da comunidade judaica estudem o Talmud, isto é, os fundamentos filosóficos da Lei mosaica, esse quadro conceitual fornece uma justificativa sólida para o que descrevi como o Iluminismo judaico do século XIII. A interpretação do judaísmo feita por Maimônides, portanto, tornou possível tratar não só de preocupações judaicas sobre o estudo da filosofia em um cenário religioso mas também – e ao menos tão importantes quanto – de preocupações platônicas sobre o ensino da filosofia para o grande público. Podemos concluir que Freudenthal tem razão ao afirmar que Maimônides legitimou a disseminação da filosofia e da ciência nas comunidades judaicas do sul da França. No entanto, esse processo foi possibilitado não só pela identificação da filosofia com o verdadeiro cerne do judaísmo mas também pela justificação do ensino da filosofia para não filósofos. Assim, a filosofia decerto foi capaz de se tornar "parte integrante da 'bagagem intelectual' não só de uma ínfima elite de filósofos propriamente ditos mas também de toda pessoa que quisesse se instruir por pouco que fosse em teologia no espírito maimonidiano".

Notas

1. ROBINSON, J. Secondary Forms of Philosophy: On the Teaching and Transmission of Philosophy in Non-Philosophical Literary Genres. In: FRAENKEL, C. et al. (Org.). *Vehicles of Transmission, Translation, and Transformation in Medieval Textual Culture.* Turnhout: Brepols Publishers, 2012. Rachel Haliva chamou minha atenção para o fato de que isso não vale para *todos* os maimonidianos do século XIII. Ver, por exemplo, Shem Ṭov Falaqera, que toma o partido de Ibn Rušd, contrário à divulgação da doutrina filosófica da incorporeidade de Deus em *Moreh ha-Moreh* (ed. de Y. Shiffman, Jerusalem, 2001) sobre *Guia* I.35 de Maimônides (*Dalālat al-Ḥā'irīn*) (ed. de S. Munk; Y. Yoel, Jerusalem, 1931), traduzido por S. Pines como *The Guide of the Perplexed*, Chicago, 1963.
2. Ver RAVITZKY, A. *The Thought of Rabbi Zerahyah b. Isaac b. Shealtiel Hen and Maimonidean-Tibbonian Philosophy in the Thirteenth Century* (em hebraico). Tese (Doutoramento), The Hebrew University, 1977; id. Samuel Ibn Tibbon and the Esoteric Character of the *Guide of the Perplexed. AJS Review*, n. 6, p. 87-123, 1981; id. The Secrets of *The Guide of the Perplexed:* Between the Thirteenth and the Twentieth Centuries. In: TWERSKY, I. (Org.). *Studies in Maimonides*. Cambridge, MA, 1990, p. 159-207.
3. FREUDENTHAL, G. Les Sciences dans les communautés juives médiévales de Provence: leur appropriation, leur rôle. *Revue des Études Juives, n.* 152, p. 29-136, 1993; nas p. 92; 94; cf. também: id. Science in the Medieval Jewish Culture of Southern France. *History of Science*, n. 33, p. 23-58, 1995 [aqui traduzido para o português nas p. 543-587], que desenvolve algumas das observações feitas no artigo anterior.
4. MAIMÔNIDES. *Guia dos Perplexos* III.28 (ed. de Munk, p. 373; trad. de Pines, p. 512). Reparar que muitas vezes, ao longo deste artigo, modifiquei traduções existentes.

5. Ibid. I.34 (ed. de Munk, p. 50; trad. de Pines, p. 75).
6. Para uma explicação minuciosa da interpretação feita por Maimônides do judaísmo como religião filosófica, ver FRAENKEL, C. *From Maimonides to Samuel ibn Tibbon: The Transformation of the Dalālat al-Ḥā'irīn into the Moreh ha-Nevukhim* (em hebraico). Jerusalem, 2007, cap. 2.2.
7. Talmud Babilônico, Tratado Ḥagigá 11b, citado por Maimônides em *Guia* I, Introdução (ed. de Munk, p. 3; trad. de Pines, p. 6-7); cf. introdução ao *Guia* III. Ver também a explicação de Freudenthal do porquê de a instrução em filosofia não ser institucionalizada na cultura medieval judaica: FREUDENTHAL, 1995, op. cit., p. 47.
8. FREUDENTHAL, 1993, op. cit., p. 92.
9. Ver, por exemplo, a Epístola Dedicatória do *Guia*, em que Maimônides descreve a maneira como testou as habilidades matemáticas e lógicas de Joseph antes de concluir que ele "merecia que os segredos dos livros proféticos lhe fossem revelados" (ed. de Munk, p. 1; trad. de Pines, p. 3).
10. Para um panorama desses gêneros, ver ROBINSON, 2012, op. cit.
11. Ver, por exemplo, HALBERTAL, M. *Concealment and Revelation: Esotericism in Jewish Thought and Its Philosophical Implications*. Princeton, 2007, em particular o cap. 13. Essa opinião foi exposta pela primeira vez por TWERSKY, I. Aspects of Social and Cultural History of Provençal Jewry. *Journal of World History*, n. 11, p. 185-207, 1968.
12. Ver HARVEY, Z. How Leo Strauss Paralyzed the Scholarship on the *Guide of the Perplexed* in the 20th Century (em hebraico). *Iyyun*, n. 50, p. 387-396, 2001. As suposições básicas de Strauss têm sido, apenas recentemente, submetidas a exame mais detido. Ver, por exemplo, RAVITZKY, A. Maimonides: Esotericism and Educational Philosophy. In: SEESKIN, K. (Org.). *The Cambridge Companion to Maimonides*. Cambridge, 2005, p. 300-323; na p. 305, declara explicitamente que sua postura prévia diante do esoterismo de Maimônides "necessita ser revista".
13. Apresentei minha crítica ao enfoque de Strauss em: FRAENKEL, C. Theocracy and Autonomy in Medieval Islamic and Jewish Philosophy. *Political Theory*, n. 38, p. 340-366, 2010.
14. Ver *Guia* II.25 para uma exposição do programa posto em prática no *Guia*.
15. Para as provas filosóficas da incorporeidade de Deus, ver *Guia* II: introdução e 2.1-2. Para a inclusão da incorporeidade de Deus no Relato da Carruagem, ver MAIMÔNIDES. *Sefer ha-Madda'* (*Livro do Conhecimento*). Jerusalem, 1993. Traduzido por M. Hyamson como *The Book of Knowledge*. Jerusalem, 1974: Leis acerca dos Fundamentos da Torá 1.8-12; 4.13.
16. Ibid., 1-4.
17. BERMAN, L. Maimonides, the Disciple of Alfarabi. *Israel Oriental Studies*, n. 4, p. 154-178; p. 155, 1974.
18. Ver FRAENKEL, C. Philosophy and Exegesis in al-Fārābī, Averroes, and Maimonides. *Laval Théologique et Philosophique*, n. 64, p. 105-125, 2008.
19. IBN RUŠD (AVERRÓIS). *Decisive Treatise and Epistle Dedicatory* [*Kitāb faṣl al-maqāl*]. Ed. de G. Hourani e trad. de C. Butterworth. Provo, 2001, p. 27-28.
20. Ibid., p. 29-32.
21. Ibid., p. 20.
22. Para mais detalhes, ver novamente FRAENKEL, 2007, op. cit., cap. 2.2.
23. MAIMÔNIDES. *Guia* I.33 (ed. de Munk, p. 47-48; trad. de Pines, p. 70-72).
24. Ibid., I, Introdução (ed. de Munk, p. 2; trad. de Pines, p. 5).

25. Ibid. (ed. de Munk, p. 8; trad. de Pines, p. 12).
26. Ibid.
27. Ibid., I.31 (ed. de Munk, p. 45; trad. de Pines, p. 67).
28. Ibid., I.35 (ed. de Munk, p. 54-55; trad. de Pines, p. 81).
29. Para uma explicação mais pormenorizada desses métodos lógicos, ver FRAENKEL, 2008, op. cit.
30. Ver o texto programático *A Unidade do Criador* (*Tawḥīd al-bāri'*), de Ibn Tūmart, fundador do movimento almôada, em: GOLZIHER, I. Materialien zur Kenntnis der Almohadenbewegung. *Zeitschrift der Deutschen Morgenländischen Gesellschaft*, n. 41, p. 30-140, 1887.
31. STROUMSA, S. *Maimonides in His World: Portrait of a Mediterranean Thinker*. Princeton, 2009, cap. 3.
32. MAIMÔNIDES. *Guia* III.29 (ed. de Munk, p. 380; trad. de Pines, p. 521).
33. Para as preocupações pedagógicas, ver *Guia* I.26. Há certa tensão entre a aceitação de que é pedagogicamente exigido representar Deus em termos corpóreos e a imposição legal da doutrina da incorporeidade de Deus.
34. Ibid., I.35 (ed. de Munk, p. 54-55; trad. de Pines, p. 81).
35. Observar, no entanto, que, em *Guia* I.35 (ed. de Munk, p. 54; trad. de Pines, p. 80), Maimônides faz a distinção entre a incorporeidade de Deus e outras doutrinas que "são os verdadeiros mistérios da Torá". Minha sugestão é que são doutrinas que *ainda* não podem ser divulgadas publicamente, mas que talvez possam ser divulgadas no futuro.
36. Ibid., III.32 (ed. de Munk, p. 384; trad. de Pines, p. 525).
37. Ver, por exemplo, PINES, S. Some Traits of Christian Theological Writing in Relation to Muslim Kalām and to Jewish Thought. *Proceedings of the Israel Academy of Sciences and Humanities*, n. 5, p. 104-125, 1976; FUNKENSTEIN, A. *Theology and the Scientific Imagination: From the Middle Ages to the Seventeenth Century*. Princeton, 1986, p. 227-239; id. *Maimonides: Nature, History and Messianic Beliefs*. Tel Aviv, 1998. Sobre acomodação divina em geral, ver BENIN, S. D. *The Footprints of God: Divine Accommodation in Jewish and Christian Thought*. Albany, 1993.
38. MAIMÔNIDES. *Guia* III.32 (ed. de Munk, p. 384; trad. de Pines, p. 526).
39. Ver ibid., II.29-30; II.32; STROUMSA, 2009, op. cit., p. 84-111.
40. MAIMÔNIDES. *Guia* III.32 (ed. de Munk, p. 384; trad. de Pines, p. 526).
41. Ibid. (ed. de Munk, p. 384-385; trad. de Pines, p. 526-527).
42. Ou então, mais precisamente, visto que sacrifícios, prece e jejum coexistiam, somente as formas menos inadequadas de adoração são preservadas no segundo estágio. A dificuldade exige, porém, mais investigação, já que Maimônides também sustenta que sacrifícios serão retomados na era messiânica. Ver *Livro dos Juízes,* "Leis a respeito de reis e guerras 11" (MAIMÔNIDES. *Mishneh Torah.* Ed. de S. Fraenkel. Jerusalem, 2000. 12 v.).
43. Id. *Guia* III.30 (ed. de Munk, p. 382; trad. de Pines, p. 523).
44. Ibid. III.32 (ed. de Munk, p. 386; trad. de Pines, p. 528-529).
45. Ibid. III.28 (ed. de Munk, p. 374; trad. de Pines, p. 514).
46. Ver *Fundamentos da Lei* 4.10-13; para o significado de *Pardes,* ver Talmud Babilônico, Tratado Ḥagigá 14.
47. STROUMSA, 2009, op. cit., p. 70.
48. Além do mais, no *Guia,* Maimônides abriu o caminho para o próximo estágio. Para o Relato do Princípio, ver *Guia* II.30; para o Relato da Carruagem, ver *Guia* III, Introdução-8.
49. Ibid. II.40 (ed. de Munk, p. 271; trad. de Pines, p. 384).

50. Ibid. III.51 (ed. de Munk, p. 455; trad. de Pines, p. 616); 3.54 (ed. de Munk, p. 467; trad. de Pines, p. 633-634).
51. Id. *Conhecimento*, Leis acerca do Estudo da Torá 1.11-12.
52. Id. *Guia* III.51 (ed. de Munk, p. 455; trad. de Pines, p. 619).
53. Ver Fundamentos da Lei 1.5; 1.7.
54. MAIMÔNIDES. *Conhecimento*, Leis acerca do Arrependimento 10.5, cap. 10.1.
55. Id. *Guia* III.51 (ed. de Munk, p. 455; trad. de Pines, p. 619).
56. Sobre Ibn Tibbon, ver FRAENKEL, 2007, op. cit.; ROBINSON, J. T. *Samuel Ibn Tibbon's Commentary on Ecclesiastes*. Tübingen, 2007. Como mencionei supra (nota 1), nem todos os maimonidianos partilhavam do enfoque de Ibn Tibbon. O escopo exato do impacto desse fato precisa ser mais estudado.
57. MAIMÔNIDES. *Guia* I, Introdução (ed. de Munk, p. 7; trad. de Pines, 11).
58. Ver RAVITZKY, 1981, op. cit., p. 108-116.
59. IBN TIBBON. *Perush Qohelet.* Ed. de J. T. Robinson. Tese (Doutoramento), Harvard University, 2002; trad. de J. T. Robinson como *Samuel Ibn Tibbon's Commentary on Ecclesiastes*. Tübingen, 2007 (ed. de Robinson, par. 198; trad. de Robinson, par. 180).
60. Ibid. (ed. de Robinson, par. 334; trad. de Robinson, par. 308).
61. Ibid. (ed. de Robinson, par. 335; trad. de Robinson, par. 309).
62. Ibid. (ed. de Robinson, par. 200; trad. de Robinson, par. 181).
63. Ibid. (ed. de Robinson, par. 336; trad. de Robinson, par. 310).
64. Ver MAIMÔNIDES. *Guia* I.2; II.6.
65. Ver IBN TIBBON, 2007, op. cit. (ed. de Robinson, par. 18; trad. de Robinson, par. 16); id. *Ma'amar yiqqavu ha-mayim* [Tratado sobre A Junção das Águas]. Ed. de M. Bisliches. Pressburg, 1837: 22, p. 174.
66. Id., 2007, op. cit. (ed. de Robinson, par. 335; trad. de Robinson, par. 309).
67. Para uma explicação geral dessa relação, ver ibid. (ed. de Robinson, par. 43-57; trad. de Robinson, par. 39-52).
68. Ibid. (ed. de Robinson, par 52-53; trad. de Robinson, par. 48-49).
69. Ver ibid. (ed. de Robinson, par. 17-23; trad. de Robinson, par. 15-20; id., 1837: 22, op. cit., p. 174-175).
70. Ibid.
71. Ibid.

A Alquimia na Cultura Judaica Medieval: Uma Ausência Notada*

Gad Freudenthal

O termo "alquimia" deve ser entendido aqui como a doutrina que afirma a possibilidade de transmutação dos metais, em particular a transmutação de metais de menor valor em metais nobres. Serão desconsideradas teorias correlatas não essenciais à doutrina alquímica, tal como a que afirma a correspondência entre os sete metais e os sete planetas. Os aspectos médicos da alquimia (a exemplo da teoria do elixir como medicamento universal ou a noção de que a digestão – a transformação dos alimentos em partes "nobres" do corpo por meio da concocção – é um modelo para a maturação ou transmutação dos metais) também serão omitidos, por falta de pesquisa relevante. Limitando-se ao período medieval, o artigo deixará de lado tanto a Renascença na Itália, quando um novo contexto cultural transformou radicalmente a postura dos eruditos judeus em relação à alquimia, como a alquimia tardia que se desenvolveu em contextos cabalísticos (por exemplo, com Ḥayim Vital).

Sabemos que em ambas as áreas culturais, a islâmica e a cristã, houve judeus que praticaram a alquimia. O que sabemos com maior segurança, no

* Tradução de Anna Lia A. de Almeida Prado do original inglês: Alchemy in Medieval Jewish Cultures: A Noted Absence. In: FREUDENTHAL, Gad (Org.). *Science in Medieval Jewish Cultures*. New York: Cambridge University Press, 2011, p. 343-358. Revisão técnica de Rosalie Helena de Souza Pereira.

entanto, é que os judeus não escreveram textos sobre a alquimia na Idade Média. Essa notável lacuna foi apontada por Moritz Steinschneider, seguido por Gershom Scholem[1], e se confirma pela ausência virtual da alquimia nas classificações das ciências encontradas nas obras medievais escritas por judeus[2]. Meu propósito aqui é descrever o que conhecemos sobre a familiaridade dos judeus com a teoria e a prática alquímicas e, assim, levantar a questão (sem respondê-la totalmente) do porquê de não haver escritos alquímicos de autoria de judeus medievais. A história completa da alquimia em árabe e em hebraico ainda está por ser escrita; as observações a seguir não são mais do que alguns marcos de um itinerário[3].

Desnecessário dizer que a alquimia foi uma florescente disciplina na área cultural arabofalante, tanto na prática como na teoria[4]. Comecemos por um breve relato do que conhecemos sobre a prática judaica da alquimia em contextos culturais islâmicos.

Um documento gaônico no qual se preserva a história de um judeu que, para ficar rico, quis aprender a arte no Egito fornece uma rara e preciosa visão do contexto social da alquimia. Trata-se do registro de um julgamento realizado em meados do século X perante Shemarya b. Elḥanan – diretor da importante academia rabínica de Fustat[5] –, no curso do processo de Avraham bar Sa'ad, de Kairouan, contra seu irmão Dhabian. Avraham confiou a Dhabian pedras preciosas para serem comercializadas no Egito; confiou-lhe também seu jovem filho Tib [Tayyib?], que acompanharia Dhabian na viagem, aprenderia a comerciar e eventualmente voltaria para casa após a realização dos negócios. No decurso de muitos acontecimentos, incluindo a história relativa à alquimia, Dhabian perdeu as pedras preciosas e depois as recuperou, mas não pagou ao irmão. Assim, este vai ao Egito e recorre ao tribunal rabínico. O episódio que nos interessa é narrado em sua queixa como segue:

> Quando eles [Dhabian e Tib] chegaram ao Egito, meu irmão se extraviou e buscou coisas que antes não era seu costume buscar, diferentes de todas as espécies [comuns] de mercadoria[6]. Começou a se entregar a algo que é próprio dos reis, a uma atividade em que qualquer um que nela adentre destrói a si mesmo pelas próprias mãos, a saber: a Obra [*ma'ase*] da alquimia. Havia um homem que era associado com as autoridades reais na realização dessa Obra. Meu irmão Dhabian combinou com ele que lhe ensinasse essa Obra, de forma que ele [Dhabian] pudesse beneficiar-se de uma atividade que é perigosa e da qual [na verdade] não provém benefício. Bem, esse charlatão pôs a perder o dinheiro de muita

> gente, ao sugerir [enganosamente] às autoridades reais que ele as estava enriquecendo [às autoridades][7]. Quando o charlatão se viu prestes a ser preso pelas autoridades reais – pois tudo o que fazia era enganoso e tolo –, fugiu e não pôde ser encontrado. O vizir do rei o procurou, mas não conseguiu encontrá-lo. Disseram-lhe então [ao vizir do rei] que [o charlatão] fora levado clandestinamente para o Maġreb por Dhabian, o Judeu, de modo que ele [o charlatão] realizasse ali essa Obra para ele e, com isso, ambos enriquecessem. Eles procuraram Dhabian, mas ele se escondeu e não pôde ser achado. Meu pobre filho Tib e um parente, todavia, foram capturados e receberam ordem de encontrar Dhabian. Procuraram por ele, mas não o encontraram. Depois disso, Tib e o outro foram açoitados com chicote e ambos morreram em consequência das chicotadas. Dhabian permaneceu no esconderijo, e todas as pedras preciosas, junto com tudo o que era seu, foram confiscadas pelas autoridades reais[8].

Aqui a arte da transmutação é associada a altos círculos e o perigo lhe é inerente: "é própria dos reis, uma atividade em que qualquer um que nela adentre destrói a si mesmo pelas próprias mãos"; é "uma atividade perigosa". Enquanto Avraham bar Sa'ad descreve a alquimia como tentadora – por isso atraíra Dhabian –, afirma que ela se baseia no engano deliberado e na charlatanice. Ao mesmo tempo, sua história sugere que muitos, na corte real, e por um bom tempo, continuaram a crer na possibilidade de transmutação: não só muitos indivíduos confiaram seu dinheiro ao alquimista, acreditando que ele logo teria sucesso no empreendimento, como houve pessoas que, mesmo depois de ele ter desaparecido, ainda acreditavam que sua intenção era levar a termo o projeto no Maġreb, junto com o sócio judeu.

Consideremos agora o envolvimento dos judeus com a teoria alquímica ou o que conheciam sobre ela. Na cultura árabe, encontram-se discussões sobre a alquimia e seus fundamentos teóricos não apenas nos tratados alquímicos, mas também em numerosos escritos filosóficos, alguns simpáticos a ela, como os dos Iḫwān al-Ṣafā' [Irmãos da Pureza], e em outros mais circunspectos ou hostis, como os dos filósofos aristotélicos. Autores judeus que escreviam em árabe tinham familiaridade natural com essa literatura, e seu conhecimento se refletia em dois níveis: nos escritos especificamente alquímicos e nos escritos filosóficos ou religiosos que mencionam a alquimia.

Códices remanescentes de textos alquímicos árabes escritos no alfabeto hebraico, inclusive fragmentos procedentes da Genizá do Cairo, atestam que os judeus liam e copiavam tais textos para uso próprio[9]. Essa literatura ainda está à espera de exploração; até o presente, nada se pode afirmar de seu caráter, datação e finalidade. No Maġreb, judeus escreveram sobre a alquimia e a praticaram até o século XX, interesse que pode ser evidência de uma tradição que remonta a um passado distante[10]. Um manuscrito alquímico escrito em 1865 na ilha de Jerba, na Tunísia, indica que também ali existiu tradição similar[11]. Recentemente, Y. Tzvi Langermann descreveu um interessante códice alquímico iemenita do século XX que contém excertos de várias fontes, conhecidas e desconhecidas[12]; isso também parece testemunhar um interesse contínuo pela arte em alguns círculos de adeptos.

Mais claras são as referências à alquimia em vários textos teológicos ou filosóficos compostos por judeus em árabe: ali a alquimia não constitui um tema em si, sendo apenas invocada em contextos variados, geralmente para estabelecer comparações. Tais passagens oferecem uma ideia de como a alquimia era entendida por estudiosos medievais judeus na esfera cultural árabe. Eis aqui alguns exemplos[13].

Em *Os Deveres do Coração*, tratado de piedade devocional de inspiração sufi, escrito em árabe na segunda metade do século X, Baḥya ibn Paqūda convida os leitores a depositar fé em Deus e dar as costas aos interesses mundanos. Para esclarecer esse ponto, afirma que quem age assim terá vantagem sobre o "mestre da alquimia que atingiu a verdade [da alquimia], tanto na teoria como na prática"[14]. Baḥya obviamente endossava as pretensões da alquimia, asseverando, porém, que a fé em Deus é superior até mesmo ao conhecimento de como transmutar metais sem valor em metais nobres, isto é, à posse de riqueza material ilimitada. Ele enumera, então, dez razões pelas quais a fé em Deus é superior à arte do alquimista, levando os leitores a compreender que o alquimista usa instrumentos específicos, manipula substâncias perigosas e pratica uma arte trabalhosa e desagradável. Baḥya enfatiza também que o conhecimento da alquimia, sendo secreto e muito cobiçado, põe em perigo quem o possui.

Em contraste, Yehudá Halevi, um contemporâneo de Baḥya, mais jovem que ele, nega a validade da alquimia. Coerente com seu fideísmo absoluto, argumenta haver um conhecimento que foge ao alcance dos seres humanos – por exemplo, de que maneira as plantas ou os seres vivos são gerados a partir dos quatro elementos. Halevi acrescenta, como um aparte: "presenciamos o insucesso dos alquimistas [...] que tentaram realizar isso"[15].

"Os alquimistas", esclarece em outra passagem,

> pretendem-se capazes de medir o fogo natural com suas escalas, de gerar o que bem quiserem e de transformar a matéria do mesmo modo como o fogo natural [= vital] age no animal, transformando alimento em sangue, carne, ossos e outras partes do corpo. Eles operam para encontrar um fogo análogo.

"Entretanto", adverte Yehudá Halevi, "foram induzidos ao erro por uma experiência [casual] que tiveram; [seu empreendimento não está fundamentado em] nenhum raciocínio teórico"[16]. Halevi claramente pressupõe que seus leitores estavam familiarizados com a alquimia, cujas pretensões ele busca refutar dirigindo contra suas premissas um vigoroso raciocínio teórico[17].

Maimônides, como é sabido, opôs-se veementemente a todas as ciências "herméticas". Não dedicou uma discussão especial à alquimia por não julgá-la digna de atenção. (Lembremos que, embora tenha sempre se oposto energicamente à astrologia, Maimônides escreveu a *Carta sobre a Astrologia*, porém em resposta a um pedido explícito e não por iniciativa própria.) Em todo caso, um lacônico aparte oferece um vislumbre de sua percepção acerca dos tratados alquímicos. Segundo relata, Galeno duvidava que a obra *Humores*, atribuída a Hipócrates, fosse autêntica e comenta: "O que o leva [a essa dúvida] é o fato de tal livro ser confuso, parecendo as composições dos alquimistas ou até pior"[18].

Alguns autores judeus recorreram ao símile alquímico apenas para efeito pedagógico, sem tomar partido sobre sua veracidade. Assim, por volta de 1350, Yehudá ben Asher (filho do célebre Rosh, o R. Asher ben Yeḥiel) escreveu em Toledo a respeito da metempsicose:

> Em suma, com a alma e com a metempsicose, passa-se tal qual na alquimia: alguém se empenha em elevar o que é vil ao nível de algo nobre. E, se não obtém sucesso na primeira vez, repete uma segunda e uma terceira vez, vertendo [a preparação] de um recipiente em outro até que dê certo[19].

Desse modo, como vemos, autores judeus que trataram da filosofia religiosa em árabe (para leitores judeus) referem-se aqui e ali à alquimia: não estavam interessados nela como tal, mas a usaram, ou melhor, usaram o conhecimento comum sobre ela para fazer considerações teológicas comparativas. Note-se que não tinham uma atitude uniforme: enquanto Baḥya e Yehudá ibn Tibbon, seu tradutor para o hebraico, endossaram a alquimia, Yehudá Halevi e Maimônides a rejeitaram, ainda que não pela mesma razão. Logo, não havia uma "posição judaica" uniforme sobre a alquimia; as preocupações específicas do judaísmo não tiveram peso na atitude em relação a essa disciplina e às suas verdadeiras pretensões.

Voltemos agora à informação sobre alquimia acessível a leitores judeus da Europa, a maioria dos quais não conhecia o árabe. Cabe aqui uma palavra de cautela. Hoje, conhece-se um grande número de códices que contêm antologias de textos alquímicos hebraicos traduzidos de várias línguas[20]. Os próprios manuscritos são tardios (séculos XVI e XVII), como o são também diversos outros manuscritos isolados que ainda não terminamos de elencar. Contudo, esses manuscritos, pelo menos em parte, já haviam sido copiados de outros mais antigos; alguns textos que eles trazem podem ser medievais. Uma vez que nenhuma dessas antologias ou nenhum desses manuscritos foi objeto de estudo profundo, não podemos hoje fazer afirmações definitivas sobre o *corpus* de textos alquímicos acessíveis em hebraico no período medieval. O esboço abaixo apresenta somente textos que comprovamos serem de fato medievais, razão pela qual se reduz ao mínimo.

Muito cedo as obras de Baḥya e de Halevi foram traduzidas para o hebraico por Yehudá ibn Tibbon, em 1161 e 1167, respectivamente. Essas foram com certeza as ocasiões mais remotas em que os leitores judeus tomaram conhecimento da existência e da natureza da alquimia, assim como de sua controversa validade. No século seguinte, um dos raros textos alquímicos conhecidos em perfeito estado, e sem dúvida traduzido do árabe para o hebraico no período medieval, veio à luz na Provença (o tradutor é desconhecido). Trata-se de *'Em ha-Melek̲* [A Mãe do Rei], atribuído a Abū Aflaḥ al-Sarkustī [= de Siracusa, na Sicília], autor de quem nada se sabe, talvez fictício, mas a quem também se credita o *Sefer ha-Tamar* [O Livro da Palmeira], que discute a descida dos *pneumata*[21]. Os originais árabes são desconhecidos.

O propósito declarado de *'Em ha-Melek̲* é persuadir os leitores da "veracidade da arte filosoficamente fundamentada chamada entre os estudiosos 'alquimia', que permite obter sucesso na acumulação de dinheiro e na aquisição de fortuna". O desejo de acumular riqueza é justificado com a afirmação de que a transmutação permitirá ao destinatário (se tiver sorte) satisfazer suas necessidades materiais, de maneira que possa prosseguir em seu solitário estudo sem ser perturbado e possa continuar mergulhado em "pesquisas profundas"[22]. A obra consiste em três "portais". O primeiro, como o próprio autor declara, deriva de obras de filosofia natural, sendo uma espécie de introdução aos procedimentos "artificiais", isto é, alquímicos, descritos adiante[23]. O autor discute a teoria das duas exalações de Aristóteles, a relação entre os metais e os planetas e diversos metais e outras substâncias. Na descrição das propriedades dos metais, baseada na teoria súlfur-mercurial da formação do metal, observa que, "mediante uma bem conhecida manobra, o estanho pode ser transformado em prata [...], tal como dissemos da prata que sua natureza está próxima da do ouro, [de modo que,] mediante uma cuidadosa manipulação, podemos transformá-la em ouro"[24]. Em seguida, o autor faz uma digressão neste breve comentário teórico:

> Caso sejamos criticados por um dos que negam a possibilidade de uma espécie transmutar-se em outra (com exceção de uma espécie de trigo que se transmuta na espécie *yul* e da aveleira, que também se transmuta em outra espécie), retorquiremos: isso não é [uma operação] em que uma espécie se transmuta em outra. Pois [na natureza] a prata é cozida nas entranhas da terra e se torna ouro no decorrer de um longo tempo. [Donde, portanto, não há mudança de espécie.] Os mestres de tal arte [alquímica] realizam essa mesma concocção em tempo breve[25].

Por "um dos que negam", presume-se que o autor tivesse em mente Ibn Sīnā [Avicena], visto ser justamente dele o argumento refutado[26]. Ao concluir a discussão sobre as propriedades dos metais, o texto afirma que todos os metais podem ser transformados em prata ou ouro "mediante os procedimentos dessa arte, como esclarecerei quando lhes desvelar seus segredos no próximo portal"[27].

O segundo portal distingue três modos de "operação", faz um balanço teórico deles e em seguida descreve um considerável número de operações[28]. O terceiro portal contém receitas práticas que o autor, segundo afirma, recebeu dos "antigos" e as experimentou ele próprio[29]. *'Em ha-Meleḵ* propicia a seus leitores uma visão da natureza da alquimia e lhes oferece uma amostra da literatura alquímica.

Embora não possamos dizer em que medida *'Em ha-Meleḵ* (preservado em pelo menos três manuscritos) foi objeto de estudos, algumas de suas seções foram incorporadas em duas outras composições. Uma delas é a conhecida obra enciclopédica *Sha'ar ha-Shamayyim* [O Portal do Céu], de Gershon b. Solomon[30]. Esta, aliás, acaba nos oferecendo um *terminus ante quem* para a versão hebraica de *'Em ha-Meleḵ* [ca. 1280], o que se confirma pelo fato de ela ser citada também por Qalonymos b. Qalonymos em 1320[31]. Gershon escreve apenas sobre o primeiro portal de *'Em ha-Meleḵ*, omitindo as receitas alquímicas: incorporou à sua enciclopédia o curto parágrafo citado acima, dando a seus leitores, com isso, os fundamentos da definição da alquimia e da controvérsia a respeito de sua validade. Gershon, contudo, reviu o parágrafo; distanciou-se da possibilidade de transmutação, modificou ligeiramente o argumento e incluiu informação adicional:

> Alguns estudiosos afirmam que, por uma bem conhecida manobra, ele [o estanho] pode ser transmutado em prata, pois é próximo da natureza desta, [de forma que] com [isto é, sob a ação de] uma pequena causa pode ser salvo de suas qualidades acidentais. É o mesmo que disseram da prata, a qual, por natureza, está próxima do ouro e, por um artifício bem planejado, pode ser transmutada em ouro. Essa arte é chamada "alquimia". Aristóteles a nega e sustenta ser impossível que uma espécie se transforme em outra. (Com exceção de duas espécies: uma espécie de trigo que eventualmente se transforma em outra espécie, chamada *yul*, e uma espécie de aveleira que, quando fica muito velha, deixa de produzir frutos por um longo período e, depois, produz frutos de outra espécie. Existe ainda, contudo, uma terceira espécie.) Alguns estudiosos acreditam nessa manobra, argumentando que [o que ocorre] não é a transmutação de uma espécie em outra. Em vez disso, a prata, quando cozida por um longo tempo no calor da terra, torna-se ouro, [então] os praticantes de tal arte [alquimia] conseguem essa mesma concocção em curto tempo[32].

Gershon evitou deliberadamente tomar partido sobre a questão, contentando-se com uma apresentação factual de argumentos a favor e contra, apoiando-se apenas na filosofia natural. Muito significativa é a frase "Aristóteles a nega e sustenta ser impossível que uma espécie se transforme em outra", em que Gershon substituiu a frase de *'Em ha-Melek̲* – "um dos que negam" – pelo nome de Aristóteles. A mudança deve ter se baseado em informação que Gershon obteve de estudiosos cristãos. Isso porque, como mostraram Jean-Marc Mondosio e Carla Di Martino, pouco antes do fim do século XIII Alfredo de Sareshel incorporou uma seção sobre minerais – extraída de *Al-Šifā'* [A Cura], de Ibn Sīnā (Avicena), que incluía as objeções à possibilidade de transmutação – à versão latina do quarto livro dos *Meteorológicos*, de Aristóteles. Por consequência, o argumento de Ibn Sīnā foi atribuído a Aristóteles nas obras latinas de filosofia natural. Somente um estudioso familiarizado com o texto de Alfredo de Sareshel poderia identificar "um dos que negam" com

Aristóteles[33]. De fato, Gershon relata que, em seu livro, baseou-se em informações obtidas em conversas com estudiosos cristãos[34].

A segunda obra em que foi interpolada uma seção de *'Em ha-Melek̲* é *'Iggeret ha-Sodot* [Epístola dos Segredos], erroneamente atribuída a Maimônides. Quanto ao que pode ser a versão básica desse texto (descrito em seguida), ao menos um manuscrito traz como apêndice uma longa passagem tomada praticamente *verbatim* de *'Em ha-Melek̲*[35], que parece, assim, ter desfrutado de alguma audiência.

'Iggeret ha-Sodot é outra obra inteiramente dedicada à alquimia que estava disponível aos estudiosos que liam hebraico[36]. O fato de se apresentar como uma carta de Maimônides a seu caro discípulo Yosef b. Yehudá implica que foi escrita por um judeu e para leitores judeus. A ocorrência de termos árabes traduzidos para o vernáculo (castelhano?) sugere que o texto foi escrito em árabe e depois traduzido para o hebraico na Península Ibérica, ou (menos provável) que foi composto por um judeu que vivia na Espanha cristã numa época em que alguns judeus ainda conheciam o árabe, ao passo que, para outros, o vernáculo era mais proveitoso. Em ambas as hipóteses, é possível que *'Iggeret ha-Sodot* date do período medieval tardio. A obra discute a transmutação e vários remédios e procedimentos da magia astrológica.

Os autores de enciclopédias hebraicas variaram no tratamento dispensado à alquimia. A ideia da transmutação é mencionada rapidamente na enciclopédia *Midrash ha-Ḥok̲má* [O Estudo da Sabedoria] por Yehudá b. Solomon [c. 1240], que julga impossível a "Grande Arte"[37]. Gershon b. Solomon, já vimos, tratou disso em poucas palavras e sem assumir uma posição explícita sobre sua validade. Por outro lado, um contemporâneo mais velho, Shem Ṭov ibn Falaqera, autor (entre outros títulos) da enciclopédia *De'ot ha-Filosofim* [Opiniões dos Filósofos], não discutiu a alquimia em sua vasta obra porque, presume-se, a teoria alquímica era incompatível com sua visão estritamente aristotélica[38]. Na tradução hebraica de *Iḥṣā' al-ᶜulūm* [Classificação das Ciências], entretanto, ele assinala explicitamente a ausência da alquimia e de outras "artes" na lista de Al-Fārābī: "Esses ramos não foram registrados por alguns filósofos quando elencaram as ciências", observou, acrescentando em seguida: "para tornar completo o livro, eu as mencionei". Ibn Falaqera de fato interpolou uma pequena passagem, extraída de Ibn Sīnā, na qual escreve que o propósito da alquimia "é privar as substâncias minerais de suas propriedades [...] e prover algumas delas com propriedades de outras [substâncias], realizando, assim, a produção de ouro e prata a partir de outras substâncias"[39].

À disposição dos estudiosos que liam hebraico, havia uma importante e concisa afirmação sobre a natureza da alquimia em outra versão hebraica da *Iḥṣā' al-ᶜulūm*, de Al-Fārābī, versão mais tardia e preparada por Qalonymos b. Qalonymos em 1314[40]. Esse influente texto – era a única "monografia" sobre a classificação das ciências em hebraico – traz uma apresentação das "ciências, artes e esquemas" derivados das ciências naturais – a saber, medicina, alquimia e magia –, cada uma delas descrita com seus fins, métodos, instrumentos etc.[41] Al-Fārābī caracteriza a alquimia da seguinte maneira: "Sabe-se como produzir ouro e prata a partir do que não é em realidade ouro e prata, com o mesmo emprego em relação aos outros metais". Em seguida, ele explica que os alquimistas usam o fogo para produzir os metais nobres a partir da matéria de características mais próximas, realizando assim, pela arte humana, o que na natureza é feito pelo sol. Assinala que os escritos alquímicos dividem-se nos que se destinam à prática e nos que dizem respeito à teoria e proporciona um breve apanhado do equipamento empregado[42]. É digno de nota que Qalonymos, o tradutor de Al-Fārābī, parece ter tido um interesse especial pela alquimia: um relato medieval menciona "o *Livro dos Venenos*, de Jābir ibn Ḥayyān, encontrado pelo culto *Maestro* Calo [= Qalonymos b. Qalonymos] nos tesouros de nosso rei e senhor [Robert d'Anjou], descanse ele em paz"[43]. O texto em questão foi descoberto recentemente por Y. Tzvi Langermann[44]. A passagem sobre a alquimia na versão hebraica de *Iḥṣa al-ᶜulūm* causou algum impacto sobre a posteridade, visto ter sido citada *in extenso* em dois comentários do século XV sobre o *Kuzari*, de Yehudá Halevi[45].

Uma rápida caracterização da alquimia estava disponível na versão hebraica de *O Segredo dos Segredos*, o popular tratado medieval sobre governança, texto compósito cujo breve capítulo final é dedicado às ciências "especiais" (isto é, arcanas). A versão curta dessa obra pseudoepigráfica em árabe, atribuída a Aristóteles, foi traduzida para o hebraico por um tradutor anônimo (século XIV?) e preservada num grande número de manuscritos[46]. O capítulo fornece algumas instruções práticas sobre o uso de venenos e pedras e contém dois pequenos parágrafos sobre a alquimia. No primeiro, lê-se:

> A ciência das ciências é para conhecer a produção da prata e do ouro. Sua genuína [produção] é impossível, pois é impossível imitar a Deus (exaltado seja Ele) em Seus atos essenciais. Esclarecido isso, os acidentes são alcançáveis; não há impedimento em relação a eles. Essa [impossibilidade] é parte das leis necessárias [*nimmusin*]. É permitido, portanto, manipular os acidentes[47].

A posição expressa aqui é que mudar a *essência* dos metais mediante a ação humana é impossível, pois isso significaria imitar a Deus. Em consequência, metais sem valor não podem *realmente* ser transmutados em prata ou ouro. Seus acidentes, entretanto, podem ser mudados por artifício[48]. Segue-se então o início do que parece ser uma receita para tal manipulação, que envolve a aplicação de arsênico a mercúrio. Contudo, o texto da receita (tal como foi publicado, pelo menos) parece incompleto. O segundo parágrafo sobre a alquimia no *Segredo dos Segredos* consiste nesta pequena exortação moralizante: "Estai cientes de que a alquimia [*ha-qimiyá*] é uma ciência que não é verdadeira. [Verdadeiras são] antes a lavra e a semeadura. Deveis, portanto, apreciá-las mais e, por meio delas, prosperareis e vereis vosso governo e vossos domínios aumentarem"[49].

Isso é praticamente tudo o que sabemos com certeza a respeito da transferência de conhecimento sobre alquimia do árabe para o hebraico. Ao que parece, não houve traduções medievais do latim para o hebraico de escritos alquímicos. Por outro lado, um genuíno, embora curto, manual de alquimia prática foi traduzido do vernáculo ibérico para o hebraico. Esse texto, até recentemente desconhecido, foi encontrado num manuscrito conservado na catedral de Toledo[50]. Datado de fins do século XV, esse manuscrito contém o texto grego das obras de Euclides; o provável texto autógrafo hebraico foi escrito em suas largas margens. Somente umas 18 páginas (de um total de 170) foram reutilizadas dessa maneira. A escrita é difícil de decifrar, e o hebraico, espinhoso, difícil de entender. O texto, que dá instruções práticas sobre como realizar a "Arte" e preparar a Pedra, não parece obra de um estudioso, mas de um leigo que se interessou pela alquimia (prática) e escreveu o opúsculo para uso próprio. Isso poderia explicar por que aparentemente não exerceu influência sobre a posteridade. Até onde sabemos, trata-se do único texto hebraico pré-renascentista que traz os símbolos alquímicos para os sete planetas/metais. Esse texto, que merece ser estudado, não contém nenhuma ilustração do aparato alquímico.

Estudiosos que liam hebraico puderam, assim, adquirir informação geral sobre a alquimia, mas não tiveram acesso à literatura alquímica, teórica ou prática. Não admira, portanto, que nenhum trabalho alquímico tenha sido composto em hebraico na Idade Média. Tudo o que encontramos são referências ocasionais à alquimia, de caráter semelhante ao que vemos nos escritos de Baḥya ibn Paqūda e de Yehudá Halevi. Yosef ibn Kaspi [1280-após 1332], por exemplo, discute milagres e procura mostrar que certos processos naturais extremamente raros não devem ser confundidos com os que são impossíveis.

Nesse contexto, refere-se à alquimia: "Não há dúvida de que a arte da alquimia é uma arte verdadeira, de modo que aquele que a conhece é capaz de substituir o cobre pelo ouro". É somente porque suas operações são tão pouco conhecidas que muitas pessoas julgam impossível a transmutação de metais sem valor em ouro[51]. Num movimento retórico similar, mas pressupondo a alquimia como falsa, Yosef Albo [c. 1380-1444] traça a seguinte analogia: a aversão ao que é impróprio, quando adquirida por meio da lei divina, é duradoura, exatamente como a prata genuína, que pode ser fundida muitas e muitas vezes sem que perca sua natureza; a aversão ao que é impróprio adquirida por meio da lei convencional, ao contrário, é como a prata falsificada". Conforme ele explica,

> da prata falsificada, produzida pela arte alquímica, parte dela é tal que pode resistir a uma fundição sem trair sua má qualidade; porém, se fundida uma segunda vez, sua baixa qualidade torna-se evidente. Uma outra parte [da prata falsificada] resiste a duas fundições; outra, a três ou quatro ou cinco, mas no final sua qualidade pobre é descoberta [...]. [Ao contrário,] a prata pura, que é refinada nas entranhas da terra e [lá] submetida a numerosos refinos sucessivos, é pura de toda falsidade, sedimento e mistura, de sorte que não poderá ser nunca mudada depois, ainda que fundida muitas vezes.

Assim também, conclui Albo, "a aversão ao impróprio que se adquire por meio da Torá é 'pura, duradoura para sempre' [Salmos 19:10]"[52]. Abraão Altabib, em meados do século XIV, escreve (em conexão com o comentário a Êxodo 32:20, de Abraão ibn Ezra) que "o ouro jamais é consumido pelo fogo [...] e livros de alquimia descrevem essa qualidade específica [*segullá*], que é uma grande maravilha, especialmente aos olhos de ourives que conhecem sua natureza"[53]. Discutindo as *segullot*, Shimon ben Ṣemaḥ Duran [1361-1444] adota a postura antitética: observa *en passant* que a alquimia é um erro e que "muitos homens se perderam e desperdiçaram a vida devido ao desejo de acumular riqueza"[54]. Na última década do século XV, o médico Samuel Abuláfia, um exilado da Espanha, advertiu o sultão Bayazid II (que reinou entre 1481 e 1512) de que um homem que propõe transformar chumbo em ouro é um embusteiro: isso mostra que a questão da validade da alquimia continuava a ser discutida na Espanha medieval e que havia uma tradição que a considerava uma fraude[55]. Também na literatura latina e na vernácula os alquimistas são frequentemente representados como enganadores (ou autoenganadores).

Outro contexto intelectual em que a alquimia desempenha um papel, não obstante novamente menor, é o da Cabala. Ao contrário de uma crença amplamente cultivada, os cabalistas medievais tinham pouco interesse pela teoria alquímica e não praticavam a alquimia; os manuscritos cabalísticos anteriores a 1500 não contêm receitas alquímicas[56]. A razão disso, como apontou Gershom Scholem, é que as premissas básicas da Cabala são incompatíveis com as da alquimia. Para esta, o ouro é sem dúvida a peça teórica central e o objetivo prático da Arte; na Cabala a prata usualmente corresponde ao masculino, ao lado direito, enquanto o ouro, o símbolo do lado esquerdo, o lado feminino, tem um *status* subordinado. Essa colisão entre objetivos básicos nos dois corpos de crença explica a ausência quase total da tradição alquímica no pensamento cabalístico hebraico anterior a c. 1500.

Todavia, no *Sheqel ha-Qodesh* [O Ciclo do Santuário], Moisés de León alude explicitamente à transmutação. Ele relaciona o ouro, a prata, o cobre e o estanho aos quatro elementos (fogo, água, ar e terra, respectivamente) e também aos quatro pontos cardinais (ideia não colhida em fontes alquímicas), afirmando em seguida: "O cobre é vermelho e isso é o que o torna capaz de fazer surgir duas naturezas [a do ouro e a da prata]. Os que são especialistas nessa Arte empregam a natureza para produzir a[s] natureza[s] do ouro e da prata a partir do cobre"[57]. Essa passagem pode ter um sentido cabalístico[58]. Também o *Zohar* contém uma passagem, em meio a uma discussão teosófica, que admite a transmutação dos metais (inclusive de metais sem valor em metais nobres)[59].

As fontes disponíveis a esses cabalistas de fins do século XIII devem ainda ser identificadas. Suas esparsas declarações exerceram, em todo caso, pouca influência. Escrevendo durante a juventude e ainda na Espanha [c. 1480], o rabino Yosef Taitatzak foi o primeiro a relacionar a alquimia com a teologia mística e a postular que o conhecimento da Cabala é um requisito para a prática da alquimia; é significativo que essa linha de pensamento não tenha sido seguida pelos discípulos de Taitatzak. A aproximação entre a alquimia e a "ala" hispânica da Cabala (inclusive suas extensões, principalmente a Cabala luriânica desenvolvida em Safed) tem início somente no século XVI[60]. A associação estreita entre a alquimia e a Cabala procede da Cabala cristã[61].

São escassas as evidências que vieram à luz sobre práticas alquímicas de judeus numa Europa cristã. Michael Scot menciona "um judeu chamado Mestre Yaaqov" que ele alega ter visto realizar operações alquímicas, mas nada sabemos sobre essa pessoa; a recente sugestão de que talvez se tratasse de Yaaqov Anatoli, o tradutor que residiu por algum tempo na corte de Frederico II de Hohenstaufen, nos anos 1230, é pouco confiável[62]. Sobre a prática judaica medieval da alquimia em terras cristãs, a informação mais confiável de que dispomos diz respeito a dois alquimistas a serviço do rei de Aragão, ou ligados a ele[63].

O primeiro é o *magister* (ou *don Rabi*) Menaḥem, que em 1345, em Palma de Maiorca, foi acusado de ser "experimentador e necromante" e de falsificar metais. Menaḥem era pago generosamente pelo gentio que o abrigava. Ao que parece, o processo judicial contra ele chamou a atenção do rei Pedro IV de Aragão-Catalunha, um soberano culto e esclarecido que empregava muitos cientistas e eruditos judeus. Em julho de 1346, ele nomeou Menaḥem seu médico pessoal, encarregou-o aparentemente de experimentos alquímicos e passou também a se considerar seu discípulo em astrologia.

São dignos de menção os seguintes pontos na reveladora carreira de Menaḥem: (1) da perspectiva sociológica, o papel social do alquimista está ligado ao do necromante e ao do astrólogo, isto é, à prática das artes ocultas, que em geral eram percebidas como ameaçadoras; (2) o alquimista não trabalha por conta própria, mas sob patrocínio, sustentado por um burguês rico (ao que parece) ou pelo rei; (3) o alquimista é percebido como um falsificador de dinheiro; (4) disso tudo resulta que, embora fosse um meio de alcançar mobilidade social, a profissão de alquimista era também perigosa (como já observado por Baḥya ibn Paqūda).

O segundo alquimista é Caracosa Samuel de Perpignan, um dignitário da comunidade, segundo fontes judaicas. Em 1396, o rei João I, filho e sucessor de Pedro IV, conferiu-lhe o direito de praticar a alquimia sem ser incomodado. À diferença de Menaḥem, não foi empregado pela própria coroa. Pelo decreto, fica patente que a atividade de Caracosa Samuel encontrou séria resistência em sua cidade natal e que, sem o firme apoio do rei, ele corria o risco de ser perseguido pelas autoridades. Caracosa Samuel era o curador das finanças da comunidade, que aparentemente não via sua atividade como ilícita no plano religioso nem a considerava arriscada; essa atividade, entretanto, não é mencionada nas fontes judaicas.

Mestre Menaḥem e Caracosa Samuel são os judeus medievais praticantes da alquimia sobre os quais temos informações mais definidas e pormenorizadas. Devemos considerar, porém, que aparentemente eles não escreveram textos alquímicos em hebraico e que o pouco que sabemos sobre eles e sobre suas atividades alquímicas provém inteiramente de fontes não judaicas. O silêncio das fontes judaicas acerca da alquimia prática não é indicação, assim, de que ela não tenha existido. De fato, pesquisas nos arquivos da pequena cidade de Morvedre, no reino de Valença, revelaram recentemente a existência de dois alquimistas judeus do século XV também não mencionados nas fontes judaicas[64].

Sempre por fontes não judaicas, temos informações esparsas a respeito de alguns alquimistas judeus do sul da Alemanha que se lançaram à produção de ouro e prata e que, a exemplo de mestre Menaḥem e Caracosa Samuel na Espanha, contavam com o patrocínio de um príncipe[65]. Um deles é um certo Salman Teublein, que fechou contrato para praticar no território de vários governantes locais e partilhar com estes os segredos de sua arte. O arquiduque Sigismundo de Habsburgo (que reinou no condado do Tirol em 1439/1446-1490) empregou um judeu chamado Seligmann como seu médico pessoal e alquimista. Nuremberg pode ter sido um centro de atividade alquímica judaica: em 1441, o responsável pela sinagoga foi marcado na testa e na face por ter praticado a alquimia; temos informação de 1472 sobre um judeu que é descrito como "o mestre dos alquimistas em Nuremberg" e que, na verdade, produziu e disseminou moedas falsas. Por fim, temos informação também sobre um judeu chamado Perret Symuel que praticou alquimia no sul da França e no Piemonte e foi executado perto de Genebra em 1444. O denominador comum de todos esses casos é que o alquimista judeu trabalhava para um governante local, aparentemente numa extensão do papel tradicional dos judeus de cuidar dos negócios financeiros de seus senhores. Aqui, mais uma vez, não temos nenhuma informação a respeito dessas pessoas por meio das fontes judaicas: suas atividades alquímicas não faziam parte do campo cultural judaico e presumivelmente se baseavam em escritos não hebraicos (em latim ou na língua vernácula), sendo consequência, assim, da crescente integração de alguns judeus nas culturas hospedeiras. Esses intrigantes casos de alquimistas judeus na Espanha e na Alemanha no século XV vieram à luz só recentemente, e nosso conhecimento sobre eles é ainda muito incompleto; o campo exige mais pesquisas.

Um manuscrito asquenazita do século XV pode estar relacionado a esses desenvolvimentos. Contém uma variada coleção de itens médicos traduzidos do vernáculo, nenhum deles alquímico. Descreve, porém, a destilação de várias substâncias para fins medicinais (de uma dessas operações, o texto diz: "essa arte é chamada sublimação") e traz uma página com quatro ilustrações de instrumentos como o destilador, o forno e o alambique[66]. O aparato desenhado é sem dúvida farmacêutico, não especificamente alquímico. Ainda assim, o manuscrito evidencia que os judeus estavam suficientemente integrados na cultura da maioria, a ponto de poder adquirir e usar instrumentos atualizados que se prestavam também a fins alquímicos.

Esse panorama parece confirmar as afirmações de Steinschneider e Scholem: a teoria alquímica não fazia parte da cultura medieval judaica, especialmente na Europa. O mesmo vale para a prática alquímica, que em geral não despertava interesse entre os judeus medievais; as exceções conhecidas, revistas acima, são raras e tardias, confirmando a regra.

Esse é um notável fenômeno cultural. Deixemos de lado o contexto cultural islâmico, que também é pouco conhecido. Na Europa cristã, a ausência de traduções hebraicas da literatura alquímica contrasta profundamente com a voga de que gozava a alquimia entre os estudiosos latinos, que, começando no século XII, traduziram do árabe um bom número de textos alquímicos. Essa dissimilaridade sugere que estamos lidando com algo que vai além de um fato histórico casual. Na verdade, como assinalado acima, é somente por fontes não judaicas que conhecemos as atividades de mestre Menaḥem, Caracosa Samuel e seus colegas em Valença e na Alemanha, de modo que nossa informação sobre o interesse dos judeus pela alquimia é certamente incompleta. Mas essa ausência de informação é em si um dado cultural, pois implica que a alquimia não fazia parte da cultura judaica como tal. Assim, o desinteresse pela alquimia teórica e prática entre os judeus da Europa medieval requer explicação. Nenhuma pesquisa sistemática foi feita a respeito; as breves observações que seguem devem ser entendidas como tentativas e sugestões. Trato primeiro da prática alquímica, seguindo-se uns poucos comentários sobre a ausência de discussões sobre a alquimia por estudiosos judeus.

Mestre Menaḥem, lembramos, foi levado a julgamento em 1345 por ser "experimentador e necromante" e por falsificar metais. Dos judeus supramencionados, alguns que praticaram a alquimia um século mais tarde também foram perseguidos. Isso aponta para dois fatores que supomos terem contribuído para que os judeus evitassem a prática alquímica. Em primeiro lugar, com frequência percebia-se a alquimia como associada ao ocultismo e à magia negra, o que a tornava particularmente perigosa para um judeu. Em segundo lugar, e provavelmente mais importante, havia a associação com a falsificação de moeda. Por volta dos inícios de 1300, governantes seculares punham em circulação moedas de ouro e prata falsificadas, muitas vezes empregando alquimistas para tal fim. As autoridades eclesiásticas desaprovavam esse expediente e vetavam a prática da alquimia aos membros das ordens monásticas (era incompatível com o voto de pobreza), embora essa regra fosse frequentemente violada. Ainda que a alquimia integrasse o sistema das ciências – a *quaestio de alchimia* costumava constar do currículo das ciências naturais –, era controverso ensiná-la nas universidades como uma disciplina regular (alguns estudiosos a aceitavam até com entusiasmo, enquanto outros a rejeitavam como dúbia ou falsa e ocasionalmente chegavam a condená-la como ciência diabólica)[67].

Essas considerações podem lançar alguma luz sobre a atitude em relação à alquimia na minoritária cultura judaica. De acordo com essa hipótese, a associação entre prática alquímica e moeda falsa inclinava os judeus – grupo social em que o negócio de muitos membros era emprestar dinheiro – a adotar uma atitude similar à da Igreja e, desse modo, manter-se longe de tudo o que se relacionasse à alquimia, até mesmo excluindo-a do sistema das ciências naturais[68]. A influência dominante de Averróis – que identificava a ciência com o *corpus* aristotélico da filosofia natural – sobre o pensamento judaico pode bem ter reforçado essa tendência. Na verdade, os poucos alquimistas judeus que conhecemos (Menaḥem, Caracosa Samuel de Perpignan, os judeus alquimistas da Alemanha) costumavam trabalhar para governantes seculares ou sob o patrocínio deles. Deve-se lembrar, contudo, que não há notícia de nenhuma comunidade judaica que tenha perseguido um de seus membros por prática de atividades alquímicas.

O caráter social peculiar da alquimia como ciência esotérica, transmitida de mestre a discípulo, foi certamente um fator que contribuiu para sua ausência na agenda judaica. Antes de mais nada, a teoria e a prática alquímicas não podem ser aprendidas a não ser que o novato seja iniciado por um mestre. O trabalho de laboratório exige instrução prática, enquanto a literatura alquímica se caracteriza por empregar uma linguagem codificada que é metafórica e simbólica; em consequência, a instrução pessoal ministrada por um mestre é até mais importante nesse campo do que em outros. Dada a confiança (e, em muitos casos, também a afinidade espiritual) que precisa haver na alquimia entre mestre e discípulo, podemos supor que um jovem judeu devia ter dificuldade em achar um mestre cristão para iniciá-lo. Por outro lado, a estrutura social peculiar da alquimia também impedia que judeus obtivessem manuscritos alquímicos, e pode-se presumir que isso tenha contribuído para a falta de traduções hebraicas de literatura alquímica do árabe ou latim. Na Idade Média, os proprietários de manuscritos geralmente relutavam em permitir que fossem copiados, pois um manuscrito que contivesse um texto raro era particularmente valioso[69]. Alguns livros eram mais difíceis de tomar emprestado do que outros: a corporação dos médicos de tempos em tempos proibia que seus membros vendessem livros a judeus[70]. Obter livros sobre a alquimia provavelmente era ainda mais difícil. Já mencionamos o relato de que Qalonymos ben Qalonymos achou um manuscrito do *Livro dos Venenos*, de

Jābir ibn Ḥayyān, na biblioteca de Robert d'Anjou; o fato de isso ter parecido digno de nota (um pouco antes de meados do século XIV) mostra que se tratou de uma ocorrência rara. Se encontramos uns poucos judeus praticantes da alquimia no século XV, isso se deve presumivelmente ao fato de, naquele momento, serem menores as barreiras sociais entre judeus e gentios, reduzindo a severidade dos impedimentos.

Consideremos agora o fato de que estudiosos judeus interessados nas ciências naturais quase nunca discutiam a possibilidade de transmutação, em nítido contraste com seus contemporâneos cristãos. Uma razão, presume-se, é a pouca visibilidade da alquimia, como prática, na comunidade judaica. Outro fator é mais fortuito[71]. A *translatio vetus* dos *Meteorológicos* de Aristóteles trazia um texto interpolado – derivado do capítulo sobre a meteorologia em *Al-Šifā'* [A Cura], de Ibn Sīnā – que introduzia a alquimia no *corpus* aristotélico. A passagem em questão é uma paráfrase latina de três capítulos dos *Meteorológicos* de Ibn Sīnā, feita por Alfredo de Sareshel (antes de 1200) e acrescentada por ele à tradução dos quatro livros autênticos dos *Meteorológicos* (os três primeiros traduzidos por Gerardo de Cremona; o quarto, por Henri Aristippe). Embora soubesse que o texto era de Ibn Sīnā, Alfredo de Sareshel o atribuiu a Aristóteles, aparentemente agindo de boa-fé, acreditando que correspondia a uma doutrina aristotélica autêntica. Alberto Magno argumentaria pouco depois que o autor, na verdade, era Ibn Sīnā, porém muitos leitores o tomaram como aristotélico; seja como for, passou a fazer parte da coleção de livros de Aristóteles estudados nas universidades. Um dos aspectos do texto interpolado é a atenção que dá à alquimia: nega (embora não com veemência) a possibilidade de transmutação, mas, ao mesmo tempo, apresenta a teoria súlfur-mercurial da origem dos metais, muito usada para sustentar o argumento de que a transmutação era possível. Como resultado dessa interpolação, a *questio de alchimia* foi discutida por numerosos comentadores e debatida frequentemente nas universidades; além disso, a alquimia foi considerada uma ciência que remontava à Antiguidade, adquirindo, portanto, legitimidade. Assim, o interesse teórico da universidade escolástica na alquimia se deve, em parte, ao fato de a discussão de Ibn Sīnā sobre a questão ter sido interpolada no *corpus* aristotélico. Nada de semelhante aconteceu em hebraico. Estudiosos que liam esse idioma praticamente não tiveram acesso à informação sobre a alquimia, de modo que nunca desenvolveram um sério interesse por ela.

Em conclusão, pode-se dizer que a alquimia ocupou um lugar menor na prática e no pensamento judaico medieval. Na esfera da cultura islâmica, alguns judeus estudaram e praticaram a alquimia até o período moderno, mas a extensão desse fenômeno é desconhecida. Na Europa cristã, estudiosos judeus tinham conhecimento da existência da alquimia e de seus ensinamentos e se voltaram para ela em diversos contextos. Ao contrário, porém, do que ocorreu nos contextos árabes e latinos, a alquimia não se tornaria um ponto focal de discussões teóricas. Quanto à prática alquímica, embora tenhamos descoberto um punhado de judeus alquimistas, parece ter havido grande reticência quanto ao envolvimento com a prática da alquimia, em especial antes do século XV: o papel econômico dos judeus na sociedade foi provavelmente o fator que mais contribuiu para sua relutância em abraçar uma atividade que se relacionava com falsificação de moeda.

***

Agradecimentos: por suas proveitosas observações a uma versão anterior deste artigo, sou muito grato a Charles Burnett, Didier Kahn, Y. Tzvi Langermann e Jean-Marc Mandosio.

Notas

1. Ver STEINSCHNEIDER, M. *Die Hebraeischen Übersetzungen des Mittelalters und die Juden als Dolmetscher*. Berlin: Kommissionsverlag des Bibliographischen Bureaus, 1893; repr. Graz: Akademische Druck-u. Verlagsanstalt, 1956, p. 273; SCHOLEM, G. Alchemie und Kabbala. *Eranos Jahrbuch*, n. 46, p. 1-96, 1977 (repr. in: SCHOLEM, G. *Judaica*, n. 4. Ed. de Rolf Tiedemann. Frankfurt am-Main: 1984, p. 19-127 (esse artigo substitui o anterior com o mesmo título em *Monatsschrift für Geschichte und Wissenschaft des Judentums*, n. 69, p. 13-30; 95-110; 371-374, 1925); TRACHTENBERG, J. *Jewish Magic and Superstition*: A Study in Folk Religion [1939]. New York, 1970, p. 304, nota 1 (sobre a Europa setentrional).
2. WOLFSON, H. A. The Classification of Sciences in Mediaeval Jewish Philosophy. In: WOLFSON, H. A. *Studies in the History of Philosophy and Religion*. Ed. de I. Twersky; G. H. Williams. Cambridge (MA), 1973, v. 1, p. 478-550.
3. PATAI, R. *The Jewish Alchemists*: A History and Source Book [Princeton/New Jersey, 1994; tradução brasileira publicada pela Editora Perspectiva] contém informações úteis, mas é notoriamente não confiável, devendo ser usado com muito cuidado. Ver, por exemplo, as resenhas de Y. Tzvi Langermann em *JAOS*, n. 116, p. 792-793, 1996, e de Gad Freudenthal em *Isis*, n. 86, p. 318-319, 1995. Chamarei a atenção para isso quando for apropriado no que segue. Patai discute sobre indivíduos de origem judaica duvidosa e sobre judeus convertidos; essas discussões não têm nenhuma relevância ou interesse da perspectiva deste artigo, cujo propósito é descrever a alquimia nos contextos culturais judaicos.

4. Ver ULLMANN, M. *Die Natur- und Geheimwissenschaften im Islam*. Leiden, 1972; id. Kîmiyâ (al-). In: *Encyclopedia of Islam*. 2. ed., v. 5, p. 110 et seq.; SEZGIN, F. *Geschichte des arabischen Schrifttums*. v. 4: *Alchemie-Chemie-Botanik-Agrikultur bis ca. 430 H*. Leiden, 1971.
5. BRODY, R. *The Geonim of Babylonia and the Shaping of Medieval Jewish Culture*. New Haven: Yale University Press, 1998, p. 128.
6. Em vez de "diferentes de todas as espécies [comuns] de mercadoria", talvez: "e para o que ele usou [isto é, o que ele financiou por meio de] a mercadoria".
7. Isto é, o charlatão usou o dinheiro das pessoas para enganar as autoridades reais, levando-as a pensar que fora bem-sucedido ao transmutar metais sem valor em prata ou em ouro.
8. ASSAF, S. *Responsa Geonica* [hebraico]. Jerusalem, 1942, p. 115; anotado em: SCHOLEM, 1977, op. cit., p. 8. Agradeço ao prof. Robert Brody por sua gentileza em opinar sobre a tradução desse documento.
9. Sobre outros manuscritos além daqueles da Genizá, ver PATAI, 1994, op. cit., p. 367-370 (sobre esse texto, ver ULLMANN, 1972, op. cit., p. 125-127) e p. 372-375. Sobre os fragmentos da Genizá, ver YINON, Y. (Paul B. Fenton). (R. Makluf Amsalem, um Alquimista e Cabalista do Marrocos). *Pe'amim*, n. 55, p. 92-123, 1993, cf. p. 93, notas 3 e 4; PATAI, 1994, op. cit., p. 370-371.
10. Cf. YINON, 1993, op. cit., p. 94-95. Um dos mais importantes manuscritos alquímicos hebraicos – o manuscrito Gaster (descrito adiante, nota 20) – pode também ter sido copiado no Marrocos.
11. PATAI, 1994, op. cit., p. 492-513.
12. Ver LANGERMANN, Y. T. Transcriptions of Arabic Treatises into the Hebrew Alphabet: An Underappreciated Mode of Transmission. In: RAGEP, F. J.; RAGEP, S. P. (Org.). *Tradition, Transmission, Transformation*. Leiden: E. J. Brill, 1996, p. 247-260, cf. p. 255-259.
13. Eles são discutidos, entre outros, em: PATAI, 1994, op. cit., p. 144-151.
14. IBN PAQŪDA, B. *Os Deveres do Coração*, 4. Introdução. Na tradução hebraica (c. 1170), Yehudá ibn Tibbon acrescentou uma glosa em que explica "alquimista": "alguém que sabe como transmutar prata em ouro, e cobre e estanho em prata"; aparentemente, ele também considerava válida a alquimia. IBN PAQŪDA, B. *Sefer Torat Ḥovot ha-Levavot*. Edição bilíngue árabe-hebraica. Ed. e trad. de Yosef Qafiḥ. Jerusalem, 1973, p. 187 [e notas 28 e 29].
15. YEHUDÁ HALEVI. *Kuzari* 3:23. Ed. de D. A. Baneth; H. Ben-Shammai. Jerusalem: 1977, p. 114.
16. Ibid., 3:53, p. 133.
17. Para uma esclarecida discussão dessa passagem e das fontes de Halevi, ver WOLFSON, H. A. Halevi and Maimonides on Design, Chance, and Necessity. In: WOLFSON, H. A. *Studies in the History of Philosophy and Religion*. Ed. de I. Twersky; G. H. Williams. Cambridge (MA): Harvard University Press, 1977, v. 2, p. 1-59, cf. p. 40-47.
18. Texto árabe com tradução hebraica em QAFIḤ, R. Yosef (edição e tradução). *Rabbenu Moshe ben Maimon, 'Iggerot*. Jerusalem, 5754 [=1994], p. 144. Também em MAIMÔNIDES. *Commentary on the Aphorisms of Hippocrates*. Hebrew Translation by R. Moses Ibn Tibbon [= *Medical Works*, v. 3]. Ed. de S. Muntner. Jerusalem, 1961, p. 3.
19. BEN ASHER, Y. *Zikron Yehudá*. Jerusalem: Makon Yerushalayim, 2005, § 102.
20. Esses códices são: 1) o célebre manuscrito conhecido por *Gaster*, hoje por London, British Library, Or. 10289. Inicialmente foi descrito pelo próprio GASTER, M. *The Jewish Ency-*

clopedia. New York, 1901, v. 1, p. 328-332; a partir deste, por SULER, B. Alchemie. *Encyclopedia Judaica*. Berlin, 1928, v. 2, col. 137-159. (traduzido na *Encyclopedia Judaica*. Jerusalem, 1971, v. 2, p. 542-549.); PATAI, 1994, op. cit., p. 420-434. Ver o estudo de um dos textos do *Gaster* em LANGERMANN, Y. T. The Hebrew Version of *Semita recta*, an Alchemical Treatise Attributed to Albertus Magnus. *Aleph*, n. 5, p. 273-284, 2005; 2) MS Manchester, John Rylands University Library, n. 1435, descrito em PATAI, 1994, op. cit., p. 381-392; 3) MS Berlin, Staatsbibliothek, Or. Oct. 514, descrito em ibid., p. 407-416.

21. O *Sefer ha-Tamar* foi editado *in extenso* com fragmentos do *'Em ha-Meleḵ* em SCHOLEM, G. *Sefer ha-Tamar. Das Buch von der Palme des Abû Aflah aus Syracus*. Ein Text aus der arabischen Geheimwissenschaft. Nach der allein erhaltenen hebräischen Übersetzung. Ed. e trad. de G. Scholem. Jerusalem, 1926-1927. Scholem traduziu apenas o *Sefer ha-Tamar*, e não os excertos do *'Em ha-Meleḵ*. Estes são apresentados e traduzidos quase integralmente em PATAI, 1994, op. cit., p. 98-118. Sobre o *Sefer ha-Tamar*, ver também LEICHT, R. *Astrologumena Judaica*. Tübingen: Mohr Siebeck, 2006, p. 306-308.
22. *'Em ha-Meleḵ*. Ed. de Scholem, p. 39.
23. Ibid., p. 43 (pé da página).
24. Ibid., p. 42-43. O texto traz erroneamente *kesef ḥai* em vez de *kesef*.
25. Ibid., p. 43.
26. IBN SĪNĀ [AVICENA]. *Al-Šifā'*, v. 5. In: HOLMYARD, E. J.; MANDEVILLE, D. C. (editores e tradutores). *Avicennae De congelatione et conglutinatione lapidum*. Being Sections of the *Kitāb al-Shifā'*. Paris: Geuthner, 1927, p. 85-86 [texto]; p. 41-42 [tradução]. Ver também a Introdução, p. 5-6. Isso estabelece um *terminus post quem* para a data do original árabe do *'Em ha-Meleḵ*. Talvez aqui o autor se valha de um texto árabe em que as objeções de Ibn Sīnā foram apresentadas junto com sua refutação; isso explicaria a vaga referência "aos que negam" a alquimia. Sou grato a Jean-Marc Mondosio por essa observação.
27. *'Em ha-Meleḵ*. Ed. de Scholem, p. 43.
28. Ibid., p. 44. Omitidas por Scholem, a descrição das operações está traduzida em PATAI, 1994, op. cit., p. 108-113.
29. *'Em ha-Meleḵ*. Ed. de Scholem, p. 45.
30. BEN SOLOMON, G. *Sefer Sha'ar ha-Shamayim* 2:2. Ed. de Warsaw, 1875, p. 14-15; *'Em ha-Meleḵ*. Ed. de Scholem, p. 41-43. Anotado por Scholem em sua Introdução hebraica, p. 3, nota 2; p. 41, nota 1. Ver ainda PATAI, 1994, op. cit., p. 98-99.
31. *'Em ha-Meleḵ*. Ed. de Scholem: Introdução hebraica, p. 3-4; Introdução alemã, p. 2.
32, BEN SOLOMON, 1875, op. cit., p. 15. Note-se que Gershon escreve "*Alguns estudiosos afirmam que*, por uma bem conhecida manobra [...]" onde o *'Em ha-Meleḵ* traz simplesmente: "Por uma bem conhecida manobra [...]".
33. MANDOSIO, J.-M.; DI MARTINO, C. La *Météorologie* d'Avicenne (*Kitāb al-Shifā'* V) et sa diffusion dans le monde latin. In: SPEER, A.; WEGENER, L. (Org.). *Wissen über Grenzen*: Arabisches Wissen und lateinisches Mittelalter. Berlin: Walter de Gruyter, 2006, p. 406-424; ver adiante, nota 71.
34. Ver KOPF, L. The *Le'azim* in the *Sha'ar ha-Shamayim* of Gershon ben Shlomo. *Tarbiz*, n. 24, p. 150-166; 274-289; 410-425, 1955; *Tarbiz*, n. 25, p. 36-43, 1956 [hebraico]; reimpresso em: GOSHEN-GOTTSCHEIN, M. H. (Org.). *Studies in Arabic and Hebrew Lexicography*. Jerusalem: Magnes Press, 1976, seção hebraica, p. 139-195.
35. PATAI, 1994, op. cit., p. 309-313. O manuscrito é: Moscow, State Library, Guenzburg 315, ff. 87a-91b.

36. Traduzida em parte em: PATAI, 1994, op. cit., p. 300-313. O manuscrito é: Munich, Bayerische Staatsbibliothek, Cod. Hebr. 14, ff. 29b-33b. Shailat faz referência a uma curta epístola alquímica, também dirigida por "Maimônides" a seu "honorável discípulo", como um fólio [31b] de MS Manchester 1435 [acima, nota 20]. Não me é possível verificar como esses dois textos se relacionam. Ver SHAILAT, I. (Org.). *Letters and Essays of Moses Maimonides* [em hebraico]. Ma'aleh Adummim, 5748 [=1988], 2:693.
37. Em sua obra enciclopédica *Midrash ha-Ḥokmá*, Yehudá b. Solomon escreve: "Estai cientes de que 'não é o estudo [*midrash*] que importa, mas os feitos [*ma'ase*]' [Ética dos Pais 1:7]. Para que serve a sabedoria [dos gentios], visto que encontrais entre os seus sábios mais vícios e falsidade do que entre os ignorantes? Pois eles usam sua sabedoria apenas para a idolatria, ou para a lascívia, ou para adquirir renome aos olhos das autoridades, ou para produzir ouro mediante o que chamam de Grande Arte [*melaka gedolá*], a qual, sendo impossível, nunca terá êxito. Sobre semelhante futilidade, Solomon afirmou: 'quem anda com meretrizes dissipa sua riqueza' [Provérbios 29:3]"; [MS Oxford, Bodleian Library, Mich. 551 (= Neubauer 1321), f. 196v]. Sou grato a Resianne Fontaine por ter me fornecido o texto e pelas sugestões na tradução. A passagem está citada e traduzida em: STEINSCHNEIDER, M. Waage und Gewicht. *Jeschurun*, v. 9, n. 2, p. 65-97, 1878; cf. p. 85.
38. ZONTA, M. Mineralogy, Botany and Zoology in: Hebrew Medieval Encyclopedias. *Arabic Sciences and Philosophy*, n. 6, p. 263-315, 1996; cf. p. 287.
39. DAVID, M. (Org.). *Schemtob ben Josef ibn Falaqueras Propädeutik der Wissenschaften Reschith Chokmah*. Berlin, 1902, p. 53. Como apontado por ZONTA, M. *La "Classificazione delle scienze" di Al-Fārābī nella tradizione ebraica. Edizione critica e traduzione annotata della versione ebraica di Qalonymos ben Qalonymos ben Me'ir*. Edição e tradução. Torino: 1992, p. xxvi, essa breve interpolação é uma citação literal da *Epístola sobre a Divisão das Ciências Intelectuais* de Ibn Sīnā. Cf. MICHOT, J. Les Sciences physiques et métaphysiques selon la *Risālah fī aqsām al-ᶜulūm* d'Avicenne: essai de traduction critique. *Bulletin de Philosophie Médiévale*, n. 22, p. 64-71, 1980; cf. p. 67. Nessa passagem, Ibn Sīnā apenas define a alquimia, sem tomar posição sobre sua validade.
40. Cf. ZONTA, 1992, op. cit.
41. Essa passagem não se encontra no manuscrito árabe remanescente dessa obra. Se Qalonymos a interpolou em sua versão hebraica ou se, ao contrário, traduziu uma desconhecida redação árabe de *Iḥṣa al-ᶜulūm*, é matéria controvertida. Ver ibid., p. xxv-xxvi; STROUMSA, S. Al-Fārābī and Maimonides on Medicine as Science. *Arabic Sciences and Philosophy*, n. 3, p. 235-249, 1993; cf. p. 242-244.
42. ZONTA, 1992, op. cit., p. 27-28 [texto hebraico]; p. 93 [trad. italiana].
43. STEINSCHNEIDER, M. Kalonymos ben Kalonymos. In: STEINSCHNEIDER, M. *Gesammelte Schriften*. Ed. de H. Malter; A. Marx. Berlin, 1925, p. 197 [= *Zeitschrift der Deutschen Morgenländischen Gesellschaft*, n. 9, p. 843, 1855]. O título hebraico do tratado de Jābir ibn Hayyān consta como *Sefer ha-'Arasim*, possivelmente *Kitāb al-sumūm* (sobre essa questão, ver ULLMANN, 1972, op. cit., p. 208).
44. LANGERMANN, Y. T. Some New Medical Manuscripts from St. Petersburg. *Korot*, n. 13, p. 9-20, 1998-1999.
45. STEINSCHNEIDER, M. *Al Farabi* (*Alpharabius*). *Des arabischen Philosophen Leben und Schriften mit besonderer Rücksicht auf die Geschichte der Griechischen Wissenschaft unter den Arabern*. St. Petersburg: 1869; repr. Amsterdam: 1966, p. 84; nas p. 244-245, há menção a Solomon b. Yehudá de Lunel [1424] e a Natani'el b. Neḥemia Kaspi [1425]. O primeiro desses textos foi recentemente editado: ver SCHWARTZ, D. (Org.). *Commen-*

tary on the Kuzari: Ḥešeq Šelomoh, by R. Solomon ben Judah of Lunel. *Perush Qadmon le-Sefer ha-Kuzari Ḥesheq Shelomo le-Rabbi Shelomo ben Yehudá me-Lunel.* Ramat Gan: Bar-Ilan University Press, 2007, p. 312-313 [hebraico]. Solomon b. Yehudá parece não entender a posição de Al-Fārābī, que nega a validade da alquimia. Patai anotou a passagem, mas desconhecia a fonte; cf. PATAI, 1994, op. cit., p. 314-316.

46. O texto hebraico foi publicado em GASTER, M. The Hebrew Version of the *Secretum Secretorum*, a Mediaeval Treatise Ascribed to Aristotle. *Journal of the Royal Asian Society*, p. 879-912, 1907 [texto hebraico]; ibid., 1908, p. 111-162 [tradução]; p. 165-184 [introdução]. Sobre os manuscritos remanescentes e sobre as deficiências da edição e tradução de Gaster, ver SPITZER, A. I. The Hebrew Translations of *Sod ha-Sodot* and Its Place in: the Transmission of the *Sirr al-asrâr*. In: RYAN, W. F.; SCHMITT, C. B. (Org.). *Pseudo-Aristotle*: "The Secret of Secrets" – Sources and Influences. London: The Warburg Institute, 1982, p. 34-54; cf. p. 36-37. Sobre a história de *O Segredo dos Segredos*, ver WILLIAMS, S. J. *The "Secret of Secrets"*: The Scholarly Career of a Pseudo-Aristotelian Text in The Latin Middle Ages. Ann Arbor: University of Michigan Press, 2003.
47. Texto em GASTER, M. *Journal of the Royal Asian Society*, 1907, p. 31 [numeração hebraica], § 125. A tradução é minha, retificando algumas com leituras a partir do texto árabe em GRIGNASCHI, M. Remarques sur la formation et l'interprétation du *Sirr al-asrār*. In: RYAN, W.; SCHMITT, 1982, op. cit., p. 3-33; cf. p. 33, nota 3. É possível que Petrus Alphonsi tenha conhecido essa obra; o famoso tradutor que antes de sua conversão em 1105 era conhecido como Moisés, o Espanhol, parece ter aludido a ela num tratado latino que não sobreviveu. Petrus, é claro, teria conhecido a obra em árabe. Ver BÜCHLER, A. A Twelfth-Century Physician's Desk Book: The *Secreta Secretorum* of Petrus Alphonsi Quondam Moses Sephardi. *Journal of Jewish Studies*, n. 37, p. 206-212, 1986.
48. Essa é aproximadamente a posição aviceniana, como observou GRIGNASCHI, 1982, op. cit., p. 32.
49. GASTER, 1907, op. cit., p. 32 [numeração hebraica], § 128. Curiosamente, na versão longa do *Segredo dos Segredos*, a alquimia é considerada uma das principais ciências arcanas que um rei deve conhecer.
50. Toledo: Archivo y biblioteca capitulares, MS Z-98-13 (Institute for Microfilmed Hebrew Manuscripts, Jerusalem [= IMHM] Film no. 7353). Ver a descrição do manuscrito em MILLÁS VALLICROSA, J. Los manuscritos hebraicos de la biblioteca capitular de Toledo. *Al-Andalus*, n. 2, p. 395-429, 1934; cf. p. 424-425. Millás não se deu conta do característico conteúdo alquímico do texto. Incipit: *RISHONÁ, hu she-yesh meleḵ 'al kullam, shme shamayyim ba-sheniyyá* ("Primeiro: há um Rei acima de tudo; os céus dos céus é o segundo [...]").
51. IBN KASPI, Y. *Ṭirat ha-kesef* [= *Sefer ha-Sod*] I.11. In: *Misneh Kesef.* Ed. de I. H. Last. Pressburg: 1905, p. 12-13. v. 1.
52. ALBO, Y. *Sefer ha-'Iqqarim* (Livro dos Princípios), I.8; tradução ligeiramente modificada a partir de HUSIK, I. Edição e tradução. *Sefer ha-'Iqqarim. Book of Principles by Joseph Albo*. Philadelphia: 1929, p. 88-89. v. 1. Ver PATAI, 1994, op. cit., p. 297-299.
53. SCHWARTZ, D. *Amulets, Properties and Rationalism in Medieval Jewish Thought*. Ramat Gan: 2004, p. 348 [hebraico]. Ver ainda PATAI, 1994, op. cit., p. 150.
54. BEN ṢEMAḤ DURAN, SHIMON. *Magen 'Avot* II.1, Livorno: 1785, p. 10a. A passagem completa está traduzida em PATAI, 1994, op. cit., p. 264-267.
55. TA-SHMA, I. M. Sefer Ta'alumot Ḥoḵmá le-R.Eliyahu Galliyano. In: *Keneset meḥqarim. 'Iyyunim ba-sifrut ha-rabanit bi-me ha-benayim.* v. 3: *Italya u-Vizanṭiyon* [Studies in

Medieval Rabbinic Literature. v. 3: Italy and Byzantium]. Jerusalem: Mosad Bialik, 2005, p. 331-338; cf. p. 334. A passagem foi editada, traduzida e comentada por LANGERMANN, Y. T. From My Notebooks. A Compendium of Renaissance Science: *Ta'alumot Ḥokmá* by Moses Galeano. *Aleph*, n. 7, p. 285-318, 2007; cf. p. 311-316.

56. A breve discussão que segue está baseada no ensaio fundamental de SCHOLEM, 1977, op. cit., especialmente p. 11-13.
57. MOISÉS DE LEÓN. *Sheqel ha-Qodesh*. Ed. de A. W. Greenup. London, 1911 (repr. Jerusalem: 1969), p. 120; ed. de Charles Mopsik. Los Angeles: Cherub Press, 1996, p. 95; tradução alemã em: SCHOLEM, 1977, op. cit., p. 20. A passagem está ligeiramente corrompida.
58. SCHOLEM, 1977, op. cit., p. 21 et seq.
59. Ibid., p. 25-28. Outro possível indício da tradição alquímica no *Zohar* é a frequente alusão a "sedimento" do ouro e a identificação desse metal com o lado "esquerdo" do cosmo; cf. p. 30-32.
60. Ver BOS, G. Hayyim Vital's *Kabbalah Ma'asit we-Alkhimiyah* (Practical Kabbalah and Alchemy), a Seventeenth-Century "Book of Secrets". *Journal of Jewish Thought and Philosophy*, n. 4, p. 55-112, 1994.
61. Deixou sua marca, *inter alia*, na popular obra pseudoepigráfica intitulada *Le Livre des figures hiéroglyphiques*, composta por volta do final do século XVI ou início do século XVII (e publicada pela primeira vez em 1612), que circulou sob o nome de Nicolas Flamel [1330-1418]. Os temas judaicos no texto do pseudo-Flamel – um livro de Abraão, o Judeu, a utilidade da Cabala, mestres judeus, entre outros – indicam que nesse período a tradição judaica, em especial a Cabala, era percebida como intimamente vinculada à alquimia e como disciplina de prestígio. Patai (1994, op. cit., p. 218-230) examina esses temas; no entanto, por não se dar conta de que as obras por ele descritas são falsificações tardias, acredita que elas podem nos dizer algo sobre os alquimistas judeus no século XIV. Em particular, os manuscritos atribuídos a "Abraão, o Judeu" (Patai reproduz o título da página de um deles, p. 227) são falsificações posteriores à publicação de *Figures hiéroglyphiques*, em 1612, e inspiradas nessa obra. Acerca do estado atual das pesquisas sobre Flamel, ver FLAMEL, N. *Écrits alchimiques*. Posfácio de Didier Kahn. Paris: 1993, p. 99-116; KAHN, N. Un témoin précoce de la naissance du mythe de Flamel alchimiste: *Le Livre Flamel* (fin du XVe siècle). *Chrysopœia*, Paris, n. 5, p. 387-429, 1992-1996. Sobre a relação entre a Cabala cristã e a alquimia na Renascença, ver SECRET, F. *Hermétisme et Kabbale*. Napoli: Bibliopolis, 1992.
62. SIRAT, C. Les Traducteurs juifs à la cour des rois de Sicile et de Naples. In: CONTAMINE, G. (Org.). *Traduction et traducteurs au Moyen Age*. Paris: 1989, p. 169-191; cf. p. 174; 190-191. Yaaqov Anatoli foi um fiel seguidor de Maimônides e um aristotelista, posição que é incompatível com o interesse pela alquimia ou por sua prática. Na verdade, em seu *Malmad ha-Talmidim*, não há indício de interesse pela alquimia ou de que ele tivesse consciência de seu significado, e certamente nada há sobre a alquimia nas numerosas referências às conversações entre Anatoli e Michael Scot. Além disso, Scot menciona que se encontrou com o alquimista judeu em "Sarzanum" ou "Sarranum", que não é um lugar na Sicília. A identificação é mais suspeita ainda porque o tratado alquímico pseudoaviceniano *De anima* (século XII) menciona um judeu chamado "Yaaqov", o qual, afirma o autor, "ensinou-me muitas coisas" (*Liber Abuali Abincine de anima in arte alchemiae*. In: *Artis chemicae principes Avicenna atque Geber*. Basel: 1572, p. 68). Essa passagem acabou por chegar a Vincent de Beauvais, que também menciona um judeu chamado "Jacob" ou

"Jacob Aranicus, o Judeu"; ver *Speculum naturale*. Livro VII, cap. 87 [= ed. de Douai 1624, v. 1, col. 480]. Um texto aperfeiçoado é apresentado em BERTHELOT, M. *La Chimie au moyen âge*. Paris: 1893, 1:302. As referências estão assinaladas por Patai (1994, op. cit., p. 96-97, 140), que aceitou o texto pseudoaviceniano como autêntico. Devo a Jean-Marc Mandosio por suas observações sobre o pseudo-Avicena e a Eva Albrecht por me advertir acerca de Vincent. É claro, nada disso exclui a possibilidade de Scot ter se encontrado de fato com um alquimista judeu de nome Jacob.

63. Para o que segue, ver PATAI, 1994, op. cit., p. 234-237.
64. Ver MEYERSON, M. D. *A Jewish Renaissance in Fifteenth-Century Spain*. Princeton: Princeton University Press, 2004, p. 155 ("Samuel 'de Granada', médico e alquimista judeu autorizado, de origem incerta, que viveu e praticou na cidade de Valência entre 1414 e 1416"), p. 205 (nota 71) e p. 215 (um certo rabino Abraão que, tendo ensinado hebraico para convertidos, mais tarde foi batizado e praticou a alquimia como "mestre Luís").
65. O parágrafo que segue fundamenta-se em: MENGEN, G. Jewish Alchemists in Central Europe in the Later Middle Ages: Some New Sources. *Aleph*, n. 9, p. 345-352, 2009.
66. MS Moscow, Guenzburg 1481 [IMHM 48525], ff. 35b-37a. Ver a resenha de Langermann do livro de PATAI, 1994, op. cit., acima, nota 3. O manuscrito está descrito em STEINSCHNEIDER, M. Eine medizinische hebräische Handschrift. *Magazin für die Wissenschaft des Judentums*, n. 12, p. 182-214, 1885; cf. p. 187.
67. Ver a excelente análise histórica em OBRIST, B. Die Alchemie in der mittelalterlichen Gesellschaft. In: MEINEL, C. (Org.). *Die Alchemie in der europäischen Kultur- und Wissenschaftsgeschichte*. Wiesbaden: 1986, p. 33-59; cf. p. 51-59. Devo a Jean-Marc Mandosio as observações sobre esse tópico.
68. "Os judeus sabiam muito bem o que era uma real balança de ouro para não se deixar enganar com a 'pedra dos sábios'", escreveu Moritz Steinschneider (1878, op. cit., p. 84). Essa observação espirituosa não deve ser compreendida literalmente, pois os alquimistas dispunham de técnicas de avaliação das propriedades de metais e nem todos eles eram iludidos a pensar que o ouro que produziam era real. Aliás, Guy Beaujouan sugeriu que "com muita frequência se esquece de que, por exemplo, no célebre decreto de João XXII (em geral, datado de 1317), a hostilidade em relação à alquimia está antes vinculada ao problema da moeda falsa. Nas comunidades judaicas, os fundidores de metal precioso sem dúvida não teriam apreciado os escândalos imputados a seus correligionários alquimistas". BEAUJOUAN, G. Les Orientations de la science latine au début du XIVe siècle. In: FREUDENTHAL, G. (Org.). *Studies on Gersonides*: A Fourteenth-Century Jewish Philosopher-Scientist. Leiden: 1992, p. 71-80; cf. p. 80. Documentos de processos judiciais na Inglaterra, em que judeus (e outros) eram acusados de falsificar dinheiro, não mencionam a alquimia: ver ENTIN-ROKEAH, Z. Money and the Hangman in Late-13th-Century England: Jews, Christians and Coinage Offences Alleged and Real. *Jewish Historical Studies*, n. 31, p. 83-109, 1988-1990; ibid., n. 32, p. 159-218, 1990-1992. Agradeço a Judith Olszowy-Schlanger por essa referência.
69. Ver, por exemplo, BRENER, A. Stealing Wisdom: A Story of Books (and Book-Thieves) from Immanuel of Rome's *Maḥbarot*. *Prooftexts*, v. 28, n. 1, p. 1-27, 2008.
70. Para uma lúcida visão geral dos aspectos econômicos do uso de livros de medicina, ver SHATZMILLER, J. Livres médicaux et éducation médicale: à propos d'un contrat de Marseille en 1316. *Medieval Studies*, n. 42, p. 463-470, 1980.
71. Para o que segue, ver MANDOSIO; DI MARTINO, 2006, op. cit. Sou grato a Jean-Marc Mandosio por ter discutido essa questão comigo.

A Ciência na Cultura Medieval Judaica do Sul da França*

Gad Freudenthal

Introdução: O Estudo Sociológico da Ciência e da Religião e a Noção de Autonomia da Ciência

"A crença no valor da verdade científica não procede da natureza, mas é produto de determinadas culturas". Essa citação de Max Weber, com que Robert K. Merton inicia seu ensaio seminal "Science and the social order"[1], resume o postulado básico da sociologia da ciência na tradição weberiana e mertoniana. Em uma análise inquiridora e iluminada do paradigmático bloco-constructo dessa sociologia – a saber, a celebrada tese de Merton sobre o "impulso protestante à ciência" –, o finado Joseph Ben-David mostrou que essa tese consiste, de fato, em duas teses distintas[2]: uma afirma que o protestantismo do século XVII foi propício à *legitimação*, no interior da sociedade, de uma busca autônoma do conhecimento científico, a fim de efetivamente dispor a ciência empírica no topo da hierarquia intelectual e, desse modo, institucionalizar a

* Tradução de Alexandre S. Santi do original inglês: Science in the Medieval Jewish Culture of Southern France. In: FREUDENTHAL, G. *Science in the Medieval Hebrew and Arabic Traditions*. Aldershot/Burlington, VT: Ashgate Publishing, 2005, p. 23-58. (Variorum Collected Studies Series 803). Revisão técnica de Rosalie Helena de Souza Pereira.

ciência na sociedade; a outra sustenta que o protestantismo forneceu a um número de indivíduos de primeira ordem, no nível de suas psicologias individuais, uma poderosa *motivação* para se engajarem em ciência. Essas duas teses estão certamente relacionadas, mas distingui-las esclarece a questão mais evidente: com relação ao "impulso" (ou ao contrário) dado a uma ciência por uma visão religiosa ou por qualquer outro sistema cultural, dever-se-iam separar: 1) sua incidência na legitimação da busca científica, na sociedade, como prática social e institucional; 2) a motivação que isso gerou em indivíduos para que se envolvessem com pesquisas científicas. Essa tese duplamente facetada fornece a matriz teórica para o texto que segue.

Uma palavra de precaução metodológica deve ser aqui acrescentada. Ao estudar a incidência de uma religião na fortuna da ciência, não devemos considerar apenas, ou antes de tudo, o que a religião explicitamente sustenta sobre a ciência: Weber e Merton mostraram que as posições doutrinárias "oficiais" de uma religião podem ser bem diferentes, até mesmo opostas, em relação à incidência de uma religião no comportamento social *efetivo*. A moral pregada e o *ethos* real podem diferir muito. Se uma religião influi positiva ou negativamente no desenvolvimento da ciência, ou se concede autonomia à ciência, ou se a concebe como "serva" da teologia, são questões cujo estudo deve considerar para além do agrupamento de pronunciamentos relevantes derivados da pluma de porta-vozes da dita religião[3]. Deveríamos antes tentar determinar a incidência de declarações normativas no comportamento real. Em analogia à heurística recomendada por Albert Einstein – "se desejas aprender algo dos físicos teóricos a respeito dos métodos que eles usam, sugiro, então, que sigas o princípio: não escutes suas palavras, mas antes examina o que eles fazem"[4] –, deveríamos buscar determinar a incidência de uma determinada crença ou de uma teologia no comportamento humano real.

Ilustrarei o que foi afirmado com um exemplo que será de grande importância para a nossa análise subsequente. Tenho em mente a emergência da autonomia da ciência na tradição protestante, tal como foi analisada por Michael Heyd[5]. Os fundadores do protestantismo estavam pouco interessados no estudo da natureza e, obviamente, nunca pregaram a autonomia da investigação científica. Contudo, seguindo a insistência de Melanchthon, de que Deus pode e deve ser conhecido por meio de Suas obras, a ciência adquiriu, no protestantismo, o estatuto de uma legítima, independente e autônoma esfera do conhecimento. Durante o século XVII – argumenta Heyd –, a tradição protestante atribuiu à ciência um valor religioso positivo, isto é, como modo de adquirir conhecimento sobre Deus ou sobre Suas obras. A ciência foi elaborada como uma "ponte soteriológica", permitindo ao homem criar o elo com o transcendente. Como resultado de ter sido investida desse valor religioso positivo, a ciência veio a ser reconhecida como uma valiosa esfera independente do conhecimento. Por isso, e esta é a lição geral a ser obtida da análise de Heyd, o fato de que foi atribuído à ciência um papel religioso – um papel que tanto a legitimou quanto supriu de motivação o homem protestante de ciência – é perfeitamente consistente com a autonomia intelectual e institucional dela. A notória questão se, em uma dada tradição, a ciência foi, ou não, "serva" da teologia é, portanto, uma *question mal posée*, pois estas não são necessariamente alternativas mutuamente excludentes: a ciência pode ser legitimada por meio da religião e também pode ser buscada para seu próprio benefício e ter autonomia intelectual[6]. É claro que essa é uma questão efetiva se, e em que medida, a ciência em um determinado contexto foi autônoma ou não.

De nossa perspectiva, devemos notar que, se levarmos em consideração apenas os pronunciamentos doutrinários (de cientistas, teólogos etc.) a respeito do significado religioso do conhecimento científico, necessariamente chegaríamos à errônea conclusão de que a ciência protestante foi uma "serva" da teologia. Com isso, perderíamos de vista a noção de que a prática científica dos cientistas protestantes, embora legitimada e motivada religiosamente, era autônoma; de que, uma vez atribuídos à ciência papel religioso e dignidade, ela poderia seguir seus próprios caminhos, independentemente da crença religiosa que a conduzia. Obter uma visão sociológica da influência do judaísmo medieval sobre as atitudes para com a ciência será meu propósito no que segue, mesmo onde – por necessidade ou hábito – estarei discutindo ideias defendidas ou propostas por diversos pensadores.

O Problema: Judaísmo e "Sabedoria Grega" na Idade Média

A atividade intelectual dos judeus gravitou tradicionalmente em torno do estudo dos textos judaicos tradicionais[7]. De fato, as históricas indagações intelectuais que tiveram suas origens em outras culturas – notadamente a ciência e a filosofia – foram percebidas como e referidas a uma "sabedoria estrangeira [algumas vezes: grega]": a atitude que mais prevaleceu no judaísmo, com relação a um conhecimento diverso daquele que foi santificado e legitimado por meio de sua própria tradição, foi a de circunspecção, mais frequentemente até do que a de hostilidade[8]. A seguinte citação, da lavra do erudito talmudista e muito prestigiado R. Asher ben Yeḥiel (Rosh), o primeiro a se deparar com a ciência e a filosofia quando, no início do século XIV, emigrou para a Espanha (fugindo da perseguição na Alemanha), reflete uma postura central duradoura, no âmbito do judaísmo:

> A ciência da filosofia e a ciência da Torá não são a mesma. A Torá foi doada a Moisés no Monte Sinai [...] A filosofia é uma ciência natural e é inevitável que os filósofos neguem a Torá, já que a Torá não é uma ciência natural, mas (uma ciência) recebida e transmitida (*qabbalá*) [...] [A Torá e a filosofia] são de fato contrárias, duas esposas rivais que não podem ocupar juntas o mesmo lugar[9].

De fato, uma linha de transmissão e recepção (*qabbalá*), ligando o presente à Revelação recebida pelo Profeta Moisés, foi invocada para legitimar o conhecimento tradicional e, concomitantemente, afastar conjuntos de crenças alternativos. Os episódios históricos em que o judaísmo, ou melhor, em que seções dele apresentaram uma atitude receptiva em relação à filosofia e à ciência são relativamente escassos e necessitam de explicações[10].

Aqui, nossa preocupação será com apenas um desses episódios, de fato com o maior entre eles (pelo menos antes da modernidade). Entre o início do século X e o século XV, partes centrais de comunidades judaicas integraram às suas visões de mundo significativos elementos tomados da herança filosófica e científica greco-árabe. O processo possui dois componentes que, de algum modo, se sobrepõem temporalmente. Começou em terras islâmicas, onde judeus foram integrados em seus contextos culturais, em grau jamais alcançado antes do Iluminismo[11]. Contrariamente ao que ocorreu na Europa latina, os judeus falavam, liam e escreviam no idioma da maioria (mais precisamente em judeo-árabe em vez de em árabe) e, por isso, tinham acesso direto ao ambiente cultural, inexistindo, portanto, qualquer barreira linguística que impedisse o processo de transmissão cultural. Sa'adia Gaon (882-942), em Bagdá, foi o primeiro a compor (em árabe) dois trabalhos filosóficos com o propósito de mostrar que não havia incompatibilidade entre a Lei revelada de Moisés e os resultados da investigação racional filosófica. Muitos outros autores, tanto no Oriente quanto no Ocidente (notadamente na Espanha), seguiram esse procedimento. O processo atingiu o ápice com R. Moshé ben

Maimon, Maimônides (1135-1204), cujo *Guia dos Perplexos* criou uma duradoura e muito influente plataforma para a síntese entre o judaísmo e a filosofia greco-árabe.

O segundo componente do processo teve seu ponto inicial na primeira metade do século XII, no sul da França. Por volta de dois séculos e meio, estudiosos judeus com conhecimento de árabe – enciclopedistas, tradutores e filósofos – puseram uma considerável porção do *corpus* da filosofia e da ciência greco-árabe ao alcance de seus pares não familiarizados com o árabe ou com o latim. Fragmentos de obras de autores gregos e árabes foram traduzidos do árabe para o hebraico, no que foi uma apropriação em larga escala, sem precedentes, da "sabedoria estrangeira" pelas comunidades judaicas que, antes disso, se devotavam inteiramente ao aprendizado tradicional.

O presente ensaio concentra-se apenas neste último processo, isto é, na apropriação da ciência e da filosofia pelas comunidades judaicas que residiam no sul da França e no norte da Espanha (uma região que, por concisão, embora imprecisamente, chamarei de Provença), cujo idioma cultural era o hebraico [12]. Portanto, desconsiderei tanto os judeus do Islã quanto os judeus do norte da França e da Alemanha; as atitudes em relação às ciências, no âmbito de cada uma dessas comunidades, seguiram dinâmicas culturais distintas, cujo estudo pode e deve ser separado do aqui examinado.

No que segue, gostaria antes de *delinear* e depois *explicar* os contornos da recepção da ciência e da filosofia nas comunidades judaicas da Provença. Minhas questões serão as seguintes: em que medida a ciência foi apropriada e naturalizada por essas comunidades? Quais eram os *limites* dessa apropriação: especificamente, quais disciplinas científicas *foram*, e quais *não foram*, transmitidas e apropriadas? Além disso, teriam os estudiosos judeus procurado dar suas próprias contribuições às ciências que por eles foram apropriadas ou se contentaram em absorver as ciências tal como as receberam? Por último, mas não menos importante, tentarei oferecer uma contribuição sociológica a respeito do fenômeno observado.

A medicina será, infelizmente, descartada dessa contribuição, principalmente porque sua história entre os judeus medievais não foi ainda suficientemente estudada [13]. Creio, no entanto, que sua inclusão requereria um refinamento, mas não uma revisão profunda, da análise que segue.

A Apropriação da Ciência e da Filosofia Pelos Judeus da Provença: Alguns Fatos Históricos

Inicio com um resumo histórico *factual* muito breve, que não almeja ser completo nem original. Seu modesto objetivo é simplesmente esboçar a evolução da paisagem que nos interessa[14].

A recepção da ciência e da filosofia árabe pelas comunidades judaicas da Provença pode, por comodidade, ser dividida em três partes: 1) o início do século XII, quando começou o processo de transmissão, em que os sábios espanhóis traduziram as obras científicas do árabe ao hebraico para os judeus que viviam ao norte dos Pireneus; 2) a segunda metade daquele século, quando o processo ganhou força, em que os estudiosos judeus da Andaluzia, imersos na cultura árabe, fugiram para a Provença em razão das perseguições perpetradas pelos almôadas, acelerando consideravelmente a tradução de obras filosóficas para o hebraico; 3) as primeiras décadas do século XIII, quando o processo recebeu um novo e decisivo impulso com os escritos de Maimônides, notadamente a tradução hebraica do *Guia dos Perplexos* (1204), e ganhou influência no sul da França. Esse período de traduções intensivas durou até aproximadamente meados do século XIV, quando a atividade filosófico-científica entre os judeus do sul da França e da Espanha começou a declinar.

1) Durante a primeira metade do século XII, Abraão bar Ḥiyya (m. ca. 1145), de Barcelona, líder político e estudioso com grande conhecimento das ciências de sua época, escreveu vários trabalhos em hebraico que sumarizavam essas ciências. Ele, aparentemente, escreveu essas obras por encomenda de judeus importantes da Provença, os quais sentiram a necessidade de educar-se em diversos assuntos. Dessa forma, Bar Ḥiyya oferecia cursos básicos de disciplinas para uso imediato, tais como geometria prática (que ensinava a divisão das terras) e astronomia (cálculo do calendário), porém, também compôs uma enciclopédia de cultura geral, sem nenhuma utilidade prática imediata.

Um jovem contemporâneo de Bar Ḥiyya, Abraão ibn Ezra (1089-1164), um dos maiores poetas judeus de todos os tempos, também contribuiu muito para a divulgação da ciência e da filosofia entre os judeus. A característica inclinação mística de Ibn Ezra deu um sabor especial a seus escritos aritméticos ou matemáticos e ajudou a introduzi-los até mesmo nos círculos geralmente hostis à "sabedoria estrangeira" (inclusive na Europa setentrional). Além de escritos matemáticos, Ibn Ezra compôs e traduziu obras astronômicas e astrológicas. Seus numerosos comentários bíblicos frequentemente invocavam noções científicas ou filosóficas. Tendo angariado grande popularidade em toda a Europa, esses comentários muito contribuíram para a divulgação e a legitimação da opinião de que a "educação grega" não apenas não era incompatível com os ensinamentos da Torá, como de fato era indispensável para a sua correta compreensão.

2) Ao fugir da perseguição dos almôadas na Espanha, algumas famílias de estudiosos judeus se fixaram na Provença no final dos anos 40 do século XII. Essas famílias trouxeram consigo uma cultura completamente diferente da cultura de seus correligionários: enquanto estes ainda estavam plenamente absorvidos no aprendizado talmúdico tradicional[15], os imigrantes se sentiam confortáveis com a poesia, a literatura, a gramática, a filosofia e as ciências árabes. Com o encontro das duas culturas judaicas, eclodiu um movimento vigoroso de tradução, que perduraria por cerca de dois séculos, durante os quais os recém-chegados e seus descendentes verteriam do árabe para o hebraico um rico conjunto literário. As obras traduzidas eram, de início, essencialmente voltadas à filosofia religiosa judaica, mas, gradualmente, obras gerais de filosofia e de ciência, escritas por pagãos ou por escritores muçulmanos, passaram a ser também traduzidas[16].

A primeira parte desse processo vigoroso de transmissão ocorreu durante a segunda metade do século XII, ou seja, antes da propagação e do impacto decisivo da filosofia de Maimônides. Esse estágio é de suma importância para o nosso tema. Com isso, iniciou-se de fato a gradual aceitação, por certos círculos das comunidades judaicas da Provença, da filosofia e da ciência greco-árabe, aceitação que se consolidaria durante o século XIII. Lamentavelmente é preciso mencionar, no entanto, que, a despeito dos esforços de alguns distinguidos historiadores[17], esse processo não é bem compreendido: especificamente, não está claro por que os relativamente poucos recém-chegados foram bem-sucedidos em "converter" para sua própria visão de mundo (*Weltanschauung*) segmentos expressivos da sociedade anfitriã, em vez de serem "assimilados" por ela. O meio século decorrido entre a chegada dos refugiados andaluzes à Provença e o impacto do *Guia* de Maimônides testemunhou um processo extremamente importante de transformação cultural que ainda requer pesquisas mais aprofundadas.

3) Grande parte das traduções de obras filosóficas e científicas foi realizada por estudiosos pertencentes à família dos Tibbonidas. A essa ilustre família, notadamente pertencem: Yehudá ibn Tibbon (c.1120-90), o assim chamado "pai dos tradutores"; seu filho Samuel (1150-1230) e, deste, o filho mais novo,

Moisés (fl. c. 1240-1285). Samuel ibn Tibbon traduziu, especialmente, em 1204, o *Guia dos Perplexos*, de Maimônides, cuja imensa influência reforçaria o movimento filosófico, bem como a atividade de tradução que o fomentou. Estão ainda associados a essa família Yaaqov Anaṭoli (1194-1256) e Yaaqov ben Maḵir (c. 1236-1304). Havia ainda vários outros tradutores de textos filosóficos e científicos em atividade, sobretudo Qalonymos ben Qalonymos (1286-*post*. 1328).

Graças aos esforços desses tradutores profissionais, um estudioso do início do século XIV que lesse o hebraico podia ter acesso a um impressionante corpo de escritos científicos, abrangendo grande parte das teorias conhecidas pelos árabes. Para nomear apenas alguns dos mais importantes autores disponíveis em hebraico, frequentemente em excelentes traduções: em lógica, Al-Fārābī, Ibn Sīnā e Ibn Rušd; em matemática, Euclides e Arquimedes; em astronomia, Ptolomeu, Jābir ibn Aflaḥ e Al-Biṭrūjī; e em ciência natural, física e metafísica, quase todos os comentários de Ibn Rušd sobre Aristóteles. Esse processo de transmissão foi notadamente contínuo, o que testemunha a *demanda* consistente por escritos científicos e filosóficos. Deve-se, no entanto, ter em mente que o interesse por ciência e filosofia era limitado a certos segmentos das comunidades judaicas e que, além disso, os que eram "pró-filosofia" estavam continuamente sob crítica e ataque dos mais tradicionalistas. Retomaremos esse ponto mais adiante.

Duas observações confirmam o interesse generalizado por ciência entre os judeus da Provença nos séculos XIII e XIV. Eis a primeira: como é notório, os anos de 1303-1306 testemunharam uma renovada eclosão da virulenta controvérsia a respeito do estudo da filosofia, iniciada pela tentativa dos opositores desta de proibir o estudo da ciência e da filosofia, ao menos antes dos 25 anos de idade[18]. É improvável que os líderes espirituais que tomaram a iniciativa de banir a filosofia proibissem algo que ninguém estivesse fazendo ou tencionasse fazer, donde é possível concluir que o estudo da ciência e da filosofia era amplamente disseminado. A segunda observação importante de que o estudo da ciência era, de fato, corrente é baseada na notável quantidade de manuscritos hebraicos que sobreviveram. Consideremos, a título de exemplo, apenas alguns dos escritos de Ibn Rušd[19]: na tradução hebraica dos comentários às obras de Aristóteles, sobreviveram seu *Epítome sobre a Physica*, em cerca de vinte manuscritos; o *Epítome sobre o De Caelo*, em 18; o *Comentário Médio ao De Caelo*, em não menos que 36 manuscritos; o *Epítome sobre os Parva Naturalia*, em cerca de 25, ao passo que até mesmo a versão hebraica do pseudoaristotélico *De Plantis* sobreviveu em cerca de nove[20]; esses números podem ser confrontados com os cerca de cento e setenta manuscritos existentes, provenientes de todos os períodos e lugares, da tradução hebraica do *Guia dos Perplexos*, de Maimônides, a mais estudada obra filosófica judaica[21]. É preciso ainda mencionar que quase todos os comentários de Ibn Rušd foram temas de outros comentários, testemunhando uma intensa e contínua atividade de estudo e ensino.

Os Limites da Apropriação da Ciência e da Filosofia Pelos Judeus da Provença: Fatos Adicionais

Contra o cenário do interesse constante por ciência e filosofia, entre os judeus da Provença, as declarações que se seguem, que buscarei substanciar, parecem surpreendentes. Em primeiro lugar, algumas parcelas mais inovadoras e avançadas da ciência medieval árabe (e latina) não foram traduzidas para o hebraico e permaneceram desconhecidas para os estudiosos judeus leitores do idioma hebraico. Em segundo lugar, exceto pela astronomia, os judeus contribuíram pouco para o avanço da ciência medieval: não há equivalente judaico a gênios científicos como, por exemplo, Al-Birūnī, Ibn al-Haytham e Thābit ibn Qurra, da cultura árabe, ou Robert Grosseteste, Roger Bacon e Nicole Oresme, da tradição latina. Consideremos, com o detalhamento possível, os limites da apropriação do conhecimento científico em algumas disciplinas.

A) *Lógica*. Os numerosos tratados de lógica em hebraico evidenciam um interesse contínuo por essa disciplina entre os estudiosos judeus medievais[22]. Um exame aprofundado revela, no entanto, que esses tratados são essencialmente traduções, comentários ou epítomes de obras árabes relativamente elementares, notadamente realizadas por Al-Fārābī, Ibn Sīnā (transmitidas por Al-Ġazālī) e Ibn Rušd. A única obra realmente original sobre Lógica, escrita em hebraico, é o *Sefer ha-Heqqesh ha-Yashar* (Livro do Silogismo Correto), de R. Levi ben Gershom (Gersônides), à qual retornaremos.

B) *Astronomia*. Certamente é a disciplina que, mais do que qualquer outra, arregimentou os esforços dos judeus medievais e para a qual eles mais contribuíram, quantitativa e qualitativamente. A maioria dos textos astronômicos fundamentais estava disponível em hebraico, e os seus leitores, por sua vez, compuseram novos tratados, calcularam tabelas astronômicas e inventaram novos instrumentos astronômicos. De fato, entre os judeus, o interesse por astronomia é admiravelmente constante: Bernard R. Goldstein mostrou que a atividade astronômica pode ser notada em todos os períodos na maioria das comunidades judaicas, incluindo as que não tinham nenhum interesse por filosofia e ciência[23].

C) *Matemática.* O interesse pela matemática é muito menor do que o interesse evidenciado pela astronomia[24]. Com efeito, tratados básicos foram traduzidos para o hebraico, sendo o mais importante deles os *Elementos*, de Euclides; contudo, algumas áreas centrais da matemática medieval, destacadamente a álgebra e a teoria dos números, permaneceram completamente desconhecidas entre os estudiosos judeus. Ainda que a álgebra tenha sido um dos principais interesses dos melhores matemáticos árabes e tenha sido de fato uma das mais avançadas inovações da ciência medieval, nota-se que não há indícios dela na literatura hebraica medieval. As primeiras traduções das obras de álgebra para o hebraico são atribuídas a Mordeḵai Finzi, somente em meados do século XV. Nem mesmo *Cônicas*, de Apolônio, obra que desempenhou papel importante nas matemáticas árabes, recebeu tradução do árabe para o hebraico. Vê-se que a ausência de traduções de obras avançadas condiz com a inexistência de produção de escritos originais. Gersônides é, mais uma vez, a única exceção à regra – e talvez também Immanuel ben Yaaqov Bonfils de Tarascon.

Do mesmo modo, o interesse por música e ótica, os dois outros temas do *quadrivium*, de grande importância nas tradições árabe e latina, é praticamente inexistente[25].

D) *Ciências físicas*. A Física propriamente dita, ou melhor, o estudo dos tópicos tratados na *Física*, de Aristóteles, era, evidentemente, objeto de atenção constante dos filósofos judeus, no contexto das discussões sobre a existência e a incorporeidade de Deus e sobre a eternidade do mundo. Contudo, aparentemente não há menção, na literatura filosófica hebraica, aos mais recentes e inovadores desenvolvimentos da física árabe (ou latina) – tais como, muito notadamente, a teoria do ímpeto[26]. De modo semelhante, os filósofos judeus que escreviam em hebraico pouco iam além do que haviam recebido por meio das traduções: não se aventuravam a fazer suas próprias contribuições, contentando-se em interpretar sem alteração o que haviam aprendido de outros. Há duas exceções: Gersônides (novamente) e R. Ḥasdai Crescas, sendo que ambos, até certo ponto, confirmam a regra. Retornarei a eles mais adiante.

Consideremos agora outro estudo físico, a saber, o da alquimia, uma das disciplinas medievais que mais floresceram tanto entre árabes quanto entre latinos, que teve grande impacto sobre a ciência da Renascença e do início da era moderna. Moritz Steinschneider e Gershom Scholem já indicaram que quase não há escritos medievais hebraicos sobre alquimia: praticamente nada relacionado a alquimia foi traduzido em hebraico, e os filósofos judeus medievais nem mesmo conheciam os nomes de alquimistas ilustres, tais como Jābir ibn Ḥayyān, Al-Rāzi e o latino Geber[27]. Tampouco houve sequer uma única obra sobre alquimia escrita em hebraico durante a Idade Média. Filósofos judeus ocasionalmente se utilizavam da noção de transmutação como *metáfora*, mas nenhum deles, aparentemente, buscou compreendê-la.

Não menos notável é o fato de que a literatura científica hebraica praticamente não invoca a famosa teoria da matéria enxofre-mercúrio. Como é bem conhecido, essa teoria – que é independente do postulado da transmutação – desempenhou um papel central na filosofia natural medieval e renascentista. Os autores judeus, porém, a desconhecem quase completamente.

Esse brevíssimo exame sobre os limites da apropriação da ciência, no âmbito das comunidades judaicas da Provença durante a Idade Média, conduz, um tanto paradoxalmente, à seguinte conclusão: por um lado, a ciência era amplamente estudada; por outro, algumas ciências ou disciplinas científicas não foram de nenhum modo apropriadas, e as que foram, excetuando-se a astronomia, suscitaram poucas contribuições originais por parte de estudiosos judeus que escreviam no idioma hebraico. Esse retrato certamente contém outras nuanças, porém, *grosso modo*, creio que reflete a realidade histórica.

Esse estado da questão é surpreendente. Presumidamente, a sociedade judaica era amplamente letrada[28], e uma parte considerável das comunidades judaicas do sul da França cultivava o estudo de filosofia. De consequência, diversamente do que ocorreu em outras sociedades medievais, o estudo das ciências pelos judeus medievais não se limitava a uma elite intelectual de filósofos, mas era bastante difundido (retomaremos as razões disso adiante). Disso se esperaria uma considerável propagação da atividade científica criativa. Por que, então, o estudo da ciência, empreendido por tantos indivíduos, levou tão poucos deles a realizar suas próprias investigações? E por que o interesse vívido pela ciência se restringiu a apenas algumas disciplinas? Em suma, como é possível explicar o fato de que *a dialética de pesquisa e tradução*, característica do desenvolvimento da ciência árabe[29], não evoluiu também na cultura medieval hebraica?

Buscando uma Explicação Para os Fatos: Duas Fontes de Interesse na – e Legitimação da – Ciência

Desideratum: *Os Tradutores Como Fonte de Pesquisa Estratégica*

Uma resposta detalhada às questões anteriores exigiria que considerássemos a gênese do corpo de traduções para o hebraico. De fato, o *corpus* de escritos filosóficos e científicos foi predominantemente o trabalho de um grupo relativamente pequeno de tradutores em geral altamente proficientes e produtivos, cuja maioria era composta de sábios que compunham eles próprios obras originais. Na perspectiva de nosso tema, esses sábios-tradutores e seus patronos ocasionais devem ser vistos como pessoas cujas decisões acerca do que seria ou não traduzido – decisões supostamente individuais, esporádicas e descoordenadas – determinaram o *corpus* das obras que se tornaram disponíveis em hebraico. Os tradutores foram, por assim dizer, o filtro que determinou qual conteúdo seria, e qual não seria, permitido entrar em contato com a cultura judaica. A questão dos critérios de escolha seguidos pelos tradutores, ou por seus patronos, é, portanto, de relevância imediata para o nosso tema. No entanto, é escassa a pesquisa sistemática até agora realizada sobre esse assunto, e sabemos pouco a respeito das considerações que pautavam a seleção de obras para tradução. Tampouco sabemos grande coisa sobre os aspectos econômicos dessa atividade, embora aparentemente os tradutores não fossem remunerados pelo trabalho[30].

Exceção digna de nota é um estudo recente e esclarecedor empreendido por Aviezer Ravitzky[31]. Em resposta à questão do motivo por que, já em 1210, Shmuel ibn Tibbon decidiu traduzir para o hebraico a *Meteorologia*, de Aristóteles, texto bastante obscuro (na versão árabe), cuja utilidade para qualquer propósito não se evidencia de imediato, Ravitzky é convicente ao argumentar que a escolha dessa obra foi motivada pela concepção altamente racionalista do maimonidismo do tradutor e, especificamente, por sua intenção de dar à luz uma explicação naturalista da criação. Infelizmente, esse estudo de Ravitzky permanece um caso quase isolado do que poderia constituir toda uma linha de pesquisa[32]. O papel dos tradutores de configurar a tradição filosófica e científica hebraica é, pois, um tema que requer maiores pesquisas, e devo, portanto, contentar-me com uma visão distanciada sobre esse tópico.

Os Conhecimentos-Interesses Teórico e Prático

Ofereço, assim, a seguinte hipótese geral. No âmbito das comunidades medievais judaicas de escrita hebraica, o interesse pela ciência derivou de duas fontes distintas, sendo a ciência praticada por dois grupos diferentes, embora frequentemente confluentes.

1) O grupo partidário do "conhecimento-interesse religioso-teórico", cujos adeptos eram animados pelo desejo de adquirir um entendimento teórico do mundo, embora baseado principalmente em aspectos de cunho metafísico ou filosófico-religioso. Tal conhecimento-interesse teórico fundamentou as investigações dos estudiosos que aderiram à interpretação maimonídea do judaísmo e que estudavam a ciência como sendo parte do currículo filosófico.

2) O grupo partidário do "conhecimento-interesse prático", que guiava os praticantes das disciplinas fornecendo-lhes um *know-how* científico utilitário.

Consideremos separadamente essas duas fontes de motivação. Em primeiro lugar, enunciarei ambas as partes da minha hipótese em termos gerais e, em seguida, considerarei o modo como ela esclarece as formas assumidas pelas distintas ciências já referidas.

1) Entre os judeus da Provença, a explicação para o interesse constante e relativamente amplo por ciência e filosofia, impulsionado pela teoria, é bastante óbvia. Após a tradução para o hebraico do *Guia dos Perplexos*, de Maimônides, por volta de 1204, segmentos importantes das comunidades judaicas adotaram a interpretação maimonídea do judaísmo, a qual implicava em atitude positiva para com a ciência e a filosofia greco-árabe. A filosofia de Maimônides transformou o estudo da ciência e da filosofia em uma obrigação religiosa[33] – posição que, do ponto de vista do judaísmo tradicional, beirou uma revolução. As ciências tornaram-se, então, parte integral do aparato intelectual de quem desejasse atingir a perfeição, segundo o espírito maimonídeo. Maimônides escreveu: "É certamente necessário, a quem almeja alcançar a perfeição humana, treinar-se a si mesmo, primeiro na arte da lógica, depois nas ciências matemáticas conforme a ordem, em seguida nas ciências naturais, e finalmente na ciência divina"[34]. Como se sabe, Maimônides afirmou repetidas vezes (e em nosso contexto é irrelevante se ele de fato acreditava nisso) que a perfeição da alma humana e, portanto, do pós-vida, dependia da aquisição do conhecimento metafísico – o conhecimento dos entes separados –, e o estudo das ciências era um passo necessário para atingir tal objetivo[35]. Maimônides,

portanto, enfatizou que apenas a verdade importava e que era irrelevante quem quer que a tenha descoberto ou ensinado: "Ouça a verdade de quem quer que a tenha dito"[36]. Para a verdade científica e demonstrável, apenas a razão, não a tradição, determinaria quais conhecimentos enunciados deveriam ser aceitos pelo judaísmo e quais não deveriam. Como vários outros autores, inclusive muçulmanos e cristãos, Maimônides acreditava que a ciência e a filosofia grega teriam se originado com os judeus, os quais, subsequentemente, perderam-nas durante as tribulações do exílio[37].

A visão de Maimônides foi adotada por seus seguidores. Um conhecimento-interesse teórico, portanto, fundamentava a busca pelas ciências entre os estudantes judeus de filosofia, para os quais a filosofia de Maimônides fornecia as bases de sustentação. Do início do século XIII em diante, portanto, há uma considerável *apropriação*, motivada pela teoria, da ciência entre os judeus da Provença, como consequência direta da aceitação da filosofia maimonídea por grandes círculos.

Tentemos agora dar conta dos *limites* dessa apropriação motivada pela teoria. Com esse propósito, sugiro que compreendamos que o arcabouço da obra maimonídea restringia severamente os temas científicos que deveriam e poderiam ser estudados; além disso, não admitia a busca da ciência como um propósito em si mesmo.

A própria introdução, no judaísmo, da noção filosófica de que a perfeição da alma depende do estudo científico e metafísico (e não do estudo dos textos tradicionais) necessitava continuamente de legitimação. Essa necessidade era ainda mais forte porque o estudo das "ciências estrangeiras" era continuamente criticado e condenado pelos defensores da interpretação tradicionalista do judaísmo (retomaremos esse tema mais adiante). Estudantes judeus medievais de ciência e filosofia, portanto, empenhavam-se constantemente em elaborar uma filosofia *religiosa*, ou seja, em mostrar como a Revelação de Moisés podia ser interpretada filosoficamente: a filosofia medieval judaica é, para usarmos a expressão do grande historiador Julius Guttmann, uma *filosofia do judaísmo*[38]. Segue-se que, nas palavras de Guttmann,

> enquanto os neoplatônicos e aristotélicos muçulmanos se ocupam de todo o escopo da filosofia, a maioria dos pesquisadores judeus trata os problemas filosóficos gerais com base nas obras de seus predecessores muçulmanos, limitando-se, no entanto, à investigação de algumas questões filosófico-religiosas[39].

O objetivo principal dos estudiosos judeus era evidenciar a verdade revelada das Escrituras ou discutir temas de relevância teológica, tais como a criação, a providência, a justiça divina, ou as razões dos mandamentos, valendo-se para isso da filosofia estabelecida. *O interesse dos filósofos judeus pela ciência era limitado a temas de relevância teológica*[40].

No entanto, mesmo quando não havia necessidade de legitimação, ou seja, quando se assumia a compatibilidade entre as verdades reveladas e os resultados das investigações científicas e filosóficas, a filosofia de Maimônides desencorajava seus seguidores a se dedicarem à ciência. O objetivo final das investigações não era nem a matemática nem a física, mas sim a metafísica. Em sua famosa parábola sobre os graus da perfeição humana, Maimônides deixa clara a opinião de que os que estudaram apenas as ciências matemáticas, assim como os que estudaram apenas as ciências naturais, alcançaram no máximo os vestíbulos da "sala do soberano"; isto é, não alcançaram o fim último (*télos*) da existência humana, a proximidade de Deus[41]. A "verdadeira perfeição humana", declara Maimônides, "consiste na aquisição de virtudes racionais (*al-faḍā'il al-nuṭqīya*) – refiro-me à concepção dos inteligíveis, que ensinam opiniões verdadeiras sobre as coisas divinas. Isso é, na verdade, o fim último [do homem], o que dá a verdadeira perfeição ao indivíduo, uma perfeição que pertence somente a ele; e que lhe concede", Maimônides acrescenta, "permanência eterna [*al-baqā' al-da'im*, i.e., pós-vida]"[42]. A verdadeira perfeição humana e seus efeitos na sobrevivência da alma não advêm da apreensão dos entes naturais, compostos de matéria e forma, mas somente da intelecção dos entes – divinos – separados[43].

Logo, para Maimônides, toda ciência era legítima e desejável apenas como uma propedêutica à ciência verdadeira: a ciência divina da metafísica. As ciências são indispensáveis para a perfeição intelectual e religiosa do indivíduo, mas apenas as ciências com relevância metafísica são necessárias e legítimas. Creio que esse seja o motivo essencial pelo qual o conhecimento-interesse teórico, gerado pela filosofia de Maimônides, resultou na atenção seletiva, observada pelos sábios judeus, com relação ao estudo das diversas disciplinas científicas. Mais adiante, abordarei a questão do motivo por que a filosofia de Maimônides foi só raramente reinterpretada de modo a legitimar o estudo autônomo de certas ciências.

2) Outra fonte de motivação para o estudo das "ciências estrangeiras" foi, obviamente, a utilidade prática de algumas delas. Esse conhecimento-interesse prático não requer explicação elaborada. Isso se aplica, como veremos,

notadamente à lógica e à astronomia (assim como à medicina) e explica, como tentarei demonstrar, os padrões observados no envolvimento dos estudiosos judeus medievais em tais disciplinas.

Devo acrescentar que a distinção entre os conhecimentos-interesses teóricos e os práticos não é um constructo do historiador; tais noções weberianas não são imposições externas ao material histórico. Ao contrário, são categorias que existiam nas mentes dos próprios atores históricos. Deles, encontramos uma descrição lúcida na obra *Os Deveres do Coração*, de Baḥya ibn Paqūda (segunda metade do século XI):

> Todos os setores da ciência, de acordo com seus respectivos temas, são portais que o Criador abriu para os seres racionais, para que eles possam alcançar uma compreensão da religião revelada (*ha-Torá*) e do mundo (*ha-'Olam*). Todavia, algumas ciências satisfazem fundamentalmente as necessidades da religião, outras são mais necessárias para o benefício do mundo.
>
> As ciências especialmente necessárias para os assuntos do mundo pertencem à classe mais inferior – a saber, a ciência que trata das naturezas e propriedades acidentais das substâncias físicas – e à classe intermediária – a ciência da matemática. Esses dois ramos do conhecimento instruem sobre os segredos do mundo [físico] e dos usos e benefícios que dele provêm, bem como sobre as artes e artifícios necessários ao bem-estar físico e material.
>
> Porém, a ciência fundamentalmente necessária à religião revelada (*ha-Torá*) é a mais elevada ciência, isto é, a ciência divina, a qual nós devemos estudar para compreendermos nossa religião revelada (*toratenu*) e para alcançá-la. Estudá-la, no entanto, com o objetivo de obter vantagens mundanas, nos está proibido[44].

Como Dois Conhecimentos-Interesses Estruturaram a Apropriação das Ciências

Consideremos, agora, como cada um desses dois conhecimentos-interesses, o teórico e o prático, modelaram e delimitaram a apropriação de diferentes ciências nas comunidades judaicas medievais. Examinaremos as disciplinas principais, tentando descobrir quais foram as razões que determinaram as atitudes dos estudiosos judeus para com elas.

A) A *Lógica* era estudada por mais de um motivo. Como disciplina propedêutica, era parte integrante do currículo científico-filosófico e, portanto, era estudada tanto por estudantes de uma ciência prática ou arte, como por exemplo a medicina, quanto por estudantes de filosofia com propósitos teológicos. Yaaqov Anaṭoli, por exemplo, o tradutor do *Comentário Médio*, de Averróis, sobre o livro *Isagoge*, de Porfírio (1232), considera a lógica nada menos que "um cadinho para refinar a prata do entendimento e uma fornalha para refinar o ouro da fé". "Todos os que verdadeiramente desejam buscar a Deus", afirma ele, "necessitam da ciência da lógica".

Anaṭoli atribuiu à lógica também uma utilidade prática imediata. Ele afirmou reiteradas vezes que a lógica era essencial nas disputas com os estudiosos cristãos: "A lógica é indispensável para enfrentar adversários que empregam argumentos sofísticos [...] É evidente que, sem o estudo da ciência da lógica, nenhum de nós será capaz de defender território contra os representantes de outras nações que se opõem a nós"[45].

A lógica, portanto, tinha uma dupla utilidade: prática e teórica. Atendia às necessidades práticas de estudantes do *quadrivium* na prática de sua arte (astronomia e medicina) e dos que se engajavam em disputas teológicas. Ademais, satisfazia a necessidade teórica dos que almejavam o estudo da filosofia para o aperfeiçoamento de suas almas. Esse caráter polivalente da lógica presumivelmente explica o grande interesse dos judeus medievais pela disciplina, como indica a grande quantidade de tratados traduzidos e de manuscritos que chegaram até nós. Ao mesmo tempo, o papel subserviente da lógica explica por que o escopo desse intenso interesse permaneceu, não obstante, limitado, embora as traduções, em sua maioria, fossem meros compêndios elementares. A lógica não se tornou um objeto de investigação de pleno direito, como veio a ser, excepcionalmente, para Gersônides.

B) A *Astronomia* apresenta um problema particular[46]. As causas do interesse especialmente consistente nessa disciplina são difíceis de serem determinadas com exatidão. Os próprios astrônomos costumam invocar dois motivos: a importância prática da astronomia para a correta determinação do calendário hebreu (uma necessidade religiosa importante) e a relevância do estudo dos nobres corpos celestes para a metafísica. No entanto, o material astronômico à nossa disposição (especialmente as tabelas) aparentemente não proporciona evidência autônoma que confirme o real envolvimento dos astrônomos na determinação do calendário, e poder-se-ia questionar se suas alegações refletem a realidade ou se consistem em mera retórica para legitimar o assunto. Do mesmo modo, embora o estudo da metafísica certamente dirija as atenções aos céus, os conhecimentos de astronomia necessários para esse propósito são elementares e certamente não necessitam da *prática* da astronomia. Além disso, é bem sabido que a imagem filosófica do mundo era de fato incompatível com a astronômica, sendo, portanto, dúbio que a astronomia era estudada como meio para atingir a felicidade eterna.

A questão sem dúvida requer e merece mais investigações. Por ora, contentar-me-ei em assinalar que nos debates recorrentes, no âmbito das comunidades judaicas, a respeito da legitimidade do estudo das "ciências estrangeiras", até mesmo os opositores do estudo da filosofia usualmente excluíam a astronomia (bem como a medicina) de suas proibições: considero isso uma clara indicação de que a astronomia era geralmente percebida tanto como praticamente útil quanto como isenta de implicações potencialmente "perigosas". Nesse contexto, cabe ainda mencionar que, conforme Maimônides, os membros do Sanhedrin (isto é, o corpo legislativo) devem ser especialistas em astronomia[47]. Desse modo, podemos talvez concluir, um tanto provisoriamente, que, embora não compreendamos exatamente o papel social dos astrônomos judeus e, portanto, não conheçamos as razões para o grande investimento por parte dos estudiosos judeus na prática da astronomia, parece que ela está de algum modo ligada a necessidades práticas, possivelmente relacionadas com o estabelecimento do calendário. As controvérsias entre judeus e cristãos especialistas em astronomia, a respeito da correta determinação do calendário, parecem confirmar essa conjectura[48]. De qualquer modo, é inegável que a – suposta ou real – utilidade da astronomia para fins religiosos concedeu-lhe uma *legitimação social* que nunca foi questionada. Apenas a suposta existência de uma contínua necessidade social pela astronomia que fosse independente das vicissitudes dos valores culturais (como, por exemplo, a aceitação da interpretação filosófica do judaísmo) poderia, penso eu, explicar a ubiquidade do interesse por astronomia nas comunidades judaicas, em todos os períodos e em culturas muito divergentes.

C) A *Matemática* oferece uma oportunidade particularmente boa de observação do mecanismo dos dois tipos diferentes de conhecimentos-interesses. Judeus medievais estudavam matemática, seja porque a consideravam uma propedêutica à metafísica, que preparava o intelecto para apreender verdades abstratas, seja porque precisavam dela, visto que consistia em pré-requisito para o estudo da astronomia matemática. Ambas as considerações convergiram para dar plena legitimação à obra *Elementos*, de Euclides, que de fato foi ampla e continuamente estudada. Essas justificativas, porém, implicam que o estudo de uma disciplina como a álgebra era inútil ou, até mesmo, prejudicial. A álgebra medieval foi desenvolvida como mero "dispositivo", ou técnica, que permitia resolver equações e, enquanto tal, não possuía qualquer valor filosófico[49]; parece que tampouco tinha utilidade prática. Do ponto de vista dos sábios judeus medievais, portanto, a álgebra era simplesmente irrelevante. O bem conhecido filósofo aristotélico do século XII Abraão ibn Daūd, de Toledo, expõe a questão eloquentemente. Como conhecedor da ciência e da filosofia árabe, certamente ele sabia o que era álgebra, mas a considerava sem valor, até mesmo prejudicial. Entre os que passam o tempo com futilidades, privando suas almas do pós-vida, escreve ele, está aquele que

> consome seu tempo com número e com estórias estranhas como a que segue:
> Um homem queria ferver quinze quartos de um vinho novo para reduzi-lo a um terço. Ele ferveu até um quarto evaporar, quando então dois quartos do [vinho] remanescente foram derramados; ele novamente o ferveu até um quarto desaparecer no fogo, sendo que dois quartos restantes foram derramados. Qual é a proporção entre o [montante] obtido e a [quantidade] esperada?[50]

Posição idêntica é expressa por Maimônides, em termos mais gerais. Em seu influente *Oito Capítulos*, Maimônides cita explicitamente "questões de aritmética, os livros sobre as seções cônicas e fórmulas [i.e., álgebra], e as múltiplas questões sobre geometria e sobre [a ciência] dos pesos" como exemplos de inquirições que não devem ser buscadas como fins em si mesmos. São louváveis apenas por "cumprirem o propósito de aguçar o intelecto e usá-lo para demonstrações [...] que é o modo como o homem alcança o conhecimento da verdadeira existência de Deus"[51]. No *Guia dos Perplexos*, o próprio Maimônides fornece um ótimo exemplo do bom uso das matemáticas: ele se apoia na demonstração da existência de assíntotas para mostrar que a imaginabilidade não é um critério de existência e exclama: "Ouçam o que as ciências matemáticas nos ensinaram e quão capitais são as premissas que delas obtivemos"[52]!

Os conhecimentos-interesses tanto prático quanto teórico converteram os *Elementos*, de Euclides, no texto matemático *par excellence*. Seu estudo, *qua* propedêutica para o estudo de metafísica ou de astronomia, não levava os estudantes a se empenhar com investigações matemáticas. Ao contrário, uma vez tendo completado seus estudos matemáticos e treinado seu intelecto para apreender as entidades separadas, o estudante poderia, finalmente, chegar ao estudo da física e, então, da metafísica. Estas últimas disciplinas, na divisão medieval das ciências, evidentemente ocupavam um grau mais elevado e tinham um prestígio social maior do que as matemáticas. Uma observação similar se aplica ao estudo dos *Elementos* por futuros astrônomos. Desse modo, o estudo das matemáticas permaneceu necessariamente como passo intermediário no caminho rumo aos mais elevados domínios do conhecimento metafísico ou do astronômico.

Em resumo, portanto, a busca das matemáticas como um fim em si mesmo não era um valor socialmente aceito: isso explica por que os estudiosos judeus medievais não tiveram interesse em campos matemáticos tais como a álgebra e também explica por que eles praticamente não ofereceram contribuição própria, mesmo nos domínios matemáticos que de fato estudaram; os poucos e breves escritos hebraicos sobre matemática potencialmente originais são, em sua maioria, ramos de obras de astronomia. Uma exceção à regra confirma essa análise: seguindo Maimônides, na referida observação sobre as assíntotas, alguns estudiosos judeus fizeram incursões limitadas nesse tópico matemático: o valor religioso conferido a *essa* específica propriedade matemática a converteu em tema legítimo de estudo[53].

Considerações semelhantes explicam a quase ausência de interesse, entre os estudiosos judeus, por óptica e música, duas disciplinas sem interesse prático ou teológico[54], sendo Gersônides, também nesse caso, uma notável exceção à regra.

D) Claramente, o estudo da metafísica pressupunha o da *física*. Não obstante, o estudo dessa disciplina, motivado pelo interesse filosófico-religioso, permaneceu limitado à física de Averróis. Não havia prática de pesquisa que incentivasse a investigação de novos problemas. Para os propósitos em questão, os meios intelectuais oferecidos por Maimônides e Averróis pareciam suficientes.

De fato, com relação à física, Maimônides defendia uma "imagem da ciência" – ou seja, uma visão descritiva e normativa do que a ciência é e deve ser[55] – que presumia que a ciência física contemporânea havia alcançado os limites do que poderia ser conhecido pelo homem, possivelmente dificultando assim o desenvolvimento de pesquisas nessa área. Com efeito, Maimônides sugere duas imagens distintas, e até opostas, da ciência, conforme esta se relacione com a física dos domínios (1) sublunar ou (2) supralunar.

1) Maimônides acreditava que "tudo o que Aristóteles disse acerca de tudo que existe, desde sob a esfera lunar até o centro da Terra, é indubitavelmente correto, e ninguém se desviará disso"[56]. De fato, ele assegurava que Aristóteles alcançara o "mais elevado limite do conhecimento atingível pelo homem"[57]. A descrição do mundo sublunar dada por Aristóteles era suficiente e não havia motivos para tentar aprimorá-la. Assim, na introdução do Livro II do *Guia dos Perplexos*, ele enumerou as 25 premissas necessárias para estabelecer a existência e a incorporeidade da divindade e afirmou que todas elas são "demonstradas sem qualquer dúvida em relação a qualquer ponto que lhes concerne"[58].

2) Com relação às possibilidades humanas de atingir o conhecimento do domínio celeste, Maimônides é, por contraste, profundamente cético: "Em relação a tudo o que está nos céus, o homem apreende nada além de uma pequena parte daquilo que é matemático [...]. Somente a divindade conhece completamente a verdadeira realidade, a natureza, a substância, a forma, os movimentos e a causa dos céus". Os céus, sustenta Maimônides, estão "muito distantes de nós e muito elevados quanto ao lugar e ao grau" para que os conheçamos; assim, "fatigar a mente com noções que não podem ser apreendidas e que para alcançá-las não há instrumentos é um defeito na disposição inata, ou algum tipo de tentação". Segundo Maimônides, somente Moisés atingiu o conhecimento do reino celestial, através da emanação divina[59].

A mensagem contida no *Guia dos Perplexos* era, assim, inequívoca: tudo o que podia ser conhecido pelo homem já o fora. A filosofia de Maimônides não deixava margens para a ideia de progresso do conhecimento humano da natureza, sublunar ou supralunar[60]. Maimônides deu legitimidade ao estudo da ciência física, mas ela deveria ser estudada apenas como uma já *completa e fechada descrição do mundo*. A aplicação do intelecto à já existente descrição do universo era condição necessária e suficiente para atingir a perfeição da alma. Maimônides não abre espaço para investigações que busquem novas informações sobre o mundo físico[61].

E) O destino da *Alquimia*, entre os hebreus, apresenta um problema diferente, de fato enigmático. A indiferença dos estudiosos judeus pela alquimia é surpreendente, tendo em vista o já mencionado interesse considerável que tinham por questões a respeito do mundo sublunar[62], o fato de a alquimia reivindicar patronos judeus[63] e o fato de muitos escritos alquímicos serem atribuídos a Aristóteles. Enfatizo que a razão para essa falta de interesse certamente não é a negação da transmutação, que alguns filósofos judeus defendiam e outros negavam. Como, então, interpretar esse fenômeno? Uma possível explicação é que as comunidades judaicas, muitas das quais contavam membros influentes envolvidos em atividades econômicas, ficavam apreensivas com a presença de alquimistas, que eram considerados falsificadores de dinheiro[64]. Além disso, a alquimia supostamente não tinha nenhuma contribuição a oferecer à filosofia religiosa em sua concepção maimonídea, e a alquimia espiritual poderia mesmo constituir ameaça ao tipo de religiosidade maimonídea. E mais, os manuscritos alquímicos eram particularmente difíceis de serem adquiridos. Seja como for, para mim, essa marcante ausência da alquimia das áreas do conhecimento cultivadas pelos judeus é ainda um enigma.

Podemos, em seguida, resumir a tese que até aqui desenvolvemos. Nas comunidades judaicas medievais, cujo idioma cultural era o hebraico, a ciência greco-árabe atraía interesse por duas razões distintas e possuía duas fontes independentes de legitimação, sendo que o desenvolvimento das respectivas disciplinas seguia duas dinâmicas distintas, porém relacionadas. De um lado, havia a física e as áreas correlatas, às quais, por serem estreitamente relacionadas à metafísica, os maimonídeos atribuíam um valor *eudaimônico*: seu estudo era aceito como legítimo apenas pelos seguidores de Maimônides na comunidade judaica, ou seja, por aqueles que aderiam à noção de que a eterna bem-aventurança após a vida é condicionada pelo conhecimento metafísico. No entanto, esse conhecimento-interesse alimentou somente os temas relevantes à metafísica, e os estudantes afiliados a essa concepção excluíram de sua competência todas as outras disciplinas. O instruído crítico de filosofia do século XIII R. Moshé ben Naḥman (Naḥmânides) observou que "os próprios [filósofos] reconhecem que a grande utilidade [das ciências] emerge quando, em suas investigações, eles [os filósofos] alcançam a ciência que chamam de 'metafísica', que é a ciência da divindade"[65]. De outro lado, havia disciplinas práticas, especialmente a astronomia e a lógica (e podemos acrescentar a medicina), às quais não se atribuía a capacidade de contribuir para a felicidade da alma no pós-vida, mas que, por virtude de suas reais ou alegadas utilidades práticas, prosperaram até mesmo onde os círculos tradicionalistas suprimiram outros "estudos estrangeiros". Algumas disciplinas, particularmente a lógica e as matemáticas, foram fomentadas tanto pelo conhecimento-interesse teórico quanto pelo conhecimento-interesse prático.

Duas Aparentes Exceções à Regra: R. Levi Ben Gershom e R. Ḥasdai Crescas

Minha tese pode ser ilustrada por uma breve consideração a respeito de duas aparentes exceções à regra: Gersônides e R. Ḥasdai Crescas. Iniciarei com o último, mas dedicarei mais atenção ao primeiro. O principal trabalho de Crescas, *'Or ha-Shem* (A Luz do Nome [do Senhor]), concluído em 1410, contém uma crítica aguda e influente à física de Aristóteles, que foi detalhadamente analisada por H. A. Wolfson[66]. Crescas de nenhum modo contradiz a tese de que a filosofia maimonídea restringiu o desenvolvimento da ciência. Crescas tinha como motivação o desejo de abalar a interpretação maimonídea do judaísmo e, com esse objetivo, tentou *refutar* Aristóteles. Desse modo, a contribuição mais importante para a física realizada por um judeu medieval ironicamente não adveio de um filósofo empenhado em aprimorar a teoria recebida, mas sim de alguém que tinha como objetivo extirpar a filosofia e a ciência grega do âmbito do judaísmo. Isso enfatiza o meu argumento: a adesão aos valores da filosofia religiosa maimonídea pelos dois filósofos fez que se tornasse difícil para eles transcendê-la, por isso a ausência de contribuições à física de parte dos que a estudavam como disciplina do programa maimonídeo de estudo[67].

Acredito que Levi ben Gershom, Gersônides (1288-1344), seja o único pensador judeu medieval que, embora seguidor de Maimônides, também se envolveu pessoalmente em pesquisa científica motivada teoricamente. De fato, como veremos, sua versão pessoal da filosofia maimonídea ensejou um compromisso com a ideia de dignidade e legitimidade da investigação científica autônoma da natureza. Especificamente, sugiro que a atitude de Gersônides, para com a ciência, diferia da de seus correligionários, em razão da sua concepção sobre a jornada rumo à perfeição e ao pós-vida da alma; seu exemplo de fato destaca e confirma minha tese geral.

Gersônides foi certamente um dos grandes cientistas medievais, ao menos na Europa[68]. Concebeu um sistema astronômico original e foi um dos poucos cientistas medievais a fazer observações astronômicas; inventou instrumentos astronômicos para conduzir suas observações, dos quais o mais conhecido é a *balestilha de Jacó*; compôs tratados matemáticos parcialmente originais; escreveu comentários sobre a maioria dos trabalhos científicos de Averróis; parece que conduzia experimentos botânicos e, ao menos no papel, inventou uma espécie de protomicroscópio projetado para aumentar partes muito pequenas de insetos, quando observadas a olho nu.

Devemos agora questionar o que permitiu a Gersônides fazer da ciência seu foco principal de interesse, algo que, segundo minhas conclusões, a filosofia maimonídea impediu os demais estudiosos judeus de realizar[69]. A resposta, conforme acredito, repousa em duas coerentes leituras enviesadas que Gersônides fez da visão maimonídea sobre como alcançar a perfeição da alma. Na primeira leitura, apesar de aceitar a noção convencional de que o pós-vida da alma depende do conhecimento dos entes separados, Gersônides a fez depender especificamente do conhecimento do intelecto agente. Gersônides, então, pensa o intelecto agente (e ocasionalmente a divindade) como o *nomos* do mundo, o plano de toda a ordem natural. A consequência disso é que, até certo ponto, o conhecimento de Deus está ao alcance do homem, e a via para isso passa pela aquisição de conhecimento factual sobre o mundo material: por meio da investigação empírica das obras divinas, adquire-se conhecimento, embora parcial, do intelecto agente e de Deus, o que garante o pós-vida da alma. Contrariamente a Maimônides, portanto, Gersônides sustenta que a rota para o conhecimento de Deus passa pela pesquisa empírica, em vez de passar pela metafísica.

Isso nos conduz a outro ponto em que Gersônides se apartou de Maimônides. Gersônides sustenta que, uma vez que o intelecto adquirido de uma pessoa é o conjunto de inteligíveis que ela adquiriu, esse intelecto adquirido é *individual* e se mantém em sua individualidade mesmo após a morte. A maioria dos filósofos aristotélicos, deve-se lembrar, seguia a visão de Ibn Bājjah e de Averróis, que aparentemente era também compartilhada por Maimônides, de que, após a morte, o intelecto adquirido individual alcança a conjunção com o intelecto agente, quando então perde a sua individualidade[70].

Há, portanto, duas inovações na visão de Gersônides sobre como o pós-vida da alma é alcançado. Na primeira, a *eudaimonía* da alma depende do estudo empírico da natureza e, na segunda, seu pós-vida é considerado *pessoal*. Analisemos separadamente as implicações sociais dessas concepções.

A importância da primeira ideia é clara: enquanto a filosofia de Maimônides conduzia para o transcendente o desejo humano de conhecimento, atribuindo ao conhecimento do mundo material um valor apenas subordinado, a filosofia de Gersônides autoriza uma atitude decididamente intramundana. Além disso, enquanto Maimônides era inteiramente cético em relação à possibilidade de se adquirir qualquer conhecimento relevante para o pós-vida humano, Gersônides crê no progresso da ciência em ambos os reinos, sublunar e supralunar, bem como na capacidade da alma racional de alcançar a felicidade eterna. Gersônides, assim, adota uma "imagem da ciência" que é radicalmente diferente da defendida por Maimônides. Disso resulta que, para Gersônides, a ciência "assumiu um papel soteriológico, como uma ponte para o conhecimento da realidade transcendente", para usar a apropriada formulação do professor Heyd[71], exatamente como viria a ocorrer, pouco mais de três séculos depois, com os pensadores protestantes envolvidos com a Nova Ciência. E, de fato, Gersônides prenuncia o que viria a ser em larga escala, na tradição protestante, a atitude para com a ciência: a aquisição de conhecimento científico do mundo se torna um fim legítimo em si mesmo. A ciência tem um valor religioso, mas esse valor a legitima enquanto pesquisa independente: pelo fato de todo o conhecimento da obra divina ter significação religiosa, Gersônides sustenta a legitimidade da busca autônoma pela ciência. Para ele, assim como para os homens de ciência protestantes, a função religiosa da ciência e sua autonomia estão dialeticamente relacionadas.

O segundo componente inovador da teoria da alma de Gersônides, a visão de que no pós-vida a alma sobrevive individualmente, certamente constituiu a maior motivação para que Gersônides imergisse na pesquisa científica, juntamente com as reflexões filosóficas que antes lhe tinham permitido estabelecer o caminho para a bem-aventurança eterna. Nesse aspecto, o pensador parece se assemelhar a muitos de seus ilustres predecessores muçulmanos, ponto ao qual retornarei. O grande tratado astronômico de Gersônides, que significativamente constituiu parte integrante de seu *opus* filosófico, testemunha as intermináveis noites de observações e cálculos. (Deve-se acrescentar que Gersônides defendia o estudo da astronomia por seu valor cognitivo, como uma descrição da realidade, e não por um possível valor prático. Sua visão de que Deus exerce Sua providência por meio de influências que emanam dos corpos celestes fez dos movimentos celestes o objeto de estudo mais nobre para o aspirante à apreensão do *nomos* do mundo criado por Deus.)

Como aparente exceção à regra, o exemplo de Gersônides reforça efetivamente a minha tese geral: Gersônides dedicou-se à ciência de um modo amplo que não encontra paralelo em nenhum outro estudioso judeu, graças à sua especial teoria da alma. O contraste entre ele e a maior parte dos filósofos judeus destaca o papel que desempenhou a filosofia maimonídea como entrave à ciência e ressalta o papel da teoria da alma de Gersônides na promoção do interesse pelo conhecimento científico. Gersônides serviu-se da própria filosofia para nutrir-se de poderosa motivação pessoal a fim de devotar sua vida à ciência, mas seguiu como um "cavaleiro solitário", até mesmo um marginal; a pesquisa científica *per se* não adquiriu legitimação social, mesmo no âmbito "pró-filosófico" da comunidade judaica.

Neste ponto, a seguinte questão deve ser levantada: se Gersônides certamente se considerava um seguidor de Maimônides[72], o que teria desencadeado seu desvio da linha mestra do maimonidismo? Para essa questão, confesso, não tenho resposta satisfatória. A próxima seção, na qual arrisco uma explicação para o engajamento da maioria dos filósofos judeus no programa maimonídeo, torna o problema ainda mais agudo.

A Ausência de Interesse na Ciência: Uma Perspectiva Sociológica

Devemos agora ampliar nossa perspectiva. Atribuir os limites do interesse dos judeus medievais pela ciência e sua filiação à teologia maimonídea não é explicação suficiente. Pois devemos perguntar o que levou o compromisso com o sistema filosófico-religioso maimonídeo a se tornar tão forte que nem mesmo indivíduos isolados dele escaparam. Além disso, por que a filosofia de Maimônides foi em geral aceita em sua interpretação canônica, sendo que ninguém (até onde sei) seguiu a reinterpretação de Gersônides? O que tornou tão obrigatório o consenso sobre os propósitos da filosofia religiosa de Maimônides? A resposta só pode ser sociológica e, no que segue, tentarei apenas tecer algumas considerações que indiquem como podemos buscá-la.

Para começar, deve-se enfatizar que Maimônides, ainda que ilustre, não foi apenas um filósofo judeu dentre outros e tampouco o primeiro entre seus pares. Antes, o *Guia dos Perplexos* foi revestido com um prestígio incomparável, aliás, com o carisma autoritativo de seu autor, que, para o judaísmo medieval, foi acima de tudo o grande codificador da Lei judaica. Isso significa que, enquanto a autoridade legal de Maimônides proveu os estudiosos judeus, antes de mais nada, da *legitimação social* para introduzir a filosofia no judaísmo e para estudar "sabedorias estrangeiras" sem utilidade prática, ela simultaneamente manteve essa legitimação dentro dos limites estreitos da filosofia religiosa. Durante todo o período do qual nos ocupamos, *a visão de mundo normativa do* Guia *continuou a definir os limites do que era ordenado e aceitável socialmente no interior da "ala pró-filosofia" da comunidade judaica*. É claro que, concomitantemente, a filosofia de Maimônides negou a seus seguidores qualquer *motivação* pessoal para se dedicarem a um tipo de estudo que não fosse propício ao pós-vida, especialmente o estudo de algumas específicas disciplinas científicas. Em suma, portanto, mesmo para os seguidores de Maimônides não havia legitimação social nem motivação pessoal para a busca do estudo científico, exceção feita ao propósito propedêutico. No âmbito do maimonidismo, a ciência permaneceu uma "serva" da religião, em seu sentido mais completo.

A filosofia de Maimônides, em sua interpretação canônica, exerceu desse modo uma forma de atração centrípeta, entravando a emergência de interpretações radicais e mais naturalistas (averroístas), tais como, excepcionalmente, exemplificava o pensamento de Samuel ibn Tibbon, no século XIII, e o de Gersônides, no XIV. Além dessa força centrípeta, acionada, por assim dizer, de dentro da própria filosofia maimonídea e sustentada pela autoridade de Maimônides, houve poderosos fatores sociais externos que fizeram pender a balança a favor da interpretação conservadora do maimonidismo.

A sociedade medieval judaica era uma sociedade tradicional, no sentido de que era, como expôs o professor Jacob Katz, "uma sociedade que considera sua existência baseada em um corpo comum de conhecimentos e valores transmitido do passado"[73]. Na ausência de unidade territorial e da autoridade do Estado, na ausência inclusive de uma hierarquia religiosa munida de meios para centralmente suprimir os desvios, os diversos sistemas simbólicos, aceitos como consistentes em significados pelos membros de qualquer comunidade judaica, tendiam a exercer forças centrífugas. A filosofia certamente era um desses sistemas de símbolos que ameaçavam a coesão social, ainda mais porque era frequentemente percebida como ameaça à observação da própria *Halaḵá* (a Lei). De fato, essa é a razão pela qual as controvérsias sobre a legitimação da filosofia (à qual em breve chegaremos) foram tão virulentas: para começar, o que estava em jogo eram nada menos que a identidade e, portanto, a unidade social da comunidade judaica. Essa situação é notada com grande perspicácia, no começo do século XIV, por Qalonymos ben Qalonymos, o grande tradutor de obras científicas: "Cada distrito", escreve ele em seu *'Even Boḥan*, "sustenta sua própria convicção, [...] um condena o outro dizendo: 'Temo que haja alguma heresia [em suas opiniões]. Meu Deus não é o seu Deus'"; em resumo: "nossos Deuses são tão numerosos quanto nossas cidades"[74].

Nessa sociedade tradicional, as persistentes tendências centrífugas eram contrabalançadas essencialmente pela concentração no estudo de textos autorizados pelo judaísmo (Bíblia e Talmud, notadamente); para os tradicionalistas, esses eram de fato os únicos objetos de estudo legítimo. O filósofo judeu, também, devia assumir esse papel social e precisava constantemente buscar legitimação nos textos autorizados: não há quase nenhum filósofo judeu que não tenha escrito um comentário sobre a Bíblia e outros textos sagrados. Para o filósofo, tratava-se de uma necessidade social, se desejasse continuar sendo parte da comunidade judaica, e, ao mesmo tempo, de uma necessidade absoluta para a manutenção da coesão social. Em resumo: o estudioso judeu estava atado aos textos tradicionais por laços sociais, dos quais era quase impossível dissociar-se sem, ao mesmo tempo, abandonar sua estrutura social. Em outras palavras, o maimonidismo em sua forma canônica, ou seja, como uma filosofia religiosa em que a ciência e a filosofia estão subordinadas à Revelação religiosa, assinala o limite do que a comunidade judaica em sua integridade (ou seja, incluindo a ala tradicionalista) poderia tolerar. Esta, creio, é uma razão fundamental pela qual a filosofia judaica medieval permaneceu essencialmente uma filosofia do judaísmo.

Um breve olhar às controvérsias sobre o estudo da filosofia, que persistiram nas comunidades judaicas da Provença durante todo o período que nos interessa, fundamenta a análise supra. Ao destacar a pressão continuada e incessante exercida pelos círculos "antirracionalistas", ou tradicionalistas[75], sobre a ala "racionalista", a dos seguidores de Maimônides, esse olhar também ajudará a entender a quase ausência de um tipo mais "radical", cientificamente orientado de maimonidismo, como o exemplificado por Gersônides.

Menos de três décadas após o surgimento de sua tradução hebraica, o *Guia dos Perplexos*, de Maimônides, foi duramente criticado e condenado por alguns poucos defensores da interpretação tradicional do judaísmo[76]. Essa primeira "controvérsia maimonídea" (como é conhecida) foi vencida pelos racionalistas, embora isso tenha ocorrido principalmente por causa da inabilidade de seus adversários, assim como, certamente, do grande prestígio de Maimônides, na condição de codificador da Lei judaica. De fato, a partir disso, ainda que os tradicionalistas tenham sido forçados a aceitar a existência de uma facção maimonídea nas comunidades judaicas, eles mantiveram os racionalistas sob constante suspeita e pressão. Assim, mesmo após o aparente término da primeira controvérsia, o antagonismo entre os dois campos permaneceu endêmico.

No decorrer de várias décadas, as fronteiras mudaram sutilmente. Todavia, quando a controvérsia eclodiu novamente, em 1304-1305, os antirracionalistas haviam assimilado certas posições maimonídeas (especialmente quanto à necessidade de interpretar alegoricamente algumas passagens das Escrituras) e não mais tentaram proscrever o próprio *Guia* (o qual, no entanto, percebe-se que estavam ainda longe de apreciar). Em vez disso, eles agora se opunham ao estudo da ciência e da filosofia "estrangeiras", ou seja, das numerosas obras que, nas décadas precedentes, haviam sido traduzidas do árabe para o hebraico no rastro do *Guia*. Após longos debates e negociações, um *ḥerem* (édito de banimento) foi promulgado em 26 de julho de 1305 contra "qualquer membro da comunidade que, tendo menos de 25 anos, vier a estudar os trabalhos dos gregos sobre ciência natural ou metafísica"[77]. Foram excluídas do édito apenas obras sobre ciências úteis e práticas, a saber, astronomia e medicina.

À proibição, aparentemente, não se seguiu nenhuma consequência significativa, e não se conhece ninguém que tenha sido perseguido em decorrência de sua promulgação (um fato que muito possivelmente está relacionado com a expulsão dos judeus do reino da França por Filipe, o Belo, em 1306). Contudo, o ponto que importa é o real fato de que a oposição entre racionalistas e antirracionalistas – entre os fomentadores do estudo da "sabedoria grega" e seus opositores – persistiu durante todo o período que nos interessa (e inclusive até os dias de hoje). Esse embate contínuo a respeito dos limites do uso da razão para interpretar o mundo e as Escrituras e, portanto, a respeito da verdadeira interpretação do judaísmo estimulou os racionalistas a permanecer constantemente em guarda: um movimento imprudente, um excesso de alegorização, eram motivo para deflagrar considerável pressão social[78]. O estudioso judeu racionalista era forçado, pois, a exercitar sua razão dentro de limites rigorosos e sob constante supervisão. Embora, teoricamente, a filosofia maimonídea pudesse ser desenvolvida em diferentes direções – incluindo a do extremo racionalismo –, a ecologia social concreta na qual ela realmente se desenvolveu no sul da França, entre os séculos XIII e XV, favoreceu o desenvolvimento de um maimonidismo conservador, um maimonidismo que deu ao uso da razão um espaço estritamente delimitado e excluiu seu exercício autônomo.

O fato de o estudo da ciência e da filosofia ter sido cerceado pela pressão da ala tradicionalista foi perceptivelmente notado em 1394 por um "observador participante", Leon Joseph de Carcassonne, médico judeu cujo descontentamento com o estado da ciência – particularmente a medicina – entre os judeus de sua época foi suficiente para incitá-lo a estudar na Universidade de Montpellier. Na introdução a uma de suas traduções de livros médicos, do latim para o hebraico, ele escreveu:

> As ciências (*ha-ḥok̲mot*)] contêm tópicos racionais. Elas estão tão distantes daquilo que é familiar às nossas massas [i.e., judaicas] quanto o leste está do oeste. Ainda mais distantes estão [as ciências] apartadas dos fundamentos da Torá e da fé religiosa. Portanto, alguns de nossos sábios evitaram estudar, conhecer e compreender seu conteúdo.
>
> Mesmo aqueles poucos a quem Deus concedeu a graça do estudo [das

> ciências] [...] tiveram que fazer isso em segredo e se escondendo [...]. Isso se deve ao fato de que eles estavam apreensivos com o que a massa de ignorantes pudesse dizer. Pois eles são poucos e os outros são muitos. A esse [temor em relação às massas] se acrescenta o medo de alguns talmudistas [*toraniyim*] que tentaram eliminar todo o supérfluo de nossa alma e que se sobrepuseram aos que se dedicavam ao estudo racional, não por causa de suas forças [intelectuais] ou por causa do alcance de seus conhecimentos, mas somente por causa da força de seus braços e de seus numerosos subterfúgios. Pois as mencionadas massas lhes obedecem, *crendo que as ciências e aqueles que as estudaram se excluem da comunidade daqueles que seguem a Torá*[79].

Os limites do consenso, na comunidade judaica, eram em grande parte estabelecidos e socialmente impostos pelos opositores à introdução da filosofia no judaísmo.

Outros fatores sociais contribuíram para a manutenção da hegemonia de um maimonidismo domesticado. Um fator crucial era a ausência de um ensino de filosofia organizado nas comunidades judaicas. Enquanto os temas tradicionais judaicos eram ensinados no sul da França nas notáveis *yeshivot*, ao menos desde o início do século X[80], a filosofia e a ciência parecem ter sido ensinadas apenas privadamente[81]. Para notar o quão importantes foram as consequências dessa ausência de um estudo organizado das ciências, um rápido exame das universidades europeias contemporâneas é suficiente. Por um lado, não há, entre os estudiosos judeus, linhas de descendência entre mestres e estudantes, tais como as que as universidades, bem como as *yeshivot*, naturalmente produziam; logo, havia pouca ou nenhuma continuidade na transmissão do conhecimento e de linhas de pesquisa. "Quiçá uma vez em minha vida [...] o Senhor possa criar para mim um valioso discípulo ao qual poderei legar meus fracos e pobres segredos", lamenta-se Yosef ibn Kaspi, no século XIV[82]. Acima de tudo, a universidade medieval institucionalizou certos modos de debate entre mestres e estudantes que, pela sua própria estrutura, propiciavam a emergência de um novo tipo de conhecimento: debates sobre a *potentia Dei absoluta et ordinata* ou sobre o que é e não é possível *secundum imaginationem* abriram caminho para uma forma de questionamento emancipada das amarras dos postulados teológicos ou filosóficos[83]. É precisamente essa emancipação que se encontra ausente nas reflexões dos filósofos judeus e que os manteve dentro dos limites das doutrinas recebidas de sua filosofia religiosa. Em outras palavras: por sua própria estrutura, a universidade medieval ensejou o surgimento de um novo tipo de questionamento e de um novo papel social – o estudioso "profissional", devotado à busca autônoma da verdade[84]; no âmbito das comunidades judaicas, em virtude da inexistência de estruturas análogas, um processo similar não ocorreu.

É notado, novamente, pelo médico e tradutor Leon Joseph de Carcassonne que um dos fatores impeditivos à atividade científica dos estudiosos judeus foi a ausência de ensino institucionalizado das ciências. O estado do conhecimento científico entre os judeus é inferior ao dos cristãos de seu tempo, afirma Leon, fato que é, entre outros, debitado à inexistência do ensino público das ciências, tal como era praticado nas universidades; sobre os "racionalistas", ou seja, defensores do estudo da filosofia, o médico afirma que a eles

> não era permitido ensinar ciência nas praças e nas ruas, nem discutir [as ciências] e mostrar suas razoabilidades, nem formar uma *yeshivá* pública. Portanto, eles não poderiam fazer emergir a verdade com perfeição, pois *a verdade não pode ser conhecida senão através de seus opostos*[85].

Contra isso,

> os intercâmbios [entre os cristãos] nessas ciências é incessante, e nada lhes escapa do que vale investigar. De fato, eles não deixam nada de lado quando a questão é debater a verdade ou até mesmo a falsidade [de uma proposição]. Mediante suas rigorosas e minuciosas perguntas e respostas obtidas por meio da disputa (*vikuaḥ*), e por explicar tudo por meio de duas [opiniões] contrárias, eles fazem que a verdade emerja a partir do centro [da contradição], como um lírio entre espinhos[86].

Com efeito, acrescenta Leon, esse método de disputa (escolástico) é exatamente o mesmo que era praticado pelos antigos sábios judeus do Talmud, mas, infelizmente, as aflições sofridas pelos judeus durante o exílio fizeram que eles se esquecessem disso[87].

Porém, como podemos explicar essa ausência do ensino institucionalizado de filosofia? Pois, no final de contas, o ensino organizado e sistemático era uma instituição tradicional no judaísmo, e poderíamos perguntar por que isso não foi aplicado ao novo tipo de conhecimento.

Uma razão importante para a ausência do ensino organizado das "ciências estrangeiras" deve novamente ser buscada na própria filosofia maimonídea[88]. A imagem de ciência e filosofia de Maimônides é a de um *conhecimento esotérico*, ou seja, de um conhecimento ao qual o acesso é seletivo ou restrito. Maimônides celebremente sustentou que a ciência e a filosofia são reservadas a uma pequeníssima elite e não se destinam às massas. Ele identifica a física (aristotélica) com o que na Mishná é chamado de *ma'asé bereshit* (a obra do início, ou seja, da Criação) e a metafísica com *ma'asé merkavá* (a obra da Carruagem). Essas expressões tradicionais denotavam dois domínios do aprendizado, o místico e o esotérico, cujo estudo era perigoso e cujo ensino público era proibido[89]. Ao identificar a física e a metafísica com *ma'asé bereshit* e *ma'asé merkavá* da antiga tradição, Maimônides acertou dois pássaros com uma só pedra: ao atribuir legitimidade às duas disciplinas "estrangeiras", ele, ao mesmo tempo, restringe severamente o acesso a elas. Assim, em seu *Mishné Torá*, ou seja, o código obrigatório da Lei, Maimônides afirma explicitamente que *ma'asé merkavá* não deve ser ensinado nem mesmo a um único indivíduo (no máximo, podem-se comunicar alguns rudimentos disso a um homem sábio), enquanto *ma'asé bereshit* pode ser ensinado, mas apenas individualmente[90]. Desse modo, embora o acesso à física aristotélica seja concebido como menos restrito do que o acesso à mais nobre ciência, a metafísica, ainda assim há uma defesa formal contra ensiná-la publicamente. A filosofia maimonídea simultaneamente legitimava o estudo das "ciências estrangeiras" e impunha um tabu a seu ensino público. Presume-se que essa proibição formal explique em grande parte por que o estudo da ciência e da filosofia, pelos judeus, ocorreu apenas de modo individual.

Um segundo fator complementar limitando o desenvolvimento do ensino público das ciências é, obviamente, a pressão exercida pela facção tradicionalista. A comunidade judaica tolerava a atividade dos filósofos como individual, porém frustrou a institucionalização da educação filosófica: o ensino público de filosofia possivelmente ultrapassava os limites do que podia ser tolerado pelos que temiam as consequências sociais da interpretação maimonídea do judaísmo. A citação supra, de autoria de Leon Joseph, confirma que de fato aos racionalistas "*não era permitido* ensinar ciência nas praças e nas ruas"[91]. Já que Maimônides ensinou que a filosofia não deveria ser ensinada publicamente, não é de se espantar que a "sabedoria estrangeira" era, na melhor das hipóteses, tão somente objeto do ensino privado.

Podemos concluir que a estrutura social das comunidades judaicas da Provença, especificamente a oposição contínua entre as duas alas – uma, a maimonídea; outra, oposta ao estudo da "sabedoria grega" –, explica em grande parte o porquê da escassa autonomia da pesquisa científica em disciplinas que não eram consideradas úteis (como o eram a astronomia e a medicina).

A própria filosofia maimonídea tendia a cercear o interesse pela ciência como um fim em si mesmo; além disso, uma vez que o estudo das ciências estava sob constante escrutínio e suspeita por parte dos tradicionalistas, quaisquer tendências para desenvolver uma versão racionalista extremada do maimonidismo eram combatidas logo de início. Nas comunidades medievais judaicas da Provença não havia lugar para estudiosos que buscassem uma pesquisa científica autônoma guiada por um conhecimento-interesse teórico[92].

Alfonso de Valladolid, anteriormente Avner de Burgos, célebre converso do século XIV, parece ilustrar esse último ponto. "Desde minha juventude até minha velhice", escreve ele em seu trabalho filosófico-matemático *Meyasher 'Aqov* (Retificação das Curvas), "implorei a Deus [...] uma única coisa, saber se é possível encontrar uma superfície retilínea igual à superfície do círculo, de acordo com a verdade e não aproximadamente"[93]. Esse é precisamente o tipo de motivação que se procura em vão nos escritos dos estudiosos judeus medievais. Quaisquer que sejam as outras razões que possam ter levado Avner a se converter, parece-me que não é por mero acaso que esse estudioso, nutrido de um forte desejo de adquirir conhecimento puramente teórico, seguiu um itinerário intelectual que o levou para fora da comunidade judaica. Os estudiosos judeus medievais, por regra, davam mais valor a discussões teológicas ou questões talmúdicas mais elevadas do que a demonstrações de teoremas matemáticos[94].

Consideração Conclusiva: Teorias do Pós-Vida e o Progresso da Ciência – Uma Visão Comparativa (Islamismo, Judaísmo, Cristianismo)

As circunstâncias que configuraram a apropriação da ciência nos escritos hebraicos da comunidade medieval judaica podem ser comparadas proveitosamente com as que condicionaram, primeiro, a ascensão e o declínio da ciência árabe e, segundo, a revolução científica do século XVII. Limito-me a uma breve consideração.

De acordo com uma sugestiva análise do professor A. I. Sabra, a ascensão da ciência árabe, entre os séculos VIII e XII, deve-se a estudiosos como Al-Fārābī, Ibn Sīnā, Ibn al-Haytham, Al-Birūnī e Ibn Rušd, os quais abraçaram uma filosofia que sustentava que o caminho para a felicidade eterna da alma passava pela pesquisa autônoma da verdade[95]. Esses filósofos, nos termos até aqui introduzidos, foram aqueles cujos questionamentos eram guiados pelo conhecimento-interesse teórico; eles constituem um tipo sociológico ao qual Sabra se refere como "filósofo-cientista". A ciência árabe entrou em declínio quando sua filosofia foi gradualmente substituída por uma visão, disseminada especialmente por Al-Ġazālī, de que a felicidade é atingida somente por meio de pesquisa teológica, sendo a ciência legitimada apenas se tiver utilidade imediata. O papel social do homem de ciência mudou: o "filósofo-cientista" foi substituído pelo "jurista-cientista", cuja preocupação principal era a jurisprudência, e não a verdade filosófico-científica a respeito do mundo, e cuja pesquisa era guiada pelo interesse-conhecimento prático.

De um ponto de vista sociológico, as condições que conduziram ao declínio da ciência árabe se assemelham muito às que *permanentemente* prevaleceram nas comunidades judaicas: nestas, o papel social dos estudiosos se concentrava de fato no estudo e ensino da Bíblia; a ciência era estudada por sua utilidade (prática ou propedêutica), e não como um fim em si mesmo. Gersônides é de fato o único verdadeiro cientista (com exceção dos astrônomos profissionais) entre os filósofos de escrita hebraica, e é significativo que ele e seus correspondentes muçulmanos não apenas compartilhassem a noção de uma pesquisa científica autônoma, como também se apoiassem igualmente na visão de que a felicidade pode ser alcançada por meio da pesquisa científica e filosófica da verdade.

Esse paralelismo adquire maior relevância histórica à luz da "tese de Merton" sobre as condições sociais subjacentes à revolução científica do século XVII[96]. Como foi mencionado no início deste texto, Merton argumentou que a institucionalização da ideia de pesquisa científica autônoma (ou seja, sua aceitação como legítima, e mesmo merecedora de prática social), que é um dos fatores que contribuíram grandemente para o surgimento da Nova Ciência, foi favorecida pelas doutrinas teológicas protestantes, segundo as quais a salvação é alcançada por meio da aquisição do conhecimento do mundo físico. O estudo empírico da natureza levava à revelação do poder e providência divinos, assumindo, dessa forma, importância teológica. Além disso, como Heyd argumentou, essa genuína importância teológica da pesquisa sobre a natureza concedeu à ciência um (relativo) *status* autônomo, como uma esfera independente do conhecimento. Há, portanto, uma notável analogia entre os fatores que nos seguintes três casos levaram ao surgimento da atividade científica: tanto os grandes cientistas muçulmanos quanto Gersônides, como também os cientistas protestantes do século XVII, devotavam-se à investigação científica autônoma como "ponte soteriológica" indispensável. Suas respectivas teologias tanto legitimaram a ciência natural como um fim em si mesmo quanto forneceram uma motivação vigorosa a seu estudo. Esse é precisamente o tipo de legitimação e motivação que, nas comunidades judaicas medievais, fora proscrito pela teologia maimonídea dominante nos círculos filosóficos.

Uma Última Ressalva

Antes de concluir, devo acrescentar uma ressalva. Em primeiro lugar, minha sugestão neste artigo consistiu em indicar que os judeus medievais se interessavam pela ciência apenas por sua utilidade propedêutica ou prática e que isso ocorreu porque os que tinham algum interesse por ela a praticaram como seguidores de Maimônides, que valorizou mais a teologia do que as ciências individuais. Hoje, em uma era científica como a nossa, em que devidamente se atribui à ciência alto valor moral, essa declaração pode ser facilmente interpretada como um juízo de valor implicitamente antimaimonídeo ou até "antirreligioso", o que seria um erro grosseiro e lamentável. Gersônides não foi de nenhum modo menos "religioso" do que qualquer outro filósofo judeu e ele certamente se considerava um discípulo de Maimônides – de fato, ele mesmo copiou para si todo o *Guia dos Perplexos*[97]! No entanto, por meio de sua reinterpretação pessoal de Maimônides, a pesquisa científica veio a ter, para ele, importância religiosa (uma "ponte soteriológica", segundo a terminologia de Heyd), de maneira que seu compromisso religioso – ele escreveu comentários sobre a maior parte dos textos bíblicos – e o compromisso com a busca científica da verdade poderiam reforçar, em vez de contradizer, um ao outro. Algo semelhante, como já mencionado, sustentam muitos cientistas protestantes do século XVII, dos quais Robert Boyle é um excelente exemplo. Portanto, minha tese de modo algum sugere qualquer inerente oposição irreconciliável entre, de um lado, a ciência e, de outro, a religião judaica ou mesmo o judaísmo em sua interpretação maimonídea. Antes, minha sugestão é que entre os séculos XIII e XV a filosofia maimonídea (e as estruturas sociais que a sustentavam) atribui pouco valor à ciência *per se*, canalizando talento e originalidade para outras áreas. De fato, as maiores manifestações de criatividade, entre os judeus medievais, não são encontradas nos escritos de filósofos, mas antes nos escritos dos cabalistas e dos talmudistas.

Agradecimentos

Pelos úteis comentários sobre os rascunhos deste texto, estou em grande débito para com os meus seguintes colegas e amigos: Amos Funkenstein, Ruth Glasner, Menachem Kellner, Y. Tzvi Langermann, Tony Lévy, David C. Lindberg, Jean-Pierre Rothschild, David Ruderman e Josef Stern. Agradeço especialmente a Bernard R. Goldstein, da Universidade de Pittsburgh, que paciente e incansavelmente leu sucessivos rascunhos deste artigo e nunca se cansou de fazer críticas e sugestões construtivas.

Uma versão resumida deste texto foi apresentada na conferência "Science and Theology in Medieval Islam, Judaism, and Christendom" (Universidade de Madison, Wisconsin, 15-17 de abril de 1993): sou grato aos organizadores, David C. Lindberg e A. I. Sabra, pelo convite para participar desse encontro. As ideias contidas neste texto foram apresentadas oralmente em várias ocasiões anteriores, algumas das quais foram seguidas por breves exposições preliminares: The Place of Science in Medieval Jewish Communities (em hebraico), *Zemanim* (Tel Aviv), n. 42 (verão de 1992), p. 40-51; The Role of Science in the Medieval Jewish Culture of Provence: A Sociological View" In: *La ciencia en la España medieval*, ed. de Lola Ferre et al. (Granada, 1992), p. 127-144; The Place of Science in Medieval Hebrew-Writing Jewish Communities: A Sociological Perspective. In: *Rashi*, 1040-1990: *Hommage à Ephraim E. Urbach*, ed. de Gabrielle Sed-Rajna (Paris, 1993), p. 599-613. Meu estudo completo, em francês: Les Sciences dans les communautés juives médiévales de Provence: leur appropriation, leur rôle. *Revue des Études Juives*, n. 152, p. 29-136, 1993, contém muito mais informações factuais do que eu poderia incorporar neste artigo, em que, por sua vez, a análise é mais desenvolvida do que no francês, escrito em 1989-1990.

A pesquisa que fundamenta este texto foi generosamente patrocinada por uma bolsa individual concedida pela Memorial Foundation for Jewish Culture, durante os anos de 1991-1992 e 1992-1993, à qual sou imensamente grato. Expresso ainda minha gratidão ao Sidney M. Edelstein Center for the History and Philosophy of Science, Technology and Medicine, da Universidade Hebraica de Jerusalém, pelas instalações regularmente postas à minha disposição durante minhas estadas naquela cidade.

Notas

1. MERTON, R. K. Science and the Social Order. 1938. Reimpresso em: MERTON, R. K. *The Sociology of Science*: Theoretical and Empirical Perspectives. Edição com introdução de Norman W. Storer. Chicago, 1973, p. 254-266; p. 254.
2. BEN-DAVID, J. Puritanism and Modern Science: A Study in the Continuity and Coherence of Sociological Research. In: COHEN, E.; LISSAK, M.; ALMAGOR, U. (Org.). *Comparative Social Dynamics*: Essays in Honor of S. N. Eisenstadt. Boulder, CO/London, 1985, p. 207-223; reimpresso em seu *Scientific Growth*: Selected Essays on the Social Organization and Ethos of Science. Ed. de Gad Freudenthal. Berkeley, 1991, p. 343-360.
3. Um exemplo particularmente extremo dessa abordagem é dado por KLEIN-FRANKE, F. Vorlesungen über die Medizin im Islam. *Sudhoffs Archiv*, Beiheft 23. Wiesbaden, 1982. Cf. minha resenha em *History and Philosophy of the Life Sciences*, IX, p. 119-122, 1987.
4. "Höret nicht auf ihre [dos físicos] Worte, sondern haltet Euch an ihre Taten". EINSTEIN, A. Zur Methode der theoretischen Physik. In: EINSTEIN, A. *Mein Weltbild*. Amsterdam, 1934, p. 176-187; p. 176; tradução inglesa: *On the Method of Theoretical Physics*. The Herbert Spencer Lecture. Oxford, 10 jun. 1933; Oxford, 1933, n. 5 (tradução modificada).
5. HEYD, M. The Emergence of Modern Science as an Autonomous World of Knowledge in the Protestant Tradition of Seventeenth Century. In: EISENSTADT, S. N.; SILBER, I. F. (Org.). *Cultural Traditions and Worlds of Knowledge*: Explorations in the Sociology of Knowledge. *Knowledge and Society*: Studies in the Sociology of Culture Past and Present, VII. Greenwich, Conn./London, 1988, p. 165-179.
6. Heyd se refere à situação em que a ciência tem relevância positiva para assuntos dominantes, culturais e religiosos, como aquela em que a ciência tem "autonomia positiva"; "autonomia negativa", por contraste, significa simplesmente que a ciência não está sujeita ao controle doutrinário. Cf. HEYD, 1988, op. cit., p. 166; 171; 173.
7. Isadore Twersky defende que talmudismo é a atividade judaica *par excellence* e declara que "a marca distintiva do judaísmo é o halakhocentrismo". Ver TWERSKY, I. Religion and Law. In: GOITEIN, S. D. (Org.). *Religion in a Religious Age*. Cambridge, MA, 1974, p. 69-82; reimpresso em: TWERSKY, I. *Studies in Jewish Law and Philosophy*. New York, 1982, p. 203-216. *Halaḵá* é a Lei judaica, e o termo "halaḵocentrismo" intenta capturar um estado ambíguo de coisas: (i) o comportamento dos judeus até o surgimento do período moderno era regulado pela *Halaḵá*; (ii) em algumas comunidades, a atividade intelectual dos estudiosos consistia principalmente na interpretação e na elaboração do Talmud e da Lei. A caracterização de Twersky certamente se refere ao judaísmo medieval no norte da Europa (*'ashqenaz*), mas é mais problemática com respeito à Espanha e ao sul da França, que, neste texto, é a região de nosso interesse central.
8. Muitas outras fontes materiais podem ser encontradas em: RAFAL, D. *Sheva' ha-Ḥoḵmot*: *Ha-Vikuaḥ 'al Limude Ḥol ba-Yahadut*. Jerusalem, 1990.
9. *She'elot u-Teshuvot le-ha-Rav Rabbenu Asher z"l* (Responsa de Nosso Mestre Rabi Asher, de abençoada memória). Jerusalem, 1981, p. 53, § 55.
10. Minha preocupação, aqui, é com os casos e períodos em que a ciência era aceita pelo judaísmo, e os comentários supra não devem de modo algum ser entendidos como uma tentativa de estabelecer uma tipologia de atitudes para com a ciência no judaísmo. Entre os extremos – uma total aceitação e uma total rejeição –, há muitas posições intermediárias.

Uma delas, a do renomado pensador e cabalista do século XIII, Naḥmânides, foi detalhadamente analisada em: LANGERMANN, Y. T. Acceptance and Devaluation: Naḥmanides's Attitude towards Science. *Jewish Thought and Philosophy*, n. 1, p. 223-245, 1992.

11. Cf. HALKIN, A. S. The Judeo-Islamic Age. In: SCHWARZ, L. W. (Org.). *Great Ages and Ideas of the Jewish People*. New York, 1956, p. 213-263; id. Judeo-Arabic Literature. *Encyclopedia Judaica*. 16 v. Jerusalem, 1972, v. 10, p. 410-423.
12. Para a noção de apropriação, cf. SABRA, A. I. The Appropriation and Subsequent Naturalization of Greek Science in Medieval Islam: A Preliminary Statement. *History of Science*, n. 25, p. 223-243, 1987; RASHED, R. Problems of the Transmission of Greek Scientific Thought into Arabic: Examples from Mathematics and Optics. *History of Science*, n. 27, p. 199-209, 1989.
13. Cf., no entanto, o material recolhido em: FRIEDENWALD, H. *The Jews and Medicine*: Essays. Baltimore, 1944; SHATZMILLER, J. *Jews, Medicine, and Medieval Society*. University of California Press, 1995.
14. Por falta de espaço, a consideração factual que segue é reduzida ao mínimo, bem como as referências às fontes primárias e à literatura secundária. Muitas das informações aqui faltantes podem ser encontradas em meu texto: FREUDENTHAL, G. Les Sciences dans les communautés juives médiévales de Provence: leur appropriation, leur rôle. *Revue des Études Juives*, clii, p. 29-136, 1993. O presente texto utiliza-o amplamente para os fatos, mas vai além com suas interpretações.
15. Cf. BENEDICT, B. Z. Caractères originaux de la science rabbinique en Languedoc. In: VICAIRE. M.-H.; BLUMENKRANZ, B. (Org.). *Juifs et judaïsme de Languedoc*. Toulouse, 1977, p. 159-172; id. *Merkaz ha-Torá bi-Provans*. Jerusalem, 1985.
16. O melhor comentário é ainda de Moritz Steinschneider, em seu monumental *Die hebraeischen Übersetzungen des Mittelalters und die Juden als Dolmetscher*. Berlin, 1893.
17. TWERSKY, I. Aspects of the Social and Cultural History of Provençal Jewry. *Journal of World History*, n. 11, p. 185-207, 1968; reimpresso em: TWERSKY, I. *Studies in Jewish Law and Philosophy*. New York, 1982, p. 180-202; SHATZMILLER, J. Rationalisme et orthodoxie religieuse chez les Juifs provençaux au commencement du XIVe siècle. *Provence Historique*, n. 22, p. 261-286, 1972.
18. Para uma visão geral e uma bibliografia, cf. BEN-SASSON, H. H. Maimonidean Controversy. *Encyclopedia Judaica*. 16 v. Jerusalem, 1972, v. 11, p. 745-754.
19. Cf. WOLFSON, H. A. Plan for the Publication of a *Corpus commentariorum Averrois in Aristotelem*. *Speculum*, n. 36, p. 88-114, 1961; reimpresso em: WOLFSON, H. A. *Studies in the History of Philosophy and Religion*. Ed. de I. Twersky; G. H. Williams. Cambridge, MA, 1973, v. 1, p. 430-444.
20. Cf. DROSSAART LULOFS, H. J.; POORTMAN, E. L. J. (ed. e trad.). *Nicolaus Damascenus, De plantis. Five translations*. Amsterdam, 1989, p. 347-463.
21. SIRAT, C. Les Manuscrits en caractères hébraïques. Réalités d'hier et histoire d'aujourd'hui. *Scrittura e Civiltà*, n. 10, p. 239-288, 1986. Sirat (ibid., p. 263-272) supõe que a proporção do número de manuscritos hebraicos que existiram em relação aos que sobreviveram é de aproximadamente 5:100.
22. Para uma visão geral e completa, cf. ROSENBERG, S. Logic and Ontology in Jewish Philosophy in the 14th Century. Tese (Doutorado), Universidade Hebraica de Jerusalém, 1973 (em hebraico).
23. GOLDSTEIN, B. R. The Medieval Hebrew Tradition in Astronomy. *Journal of the American Oriental Society*, n. 85, p. 145-148, 1965; id. The Role of Science in the Jewish

Community in Fourteenth-Century France. In: COSMAN, M. P.; CHANDLER, B. (Org.). *Machaut's world*: Science and Art in the Fourteenth Century (*Annals of the New York Academy of Sciences*, New York, n. 34, p. 39-49, 1978); id. Scientific Traditions in Late Medieval Jewish Communities. In: DAHAN, G. (Org.). *Les Juifs au regard de l'histoire*: mélanges en l'honneur de Bernard Lumenkranz. Paris, 1985, p. 235-247; id. Descriptions of Astronomical Instruments in Hebrew. In: KING, D. A.; SALIBA, G. (Org.). *From Deferent to Equant*: A Volume of Studies in the History of Science in the Ancient and Medieval Near East in Honor of E. S. Kennedy (*Annals of the New York Academy of Science*, New York, v. 500, p. 105-141, 1987).

24. Para a literatura, cf. STEINSCHNEIDER, M. *Mathematik bei den Juden*. Ed. de Adeline Goldberg. Hildesheim, 1964; SARFATTI, G. B. *Mathematical Terminology in Hebrew Scientific Literature of the Middle Ages* (em hebraico). Jerusalem, 1968.
25. Todos os textos hebraicos relativos à música foram recolhidos em: ADLER, I. *Hebrew Writings Concerning Music in Manuscripts and Printed Books from the Geonic Times up to 1800* (*International Inventory of Musical Sources/Répertoire International des Sources Musicales*, v. B IX^2, Munich, 1975). Cf. ainda SENDREY, A. *Bibliography of Jewish Music*. New York, 1951, p. 56-62. Gersônides é novamente uma exceção a essa generalização.
26. Cf., entretanto, a conjectura de ZIMMERMANN, F. Philoponus' Impetus Theory in the Arabic Tradition. In: SORABJI, R. (Org.). *Philoponus and the Rejection of Aristotelian Science*. London, 1987, p. 121-129; 128-129.
27. STEINSCHNEIDER, M. *Die hebraeischen Übersetzungen des Mittelalters und die Juden als Dolmetscher*. Berlin, 1893, p. 273; SCHOLEM, G. Alchemie und Kabbala. *Eranos Jahrbuch*, n. 46, p. 1-96, 1977 (substitui o artigo com o mesmo título em: *Monatsschrift für Geschichte und Wissenschaft des Judentums*, n. 64, p. 13-30; 90-110; 371-374, 1925). Cf. também SULER, B. Alchemy. In: *Encyclopedia Judaica*. 16 v. Jerusalem, 1972, v. 2, p. 542-549.
28. Cf. as pertinentes observações de GOITEIN, S. D. *A Mediterranean Society*, v. 2: *The Community*. Berkeley, 1971, p. 171-173; 192-195, que também se aplicam às comunidades judaicas na Europa.
29. RASHED, 1989, op. cit.
30. Cf. STEINSCHNEIDER, M. Allgemeines. In: STEINSCHNEIDER, 1893, op. cit., p. 16; SHATZMILLER, J. Livres médicaux et éducation médicale: a propos d'un contrat de Marseille en 1316. *Medieval Studies*, n. 42, p. 463-470; p. 468-469, 1980.
31. RAVITZKY, A. Aristotle's *Meteorologica* and the Maimonidean Exegesis of Creation (em hebraico). In: *Shlomo Pines Jubilee Volume on the Occasion of His Eightieth Birthday*, parte 2. *Jerusalem Studies in Jewish Thought*, v. 9. Jerusalem, 1990, p. 225-250.
32. Outro excelente estudo que, no entanto, em sua maior parte é biográfico e contém poucas indicações a respeito das motivações de seu tema: BERMAN, L. V. Greek into Hebrew: Samuel ben Judah of Marseilles, Fourteenth-Century Philosopher and Translator. In: ALTMANN, A. (Org.). *Jewish Medieval and Renaissance Studies*. Cambridge, MA, 1967, p. 289-320. Grande quantidade de informação é também encontrada em: ROTHSCHILD, J.-P. Motivations et méthodes des traductions en hébreu du milieu du XIIème à la fin du XVème siècle. In: CONTAMINE, G. (Org.). *Traduction et traducteurs au Moyen Âge* (Colloque International du CNRS; IRHT, 26-28 mai 1986). Paris, 1989, p. 279-302.
33. DAVIDSON, H. A. The Study of Philosophy as a Religious Obligation. In: GOITEIN, S. D. (Org.). *Religion in a Religious Age*. Cambridge, MA, 1974, p. 53-68.

34. MAIMÔNIDES. *Guia dos Perplexos* I. 34; citado a partir da tradução (inglesa) de S. Pines: Chicago, 1963, p. 75. No que se segue, as citações do *Guia* serão da tradução de Pines e referidas por parte, capítulo e número da página na tradução.
35. O falecido Shlomo Pines argumentou que, entre a escrita do *Mishné Torá* (Repetição da Lei) e a do *Guia dos Perplexos*, Maimônides teria lido o *Comentário sobre a Ética Nicomaqueia de Aristóteles* (perdido), de Al-Fārābī, e, a partir disso, mudou drasticamente sua visão acerca da capacidade humana de atingir o conhecimento metafísico e, logo, acerca do pós-vida: depois dessa "revolução copernicana", Pines sugere que Maimônides deixou de acreditar que a imortalidade do intelecto fosse possível e, em seguida, passou a considerar que a perfeição humana seria apenas política. Cf. PINES, S. Le discours théologico-philosophique dans les oeuvres halachiques de Maïmonide comparé avec celui du *Guide des égarés*. In: *Délivrance et Fidélité, Maïmonide*. Textes du colloque tenu à l'Unesco en décembre 1985 à l'occasion du 850º anniversaire du philosophe. Toulouse, 1986, p. 119-124. No atual contexto, não é relevante se Maimônides sustentou que a perfeição intelectual, na medida do possível, poderia ser alcançada por qualquer um ou apenas por aqueles que, entre os judeus, tivessem se dedicado ao estudo das Leis (Talmud). Para tal visão, cf. KELLNER, M. *Maimonides on Human Perfection*. Atlanta, 1990.
36. MAIMÔNIDES. *Oito Capítulos*, Introdução. Essa máxima era frequentemente repetida pelos seguidores de Maimônides: cf. TWERSKY, 1968, op. cit., p. 190 (com n. 20); SHATZMILLER, 1972, op. cit., p. 277; JOSPE, R. *What Is Jewish Philosophy?* Tel Aviv, 1988, p. 16-20. Com relação à atitude de Maimônides para com a "sabedoria estrangeira", cf. também TWERSKY, I. *Introduction to the Code of Maimonides*. New Haven/London, 1980, p. 215-219.
37. ROTH, N. The "Theft of Philosophy" by the Greeks from the Jews. *Classical Folia*, n. 32, p. 53-67, 1978.
38. Essa ideia foi elaborada por Julius Guttmann, sobretudo em seu livro clássico *Philosophie des Judentums*. Munich, 1933; cf. especialmente p. 9-11 (tradução em inglês: *Philosophies of Judaism*. Philadelphia, 1964, p. 3-5) (tradução em português: *A Filosofia do Judaísmo*. Trad. de J. Guinsburg. São Paulo: Perspectiva, 2003).
39. Ibid., p. 63 et seq. (Na tradução inglesa, p. 55.)
40. Isso também foi notado pelo falecido Georges Vajda: "En dernière analyse", escreve ele, "la connaissance est tournée vers Dieu, la connaissance de la nature *étant* seulement un degré préparatoire de la connaissance métaphysique dont l'objet propre et suprême est la divinité" ["Em última análise, o conhecimento está voltado para Deus, sendo o conhecimento da natureza apenas um degrau preparatório do conhecimento metafísico, cujo objeto próprio e supremo é a divindade"]. VAJDA, G. *Introduction à la pensée juive du Moyen Âge*. Paris: Vrin, 1947, p. 143.
41. MAIMÔNIDES. *Guia* III, 51:619.
42. MAIMÔNIDES. *Guia* III, 54:635.
43. Cf. HARVEY, Z. R. Ḥasdai Crescas and His Criticism of Philosophical Felicity (em hebraico). *Proceedings of the Sixth World Congress of Jewish Studies*. Jerusalem, v. 3, p. 143-149, 1977. Como é bem conhecido, Maimônides paradoxalmente afirma que as entidades separadas, cujo conhecimento por si só conduz à perfeição da alma, são de fato incognoscíveis. Cf., por exemplo, PINES, S. The Limitations of Human Knowledge According to Al-Farabi, Ibn Badja, and Maimonides. In: TWERSKY, I. *Studies in Medieval Jewish History and Literature*. Cambridge, MA, 1979, p. 82-109, e nota 35 supra. Cf. também ALTMANN, A. Maimonides' "Four Perfections", reimpresso em

seu *Essays in Jewish Intellectual History*. Hanover/London, 1981, p. 65-76; KELLNER, 1990, op. cit.

44. *Ḥovot ha-Levavot* (Os Deveres do Coração). Introdução; tradução (modificada) citada de: R. IBN PAQŪDA, Baḥya ben Yūssef. *Duties of the heart*. Traduzido do árabe para o hebraico por R. Yehudá ibn Tibbon, com uma tradução em inglês de Moses Hyamson (1925-1947). Jerusalem/New York, 1970, I, p. 14-17.
45. Citado a partir de DAVIDSON, H. A. (trad.). *Averroes, Middle Commentary on Porphyry's "Isagoge"*. Cambridge, MA, 1969, p. 3-4. Essa ideia é repetida por estudiosos posteriores, como Profiat Duran (conhecido como "Efodi"); cf. *Maase Efod, Einleitung in das Studium und Grammatik der hebräischen Sprache von Profiat Duran*. Ed. de Jonathan Friedländer e Joakob Kohn. Viena, 1865, parte hebraica, p. 15. Cf. também LASKER, D. J. *Jewish Philosophical Polemic against Christianity in the Middle Ages*. New York, 1977.
46. Reconheço, com gratidão, as numerosas conversas esclarecedoras com Bernard R. Goldstein (Pittsburgh) a respeito do parágrafo que segue. É desnecessário afirmar que o prof. Goldstein não é responsável pelas opiniões aqui expressas.
47. MAIMÔNIDES. *Mishné Torá, Hilkot Sanhedrin* (Repetição da Lei, Leis Relativas ao Sinédrio), 2:1.
48. ISRAELI, I. *Sefer Yesod 'Olam* (Livro dos Elementos do Mundo). Ed. de B. Goldberg. 2 v. Berlin, 1846-1848, v. 2, p. 36 et seq., relata uma controvérsia que teve, em 1334, sobre a data correta da Páscoa judaica; seu opositor foi aparentemente o célebre convertido Avner de Burgos (Alfonso de Valladolid).
49. Esse ponto de vista remonta a Al-Fārābī; cf., por exemplo, WOLFSON, H. A. The Classification of Sciences in Medieval Jewish Philosophy (1925); reimpresso em: WOLFSON, H. A. *Studies in the History of Philosophy and Religion*. Ed. de I. Twersky e G. H. Williams. Cambridge, MA, 1973, v. 1, p. 493-545, especialmente as notas 157; 160.
50. IBN DAŪD, A. *'Emuná Ramá* (A Fé Sublime) II, Introdução; texto em: *Das Buch Emunah Rama*. Ed. e trad. de S. Weil (Frankfurt, 1852), p. 45 (tradução: p. 57 et seq.); *The Exalted Faith*. Trad. com comentários de Norbert M. Samuelson [hebraico]; trad. editada de Gershon Weiss. Cranbury, NJ/Rutherford, 1986, 123a 9 et seq. É digno de nota que praticamente o mesmo argumento é atribuído por Ibn Ḫaldūn ao médico do século IX Abū Bakr al-Rāzī: "A respeito das matemáticas, confesso que apenas estudei esse assunto até os limites do absolutamente indispensável, sem perder meu tempo com jogos e refinamentos [...]. Eu corajosamente me desculpo, alegando que escolhi o caminho certo em vez de o escolhido pelos assim chamados 'filósofos', que devotam suas vidas inteiras à satisfação das superfluidades geométricas". Citado (sem referências) em: BERGGREN, J. L. Islamic Acquisition of the Foreign Sciences: A Cultural Perspective. *The American Journal of Islamic Social Science*, v. 9, n. 3, p. 310-324, 1992, p. 315. (Sou grato ao prof. B. R. Goldstein por trazer essa referência à minha atenção.)
51. MAIMÔNIDES. *Oito Capítulos*, cap. 5.
52. Id. *Guia* I, 73:210.
53. Cf. FREUDENTHAL, G. Maimonides' *Guide of the Perplexed* and the Transmission of the Mathematical Tract "On Two Asymptotic Lines" in the Arabic, Latin, and Hebrew Medieval Traditions. *Vivarium*, n. 26, p. 113-140, 1988; LÉVY, T. L'Étude des sections coniques dans la tradition médiévale hébraïque: ses relations avec les traditions arabe et latine. *Revue d'Histoire des Sciences*, n. 42, p. 193-239, 1989.
54. Acrescente-se que Maimônides expressou uma atitude negativa explícita em relação à música, o que possivelmente exerceu influência na atitude dos estudiosos judeus para

com o estudo da teoria da música. Cf. FARMER, H. G. Maimonides Listening to Music. *Journal of the Royal Asiatic Society*, p. 867-884, 1933; COHEN, B. The Responsum of Maimonides Concerning Music. *Jewish Music Journal*, New York, v. 2, n. 2, p. 3-7, 1935. Maimônides permite, porém, o uso da música para fins terapêuticos. Cf. MARCUS, S. Maimonides on Music – in Particular Its Medical Use (em hebraico). *Koroth*, n. 5, p. 819-822, 1972. (Sumário em inglês nas p. CXL-CXLI.)

55. Esse conceito foi proposto por ELKANA, Y. A Programmatic Attempt at an Anthropology of Knowledge. In: MENDELSOHN, E.; ELKANA, Y. (Org.). *Science and Cultures* (*The Sociology of the Sciences*, v. 5; Dordrecht: Reidel, 1981, p. 1-76).
56. MAIMÔNIDES. *Guia* II, 22:319.
57. Id. Carta a R. Samuel ibn Tibbon. In: *Letters and Essays of Moses Maimonides* (em hebraico). Ed. e trad. de I. Shailat. Maaleh Adumim, 5748 [1988], p. 533. Em sua veneração por Aristóteles, Ibn Rušd vai além de Maimônides: cf. a passagem citada em: MUNK, S. *Mélanges de philosophie juive et arabe*. Paris, 1859, p. 316; 440-441.
58. MAIMÔNIDES. *Guia* II, Introdução, p. 235.
59. Ibid., II, 24:326-327. Sobre o ceticismo epistemológico de Maimônides em geral, cf. PINES, S. The Limitations of Human Knowledge According to Al-Farabi, Ibn Badja, and Maimonides. In: TWERSKY, I. *Studies in Medieval Jewish History and Literature*. Cambridge, MA, 1979, p. 82-109; PINES, S. Maimonides, Rabbi Moses ben Maimon. *Dictionary of Scientific Biography*, v. 9, p. 27-32. Para uma visão diferente, cf. LANGERMANN, Y. T. The "True Perplexity": The *Guide of the Perplexed*, parte 2, cap. 24. In: KRAEMER, J. L. (Org.). *Perspectives on Maimonides*: Philosophical and Historical Studies. Oxford, 1991, p. 159-174.
60. Para uma visão diferente, cf. KRAEMER, J. L. Maimonides on Aristotle and Scientific Method. In: ORMSBY, E. L. (Org.). *Moses Maimonides and His Time*. Washington, DC, 1989, p. 53-88 [tradução hebraica em: *Shlomo Pines Jubilee Volume on the Occasion of His Eightieth Birthday*, 1990, op. cit., p. 193-224].
61. Cf. KELLNER, M. On the Status of the Astronomy and Physics in Maimonides' *Mishneh Torah* and *Guide of the Perplexed*: A Chapter in the History of Science. *The British Journal for the History of Science*, n. 24, p. 453-463, 1991.
62. Cf. RAVITZKY, 1990, op. cit.
63. PATAI, R. Biblical Figures as Alchemists. *Hebrew Union College Annual*, n. 54, p. 195-226, 1983. Cf. também: id. *The Jewish Alchemists*. Princeton, 1994 (tradução para o português: *Os Alquimistas Judeus*. São Paulo: Perspectiva, 2009). A riqueza de material apresentada nesse livro confirma minha tese a respeito da virtual ausência de interesse pela alquimia entre os judeus medievais.
64. Esse ponto foi bem desenvolvido pelo sr. Guy Beaujouan: "On oublie trop souvent que, par exemple, dans la célèbre décrétale de Jean XXII (généralement datée de 1317), l'hostilité à l'alchimie est d'abord liée au problème de la fausse monnaie. Dans les communautés juives, les courtiers en métaux précieux n'auraient sans doute guère apprécié les scandales imputables à des coreligionnaires alchimistes" ["Esquece-se frequentemente que, por exemplo, no célebre decreto de João XXII (em geral, datado em 1317), a hostilidade em relação à alquimia está antes vinculada ao problema da moeda falsa. Nas comunidades judias, os cambistas de metais preciosos, sem dúvida, não teriam apreciado os escândalos imputados a seus correligionários alquimistas"]. Cf. BEAUJOUAN, G. Les Orientations de la science latine au début du XIVème siècle. In: FREUDENTHAL, G. (Org.). *Studies on Gersonides*: A Fourteenth-Century Jewish Philosopher-Scientist. Leiden, 1992, p. 71-80; p. 80.

65. *Kitvê Rabenu Moshe ben Naḥman* (Os Escritos de Nosso Mestre Naḥmânides). Ed. de Haïm Dov Chavel. Jerusalem, 1963, v. 1, p. 155 et seq.
66. WOLFSON, H. A. *Crescas' critique of Aristotle*. Cambridge, MA, 1929.
67. Crescas dá continuidade a uma longa tradição andaluza de oposição à ciência e à filosofia; cf., a respeito, SEPTIMUS, B. *Hispano-Jewish Culture in Tradition*: The Career and Controversies of Ramah. Cambridge, MA, 1982. É preciso acrescentar que Crescas foi influenciado, de um lado, pela filosofia escolástica e, de outro, pela Cabala. Cf. PINES, S. Scholasticism After Thomas Aquinas and the Teaching of Ḥasdai Crescas and His Predecessors. *Proceedings of the Israel Academy of Sciences and Humanities*, I/10; Jerusalem, 1967; HARVEY, W. Z. Kabbalistic Elements in Crescas' *Light of the Lord* (em hebraico). *Jerusalem Studies in Jewish Thought*, II/2, p. 75-109, 1982-1983 (sumário em inglês nas p. IX-XI). [Aqui traduzido para o português nas p. 797-840.]
68. Sobre o trabalho científico de Gersônides, ver os artigos apresentados em: FREUDENTHAL, 1992, op. cit. O volume inclui exaustiva bibliografia compilada por Menachem Kellner.
69. Essa tese é desenvolvida com mais detalhes em: FREUDENTHAL, G. Rabbi Lewi ben Gerschom (Gersonides) und die Bedingungen wissenschaftlichen Fortschrritts im Mittelalter: Astronomie, Physik, erkenntnistheoretischer Realismus und Heilslehre. *Archiv für Geschichte der Philosophie*, n. 74, p. 158-179, 1992; id. Sauver son âme ou sauver les phénomènes: Sotériologie, épistémologie et astronomie chez Gersonides. In: FREUDENTHAL, 1992, op. cit., p. 317-352. [Aqui traduzido para o português nas p. 737-772.] Para uma visão mais geral, cf. id. Levi ben Gershom (Gersonides), 1288-1344. In: NASR, S. H.; LEAMAN, O. (Org.). *The Routledge History of Islamic Philosophy*. London, 1996.
70. PINES, S. Translator's Introduction. In: MAIMÔNIDES. *Guia dos Perplexos*, 1963, op. cit., v. l, p. ciii et seq.
71. HEYD, 1988, op. cit., p. 172.
72. Ver nota 97 infra.
73. KATZ, J. *Traditions and Crisis*: Jewish Society at the End of the Middle Ages. New York, 1971, p. 3.
74. BEN QALONYMOS, Q. *'Even Boḥan*. Ed. de A. M. Habermann. Tel Aviv, 1956, p. 44.
75. A caracterização usual de ambos os lados, respectivamente como "racionalistas" e "antirracionalistas", é certamente enganosa. Racionalidade pode ser apreciada somente com respeito a premissas aceitas, e, sobre esse tema, os estudantes tradicionalistas do Talmud não eram menos racionais do que seus adversários. Utilizo tais termos aqui por convenção, para designar defensores de uma atitude positiva ou negativa para com a "sabedoria grega".
76. Uma excelente visão geral concisa da história das controvérsias discutidas no parágrafo seguinte é oferecida em: BEN-SASSON, 1972, op. cit.
77. Citação retirada de ibid., p. 752.
78. Cf., por exemplo, HALKIN, A. S. Why Was Levi Ben Hayyim Hounded? *Proceedings of the American Academy for Jewish Research*, n. 34, p. 65-76, 1966.
79. LEON JOSEPH DE CARCASSONNE. Introdução à sua tradução hebraica do comentário de Gérard de Solo sobre *Al-Mansouri*, de Al-Rāzī, publicada primeiro em: RENAN, E.; [A. Neubauer]. *Les Écrivains juifs français du XIVème siècle* (*Histoire littéraire de la France*. Paris, 1893, v. 31), p. 771-775; p. 772; nova edição textual acompanhada por uma tradução em inglês em: GARCIA-BALLESTER, L.; FERRE, L.; FELIU, E. Jewish Appreciation of Fourteenth-Century Scholastic Medicine. *Osiris*, 2nd ser., n. 6, p. 85-117, 1990, Appendix D, p. 107-117; a passagem está nas linhas 20-31. (Esse artigo situa texto

e autor em seu contexto histórico; cf. p. 93 et seq.). Ver também SHATZMILLER, J. Étudiants juifs à la faculté de médecine de Montpellier, dernier quart du XIVème siècle. *Jewish History*, n. 6, p. 243-255, 1992; em que nossa passagem é discutida na p. 250. A tradução é minha, mas em alguns momentos adotei a de Garcia-Ballester, Ferre e Feliu, que usei paralelamente à de Renan-Neubauer.

80. BENEDICT, 1985, op. cit.
81. Joseph Shatzmiller descobriu contratos versando sobre o ensino da medicina firmados entre futuros mestre e discípulo. Cf. SHATZMILLER, J. On Becoming a Jewish Doctor in the High Middle Ages. *Sefarad*, n. 43, p. 239-249, 1983.
82. ABRAHAMS, I. *Jewish Ethical Wills*. Philadelphia, 1926; nova edição: 1976, p. 131 (tradução ligeiramente modificada).
83. Cf. a análise concisa e esclarecedora de: VERGER, J. Condition de l'intellectuel aux XIIIème et XIVème siècles. In: IMBACH, R.; MÉLÉARD, M.-H. (Org.). *Philosophes médiévaux*: anthologie de textes philosophiques (XIIIème-XIVème siècles). Paris, 1986, p. 11-49. Também muito perceptivo e bem informado é DE LIBERA, A. Le Développement de nouveaux instruments conceptuels et leur utilisation dans la philosophie de la nature au XIVème siècle. In: ASZTALOS, M.; MURDOCH, J. E.; NIINILUOTO, I. (Org.). *Knowledge and the Sciences in Medieval Philosophy*: Proceedings of the Eighth International Congress of Medieval Philosophy (S.I.E.P.M.). Helsinki, 1990, v. 1, p. 158-1971. A grande importância das discussões sobre a *potentia Dei absoluta et ordinata* e sobre a noção do que é possível *secundum imaginationem* para o surgimento da ciência moderna é destacada por FUNKENSTEIN, A. *Theology and the Scientific Imagination*: From the Middle Ages to the Seventeenth Century. Princeton, 1986. Para o caso particularmente revelador dos calculadores de Oxford, cf. SYLLA, E. The Oxford Calculators. In: KRETZMAN, N.; KENNY, A.; PINBORG, J. (Org.). *The Cambridge History of Later Medieval Philosophy*. Cambridge, 1982, p. 540-563; id. The Oxford Calculators in Context. *Science in Context*, n. 1, p. 257-279, 1987.
84. Estou me referindo à teoria do crescimento científico elaborada pelo falecido Joseph Ben-David; cf. especialmente BEN-DAVID, J. Scientific Growth: A Sociological View. *Minerva*, n. 3, p. 455-476, 1964, reimpresso em seu *Scientific Growth*, 1991, op. cit., p. 299-320; id. *The Scientist's Role in Society*: A Comparative Study. 2. ed. Chicago, 1984.
85. LEON JOSEPH DE CARCASSONNE, op. cit., ed. de Renan-Neubauer, p. 772; ed. de Garcia-Ballester, Ferre e Feliu, p. 24-27.
86. Ibid., ed. de Renan-Neubauer, p. 773; ed. de Garcia-Ballester, Ferre e Feliu, linhas 69-72.
87. Ibid., ed. de Renan-Neubauer, p. 773; ed. de Garcia-Ballester, Ferre e Feliu, linhas 72-81.
88. A ideia desenvolvida no parágrafo que segue me foi sugerida pelo Dr. Joseph Stern (Universidade de Chicago). Sou-lhe muito grato por sua opinião.
89. Para uma visão geral competente e concisa, cf. DAN, J. *Ancient Hebrew Mysticism* (em hebraico). Tel-Aviv, 1990, p. 20 et seq.
90. MAIMÔNIDES. *Mishné Torá, Hilḵot Yesodê Torá* (Repetição da Lei, Leis Relativas aos Fundamentos da Torá) 4:11; cf. também ibid. 2:12; *Guia*, Introdução.
91. LEON JOSEPH DE CARCASSONNE, op. cit., ed. de Renan-Neubauer, p. 772; ed. de Garcia-Ballester, Ferre e Feliu, linhas 25-26.
92. Na Idade Média, a rígida estrutura social frequentemente impedia estudiosos inconformados de fixarem residência no mesmo lugar por longos períodos. No judaísmo, Abraão ibn Ezra é um exemplo particularmente notável. Para uma análise muito interessante do seu caso e desse modelo social, cf. GRABOÏS, A. Le non-conformisme intellectuel au XIIème

século: Pierre Abélard et Abraham Ibn Ezra. In: YARDENI, M. (Org.). *Modernité et non-conformisme en France à travers les âges*. (*Studies in the History of Christian Thought*, Leiden, n. 28, p. 3-13, 1983). Carece de investigações a dimensão em que fenômenos similares podem ser também observados na Provença dos séculos XIII e XIV.

93. ALFONSO. *Meyasher 'Aqov*. Ed. e trad. de G. M. Gluskina. Moscou, 1983, p. 139 (= fol. 94a, linhas 4-8 do manuscrito [London, British Library, Add. 26984], que é reproduzido no livro). Em relação à identidade do autor e à história da pesquisa sobre esse livro, cf. FREUDENTHAL, G. Two Notes on *Sefer Meyashsher 'Aqov* by Alfonso, alias Abner of Burgos (em hebraico). *Qiryat Sefer*, n. 63, p. 984-986, 1990-1991.
94. Nesse ponto, é possível perguntar por que essas restrições sociais não impediram Gersônides de se devotar à ciência e por que seu exemplo e sua interpretação da filosofia de Maimônides não foram seguidos. Para essas questões, não tenho resposta satisfatória. Pouco se sabe, atualmente, sobre os contatos pessoais que Gersônides teria mantido com outros estudiosos ou líderes judeus, mas talvez futuras pesquisas possam lançar uma nova luz sobre o contexto social e pessoal em que ele se desenvolveu.
95. SABRA, 1987, op. cit.
96. Cf. notadamente MERTON, R. K. *Science, Technology and Society in Seventeenth-Century England*. (1938). New York, 1970. Muito importante para compreender essa tese é: BEN-DAVID, 1985, op. cit.
97. Ms. Prague, University Library, n. VI 65, fol. 236r. (Consultei a obra microfilmada n. 46886 do Instituto de Manuscritos hebraicos microfilmados, da Universidade Hebraica de Jerusalém). No último fólio de *Sefer ha-Shorashim*, de R. David Qimḥi, Gersônides (ou seu escriba) descreve o inventário de sua biblioteca particular; o *Guia dos Perplexos*, "em pergaminho, escrito por minhas próprias mãos", é o primeiro livro na seção dos "livros de sabedoria" (*sifrê ha-ḥokmá*). O inventário completo foi recentemente publicado: WEIL, G. E. *La Bibliothèque de Gersonides d'après son catalogue autographe*. Ed. de F. Chartrain com a colaboração de A.-M Weil-Guény e J. Shatzmiller. Louvain, 1992.

De Maimônides a Samuel Ibn Tibbon: Interpretando o Judaísmo Como Religião Filosófica*[1]

Carlos Fraenkel

Em muitos aspectos, o *Guia dos Perplexos* situou-se como o centro da obra filosófica de Samuel ibn Tibbon. Embora seja mais conhecido como tradutor do *Guia*, a tradução foi apenas um aspecto de seu exaustivo esforço em disseminar o pensamento de Maimônides. O papel de Ibn Tibbon, nesse processo, é mais bem descrito como o de um mediador entre culturas que prepararam o caminho para a recepção dos escritos de Maimônides nas comunidades judaicas da Europa cristã, ou seja, em um ambiente cultural muito diferente do contexto árabe-judaico em que foram compostos[2]. Talvez possamos apreciar melhor o escopo da contribuição de Ibn Tibbon se imaginarmos um pensador judeu contemporâneo que comece a introduzir a obra de Emmanuel Levinas para estudantes de *yeshivá* em Me'á She'arim, bairro ultraortodoxo de Jerusalém. Se apenas traduzisse Levinas para o hebraico ou para o iídiche, certamente falharia em atingir seu objetivo. Além da tradução, teria de esclarecer a terminologia filosófica de Levinas, explicar o que significa fenomenologia

* Tradução de Tadeu Mazzola Verza do original inglês: From Maimonides to Samuel Ibn Tibbon: Interpreting Judaism as a Philosophical Religion. In: FRAENKEL, C. (Org.). *Traditions of Maimonideanism*. IJS Studies in Judaica. Conference Proceedings of the Institute of Jewish Studies, University College London. Leiden/Boston: Brill, 2009, v. 7, p. 177-211. Revisão técnica de Rosalie Helena de Souza Pereira.

nas obras de Husserl e Heidegger, que serviram de ponto de partida para o pensamento de Levinas, e interpretar a ideia dele à luz dos debates intelectuais na França sob os quais ocorreu. Em outras palavras, o mediador deve criar condições que permitam que a obra de Levinas seja entendida em um contexto cultural que tem poucos elementos em comum com aquele no qual se originou. De modo similar, pode-se descrever a tarefa de Ibn Tibbon no começo do século XIII. O desafio que enfrentou foi tornar inteligível um livro profundamente arraigado na tradição da filosofia greco-árabe aos eruditos do sul da França geralmente não familiarizados com as noções e fontes dessa tradição[3]. Ibn Tibbon refere-se a essa situação no prefácio de sua tradução do *Guia*, que descreve como uma obra que "engloba muitas ciências sublimes, ocultas aos olhos da maioria, se não de todos, de nossa gente dessa parte do mundo, pois eles não se dedicam [ao estudo], e [essas ciências] não são encontradas entre eles" (118). Comentários semelhantes aparecem no prefácio do *Perush ha-Millim ha-Zarot* (Explicação de Termos Infrequentes), em que Ibn Tibbon explica que compôs o glossário filosófico-científico para o *Guia* por causa dos "equívocos de nossa linguagem e da ausência de obras sobre as ciências demonstrativas entre nosso povo", uma situação em que teme que "a maior parte dos leitores [...] não entenderá" sua tradução[4]. Não é de surpreender, portanto, que Ibn Tibbon, além de traduzir o *Guia*, explicou sua terminologia técnica, interpretou-a e tornou-se seu primeiro professor. Ao fazer isso, estabeleceu as bases para a recepção do *Guia* como a obra fundamentadora da filosofia judaica desde o começo do século XIII até Espinosa, que de muitas maneiras importantes foi tributário da tradição maimonídea medieval, ainda que também tenha criticado alguns de seus pressupostos fundamentais[5]. Na tradução de Ibn Tibbon, o *Guia* tornou-se um dos textos judaicos mais amplamente lidos, como fica claro pela quantidade dos manuscritos da tradução que sobreviveram, assim como pela quantidade de comentários escritos sobre a obra[6]. Em certo sentido, o próprio Ibn Tibbon foi o primeiro em uma longa série de comentadores, pois, no curso do desenvolvimento de seu trabalho sobre o *Guia*, adicionou numerosas glosas ao texto[7]. Por meio do exame de 145 manuscritos da tradução que estão reunidos no Institute of Microfilmed Hebrew Manuscripts, em Jerusalém, encontrei cerca de cem glosas atribuídas a ele. Essas glosas não apenas ilustram os diferentes aspectos do encontro de Ibn Tibbon com o *Guia* mas também são testemunhas do complexo processo de transmissão da obra de Maimônides de um contexto cultural para o outro[8]. Em suma, se o *Dalālat al-Ḥā'irīn* foi a porta através da qual a ciência e a filosofia foram capazes de entrar e se tornar um componente importante da cultura judaica, sua transformação em *Moré ha-Nevukim* proporcionou a dobradiça sem a qual essa porta teria permanecido fechada[9]. O papel que Ibn Tibbon desempenhou está bem resumido em uma carta dirigida a Maimônides por Yonatan ha-Kohen, chefe da comunidade judaica em Lunel, onde Ibn Tibbon nasceu e realizou a tradução do *Guia*:

> O livro [isto é, o *Guia*] foi dado àqueles que não conheceriam um livro se nosso Criador não tivesse trazido a nós o filho de um homem sábio, culto em toda ciência, a quem foram ensinadas pelo mestre, seu pai, a literatura árabe e a língua árabe[10].

Contudo, não foi apenas em história do pensamento judaico que Ibn Tibbon desempenhou um papel central: ele também abriu o capítulo hebraico da história da filosofia ocidental. Após florescer na Antiguidade grega e, depois, no mundo islâmico, no início do período medieval, a investigação filosófica foi renovada, paralelamente, em hebraico e em latim na Idade Média tardia[11]. Ibn Tibbon não foi o primeiro a introduzir, nas comunidades judaicas da Europa cristã, obras que, de modo geral, podem ser caracterizadas como filosóficas, mas a tradução e a disseminação dos escritos filosóficos de Maimônides representam um momento decisivo para o processo[12]. Entre as muitas possibilidades, esses escritos, sobretudo o *Guia*, proporcionaram uma justificação sistemática para o estudo da filosofia no interior da cultura religiosa. Não apenas isso, mas especialmente conduziram o leitor à tradição da *falsafa*, isto é, à corrente do pensamento árabe que, na esteira de Al-Fārābī e de seus discípulos, superou sistemas filosóficos concorrentes e se tornou a visão de mundo da maioria dos intelectuais do mundo islâmico[13]. Esses dois fatores transformaram o processo – que, mais de uma geração depois de Ibn Tibbon, começou como uma renovação cultural no sul da França – em uma revolução intelectual por meio da qual parte substancial da filosofia e da ciência greco-árabe foi traduzida para o hebraico e se tornou um importante quadro de referência para muitos judeus instruídos[14].

***

Neste artigo, examino vários aspectos característicos da relação entre Ibn Tibbon e Maimônides. Inicio com a interpretação de Maimônides do judaísmo como uma religião filosófica cuja divulgação, a meu ver, foi o objetivo da obra de Ibn Tibbon como mediador entre culturas. Em seguida, examino como Ibn Tibbon apresenta a si mesmo e sua obra em relação a Maimônides e ao projeto filosófico-exegético que subjaz ao *Guia*. Depois, explico a relação entre a interpretação do judaísmo como religião filosófica e o papel de Ibn Tibbon na tradução de obras da *falsafa* árabe. À luz das conclusões que podem ser obtidas da discussão anterior, situo a contribuição de Ibn Tibbon no contexto da história da filosofia em árabe e em hebraico e tento esclarecer a conexão entre sua contribuição e as obras de Al-Fārābī e Maimônides. Na sequência, considero, de modo breve, a oposição que a interpretação do judaísmo como religião filosófica suscitou no início do século XIII. Por fim, devo mencionar outro aspecto que discuti detalhadamente em outro lugar: a ampla crítica de Ibn Tibbon a Maimônides[15]. Esse aspecto sobre o qual os estudiosos não prestaram quase nenhuma atenção até agora é, em minha opinião, crucial para avaliar o perfil intelectual de Ibn Tibbon, pois o mostra como pensador original, e não apenas como discípulo de Maimônides e mediador de sua obra.

Interpretando o Judaísmo Como Religião Filosófica[16]

Como a obra de Maimônides justificou o estudo da filosofia em um contexto religioso? É possível caracterizar o projeto de Maimônides como uma tentativa de transformar o judaísmo em uma religião filosófica. Seus fundadores – dos patriarcas e profetas aos sábios rabis – foram hábeis filósofos; o conteúdo oculto de seus escritos é filosofia; e seus mandamentos conduzem à vida filosófica, cujo objetivo é a devoção incondicional do amor intelectual a Deus. Assim, estudar filosofia é, de fato, o mesmo que estudar "os segredos da Lei" e constitui a mais alta forma de adoração[17]. Por um lado, Maimônides pertence a uma tradição intelectual de acordo com a qual é o modo de vida do filósofo que aproxima o ser humano de Deus[18]; por outro, também pertence a uma tradição intelectual segundo a qual se é conduzido a esse modo de vida pelo Livro, que é "o guia do primeiro e do último homem" (*Guia* I.2; ing. 24; heb. 21-22; ár. 16), ou seja, a Lei Mosaica[19]. Essas duas tradições estão unidas no pensamento de Maimônides, pois ele considera a Lei a perfeita *politeía* no sentido platônico e aristotélico: a "Lei divina (*Sharīʿat ilāhīat*)", cujos propósitos são o "bem-estar do corpo (*ṣalāḥ al-badan*)" e o "bem-estar da alma (*ṣalāḥ al-nafs*)", ou seja, o estabelecimento das condições éticas, políticas e intelectuais que tornam possível obter, primeiro, a "perfeição do corpo (*kamal al-jassad*)" e, depois, para os que têm a capacidade necessária para tanto, a "perfeição da alma (*kamal al-nafs*)". Esta última é a "perfeição suprema (*kamal al-ghaīr*)" do ser humano, que é alcançada pela vida dedicada à filosofia[20].

É importante notar que, embora a Lei de Moisés conduza ao "bem-estar da alma" na forma de opiniões corretas, não ensina essas opiniões por meio de demonstrações, mas as transmite na forma de crenças aceitas com base na tradição. Na opinião de Maimônides, tal distinção já foi feita pelos sábios rabis:

> Os sábios, que sua memória seja abençoada, da mesma forma mencionam que ao homem é requerido primeiro obter conhecimento da Torá e, em seguida, obter sabedoria [...]. E esta deve ser a ordem observada: as opiniões em questão devem, em primeiro lugar, ser conhecidas como sendo recebidas por meio da tradição mekabulah; depois, elas devem ser demonstradas (*Guia* III.54; ing. 633-634; heb. 595; ár. 467)[21].

Disso resulta que, para que se passe do bem-estar da alma para a perfeição da alma, uma pessoa deve transformar em sabedoria as crenças recebidas por meio da tradição, o que, segundo Maimônides, é realizado pelo estudo dos "diversos tipos entre todas as ciências teóricas". Esse estudo é pretendido pelo mandamento de amar a Deus:

> Entre as coisas para as quais tua atenção deve ser dirigida está a que tu deves saber que, no que diz respeito às opiniões corretas por meio das quais a perfeição pode ser obtida, a Lei comunicou apenas seu fim e fez um apelo para acreditar nelas de modo parcial – que é acreditar na existência da divindade, seja ela exaltada, em sua unidade, conhecimento, poder, vontade e eternidade. Todos esses pontos são fins últimos que podem ser esclarecidos em detalhes e por meio de definições apenas depois que se conhecem muitas opiniões [...]. Com relação a todas as outras opiniões corretas sobre a totalidade do ser – opiniões que constituem os diversos tipos entre todas as ciências teóricas (*kulli anuā*ᶜ *al-naẓariyyat al-*ᶜ*ulūm*), por meio das quais as opiniões que formam o fim último são validadas –, a Lei, ainda que não demande dirigir a atenção para elas em detalhes, como faz com relação [às opiniões que formam os fins últimos], faz isso de forma resumida afirmando: "Para amar o Senhor" [Deuteronômio 13:11]. Tu sabes como isso está confirmado na máxima relativa ao amor: "Com todo o vosso coração, com toda a vossa alma

> e com todas as vossas forças" [Deuteronômio 6:5]. Já explicamos em *Mishné Torá* [cf. Yesodê ha-Torá 2:2 et seq.] que esse amor se torna válido somente por meio da apreensão da totalidade do ser como ele é e pela consideração da sabedoria dele como está manifestada nele (*Guia* III.28; ing. 512-513; heb. 471; ár. 373)[22].

Amar a Deus, portanto, significa estudar as ciências teóricas, e Maimônides descreve o conteúdo desses estudos como segue:

> É certamente necessário para quem quer que deseje atingir a perfeição humana exercitar-se na arte da lógica, em seguida nas ciências matemáticas conforme a ordem adequada, depois nas ciências naturais e depois na ciência divina (*Guia* I.34; ing. 75; heb. 64; ár. 50).

No entanto, se as ciências são realmente cruciais, devemos perguntar por que não é possível aprendê-las por meio da Lei. A resposta de Maimônides é dada na seguinte passagem:

> Sabei vós que começar com essa ciência é muito prejudicial, entendo a ciência divina. Da mesma forma, também é prejudicial tornar claro o sentido das parábolas dos profetas e chamar a atenção para os sentidos figurativos dos termos utilizados na descrição de pessoas, sentidos figurativos de que os livros de profecia estão cheios. Convém, antes, educar os jovens e dar segurança ao que carece de capacidade segundo a medida de sua apreensão. Assim, aquele que é visto como perfeito de mente e está formado para esse alto grau – isto é, a especulação demonstrativa e as verdadeiras inferências intelectuais – deve ser elevado passo a passo, seja por alguém que dirija sua atenção, seja por si mesmo, até que atinja sua perfeição. Se, porém, começa com a ciência divina, não haverá apenas uma mera confusão, que recairá sobre suas crenças, mas também a negação absoluta. Em minha opinião, semelhante caso é o de alguém que alimente um lactente com pão de trigo e carne e lhe dê vinho para beber. Sem dúvida, irá matá-lo, mas não porque esses alimentos são ruins ou não naturais para o homem, mas porque a criança que os recebe é muito fraca para digeri-los a ponto de obter deles algum benefício. Da mesma forma, essas opiniões verdadeiras não estão ocultas, encerradas em enigmas, nem são tratadas por todos os homens de conhecimento com todo tipo de artifícios por meio

> dos quais poderiam ensiná-las sem expô-las explicitamente por causa de algo ruim estar oculto nelas ou porque elas minam as fundações da Lei, como é pensado por pessoas ignorantes que julgam ter atingido um grau adequado para a especulação. Antes, elas estão ocultas porque, no início, o intelecto é incapaz de recebê-las; apenas aparecem lampejos delas para que o homem perfeito possa conhecê-las. Por essa razão, são chamadas de "segredos e mistérios da Torá", como esclareceremos. Essa é a causa do fato de que a "Torá fala na língua dos filhos do homem" [Talmud Babilônico, Tratado Yevamot 71a; Talmud Babilônico, Tratado Bava Meṣi'a 31b], como esclareceremos. Isso é assim porque [a Torá] se apresenta de maneira tal que torna possível para o jovem, a mulher e todas as pessoas começarem por ela e aprenderem com ela. No entanto, não está ao alcance dessas pessoas entenderem tais questões como elas realmente são. Portanto, estão limitadas a aceitar a tradição no que diz respeito a todas as sólidas opiniões, que são de tal modo que é preferível que devam ser pronunciadas como verdadeiras com relação a todas as representações desse tipo – e isso de tal maneira que a mente seja conduzida em direção à existência dos objetos dessas opiniões e representações, mas não em direção a obter a essência delas como elas são (*Guia* I.33; ing. 70-72; heb. 60-61; ár. 47-48).

Visto que o ensino público das ciências teóricas causaria muitos danos ao vulgo, os profetas perceberam a necessidade de ocultá-las. Termos que, na literatura rabínica, designariam doutrinas esotéricas – o Relato do Princípio e o Relato da Carruagem – se referem, segundo Maimônides, precisamente a estas ciências: "o Relato do Princípio é idêntico à ciência natural, e o Relato da Carruagem, à ciência divina" (*Guia* I, Introdução; ing. 6; heb. 5; ár. 3). Isso explica o caráter literário peculiar da Lei Mosaica que Maimônides, em sua bem conhecida interpretação de Provérbios 25:11, compara a "maçãs de ouro em salvas de prata"[23]. O duplo caráter literário da Lei, por sua vez, reflete as duas faculdades da alma que colaboram na realização da profecia. A "quididade" da profecia, segundo Maimônides, é um "transbordamento transbordando de Deus [...] por meio da intermediação do Intelecto Agente em direção à faculdade racional em primeiro lugar e, depois, em direção à faculdade imaginativa" (*Guia* II.36; ing. 369; heb. 325; ár. 260). A imaginação do profeta fornece as "salvas de prata", ou a parte pública da Lei que se volta para o vulgo e é modelada conforme aspectos políticos e pedagógicos. A faculdade racional do profeta fornece as "maçãs de ouro", ou o lado oculto da Lei, acessível apenas à elite intelectual, a qual é modelada conforme "a verdade como ela é" (*Guia* I, Introdução; ing. 12; heb. 11; ár. 8). Como consequência das duas faces do texto da Lei, "o vulgo a compreenderá de acordo com a capacidade de seu entendimento e a fraqueza de sua representação, enquanto o homem perfeito, que já conhecia, compreenderá de outro modo" (*Guia* I, Introdução; ing. 9; heb. 8; ár. 5). Contudo, a fim de alcançar a perfeição necessária para apreender o lado oculto da Lei, é preciso estudar as ciências teóricas, cuja divulgação pública era proibida, conforme vimos. Segundo Maimônides, essas ciências uma vez "existiram em nossa comunidade religiosa" e "foram transmitidas oralmente por poucos homens pertencentes à elite a poucos do mesmo tipo", mas elas "pereceram por causa do longo tempo que passou, porque fomos dominados pelas nações pagãs e porque, como deixamos claro, não é permitido divulgar essas questões a todas as pessoas" (*Guia* 1.71; ing. 175-176; heb. 151-152; ár. 121). Isso significa que, embora alusões à "verdade como ela é" tenham sobrevivido na forma de "segredos da Torá", as chaves necessárias para sua compreensão foram perdidas em virtude das circunstâncias da Diáspora. Felizmente, na época de Maimônides, uma chave substituta estava disponível: o pensamento greco-árabe, em particular a tradição intelectual dos *falāsifa*, que Maimônides considerava ser a mais próxima da verdade de todas as tradições intelectuais do mundo islâmico. Dado que se "deve aceitar a verdade de quem quer que diga isso"[24], como Maimônides salienta na introdução dos *Oito Capítulos*, ele não hesita em instruir Ibn Tibbon sobre o estudo das obras dos *falāsifa*, começando com os escritos de Aristóteles – "cujo intelecto representa a maior conquista do intelecto humano, exceto para aqueles que receberam a emanação de Deus e se tornaram profetas (*siḵló hu taḵlit ha-sêḵel ha-'enoshi*)"[25] –, prosseguindo com seus comentadores gregos Alexandre de Afrodísia e Temístio, e terminando com seus discípulos muçulmanos, especialmente Al-Fārābī, Ibn Bājjah e Averróis. Importa pouco, nesse contexto, quão supostamente perfeita foi a sabedoria dos profetas, pois, uma vez que foi perdida, o estudo de Aristóteles e de seus discípulos não só é permitido como também é uma obrigação de cada judeu que deseje atingir a perfeição humana, que deseje adquirir a chave dos "segredos da Lei" e que deseje se dedicar ao que a Lei prescreve como fim último: o amor intelectual a Deus. Por ora, deve estar claro o quanto a interpretação de Maimônides do judaísmo como religião filosófica pôde se tornar o quadro conceitual que justificou a tradução e o estudo das obras filosóficas e científicas que ocupavam as estantes dos *falāsifa* árabes. Além disso, torna-se evidente como o estudo da filosofia se adapta ao programa exegético que Maimônides planeja realizar no *Guia*.

Seus destinatários são estudantes inteligentes, que receberam uma educação filosófica baseada nos escritos de Aristóteles e de seus discípulos, que agora precisam de instrução para a leitura da Lei Mosaica que lhes permita discernir seu conteúdo oculto. De fato, a perplexidade que o *Guia dos Perplexos* propõe curar em seus leitores decorre da incapacidade de alguns "homens perfeitos" para reconhecer os "segredos da Torá" e a identidade dela com os ensinamentos dos filósofos. Assim, os dois objetivos do *Guia*, descritos na Introdução, consistem em explicar ao perplexo intelectual judeu os "significados de alguns termos" bem como "as parábolas muito obscuras que ocorrem nos livros dos profetas" (ing. 5-6; heb. 5-4; ár. 2). Se aceitarmos as premissas de Maimônides, verificaremos que ele não ensina nada novo no *Guia*; ao contrário, seu modesto objetivo é abrir os olhos dos perplexos e habilitá-los para ver o acordo entre a filosofia e a sabedoria perdida dos profetas. O intelectual perplexo que "se sentiu aflito com o exterior da Lei" e que pensava que teria de renunciar aos "fundamentos da Lei" se decidisse "seguir seu intelecto" (ing. 5; heb. 4; ár. 2) descobre agora, sob a orientação de Maimônides, que, de fato, o exato oposto é o caso: ele está no caminho para atingir o fim último da Lei por meio de seus estudos filosóficos! O programa exegético de Maimônides é então apresentado como a recuperação da essência do judaísmo como religião filosófica que, em virtude das circunstâncias adversas da Diáspora, foi caindo gradualmente no esquecimento após o período do rabinato, chegando ao ponto em que os judeus estavam ocupados apenas com as "camadas de casca e o pensamento, abaixo dos quais não há nenhum núcleo (*lev*)" (*Guia* I.71; ing. 176; heb. 152; ár. 121).

A meu ver, o grande esforço que Ibn Tibbon despendeu para tornar acessíveis os escritos de Maimônides – traduzindo-os, interpretando-os e os ensinando – deve ser entendido à luz de seu objetivo de transformar a interpretação do judaísmo de Maimônides em uma interpretação oficial[26]. Sua apresentação de Maimônides como um herói cultural[27] que resgatou a verdadeira essência do judaísmo dá testemunho desse projeto. Segundo Ibn Tibbon, o propósito do *Guia* é "proporcionar um guia para o perplexo com relação ao verdadeiro sentido dos versos escritos na Torá, nos Profetas e nas Escrituras". Em outras palavras, o *Guia* torna novamente visível para o perplexo a sabedoria oculta sob o texto bíblico, isto é, as "maçãs de ouro em salvas de prata". No relato de Ibn Tibbon, a tradição da sabedoria judaica começou com Moisés, continuou até a finalização do Talmud e então foi interrompida até ser restaurada à sua glória passada pelos feitos heroicos de Maimônides[28]:

> Os sábios da Mishná e do Talmud deixaram alusões e charadas espalhadas e dispersas em seus *midrashim* que dizem respeito aos temas de sabedoria e ética. Cada um [as escreveu] de acordo com a sabedoria que tinha nesses assuntos e com sua capacidade de aplicar a arte do ocultamento. Após os sábios do Talmud, no entanto, apenas muito poucos foram impelidos (*me'aṭ nimṣá mi she-hit'orer*) a escrever um livro ou uma palavra sobre essas ciências; preparar livros sobre decisões judiciais e sobre o que é proibido e permitido foi suficiente para eles. Então, Deus viu a pobreza do conhecimento de seu povo e a quantidade de ignorância relativa a tudo o que era relacionado à sabedoria e fez surgir um salvador (*ve-heqim lahem go'el*), um homem sábio e inteligente, sábio em habilidade e com um entendimento do "segredado". Desde os dias de Rav Ashi até o seu próprio, ninguém era conhecido entre nosso povo por ter se destacado como ele o foi em relação a todo aspecto da sabedoria. Ele é o verdadeiro sábio, o filósofo divino, nosso mestre e professor, Moisés, o servo de Deus, filho do grande sábio Rabi Maimon. E o Senhor impeliu o espírito dele (*ve-he'ir ha-Shem 'et ruḥó*) para escrever livros de grande nobreza. Ele escreveu livros no campo do Talmud: o *Comentário à Mishná das Seis Ordens* e outro grande e nobre livro que chamou de *Mishné Torá* [...]. Mas tudo isso foi insignificante a seus olhos até que compôs ainda outro tratado, uma pérola inestimável, que chamou, de acordo com sua utilidade, de *Guia dos Perplexos*. [Sua utilidade consiste na] orientação dada aos perplexos em relação ao verdadeiro significado dos versos escritos na Torá, nos Profetas e nas Escrituras, como o referido sábio [isto é, Maimônides] explicou (20-21).

Parece evidente que, na opinião de Ibn Tibbon, Maimônides, que conquistou grande respeito como autoridade na Halaḵá no mundo judaico, estava bem capacitado para oferecer a estrutura conceitual necessária para transformar o judaísmo em religião filosófica. Se Maimônides foi o "salvador" que Deus enviou quando viu a "pobreza de conhecimento" de seu povo, segue-se que a divulgação dos escritos de Maimônides, e em particular do *Guia*, era nada menos que uma contribuição para a salvação. Obviamente, essa salvação é uma salvação da ignorância e é obtida por meio do amor intelectual a Deus, que leva a alma humana à sua perfeição última.

De Discípulo a Sucessor de Maimônides

Ibn Tibbon não apenas promoveu a estrutura em questão mas também foi o primeiro a fazer uso dela. Para ser capaz de fazer isso, ele se apresenta como fiel discípulo de Maimônides: "Pois de suas águas bebo e faço que outros bebam (*ki mi-memáv 'ani shoté u-mashqé*)" (*PQ*, 39); e, em muitos aspectos, pode ser afirmado que ele prossegue com o projeto intelectual de Maimônides: seus opúsculos estão diretamente vinculados aos escritos de Maimônides, e suas duas abrangentes obras de exegese filosófica – *Perush Qohelet* (Comentário ao Eclesiastes) e *Ma'amar Yiqqavu ha-Mayim* (Tratado sobre "A Junção das Águas")[29] – não são descritas como tratados independentes. Enquanto *Perush Qohelet* é apresentada como o acabamento do programa filosófico-exegético do *Guia*, *Ma'amar Yiqqavu ha-Mayim* é apresentada como algo semelhante a uma atualização do *Guia*. Para compreendermos essa apresentação, devemos primeiro examinar o modelo que Ibn Tibbon usou para descrever sua relação com Maimônides. Uma descrição desse modelo é dada na introdução a *Perush Qohelet*, na forma de uma interpretação de Provérbios 11:30: "O fruto do justo é a árvore da vida; e aquele que toma almas é sábio (*ve-loqêaḥ nafshót ḥakám*)":

> O significado e a interpretação desse versículo são os seguintes: "O fruto do justo" é sabedoria, e é com [sabedoria] que o sábio (*ḥakám*) isto é, o homem "sábio" do versículo] "toma almas", isto é, adquire almas (*qoné nefashót*). Ele diz "almas", e não "[uma] alma", pois [o sábio] adquire não apenas sua própria alma mas também a de qualquer um que colhe e come de seus "frutos", quer de sua boca, quer dos livros que escreveu sobre sabedoria. O significado de "adquirir" [nesse contexto] não é adquirir algo de alguém e tomar posse dele, tal como adquirir uma roupa, ferramenta, burro [de carga] ou escravo. Antes, seu significado é o de causar a existência da "alma", isto é, causar a existência em ato por aperfeiçoá-la e fazê-la passar da potência ao ato até que [a alma] se torne capaz de imortalidade (*hisha'arut*). Essa é a alma da qual o "justo" causa a existência por meio da sabedoria, que é figurativamente representada pela "árvore da vida" [cf. Gênesis 2:9]. Ou seja, [o sábio] é a causa próxima da existência [em ato da alma]. O significado de "tomar" na frase "ele toma almas", que explicamos como significando "adquirir", isto é, "aquele que adquire almas", significa "adquirir" como no versículo "aquele que adquire céu e terra" [Gênesis 14:19] (*PQ*, 1-2).

O significado da passagem é claro. O sábio, por meio de sua sabedoria, "adquire" a alma de seus discípulos (isto é, dos que "colhem e comem de seus frutos"), ou por meio do ensino oral ("de sua boca"), ou por meio de seus escritos ("de seus livros"). "Adquirir" a alma dos discípulos significa "causar a existência em ato por aperfeiçoá-la e fazê-la passar da potência ao ato até que se torne capaz de imortalidade". A correspondência entre "adquirir" e "causar a existência" é estabelecida com base na interpretação de Maimônides sobre Gênesis 14:19 em *Guia* II.30, em que ele explica "adquirir" como Deus criando o mundo, ou causando a existência dele. Quando Ibn Tibbon fala da "imortalidade" da alma, refere-se, obviamente, não à alma como um todo, mas apenas à faculdade intelectual. O que o sábio "causa a existência em ato" por meio de sua sabedoria é, pois, o intelecto de seu discípulo, ou seja, atualiza o conhecimento deste por meio de seus ensinamentos. Uma ideia semelhante é expressa em *Guia* I.7; Maimônides explica em que sentido é possível afirmar que o discípulo de alguém é seu filho: "Quem quer que ensine um indivíduo em qualquer matéria e faz com que adquira uma opinião, no que diz respeito a obter essa opinião, é como se desse à luz esse indivíduo" (ing. 32; heb. 28; ár. 21). Em outras palavras, o professor é o pai, pois "dá à luz" o intelecto do discípulo, que é sua forma[30]; visto que é em virtude da forma que o ser humano é ser humano – pois sem a forma "não é um ser humano, mas um animal que tem forma e configuração de ser humano" (ing. 33; heb. 29; ár. 22) –, o professor é, de fato, em sentido mais preciso, mais pai que o pai biológico[31]. É claro, portanto, que "causar a existência" na terminologia de Ibn Tibbon significa o mesmo que "dar à luz" na terminologia de Maimônides. É interessante notar que, segundo Ibn Tibbon, o sábio é apenas a "causa próxima" da imortalidade da alma de seu discípulo. Isso implica que há outra causa, uma "causa remota", e que a sabedoria do sábio, em certo sentido, está entre essa causa remota e seu discípulo. Para entender o que Ibn Tibbon quer dizer aqui, lembre-se de que, segundo a passagem de *Perush Qohelet*, não apenas o "fruto do justo" é identificado com "sabedoria" mas também a "árvore da vida". Assim, "fruto do justo", "árvore da vida" e "sabedoria" são, de fato, três nomes para a mesma coisa. Em seu comentário a Eclesiastes 1:3 – "Que proveito tira o homem de todo o seu esforço sob o Sol" –, Ibn Tibbon explica que, conforme Qohelet, nada se ganha dos esforços dirigidos ao que está sob o Sol, mas muito se ganha dos esforços dirigidos ao que está acima do Sol:

> Aquilo a que o sábio aludiu [em Qohelet] como estando acima do Sol é a raiz da verdadeira sabedoria, chamada de árvore da vida. A raiz dessa

> árvore está, certamente, acima do Sol, pois a raiz dessa sabedoria é um intelecto separado que – conforme nossa crença religiosa e conforme a opinião de todos os filósofos que acreditam na imortalidade da alma – aperfeiçoa as almas dos justos e dos totalmente piedosos até que entrem em conjunção com ele e se tornem uma e a mesma coisa. Então, [as almas] estarão em um nível de existência acima do Sol e se tornarão eternas (*PQ*, 159).

Assim, a causa remota que realiza a imortalidade da alma e a vida eterna é a conjunção com o intelecto separado, que é a raiz da árvore da vida, ou seja, a fonte da sabedoria. Porque o intelecto separado é eterno, e o intelecto que intelige se torna um com o objeto inteligido; o intelecto que intelige se torna também eterno:

> Quando [a alma] entra em conjunção com o intelecto [separado], os dois se tornam um, pois [a alma] torna-se divina, do mais alto grau, [e] imortal (*'elohit 'eliyonit nish'éret*) por meio da imortalidade daquele intelecto com o qual está em conjunção (*MYM*, XIV, 91).

Dessa forma, a fonte de sabedoria do sábio, por meio da qual ele traz à existência o intelecto de seu discípulo, é o intelecto separado, e o intelecto do discípulo entra em conjunção com ele quando recebe os ensinamentos do sábio, alcançando desse modo a imortalidade da faculdade intelectual de sua alma. A sabedoria, assim, é tanto o produto da conjunção com o intelecto separado quanto os meios para alcançar essa conjunção. O processo descrito por Ibn Tibbon pode ser subdividido em três etapas: na primeira, o intelecto do sábio entra em conjunção por sua intelecção dele; em seguida, o sábio transmite o que inteligiu – isto é, sua sabedoria – a seus discípulos (por meio da instrução oral ou de seus escritos); por fim, os ensinamentos do sábio tornam-se os meios que permitem a elevação de seus discípulos até que eles também entrem em conjunção com o intelecto separado, encerrando, dessa forma, o ciclo. Deve-se notar que, ao se tornar una com o intelecto separado – que é desprovido de quaisquer características particulares[32] –, a alma humana também perde suas marcas pessoais[33]. Como consequência, todas as almas em conjunção com o intelecto separado são transformadas em uma única entidade intelectual. Com relação a seus intelectos, portanto, a distinção entre o sábio e seus discípulos nesse ponto desaparece: quando os discípulos alcançam o objetivo de seus estudos, seus intelectos entram em conjunção com o do sábio.

Esses, então, são os principais componentes do modelo que Ibn Tibbon usa para retratar a relação entre os sábios e seus discípulos. Vejamos agora como ele aplica esse modelo ao descrever sua própria relação com Maimônides.

Conforme vimos anteriormente, Ibn Tibbon concebe a tradição sapiencial do judaísmo como uma cadeia de transmissão dos sábios a seus discípulos. Essa cadeia começa com Moisés, continua com Davi, Salomão e os profetas, e chega até o período rabínico. Após o período rabínico, Ibn Tibbon atribui um papel fundamental a Maimônides, descrito como o "salvador [...] movido" por Deus que resgata a sabedoria oculta nas fontes judaicas após esta ter caído no esquecimento. Deus, para Ibn Tibbon, é "chamado de intelecto divino" e simplesmente é o primeiro na série de "intelectos separados" (*PMZ*, 70). Podemos concluir, portanto, que o "movimento" do "espírito" de Maimônides se refere à emanação da sabedoria do intelecto divino sobre o intelecto de Maimônides, que, por sua vez, divulga-a por meio dos "livros de grande nobreza" escritos por ele[34]. Os livros, como vimos, são uma das duas vias pelas quais o sábio transmite sabedoria a seus discípulos. Ibn Tibbon nunca teve a oportunidade de estudar com Maimônides face a face[35]; pôde apenas participar de sua sabedoria estudando seus escritos:

> Tudo o que interpreto [em *PQ*] com relação à sabedoria interpreto apenas de acordo com o que foi revelado a mim por seus livros [isto é, de Maimônides], que são sua opinião relativa a esses temas, pois de suas águas bebo e faço [outros] beberem (*ki mi-memáv 'ani shoté u-mashqé*). E tudo isso decorre do "fruto do justo" e de suas boas ações, que são em vista da vida e causam vida contínua e eternamente. Por esse motivo, inicio este prefácio com este versículo [isto é, "o fruto do justo é a árvore da vida; e aquele que toma almas é sábio"; Provérbios 11:30] (*PQ*, 39).

As "águas" de Maimônides são claramente uma metáfora para sua sabedoria, segundo *Guia* I.30 ("da mesma forma, frequentemente designam conhecimento como água *al-^{c}ilm al-ma'*"; ing. 64; heb. 55; ár. 43). Esse conhecimento é transmitido a Ibn Tibbon por meio dos "livros" de Maimônides, parte do "fruto do justo". No fim da passagem, está claro que Ibn Tibbon modela a própria apresentação como discípulo de Maimônides pela relação sábio/discípulo descrita anteriormente, em sua apresentação de Provérbios 11:30, à qual faz referência aqui. Ademais, se lembrarmos a tripla ligação que vimos conectar o intelecto separado, o sábio e o discípulo, não é de surpreender que Ibn Tibbon mencione uma segunda fonte de inspiração ao lado dos livros de Maimônides:

> Quando vim para purificar meu coração da impureza da ignorância (*mi-ṭinuf ha-sikḵlút*), recebi ajuda dos céus, e Deus abriu meus olhos [...], e acreditei que apreendi a intenção [de Qohelet] com relação a muito do que ele disse (*MYM*, 36)[36].

Está claro que o "coração" que Ibn Tibbon veio purificar da "impureza da ignorância" é o intelecto, segundo *Guia* I.39 ("é também um termo denotando intelecto"; ing. 89; heb. 76; ár. 60), e que "Deus" é posto novamente como o primeiro intelecto separado[37]. Se interpretarmos a última passagem citada à luz do que antes aprendemos sobre a relação sábio/discípulo, segue-se que, recebendo a sabedoria de Maimônides por meio do estudo de seus livros, o intelecto de Ibn Tibbon foi levado à existência e adquiriu imortalidade. Em outras palavras, Maimônides, o mestre de Ibn Tibbon, permite-o finalmente ascender e entrar em conjunção com o intelecto separado eterno, com o qual o próprio Maimônides previamente entrou em conjunção. Visto que, nesse estágio, apenas uma entidade intelectual simples permanece sem nenhuma distinção intelectual, segue-se que, na conclusão de seus estudos, Ibn Tibbon não se vê apenas como um discípulo de Maimônides, mas – com relação à sua faculdade intelectual – como o próprio Maimônides! Acrescente-se que, em certa medida, Maimônides reforça essa conclusão. Vimos como, em *Guia* I.7, o discípulo é chamado de "filho", pois o professor "dá à luz" o intelecto dele; e "dar à luz", na terminologia de Maimônides, corresponde, na de Ibn Tibbon, a "causar a existência". Maimônides também aplica esse modelo geral a seu relacionamento com Ibn Tibbon quando, no fim de sua carta, chama-o de "meu filho e discípulo" após ter observado, no início, que o "coração" de Ibn Tibbon (isto é, seu intelecto) "desce às profundezas do significado [do *Guia*] e revela seus segredos ocultos (*u-yegallé maṣpun ha-sodot*)". Em certo sentido, Maimônides se vê como "dando à luz" a forma eterna de seu "filho e discípulo" Ibn Tibbon por meio do *Guia*.

Enquanto Ibn Tibbon "bebe" nas "águas" de Maimônides como seu discípulo, também "faz que [outros] bebam" nelas como um autor de direito. Em sua opinião, Maimônides "ensinou o significado de todo [o texto bíblico]", exceto o Eclesiastes:

> Ele ensinou o significado (*kavaná*) da Torá de Moisés, que a paz esteja sobre ele [...], e explicou o Livro de Jó integralmente. Ele aludiu à

> maioria dos segredos dos livros dos Profetas. Com relação ao Livro dos Provérbios, aludiu a seu significado especial e fez o mesmo com relação ao Cântico dos Cânticos. Quanto ao Eclesiastes, porém, creio que não tenha feito o mesmo (*PQ*, 39).

Sob a luz do que foi discutido, não é de surpreender que Ibn Tibbon se julgasse capaz de compor um comentário ao Eclesiastes e, dessa maneira, capaz de completar a obra de seu mestre e pai intelectual. Tirou inspiração para isso da mesma obra em que Maimônides se inspirou para suas interpretações: "Aquele que entende [as alusões de Maimônides] não tem dúvida que as conhecia e as obtinha por meio do espírito santo" (*PQ*, 23)[38]. Conforme vimos anteriormente, Ibn Tibbon recebeu, do mesmo modo, "ajuda dos céus, e Deus abriu meus olhos" (*MYM*, 36). Ele faz comentários semelhantes em seu pequeno tratado *Ṭa'am ha-Shulḥan ve-Leḥem ha-Panim ve-ha-Menorá ve-Reaḥ ha-Niḥoaḥ* (Motivos para a Mesa, o Pão sobre Ela, a Menorá e a Queima de Incenso)[39], em que se apresenta novamente como completando a obra de Maimônides – dessa vez, sua explicação das razões recai sobre os mandamentos que, reconhece Maimônides, não foi capaz de completar: "poucos mandamentos [...] restam cuja causa não ficou clara para mim até agora" (*Guia* III.26; ing. 510; heb. 468; ár. 371). Entre estes estão os mandamentos da mesa que deve permanecer no santuário e do pão que deve permanentemente estar sobre ela[40]. Ibn Tibbon começa seu ensaio explicando o motivo pelo qual esses mandamentos escaparam a Maimônides e prossegue dizendo que "aquele que confere ao homem conhecimento me agraciou com o conhecimento de seus motivos"[41]. Em se tratando da mesma fonte de inspiração, o comentário ao Eclesiastes, de Ibn Tibbon, parece então uma continuação natural do projeto filosófico-exegético do *Guia*. Assim, alguém interessado nas "maçãs de ouro" de todos os livros bíblicos não pode confiar apenas no *Guia*; também deve estudar o comentário ao Eclesiastes.

Há mais: na opinião de Ibn Tibbon, sua contribuição ao legado de Maimônides não se esgota na conclusão da obra de seu mestre. Em *Ma'amar Yiqqavu ha-Mayim*, ele se apresenta como o sucessor de Maimônides na série de sábios judeus que transmitem a sabedoria oculta da Lei a seus discípulos. Como discípulo, adquire sabedoria por estudar as obras de Maimônides. Após ter concluído seus estudos, Ibn Tibbon está pronto para assumir, ele próprio, o papel de sábio e de professor que continua a obra de transmissão. Contudo, por que os escritos de Maimônides que Ibn Tibbon traduziu eram insuficientes para essa tarefa? Como ele explica a necessidade de novos tratados? Ibn Tibbon assumiu o pressuposto fundamental de Maimônides de que a Lei tem dois lados: o oculto, dirigido à elite intelectual ("os segredos da Lei"), e o público, dirigido ao vulgo; em outras palavras, "maçãs de ouro em salvas de prata". Para Ibn Tibbon, no entanto, a relação entre esses dois lados não é estática. Os sábios, para quem os ensinamentos secretos da Lei são revelados, têm, de fato, dupla missão: devem passar os segredos a seus discípulos e configurar os ensinamentos públicos da Lei de acordo com as condições específicas do contexto cultural que determinam a capacidade do vulgo de entender[42]. Essa doutrina permite a Ibn Tibbon apresentar os escritos de Maimônides como expressando o legado da sabedoria de modo contingente relativo às circunstâncias de seu tempo e lugar, isto é, contingente em relação às condições de entendimento que prevaleceram no mundo islâmico do século XII. Todavia, de Maimônides a Ibn Tibbon – isto é, do Egito islâmico do século XII à França cristã do século XIII –, as condições de entendimento mudaram suficientemente para demandar a substituição da versão de Maimônides dos ensinamentos da Lei pela versão adaptada ao tempo e ao lugar próprios de Ibn Tibbon:

> E o mestre, o professor de justiça, o grande sábio, o filósofo divino e estudioso da Torá, Moisés, nosso mestre, filho do grande Rabi Maimon, que a memória dos justos seja uma bênção – quando ele também viu que apenas a poucos foi permitido compreender as indicações (*ha-remazim*) feitas por aqueles que falavam por meio do espírito santo, e os profetas e os sábios rabinos, que acrescentaram à exposição dos segredos da Lei (*'asher hirḥívu be-sitrê ha-Torá*), ele [por sua vez] acrescentou às indicações deles uma explicação, também por meio de indicações, em muitos lugares [...]. E eu, o jovem que vem depois dele, vi que só a muito poucos foi permitido entender suas indicações, e menos ainda são os que compreendem as indicações das Escrituras. Além disso, vi as verdadeiras ciências, que se tornaram muito disseminadas nas nações sob cujo domínio vivo e, em seus países, mais disseminadas do que nos países islâmicos. [Como consequência,] conscientizei-me da grande necessidade de iluminar os olhos dos intelectuais (*le-ha'ir 'eynê ha-maskilim*) por meio daquilo que Deus, exaltado seja, gentilmente me deixou saber e entender no que diz respeito às palavras [de Maimônides] e no que diz respeito às questões relativas para as quais abriu orifícios nas salvas de prata que cobrem as maçãs das parábolas dos profetas, daqueles que falam por meio do espírito santo e dos sábios rabinos. [Também vi a grande necessidade de iluminar os olhos dos

> intelectuais] com relação ao que entendo relativamente às palavras da Torá, dos profetas, dos que falam por meio do espírito santo e dos sábios rabinos. Portanto, revelei neste tratado [...] o que revelei relativamente às [coisas] que ninguém havia revelado antes, de modo que não nos tornemos uma desgraça aos olhos de nossos vizinhos, um objeto de zombaria e escárnio daqueles que nos cercam [...]. Pus minha confiança em Deus [...] e Lhe peço para levar-me para perto [Dele] e conduzir para perto [Dele] todos aqueles que me julgam favoravelmente entre os buscadores de sabedoria que compreendem este tratado. E a verdade que será apreendida por meio [deste tratado] é o conhecimento do verdadeiro Deus (*ve-ha-'emet 'asher bó tuság yedi'át 'elohê 'emet*) (*MYM*, 174-175).

Portanto, em seus tratados independentes e, em particular, no *Ma'amar Yiqqavu ha-Mayim*, Ibn Tibbon alega fazer o que Maimônides fez no *Guia*: acrescentar novas explicações aos escritos de seus predecessores, ampliando "os orifícios nas salvas de prata" e apresentando os segredos da Lei em termos adequados a seu contexto cultural. A diferença entre eles é que a nova fonte se tornou disponível a Ibn Tibbon, qual seja, os escritos do próprio Maimônides. Assim, *Ma'amar Yiqqavu ha-Mayim* está para o *Guia* como o *Guia* está para a literatura rabínica, que contém a mais recente exposição da sabedoria da Lei antes de Maimônides. Enquanto a literatura rabínica foi uma expressão da sabedoria adequada à época da *Mishná* e do Talmud, e o *Guia* foi a expressão adequada à época de Maimônides, *Ma'amar Yiqqavu ha-Mayim* é a expressão adequada à época de Ibn Tibbon. Segue-se que, para um contemporâneo de Ibn Tibbon, que viveu no mesmo contexto cultural, o caminho mais curto para o "conhecimento do verdadeiro Deus" não seria mais o *Guia*, mas o *Ma'amar Yiqqavu ha-Mayim*. Ainda que Ibn Tibbon tenha começado como "filho e discípulo" de Maimônides, no fim de sua carreira ele claramente se via preparado para se tornar seu sucessor. Assim, começou a tradução do *Guia*, continuou até completá-la e terminou por substituí-la! Do ponto de vista da sabedoria contida no *Guia*, é claro que não há uma distinção real: como tradutor do *Guia*, Ibn Tibbon o transferiu de uma linguagem para outra, ao passo que, como autor do *Ma'amar Yiqqavu ha-Mayim*, transferiu-o de "salvas de prata" adequadas a um contexto histórico-cultural para "salvas de prata" adequadas a outro contexto histórico-cultural.

As Estantes de Livros dos *Falāsifa* Árabes

A obra de Ibn Tibbon está ainda vinculada à de Maimônides de outro modo. Ibn Tibbon foi o primeiro a traduzir fontes filosóficas necessárias para a obtenção da perfeição humana e para proporcionar a chave para a substituição dos "segredos da Lei" após a perda da sabedoria dos profetas. Traduziu os *Meteorológicos*, de Aristóteles, bem como *Sefer 'Otot ha-Shamayyim* (Livro dos Sinais Celestes) e *Sheloshá Ma'amarim 'al ha-Devequt* (Três Tratados sobre a Conjunção)[43], de Averróis, e fez uso de ambos em sua exegese filosófica: os *Três Tratados* forneceram a estrutura conceitual para sua explicação em *Perush Qohelet* daquilo que, em sua opinião, era a polêmica do rei Salomão contra as escolas céticas de seu tempo, que negavam a possibilidade da imortalidade da alma[44]. Em *Ma'amar Yiqqavu ha-Mayim*, usou o *Livro dos Sinais Celestes* como chave de compreensão dos "segredos" do bíblico Relato do Princípio, identificado por Maimônides com a "ciência da natureza" da qual os *Meteorológicos* eram uma parte, conforme a classificação medieval das ciências[45].

Acredito que estejamos, então, na posição de constatar como as diferentes partes da obra de Ibn Tibbon se encaixam: a divulgação dos escritos de Maimônides, particularmente o *Guia*, de modo que fundamentasse a interpretação do judaísmo como uma religião filosófica que justificasse o estudo da filosofia no cenário religioso; a composição de seus tratados independentes como complemento e atualização do projeto filosófico-exegético de Maimônides; e, finalmente, a tradução de textos filosóficos e científicos necessários para alcançar a "perfeição humana" e para apreender as "maçãs de ouro em salvas de prata" da Torá. É interessante notar, nesse contexto, que os textos que de fato foram traduzidos do árabe para o hebraico, no decorrer do século XIII, refletem, na maior parte das vezes, as instruções que Maimônides deu em sua carta a Ibn Tibbon em relação aos autores que eram dignos de serem estudados. Steven Harvey argumenta convincentemente que essa carta determinou de modo considerável as traduções realizadas no século XIII, mas, a meu ver, algum crédito deve ser dado também a Ibn Tibbon[46]. É justo assumir que, por sua autoridade, a lista de Maimônides dos "livros sobre aquelas ciências que são dignos de serem lidos e os livros que não são dignos de fazer que eu perca meu tempo lendo-os"[47] se tornasse, como o foi, um guia para os tradutores, sendo o próprio Ibn Tibbon o primeiro deles. Encontra-se evidência para isso no fato de que, entre os importantes tradutores, a maioria era, de alguma forma, aparentada a ele; por exemplo, seu filho Moisés ibn Tibbon, seu genro Jacó Anatoli e seu neto Jacó b. Makhir[48]. Eles não apenas continuaram o programa de tradução de fontes filosóficas e científicas necessárias para o entendimento dos "segredos da Torá" mas também, simultaneamente, desenvolveram um projeto exegético que pretendia demonstrar que filosofia e Lei concordam[49].

Está claro, portanto, que, em muitos aspectos, a contribuição de Ibn Tibbon foi crucial para a transformação da cultura judaica na Europa cristã do século XIII. Considerando-se esse papel, é de fato justificado descrever a tradição intelectual do pensamento judaico que emergiu dessa transformação como o faz Ravitzky: "filosofia maimonídea-tibboniana"[50].

Ibn Tibbon e a História da Filosofia em Árabe e em Hebraico

Se considerarmos o cenário geral da história da filosofia em árabe e em hebraico, podemos indicar uma interessante conexão entre as obras de Al-Fārābī, Maimônides e Ibn Tibbon[51]. Al-Fārābī foi o fundador do movimento da *falsafa* no século IX e se via renovando a tradição filosófica antiga, que, em sua opinião, atingiu o auge com as obras de Platão e Aristóteles[52]. "No tempo de Aristóteles", afirma,

> a filosofia teórica e a prática universal estavam perfeitas (*wa-takmal al-falsafat al-naẓariyyat wa-l-ᶜamaliyyat al-kuliyyat*), não havendo mais espaço para a investigação. A filosofia, portanto, tornou-se uma técnica (*ṣināᶜāt*) que é apenas estudada e ensinada[53].

Na opinião de Al-Fārābī, a filosofia deveria estar no centro da sociedade, de modo que criasse o espaço necessário para isso em uma cultura dominada pela religião. Ele utilizou sua estrutura conceitual para explicar como a religião revelada veio a existir e de que maneira foi usada como "ferramenta" pelos filósofos para a instrução "do vulgo em questões práticas e teóricas que estavam implicadas na filosofia nas formas que permitiam [ao vulgo] compreendê-las, [ou seja,] por persuasão (*iqnāᶜ*), representação da imaginativa (*taḫayyul*) ou ambas"[54]. A "revelação" (*wahy*) recebida pelo profeta é a apreensão dos inteligíveis que emanam em suas faculdades imaginativa e racional[55]. A emanação deles na faculdade racional torna-o "um homem sábio e filósofo" (*ḥakīman faīlasūfan*), ao passo que a emanação deles na faculdade imaginativa o torna "um profeta" (*nabī*)[56]. A faculdade imaginativa recebe os conteúdos dos intelectos prático e teórico, "imitando-os" (*taḥākīhā*) por meio da associação dos dados proporcionados pelos sentidos[57]. Sua função, portanto, é traduzi-los como se fossem noções intelectuais que representam as coisas como verdadeiramente são, em "parábolas (*amthilāt*) que as imitam" para o vulgo, que não pode entendê-las de outro modo[58]. O entendimento dessas questões é necessário para todo cidadão na "cidade perfeita", na qual o fundador da cidade visa "conduzir [os cidadãos] à felicidade (*al-saᶜādat*)"[59]. É interessante notar que, entre os que primeiro receberam as doutrinas importantes em forma de parábolas, há alguns que, no curso de seu estudo, avançaram em direção à verdade e, como consequência, rejeitaram a imitação como falsa. Um estudante desse tipo, conforme Al-Fārābī, deve ser "elevado" passo a passo e, bastando suas habilidades, deve finalmente ser admitido no nível dos filósofos, no qual troca as parábolas pela apreensão das coisas como elas verdadeiramente são[60].

De acordo com Maimônides, "tudo o que Al-Fārābī compôs" é como "farinha fina, e é possível ao homem obter a compreensão e o conhecimento de suas palavras, pois ele era extremamente sábio (*hayá muflág be-ḥoḵmá*)" (*Cartas*, 553). As obras de Maimônides estão intimamente vinculadas às de Al-Fārābī de dois modos[61]: primeiro, Maimônides é o eminente representante judeu da *falsafa*, e os escritos dele estão baseados nos textos característicos dessa tradição, cujo estudo ele recomenda a Ibn Tibbon, conforme vimos anteriormente[62]; em segundo lugar, em sua interpretação do judaísmo como uma religião filosófica, Maimônides utiliza os principais componentes do modelo que Al-Fārābī havia desenvolvido para explicar a relação entre filosofia e religião revelada[63]. Os fundadores da religião eram filósofos perfeitos; seus mandamentos levam à contemplação filosófica, que, segundo Al-Fārābī, acarreta a "mais elevada felicidade"[64]. A estrutura da Lei Mosaica reflete as duas faculdades da alma que auxiliam na revelação profética: ela fala "na linguagem dos filhos do homem", que é "a imaginação do vulgo (*al-ḫaīyyāl al-jumhūrī*)" (*Guia* I.26; ing. 56; heb. 49; ár. 38), mas também contém indicações da "verdade como ela é" (*Guia* I, Introdução; ing. 12; heb. 11; ár. 8). Ademais, podemos dizer que, em certo sentido, o objetivo do *Guia* é "elevar" o intelectualmente perplexo do nível das parábolas, que constitui o ensino público da Lei, ao nível das verdadeiras doutrinas, que constitui seu ensino secreto[65].

Voltemo-nos agora para o papel de Ibn Tibbon. A filosofia política de Al-Fārābī destinava-se a proporcionar uma justificativa geral para o lugar central da *falsafa* em uma sociedade religiosa. A obra de Maimônides destina-se a justificar o uso da *falsafa*, no judaísmo em particular, como um substituto para a sabedoria perdida dos profetas. Ibn Tibbon, por fim, transformou essa justificativa no quadro conceitual dentro do qual a filosofia judaica se desenvolveu até a época de Espinosa e que tornou possível o capítulo judeu na história da filosofia ocidental por meio da tradução e da recepção das obras dos *falāsifa* nas comunidades judaicas da Europa cristã. Podemos destacar a importância do papel de Ibn Tibbon se compararmos a obra de Maimônides à do grande filósofo judeu da Antiguidade Filo de Alexandria. Como Maimônides, Filo também tentou transformar o judaísmo em uma religião filosófica no contexto cultural do período helenístico, e seus projetos, de fato, assemelham-se de muitos modos[66]. No entanto, diferentemente dos escritos de Maimônides, os escritos de Filo não exerceram influência no pensamento judaico fora da cultura judaico-helenística[67]. É interessante notar, nesse contexto, que é possível que alguns círculos rabínicos estivessem cientes da obra de Filo, que havia sido levada para a Palestina na biblioteca de Orígenes – um dos primeiros filósofos cristãos – quando este, no século III, foi forçado a deixar Alexandria para enfim se estabelecer em Cesareia[68]. Parece plausível, portanto, assumir que a profunda influência exercida pelos escritos de Maimônides é, em parte, o resultado de um esforço que Ibn Tibbon fez para sua divulgação, embora outras circunstâncias tenham contribuído para essa influência, sobretudo a abertura de muitas comunidades judaicas no sul da França para a cultura judaico-árabe e a disposição delas em apoiar essa recepção. Isso é especialmente verdadeiro na comunidade de Lunel, onde Ibn Tibbon elaborou a tradução do *Guia*[69].

Oposição à Interpretação do Judaísmo Como Religião Filosófica

Finalmente, devo chamar a atenção para diferentes tipos de consequência que podem ser atribuídas à obra de Ibn Tibbon. Ela não apenas teve um impacto considerável na filosofia judaica medieval e iniciou o capítulo hebraico da história da filosofia ocidental como também levantou consideráveis oposições[70]. Sua obra, de fato, desempenhou um papel importante no agravamento da primeira controvérsia maimonídea, que quase dividiu o judaísmo, em cujo estágio inicial estava pessoalmente envolvido[71]. Indiretamente, sua obra contribuiu para o surgimento de posições que foram articuladas em oposição à interpretação do judaísmo como religião filosófica. Os círculos nos quais essa oposição tomou corpo favoreceram diferentes interpretações – às vezes mais tradicional, às vezes cabalista –, e seus defensores estavam meio que competindo com os filósofos pela autoridade de determinar em que consistia a verdadeira essência do judaísmo[72]. Pode-se afirmar, portanto, que essas duas manifestações contrárias que, no século XIII, moldaram a cultura judaica – a divulgação da filosofia e a formação dos movimentos que se lhe opunham – tiveram origem, em grande medida, na obra de Ibn Tibbon.

Notas

1. Para um tratamento mais abrangente das questões discutidas neste artigo, ver meu livro em hebraico: FRAENKEL, C. *From Maimonides to Samuel ibn Tibbon*: The Transformation of the *Dalālat al-Ḥā'irīn* into the *Moreh ha-Nevukhim*. Jerusalem: The Hebrew University Magnes Press, 2007. Sobre Ibn Tibbon, ver também o abrangente estudo de ROBINSON, J. *Philosophy and Exegesis in Samuel Ibn Tibbon's Commentary on Ecclesiastes*. Tese (Doutoramento), Harvard University, 2002. A. Ravitzki estabeleceu as bases da pesquisa sobre Ibn Tibbon em sua tese de doutorado (*The Teachings of R. Zerahyah b. Isaac b. Shealtiel Hen and Maimonidean-Tibbonian Philosophy in the Thirteenth Century*. Doctoral dissertation, Jerusalem, 1978 [em hebraico]) e em vários artigos mais recentes, dos quais o mais importante para este meu propósito é: RAVITZKI, A. Samuel Ibn Tibbon and the Esoteric Character of the *Guide of the Perplexed*. *Da'at*, n. 10, p. 19-46, 1983 [em hebraico]. As citações do *Guia dos Perplexos* seguirão, em geral, a tradução inglesa de S. Pines: MAIMONIDES, M. *The Guide of the Perplexed*. Chicago/London: University of Chicago Press, 1963, que ocasionalmente modificarei com base no texto árabe (*Dalālat al-Ḥā'irīn*. Ed. de S. Munk; Y. Yovel. Jerusalem, 1931) ou com base na tradução hebraica de Ibn Tibbon (*Moreh ha-Nevukhim*. Ed. de Y. Even Shmuel. Jerusalem, 1987).
2. Cf. também LANGERMANN, Y. T. A New Source for Samuel ibn Tibbon's Translation of the *Guide of the Perplexed* and His Glosses on It. *Pe'amim*, n. 72, p. 51, 1997 [em hebraico].
3. Ver a lista das fontes de Maimônides na introdução de S. Pines à sua tradução inglesa do *Guia*, 1963, op. cit., p. lvii-cxxxiv.
4. Editado por Y. Even Shmuel, em sua edição do *Guia* mencionada anteriormente (nota 1), p. 11 [doravante: *PMZ*]. Compare com os comentários de Judah, pai de Ibn Tibbon, em seu prefácio à tradução hebraica dos *Deveres do Coração*, de Baḥya ibn Paqūda (*Duties of the Heart*. Ed. de A. Zifroni. Jerusalem, 1927-1928, p. 2). A situação de Ibn Tibbon era similar àquela de outros tradutores que se encontravam entre duas culturas, tais como Cícero, Isḥāq b. Ḥunayn e Gerardo de Cremona. Ver, por exemplo, as observações de Cícero, que, como Ibn Tibbon, foi filósofo, tradutor e mediador cultural: CÍCERO. *De Natura Deorum* I.4; id. *De Finibus Bonorum et Malorum* I.2-4.

5. Espinosa estudou o *Guia* na edição de Veneza (1551) da tradução de Ibn Tibbon, que incluía os comentários medievais tradicionais. Ver a descrição dessa edição em: DIENSTAG, J. Maimonides' *Guide of the Perplexed*: A Bibliography of Editions and Translations. In: DAN, R. (Org.). *Occident and Orient*. Budapest/Leiden, 1988, p. 97-98. Sobre Espinosa como último discípulo medieval de Maimônides, ver HARVEY, W. Z. A Portrait of Spinoza as a Maimonidean. *Journal of the History of Philosophy*, n. 19, p. 151-172, 1981.
6. Até agora, 145 manuscritos estão reunidos no Institute of Microfilmed Hebrew Manuscripts, em Jerusalém. Representam cerca de 90% de todos os manuscritos que sobreviveram. Colette Sirat estima que apenas 5% dos manuscritos copiados na Idade Média foram preservados. Dessa autora, ver: SIRAT, C. Les Manuscrits en caractères hébraïques: réalités d'hier et histoire d'aujourd'hui. *Scrittura e Civiltà*, n. 10, p. 239-288, 1986. O *Guia* surgiu impresso pela primeira vez em 1480; sobre essa edição e as que sucederam, ver DIENSTAG, 1988, op. cit. A circulação do *Guia* ultrapassou em muito a de qualquer outra composição hebraica sobre ciência ou filosofia, cf. FREUDENTHAL, G. La Réception des sciences gréco-arabes dans les communautés juives de la France Méridionale. *Revue des Études Juives*, n. 152, p. 93, 1993. Com relação aos comentários do *Guia*, ver a longa lista de M. Steinschneider, que nota que a maior parte deles explica a tradução de Ibn Tibbon: STEINSCHNEIDER, M. Die hebräischen Commentare zum "Führer" des Maimonides. In: FREIMAN, A.; HILDESHEIMER, M. (Org.). *Festschrift zum Siebzigsten Geburstage A. Berliners*. Frankfurt a. M., 1903, p. 345-363. Sua lista foi ampliada em: DIENSTAG, J. Maimonides' *Guide of the Perplexed*: A Bibliography of Commentaries and Annotations. In: FALK, Z. (Org.). *Gevurot ha-Romaḥ*. Jerusalem, 1987, p. 207-237. Comparar também a afirmação de I. Husik de que o pensamento judaico após o período de Maimônides "é da natureza de um comentário a Maimônides, quer manifestamente, quer não". HUSIK, I. *A History of Mediaeval Jewish Philosophy*. Philadelphia, 1916, p. 312.
7. Cf. o já mencionado STEINSCHNEIDER, 1903, op. cit., p. 347.
8. Para uma edição das glosas de Ibn Tibbon, ver FRAENKEL, 2007, op. cit.
9. Refiro-me aqui apenas à amplitude da influência dos escritos de Maimônides. É evidente que interpretações do judaísmo como religião filosófica já havia antes; por exemplo, na Antiguidade, a obra de Filo de Alexandria, e na Espanha medieval a de Abraão ibn Daūd. Os escritos destes, porém, em contraste com aqueles de Maimônides, não deixaram marca significativa na cultura judaica. Sobre as semelhanças entre os projetos filosóficos de Filo e Ibn Daūd com os de Maimônides, ver nota 66 infra.
10. YONATAN HA-KOHEN. *Iggeret le-Rambam* (Carta a Maimônides). Publicada por S. A. Wertheimer em *Ginzê Yerushalayim*, Jerusalem, 1896, p. 34. v. 1.
11. Refiro-me às principais etapas do desenvolvimento da tradição ocidental. Obviamente, há publicações em latim, siríaco e persa.
12. A renovação cultural no sul da França – ou Provença, como a região era chamada na Idade Média – já havia começado na época do pai de Ibn Tibbon, Yehudá ibn Tibbon, a quem Samuel se refere como "o pai dos tradutores" em seu prefácio à tradução do *Guia* (119). Sobre o desenvolvimento no sul da França e suas causas, ver TWERSKY, I. *Rabad of Posquières*. Cambridge, 1962, p. 19-26; id. Aspects of Social and Cultural History of Provençal Jewry. *Journal of World History*, n. 11, p. 185-207, 1968; VICAIRE, M. H.; BLUMENKRANZ, B. *Juifs et Judaisme de Languedoc*. Toulouse: Privat, éditeur, 1977; SEPTIMUS, B. *Hispano-Jewish Culture in Transition*. Cambridge: Harvard University Press, 1982; BENEDICT, B. *The Torah Center in Provence*. Jerusalem, 1985 [em hebraico]; FREUDENTHAL, 1993, op. cit.; ROBINSON, 2002, op. cit., cap. 1. Convém notar que,

antes da divulgação do *Guia*, os esforços eram bastante limitados e focados na divulgação do pensamento religioso, do tipo traduzido por Yehudá ibn Tibbon. Cf. FREUDENTHAL, 1993, op. cit., p. 43.

13. Cf. a explicação de D. Gutas sobre o surgimento da "ideologia do racionalismo" durante o século IX em seu GUTAS, D. *Greek Thought, Arabic Culture*: The Graeco-Arabic Translation Movement in Baghdad and Early 'Abbāsid Society (2nd-4th/8th-10th Centuries). London/New York: Routledge, 1998, p. 95-104.
14. Sobre o papel desempenhado pelos ensinamentos de Maimônides em despertar o interesse dos judeus pela filosofia e pela ciência durante o século XIII, ver PINES, S. Translator's Introduction. In: MAIMONIDES. *The Guide of the Perplexed*. Chicago/London: University of Chicago Press, 1963, p. cxx; HARVEY, S. Did Maimonides' Letter to Samuel ibn Tibbon Determine Which Philosophers Would Be Studied by Later Jewish Thinkers? *Jewish Quarterly Review*, n. 83, p. 67, 1992, e, sobretudo, FREUDENTHAL, 1993, op. cit., p. 107-113. Sobre as obras que foram traduzidas, ver nota 48 infra. Com relação à expressão "revolução intelectual", ver VAN STEENBERGHEN, F. *The Philosophical Movement in the Thirteenth Century*. Edinburgh: Nelson, 1955, que descreve a recepção da filosofia aristotélica pelo mundo cristão como "a revolução do século XIII" (p. 28).
15. Cf. meu artigo: FRAENKEL, C. Beyond the Faithful Disciple: Samuel ibn Tibbon's Criticism of Maimonides. In: HARRIS, J. (Org.). *Maimonides after 800 Years*: Essays on Maimonides and His Influence. Cambridge: Harvard University Press, 2007, p. 33-63.
16. Em virtude de limitações de espaço, não posso discutir aqui, em detalhes, a interpretação que Maimônides faz do judaísmo como religião filosófica. Desenvolvi mais sistematicamente essa noção no subcapítulo 2.2 em: FRAENKEL, 2007, op. cit. Nesse contexto, não uso a palavra "religião" significando algo diferente de filosofia. Entendo "filosofia" como um modo de vida cujo propósito é, às vezes, descrito como "imitação de Deus (*homoíosis theô*)". Ver, por exemplo, PLATÃO. *Teeteto* 176a-177a; *República* VI, 500c-d; X, 613a-b; *Fédon* 80e-84b. Ver também o discurso de Diotima sobre "desejo (éros)" e "filosofia" como forças motrizes que conduzem o ser humano a se elevar do nível humano ao divino (*Banquete* 201d-212c).
17. PINES, 1963, op. cit., p. cxx, já enfatizava a importância, para entender o projeto exegético do *Guia*, da afirmação de Maimônides de que os profetas eram filósofos. Visto que, na opinião de Pines, essa afirmação não é sustentada por nenhuma evidência, ele sugeriu que devesse ser vista como uma "'nobre' ficção no sentido platônico do termo", cujas divulgação e aceitação possibilitaram à filosofia aristotélica tornar-se um componente importante da cultura judaica no período de Maimônides.
18. Uma tradição originada na Antiguidade grega com Sócrates, Platão e Aristóteles. Ver nota 20 infra.
19. Uma tradição que encontra sua primeira expressão no pensamento judaico helênico. Ver nota 66 infra.
20. Ver a definição de "Lei divina" em *Guia* II.40: "Se [...] encontrares uma lei na qual todos os seus decretos, como foi afirmado antes, visam à solidez (*ṣalāḥ*) das condições pertencentes ao corpo e também à solidez (*ṣalāḥ*) da crença – uma lei que se esforça para imprimir opiniões corretas relativas a Deus, seja Ele exaltado em primeiro lugar, e aos anjos, e que deseja tornar o homem sábio dando-lhe entendimento e despertando sua atenção de modo que possa conhecer tudo o que existe em sua verdadeira forma –, deves saber que este guia provém Dele – seja Ele exaltado – e que essa Lei é divina" (ing. 384; heb. 339; ár. 271). Cf. também a explicação da Lei de Moisés como Lei divina em *Guia* III.27-28. Sobre a

conexão entre esses capítulos, ver HARVEY, W. Z. Between Political Philosophy and *Halakhah* in Maimonides' Thought. *Iyyun*, n. 29, p. 198-212, 1980 [em hebraico]. Sobre a relevante distinção entre "bem-estar" e "solidez" (ambos traduzindo o árabe "*ṣalāḥ*") com relação ao corpo e à alma e à "perfeição (*kamal*)" destes [do corpo e da alma], ver KAPLAN, L. "I Sleep But My Heart Waketh": Maimonides' Conception of Human Perfection. In: ROBINSON, I.; KAPLAN, L.; BAUER, J. (Org.). *The Thought of Moses Maimonides*: Philosophical and Legal Studies. Lewiston/Queenston/Lampeter: The Edwin Mellen Press, 1990, p. 130-166, especialmente n. 20. O primeiro a destacar a conexão entre o conceito de profeta em Maimônides e o fundador da cidade ideal de Platão foi STRAUSS, L. *Philosophie und Gesetz*: Beiträge zum Verständnis Maimunis und seiner Vorläufer. Berlin: Schocken Verlag, 1935, p. 87-122; ver especialmente p. 113. Strauss também foi o primeiro a examinar as fontes islâmicas que influenciaram a teoria política de Maimônides. Minha intenção aqui, no entanto, não é fornecer uma análise histórica abrangente, mas esboçar, muito brevemente, como é possível afirmar que Maimônides adotou o projeto filosófico-político dos filósofos gregos e fez uso dele ao interpretar o judaísmo como religião filosófica. Em minha opinião, é possível caracterizar a filosofia política de Platão e de Aristóteles como uma tentativa de esclarecer as condições que devem ser preenchidas para atingir o que Maimônides chama de "perfeição última". O objetivo do Estado ideal de Platão é conduzir os cidadãos à virtude, em particular à "justiça (*dikaiosýne*)" por meio da qual a "felicidade" e a "imitação de Deus" são alcançadas (sobre justiça e felicidade, ver *República* IX, 576c-588a; sobre justiça e imitação de Deus, ver *República* X, 613a-613b). Ser justo significa que cada uma das três faculdades da alma executa a tarefa que é adequada para si (ver *República* IV, 435b-441c). Visto que a "faculdade intelectual (*tò logistikón*)" é a faculdade superior da alma, sua missão é governar as faculdades inferiores bem como realizar sua atividade natural, isto é, a apreensão do que existe (*República* IX, 582c). Segundo Platão, nessa apreensão, o prazer mais sublime é encontrado (*República* IX, 584d-586c). Para Platão (assim como, posteriormente, para Maimônides), claramente nem todos os cidadãos têm a capacidade de atingir a perfeição da vida filosófica. Ela é acessível apenas para poucos escolhidos, que avançam etapa por etapa no programa educacional do Estado ideal (ver *República* VI, 502c-VII, 541b; cf. as condições prévias que devem ser cumpridas pelos filósofos em *República* VI, 485b-487a). Na *República* (e, em certo sentido, também no *Político*), a formação do Estado ideal e a preservação de sua estrutura dependem do filósofo-rei (*República* V, 473c-473d). Ele modela e governa o Estado em conformidade com sua apreensão das formas eternas, imutáveis e imateriais de virtude, tal como a forma da justiça (*República* VI, 500b-502a), e, no limite, em conformidade com sua apreensão do princípio que fundamenta a existência e a cognição: "a ideia do bem (*idéa toû agathoû*)". Essa apreensão é o objetivo da educação do filósofo descrita nos livros VI-VIII. Em *Leis*, ao contrário, a ordem política é moldada por leis promulgadas por um legislador que as recebeu de Deus. De *Leis* IV, 713a, é possível inferir que Deus é intelecto, e de 713e-714a, que as leis são uma expressão do intelecto. O propósito das leis é conduzir os cidadãos do Estado à aquisição de todas as virtudes e perfeições, tanto humanas quanto divinas. A obtenção das perfeições humanas, tais como saúde e riqueza, não é um fim em si mesmo, mas antes um meio para a obtenção das perfeições divinas. O mais elevado fim é a obtenção do "intelecto [que é a perfeição], que governa todas as outras coisas (*tòn hegemóna noûn sýmpanta*)" (*Leis* I, 631d). É claro que o conceito de Maimônides de Lei Mosaica está mais próximo do conceito de leis do Estado de Platão, e é válido notar, a esse respeito, que Avicena descreve o livro de Platão sobre a "lei (*al-nawāmīs*)" como tratando da "profecia e da Lei (*bi-l-nubūwat al-sharīʿat*"). AVICENA. *Fī 'Aqsām al-ʿulūm al-ʿaqliyya* (Sobre a Divisão das Ciências Racionais). In: *Tis' Rasā'il fī al-Ḥikma wa-al-Ṭabīʿāt*; cf. STRAUSS, 1935, op. cit., p. 113. Também as doutrinas éticas e políticas de Aristóteles podem ser interpretadas à luz do conceito de Estado ideal, cujo objetivo é conduzir os cidadãos à virtude e, desse modo, à felicidade (notar que minha afirmação, obviamente, não é a única interpretação possível da posição de Aristóteles; meu objetivo aqui é apenas esboçar uma leitura que permita ver os aspectos da filosofia prática de Aristóteles que reaparecem no pensamento de Maimônides). De acordo com *Ética Nicomaqueia* I.1, a arte que analisa o maior dos bens é a "arte de governar", e sua tarefa é moldar a estrutura do Estado e das leis que determinam as ações de seus cidadãos de maneira que facilite essa obtenção. O maior dos bens é a "felicidade", definida como a atividade da alma segundo sua virtude essencial e, no caso de haver mais de uma, segundo a mais perfeita (*EN* I.6). A importância das leis para guiar os cidadãos rumo às virtudes é enfatizada também em *Ética Nicomaqueia* X.10 e em *Política* VII-VIII, em que Aristóteles apresenta sua versão de Estado ideal. Conforme *Ética Nicomaqueia* X.7-8, a sabedoria é a virtude mais perfeita, isto é, a atividade do elemento divino na alma humana ao qual a vida de contemplação é dedicada. Daí parece possível inferir que o propósito do governante e do legislador deveria ser guiar os cidadãos para a vida filosófica e, em certo sentido, para a imitação de Deus. Com efeito, em *Ética Eudemia* VIII.3, Deus é explicitamente declarado ser a finalidade cuja obtenção é o propósito que a "sabedoria comanda (*he phrónesis epitáttei*)" (1249b 15). A escolha é considerada boa à medida que contribui para a "contemplação de Deus"; e é considerada má à medida que constitui um obstáculo ao "serviço e à contemplação de Deus (*tòn theòn therapeýein kaì theoreîn*)" (1249b 18-21). No entanto, uma diferença importante entre os filósofos gregos e Maimônides deve ser notada: para Maimônides, o Estado ideal não está sujeito à investigação filosófica, mas, de fato, já existe na forma da Lei Mosaica e na forma da comunidade que vive de acordo com ela (cf. STRAUSS, 1935, op. cit., p. 117). Assim, parece claro por que Maimônides pensa que, quando "as pessoas são governadas por mandamentos divinos (*al-awāmar illāhī*)", não há necessidade de livros de filosofia política. MAIMONIDES. *Maqāla fī Ṣināʿat al-Manṭiq* (Tratado sobre a Arte da Lógica). Ed. de Y. Kah, Qiryat Ono, 1997, cap. 14.

21. Maimônides está interpretando Talmud Babilônico, Tratado Shabbat 31a; cf. também as definições de *talmud* e *gemará* em *Mishné Torá*, Livro do Conhecimento, Leis Relativas ao Estudo da Torá I, 10-12.
22. Cf. ibid., Leis Relativas aos Fundamentos da Torá I, 2; IV, 12; Leis do Arrependimento X, 6; cf. também o cap. 5 de *Oito Capítulos* (Introduction to the Commentary on *Pirqê 'Avot*, in: *Commentary on the Mishnah*. Edited and Hebrew translation Y. Kafih. Jerusalem: Mosad ha-Rav Kook, 1965).
23. Cf. *Guia* I, Introdução.
24. Prefácio a *Oito capítulos* (nota 22 supra), p. 155.
25. *'Iggerot ha-Rambam* [Cartas de Maimônides]. Ed. de Y. Sheilat, Ma'aleh Adumim: Ma'aliyot, 1988-1989, p. 553, 2 v. [doravante *Cartas*]. Essa parte da carta não sobreviveu em árabe. Veja as variantes de leitura de várias traduções em hebraico listadas por HARVEY, Maimonides' Letter, 1992, op. cit., p. 63, n. 34. Em minha tradução, usei a versão hebraica de Shem Ṭov Falaqera.
26. Cf. RAVITZKY, 1978, op. cit, p. 1-3.
27. O termo foi cunhado por SEPTIMUS, 1982, op. cit.; ver, por exemplo, p. 46.

28. IBN TIBBON, S. *Perush Qohelet* [Comentário ao Eclesiastes; doravante *PQ*], edição e tradução parcial em inglês de J. Robinson, em: *Commentary on Ecclesiastes*, 2002, op. cit. Modifiquei a tradução. Sobre a passagem citada, ver p. 230-231, notas 102-107. Observar que Ibn Tibbon usa aqui a própria caracterização de Maimônides da história do pensamento judaico, segundo a qual a tradição da sabedoria no judaísmo foi interrompida após o período do rabinato; cf. a passagem de *Guia* I.71 discutida supra. Na Introdução ao *Mishné Torá*, Maimônides ressalta que "Ravina, Rav Ashi e seus companheiros" foram os "últimos dos grandes sábios de Israel", mas ele não afirma, nessa passagem, que a tradição da sabedoria desapareceu após a geração deles.
29. IBN TIBBON, S. *Ma'amar Yiqqavu ha-Mayim*. Ed. de M. L. Bisliches. Pressburg, 1837 [doravante *MYM*].
30. Sobre a identificação da forma humana com o intelecto, ver, por exemplo, *Guia* I.1; comparar a entrada "intelecto agente" em *PMZ*, p. 71. Embora Maimônides não fale explicitamente do nascimento do intelecto em *Guia* I.7, sua explicação do nascimento de Set à "imagem e semelhança" de Adão (cf. Gênesis 5:3) torna claro que está se referindo a isso. Cf. também os comentários de Efodi e Shem-Ṭov *ad locum* impressos na edição do *Guia* de Varsóvia, 1872.
31. Essa forma que é o intelecto é a mesma que é o componente de um ser humano que permanece depois da morte, cf. Livro do Conhecimento, Leis do Arrependimento VIII, 3, e Leis Relativas aos Fundamentos da Torá IV, 8. Ver também *Guia* I.70 e III.51. Nesse sentido, Maimônides pode usar o ditado rabínico de que uma pessoa deve mais honra a seu mestre que a seu pai, pois "seu pai lhe confere a vida deste mundo, mas seu mestre, que lhe ensina a sabedoria, lhe confere a vida do mundo vindouro". Leis Relativas ao Estudo da Torá VIII, 1 (interpretando Talmud Babilônico, Tratado Bava Meṣi'a 33a; comparar o uso de Ibn Tibbon do mesmo ditado em *PQ*, 8).
32. A descrição de Pines do intelecto divino no *Guia* como "o sistema de formas [...] que subsistem no universo" se adapta, claramente, também ao intelecto separado de Ibn Tibbon. PINES, 1963, op. cit., Introduction, p. xciii.
33. Cf. VAJDA, G. An Analysis of the *Ma'amar yiqqawu ha-Mayim* by Samuel b. Judah ibn Tibbon. *Journal of Jewish Studies*, v. X, p. 137-149, 1959. Referindo-se à passagem supracitada (*MYM*, p. 91), Vajda indica a influência de Averróis, expressa pela doutrina de Ibn Tibbon: "As expressões utilizadas na passagem [...] podem apenas ser entendidas no contexto da fusão total, não deixando espaço para a sobrevivência individual das almas desencarnadas, o que é definitivamente uma ideia de Ibn Rushd". Sobre a doutrina de Averróis da conjunção intelectual, ver DAVIDSON, H. A. *Alfarabi, Avicenna, and Averroes on Intellect*. Oxford: Oxford University Press, 1992, p. 321-340, especialmente p. 338. Comparar a descrição de Averróis da "forma que é gerada" no intelecto material como "compartilhada por todos os seres humanos, pois a essência pela qual um ser humano intelige as espécies é a essência pela qual o restante da humanidade as intelige – as que existem agora, as que se corromperam e as que existirão". AVERRÓIS. Averroes' Commentary of the *De Intellectu* attributed to Alexander. Ed. de H. A. Davidson. *Shlomo Pines Jubilee*, v. 1. Jerusalem, 1988, p. 211. Ver o relato da conjunção com o intelecto ativo, ibid., p. 214-215. Maimônides atribui uma posição similar a Ibn Bājjah em *Guia* I.74, cf. o comentário de SHEM ṬOV FALAQERA. *Moreh ha-Moreh* [Guia para o *Guia*]. Ed. de Y. Schiffman. Jerusalem, 2001, p. 207-208, que cita Averróis nesse contexto; cf. também as observações de Munk em sua tradução francesa do *Guia*: MAIMONIDES. *Le Guide des Egarés*. Traduction française par S. Munk. 3 v. Paris, 1856-1866, p. 434, n. 4. v. 1.

34. É plausível assumir que a emanação divina alcance Maimônides mediada pelo intelecto agente. Cf. a definição de "quididade" da profecia em *Guia* II.36. Parece que Ibn Tibbon seguiu aqui o hábito dos profetas, o qual, segundo Maimônides, às vezes falha em mencionar as causas intermediárias (cf. *Guia* II.48).
35. Como é bem conhecido, Maimônides não encorajou Ibn Tibbon a visitá-lo no Egito e recusou-se a aceitá-lo como estudante. Cf. sua carta a Ibn Tibbon (*Cartas*, p. 550).
36. Sobre Deus abrindo os olhos de Ibn Tibbon, comparar com *PQ*, 518.
37. Em *PQ*, 453, Ibn Tibbon escreve: "A palavra 'ver' é equívoca; pode referir-se ao ver do coração, que é conhecimento, como mencionado em *Guia* I.4". Cf. também *PQ*, 597.
38. Sobre o "espírito santo", ver *Guia* II.45.
39. Sobre essa obra, ver LANGERMANN, Y. T. A New Collection of Texts in Medieval Jewish Philosophy. *Qiryat Sefer*, n. 64, p. 1428-1430, 1992-1993 [em hebraico].
40. Ver *Guia* III.45, em que Maimônides explica os motivos para os mandamentos associados ao Templo: "Com relação à mesa e ao pão que há sempre sobre ela [cf. Êxodo 25:23-30], não conheço o motivo disso e não encontrei até agora algo a que possa atribuir essa prática" (ing. 578; heb. 537; ár. 423).
41. Publicado por ABRAMS, D. *R. Asher b. David, Complete Works*. Los Angeles: Cherub Press, 1996, p. 143.
42. Esse modelo de evolução foi explicado por RAVITZKY, 1983, op. cit., p. 36-41. Cf. também ROBINSON, 2002, op. cit., cap. 2.
43. SAMUEL IBN TIBBON. *Sefer 'Otot ha-Shamayyim*. Ed. de R. Fontaine. Leiden: E. J. Brill, 1995; HERCZ, J. (Org.). *Sheloshah Ma'amarim 'al ha-Devequt* [o terceiro tratado é atribuído ao filho de Averróis, Abdallah]. Trad. hebraica de S. ibn Tibbon. Berlin, 1869.
44. Sobre *Perush Qohelet*, ver ROBINSON, 2002, op. cit.
45. Ver a entrada "*ḥokmat ha-ṭeva'* [ciência da natureza]" em: *PMZ*, p. 50-51. *Meteorológicos* era listado como o quarto livro das ciências da natureza. A relação entre a tradução do *Sefer 'Otot ha-Shamayyim* e as questões discutidas em *MYM* foi elucidada por RAVITZKY, A. Aristotle's *Meteorology* and Maimonidean Exegesis of the Account of Creation. *Jerusalem Studies in Jewish Thought*, n. 9, p. 225-250, 1990 [em hebraico]. [Há uma tradução desse artigo em inglês: RAVITZKY, A. Aristotle's *Meteorology* and the Maimonidean Modes of Interpreting the Account of Creation. *Aleph – Historical Studies in Science and Judaism*, n. 8, p. 361-400, 2008 (N. da T.).] Sobre a relação entre a tradução de *Sheloshah Ma'amarim* e a questão discutida em *PQ*, ver RAVITZKY, A. The Secrets of the *Guide of the Perplexed*: Between the Thirteenth and the Twentieth Century. *Jerusalem Studies in Jewish Thought*, n. 5, p. 50, 1985 [em hebraico].
46. Ver HARVEY, 1992, op. cit., p. 51-70.
47. Foi assim que Ibn Tibbon caracterizou a lista em sua tradução da carta de Maimônides para ele próprio, publicada por SONNE, I. Maimonides' Letter to Samuel b. Tibbon According to an Unknown Copy Found in the Archive of the Jewish Community in Verona. *Tarbiz*, n. 10, p. 332, 1939 [em hebraico].
48. Ver a referência às obras traduzidas por eles no índex de STEINSCHNEIDER, M. *Die Hebräischen Übersetzungen des Mittelalters und die Juden als Dolmetscher*. Berlin, 1893. Cf. também levantamentos em FREUDENTHAL, 1993, op. cit.; ZONTA, M. *La filosofia antica nel medioevo ebraico*. Brescia, 1996.
49. Ver RAVITZKY, 1978, op. cit., cap. I, particularmente a p. 1.
50. Ver ibid., cap. I. É importante ressaltar, no entanto, que, apesar das características comuns, essa não é uma tradição intelectual homogênea. Ver ibid., p. 3, e as questões discutidas

posteriormente no livro de Ravitzky. Como membros do círculo de Ibn Tibbon no século XIII, Ravitzky menciona Yaakov Anatoli, Moisés ibn Tibbon, Moisés de Salerno e Zeraḥya ben Shealtiel Ḥen, documentando o impacto proporcionado pelas obras de Ibn Tibbon; ver ibid., p. 22-34. Ao mesmo tempo, observa que a influência de Ibn Tibbon não estava restrita a esse círculo, citando vários exemplos de sua influência em pensadores dos séculos XIII e XIV; ver ibid., p. 34-40.

51. Não alego, é claro, que Al-Fārābī tenha sido o único dos *falāsifa* muçulmanos que influenciaram Maimônides, mas, em relação ao tema em questão, sua obra foi, a meu ver, a fonte mais importante de Maimônides. Sobre Maimônides no contexto da escola aristotélica da Espanha, ver KRAEMER, J. L. Maimonides and the Spanish Aristotelian School. In: MEYERSON, M. D.; ENGLISH, E. D. (Org.). *Christians, Muslims, and Jews in Medieval and Early Modern Spain*: Interaction and Cultural Change. Notre Dame: University of Notre Dame Press, 1999, p. 40-68.

52. Ver o relato atribuído a ele por IBN ABĪ UṢAYBIᶜA. *Uyūn al-Anbā' fī Ṭabaqāt al-Aṭibbā'*. Ed. de A. Müller. Königsberg, 1884, p. 134-135, v. II, sobre "a emergência da filosofia no Islã" e de seu papel. Curiosamente, esse relato não faz referência a Al-Kindī, aparentemente porque Al-Fārābī não o considerava um verdadeiro filósofo. O quanto o relato é confiável é uma questão controversa, mas, para meu presente propósito, basta que Al-Fārābī se via como o início do ressurgimento da filosofia no mundo islâmico.

53. AL-FĀRĀBĪ. *Kitab al-Ḥurūf* (Livro das Letras). Ed. de M. Mahdi. Beirut, 1990, livro 2, sec. 143.

54. Ibid., livro 2, sec. 108. Cf. AL-FĀRĀBĪ. *Taḥṣīl al-Saᶜāda*. In: *Al-Aᶜmāl al-Falsafiya*. Ed. de J. Al-Yasin. Beirut, 1992, p. 185. É preciso acrescentar que, no esquema de Al-Fārābī, as tradições especulativas e legais, *Kalām* e *Fiqh* (Al-Fārābī emprega, nesse contexto, os termos islâmicos usuais), ocupavam um nível abaixo do da religião da revelação, da qual eram servas. A filosofia, portanto, governa todo o sistema da ciência. Cf. AL-FĀRĀBĪ. *Kitab al-Ḥurūf*, livro 2, sec. 110. Numerosas fontes e paralelismos foram observados nas doutrinas de Al-Fārābī por R. Walzer em sua edição e tradução de: AL-FĀRĀBĪ. *Kitāb Mabādi' Ārā' Ahl al-Madīna al-Fāḍila*. Oxford/New York: Clarendon Press/Oxford University Press, 1985.

55. Sobre a revelação como resultado da perfeição intelectual, cf. AL-FĀRĀBĪ. *Kitāb al-Siyāsa al-Madaniyya*. Ed. de F. M. Najjar. Beirut, 1964, p. 49-50. Note-se, no entanto, que ali Al-Fārābī não menciona o papel da faculdade imaginativa, tampouco usa o termo "profeta".

56. Esse é o conceito de profecia em *Madīna al-Fāḍila*, cap. 15, sec. 10. Sua influência na definição de Maimônides de profecia em *Guia* II.36 é evidente. Note-se, contudo, que outras concepções podem ser encontradas nos escritos de Al-Fārābī e Maimônides. Sobre o conceito de profeta em Al-Fārābī, ver WALZER, R. Al-Farabi's Theory of Prophecy and Divination. *Journal of Hellenic Studies*, n. 77, p. 142-148, 1957. Sobre os diferentes conceitos de profecia em Al-Fārābī e em Maimônides, ver MACY, J. Prophecy in Al-Fārābī and Maimonides: The Imaginative and Rational Faculties. In: PINES, S.; YOVEL, Y. (Org.). *Maimonides and Philosophy*: Papers Presented at the Sixth Jerusalem Philosophical Encounters, May 1985. Dordrecht: Martinus Nijhoff, 1986, p. 185-201.

57. AL-FĀRĀBĪ. *Al-Madīna al-Fāḍila*, cap. 17, sec. 7.

58. Ibid., cap. 17, sec. 2; cf. id. *Al-Siyāsat al-Madaniyya*, p. 55-57; *Taḥṣīl*, p. 40-41.

59. Ibid., cap. 15, sec. 10; cf. id. *Iḥṣa al-ᶜUlūm*. Ed. de U. Amin. Cairo, 1948, p. 102-103; *Al-Siyāsa al-Madaniyya*, p. 48 et seq.; *Taḥṣīl*, p. 41-42. As questões que os cidadãos do

Estado ideal devem conhecer parecem incluir toda a filosofia prática e teórica que Al-Fārābī sumariza em seu tratado. Ver a lista de tópicos no cap. 17, sec. 1; uma lista mais curta aparece em *Al-Siyāsat al-Madaniyya*, p. 55.

60. Id. *Al-Madīna al-Fāḍila*, cap. 17, sec. 4.
61. Muitos estudos foram dedicados à relação de Maimônides com Al-Fārābī. Ver, em particular, BERMAN, L. Maimonides, the Disciple of Alfarabi. *Israel Oriental Studies*, n. 4, p. 154-178, 1974.
62. Sobre a correspondência entre as recomendações de Maimônides e suas fontes, ver PINES, 1963, op. cit., Introduction, que usa a lista fornecida na carta de Maimônides a Ibn Tibbon como ponto de partida para descrever as fontes do *Guia* (cf. p. lix-lx).
63. De forma similar, esses componentes foram adotados por filósofos muçulmanos na interpretação do Islã como uma religião filosófica. Cf. BERMAN, 1974, op. cit., p. 155, n. 5.
64. AL-FĀRĀBĪ. *Al-Madīna al-Faḍila*, cap 15, sec. 11; cf. ibid., cap. 13, sec. 5; AL-FĀRĀBĪ. *Risāla fī al-ᶜAql*. Ed. de M. Bouyges. Beirut, 1938, p. 31.
65. Não pretendo negar a existência de diferenças significativas entre Maimônides e Al-Fārābī. Por exemplo, para Maimônides, a filosofia atingiu a perfeição não na época de Aristóteles, mas na de Moisés. Além disso, ele afirma que, em geral, os profetas estavam em um nível intelectual mais elevado do que os "homens de ciência" (*Guia* III.51; ing. 619; heb. 580; ár. 456) e que, embora o intelecto de Aristóteles "represente a mais alta conquista do intelecto humano", ele, no entanto, estava abaixo do nível dos profetas, "que receberam a emanação de Deus" (*Cartas*, 553). Enquanto Al-Fārābī se via como um sucessor de Platão e de Aristóteles, Maimônides se via como o sucessor dos sábios de Israel, de Abraão aos sábios rabinos, utilizando a filosofia greco-árabe apenas como substituta de sua perdida sabedoria. Convém notar, no entanto, que Al-Fārābī também menciona a lenda sobre a antiguidade da filosofia, que narra como esta passou da antiga Babilônia ao Egito e do Egito à Grécia (*Taḥṣīl*, p. 38-39). Essa lenda serviu como justificativa para a tradução das obras científicas e filosóficas do grego para o árabe, pois apresenta a tradução como uma restauração da sabedoria antiga; cf. GUTAS, 1998, op. cit, cap. 2. Outra diferença entre Maimônides e Al-Fārābī está no fato de que a concórdia entre filosofia e religião, que serviu a Al-Fārābī para alegar que a religião é mera imitação da filosofia elaborada pela faculdade imaginativa, foi depois veementemente criticada por Al-Ġazālī, em particular em seu *Tahāfut al-Falāsifa*. A meu ver, é possível identificar todo um substrato na argumentação do *Guia* que responde a essa crítica. O exemplo mais claro é a questão da eternidade ou da criação do mundo. Os tratados independentes de Averróis ilustram bem quão seriamente os filósofos de Al-Andalus tomaram Al-Ġazālī. *Tahāfut al-Tahāfut*, *Faṣl al-Maqāl* e *Kitāb al-Kašf* mostram como Averróis tentou aprender a viver com os ataques à filosofia. Talvez seja possível afirmar que, enquanto Averróis tenta refutar a crítica, Maimônides a integra na argumentação exotérica do *Guia*. Seja como for, parece que, na época de Maimônides e de Averróis, os *falāsifa* não podiam mais adotar o projeto filosófico de Al-Fārābī sem responder às críticas de Al-Ġazālī.
66. Por exemplo, ainda segundo Filo, Moisés "atingiu o ápice da filosofia", e a Lei Mosaica dirige-se à sua audiência em dois níveis: em um, ela trata da "educação do vulgo (*tôn pollôn didaskalían*)", que é o "amante do corpo"; em outro, apresenta a "verdade que é absolutamente certa" para os "amantes da alma" (*Deus* 51-56). O objetivo da Lei é guiar para a "imitação de Deus (*homoíosis theô*)"; a "via real" que conduz a Deus (isto é, ao "rei do universo") é a "verdadeira filosofia", e a "verdadeira filosofia" é idêntica à "palavra de Deus" (*Post.* 101-102). A contemplação de Deus denota o "início e o fim da

felicidade" (*QE* II, 51), e esse objetivo é atingido pelo "intelecto quando é capturado pelo amor divino" (*Somn.* II, 32). À parte Filo, é possível ainda fazer menção aos filósofos que precederam Maimônides na Idade Média, em particular a Abraão ibn Daūd. De fato, o próprio Maimônides se refere aos "andaluzes entre as pessoas de nossa nação, todos os [que] aderem às afirmações dos filósofos e se inclinam às opiniões deles, na medida em que não façam ruir as fundações da lei" (*Guia* I.71; ing. 177; heb. 152; ár. 122). As semelhanças entre os projetos de Ibn Daūd e Maimônides são surpreendentes. O propósito de Ibn Daūd é tornar claro o "acordo (*haskamá*) entre filosofia e religião" para o intelectual que caiu em "perplexidade (*bilbul*)", pois ele é incapaz de manter "em sua mão direita a luz de sua religião e, na esquerda, a luz de sua sabedoria" (*Ha-Emunah ha-Ramah* [A Fé Exaltada]. Trad. hebraica de Solomon b. Labi. Frankfurt a. M., 1852, Introduction). Como em Maimônides, a solução é exegética: deve-se mostrar ao intelectual perplexo que Lei e sabedoria falam com apenas uma voz (*ER* II, 6); para esse fim, cada versículo deve ser interpretado figurativamente, "cujo sentido literal está em contradição com algo do qual o intelecto é testemunha" (*ER*, Introduction). A revelação aos profetas consiste em que o intelecto deles recebe os inteligíveis que emanam do Intelecto Agente, e, no mais alto nível de profecia, o intelecto do profeta torna-se como as "substâncias exaltadas", isto é, as inteligências separadas (*ER* II, 5). Sobre Ibn Daūd, ver FONTAINE, T. A. M. *In Defence of Judaism*: Abraham Ibn Daud: Sources and Structures of *ha-Emunah ha-Ramah*. Assen/Maastricht: Van Gorcum, 1990; OREN, A. *From the Simple Faith to the Exalted Faith*: The Pre-Maimonidean Thought of Abraham Ibn Daūd. Tel Aviv, 1998 [em hebraico].

67. Por contraste, Filo exerceu influência decisiva no desenvolvimento da filosofia cristã no período dos Padres da Igreja. Para uma visão geral, ver RUNIA, D. T. *Philo in Early Christian Literature*: A Survey. Assen/Minneapolis: Van Gorcum/Fortress Press, 1993. Filo contribuiu para que o pensamento cristão, desde o início, incorporasse doutrinas filosóficas. Esse encontro inicial com a filosofia talvez explique por que a cultura cristã medieval não necessitou, como o judaísmo medieval, de uma estrutura que justificasse a recepção das obras filosóficas e científicas – tal como Ibn Tibbon tentou construir tendo por base os escritos de Maimônides. Todavia, é interessante notar que a tradução latina do *Guia* foi de fato usada pelos primeiros filósofos cristãos que estavam lidando com a integração da recentemente traduzida literatura filosófica greco-árabe – entre os quais Alberto Magno e Tomás de Aquino. Em certo nível, eles fizeram uso do *Guia* a fim de definir o lugar da *falsafa* no interior da tradição religiosa, pois o objetivo do "Rabbi Moyses Iudaeus", nas palavras de Tomás de Aquino, foi "proporcionar concórdia [*concordare*]" entre os ensinamentos de Aristóteles e a religião revelada (*Summa Theologiae* I, q. 50, a. 3). Para uma visão geral da influência de Maimônides no pensamento cristão, ver GUTTMANN, J. Der Einfluss der maimonidischen Philosophie auf das christliche Abendland. In: BACHER, W. et al. (Org.). *Moses ben Maimon*: Sein Leben, Seine Werke und Sein Einfluss. Leipzig: Buchhandlung Gustav Fock, 1908, p. 135-230; KLUXEN, W. Maimonides and Latin Scholasticism. In: PINES; YOVEL, 1986, op. cit., p. 224-232.

68. Cf. BARTHÉLEMY, D. Est-ce Hoshaya Rabba qui censura le "Commentaire Allégorique"? In: *Philon d'Alexandrie*. Lyon, 11-15 septembre 1966. Paris: Centre National de la Recherche Scientique, 1967, p. 45-78.

69. Ver as observações do pai de Ibn Tibbon relativas a R. Meshullam bar Yaakov, líder da comunidade de Lunel em sua época, no prefácio à sua tradução hebraica de *Deveres do Coração*, de Bahya ibn Paqūda, op. cit.: "Um sobrevivente de nosso povo encontrou refúgio em terras cristãs; entre eles estavam, desde tempos antigos, grandes sábios da ciência

da Torá e do Talmud. Eles, porém, não estudaram as outras ciências, pois sua Torá era seu ofício e porque livros sobre outras ciências não estavam disponíveis. [Esta situação continuou] até que o puro castiçal foi posto entre eles, a lamparina dos mandamentos e da Torá, o grande mestre, o pio e santo Rabi Meshullam – possa sua lamparina brilhar –, filho do venerável sábio Rabi Jacó, de sagrada memória. O puro e refinado óleo de seu entendimento fez a lamparina da sabedoria queimar continuamente e sua alma entrou em conjunção com a Torá de seu Deus e com o temor de Deus. Ele fez da sabedoria sua taça e sua porção, e ele ansiava pelos livros de sabedoria compostos pelos *ge'onim*. No limite de sua habilidade, coligiu, divulgou e [fez que se] traduzissem [obras] de ciência da lei, de ciência da linguagem, ciência religiosa, estilo, ética e as parábolas dos homens sábios, e sua mão é como um ninho para todas essas coisas preciosas". Tal abertura intelectual permaneceu como característica da comunidade de Lunel também posteriormente. Encontramos evidência disso na correspondência entre os sábios de Lunel e Maimônides, e na entusiástica recepção por parte deles de seus escritos – "pois nossa alma está confinada por nosso amor por elas", como Jonathan ha-Kohen escreveu em uma carta para Maimônides. Ibn Tibbon, no prefácio de sua tradução, descreve do mesmo modo "o desejo [pelo *Guia*] dos homens sábios e eruditos desta terra [...] liderados pelo pio sacerdote R. Yonatan, que Deus o proteja e abençoe, e por outros sábios de *Biq'at Yeriḥo* [isto é, Lunel], minha cidade de residência [...], e eles invocaram em seus escritos o grande mestre R. Maimon, de abençoada memória [...], e pediram a ele que lhes enviasse [o *Guia*] (118).

70. Cf. RAVITZKY, 1983, op. cit., p. 20-24.
71. Ver FRAENKEL, C. The Problem of Anthropomorphism in a Hitherto Unknown Passage from Samuel Ibn Tibbon's *Ma'amar Yiqqawu ha-Mayim* and in a Newly-Discovered Letter by David ben Saul. *Jewish Studies Quarterly*, n. 11, 1-2, p. 83-126, 2004, e a literatura ali citada.
72. Para uma bibliografia abrangente da primeira controvérsia maimonídea, ver DIENSTAG, J. The *Moreh Nevukhim* Controversy: An Annotated Bibliography. In: ROSNER, F. *Abraham Maimonides' "Wars of the Lord" and the Maimonidean Controversy*. Haifa: The Maimonides Research Institute, 2000, p. 154-200. Sobre a influência dos ensinamentos de Maimônides nas asserções dos cabalistas, ver IDEL, M. Maimonides and Kabbalah. In: TWERSKY, I. (Org.). *Studies in Maimonides*. Cambridge: Harvard University Press, 1990, p. 31-79.

O Al-Fārābī de Falaqera: Um Exemplo da Judaização dos *Falāsifa* Muçulmanos*

Steven Harvey

Introdução

Neste artigo, minha intenção é mostrar como Shem-Tov ibn Falaqera, um enciclopedista judeu que viveu no Ocidente, no século XIII, apresentou os ensinamentos de Abū Naṣr al-Fārābī, o fundador da filosofia política na tradição islâmica que viveu no Oriente, no século X. Sem dúvida pelo fato de Maimônides recomendar enfaticamente as obras de Al-Fārābī, os judeus que se inclinavam para a filosofia e seguiam o elevado caminho da Grande Águia foram atraídos pelos escritos farabianos. Falaqera não foi exceção; de fato, poucos judeus admiraram tanto quanto ele esse destacado filósofo muçulmano. Isso, porém, é sabido, e aqui não pretendo voltar ao tema. Interessa-me, antes, o modo como Falaqera apresentou Al-Fārābī ou, mais precisamente, como apresentou os escritos farabianos aos leitores judeus.

O foco desta pesquisa estará na segunda e na terceira parte de *Reshit Ḥokmá* (Início da Sabedoria), que constituem, em boa parte, traduções abre-

* Tradução de Rosalie Helena de Souza Pereira do original inglês: Falaqera's Alfarabi: An Example of the Judaization of the Islamic *Falâsifah*. In: *Trumah*: Zeitschrift der Hochschule für Jüdische Studien Heidelberg, 2002, v. 12, p. 97-112.

viadas e parafrásticas de escritos políticos de Al-Fārābī. Falaqera se refere a ele em diversas obras, tais como *Sefer ha-Ma'alot* (Livro sobre os graus [da perfeição humana]), *De'ot ha-Filosofim* (Opiniões dos Filósofos) e *Moré ha--Moré* (Guia para o *Guia* [*dos Perplexos*])[1], mas é em *Reshit Ḥokmá* que ele se detém em Al-Fārābī, de quem resume obras inteiras. Estudiosos mostraram que a parte II dessa obra é, em larga medida, uma tradução sumarizada de *Iḥṣa' al--ᶜulūm* (Classificação das Ciências) e que a parte III é essencialmente uma tradução resumida da trilogia farabiana formada pelos opúsculos *Taḥṣīl al-Saᶜāda* (Obtenção da Felicidade), *A Filosofia de Platão* e *A Filosofia de Aristóteles*[2].

O Argumento do Silêncio

O título deste artigo – "O Al-Fārābī de Falaqera" – pretende evocar o relevante estudo que Leo Strauss escreveu há mais de cinquenta anos: "Farabi's Plato"[3]. Nesse trabalho pioneiro, Strauss mostrou como Platão foi apresentado por Al--Fārābī em *A Filosofia de Platão*. A grande importância desse estudo para a compreensão do pensamento de Al-Fārābī foi recentemente destacada por Muhsin Mahdi, hoje o principal intérprete de Al-Fārābī[4]. Para Strauss, Al--Fārābī, nessa obra, beneficiou-se da "imunidade específica do comentador" para apresentar suas próprias concepções camuflando-as como uma exposição da filosofia platônica – concepções que diferem das ideias geralmente aceitas no Islã e que ele não estava preparado para divulgar em seu próprio nome[5]. Por exemplo: embora Al-Fārābī anuncie no início da obra que pretende expor toda a filosofia de Platão – "suas partes, a ordem sequencial de suas partes, do início até o final" –, ele não menciona, em nenhum momento, a teoria platônica da imortalidade da alma. O silêncio do Platão farabiano sobre esse tópico e sobre o tema correlato da felicidade na outra vida, a vida além desta vida, contrasta com assertivas explícitas de Al-Fārābī sobre esses assuntos em escritos nos quais se manifesta como autor e não como comentador de outro filósofo. Desse silêncio, Strauss infere que Al-Fārābī pode bem ter tomado a teoria de Platão sobre a imortalidade da alma como um ensinamento exotérico. Seja como for, tal como Strauss compreende o silêncio de Al-Fārābī, o Platão farabiano não acredita na imortalidade da alma. Em outras palavras, para Strauss, se o Platão histórico acreditava ou não na imortalidade da alma, o silêncio manifesto de Al-Fārābī sobre esse tema ao expor a filosofia de Platão indica, ao leitor cuidadoso, que o próprio Al-Fārābī não a aceitava e que "as declarações que asseveram essa imortalidade em seus outros escritos devem ser consideradas acomodações prudentes ao dogma em vigor"[6].

Para Strauss, um exemplo adicional de como Al-Fārābī explora o papel de comentador para revelar discretamente as próprias concepções sobre assuntos religiosos está na sua breve exposição sobre o *Eutífron*. Em *Filosofia de Platão*, o Platão de Al-Fārābī concentra-se em um tema: a perfeição do homem e sua felicidade. Ele busca encontrar o conhecimento e o caminho na vida que conduzam o homem à felicidade, e, então, em cada diálogo investiga uma diferente arte ou ciência. Strauss observa que o Platão de Al-Fārābī começa a inquirição com as ciências religiosas [*ᶜulūm al-dīn*], atribuindo à religião, portanto, o mais baixo degrau na "escala das buscas cognitivas", abaixo até da poética e da gramática. Em *Eutífron*, o Platão de Al-Fārābī investiga as ciências religiosas e conclui que elas não são capazes de prover o desejado conhecimento ou a busca de um modo de vida[7]. Strauss conclui que podemos entender melhor a verdadeira posição de Al-Fārābī lendo as obras em que ele não se expressa em seu próprio nome, mas como comentador. Em suma, podemos aprender mais sobre Al-Fārābī em sua *Filosofia de Platão* do que em seus tratados independentes.

Strauss teria razão? Será possível aprender mais sobre Al-Fārābī a partir de seus comentários do que a partir de seus célebres tratados independentes? Será possível aprender tanto, ou talvez mais, com seu silêncio, com o que ele não menciona quanto com o que menciona? Anos mais tarde, Strauss argumentaria de modo semelhante em relação ao *Sumário das Leis de Platão* farabiano. "Tal como Platão antes dele", escreveu Strauss, "Al-Fārābī não se permite a aparente generosidade de tentar ajudar todos os homens rumo ao conhecimento, mas emprega uma espécie de dissimulação"[8]. Ele explica:

> Não se consegue apreender as alusões de Al-Fārābī a não ser ao custo de estudar com o máximo cuidado o que ele diz explicitamente. Mas, sendo ele dissimulado, o estudo do que diz explicitamente precisa incluir considerações acerca do que ele não diz. É preciso começar o estudo do *Sumário* perguntando-se qual seria o tema mais importante que ele deixa de tratar nessa obra[9].

Isso é exatamente o que fez Strauss, com resultados fascinantes, em seu estudo sobre o *Sumário* farabiano. Seguindo a orientação e os passos de Strauss, e afinado com os silêncios de Al-Fārābī, Joshua Parens interpretou a obra à luz de um cotejo minucioso do *Sumário* com o texto das *Leis*. Segundo Parens, "toda vez que o texto de Al-Fārābī se desvia do de Platão, devemos partir do princípio de que o desvio é significativo"[10]. Desvios e omissões fornecem a chave para a compreensão do texto de Al-Fārābī. O trabalho de Parens sobre o *Sumário* foi descrito como "absolutamente interessante e irresistível" e "desbravador"[11]. A mais esclarecedora justificativa do método usado por Strauss e Parens para ler Al-Fārābī vem do próprio Al-Fārābī, quando, logo no início do *Sumário*, ele dá sua aprovação à "prática de Platão de recorrer a símbolos, enigmas, obscuridades e dificuldades, a fim de que a ciência não caia nas mãos daqueles que não a merecem e que a deformam, ou nas mãos de quem não conheça seu valor ou que a use inapropriadamente"[12].

Será realmente possível, no entanto, aprender com os silêncios de Al-Fārābī, a partir do que ele não menciona no *Sumário*? Dimitri Gutas, ao resenhar o livro de Parens, responde com um categórico não: "Tal argumentação *ex silentio*", sustenta, é, "na melhor das hipóteses, sempre duvidosa". Em relação ao *Sumário* farabiano, Gutas afirma que isso não faz nenhum sentido e defende – contra Parens, Strauss e outros – que Al-Fārābī não teve acesso ao texto das *Leis*. "Obviamente", explica Gutas, "se Al-Fārābī não teve diante de si o texto integral das *Leis*, seu silêncio, uma vez que não foi deliberado, não poderá servir de base para tais conclusões"[13].

Gutas tem um bom argumento. Se Al-Fārābī não tinha as *Leis* diante de si ao escrever o *Sumário*, como poderíamos concluir seja o que for a respeito dos temas que ele não comentou? Talvez não os tenha mencionado por não saber que Platão os abordara. Isso pressupõe, é claro, que Al-Fārābī, contrariando seu próprio testemunho, não teve acesso às *Leis* – suposição que está ainda por ser provada[14]. Porém, mesmo que Gutas esteja certo e Al-Fārābī não teve as *Leis* diante de si, não deveríamos descartar tão rápido o argumento do silêncio. Se Al-Fārābī não conheceu as *Leis*, teve acesso pelo menos a um epítome ou resumo substancial, tratando de muitos de seus temas. O *Sumário* farabiano deixa isso bem claro. Mas, como não temos o texto em que Al-Fārābī se baseou, como nem sabemos com certeza qual foi, todos esses argumentos relativos ao *Sumário* podem apenas ser considerados conjecturas.

Os argumentos do silêncio propostos por Strauss com relação à *Filosofia de Platão* têm uma base um pouco mais firme. Embora não saibamos se os diálogos platônicos foram traduzidos palavra por palavra para o árabe, sabemos que havia traduções de muitos epítomes ou sumários e que Al-Fārābī tinha um bom conhecimento de muitos deles, fosse qual fosse a fonte. Quanto ao fato de Al-Fārābī discorrer brevemente sobre cada diálogo, não é necessário pressupor um conhecimento detalhado dos diálogos para sugerir um argumento do silêncio com relação aos diálogos que ele aparentemente conhecia melhor. Pode-se, contudo, ser tentado a afirmar, com Franz Rosenthal, que a *Filosofia de Platão* farabiana não é uma obra original, mas, "ao que parece, o conjunto é a tradução de uma obra grega que não sobreviveu, à qual Al-Fārābī pouco acrescentou de seu"[15]. Essa seria uma versão extremada, mas improvável, da posição segundo a qual a ordem dos diálogos platônicos estabelecida por Al-Fārābī apenas reproduz um arranjo que ele teria encontrado em Téon, Galeno ou alguma outra fonte[16]. Strauss certamente estava a par dessa possibilidade, mas não se interessou por ela. Para ele,

> ainda que eventualmente se possa provar que a interpretação farabiana da filosofia de Platão em seu conjunto [na *Filosofia de Platão*] foi tomada de empréstimo de uma fonte até agora desconhecida, precisaríamos ainda compreender aquela interpretação em si mesma e também digerir o fato de que um homem do nível de Al-Fārābī a adotou como exposição verdadeira da filosofia clássica e a publicou em seu próprio nome[17].

Todavia, Al-Fārābī não foi um "mero epitomista", e, para Strauss, quem o considera assim negligencia não só a admiração que os principais filósofos lhe dedicaram, mas também a "redação extraordinariamente cuidadosa da própria *Filosofia de Platão*"[18]. Concordo com isso. Al-Fārābī estava sem dúvida familiarizado com diversos ordenamentos e listas dos diálogos e inquestionavelmente se baseou nelas para fazer seu próprio arranjo, mas o viés farabiano da sua *Filosofia de Platão* sugere ser pouco provável que ele tenha seguido integralmente qualquer arranjo. Parece, antes, que estabeleceu um ordenamento que correspondia às suas próprias concepções sobre a filosofia de Platão, baseando-se nas listas e arranjos dos diálogos a que tinha acesso e em seu próprio conhecimento de Platão, colhido em resumos dos diálogos, doxografias, citações e fontes orais.

O Platão de Al-Fārābī *Versus* o Al-Fārābī de Falaqera

Em seus estudos sobre Al-Fārābī, Strauss nos ensina que podemos aprender muito sobre um filósofo a partir do que ele não diz e, em particular, que podemos aprender muito sobre um pensador a partir do que ele omite ao discorrer sobre outro pensador. Embora alguns estudiosos tenham questionado as conclusões de Strauss em relação a Al-Fārābī, suas recomendações para a leitura de filósofos medievais não deveriam ser simplesmente descartadas. Consideremos como elas podem nos ajudar a compreender de que maneira Falaqera apresentou Al-Fārābī, o objeto principal deste estudo.

Na sequência, passarei em revista o Al-Fārābī de Falaqera e observarei se e em que ele se aparta dos ensinamentos do Al-Fārābī histórico. Existe, é claro, uma diferença flagrante entre o Platão de Al-Fārābī e o Al-Fārābī de Falaqera. O Platão de Al-Fārābī emerge das exposições ou considerações sobre a filosofia de Platão; o Al-Fārābī de Falaqera emerge das traduções ou paráfrases que Falaqera realizou da obra de Al-Fārābī. Al-Fārābī é um comentador; Falaqera, um tradutor. No primeiro caso, aprendemos a partir dos acréscimos e das omissões em relação aos ensinamentos de Platão; no segundo, aprendemos a partir dos acréscimos e das omissões em relação aos textos de Al-Fārābī. Essa diferença não deveria interferir em nosso estudo, mas facilitá-lo. Nossa pesquisa se diferencia dos estudos de Strauss sobre Al-Fārābī em um aspecto crucial que também tornará mais fácil levá-la adiante: Strauss não tinha os textos que serviram de base para as obras de Al-Fārābī; nós, ao contrário, temos os textos árabes que Falaqera parafraseou.

Falaqera Como Tradutor dos Filósofos Muçulmanos

Muitos trabalhos já trataram das traduções que Falaqera fez dos *falāsifa*. Seu vocabulário e seu estilo linguístico foram estudados por Gad Safarti e Mauro Zonta; os traços característicos de suas traduções foram apontados por Zonta, Resianne Fontaine e por mim em nossos respectivos estudos sobre *De'ot ha-Filosofim*, por Yair Shiffman nos estudos sobre *Moré ha-Moré* e por Bruno Chiesa em diversos artigos curtos[19]. Para o presente estudo, de especial interesse é o ensaio de Leo Strauss "Eine vermisste Schrift Farabis", de 1936[20]. Nele, Strauss alertou o leitor para a tendência de Falaqera de às vezes judaizar os textos que traduzia. Especificamente, Strauss escreveu o seguinte a propósito de *Reshit Ḥokmá*, obra de Falaqera que, como já mencionado, é em grande parte uma tradução de textos de Al-Fārābī:

> O livro de Falaqera é decididamente um livro judaico, ao passo que a obra que lhe serve de modelo não é um livro islâmico. Assim, às citações bíblicas em *Reshit Ḥoḵmá*, não corresponde nenhuma citação do Corão ou de outra fonte islâmica na obra de Al-Fārābī. A diferença se manifesta talvez mais claramente nos dois tópicos que Falaqera acrescenta aos benefícios de uma enciclopédia de ciências elencados por Al-Fārābī: (1) uma enciclopédia hebraica das ciências é necessária para que a sabedoria dos nossos sábios, perdida durante o Exílio, possa ser reclamada; e (2) com esse livro, ficará claro se estamos ou não autorizados a estudar essas ciências ou se estas contradizem algo que é mencionado na nossa Torá[21].

Os comentários de Strauss sobre a judaização do texto de Al-Fārābī em *Reshit Ḥoḵmá* foram aceitos por Muhsin Mahdi na introdução à edição árabe da *Filosofia de Aristóteles*, numa seção sobre a tradução de Falaqera e de seu valor de testemunho na edição das obras de Al-Fārābī[22]. Mahdi concordou com Strauss, embora acreditasse que a intenção de Falaqera em *Reshit Ḥoḵmá* aproximava-se mais das composições teológicas de Averróis do que dos livros de Al-Fārābī que ele parafraseia.

Na compreensão de Mahdi, a intenção de Falaqera em *Reshit Ḥoḵmá* é determinar a conexão entre a Lei divina e a filosofia e, em particular, se o estudo da filosofia é ou não permitido pela religião. Essa foi precisamente a intenção de Averróis no *Tratado Decisivo*, mas a questão não era do interesse de Al-Fārābī, que não se ocupa dela. Essa compreensão da intenção de Falaqera em *Reshit Ḥoḵmá* – tal como vimos, solidamente fundamentada na passagem desse livro discutida por Strauss – requer explicações. Em primeiro lugar, a afirmação de Falaqera de que seu livro mostrará se a Torá permite o estudo da filosofia e se há alguma contradição entre a filosofia e o que é mencionado na Torá ocorre no contexto de sua lista de benefícios, na parte II do livro, a parte sobre a classificação das ciências. Assim, trata-se de um dos seis benefícios dessa parte, mas não necessariamente da obra como um todo[23]. Em segundo lugar, esse é um livro filosófico, e, se houvesse nele alguma questão sobre a permissão *haláḵica* para o estudo da filosofia, essa questão não deveria ter sido abordada no meio do livro, mas respondida positivamente logo no início dele. Um judeu observante não vai a um restaurante, consome as entradas e a sopa e só então, enquanto espera o prato principal, pergunta se o restaurante é *kasher*. Em terceiro lugar, Falaqera já havia dedicado seu livro anterior, *'Iggeret ha-Vikkuaḥ* [Epístola do Debate], ao estabelecimento da permissão e da conveniência do estudo filosófico, e essa mesma obra introduz e justifica o estudo filosófico de *Reshit Ḥokmá*[24]. O principal propósito de Falaqera em *Reshit Ḥokmá* não é, portanto, expor a permissão para o estudo da filosofia, mas oferecer um primeiro texto nesse campo. Ao longo do livro, o leitor compreende que nenhum dos ensinamentos reais que podem ser aprendidos com a filosofia e com as ciências contradiz a palavra da Torá e que, por conseguinte, a conclusão em *'Iggeret ha-Vikkuaḥ* no tocante à permissão da filosofia permanece válida, e isso constitui de fato um benefício do livro. Mas sua intenção primária é introduzir o leitor aos textos filosóficos e, no final do livro, convencê-lo de que a filosofia é necessária para a obtenção da verdadeira felicidade. Visto desse prisma, o Al-Fārābī de Falaqera não é tão diferente do Al-Fārābī histórico que escreveu os livros parafraseados em *Reshit Ḥokmá*.

Uma diferença – a diferença significativa – entre a intenção de Falaqera em *Reshit Ḥokmá* e a de Al-Fārābī na trilogia sobre a filosofia de Platão e de Aristóteles, os três livros que são parafraseados por Falaqera na terceira e última parte da obra, concerne à compreensão deles quanto ao papel da filosofia e da religião na felicidade humana. Se aceitarmos a interpretação de Strauss e de outros, o propósito esotérico de Al-Fārābī nessas obras é mostrar que a filosofia não só é necessária para se alcançar a verdadeira felicidade – como Falaqera ensina a seus leitores –, mas que por si mesma pode conduzir àquela felicidade[25]. Esse ensinamento farabiano emerge mais claramente em sua trilogia e no *Kitāb al-Hurūf* [*Livro das Letras*], a mais importante fonte para compreender a visão de Al-Fārābī sobre a relação entre filosofia e religião. A despeito da alta estima em que Al-Fārābī era tido pelos judeus nos séculos posteriores a Maimônides, a paráfrase da trilogia farabiana que fez Falaqera em *Reshit Ḥokmá* e sua tradução parcial de quatro capítulos do *Kitāb al-Hurūf* naquela obra são basicamente as únicas traduções hebraicas realizadas desses textos. Em que sentido, então, o Al-Fārābī de Falaqera – tal como surge em *Reshit Ḥokmá* – difere do Al-Fārābī real?

O Al-Fārābī de Falaqera[26]

Muhsin Mahdi apontou a relevância de *Taḥṣīl al-Saʿāda* [A Obtenção da Felicidade] – o primeiro livro da trilogia de Al-Fārābī sobre a filosofia de Platão e de Aristóteles e o único em que ele discorre em seu próprio nome – para a compreensão das concepções farabianas sobre a relação entre filosofia e religião. Mahdi nota que Al-Fārābī não discute o tema direta e explicitamente em suas obras mais conhecidas e em seus escritos políticos. A propósito desse tema, Mahdi dirige o leitor para uma seção de *Taḥṣīl* em particular, a seção 55, que poderia ser considerada a mais importante seção de todos os escritos de Al-Fārābī para a compreensão de seu verdadeiro ensinamento sobre o vínculo entre filosofia e religião[27]. Essa seção foi omitida por completo na paráfrase de Falaqera (embora ele traduza – seletivamente, é verdade – as seções 49, 50, 51, 52, 53, 54, 56, 57, 60, 61 e 62). Nessa seção, Al-Fārābī escreve que, de acordo com os antigos [*al-qudamā'*], a religião é uma imitação da filosofia[28]. Essa concepção poderia derivar das seções 1-49, mas Al-Fārābī não fala de filosofia em nenhuma delas e se refere à religião somente na seção 33[29], em que escreve:

> É manifesto que aquilo que é mais útil e mais nobre o é, em cada caso, ou mais nobre segundo a opinião geralmente aceita, ou mais nobre segundo determinada religião, ou verdadeiramente mais nobre. De modo semelhante, os fins virtuosos são ou virtuosos e bons segundo a opinião geralmente aceita, ou virtuosos e bons segundo determinada religião, ou verdadeiramente virtuosos e bons. Ninguém descobrirá o que é mais nobre segundo os seguidores de determinada religião a menos que suas virtudes morais sejam as virtudes específicas dessa religião[30].

A seção 33, com essa distinção entre as opiniões geralmente aceitas e as opiniões da religião, e, mais importante, entre as opiniões da religião e as opiniões verdadeiras, é omitida por Falaqera (embora ele parafraseie as seções 34, 35, 36, 37, 38 e 39). Parece improvável que essa omissão não tenha sido intencional.

Na seção 55, Al-Fārābī declara que a filosofia é anterior à religião no tempo; ele explica e defende a opinião, que atribui aos antigos, de que a religião é uma imitação da filosofia: "Ali onde a filosofia fornece uma explicação fundada na apreensão intelectual, a religião fornece uma explicação fundada na imaginação"[31]. Conforme Al-Fārābī, a função do filósofo não é apenas aprender as ciências, conhecer os entes, alcançar a felicidade suprema, mas é também explorar sua própria sabedoria para o bem do vulgo, que consegue vir a conhecer apenas as imagens. Al-Fārābī escreve que o "filósofo perfeito" é o que não só está de posse das ciências teóricas, mas é também dotado da faculdade de explorá-las em benefício dos outros, para que todos possam alcançar a felicidade ou a perfeição, de acordo com suas capacidades[32]. Somente aquele que tenha apreendido as verdades poderá representar as imagens dessas verdades para os outros. Como explica Mahdi, Al-Fārābī atribui ao filósofo uma função comumente associada ao profeta, ao fundador de uma religião[33].

Na seção 55, Al-Fārābī descreve o surgimento da religião natural ou, como Mahdi a chama, da "religião filosófica"[34]. O filósofo instaura e estabelece a religião de um modo natural, por meio de seu conhecimento e de sua imaginação, sem que haja revelação divina. Tal religião está de acordo com a definição farabiana de religião no *Kitāb al-Milla* [O Livro da Religião]: "Religião são as opiniões e ações, determinadas e restritas com estipulações, e prescritas para a comunidade por seu primeiro governante"[35].

O propósito do primeiro governante pode ser obter algum bem para si mesmo ou para o povo sob seu governo. Se ele é virtuoso, sua meta será obter a verdadeira felicidade para si mesmo e para aqueles sob seu governo. Tal religião, Al-Fārābī a chama de "religião virtuosa" [*milla fāḍila*][36]. O problema da religião filosófica, mesmo a virtuosa, a que torna a felicidade possível a seus fiéis, é que essa religião não é divina, no sentido em que muçulmanos e judeus, por exemplo, geralmente compreendem a expressão. Al-Fārābī tenta evitar esse problema no *Kitāb al-Milla* discorrendo sobre a *sharīʿa* e escrevendo que o primeiro governante determina as opiniões e ações por intermédio da revelação divina [*al-wahy min Allāh*][37]. Contudo, na seção 55 de *Taḥṣīl al-Saʿāda*, Al-Fārābī não fala em revelação de Deus, e essa expressão não cabe no que é discutido ali. Ao contrário, ele atribui "aos antigos" a compreensão da religião ali apresentada e não identifica essa religião com o Islã.

A religião filosófica é descrita depois no *Kitāb al-Hurūf*. A seção central desse livro é dedicada à origem da linguagem – como as pessoas começaram a falar e a se expressar, desde os primeiros sons, letras e palavras até o desenvolvimento da linguagem e da estrutura das provas demonstrativas – e à origem da religião e sua relação com a filosofia. Os capítulos sobre a origem da linguagem [caps. 20-23] estão inseridos entre capítulos sobre a relação entre religião e filosofia [caps. 19 e 24]. Lê-se na segunda frase do cap. 19: "Se adotamos o pressuposto de que a religião é humana, então ela sucede a filosofia no tempo"[38]. Aqui, para Al-Fārābī, o propósito da religião é ensinar ao vulgo as coisas teóricas e práticas descobertas na filosofia de modo que para eles se torne fácil compreendê-las, seja por meio da persuasão ou da imaginação, seja pela combinação de ambas. Al-Fārābī explica que não há outro meio de ensinar essas coisas ao vulgo afora a persuasão e o uso de imagens.

No cap. 24, o último dessa seção, Al-Fārābī continua a discutir a religião e a filosofia e fala de uma religião correta, ou, mais precisamente, da religião correta por excelência, distinguindo-a da religião corrompida. A religião correta vem depois e depende de certa filosofia que se fundamenta em provas demonstrativas; a religião corrompida vem depois e depende de opiniões falsas e argumentos retóricos e sofísticos, ou seja, de uma filosofia baseada na opinião que se acredita ser filosofia, mas que não é a filosofia verdadeira. Nesse capítulo, ele também discute a religião transferida de outra nação, a diferença entre verdades da filosofia e similitudes de verdade da religião, e o mal que a religião pode causar à filosofia e a seus adeptos.

Em *Reshit Ḥokmá*, Falaqera traduz partes de quatro capítulos que tratam da origem da linguagem [caps. 20-23], mas não traduz os relevantes capítulos sobre religião e filosofia [caps. 19 e 24]. É possível argumentar que isso ocorre porque os capítulos sobre a linguagem são adequados à segunda parte do livro e ainda complementam a discussão ali em que os capítulos sobre religião e filosofia não teriam lugar[39]. É possível responder, no entanto, que os dois capítulos se encaixariam no final dessa parte[40]. Parece-me, porém, que Falaqera intencionalmente decidiu não incluir essa discussão sobre religião natural ou filosófica em seu livro. Há mais uma indicação a esse respeito.

No final dos capítulos sobre a origem da linguagem no *Kitāb al-Hurūf*, no capítulo sobre o desenvolvimento das artes lógicas nas nações [cap. 23] – parcialmente traduzido por Falaqera –, Al-Fārābī escreve de modo explícito sobre o início da religião filosófica. O processo começa com a perfeição da filosofia. Al-Fārābī escreve (tal como adaptado na acurada tradução de Falaqera):

> Então, a verdadeira inquirição será alcançada e todos os métodos serão distinguidos. A verdadeira filosofia e também as artes universais se tornarão perfeitas, e não permanecerá nada nelas que dê lugar a investigação. Elas se tornarão uma arte que se aprende e se ensina a outros. Seu ensinamento será um ensinamento para o eleito e um ensinamento comum a todos. O ensinamento para o eleito se fará apenas por métodos demonstrativos, ao passo que o ensinamento comum, que é o universal, se fará pelos métodos dialético, retórico e poético[41].

O estágio seguinte no desenvolvimento da religião filosófica consiste no estabelecimento das leis. Al-Fārābī explica (tal como adaptado por Falaqera):

> Depois disso, eles precisarão criar *nómoi* [leis][42]. A arte de legislar é a arte do homem para imaginar, com sua faculdade imaginativa, o que,

> para o vulgo, é difícil conceber sobre os inteligíveis teóricos. É a habilidade de estabelecer atividades políticas que são úteis à obtenção da felicidade e [a habilidade] de ser persuasivo sobre as coisas teóricas e práticas, sendo esta a via para que o vulgo as conheça mediante os métodos de persuasão[43].

Como Al-Fārābī explica nas linhas que seguem, tendo o filósofo-legislador estabelecido as leis adequadas e proporcionado a almejada instrução do vulgo, a religião surgirá[44]. Al-Fārābī escreve (numa passagem omitida por Falaqera):

> Se as *nómoi* são estabelecidas nessas duas classes [isto é, a teórica e a política] e se a elas se agregam os métodos pelos quais o vulgo é persuadido, instruído e aperfeiçoado, surge então a religião, mediante a qual o vulgo será instruído e aperfeiçoado e lhe será concedido tudo aquilo por meio do qual a felicidade é alcançada[45].

Essa é a via pela qual se origina a religião filosófica. No entanto, até essas últimas linhas, absolutamente nada nesse capítulo indicava que Al-Fārābī estivesse descrevendo o surgimento da religião. Parecia, antes, tratar-se de uma exposição sobre algo como os primórdios da cidade virtuosa, na qual o legislador é um verdadeiro filósofo. Falaqera, como vimos, reproduz a primeira parte da discussão de Al-Fārābī, mas omite precisamente as linhas que seguem a passagem sobre o surgimento da religião. Ele também omite os argumentos de Al-Fārābī sobre a relação entre filosofia e religião. É como se Falaqera, mais uma vez, não quisesse estar envolvido em uma religião filosófica, embora se interessasse pela exposição de Al-Fārābī sobre como o filósofo se torna um legislador.

Essa impressão nasce da tradução feita por Falaqera da seção imediatamente posterior às linhas supracitadas, as quais ele omite. O texto de Falaqera nessa seção pode ser descrito como uma tradução ligeiramente abreviada. Uma característica significativa é que, nas seis vezes em que aparece ali o termo *milla*, "religião", ele o traduz por *nimmus* (e uma vez por *nimmusim*)[46]. Logo, em vez da discussão de Al-Fārābī sobre a lei filosófico-religiosa, Falaqera nos fornece uma discussão sobre a lei filosófica laica[47]. Assim, Falaqera transforma a exposição de Al-Fārābī sobre a origem da religião filosófica numa discussão sobre a possível origem da cidade virtuosa.

A tendência de Falaqera a deixar de lado os ensinamentos de Al-Fārābī sobre religião pode ser vista também no tratamento que ele dá à já referida passagem farabiana da *Filosofia de Platão*. Nesse excerto, lembremos, o Platão de Al-Fārābī investiga as ciências religiosas e conclui que elas não são capazes de prover o conhecimento desejado ou a busca de um modo de vida[48]. O Al-Fārābī de Falaqera levanta a mesma questão, isto é, se as ciências religiosas suprem o conhecimento almejado ou a busca de um modo de vida, mas em vez de responder negativamente à questão, como fez Al-Fārābī, ele a deixa sem resposta[49].

Conclusão

Entre os judeus medievais (e entre os modernos, nesse campo), Falaqera é o único a valorizar os principais escritos de Al-Fārābī sobre a relação entre filosofia e religião a ponto de traduzi-los para o hebraico. Ainda assim, são dignas de nota suas omissões das seções mais interessantes e controvertidas. Nestas, a intenção de Al-Fārābī é sugerir que somente a filosofia é necessária à felicidade e à perfeição humanas. A religião é uma imitação da filosofia que é útil para ensinar e governar o vulgo, mas não contribui para a perfeição do intelecto do filósofo. Falaqera – ou melhor, o Al-Fārābī de Falaqera, já que os textos aqui examinados são todos paráfrases dos escritos de Al-Fārābī – não está preparado para ir tão longe. Não está preparado para declarar que a verdadeira religião é uma imitação da filosofia e que vem depois desta. A filosofia pode ser necessária para a felicidade humana, mas não é suficiente.

Devo apontar uma diferença entre o Platão de Al-Fārābī e o Al-Fārābī de Falaqera que ainda não foi mencionada. O Platão de Al-Fārābī, tal como surge na *Filosofia de Platão*, é o esforço de Al-Fārābī para apresentá-lo ao leitor e oferecer um breve apanhado de sua filosofia. Em contraste, o interesse de Falaqera em *Reshit Ḥoḵmá* não era apresentar os ensinamentos de Al-Fārābī para que se aprendesse sobre Al-Fārābī, mas, sim, para que se aprendesse a verdade. A Falaqera, não importava se o leitor pensasse que ele estava citando Al-Fārābī, Averróis ou algum outro filósofo, nem se era ou não fiel ao apresentar suas obras. Por essa razão, em *Reshit Ḥoḵmá* Falaqera não cita o nome de Al-Fārābī; ele introduz a trilogia de Al-Fārābī da seguinte maneira: "Já mencionei que estas palavras sobre as ciências são as de Aristóteles ou de filósofos de sua escola. Em certas partes eu as resumi e em outras eu as ampliei, conforme julguei útil para os propósitos deste livro"[50]. Antes disso, ele escrevera: "A maioria de minhas palavras sobre as ciências provém dos principais filósofos e dos peritos entre eles. Não escrevi nada de novo e de minha lavra, mas recolhi palavras dispersas nos livros sobre o assunto"[51].

Vemos que Falaqera não traduz a seção 55 do *Taḥṣīl al-Saᶜāda*, de Al-Fārābī, embora traduza os capítulos anteriores e posteriores. Além disso, ele não traduz a seção 59, que retoma a distinção entre filosofia e religião feita por Al-Fārābī na seção 55 e conclui que as coisas teóricas e práticas – ou, pelo menos, as imagens delas – são "religião [*milla*] para outros, ao passo que, no que concerne [ao filósofo-legislador], elas são filosofia"[52]. A seção 60, que especifica o que se espera do estudante de filosofia, é traduzida por Falaqera, embora ele omita a única sentença que menciona a religião[53]. Ainda na tradução de Falaqera, a seção conclui que aquele que estuda filosofia, depois de realizar o que dele se espera e de adquirir as características desejadas (tais como especificadas), tem a oportunidade de se tornar um verdadeiro filósofo. Falaqera acrescenta: "E é a isso que os nossos Sábios, de abençoada memória, aludiram ao afirmar: 'Aquele cuja sabedoria precede seu temor ao pecado, sua sabedoria não subsiste' [Ética dos Pais (*Pirke 'Avot*) 3:9]. Esse é um homem que por natureza não está preparado para as virtudes, pois tem má natureza, como mencionei na primeira parte [deste livro]"[54]. Com efeito, Falaqera fala sobre isso mais extensivamente no início do livro, em que cita os mesmos ditos da Ética dos Pais. Aquele que deseja estudar as ciências e alcançar a verdade, ele explica, precisa primeiro adquirir as virtudes. Foi isso, conta-nos Falaqera, que Davi indicou quando escreveu: "O temor do Senhor é o princípio da sabedoria" [Salmos 111, 10][55]. Falaqera explica que "temor do Senhor" refere-se às "virtudes morais" e "sabedoria" refere-se às "virtudes intelectuais". As primeiras precisam anteceder as segundas, e todas são necessárias. Isso é confirmado na continuação do versículo – "e o êxito virá aos que agem de acordo com ambas; Seu louvor perdura para sempre" –, ou, na exegese de Falaqera, aos que adquirem ambos os tipos de virtude, isto é, as virtudes morais e as intelectuais. O mesmo versículo de Salmos 111 foi citado por Falaqera no início do livro, indicando seu tema principal[56]. De fato, a parte I do livro trata das virtudes morais, necessárias àquele que busca a sabedoria[57].

Outra grande diferença entre o texto de Al-Fārābī e a tradução de Falaqera é mencionada por Strauss na passagem citada anteriormente: "[...] às citações bíblicas [e, pode-se acrescentar, as talmúdicas] em *Reshit Ḥoḵmá*, não corresponde nenhuma citação do Corão ou de outra fonte islâmica na obra de Al-Fārābī"[58]. Essas citações são um sinal evidente do esforço de Falaqera para judaizar o texto de Al-Fārābī e torná-lo mais atrativo a seus leitores, intrusão literária que tradutores profissionais do árabe para o hebraico, como os da família Ibn Tibbon e Qalonymus ben Qalonymus, não teriam considerado apropriada em suas traduções.

Neste artigo, meu interesse está numa forma mais sutil, porém mais alentada, de judaização dos textos. Ainda assim, pergunto-me por que razão Falaqera julgou adequado inserir a citação da Ética dos Pais no final da seção 60 de Al-Fārābī e vinculá-la à sua discussão no início do livro. Uma pista pode estar em sua exegese do Salmo 111. Conforme os comentários racionalistas dos Salmos na época – por exemplo, o conhecido comentário de David Kimḥi –, "temor do Senhor", no versículo, significa a "observância da Torá e dos mandamentos" e "sabedoria" significa a "ciência da verdadeira inquirição"[59]. Em outras palavras, a Torá precede a filosofia e pode conduzir a ela. Kimḥi, cujo comentário Falaqera certamente conhecia e respeitava[60], torna a questão perfeitamente clara ao citar o mesmo dito da Ética dos Pais citado por Falaqera. Mas aqui não se trata da exegese de Falaqera, e não é o que lhe importa nem no início do livro nem depois, no final da paráfrase de *Taḥṣil al-Saᶜāda*, em que ele discorre sobre o verdadeiro filósofo. O que ele pretendia não era mostrar que a Torá contrasta com os ensinamentos do seu Al-Fārābī, mas, antes, mostrar que a Torá concorda com esses ensinamentos. Sua intenção não era argumentar contra o ensinamento farabiano de que a filosofia é anterior à religião, mas evitar completamente a questão. E ele o faz por meio de omissões seletivas. Já vimos que omite a discussão de Al-Fārābī sobre a relação entre filosofia e religião. Ao omitir a sentença sobre a religião na seção 60, ele retira a ambiguidade da argumentação de Al-Fārābī: o aspirante a filósofo deve ser moral, moderado e zeloso das virtudes geralmente aceitas de sua comunidade, mas sua necessidade pessoal da "religião em que foi educado"[61] não é abordada. São a desejabilidade da sabedoria filosófica e a necessidade das virtudes morais para o estudante de filosofia que Falaqera almeja enfatizar, e mais uma vez ele pode mostrar, tendo como prova um texto tradicional, que o judaísmo está de pleno acordo com isso. Mas por que ele também não enfatiza que, assim como necessita das virtudes morais no início de seu aprendizado, o estudante de filosofia necessita igualmente da religião? A resposta talvez seja que a questão não é relevante para a passagem de Al-Fārābī tal como Falaqera a traduz e, portanto, não tem a ver com a congruência entre essa passagem e os ensinamentos do judaísmo. Na mesma linha, pode-se indicar uma diferença adicional entre Al-Fārābī e o Al-Fārābī de Falaqera: enquanto a trilogia de Al-Fārābī, na avaliação de Mahdi, está longe de ser um escrito comum – é, ao contrário, a "mais importante obra filosófica de Al-Fārābī"[62] –, a tradução parafrástica feita por Falaqera compreende parte de um primeiro livro de filosofia para iniciantes. Estes eram judeus devotos que não precisavam de lições sobre os benefícios da Torá para a obtenção da felicidade suprema. Tinham curiosidade sobre a filosofia e estavam abertos para aceitar sua importância nesse aspecto, mas precisavam ser assegurados de que ela não contradizia sua religião[63]. Falaqera teria outras oportunidades para discorrer sobre os caminhos pelos quais tanto a Torá quanto a filosofia ajudam a adquirir as virtudes intelectuais e a alcançar a verdadeira felicidade[64].

O título do livro de Falaqera que examinamos é *Reshit Ḥoḵmá* – ou *Início da Sabedoria* – e vem do Salmo 111. Falaqera explica: "A intenção deste livro é trazer brevemente aquilo de que necessita o buscador da sabedoria no início de seus estudos para se apossar da sabedoria. Deve ser para ele um guia para tudo o que quiser aprender e por isso eu o intitulei *Reshit Ḥoḵmá*"[65]. Esse título é adequado não apenas como referência a um livro de introdução à filosofia, mas também como um constante lembrete ao longo do livro: se a filosofia pode ser necessária à obtenção da felicidade suprema, ela sozinha não basta.

Notas

1 Lawrence V. Berman observou: "Um *desideratum* urgente dos estudos de Al-Fārābī é o exame detalhado, em todas as obras de Falaqera, tanto as publicadas quanto as inéditas, das citações do *corpus* dos escritos farabianos feitas por esse excelente historiador da filosofia"; ver BERMAN, L. V. Maimonides, the Disciple of Al-Fārābī. *Oriental Studies*, v. 4, p. 167, nota 43, 1974. Como ficará claro pelas referências que seguem, as palavras de Berman foram atendidas e esse exame está progredindo. Quanto às citações de *Kitāb al-Mabādi' Ārā' Ahl al-Madīna al-Faḍila*, de Al-Fārābī, em *Sefer ha-Ma'alot* e *De'ot ha-Filosofim*, ver CHIESA, B. Shem Tob ibn Falaqera traduttore di Al-Fārābī e di Averroè. *Sefarad*, v. 49, p. 21-27, 1989; id. Note su Al-Fārābī, Averroè e Ibn Bājjah (Avempace) in traduzione ebraica. *Henoch*, v. 8, p. 79-85, 1986. Sobre uma citação da *Risāla fī Ism al-Falsafa*, de Al-Fārābī, em *Sefer ha-Ma'alot*, ver CHIESA, B.; RIGO, C. La tradizione manoscritta del *Sefer ha-Ma'alot* di Shem Tob ibn Falaqera e una citazione ignorata della *Risāla fī Ism al-Falsafa* di Al-Fārābī. *Sefarad*, v. 53, p. 3-15, 1993. Sobre a citação do *Kitāb al-Hurūf*, de Al-Fārābī, em *De'ot ha-Filosofim*, ver HARVEY, S. The Quiddity of Philosophy According to Averroes and Falaqera, a Muslim Philosopher and His Jewish Interpreter. *Miscellanea Mediaevalia*, v. 26, p. 910, 1998. Sobre as citações do *Kitāb al-Tanbīh*, de Al-Fārābī, em *'Iggeret ha-Musar*, e do *Kitāb al-Siyāsa al-Madaniyya*, de Al-Fārābī, em *Sefer ha-Ma'alot*, ver PLESSNER, M. Ḥashivutó shel R. Shem-Tov ibn Falaqera le-Ḥeqer Toldot ha-Filosofya [A Importância de R. Shem Tov ibn Falaqera

para a Pesquisa da História da Filosofia]. In: Homenaje a Millás-Vallicrosa. Barcelona, 1954-1956, v. 2, p. 179-183. Sobre a citação do *Pequeno Comentário sobre o "Da Interpretação" de Aristóteles*, de Al-Fārābī, em *Reshit Ḥokmá*, ver ZONTA, M. Shem Tob ibn Falaqera e la sua opera a proposito di un libro recente. *Henoch*, v. 12, p. 217-219, 1990. Sobre citações das obras de Al-Fārābī *Kitāb al-Siyāsa al-Madaniyya, Kitāb al-Mabādi' Ārā' Ahl al-Madīna al-Faḍila* e *Risāla fī al-ᶜaql* em *Moré ha-Moré*, e a respeito do comentário de Falaqera sobre o *Guia dos Perplexos*, ver os comentários de Yair Shiffman em sua edição do texto (Jerusalem, 2001, p. 47-48; p. 382).

2. Para as referências dos estudos que determinaram as fontes de Falaqera nessas duas partes de *Reshit ha-Ḥokmá*, ver JOSPE, R. *Torah and Sophia*: The Life and Thought of Shem Tov ibn Falaqera. Cincinnati, 1988, p. 40-42. Muhsin Mahdi e Lawrence Berman mostraram que dois capítulos da parte II são traduções resumidas de capítulos do *Kitāb al-Hurūf*, de Al-Fārābī; ver JOSPE, 1988, op. cit., p. 41.
3. STRAUSS, L. Farabi's Plato. In: *Louis Ginzberg Jubilee Volume*. New York, 1945, p. 357-393.
4. Mahdi, de fato, distingue o trabalho de Strauss. Ver MAHDI, M. *Alfarabi and the Foundation of Islamic Political Philosophy*. Chicago, 2001, p. 5. Ver ainda a introdução de BUTTERWORTH, C. E. Forward. In: MAHDI, op. cit., 2001, p. xii. Strauss resumiu e modificou significativamente seu estudo, sete anos depois que o escreveu, para servir de introdução a: STRAUSS, L. *Persecution and the Art of Writing*. Glencoe, IL, 1952. Os discípulos de Strauss sabem que ele modificou o artigo em parte porque julgou ter sido excessivamente explícito.
5. STRAUSS, Farabi's Plato, 1945, op. cit., p. 375; id., 1952, op. cit., p. 14.
6. STRAUSS, op. cit., p. 371-372; 374-377; id., 1952, op. cit., p. 13-15.
7. Id., 1945, op. cit., p. 372-374; id., 1952, op. cit., p. 13. Para a discussão de Al-Fārābī sobre o *Eutífron* na *Filosofia de Platão*, ver AL-FĀRĀBĪ. *Alfarabi*: Philosophy of Plato and Aristotle. Translated with an introduction by Muhsin Mahdi. Revised edition. Ithaca, NY, 1969, p. 55-56.
8. STRAUSS, L. How Fârâbî Reads Plato's Laws [1957], repr. in: STRAUSS, L. *What is Political Philosophy?* New York, 1959, p. 137.
9. Ibid., p. 138.
10. PARENS, J. *Metaphysics as Rhetoric*: Alfarabi's *Summary of Plato's "Laws"*. Albany, 1995, p. xxvi. Sobre as omissões de Al-Fārābī, ver p. xx ("um dos principais métodos de Al-Fārābī ao comentar as *Leis* é omitir referências aos temas discutidos por Platão") e p. xxvii-xxviii.
11. Ver a avaliação de Charles E. Butterworth na contracapa do livro.
12. AL-FĀRĀBĪ. *Summary of Plato's Laws*. Tradução para o inglês de Muhsin Mahdi. In: LERNER, R.; MAHDI, M. (Org.). *Medieval Political Philosophy*: A Sourcebook. Glencoe, IL, 1963, p. 85.
13. GUTAS, D. Fârâbî's Knowledge of Plato's *Laws*. *International Journal of Classical Tradition*, v. 4, p. 407, 1998.
14. Al-Fārābī afirma explicitamente, no final do *Sumário*, que os primeiros nove livros das *Leis* "chegaram" a ele e que ele "deu uma olhada neles" e "meditou a respeito". Ver MAHDI, M. The *Editio princeps* of Fârâbî's *Compendium legum Platonis*. *Journal of Near Eastern Studies*, v. 20, p. 5-6, 1961. A esse respeito, Mahdi sublinha que, na introdução, Al-Fārābī explica que sua intenção é "ajudar os que planejam ler o texto das *Leis* de Platão e estão dispostos a empreender o laborioso estudo e a necessária reflexão para compreendê-lo".

Isso, porém, não prova que ele de fato teve acesso às *Leis*, ainda que a um resumo delas. A despeito dos argumentos pró e contra, não há provas de que Al-Fārābī leu ou não as *Leis* de Platão. Ver HARVEY, S. Did Alfarabi Read Plato's *Laws*? *Medioevo*, v. 28, p. 51-68, 2003. Tendo a acreditar que o *Sumário* de Al-Fārābī se baseou em um resumo e que ele não teve acesso ao texto das *Leis*.

15. ROSENTHAL, F. On the Knowledge of Plato's Philosophy in the Islamic World. *Islamic Culture*, v. 14, p. 411, 1940.
16. Ver, por exemplo, TARRANT, H. *Thrasyllan Platonism*. Ithaca, NY, 1993, p. 32-38. O ordenamento dos diálogos feito por Al-Fārābī é possivelmente do médio platonismo. Sobre a influência medioplatônica em sua filosofia política, ver MAHDI, 2001, op. cit., p. 2.
17. STRAUSS, 1945, op. cit., p. 377; cf. p. 360.
18. Ibid.
19. Ver, por exemplo, SARFATI, G. The Hebrew Translations of Alfarabi's "Classification of Sciences" [em hebraico]. *Bar-Ilan Annual*, v. 9, p. 413-422, 1972; ZONTA, M. *La "Classificazione delle scienze" di al-Fârâbî nella tradizione ebraica*. Torino, 1992, p. XXXIV-XXXVI (aparentemente, Zonta não conhecia o estudo de Sarfati); id. Mineralogy, Botany, and Zoology in Medieval Hebrew Encyclopedias. *Arabic Sciences and Philosophy*, v. 6, p. 263-315, 1996; SHIFFMAN, Y. Falaqera and Ibn Tibbon as Translators of the *Guide* [em hebraico]. *Da'at*, v. 32-33, p. 103-141, 1994; FONTAINE, R. The Reception of Aristotle's Meteorology in Hebrew Scientific Writings of the Thirteenth Century. *Aleph*, v. 1, p. 101-139, 2001; HARVEY, S. Shem-Tov ibn Falaqera's *De'ot ha-Filosofim*: It's Sources and Use of Sources. In: HARVEY, S. *The Medieval Hebrew Encyclopedias of Science and Philosophy*. Dordrecht, 2000, p. 211-237; e os estudos de Chiesa listados na nota 1 supra.
20. STRAUSS, L. Eine vermisste Schrift Farabis. *Monatsschrift für Geschichte und Wissenschaft des Judentums*, v. 80, p. 96-106, 1936.
21. Ibid., p. 98-99. Ver FALAQERA. *Reshit Ḥokmá*. Berlin, 1902, p. 20-21.
22. MAHDI, M. Editor's Introduction. In: AL-FĀRĀBĪ. *Falsafat Arisṭūṭālīs*. Ed. de Muhsin Mahdi. Beirut, 1961, p. 35-39.
23. FALAQERA, 1902, op. cit., p. 21.
24. Id. 'Iggeret ha-Vikkuaḥ. Ed. e trad. [para o inglês] de Steven Harvey. In: FALAQERA. *Epistle of the Debate*: An Introduction to Jewish Philosophy. Cambridge (MA), 1987. Em *'Iggeret ha Vikkuaḥ*, Falaqera (ou, mais precisamente, um personagem) promete escrever *Reshit Ḥokmá* [p. 70; na tradução, p. 51]. Ele menciona o título do livro, suas divisões e o tema de cada divisão. Como mostrei, o *'Iggeret ha Vikkuaḥ* de Falaqera tem muita influência do *Tratado Decisivo*, de Averróis (ver ibid., p. 83-101).
25. Ver, por exemplo, STRAUSS, 1945, op. cit., p. 378-381. Para uma primorosa apresentação das concepções de Al-Fārābī sobre a felicidade em seus diversos escritos (e como diversos estudiosos entenderam esse conceito em Al-Fārābī), ver GALSTON, M. *Politics and Excellence*: The Political Philosophy of Alfarabi. Princeton, 1990, especialmente cap. 2, p. 55-94. O tema da felicidade em Al-Fārābī é central para MAHDI, 2001, op. cit.
26. Uma versão anterior dessa seção foi publicada em HARVEY, S. A Note on the Paraphrases of Alfarabi's Political Writings in the Beginning of Wisdom [em hebraico]. *Tarbiz*, v. 65, p. 729-742, 1996.
27. Ver, por exemplo, MAHDI, M. Introduction. In: AL-FĀRĀBĪ, 1969, op. cit., especialmente p. 6-9.
28. AL-FĀRĀBĪ. *Taḥṣīl al-Saʿāda* [*The Attainment of Happiness*]. In: AL-FĀRĀBĪ, 1969, op. cit., seção 55, p. 44.

29. Cf. MAHDI, 1969, op. cit., p. 6.
30. AL-FĀRĀBĪ, 1969, op. cit., seção 33, p. 32.
31. Ibid., seção 55, p. 44-45.
32. Ibid., seção 54, p. 43.
33. Cf. MAHDI, 1969, op. cit., p. 7.
34. Cf. id., 2001, op. cit., p. 215.
35. AL-FĀRĀBĪ. *Kitāb al-Milla wa Nuṣūs Uḫra*. Ed. de Muhsin Mahdi. Beirut, 1968, p. 43; trad. para o inglês: *Alfarabi*: the Political Writings: "Selected Aphorisms" and Other Texts. Trad. de Charles E. Butterworth. Ithaca, 2001, p. 93. Sobre essa "ampla e neutra" definição, ver MAHDI, 2001, op. cit., p. 98-99.
36. AL-FĀRĀBĪ, 1968, op. cit., p. 43; trad., p. 93.
37. Ibid., p. 44-46; trad., p. 94-96.
38. AL-FĀRĀBĪ. *Kitāb al-Hurūf*. Ed. de Muhsin Mahdi. Beirut, 1969, cap. 19, p. 131. Minha compreensão da segunda parte desse livro é amplamente devedora aos estudos de Muhsin Mahdi; ver MAHDI, 2001, op. cit., cap. 10. Minha tradução do texto segue suas citações. Sobre essa frase, ver ibid., p. 214. O cap. 19 está traduzido integralmente (junto com o cap. 24), in: BERMAN, 1974, op. cit., p. 171-175; 175-178.
39. Sobre a adequação dos caps. 20-23 do *Kitāb al-Hurūf* à discussão em *Reshit Ḥoḵmá*, parte II, o resumo que Falaqera faz dessa parte é esclarecedor [p. 20]. O cap. 2, que traduz os caps. 20-21, intitula-se "Como a linguagem se origina em uma nação" e introduz o cap. 3, que trata da ciência da linguagem. O cap. 4, que traduz os caps. 22-23, traz o título "Como as ciências se originam entre os homens" e introduz os capítulos seguintes sobre as ciências.
40. Por exemplo, Falaqera poderia ter relacionado os argumentos sobre a jurisprudência [*fiqh*] e sobre a teologia [*kalām*] do *Kitāb al-Hurūf*, caps. 19 e 24, com a discussão desses temas no cap. 9 de *Reshit Ḥoḵmá*, parte II.
41. A tradução é do texto de Falaqera à luz do original árabe de Al-Fārābī. Ver FALAQERA, 1902, op. cit., p. 30, linhas 18-22; AL-FĀRĀBĪ, 1969, op. cit., seção 143, p. 151, linha 18, p. 152, linha 4. "Verdadeira inquirição [*ha-'iyyun ha-'amitti*]", "verdadeira filosofia [*ha-filosofya ha-'amittit*]" e "as artes universais [*ha-melaḵot ha-kolelot*]", da tradução de Falaqera, correspondem a "inquirição científica [*al-naẓar al-ᶜilm*]", "filosofia teórica [*al-falsafa al-naẓariyya*]" e "[filosofia] universal prática [*al-ᶜamaliyya al-kulliyya*]" no texto de Al-Fārābī. Essa passagem é citada com aprovação por Falaqera, em nome de Al-Fārābī, em seu *De'ot ha-Filosofim*, MS Parma, Bibl. Pal., Parma 3156 [De Rossi 164], ff. 4b-5a.
42. Aqui a palavra hebraica é *ha-nimmusim*, que, tal como o subjacente *al-nawāmīs* em Al-Fārābī, traduz o grego *nómoi*. O significado é claramente "leis humanas". Segundo Mahdi, para Al-Fārābī, aqui, a necessidade [de estabelecer leis (*nómoi*)] "é sentida pelos homens de demonstração, [...] e as *nómoi* aqui requeridas são as *nómoi* a serem estabelecidas pelos homens de demonstração, os filósofos que conhecem todas as artes listadas acima [seção 143]. Estas são obviamente *nómoi* 'humanas'". MAHDI, 2001, op. cit., p. 213-214.
43. FALAQERA, 1902, op. cit., p. 30, linhas 24-28; AL-FĀRĀBĪ, 1969, op. cit., seção 144, p. 152, linhas 7; 9-13.
44. Como explica Mahdi, "as *nómoi* são indispensáveis, mas não suficientes". MAHDI, 2001, op. cit., p. 215.
45. AL-FĀRĀBĪ, 1969, op. cit., seção 144, p. 152, linhas 13-15.
46. FALAQERA, 1902, op. cit., p. 30-31; AL-FĀRĀBĪ, 1969, op. cit., cap. 23, p. 152-153.
47. Não seria exato, contudo, afirmar que as considerações de Falaqera nessa passagem nada nos trazem sobre religião. O texto de Al-Fārābī na seção 145 [cap. 23] aborda o surgi-

mento natural da arte da jurisprudência [*sinā ͨat al-fiqh*] e da arte da teologia [*sinā ͨat al-kalām*]. Falaqera traduz essas passagens e também menciona a origem da arte da jurisprudência [*meleḵet ha-mishpaṭ*] e da arte da teologia [*meleḵet ha-devarim*]; no entanto, sem introduzir a religião em sua tradução, os termos assumem significado não religioso. Todavia, avançando vários capítulos [p. 59-61], o leitor iniciante de *Reshit Ḥoḵmá* encontrará a tradução de Falaqera da explicação de Al-Fārābī sobre tais expressões em sua *Iḥṣa' al-ͨulūm*. O contexto religioso desses termos em Al-Fārābī é mantido na tradução de Falaqera, e o leitor curioso poderá se perguntar como a definição desses termos se relaciona com as explicações sobre eles na discussão anterior. A propósito das duas explicações de Al-Fārābī, ver MAHDI, 2001, op. cit., p. 89-92; 215-216.

48. Ver nota 7 supra.
49. FALAQERA, 1902, op. cit., p. 73. Mas, tal como seu Al-Fārābī, nos parágrafos seguintes ele responde negativamente quanto às artes da linguagem, da poesia, da retórica, da sofística e da dialética (ver ibid., p. 73-74; AL-FĀRĀBĪ, 1969, op. cit., p. 56-57).
50. FALAQERA, 1902, op. cit., p. 61.
51. Ibid., p. 9.
52. AL-FĀRĀBĪ, 1969, op. cit., seção 59, p. 47.
53. Ibid., seção 60, p. 48. Nessa passagem, Al-Fārābī declara que o estudante de ciência teórica "deve ter sólida convicção sobre as opiniões da religião em que foi educado, deve ater-se firmemente aos atos virtuosos de sua religião, não renunciando nem a todos nem à maior parte deles". Ver MAHDI, 2001, op. cit., p. 193. Mahdi observa que "essa declaração é manifestamente ambígua". Sobre as implicações da argumentação de Al-Fārābī, ver ibid., especialmente p. 192-194.
54. FALAQERA, 1902, op. cit., p. 71. A tradução segue London MS British Museum Add. 26925: *ki lo ṭeva' ra'*.
55. Ibid., p. 10-11.
56. Ibid., p. 6.
57. Ibid., p. 9.
58. Ver nota 21 supra.
59. KIMḤI, D. *Commentary on Psalms*. Ed. de Avraham Darom. Jerusalem, 1979, p. 254-255. De modo semelhante, ABBA MARI DE LUNEL. *Minḥat Qena'ot*, in *Teshuvot ha-Rashba*. Ed. Chaim Zalman Dimitrovsky. Jerusalem, 1990, p. 656-657; HA-MEIRI, MENAHEM BEN SOLOMON. *Commentary on Psalms*. Ed. Yosef ben Chaim ha-Kohen. Jerusalem, 1971, p. 226.
60. A respeito da influência de Kimḥi sobre Falaqera, ver, por exemplo, HARVEY, S. Falaqera's *Epistle of the Debate* and the Maimonidean Controversy of the 1230's. In: LINK-SALINGER, R. (Org.). *Torah and Wisdom*: Studies in Jewish Philosophy, Kabbalah, and Halachah. New York: 1992, p. 75-86. Kimḥi foi um modelo para o *ḥaḵam* de *'Iggeret ha-Vikkuaḥ*, que promete escrever *Reshit Ḥoḵmá* [ver nota 24 supra].
61. AL-FĀRĀBĪ, 1969, op. cit., seção 60, p. 48. Ver a argumentação de Mahdi referida na nota 53 supra.
62. MAHDI, 2001, op. cit., p. 5.
63. Em *Reshit Ḥoḵmá* (1902, op. cit., p. 21), Falaqera atribui a noção de que as ciências contradizem a Torá "àqueles que não têm um intelecto". Ver também FALAQERA, 1987, op. cit., p. 56 [trad., p. 15] e *Sefer ha-Ma'alot*. Berlin, 1894, p. 48-49.
64. Ver as referências em HARVEY, 1992, op. cit., p. 102-121.
65. FALAQERA, 1902, op. cit., p. 9.

A Transmissão da Filosofia e da Ciência Árabe: Reconstrução da "Biblioteca Árabe" de Shem Tov Ibn Falaqera*

Mauro Zonta

Uma das mais conhecidas e importantes vias de contato intercultural no judaísmo medieval foi a transmissão de textos árabes de filosofia e ciência por meio de traduções, paráfrases e citações hebraicas. Entre 1200 e 1350, eruditos judeus que viviam no norte da Espanha, na Provença e até na Itália central e meridional buscaram, recolheram e às vezes copiaram manuscritos árabes de diversos campos de conhecimento (lógica, física, ciências naturais, psicologia, metafísica, bem como ciências matemáticas, magia e medicina). Alguns desses manuscritos eram escritos originais de filósofos e cientistas árabe-muçulmanos (e, em menor escala, árabe-cristãos); tais manuscritos incluíam traduções árabes de antigos textos gregos ou, pelo menos, comentários, paráfrases e epítomes árabes desses textos. Alguns desses estudiosos examinaram esses livros e os usaram como fonte para seus próprios trabalhos filosóficos e científicos. Assim fazendo, pavimentaram o caminho para a assimilação judaica de elementos da cultura medieval islâmica e do pensamento grego antigo; em certos casos, deram uma contribuição fundamental à transmissão textual da filosofia

---

* Tradução de Rosalie Helena de Souza Pereira do original inglês: Hebrew Transmission of Arabic Philosophy and Science: A Reconstruction of Shem Tov ibn Falaquera's "Arabic Library". In: PERANI, M. (Org.). *L'interculturalità dell'Ebraismo*. Ravenna: Longo Editore, 2004, p. 121-137.

e da ciência árabe e grega, uma vez que usaram (total ou parcialmente) livros cujos originais estão hoje perdidos. Por isso, os contatos interculturais entre o judaísmo, o Islã e o pensamento grego tornaram-se fundamentais não apenas para reconstruir a história da cultura medieval, mas também para preencher algumas lacunas no nosso conhecimento da literatura filosófica e científica medieval[1].

Entre os filósofos judeus que participaram desse processo, desempenhou papel-chave o autor espanhol Shem Ṭov ibn Falaqera (c. 1225-c. 1295). Na literatura hebraica do século XIII, Falaqera figura como um dos maiores especialistas em filosofia e ciências árabes e gregas. De fato, grande parte de seus escritos são "colchas de retalho" de citações breves ou longas de textos árabes, havendo casos em que ele inseriu traduções quase integrais desses textos. Cabe ressaltar que suas referências frequentes, em geral fidedignas, aos escritos filosóficos e científicos árabes, bem como aos escritos gregos em tradução árabe, provaram-se muito úteis para traçar a história desses textos e mesmo para reconstruir algumas passagens perdidas[2].

Um grande número de escritos de Falaqera integra esse processo de transmissão do pensamento árabe-islâmico e do pensamento grego para a cultura judaica. Conforme a ordem cronológica sugerida por Raphael Jospe, esses escritos são os seguintes:

1) *Tratado de Ética* (*'Iggeret ha-Musar*). Uma coleção de aforismos éticos colhidos em diferentes fontes[3].

2) *Bálsamo para a Tristeza* (*Ṣori ha-Yagon*). Espécie de "consolação da filosofia" baseada em textos antigos e medievais (de Galeno e Al-Kindī) pertencentes ao gênero literário das "consolações"[4].

3) *Epístola do Debate* (*'Iggeret ha-Vikkuaḥ*). Contém uma discussão sobre a relação entre filosofia e religião – tema-chave no pensamento judaico medieval – inspirada pelo debate análogo no Islã medieval (e por Averróis em particular)[5].

4) *Início da Sabedoria* (*Reshit Ḥoḵmá*). Tratado filosófico dividido em três partes: (1) ética; (2) classificação das ciências; (3) as filosofias de Platão e de Aristóteles. Um dos autores muçulmanos que mais influenciaram essa obra foi Al-Fārābī[6].

5) *Livro dos Graus* (*Sefer ha-Ma'alot*). Antologia filosófica que busca mostrar a correspondência entre a ética judaica talmúdica e a ética e a psicologia grega e árabe. Inclui uma miscelânea de citações atribuídas a autores antigos; na verdade, muitas delas foram extraídas de fontes medievais, algumas ainda não identificadas[7].

6) *Livro do Buscador* (*Sefer ha-Mevaqqesh*). Uma popular enciclopédia cuja segunda parte traz um panorama da lógica, das ciências matemáticas e naturais e da metafísica, inspirada em boa parte na enciclopédia árabe dos Irmãos da Pureza[8].

7) *Opiniões dos Filósofos* (*De'ot ha-Filosofim*). Enciclopédia de física, ciências naturais, psicologia e metafísica, baseada nos comentários de Averróis à obra de Aristóteles (e esporadicamente em fontes da tradição aristotélica)[9].

8) *Livro da Alma* (*Sefer ha-Nefesh*). Uma síntese da doutrina psicológica de Aristóteles com base nas fontes árabes medievais (Averróis, Avicena e outros)[10].

9) *Perfeição das Ações* (*Shelemut ha-Ma'asim*). Breve tratado sobre ética filosófica com base em Aristóteles e em coleções árabes de sentenças éticas[11].

10) *Tratado do Sonho* (*'Iggeret ha-Ḥalom*). Breve tratado sobre ética e psicologia[12].

11) *O Guia do Guia* (*Moré ha-Moré*). Comentário sobre *O Guia dos Perplexos*, de Maimônides, cujo objetivo é interpretar essa obra relacionando-a às suas supostas fontes gregas e árabes. Inclui citações literais e parafrásticas de Al-Fārābī, Avicena, Ibn Bājjah e Averróis, bem como de autores gregos como Hipócrates, Aristóteles, Euclides, Galeno, Alexandre de Afrodísia, Porfírio e Temístio; algumas delas ainda carecem de identificação[13].

Não se fez ainda um levantamento abrangente de todas as obras árabes de filosofia e de ciências que Falaqera conheceu e usou. Nas páginas que seguem, tentarei oferecer um catálogo provisório de sua "biblioteca" ideal de textos árabe-islâmicos filosóficos e científicos (incluindo traduções e paráfrases árabes de textos gregos, mas deixando de lado obras judeu-árabes), conforme os resultados das pesquisas recentes sobre as fontes de Falaqera.

PSEUDO-PLATÃO

- *Kitāb al-nawāmīs* (*Livro das Leis*). Diferente das *Leis* de Platão, esse é um texto filosófico pseudo-platônico que sobreviveu apenas em versão árabe, publicada por ᶜA. Badawi[14]. No *Livro dos Graus*, Falaqera cita uma passagem desse texto atribuindo-a a Platão[15].

ARISTÓTELES[16]

- *De Anima*. Falaqera cita a tradução árabe de Isḥāq ibn Ḥunayn e Abū ᶜAlī ᶜĪsā ibn Zurᶜa por intermédio do *Grande Comentário* de Averróis (ver infra), embora pelo menos uma passagem do *De Anima* incluída no *Guia para o*

Guia possa ter sido extraída diretamente da tradução árabe, e não do lema correspondente na obra de Averróis[17].

- *De Caelo*. Há uma citação desse texto no *Guia para o Guia* de Falaqera; parece ter sido extraída da tradução árabe de Yaḥyā ibn Biṯrīq e não do *Grande Comentário sobre o "De Caelo"* de Averróis, obra que Falaqera aparentemente desconhecia[18].
- *De Partibus Animalium* e *De Generatione Animalium*. Falaqera cita possivelmente a tradução árabe do Pseudo-Yaḥyā ibn Biṯrīq – conforme a revisão perdida atribuída a Ḥunayn ibn Isḥāq[19] – por intermédio do *Comentário* de Ibn Ṭayyib (ver infra).
- *Historia Animalium*. Falaqera cita possivelmente a tradução do Pseudo-Yaḥyā ibn Biṯrīq (conforme a revisão atribuída a Ḥunayn ibn Isḥāq, da qual se preservaram apenas algumas citações em árabe[20]), de acordo com a paráfrase encontrada no *Comentário* de Ibn Ṭayyib (ver infra). Seja como for, no *Livro dos Graus* há uma citação direta da tradução do Pseudo-Ibn Biṯrīq[21].
- *Metaphysica*. Falaqera cita a tradução árabe do livro XII (*lambda*) de Asṯāṯ (ou Usṯāṯ) por intermédio do *Grande Comentário* de Averróis (ver infra).
- *Physica*. Falaqera cita a tradução árabe de Isḥāq ibn Ḥunayn por intermédio do *Grande Comentário* de Averróis (ver infra).

PSEUDO-ARISTÓTELES

- *De Lapidibus*. Ao tratar da mineralogia (*Opiniões dos Filósofos*, livro III), Falaqera cita diversas passagens extraídas da suposta "tradução árabe" atribuída a Lūqā bar Serapion[22].
- *Epistula Ethica* [= *Maqāla Arisṯū fī-l-tadbīr* (*Tratado de Aristóteles sobre o Costume*)]. Não obstante atribuída a Aristóteles, esta parece ser uma obra anônima que foi traduzida para o árabe por Ibn Zurᶜa e que Falaqera traduziu quase integralmente no *Início da Sabedoria* e no *Livro do Buscador*[23].

NICOLAU DAMASCENO

- *Compêndio da Filosofia de Aristóteles*, seção sobre o *De Motu Animalium*. A tradução árabe (feita por Abū ᶜAlī ᶜĪsā ibn Zurᶜa?) deve ter sido a fonte de uma passagem encontrada no *Guia para o Guia*, de Falaqera[24].
- *De Plantis*. Falaqera usa essa obra como fonte principal para sua botânica no livro IV de *Opiniões dos Filósofos*[25]. Duas passagens que não estão no livro IV constam do livro II da mesma obra[26]. De todo modo, parece que Falaqera leu o *De Plantis* não diretamente, mas através de um compêndio perdido

(atribuído aos "alexandrinos") da tradução árabe feita por Isḥāq ibn Ḥunayn (revisada por Thābit ibn Qurra).

GALENO

- *De Naturalibus Facultatibus* (*Sobre as Faculdades Naturais*). Segundo Raphael Jospe, essa é uma das principais fontes do *Livro da Alma* de Falaqera[27]. Com exceção desse caso, a dívida de Falaqera para com as obras médicas de Galeno está ainda por ser estudada; Falaqera, porém, certamente conhecia muitos escritos filosóficos de Galeno[28], como segue:
- *De Consuetudinibus* (*Sobre os Hábitos do Corpo*). Obra conservada em grego e na tradução árabe de Hubaysh. No *Livro dos Graus*, há uma citação desta última que reproduz literalmente uma passagem do *Timeu* de Platão[29].
- *De Indolentia* (*Sobre a Ausência de Dor*). O original grego não sobreviveu. Algumas passagens da tradução árabe de Hubaysh, que também não sobreviveu, são citadas no *Bálsamo para a Tristeza*[30].
- *De Moribus* (*Sobre os Costumes*). Perdido em grego, conservado apenas num epítome árabe: quarenta passagens curtas da tradução árabe perdida, feita por Hunayn ibn Isḥāq, são citadas no *Livro dos Graus* e no *Tratado do Sonho*[31].
- *De Sententiis Suis* (*Sobre as Próprias Opiniões*). O original grego está perdido, mas parte foi conservada numa tradução latina: uma longa passagem – possivelmente da perdida tradução árabe realizada por Thābit ibn Qurra e ᶜĪsā ibn Yaḥyā (tal como revista por Isḥāq ibn Ḥunayn) – é citada no *Livro do Buscador*[32].
- *Protrepticum* (*Introdução à Medicina*). Cinco citações da tradução árabe de Hubaysh, inclusive uma curta passagem que falta em grego, aparecem no *Livro dos Graus* e no *Tratado de Ética*[33] e foram usadas na mais recente edição e tradução francesa da obra de Galeno[34].

A essa lista, pode-se acrescentar:

- *Compêndio sobre a "República" de Platão*. Perdido em grego. É possível que uma passagem tomada da tradução árabe perdida de Abū Ja'far Muḥammad ibn Mūsā tenha sido citada por Falaqera no *Livro dos Graus*[35].

PSEUDO-GALENO

- *Compêndio do "Oeconomicos" de Bryson*. Conservado apenas numa tradução latina e baseado numa versão árabe medieval do texto de Bryson: uma parte extensa está traduzida numa longa passagem do *Tratado de Ética*[36].

TEMÍSTIO

- *Paráfrase do "De Anima" de Aristóteles*. Conforme Yair Shiffman, no *Guia para o Guia* há uma citação da tradução árabe de Isḥāq ibn Ḥunayn[37].

PSEUDO-TEMÍSTIO

- *Paráfrase de "Historia Animalium" de Aristóteles*. Conforme a tradução árabe atribuída a Isḥāq ibn Ḥunayn (que, segundo alguns estudiosos, parece ser um mero resumo da tradução de *Historia Animalium* feita pelo Pseudo-Ibn al Biṯrīq), essa é aparentemente uma das principais fontes da primeira parte do livro V de *Opiniões dos Filósofos*[38].

ESCOLA ALEXANDRINA

- *Paráfrase do "De Anima" de Aristóteles*. A tradução árabe – em geral atribuída a Isḥāq ibn Ḥunayn, mas, na verdade, oriunda da escola de Al-Kindī – foi usada por Falaqera no *Livro da Alma*[39].
- *Summa Alexandrinorum (da "Ética Nicomaqueia" de Aristóteles)*. Há uma tradução resumida nos caps. 1-6 de *Perfeição das Ações*, como descoberto por Bruno Chiesa[40], enquanto sete outras citações foram identificadas por Steven Harvey no *Guia para o Guia*[41].
- *Summarium Alexandrinorum* de *Sobre as Enfermidades e os Sintomas*, de Galeno (árabe: *Fī-l-ᶜilal wa-l-aᶜrāḍ*). Trata-se, na verdade, de uma paráfrase de quatro obras de Galeno – *De Morborum Differentiis*, *De Causis Morborum*, *De Symptomatum Differentiis* e *De Symptomatum Causis* – preservadas na tradução árabe de Ḥunayn ibn Isḥāq. Essa provavelmente é a fonte da citação de Galeno encontrada no *Guia para o Guia*[42].

AL-KINDĪ

- *Fiḥila li-daf' al-aḥzān* (*Sobre o Modo de Afastar a Tristeza*). É a principal fonte de *Bálsamo para a Tristeza*[43].

"ESCOLA DE AL-KINDĪ" (ᶜABD AL-MASĪḤ IBN NĀᶜIMA)

- *Uṯūlūǧiyya* (conhecida como *A Teologia de Aristóteles*). Citações ocasionais da chamada "versão curta" dessa obra aparecem no *Livro dos Graus*[44]; uma citação da chamada "versão longa" (provavelmente uma versão revisada da primeira) foi recentemente atribuída a Falaqera por Yishaq Zvi Langermann[45].

PSEUDO-EMPÉDOCLES

- *Livro das Cinco Substâncias*. Falaqera escreveu uma versão hebraica abreviada dessa obra, cujo original árabe, se existe, ainda não foi encontrado[46].

ḤUNAYN IBN ISḤĀQ

- *Ādāb al-falāsifa* (*Ditos Morais dos Filósofos*), conforme o resumo árabe de autoria de um certo Al-Anṣāri. Passagens selecionadas desse texto são citadas em várias obras de Falaqera: *A Perfeição das Ações* (caps. 7-10)[47], *Bálsamo para a Tristeza*[48], *Tratado de Ética*[49].

PSEUDO-IBN WAḤSHIYYA (ABŪ ṬĀLIB AḤMAD AL-ZAYYĀT?)

- *Kitāb al-filāḥa al-Nabaṯiyya* (*Livro sobre a Agricultura Nabateia*). Uma citação explícita dessa obra (ainda não claramente identificada com nenhuma passagem do texto árabe) consta de um dos fragmentos remanescentes do comentário perdido de Falaqera sobre a Bíblia[50].

AL-FĀRĀBĪ[51]

- *Falsafat Aflaṯūn* (*A Filosofia de Platão*). Há uma versão resumida dessa obra na seção III, parte 2, do *Início da Sabedoria*[52].
- *Falsafat Arisṯū* (*A Filosofia de Aristóteles*). Há uma versão abreviada dessa obra na seção III, parte 3, do *Início da Sabedoria*[53].
- *Iḥṣā' al-ᶜulūm* (*Classificação das Ciências*). Falaqera faz uma espécie de tradução resumida dessa obra, que é uma das principais fontes da seção II do *Início da Sabedoria*[54]. Algumas passagens dispersas são encontradas em outras obras de Falaqera – por exemplo, na *Epístola do Debate*[55] e no *Livro do Buscador*[56].
- *Kitāb al-hurūf* (*Livro das Letras*). É uma das fontes do *Início da Sabedoria*, seção II (Muhsin Mahdi se valeu das citações de Falaqera para reconstruir o texto árabe original[57]). Há uma passagem citada no início de *Opiniões dos Filósofos*[58].
- *Kitāb al-mabādī' arā' ahl al-madīna al-fāḍila* (*Livro dos Princípios das Opiniões dos Habitantes da Cidade Virtuosa*). Essa obra é citada esporadicamente no *Livro dos Graus*[59] e é uma das principais fontes da "teologia" de Falaqera no livro X de *Opiniões dos Filósofos*[60]. Há pelo menos uma citação no *Guia para o Guia*[61].
- *Kitāb al-siyāsa al-madaniyya* (*Livro sobre o Regime Político*). Essa obra é citada esporadicamente no *Livro dos Graus*[62] e pelo menos uma vez no *Guia para o Guia*[63]. Duas passagens são citadas no livro X de *Opiniões dos Filósofos*[64].

- *Kitāb al-tanbīh ᶜalā sabīl al-saᶜāda* (*Livro do Guia para o Caminho da Felicidade*). Essa é uma das fontes do *Tratado de Ética*[65].
- *Risāla fī ism al-falsafa* (*Tratado em Nome da Filosofia*). O original árabe se perdeu quase integralmente. Uma passagem do início da obra, incluindo um trecho do original árabe perdido, é citada no *Livro dos Graus* de Falaqera[66].
- *Risāla fī l-ᶜaql* (*Tratado sobre o Intelecto*). Encontra-se um resumo dessa obra no livro VIII, seção 2, de *Opiniões dos Filósofos*[67]. Há uma breve citação no *Guia para o Guia*[68].
- *Taḥṣīl al-saᶜāda* (*Obtenção da Felicidade*). Há uma versão resumida dessa obra na seção III, parte 1, do *Início da Sabedoria*[69].

A essa lista, pode-se acrescentar:

- *Šarḥ al-Samāᶜ al-tabīᶜī* [*Grande Comentário sobre a "Física"* (de Aristóteles)]. Conforme Yair Shiffman, há uma citação dessa obra (cujo original árabe se perdeu) no *Guia para o Guia* de Falaqera[70].

IRMÃOS DA PUREZA (ABŪ AL-QĀSIM MASLAMA AL-MAJRĪṬĪ?)

- *Rasā'il Iḫwān al-Ṣafā'* (*Epístolas dos Irmãos da Pureza*). Uma das principais fontes de Falaqera ao tratar da filosofia e da ciência. Muitas passagens de diferentes seções ("epístolas") dessa obra são citadas na parte 2 do *Livro do Buscador*[71]. Outras passagens, extraídas da epístola 19 (sobre os minerais) e da epístola 21 (sobre as plantas), aparecem nos livros III e IV de *Opiniões dos Filósofos*[72]. Por fim, pelo menos uma passagem é citada no *Livro dos Graus*[73].

AVICENA[74]

- *Al-adwiyya al-qalbiyya* (*Medicamentos para o Coração*). Há algumas citações na mineralogia de Falaqera (*Opiniões dos Filósofos*, livro III)[75].
- *Kitāb al-Isharāt wa-l-tanbīhāt* (*Livro das Direções e Admoestações*). Duas citações brevíssimas aparecem no *Guia para o Guia* de Falaqera, conforme Yair Shiffman[76].
- *Al-Najāt* (*A Salvação*). Há diversas citações dessa obra nos escritos de Falaqera: muitas passagens aparecem no *Guia para o Guia*[77]; a seção sobre psicologia humana é uma das fontes do *Livro da Alma*[78]; duas passagens extraídas da seção sobre lógica são citadas no *Livro do Buscador*[79].
- *Al-Shifā'* (*A Cura*). Ao que parece, Falaqera usou pelo menos cinco partes dessa obra, tal como segue:

a) *Fī-l-samāᶜ wa-l-ᶜālam* (*De Caelo et Mundo*). Há uma citação no *Guia para o Guia*[80].

b) *Fī-l-maᶜādin wa-l-āṯār al-ᶜulwiyya* (*De Mineralibus et Meteorologicis*). Há uma breve citação no *Guia para o Guia*[81].

c) *Fī ḥayawān* (*De Animalibus*). Há quatro citações na zoologia de Falaqera (*Opiniões dos Filósofos*, livro V, partes 1 e 2)[82].

d) *Fī-l-nafs* (*De Anima*). Diversas citações longas dessa obra são encontradas em diferentes escritos: no *Livro da Alma*[83], na parte dedicada à psicologia de *Opiniões dos Filósofos*[84] e no *Guia para o Guia*[85].

e) *Al-Ilāhiyyāt* (*Metaphysica*). Há algumas citações breves no *Guia para o Guia*[86].

- *Kitāb al-ḥudūd* (*Livro das Definições*): É uma das fontes das definições filosóficas do próprio Falaqera que aparecem no início de *Opiniões dos Filósofos*[87].
- *Risāla fī aqsām al-ᶜulūm al-ᶜaqliyya* (*Tratado sobre a Divisão das Ciências Intelectuais*). Algumas partes dessa obra foram inseridas por Falaqera na classificação das ciências que se encontra na parte 2 do *Início da Sabedoria*[88].
- *Risāla fī l-nafs* (*Tratado sobre a Alma*). Há uma versão abreviada dessa obra em *Opiniões dos Filósofos*, livro VIII, parte 1[89]. Ela é citada também no *Livro da Alma*[90].

ABŪ L-FARAJ IBN ṬAYYIB

- *Comentário sobre as Obras Zoológicas de Aristóteles* (*Historia Animalium, De Partibus Animalium* e *De Generatione Animalium*). Na zoologia de Falaqera (em *Opiniões dos Filósofos*, livro V), aparecem um resumo do *Comentário* – na verdade, uma paráfrase do Pseudo-Ibn al-Biṭrīq de uma revisão da tradução árabe da obra de Aristóteles atribuída a Ḥunayn ibn Isḥaq (ver supra) – sobre *Historia Animalium* e algumas passagens curtas dos *Comentários* sobre *De Partibus* e *De Generatione Animalium*[91]. É provável que no *Guia para o Guia* haja também uma passagem extraída da paráfrase de *De Partibus Animalium* feita por Ibn Ṭayyib[92].

ᶜALĪ IBN RIḌWĀN

- *Comentário sobre o "Ars Parva" de Galeno*. Há uma citação dessa obra em *Opiniões dos Filósofos*, livro V, parte 2[93].

AL-ĠAZZĀLĪ

- *Maqāsid al-falāsifa* (*As Intenções dos Filósofos*). Duas passagens são citadas no *Livro dos Graus* de Falaqera[94].

IBN BĀJJAH

- *Fī l-nafs* [*Sobre o "De Anima"* (de Aristóteles)]. Há algumas citações curtas no *Guia para o Guia*[95].
- *Fī l-sam' al-ṭabīʿi* [*Sobre a "Física"* (de Aristóteles)]. Há pelo menos duas citações no *Guia para o Guia*[96].
- *Risālat al-ittiṣāl* (*Epístola sobre a Conjunção*). Há algumas citações no *Guia para o Guia*[97].
- *Risālat al-wadāʿ* (*Epístola do Adeus*). Há quatro citações no *Livro dos Graus*[98] e três longas citações no *Guia para o Guia*[99].
- *Tadbīr al-mutawaḥḥid* (*O Regime do Solitário*). Há um conjunto de citações no *Livro dos Graus*[100] e duas citações no *Guia para o Guia*[101].

AVERRÓIS

- *Kulliyyāt fī l-ṭibb* (*Generalidades da Medicina*, conhecida como *Colliget*). Diversas passagens dessa obra são citadas por Falaqera ao tratar das ciências naturais (mineralogia, botânica, zoologia), tal como consta nos livros III-V de *Opiniões dos Filósofos*[102].
- *Fī-l-nabāt* (*Sobre as Plantas*). Se Averróis de fato escreveu uma obra com esse título, pode-se supor que ela tenha sido a fonte de Falaqera para a descrição dos sabores em *Opiniões dos Filósofos*, livro IV[103].
- *Tahāfut al-tahāfut* [*A Incoerência da "Incoerência* (*da Filosofia*)" (de Al-Ġazzālī)]. Essa é uma das principais fontes do *Guia para o Guia*[104].
- *Kashf fī manāhij al-adilla fī ʿaqā'id al-milla* (*Desvelamento dos Métodos de Prova Concernentes aos Princípios da Religião*). Há três citações fundamentais dessa obra no *Guia para o Guia*[105].
- *Faṣl al-maqāl* (*Tratado Decisivo*). De acordo com Steven Harvey, essa obra teria inspirado o conteúdo da *Epístola do Debate*[106]; de fato, há evidências de que Falaqera a conhecia[107], embora em seus escritos não se tenha encontrado nenhuma referência literal a ela.
- *Epítome da "Isagogé" de Porfírio*. Falaqera cita uma passagem dessa obra (e não do tratado de Al-Fārābī *Pequeno Comentário sobre o "De Interpretatione"*!)[108] na parte 2 do *Início da Sabedoria*. Uma outra passagem é citada no livro VI de *Opiniões dos Filósofos*[109].
- *Epítome sobre as "Categorias" de Aristóteles* e *Médio Comentário sobre as "Categorias" de Aristóteles*. Conforme Raphael Jospe e Dov Schwartz, são essas as fontes de um dos fragmentos remanescentes do comentário perdido de Falaqera sobre a Bíblia[110].

- *Epítome sobre a "Física" de Aristóteles*. Obra também citada no *Guia para o Guia*[111].
- *Médio Comentário sobre a "Física"* e *Grande Comentário sobre a "Física" de Aristóteles*. Essas são as principais fontes da Física de Falaqera em *Opiniões dos Filósofos*, livro I[112]. No *Guia para o Guia* aparece uma única citação confirmada do *Médio Comentário*, mas há três referências literais ao *Grande Comentário*[113].
- *Epítome sobre o "De Caelo"* e *Médio Comentário sobre o "De Caelo" de Aristóteles*. Essas são as principais fontes dos livros II e VII de *Opiniões dos Filósofos*[114]. São também obras muito citadas no *Guia para o Guia*[115].
- *Epítome sobre o "De Generatione" de Aristóteles* e *Médio Comentário sobre o "De Generatione" de Aristóteles*. Essas obras estão entre as principais fontes do livro II de *Opiniões dos Filósofos*[116].
- *Epítome sobre os "Meteorológicos"* e *Médio Comentário sobre os "Meteorológicos" de Aristóteles*. Essas obras estão entre as principais fontes dos livros II e IV de *Opiniões dos Filósofos*[117]. Há duas citações do *Médio Comentário* no *Guia para o Guia*[118].
- *Epítome sobre "De Partibus" e "De Generatione Animalium" de Aristóteles*. Há uma tradução quase integral dessa obra na segunda parte do livro V de *Opiniões dos Filósofos*, ou seja, na zoologia de Falaqera[119].
- *Epítome sobre o "De Anima"* e *Médio Comentário sobre o "De Anima" de Aristóteles*. Ambos os textos estão entre as principais fontes da psicologia de Falaqera no livro VI, partes 1-2, de *Opiniões dos Filósofos*[120], assim como no *Livro da Alma*[121]. Uma citação do *Epítome* e muitas passagens do *Médio Comentário* foram identificadas no *Guia para o Guia*[122].
- *Grande Comentário sobre o "De Anima" de Aristóteles*. Ao que parece, quatro passagens dessa obra foram usadas como fonte de Falaqera no *Guia para o Guia*, embora haja uma única citação literal[123].
- *Epítome sobre o "De Sensu" de Aristóteles*. Essa é a principal fonte de Falaqera ao tratar dos sentidos humanos em *Opiniões dos Filósofos*, livro VI, parte 3[124]. É também uma das fontes do *Livro da Alma*[125].
- *Epítome sobre a "Metafísica" de Aristóteles*. Os livros I-III dessa obra estão entre as principais fontes da metafísica de Falaqera no livro IX de *Opiniões dos Filósofos*[126]. Há também diversas citações dela no *Guia para o Guia*[127].
- *Médio Comentário sobre a "Metafísica" de Aristóteles*. Há um conjunto de citações dessa obra nos livros IX e X de *Opiniões dos Filósofos*[128] e no *Guia para o Guia*[129].

- *Grande Comentário sobre a "Metafísica" de Aristóteles*. Essa obra é citada esporadicamente no livro X de *Opiniões dos Filósofos*[130] e cinco vezes no *Guia para o Guia*[131]. Note-se que todas essas citações são do livro XII (*lambda*), o que sugere que Falaqera talvez conhecesse apenas essa parte da *Metafísica*.
- *Epítome sobre o "Almagesto" de Ptolomeu*. Uma longa citação dessa obra foi recentemente identificada no *Guia para o Guia*[132].
- *Sobre a Substância dos Céus* (*De Substantia Orbis*). O original árabe se perdeu, tendo se preservado somente nas traduções para o hebraico e o latim. Falaqera provavelmente usou essa obra para redigir uma passagem do *Guia para o Guia*[133].
- *Fī-l-muharrik al-awwal* (*Sobre o Primeiro Movente*). É provável que uma longa passagem dessa obra perdida esteja citada por Falaqera no *Guia para o Guia*[134].

A propósito dos dados listados acima, algumas observações são necessárias:

Em primeiro lugar, a contribuição de Falaqera para a reconstrução de textos gregos e árabes perdidos evidencia-se muito significativa. Considerem-se obras como *De Moribus* e *De Indolentia*, de Galeno, *Cinco Substâncias*, do Pseudo-Empédocles, o *Tratado em Nome da Filosofia*, de Al-Fārābī, o *Comentário sobre a Zoologia de Aristóteles*, de Ibn Ṭayyib (que contém fragmentos de uma revisão perdida da tradução árabe das obras zoológicas de Aristóteles), e *Sobre o Primeiro Movente*, de Averróis – em todos esses casos, as citações de Falaqera representam um documento inestimável para a história da filosofia antiga e medieval.

Em segundo lugar, muitas características da "biblioteca árabe" de Falaqera refletem tipicamente certos aspectos do conhecimento da filosofia entre os eruditos judeus da Idade Média, como se observa pelo estudo das fontes da filosofia medieval judaica e pela lista de traduções medievais em hebraico de textos filosóficos[135]. De fato, a análise das fontes de Falaqera aqui apresentada confirma o que parece ter acontecido em grande parte da literatura filosófica judaica dos séculos XII e XIII:

1) Os escritos de Aristóteles foram lidos e citados, regra geral, não diretamente, mas por intermédio dos comentários de Averróis, em especial os chamados *Epítomes* e *Comentários Médios*, ao passo que os *Grandes Comentários*, mais completos e difíceis, foram menos usados e com frequência

ignorados[136]. É preciso notar que, quanto aos *Grandes Comentários*, Falaqera parece ter conhecido o texto integral apenas dos comentários sobre a *Física* e sobre o *De Anima* – embora faça muito pouco uso deste último –, ao passo que do *Grande Comentário sobre a "Metafísica"* ele cita apenas o livro XII, texto com muitas implicações "teológicas".

2) Galeno era conhecido e amplamente empregado não apenas como médico, mas também como filósofo – não obstante seu notório e declarado agnosticismo em questões "religiosas", tais como a natureza da alma humana e a natureza de Deus. De fato, os escritos filosóficos de Galeno – muitos dos originais gregos se perderam – parecem ter sido uma das principais fontes da ética filosófica no Islã medieval e também na filosofia judaico-árabe[137].

3) As obras originais de Al-Fārābī sobre ética, política e epistemologia eram bem conhecidas, possivelmente por estarem entre as principais fontes do "mestre" do aristotelismo judaico, Maimônides, em seu *Guia dos Perplexos* e em outros trabalhos[138].

4) Por outro lado, os comentários, paráfrases e epítomes sobre as obras de Aristóteles realizados por Al-Fārābī, Avicena e Ibn Bājjah parecem ter sido deixados de lado porque foram suplantados – de acordo com uma precisa sugestão de Maimônides – pelos comentários de Averróis. Uma das poucas exceções foi *A Salvação*, de Avicena, amplamente usada por Falaqera. Com efeito, foi a única obra de Avicena traduzida quase integralmente para o hebraico durante o Medievo[139].

No entanto, nem todas as obras árabes conhecidas pelos sábios judeus da Baixa Idade Média na Europa foram conhecidas e usadas por Falaqera, que parece ter ignorado grande parte dos textos gregos e árabes sobre lógica – possivelmente pelo simples fato de não ter escrito nenhuma obra que tratasse especificamente de lógica. Além disso, ele não fez amplo uso de textos matemáticos e científicos, com exceção de alguns textos médicos; curiosamente, parece ter ignorado o texto médico mais conhecido da Idade Média, o *Cânone* de Avicena[140], preferindo fiar-se no *Colliget* de Averróis. Por fim, é preciso observar que Falaqera fez uso muito limitado da enciclopédia de Al-Ġazzālī, *As Intenções dos Filósofos*, texto que obteve notável sucesso na filosofia judaica do século XIV[141]; isso provavelmente se deve ao fato de que Falaqera pôde recorrer às enciclopédias de Avicena, que foram as principais fontes da "filosofia" de Al-Ġazzālī.

Listando mais de noventa obras, o "catálogo ideal" da biblioteca árabe de Falaqera aqui apresentado mostra que o número de fontes à disposição desse autor era realmente excepcional entre os sábios judeus europeus da Baixa Idade Média. É certo que não sabemos quantos textos de fato lhe pertenciam ou quantos ele obteve "como empréstimo" de outros estudiosos; tampouco sabemos quantos textos consultou em bibliotecas particulares, isto é, na casa de um patrão (visto que Falaqera pode ter trabalhado na corte[142], hipótese que não deve ser descartada); também não sabemos, é claro, se teve condições de examinar detidamente todos os livros supralistados ou se leu apenas parte deles. Seja como for, não parece forçado supor que sua biblioteca pessoal talvez se comparasse à de um dos principais filósofos judeus da Idade Média, Levi ben Gershom (Gersônides), cujo catálogo – que registra mais de 160 livros em hebraico – foi descoberto e publicado por Gérard E. Weil[143].

Notas

1. Sobre a transmissão da filosofia e da ciência árabe e grega para o judaísmo medieval, ver STEINSCHNEIDER, M. *Die hebraeischen Übersetzungen des Mittelalters und die Juden als Dolmetscher*. Berlin, 1893; FREUDENTHAL, G. Les Sciences dans les communautés juives médiévales de Provence: leur appropriation, leur rôle. *Revue des études juives*, n. 152, p. 29-136, 1993; ZONTA, M. *La filosofia antica nel Medioevo ebraico*. Le traduzioni ebraiche medievali dei testi filosofici antichi. Brescia, 1996a.
2. Sobre o papel de Falaqera na transmissão dos textos filosóficos gregos e medievais e, em termos mais amplos, na história da filosofia medieval, ver PLESSNER, M. The Importance of R. Shem Tov ibn Falaqera for the Study of the History of Philosophy (em hebraico). In: *Homenaje a Millás-Vallicrosa*. Barcelona, 1954-1956, v. II, p. 161-186.
3. Há uma edição crítica em: HABERMAN, A. M. (Org.). 'Iggeret ha-Musar le-R. Shem Ṭov ibn Falaqera. *Qoveṣ ʻal Yad*, n. 1, p. 43-90, 1936; n. 2, p. 232-235, 1937.
4. A única edição crítica existente é encontrada em: KLUGMAN BARKAN, R. *Shem Tob ben Joseph ibn Falaqera's "Sori Yagon" or "Balm for Assuaging Griefs"*. It's Literary Sources and Traditions. Tese (Doutoramento), Columbia University, 1971.
5. Ver a edição recente – seguida de uma tradução para o inglês – em: HARVEY, S. *Falaqera's Epistle of the Debate*: An Introduction to Jewish Philosophy. Cambridge, MA/London, 1987.
6. Há uma edição não crítica em: DAVID, M. (Org.). *Shemtob ben Joseph ibn Falaqeras Propädeutik der Wissenschaften Reschith Chokmah*. Berlin, 1902.
7. Há uma edição não crítica em: VENETIANER, L. *Das Buch der Grade von Shemtob b. Joseph ibn Falaqera*. Berlin, 1894. Uma análise (em húngaro) do conteúdo do texto, incluindo algumas referências a suas fontes, pode ser encontrada em: id. *A Fokozatok Könyve*: *Semtôb ibn Falakêra Kéziratos Ethikai Munkàja*. Szeged, 1890.
8. A edição comumente usada pelos estudiosos foi publicada em Haia em 1778.
9. Grande parte dessa obra não está publicada. Para um apanhado de seu conteúdo, ver

JOSPE, R. *Torah and Sophia*: The Life and Thought of Shem Tov ibn Falaqera. Cincinnati, 1988, p. 53-61.

10. Uma edição crítica – com tradução para o inglês – é encontrada em: ibid., p. 265-409.
11. Há uma edição não crítica com notas em: ibid., p. 411-458.
12. Há uma edição não crítica em: MALTER, H. Shem Tob ben Joseph Palquera: His "Treatise of the Dream". *Jewish Quarterly Review*, n. s. 1, p. 451-500, 1910-1911.
13. Para essa obra, deve-se consultar a recente edição crítica de Shiffman, em que muitas fontes são identificadas: SHIFFMAN, Y. (Org.). *Shem Tov ben Joseph ibn Falaqera Moreh ha-Moreh*. Jerusalem, 2001.
14. BADAWI, ᶜA. *Aflaṯūn fī-l-Islām*. Teheran, 1974, p. 197-234.
15. ZONTA, M. La ricerca sulle fonti antiche della letteratura filosofica araba ed ebraica. A proposito di un libro recente. *Athenaeum*, n. 88, p. 597-604, 2000.
16. Para uma lista mais completa dos textos pertencentes à tradição aristotélica da literatura judaica da Baixa Idade Média, ver TAMANI, G.; ZONTA, M. *Aristoteles Hebraicus. Versioni, commenti e compendi del Corpus Aristotelicum nei manoscritti ebraici delle biblioteche italiane*. Venezia, 1997.
17. A passagem encontra-se em: SHIFFMAN, 2001, op. cit., p. 132. Cf. a discussão em: ZONTA, M. The importance of Falaqera's *Guide to the Guide* for the Transmission of Arabic Philosophy and Science. Texto apresentado no colóquio internacional *Identité culturelle des sciences et des philosophies arabes: auteurs, oeuvres et transmissions*. Namur; Bruxelles, 15-17 de janeiro, 2003.
18. Ver a passagem editada em: SHIFFMAN, 2001, op. cit., p. 172. Cf. ZONTA, 2003, op. cit.
19. Lista de citações em: id. Mineralogy, Botany and Zoology in Medieval Hebrew Encyclopaedias. "Descriptive" and "Theoretical" Approach to Arabic Sources. *Arabic Science and Philosophy*, n. 6, p. 263-315, 1996b.
20. Id. Ibn Ṭayyib Zoologist and Ḥunayn ibn Isḥāq's Revision of Aristotle's *De animalibus*: New Evidence from the Hebrew Tradition. *Aram*, n. 3, p. 235-247, 1991; id. The Zoological Writings in the Hebrew Tradition. The Hebrew Approach to Aristotle's Zoological Writings and to Their Ancient and Medieval Commentators in the Middle Ages. In: STEEL, C.; GULDENTOPS, G. (Org.). *Aristotle's Animals in the Middle Ages and Renaissance*. Leuven, 1999a, p. 55-60.
21. Ibid., p. 52.
22. Ver id., 1996b, op. cit., p. 311-314.
23. PINES, S. A Note on the History of a Pseudo-Aristotelian Text (em hebraico). *Tarbiz*, n. 24, p. 406-409, 1955; PLESSNER, 1956, op. cit., p. 164-165.
24. ZONTA, 1999a, op. cit., p. 60-61.
25. DROSSAART LULOFS, H. J.; POORTMAN, E. L. J. (Org.). *Nicolaus Damascenus, De Plantis*. Five Translations. Amsterdam, 1989, p. 347-405.
26. Foram originalmente identificadas e editadas em: ZONTA, M. Shem Tov ibn Falaqera e la filologia ebraica medievale. *Sefarad*, n. 53, p. 338-340, 1993a.
27. Ver JOSPE, 1988, op. cit., p. 182.
28. Ver o estudo detalhado em: ZONTA, M. *Un interprete ebreo della filosofia di Galeno*. Gli scritti filosofici di Galeno nell'opera di Shem Tov Falaqera. Torino, 1995a.
29. Ibid., p. 95-97.
30. Ibid., p. 113-123.
31. Ibid., p. 29-78. Há uma primeira menção a algumas dessas citações em: PLESSNER, 1956, op. cit., p. 172-176.

32. ZONTA, 1995a, op. cit., p. 102-108.
33. Ibid., p. 81-93.
34. BOUDON, V. (Org.). *Galien.* Exhortation à l'étude de la médecine. Art médical. Paris, 2002.
35. ZONTA, 1995a, op. cit., 97-98.
36. Cf. PLESSNER, 1956, op. cit., p. 177-179, e o cotejo integral dos textos latino e hebraico em: ZONTA, M. Fonti greche e orientali dell'Economia di Bar-Hebraeus nell'opera *La crema della scienza. Supplemento degli Annali dell'Istituto Orientale di Napoli*, Napoli, n. 70, p. 107-115, 1992b.
37. SHIFFMAN, 2001, op. cit., p. 332.
38. ZONTA, 1991, op. cit. Cf. id., 1999a, op. cit., p. 53-59; 64-67.
39. Ver JOSPE, 1988, op. cit., p. 182-183, em que é denominada *Talḫīs Kitāb al-Nafs* por Isḥāq ibn Ḥunayn.
40. CHIESA, B. Una fonte sconosciuta dell'etica di Falaqera: *La Summa Alexandrinorum.* In: VIVIAN, A. (Org.). *Biblische und Judaistische Studien. Festschrift für Paolo Sacchi.* Frankfurt a. M.; Berne/New York, 1990, p. 583-612.
41. HARVEY, S. The Source of the Quotations from Aristotle's Ethics in the *Guide* and in the *Guide to the Guide* (em hebraico). *Jerusalem Studies in Jewish Thought*, n. 9, p. 87-102, 1998.
42. SHIFFMAN, 2001, op. cit., p. 275.
43. RITTER, H.; WALZER, R. Studi su al-Kindī II. Uno scritto morale inedito di al-Kindī (Temistio *Περί ἀλυπίας*?). *Memorie della R. Accademia Nazionale dei Lincei, Classe di Scienze Morali*, s. VI, v. 8, 1938 [1943], p. 1-63; KLUGMAN BARKAN, 1971, op. cit. Cf. também a lista de citações encontrada em: ZONTA, 1995a, op. cit., p. 113.
44. FENTON, P. Shem Tov ibn Falaqera and the "Theology of Aristotle". *Da'at*, n. 29, p. 27-39, 1992.
45. LANGERMANN, Y. T. A New Hebrew Passage from the "Theology of Aristotle" and Its Significance. *Arabic Science and Philosophy*, n. 9, p. 247-259, 1999.
46. KAUFMANN, D. *Studien über Salomon ibn Gabirol.* Budapest, 1899, p. 17-37. Cf. a tradução francesa de Gyöngyi Hegedüs em: DE SMET, D. *Empedocles Arabus*: une lecture néoplatonicienne tardive. Brussels, 1998, p. 208-231.
47. JOSPE, 1988, op. cit., p. 414-415. Quanto às passagens tomadas de *Carmina Aurea*, do PSEUDO-PITÁGORAS, ver também DAIBER, H. *Neuplatonische Pythagorica in arabischen Gewande.* Der Kommentar des Iamblichus zu den *Carmina aurea.* Amsterdam/New York/Tokyo, 1995, p. 12, nota 28.
48. KLUGMAN BARKAN, 1971, op. cit.
49. HABERMAN, 1936, op. cit.
50. JOSPE, R.; SCHWARTZ, D. Shem Tov ibn Falaqera's Lost Bible Commentary. *Hebrew Union College Annual*, n. 64, p. 190, 199-200, 1993.
51. Sobre o uso das obras de Al-Fārābī por Falaqera, ver um panorama em: HARVEY, S. Falaqera's Alfarabi. An Example of the Judaization of the Islamic Falâsifah. *Trumah. Studien zum jüdischen Mittelalter*, n. 12, p. 97-112, 2002. [Aqui traduzido para o português nas p. 623-642.]
52. STRAUSS, L. Eine vermisste Schrift Farabis. *Monatschrift zur Geschichte und Wissenshaft des Judentums*, n. 80, p. 96-106, 1936. Ver também MAHDI, M. *Alfarabi's Philosophy of Plato and Aristotle.* New York, 1962.
53. STRAUSS, 1936, op. cit. Cf. também MAHDI, M. (Org.). *Al-Fārābī. Falsafat Arisṯūṭālīs.*

Beirut, 1961; e id., 1962, op. cit., em que o resumo de Falaqera é muito bem aproveitado para reconstruir o texto original de Al-Fārābī.

54. EFROS, I. Falaqera's *Reshit Ḥokmah* and Alfarabi's *Iḥṣa' al-^{c}ulūm*. *Jewish Quarterly Review*, n. 25, p. 227-235, 1935; STRAUSS, 1936, op. cit. Cf. também SARFATTI, G. The Hebrew Translation of Alfarabi's *Classification of Sciences* (em hebraico). *Bar-Ilan University Annual*, n. 9, p. 413-422, 1972; ZONTA, M. The Reception of al-Fārābī's and Ibn Sīnā's Classifications of the Mathematical and Natural Sciences in the Hebrew Medieval Philosophical Literature. *Medieval Encounters*, n. 1, p. 368-371, 1995b.
55. Id., 1993a, op. cit., p. 328-329.
56. Id. Shem Tob ibn Falaqera e la sua opera. *Henoch*, n. 12, p. 221, 1990.
57. Ver MAHDI, M. (Org.). *Alfarabi's Book of Letters*. Beirut, 1969. Outras citações (que escaparam a Mahdi) foram identificadas por BERMAN, L. V. Maimonides, the Disciple of Alfarabi. *Israel Oriental Studies*, n. 4, p. 167, nota 43, 1974. Cf. também JOSPE, 1988, op. cit., p. 41.
58. Ver HARVEY, S. The Quiddity of Philosophy According to Averroes and Falaqera. A Muslim Philosopher and his Jewish Interpreter. In: AERTSEN, J. A.; SPEER, A. (Org.). *Was ist Philosophie im Mittelalter?* Berlin/New York: 1998a, p. 910.
59. Ver PLESSNER, 1956, op. cit., p. 181; CHIESA, B. Note su al-Fārābī, Averroè e ibn Bāǧǧa (Avempace) nella tradizione ebraica. *Henoch*, n. 8, p. 84, 1986. Ver também id. Shem Tob ibn Falaqera traduttore di Al-Fārābī e di Averroè. *Sefarad*, n. 49, p. 22-27, 1989.
60. Id., 1986, op. cit., p. 81-83.
61. SHIFFMAN, 2001, op. cit., p. 269.
62. PLESSNER, 1956, op. cit., p. 179-183.
63. SHIFFMAN, 2001, op. cit., p. 220.
64. CHIESA, 1989, op. cit., p. 23, nota 8.
65. PLESSNER, 1956, op. cit., p. 179-183.
66. CHIESA, B.; RIGO, C. La tradizione manoscritta del *Sefer ha-ma'alot* e una citazione ignorata della *Risāla fī ism al-falsafa* di al-Fārābī. *Sefarad*, n. 53, p. 3-15, 1993.
67. ZONTA, 1996a, op. cit., p. 209.
68. SHIFFMAN, 2001, op. cit., p. 280.
69. STRAUSS, 1936, op. cit. Ver também HARVEY, S. A Note on the Paraphrases of Alfarabi's Political Writings in the *Beginning of Wisdom* (em hebraico). *Tarbiz*, n. 65, p. 729-742, 1996.
70. SHIFFMAN, 2001, op. cit., p. 234.
71. Ver ZONTA, 1990, op. cit., p. 219-220. Quanto à citação da Epístola 5, sobre a música, ver SHILOAH, A. Falaqera's Sources in the Chapter on Music in the *Seeker* (em hebraico). *Papers of the Fourth World Congress of Jewish Studies*. Jerusalem, 1968, v. II, p. 373-377.
72. ZONTA, 1996b, op. cit., p. 281-283; 290-293.
73. Id., 1995a, op. cit., p. 30, nota 4.
74. Para uma visão geral do uso das obras de Avicena nos escritos de Falaqera, ver id. Avicenna in Medieval Jewish Philosophy. In: JANSSENS, J.; DE SMET, D. (Org.). *Avicenna and His Heritage*. Leuven, 2002, p. 267-279.
75. Ver id., 1996b, op. cit., p. 282.
76. SHIFFMAN, 2001, op. cit., p. 122; 229.
77. SHIFFMAN, 2001, op. cit.
78. JOSPE, 1988, op. cit., p. 182-184.
79. ZONTA, M. Linee del pensiero islamico nella storia della filosofia ebraica medievale.

Annali dell'Istituto Universitario Orientale di Napoli, n. 57, p. 456-457, 1997; id., 2002, op. cit., p. 268.
80. SHIFFMAN, 2001, op. cit., p. 269.
81. Ibid., p. 278.
82. ZONTA, M. Sangue e antropologia: un tema della zoologia di Aristotele nelle enciclopedie ebraiche medievali. In: VATTIONI, F. (Org.). *Atti della VIII Settimana "Sangue e Antropologia nel Medioevo". Roma 25-30 novembre 1991*. Roma, 1993, v. II, p. 1137, nota 68, v. II; id., 1996b, op. cit., p. 308.
83. JOSPE, 1988, op. cit., p. 182-184.
84. Livro VI: ver ZONTA, 1996a, op. cit., p. 209; HARVEY, S. Shem-Tov ibn Falaqera's *De'ot ha-filosofim*: It's Sources and the Use of Sources. In: HARVEY, S. (Org.). *The Medieval Hebrew Encyclopaedias of Science and Philosophy*. Dordrecht (Netherlands), 2000, p. 230-233.
85. SHIFFMAN, 2001, op. cit.
86. Ibid., p. 162; 223; 237-238; 243; 291; 316.
87. ZONTA, M. *Un dizionario filosofico ebraico del XIII secolo*. L'introduzione al *Sefer De'ot ha-filosofim* di Shem Tob ibn Falaqera. Torino, 1992a, p. 112-128.
88. STRAUSS, 1936, op. cit.; ZONTA, 1995b, op. cit., p. 368-371.
89. Id., 1996a, op. cit., p. 209.
90. JOSPE, 1988, op. cit., p. 182-184.
91. ZONTA, 1991, op. cit.; id., 1996b, op. cit., p. 308, nota 136; id., 1999a, op. cit., p. 53-60.
92. Id., 1993b, op. cit., p. 1126-1127.
93. Ibid., p. 1134-1135, nota 61.
94. CHIESA, 1986, op. cit., p. 86.
95. SHIFFMAN, 2001, op. cit., p. 180; 221; 223; 277.
96. Ibid., p. 222-223; 265-266.
97. Ibid., p. 207; 318; 323.
98. CHIESA, 1986, op. cit., p. 85.
99. SHIFFMAN, 2001, op. cit., p. 156-157; 327-328; 331-332.
100. CHIESA, 1986, op. cit., p. 85.
101. SHIFFMAN, 2001, op. cit., p. 324; 326-327.
102. ZONTA, 1996b, op. cit., p. 283; 293; 308.
103. Ibid., p. 295-298. Ver também id., M. Averroes' Lost Treatise On Plants. Trabalho apresentado na Al-Furqān Islamic Heritage Foundation Fifth Conference: "The Earth and its Sciences in Islamic Manuscripts". London, November 24th-25th, 1999b.
104. SHIFFMAN, 2001, op. cit.
105. Ibid., p. 130; 204; 311-313.
106. HARVEY, 1987, op. cit.
107. SHIFFMAN, 2001, op. cit., p. 117.
108. ZONTA, 1992a, op. cit., p. 141-144.
109. HARVEY, 2000, op. cit., p. 229, nota 35.
110. JOSPE; SCHWARTZ, 1993, op. cit., p. 186-188; 192-197.
111. Ver SHIFFMAN, 2001, op. cit.
112. CHIESA, 1989, op. cit., p. 28-29; HARVEY, 2000, op. cit., p. 221-224.
113. SHIFFMAN, 2001, op. cit., p. 129; 216; 265. Ver também ZONTA, 2003, op. cit.
114. Id., 1996a, op. cit., p. 208-209.
115. SHIFFMAN, 2001, op. cit.

116. ZONTA, 1996a, op. cit.
117. Ibid., p. 209; id., 1996b, op. cit., p. 292; FONTAINE, R. The Reception of Aristotle's *Meteorology* in Hebrew Scientific Writings of the Thirteenth Century. *Aleph*, n. 1, p. 135-139, 2001.
118. ZONTA, 2003, op. cit.
119. Id., 1996b, op. cit., p. 306-308.
120. Id., 1996a, op. cit., p. 209.
121. JOSPE, 1988, op. cit., p. 182-184.
122. SHIFFMAN, 2001. Cf. também ZONTA, 2003, op. cit.
123. SHIFFMAN, 2001, op. cit., p. 280-281; 331. Cf. também ZONTA, 2003, op. cit.; SIRAT, C.; GEOFFROY, M. *L'original arabe du Grand Commentaire d'Averroès au* De Anima *d'Aristote*. Prémice de l'édition. Paris, 2005, p. 48-63.
124. ZONTA, 1996a, op. cit., p. 209; HARVEY, 2000, op. cit., p. 229-230.
125. JOSPE, 1988, op. cit., p. 183.
126. CHIESA, 1986, op. cit., p. 83-84.
127. SHIFFMAN, 2001, op. cit.
128. CHIESA, 1986, op. cit., p. 81-82; ZONTA, M. The place of Aristotelian Metaphysics in the Thirteenth-Century Encyclopaedias. In: HARVEY, S. (Org.). *The Medieval Hebrew Encyclopaedias of Science and Philosophy*. Dordrecht (Netherlands), 2000a, p. 423, nota 21; id. *Il* Commento medio *di Averroè alla* Metafisica *di Aristotele nella tradizione ebraica*. Edizione delle versioni ebraiche medievali di Zeraḥyah Ḥen e di Qalonymos ben Qalonymos con introduzione storica e filologica. Pavia, 2011, p. 135-140. 2 v.
129. Essas citações não foram identificadas em SHIFFMAN, 2001, op. cit.; sobre elas, ver ZONTA, M. A Case of "Author's Variant Readings" and the Textual History of Averroes' *Middle Commentary on Aristotle's Metaphysics*. In: HAMESSE, J.; WEIJERS, O. (Org.). *Ecriture et réécriture des textes philosophiques médiévaux*. Volume d'hommage offert à Colette Sirat. Turnhout (Belgique), 2006, p. 481-483.
130. CHIESA, 1986, op. cit., p. 81-82.
131. Ver SHIFFMAN, 2001, op. cit., p. 135; 161; 184; 222; 228. Ver também ZONTA, 2003, op. cit.
132. Id. A Note about Two Newly-Discovered Hebrew Quotations of Averroes' Works Lost in their Original Arabic Texts. In: BAASTEN, M. F. J.; MUNK, R. (Org.). *Studies in Hebrew Literature and Jewish Culture*. Presented to Albert van der Heide on the Occasion of his Sixty-Fifth Birthday. Dordrecht (Netherlands), 2007, p. 241-250.
133. Ibid.
134. Id., 2003, op. cit.
135. Ver HARVEY, S. Did Maimonides's Letter to Samuel Ibn Tibbon Determine Which Philosophers Would Be Studied by Later Jewish Thinkers? *Jewish Quarterly Review*, n. 83, p. 51-70, 1992; ZONTA, 1996a, op. cit., p. 138-174.
136. Ver ibid., p. 151-152; TAMANI; ZONTA, 1997, op. cit., p. 20-24.
137. A esse respeito, ver os dados recolhidos em ZONTA, 1995a, op. cit.
138. Sobre esse tópico, ver BERMAN, 1974, op. cit.
139. Sobre a fortuna da obra de Avicena na filosofia judaica da Baixa Idade Média, ver ZONTA, 2002, op. cit.
140. As escassas referências feitas por Falaqera às doutrinas de Avicena no *Cânone* foram reconhecidas no livro IV de *Opiniões dos Filósofos*, na exposição sobre as plantas; essas referências, porém, podem ter sido extraídas da suposta obra de Averróis *Sobre Plantas*. Ver id., 1999b, op. cit.

141. Ver HARVEY, S. Why Did Fourteenth-Century Jews Turn to Alghazzali's Account of Natural Science? *Jewish Quarterly Review*, n. 91, p. 359-376, 2001.
142. Ver ZONTA, 1990, op. cit., p. 217.
143. WEIL, G. E. *La Bibliothèque de Gersonide d'après son catalogue autographe.* Paris/Louvain, 1991; para uma visão geral das bibliotecas particulares de filósofos e cientistas judeus dos séculos XIV e XV, ver SAPERSTEIN, M. The Social and Cultural Context: Thirteenth to Fifteenth Centuries. In: FRANK, D.; LEAMAN, O. (Org.). *History of Jewish Philosophy*. London/New York: Routledge, 1997, p. 235-274.

Uma Solução Averroísta Para uma Perplexidade Maimonídea*

Seymour Feldman

O *Guia dos Perplexos*, de Maimônides, tem sido, desde que surgiu, mais uma fonte de perplexidades que propriamente de solução destas. Isso ocorre sobretudo no que diz respeito à questão da criação. Desde a Idade Média até os dias atuais, os comentadores têm ficado perplexos diante da discussão de Maimônides sobre a questão que ele considerava o segundo dogma mais fundamental da Torá. Apesar de Maimônides defender explícita e veementemente a doutrina da criação *ex nihilo* do ponto de vista da Torá, os estudiosos afirmam que ele de fato acreditava não na "opinião do vulgo", mas sim em determinada forma da doutrina da eternidade do mundo e na teoria da criação a partir da matéria eterna[1]. No estudo mais abrangente e minucioso publicado até hoje sobre essa dificuldade, Sara Klein-Braslavy afirma que, no debate criação *versus* eternidade do mundo, o posicionamento real de Maimônides é agnóstico e que a "suspensão do juízo" é uma conclusão maimonídea genuína[2]. Era de se esperar algo diferente de um autor que dedicou 27 capítulos ao tema e declarou que, sem a crença na criação, a Torá desmoronaria[3]. Por que o posicionamento

---

* Tradução de Eduardo Coutinho Lourenço de Lima do original inglês: An Averroist Solution to a Maimonidean Perplexity. In: HYMAN, A. (Org.). *Maimonidean Studies*. New York: The Michael Scharf Publication Trust of Yeshiva University Press, 2000, v. 4, p. 15-30.

de Maimônides quanto a essa dificuldade é tão problemático? Consideremos, em primeiro lugar, o capítulo de abertura a esse tema, o cap. 13 da parte II do *Guia*, em que o filósofo apresenta as três doutrinas predominantes acerca da questão da criação.

De fato, a própria formulação do tema na Torá levou diversos estudiosos a suscitarem a questão sobre a sinceridade de Maimônides na defesa desse ponto de vista. Quando observamos os modos como ele formula essa doutrina, constatamos que não usa uma fórmula única e uniforme como expressão para a noção de criação *ex nihilo*. Sua primeira locução se vale de um conceito técnico proveniente da física de Aristóteles, elaborado posteriormente na metafísica plotiniana: a noção de privação. Criar *ex nihilo* é produzir algo "depois da privação absoluta" (*baᶜad al-ᶜadam al-maḥḍ al-mutlaq*; *'aḥar ha-he'eder ha-gamur*). Embora Maimônides não pretenda dar uma definição do verbo-chave em questão, *bará'*, fica claro que o entende como de uso raro em termos da noção de privação, a julgar tanto por esse capítulo quanto pelos caps. 30, da parte II, e 10, da parte III. Por ser um termo técnico, "privação" precisa, evidentemente, ser definido ou explicado. Conotaria o puro nada? Ou significaria algo que, embora não de todo inexistente, possui um nível de ser que é praticamente nulo[4]? É óbvio que a maneira de definir "privação" faz muita diferença.

Contudo, não se trata da única fórmula que Maimônides usa para exprimir o ponto de vista da Torá. Poucas frases adiante, no cap. 13 da parte II, ele introduz uma locução diferente para expressar a ideia de criação *ex nihilo*: ao criar o universo, Deus o fez *não a partir de algo* (*la min šay*; *lo mi-davar*). Embora esse sintagma não seja transparente[5], seu objetivo é claramente trazer à luz o traço singular, do ponto de vista da Torá, de que Deus, ao criar o mundo, não precisou de absolutamente nada, sobretudo de nenhuma matéria preexistente, como foi sustentado pela segunda doutrina descrita por Maimônides, a platônica. Visto que as duas fórmulas – "depois da privação absoluta" e "não a partir de algo" – ocorrem no mesmo parágrafo como expressões para a mesma doutrina, é difícil deixar de admiti-las como equivalentes. Dessa maneira, privação absoluta significaria não ser, que, por sua vez, quer dizer ausência, na criação, de qualquer causa material, para usar a terminologia aristotélica. Parece que isso expressaria com bastante precisão a crença religiosa tradicional de que a criação do universo por Deus foi um ato único, um ato que somente um agente onipotente poderia executar. Do contrário, a criatividade divina se diferenciaria da criatividade humana apenas em grau.

Antes de deixarmos o cap. 13 da parte II, gostaria de chamar a atenção, ainda que de modo breve, para outro problema na maneira como Maimônides formula as opiniões que vai examinar. O terceiro ponto de vista mencionado é o de Aristóteles e de seus seguidores, que sustentam que o universo é eterno. Para qualquer um versado em filosofia grega, trata-se de uma obviedade. Contudo, em sua própria elaboração desse ponto de vista, Maimônides introduz uma distorção peculiar na tese de Aristóteles, o que é um tanto desconcertante, mas ao mesmo tempo crucial para nosso propósito. Ele descreve o posicionamento de Aristóteles como a teoria de que Deus "*trouxe à existência* tudo o que existe", mas não depois de não ter existido. O verbo que Maimônides usa aqui é exatamente o mesmo usado para caracterizar o ponto de vista da Torá: *aujada* (*himṣi*). Em outras palavras, a diferença crucial, nessa passagem, entre Aristóteles e a Torá é tão somente que, segundo aquele, o universo perdura por tempo infinito, ao passo que, para esta, sua duração é finita, ao menos *a parte ante*. Todavia, tanto para Aristóteles quanto para Moisés, Deus é a causa eficiente, ou agente, do universo: Deus "o gera". É preciso praticamente deturpar o texto de Aristóteles para conseguir essa doutrina! O motor imóvel de Aristóteles é, na melhor das hipóteses, tão só a derradeira causa *télica* do universo, e não seu agente, um pormenor compreendido por Maimônides no cap. 1 da parte II, mas aparentemente esquecido no cap. 13 ou, quiçá, ignorado de propósito.

Seja como for, segundo Aristóteles (tal como o entende Maimônides), o universo é o resultado de Deus eternamente *querer* trazê-lo à existência. Desse modo, também para Aristóteles, Deus é um agente que quer que o universo exista. Tenho certeza de que isso teria sido novidade para Aristóteles caso tivesse lido o *Guia* de Maimônides. Por outro lado, nos caps. 19-21 da parte II, Maimônides salienta a *necessidade* do "universo conforme a doutrina de Aristóteles" em contraposição a ele ser um produto da criação voluntária e deliberada. Será essa uma das contradições intencionais de Maimônides?

Quando nos voltamos para o capítulo que conclui a discussão de Maimônides a respeito da criação, em que ele procura oferecer uma leitura filosoficamente purificada de Gênesis 1-4, também encontramos diversos problemas, sendo o mais importante o concernente à primeiríssima palavra de toda a Torá: *be-re'shit* (no princípio). Semelhante à explicação da palavra *arché*, consignada por Aristóteles em *Metafísica* V:1, Maimônides começa sua interpretação de Gênesis 1 pelo comentário lexicográfico de que as palavras *al-awwal* (*ha-ri'shon*) (= primeiro) e *al-mabda'* (*ha-hatḥalá*) (= origem) têm sentidos diferentes: enquanto aquela tem de fato uma conotação temporal que lhe é essencial, cujo equivalente hebraico é *teḥilá*, o significado desta não é essencialmente temporal. Ser *mabda'* (*hatḥalá*) é ser, de certo modo, a causa daquilo de que se é *mabda'*. A primeira palavra da Torá, *re'shit*, insiste Maimônides, deve ser entendida atemporalmente, isto é, como *mabda'*. Em outras palavras, *re'shit* não tem conotação cronológica, mas causal, pois o tempo, lembra Maimônides, foi criado com a criação do mundo; não se trata, portanto, de um ente eterno. No entanto, se o termo *re'shit* deve ser concebido com o sentido de *mabda'* (*hatḥalá*), isto é, de algum tipo de causa, o que significa o termo *be-re'shit*?

Examinemos primeiro a letra que abre a Torá: *bet*. Maimônides diz, explicitamente, que essa letra, que forma uma preposição em hebraico, é equivalente ao *fī* árabe, cuja conotação mais comum em português é *em*. Se fosse assim, o sintagma de abertura da Bíblia deveria ser traduzido da seguinte forma: "Em um princípio, Deus gerou os céus e a terra a partir da privação absoluta, ou de absolutamente nada". Será que faz sentido? O que significa "em um princípio"[6]? Certamente, não soa bem! Ibn Tibbon traduz, ou melhor, interpreta o *fī* árabe de Maimônides como "*bet* de instrumentalidade". Essa expressão é um conceito gramatical que, na interpretação de um dos comentadores medievais, Asher Crescas, conota *aquilo em que* alguma coisa se encontra ou o recipiente que contém algo. De acordo com Asher Crescas, o mundo foi criado *no primeiro instante do tempo*, que não é parte do tempo, mas o próprio começo do tempo. Contudo, como veremos, essa *não* é a única maneira como a locução de Maimônides pode ser concebida. A preposição árabe *fī*, assim como a hebraica *be*, pode também ser vertida por *com*, que é outra forma do uso instrumental do vocábulo. Não somente uma jarra é um instrumento *em que* o vinho está contido, mas um martelo é um instrumento *com que* uma cadeira é feita. Portanto, *re'shit* poderia ter sido algo que serviu como instrumento com que o mundo foi criado. E *o que* era esse instrumento? Maimônides nada diz. Algo mais que ficou por fazer. Depois de dezessete capítulos sobre a criação, ainda não temos certeza do significado preciso das duas palavras que abrem a história da criação e, assim, tampouco daquilo em que o próprio Maimônides realmente acreditava.

II

Essas ambiguidades ou lacunas não passaram despercebidas. Assim que o *Guia* se tornou disponível para os judeus no Ocidente, seu tradutor e seus comentadores ficaram perplexos diante das perguntas que foram feitas, além de muitas outras, e alguns arriscaram a hipótese de que o posicionamento real de Maimônides a respeito dessas dificuldades não é o que ele acata de modo explícito. Isso vale para Samuel ibn Tibbon, seu tradutor, bem como para os comentadores Yosef ibn Kaspi e Moisés Narboni[7]. Além disso – e o que é mais importante –, as gerações posteriores a Maimônides fizeram seus estudos filosóficos sob a influência de outro grande filósofo cordovês, Averróis, cuja magnitude entre os intelectuais judeus ocidentais era considerável[8]. Em nosso contexto em particular, o posicionamento de Averróis foi especialmente importante, uma vez que ele advogava a teoria aristotélica da eternidade. Muitos filósofos judeus, influenciados por Averróis, se viram forçados a rejeitar Maimônides em favor de Averróis ou a ler um Maimônides que veladamente ensinava a doutrina de Averróis. Para ilustrar essa tendência, examinarei o caso de Isaac Albalag, um dos averroístas judeus mais radicais, cuja obra filosófica *Tiqqun ha-De'ot* (Correção das Opiniões) foi admiravelmente editada, traduzida e comentada por Georges Vajda[9].

Apesar de consagrada ostensivamente a uma crítica de *Intenções dos Filósofos*, de Al-Ġazālī, obra traduzida para o hebraico por Albalag, essa pequena monografia não raro também traz discussões críticas sobre o *Guia* de Maimônides. Com efeito, Albalag toma Maimônides por um membro da tradição farabi-aviceniana, muito embora ele se afaste dela no tocante a várias questões e, ao fazê-lo, como observa Albalag, segue por um caminho similar ao de Al-Ġazālī, ao menos quando interpretado *ki-feshuṭó*[*] (*quando interpretado diretamente, sem rodeios*). Contudo, como leal seguidor de Averróis, Albalag não tem muita paciência para se comprometer filosoficamente. O que temos no *Tiqqun ha-De'ot* é, pois, uma crítica filosófica a ambos, a Al-Ġazālī e a Maimônides, que contém, em parte, um esclarecimento das várias dificuldades referentes aos capítulos de Maimônides sobre a criação.

O foco da análise de Albalag é o conceito do agir divino. Já Averróis insistira que a distinção entre agentes naturais e agentes voluntários, utilizada pelos *falāsifa* e por Al-Ġazālī, não era válida em relação a Deus. Um agente natural pode cumprir somente uma de duas condições contrárias; um agente voluntário pode cumprir uma ou outra *a seu bel-prazer*[10]. Visto que agentes

[*] Na exegese bíblica, considera-se que existam quatro tipos de nível interpretativo, aludidos na palavra hebraica *PaRDeS* (pomar). O primeiro nível, aludido pelo P, é chamado *peshaṭ*. Assim, interpretar algo *ki-feshuṭó* significa interpretar segundo o *peshaṭ*, ou seja, segundo o nível literal, olhando para o texto de maneira direta, sem usar entrelinhas de nenhum tipo. (Agradecemos a colaboração de Diego Raigorodsky, que redigiu esta nota [N. da O.].)

naturais agem *necessariamente* na medida em que podem assumir *somente* um de dois estados contrários, Deus não pode ser descrito como agente natural, pois isso seria atribuir limites a Deus e equiparar a causação divina à causação de corpos, como o Sol. Deus tampouco é um agente voluntário, ainda que nossa tendência seja pensar que Deus age livremente, pois, conforme a acepção corrente de ação voluntária, agentes agem voluntariamente para satisfazer certas necessidades, a maior parte das quais derivada de sua inerente imperfeição. A volição decerto é uma paixão (*hitpa'alut*) causada por algum objeto externo ou por algum estado. Quem deseja sofre o efeito do que é desejado ou é modificado pelo que é desejado[11]. É evidente que isso não pode ser verdadeiro no caso de Deus, que é essencialmente impassível e imutável. Contudo, igualmente evidente é que Deus é *algum tipo* de agente! Mas *que tipo* de agente?

Averróis não consigna uma definição formal do agir divino, mas a caracterização que faz disso implica conhecimento e escolha, ainda que de um tipo bastante diferente da cognição e da escolha humanas[12]. Tomando por base Averróis e prenunciando Leibniz, Albalag faz a distinção entre a escolha divina e a escolha humana da seguinte maneira: Deus *sempre* opta pelo melhor[13]. Tal como o Deus de Leibniz, o agente divino de Albalag pode optar por fazer algo que não seja o melhor, mas Deus de fato *nunca* escolhe isso. Diferentemente de agentes humanos, cujas ações voluntárias são variáveis, os atos de Deus são constantes. Nesse sentido, são como agentes naturais; Deus, porém, não tem necessidade de agir do modo como age, pois, no que diz respeito a qualquer coisa que Ele faça, poderia ter feito de outra maneira, ao menos no sentido abstrato, lógico, de que, se Ele fizesse tal ato, não violaria a lei da não contradição. Que Deus sempre escolhe ou quer o melhor é assegurado pelo fato de que Ele é *essencialmente* um agente racional, que *sempre* age em conformidade com a sabedoria ou com a razão.

Todavia, se o agente é eterno, sua atividade também deveria ser eterna. Se fosse ocasional, a atividade então introduziria um *novum*, ou mudança, no agente. A velha pergunta de Epicuro, relatada por Cícero e repetida por Agostinho, volta à tona impetuosamente: por que o agente criou agora, e não antes? Ou, se o próprio tempo é criado, por que um agente eterno decide de repente criar o mundo? Dado que todos os pensadores medievais concordavam que Deus é imutável, a criação *de novo* de um universo que perdura finitamente seria problemática. Proclo usou esse argumento contra aqueles cuja leitura do *Timeu*, de Platão, implicava criação temporal; talvez estivesse argumentando também contra os cristãos. Concluiu que um agente eterno é sempre ativo: uma causa eterna implica um efeito eterno[14]. Averróis e Albalag concordam com isso, mas ao mesmo tempo insistem na "criaturidade" (*creatureliness*) do mundo. Temos tendência a associar eternidade à divindade; isso ocorre sobretudo com os que pensam biblicamente. Isso nos leva a negar que algo diferente de Deus possa ser eterno, porque, se houvesse algum outro ente eterno, ele seria igual a Deus e, por conseguinte, objeto de adoração [15]. Trata-se, porém, de um jeito errôneo de pensar. Só porque uma coisa é eterna, no sentido de que perdura ao longo do tempo infinito, não quer dizer que seja divina. Afinal, durar mais não implica necessariamente ser melhor. Proclo corretamente aconselhou chamar o universo de "perpétuo" (*aidios*), e não de "eterno" (*aiōn*), termo reservado para os entes que transcendem o tempo [16]. Na condição de produto, sustenta Albalag, o mundo é um ente tanto possível quanto posterior, na medida em que é causado ou produzido [17]. Visto que a causação pode ter uma conotação atemporal, bem como um sentido temporal, não somos compelidos a afirmar que o universo é produzido ou criado, que tem um começo absoluto, isto é, que existe finitamente *a parte ante.* A distinção essencial entre Deus e o universo é preservada desde que seja reconhecido que Aquele é o produtor e que este é o produto, mesmo se ambos forem de certo modo eternos.

De fato, a ideia de eternidade, ou melhor, de perpetuidade do universo, fica menos assustadora e perigosa quando nos damos conta de que o universo é contingente, no sentido de sempre manifestar o não ser. Essencialmente contingente nesse sentido, o mundo precisa ser sempre mantido por seu produtor, decerto porque sua produção é tal que exige sustentação contínua. Na verdade, a eternidade ou a perpetuidade do mundo encobrem o fato de que ele está constantemente necessitado de *renovação* (*ḥidush*; *ḥudūṯ*). Nesse quesito, está em pior situação que uma casa, cujo construtor pode ir embora após sua conclusão e nunca mais vê-la. A relação estreita entre Deus e o mundo é, pois, assimétrica: enquanto o mundo precisa essencial e necessariamente de Deus, a recíproca não é verdadeira. Eis por que, observa Albalag, os rabinos tinham razão ao dizer que Deus literalmente "renova Sua criação continuamente todos os dias". De acordo com Albalag, os rabinos se deram conta de que a criatividade de Deus é ininterrupta e ilimitada, isto é, não tem começo nem fim. Nesse sentido, é eterna, ou melhor, perpétua [18].

Albalag está perfeitamente ciente de que o argumento que tem aventado até o momento não é ortodoxo ou, ao menos, não é convencional. Para dizer a verdade, ele está bastante cônscio de que o argumento é contrário ao ponto de vista "do vulgo", que acredita que a Torá ensina o começo absoluto do mundo no primeiro instante do tempo. Contudo, apesar da respeitabilidade dessa crença,

Albalag a rejeita; na verdade, ele a rotula de "defeituosa" (*garu'a'*)[19]. Convencido da demonstrabilidade filosófica da teoria da produção eterna (*ḥidush niṣḥi*, *ḥidush temidi*), Albalag fica perplexo diante da razão pela qual Maimônides "falou em muitas línguas" sobre esse assunto, sobretudo porque poderia ter ensinado a produção eterna e, ainda assim, ter aderido à ideia de criação como crença fundamental da Torá. A essa altura, a porta começa a se abrir, e a doutrina da "dupla verdade" começa a entrar. Já que essa dificuldade foi discutida com destreza por Georges Vajda e por Charles Touati[20], não preciso abordá-la aqui. Em vez disso, volto-me agora para a tentativa feita por Albalag de descobrir a doutrina da criação eterna na própria Torá, pois, embora ele acredite firmemente que essa teoria foi provada filosoficamente, também pensa que ela pode ser encontrada na Escritura Sagrada com um pouquinho de imaginação hermenêutica. Albalag então passa a fornecer um comentário filosófico de Gênesis 1 similar ao de Maimônides no cap. 30 da parte II do *Guia*; decerto, o comentário de Albalag encontra-se também no cap. 30 de sua obra. Tal como em nossa discussão sobre o comentário de Maimônides, vamos nos concentrar nas duas primeiras palavras de Gênesis 1.

Recordemos, a essa altura, a "abertura" ou, por que não, a obscuridade da interpretação de *be-re'shit* dada pelo próprio Maimônides. Se esse termo for traduzido por "em uma causa, princípio ou origem", permanece ainda a pergunta: quem ou o que é essa causa? Albalag procura responder à questão. Em primeiro lugar, ao traduzir para o hebraico, verte explicitamente *mabda'*, termo árabe usado por Maimônides, para *'illá* (causa). O termo *hatḥalá* de Ibn Tibbon é um pouco ambíguo, já que pode conotar *princípio* bem como *causa*; na verdade, pode até mesmo significar *começo*, cujo significado Maimônides claramente quer evitar em razão de sua possível conotação temporal. Albalag primeiro define o termo *mabda'* como causa em geral: trata-se do que é necessário para a existência de alguma outra coisa; nesse sentido, pode-se dizer que a causa "precede" seu efeito, mas apenas nesse sentido. Para Albalag e outros que sustentam a teoria da criação eterna, a prioridade causal não implica prioridade temporal. Decerto, também para Maimônides, prioridade causal nem sempre é prioridade temporal. A causa certamente "precede" seu efeito, mas tão somente no sentido de prioridade *natural*, o que implica, segundo Aristóteles, a *independência* ontológica da causa e a *dependência* ontológica do efeito relativamente entre si[21]. Portanto, não devemos entender que o princípio ou a causa denotada pelo termo *re'shit* impliquem prioridade temporal.

Seria normal, ou lugar-comum, afirmar que Deus, na condição de criador do mundo, "precede natural e causalmente" o mundo, pois, indiferentemente de se o universo é eterno ou se tem um começo temporal definido, ele é produzido por Deus. Até aqui estão de acordo todos os que participam do debate medieval, mas é claro que isso seria uma interpretação de *be-re'shit* trivial e nada empolgante. Esse termo presumivelmente ultrapassa a afirmação de que Deus é a causa do universo e, por isso, naturalmente o precede. Para Albalag e outros, a primeira palavra da Torá tem de causar mais impacto do que apenas esse simples ponto. Para compreendermos a implicação ou a mensagem significativa dessa palavra de abertura, examinemos outra vez a primeiríssima letra dessa primeira palavra, uma letra que a explanação do próprio Maimônides não explica plenamente. Ibn Tibbon, recordemos, acrescentou o sintagma explicativo "é o *bet ha-keli*", que, na interpretação de Asher Crescas, conota a preposição "em" ou "dentro". Albalag, no entanto, rejeita essa interpretação e aceita a explicação alternativa dada anteriormente. Entende que *bet*, ou o árabe *fī*, é equivalente à preposição "com". O instrumento, pois, é aquilo *com que* algo é feito, não o recipiente em que algo se encontra, como afirmou Asher Crescas. Consequentemente, para Albalag, *be-re'shit* quer dizer "com uma causa ou princípio, Deus criou o céu e a terra", mas ainda falta especificar essa causa ou princípio.

Albalag responde a essa questão imediatamente. O instrumento com que Deus cria o universo é a sabedoria[22]. Sabedoria pode ser considerada uma causa porque é o princípio do qual o mundo depende, mas que não depende do mundo. Nesse sentido, "precede" o universo, pois sem ela o mundo seria caos ou nada. Albalag é rápido em mencionar precedentes de sua interpretação na literatura judaica. Citando Provérbios 3:19 e 8:22, bem como o *Targum Yerushalmi* em Gênesis 1:1, Albalag aventa com segurança sua interpretação de *be-re'shit* como sabedoria de Deus, que serve de modelo conforme o qual o universo físico foi feito. Nesse contexto, Albalag usa uma expressão que viria a ser de importância capital em Gersônides. Ele assevera que a ordem manifesta na natureza é derivada da "ordem na sabedoria de Deus e que essa ordem precede a ordem encontrada na natureza". Embora o termo de Albalag seja tão só e simplesmente *seder*, lembra o sintagma *ha-siddur ha-muskal* de Gersônides, a "ordem inteligível" com base na qual Deus criou o universo[23]. Fosse Albalag versado em literatura helenístico-judaica, poderia ter encontrado essa ideia em *Sabedoria de Salomão* e em Filo de Alexandria[24]. Parece que a mesma ideia esteve por trás da opinião rabínica de que a Torá é a sabedoria a que Salomão se referiu nos Provérbios[25]. Por conseguinte, a Bíblia, os rabinos e os filósofos concordam com a asserção de que, ao criar o universo, Deus usou a sabedoria como Seu instrumento.

Um problema, porém, surge de imediato. O termo "instrumento" e a analogia feita com a Torá como instrumento de Deus sugerem que a sabedoria é uma *hypóstasis*, um ente que existe de maneira independente, um tipo de paradigma platônico similar às Formas no *Timeu*, ao *Lógos* de Filo e ao *Noûs* de Plotino. Aviezer Ravitsky afirmou que Albalag pertence a um grupo de filósofos judeus pós-maimonídeos, como Samuel ibn Tibbon, Yaaqov Anatoli e outros, que fazem da sabedoria um intermediário entre Deus e a natureza[26]. Se essa interpretação for aceita, seria mais um indício em favor da persistência do platonismo em um meio filosófico aristotélico. Na verdade, segundo Ravitsky, esse tema platônico é um acorde destoante, incompatível não só com Aristóteles e com Averróis mas também com Maimônides[27]. O próprio Ravitsky menciona Albalag em apenas uma nota; assim, uma defesa específica da hipóstase da sabedoria por Albalag deve ainda ser feita. Embora a linguagem de Albalag certamente permita – e, de fato, até nos convide a – essa interpretação, talvez não se trate da única maneira de compreendê-lo. Em seguida, sugiro uma interpretação alternativa que recusa completamente a hipóstase.

Essa leitura alternativa é baseada na interpretação que Sa'adia Gaon faz de Jó 28 e de Provérbios 8, em que a sabedoria é personificada de tal modo que chega a sugerir sua hipóstase. No livro I, cap. 3, de *'Emunot ve-De'ot* (Livro das Crenças e Opiniões), Sa'adia discute uma teoria cosmológica segundo a qual Deus fez o universo a partir de coisas incorpóreas ou espirituais (*ruḥaniyyim*). Os comentadores modernos compreenderam essa teoria como um tipo de doutrina platônica. Depois de levantar diversas objeções filosóficas à teoria, Sa'adia volta-se para certos judeus defensores da doutrina, que encontram alusão a essa ideia em Provérbios 8:22 e em Jó 28. Ao fim de sua refutação dessa interpretação, ele oferece sua própria leitura da passagem de Jó. Deixa bem claro que Deus *não* usou a sabedoria como instrumento na criação; em vez disso, a sabedoria com que Deus criou o universo é revelada *na* própria criação, na perfeição e na ordem inerentes ao universo. A sabedoria, portanto, é ela própria *criada*. Ao se voltar para Provérbios 8, livro II, cap. 6, em que enfrenta os cristãos que tentam inserir ideias cristológicas no tema da sabedoria, Sa'adia recusa explicitamente que a sabedoria seja um instrumento eterno com que Deus criou o universo. O significado dessa passagem seria bastante comum, isento de quaisquer implicações metafísicas profundas: Deus criou o mundo *sabiamente*. O hebraico bíblico é, em geral, pobre de advérbios. Para compensar essa falta, usam-se sintagmas preposicionais. Nesses sintagmas, o substantivo não deve, porém, ser compreendido como se referindo a um ente distinto que possui estatuto ontológico independente. O sintagma "com sabedoria" quer dizer tão só "sabiamente", assim como "com pressa" quer dizer "depressa". Nada de metafísico aqui, apenas hebraico corrente.

Admito que recorro a Sa'adia para atenuar ou eliminar de todo a interpretação hipostática de Albalag. Faço isso não só para satisfazer uma predisposição nominalista mas também para manter Albalag mais alinhado com suas simpatias averroístas em geral. O próprio Averróis rejeitou o esquema farabi-aviceniano das emanações, com sua pletora de intelectos separados e almas celestes. É bem verdade que ele encontrou um lugar para o intelecto agente; mas, segundo algumas interpretações recentes, Averróis mostrou-se extremamente relutante em atribuir muita atividade ao intelecto agente em seus últimos escritos[28]. Além disso, para Averróis, o intelecto agente não tem, ao que parece, o papel de um *modelo*, ou paradigma. Seria algo por demais platônico para esse peripatético arabófono de Córdova. Por conseguinte, não seria arbitrário encontrar uma interpretação de Albalag que *minimizasse* a hipóstase da sabedoria. Permitam que me volte para uma passagem no cap. 30 do *Tiqqun ha-De'ot* a fim de sustentar essa leitura "saadiana" de Albalag.

O contexto é a questão da fala e dos mandamentos divinos, sobretudo quanto à relação entre Deus, os demais intelectos separados e os corpos celestes. Albalag rejeita a regra de Sa'adia de que toda ocorrência de "E Deus disse" signifique "E Deus quis", pois isso implicaria que Deus é um agente voluntário, no sentido de que quer algo de que Ele carece. Como vimos, devemos evitar essa implicação. Como entender então a fala divina? É claro que não pode ser nada semelhante à fala humana, que abrange todo um aparato corporal! Contudo, se não se trata de volição, o que é então? Albalag afirma que o discurso divino é uma forma de "fala interior" (*dibbur penimi*), que ele imediatamente caracteriza em termos intelectuais: essa fala interior divina é idêntica à intelecção do próprio Deus[29]. A intelecção de Deus é a fonte de todo o universo, em particular da ordem inerente à natureza, ordem tão perfeita quanto Sua fonte. Essa passagem sugere que a sabedoria, ou perfeição, presente no universo não é tanto o produto ou um instrumento usado por Deus – um *Lógos* filônico ou um *Noûs* plotiniano –, mas sim o resultado da atividade de intelecção do próprio Deus, que é tão produtiva quanto contemplativa. Como diria Averróis, "a essência de Deus é conhecimento ativo"[30]. A sabedoria não precisa, pois, ser interpretada como uma hipóstase distinta entre Deus e o mundo, usada por Deus como modelo. Um criador verdadeiramente onipotente não precisa de um modelo; tal criador faz "a partir de si mesmo". Segundo essa leitura, Albalag, portanto, não está comprometido a compreender *be-re'shit bará* hipostaticamente. Decerto, Deus criou o céu e a terra com sabedoria, mas não é preciso que isso signifique algo mais que a presença da ordem e da lei na natureza.

Antes de deixarmos esse tema, gostaria de chamar a atenção para uma aparente lacuna na interpretação de Gênesis 1 feita por Albalag. Como Maimônides, ele fornece sucessivas explicações dos diversos estágios e elementos no *ma'ase be-re'shit*, com exceção de uma palavra-chave – *bará*. Até onde consigo perceber, Albalag nada diz de explícito sobre esse verbo, que desde Sa'adia se tornou objeto de alguma controvérsia. Enquanto Sa'adia defendeu que esse termo *significa* criação *ex nihilo*, Abraão ibn Ezra rejeitou essa leitura teológica em favor daquilo que considerava o *peshaṭ*: *bará* conota a atividade de fazer algo cortando e modelando uma porção de material até haver uma forma definida[31]. Como já visto, a interpretação de *bará* feita por Maimônides tende à de Sa'adia, mas concede ênfase à terminologia da privação em vez da terminologia do nada. Sobre esse termo e seu significado, Albalag mantém silêncio, o que não deixa de ser enigmático, uma vez que ele certamente estava familiarizado com as explicações desse verbo dadas por Ibn Ezra e por Maimônides. Além disso, é muito provável que estivesse familiarizado com a explicação da criação *ex nihilo* dada por Avicena, que tornou essa doutrina compatível com a crença aristotélico-neoplatônica sobre a eternidade do universo. Segundo essa interpretação, a criação *ex nihilo* quer simplesmente dizer criação sem matéria antecedente, independente[32]. No entanto, haja vista seu enfoque persistentemente antiavicenista, é improvável que Albalag se tenha valido da explicação de Avicena. Embora não defina explicitamente o termo *bará*, Albalag afirma algo de relevante para esse problema no contexto de sua explicação de Gênesis 1:4-5, em que lhe interessam os termos "luz," "trevas", "dia" e "noite".

O termo *'or*, "luz," significa realidade (*meṣi'ut*, *yesh*), ao passo que *ḥoshek̲*, "trevas", conota privação ou o nada (*'afisá*). Diferentemente de Maimônides, Albalag não qualifica o termo *he'eder* com os adjetivos *muḥlaṭ* ou *gamur.* Suspeito que se trate de um reflexo da tese de Averróis, em que a criação divina pode ser considerada *ex nihilo* unicamente no sentido "fraco" de trazer algo de um estado de potencialidade para o de atualidade; em contraste com o sentido "forte" de criação *ex nihilo*, segundo o qual o agente traz algo à existência a partir do puro nada ou da privação absoluta[33]. Enquanto neste não há absolutamente nada em que, de que e em conformidade com que o ato produtivo decorre, de modo que qualquer coisa poderia vir de qualquer coisa, naquele a produção de uma forma específica decorre da matéria e da privação da forma específica. Eis a "privação relativa": a criança nasce da semente, isto é, da forma, e do sangue, isto é, da matéria de um conjunto específico de organismos masculino e feminino. Averróis rejeitou a noção de criação a partir do absoluto não ser, que considerava ser o posicionamento do *kalām aš*ᶜ*arita*, mas admitiu a ideia de criação a partir do relativo não ser, ou privação, que considerou ser outra maneira de ler a teoria aristotélica da mudança substancial ou geração. Na medida em que Deus é a causa máxima de todo movimento e mudança, pode-se afirmar que Deus está continuamente produzindo a atualização da forma a partir da privação de forma. Trata-se de criação *ex nihilo* relativa ou fraca.

Esse, sugiro, é o ponto de vista de Albalag, como comprovado pelo exemplo que ele próprio dá. Albalag menciona o intelecto potencial ou material em relação a isso. Em certo sentido do termo "nada", o ato de cognição é a atualização de um estado que, em um momento, era não existente, mas potencialmente existente. A falta de conhecimento é uma privação relativa à obtenção de conhecimento. Esse estado não sobrevém, no entanto, de uma condição de absoluto nada, pois, se não houvesse em nós potencialidade para a cognição, nós, na verdade, jamais conheceríamos. Se pudéssemos, por exemplo, saber ler sem possuirmos os neurônios e nervos apropriados, isso seria "criação absoluta" ou criação *ex nihilo* no sentido forte, o que, segundo Averróis, é um absurdo[34]. O mesmo vale para Albalag.

É possível afirmar que o universo foi criado *ex nihilo* (*bará*) tão só no sentido de que, enquanto causado ou produzido, manifesta o "gene recessivo" do não ser, ou privação, como ocorre com todos os efeitos ou produtos, mesmo os produzidos eternamente. Embora seja eterno, o mundo não é necessário; *somente* Deus é um existente necessário[35]. Enquanto possível ou contingente, o universo não possui um ser inerente; como exibe sempre movimento e mudança, ele é descrito mais precisamente como "sempre vindo a ser", como sugeriu Platão[36]; daí que precisa ser continuamente mantido por Deus. Sustentação contínua é, pois, o mesmo que criação contínua – *ḥiddush temidi*[37]. Nesse sentido, Deus está sempre atualizando o mundo, isto é, trazendo-o do não ser, ou privação, para a atualidade ou simplesmente conservando-o em movimento. É isso o que significa criação[38]. Portanto, o verbo *bará* não tem exatamente as significativas implicações metafísicas que tanto Sa'adia quanto Maimônides afirmaram ter; tampouco é metafisicamente vazio, como sustentou Ibn Ezra. Forjando uma via intermediária, Albalag lhe atribui algum conteúdo filosófico, o suficiente para encontrar uma base para a criação *ex nihilo* em algum sentido, mas não tanto que implicasse a doutrina do *Kalām* da criação absoluta (*ḥiddush muḥlaṭ*).

Conclusão

A tentativa de Albalag para legitimar a doutrina da criação eterna é importante porque essa doutrina trouxe um grande desafio para muitos de seus sucessores. Alguns rejeitaram a teoria de saída; outros abraçaram uma variante dela, feita sob medida para servir a seus respectivos propósitos. Durante todo esse debate, a dupla presença de Maimônides e de Averróis se fez sentir. A ambiguidade daquele e o aristotelismo ortodoxo deste não facilitaram as coisas para os pensadores judeus da Baixa Idade Média. As perplexidades do próprio Maimônides deixaram a porta aberta para interpretações alternativas tanto do *Guia* quanto da Torá. O *status* de quase autoridade de Averróis entre os filósofos judeus, na Baixa Idade Média, compeliu vários deles a interpretar a Torá de maneira mais compatível com a filosofia aristotélica do que havia sido permitido pela hermenêutica de Maimônides, ao menos em sua forma *exotérica*. Albalag foi um dos primeiros, dos mais radicais e dos mais francos de uma longa linhagem de averroístas judeus que tentaram reconciliar o Estagirita e os dois mestres cordoveses com Moisés. Foi somente na Renascença tardia que esse empreendimento ousado, e talvez quixotesco, chegou ao fim, mas, até então, o averroísmo judaico foi uma força de peso na filosofia judaica.

Notas

1. A literatura é volumosa e continua crescendo. Os trabalhos a seguir são recentes e importantes: DAVIDSON, H. Maimonides' Secret Position on Creation. In: TWERSKY, I. (Org.). *Studies in Medieval Jewish History and Literature.* Cambridge, MA: Harvard University Press, 1979, v. I, p. 16-40; DUNPHY, W. Maimonides' Not-So-Secret Position on Creation. In: ORMSBY, E. (Org.). *Moses Maimonides and His Time.* Washington, D.C.: Catholic University Press, 1989, p. 151-172; MARVIN, F. *Interpreting Maimonides.* Chicago: University of Chicago Press, 1991; IVRY, A. Maimônides sobre a Criação (em hebraico). *Jerusalem Studies in Jewish Thought*, n. 9, p. 115-138, 1990; KLEIN-BRASLAVY, S. The Creation of the World and Maimonides' Interpretation of *Genesis* I-V. In: PINES, S.; YOVEL, Y. (Org.). *Maimonides and Philosophy.* Dordrecht, 1986, p. 65-78; id. Maimonides' Interpretation of the Verb "bara" and the Question of Creation of the World (em hebraico). *Da'at*, n. 16, p. 39-55, 1986; LEAMAN, O. *Moses Maimonides.* Routledge, 1990, cap. 4.
2. KLEIN-BRASLAVY, S. *Maimonides' Interpretation of the Story of Creation* (em hebraico). Jerusalem, 1978.

3. MAIMÔNIDES. *Guia dos Perplexos* 2; 13; 25.
4. KLEIN-BRASLAVY, 1978, op. cit., p. 2-3.
5. WOLFSON, H. A. The Meaning of *Ex Nihilo* in the Church Fathers, Arabic and Hebrew Philosophy and St. Thomas. *Medieval Studies in Honor of J. D. M. Ford*. Cambridge, MA: Harvard University Press, 1948, p. 355-370.
6. A tradução de Pines "In the origin" é opaca, ainda que *origin* e *principle* sejam termos derivados da mesma raiz árabe, como observa Pines. A tradução francesa de Munk, "Dans le principe", também é problemática.
7. IBN TIBBON, S. *Yiqqāwū Ha-Mayyim*. Presburg, 1837. Ver VAJDA, G. *Recherches sur la Philosophie et la Kabbale dans la Pensée Juive du Moyen Âge*. Études Juives III. v. 19, n. 3, 1964, p. 595-597; RAVITSKY, A. Aristotle's *Meteorologica* and the Maimonidean Exegesis of Creation. *Jerusalem Studies in Jewish Thought*, n. 9, p. 225-250, 1990, parte II.
8. AVERRÓIS. *Tahāfut al-Tahāfut*. Trad. (inglesa) de Simon van den Bergh. Oxford/London: Oxford University Press/Luzac & Co., 1954; IBN KASPI, J. *Commentary on Maimonides' Guide of the Perplexed*. Ed. Werbluner. Frankfurt, 1848; reimpresso em: *Sheloshá Qadmone Mefarshe ha-Rambam*. Jerusalem, 1961, p. 51; 99-101.
9. ALBALAG. *Tiqqun ha-De'ot*. Ed. Georges Vajda. Jerusalem: Israeli Academy of Sciences and Humanities, 1973; VAJDA, G. *Isaac Albalag: Averroïste Juif, Traducteur et Commentateur d'Al-Ghazali*. Paris: Vrin, 1960.
10. AVERRÓIS. *Tahāfut al-Tahāfut*. Terceira Discussão, § 148 et seq., p. 87 et seq.; ALBALAG, 1973, op. cit., cap. 24.
11. ALBALAG, 1973, op. cit., cap. 50, p. 111.
12. AVERRÓIS. *Tahāfut al-Tahāfut*, § 151, p. 90.
13. ALBALAG, 1973, op. cit., caps. 23; 51; 53. LEIBNIZ. *Discurso sobre metafísica*, caps. 1-6.
14. CÍCERO. *Sobre a Natureza dos Deuses*, 1, 9, 21; AGOSTINHO. *Cidade de Deus*, livro 11, cap. 4; PROCLO. *Sobre a Eternidade do Universo*, proposições 1, 3, 18, reproduzidas em: FILOPONO. *Sobre a Eternidade do Universo: contra Proclo, ad locum*; MAIMÔNIDES. *Guia dos Perplexos*, parte II, cap. 14. Para uma excelente discussão atual sobre essa dificuldade, ver SORABJI, R. *Time, Creation and the Continuum*. Ithaca: Cornell University Press, 1983, caps. 15-16.
15. SA'ADIA GAON. *Livro das Crenças e Opiniões* I. 2.
16. PROCLO. *Comentário sobre o Timeu de Platão*, 28b.
17. ALBALAG, 1973, op. cit., caps. 4; 22.
18. Ibid., cap. 30.
19. Ibid.
20. VAJDA, p. 251-266. TOUATI, C. Vérité Philosophique et Vérité Prophétique chez Isaac Albalag. *REJ*, n. 121, p. 35-47, 1962.
21. ARISTÓTELES. *Metafísica* V, 11, 1019a 3-4; *Categorias* 12, 14a 25 et seq.
22. ALBALAG, 1973, op. cit., cap. 30, p. 31-32.
23. GERSÔNIDES. *The Wars of the Lord*. Trad. de S. Feldman. Philadelphia: Jewish Publication Society, 1984, v. 1, p. 205, n. 50. TOUATI, C. *Les Guerres du Seigneur. Paris*: Mouton, 1968, p. 84.
24. *Sabedoria de Salomão*, caps. 6-9. FILO DE ALEXANDRIA. *Sobre a Criação do Mundo*, p. 16-20; 29-35.
25. Talmud Babilônico, Tratado Sanhedrin, 97a.
26. RAVITSKY, A. The Hypostatization of the Supernal Wisdom (em hebraico). *Italia*, n. 3, p. 36, nota 146, 1982.

27. Ibid., p. 14; 20; 31.
28. DAVIDSON, H. Averroes on the Active Intellect as a Cause of Existence. *Viator*, n. 18, p. 191-225, 1987; TOUATI, C. Les Problèmes de la génération et le rôle de l'intellect agent chez Averroès. In: AAVV. *Multiple Averroes. Actes du Colloque, 1976*. Paris: Les Belles Lettres, 1978, p. 157-165; GOLDSTEIN, H. Dator Formarum: Ibn Rushd, Levi ben Gershom and Moses ben Joshua of Narbonne. In: FARUQI, I. (Org.). *Islamic Thought and Culture. International Institute of Islamic Thought*, 1982, p. 107-121.
29. ALBALAG, 1973, op. cit., cap. 30, p. 47; ed. Vajda, p. 159.
30. AVERRÓIS. *Tahāfut al-Tahāfut*. Décima Terceira Discussão, § 462, p. 280; § 468, p. 285.
31. SA'ADIA GAON. *Livro das Crenças e Opiniões* I. 2; IBN EZRA, A. *Comentário sobre Gênesis* 1:1.
32. AVICENA. *Al-Šifā'* (A Cura): Metafísica, Sexto Tratado, cap. 2. Trad. de A. Hyman. In: HYMAN, A.; WALSH, J. (Org.). *Philosophy in the Middle Ages*. Indianapolis: Hackett Publishing Inc., 1983, p. 251-254.
33. AVERRÓIS. *Tahāfut al-Tahāfut*. Terceira Discussão, § 151 et seq., p. 89 et seq.; KOGAN, B. *Averroes and the Metaphysics of Causation. Albany*: SUNY Press, 1985, p. 215-221.
34. AVERRÓIS. *Tahāfut al-Tahāfut*. Segunda Discussão, § 131, p. 77; ALBALAG, 1973, op. cit., cap. 30, p. 41.
35. Ibid., cap. 4.
36. PLATÃO. *Timeu* 27.
37. ALBALAG, 1973, op. cit., cap. 30, p. 30.
38. Ibid., cap. 39, p. 62; AVERRÓIS. *Tahāfut al-Tahāfut*. Segunda Discussão, § 131 et seq., p. 71 et seq.

Um Selo Dentro de um Selo: A Marca do Sufismo nos Ensinamentos de Abraão Abuláfia*

Harvey J. Hames

> E disse que o Messias está para chegar,
> pois já nasceu,
> e ele prosseguiu da mesma maneira
> dizendo, e eu sou este homem [...].
> E disse que é o sétimo dos profetas
> e ordenou que ele fosse a Roma
> fazer tudo o que ele fez[1].

Durante período considerável de sua vida, Abraão Abuláfia (ca. 1240-1290) acreditou ser não só um profeta mas também o aguardado Messias e se esforçou para alimentar essa crença entre judeus e cristãos no sul da Itália, na Sicília, na Grécia e na Catalunha. Nascido em Navarra, passou a maior parte de sua vida produtiva em outras regiões do mundo mediterrâneo, onde provavelmente deparou com os ensinamentos de Joaquim de Flora, abade calabrês do final do século XII. Apropriados e reinterpretados por certos grupos da Ordem Franciscana, esses ensinamentos sobre o fim dos tempos influenciaram a imagem

---

* Tradução de Eduardo Coutinho Lourenço de Lima do original inglês: A Seal Within a Seal: The Imprint of Sufism in Abraham Abulafia's Teachings. In: *Medieval Encounters*, n. 12, 2, p. 153-172, 2006. Revisão técnica de Rosalie Helena de Souza Pereira.

que Abuláfia tinha de si mesmo e contribuíram para que descrevesse a si e sua missão em termos que, esperava, fossem atraentes tanto para judeus quanto para cristãos. Seu cronograma messiânico, sua opinião da redenção e seus desdobramentos se devem sobretudo às concepções joaquimitas disseminadas por esses franciscanos[2].

Em sua obra, contudo, aparecem ideias e conceitos que não podem ser explicados pelos contatos que travou com o cristianismo, tampouco parecem ter raízes na tradição judaica. Ao que parece, sugerem uma origem bem diferente, que, considerando-se onde Abuláfia nasceu e foi criado, deveria ser evidente de imediato. A presença do Islã na Península Ibérica – a proximidade geográfica entre adeptos das diferentes crenças aliada a séculos de simbiose cultural e religiosa – suscita a intrigante possibilidade de que alguns dos ensinamentos de Abuláfia tenham raízes na teologia ismaelita e no sufismo. Na verdade, o que exploro aqui é a possibilidade de que Abuláfia estivesse familiarizado com as obras de Ibn ᶜArabī e de que pilares centrais de seu pensamento possam ter se originado no *corpus* do Grande Xeique. Um tema central nos escritos deste, em particular na última grande obra escrita enquanto esteve no Ocidente, o *Livro do Fabuloso Grifo* (*ᶜAnqā' Muġrib*), trata do Selo da Santidade, a perfeição do homem e a obtenção do saber e da profecia. A crença de Ibn ᶜArabī em seu estado elevado de "Homem Perfeito" e em ser o Selo de Muḥammad levou-o a uma estimativa de seu papel messiânico em meio ao cada vez mais próximo fim da história e também do conhecimento do que ocorreria no período subsequente. A maneira como Abuláfia se vale da imagem do selo, que assinala a obtenção do conhecimento e o fim da história, parece trazer a marca de Ibn ᶜArabī e sugere mais que uma fortuita familiaridade com sua obra.

Muḥammad b. ᶜAlī ibn al-ᶜArabī nasceu em Múrcia, durante o mês do Ramadã de 1165. Com a chegada dos almôadas, seus familiares mudaram-se para Sevilha em 1172 e possivelmente serviram como soldados no *jund*, o exército permanente do califa. É possível que Ibn ᶜArabī também tenha servido no exército por um ano, embora esteja claro que, por volta de 1184, ingressou no caminho dos sufis, o que o levaria ao Maġreb e a percorrer a Andaluzia por 18 anos até que, por fim, trocasse o Ocidente pelo Oriente em 1202. Seu despertar espiritual decerto começou antes de sua conversão formal ao caminho, conforme exemplificado pelo célebre episódio de seu encontro com Averróis em Córdova, bem como pelo testemunho dado pelo próprio Ibn ᶜArabī de que foi Jesus, uma figura por quem sentia grande afinidade, seu primeiro mestre espiritual e quem o inspirou à conversão do coração. Ibn ᶜArabī afirma que um interlocutor misterioso, o Imame da Esquerda, provavelmente Jesus, disse-lhe para confiar somente em Deus e não se deixar guiar por qualquer mestre espiritual em particular enquanto seguisse o caminho para a santidade. No entanto, sua obra *Ruḥ al-Quds* (Epístola sobre o Espírito Sagrado), composta em Meca, em 1203, oferece um maravilhoso mosaico de sufis que ladrilharam a paisagem da Andaluzia durante os séculos XII e XIII e inclui as biografias de aproximadamente 55 sufis com quem teve contato[3]. Após ingressar no caminho espiritual e até deixar a Andaluzia para sempre, Ibn ᶜArabī praticou o ascetismo. A escrita do *Fabuloso Grifo* foi marcada por uma visão, ocorrida em Fez, informando-o de que havia alcançado o supremo estado de santidade de Muḥammad. Essa obra foi também seu discurso de despedida do Ocidente: após terminá-la, durante uma viagem de partida da Andaluzia, ele se foi para nunca mais voltar. Depois de realizar o *hajj*, começou a escrever a enorme obra *Revelações Mecanas* (*Futūḥāt al-Makkīyya*), a qual corrigiu repetidas vezes. Compôs também o célebre tratado sobre profetismo e metafísica *Biséis da Sabedoria* (*Fuṣūṣ al-ḥikam*). No Oriente, casou-se e teve filhos, viajou bastante e deu aulas, vivendo quase uma década na Konya seljúcida (Turquia); por fim, mudou-se para Damasco, onde desfrutou a proteção dos príncipes aiúbidas e faleceu em novembro de 1240[4].

Abraão Abuláfia nasceu em 1240, mesmo ano da morte de Ibn ᶜArabī, que corresponde ao ano 5000 do calendário hebraico, princípio do sexto milênio, ano de espera apocalíptica em alguns círculos judaicos e, de acordo com aquele, ano da renovação da profecia[5]. Despertado pelo espírito do Senhor quando tinha vinte anos, Abuláfia propôs-se encontrar o mítico rio Sambation, onde presumivelmente tinha esperanças de localizar as dez tribos perdidas de Israel. Crescendo em um mundo preocupado com a investida violenta dos mongóis e, possivelmente, tomando-os por relacionados com as tribos perdidas, essa viagem à Terra Santa tinha conotações claramente apocalípticas. Impossibilitado de prosseguir além de Acre por causa da batalha de En Jalut entre mamelucos e mongóis, que de todo modo pôs fim, efetivamente, à ameaça mongol ao Ocidente, Abuláfia retornou à Grécia, ao sul da Itália e, em seguida, à Catalunha e a Castela, onde estudou e deu aulas sobre o *Guia dos Perplexos* (*Dalālāt al-ḥā'irin*) e adquiriu amplo conhecimento da Cabala *sefirótica.* Depois de uma revelação no final de 1270, e com base em seus estudos anteriores, Abuláfia começou a elaborar seus ensinamentos fundamentados no *Sefer Yeṣirá* (Livro da Criação), em uma compreensão mística do *Guia dos Perplexos* e em uma (re)leitura peculiar das Escrituras. Ao final de 1276, teve mais uma visão que o incitou a acreditar que era o aguardado Messias[6]. Tal era o contexto de sua ampla atividade messiânica e apocalíptica e de seus escritos proféticos dos anos seguintes. Intensa preparação e visões adicionais levaram Abuláfia à célebre tentativa de se encontrar com o papa Nicolau III, que, por obra do acaso, faleceu precisamente na noite anterior ao dia em que Abuláfia esperava reunir-se com ele (22 de agosto de 1280). Essa atividade messiânica continuou até por volta do final de 1285, não sem oposição proveniente do interior do mundo judaico, liderada por Shlomo ibn Adret[7]. Ao final desse ano, Abuláfia teve outra revelação que o fez enxergar os fatos sob uma luz diferente. Embora os elementos apocalípticos permanecessem no período que vai até 1290, ano que Abuláfia decididamente acreditava ser o da redenção, suas afirmações messiânicas, ainda que presentes, são mais brandas e parecem indicar a compreensão de que sua potencialidade messiânica ficaria patente para todos somente na hora da redenção. Talvez não seja uma coincidência o fato de Abuláfia ter saído da cena histórica no final de 1290 ou começo de 1291, quando a previsão que fez não se concretizou, embora permaneça um mistério o que exatamente ocorreu com ele[8].

As conexões entre a Cabala e o Islã receberam maior atenção do que em geral se aceita[9]. Parte dessa pesquisa foi baseada na suposição de que a contiguidade histórica e temporal na Península Ibérica e no Norte da África sugere que haja tanto fontes em comum quanto influência sobretudo de concepções islâmicas na Cabala em surgimento – por exemplo, no *Sefer ha-Bahir* (Livro da Iluminação)[10]. Outra parte da pesquisa se tem voltado bem mais para o texto e tem mostrado afinidades entre as tradições textuais de diferentes correntes do Islã, em particular o ismaelismo e o sufismo, e textos cabalísticos[11]. Em seu sentido mais amplo, pode-se considerar que a Cabala, que incorpora material retirado de domínios tão variados como o hermetismo, a astrologia, a magia, o neoplatonismo e o aristotelismo, tomou por empréstimo ideias e conceitos das tradições islâmicas, com as quais interagiu quer diretamente na Espanha, quer indiretamente por meio de traduções que vieram do Oriente e do sul e entraram na Europa cristã[12].

Moshe Idel sugere que a Cabala extática de Abraão Abuláfia sofreu influência do sufismo, concentrando-se em sua noção de *hitbodedut* (seclusão e concentração), a qual pode ter sido retirada de Al-Ġazālī, jurista, teólogo e místico muçulmano do século XII, ou de outras fontes[13]. Sugere também que o motivo da recepção positiva da Cabala extática na Palestina do final do século XIII, não obstante o banimento imposto na Catalunha às obras de Abuláfia por Shlomo ibn Adret, foram suas similaridades com ideias sufis que já eram parte de sua visão de mundo mística[14]. Idel não tem certeza de onde ocorreram os pontos de contato entre Abuláfia e o sufismo, mas mostra-se claramente aberto à possibilidade dessa interação [15]. Haviva Pedaya, porém, em importante estudo, mostra que, nos escritos de alguns cabalistas gironenses de meados do século XIII e também nas obras de Abuláfia, há um mesmo enfoque fenomenológico com respeito à adesão ao divino e à recepção da fala divina (ver nota 17). Os temas que incluem a elevação do intelecto, a adesão da fala à fonte de toda fala, a descrição da fonte de toda fala em termos de um manancial e o alcance do nível em que a fala divina emana de dentro são usuais não só para esses cabalistas mas também para as obras do sufismo judaico, como *Deveres do Coração,* de Baḥya ibn Paqūda, e as obras de Abraão Maimuni e Ovadia Maimuni, entre outros. Pedaya sugere que Barcelona era uma porta de entrada para material árabe vindo do Oriente, o que possibilitou aos judeus da Provença e da Catalunha acesso às obras dos sufis. Um exemplo pertinente a esse estudo é a origem de um dos professores de Abuláfia em Barcelona, Rabi Baruḵ Togarmi, que, como seu nome indica, era turco. Ele escreveu um importante comentário sobre o *Sefer Yeṣirá,* que abraça uma modalidade linguística da Cabala, comporta combinações de letras e exibe influências dos sufis no que diz respeito ao êxtase profético [16]. Contudo, Pedaya concentra-se notadamente na transferência de material procedente do Oriente e, ao que parece, não considera que os ensinamentos dos sufis da Península Ibérica, fáceis de obter, possam ter sido uma fonte adicional para esses cabalistas [17].

Ibn ᶜArabī representa o auge do sufismo andaluz. Em uma época turbulenta, cresceu na Península Ibérica, para onde se dirigiam, apesar de eventuais recuos, as forças da cristandade rumo ao sul e onde os almôadas constituíam presença muito importante. Salta aos olhos de imediato que Ibn ᶜArabī não pertenceu a um grupo ou círculo em particular, mas tentou encontrar o próprio caminho espiritual na profusão de possibilidades abertas para ele. Na verdade, sua célebre obra *Ruḥ al-Quds,* uma suntuosa tapeçaria do sufismo andaluz, indica que os sufis não adquiriram caráter de instituição, como estava se tornando moda no Oriente, mas conduziram suas vidas individual e espiritualmente. Essa individualidade é nitidamente parte do meio ocidental e cruza fronteiras religiosas. Abuláfia segue esse modelo de mestre com discípulos, tal como seu contemporâneo Raimundo Lúlio, um místico e missionário cristão. Todos os três escreveram muitas obras, eram itinerantes e tomavam empréstimos de diversas tradições religiosas [18].

Al-Hākim Tirmiḏī, autor do século XIX de *Selo da Santidade* (*Kitāb Ḫatm al-Awlyā'*), dedicou-se ao complexo problema da relação entre o profeta e o homem sagrado ou santo (*walāya*, ou "amizade com Deus") [19]. Segundo o entendimento de seus comentadores, teria sugerido que, em si e por si, a santidade seria maior que o profetismo[20]. Em seu *Fabuloso Grifo*, Ibn ᶜArabī segue essa linha, afirmando que a grandeza espiritual do santo seria maior que a do profeta, visto que a profecia legislativa viria a terminar e a santidade sobreviveria eternamente[21]. Isso parece apresentar um problema, pois sugere que o *status* de Muḥammad, um profeta legislativo, seria inferior ao de um santo. Ibn ᶜArabī evita-o ao abraçar a doutrina, elaborada por Sahl ibn al-Ṭūstarī (m. 896), da "luz de Muḥammad" (*nur Muḥammad*), que dá a entender que toda a humanidade, a começar por Adão, foi criada a partir do interior dessa luz, o que assinala a apoteose de Muḥammad e sua relação estreita com a Realidade[22]. Com sua aparência histórica, portanto, Muḥammad era um legislador; como ser cósmico, porém, é um santo, um apóstolo e um profeta por excelência.

Por conseguinte, Ibn ᶜArabī diferencia três Selos em suas obras[23]. O primeiro é o Selo do Profetismo, Muḥammad, para quem o Corão foi revelado e depois de quem não haverá mais nenhum profeta legislativo. O segundo é o Selo Universal da Santidade, Jesus (conforme revelado no *Fabuloso Grifo*), que retornará no fim dos tempos, ao que parece, por um período de quarenta anos. O terceiro é o Selo da Santidade de Muḥammad, que, de acordo com a descrição feita por Ibn ᶜArabī no exórdio (*ḫuṭba*) à extensa e enciclopédica *Revelações Mecanas* (*Futūḥāt al-Makkiyya*), é o único indivíduo capaz de ascender ao terceiro e mais alto lugar do *minbar* (pódio da pregação), onde o próprio Muḥammad esteve[24]. O Selo fica no mesmo nível que o profeta, mas sobre um pedaço de linho para não pisar exatamente onde Muḥammad pisou[25]. Esse Selo da Santidade de Muḥammad é maior que o Selo Universal da Santidade (Jesus) porque este sela unicamente a santidade dos apóstolos e dos profetas, ao passo que aquele sela a santidade dos próprios santos, o que os distingue dos apóstolos e dos profetas[26].

Ibn ᶜArabī enfatiza muito que o século VII do Islã é o período santificado durante o qual o Mahdī, figura semelhante ao Messias, há de chegar. Na verdade, parece que o poema de abertura do *Fabuloso Grifo*, escrito imediatamente antes do início do século VII, sugere que o Mahdī aparecerá em 1284[27]. No final da obra, Ibn ᶜArabī sugere que esse Selo receberá sua "forma em desenvolvimento" em 560 H., ano de seu nascimento (1165 da E.C.), e que sua perfeição será após 600 H. – dito de outra forma, após o início do século VII[28]. Embora Ibn ᶜArabī não se identifique explicitamente com o Selo de Muḥammad nessa obra – na verdade, trata-se de algo que faria unicamente no Oriente –, parece claro que ele se identifica com o Fabuloso

Grifo do título do livro, "Sol nascente do Ocidente", o renovador que surge no momento em que o século VII islâmico estava prestes a começar[29]. Isso quer dizer que ele também se considerava relacionado de algum modo com o Mahdī, a figura semelhante ao Messias que, conforme a tradição, viria do Ocidente. Conquanto, na tradição xiita, o Mahdī fosse em geral identificado como procedente da linhagem do Profeta, o Selo da Santidade de Muḥammad é superior ao Mahdī por ser da linhagem espiritual do Profeta Muḥammad e por guardar uma estreita relação com ele. Embora, no *Fabuloso Grifo*, o Selo dos Santos seja claramente Jesus, a imagem relacionada com o Mahdī está contida na figura do Grifo. A identificação de Ibn ᶜArabī com o Fabuloso Grifo parece indicar – algo que seria expresso claramente mais tarde – que ele seria superior a esses dois quanto ao *status* e à realização, um homem perfeito, o renovador do século VII, aquele que traria um novo ensinamento para o Oriente[30].

O que sustenta ainda mais essa suposição, de acordo com um relato muito recorrente em seus escritos, é Ibn ᶜArabī ter sabido pelo profeta Hūd, em uma visão enquanto ainda estava em Córdova em 586 H. (1190 da E.C.), que ele, Ibn ᶜArabī, era o Selo da Santidade de Muḥammad[31]. Ibn ᶜArabī usou a poesia para transmitir seus ensinamentos mais esotéricos e, em *Al-Dīwān al-Kabīr* (Grande *Diwan*), nós o encontramos afirmando explicitamente isto: "Eu sou o Selo dos Santos, exatamente como foi mostrado/ Que o Selo dos Profetas é Muḥammad/ O Selo específico, não o Selo da Santidade Geral/ Porque este é Jesus, o Auxiliado"[32]. Em outro lugar, Ibn ᶜArabī declara que o Selo traz o mesmo nome que o Profeta Muḥammad, referindo-se novamente a si mesmo, já que seu nome era Muḥammad[33].

Abuláfia valeu-se da imagem do "selo" de diferentes maneiras em suas obras. Tomando por base o *Sefer Yeṣirá*, que cita e comenta com frequência, o selo pode ser encontrado em uma forma mítico-mágica como aquilo que sela ou limita a criação[34]. Trata-se de selos que se encontram nos seis pontos cardeais do universo com diferentes combinações das três letras do Tetragrama (o inefável nome de Deus com quatro letras, presente na Bíblia e pronunciado "Yehová" ou *Yod He Vav He*, com duas letras *He*). Esses selos lembram os sete livros selados presentes no livro cristão do Apocalipse, em que, quando os selos são abertos, irrompe o caos[35]. Nas obras de Abuláfia, o selo também se refere ao Intelecto Agente, que dá forma a todos os seres criados[36]. Contudo, repetindo Ibn ᶜArabī, ele também se vale da imagem do selo para descrever tanto o apogeu da realização espiritual quanto o processo histórico. Abuláfia, de modo semelhante a Ibn ᶜArabī, relaciona eventos externos a processos internos, do modo como estão juntos o macro e o microcosmo. Embora a concepção de homem perfeito de Abuláfia seja essencialmente maimonídea, ele, como Ibn ᶜArabī, considera que as circunstâncias históricas externas espelham processos internos do homem; assim, redenção externa e perfeição interna se dão as mãos[37].

Em seu comentário à Torá escrito no final de 1288, na seção que trata do Êxodo do Egito, com base na qual é possível extrapolar acerca da redenção futura, Abuláfia escreve: "[E] o selo do sexto dia é Jesus, o Nazareno, mas o selo do sétimo dia, que é metade do Nome, é o poder do Rei Messias"[38]. O significado disso tem por base valores numéricos (*gemaṭriya*): nesse caso, o hebraico correspondente a "o sexto dia" (*yom ha-shishi*) é numericamente equivalente ao nome de Jesus, o Nazareno (*Yeshu ha-Noṣri*) (isto é, 671/672); o hebraico correspondente a "o sétimo dia" (*yom ha-shevi'i*) é igual a "o Rei Messias" (*Melek̲ ha-Mashiaḥ*) (453). Ademais, embora as primeiras letras tanto do nome de Jesus quanto do sexto dia (*yod* e *he*) sejam as duas primeiras letras do Tetragrama, o Rei Messias ofusca o poder de Jesus e do sexto dia porque o Tetragrama inteiro é obtido quando as primeiras letras das duas últimas palavras que descrevem o sexto dia em Gênesis 1:31 (*yom ha-shishi*) se combinam com as primeiras letras das duas palavras com que começam os versos que tratam do Sabá em Gênesis 2:1 (*Va-yek̲ulu ha-Shamayyim*). Isso implica que, apesar de o poder de Jesus advir de metade do Tetragrama, o verdadeiro Messias tem conhecimento da totalidade do Nome divino mais poderoso.

Entre 1279 e 1283, no auge de sua atividade messiânica, Abuláfia escreveu livros proféticos sobre os quais teceu também comentários enigmáticos. No comentário ao *Sefer ha-Meliṣ* (Livro do Intérprete), o último desses livros, afirma:

> E sabeis que o substantivo "messias" se refere a três coisas: em primeiro lugar, messias se refere ao verdadeiro Intelecto Agente. [...] E será chamado de "messias" o homem que nos redimirá de nosso exílio entre as nações, usando a *potentia* emanada sobre ele proveniente do Intelecto Agente. E "messias" também se refere ao intelecto material, humano, hílico, que é o redentor e o salvador da alma e de todos os excelsos poderes espirituais dela diante dos dominadores do corpo e dos súditos, poderes e desejos insaciáveis deste[39].

Em outras palavras, para Abuláfia, a redenção é algo que se dá em três dimensões – a celestial, a histórica e a individual[40]. Abuláfia está convencido de que ele próprio reúne essas três dimensões: ele é o selo do sétimo dia, o Rei Messias, que recebe o eflúvio divino; é o Messias histórico, que levará o exílio a cabo; e, como Ibn ᶜArabī, é o homem perfeito, por ter alcançado o estágio mais alto de profecia e por ter conhecimento perfeito do nome divino[41]. Para Abuláfia, que era um judeu vivendo em meio a uma maioria cristã, Jesus, o assim chamado Messias e Filho de Deus, era sua *nêmesis*; por conseguinte, Jesus não poderia ter o papel positivo que Ibn ᶜArabī lhe destinou. Visto que as coisas se passam em planos diferentes, Jesus, exceto por ser uma figura quase divina, além de histórica, representa também a imaginação e tudo quanto é material e negativo[42]. Por conseguinte, a tarefa de Abuláfia como Messias é combater o Cristo, destronar o Jesus histórico – isto é, a cristandade – e derrotar o Jesus interno, possibilitando que as pessoas superem suas imaginações e se unam ao Intelecto Agente; dessa maneira, ele se torna o homem perfeito[43].

No quarto comentário entre os seus já mencionados livros proféticos, a respeito do *Sefer ha-'Edut*, Abuláfia escreve:

> O selo do exílio de Israel terminou até mil cúbitos, e [eu] selei [o exílio] com um selo na imagem da verdade (*'emet*). [...] O selo do exílio de Israel está completo, e a razão é que o verdadeiro Nome (*Shem 'emet*) foi revelado. [...] E é todo o selo da verdade; sois também os filhos de Israel. Reconciliai-vos agora conosco para que o aclamado Templo possa ser construído[44].

Essa passagem apocalíptica, que oferece uma perspectiva pacífica de reconciliação com as demais religiões no fim dos tempos, retrata o Messias selando o exílio, levando-o a cabo. Para Abuláfia, a palavra *'emet* (verdade) encerra em si a data da redenção por vir (1290 da E.C.), que deve ser ocasionada pelo conhecimento do verdadeiro Nome de Deus[45]. Esse Nome somente pode ser conhecido de modo pleno uma vez que uma pessoa tiver alcançado o nível de profecia ou perfeição. Na verdade, como afirma Abuláfia, que é o Messias, o objetivo dos livros proféticos é ensinar o conhecimento do nome perfeito[46]. Portanto, a redenção terrena, aguardada em 1290, está intimamente relacionada com a perfeição pessoal baseada no conhecimento do nome divino, e quem sela o exílio é o Messias. Além do mais, a estrutura completa dos livros proféticos reflete isso, visto que são seis, com um sétimo chamado de *Hafṭará* (Adicional) ou *Ḥotam ha-Hafṭará* (Selo da Adição), que é "como a imagem de um selo para os seis livros, e ele não sela unicamente o último, mas todos e cada um deles". Esse sétimo livro, que Abuláfia solicitou que fosse lido em todos os Sabás na sinagoga após a leitura da Torá, versa sobre como alcançar a profecia mediante o conhecimento do Nome[47].

Além disso, em uma obra escrita no final de 1285, Abuláfia escreve: "Selo dentro de um selo, a gravura de um selo[48], YHWH é o homem de guerra, YHWH é Seu Nome [Êxodo 15:3]. Meu intento, no tocante a tudo o que escrevi até a essa altura neste livro, foi chegar àquilo que vos revelarei aqui"[49]. A essa afirmação enfática segue uma biografia seleta e bastante misteriosa, cujo objetivo é mostrar que Abuláfia alcançou o patamar espiritual mais elevado e que, "no ano de Elias, o profeta, [isto é, 46, o que implica fim de 1285], Deus teve vontade de me ver e me admitiu na Corte Sagrada". O uso do nome de Elias para se referir ao ano não é fortuito e indica o alto nível espiritual que Abuláfia acreditava ter atingido em virtude de ter sido introduzido na corte celeste[50]. Continua a passagem:

> Visto que a coisa mencionada como um selo dentro de um selo é algo semelhante ao mundo em sua totalidade, e aquilo que lhe é semelhante [o mundo inteiro] em sua totalidade é a humanidade consoante às espécies dela, e aquilo que é a imagem de suas espécies são o homem e a mulher e sua descendência dos sexos distintos, e o que lhes é semelhante é tão só o corpo desse homem a que se fez alusão [isto é, o próprio Abuláfia] e tudo o que ele encerra, e aquilo que demonstra toda a realidade, e sobre o que demos a entender que é a única verdade nesse assunto, é a Torá inteira. Por essa razão, cumpre ler a Torá, porque de todas essas maneiras a Torá é, para nós, antes de mais nada, um selo dentro de um selo[51].

O "selo dentro de um selo" é um termo legal (da Halaḵá) usado no contexto do vinho e na maneira como este deve ser selado para que não se torne "vinho tocado pelas mãos do gentio" e, por conseguinte, impróprio para ser consumido por judeus[52]. Abuláfia, no entanto, usa essa imagem para igualar o homem perfeito à Torá, que é o selo mais interno. O homem é o microcosmo porque contém o mundo inteiro; o homem mais perfeito, o próprio Abuláfia, é o selo dentro do selo porque sabe como ler a Torá. O selo dentro do selo é a perfeição do conhecimento, que sobrevém com a obtenção do sétimo e mais alto patamar de leitura do texto bíblico, o qual Abuláfia atingiu em 1285. Trata-se do selo que sela todas as demais formas de conhecimento, que são os degraus no caminho para atingir esse nível. O sétimo nível, o nível de profecia, implica o conhecimento de que toda letra na Torá é um Nome de Deus e significa que a pessoa atingiu as mais altas realizações espirituais possíveis e alcançou o nível de profecia[53].

Embora Abuláfia não faça distinção entre profetismo e santidade, Ibn ᶜArabī caracteriza o Selo da Santidade como o patamar supremo de conhecimento, descrevendo-o como "silêncio (*al-sukūt*), e não incapacidade (*al-'ajz*)"[54]. Esse Selo está marcado nos dois últimos tijolos que compõem o muro da profecia. Muḥammad, como Selo dos Apóstolos, reparou que, no muro da Kaᶜaba, faltava um tijolo, o de prata (que representa a lei externa), e esse tijolo, de acordo com Ibn ᶜArabī, é o próprio Muḥammad[55]. Ainda de acordo com Ibn ᶜArabī, no entanto, o Selo Universal da Santidade, que precisa ter a mesma visão, repara que estão faltando dois tijolos na Kaᶜaba – um tijolo de ouro, que representa o conhecimento perfeito e interno da essência das coisas, e o outro, o tijolo de prata, que representa a lei, conforme mencionado anteriormente – e que esses dois tijolos são o próprio Selo. "E ele deve ver-se marcado no lugar onde estão esses dois tijolos, pois o Selo Universal da Santidade tem de ser esses dois tijolos. Então o muro estará completo"[56]. Por isso, o Selo da Santidade de Muḥammad é o homem perfeito que tira seu conhecimento de Deus diretamente da Fonte.

Em uma de suas obras, Abuláfia faz um comentário sobre o termo *na'ar* (jovem), que é, na verdade, numericamente equivalente ao termo árabe *šayḫ*, ou mestre (ambos iguais a 320)[57]. Na continuação do trecho, ficamos sabendo que esse jovem é Metatron, ou o ministro dos nomes divinos, também conhecido por anjo Gabriel, que revela os milagres da profecia[58]. Ibn ᶜArabī relata que, no princípio de sua viagem de ascensão (*miᶜrāj*), que espelha a célebre viagem noturna do profeta, ele deparou com um jovem no poço de Arin, que é a contrapartida do anjo Gabriel[59]. Esse poço está no centro de tudo, onde tudo está em equilíbrio, sem distorção; ficamos sabendo que esse jovem é a fonte e o segredo fundamentais da inspiração[60]. Ibn ᶜArabī pede ao jovem que lhe revele os segredos do Corão e da *Fātiha*, e o jovem responde:

> És uma nuvem na frente do teu sol. Antes de mais nada, conhece a realidade de ti mesmo. Ninguém pode entender Minhas palavras, salvo quem ascende à Minha Posição, e ninguém a Ela ascende, salvo Eu! Então, como desejas tu conhecer a realidade dos Meus Nomes?[61].

Não deixa de ser interessante que esse jovem seja também a fonte dos Nomes Divinos; além disso, o jovem equipara os Nomes e o texto do Corão, o que parece insinuar que o texto deste consiste naqueles. Abuláfia afirma mais de uma vez, com base em Naḥmânides, que toda a Torá consiste nos Nomes de Deus[62]. Já que Gabriel foi o anjo que revelou o Corão a Muḥammad, talvez não surpreenda que esse jovem venha a ser a inspiração de Ibn ᶜArabī, em particular no contexto da viagem noturna. A observação que deve ser feita a essa altura, no entanto, é que a equivalência numérica dos termos "jovem" e *šayḫ*, junto com a identificação do jovem como (Metatron) Gabriel, ministro dos Nomes divinos na passagem abulafiana, talvez seja mais do que mera coincidência.

Quanto a isso, vale a pena tornar a considerar uma passagem, contida na obra de um discípulo de Abuláfia, que menciona explicitamente práticas sufis, *ḏikr* ou enunciação dos nomes divinos, que é parte central da disciplina dos sufis, a tentativa de ter continuamente Deus em mente enquanto vivemos o cotidiano[63]. Natan ben Saádia Harar, o autor de *Sha'are Ṣedeq* (Portais da Justiça), provavelmente escrito em 1295 na Palestina, tem por foco a pronúncia do nome Allāh durante o *ḏikr* e escreve:

> Quando pronunciam essas letras, afastam completamente seu pensamento de toda "forma natural", e as letras da palavra Allāh e seus diversos poderes atuam sobre eles. [...] Esse processo de remover da alma todas as formas naturais é chamado "aniquilação (*meḥiqá*)"[64].

Aniquilação equivale ao termo árabe *fanā'*, que é a meta máxima do sufi; portanto, parece que Natan se refere aos sufis que se prepararam bem e estão em um estágio muito avançado do caminho[65]. Natan afirma que, uma vez que os muçulmanos não têm uma *qabbalá* (tradição/saber revelado divinamente), eles não sabem o que fazem. Ele passa então a relatar a própria experiência com seu professor, Abuláfia, que o ensinou a combinar letras, mas que o adverte a não tocar no "grande nome inefável", referindo-se ao Tetragrama. O Tetragrama é o ápice da união com o divino e é a fonte de todo o conhecimento e sabedoria[66]. Quando, na véspera do Sabá, o discípulo tenta combinar as letras do Tetragrama, ele quase morre, uma vez que sua aniquilação no divino é total, e são somente suas súplicas ao Divino que o salvam, já que suas preces são atendidas. Ele então descreve que, "enquanto falava [com Deus], [...] enxerguei algo semelhante à imagem do óleo da unção [régia, com o qual] fui ungido da cabeça aos pés, e mergulhei em uma imensa alegria, e não consigo descrevê-la adequadamente, tão espiritual e doce era o prazer"[67].

No *Fabuloso Grifo* e em outras passagens, Ibn ᶜArabī descreve o nome Allāh como o nome em que todos os demais nomes divinos se refugiam e o chama de "o Maior Nome e o Mais Excelso Poderoso Primeiro Princípio". Em outras palavras, Allāh é o único nome que contém em si todos os outros nomes[68]. Ademais, Allāh é o único nome referido por "Substantivo Próprio", ao passo que todos os outros nomes são adjetivos pelos quais é possível dirigir-se a Deus[69]. Abuláfia refere-se ao Tetragrama como o "substantivo perfeito", ao passo que todos os outros nomes são claramente nomes menores a serem tomados por degraus em direção ao nome mais perfeito[70]. Em outra passagem, Abuláfia escreve:

> E ele [Abuláfia] pretendeu revelar a todo homem de intelecto que os nomes [divinos] dominam o mundo e são atribuídos todos ao ser da Causa Primordial, mas [os nomes divinos] não são nada em comparação com a realeza do Nome Oculto de quatro letras [Tetragrama], que é o Rei do Rei dos Reis, e somente por Este deseja o Senhor ser conhecido[71].

É claro que Natan, o discípulo de Abuláfia, estudou com ele antes de partir para a Palestina; sua referência à aniquilação de si ao repetir o nome de Allāh, o "Maior Nome", associada à descrição que faz de seu arrebatamento místico ao combinar o Tetragrama, pode ser um reflexo da integração feita por Abuláfia dos métodos de *ḏikr* de Ibn ᶜArabī com sua prática cabalística[72].

Que Abuláfia não cite diretamente nenhum dos escritos de Ibn ᶜArabī talvez não seja, de modo algum, tão surpreendente assim, já que seria improvável que ele quisesse admitir abertamente que tomava emprestadas ideias e conceitos de uma fonte que seus leitores almejados pudessem tomar por herética. Essa ausência de citação de capítulo e verso, no entanto, situa o problema do que contar como prova ou indício de influências ou empréstimos entre culturas. Não se trata de uma pergunta à qual se possa facilmente responder, e padrões do que conta como prova diferem entre estudiosos no interior de suas disciplinas e entre as próprias disciplinas. Sociólogos e antropólogos culturais falam por vezes de aculturação ou da difusão de traços culturais – conceitos que, embora não necessariamente decisivos, são mais do que sugestivos. Historiadores da religião discutem critérios como adaptação, simbiose cultural e mutualidade religiosa. A isso é possível acrescentar proximidade geográfica e, quanto a essa circunstância em particular, uma longa e bem documentada história de interação cultural entre membros das três crenças monoteístas na Península Ibérica. Visto que, em uma discussão com importantes implicações teológicas, a citação direta de um muçulmano por um judeu poderia ser contraproducente, seria de se esperar a descoberta de indícios indiretos – o uso de temas similares em contextos similares –, e é precisamente isso que de fato se encontra nas obras de Abuláfia.

A citação que abre este artigo indica a crença de Abuláfia segundo a qual ele seria o sétimo dos profetas, o Messias a ser revelado em breve. Trata-se de um conceito com sólidas raízes ismaelitas, já que o sétimo Imame da sexta era, a de Muḥammad (que era o sexto e derradeiro enunciador de uma lei religiosa), iria se elevar à categoria de profeta e seria revelado como o Mahdī, que dominaria na derradeira era escatológica e revelaria os ensinamentos esotéricos de todos os profetas precedentes[73]. Abuláfia cumpria esse papel perfeitamente, já que era o Messias, profeta e revelador de segredos. Os escritos dos *Iḫwān al-Ṣafā'* (Irmãos da Pureza), também de origem ismaelita, eram bem conhecidos na Península Ibérica e podem também ter influenciado a concepção de redenção universal de Abuláfia[74]. No entanto, o uso que Abuláfia faz da imagem do selo sugere uma grande familiaridade com algumas das ideias centrais encontradas no enorme *corpus* de Ibn ᶜArabī, bem como sua adoção e adaptação[75].

Notas

1. ABULÁFIA. *Sefer ha-Ḥayyim* (Livro da Vida). In: ABULÁFIA. *Meṣaref ha-Seḵel* (Purificação do Intelecto). Ed. de A. Gross. Jerusalem, 2001, p. 83.
2. Ver HAMES, H. J. From Calabria Cometh the Law and the Word of the Lord from Sicily: The Holy Land in the Thought of Joachim of Fiore and Abraham Abulafia. *Mediterranean Historical Review*, v. 20, n. 2, p. 187-199, 2005; e meu livro: HAMES, H. J. *Like Angels on Jacob's Ladder: Abraham Abulafia, the Franciscans and Joachimism.* Albany: State University of New York Press, 2007.
3. Ver IBN ᶜARABĪ, M. *Sufis of Andalusia: The "Ruh al-Quds" and "al-Darrat at-Fakhirah".* Trad. de R. W. J. Austin. London: Allen and Unwin, 1971.
4. Essa sucinta biografia é baseada em: ELMORE, G. T. *Islamic Sainthood in the Fullness of Time: Ibn al-ᶜArabī's Book of the Fabulous Gryphon.* Leiden: Brill, 1999, p. 12-48; ADDAS, C. *Quest for the Red Sulphur: The Life of Ibn ᶜArabī.* Cambridge: Islamic Texts Society, 1993; HIRTENSTEIN, S. *The Unlimited Mercifier: The Spiritual Life and Thought of Ibn ᶜArabī.* Oxford: Anqa Publishing, 1999; KNYSH, A. D. *Ibn ᶜArabī in the Later Islamic Tradition: The Making of a Polemical Image in Medieval Islam.* Albany: State University of New York Press, 1999.
5. Ver ABULÁFIA. *Sefer ha-'Edut* (Livro do Testemunho). In: ABULÁFIA. *Meṣaref ha-Seḵel*, 62, em que Abuláfia afirma que, no ano 5000 (1240 da E.C.), ano em que nasceu, foi revelado o nome por meio do qual Deus deseja ser conhecido, indicando o princípio da profecia. Para eventos apocalípticos por volta de 1240, ver YUVAL, Y. *Two Nations in Your Womb*: Perceptions of Jews and Christians (em hebraico). Tel Aviv: Am Oved, 2000.

6. ABULÁFIA. *Sefer ha-Yashar* (Livro do Justo). In: ABULÁFIA. *Meṣaref ha-Seḵel*, 99-102. Essa visão, que tem passado despercebida, é crucial para avaliar as mudanças na imagem que Abuláfia tinha de si em diferentes estágios de sua vida. Também ajuda a fixar uma data para algumas de suas obras, em particular as diferentes partes de *Sefer ha-'Ot* (Livro do Signo). Ver HAMES, H. J. Three in One or One that is Three: On the dating of Abraham Abulafia's *Sefer ha-'Ot. Revue des Etudes Juives*, n. 165, p. 1-2, 2006.
7. Ver IDEL, M. The Rashba and Abraham Abulafia: The Story of an Ignored Kabbalistic Polemic. In: BOYARIN, D. et al. (Org.). *'Aṭará l'Haim: Studies in the Talmud and Medieval Rabbinic Literature in Honor of Professor Haim Zalman Dimitrovsky*. Jerusalem: Magnes Press, 2000, p. 235-251.
8. Não há um estudo minucioso da vida de Abuláfia, embora as linhas gerais sejam conhecidas por todos. Ver JELLINEK, A. *Beth ha-Midrash*. Jerusalem: Wahrmann Books, 1967, 3:xl-xlii (cita, com poucas anotações, a passagem biográfica retirada de *'Oṣar 'Eden Ganuz*); SCHOLEM, G. *Major Trends in Jewish Mysticism*. New York: Schocken Books, 1961, p. 119-155; id. *Kabbalah*. Jerusalem: Keter, 1974, p. 52-56; e os diversos artigos e livros de Moshe Idel sobre Abuláfia citados aqui nestas notas. Para uma bibliografia mais completa dos escritos de Idel sobre Abuláfia, ao menos até 1997 inclusive, ver ABRAMS, D. *Bibliography of the Writings of Professor Moshe Idel: A Special Volume Issued on the Occasion of His Fiftieth Birthday*. Los Angeles: Cherub Press, 1997. Ver também IDEL, M. *Absorbing Perfections: Kabbalah and Interpretations*. New Haven: Yale University Press, 2002; WOLFSON, E. *Abraham Abulafia – Kabbalist and Prophet: Hermeneutics, Theosophy and Theurgy*. Los Angeles: Cherub Press, 2000.
9. Ver a afirmação de ANIDJAR, G. Jewish Mysticism Alterable and Unalterable: On Orienting Kabbalah Studies and the "*Zohar*" of Christian Spain. *Jewish Social Studies*, 3, p. 89-157, 1996; e a réplica de IDEL, M. Orienting, Orientalizing or Disorienting the Study of Kabbalah: "An Almost Absolutely Unique" Case of Occidentalism. *Kabbalah*, 2, p. 13-47, 1997. Ver também os comentários de HODGSON, M. G. S. *The Venture of Islam: The Expansion of Islam in the Middle Periods*. Chicago: University of Chicago Press, 1974, v. 2, p. 202, nota 1, no que diz respeito a Gershom Scholem.
10. KEINER, R. Ibn al-ᶜArabī and the Qabbalah: A Study of Thirteenth Century Iberian Mysticism. *Studies in Mystical Literature*, 2, n. 2, p. 26-52, 1982; MCGAHA, M. The Sefer ha-Bahir and Andalusian Mysticism. *Medieval Encounters*, 3, n. 1, p. 20-57, 1997; ARIEL, D. "The Eastern Dawn of Wisdom": The Problem of the Relation between Islamic and Jewish Mysticism. In: BLUMENTHAL, D. (Org.). *Approaches to Judaism in Medieval Times*. Atlanta: Scholar's Press, 1985, v. 2, p. 149-167.
11. Ver, por exemplo, LIEBES, Y. How the Zohar Was Written. In: "The Age of the Zohar", número especial, *Jerusalem Studies in Jewish Thought*, 8, p. 1-72, 1989; LIEBES, Y. Shlomo Pines and Kabbalah Research. In: IDEL, M.; HARVEY, W. Z.; SCHWEID, E. (Org.). *Shlomo Pines Jubilee Volume on the Occasion of His Eightieth Birthday* (em hebraico). *Jerusalem Studies in Jewish Thought*, 9, p. 21-22, 1990; PINES, S. Shi'ite Terms and Conceptions in Judah ha-Levi's *Kuzari. Jerusalem Studies in Arabic and Islam*, 2, p. 165-251, 1980; PINES, S. Medieval Doctrines in Renaissance Garb? Some Jewish and Arabic Sources of Leone Ebreo's Doctrines. In: COOPERMAN, B. (Org.). *Jewish Thought in the Sixteenth Century*. Cambridge, MA: Harvard University Press, 1983, p. 365-398; KEINER, R. The Image of Islam in the Zohar. *Jerusalem Studies in Jewish Thought*, 8, p. 43-63, 1989 (na seção em inglês).

12. Ver, por exemplo, IDEL, M. *Hasidism: Between Ecstasy and Magic*. Albany: State University of New York Press, 1995, p. 33-102.
13. IDEL, M. *Hitbodedut* as "Concentration" in Ecstatic Kabbalah. In: IDEL, M. *Studies in Ecstatic Kabbalah*. Albany: State University of New York Press, 1988, p. 103-169. Sobre os usos filosóficos do termo na Idade Média, ver id. *Hitbodedut* as "Concentration" in Jewish Philosophy. *Shlomo Pines Jubilee Volume*, Part 1, p. 39-60, 1988.
14. Id. *Studies in Ecstatic Kabbalah. Cap. VI*: Ecstatic Kabbalah and the Land of Israel. Albany: State University of New York Press, 1988, p. 91-101.
15. Id. *Hitbodedut* as "Concentration" in Ecstatic Kabbalah. In: GREEN, A. (Org.). *Jewish Spirituality*: From the Bible through the Middle Ages. New York: The Crossroad Publishing Company, 1989, v. I, p. 106.
16. Essas influências podem ter vindo da Cabala de Ezra de Gerona para Baruḵ Togarmi e deste para Abuláfia. Ver também SCHOLEM, 1961, op. cit., p. 127; id. *The Kabbalah of Sefer ha-Temunah and Abraham Abulafia* (em hebraico). Ed. de Y. Ben-Shelomo. Jerusalem: Akademon, 1987, p. 106-107. Ver BLICKSTEIN, S. *Between Philosophy and Mysticism*: A Study of the Philosophical-Qabbalistic Writings of Joseph Giqatila (1248-c. 1322). Tese de doutoramento, *Jewish Theological Seminary*, 1983, p. 92-123, que sugere que Togarmi, junto com Moisés de Leon, Abraão Abuláfia e Yosef Gikatilla, instituiu uma escola ou círculo cabalístico e escreveu aquilo a que Blickstein se refere como obras filosófico-cabalísticas.
17. PEDAYA, H. *Vision and Speech: Models of Revelatory Experience in Jewish Mysticism* (em hebraico). Los Angeles: Cherub Press, 2002, p. 171-200. Na p. 195, discutindo Togarmi, Haviva Pedaya sugere que "ele foi independentemente influenciado por obras espanholas dos sufis", mas ela não se estende com nenhum pormenor a mais sobre isso. É de se esperar que esse livro denso mas fascinante mereça ser traduzido, porquanto se trata de uma das obras mais importantes escritas nos últimos tempos acerca da natureza da experiência mística, e esteja disponível para um público mais amplo.
18. Sobre Lúlio, ver, entre outros, BONNER, A. *Selected Works of Ramon Llull (1232-1316)*. Princeton, NJ: Princeton University Press, 1985. 2 v.; HAMES, H. J. *The Art of Conversion: Christianity and Kabbalah in the Thirteenth Century*. Leiden: Brill, 2000.
19. Ver RADTKE, B.; O'KANE, J. *The Concept of Sainthood in Early Islamic Mysticism*. Richmond: Curzon Press, 1996, p. 101-111. Ver também SVIRI, S. *The Taste of Hidden Things: Images on the Sufi Path*. Inverness (Calif.): Golden Sufi Center, 1997.
20. ELMORE, 1999, op. cit., p. 138-143.
21. Para uma manifestação mais moderna desse problema de raízes medievais, ver FRIEDMANN, Y. F. *Prophecy Continuous: Aspects of Ahmadi Religious Thought and its Medieval Background*. New Delhi: Oxford University Press, 2003.
22. Um dos discípulos de Abuláfia escreveu um livro intitulado *Ner 'Elohim* (Luz de Deus), que, embora baseado em Provérbios 20:27, poderia também ser reflexo do conceito islâmico de *nur Allāh*, ou a "luz divina", que é o fundamento da herança espiritual do Imame e do motivo para se aderir a ele na tradição xiita. O livro trata da obtenção de conhecimento verdadeiro por intermédio de Elias, que está em vida e que em breve será revelado. Ver *Ner 'Elohim*. Ed. de A. Gross. Jerusalem, 2002, p. 75. O título do livro aparece pela primeira vez na p. 77. Ver ELMORE, 1999, op. cit., p. 122; RUBIN, U. Prophets and Progenitors in the Early Shi'a Tradition. *Jerusalem Studies in Arabic and Islam*, 1, p. 43-45, 1979.
23. Há de fato quatro selos: o quarto é o Selo das Crianças, que será o último humano a nascer: Ver ADDAS, C. *Ibn ᶜArabī: The Voyage of No Return*. Cambridge: Islamic Texts

Society, 2000, p. 46; CHODKIEWICZ, M. *Seal of the Saints: Prophethood and Sainthood in the Doctrine of Ibn ᶜArabī*. Cambridge: Islamic Texts Society, 1993, p. 125-127.

24. *Revelações Mecanas* tem 560 capítulos, um número escolhido deliberadamente para indicar o ano da Hégira em que Ibn ᶜArabī nasceu e o ano em que aquele selo foi revelado – 1165 da E.C. Ver ELMORE, 1999, op. cit., p. 531. Ver também IBN ᶜARABĪ. *The Meccan Revelations*. Ed. de M. Chodkiewicz. New York: Pir Press, 2002, v. 1, p. 17.
25. Aceita-se que na obra *Fuṣūṣ al-Ḥikam*, tardia mas bastante popular, encontra-se a sugestão de que o Selo da Santidade de Muḥammad é ainda maior que Muḥammad, visto que esse selo incorpora os subconjuntos tanto dos profetas quanto dos apóstolos, que também são *awliya* (santos). Ver ELMORE, 1999, op. cit., p. 605. Ver também IBN ᶜARABĪ. *The Bezels of Wisdom*. Ed. de R. W. J. Austin. Mahwah, NJ: Paulist Press, 1980, p. 65-70.
26. ELMORE, 1999, op. cit., p. 603.
27. Ibid., p. 233 (o texto ao redor [da chamada] da nota 42).
28. Ver o comentário feito por Elmore de que, de acordo com o *Zohar*, a idade de seiscentos anos de Noé no momento do dilúvio era indício de sua perfeição. Ibid., p. 532, nota 46. Ver também *Zohar ha-Menukad*. Jerusalem: Yerid ha-Sefarim, 1998, p. 360. v. 1.
29 Isso é baseado na conhecida tradição do surgimento de um renovador da tradição que surgiria no princípio de cada cem anos. Al-Ġazālī foi o renovador do século VI da Hégira. Ver ELMORE, 1999, op. cit., p. 3; 189.
30. Ibid., p. 163-195.
31. Ver ADDAS, 2000, op. cit., p. 48. Apesar de não ser mencionado especificamente, corre o rumor de que Ibn ᶜArabī teria dito a seus discípulos que essa foi a visão que esclareceu seu *status* de Selo. Hūd é um dos 27 profetas mencionados no Corão. Não deixa de ser interessante que, no prólogo ao seu *Legenda maior*, Boaventura, quase contemporâneo de Ibn ᶜArabī e importantíssimo teólogo, descreva Francisco de Assis como tendo marcado em seu corpo o Cristo crucificado. O Cristo é descrito como *signaculum similtudinis Dei viventis* (o selo da semelhança do Deus vivo). No entanto, o selo, nesse caso, é claramente o Cristo marcado em Francisco, e não um estado ou *status* pessoal. Ver ARMSTRONG, R. J. et al. (Org.). *Francis of Assisi: Early Documents*. New York: New City Press, 2000, 2, p. 527-528.
32. Citado por ADDAS, 2000, op. cit., p. 47. Outro exemplo pode ser encontrado na p. 48.
33. ELMORE, 1999, op. cit., p. 55-59.
34. Ver LIEBES, Y. *Ars poetica in Sefer Yeṣirá* (em hebraico). Tel Aviv: Schocken Publishing House, 2000, p. 177-189. O *Sefer Yeṣirá* é um texto curto e enigmático, difícil de datar ou explicar, considerado composto por Adão ou Abraão e interpretado pelos cabalistas do século XIII como revelador dos segredos da criação.
35. *Ve-Zot li-Yehudá*. Ed. de A. Gross. Jerusalem, 1999, p. 29. Abuláfia fala de "desfazer os nós dos selos"; ao fazê-lo, Deus disse-lhe quando terminaria o exílio e começaria a redenção. O uso, nesse caso, lembra o livro da Revelação. [Livro que faz parte do Novo Testamento e é conhecido como Apocalipse de João, porque uma tradição que remonta ao século II e da qual fazem parte os Padres da Igreja Irineu de Lyon, Clemente de Alexandria e Tertuliano identifica o João mencionado em 1:9 com o apóstolo de Cristo, autor do quarto evangelho. (N. da Org.)]
36. O selo é comparado com o ato de união sexual com base no Talmud Babilônico, Tratado Niddá, fol. 31b, em que o que determina o sexo do feto é se o macho ejacula antes ou depois. Para Abuláfia, o macho, ou selo afastado, é o Intelecto Agente; a fêmea, a marca do selo, a alma. Ver IDEL, M. *The Mystical Experience of Abraham Abulafia* (em hebraico).

Jerusalem: Magnes Press, 1988, p. 146-147. Idel cita *'Imre Shefer* (Palavras de Beleza), de Abuláfia, mas a ideia aparece também em: *'Oṣar 'Eden Ganuz* (O Tesouro Perdido do Éden). Ed. de A. Gross. Jerusalem, 2000, p. 372 e 377. Ver também NAOR, B. "A Raised Seal and Sunken Seal" in the Teachings of Abraham Abulafia and Lubavitsch. *Sinai*, 107, p. 54-57, 1991. Para o selo como Intelecto Agente, ver *'Oṣar 'Eden Ganuz*, p. 373 – "E, no mundo dos intelectos, o Intelecto Agente é a imagem de um selo no meio de todos os Intelectos" – e 381.

37. Sobre a concepção de homem perfeito de Maimônides, ver LEIBOWITZ, Y. *The Faith of Maimonides*. Tel Aviv: MOD Books, 1989, p. 58-63. Ver igualmente o texto ao redor [da chamada] da nota 39 infra.
38. ABULÁFIA. *Mafteaḥ ha-Shemot*. Ed. de A. Gross. Jerusalem, 2001, p. 125. Em outra obra, Abuláfia escreve: "*Yom ha-shishi* [o sexto dia] [é] Jesus, o nazareno, *yom ha-shevi'i* [o sétimo dia] [é] o Rei Messias, [ambos] têm metade do nome do nome completo [isto é, o Tetragrama]". Id. *Mafteaḥ ha-Ḥok̲mot*. Ed. de A. Gross. Jerusalem, 2001, p. 64.
39. Id. *Sefer ha-Meliṣ*. In: ABULÁFIA. *Meṣaref ha-Sek̲el*, p. 19.
40. Trata-se de uma adaptação das três dimensões centrais para o *Sefer Yeṣirá*: *'Olam* (universo), *Shaná* (tempo) e *Nefesh* (alma).
41. Ver ELMORE, 1999, op. cit., p. 388-459, para a parte principal do *Fabuloso Grifo*. Ver também CHITTICK, W. C. *Imaginal Worlds: Ibn al-ᶜArabī and the Problem of Religious Diversity*. Albany: State University of New York Press, 1994, p. 31-38.
42. Abuláfia e Ibn ᶜArabī divergem quanto a essa questão. Aquele abraça a opinião que Maimônides tem da imaginação, que, acredita ele, estorva o intelecto e precisa ser superada para se atingir o verdadeiro conhecimento, ao passo que para Ibn ᶜArabī a imaginação é um poder altamente elevado e positivo tanto no homem quanto no cosmo. Ver LEAMAN, O. Maimonides, Imagination and the Objectivity of Prophecy. *Religion*, v. 18, n. 1, p. 69-80, 1988; PINES, S. The Limitations of Human Knowledge According to Al-Farabi, Ibn Bajja and Maimonides. In: TWERSKY, I. (Org.). *Studies in Medieval Jewish History and Literature*. Cambridge, MA: Harvard University Press, 1979, p. 82-109. Ver também as várias referências à imaginação nos escritos de Ibn ᶜArabī traduzidos por Chittick: *Ibn al-ᶜArabī's Metaphysics of the Imagination: The Sufi Path of Knowledge*. Albany: State University of New York Press, 1989.
43. "E o resultado é que ele [o Messias] vai se levantar contra ele [Jesus] e fazer saber a todos que aquilo que ele [Jesus] disse para os cristãos, que ele é um deus, o filho de Deus e um homem, era uma grande mentira. Pois ele não recebeu nenhum poder proveniente do Nome Especial, mas toda a sua força é dependente da imagem do *Teli* que está crucificado (*talui*) na Árvore do Conhecimento do Bem e do Mal. E o Messias está crucificado na Árvore da Vida, que é o fundamento de que tudo depende. E Jesus teve uma crucificação física porque ele se crucificou em uma árvore física. E o Messias está crucificado esses 18 anos em uma coisa espiritual, que é o intelecto divino, e restam dois anos do período de sua crucificação." *Mafteaḥ ha-Shemot*, p. 130-132. Eis duas das três dimensões: no céu, Jesus está crucificado na árvore do conhecimento, enquanto o verdadeiro Messias está na árvore da vida; neste mundo, Jesus está crucificado em uma árvore, enquanto o Messias está crucificado em uma árvore espiritual – e durante um período de 18 anos.
44. ABULÁFIA. *Sefer ha-'Edut*. In: ABULÁFIA. *Meṣaref ha-Sek̲el*, p. 74; 77-78 (referente ao MS Roma Angelica 38, 18v-19r). A enigmática expressão "mil cúbitos" (*'elef 'amot*) é, na verdade, uma alusão críptica à Arca no Santo dos Santos, que continha em seu interior as tábuas de pedra. Ver *'Oṣar 'Eden Ganuz*, p. 378.

45. Escreve Abuláfia: "E o significado subjacente da palavra *'emet* é revelar o segredo que se aprende de 'um tempo, dois tempos e metade de um tempo' (Daniel 7:25): pois, quando *'emet* [*alef-mem-tav*] é calculada, resulta em 1440 [caso lida como número, e *mem* e *tav* são invertidas – 1 e 400 e 40 é igual a 1440] e é chamada de um 'tempo'. E adicione a isso *'emet 'emet*, que são 'dois tempos', e a esse total adicione metade de *'emet*, que é igual a 720, o que perfaz 5040 [1440 mais (2 vezes 1440) mais 720 é igual a 5040]. E é o tempo em que os ciclos do sol emergem da potencialidade [*koaḥ*, 28] para a atualidade [*po'al*, 180] – em outras palavras, isso é quando 180 ciclos de 28 estão completos e, quando dez anos forem adicionados, veja, o número estará completo [*ha-kol*, 10 e 5050] [...] e é o fim do mundo, [...] e 5050 anos estarão completos, [...] pois, veja, *kuf-pe* [180] ciclos mais outros dez (*yod*) anos se igualam a *keṣ* [*kuf-ṣaddiq*, 190], e é o segredo do 'dia da vingança' [*naqam*, 190]. [...]". ABULÁFIA. *Sefer ha-'Edut*. In: ABULÁFIA. *Meṣaref ha-Seḵel*, p. 64.
46. Ver id. *Sefer ha-Ḥayyim*. In: ABULÁFIA. *Meṣaref ha-Seḵel*, p. 81.
47. ABULÁFIA. *Sefer ha-Yashar* in: ABULÁFIA. *Meṣaref ha-Seḵel*, p. 95.
48. Isso se baseia em Êxodo 39:30, que trata da indumentária que o Sumo Sacerdote usava na cabeça: "E fizeram de ouro puro a lâmina da Coroa Sagrada e entalharam nela uma inscrição qual a gravura do selo 'Sagrado para o Senhor'".
49. ABULÁFIA. *'Oṣar 'Eden Ganuz*, p. 368.
50. A primeira parte de *'Oṣar 'Eden Ganuz* é um comentário sobre o *Sefer Yeṣirá*, em que o templo é o microcosmo, céu na terra. É claro que Abuláfia está jogando aqui com a união do céu e da terra mediante o templo. Ver ainda a discussão seguinte, que novamente se concentra no microcosmo e no macrocosmo.
51. ABULÁFIA. *'Oṣar 'Eden Ganuz*, p. 373.
52. Ver, por exemplo, a discussão no Talmud Babilônico, Tratado 'Avodá Zará, fol. 29b.
53. Abuláfia descreve o sétimo nível como o entrar no Santo dos Santos, que era onde se encontrava a Arca com as Tábuas de Pedra. Ver *'Oṣar 'Eden Ganuz*, p. 370; Shevaʿ Netivot ha-Torá. Ed. de A. Gross. Jerusalem, 1999, p. 92. Trata-se de uma carta escrita depois de 1285, possivelmente mais próximo a 1290, visto que Abuláfia menciona ter escrito 26 livros e mais 22 livros de profecia. *Shevaʿ Netivot ha-Torá*, p. 130. Em *Haye ha-'Olam ha-Ba* (A Vida do Mundo Vindouro). Ed. de A. Gross. Jerusalem, 1999, p. 164-165, escrito em 1280, Abuláfia discute colocar um "selo sobre um selo" no contexto da combinação de letras do nome divino. Isso em muito difere do que foi proposto em *'Oṣar 'Eden Ganuz*.
54. O que Ibn ᶜArabī quer dizer com "incapacidade" é o nível prévio, "a compreensão de que não se consegue alcançar a Compreensão é [ela mesma] uma Compreensão". Ver ELMORE, 1999, op. cit., p. 605. No judaísmo, até o século XVIII, o santo não é uma categoria de referência. Ver COHN, R. L. Sainthood on the Periphery: The Case of Judaism. KIECKHEFER, R.; BOND, G. D. (Org.). *Sainthood*: Its Manifestations in World Religions. Berkeley/Los Angeles: University of California Press, 1988, p. 43-68; FENTON, P. The Hierarchy of the Saints in Jewish and Islamic Mysticism. *Journal of the Muhyiddin Ibn ᶜArabī Society*, n. 10, 1991, p. 12-34 (publicado também em hebraico em *Da'at*, n. 39, p. 5-22, 1997). Abuláfia distingue três níveis de consecução espiritual: o mais baixo é o *ṣaddiq* (o idôneo), depois o *ḥasid* (o pio) e o *navi* (o profeta). Ver *Mafteaḥ ha-Ḥoḵmot*, p. 26-27.
55. Ibn ᶜArabī reelabora esse conhecido sonho de Muḥammad, que, simbolicamente, via a si próprio como o último tijolo no muro da profecia.
56. IBN ᶜARABĪ. *Fuṣūṣ al-ḥikam*, cap. 2, que trata da Palavra de Set, traduzido por ELMORE, 1999, op. cit., p. 605. Ver nota 23 supra.

57. Esse é o caso se *šayḫ* for soletrado na ortografia hebraica sem o *yod* no meio, que adicionaria mais dez e, dessa forma, frustraria a equação. Isso claramente incomodou alguns estudantes de Abuláfia, como exemplificado no comentário que se encontra em *'Oṣar ha-Ḥayyim* de Isaac de Acre, citado em IDEL, 1988, op. cit., p. 100-101.
58. ABULÁFIA. *Ḥaye ha-'Olam ha-Ba*, p. 148. Ademais, Idel afirma que Metatron é, na verdade, o Intelecto Agente. A identificação de Gabriel com Metatron na passagem supracitada é problemática e depende de como a passagem é lida. No entanto, o próprio Abuláfia cita uma tradição asquenazita (pietista) que sugere que Metatron tem setenta nomes. IDEL, 1988, op. cit., p. 102-103.
59. Na tradição ismaelita e na filosofia islâmica, entende-se alegoricamente que Gabriel (Jibrīl) representa o Intelecto Agente, o *ᶜaql* que domina a esfera sublunar. Ver, por exemplo, Al-Fārābī em seu *Livro da Religião* (*Kitāb al-Milla*), citado em: AL-FĀRĀBĪ. *The Political Writings, Selected Aphorisms and Other Texts*. Trad. de C. E. Butterworth. Ithaca, NY/ London: Cornell University Press, 2001, p. 111.
60. HIRTENSTEIN, *The Unlimited Mercifier*, 1999, op. cit., p. 116.
61. IBN ᶜARABĪ. *Kitāb al-Isrā'* (Livro da Viagem Noturna). Beirut, 1988, p. 57, traduzido em HIRTENSTEIN, 1999, op. cit., p. 117.
62. Ver, por exemplo, ABULÁFIA. *'Oṣar 'Eden Ganuz*, p. 53.
63. Para uma discussão sobre o que é de fato o sufismo e sobre a importância do *ḏikr*, ver CHITTICK, W. C. *Faith and Practice of Islam: Three Thirteenth-Century Sufi Texts*. Albany: State University of New York Press, 1992, p. 165-79, esp. p. 173. Ver também SVIRI, 1997, op. cit., p. 124-144.
64. NATAN BEN SAÁDIA HARAR. *Sha'are Ṣedeq*. Ed. de J. Porush. Jerusalem: Oraiyta, 1989, 21b-22a, traduzido em SCHOLEM, G. *Major Trends in Jewish Mysticism*. 3. ed. New York: Schocken Books, 1974, p. 147. A última palavra da citação é traduzida por "apagamento", o que foi emendado por mim. No tocante ao lugar de proveniência dessa obra e à identidade do autor, ver IDEL, M. Natan ben Saádia Harar, the author of *Sha'are Ṣedeq* (em hebraico). *Shalem*, 7, p. 47-58, 2002.
65. Ver KNYSH, A. *Islamic Mysticism: A Short History*. Leiden: Brill, 2000, p. 309-311; 319-321. Existem diferentes níveis de *ḏikr*, associados todos com a pronúncia do nome Allāh; no entanto, de acordo com Al-Ġazālī, é somente no terceiro estágio – *ḏikr* do "coração mais íntimo" (*sirr*), comparado ao estado de perfeição espiritual (*ihsān*) – que a autoaniquilação no divino pode ocorrer.
66. Abuláfia entra em muitas minudências a respeito do nome de quatro letras (YHWH) em *Ḥaye ha-'Olam ha-Ba*, p. 173-184.
67. NATAN BEN SAÁDIA HARAR. *Sha'are Ṣedeq*, 24b. Ibn ᶜArabī trata dessa experiência em uma obra escrita em 1212, *Kitāb al-Fanā' fī al-Mušāhada* (Livro da Aniquilação na Contemplação).
68. ELMORE, 1999, op. cit., p. 365-368. Ver também IBN ᶜARABĪ, 2002, op. cit., p. 59-62; CHITTICK, W. C. *Imaginal Worlds*, p. 31-32; ADDAS, 1993, op. cit., p. 164-165, sugere que Ibn ᶜArabī adotou diferentes tipos de *ḏikr* ao longo de sua vida. Nas *Revelações Mecanas*, cujo primeiro rascunho foi terminado em 1231, escreve: "Esse nome Allāh costumava ser o *ḏikr* que eu praticava e era aquele usado pelo mestre [Abū Jaᶜfar al-ᶜUryanī] por intermédio de quem entrei no Caminho. O mérito dessa invocação é maior do que todos os méritos decorrentes de outras formas de invocação [...]".
69. ELMORE, 1999, op. cit., p. 365; CHITTICK, W. C. The Self-Disclosure of God: Principles of Ibn al-ᶜArabī's Cosmology. Albany: State University of New York Press, 1998, p. xvii.

70. ABULÁFIA. *Ḥaye ha-'Olam ha-Ba*, p. 183. Ver também id. *'Or ha-Sekel*, p. 138.
71. Id. *Sefer ha-'Ot*. Ed. de A. Gross. Jerusalem, 2001, p. 62. A continuação da passagem revela que o Tetragrama foi renovado neste mundo no ano de 5000 A.M. (1240 da E.C.), o ano em que Abuláfia nasceu – o que enfatiza desse modo suas credenciais messiânicas.
72. Em *Studies in Ecstatic Kabbalah*, Idel sugere que poderia ser o inverso e que o autor tinha conhecimento prévio do sufismo proveniente do meio palestino, o qual combinou então com a Cabala abulafiana. Contudo, parece que isso tem por base a premissa de que o sufismo era mais prevalente no Oriente Médio, de que na prática era monolítico e, portanto, de que fosse muito mais provável deparar com esse método de *ḏikr lá*. Todavia, a própria caracterização que Ibn ᶜArabī faz de muitos mestres sufis que podiam ser encontrados na Andaluzia, além de outros indícios que apontam para Barcelona e Tudela, entre outros lugares, como centros de sufismo, poderia talvez modificar um pouco esse panorama. Ademais, Ibn ᶜArabī mostra-se franco quanto às maneiras pelas quais diverge de outros sufis na prática e nas ideias. Ver PEDAYA, 2002, op. cit., p. 171-200. Para Tudela, ver HARVEY, L. P. *Islamic Spain, 1250-1500*. Chicago: University of Chicago Press, 1990, 138-141.
73. DAFTARY, F. *The Isma'ilis: Their History and Doctrine*. Cambridge: Cambridge University Press, 1990, p. 139-140. Os demais profetas foram Adão, Noé, Abraão, Moisés, Jesus e Muḥammad. Cada um desses profetas legislativos tem um herdeiro ou testamenteiro espiritual que interpretou o significado interior da tradição (Set, Sem, Ismael, Aarão ou Josué, Simão Pedro e ᶜAlī). Somente no Mahdī essas funções estão unidas.
74. NETTON, I. R. *Muslim Neoplatonists*: An Introduction to the Thought of the Brethren of Purity. Edinburgh: Edinburgh University Press, 1991; HAMDANI, A. A. *Critique of Paul Casanova's Dating of the Rasā'il Ikhwān al-Safa'*; e NANJI, A. A. Portraits of Self and Others: Isma'ili Perspectives on the History of Religions. In: DAFTARY, F. (Org.). *Medieval Isma'ili History and Thought*. Cambridge: Cambridge University Press, 1996, p. 145-152; 153-160, respectivamente. Ver também PINES, S. Une Encyclopédie Arabe du 10e siècle: Les Épitres des Frères de la Pureté, *Rasā'il Ikhwān al-Safa'*. *Rivista di Storia della Filosofia*, 40, p. 131-137, 1985.
75. Parece que essas observações sugerem que o ônus da prova recai sobre os ombros daqueles que negariam que Abuláfia usou ideias retiradas das obras do *Šayḫ al-Akbar*.

Narboni (1300-1362) e a Simbiose Filosófica Judeo-Árabe*

Maurice-Ruben Hayoun

É possível encontrar um filósofo judeu do século XIV que tivesse mais familiaridade com a tradição dos *falāsifa* do que Narboni? Por certo, Maimônides (1138-1204) fora o pai da evolução que consistiu em situar em pé de igualdade o judaísmo rabínico em meio ao universo conceitual greco-islâmico. Nunca, porém, comentou de forma tão erudita autores como Ibn Sīnā (Avicena), Ibn Bājjah (Avempace), Ibn Ṭufayl (Abubacer) e Ibn Rušd (Averróis). Com Narboni, pode-se falar de uma verdadeira simbiose judeo-árabe no plano filosófico.

Consideremos uma passagem do comentário de Narboni ao *Ḥayy ibn Yaqẓān*, de Ibn Ṭufayl, em que se põe a questão da noção de fraternidade entre os filósofos de todos os tempos para além de qualquer apreço religioso:

> Visto que todo móvel requer um motor, que existe uma relação entre o primeiro e o segundo, e que o autor não pôs de uma só vez o livro em relação consigo próprio (= Ibn Ṭufayl), lembra ele a incitação a redigir esse livro (*Ḥayy ibn Yaqẓān*) a pedido do irmão. Ibn Ṭufayl disse: "Demandaste, irmão bem-amado, que Deus concedesse a ti a vida eterna

* Tradução de Bruno Loureiro Conte do original francês: "Moïse de Narbonne (1300-1362) et la symbiose philosophique judéo-arabe". Revisão técnica de Rosalie Helena de Souza Pereira.

> e a felicidade infinita etc. [...]. Por irmão compreende ele aquele que partilha de suas crenças e por quem tem afeto, pois a vontade de assemelhá-lo é a causa do amor que é a união". *Mas, para mim* (= Narboni), *o bem-amado são todos e cada um, na medida em que é homem de confiança de toda a casa* (Números 12:7). E vi que o sábio Abū Bakr ibn al-Ṣā'iġ[1], na introdução a seu livro intitulado *Epístola do Adeus* (*Risālat al-wadāᶜ: 'Iggeret ha-peṭirá* [Ms. 969 do *Fonds Hébreu* na Biblioteca Nacional da França, fol. 86a]), lhe sugerira encontrá-lo e distinguir-se pelo grau de ciência, pois nela se encontram e se reúnem os sábios.
> Eis as resoluções de Abū Bakr: "Se é para me encontrar, eu te aconselharia, a ti e àqueles de nossos irmãos contemporâneos a quem chegarão estas resoluções, assim como todas as outras desde o início dos tempos [...]. E todo aquele que alcançou a mesma ciência que nós, e que chega a professar as mesmas crenças que nós, este está entre nossos irmãos da mesma maneira como somos os irmãos de nossos predecessores. Entendo por isso não os pais que engendraram nossos corpos, mas aqueles que deram nascimento a nossas almas ou assim poderiam ter feito".
> Aqui termina a citação de Ibn Bājjah. O autor assinala que os sábios, genitores de nossa verdadeira essência, a forma intelectiva, são nossos verdadeiros pais, tal como diz Aristóteles no livro Alfa da *Metafísica*: convém àqueles que partilham em comum a fé e o conhecimento desde o início dos tempos [...] chamarem-se irmãos, tendo ou não se encontrado no espaço e no tempo, uma vez que tenham se encontrado no conhecimento[2].

Quem foi Narboni? Moisés ben Josué ben Mar David de Narbonne, de nome provençal Maestro Vidal Belshom, nasceu por volta de 1300 em Perpignan, de uma família proveniente de Narbonne, valendo-lhe a denominação Moisés Narboni. Morreu possivelmente em 1362, depois de ter terminado, em Soria, após sete anos de trabalho obstinado, seu comentário ao *Guia dos Perplexos*, de Maimônides. Muito jovem, com idade de 13 anos, fora iniciado por seu pai no estudo dessa obra. Médico, exegeta e filósofo, Narboni procurou constantemente harmonizar a tradição bíblico-talmúdica com a filosofia greco-muçulmana de seu tempo, o que, a seus olhos, incluía os escritos de Ibn Rušd. Sincero adepto do judaísmo, pregando, no início de sua carreira, um evidente misticismo para dele se afastar – ao menos aparentemente – logo em seguida, Narboni pôde legitimamente reivindicar o título de filósofo peripatético que confere às teses maimonidianas uma coloração resolutamente averroica. Isso é particularmente notório em seu comentário ao *Guia dos Perplexos*[3]. Contudo, desde o início de suas atividades científicas, isto é, a partir da redação, em 1344, de seu comentário sobre a *Epístola da Possibilidade da Conjunção com o Intelecto Agente*, de Ibn Rušd (obra cujo original árabe foi perdido e que se conservou apenas em sua versão hebraica, a qual é sempre acompanhada do comentário narboniano), Narboni refuta Maimônides com frequência, destacando sua dependência das ideias filosóficas de Al-Fārābī e de Ibn Sīnā. O único verdadeiro mestre do autor foi Ibn Rušd, que se lhe mostrava como o intérprete mais fiel do pensamento de Aristóteles[4].

A julgar pelas obras datadas de Narboni, a maior parte de sua atividade filosófica situa-se entre 1343-1344 e 1362. A partir de 1303-1306, desencadeara-se uma nova controvérsia a respeito dos escritos de Maimônides e dos estudos filosóficos. Narboni não bebeu de fontes exclusivamente filosóficas; a corrente esotérica judaico-medieval estava então em livre curso: o *Sefer ha-Bahir* (Livro da Iluminação) era conhecido desde 1175-1190, ao passo que o *Sefer ha-Zohar* (Livro do Esplendor) circulara por volta de 1270-1280, embora Narboni pareça nunca lhe ter feito referências expressas[5]. Outro é o caso do *Sefer ha-Bahir*, citado no comentário ao *Guia dos Perplexos* (I, 62), de Maimônides, última obra de Narboni. Encontra-se assim, em Narboni, esta hesitação que marcara tantos intelectuais judeus de seu tempo: uma oscilação, ao menos no início de sua carreira, entre duas formas de tradição – uma que parece autenticamente judaica mas que resulta em uma espécie de remitologização do judaísmo (para retomar uma expressão um pouco controversa de Gershom Scholem), e outra empenhada em conceitualizá-lo e averroizá-lo tanto quanto possível. De fato, é Ibn Rušd que, por intermédio de seus intérpretes judeus, inspirou a insurgência contra o exagero de uma "cabalização" do pensamento judaico. Ainda que Narboni tenha procurado conciliar esses dois imperativos em um primeiro escrito de juventude, é no comentário ao *Shi'ur Qomá* [medida do tamanho ou do corpo de Deus] que ele confere inteligibilidade filosófica a uma simbólica mística das mais exuberantes. Mais tarde, em 1349, em seu comentário ao opúsculo *Ḥayy Ibn Yaqẓān*, de Ibn Ṭufayl, em que se busca realizar a conjunção do Intelecto Agente com o auxílio de um laço místico, e não mais com o termo de uma diligência filosófica de tipo discursivo, constata-se que nosso autor permanece um averroísta convicto, mesmo que, até o crepúsculo de sua vida, possam ainda ser denunciadas certas imagens indiscutivelmente mistificantes.

O que mais impressiona no esforço filosófico de Narboni é sua tentativa de averroizar os ensinamentos de Maimônides, o qual não esperava oferecer respostas claras às questões que propunha. Maimônides dissimulara cuidadosamente suas intenções profundas, deixando campo livre aos comentários: advento ou eternidade do universo? Ideal encarnado na filosofia pura, isto é, de natureza contemplativa, ou, ao contrário, na ética rabínica inteiramente voltada ao cumprimento rigoroso das *miṣvot*? É a Lei judaica fruto de uma Revelação intrinsecamente divina ou sobretudo o produto de um espírito superior quase divino que, todavia, permanece não menos humano? A profecia, sobre a qual tudo se sustenta, é verdadeiramente superior ao esforço filosófico ou constituiria apenas um meio pedagógico destinado a reger as massas incultas e a garantir uma coabitação harmoniosa no seio do grupo social? Qual seria, nesse caso específico, o estatuto exato da Bíblia? Qual seria a escatologia judaica? Como se observa, todas essas questões são de gravidade extrema. Narboni procurará responder a elas apoiando-se em seu mestre Ibn Rušd.

***

Como um jovem intelectual judeo-francês do início do século XIV pôde entrar em contato com os tesouros da filosofia islâmica, deles impregnando-se tanto? Tal simbiose cultural judeo-árabe fora permitida pela ação dos tradutores judeus da Idade Média.

Do grego ao hebraico, passando pelo árabe: esse foi o itinerário do movimento de tradução no judaísmo medieval, um movimento que manifestava vontade de aculturação, não menos que de renovação, da tradição religiosa judaica, permanecendo fiel a seu espírito. Ao escapar dos almorávidas, os melhores filhos do judaísmo levaram consigo a paixão pela cultura universal. No espírito desses jovens emigrados da Espanha que sabiam hebraico, Atenas fazia lembrar Jerusalém.

Do árabe ao hebraico: essa foi a orientação seguida pelas grandes famílias de tradutores, os Tibbonidas (Yehudá, Moisés e Samuel), os Kimḥidas (José e Davi), os Qalonymidas e alguns outros. Esses tradutores-intérpretes, esses filósofos-hermeneutas eram os suportes vivos da tradição filosófica greco-islâmica em meio à elite intelectual judia. Pode-se afirmar, assim, que tradução e emigração não apenas rimavam: uma implicava a outra. As comunidades judaicas medievais celebraram de forma grandiosa a chegada a Provença dos Tibbonidas e dos Kimḥidas, mas também a do célebre exegeta bíblico Abraão ibn Ezra, o qual foi até Londres, onde pôs à disposição de seus irmãos as obras de gramáticos judeo-árabes, tais como Chajjug e Abū-l-Walid Merwān ibn Djanah (o chamado Rabi Yona). O movimento de tradução no judaísmo medieval prosseguiu em suas atividades em torno de dois grandes eixos, buscando:

1) Traduzir em hebraico, para os judeus, as obras de Aristóteles ou de seus comentadores árabe-muçulmanos: Al-Fārābī, Ibn Sīnā, Ibn Bājjah e Ibn Rušd, sem esquecer os teólogos, como Al-Ġazālī, ou os defensores do naturalismo místico, a exemplo de Ibn Ṭufayl.

2) Traduzir em hebraico, para os judeus, as obras filosóficas escritas em árabe ou judeo-árabe (árabe em caracteres hebraicos) por outros judeus.

É possível afirmar que, em torno de 1330, o essencial do *corpus* filosófico de Ibn Rušd estava traduzido em língua hebraica. Sabe-se que Ibn Rušd expôs a obra de Aristóteles em três modalidades: 1) o resumo ou *qiṣur*; 2) o comentário médio ou *be'ur 'emṣa'i* ou *perush*; 3) o grande comentário. Nesta última, destacam-se os grandes comentários de Ibn Rušd à *Física* e à *Metafísica*, de Aristóteles. Em 1289, surge o *Kol Meleḵet ha-Higgayon mi-Qiṣur Ibn Rushd*, de Yaakov ben Inactur. Em 1329, Shlomó ben Yehudá de Marselha prepara um novo *Qiṣur ha-Higgayon*. Em 1313, Qalonymos ben Qalonymos traduz dois livros do *Órganon* (no comentário médio de Ibn Rušd) intitulados: *Sefer ha-Haṭ'a'á* e *Sefer ha-Niṣu'aḥ*. Quanto a Moisés ibn Tibbon, fica incumbido dos *Kelale ha-Shamayyim ve-ha-'Olam*, de Ibn Rušd. O mesmo tradutor realizou, em 1250, uma versão hebraica do livro *Sobre a Geração e a Corrupção* (*Sefer ha-Havayá ve-ha-Hefsed*). O comentário médio foi traduzido em Roma, em 1284, por Zeraḥya Ḥen de Barcelona e, uma vez mais, em 1316, por Qalonymos ben Qalonymos.

Narboni e Ibn Ṭufayl (Abubacer)

É hora de abordarmos o pensador muçulmano Ibn Ṭufayl, autor do célebre *Ḥayy ibn Yaqẓān*. Nesse caso, o problema também é o mesmo: o que fazer da massa dos seres humanos? Deve-se virar-lhe as costas ou viver em sua companhia? Ibn Ṭufayl vai mais longe: pode-se corrigir o grande número dos incultos ou deve-se considerá-los irremediavelmente perdidos? Essa alternativa não pôde deixar de atormentar o espírito de Maimônides, o qual – repetimos – edificou toda a sua obra levando em conta essa cisão no coração da sociedade dos homens: aos simples, o *Mishné Torá* (Repetição da Lei); aos adeptos da espiritualidade, o *Guia dos Perplexos*.

O romance filosófico de Ibn Ṭufayl desempenhou papel importante na evolução da filosofia política da Idade Média[6]: a *Risālat Ḥayy ibn Yaqẓān fī asrār al-ḥikma al-mušrikīya* (Epístola de *Ḥayy ibn Yaqẓān* [que trata] dos Segredos da Sabedoria Oriental) foi escrita entre 1165-1169, alguns anos antes do falecimento do autor, ocorrido em 1185. Em 1671, em Oxford, E. Pocock foi responsável pelo surgimento desse texto em árabe, acompanhado de uma tradução latina, a qual foi seguida de outras três traduções, todas fundadas na precedente: em inglês, em holandês e em alemão (1726). A tradução hebraica anônima fora comentada em 1349 por Narboni[7]. Como e por que Ibn Ṭufayl redigira tal epístola? Para começar, o autor certamente tomara seu título emprestado de Ibn Sīnā, ao mesmo tempo que desenvolvia uma tese filosófica muito diferente: com sua teoria da emanação, que faz do Intelecto Agente a última inteligência separada, o dispensador dos inteligíveis à alma humana, Ibn Sīnā retirara desta a função fundamental de abstração dos inteligíveis. Interrogando-se sobre a unidade do intelecto humano, Ibn Ṭufayl retoma o nome que designa o Intelecto Agente para atribuí-lo ao homem (no caso, Ḥayy ibn Yaqẓān, nomeado por Pocock *Philosophus autodidacticus*), o qual passa a encontrar sozinho as ciências e a filosofia, utilizando-se evidentemente da abstração intelectual que lhe havia sido retirada por Ibn Sīnā, a fonte filosófica de Ibn Ṭufayl.

Façamos um breve resumo da história. Em uma ilha deserta da Índia, situada sob o Equador, nasce uma criança, sem pai nem mãe, que é Ḥayy. Ele é adotado por uma gazela que o amamenta e lhe serve de mãe. Espírito superiormente dotado, Ḥayy alcança por si mesmo a descoberta das mais altas verdades físicas e metafísicas. O sistema filosófico a que chega é, evidentemente, o dos *falāsifa*, que o conduz a buscar, no êxtase místico, a união íntima com Deus, o que equivale à plenitude da ciência e à felicidade eterna. Retirado em uma caverna, Ḥayy se dedica a separar seu intelecto do mundo exterior e de seu próprio corpo, graças à contemplação exclusiva de Deus, com o fim de se unir a Ele. O encontro com Absāl muda tudo: em meio a suas conversações com Ḥayy, esse piedoso personagem advindo da ilha vizinha para se entregar a uma vida ascética descobre, para seu grande espanto, que a filosofia de Ḥayy preconiza uma interpretação transcendente não apenas do Islã que professa mas também de todas as outras religiões reveladas. Absāl leva seu novo amigo Ḥayy à ilha vizinha, governada pelo piedoso rei Salāmān, incitando-o a divulgar as verdades divinas por ele descobertas. Todavia, a tentativa fracassa, e nossos dois sábios são forçados a concluir que a pura verdade não se poderia destinar a essas "gentes más" para as quais valem apenas os símbolos de que se cerca a Lei revelada. Os dois homens voltam a viver uma vida de solidão e de meditação em sua ilha deserta, não sem antes recomendar aos homens simples observarem fielmente a religião de seus pais. Nessa epístola, o autor procurou demonstrar que a inteligência humana seria capaz de descobrir as ciências, de pressentir Deus para além do mundo da geração e da corrupção, e de se unir, enfim, ao preço de um esforço último, a seu Criador. Acima de tudo, porém, Ibn Ṭufayl insiste no modo de conhecimento, bastante particular, de alcançar o estado último daquele conhecimento extático que tem seu coroamento na união mística com Deus. Uma vez que essa forma de conhecimento é o fim a que aspiram as gentes da sabedoria, Ibn Ṭufayl se propõe a indicar, aos que o desejarem, os resultados a que ele chegou: "Queremos fazer-te adentrar nos caminhos a que chegamos antes de ti, fazer-te nadar no mar que já atravessamos a fim de alcançares o lugar por nós alcançado, fazer que vejas o que vimos e que constates por ti tudo o que nós constatamos"[8].

Que lições podemos tirar daí? Não há, ao que tudo indica, oposição fundamental entre, de um lado, a filosofia (mistificante) e, de outro, a religião revelada. Há apenas uma verdade, suscetível de aparecer sob duas formas de expressão diferentes: a primeira, simbólica e imagética, destinada ao vulgo; a segunda, pura e exata, reservada à elite. O intelecto hílico – assim nomeado porque disposto na matéria – pode, com o concurso do Intelecto Agente, alcançar a verdade. Essa ideia relativiza a importância atribuída à Revelação e ao conteúdo positivo da religião ao dar ênfase aos recursos de uma inteligência humana a se exercer segundo normas estritas: releiam-se as passagens da epístola em que Ḥayy progride de demonstrações simples a demonstrações mais e mais complexas e chega, enfim, às verdades físicas e metafísicas! A última lição, a mais importante com respeito a nosso tema, é de natureza política: a sociedade humana está irremediavelmente corrompida e somente a religião popular lhe pode ser conveniente. Toda tentativa de reformá-la no sentido de uma mais alta intelectualidade (para não dizer espiritualidade) está fatalmente condenada ao fracasso. Ao verdadeiro sábio resta apenas o caminho do retiro nos altos cimos da razão pura.

Maimônides talvez não optasse pela visão extática de Ibn Ṭufayl que se vai ler, mas ela faz parte do ideal pregado por uma de suas fontes muçulmanas; essa importante passagem será citada, bem como duas outras, as quais relatam as descobertas do solitário e sua desgraça junto aos homens que vivem em sociedade:

> Tendo chegado à pura assimilação, à completa aniquilação da consciência de si, à verdadeira união, ele viu intuitivamente que a esfera

suprema, além da qual não há corpo algum, possui uma essência isenta de matéria, que não é a essência do Único, do Verdadeiro, que não é tampouco a esfera mesma, mas é como a imagem do Sol refletida em um espelho polido: essa imagem não é nem o Sol, nem o espelho, nem algo diferente de um ou outro. Viu que a essência dessa esfera, essência separada, tem uma perfeição, um esplendor e uma beleza grandes demais para que a linguagem os pudesse exprimir, demasiado sutis para se revestirem da forma de letras ou sons. Viu que essa essência culmina no mais alto grau de felicidade, de alegria, de contentamento e jovialidade, pela intuição da Essência, do Verdadeiro, do Glorioso.

Ele também viu que a esfera seguinte, a esfera das estrelas fixas, possui uma essência igualmente isenta de matéria, não sendo a essência do Único, do Verdadeiro, nem a essência separada que pertence à esfera suprema, nem a segunda esfera, nem algo diferente das três, mas que é como a imagem do Sol refletida em um espelho que recebe pelo reflexo a imagem refletida por outro espelho voltado em direção ao Sol. E viu que essa essência possui também um esplendor, uma beleza e uma fortuna semelhantes aos da esfera suprema. Viu também que a esfera seguinte, a esfera de Saturno, tem uma essência separada da matéria, não sendo nenhuma das essências que já havia percebido, nem algo de outro, mas sendo como a imagem do Sol refletida em um espelho que reflete a imagem refletida através de um terceiro espelho voltado em direção ao Sol. Viu que essa essência possui igualmente um esplendor e uma felicidade semelhantes aos das precedentes. Viu sucessivamente que cada esfera possui uma essência separada, isenta de matéria, que não é nenhuma das essências precedentes nem qualquer coisa diferente, mas é como a imagem do Sol refletida de espelho em espelho segundo os graus escalonados da hierarquia das esferas, e que cada uma dessas essências possui de fato beleza, esplendor, felicidade e jovialidade "que olho algum viu, que ouvido algum ouviu, que jamais se mostraram ao coração de um mortal".

Chegou, finalmente, ao mundo da geração e da corrupção, constituído por tudo o que preenche a esfera da Lua. Viu que esse mundo possui uma essência isenta de matéria, não sendo nenhuma das essências que já havia percebido nem qualquer coisa diferente; e que essa essência possui setenta mil faces, cada uma com setenta mil bocas, dotadas de setenta mil línguas cada, e que cada uma das bocas louva a essência do Uno, do Verdadeiro, abençoando-a e glorificando-a ininterruptamente.

> Viu que essa essência, na qual parece se manifestar uma multiplicidade sem que ela seja múltipla, possui uma perfeição e uma felicidade semelhantes às que ele havia reconhecido nas essências precedentes: essa essência é como a imagem do Sol que se reflete em água tremulante, reproduzindo sua imagem enviada pelo espelho que a recebe por último, segundo a ordem já indicada, provindo o reflexo do espelho que faz face ao próprio Sol.
>
> Em seguida, viu que ele mesmo possui uma essência separada. E, quanto a essa essência, se fosse possível dividir em partes a essência de setenta mil faces, poderíamos dela dizer que seria uma parte desta. E não fosse que essa essência se tivesse produzido depois de simplesmente não existir poderíamos dizer que ela se confunde com a do mundo da geração e da corrupção. Finalmente, se ela não tivesse se tornado própria ao corpo que lhe diz respeito, tão logo tivesse sido ele produzido, poderíamos afirmar que ela não se teria produzido.
>
> Viu, no mesmo grau, essências semelhantes à própria, tendo pertencido a corpos que existiram e então desapareceram, e essências pertencentes a corpos existentes no mundo ao mesmo tempo que ele [...]. E viu que sua própria essência e tais essências no mesmo grau que o seu têm, de fato, beleza, esplendor e felicidade infinitos, "que olho algum viu", que não podem descrever aqueles que sabem descrever, que podem apenas descrever aqueles que chegaram à união extática. Ele viu um grande número de essências separadas da matéria, comparáveis a espelhos enferrujados, encardidos, que, com aquela, dão as costas aos espelhos polidos em que se reflete o Sol, desviando deles seus rostos. Nessas essências, viu uma feiura e um defeito jamais imaginados. Ele as viu mergulhadas em dores sem fim, em gemidos incessantes, envolvidas em um turbilhão de tormentos, queimadas pelo fogo do véu da separação [de Deus], divididas entre a repulsão e a atração como nos movimentos alternados do serrote.

A visão extática de Ḥayy o conduz a uma ordem descendente desde a Essência primeira até a percepção das almas individuais, passando pelo Intelecto Agente, descrito como possuidor de setenta mil faces. Isso significa que ele engloba todos os inteligíveis (setenta mil sempre foi uma cifra enorme no Oriente; veja-se, por exemplo, na tradição bíblico-talmúdica: setenta sábios de Israel, as setenta nações ou línguas da terra...). As almas são assimiladas a espelhos. Aqueles entre os homens que tenham "aguçado suas almas" (Ibn Ṭufayl utiliza efetivamente essa expressão) serão como canais naturais da luz

(= ciência) divina. Em compensação, os incultos ou sensualistas se assemelham a espelhos cobertos de ferrugem e desviados do Sol. Estarão prometidos à danação eterna. Eis a passagem consagrada às relações entre a massa e a elite e a suas respectivas apreensões do dado revelado:

> Conta-se que, em uma ilha vizinha àquela onde Ḥayy ibn Yaqẓān nascera, segundo uma das duas versões diferentes quanto à sua origem (geração espontânea ou nascimento de uma mãe), se havia introduzido uma das religiões excelentes, originadas de um dos antigos profetas (a bênção esteja com eles!). Era uma religião que exprimia todas as verdadeiras realidades por símbolos, que lhes dotavam de imagens e imprimiam delineamentos nas almas, como é usual em discursos dirigidos ao vulgo. Tal religião não parava de se espalhar por essa ilha, tornando-se poderosa e prevalecendo, até que enfim o rei dessa ilha a adota e se empenha em fazer as pessoas aderirem a ela.
>
> Nessa ilha viviam então dois homens de mérito e de boa vontade: um era chamado Absāl, e o outro Salāmān. Eles tinham conhecimento dessa religião e abraçaram-na com ardor, comprometendo-se a observar todos os seus preceitos, disciplinando-se em suas práticas e prestando-se ao convívio. Procuravam por vezes compreender as expressões tradicionais dessa lei religiosa relativa aos atributos de Deus Poderoso e Grande, de seus anjos, à descrição da ressurreição, das recompensas e dos castigos. Um deles, Absāl, procurou penetrar mais o sentido oculto, descobrir o significado místico, sendo mais afeito à interpretação alegórica. Salāmān, por sua vez, vinculou-se mais ao sentido exterior, sendo mais propenso a se abster da interpretação alegórica, do livre exame e da especulação. Mas tanto um quanto o outro se envolviam com zelo nas práticas exteriores, no exame de consciência, na luta contra as paixões. Nessa lei religiosa, havia máximas que dispunham ao retiro, à reclusão, apontando nelas a redenção e a salvação; havia também outras máximas a recomendar a companhia e a sociedade dos homens. Absāl se empenhou em procurar o retiro e dava preferência às máximas que assim recomendavam, por causa de sua natureza inclinada a uma contínua meditação, à busca de explicações, ao aprofundamento do sentido oculto dos símbolos – e era sobretudo na reclusão que ele tinha esperança de obtê-los. Salāmān, ao contrário, vinculava-se à sociedade dos homens e dava preferência às máximas que assim recomendavam por causa de sua repugnância natural à meditação e ao livre exame: ele acreditava

> ser preciso esse convívio para evitar a tentação de Satanás, para afastar os maus pensamentos e para proteger contra os incitamentos dos demônios. Essa divergência de opinião seria a causa da separação deles[9].

O palco está montado: um dos dois amigos viajará à ilha deserta onde encontrará Ḥayy ibn Yaqẓān, que jamais vira um ser humano. Pouco a pouco ele se deixará domesticar; tendo aprendido a linguagem humana, conversará com seu novo companheiro e vai lhe confiar o que sabe sobre Deus, o mundo e o homem. Absāl descobre então, estupefato, que a razão e a tradição concordam e que a única diferença diz respeito ao modo de apresentação e de ensinamento. A religião, dirigindo-se ao vulgo, usa símbolos materiais que todos podem compreender, ao passo que a espiritualidade expõe a verdade em sua brilhante porém ofuscante nudez. Movidos por seu amor aos seres humanos, os dois companheiros decidem navegar em direção à ilha vizinha, onde poderiam comunicar seus conhecimentos e sua sabedoria aos congêneres. Ocorre que o chefe dessa ilha vizinha não é nenhum outro senão Salāmān, o amigo de Absāl:

> Ḥayy ibn Yaqẓān passa assim a instruí-los e a lhes revelar os segredos da sabedoria. No entanto, tão logo se elevava um pouco além do sentido exotérico para abordar certas verdades contrárias a seus preconceitos, começavam a se afastar dele: suas almas tinham repugnância pelas doutrinas por ele aduzidas e, em seus corações, irritavam-se contra ele, ainda que mantivessem as aparências por cortesia a um estrangeiro e por respeito a seu amigo Absāl. Ḥayy ibn Yaqẓān portou-se bem com eles por dias e noites seguidos, desvelando a verdade na intimidade e em público. Só conseguiu, entretanto, causar-lhes repugnância e alarmá-los ainda mais.
>
> Eram, não obstante, amigos do bem e desejavam o verdadeiro. Mas, por força de sua enfermidade natural, não foram buscar a verdade pela via exigida, não a tomavam pelo lado em que seria necessário seguir e, em lugar de se encaminharem à boa entrada, procuravam conhecê-la pela via das autoridades. Ḥayy desencoraja-se de corrigi-los e perde toda a esperança de convencê-los [...]. Uma vez enxergando que o turbilhão do castigo os envolvia, que as trevas da separação os cobriam, que todos, salvo poucas exceções, apreendiam de sua religião apenas o que diz respeito a este mundo – "que rejeitavam suas práticas deixando-as para trás, por mais leves e fáceis que fossem, vendendo-as a baixos preços", "que o comércio e as transações os impediam de se lembrar do Deus al-

> taneiro [...]" –, compreende, com absoluta certeza, que entretê-los com a verdade pura era coisa vã, que conseguir impor-lhes em sua conduta um nível mais elevado era coisa irrealizável e que, para as gentes em geral, o proveito que poderiam tirar da Lei religiosa concernia à sua existência presente e consistia em poder fruir da vida sem serem lesados por outrem [...].
>
> Uma vez tendo compreendido as condições diversas das gentes e que a maioria delas estava no nível dos animais desprovidos de razão, reconhece que toda sabedoria, toda orientação, toda assistência residem nas palavras dos Enviados, nos ensinamentos providos pela Lei religiosa, que nada além disso é possível, que nada se lhes pode acrescentar – que há homens para cada função, que cada um está mais apto àquilo em vista de que ele foi criado [...] [10].

Isso tudo é, portanto, o reconhecimento de um fracasso: se a religião revelada, de uma parte, e a filosofia, de outra, ensinam uma só e mesma verdade sob revestimentos diferentes, nem todos os homens estão igualmente aptos a compreender o modo elevado e superior da educação. Ibn Ṭufayl parecer ter se convencido dessa "bifurcação", comentada como segue no episódio da partida de seus dois heróis:

> Ḥayy recomenda-lhes continuar a observar rigorosamente as fronteiras da Lei divina e as práticas exteriores, a insistir o menos possível nas coisas que não lhes dizem respeito, a crer sem resistência nas passagens ambíguas dos textos sagrados [...]. Pois reconheceram, ele e seu amigo Absāl, que a essa categoria de homens, gente de rebanho e impotente, não caberia outra via de salvação; que, se os desviassem a fim de conduzi-los às alturas da especulação, eles sofreriam profunda perturbação em sua condição, sem poder alcançar o grau dos bem-aventurados – eles oscilariam, vacilariam e teriam um mau fim –, enquanto, permanecendo até a morte na condição em que se encontram, alcançariam a salvação e teriam lugar entre aqueles que estão à direita [...].
>
> Eles lhes dizem, os dois, adeus – deixam-nos e aguardam pacientemente a ocasião de retornar à sua ilha. Por fim, Deus, Poderoso e Grande, facilita-lhes a travessia. Ḥayy ibn Yaqẓān empenha-se em retornar à estância sublime pelos mesmos meios de outrora. Absāl imita-o tão bem que atinge um nível bastante próximo. E, nessa ilha, adoraram ambos a Deus até suas mortes [11].

Filosofia e Torá no Pensamento de Narboni

Um dos melhores exemplos do que busca a atividade dos tradutores é fornecido pelo magnífico manuscrito hebraico 956 do *Fonds Hébreu* da Biblioteca Nacional da França. Esse compêndio, que parece ter surgido na Provença, contém tudo o que um refinado homem de letras da época deveria conhecer, por pouco que se valesse da filosofia. Tratando-se de literatura manuscrita antiga que não receberia tão cedo as honras da impressão, consagro algumas linhas aos títulos nela figurados, que constituía, não há dúvidas, o programa de estudos do perfeito discípulo judeu dos filósofos. Encontram-se, pois, precisamente nesta ordem, os seguintes textos:

1) *Comentário Médio sobre a Ética Nicomaqueia*, de Ibn Rušd (Averróis);
2) *Intenções dos Filósofos*, de Al-Ġazālī;
3) *Destruição da Destruição*, de Ibn Rušd (Averróis);
4) *Compêndio do Órganon de Aristóteles*, de Ibn Rušd (Averróis);
5) *Comentário sobre a Física*, de Ibn Rušd (Averróis);
6) Comentários de Ibn Rušd (Averróis) a *Sobre o Céu e o Mundo*; *Sobre a Geração e a Corrupção*; *Meteorológicos*;
7) A paráfrase de Ibn Rušd sobre os *Animais* (*ba'ale ḥayyim*); ainda do filósofo cordovês:
8) *Compêndio sobre o Livro da Alma*; e *Sobre o Sentido e o Sensível*; e
9) *Comentário Médio sobre a Metafísica*.

Um breve passar de olhos sobre a ordem dessa tábua de matérias é suficiente para nos informar o objetivo visado por aquele que concebeu essa antologia: inicia-se por um manual enfocando a vida em sociedade e as virtudes que Aristóteles nomeia dianoéticas e conclui-se com a dimensão invisível do ser, isto é, a metafísica. O mais revelador é que esse manuscrito, que, na época, constituíra um todo, tenha sido nomeado seguindo uma variação de uma reminiscência bíblica (Isaías 50:4: *shoshan limmudim*, o mais precioso dos estudos). Isso mostra bem a grande estima de que desfrutavam os estudos filosóficos em certos meios judaicos provençais. Mostra também como esses homens consideravam sua religião uma religião-cultura, como escreveria meio milênio depois o filósofo judeo-alemão Hermann Cohen (1842-1918).

Nesses inícios do século XIV, a sombra de Ibn Rušd pairava com insistência cada vez maior – assim veremos no manuscrito 956 da Biblioteca Nacional da França – sobre os pensadores judeus. Homens como Isaac Albalag (fim do século XIII), Gersônides (morto em 1344), Ibn Kaspi (morto em 1340) e Narboni confrontarão sua tradição religiosa judaica com o ensinamento filosófico de Ibn Rušd, o qual havia feito recuar amplamente o farabi-avicenismo, tão caro ao autor do *Guia dos Perplexos*. Mais tarde, quando dobraram os sinos por essa corrente espiritual no seio do judaísmo medieval, foi a vez de Elia del Medigo – Hellias Cretensis para os latinos – entoar o canto do cisne com a publicação de seu *Exame da Religião* (*Sefer Beḥinat ha-Dat*). Recentemente traduzido em francês (Paris: Les Éditions du Cerf, 1992), esse livro é a última obra judeo-averroísta anterior à rebentação da onda da Cabala luriânica, que reinará sem concorrência sobre todo o pensamento judaico por mais de dois séculos e meio.

Já acenamos que, entre os judeus medievais, a própria ideia de filosofia peripatética era inconcebível sem o aporte greco-islâmico e sem a existência de um movimento de tradução. Para Narboni, essa evidência chama a atenção em particular: em toda a filosofia medieval judaica, não há outra personalidade que se tenha alimentado tanto das letras e das ideias islâmicas. Contudo, não consta que Narboni tenha traduzido sequer um texto do árabe para o hebraico: no Manuscrito de Oxford 1358, 2 ou 1360 (da mesma biblioteca), que é uma recópia fiel, o autor diz textualmente, logo no início, o seguinte: "Quanto ao primeiro exemplo, nada compreendi por conter termos em árabe, quanto ao segundo, é explícito"[12].

Seria estranho que um pensador judeu que tanto se ocupou do problema da continuidade ideológica da *falsafa* tivesse permanecido ignorante da língua árabe. Seja como for, nosso comentador judeu serviu-se de versões hebraicas da obra de Ibn Rušd para trazer à luz uma unidade profunda a conduzir, por assim dizer em marcha a ré, de Ibn Rušd a Ibn Ṭufayl e Ibn Bājjah, passando por Al-Fārābī. Os dois outros filósofos-teólogos aos quais Narboni atribui alguma importância são Ibn Sīnā e Al-Ġazālī. O primeiro foi lido por nosso autor depois de já estar saturado de noções averroicas. O autor do *Faṣl al-Maqāl* (Tratado Decisivo), Ibn Rušd, havia exposto ao ridículo o *Šayḫ*[*] por causa das várias deformações a que ele submetera o pensamento de Aristóteles. Narboni incriminaria duplamente Ibn Sīnā, a quem imputa tudo o que, em Maimônides, assemelhava-se mais ou menos a erros de ordem filosófica. Em compensação, certo intelectualismo avicenista tingido de misticismo não

[*] *Al-Šayḫ al-Ra'is*, título honorífico pelo qual Ibn Sīnā (Avicena) é conhecido entre os árabes; significa o mestre, o grande sábio, aquele que lidera, literalmente "o xeique cabeça". (N. da Org.)

deixou Narboni indiferente, na medida em que encontrou sua marca na introdução de Ibn Ṭufayl ao *Ḥayy ibn Yaqẓān*. Com respeito a Al-Ġazālī – a quem Ibn Ṭufayl julga com bastante severidade em seu *Ḥayy ibn Yaqẓān* –, Narboni tem atitude bastante favorável. Isso é paradoxal apenas aparentemente: para Narboni – que comentara tão cuidadosamente as *Maqāṣid al-falāsifa* (*Kavanot ha-Pilosofim*), de modo que lhes assegurasse uma notoriedade ímpar na filosofia judaica medieval –, Al-Ġazālī teria pretendido dar o troco e passar para trás a autoridade política que vigiava com arrogância a estrita ortodoxia do Islã. Narboni observa, na introdução a seu comentário, que o teólogo muçulmano fora um homem religioso (*Toriyyi*), o que, sob sua pluma, não era de modo algum pejorativo. Há, portanto – e a fim de concluir com relação a esse ponto específico –, uma escola filosófica islâmica da Idade Média que se compõe, aos olhos de Narboni, de Al-Fārābī, Ibn Bājjah, Ibn Ṭufayl e Ibn Rušd, a qual enfrentam, conforme dois estatutos diferentes, Ibn Sīnā e Al-Ġazālī.

***

Se existe uma noção que aproxima Narboni de Ibn Rušd e que explica a afinidade do pensador judeu com seu modelo muçulmano, é a de *iršād*, em hebraico, *hayshara* (a ação de guiar em direção à verdade). Com efeito, sem esse termo e suas implicações, não teria sido possível aos pensadores religiosos filosofar permanecendo ancorados na tradição escriturária ancestral. É todo o problema da veracidade das Escrituras. No caso do judaísmo, o termo *hayshara* implicava que a Torá não seria a verdade, mas apenas que fosse confinada sob uma ou outra forma: a Torá conduz em direção à verdade o comentador esclarecido que do texto sagrado sabe extraí-la pelo uso da interpretação alegórica. A Torá, de um lado, e a filosofia, de outro, não são irmãs inimigas, mas não são irmãs gêmeas. O âmago das Escrituras é sua verdade, enquanto sua forma levaria mais a pensar em uma espécie de "mito político". Uma precisão, todavia, cabe aqui: essa "reavaliação" das Escrituras não toca o conteúdo positivo da Torá, por mais longe que se leve a interrogação sobre a motivação dos preceitos divinos. Aí está o problema da solidariedade dos diferentes sentidos da Escritura: para os judeus medievais (com a notória exceção de certos alegoristas descontrolados), o sentido profundo do texto sagrado não poderia fazer caducar o sentido óbvio [13].

Narboni efetivamente considerava a Torá, a saber, o documento revelado do judaísmo, uma espécie de educadora primeira da humanidade; ele faz uma espécie de paráfrase do ensinamento de Ibn Rušd. Eis o que escreve Narboni:

> Tanto convém evitar perscrutar a intenção divina todo-poderosa quanto importa observar deferência para com Maimônides, respeitando sua recomendação e não violando sua súplica. Assim é, ainda que a maior parte desses segredos nos seja posteriormente conhecida por meio de livros científicos que oferecem sua exposição detalhada. Convém, assim, considerar a causa primordial, sobretudo porque ela nos reúne à primeira infância. Desde meus primeiros anos, pois, meu pai criou-me no respeito a essa causa [...].
>
> Visto que todos os mistérios da Torá são aqueles explicados aos iniciados de modo apodítico – pois a Torá que lhes é destinada, em sentido próprio, é a filosofia –, o importante é que cada um deles considere primeiro sua doutrina religiosa, que é a mesma para todos – como é dito: a Torá de Deus é perfeita e tempera a alma (Salmos 19:8) –, e que não divulgue os mistérios nem se oponha à sua intenção, que foi de furtar ao vulgo as verdades primeiras, particularmente as que têm por objeto fazer compreender Deus, como é dito: o mistério de Deus é para aqueles que o temem (Salmos 25:14). Isso significa que os mistérios relativos à verdadeira essência divina devem ser reservados àqueles que temem a Deus [14].

A Obra de Narboni

Faz-se necessário apresentar um breve panorama das obras mais importantes de Narboni, que marcou com o selo do averroísmo a interpretação de Maimônides durante a Idade Média. Por motivo de clareza, as obras do autor serão classificadas sob diferentes rubricas: textos relativos à exegese, à lógica, aos comentários filosóficos, à medicina e à mística. Uma rubrica será reservada às epístolas ditas independentes, das quais temos notícia de três, duas apenas tendo chegado até nós.

Exegese Bíblica

- O comentário sobre o Livro das Lamentações é o único comentário bíblico do autor, que pretendia preencher uma lacuna deixada por um de seus contemporâneos mais velhos, isto é, Gersônides (1288-1344), que havia feito a exegese de todas as outras *megillot* (rolos bíblicos), com exceção desta. O comentário deve ter sido redigido entre 1342 e 1343, pois a epístola do *Shi'ur Qomá* a que serve de introdução – notadamente no manuscrito de Oxford – é de 1343. Além disso, o autor nos faz participar de sua intenção de comentar a *Epístola sobre a Possibilidade da Conjunção*, de Ibn Rušd; ora, esse trabalho é datado de 1344. O autor não cita jamais esse comentário bíblico em seus trabalhos posteriores, e, apesar disso, descobrimos um bom número de passagens paralelas, dado o hábito do autor de se repetir de um livro a outro. Esse comentário sobre as Lamentações segue bastante de perto o método do *midrash* rabínico. Narboni aí cita Ḥayy Gaon, Abraão ibn Ezra, Naḥmânides e Maimônides. Aborda também numerosas questões sem relação direta com o livro tratado; consagra desenvolvimentos, por exemplo, à origem divina da Torá e ao livre-arbítrio[15].

Textos Relativos à Lógica

- Explicações de termos de lógica (*Perush me-Millot ha-Higgayon*)
  Editamos esse texto em 1983 na revista *Da'at* (n. 10, p. 69-92, 1983).

- Comentário sobre a *Paráfrase do Órganon* de Ibn Rušd (Averróis)
  Uma edição crítica desse comentário está em preparação, baseada em dois manuscritos incompletos de Oxford (n. 1358, 2 e 1360) e no de Leeuwarden. É possível referir-se à nossa edição das primeiras páginas desse comentário, publicadas em *REJ* CXLVII, 3-4, p. 387-396, 1988.

Comentários Filosóficos

SOBRE O INTELECTO

> Por qual razão a predisposição nomeada intelecto hílico [= material] não está misturada [à matéria]; e, bem naturalmente, passaremos a um assunto que te preocupa já há algum tempo, a saber, se as faculdades da alma são múltiplas almas ou apenas partes ou instrumentos, como pensava Al-Ġazālī. Reproduzirei aqui o que comentei sobre o escrito de Ibn Rušd relativamente ao intelecto hílico, pois a maioria dos sábios de

> nosso país não parece ter a respeito uma ideia clara; a quinta dissertação tratará [...] da ação do Intelecto Agente enquanto forma presente em nós (F. H. n. 988 da B. N. de Paris, fol. 2b-3a).

- Comentário ao tratado de Ibn Rušd sobre o intelecto hílico e a possibilidade da conjunção com o Intelecto Agente (*Ma'amar be-'Efsharut ha-Devequt*) Esse comentário foi editado em 1982, em Nova York, com a tradução inglesa e notas de K. P. Bland. No preâmbulo, Narboni explica que se deve salvaguardar a parte eterna da alma, pois é por ela que a alma transcende a morte. Ele indica também sua intenção de comentar o livro de Abū Bakr ibn Tsaf (= *Ḥayy ibn Yaqẓān*, de Ibn Ṭufayl)[16]. Um pouco mais à frente, menciona o livro dos *Círculos Imaginários*, de Al-Batalyawsi[17]. De resto, a passagem que vai do fol. 164a ao fol. 165a corresponde quase no detalhe à *Perfeição da Alma* (ed. de A. Ivry, p. 159, linha 9 et seq.). Voltaremos à análise doutrinal do comentário da *Epístola.*

- Comentário sobre o Comentário de Ibn Rušd ao *Tratado sobre o Intelecto Hílico* de Alexandre de Afrodísia
Esse texto sucinto se encontra na *Staatsbibliothek* de Munique (F. H. n. 389) e já foi citado no comentário precedente[18].

SOBRE A FÍSICA

- Comentário sobre o Comentário Médio de Ibn Rušd à *Física* de Aristóteles
Essa explicação da *Física* se encontra conservada em um manuscrito único da B. N. de Paris (F. H. n. 967, 1). O texto é lacunar e não tem título nem introdução. Narboni cita o comentário em *Perfeição da Alma* (F. H. da B. N. n. 988, fol. 87b). O que se pode ler nele é o seguinte: "Saiba que, para algumas dissertações, apoiar-me-ei no que já escrevi em meu comentário sobre a *Física* [...]".

- Comentário sobre as *Dissertações Físicas* (*Derushim ha-Tiv'iyyim*) e sobre a *Substância do Orbe* (*Ma'amar be-Éṣem ha-Galgal = De Substantia Orbis*)
O comentário sobre as *Dissertações Físicas* deve seu nascimento a uma petição da confraria de Perpignan (*kat ha-'aḥim*): "Redijo este comentário por solicitação de meus companheiros filósofos da cidade de Perpignan, eles que têm a vontade de adquirir os inteligíveis e de acumular a ciência da filosofia [...]" (n. 988, fol. 87b).

O comentário sobre o *De Substantia Orbis*, de Averróis, foi completado "em cinco Adar II 5109" (1349 E.C.). Arthur Hyman disponibilizou uma excelente edição hebraica do tratado de Averróis, acompanhada de uma tradução inglesa anotada[19]. Os três pontos que Narboni pretende comentar são: o corpo celeste não é um composto, mas uma substância simples; não abrange nada de material; e, enfim, não é nem pesado nem leve.

AS SUMAS

- Comentário sobre as *Intenções dos Filósofos* de Al-Ġazālī (*Kavanot ha-Pilosofim*) (F. H. da B. N. n. 956)
  Esse volumoso comentário se divide em três partes: a primeira trata das questões de lógica (fol. 99b-117a); a segunda, de metafísica (fol. 117b-182a); e a terceira, de física (fol. 182b-209a). É preciso mencionar que Narboni desde sempre teve dúvidas quanto à sinceridade de Al-Ġazālī, na medida em que este pretendeu expor as doutrinas dos filósofos apenas com o intuito de melhor refutá-las em seguida; para o filósofo judeu, seu antecessor muçulmano era um homem religioso íntegro (*'ish toriyyi*) (ver supra) que quis tão simplesmente vender gato por lebre aos severos guardiões da ortodoxia. Julgue-se:

> Visto que Abū Ḥāmid (Al-Ġazālī) vivia na época em que a quarta causa (ver *Guia* I, 31) era preponderante [...], o monarca interditara o ensinamento da filosofia [...]. Mas a natureza íntegra do autor forçou-o a transmitir aos outros o que já sabia sobre as noções da sabedoria. Esforçou-se, assim, em revelar seus mistérios sem se expor a danos, tendo-se feito passar por um adversário da filosofia. Disse que, dada a impossibilidade de denunciar o caráter errôneo de uma opinião sem ter lhe apreendido previamente o fundamento, era, pois, imperativo – a qualquer um que desejasse escrever um livro contra os filósofos – começar por fazer uma apresentação de suas doutrinas. Posteriormente, escreveu outro livro, em que contesta o que essas doutrinas contêm de falso; ele o intitula a *Destruição dos Filósofos* e destrói as provas que os filósofos levantam contra o caráter adventício do universo. Mas apenas Deus sabe qual foi o objetivo realmente buscado por Abū Ḥāmid e o que verdadeiramente importava a seus olhos (fol. 99a-100b).

- Comentário ao *Ḥayy Ibn Yaqẓān* de Ibn Ṭufayl (F. H. da B. N. n. 913 e 916)
  Como o precedente, esse comentário ocupa um lugar central na obra de Narboni e foi concluído às vésperas do Pentecostes de 5109 (1349 E.C.). Eis um excerto da introdução de Narboni a esse comentário[20]:

> Julguei que fosse bom dividir esse comentário em oito partes, repartidas por sua vez em capítulos [...]. A primeira parte será consagrada à introdução do tratado. A segunda será voltada à posição de Ḥayy ibn Yaqẓān e seu desenvolvimento após o nascimento. A terceira explicará o que põe Ḥayy em movimento [...], bem como o regime do Solitário[21].

- Comentário sobre o *Guia dos Perplexos* de Moisés Maimônides[22]
  Coroamento de uma vida de investigações filosóficas, esse comentário, muito possivelmente a última obra do autor (entre 1355 e 1362), oferece a chave do sistema de Narboni. Ele tem sido abundantemente explorado em muitas obras recentemente publicadas[23]. Vamos nos contentar em citar uma passagem significativa do posfácio desse comentário:

> Mesmo meu filho Josué disse-me palavras sensatas. "Comentaste o livro das *Intenções*, *Ḥayy Ibn Yaqẓān*, a ciência da Lógica e da Metafísica, bem como outros livros cujos autores não pertencem à nossa Nação. E como poderia deixar de fazer parte o livro divino escrito pelo Luminar da sabedoria – que restitui a vida à Nação e esclarece todas as obscuridades? Pois, nesse caso, eu e meus companheiros seremos os culpados quando meu mestre dormir com seus pais" (I Reis 1:21). Entrementes, pus o rosto como um seixo (Isaías 50:7) para levar a bom termo meu trabalho, sabendo que não falharia, pois a sabedoria das verdades conduzir-me-ia com segurança. E o derramamento divino, que concede a verdade a suas criaturas, por sua bondade far-me-ia exitoso, por mérito de Maimônides, pois não foi para minha glória nem para a glória da casa de meu pai que o fiz [isto é, o comentário ao *Guia*]. Foi, com efeito, tendo em vista ser útil à minha Nação a fim de que ela compreendesse as verdades. Pudesse todo o povo de Deus ser composto de profetas (Números 11:29) [...] E tu, meu irmão, purifica tua alma e aguça-a, para que perceba os divinos mistérios que te revelei e que são como centelhas que brilham e se extinguem, mas que entreguei a ti tais como a luz do Sol em pleno meio-dia – chama de Deus e figura da Presença – sem, todavia, entrar em conflito com a intenção divina, a

> qual não se pode contestar [...] o véu será afastado e a luz da sabedoria resplandecerá. Deus integra-la-á à luz da verdadeira vida a fim de se deleitar com esse suprimento de luz que prometera: a Lua, então, brilhará com o mesmo esplendor que o Sol, e a luz do Sol será sete vezes mais viva (Isaías 30:26).

Medicina

- Comentário à quarta parte do *Cânone* de Avicena
  Trata-se de notas atribuídas a Belshom ha-Narboni e que se encontram nos manuscritos hebraicos de Oxford 2107 e 2121, 6[24].

- *O Caminho da Vida* (*'Oraḥ Ḥayyim*) (F. H. da B. N. F. n. 1200)
  Nesse espesso tratado médico concluído em 1350, Narboni consignou numerosas observações médicas sobre as doenças por ele tratadas. Ainda aí, o autor se refere a Maimônides, que tratou dois sábios eminentes que soçobravam na loucura (fol. 12a)[25].

Mística

- O comentário sobre o *Shi'ur Qomá*
  A redação desse texto remonta ao início da atividade filosófica do autor. Reportar-se-á à edição crítica, bem como à introdução e à tradução exemplares de Alexander Altmann[26]. Em suma, Narboni interpreta em sentido filosófico os dados do *Shi'ur Qomá*[27]. Ele utiliza também as obras de Maimônides e de Ibn Rušd.

- *Pirqe Moshé* (Capítulos de Moisés – Aforismos Filosóficos)
  Essa epístola, que até 1969 se supunha perdida, divide-se em cinco partes, que tratam da criação do mundo, da ação profética, dos sacrifícios, da circuncisão e da providência. Nenhum outro texto do autor e nenhuma indicação cronológica são oferecidos. No entanto, certas passagens da epístola – que não são assinaladas pelo editor – são de Ibn Rušd ou lembram declarações de Narboni, notadamente sobre a natureza do possível[28].

Epístolas Independentes

- A *'Iggeret Meyuḥedet* (Epístola Especial, citada em *Guia* II, 30) está hoje perdida; é possível que fosse de um supercomentário de Narboni sobre um texto de Ibn Ezra. A epístola sobre o livre-arbítrio é citada no comentário ao *Guia* (III, 17); foi escrita, provavelmente, pouco antes da finalização deste último. A nota inserida no *caput* do texto ("epístola que ele redigiu cerca de três meses antes de seu falecimento") não deve ser tomada ao pé da letra[29].

- Para terminar, quanto ao comentário sobre o comentário de Ibn Rušd a *Sobre o Céu e o Mundo*, de Aristóteles, citado no *Guia* (I, 5), só o conhecemos de nome. Por outro lado, o autor do artigo sobre Moisés ben Josué de Narbonne (Narboni) constante da *Encyclopaedia Judaica* (vol. XII, col. 423) atribui incorretamente a Narboni um comentário sobre Jó[30].

Narboni e Ibn Rušd (Averróis)

> Ibn Rušd disse que todas as ciências em conjunto, isto é, a lógica, a física e a metafísica, retomam os princípios de Aristóteles. Ibn Rušd disse que é desnecessário questionar o ensinamento de Aristóteles; Narboni diz: "Isso significa que a essência divina o dotou (a Aristóteles) de um conhecimento total e fiável no domínio dos inteligíveis primeiros [...]. Não nos é necessário investigar se Aristóteles afirma com veracidade, pois sua apreensão intelectual está ao abrigo do erro. E, como a verdade pura de todo erro é apanágio dos intelectos separados, os sábios tiveram razão em chamá-lo de 'o divino'. Bendito seja aquele que exerce sua providência sobre o gênero humano, originando um homem de talento excepcional para esclarecer a seus semelhantes". Em verdade, Ibn Rušd tem razão em afirmar que é Aristóteles quem tem sempre a primeira e a última palavra (Comentário sobre o *De Substantia Orbis*, B. N. F. n. 918, fol. 167b).
>
> A causa de numerosas divergências a respeito da alma provém do fato de Aristóteles ter se exprimido de maneira equívoca. Visto ser Aristóteles o príncipe dos filósofos, sobre o qual todos nós nos apoiamos, e seu tratado admitir interpretações contraditórias, cada comentador escolheu

> por si aquela que lhe parecia ser a verdadeira opinião do Estagirita [...]. De fato, porém, é Ibn Rušd quem está em real acordo com os princípios de Aristóteles (B. N. F. n. 988, fol. 67b).

De Deus, Narboni faz o primeiro motor imóvel, dotado de uma vontade imutável; do mundo, declara que é eternamente produzido por esse mesmo primeiro motor. Ao homem, enfim, ele fixa um ideal puramente abstrato e de ordem intelectual. A escatologia popular da sinagoga é tachada de perfeição imaginária e substituída pela realização do ideal supremo, a conjunção com o Intelecto Agente. O que geralmente se denomina o particularismo religioso de Israel é reduzido à sua mais simples expressão; os milagres são executados pelos homens a propósito de realidades físicas e metafísicas; a oração torna-se uma espécie de meditação e acrescenta-se que a intelecção lhe é superior; faz-se omissão até mesmo do messianismo em proveito de ideais puramente abstratos[31].

Reencontra-se aí todo o legado filosófico de Ibn Rušd, do qual Narboni não se separa exceto por um aspecto: enquanto Ibn Rušd não permite comunicar à massa a verdade sobre a incorporeidade da essência divina (temendo que nela se produza, como consequência, a incredulidade), Narboni recorda que Maimônides aconselhava, desde os primeiros capítulos do *Guia*, a divulgar essa noção até para o vulgo. É Narboni quem diz: “Sem isso, ele não teria sido chamado de *Guia*”.

Assinalamos anteriormente que o original árabe da *Epístola sobre a Possibilidade da Conjunção*, de Ibn Rušd, está perdido e que conhecemos esse texto apenas por meio de uma tradução hebraica acompanhada do comentário de Narboni. Haja vista a importância desse texto na história da filosofia e considerando o papel que a conjunção com o Intelecto Agente ocupava no pensamento de Narboni, convém demorarmo-nos um pouco sobre essa questão[32].

Assim como seu modelo islâmico, Narboni preocupa-se em saber se está ao alcance da humanidade transcender o que a separa do divino e, seguindo seu exemplo, recusa-se a aceitar o dogma da imortalidade com base na fé em simples documentos revelados. Ibn Rušd assume a tarefa de analisar a parte singular no homem capaz de produzir a intelecção; trata-se do intelecto chamado de hílico (= material), noção que Ibn Rušd havia retomado de um dos comentadores de Aristóteles, Alexandre de Afrodísia, o qual discutia a distinção operada pelo Estagirita entre o que é passivo e o que é ativo no ato de intelecção. A segunda principal articulação do tratado de Ibn Rušd consiste em definir a natureza do liame desse intelecto hílico (apto a inteligir) às outras partes da alma humana. Ainda aí, Ibn Rušd segue Alexandre, que via no intelecto hílico uma simples disposição de formas imaginárias que, em seguida, se transformam em formas inteligíveis. Preocupado em preservar certa pureza desse intelecto hílico, Ibn Rušd sublinha que a relação entre este e as formas imaginárias é da ordem da existência em algo (intraexistência), e não da ordem da mistura. Daí as duas expressões narbonianas bastante difíceis, mas muito frequentes em suas obras, *heqsher meṣi'ut* e *heqsher 'eruv*.

A próxima etapa de Ibn Rušd – que acabara de estabelecer que o homem tem nele próprio a potencialidade de inteligir – consiste em escrutar o processo pelo qual o intelecto humano passa da potência ao ato. Esse processo de atualização ou de perfeição do intelecto hílico atinge seu apogeu assim que este se apropria do conteúdo do Intelecto Agente (assim nomeado porque atua ou atualiza o pensamento humano). Ibn Rušd não teve a intenção de esquecer seus predecessores (Al-Fārābī e Ibn Bājjah), os quais tiveram dificuldades em resolver o delicado problema de saber se o homem teria o poder de alcançar a conjunção (*devequt*) com a última inteligência separada, o *seḵel ha-po'el*, preposta ao governo do mundo sublunar. As análises de Ibn Bājjah sobre a questão ajudaram Ibn Rušd a chegar a suas próprias conclusões. O pensador muçulmano retoma de seu protetor e colega mais velho a ideia de que um intelecto adquirido (*seḵel niqné*) permanece uma abstração e não poderia satisfazer às condições requeridas a uma autêntica conjunção. É preciso assim prever uma nova etapa, em que haja autointelecção ou, por assim dizer, em que o objeto da intelecção seja o próprio intelecto. Contudo, enquanto Ibn Bājjah para aí, Ibn Rušd vai mais longe ao estatuir que é esse intelecto hílico que se conjuga com o Intelecto Agente depois de terem desaparecido todos os vestígios de multiplicidade. Em resumo, se bem apreendemos o pensamento do filósofo muçulmano, o intelecto hílico é primeiro uma espécie de receptáculo das formas inteligíveis atualizadas pelo Intelecto Agente e, enfim, uma disposição à conjunção com este último. Quanto às inteligências separadas, o que são elas? Ibn Rušd responde que são potências com um corpo, e não corpos residentes em corpos – daí as expressões narbonianas *koaḥ 'im geshem* e *koaḥ be-geshem*. Ibn Rušd identifica ao momento presente o contexto no qual se pode operar a conjunção com o Intelecto Agente. Em outros termos, ele fornece sua contribuição à filosofia política medieval: seria a cidade um freio, um entrave ao percurso do homem tomado pelo absoluto e pela imortalidade, ou poderia ela, ao contrário, ajudá-lo a realizar seus ideais? Ibn Rušd decididamente vira as costas a Ibn Bājjah, que é o único a aconselhar o mais completo isolamento, como está explicado em seu *Regime do Solitário*. O homem é sociável por natureza – assim afirma Ibn Rušd, seguido por Narboni, que reproduz a mesma frase em hebraico: *ki ha-'adam medini be-ṭeva'* [33]. Veremos nas páginas seguintes que, a respeito de duas questões fundamentais, Narboni segue fielmente seu mestre Ibn Rušd: em relação a Deus e em relação ao universo.

Para o filósofo judeu, a única prova irrefutável da existência de Deus funda-se no movimento. Ora, essa demonstração implica a crença na eternidade do universo, uma vez que o tempo é um acidente do movimento que ele mede. Dissociar os dois seria um absurdo, pois sairíamos em busca de um suposto primeiro momento e imediatamente descobriríamos que ele seria precedido por outro momento e assim ao infinito. Ademais, o movimento precisa de um suporte e, logo, de um corpo, pois o tempo é o número do movimento*. Falar do tempo é, pois, falar da velocidade segundo a qual se desloca tal ou tal corpo. Para Narboni, a única demonstração válida é a de um motor primeiro situado à frente de uma série de motores que não se pode estender ao infinito; esse motor se encontra no exterior de um universo que ele move eternamente. Contudo, se esse motor primeiro é uno, imaterial e eterno, ele não pode ser senão um intelecto, a saber, o intelecto supremo. Essas duas designações de Deus são as que mais ressurgem sob a pluma de Narboni. Antes de passar em revista uma série de textos do autor, assinalemos as diferentes designações por ele empregadas para falar de Deus. Este é, antes de mais nada, a forma do universo. Essa noção é fundamental na *Epítome sobre a Metafísica*, de Ibn Rušd. Deus é também o primeiro princípio, no sentido de causa primeira, mas de modo algum é conforme a interpretação maimonidiana dessa mesma expressão. Para o autor do *Guia dos Perplexos*, com efeito, Deus é o primeiro princípio mas não o primeiro motor, acima do qual Ele se situa. O motivo da recusa de Narboni é que a natureza nada faz em vão**, e que a existência de um motor que não pusesse a esfera em movimento é impossível.

Deus é também, segundo Narboni, a fonte de toda unidade, seja ela sensível, seja inteligível. Essa designação é crucial quando se sabe que, para Narboni, o mundo não existe verdadeiramente, sendo um fantasma em comparação com Deus. Além disso, Deus se encontra em todos os seres, e Narboni não hesita em escrever que ele é o Um e o Todo. Ele é o lugar do mundo, mas não há no mundo lugar para Ele. É o vivificador (*ha-meḥayyé*), o genitor

---

* Cf. ARISTÓTELES. *Física* IV, 12, 221b. (N. da Org.)

** Outro princípio que Aristóteles repete numerosas vezes, cf. *De Caelo* I, 4, 271a; *De Anima* III, 9, 432b e outras obras. (N. da Org.)

de todos os existentes. Motor por essência, Ele move pela forma, o que leva Narboni a fazer um jogo de palavras conhecido em hebraico: *ṣur* (rochedo) e *ṣayyar* (criador, no sentido do Demiurgo de Platão, no *Timeu*). Encontra-se também em Narboni um termo bastante estranho, porque oriundo da corruptela de um termo grego (*stoicheion*[*]), *aṣtokhya*. Deus, declara Narboni, é a *aṣtokhya* primeira e também a causa das formas.

É assim que, percorrendo a cadeia ontológica, aproximamo-nos pouco a pouco da forma suprema que é Deus. Já que Narboni segue Ibn Rušd em cada passo, convém referir-se a este último, que explicita muito bem suas ideias em sua *Epítome*.

Ibn Rušd começa por lembrar as teses demonstradas na *Física*. Todo móvel, diz ele, tem um motor, e esse móvel é movido enquanto está em potência, ao passo que o motor move enquanto está em ato. Se eventualmente cessa de mover, o motor permanece móvel sob certo aspecto, pois há nele o poder de imprimir o movimento, ainda que não esteja movendo. No entanto, se admitirmos que o motor último do universo move apenas de tempos em tempos, seguirá necessariamente que haverá outro motor, anterior a ele. Supondo que esse segundo motor mova apenas de modo intermitente, a consequência que vale para o primeiro será também aplicável ao segundo. Assim, portanto, ora seguiríamos ao infinito, ora admitiríamos que há um motor que simplesmente não é movido e a cuja natureza não pertence o mover, nem por essência, nem por acidente. Isso visto, o motor em questão será obrigatoriamente eterno, e o móvel por ele posto em movimento será do mesmo modo. Se, com efeito, prossegue Ibn Rušd, em um momento qualquer ele só fosse movido em potência pelo motor supostamente eterno, haveria necessariamente um motor anterior a este. A partir do momento em que está claro que há um movimento eterno que só pode ser o da translação, segue-se que há um movimento eterno da translação. Ora, movimento algum com esse caráter é dado à experiência sensível, à exceção do movimento do corpo celeste. É necessário, portanto, inferir, conclui Ibn Rušd, que o movimento dos corpos celestes é que é o movimento eterno, sendo seu motor o motor eterno cuja existência foi demonstrada.

Há outra designação de Deus encontrada em Ibn Rušd cujo eco se faz ouvir em Narboni: a de substância simples. Sendo a mais elevada simplicidade sinônimo da mais longa distância que separa da matéria, segue-se que a

---

[*] A palavra grega, que ordinariamente designa a "letra" (do alfabeto), é usada filosoficamente com o sentido de "elemento" ou "princípio". (N. da T.)

substância mais simples é também a mais imaterial, mas o primeiro motor é o mais eminente de todos os outros motores, ainda que sejam todos eles imateriais. Há, portanto, certa hierarquia na imaterialidade. Ou, para falar com Ibn Rušd (*Epítome*, § 43):

> No entanto, sob a relação de unidade, uma graduação de excelência se estabelece entre eles: o mais digno de ser qualificado é o Primeiro absolutamente simples; os outros se dispõem, relativamente a Ele, em ordem descendente. Em uma palavra, a simplicidade dos princípios decresce segundo o número de princípios de que cada um necessita para representar sua essência. Reciprocamente, quanto menos um deles tem necessidade de princípios para esse fim, mais ele é simples. No limite, o princípio verdadeiramente primeiro em sua simplicidade é aquele que, para representar sua essência, não tem necessidade de nada exterior a si.

Das análises precedentes, destaca-se que o motor mais eminente é o da esfera estrelada, é ele a causa primeira dos motores dos quais se tratou. Todavia, diante dessa conclusão, a comparação dos atributos com os do ser primeiro – a saber, a unidade, a simplicidade e a exclusão da multiplicidade quanto à sua essência –, com a ação do motor evocado, revela que deste último os atributos não podem ser afirmados. Desse motor emana necessariamente mais de uma forma, pois é ele que confere a forma à esfera estrelada e a existência ao motor da esfera que dela se avizinha na ordem descendente. Ora, do ser único e simples, enquanto tal, um único ser pode proceder: esse ser único não pode ser senão Deus, pois introduzir outro princípio anterior seria supérfluo, não havendo nada supérfluo na natureza (§ 54). Deus é, portanto, com certeza, o primeiro motor. Haja vista o que precede, bem se nota que Narboni retomou as conclusões de seu mestre muçulmano.

Ocorre o mesmo com respeito ao problema da ciência divina. Sabe-se que os filósofos não foram insensíveis às críticas que lhes endereçaram os teólogos a propósito de suas ideias em matéria de ciência divina. Os primeiros foram constantemente tachados de hereges pelos segundos em razão da própria sutileza da questão disputada. Por essa razão, convém passar brevemente em revista os principais textos de Ibn Rušd sobre o que convém divulgar às massas, não evidentemente sobre a filosofia em seu conjunto, mas sobre um ponto preciso, a ciência divina.

Em meio à Sexta Discussão do *Tahāfut al-Tahāfut* (Destruição da Destruição), Ibn Rušd adota uma atitude desprovida de qualquer ambiguidade: o problema de saber se Deus conhece a si mesmo ou se conhece ou não conhece outras coisas não deve ser tratado segundo o modo dialético e ainda menos redigido por escrito, pois o entendimento das massas não chegaria a compreendê-lo. A Lei sagrada, prossegue, não permite tal coisa, mesmo que ela conceda aos homens versados nas ciências o direito de efetuar investigações sobre esses difíceis assuntos. É mais abaixo nessa mesma página do *Tahāfut al-Tahāfut* que Ibn Rušd recorre à comparação com o veneno, que é, nota ele, uma noção bastante relativa: certa dose, mortal para alguns, poderia ser benéfica para outros. É preciso ater-se a essa estrita distinção sob pena de rigorosas sanções. Ao final de seu livro, quando discute as ciências sobrenaturais, Ibn Rušd estabelece, quanto às ciências, que "os melhores entre os filósofos não permitam controvérsias atinentes aos princípios da religião: é por isso que os hereges devem ser levados à morte".

A posição dos filósofos sobre a extensão da ciência divina (conhecimento dos particulares ou dos gêneros?) fora deformada pelos teólogos, Al-Ġazālī entre os de primeira categoria. Este procedera bem ao escrever que seus adversários doutrinais eram levados a absurdos, na medida em que julgavam Deus transcendente quanto à matéria e, daí, incapaz de conhecê-la. A conclusão era que Deus não fosse mais onisciente, mas também que a filosofia não estivesse em condições de demonstrar o que ela propunha. Em resumo, os filósofos deveriam ser considerados, na melhor hipótese, impostores e, na pior, incrédulos.

Resumindo a posição dos filósofos de que Deus é dito o Primeiro: como Ele seria, portanto, necessariamente um intelecto que conhece a Si mesmo, já que inteligiria todos os outros seres existentes, Ibn Rušd conclui que Deus é, a esse título, a causa dos outros seres, os quais Ele conhece por Si, sem o que seria edificado por outros.

Ibn Rušd conclui que é um dever, para cada um, envolver-se no estudo das ciências e descobrir a verdade sobre Deus e Sua ciência, sob condição expressa de se satisfazerem três exigências: ter exercitado suficientemente seu espírito, demonstrar perseverança e vontade e, finalmente, ter tempo livre.

Narboni tecerá seus comentários a respeito de todos esses textos de Ibn Rušd. Vai se referir, por vezes, às declarações de Al-Ġazālī, cujas *Maqāṣid* (Intenções dos Filósofos) comentou; mas, para suas ideias em matéria de ciência divina, lançará mão de Ibn Rušd. Eis o que o filósofo judeu escreveu em seu *Comentário sobre Ḥayy ibn Yaqẓān*, de Ibn Ṭufayl, em 1349, sobre o ponto preciso da ciência divina:

> Ibn Rušd explicou que os verdadeiros filósofos não falam em conhecimento por Deus, bendito seja, dos existentes, nem de modo geral, nem de modo particular, pois Sua ciência não opera por um intelecto paciente que extrairia Seu saber dos indivíduos – por essa razão, a multiplicidade não O alcança. Ora, o primeiro intelecto é absolutamente agente, bem como causa; Sua ciência não poderia ser posta em relação com a ciência humana: de um lado, Ele não intelige outro senão Ele próprio, pois é uma ciência impassível, e, de outro, produz outro além d'Ele, pois Sua essência é uma ciência produtora de ser, considerada a eminência de Sua ciência.
>
> A explicação da tese dos filósofos é a seguinte: provaram de maneira apodítica que Ele não intelige a não ser Sua essência e que Sua essência é necessariamente um intelecto. Visto que o intelecto, em virtude de sua própria essência, compreende apenas o ser, e não o nada, que se provou não existirem senão os seres que inteligimos, não há dúvida alguma de que Seu intelecto os compreende, já que é impossível que compreenda o nada. Ora, não existe sequer uma espécie de existente da qual Deus fosse tributário. Se esse fosse o caso, isso seria de acordo com nosso próprio modo ou conforme um modo mais eminente que o nosso [...]. Ora, é falso que a relação de Sua ciência com os seres existentes seja a mesma que a nossa: decorre necessariamente daí que Sua relação com os seres existentes é mais elevada e Sua existência mais eminente do que as nossas, visto que o conhecimento justo é aquele que coincide com o que existe no real. Se se trata, portanto, de uma ciência mais eminente do que a nossa, a ciência divina é tributária do existente segundo um modo mais elevado do que o nosso. Daí decorre que o existente tem dois modos de existência: um modo eminente e um modo inferior de existência. Ora, o eminente é a causa do inferior. É o que diziam os antigos: o Criador, bendito seja, são todos os existentes, é ele que os instaura e os produz. É por isso que os mestres da sabedoria disseram: Deus não é outro senão Ele mesmo. Mas tudo isso diz respeito aos que se abismam na ciência [...]. Disso resulta que o Criador, glorioso seja, são todos os seres existentes, pois, ao se autointeligir, intelige todos os existentes, pois sua essência é em realidade um intelecto[34].

Parece, definitivamente, que Narboni compreendeu o interesse em retomar a solução de Ibn Rušd, segundo a qual a questão estava mal elaborada e o problema era um falso problema, pois, desde seu comentário às *Maqāṣid*, isto é, em ambos os comentários, tanto ao *Ḥayy* quanto ao *Guia*, Narboni declara invariavelmente que, seja a generalidade, seja a particularidade não poderiam ser predicadas da ciência divina.

A outra grande questão de física, em cujo tratamento Narboni se inspira estritamente pelas ideias de Ibn Rušd, é a da produção eterna do universo. O comentador judeu desenvolve suas ideias averroístas, em seguida retomadas, não apenas em seus comentários às obras do grande filósofo de Córdova mas também em suas glosas das *Maqāṣid*, de Al-Ġazālī.

Quanto a Ibn Rušd, já se comentou que Narboni o segue fielmente e o cita amplamente. Quanto a Al-Ġazālī, a realidade é mais contrastada: aos olhos de Narboni, comentador das *Maqāṣid al-falāsifa*, Al-Ġazālī procura apenas vender gato por lebre aos monarcas ciumentos de suas prerrogativas em matéria religiosa. Era, portanto, um adepto secreto das teses filosóficas – e, se Narboni constantemente refuta seus pontos de vista, é porque está largamente inspirado por Ibn Sīnā.

Também contra Al-Ġazālī, Ibn Rušd teve ocasião de reafirmar com veemência, diversas vezes, as teses fundamentais dos filósofos, sendo a da produção eterna do universo uma delas. Desde a Primeira Discussão no *Tahāfut al-Tahāfut*, Ibn Rušd reafirma com vigor os ensinamentos de Aristóteles que Al-Ġazālī pretendera anular: tudo o que tem um fim, repete Ibn Rušd, deve ter um começo; tudo o que teve um começo terá necessariamente um fim. A propósito de uma eternidade que teria decorrido sem que Deus houvesse agido em seu decurso, Ibn Rušd objeta que não há infinito em ato, pois, se fosse dividido em dois, por exemplo, a parte seria igual ao todo. Ademais, a maioria dos que admitem uma criação temporal do mundo acredita que o tempo foi criado no mesmo instante. É para essa criação que a asserção de Al-Ġazālī, segundo a qual a duração da inação divina seria limitada ou ilimitada, é falsa.

No que concerne à criação temporal do universo, um antes e um depois não poderiam ser imaginados, segundo Ibn Rušd, pois o antes e o depois não são concebidos, a não ser em relação com o tempo presente, e, como, segundo os teólogos, não haveria tempo antes da criação, de que modo se poderia imaginar que um instante tenha precedido a criação? De fato, se o agente-produtor não tem nem começo nem fim, como imaginar que ele seria de outro modo por sua ação? Ibn Rušd nota que os antigos introduziram um ser absolutamente eterno e imutável, que não tem em sua intelecção nenhum ser temporal que procederia dele no que ele é temporal, mas seres que procedem dele na medida em que são eternos. O autor do *Tahāfut al-Tahāfut* partilha com seus leitores uma questão que se pusera a Aristóteles em um de seus tratados metafísicos:

> Pergunta-se como Deus pode justamente criar o mundo a partir do nada e fazer dele um ser a partir do não ser. Eis a nossa resposta: esse agente deve ser tal que sua potência seja proporcional à sua vontade, e a vontade proporcional à sua sabedoria, sem o que sua capacidade seria mais fraca do que sua potência, sua potência mais fraca do que sua vontade, e sua vontade mais fraca do que sua sabedoria. E, se algumas de suas potências fossem inferiores a outras, então não haveria mais diferenças entre as suas próprias e as nossas, e a imperfeição o afetaria assim como ela nos afeta. Que pensamento blasfematório [...]. E Aristóteles disse: "Tudo o que existe em meio ao universo é reunido apenas pela potência que provém de Deus. Se essa potência faltasse às coisas, estas não perdurariam nem sequer pelo intervalo de um piscar de olhos"[35].

Para Ibn Rušd, a produção eterna do universo o situa em estreita dependência frente a frente com Deus. Durante o tempo em que ele existe, o mundo requer a presença de um agente por duas razões simultâneas: a primeira, porque a substância do mundo está em movimento constante; a segunda, porque sua forma, pela qual existe e subsiste, resulta de uma relação e não é da natureza de uma qualidade. O grande filósofo de Córdova se esforça também para responder a outra grave questão: se Deus produziu o universo desde toda a eternidade, ou mesmo temporalmente, como explicar que a partir da unidade absoluta pudesse ter se derivado uma multiplicidade tão grande? É toda a questão da doutrina que pretende que do uno não possa proceder senão o uno. Ibn Rušd afirma que os antigos foram despistados pela existência do bem e do mal e que precisaram, em sua confusão, atribuí-los a dois princípios bem distintos. Ao observar que o bem é preponderante, concluíram que o mal é produzido apenas por acidente, a exemplo dos castigos ordenados pelos bons homens de Estado. O mal é certamente inevitável, mas ele surge, em certa economia universal, subordinado ao bem, que é, na primeira intenção, desejado essencialmente.

Em seu comentário às *Maqāṣid*, Narboni muitas vezes sublinha a impossibilidade de dividir Deus em agente e não agente. Cita a frase de Ibn Rušd que precavera os filósofos contra uma grande prolixidade: a massa, disse, não compreende a relação entre Deus e o mundo, a não ser que se lhe diga que o mundo foi criado a partir do puro nada. Como a essência do tempo lhe é dificilmente acessível, os textos revelados preferiram discorrer sobre uma criação temporal.

Para concluir, a respeito do averroísmo de Narboni, cito uma longa passagem do autor que manifesta, mesmo na aflição, seu apego à verdade e sua proximidade a Ibn Rušd:

Mas a precariedade e os obstáculos se interpuseram contra minha vontade a ponto de me encontrar numa aflição e num cerco que ultrapassavam as perseguições que pesaram sobre mim no momento em que comentava a *Epístola sobre a Possibilidade da Conjunção*, de Ibn Rušd, pois nesse momento, a batalha – certamente muito geral – se desenrolava apenas no exterior. Mas, hoje, o assaltante surgiu do interior, pois escalou até as nossas janelas, em nossos fortes, tudo devastando ao passar, tudo matando, alguns pelo sabre, alguns pela peste. Semelhante catástrofe é inaudita e não lembra nada do que se encontra nos livros proféticos ou naqueles dos sábios. Ademais, a temível espada pôs a iniquidade onde residia a justiça, à sombra da qual pensamos viver em meio às nações. Ao vê-lo, fiquei estupefato e esmaeci, dei um grito e disse: Ai, Senhor Deus! É um extermínio que pondes em obra contra os destroços de Israel, quando despejais Vossa ira sobre Jerusalém, cidade respeitada e íntegra, esse burgo prestigioso de Barcelona que é o tronco primeiro, o suporte da vitalidade e nosso exílio nesse país, e cuja localização se assemelha à do coração no ser humano.
Como ver Vossa ordem e Vossa hierarquia em meio aos seres existentes, senão pela preservação do povo pelo qual fizestes Vossa escolha e que se distingue dos demais pela intelecção e conjunção? Pois por Vós matamos uns aos outros todos os dias e nos consideramos animais de abate. Estremeci por causa da importância de nossa sobrevivência.
São os olhos de Deus, esses que percorrem toda a terra (Zacarias 4:10). Mas quem pode suportar o dia de Sua chegada e quem pode ficar de pé quando Ele aparecer? Porque Ele é como o fogo do fundidor e como a lixívia dos lavadeiros (Malaquias 3:2). Adrolomasia (= o flagelo) abateu-se sobre o universo, matando tanto os maus quanto os bons. Ao vê-lo, disse a mim: escondamo-nos até terminar a cólera. E Aquele que me conduziu até o termo de meu comentário ao primeiro tratado (= *Epístola sobre a Possibilidade da Conjunção*) conduzir-me-á ao termo do segundo, pois não pensava permanecer em vida. Agora, deixarei atrás de mim as bênçãos aos que estão sentados diante de Deus [...]. Então as perseguições dobraram em violência. Eis comigo o meu salário e diante de mim minha recompensa (Isaías 40:10), com o intuito de responder aos votos de meus irmãos, pois, considerando a distância a me separar dos homens respeitáveis da sociedade erudita de Perpignan, foi-me necessário ensinar o assunto por meio de epístolas. Eis que conosco, à nossa frente, está Deus (II Crônicas 13:12), e Ele nos protege, livra-nos

> do laço do caçador, da desgraça dos males (Salmos 91:3), pois Deus é meu abrigo e do Altíssimo fizemos nosso refúgio (Salmos 91:9).
> Em sua graça, Ele nos orientará em direção à verdade, como convém às elites. Quanto a nós, veneraremos nosso Senhor Deus e não mais O negligenciaremos (segundo Neemias 10:40). Que Deus perdoe ao universo e tenha piedade de seu povo, fiel a Ele, o mais eminente dos seres existentes [...] (*Comentário sobre Ḥayy ibn Yaqẓān*, de Ibn Ṭufayl, Introdução).

Conclui-se assim que Narboni, comentador de Ibn Ṭufayl (Abubacer), de Ibn Rušd (Averróis) e de Maimônides, foi a encarnação da simbiose filosófica judeo-árabe.

Notas

1. Trata-se de Ibn Bājjah, o Avempace dos latinos, autor de *O Regime do Solitário*, da *Epístola do Adeus* e da *Epístola sobre a Alma*.
2. Não encontramos a citação exata em Aristóteles, mas uma passagem que dela se aproxima. Cf. *Metafísica* X, 1, p. 108 da tradução de J. Tricot (Paris: Vrin, 1974). A passagem do comentário narboniano sobre *Ḥayy* foi extraída da introdução. Ver o manuscrito hebraico 915 da Biblioteca Nacional da França.
3. Partindo das excelentes notícias de Salomon Munk e de Moritz Steinschneider, seguidas dos trabalhos de TOUATI, C. *Prophètes, talmudistes, philosophes*. Paris, 1990; de ALTMANN, A. *Von der mittelalterlichen zur modernen Aufklärung*. Tübingen, 1988; e de VAJDA, G. *Recherches sur la philosophie et la kabbale*. Paris, 1962, dispomos dos estudos e das edições de Kalman Perry Bland, de A. L. Ivry e de M.-R. Hayoun.
4. Para uma exposição da vida e da obra de Narboni, remetemos a HAYOUN, M.-R. *Moshé Narboni*. Tübingen: Mohr, 1986; id. *La Philosophie et la T héologie de Moïse de Narbonne*. Tübingen: Mohr, 1989.
5. Cf. HAYOUN, M.-R. *Le Zohar*: aux origines de la mystique juive. Paris: Noêsis, 1999.
6. No curso de minhas investigações sobre Narboni (1300-1362), em particular, e sobre a filosofia medieval judaica em meio islâmico, em geral, consagrei dois estudos a esse autor: HAYOUN, M.-R. Moïse de Narbonne: sur les sefirot, les sphères et les intellects séparés. Edition critique d'un passage de son commentaire sur le Ḥayy ibn Yaqẓān d'Ibn Ṭufayl avec introduction, traduction et notes. *Jewish Quarterly Review*, LXXVI, 2, p. 97-147, octobre 1985; id. Le Commentaire de Moïse de Narbonne (1330-1362) sur le Ḥayy ibn Yaqẓān d'Ibn Ṭufayl (m. 1185). *Archives d'Histoire Doctrinale et Littéraire du Moyen Age*, t. 55, p. 23-98, 1989. Nas páginas que seguem, procurarei resumir a influência exercida pelo autor sobre Maimônides e alguns de seus comentadores.
7. A quase totalidade das cópias do referido texto hebraico de Ibn Ṭufayl é geralmente acompanhada do comentário de Narboni.

8. IBN ṬUFAYL. *Le Philosophe sans maître*: histoire de Ḥayy ibn Yaqẓān. Présentation de Georges Labica. Traduction de Léon Gauthier. Alger: SNED (Société Nationale d'Éditon e de Diffusion), 1969 [= *Hayy ben Yaqdhan*: Roman Philosophique d'Ibn Thofail. Traduction de Léon Gauthier. Alger: Imprimerie Orientale, 1900, p. 15; apud BADAWI, ᶜAbdurrahmān. *Histoire de la Philosophie en Islam*. v. 2: *Les Philosophes Purs*. Paris: J. Vrin, 1972, p. 718-735. 2 v.].
9. IBN ṬUFAYL, 1969, op. cit., p. 129-131.
10. Ibid., p. 141-142.
11. Ibid., p. 142-143.
12. É necessário, não obstante, observar prudência: Narboni talvez não soubesse ainda árabe nesse momento e talvez o tenha aprendido de modo rudimentar um pouco mais tarde.
13. Cf. HAYOUN, M.-R. *L'Exégèse philosophique dans le judaïsme médiéval*. Tübingen: Mohr, 1992; sobretudo o capítulo sobre as controvérsias antimaimonidianas.
14. Cf. HAYOUN, 1986, op. cit., p. 36-37.
15. O comentário de Narboni foi editado em: *Qovets al-Yad*, Jerusalem, volume do jubileu, II, p. 231-269, 1989. Para um estudo cronológico das obras manuscritas de Narboni, ver HAYOUN, M.-R. La Tradition manuscrite des oeuvres de Moïse de Narbonne. *Revue d'Histoire des Textes*, n. 14-15, p. 337-357, 1984-1985.
16. Ver STEINSCHNEIDER, M. Die *hebräischen Übersetzungen und die Juden als Dolmetscher*. 2. ed. Graz, 1956, p. 193, § 99.
17. Ver KAUFMANN, D. Die Spuren al-Batalyawsi in der jüdischen Religionsphilosophie des Mittelalters. *Jahresbericht der Landesrabbinerschule zu Budapest*, 1880. t. 3.
18. Ver STEINSCHNEIDER, 1956, op. cit., p. 204-205, § 107.
19. IBN RUŠD (AVERRÓIS). *Averroes' De Substantia Orbis*. Critical Edition of the Hebrew Text with English Translation and Commentary by Arthur Hyman. Cambridge, MA/Jerusalem: The Medieval Academy of America and The Israel Academy of Sciences and Humanities, 1986; id. *Exposição sobre a Substância do Orbe*. Edição bilíngue latim-português. Tradução direta do latim de Anna Lia A. de Almeida Prado e Rosalie Helena de Souza Pereira. Edição do texto latino (Iunctas, Veneza, 1562) de Anna Lia A. de Almeida Prado. Introdução e notas à tradução de Rosalie Helena de Souza Pereira. Porto Alegre: EdiPUCRS, 2006.
20. Uma análise doutrinal desse comentário encontra-se em *AHDLMA*, 1989, LV, p. 23-98.
21. Trata-se do *Regime do Solitário* (*Tadbīr al-mutawaḥḥid*), de Ibn Bājjah, o Avempace dos latinos; a versão hebraica obtida por Narboni no século XIV foi editada em *Da'at*, n. 18, p. 27-44, 1987.
22. Uma edição crítica parcial acompanhada de uma introdução e de uma tradução anotada foi publicada em Tübingen em 1986 sob o título *Moshé Narboni* (HAYOUN, 1986, op. cit.).
23. Ver nota precedente; ver também o último capítulo de id., 1992, op. cit.
24. Ver RENAN, E.; NEUBAUER, A. *Les Écrivains juifs français au XIVème siècle*. 2. ed. Farnborough, 1969, p. 670 [1. ed. 1893]; STEINSCHNEIDER, 1956, op. cit., p. 687, § 436.
25. Ver em HAYOUN, 1986, op. cit., p. 26-27, a tradução de uma passagem sobre a educação moral das crianças.
26. ALTMANN, A. (Org.). *Jewish Medieval and Renaissance Studies*. Cambridge, MA: Harvard University Press, 1967, p. 225-288. Introdução repetida em: id. *Von der Mittelalterlichen zur modernen Aufklärung*. Tübingen: Mohr, 1987, p. 130-155.
27. Ver SCHOLEM, G. *La Kabbale*: les thèmes fondamentaux. Trad. (francesa) e introdução de M.-R. Hayoun. Paris: Le Cerf, 1985, p. 37-72.

28. Em *Tarbiz*, p. 287-306, 1969; p. 303 ("pecou contra o ensinamento religioso e contra a intenção do profeta") encontra-se no comentário sobre as *Dissertações Físicas* (F. H. da B. N. F. n. 988, fol. 90b); sobre o possível, ver o comentário sobre o *Guia* (n. 699, fol. 128b) e o comentário sobre as *Intenções* (n. 956, fol. 159b).
29. *REJ*, p. 139-167, 1982.
30. Ver RENAN; NEUBAUER, 1969, op. cit., p. 681.
31. HAYOUN, 1989, op. cit., p. 289.
32. Em: *REJ*, CXLIII, 3-4, p. 423-428, 1984.
33. Ver ROSENTHAL, E. I. J. *Averroes' Commentary on Plato's Republic*. Cambridge, 1956, p. 256. Ver também *Guia dos Perplexos* II, 40, p. 306 et seq.; III, 27, p. 210-214. Sobre a imortalidade (coletiva), a conjunção e o êxtase místico em Narboni, ver HAYOUN, 1989, op. cit., p. 210 et seq. [Ibn Rušd retoma a máxima de Aristóteles mencionada em *Política* I, 1253a, e em *Ética Nicomaqueia* I, 5, 1097b: "o homem é por natureza um animal político (= sociável)". (N. da Org.)]
34. HAYOUN, 1989, op. cit., p. 115-116.
35. IBN RUŠD (AVERRÓIS). *Tahāfut al-Tahāfut*. Translated by Simon van den Bergh. London: Messrs. Luzac & Co., p. 90. 2 v.

Salvar Sua Alma ou Salvar os Fenômenos: Soteriologia, Epistemologia e Astronomia em Gersônides*

Gad Freudenthal

Introdução

O objetivo deste estudo é tentar responder à seguinte questão: quais são as fontes da originalidade do pensamento científico, sobretudo o astronômico, de Gersônides? O que motivou e estruturou a obra gersonidiana, tão singular dentro do contexto de sua época?

Parece-me que essa questão está estreitamente vinculada a uma outra. Na leitura dos estudos sobre Gersônides, ficamos, às vezes, com a impressão de estarmos às voltas com pelo menos dois personagens: de um lado, o filósofo e o exegeta bíblico; de outro, o cientista – o astrônomo, o matemático e o comentador dos tratados científicos de Aristóteles (tal como são apresentados por Averróis). Quase não se tem procurado ver se e como todas as preocupações de

* Tradução de Enio Paulo Giachini do original francês: Sauver son âme ou sauver les phénomènes: Sotériologie, épistémologie et astronomie chez Gersonide. In: FREUDENTHAL, G. (Org.). *Studies on Gersonides*: A Fourteenth-Century Jewish Philosopher Scientist. Leiden: Brill, 1992, p. 317-352; reimpresso em: FREUDENTHAL, G. *Science in the Medieval Hebrew and Arabic Traditions*. Aldershot/Burlington, VT: Ashgate Publishing, 2005, cap. V. (Variorum Collected Studies Series 803). Revisão técnica de Rosalie Helena de Souza Pereira.

Gersônides estão ligadas entre si. Em seguida, procuro abordar precisamente esta questão: se a obra gersonidiana, com suas pesquisas em âmbitos assim tão diversos, possui uma unidade, uma coerência interna, e, se possui, qual é essa unidade. Ou, ainda, para empregar uma expressão muito usada pela historiadora e filósofa das ciências Hélène Metzger: qual é a *força profunda* do pensamento científico, filosófico e teológico de Gersônides[1]? A resposta a essa indagação permitirá igualmente, como veremos, compreender também a originalidade de Gersônides no âmbito científico.

A resposta que proponho é, resumindo, a seguinte: Gersônides pôde inovar quanto ao próprio conteúdo da ciência – e aqui me interessa sobretudo a ciência astronômica –, uma vez que ele tinha uma concepção nova, heterodoxa para a época, do que *deveria* ser a ciência. Retomando as palavras de Yehuda Elkana: uma nova *imagem da ciência*, imagem que aqui deve ser compreendida tanto num sentido descritivo quanto num sentido normativo e que fez surgir uma nova *ciência*[2].

De que se trata então? Adianto uma visão de minha argumentação antes de entrar em detalhes.

O muito saudoso professor Shlomo Pines sublinhou recentemente a importância de se levar em conta a *ordem de apresentação* que Gersônides segue em *Milḥamot ha-Shem* (As Guerras do Senhor)[3]. Ora, o primeiro tema abordado por Gersônides em seu *magnum opus*, o tema do primeiro tratado, diz respeito à bem-aventurança da alma (*shelemut ha-nefesh*) e de sua imortalidade: a alma humana (ou uma parte dela) subsistirá após a morte física? Ou, dito de outro modo: é possível a bem-aventurança, e, se o for, como se dará? Contra Averróis e, possivelmente, também contra Maimônides, entre outros, Gersônides sustenta que: 1) a alma humana subsiste em sua individualidade; e 2) a felicidade depende da *ciência* que o intelecto humano adquiriu durante sua vida aqui no mundo terreno. Essa concepção de Gersônides sobre o caminho que conduz à felicidade eterna tem como consequência uma visão, também essa bem pouco comum, da finalidade e do valor do conhecimento. Conforme Gersônides, com efeito, a aquisição da ciência ou, para usar a linguagem da Idade Média, a aquisição dos inteligíveis, torna-se um *fim em si mesmo*; e mais, ela se torna o principal fim da vida humana. É importante sublinhar que se trata de *toda* a ciência do real, isto é, a que diz respeito tanto ao mundo sublunar (minerais, vegetais e animais) quanto ao mundo supralunar (corpos celestes). *Toda* ciência conduz à salvação da alma.

Em consequência dessa ideia evocada, a posição epistemológica de Gersônides, a imagem que ele faz da ciência, é decididamente *realista*: Gersônides refuta a visão tradicional, "instrumentalista", segundo a qual a astronomia tem como tarefa "salvar os fenômenos"; a ciência dos céus, como toda outra ciência, é para ele uma ciência do real – efetivamente do *criado* –, à qual incumbe a procura do conhecimento da verdadeira estrutura do mundo celeste. Para Gersônides, isso implica que os modelos matemáticos da astronomia devem atender aos princípios da física e da metafísica aristotélicas. Assim, ele rejeita a astronomia ptolomaica de sua época, esforçando-se por substituí-la por outro sistema astronômico. Veremos que seu sistema leva em consideração dados que, tendo um significado apenas dentro do quadro de uma epistemologia realista, foram ignorados pela astronomia tradicional. Com isso, a imagem realista da ciência incide diretamente sobre o próprio conteúdo da teoria astronômica de Gersônides. A "força profunda" da originalidade da obra de Gersônides demonstra que sua epistemologia é realista, sendo uma consequência própria de sua soteriologia, o que o levou a intentar o estabelecimento de uma síntese da física de Aristóteles com a astronomia matemática de Ptolomeu.

A *Eudaimonía* do Conhecimento

O problema que Gersônides pretende elucidar no primeiro tratado de *Milḥamot ha-Shem* é enunciado nos seguintes termos:

> Tendo recebido uma certa medida de perfeição, subsistirá a alma racional [após a morte]? E se ela subsiste, haverá diferença de nível entre os homens com relação ao modo de subsistir [de suas respectivas almas]? Essa questão é extremamente importante e semeada de dúvidas: um erro em relação a isso distancia imensamente o homem de sua verdadeira felicidade[4].

Para Gersônides, o tema da imortalidade da alma – trata-se sempre da parte racional da alma – é, pois, crucial, e isso precisamente por causa da doutrina defendida por ele a esse respeito.

Certas teorias aristotélicas precedentes, sobretudo as de Alexandre de Afrodísia, de Temístio, de Ibn Bājjah e de Averróis, negam a imortalidade da alma individual[5]. Essas teorias, seguidas talvez até por Maimônides, sustentam, cada uma a seu modo, que depois da morte física a alma torna-se imortal unindo-se ao intelecto agente. Ora, essa junção é adquirida pela alma ao preço da perda de sua individualidade: "no" intelecto agente, todas as almas são numericamente uma.

Gersônides defende (ao modo de Al-Fārābī e de Avicena) uma teoria bem mais otimista. Segundo ele, as almas racionais, ou os intelectos humanos, podem alcançar a imortalidade individual. Seu raciocínio é o seguinte[6]: adquirindo conhecimento, o intelecto humano se transforma de um intelecto *hýlico* (material) num intelecto adquirido, possuindo formas, os inteligíveis. Ora, esses inteligíveis se encontram – mais à frente veremos por quê – no intelecto agente, e, com efeito, o homem, sem a intervenção deste, não poderia adquiri-los. Ora, posto que o intelecto adquirido consiste em formas que, por sua própria natureza, são imperecíveis, ele é incorruptível, portanto eterno, imortal: ele subsiste depois da morte. Nesse sentido, conforme Gersônides, a aquisição dos inteligíveis, uma vez que se encontram no intelecto agente, constitui efetivamente, de algum modo, uma conjunção com o intelecto agente[7]. Contudo, visto que os indivíduos adquirem, durante sua vida terrena, o conjunto dos diversos inteligíveis, cada um deles terá um intelecto adquirido singular. Assim, a imortalidade é individual[8].

Constata-se, pois, o valor supremo que a soteriologia de Gersônides confere à aquisição dos conhecimentos[9]. Visto que todo e qualquer inteligível, uma vez tendo sido adquirido pelo intelecto, é uma forma, portanto, incorruptível, ele confere à alma, ouso afirmar, uma "parcela de imortalidade". Segue-se naturalmente que essa *eudaimonía do saber*, retomando a expressão de Georges Vajda[10], cria, naquele que a aceita, uma motivação poderosa para se consagrar à ciência: é, pois, na soteriologia de Gersônides que se encontra o fundamento de sua vocação para a ciência. A seriedade com que Gersônides sustenta sua concepção revela-se numa observação, entre outras, de seu *Comentário sobre o Livro de Jó*. À eterna questão a respeito do sofrimento dos justos, Gersônides responde que, muitas vezes, os seres humanos pecam sem saber e dá o exemplo de qualquer um que, sem ter consciência, não se aplica a adquirir os inteligíveis no mais alto grau que lhe for possível.

***

A doutrina gersonidiana, segundo a qual a aquisição de todo conhecimento, de todo inteligível, contribui para a imortalidade da alma, implica ainda outro aspecto importante. Para compreender isso, é necessário que consideremos brevemente a concepção gersonidiana do intelecto agente. Esse tema recebe uma exaustiva abordagem por H. A. Davidson, o que permite que eu me restrinja a breves observações sobre alguns aspectos do tema que têm uma implicação direta em nossa problemática.

Na tradição da filosofia aristotélica da natureza, a noção de intelecto agente se insere no quadro da teoria que complementa a física sublunar, ao postular que os céus têm influências no mundo da geração e da corrupção. Essa teoria comporta dois componentes: 1) o postulado que afirma uma influência dos corpos celestes, agindo enquanto *causa eficiente* sobre os elementos sublunares; 2) o postulado que afirma que os *intelectos separados*, em particular o intelecto agente, são associados aos astros na condição de seus motores e agem enquanto *causas formais* sobre os seres sujeitos à geração e à corrupção. Os dois componentes dessa teoria respondem a dois conjuntos de problemas inerentes à física de Aristóteles, cujo ponto comum é que suas respectivas soluções fazem que as influências celestes intervenham no mundo sublunar, revelando, portanto, que na descrição aristotélica este não é um sistema autônomo.

Um primeiro problema que se apresenta no âmbito da física aristotélica é a questão sobre a razão por que os quatro elementos não conquistam, depois de muito tempo, cada um deles, seu lugar natural, formando um mundo imóvel constituído de quatro esferas concêntricas. Do mesmo modo, como explicar a alternância regular dos períodos de geração e de corrupção? Aristóteles já sustentara que, pelo movimento, o Sol age sobre os quatro elementos: o movimento diurno mistura e transforma continuamente os elementos, impedindo-os de se eternizarem em seus lugares naturais; o movimento anual é a causa da geração e da corrupção[11]. O aristotelismo medieval completa essa teoria sustentando que *todos* os planetas agem sobre os elementos sublunares: se o Sol esquenta (isto é, fortifica o elemento fogo) e se a Lua exerce certa influência sobre a água, não seria correto admitir que também os outros planetas agem igualmente, ainda que não conheçamos os detalhes de sua ação[12]? Aos olhos dos aristotelizantes, inclusive os mais ferrenhos adversários da astrologia, esse argumento justifica essa "concessão" às teses astrológicas[13]. Assim, não obstante sua muito rigorosa demarcação entre os mundos sublunar e supralunar, a física aristotélica se vê na necessidade de admitir que o mundo sublunar não é um sistema fechado e que seu equilíbrio dinâmico é mantido pela influência dos corpos celestes, os quais agem como causa eficiente sobre os elementos sublunares.

Um segundo problema concerne à geração e à permanência das *formas* na matéria sublunar. Com efeito, a matéria – os quatro elementos – não saberia se dotar de formas por si mesma, nem sequer preservá-las, uma vez tendo sido dotada das mesmas. Como, pois, explicar que os quatro elementos num corpo composto não recobrem seu lugar natural respectivo? Do mesmo modo, como explicar que se mantenha o equilíbrio precário entre as quatro qualidades contrárias, em que cada uma delas procura dominar as outras? Certamente, a permanência de um corpo natural composto, notadamente de uma planta ou de um animal, é atribuída por Aristóteles à sua forma, ou seja, à sua alma vegetativa [14]. Aristóteles, porém, não explica a proveniência dessa causa ativa, que é a alma, e a Idade Média postula que as formas dos seres compostos dependem, tanto para sua gênese quanto para sua preservação, da intervenção de um doador de formas, mais comumente identificado com o intelecto agente, noção que provém da psicologia de Aristóteles [15].

Em resumo, as influências celestes se mostram indispensáveis para a manutenção da ordem natural. O fato de que já (ou melhor, também) em Aristóteles se encontra a localização de um primeiro motor transcendente "no alto" [16] facilitou a associação da causa primeira e um amálgama de influências de corpos celestes enquanto causa eficiente com as de tipo "formal" que provêm dos intelectos. Para Gersônides, logo veremos, essas influências proporcionam, de fato, a demonstração da Providência. Contudo, sua versão dessas teorias concede ao intelecto agente um lugar diverso do que lhe foi atribuído por outros filósofos; a divergência de Gersônides em relação à *opinio communis* sobre esse ponto tem consequências imediatas sobre nosso tema.

De acordo com Gersônides, cada astro e cada intelecto separado (sendo que o intelecto é o motor do astro, e o astro, o instrumento material do intelecto) controlam uma parte ou um aspecto dos processos físicos no mundo sublunar. Essa ideia está na base de sua cosmogonia e de sua cosmologia: com efeito, a Providência sobre o mundo sublunar atual não é senão o prolongamento, no presente, de sua criação inicial [17]. De fato, conforme Gersônides, uma vez estabelecidos os astros e os intelectos em seus lugares, a criação do mundo prosseguiu de modo autônomo, de acordo com as mesmas leis naturais em vigor no mundo constituído e pelas quais age a Providência. Embora o conjunto dos corpos celestes e dos intelectos estruture e governe todos os processos físicos do mundo sublunar, cada corpo celeste não controla e não conhece senão um segmento dos processos sublunares; é preciso ainda ressaltar que o controle diz respeito a apenas aspectos gerais desses processos. A sabedoria e a bondade divinas se manifestam precisamente no fato de que, desde a criação, todas essas ações dos corpos celestes, separadas e independentes, sobre o mundo sublunar foram coordenadas e programadas de modo coerente numa espécie de harmonia preestabelecida. Essa harmonia das ações múltiplas, ignorada por cada um dos intelectos separados que delas participam, só é conhecida pelo intelecto agente (e por Deus). Destacando-se assim de outros filósofos da Idade Média, Gersônides, de fato, concebe o intelecto agente como um modo de *síntese* dos conhecimentos parciais dos outros intelectos separados; ele é "o *nomos* de tudo que existe" (*nimus kol 'elu ha-nimṣa'ot*)[18] e, portanto, o único intelecto a possuir um conhecimento da Providência e da bondade divina, que governam nosso mundo aqui embaixo. Concebido desse modo, para Gersônides o intelecto agente torna-se o receptáculo de toda ciência possível e, portanto, o fim de toda busca.

A ideia de que todas as formas de seres existentes, tanto os sublunares quanto os supralunares, se encontram no intelecto agente implica evidentemente que cada inteligível adquirido pelo homem contribua para seu conhecimento sobre o intelecto agente. Um tal conhecimento se torna tanto mais precioso pelo fato de o intelecto agente ser, com efeito, o plano ou, para lançar mão mais uma vez dessa metáfora, o programa segundo o qual Deus criou o mundo e exerce Sua Providência. O conhecimento científico de cada detalhe dos mundos sublunar e supralunar contribui assim para o nosso conhecimento sobre a Providência divina, donde provém, mais uma vez, sua relevância soteriológica[19]. Em seu *Comentário sobre o Cântico dos Cânticos*, Gersônides não poderia ser mais explícito:

> A felicidade suprema do homem (*ha-haṣlaḥá ha-taḵlitiyit la-adam*) é apreender e conhecer Deus, bendito seja Ele, o tanto quanto lhe for possível. [O homem] chega a isso observando tudo o que se relaciona com os seres existentes, sua ordem e sua regularidade, assim como o modo como se exerce a sabedoria divina, dispondo-os tais quais são[20].

De fato, insiste Gersônides, é somente por meio dessas ações que podemos conhecer Deus[21]; a partir das substâncias acessíveis aos sentidos, apreendemos os inteligíveis, os mesmos que se encontram no intelecto agente, e assim chegamos à imortalidade.

Mas, quanto às formas do mundo sublunar, provêm *todas* elas do intelecto agente, de modo que o conhecimento de cada uma delas contribua para a felicidade? Um rápido exame dessa controvertida questão indica qual a importante discussão que poderia estar oculta, na Idade Média, por trás de um debate que não tocava senão a aparência anódina da teoria física. Evidentemente, a controvérsia se apoiava apenas sobre a proveniência das formas do reino mineral[22]. Averróis, como também Maimônides, opina que todas as propriedades de um mineral são a consequência da mistura específica de elementos que se compõem: os minerais não teriam formas que fossem devidas a uma causa formal[23]. Gersônides, ao contrário, argumenta que as capacidades de certos minerais, como, por exemplo, do ímã, não poderiam ser explicadas pela simples referência à sua composição material e conclui que os minerais recebem suas formas, eles também, dos intelectos, do mesmo modo como os vegetais e os animais[24].

Essa divergência entre Gersônides e Averróis, no nível da teoria física, implica uma diferença quanto a suas concepções respectivas da ciência. Com efeito, o intelecto agente de Gersônides conhece as formas dos minerais que o intelecto agente de Averróis e de Maimônides ignora. Ainda, as formas dos minerais, embora sendo as mais inferiores, encontram-se, elas também, no intelecto agente, de maneira que seu conhecimento também contribui, do mesmo modo como o das formas mais elevadas, para o conhecimento de Deus e, assim, para a imortalidade da alma. No mais, a teoria de Gersônides implica que uma forma que não provenha dos intelectos separados seria ignorada pelo intelecto agente: sustentar que as formas dos minerais não provêm do intelecto agente equivaleria, pois, a afirmar que o reino mineral não pertence à Providência.

As ideias gersonidianas sobre o nexo de causalidades regendo o mundo físico e sobre a informação que dele possui o intelecto agente têm suas consequências também no nível da epistemologia: elas determinam a visão de Gersônides quanto ao que se pode saber sobre o mundo e, portanto, quanto ao que devemos nos esforçar para saber. Desse modo, a imagem da ciência em Gersônides depende dessas ideias cosmológico-metafísicas, ao mesmo tempo que contribui, como veremos, para determinar sua teoria física do mundo.

***

As ideias gersonidianas que acabamos de expor fazem do conhecimento teórico um valor em si. Com essa concepção do papel do conhecimento, Gersônides se opõe a Averróis, o qual defende uma concepção mais utilitarista do conhecimento. Assim, em seu *Epítome sobre o De Anima*, Averróis explica que o homem assegura sua existência por meio de "artes úteis à sua sobrevivência", que são as ciências teóricas[25]. Gersônides rejeita resolutamente essa noção utilitarista da ciência. Em seu comentário sobre o texto de Averróis, ele afirma:

> Esse [raciocínio] evoca uma reflexão relacionada com a questão da imortalidade da alma. Com efeito, para os buscadores dessa ciência, é evidente que a natureza não faz nada em vão. E sendo assim, para que finalidade foi posta em nós a capacidade de apreensão das ciências teóricas, se isso não é em razão de alguma utilidade? Ora, não faz sentido afirmar que as ciências teóricas são os fundamentos [lit. as premissas] das artes práticas, pois há ciências teóricas que não possuem qualquer intenção prática, como, por exemplo, a astronomia (*ḥokmat ha-kokavim*) e outras[26].

Em *Milḥamot ha-Shem*, Gersônides explica ainda mais seu pensamento:

> Não somente [as coisas teóricas] não têm qualquer utilidade para a vida corpórea, como ainda o esforço para adquiri-las é em detrimento da boa vida. Assim, encontramos buscadores que se esforçam para adquirir os inteligíveis [teóricos] e não se ocupam com os prazeres da vida corpórea; eles sequer se apossam de coisas materiais que lhes são absolutamente necessárias. E se alguém disser que o poder de adquirir os inteligíveis foi posto em nós porque [esses inteligíveis] são os fundamentos das artes práticas que nos são necessárias para nos prover daquilo que é necessário para a vida, de maneira que [as ciências teóricas] seriam úteis neste aspecto, responderíamos a eles que isto é falso. De fato, há ciências [lit. artes; *melakot*] teóricas que não têm qualquer vocação para a prática. Ademais, se assim as supuséssemos, seguir-se-ia que as artes práticas, sendo a finalidade das ciências [lit. artes] teóricas, seriam mais nobres que estas; ora, isso não concorda com o modo como fomos constituídos. Constatamos, com efeito, que, para todos os homens, as ciências teóricas têm uma grande preeminência em relação às práticas; o pouquinho que conseguimos adquirir das ciências teóricas alegra-nos muito mais do que a grande quantidade do que podemos esperar das artes práticas[27]. [...] Do mesmo modo, vimos que a natureza pôs em nós, a comunidade dos seres humanos, um desejo da busca teórica (*'iyyun*), que sobrepuja nosso desejo da prática. Tudo isso vem a favor da indicação de que a parte teórica em nós não existe em vista da parte prática[28].

A ciência teórica, da qual Gersônides aqui se faz protagonista, constitui o verdadeiro fim da existência humana; é por meio dela que podemos alcançar a felicidade:

> A felicidade (*haṣlaḥá*) humana se realiza quando o homem conhece, o quanto lhe é possível, uma coisa dentre as coisas existentes. [A felicidade] se obtém antes pela apreensão das coisas elevadas, e não pela apreensão das coisas de nível e nobreza inferiores. Por esta razão, desejamos mais a apreensão limitada, que nos é possível, das coisas elevadas do que aquela apreensão completa que temos das coisas que lhes são inferiores[29].

***

A concepção gersonidiana do conhecimento possui ainda dois outros componentes que convém destacar. Em primeiro lugar, Gersônides manifesta uma confiança no poder do intelecto humano e em sua capacidade de alcançar o conhecimento. Desde a introdução a *Milḥamot ha-Shem*, a esse respeito ele se opõe a Maimônides, por quem tem grande veneração. Sabemos que Maimônides, no que respeita à epistemologia, é antes cético: no tocante à questão da eternidade do mundo, por exemplo, ele afirma que os limites de seu poder cognitivo impedem o homem de alcançar uma certeza sobre esse tema[30]. Não seria, pois, pergunta Gersônides, uma tarefa exagerada querer empreender uma busca julgada impossível por um tão ilustre predecessor? Em sua resposta, ele não mede suas palavras:

> Esse é um argumento bem fraco. Não é necessário que os sucessores também ignorem aquilo que os primeiros [sábios] ignoraram. Isto porque o tempo é capaz de fazer surgir a verdade, como diz o Filósofo [...][31]. Com efeito, se fosse diferente, toda pessoa que empreendesse buscas em qualquer ciência não [conheceria] nada além do que aprendeu com alguém. E, se supusermos isto, não haveria ciência alguma, o que é manifestamente falso[32].

Para confirmar a opinião de Maimônides, prossegue Gersônides, seria necessário *demonstrar* positivamente que essa busca é efetivamente impossível. Ao que parece, Gersônides tem uma noção muito clara do progresso científico, conceito cuja elaboração no decorrer da Renascença foi muito importante para a renovação das ciências no século XVII[33].

Portanto, fazer o conhecimento progredir e, assim, assegurar a imortalidade de sua alma é algo possível. Gersônides completa essa doutrina com outra ideia, de grande repercussão, que concerne à questão da difusão do conhecimento. A esse respeito, conhecemos as ideias bem elitistas de um Maimônides ou de um Averróis. Gersônides rejeita-as com veemência:

> Não seria apropriado que alguém que apreendeu algo sobre as coisas teóricas se abstenha de repartir com outros o que apreendeu. Isto seria totalmente desprezível. Assim como a totalidade do que existe emanou de Deus, bendito seja Ele, sem que Ele tire proveito disso, do mesmo modo convém que cada um, tendo alcançado uma parte da perfeição, se esforce para aperfeiçoar outros. Isto lhe permite, na medida do possível, assemelhar-se a Deus, bendito seja Ele[34].

Segundo Gersônides, o conhecimento vem acompanhado de uma obrigação ética: o filósofo tem o dever moral de transmitir seus conhecimentos e, assim, de contribuir para a felicidade de outros[35]. O próprio Gersônides tentou agir em conformidade com suas exigências. Em um raro momento de confidência pessoal, ele escreve:

> Juro pela verdade que não cessei de temer escrever esse tipo de coisas num livro, conhecendo bem os hábitos dos ignorantes, os quais, a seus próprios olhos, são sábios. [...] O que nos levou [portanto] a isso foi nosso desejo poderoso de desobstruir o caminho dos filósofos (*ba'ale ha-'iyyun*) dos obstáculos referentes a essas grandes questões, em que todo erro muito distancia o homem da felicidade.

E se felicita:

> É evidente que não seria apropriado que um dos sábios perfeitos (*ha-shelemim*) nos condene por termos nos embrenhado nesse gênero de difícil busca. Bem ao contrário, é apropriado que sejamos louvados por nossos esforços na busca dessas coisas profundas, e isto mesmo no caso de não conseguirmos avançar além do mero esforço. Como será visto, tendo concluído na medida do possível a exposição dessas pesquisas, devemos ser louvados com mais razão ainda. Está igualmente claro que não é apropriado que aquele que estuda nossos propósitos nos persiga em troca de nosso amor por ele e de nossa vontade de ser-lhe útil[36].

Parece-me que essas ideias sobre o dever do sábio de divulgar seus conhecimentos esclarecem a composição do *corpus* gersonidiano com a coexistência, em seu interior, de elementos aparentemente dessemelhantes: comentários filosóficos e bíblicos, obras de filosofia e de ciência. Tratando-se de sobrecomentários a respeito dos comentários de Averróis, é evidente que os escritos do filósofo de Córdova contêm, para Gersônides, os inteligíveis: desse modo, é seu dever repassar o conhecimento, donde provém a longa série de sobrecomentários, talvez resultado de uma atividade de ensino. O mesmo se dá com os textos bíblicos: "A Torá [afirma Gersônides] não é um *nomos* que nos coage a crer em coisas falsas; não, ela nos guia, na medida em que isso é possível, para a apreensão da verdade"[37]. De fato, a Torá, dada em um tempo em que todos os homens ainda ignoravam tudo a respeito da causa formal, tem a intenção de "guiar o comportamento humano rumo à perfeição verdadeira"[38]; ela é "um *nomos* que conduz aqueles que a seguem rumo à verdadeira felicidade"[39]. A Torá e a filosofia expressam, pois, em linguagens diferentes as mesmas verdades: com muitas repetições, mostrando, em relação a um problema particular, que o resultado da busca é idêntico ao que se anuncia (conforme ele) na Torá, Gersônides exclama: "É da natureza da verdade estar de acordo com ela própria em todos os aspectos!" Assim, os comentários bíblicos perseguem o mesmo objetivo que as pesquisas filosóficas. Além disso, há ainda as obras originais: a obra filosófica *Milḥamot ha-Shem*, evidentemente mais que qualquer outra, pretende indicar ao homem o caminho de sua felicidade; quanto às obras especializadas, especialmente em lógica, em matemática e em astronomia, seja qual for o âmbito, uma vez que uma nova ideia esclarecia o horizonte, Gersônides considerava ser seu dever ético incontornável difundi-la; esses inteligíveis, antes ainda não apreendidos, uma vez tendo sido encontrados, ele estaria incumbido de "espalhar" (para retomar seu termo) pelo público, assemelhando-se assim, na medida do possível, ao próprio Deus.

Realismo e Teoria Astronômica

Manifestamente, a soteriologia de Gersônides suscita uma motivação poderosa para a pesquisa científica: toda nesga de conhecimento, cada inteligível, contribui para a felicidade. E, para Gersônides, o esforço para adquirir os inteligíveis deve conduzir, em primeiro lugar, para o mundo material (sublunar e supralunar): é a partir dos seres criados que o homem pode apreender as formas que possui o intelecto agente. As pesquisas metafísica e teológica concluem, portanto, com a assertiva – embora seja um pouco paradoxal, mas precisamente nisto invocando a conclusão à qual chegou Wittgenstein no sexto capítulo de seu *Tractatus*[40] – de que é preciso dedicar-se à pesquisa *empírica*, donde a impossibilidade de adquirir os inteligíveis após a morte. A soteriologia gersonidiana implica, pois, uma atitude decididamente *innerweltlich* (intramundana); exporemos um pouco o significado histórico de uma tal atitude em nossa conclusão.

O valor que Gersônides atribui às ciências determina não apenas o fato de ser necessário consagrar-se a elas, mas ainda que a mais nobre das ciências é a astronomia, cuja soteriologia gersonidiana condiciona inclusive certos aspectos de conteúdo.

De princípio, as substâncias do mundo real e, portanto, os tópicos da pesquisa não são de mesmo nível. Muito pelo contrário, Gersônides sustenta, junto com Averróis, uma rigorosa *hierarquia* de substâncias e de formas. Com efeito, conforme Averróis, a base dessa hierarquia é formada pelos quatro elementos; em seguida, vêm sucessivamente as formas dos homeômeros, as formas vegetativas, as formas perceptivas, as formas imaginativas, os inteligíveis teóricos e, por fim, as formas dos corpos celestes, isto é, os intelectos separados, os quais detêm o estatuto ontológico mais elevado. A mesma hierarquia se encontra no nível das respectivas matérias: "A água, afirma Averróis, é a perfeição da terra; o ar, a perfeição da água; o fogo, a do ar; por fim, o corpo celeste é a perfeição do fogo, e as formas separadas são a perfeição dos corpos celestes"[41]. Essa concepção, partilhada inteiramente por Gersônides[42], estabelece evidentemente uma hierarquia dos inteligíveis correspondentes, no cume da qual se encontram os corpos celestes. (Acima desses inteligíveis, acessíveis a uma investigação por meio dos sentidos, encontra-se evidentemente a Forma primeira.) A ciência dos corpos celestes é a astronomia, por isso o lugar privilegiado que ela ocupa no pensamento de Gersônides:

> Nós consideramos que seria apropriado deter-nos longamente sobre essa pesquisa, pois essa ciência é muito preciosa, tanto em si mesma quanto no direcionamento que ela concede aos tópicos das outras ciências. Que é preciosa em si mesma já é manifesto, posto que o nível do *quaesitum* [*derush*] é conforme o nível do objeto ao qual a pesquisa conduz. Ora, é manifesto que o objeto ao qual essa pesquisa conduz, a

> saber, os corpos celestes, é o mais nobre dentre todos os corpos naturais, e que a forma que os move é a mais nobre dentre todas as formas naturais[43].

A importância da pesquisa astronômica se depreende ainda, e sobretudo, do fato de que é através dos corpos celestes que Deus exerce sua Providência sobre o mundo sublunar. Se quisermos conhecer as leis que governam, desde a criação, a ordem natural perfeita aqui no mundo terreno, é preciso voltar os olhos para o céu. A ciência da astronomia

> é preciosa [...] por causa das indicações que ela fornece para a direção das outras ciências. [...] Ela concede uma admirável direção à ciência da natureza e à ciência divina. Com efeito, a pesquisa que nos conduz para as formas e para seus níveis, em relação à Forma primeira [indica que essas formas são] o fruto da sabedoria divina e sua finalidade. [...] Pois essas esferas e esses astros foram criados pela palavra de Deus, bendito seja Ele. [...] Eles fazem aparecer a grandeza da sabedoria e do poder que Deus manifestou, bendito seja Ele, produzindo esses corpos celestes nobres [...], dos quais Ele faz emanar influências produzindo coisas diferentes, que aperfeiçoam a existência aqui embaixo[44].

Muito embora certos mandamentos bíblicos tenham sido dados a fim de orientar o homem para a contemplação dos céus[45].

Gersônides tem plena consciência e lamenta a carência da ciência dos céus de seu tempo. De acordo com ele, sua imperfeição se manifesta na fraqueza da astrologia judiciária. Assim como todos os seus contemporâneos, incluindo também os adversários da astrologia, Gersônides jamais põe em dúvida o princípio das influências astrais, aceitando, até certo ponto, as teses dos astrólogos[46]. Todavia, ele reconhece que os astrólogos se enganam muito, mesmo levando-se em conta o livre-arbítrio e o fato de que o determinismo astral é somente parcial. Como explicar esses erros? Eles se devem, prossegue ele, à imperfeição dos conhecimentos sobre a física celeste – dos movimentos dos astros e de suas diferentes influências sobre o mundo sublunar[47]. Donde se depreende, mais uma vez, a importância das pesquisas astronômicas.

Assim, para Gersônides, os corpos celestes são os objetos privilegiados da pesquisa, em razão de seu nível ontológico e do lugar central que ocupam na economia do mundo físico, onde exercem o papel de instrumento da Providência. Isto explica a grande atenção que Gersônides dedica à astronomia, ciência à qual ele provavelmente consagrou mais tempo (especialmente as noites) do que a todas as outras ciências em seu conjunto.

***

Vimos até aqui como a soteriologia gersonidiana determina o fato de que nosso filósofo considera a ciência como a via que conduz à salvação; constatamos também que as ideias cosmológico-metafísicas de Gersônides fazem dos corpos celestes o objeto de estudos por excelência, o lugar privilegiado da pesquisa. Queremos, agora, esclarecer melhor essa influência das ideias filosóficas na ciência mostrando que a soteriologia de Gersônides determina o viés original pelo qual ele aborda o estudo da astronomia, influenciando, assim, diretamente o próprio conteúdo de suas teorias astronômicas.

Tivemos oportunidade de nos convencer de que Gersônides não estuda a astronomia por causa de sua utilidade potencial: será que ele chega ao ponto de citá-la como exemplo de uma ciência puramente teórica? O que Gersônides busca é conhecer os inteligíveis de nível supremo, decifrar, por pouco que seja, o segredo da Providência, já que foi a sabedoria divina que estabeleceu o *nomos* do mundo físico. Para Gersônides, isso significa apreender os inteligíveis que se encontram no intelecto agente. Ora, isso implica que, no plano epistemológico, seu posicionamento só poderá ser *realista*. O objetivo que Gersônides persegue no estudo da astronomia impede-o de assumir uma postura *instrumentalista* (ou, se preferirmos, ficcionalista), o que tem, no mais das vezes, prevalecido em astronomia: essa postura epistemológica consiste em postular que a função do astrônomo é "salvar os fenômenos", ou seja, propor modelos matemáticos que permitam produzir tabelas e assim calcular o posicionamento dos astros, sem de modo algum tentar saber se esses modelos correspondem à estrutura real do mundo[48]. Gersônides não compartilha dessa posição epistemológica, uma vez que sua pesquisa astronômica é dirigida por sua soteriologia, para a qual nada tem significado, a não ser o conhecimento do mundo tal como ele verdadeiramente é, este sendo o único conhecimento que eventualmente poderá chegar a um conhecimento (parcial) do intelecto agente. Com efeito, ele afirma no fim do primeiro capítulo de sua *Astronomia*:

> Constatamos que [mesmo] aqueles dentre os matemáticos que empreenderam pesquisas apropriadas nessa ciência contentaram-se em encontrar um sistema [ou modelo; *tekuná*] astronômico, do qual se podem

inferir observações de modo aproximativo. Eles não tentaram elaborar o sistema astronômico necessário conforme à verdade[49].

Gersônides também se propõe a elaborar uma nova astronomia, que descreverá o mundo celeste como ele verdadeiramente é. O afastamento de Gersônides em relação ao consenso *epistemológico* preponderante em sua disciplina terá repercussões determinantes no próprio *conteúdo* de suas teorias. O viés pelo qual Gersônides aborda a pesquisa científica pressupõe que ele será um astrônomo, "mas não como os outros".

As tentativas para elaborar uma astronomia realista – ou, o que dá no mesmo, para conciliar a astronomia matemática com a física aristotélica – são pouco numerosas. Não é nada clara, no próprio Aristóteles, a relação entre 1) o modelo astronômico de Eudoxo; 2) a ideia de que, por meio de sua matéria, os astros têm um movimento circular natural; e 3) a ideia de que os astros são movidos pelos intelectos. Ptolomeu tenta dar uma explicação física dos movimentos celestes em suas *Hypothesis*, mas sua teoria permanece vaga e não leva em conta os detalhes dos movimentos como são analisados no *Almagesto*. A primeira tentativa de estabelecer uma conciliação entre a astronomia ptolomaica e a física aristotélica se deve, ao que parece, a Sosígenes, o mestre de Alexandre de Afrodísia, na segunda metade do século II. Sosígenes procura adaptar a filosofia da natureza de Aristóteles à nova astronomia, a de Ptolomeu, conduzindo-se pela precisão de suas previsões. Simplício, a quem devemos nossas informações sobre Sosígenes, adotou uma abordagem inversa: ele exclui a astronomia do campo da filosofia e do domínio em que se busca a verdade[50].

Entre os autores árabes, Thābit ibn Qurra e sobretudo Ibn al-Haitham interessaram-se pelo problema de uma explicação física da mecânica celeste. No presente contexto, interessa-nos, porém, outra tradição, uma tradição descrita certa vez por Léon Gauthier como sendo "uma reforma do sistema astronômico de Ptolomeu, intentada pelos filósofos árabes do século XII"[51]. Mais recentemente, A. I. Sabra tem falado "da revolta andaluza contra a astronomia ptolomaica"[52]. Na origem dessa "revolta", estão, tanto quanto sabemos, Ibn Bājjah (m. 1138) e Ibn Ṭufayl (m. 1185); os principais protagonistas, porém, são Averróis (m. 1198) e Al-Biṭrūjī; algumas ressonâncias disso encontram-se também em Maimônides. Sem entrar em detalhes, já muitas vezes explicitados, digamos que, em seu *Grande Comentário sobre o De caelo* e, mais tarde, no *Grande Comentário sobre a Metafísica*, escrito depois de 1186, Averróis declara, sem rodeios, que a postulada existência de esferas excêntricas ou epicíclicas seria contra a natureza. Ele explica que tais movimentos criariam diversos centros de movimento circular, o que contradiria a física de Aristóteles, segundo a qual a existência de tais centros implicaria a existência de outras Terras além da nossa. Averróis conclui que "a astronomia de nossos dias só está de acordo com os cálculos, mas não com o que existe", e lança um apelo para que se faça uma pesquisa sobre "a verdadeira astronomia, a que é possível sob o ponto de vista dos princípios físicos". Aliás, Averróis acredita que tal astronomia já era conhecida pelos antigos[53]. Maimônides expõe detalhadamente o mesmo tipo de consideração, mas, de acordo com sua atitude filosófica geral[54], ele se livra do problema buscando refúgio na epistemologia instrumentalista[55].

Escrevendo por volta de 1200, Al-Biṭrūjī esforça-se para edificar uma astronomia matemática de acordo com os princípios enunciados por Averróis (que, todavia, ele não cita)[56]. O sistema de Al-Biṭrūjī, que pretende estar de acordo com o cálculo em conformidade com os princípios da física, representa, na tradição astronômica medieval, uma verdadeira revolução. Assim, Gersônides refere-se sempre a Al-Biṭrūjī como "o autor da nova astronomia" e a seu contemporâneo Isaac Israeli, o autor de *Yesod 'Olam* (Livro dos Elementos do Mundo), como "o homem que, por sua teoria, pôs em movimento o mundo inteiro"[57].

Na tradição hebraica, a astronomia de Al-Biṭrūjī foi rapidamente conhecida. Por volta de 1247, Yehudá ben Salomon Kohen ibn Marqa de Toledo, o correspondente do imperador Frederico II, apresenta um resumo em sua enciclopédia *Midrash ha-Ḥokmá*, obra que, porém, não teve muita repercussão[58]. Uma completa tradução hebraica da obra de Al-Biṭrūjī foi terminada por Moisés ibn Tibbon em 1259[59]. Parece, no entanto, que sua divulgação foi limitada. Por volta de 1318, Qalonimos ben Qalonimos, autor versado nas matemáticas além de arabista especializado, parece ignorá-la completamente[60].

No momento em que Gersônides entra em cena, o problema já está presente nos espíritos, pelo menos nos debates filosóficos: conhece-se a exposição de Maimônides sobre o assunto, assim como os textos de Averróis, em que se constata a incompatibilidade da astronomia com a física. Astrônomo, Gersônides conhece também a nova astronomia de Al-Biṭrūjī. Ainda, ele está plenamente consciente acerca da problemática: alguns físicos e filósofos, afirma, observaram que os modelos astronômicos, visto que não se adequam às leis da natureza, não podem corresponder à verdade.

> No entanto, desincumbiram-se do fardo declarando que deveria ser o matemático a empreender a pesquisa nesse âmbito, pois isso seria

> impossível para eles, na condição de físicos ou filósofos. Do mesmo modo, o matemático sustenta que, na condição de matemático, não tem nenhuma vocação para conduzir essa pesquisa: basta-lhe postular um sistema [ou modelo] astronômico, a partir do qual é possível inferir o que é observável nos movimentos dos astros [...], sem prestar atenção se esse sistema [ou modelo] está em conformidade com a natureza. [...] Assim, prossegue Gersônides, um cético poderia dizer: "Se a verdade nessa pesquisa não pertence nem ao matemático, nem ao físico, nem ao filósofo, a quem pertence então?"[61].

Seu posicionamento é o seguinte:

> Nessa pesquisa, a verdade não pertence à metafísica [lit.: a ciência que compreende; *ha-ḥokmá ha-kolelet*], que examina o ser na condição de existente [...] nem à ciência da natureza [...] e tampouco pertence, em sua totalidade, à ciência matemática. Não, ela pertence em sua totalidade ao conjunto dessas ciências[62].

E ele anuncia a ideia de um novo tipo de ciência, interdisciplinar, matemática e física ao mesmo tempo:

> Já que isto é assim, é impossível que uma pesquisa, uma vez que ela é una, pertença em parte a um pesquisador de uma ciência, e a parte restante pertença a um pesquisador de outra ciência. [...] Segue-se necessariamente que essa pesquisa pertence, em sua totalidade, a alguém que seja simultaneamente matemático, físico e filósofo; com efeito, aquele que é assim estará em condições de completar essa pesquisa apoiando-se em cada uma dessas ciências[63].

Não deve ser surpresa para o leitor o fato de Gersônides julgar-se possuidor dessas almejadas qualificações.

Ao elaborar seu sistema astronômico, ele persegue a intenção de satisfazer ao mesmo tempo as exigências da astronomia matemática, da física e da metafísica. Estas duas últimas ciências implicam a impossibilidade física de muitos centros de movimento circular, e como, antes dele, o próprio Al-Biṭrūjī, Gersônides descarta os epiciclos de seu sistema astronômico. Porém, não pode aceitar o sistema de Al-Biṭrūjī, que, conforme explica em detalhes, é refutado pela física e pela metafísica, assim como pela observação[64]. Al-Biṭrūjī, diz ele, e também os historiadores modernos concordam com sua ideia, "não se pauta na observação nem nas considerações matemáticas. Ele as ignorou e estabeleceu [seu sistema] de acordo com o que lhe pareceu estar de conformidade com a física"[65]. De fato, o sistema astronômico de Gersônides se funda sobre uma ideia que Al-Biṭrūjī rejeita, a saber, que todos os astros se encontram sobre esferas excêntricas em relação ao centro da Terra.

***

O sistema astronômico de Gersônides traz as marcas dos passos seguidos por seu autor. A seguir, procurarei destacar duas ou três características da astronomia gersonidiana que evidenciam que a sua especificidade é uma consequência direta da epistemologia realista do autor.

Assinalemos de princípio que, para Gersônides, evidentemente, não pode haver mais que um sistema astronômico, o *verdadeiro*. É claro que Gersônides tem ciência do fato de que há modelos astronômicos que podem ser equivalentes e que há modelos diferentes que podem proporcionar prognósticos sensivelmente idênticos. Todavia, ele jamais perde a confiança na possibilidade de alcançar a verdade. Examina as propriedades específicas (*segulot*) de cada modelo, que ele julga com base nesse exame[66]. "Mostramos, sem deixar qualquer dúvida, que o sistema astronômico que postulamos é verdadeiro para cada um dos planetas e que não pode haver outro modelo que esteja de acordo com a observação dos movimentos do planeta", declara Gersônides no início de sua *Astronomia*[67].

A confiança que Gersônides tem em poder distinguir entre o verdadeiro e o falso, mesmo em se tratando de corpos celestes, e com a qual ele se opõe de modo tão brilhante a Maimônides – para quem a verdade sobre os movimentos celestes só pode ser conhecida por Deus[68] – de modo algum é gratuita e tampouco se limita a uma declaração sem consequências. Com efeito, o desejo de verificar as características pelas quais se distinguem os modelos astronômicos conduz Gersônides a fazer *observações astronômicas* numa época em que elas eram pouco praticadas e, sobretudo, a inventar e a utilizar de forma intensa *instrumentos astronômicos*, especialmente sua "balestilha de Jacó".

Conforme B. R. Goldstein, quanto às observações entre 1325 e 1345, Gersônides teria realizado cerca de 45 observações de planetas, às quais se soma uma dezena de observações de eclipses solares e lunares: ele as utiliza, fato raríssimo na Idade Média, a fim de pôr à prova diferentes modelos astronômicos disponíveis[69]. Gersônides faz a maior parte de suas observações usando instrumentos, entre os quais a balestilha de Jacó, que ele próprio inventou para melhorar sua precisão. Em sua versão padronizada, a balestilha de Jacó permite determinar, com mais exatidão do que se fazia anteriormente, a distância angular entre duas estrelas. "Esforçamo-nos para inventar um instrumento cuja construção não contenha falhas e as observações sejam livres de erros", escreve Gersônides. "E começamos a usá-lo para fazer observações muito úteis nessa pesquisa. Se a Providência nos permitir, [esse instrumento] nos conduzirá à verdade do sistema astronômico"[70]. O desejo de Gersônides de encontrar o *verdadeiro* sistema astronômico está, portanto, na origem da invenção da balestilha de Jacó[71]. Foi a epistemologia realista que deu sentido à discussão sobre a exatidão das observações astronômicas. De fato, na perspectiva de uma epistemologia instrumentalista, dispor de observações mais exatas só tem sentido se a diferença da precisão tem um significado prático. Visto que as previsões astronômicas mais fiáveis não eram exigidas pela vida prática nesse começo do século XIV (com exceção, talvez, na astrologia), numa época em que, efetivamente, os astrônomos faziam muito poucas observações, um avanço na precisão das observações tinha uma importância bastante débil. Para Gersônides, ao contrário, a exatidão, a conformidade absoluta com a realidade, é primordial: trata-se de conhecer o arranjo divino do mundo; uma diferença, ainda que mínima, nos resultados das observações corre o risco de enfraquecer a salvação da alma. Essa consideração explica igualmente a grande preocupação de Gersônides em relação ao problema dos erros nas observações, tema que ele retoma diversas vezes[72].

É evidente que a balestilha de Jacó, que permitia melhorar a exatidão das observações da distância angular entre duas estrelas, poderia também ter sido inventada dentro do quadro de uma epistemologia instrumentalista, ainda que possivelmente mais tardia. Mas Gersônides desenvolveu também uma segunda versão desse instrumento: uma combinação da balestilha de Jacó com a *camera obscura*, instrumento que permitia medir o diâmetro aparente dos astros[73]. Ora, as observações com esse instrumento só têm significado se considerarmos o sistema astronômico uma representação do real. Com efeito, Gersônides assevera que, se os planetas se encontrassem sobre epiciclos, seus diâmetros aparentes deveriam variar consideravelmente: o diâmetro aparente da Lua, na proporção 1:2, o de Marte, na proporção 1:6 etc., o que não correspondia à observação. Conforme Gersônides, Ptolomeu descartou esse problema afirmando que nossa vista é muito fraca para observar as mudanças de luminosidade; Gersônides, porém, replica que:

> Esse argumento não tem qualquer fundamento, pois nós determinamos o diâmetro da Lua medindo, por meio de uma regra, seu raio que passa pela abertura do instrumento, e não pela observação do próprio corpo da Lua. É evidente, pois, que ele [Ptolomeu] não poderia ter atribuído esse feito – a saber, que o diâmetro aparente não corresponde ao que implica seu modelo – à fraqueza da vista[74].

Para Gersônides, o diâmetro aparente é precisamente uma das características pela qual é possível distinguir um modelo planetário de outro.

> Se há mais de um sistema [ou modelo] astronômico, do qual se deduz a ordem [dos movimentos planetários], então levando-se em conta o que está de acordo com a observação da variação do diâmetro aparente do astro, a pesquisa nos indicará que um dos sistemas [modelos] astronômicos é justo, e [não o é] nenhum outro[75].

Na tradição ptolomaica, quase não se prestou atenção aos diâmetros aparentes. Efetivamente, numa perspectiva instrumentalista, interessam apenas as posições dos astros. O esforço de Gersônides é, portanto, revolucionário: ele *redefine o conjunto dos parâmetros que a astronomia deve ter em conta.* Para empregar uma linguagem em voga: Gersônides inventa um novo discurso astronômico. O novo parâmetro que Gersônides introduz em sua astronomia bem como o instrumento que ele inventa para medi-lo só possuem um sentido possível dentro do quadro de uma epistemologia realista.

***

Encerremos com um breve exame da teoria astronômica de Gersônides, fundada na ideia das esferas excêntricas em relação ao centro do mundo (que é, evidentemente, idêntico ao centro da Terra). Antes de tudo, as medições dos diâmetros aparentes, as mesmas que refutaram os modelos epicíclicos, confirmam o modelo excêntrico[76], possibilitando determinar a excentricidade[77]. De fato, a confiança de Gersônides nesse modelo é tão grande que, em diversas retomadas ao confrontar-se com uma dificuldade relativa às suas implicações físicas ou metafísicas, ele assevera que, estabelecido esse modelo, o raciocínio da física terá de se acomodar a ele. Mencionemos apenas uma dessas dificuldades. Será possível que o movimento circular das esferas se realize ao redor de um centro que não é o centro do mundo? Gersônides responde:

> Já se demonstrou na física que é o corpo que se move na rotação que produz o centro. Assim, se fosse possível haver mais de um único mundo, os movimentos simples das partes dos diferentes mundos seriam necessariamente dirigidos para seus centros respectivos[78].

Essa tese, completamente não ortodoxa sob a perspectiva aristotélica, é corroborada pelo notável argumento que segue:

> Assim que os corpos são incluídos numa circunferência, seus movimentos simples se referem ao centro desta circunferência. Eis o que indica isso. Vês que em certas coisas naturais de forma esférica a parte pesada está no centro, a parte leve o contorna. Assim, vês que o ovo, no início, consiste apenas em gema; depois a natureza cria a parte leve, permanecendo a parte pesada no centro e a parte leve contornando-a. Do mesmo modo, podes ver que certos movimentos naturais não se reportam ao centro do mundo, mas a seu próprio centro, como os batimentos cardíacos e [o movimento do] ar fundamental nas artérias[79].

Certamente, os argumentos de Gersônides não trazem necessariamente uma convicção. Mas seria errado considerá-los sob esse aspecto. O que importa é que Gersônides tem a ousadia de se opor a toda a tradição aristotélica no que se refere a um ponto tão capital. Com efeito, ainda no limiar do século XVII, alguém como William Gilbert se vê confrontado praticamente com o mesmo problema: num período em que a física ainda é aristotélica, sua tentativa para elaborar uma física compatível com a astronomia copernicana confronta-o igualmente com a questão de saber como é possível haver uma pluralidade de centros de gravidade[80]. De fato, a ideia de uma tal pluralidade é totalmente incompatível com os próprios fundamentos da física aristotélica, de maneira que Gilbert e, antes dele, Gersônides, com maior razão ainda, dão provas efetivas de uma grande ousadia intelectual ao adotá-la.

***

Dois aspectos da astronomia gersonidiana merecem ainda nossa atenção. Lembremos, de início, que Gersônides busca uma explicação física dos movimentos celestes. Ele postula um corpo líquido que preenche o espaço entre as esferas celestes, corpo que se supõe, de um lado, comunicar o movimento diurno de uma esfera àquela que o cerca e, de outro, impedir que outros movimentos de um planeta perturbem os das esferas adjacentes. Como consequência dessa teoria, temos as teses ousadas de Gersônides concernentes às dimensões do mundo[81]. A aplicação da física na explicação do "mecanismo" dos movimentos celestes se identifica evidentemente com a epistemologia realista: a descrição do mundo celeste que Gersônides propõe é ao mesmo tempo matemática e física.

Gersônides jamais perde de vista a finalidade última da pesquisa astronômica, que é conhecer a Providência. Ele observa, muitas vezes, que uma determinada disposição particular dos corpos celestes dá testemunho da Providência que a criou. Consideremos apenas um exemplo. Os movimentos das esferas têm uma velocidade angular constante em relação ao centro postulado. Como pode um movimento regular produzir efeitos tão diversos no mundo sublunar? Gersônides responde, precisamente: em si, o movimento é regular, como deve ser todo movimento celeste; mas, em relação à Terra, já que ela não está no centro, ele não é regular. A Providência soube utilizar um movimento regular para produzir aqui, no plano inferior, efeitos muito variados[82].

Conclusão

À guisa de conclusão, algumas reflexões sobre a natureza, a origem e o significado da originalidade de Gersônides.

1) Uma primeira observação diz respeito ao vínculo que há, na obra de Gersônides, entre o progresso científico e o realismo epistemológico.

A originalidade de Gersônides, a *força profunda* de suas inovações, mantém-se fiel à imagem realista que ele tem da ciência, que, por seu lado, deriva de sua soteriologia. Para ele, a pesquisa científica, longe de ter uma visão prática, é um fim em si, tendo como única finalidade alcançar um conhecimento verdadeiro do real. O que Gersônides busca é alcançar a imortalidade da alma, conquistando o conhecimento dos inteligíveis que se encontram no intelecto agente. Ele não duvida da capacidade do homem para alcançar um conhecimento adequado, ainda que parcial, do mundo tal como ele verdadeiramente é. Essa atitude fornece o enquadramento no qual se inserem as inovações científicas de Gersônides, especialmente as astronômicas. De maior consequência é a ideia de que o diâmetro aparente dos astros é um parâmetro deve levar em consideração. As mensurações dessa variável – e para executá-las Gersônides inventa um instrumento apropriado – suscitam-lhe o argumento decisivo da observação contra a hipótese dos epiciclos. De passagem, notemos que nisso está, sem dúvida, a razão por que a astronomia de Gersônides não teve repercussão[83]: a quase totalidade dos astrônomos medievais não partilhava da epistemologia realista de Gersônides, de modo que, para eles, as dimensões dos diâmetros aparentes simplesmente não tinham nenhum significado[84].

Gersônides, ao contrário de seus contemporâneos, faz observações e, com maior razão ainda, tem um grande desejo de aumentar a precisão pelo viés dos instrumentos, que provém igualmente de seu desejo de encontrar a estrutura real do mundo. Esse desejo leva-o à invenção da balestilha de Jacó e à utilização da *camera obscura*, dois instrumentos por meio dos quais ele analisa de maneira notável as condições de sua utilização. Desses dois instrumentos, a balestilha de Jacó, em sua versão padronizada, foi muito difundido: contrariamente às novas ideias de Gersônides, que poderiam ser aceitas apenas por alguém que partilhasse igualmente a imagem gersonidiana de ciência, a saber, seu realismo epistemológico, esse instrumento poderia ser utilizado de modo totalmente independente do contexto teórico em que surgiu. A outra versão da balestilha de Jacó, destinada a medir os diâmetros aparentes, não teve, porém, tão grande difusão, visto que sua utilização estava diretamente vinculada à epistemologia realista que orientava sua invenção.

Outra consequência: a atitude de Gersônides é fundamentalmente empírica. Todas as substâncias, inclusive os minerais, receberam, para Gersônides, suas formas do intelecto agente. Assim, toda substância, supralunar ou sublunar, merece tornar-se objeto de pesquisa, uma vez que dá testemunho da Providência[85]. A via que conduz ao conhecimento de Deus passa pela pesquisa empírica,

> pois, na criação dos animais e das plantas, [Deus] estendeu uma sabedoria maravilhosa [...], a fim de que haja, em cada um deles, todos os membros (lit. instrumentos) que lhe seja possível possuir, e pelos quais sua existência se torna perfeita. E Ele igualmente nos doa o tempo necessário para apreender, a partir disso, algo precioso em relação a Deus, bendito seja Ele[86].

É nesse mesmo contexto que temos de situar outra inovação de Gersônides, bastante notável, que, ao que parece, não foi ainda notada. Em seu

Sobrecomentário ao Epítome [de Averróis] sobre o Livro dos Animais, Gersônides considera a utilização de um espelho parabólico (de que, ademais, ele se serve para concentrar os raios da chama de uma vela e os da Lua[87]) como lupa, o que permite discernir detalhes dos corpos de insetos, invisíveis a olho nu:

> Numerosas espécies [animais], entre aquelas mencionadas por Aristóteles, não nos são conhecidas, sobretudo as espécies cujos indivíduos são extremamente pequenos. Pois, ainda que possamos percebê-las, é difícil para nós, por causa de sua pequenez, conhecer as formas e as propriedades de seus membros. Penso que um truque [ou: um artifício; *taḥbulá*], por meio do qual podemos nos dar conta dos membros dos animais que são tão diminutos e que não podem ser percebidos pelos sentidos, é contemplá-los através de coisas que nos mostrem o objeto percebido maior do que ele é: por exemplo, o espelho ardente e outros objetos semelhantes, com os quais vemos um objeto percebido como sendo maior do que ele é. Com tal astúcia, podemos com efeito constatar a verdade relativa a seus membros[88].

Gersônides anuncia aqui um tipo de *protomicroscópio*, cuja ideia não teve, pelo menos na Europa, equivalência durante a Idade Média[89]. Gersônides não conta com as observações efetivamente realizadas por meio do instrumento considerado, o que leva a crer que ele jamais pôs em prática sua ideia. Resta aceitar que, se sua invenção ficou apenas no papel, ela dá testemunho da importância que ele atribuía à investigação empírica das formas criadas, inclusive a relativa aos menores membros dos mais diminutos animais.

Podemos, enfim, concluir que, no caso de Gersônides, o realismo epistemológico constituiu um motor importante para o progresso científico. Mais que isso, ao atribuir uma significação ao diâmetro aparente dos astros, variável que, na perspectiva instrumentalista, não tinha grande relevância, a epistemologia realista de Gersônides condicionou amplamente o próprio conteúdo de suas teorias.

2) A segunda observação é de ordem sociológica. A imagem que Gersônides faz da astronomia, que condiciona, como já vimos, sua originalidade, está estreitamente ligada a seu papel social ou, antes, profissional. Com efeito, Gersônides reúne em si duas funções profissionais distintas: a de filósofo e a de astrônomo[90]. Na Idade Média, os encargos institucionalizados associados a essas funções eram diferentes, e até opostos: cada uma das funções era regida

por outro conjunto de normas definitórias, e seu exercício era controlado e sancionado por um grupo de referência (de "pares") distinto. Ao filósofo, incumbia a busca da verdade, ao passo que ao astrônomo, o encargo de fornecer cálculos úteis. Geralmente, essas funções estavam dissociadas: aqueles que, em diferentes contextos sociais (especialmente nas cortes reais), praticavam a astronomia como "arte" prática não eram os mesmos que, via de regra, se ocupavam de física e de metafísica nas universidades. Aliás, este é possivelmente o motivo sociológico por que a incompatibilidade entre os modelos utilizados na astronomia, na física e na metafísica aristotélicas pôde tão bem sustentar-se durante séculos: a divisão do trabalho impedia que as contradições fossem percebidas claramente. Por isso, Gersônides representa um caso singular. Por seu interesse em relação ao conhecimento, pela motivação que o anima, por sua formação e pelo tipo de obras que redige, ele é certamente um filósofo. Mas, ao mesmo tempo, é um astrônomo tecnicamente competente, que passa suas noites fazendo observações e seus dias calculando tabelas astronômicas. No plano sociológico, a originalidade de Gersônides resulta do fato de que, em sua pesquisa, ele se conforma às *normas das duas funções sociais ao mesmo tempo*.

A originalidade de Gersônides, cognitiva e sociológica simultaneamente, está amplamente em conformidade seja com o modelo de surgimento das inovações científicas, seja com o das inovações intelectuais em geral, que foi descrito pelo renomado sociólogo das ciências Joseph Ben-David. Com base numa análise do surgimento de novas disciplinas (a psicanálise de Freud, a bacteriologia de Pasteur e a psicologia experimental de Wundt), Ben-David mostrou que uma nova disciplina científica representa muitas vezes o fato de um cientista que, por questões de ordem social (por exemplo, o impedimento na carreira), migra de uma disciplina para outra e que, consequentemente, aplica os métodos e as normas que ele adotara ("internalizara") em sua disciplina de origem ao estudo dos objetos da segunda. Ben-David chamou esse processo social de *hibridação de funções*, processo pelo qual surge uma nova função social, quando as normas de uma função social pertencentes a uma disciplina são introduzidas numa segunda função, associada a outra disciplina. Sua tese sociológica é que a hibridação das *funções sociais* pode levar a uma hibridação das *ideias*, dando lugar a inovações cognitivas[91].

As invenções de Gersônides são manifestamente o resultado de uma hibridação de ideias: Gersônides introduz as normas epistemológicas da filosofia no estudo da astronomia matemática, em pé de igualdade com as normas técnicas desta. Sociologicamente falando, essas inovações são o resultado da hibridação das funções de astrônomo e de filósofo. Infelizmente, ignoramos como e por quais razões essa hibridação das funções se produziu: seria unicamente o caso de uma curiosidade intelectual de um homem com talentos raros, que experimentou tanto o raciocínio filosófico quanto a técnica matemática e que não encontrou qualquer dificuldade em dominar tanto um quanto a outra? Ou teria havido razões de ordem social que incitaram Gersônides a se consagrar aos dois âmbitos, que ele veio a considerar como uma e mesma ciência? Na ausência de elementos concernentes à vida de Gersônides e a seu desenvolvimento intelectual, essa questão permanece sem resposta.

A análise sociológica esclarece ainda as razões pelas quais a astronomia gersonidiana não teve futuro. Na Idade Média, Gersônides foi um dos poucos a reunir em si as funções de astrônomo e de filósofo da natureza. Foi preciso esperar por Copérnico, por Kepler e pela síntese newtoniana para que uma tal unidade de funções sociais se estabelecesse de forma duradoura[92]. Ora, como já vimos, as inovações de Gersônides estão intimamente ligadas à fusão de duas funções que nele se realizou: assim, podemos propor a hipótese de que as inovações que ocorreram não encontraram ressonância, porque nenhum outro sábio teria assumido essa dupla função social.

3) Hoje em dia, os historiadores das ciências são cautelosos em encontrar "precursores", e seria uma banalidade afirmar que a História das ciências esforça-se por compreender os pensadores de outras épocas ao situá-los em seus próprios contextos[93]. Todavia, parece legítimo destacar em Gersônides outro tipo de "modernidade" que não se situa no plano das ideias científicas. Sua teologia levou-o a dirigir sua atenção ao mundo material; ela se solidifica por uma atitude dirigida ao mundo (*innerweltlich*), e não ao transcendente. Gersônides busca o conhecimento de Deus unicamente por meio de Suas obras. É esta teologia que, para ele, legitimou sua pesquisa científica, ao mesmo tempo que lhe forneceu, no plano psicológico, a motivação para empenhar-se nisto. Essa atitude é ainda mais digna de nota pelo fato de que a quase totalidade dos sábios judeus medievais se conformava à concepção de Maimônides, segundo a qual a única finalidade das ciências é preparar o intelecto para o estudo da metafísica, do qual depende o conhecimento adequado de Deus[94]: defendendo uma teologia que legitimasse a pesquisa científica como prática social e atribuindo ao conhecimento científico um valor em si, Gersônides se opõe ao consenso dos pensadores judeus medievais, que atribuíam à ciência um lugar subordinado. Ora, a esse respeito, há um claro parentesco entre Gersônides e os pensadores ingleses que fundaram a Royal Society em meados do século XVII.

Lá, como bem mostrou Robert K. Merton, foi o puritanismo que suscitou um interesse religioso pelo universo dos fenômenos naturais, que foi um importante fator na institucionalização da ciência da natureza na condição de ocupação independente e legítima[95]. De resto, conforme uma tese recente, elaborada por A. I. Sabra, os grandes cientistas de língua árabe foram também motivados em suas pesquisas científicas por uma teologia que atribuía um valor soteriológico ao conhecimento científico do mundo material[96]. Em vista desse tipo de vínculo entre a teologia e a ciência – a primeira legitimando uma pesquisa empírica, conduzindo aos detalhes das manifestações divinas neste mundo –, Gersônides é certamente um precursor da ciência moderna[97].

Notas

1. Cf. METZGER, H. *La Méthode philosophique en histoire des sciences*: textes 1914-1939 réunis par Gad Freudenthal. Paris: Fayard [Corpus des oeuvres de philosophie en langue française], 1987.
2. Cf. ELKANA, Y. A Programmatic Attempt at an Anthropology of Knowledge. In: MENDELSOHN, E.; ELKANA, Y. (Org.). *Sciences and Cultures*. [= *Sociology of the Sciences*, t. 5, 1981]. Dordrecht: Reidel, 1981, p. 1-76.
3. PINES, S. Some Views Put Forward by the 14th Century Jewish Philosopher Isaac Pulgar, and some Parallel Views Expressed by Spinoza (em hebraico). In: DAN, J.; HACKER, J. (Org.). *Studies in Jewish Mystics, Philosophy and Ethical Literature, Presented to Isaiah Tishby on His Seventy-Fifth Birthday*. Jerusalem: Magnes Press, 1986, p. 395-457; cf. o Apêndice: Problemas relativos à doutrina de Gersônides, p. 447-457.
4. GERSÔNIDES. *Milḥamot ha-Shem*. Introdução, p. 2. Todas as referências ao *Milḥamot ha-Shem* são citadas conforme a edição de Riva di Trento, 1560. Indico, na sequência, o tratado, a parte (quando ocorre) e o capítulo; os números indicam as folhas; as letras, as colunas.
5. A bibliografia sobre o tema tratado nos parágrafos que se seguem é muito abundante. A título de indicação, citemos: PINES, S. Translator's Introduction. In: MAIMONIDES, M. *The Guide of the Perplexed*. Trad. de S. Pines. Chicago: University of Chicago Press, 1963, p. ciii et seq.; DAVIDSON, H. A. Alfarabi and Avicenna on the Active Intellect. *Viator*, n. 3, p. 109-178, 1972; id. Averroes on the Material Intellect. *Viator*, n. 17, p. 91-137, 1986; id. Averroes on the Active Intellect as a Cause of Existence. *Viator*, n. 18, p. 191-225, 1987; IVRY, A. Averroes on Intellection and Conjunction. *Journal of the American Oriental Society*, n. 86, p. 77-85, 1966; HYMAN, A. Aristotle's Theory of the Intellect and Its Interpretation by Averroes. In: O'MEARA, D. J. (Org.). *Studies in Aristotle*. Washington, DC: The Catholic University of America Press, 1979, p. 161-190. Sobre as ideias de Gersônides a respeito desse tema, cf. TOUATI, C. *La Pensée philosophique et théologique de Gersonide*. Paris: Éditions de Minuit, 1973, p. 395-442; FELDMAN, S.

Gersonides on the Possibility of Conjunction with the Agent Intellect. *AJS Review*, n. 3, p. 99-120, 1978.

6. GERSÔNIDES. *Milḥamot ha-Shem* 1.11; cf. igualmente o artigo de DAVIDSON, H. A. Gersonides on Material and Active Intellects. In: FREUDENTHAL, G. (Org.). *Studies on Gersonides*: A Fourteenth-Century Jewish Philosopher Scientist. Leiden: Brill, 1992, p. 195-265, § 4 (p. 239-250).
7. GERSÔNIDES. *Milḥamot ha-Shem* 1.12, p. 15[d]. Gersônides explica sua ideia em seu *Comentário sobre o Livro de Jó* (final do capítulo 38; *Miqra'ot Gedolot*, p. 190[d]), em que formula a ideia de que o homem chega a certa *união* com Deus pelo fato de Deus, em quem os inteligíveis estão todos em ato, ajudar o homem, em quem esses mesmos inteligíveis estão em potência, a "atualizar" nele, ou seja, apreender os inteligíveis.
8. "Segue-se que aquele que apreendeu um só inteligível entre os inteligíveis geométricos viverá eternamente, uma vez que esses inteligíveis se encontram no intelecto agente. Isso é, porém, uma ilusão e é falso", exclamaria o filósofo Hasdai Crescas. Cf. HARVEY, Z. R. H. Crescas et sa critique de la félicité philosophique (em hebraico). *Proceedings of the 6th World Congress of Jewish Studies*. Jerusalem, 1977, t. 3, p. 143-149. Surge, porém, um problema em relação à crítica de Crescas. A razão pela qual o conhecimento conduz à salvação é que os inteligíveis se encontram no intelecto agente, isto é, que eles fazem parte do plano da criação e da Providência. Será que isso se aplica efetivamente, como supõe a crítica de Crescas, aos inteligíveis matemáticos? Esses inteligíveis descrevem o real? Gersônides dá uma resposta positiva a essa questão, sustentando que o intelecto agente possui os inteligíveis matemáticos, como está manifestado em diversas estruturas do mundo sublunar que revelam a regularidade matemática (*Milḥamot ha-Shem* 1.7, p. 9[d]-10[a]). Gersônides chega a afirmar que os inteligíveis matemáticos, inclusive as noções gerais tais como "o todo é maior que a parte", advêm, como os outros, da experiência (ibid., 1.9, p. 10[c]); igualmente o *Comentário sobre o Cântico dos Cânticos*. In: *Be'ur Ḥamesh Megillot*. Königsberg, 1860, p. 14[c]. A crítica de Crescas só é válida se levarmos em conta esse posicionamento de Gersônides.
9. Cf. TOUATI, 1973, op. cit., p. 83-86.
10. VAJDA, G. *Introduction à la pensée juive du Moyen Âge*. Paris: Vrin, 1947, p. 143.
11. ARISTÓTELES. *De generatione et corruptione* II, 10.
12. Cf. *Averrois Cordubensis Commentarium medium & epitome in Aristotelis De generatione et corruptione libros*. Versão hebraica: ed. de S. Kurland. Cambridge, MA: The Medieval Academy of America, 1958, §§ 56-62, p. 88-94 (*Comentário Médio*); p. 121-123 (*Epítome*, cf. especialmente linhas 68-76); trad. inglesa: *Averroes on Aristotle's* De generatione et corruptione: *Middle Commentary and Epitome*. Trad. de S. Kurland. Cambridge, MA: The Medieval Academy of America, 1958, p. 101-106; p. 132-135, respectivamente.
13. Cf., por exemplo, MAIMÔNIDES. *Guia dos Perplexos* I. 72; II. 10; II. 12. O argumento é encontrado em PTOLOMEU. *Tetrabiblos* I. 2 e é repetido pela maioria dos astrólogos medievais: cf., por exemplo, LEMAY, R. *Abu Ma'shar and Latin Aristotelianism in the Twelfth Century*. Beirut: American University of Beirut, 1962, p. 50 et seq.; p. 55 et seq. Meu estudo sobre a física aristotélica serviu de fundamento para algumas teses astrológicas em meu artigo: FREUDENTHAL, G. Maimonides' Stance on Astrology in Context: Cosmology, Physics, Medicine, and Providence. In: ROSNER, F.; KOTTEK, S. S. (Org.). *Moses Maimonides as Physician, Scientist and Philosopher*. Northvale, NJ/London: Jason Aronson, 1993.
14. Cf., por exemplo, GILL, M. L. *Aristotle on Substance*: The Paradox of Unity. Princeton: Princeton University Press, 1989, especialmente o cap. 7.

15. Cf. os trabalhos de DAVIDSON, H. A., citados na nota 5, bem como FREUDENTHAL, G. The Theory of the Opposites and an Ordered Universe: Physics and Metaphysics in Anaximander. *Phronesis*, n. 31, p. 197-228, 1986.
16. HAPP, H. Kosmologie und Metaphysik bei Aristoteles. Ein Beitrag zum Transzendenzproblem. In: FLASCH, K. (Org.). *Parusia. Studien zur Philosophie Platons und zur Problemgeschichte des Platonismus*. Festgabe für Johannes Hirschberger. Frankfurt: Minerva, 1965, p. 155-187.
17. Cf. TOUATI, 1973, op. cit., p. 161-298; FREUDENTHAL, G. Cosmogonie et physique chez Gersonide. *Revue des Études Juives*, n. 145, p. 295-314, 1986.
18. Sobre o histórico dessa noção, cf. PINES, S. Some Distinctive Metaphysical Conceptions in Themistius' Commentary on Book Lambda and Their Place in the History of Philosophy. In: WIESNER, J. (Org.). *Aristoteles Werk und Wirkung Paul Moraux gewidmet*. Berlin/New York: W. de Gruyter, 1987, t. II, p. 177-204.
19. Cf. TOUATI, 1973, op. cit., p. 86.
20. GERSHOM, L. ben. *Comentário sobre o Cântico dos Cânticos*, op. cit., fol. 2^b; uma edição crítica dessa parte do comentário foi publicada em: KELLNER, M. Gersonides' Introduction to His Commentary of Song of Songs (em hebraico). *Da'at*, n. 23, verão, p. 15-32, 1989; a passagem citada se encontra na p. 18.
21. Ibid.
22. Em se tratando de plantas e animais, discutia-se sobre a proveniência exata da causa formal, mas de modo algum se sustentava que a alma vegetativa (e, com maior razão, as almas mais elevadas) pudesse ser gerada sem a intervenção de tal causa. Cf. o artigo de H. A. Davidson citado na nota 6.
23. *Averrois Cordubensis Compendia librorum Aristotelis qui Parva naturalia vocantur*. Versão árabe editada por H. Blumberg. Cambridge, MA: The Medieval Academy of America, 1972, p. 76; versão hebraica editada por H. Blumberg. Cambridge, MA: The Medieval Academy of America, 1954, p. 50; tradução inglesa: *Averroes, Epitome of Parva naturalia*. Trad. de H. Blumberg. Cambridge, MA: The Medieval Academy of America, 1961, p. 44 et seq.; MAIMÔNIDES. *Guia dos Perplexos* I. 72: "É preciso saber que as faculdades [ou potências; *quwwa*] que vêm da esfera celeste para este mundo são [...] quatro, a saber: uma faculdade que produz a mistura e a composição e que é indubitavelmente suficiente para a produção dos minerais [...]" (trad. francesa de S. Munk). Cf. o comentário de Shem Tov *ad loc*: "O mestre [Maimônides] é de opinião de que não é necessário [postular] um outro agente doador das formas aos minerais, como pensavam Ibn Sīnā e Abū Ḥamid [al-Ghazālī], que consideram que as preparações [da matéria] são feitas pelas esferas, mas que todo o existente adquire sua forma do intelecto agente". *Sefer Moré Nevuḵim... 'im Sheloshá Perushim... Efodi, Sem-tov, Ibn Qresqas...* (Vilna, 1902; reimpressão: Jerusalém, 1960, p. 112). Maimônides afirma em outra passagem: "Quanto àquilo que vemos nascer sem que isso seja simples consequência da mistura – o que são todas as formas –, necessita-se para isto de um eficiente, quero dizer, algo que doe a forma" (*Guia* II. 12, trad. de S. Munk): há de se concluir que, para Maimônides, os minerais não possuem formas – todas as suas propriedades se devem somente aos componentes da mistura. Acrescentemos que Al-Ghazālī endossa efetivamente a opinião que lhe atribui Shem Tov: cf. AL-GHAZĀLĪ. *Maqāsid al-falāsifa* (Opinião dos Filósofos). Trad. hebraica de Isaac Albalag. Paris: Bibliothèque Nationale, ms. heb. 956, fol. 179^v et seq. A propósito desse tema, Harry A. Wolfson compara as posições de Yehudá Halevi com as de Maimônides em seu artigo: Halevi and Maimonides on Design, Chance and Necessity

(1941), reimpresso em: TWERSKY, I.; WILLIAMS, G. H. (Org.). *Studies in the History of Philosophy and Religion*. Cambridge, MA: Harvard University Press, 1977, t. 2, p. 1-59, especialmente p. 26-34.

24. GERSÔNIDES. *Comentário ao Epítome [de Averróis] sobre os Parva naturalia*. Berlin: Staatsbibliothek preussischer Kulturbesitz, ms. Orient, fol. 1055, fol. 145[b] et seq.; id. *Comentário ao Epítome [de Averróis] sobre os Meteorológicos*. Paris: Bibliothèque Nationale, ms. Heb. 949, fol. 57[a], citado em parte em: FREUDENTHAL, G. Cosmogonie et physique chez Gersonide, 1986, op. cit., p. 308, especialmente n. 30. Cf. igualmente o artigo de LANGERMANN, Y. T. Gersonides on the Magnet and the Heat of the Sun. In: FREUDENTHAL, G. (Org.). *Studies on Gersonides*: A Fourteenth-Century Jewish Philosopher Scientist. Leiden: Brill, 1992, p. 267-284.
25. Averróis afirma que, ao contrário dos animais, o homem não saberia assegurar sua sobrevivência somente por meio dos sentidos e da imaginação. Com efeito, ele afirma que o homem "possui ainda uma [outra] faculdade [da alma], por meio da qual ele apreende as coisas abstraídas da matéria, as combina uma com a outra e, por meio do raciocínio, faz resultar uma coisa de outra. Assim, essa faculdade lhe permite aperfeiçoar muitas artes que são úteis à sua sobrevivência. Algumas dessas artes são necessárias, por exemplo, as artes práticas que providenciam o alimento do homem, sua vestimenta, sua moradia, seus medicamentos e as outras coisas necessárias para a sua sobrevivência. [...] Outras [artes] são mais elevadas, por exemplo, as artes práticas que não são de modo algum necessárias, senão para [produzir] o luxo, como a decoração das vestimentas ou da habitação. [...] O mesmo se dá no que diz respeito às ciências teóricas, cuja finalidade é somente a busca teórica (*'iyyun*), como a ciência da natureza, a geometria etc.". AVERRÓIS. *Epítome sobre o De Anima*, citado segundo a tradução hebraica comentada por Gersônides. In: Berlin: Staatsbibliothek preussischer Kulturbesitz, ms. Orient, fol. 1055, fol. 171[a].
26. GERSÔNIDES. *Sobrecomentário ao Epítome sobre o De Anima*, de Averróis, supracitado.
27. Gersônides repete muitas vezes esse argumento; cf. TOUATI, 1973, op. cit., p. 85, nota 15. Trata-se, é evidente, de uma citação de ARISTÓTELES. *Partes dos Animais* I, 5, 644b 31.
28. GERSÔNIDES. *Milḥamot ha-Shem* 1, 4, p. 6[a-b]. Um pouco abreviado, esse texto retoma um texto paralelo do *Sobrecomentário ao Epítome sobre o De Anima*, de Averróis, supracitado.
29. Id. *Milḥamot ha-Shem*. Introdução, p. 2[d].
30. A atitude de Maimônides a respeito dessa questão é parte integrante de sua visão geral sobre os limites do conhecimento humano. Cf. PINES, S. The Limitations of Human Knowledge According to Al-Farabi, Ibn Bajja, and Maimonides. In: TWERSKY, I. (Org.). *Studies in Medieval Jewish History and Literature*. Cambridge, MA: Harvard University Press, 1979, p. 82-109.
31. Cf. TOUATI, 1973, op. cit., p. 87-88, incluindo as referências dadas na nota 28. [Os filósofos medievais se referem a Aristóteles como "O Filósofo". (N. da Org.)]
32. GERSÔNIDES. *Milḥamot ha-Shem*. Introdução, p. 2[c].
33. NISBET, R. *History of the Idea of Progress*. New York: Basic Books, 1980.
34. GERSÔNIDES. *Milḥamot ha-Shem*. Introdução, p. 2[d].
35. De fato, em cada geração a Providência situa na cidade alguns "homens perfeitos" (*shelemim*) "para nos guiar rumo à nossa felicidade. [...] [Eles o fazem] seja pela palavra, seja – perseguindo um desejo natural – pela escrita. É natural, com efeito, assemelhar-se, na medida do possível, a Deus, bendito seja Ele, de quem emana essa existência perfeita, sem que Ele tenha tido a menor utilidade disso". Id., 1860, op. cit., p. 6[d].

36. Id. *Milḥamot ha-Shem*. Introdução, p. 2[d].
37. Ibid., p. 2[d] et seq. Cf. igualmente, TOUATI, 1973, op. cit., p. 92-97.
38. GERSÔNIDES. *Perush ha-Torá*. Veneza, 1547: Introdução, p. 2[a].
39. Ibid., p. 9[a].
40. WITTGENSTEIN, L. *Tractatus Logico-Philosophicus*, § 6:54: "Meine Sätze erläutern dadurch, dass sie der, welcher mich versteht, am Ende als unsinnig erkennt, wenn er durch sie – auf ihnen – über sie hinausgestiegen ist" (Er muss sozusagen die Leiter wegwerfen, nachdem er auf ihr hinaufgestiegen ist.). [Minhas frases esclarecem pelo fato de que aquele que me compreende, por fim, acaba considerando-as absurdas, quando passou por elas – sobre elas – e ultrapassou-as. (Ele, por assim dizer, tem de jogar fora a escada depois de ter subido por ela.)]
41. GERSÔNIDES. *The Epistle on the Possibility of Conjunction with the Active Intellect by Ibn Rushd with the Commentary of Moses Narboni*. A Critical Edition and Annotated Translation by Kalman P. Bland. New York: The Jewish Theological Seminary of America, 1982, 14.18-29. Cf. igualmente as passagens de Averróis que se encontram em: GERSÔNIDES. *Sobrecomentário ao Epítome [de Averróis] sobre o De caelo*. Berlin: Staatsbibliothek preussischer Kulturbesitz, ms. Orient, fol. 1055, fol. 18[a]; e id. *Sobrecomentário ao Epítome [de Averróis] sobre o De Anima*, fol. 145[a-b], 149[a-b]. Averróis desenvolve uma ideia que já se encontrava embrionária em Aristóteles; cf. *De caelo* IV, 3, 310b 15; cf. GILL, 1989, op. cit., p. 239.
42. GERSÔNIDES. *Milḥamot ha-Shem* 1.12, p. 15[b].
43. Ibid., 5.1.2, 1-2. Sabe-se que a primeira parte (astronômica) do quinto livro de *Milḥamot ha-Shem* não foi incluída nas edições dessa obra. Dispomos de uma edição dos apenas vinte (de 136!) primeiros capítulos dessa parte: GOLDSTEIN, B. R. *The Astronomy of Levi ben Gerson* (1288-1344). A Critical Edition of Chapters 1-20 with Translation and Commentary. Berlin: Springer, 1985. Todas as referências posteriores aos vinte primeiros capítulos da *Astronomia*, de Gersônides, são feitas a partir dessa edição. As cifras depois da vírgula indicam o número da frase, conforme a enumeração de Goldstein.
44. GERSÔNIDES. *Milḥamot ha-Shem* 5.1.2, 2 et seq.; 6.
45. HEINEMANN, I. *Ta'amey ha-Miṣwot be-Sifrut Yisrael*. 3. ed. Jerusalem, 1954, t. 1, p. 99.
46. Cf. FREUDENTHAL, G. Levi ben Gershom as a Scientist: Physics, Astrology and Eschatology. In: *Proceedings of the Tenth World Congress of Jewish Studies*. Division C, v. I: *Jewish Thought and Literature*. Jerusalem: World Union of Jewish Studies, 1990, p. 65-72.
47. GERSÔNIDES. *Milḥamot ha-Shem* 5.2.1, p. 31[d].
48. Sobre o significado do termo "instrumentalismo", cf., por exemplo, POPPER, K. R. Three Views Concerning Human Knowledge. In: POPPER, K. R. *Conjectures and Refutations*. London: Routledge and Kegan Paul, 1963, p. 97-119; NAGEL, E. *The Structure of Science*. London: Routledge and Kegan Paul, 1961, p. 129-140. Convém ressaltar que, enquanto concepção epistemológica, o instrumentalismo não implica, de modo algum, uma atitude utilitarista com relação à ciência. O termo "ficcionalismo" é utilizado por JARDINE, N. *The Birth of History and Philosophy of Science*. Cambridge: Cambridge University Press, 1984, cf. sobretudo p. 225-257. O mais detalhado estudo das atitudes epistemológicas em relação à astronomia continua sendo: DUHEM, P. *Sózein tà phainómena*: essai sur la notion de théorie physique (1908); reed. Paris: Vrin, 1982; cf. igualmente, AVI-YONAH, R. S. Ptolemy vs al-Bitruji: A Study of Decision-Making in the Middle Ages. *Archives Internationales d'Histoire des Sciences*, n. 35, p. 124-147, 1985; quanto à escolástica latina, ver GRANT, E. Eccentrics and Epicycles in Medieval Cosmology. In: GRANT, E.;

MURDOCH, J. E. (Org.). *Mathematics and Its Applications to Science and Natural Philosophy in the Middle Ages*. Cambridge: Cambridge University Press, 1987, p. 189-214, bem como o artigo de HUGONNARD-ROCHE, H. Problèmes méthodologiques dans l'astronomie au début du XIVe siècle. In: FREUDENTHAL, G. (Org.). *Studies on Gersonides*: A Fourteenth-Century Jewish Philosopher Scientist. Leiden: Brill, 1992, p. 55-70.

49. GERSÔNIDES. *Milḥamot ha-Shem* 5.1.1, 3-4.
50. SCHRAMM, M. *Ibn al-Haythams Weg zur Physik*. Wiesbaden: F. Steiner, 1963, p. 16-59; cf. igualmente DUHEM, 1982, op. cit., p. 3-27.
51. GAUTHIER, L. Une réforme du système astronomique de Ptolémée, tentée par les philosophes arabes du XIIe siècle. *Journal Asiatique*, p. 483-510, 1909.
52. SABRA, A. I. The Andalusian Revolt against Ptolemaic Astronomy: Averroes and al-Biṭrūjī. In: MENDELSOHN, E. (Org.). *Transformation and Tradition in the Sciences*: Essays in Honor of I. Bernard Cohen. Cambridge: Cambridge University Press, 1984, p. 133-153.
53. GAUTHIER, 1909, op. cit., p. 502-504; SABRA, 1984, op. cit., p. 142; GENEQUAND, C. *Ibn Rushd's Metaphysics*: A Translation with Introduction of Ibn Rushd's Commentary on Aristotle's Metaphysics, Book Lām. Leiden: Brill, 1984, p. 178.
54. Cf. PINES, 1979, op. cit., em especial p. 93-94.
55. MAIMÔNIDES. *Guia dos Perplexos* II. 24: "Já te expliquei de viva voz que tudo isso não diz respeito à astronomia; pois isso não tem como objetivo fazer-nos conhecer sob que forma as esferas existem, mas seu objetivo é propor um sistema pelo qual seja possível admitir movimentos circulares, uniformes e em conformidade com o que se percebe pela visão, pouco importando se a coisa é, ou não, realmente assim". (Trad. francesa de S. Munk).
56. Os textos árabes e hebraicos, uma tradução inglesa e uma interpretação da *Astronomia*, de Al-Biṭrūjī, podem ser encontrados em: GOLDSTEIN, B. R. *Al-Biṭrūjī*: On the Principles of Astronomy. New Haven: Yale University Press, 1971. 2 t.
57. Cf. MUNK, S. *Mélanges de philosophie juive et arabe*. Paris, 1857, p. 521; GOLDSTEIN, 1971, op. cit., t. 1, p. 40-45.
58. Ibid., p. 40.
59. Ibid., p. 3; 47; 155.
60. Em epístola endereçada a Yosef ibn Kaspi, Qalonymos o critica por ter dado a uma de suas obras o pretensioso título de Livro do Segredo (*Sefer ha-Sod*). Ele zomba de seu correspondente ao apresentar, em cascata, uma série de questões retóricas, um pouco no estilo do Livro de Jó 38-39. Por meio dessas questões: "Foi-te dito e tu ouviste dizer que foi encontrado um sistema astronômico que não postula epiciclos, nem movimentos excêntricos, nem um movimento dos polos, de modo que os princípios naturais sejam respeitados? Com efeito, vemos que os cálculos que estão de acordo com as observações são somente os que são feitos conforme um desses métodos, os quais, todos, estão fora do sistema da física. O Mestre [Maimônides] evocou isso no capítulo 24 da segunda parte [do *Guia*]. [...] Passaram-se muitos dias e eu permaneci perplexo, esta perplexidade se somando a muitas outras. Por fim, noto que Ibn Rushd, em seu *Comentário* ao segundo tratado do *De caelo*, diz que Aristóteles ficou atento a esse problema, embora nada tenha dito a respeito; talvez houvesse, em seu tempo, um sistema astronômico sem epiciclos e excêntricos; esse sistema astronômico chamava-se helicoidal (*lulaviyit*), mas em nossa época é completamente ignorado". Cf. *Kalonymos ben Kalonymos' Sendschreiben an Joseph Kaspi*. Ed. de Joseph Perles. München: Theodor Ackermann, 1897, p. 26; essa edição recebeu algumas

correções por M. Steinschneider em: *Hebräische Bibliographie*, 19, p. 115-118, 1879. O texto de Averróis mencionado por Qalonimos é indicado por GAUTHIER, 1909, op. cit., p. 502 et seq., nota 2. O próprio Ibn Kaspi, contemporâneo de Gersônides, faz uma alusão discreta e não muito elaborada ao problema em seu comentário ao *Guia dos Perplexos* I. 72; cf. seu *'Amude Kesef u-Maskiyot Kesef* (Pilares de Prata e Imagens de Prata). Ed. de S. Werbluner. Frankfurt, 1848, p. 73.

61. GERSÔNIDES. *Milḥamot ha-Shem* 5.1.1, 5-8.
62. Ibid., 5.1.1, 10-13.
63. Ibid., 5.1.1, 14-16.
64. Ibid., 5.1.40; 5.1.44. Esses capítulos não publicados, que são referentes à parte astronômica de *Milḥamot ha-Shem*, encontram-se especialmente nos seguintes manuscritos: Biblioteca Nazionale, Napoli, ebr. III R.9; Bibliothèque Nationale, Paris, heb. 724; 725. Nas referências que se seguem, são apontados seguindo GOLDSTEIN, 1985, op. cit., p. x, com as letras N, P e Q respectivamente. Agradeço ao professor B. R. Goldstein por ter gentilmente posto à minha disposição uma transcrição preliminar do texto.
65. GERSÔNIDES. *Milḥamot ha-Shem* 6.1.43, início (N, fol. 151[b]; P, fol. 75[b]; Q, fol. 55[a]); para uma moderna opinião semelhante a essa, cf. GOLDSTEIN, 1971, op. cit., p. 44-45.
66. GERSÔNIDES. *Milḥamot ha-Shem* 5.1.20.
67. Ibid., 5.1.3, 51.
68. MAIMÔNIDES. *Guia dos Perplexos* II. 24.
69. GOLDSTEIN, B. R. A New Set of Fourteenth Century Planetary Observations. *Proceedings of the American Philosophical Society*, n. 132, p. 371-399, 1988; id. Levi ben Gerson's Contributions to Astronomy. In: FREUDENTHAL, G. (Org.). *Studies on Gersonides*: A Fourteenth-Century Jewish Philosopher Scientist. Leiden: Brill, 1992, p. 3-19.
70. GERSÔNIDES. *Milḥamot ha-Shem* 5.1.3, 44-45.
71. O próprio Gersônides chama seu instrumento de *megallé 'amuqot* (revelador das profundidades). Essa denominação pode ser decididamente compreendida em um duplo sentido, evocando ao mesmo tempo as verdades profundas e a profundidade no sentido matemático, ou seja, a altura relativa de um astro em relação a outro.
72. Cf. RABINOVITCH, N. Early Antecedents of Error Theory. *Archive for the History of Exact Sciences*, n. 13, p. 348-358, 1974, especialmente p. 356-358; GOLDSTEIN, B. R. Levi ben Gerson: On Instrumental Errors and the Transversal Scale. *Journal for the History*, n. 8, p. 102-112, 1977.
73. Cf. GOLDSTEIN, B. R. Levi ben Gerson: On Astronomy and Physical Experiments. In: UNGURU, S. (Org.). *Physics, Cosmology and Astronomy, 1300-1700*: Tension and Accommodation (= *Boston Studies in the Philosophy of Science*, v. 126). Dordrecht/Boston/London: Kluwer, 1991, p. 75-82.
74. GERSÔNIDES. *Milḥamot ha-Shem* 5.1.43 (N, fol. 158[b]; P, fol. 79[a]; Q, fol. 58[a]).
75. Ibid., 6.1.19, 3.
76. Ibid., 5.1.33.
77. Ibid.
78. Ibid., 5.1.43 (N, fol. 152b; P, fol. 55[b]; Q, fol. 76[a]).
79. Ibid.
80. FREUDENTHAL, G. Theory of Matter and Cosmology in William Gilbert's *De magnete*. *Isis*, n. 74, p. 22-37, 1933.
81. Cf. artigo de B. R. Goldstein citado na nota 69. Resta elucidar a relação dessa teoria com a ideia dos intelectos na condição de motores das esferas.

82. GERSÔNIDES. *Milḥamot ha-Shem* 5.1.45.
83. A pergunta: "Apesar de ter sido traduzida para o latim quando seu autor ainda era vivo [cf. MANCHA, J. L. The Latin Translation of Levi ben Gerson's *Astronomy*. In: FREUDENTHAL, G. (Org.). *Studies on Gersonides*: A Fourteenth-Century Jewish Philosopher Scientist. Leiden: Brill, 1992, p. 21-46], por que a *Astronomia* de Gersônides não teve influência?", foi formulada por GOLDSTEIN, 1985, op. cit., p. 15.
84. Heinrich von Langenstein (Henricus de Hassia, 1325-1397) critica a teoria ptolomaica com argumentos praticamente idênticos aos de Gersônides; cf. ZINNER, E. *Entstehung und Ausbreitung der Copernicanischen Lehre*. 2. ed. München: C.H. Beck, 1988, p. 82; KREN, C. Homocentric Astronomy in the Latin West: The *De reprobatione eccentricorum et epiciclorum* of Henry of Hesse. *Isis*, n. 59, p. 269-281, 1968; id. A Medieval Objection to 'Ptolemy'. *British Journal for the History of Science*, n. 4, p. 378-393, 1969. Dado que ele foi professor na Universidade de Paris desde aproximadamente 1360 até sua partida para Viena por volta de 1384 (em decorrência do grande cisma), a pergunta que se faz é se ele teria conhecido a *Astronomia* de Gersônides, disponível em latim depois de 1344 (cf. MANCHA, 1992, op. cit.). O fato de Oresme conhecer certos resultados matemáticos de Gersônides (cf. CHEMLA, K.; PAHAUT, S. Remarques sur les ouvrages mathématiques de Gersonide. In: FREUDENTHAL, G. (Org.). *Studies on Gersonides*: A Fourteenth-Century Jewish Philosopher Scientist. Leiden: Brill, 1992, p. 149-191) tende a tornar plausível essa possibilidade.
85. Cf. novamente TOUATI, 1973, op. cit., p. 86.
86. GERSÔNIDES. *Comentário sobre o Livro de Jó*. Final do cap. 38; *Miqra'ot Gedolot*, p. 190[b]. Sobre as atitudes de Yehudá Halevi e de Maimônides em relação a esse tipo de argumento ("argument from design"), cf. WOLFSON, 1977, op. cit. (Ver nota 23).
87. GERSÔNIDES. *Milḥamot ha-Shem* 5.2.6, p. 34[a].
88. Id. *Sobrecomentário ao Epítome [de Averróis] sobre o Livro dos Animais*. Ms. da Biblioteca do Vaticano, Urb. ebr. 42, fol. 9[v]-10[v]. Essa passagem está ausente no comentário de Averróis, que Gersônides parafraseia e comenta: cf. Paris, Bibliothèque Nationale, ms. heb. 956, fol. 421[r].
89. Informação gentilmente fornecida pelo professor David Lindberg (Universidade de Wisconsin).
90. A noção de papel social foi introduzida na sociologia das ciências por J. Ben-David; cf. sobretudo BEN-DAVID, J. *The Scientist's Role in Society*. 2. ed. Chicago: University of Chicago Press, 1984; bem como a nota seguinte.
91. Teses desenvolvidas sobretudo nos seguintes dois trabalhos: BEN-DAVID, J. Roles and Innovations in Medicine. *American Journal of Sociology*, n. 65, p. 557-568, 1960; BEN-DAVID, J.; COLLINS, Randall. Social Factors in the Origins of a New Science: The Case of Psychology. *American Sociological Review*, n. 31, p. 451-465, 1966. Esses trabalhos foram reimpressos em: BEN-DAVID, J. *Scientific Growth*: Essays on the Social Organization and Ethos of Science. Ed. de Gad Freudenthal. Los Angeles/Berkeley/Oxford: University of California Press, 1991, p. 33-48; 49-70, respectivamente. Uma análise das ideias de Ben-David referindo-se à sociologia do conhecimento encontra-se em: FREUDENTHAL, G. Joseph Ben-David's Sociology of Knowledge. *Minerva*, n. 25, p. 135-149, 1987; FREUDENTHAL, G.; LÖWY, I. Ludwik Fleck's Roles in Society: A Case Study Using Joseph Ben-David's Paradigm for a Sociology of Knowledge. *Social Studies of Science*, n. 18, p. 625-651, 1988.
92. Cf. HUGONNARD-ROCHE, 1992, op. cit.

93. Recordemos que Hélène Metzger foi uma das primeiras a enunciar explicitamente esse princípio metodológico; cf. especialmente os artigos: METZGER, Hélène. L'historien des sciences doit-il se faire le contemporain des savants dont il parle? (1933); Le rôle des précurseurs dans l'évolution de la science. (1939). Reimpressos em: METZGER, 1987, op. cit., p. 9-21; 75-91, respectivamente.
94. Cf., por exemplo, MAIMÔNIDES. *Guia dos Perplexos* III. 51; MAIMÔNIDES. *Oito Capítulos*, cap. 5; DAVIDSON, H. A. The Study of Philosophy as a Religious Obligation. In: GOITEIN, S. D. (Org.). *Religion in a Religious Age*. Cambridge, MA: Association for Jewish Studies, 1974, p. 53-68; WOLFSON, H. A. The Classification of Sciences in Mediaeval Jewish Philosophy. In: TWERSKY, I.; WILLIAMS, G. H. (Org.). *Studies in the History of Philosophy and Religion*. Cambridge, MA: Harvard University Press, 1973, p. 493-550, nas p. 542-545. t. 1.
95. Cf. MERTON, R. K. *Science, Technology and Society in Seventeenth-Century England* (1938). New York: Harper Torchbooks, 1970. Para uma análise profunda da tese de Merton, cf. BEN-DAVID, J. Puritanism and Modern Science: A Study in the Continuity and Coherence of Sociological Research. In: COHEN, E.; LISSAK, M.; ALMAGOR, U. (Org.). *Comparative Social Dynamics*: Essays in Honor of S. N. Eisenstadt. Boulder, CO/London: Westview Press, 1985, p. 207-223, reimpresso em: BEN-DAVID, 1991, op. cit., p. 343-360. Uma elaboração particularmente perspicaz da tese de Merton se encontra em: HEYD, M. The Emergence of Modern Science as an Autonomous World of Knowledge in the Protestant Tradition of the Seventeenth Century. In: EISENSTADT, S. N.; SILBER, I. F. (Org.). *Cultural Traditions and Worlds of Knowledge*: Explorations in the Sociology of Knowledge (= *Knowledge and Society*: Studies in the Sociology of Culture Past and Present, 7. Greenwich, Conn./London: JAI Press, 1988, p. 165-179.
96. SABRA, A. I. The Appropriation and Subsequent Naturalization of Greek Science in Medieval Islam: A Preliminary Statement. *History of Science*, n. 25, p. 223-243, 1987. É preciso notar, porém, que a "apropriação" das ciências pelos sábios árabes não foi sempre uma etapa que precedeu seu "prolongamento criativo"; cf. RASHED, R. Problems of the Transmission of Greek Scientific Thought into Arabic: Examples from Mathematics and Optics. *History of Science*, n. 27, p. 199-209, 1989.
97. O tema tratado neste artigo foi objeto de duas conferências, que depois foram publicadas: *Haṣlaḥá nafshit ve-astronomiya: Milḥamtó shel ha-Ralbag neged Talmay*. (Perfeição da alma e astronomia: a revolta de Gersônides contra Ptolomeu) (em hebraico). *Da'at*, n. 22, p. 55-72, 1989 (em que se encontram os textos originais em hebraico de algumas passagens citadas no presente artigo); Rabbi Lewi ben Gerschom (Gersonides) und Bedingungen wissenschaftlichen Fortschritts im Mittelalter: Astronomie, Physik, erkenntnistheoretischer Realismus, und Heilslehre. *Archiv für Geschichte der Philosophie*, n. 74, p. 158-179, 1992. O presente artigo, porém, é mais completo. Por terem lido este texto e participado com críticas e sugestões, agradeço a B. R. Goldstein (Pittsburgh); M. Kellner (Haifa); T.Y. Langermann (Jerusalem); Juliane Lay e J.-P. Rothschild (Paris).

Tensões nas e Entre as Teorias de Maimônides e Gersônides Sobre a Profecia[*]

Idit Dobbs-Weinstein

Prólogo ou Apólogo

Embora o lugar de Moisés Maimônides como filósofo judeu e aristotélico radical tenha sido reconhecido, ainda que a contragosto, no cânone filosófico do Ocidente, assim que os mestres latinos começaram a citá-lo com ou sem aprovação, o lugar de Gersônides permaneceu uma imensa lacuna, não obstante o fato de ele ter redigido sobrecomentários a respeito da maioria dos comentários de Averróis sobre as obras de Aristóteles ou, quiçá, por causa deles. O desconhecimento, ou melhor, a repressão às obras de Gersônides pela tradição ocidental é digna de nota sobretudo quando também observamos que Gersônides inventou o *baculus Jacobus*, um instrumento de navegação revolucionário, e que suas obras de matemática e astronomia não só foram extremamente influentes, mas uma delas foi até encomendada pelo papado de Avignon. Contudo, embora os estudos que tratam do pensamento de Maimônides tenham formado e ainda

---

[*] Tradução de Eduardo Coutinho Lourenço de Lima do original inglês: Tensions Within and Between Maimonides' and Gersonides' Accounts of Prophecy. In: HAMESSE, J.; WEIJERS, O. (Org.). *Écriture e réécriture des textes philosophiques médiévaux*. Turnhout, Belgium: Brepols, 2006. Revisão técnica de Rosalie Helena de Souza Pereira.

formem a parte do leão do cânone filosófico judaico, o pequeno número de filósofos que estudam com seriedade o pensamento de Gersônides julga que ele, e não Maimônides, é o aristotélico radical entre os filósofos judeus. Essa curiosa discrepância entre as duas tradições suscita perguntas que, com certeza, justificam uma pausa filosófica. O que seria possível entender pela designação "aristotélico radical"? Qual seria a importância dessa designação no contexto da história da filosofia? Neste artigo, a pausa dará ensejo a uma reconsideração das respectivas teorias de Maimônides e Gersônides sobre as relações entre sonhos verídicos, adivinhações e profecia a fim de, por um lado, reavaliar juízos sobre a natureza de suas obras filosóficas e as relações entre elas e, por outro, esclarecer a polivalência da expressão "aristotelismos radicais". Por conseguinte, o artigo vai trazer à luz as tensões sem solução e insolúveis no interior de uma tradição filosófica aristotélica e ricamente diversa que resiste a ser indevidamente apropriada nos moldes de uma doutrina, quanto mais uma doutrina religiosa, mas que procura ao mesmo tempo conciliar a filosofia aristotélica com a Bíblia hebraica ou, ao menos, com a crença em uma divindade transcendente.

***

As teorias de Maimônides e Gersônides sobre as relações entre sonhos, adivinhações e profecia diferem sob um ponto de vista fundamental, que lança luz sobre suas respectivas recepções como aristotélicos. Enquanto Maimônides faz uma distinção nítida entre a profecia mosaica e todas as demais modalidades de conhecimento extraordinário designadas por sonhos, adivinhações e profecia – defendendo que a profecia mosaica difere em gênero de todas as demais modalidades extraordinárias de conhecimento, as quais só diferem em grau –, Gersônides defende que todas as modalidades de profecia diferem em gênero das outras maneiras extraordinárias de conhecer. Essa divergência entre os dois gigantes da filosofia aristotélica judaica medieval se mostra especialmente surpreendente, talvez até inexplicável, quando situada no contexto de suas respectivas cosmologias. Ao que parece, a cosmologia emanatista e hierárquica de Maimônides – uma cosmologia em que a causalidade do movimento das esferas celestes é tanto distinta quanto independente da causalidade do Intelecto Agente – convidaria a uma distinção real entre a profecia e as demais modalidades de conhecimento, um convite irresistível para muitos dos posteriores estudiosos de suas obras. Em contraposição, a rejeição da emanação por Gersônides, sua adoção da nova física e suas opiniões sobre a astrologia e os prognósticos implicariam, ao que parece, que as diferenças entre as modalidades de conhecimento, ordinárias e extraordinárias, seriam apenas de grau. No que segue, mediante análise comparativa das teorias filosóficas de Maimônides e Gersônides sobre sonhos, adivinhações e profecia, análise que vai dar lugar a um *pólemos* encoberto entre eles, procuro 1) esclarecer os posicionamentos controversos de Maimônides e Gersônides sobre a profecia e 2) tornar evidente a tensão irredutível entre uma filosofia aristotélica materialista e um entendimento tradicional da escritura hebraica[1].

Para me esquivar da necessidade de explicar as diferenças entre os leitores a quem suas diversas obras se dirigem, minha análise da teoria de Maimônides se concentra quase exclusivamente no *Guia dos Perplexos*[2]. Além do mais, a fim de facilitar uma análise comparativa e à luz da distinção radical feita por Maimônides entre profecia mosaica e todas as demais modalidades extraordinárias de conhecimento, restrinjo minha análise à sua teoria concernente a estas. Por fim, à guisa de introdução, na medida em que a teoria de Gersônides pode e deve ser considerada uma resposta não só à teoria de Maimônides mas também às controvérsias provocadas por seu pensamento, procedo *seriatim* até a breve conclusão, procedimento que deixa invisível o *pólemos* dialético. Conforme afirmei, visto que Maimônides recebeu (ainda que a contragosto) um lugar no cânone do Ocidente, tomo a liberdade de supor que suas obras são mais conhecidas que as de Gersônides. Por essa razão, a discussão sobre Maimônides é bem mais curta que a sobre Gersônides, mas serve de realce para destacar as tensões nas teorias de Gersônides, tensões que tornam evidentes as tensões irreconciliáveis, já mencionadas, entre um aristotelismo extremamente radical e a Bíblia hebraica.

Como em todas as demais investigações de questões aporéticas, também em sua discussão da profecia, e em um estilo de dialética classicamente aristotélico[3], Maimônides começa com uma breve exposição das opiniões correntes em linhas gerais, delimitando sua investigação às opiniões dos que afirmam a existência da divindade, exceto Epicuro, o epicurista que recusa a providência divina, o arquiateu na tradição judaica. Além do mais, Maimônides a princípio situa as opiniões sobre a profecia na mesma classe das opiniões sobre a origem do universo e, por extensão, sobre a providência e os milagres, isto é, opiniões acerca dos princípios sobre os quais há ou parece haver desacordo entre a Torá e a filosofia – as que suscitaram os tipos de perplexidade que são o foco do *Guia*.

Defendida pelas turbas tanto judia quanto pagã, a primeira opinião – de que Deus comunica conhecimento a quem quer que Ele escolha, contanto que seja moralmente probo(a), independentemente de seu *status* cognitivo ou preparação intelectual prévia – é rejeitada sumariamente por Maimônides. Uma vez que essa opinião é uma variante do ocasionalismo do *Kalām*, cabe observar que, entre o vulgo, Maimônides inclui alguns dos sábios, dos teólogos dialéticos e dos filosofantes. A justificação filosófica da rejeição sumária do ocasionalismo por Maimônides é que ele demanda que a profecia seja um evento milagroso em contravenção à ordem causal natural. Em resposta, declara Maimônides, "[...] no nosso entender, isso não é possível – quer dizer, que ele transforme um dos [ignorantes] em um profeta –, salvo se for possível que ele transforme um asno ou um sapo em um profeta"[4].

A segunda opinião, a dos filósofos, sustenta que, desde que nenhuma causa externa e *natural* interfira, qualquer pessoa que tiver alcançado a mais alta perfeição natural – moral e intelectual – necessariamente se tornará um profeta. Repare-se que, entendida assim, a opinião dos filósofos implica que a profecia é uma perfeição não só de natureza mas também uma perfeição natural *específica.* Não se trata, portanto, de uma forma extraordinária de conhecimento. A opinião dos filósofos é, pois, a contraditória dialética da opinião da "turba"; enquanto esta rejeita a causalidade natural – na verdade, aniquila a natureza e, desse modo, torna todos os eventos extraordinários –, aquela nada reconhece fora da natureza, nem de humano nem de divino.

Tendo contestado a primeira opinião ao descrevê-la, Maimônides, ao apresentar a terceira, primeiro justapõe a opinião dos filósofos à da Lei, bem como à sua, e em seguida oferece sua opinião como uma modificação da opinião filosófica em vez de uma contradição desta. A forma da modificação que Maimônides introduz na opinião filosófica é especialmente surpreendente, pois ela tão somente acrescenta uma ressalva negativa ao posicionamento filosófico, a saber, que alguém que tenha alcançado todas as perfeições naturais necessárias possa ser impedido, pela "vontade divina", de se tornar um profeta. Vou adiar a discussão do porquê e do modo como Maimônides pode fazer essa afirmação e, ao mesmo tempo, defender que a profecia é um fenômeno natural até que eu tenha feito uma breve exposição da natureza das maneiras extraordinárias de conhecer, assim como das relações e da distinção entre sonhos, adivinhações e profecia.

Embora sejam condições necessárias para todas as modalidades extraordinárias de conhecimento, as perfeições intelectual e moral não são causa delas e, portanto, não podem explicá-las. A chave para entender o conhecimento extraordinário é o poder ou a faculdade imaginativa[5], uma faculdade à qual "não se pode impor nenhum mandamento ou proibição"[6], isto é, uma faculdade cujas disposição e perfeição não podem ser alcançadas mediante estudo ou treino. Segundo Maimônides, é na perfeição dessa faculdade, graças à conjunção com o Intelecto Agente, que todas as modalidades de conhecimento extraordinário consistem. Embora a imaginação dependa da sensação para seus "objetos", suas atividades, no que têm de mais perfeito, *dão a impressão de serem* independentes dos sensíveis.

Antes de continuar, é importante observar que a potência imaginativa consiste em três atividades distintas: a retenção dos sensíveis, a combinação/construção e a imitação: a primeira é sua condição material/potencial como perfeição primeira que faz dela uma potência capaz de atividade independente; as duas últimas são suas atividades propriamente ditas. Em conformidade com sua cosmologia emanatista, Maimônides afirma que, tão logo a faculdade imaginativa esteja liberta dos sensíveis, isto é, tão logo venha a ser, em virtude dos sensíveis, uma potência independente e não mais precise imediatamente deles, "é então que certa emanação se derrama sobre essa faculdade, consoante sua disposição, e é a causa dos sonhos verídicos. *Essa mesma emanação é a causa da profecia. Há apenas uma diferença de grau, e não de gênero*"[7].

De fato, Maimônides insiste em que toda profecia ocorre como visão ou sonho – isto é, para Maimônides, a distinção adequada não é entre sonhos, adivinhações e profecia, mas entre tipos e graus de profecia. Quanto mais vívida e clara é a representação, mais ela torna *presente* o que está *ausente* ou, dito de outro modo, quanto mais ela oblitera a diferença entre o interno e o externo, mais perfeita a visão ou o sonho. Do auge de seu aristotelismo materialista, Maimônides vincula a revelação imaginativa extraordinária ao desejo por conhecimento, compreendido naturalmente:

> Desperto e com seus sentidos funcionando, sabe-se que uma matéria que absorve um homem enormemente – dedicado a ela e *desejoso* dela – é aquela sobre a qual a faculdade imaginativa opera quando, dormindo, ele recebe uma emanação do intelecto correspondente à disposição dela [da imaginação][8].

Declarando tratar-se de uma obviedade, Maimônides não oferece nenhuma justificação adicional, a essa altura, para a relação entre o desejo natural e o conhecimento extraordinário. Todavia, a questão do desejo natural pelo conhecimento e sua relação com as modalidades extraordinárias de conhecimento/perfeição são centrais para entendermos a distinção que ele faz entre a natureza e os objetivos das modalidades de conhecimento próprias de filósofos, profetas, governadores de cidades e outros "como" eles. Embora, no entender de Maimônides e em conformidade com uma cosmologia emanatista, todas as modalidades de conhecimento resultem de uma emanação do Intelecto Agente, que é transcendente e externo, é preciso entender que essa emanação é proporcional não só a uma preparação prévia mas também – o que é mais importante – ao desejo natural pelo conhecimento, ou melhor, seu objetivo/*télos*. Homens de ciência ou filósofos ocupados em especular recebem uma emanação que aperfeiçoa sua faculdade racional, mas não vai além disso. Da perspectiva da profecia, uma vez que os filósofos não desejam comunicar seu conhecimento (exceto talvez a uma minoria) e/ou uma vez que sua faculdade imaginativa permanece inalterada por tal conhecimento, *enquanto profecia*, seu conhecimento é "deficiente" e "privado", isto é, permanece apolítico e anistórico[9]. Maimônides, porém, considera deficientes não apenas os homens de especulação mas também – o que é mais problemático – os que desejam a dominação ou governança das cidades. Aqueles, dado que na prática são deficientes, são um grupo louvável; estes, sob vários pontos de vista, são perigosos. Embora não haja espaço para uma discussão mais detida sobre a terceira classe no contexto deste artigo, é importante observar que, entre seus diversos membros, encontram-se legisladores, videntes e agouradores, os quais se creem todos sábios apesar de sua perfeição deficiente, tanto racional quanto imaginativa. Reforçada pelo desejo de dominação, essa crença é a causa do perigo político que neles consiste, pois seu desejo é pela dominação, e não pelo florescimento humano. De fato, para Maimônides, o profeta é a superação dialética ou a destituição deles.

Diferentemente de sonhos verídicos e profecia, que são, para Maimônides, rigorosamente falando, *modos extraordinários* de conhecer, porque sua ocorrência é rara e porque dizem respeito a pouquíssimos indivíduos – causas da crença errônea no *status* extranatural deles –, a adivinhação é uma faculdade *comum*, pertencente por natureza a *todos* os membros da espécie humana, cuja potência em ato, isto é, a perfeição, é necessária tanto para a recepção quanto para o exercício das maneiras *extraordinárias* de conhecer. No caso da profecia, a adivinhação deve ser acompanhada pela faculdade da coragem, que é a forma em ato da faculdade apetitiva – a faculdade da atração e da repulsa, da busca e da fuga, ou a forma e a direção do desejo. Enquanto a adivinhação, no tocante à profecia, designa uma rapidez *extraordinária* da mente, com a qual "a mente examina todas essas premissas e tira delas conclusões em tão pouco tempo que parece que tudo se passa em um instante"[10], isto é, enquanto a adivinhação é uma expressão ativa de perfeição teórica, a coragem é uma expressão ativa de perfeição ética; dito de outro modo, enquanto a adivinhação designa uma forma aperfeiçoada de razão prática, a coragem designa uma forma aperfeiçoada de desejo. Em suma, a teoria de Maimônides sobre a adivinhação e a coragem é uma adaptação do livro Z da *Ética Nicomaqueia* à aporia da profecia, pois, apesar de extraordinárias, todas as modalidades de profecia são, contudo, naturais e dizem respeito ao florescimento humano. Parafraseando Aristóteles, é precisamente porque "não é o pensamento enquanto tal que pode mover algo, mas o pensamento junto do desejo reto"[11] que os filósofos, isto é, os interessados unicamente na especulação, são deficientes no que se refere à ação (e ao desejo) cuja deliberação concerne ao que é futuro e possível (ou ao que não é nem pode ser presente), ao que deve ser desejado e ao que deve ser evitado, e não ao que é atual e necessário. Visto que a profecia concerne ao florescimento humano, o profeta é decerto a autoridade política *arché*, pois, além de sua perfeição racional, sua perfeição da imaginação é necessária para legislar o melhor modo de habituação do desejo reto em conformidade com a razão – que a razão, porém, não pode efetivar – para que sejam necessárias representações vívidas do que não está presente, do que não é indubitável, do que deve ser desejado ou evitado, do que deve ser considerado bom e belo ou mau e feio.

Portanto, devidamente entendidas, as teorias de Maimônides sobre a profecia são, antes de mais nada, políticas (e, nesse caso, não admito uma distinção entre ética e política) e constituem uma resposta à distinção clássica de gênero entre desejo reto e conhecimento verdadeiro. Formulada de outra forma, a questão da profecia, ou, de modo mais incisivo, a necessidade de um profeta/legislador é, para Maimônides, uma questão política graças precisamente à distância irredutível entre conhecimento verdadeiro e ação correta, em que a verdade é anistórica, atemporal e apolítica, e a ação é historicamente concreta, individual e contingente.

Antes de nos voltarmos para Gersônides, preciso cumprir minha promessa de retomar a modificação que Maimônides introduziu no posicionamento dos filósofos com a cláusula restritiva de que alguém que tenha alcançado todas as perfeições necessárias possa ser impedido, pela "vontade divina", de alcançar a profecia. A precedente afirmação, a de que a profecia aperfeiçoa a natureza, possibilita compreender o *status* da afirmação de Maimônides. No momento, basta indicar que 1) esse problema é um exemplo das tensões sem soluções e insolúveis no pensamento de Maimônides e sugerir, ainda que provisoriamente, 2) que, no que diz respeito ao florescimento humano, tanto material quanto temporal, a chave para entender a limitação da filosofia à ciência natural por Maimônides se encontra em sua admissão – de fato, em sua intensificação – da diferença irredutível entre verdade epistêmica e valores morais. É precisamente porque teoria filosófica alguma é capaz de realizar uma habituação ética adequada, precisamente porque a razão não tem poder sobre as paixões que uma fonte extranatural da lei se faz necessária.

À luz do enfoque político de Maimônides e, reconhecemo-lo, em lugar de uma resposta *filosófica* adequada para ter introduzido a expressão "vontade divina" em uma teoria naturalista das modalidades extraordinárias de conhecimento, fica claro que o silêncio de Maimônides dá mostras de uma concessão feita a uma *expressão idiomática* convencional. Por essa razão, vale a pena recordar que, para Maimônides, a "vontade divina" é a sabedoria divina, o próprio divino que é expresso no reino sublunar pelas ações naturais[12], que são regidas pelo Intelecto Agente, das quais a profecia é uma das modalidades. Contudo, eis que surge, no mínimo, o fantasma da emanação necessária e/ou do panteísmo, um fantasma escondido dos olhos do vulgo, isto é, da visão convencional, graças à equivocidade do termo vontade divina.

***

As diversas discussões de Gersônides sobre profecia e seus cognatos (união, conjunção) como um tipo especial de conhecimento estão articuladas no contexto de três gêneros filosóficos distintos: 1) exegese bíblica e filosófica, sobretudo do *Cântico dos Cânticos*[13]; 2) sobrecomentários aos comentários de Averróis a respeito das obras de Aristóteles, em especial *De Anima*[14] e *Parva Naturalia*[15]; e 3) sua obra-prima independente *Guerras do Senhor*[16]. As diferenças entre essas discussões trazem à luz tensões irredutíveis a gênero, sobretudo porque ocorrem em *Guerras*. Dessa maneira, por exemplo, parece que algumas teorias de Gersônides sobre a profecia (mesmo em *Guerras*) endossam um esquema emanatista, hierárquico (neoplatônico), ao passo que outras, ao que parece, rejeitam a noção tradicional de emanação e de conjunção, quanto mais uma hierárquica. Ademais, independentemente de qual cosmologia/física está exatamente implícita nessas diversas teorias, a mera diversidade delas exige uma (re)consideração da indagação "se Gersônides poderia ou não poderia sustentar, com coerência, que a profecia é uma forma especial de conhecimento, diferente em gênero, e não em grau, da cognição natural".

Como afirmei nas observações preliminares, uma vez que declaro que uma avaliação filosófica das teorias de Gersônides sobre as modalidades extraordinárias de conhecimento tem de considerá-las em relação não só aos textos de Maimônides mas também à recepção que tiveram, é importante observar de início que tanto a linguagem quanto a forma das rearticulações "aristotélicas radicais" que Gersônides faz das aporias das modalidades extraordinárias de conhecimento diferem necessariamente das de Maimônides de modo significativo, nenhuma das quais posso indicar, quanto mais discutir, no que segue[17].

Enquanto os interlocutores de Maimônides foram os filósofos e teólogos de influência islâmica, os de Gersônides foram os latinos, os cristãos, aqueles cuja reação à apropriação averroísta ou de influência islâmica das obras de Aristóteles é atormentada, ou melhor, perseguida por uma condenação de peso. Por essa razão, tanto na forma quanto no conteúdo, seus modos de investigação filosófica diferem consideravelmente entre si, quanto mais dos modos tradicionais e, embora a discussão que farei sobre Gersônides se concentre quase exclusivamente em *Guerras do Senhor* – texto cujo conteúdo, quando não a forma, é o mais similar ao do *Guia*, visto que seu objetivo explícito é conciliar Aristóteles e a Torá – e já que seus leitores e interesses, sem falar de modos de exposição, são realmente diferentes, não farei Gersônides se encaixar à força em um quadro maimonídeo, pois essas diferenças talvez possam nos ajudar a lançar luz sobre seus respectivos pressupostos filosóficos e religiosos.

Como no caso de Maimônides, a discussão de Gersônides sobre sonhos, adivinhações e profecia focaliza as relações e a distinção entre a imaginação e o intelecto. Contudo, enquanto a discussão de Maimônides se concentra na psicologia da profecia, tanto epistêmica quanto moral, e considera a questão da profecia uma questão política, o centro da discussão de Gersônides é ontológico, e as modalidades extraordinárias de conhecimento são uma questão de física. Dito de outra forma, enquanto Maimônides investiga a profecia tendo em vista sua finalidade, isto é, o florescimento humano na *pólis*, Gersônides investiga suas condições naturais de surgimento.

Defendendo uma distinção de gênero entre sonhos e adivinhações, por um lado, e profecia, por outro, Gersônides se concentra na "identidade" e na natureza do(s) sujeito(s) ou recipiente(s) (*substratum*) de tais comunicações. Entre essas modalidades de conhecimento, outra diferença essencial em que Gersônides se concentra é também ontológica, a saber, a distinção entre as esferas celestes e o Intelecto Agente, uma distinção entre as causas ou condições da comunicação. A meu ver, uma vez que aquela distinção anterior é primária, ao menos *quoad nos* ou na ordem do conhecimento, e uma vez que as obras estritamente filosóficas de Gersônides atenuam uma distinção radical entre imaginação e intelecto, o exame dessa distinção constitui o foco primário das análises a seguir. Não obstante, já que as análises da distinção primária pedem uma explicação do porquê e da maneira como ela é primária, necessariamente envolverão a segunda distinção.

Visto que defendi amplamente uma leitura ontológica (em vez de epistemológica) e aspectual das teorias de Gersônides sobre a conjunção com o Intelecto Agente[18], comparando seu *Sobrecomentário ao De Anima* e *Guerras*, em vez de repetir meus argumentos, no contexto deste artigo me debruço estrita e quase exclusivamente sobre as tensões em *Guerras*, sobretudo porque essa obra apresenta a tentativa de Gersônides de conciliar (quando possível e tanto quanto possível) diferenças aparentemente insuperáveis entre os posicionamentos bíblico e filosófico, "conciliação" que, apesar de suas tensões internas, é a um só tempo a interpretação pré-moderna mais original e mais radicalmente naturalista/materialista tanto de Aristóteles quanto da Torá. Trata-se também do texto mais adequado para uma comparação com o *Guia*. Portanto, primeiro faço uma exposição em linhas gerais de características que são essenciais para todas as teorias de Gersônides sobre sonhos, adivinhações e profecia em *Guerras*; em segundo lugar, extraio suas implicações a fim de delimitar o escopo das diferenças entre as teorias e nas teorias de Gersônides sobre essas modalidades extraordinárias de conhecimento e a fim de eliminar, desse modo, as ameaças genéricas, "averroístas" e "maimonídeas". Enfim, por mais que fique claro que é impossível conciliar as diversas teorias, proponho uma solução provisória que não possa ser reduzida nem a gênero, nem a uma forma bruta de "ismos" latino-averroístas ou maimonídeos tardios.

Antes de continuar, e para que tudo fique mais claro, permitam-me delinear duas proposições e uma conclusão sobre as quais vou me estender de agora em diante, embora não *seriatim*, centrais para entender as diversas discussões de Gersônides: 1) sonhos, adivinhações e profecia são modalidades extraordinárias de conhecimento independentemente de diferenças entre si[19]; 2) milagres não constituem quebras de leis naturais, as quais são necessárias; logo, 3) não se pode conceber que modalidades extraordinárias de conhecimento sejam extranaturais ou supranaturais (*para-* ou *metaphysei*)[20]. Na verdade, para Gersônides, nenhuma entidade exceto Deus é extranatural, incluindo o Intelecto Agente, o que é também uma das razões pelas quais estou inteiramente de acordo com Herbert Davidson e Shlomo Pines quando afirmam que Gersônides recusou uma cosmologia emanatista, quanto mais uma hierárquica[21], ao menos como entendidas tradicionalmente; embora use alguns termos tradicionais, como "emanação" (*hashpa'á*), usa-os de forma radicalmente naturalista.

***

Nos primeiros capítulos do Livro II de *Guerras do Senhor*, discutindo de modo genérico os fenômenos dos sonhos, adivinhações e profecia, e procurando estabelecer tanto seu *status* verídico quanto natural, Gersônides delineia cuidadosamente as relações e distinções entre as "causas" das comunicações verídicas que são distintas dos processos comuns, naturais e graduais de conhecimento ou que não são consequências óbvias destes, a saber, sensação, imaginação, abstração e intelecção. Embora estas sejam condições necessárias para o conhecimento extraordinário, não são condições suficientes. Se fossem condições suficientes para explicar a comunicação de tal conhecimento, não seriam raras, tampouco haveria diferença entre filósofos e sonhadores, adivinhos e profetas, como seria o caso, por exemplo, se essas modalidades de conhecimento não fossem diferentes em gênero da apreensão dos primeiros princípios pelo *noũs*. Portanto, embora faça a distinção entre o papel das esferas celestes e o do Intelecto Agente nesses fenômenos, Gersônides conclui que a causa natural propriamente dita, real ou efetiva (*in-actu*) dos sonhos, adivinhações e profecia é tão somente o Intelecto Agente.

Visto ter sido demonstrado anteriormente que os corpos celestes são a causa da ordem dos fenômenos comunicados em sonhos, adivinhações e profecia e que eles servem de *instrumentos* para o Intelecto Agente porquanto produzem as misturas para o mundo sublunar (*be-'elu ha-devarim asher be-ḵan*), nada mais apropriado que sejam instrumentos que produzem a ordem inerente a esses eventos. Consequentemente, é evidente que o *agente* responsável por essa ordem seja o Intelecto Agente; donde o Intelecto Agente comunica esse conhecimento quer direta, quer indiretamente[22].

Portanto, independentemente da atuação causal secundária (instrumental) das esferas celestes ou da relação entre cada "conhecimento/ordem" de que cada esfera é a causa intermediária, a única causa da inteligibilidade da ordem "regida" pelas esferas é o Intelecto Agente[23]. Além disso, nos capítulos iniciais de *Guerras* II, Gersônides se esforça para demonstrar que, ainda que essas modalidades extraordinárias de comunicação digam respeito tanto ao conhecimento teórico quanto ao prático (particular, contingente), ambas as modalidades têm de ter uma única causa. Se não fosse assim, o intelecto material seriam dois: um sob influência de um intelecto, outro sob influência do segundo intelecto. Contudo, se o intelecto material fossem dois, um homem individual não seria, em termos numéricos, uma única substância, pois a unidade é uma consequência da forma; e, se a forma não é numericamente uma, o que tem essa forma não pode ser um. No entanto, isso é o mais completo absurdo[24].

Uma vez que a relação ontológica exata entre as esferas celestes, por um lado, e o Intelecto Agente, por outro, está além dos limites deste artigo – para dizer a verdade, ela não pode ser conhecida[25] – e uma vez que Gersônides é explícito quanto à unidade da "causa dessas comunicações extraordinárias", não preciso defender mais minha afirmação anterior de que, ao menos *quoad nos*, a tensão/dificuldade primária diz respeito à identidade e à distinção supostamente real entre os "sujeitos" dessas comunicações.

Antes de continuar, é importante observar que a "atuação" instrumental das esferas celestes é, na melhor das hipóteses, uma causalidade motora em vez de uma causalidade eficiente (isto é, efetiva, gerativa). Na ordem das causas (motora, material, eficiente e formal), a ordem das esferas é a única cuja causalidade é extrínseca àquelas "coisas" de cujos movimentos é causa – as combinações de elementos materiais –, ou seja, ela é mecânica. Portanto, ainda que se diga que as esferas são movidas por seus próprios intelectos e que estes são responsáveis pelas combinações específicas que constituem as propriedades acidentais de eventos particulares, não se pode afirmar que os intelectos conhecem os princípios intrínsecos do movido – mais precisamente, "conhecem" seus movimentos possíveis. Conquanto se possa dizer que o movimento leva à preservação/perfeição humana, ele não é sua causa real[26].

Nunca é demais enfatizar que, por descartar repetidas vezes como absurda a possibilidade ou a inteligibilidade filosófica de qualquer forma de dualismo, Gersônides está recusando também a noção cristã de sujeito, quanto mais a moderna (formulada anacronicamente), e, desse modo, também a de objeto, entendido ontológica e epistemologicamente. Com efeito, enquanto sujeito, o indivíduo humano ou não pode ser conhecido, ou é uma espécie; pois, falando-se rigorosamente (aristotelicamente), o conhecimento é sempre e tão só conhecimento do universal. Outrossim, uma vez que a maior parte dos sonhos, adivinhações e profecia diz respeito a eventos/ações futuras e uma vez que, enquanto futuros, eventos são particulares e "contingentes," eles não podem ser conhecidos como tais, salvo se regidos por leis da natureza universais e necessárias. Em suas réplicas à segunda e à terceira dificuldades em *Guerras* II, 6, Gersônides é bastante explícito: "Do Intelecto Agente advém o conhecimento daquele padrão pertencente a esse indivíduo [...] não por pertencer ao indivíduo como particular definido. Mais precisamente, pertence a esse indivíduo porque ele é um membro arbitrário qualquer de uma classe"[27], e [o Intelecto Agente] "não conhece esses indivíduos como indivíduos definidos. Por conseguinte, não é preciso dizer que o Intelecto Agente sabe que um padrão em particular pertence a um indivíduo definido"[28].

Dada a recusa de todas as formas de dualismo, de cujos traços os mais importantes (para nós) são a insistência 1) no *status* natural dessas modalidades extraordinárias de conhecimento e 2) na natureza universal e necessária do conhecimento – que exigem ambas conhecimento das causas –, a explicação de Gersônides tem de demonstrar que, não obstante sua ocorrência extraordinária (e aparentemente rara), essas modalidades de conhecimento são de fato possíveis para a "espécie", em virtude de sua natureza, como um todo. Do contrário, trata-se de eventos fortuitos, que ele recusa como incognoscíveis; desconhecidas suas causas, são também imprevisíveis, o que são a natureza e a finalidade das comunicações. Eis por que Gersônides insiste em que as comunicações sobre eventos futuros pressupõem conhecimento dos primeiros princípios.

Já que devem constituir possibilidades definidas de natureza humana, essas modalidades extraordinárias de conhecimento também devem ser contínuas e coerentes com a ordem natural do conhecimento no que concerne tanto à ordem do conhecimento comum quanto ao conhecimento extraordinário transmitido. Isso vale sobretudo no caso de eventos futuros, que, particulares, são cognoscíveis somente se suas causas (princípios) são conhecidas:

> Se fosse da natureza do Intelecto Agente comunicar ao intelecto material o conhecimento desses sujeitos sem suas causas, não haveria necessidade de dados sensíveis para a aquisição de conhecimento; decerto, o uso de provas também seria supérfluo. Tudo isso, no entanto, é absurdo[29].

Se assim fosse, porém, os que possuíssem tal "conhecimento" "conheceriam" conclusões sem premissas, e, por essa razão, no reino da experiência e da ação, o "conhecimento" deles não teria uma finalidade e seria inútil.

Como devem ter deixado bastante claro a discussão e as citações até aqui, essa comunicação é possível em virtude da diferença humana específica, a saber, o intelecto material, que também constitui – em vez da imaginação, que todos os animais possuem – sua unidade conceitual.

Independentemente do *status* ontológico do intelecto material[30], que não posso discutir diretamente, é evidente que ele é o fundamento primário de qualquer conhecimento humano, assim como da continuidade de seus processos, desde a sensação passando pela imaginação até todas as modalidades de intelecção. Portanto, não surpreende (filosoficamente) que, na discussão sobre o esforço pelo conhecimento, tanto prático quanto teórico – cujo traço distintivo é uma atenção única ou "isolamento" (*hitbodedut*) de uma faculdade específica necessária para a recepção do conhecimento extraordinário em sonhos, adivinhações e profecia –, seja salientada, repetidas vezes, a continuidade entre as modalidades de conhecimento, comuns e extraordinárias, mediante exemplos retirados do que, em geral, considera-se conhecimento comum; pois o esforço pelo conhecimento é um esforço único, e as diferenças expressam as diferentes circunstâncias e graus da perfeição daquele que o recebe. O que é atípico e surpreendente são os exemplos pessoais dados por Gersônides das experiências que teve, entre as quais se inclui a comunicação *frequente* de conhecimento teórico em sonhos: "Esse fenômeno se passou conosco *frequentemente*, sobretudo quando absortos em questões teóricas muito profundas"[31]. É essa continuidade entre modalidades de conhecimento, bastante clara no *Sobrecomentário ao De Anima*, conjugada à insistência no processo unificado de cognição – cuja causa efetiva é o Intelecto Agente, mas cujo desdobramento temporal é expresso nas diferentes modalidades de conhecimento regidas e designadas pelo intelecto material – tanto *qua* material (recepção dos acidentes) quanto *qua* adquirido (abstração e recepção do universal) que põe em questão a plausibilidade da afirmação de que a profecia difere em gênero das demais modalidades de conhecimento, afirmação que se apoia na distinção entre a imaginação e o intelecto. Repetindo: "Pois, se não fosse assim, o intelecto material seriam dois [...]"[32]. Dadas, por um lado, a ênfase reiterada de Gersônides na "igualdade" (conceitual) do intelecto material e, por outro, sua insistência na multiplicidade numérica deste, essa citação repetida não faria sentido não fosse a relação aspectual entre o Intelecto Agente e o intelecto material. Entendido desse modo, o intelecto material é precisamente a expressão temporal da unidade efetiva da ordem inerente ao Intelecto Agente, expressão que ocorre por meio das numerosas e distintas potencialidades de conhecedores individuais.

Antes de prosseguirmos para uma conclusão demasiado curta, devo enfatizar que não estou me opondo a que se diga que existem *distinções* entre modalidades de conhecimento; pelo contrário, em virtude do papel dos corpos celestes na composição e nas circunstâncias individuais e específicas, seria uma exigência da coerência afirmar que há inúmeras distinções. Mais exatamente, o que questiono é a plausibilidade de afirmar as *diferenças de tipo* entre os modos de conhecimento.

Uma vez que uma análise minuciosa e cuidadosa da ontologia/física das relações entre a imaginação e o intelecto desenvolvida no *Sobrecomen-*

tário ao De Anima foge claramente ao âmbito deste artigo e que empreendi semelhante análise alhures[33], limito-me aqui a um breve resumo sobre a igualdade e a diferença entre imaginação e intelecto. De início, é preciso salientar que, tanto no *Sobrecomentário* como em *Guerras* I, Gersônides se esforça para estabelecer a identidade deles e sua diferença em termos do "sujeito" da disposição receptiva para o conhecimento (comum e extraordinário), precisamente porque a imaginação, ou melhor, formas imaginativas definidas são a condição necessária e material do intelecto humano. Dito de modo simplista, sem reminiscência e representação, atividades distintivas da imaginação, nem a intelecção prática nem a teórica são possíveis. Com efeito, segundo Gersônides, as *formas* imaginativas em ato se tornam intelecto:

> Ora, as formas imaginativas (*ha-ṣurot ha-dimioniyot*) constituem (*hem*) um intelecto em potência; pois, quando abstraídas da matéria, tornamse (*ihiyu*) intelecto. Tão logo estabelecido que as formas imaginativas constituem um intelecto em potência, é preciso então considerá-las substratos para essa disposição[34].

Tão logo as formas imaginativas sejam abstraídas da matéria e se tornem o inteligível que constitui o intelecto, elas deixam de ser as mesmas formas imaginativas que fornecem objetos representativos à cognição. Todavia, uma vez que elas se tornam intelecto, a imaginação pode fornecer ao intelecto objetos representativos necessários tanto para a concepção quanto para o juízo (*ṣiyur ve-ha'amatá*), o qual é imprescindível para sonhos, adivinhações e profecia. Em suma, é somente em virtude do aspecto duplo da imaginação que a sensibilidade e a inteligibilidade podem estar relacionadas com os conhecimentos tanto prático quanto teórico, se devem ser relevantes para o florescimento humano, o qual dizem ser a finalidade dos sonhos, adivinhações e profecia.

Independentemente de diferenças entre si, como sonhos e adivinhações, a profecia demanda representação, sobretudo a profecia que concerne aos eventos futuros; e, para que a reivindicação de seu *status* natural seja consistente, a profecia demanda representação ao menos de duas maneiras: 1) como é dito que o profeta é também um homem sábio, as formas imaginativas são imprescindíveis para ele, tanto no processo de aquisição de conceitos (*ṣiyurim*) quanto no juízo (*ha'amatá*); 2) como é dito que o profeta, enquanto profeta e mesmo enquanto sábio, recebe a comunicação extraordinária a ponto de possibilitar a perfeição de outrem (para quem o conhecimento comum basta) antes de sua própria, cujo conhecimento ele se empenha em comunicar, e como a linguagem, que é representativa, é necessária para tal comunicação, a imaginação é imprescindível para caracterizar o profeta como profeta. Conforme já foi observado, tal é o caso mesmo na comunicação de conhecimento estritamente teórico.

A comunicação do conhecimento teórico ocorre em geral durante a vigília porque o intelecto material, preparando-se para receber essa emanação do Intelecto Agente, precisa da ajuda dos sentidos e da imaginação. Isso acontece quando a imaginação produz as imagens necessárias para a produção de um conceito ou princípio em particular[35].

Além disso, dado que a diferença humana específica é o intelecto material, pois genericamente todos os animais possuem imaginação, a afirmação de Gersônides de que as diferenças de gênero entre sonhos, adivinhações e profecia são redutíveis a uma diferença entre as faculdades receptivas específicas, a imaginação e o intelecto, não pode, de forma alguma, significar que a imaginação de adivinhos e sonhadores não difere em gênero da imaginação animal, mas difere da dos profetas. Senão (agora em um tom mais jocoso) não só asnos fariam profecias, mas também a atribuição de conhecimento a sonhos e a adivinhações verídicas seria equívoca ou redutível ao acaso, o que Gersônides deixa de lado. Em vez disso, coerente com sua própria teoria de cunho aristotélico, a diferença específica entre as imaginações animal e humana se fundamenta em suas respectivas perfeições e formas, e é regida por elas. Aquela é sensorial, e esta inteligível. Entendido desse modo, o intelecto material individualizado é determinada potencialidade gerada pelas formas imaginativas que podem se tornar, mediante abstração e conjunção, o intelecto adquirido: "Qualquer perfeição e forma de algo são *inseparáveis* daquilo que é matéria para isso"[36].

Portanto, ainda que sonhadores e adivinhos não consigam efetivar completamente sua perfeição formal, ainda que se diga que seu conhecimento é efêmero quando o esforço por conhecimento e isolamento – em virtude dos quais recebem a comunicação extraordinária – não é precedido nem seguido pela perfeição intelectual comum, a causa/forma que os rege é o Intelecto Agente. Por fim, visto que nenhuma conjunção humana com o Intelecto Agente é uma conjunção plena (ontológica ou epistemologicamente entendida[37]) e visto que há muitas gradações na profecia, incluindo gradações em distintas comunicações dirigidas a um mesmo profeta, bem como gradações entre todos os profetas e os homens sábios, as diferenças não podem ser reduzidas à faculdade receptiva, pois, no que se refere a conhecimento, mesmo os sonhadores e adivinhos devem receber as comunicações na possibilidade definida em que a imaginação aperfeiçoada se torna.

Embora seja tentador concluir que a diferença de gênero entre essas modalidades de conhecimento é indiretamente redutível à imaginação, já que sonhadores e adivinhos nem comunicam nem possuem conhecimento direcionado à máxima perfeição humana – razão pela qual eles e seu conhecimento são efêmeros –, tal conclusão permanece filosoficamente insatisfatória. O que distingue profetas de pessoas sábias são tanto a maior necessidade que os primeiros têm de comunicar o conhecimento extraordinário recebido a um grupo mais amplo – uma nação, considerada distinta de indivíduos – quanto suas circunstâncias específicas, cuja especificidade depende das esferas celestes e são regidas *diretamente* por estas. Do mesmo modo, as graduações entre comunicações proféticas – graduações atribuídas a perfeições relativas que deixam clara a deficiência de sua faculdade intelectual "receptiva", sobretudo quando profetas são comparados a sábios, cujo conhecimento comum é perfeito, mas de quem não se diz que são profetas – tornam tensa a credibilidade das afirmações sobre diferenças específicas.

Ironicamente, parece que a única solução plausível da tensão introduzida pela tentativa de Gersônides de conciliar as teorias do conhecimento aristotélica e bíblica exigiria uma distinção de gênero entre profecia mosaica e todas as demais modalidades extraordinárias de revelação, isto é, a solução de Maimônides. Não obstante, em *Guerras* II, 8, Gersônides insiste em que a profecia mosaica é o mais alto dos *graus* de profecia, enfatizando sua elevada posição ao repetir o dito da Torá já tantas vezes repetido: "Nunca mais surgiu em Israel um profeta como Moisés"[38]. Por que então se recusar a aceitá-lo? Em poucas palavras, foi precisamente seu aristotelismo materialista e intransigente que tornou tal solução impossível, pois, como processo natural, o surgimento da profecia não pode infringir a ordem natural do conhecimento, da sensibilidade à inteligibilidade, quanto mais se sua finalidade é histórica e política, isto é, o florescimento humano. Conforme declara Gersônides, "a princípio, a experiência profética de Moisés decerto envolvia enigmas, já que é da natureza da perfeição vir a alguém primeiro sob uma forma imperfeita e, depois, sob uma forma mais perfeita"[39]. Contudo, ainda, se o processo de aperfeiçoamento é natural e gradual, o que poderia de algum modo justificar a afirmação de que há uma distinção de gênero entre modalidades de conhecimento senão a opinião da maioria ou uma concessão extrafilosófica e incoerente à tradição?

Em conclusão, ao isolar a profecia mosaica de todas as demais modalidades de conhecimento, isto é, tornando-a extranatural ou originária, Maimônides é capaz de fornecer uma teoria do surgimento de todas as modalidades de conhecimento em conformidade com a ordem causal natural. Como em sua investigação de todas as demais questões designadas por "Mistérios da Torá", por exemplo, a origem do universo, a providência, os milagres, isto é, aporias filosóficas, Maimônides é capaz de fornecer uma teoria coerente sobre a relação delas com a ordem natural precisamente porque, em seu entender, todos os eventos originários são extranaturais, atemporais ou pré-históricos. Esse tipo de coerência exige que a afirmação de que há uma harmonia entre Aristóteles e a Torá esteja circunscrita à ordem natural conforme conhecida naturalmente. Uma cosmologia emanatista e não aristotélica também é exigida para explicar a relação causal entre o extranatural e o natural, o que é importante sobretudo no caso da profecia mosaica e de sua articulação como lei positiva.

Nunca é demais enfatizar, no entanto, que a coerência da teoria de Maimônides sobre as maneiras extraordinárias de conhecer, bem como a harmonia estabelecida por ele entre Aristóteles e a Torá, procede do entendimento de que os *ur* eventos ou eventos *originários*, os "Mistérios da Torá", são radicalmente distintos dos princípios primários da ciência/conhecimento natural aristotélico. Essa ressalva também resguarda a origem extranatural, pré-histórica, da lei mosaica, lei cuja origem extranatural não compromete a ciência natural aristotélica de Maimônides precisamente porque uma lei não pode ser objeto de ciência natural, isto é, porque uma lei não é por natureza, mas por convenção. Portanto, é especialmente digno de nota que as divergências de Maimônides com Aristóteles tanto se limitam a *ur* eventos quanto são examinadas em conformidade com a dialética aristotélica, que são os métodos adequados para examinar aporias sobre *ur* eventos. Ao separar os domínios da filosofia e da Torá nas questões mais abertas a disputas, Maimônides chegou a ser um cientista natural aristotélico plenamente coerente, mas não um radical.

Diferentemente de Maimônides, a tentativa de Gersônides de conciliar Aristóteles e a Torá em *Guerras* se concentra precisamente no que considera serem os primeiros princípios, os quais são primeiros tanto originária quanto naturalmente. De fato, é no tocante a esses princípios que Gersônides discorda da teoria de Maimônides ou, ao menos, é por causa deles que ele a considera filosoficamente inadequada. Seguindo o dito do próprio Maimônides, Gersônides afirma: "Se o sentido literal da Torá diverge da razão, faz-se necessário interpretar essas passagens em conformidade com as exigências da razão. [...] A Torá não é uma lei que nos obrigue a acreditar em ideias falsas"[40]. Já que toda ciência/conhecimento ou depende de primeiros princípios para suas demonstrações ou busca primeiros princípios dialeticamente, isto é, já que as divergências entre Aristóteles e a Torá, bem como entre filósofos, são divergências quanto a *radices*, Gersônides teve de recusar como não filosófica a "solução" maimonídea da tensão. Com efeito, essa rejeição deixou claro seu cuidado tanto com Aristóteles quanto com Maimônides, para quem a verdade era mais digna de consideração do que a amizade, exatamente porque a amizade dos filósofos nasce do desejo em comum pelo conhecimento.

Por que então Gersônides insistiu na distinção de gênero entre sonhos e adivinhações, por um lado, e profecia, por outro? Estaria Gersônides ciente da incoerência intrínseca à sua teoria? Seria ele, no final das contas, um averroísta latino? Ou será que sua concessão feita à Torá foi uma dissimulação necessária para sua sobrevivência filosófica em tempos de perseguição brutal? Acho que não.

Em "Maimonides and Gersonides on Mosaic Prophecy"[41], Menachem Kellner propõe uma resposta esclarecedora para uma incoerência similar entre as teorias bíblica e filosófica de Gersônides sobre a profecia – resposta que endosso em parte e que desejo suplementar ou, de fato, modificar de maneira mais coerente com o enfoque filosófico geral de Gersônides, por mais paradoxal que seja a pretensão à coerência ao se discutir uma incoerência. Kellner identifica três possíveis razões para a incoerência de Gersônides: 1) ocorrência isolada de deslize de rigor filosófico; 2) dissimulação deliberada; e 3) maior ortodoxia sobre a questão da singularidade da profecia mosaica (não obstante seu *status* natural) do que sobre todos os demais assuntos controversos. Depois de descartar a plausibilidade das segunda e terceira possíveis razões, Kellner endossa a primeira não só por eliminação mas também pelo fato de Gersônides ter sido "um homem preso entre dois mundos"[42], um mundo medieval e um pós-medieval. Portanto, segundo Kellner, a acomodação de Gersônides ao entendimento tradicional da Torá não foi consciente. Embora eu concorde plenamente com Kellner que Gersônides é um filósofo protomoderno[43], no caso da incoerência objeto deste artigo (e não do artigo de Kellner), sugiro que constitui, ironicamente, uma *incoerência coerente*, resultante do racionalismo protomoderno de Gersônides em vez de um deslize momentâneo em direção ao tradicionalismo. Gersônides decerto se mostra um aristotélico radical ao recusar tanto a física de Aristóteles quanto a cosmologia emanatista e neoplatônica de seus preeminentes predecessores, ambas refutadas pela ciência empírica. No entanto, é um materialista moderno para quem o surgimento de todas as modalidades de conhecimento, da sensação passando pela imaginação até a razão, é a rigor natural, mas que considera, ao mesmo tempo, a razão um poder em ato tanto qualitativamente distinto da imaginação e da paixão quanto capaz de superá-las. Contudo, se minha conclusão estiver correta, então a incoerência da concessão de Gersônides à tradição nos comentários bíblicos sobre a profecia mosaica – interesse de Kellner – se torna um deslize de rigor filosófico ainda mais curioso.

Como conclusão, à luz de minhas observações anteriores de que as discussões de Gersônides sobre as modalidades extraordinárias de conhecimento designadas por sonhos, adivinhações e profecia são surpreendentemente apolíticas – embora ele saliente repetidas vezes o florescimento humano, finalidade delas – e à luz de suas heterodoxas interpretações materialistas de aporias igualmente contestadas – isto é, apesar de sua falta de "prudência política" em uma época de perseguição violenta –, estou plenamente de acordo com a conclusão de Kellner de que Gersônides não encobriu sua verdadeira opinião por meio de dissimulação consciente. A história da recepção das obras de Gersônides – recepção que testemunhou a repressão de todos os seus sobrecomentários aos comentários de Averróis sobre as obras de Aristóteles, bem como a acusação de que as *Guerras do Senhor* foram guerras contra o Senhor[44] – corrobora a afirmação que fiz a respeito de sua indiferença política, cuja expressão filosófica mais incisiva é a crença no poder da razão sobre a imaginação e as paixões. Desse ponto de vista, enquanto Maimônides é um aristotélico menos radical que Gersônides no que diz respeito à *natureza*, Gersônides é o aristotélico menos radical no que diz respeito à política, entendida materialmente.

Notas

1. Uma vez que meu interesse primário são as teorias filosóficas de Maimônides e Gersônides sobre sonhos, adivinhações e profecia, bem como as coerências ou incoerências que se revelam nelas, e uma vez que uma comparação entre as respectivas teorias exige a delimitação das análises a textos filosóficos não circunscritos pelo teor dos textos comentados por eles, nem por tradições de comentários anteriores, nem por diferenças de leitores, restrinjo minhas análises às suas obras filosóficas não exegéticas. Por essa razão, não levarei em conta (pormenor algum dos) comentários seja sobre textos tradicionais, seja sobre Aristóteles. Do mesmo modo, visto que todos os estudos comparativos das teorias de Maimônides e Gersônides sobre sonhos, adivinhações e profecia tratam das tensões tanto no interior de suas obras quanto entre elas ao examinarem sem distinção as obras filosóficas e as não filosóficas, não me estenderei, com pouquíssimas exceções, sobre esses estudos, não obstante a excelência deles. Para os pormenores bibliográficos mais recentes da literatura sobre as teorias de Maimônides e Gersônides sobre sonhos, adivinhações e profecia, ver KREISEL, H. *Prophecy: The History of an Idea in Medieval*

Jewish Philosophy. Dordrecht (The Nederlands): Kluwer Academic Publishers, 2001. Para questões de método e também para relações com a filosofia escolástica, ver SIRAT, C.; KLEIN-BRASLAVY, S.; WEIJERS, O. *Les Méthodes de travail de Gersonide et le maniement du savoir chez les scolastiques*. Paris: Vrin, 2003, doravante, SIRAT.

2. MAIMONIDES, M. *Guide of the Perplexed*. Trad. de Shlomo Pines. Chicago: Chicago University Press, 1974, doravante citado como *Guia*; id. *Dalalat al-Ha'irin*. Ed. de S. Munk. Osnabruck: Otto Zeller, 1964, [Fac-símile da edição de 1856-1866]. Todas as referências serão à tradução de Pines.
3. Por dialética aristotélica, refiro-me à teoria da dialética de Aristóteles em *Tópicos* 1, em que dialética se entende por um modo de investigação sobre a aporia quanto aos primeiros princípios (101a37-b5), sobre os quais as opiniões (*dóxa, éndoxa*) variam. É por isso que se diz que uma tese dialética é um *parádoxos* (104b19-20).
4. MAIMÔNIDES. *Guia* II, 33, 362. Note-se que a crítica do ocasionalismo do *Kalām*, feita por Maimônides ao longo de todo o *Guia*, toma o *Kalām* por uma pseudociência que, baseada na imaginação, põe a natureza de pernas para o ar, invertendo a relação entre o atual e o possível, deixando de fazer a distinção entre contrariedade e contradição etc.
5. Note-se que o termo "potência", tradução do árabe *al-quwah* (em hebraico, *ha-koaḥ*), denota a potencialidade material que vem a ser em virtude da sensação em vez de denotar uma potencialidade distinta que preexista à sua formação natural. Cabe observar que Tomás de Aquino critica Aristóteles (e os averroístas latinos) precisamente quanto a esse ponto.
6. MAIMÔNIDES. *The Eight Chapters*. In: WEISS, R. L.; BUTTERWORTH, C. E. (Org.). *The Ethical Writings of Maimonides*. New York: New York University Press, 1975, p. 60-104, cap. 2, 65. Árabe e hebraico: *Commentary on the Mishnah, Nezikin*. Introduction to Avot. Ed. e trad. de Joseph D. Kafih. Jerusalem: Mosad ha-Rav Kook, 1964.
7. Id. *Guia* II, 36, 170 (grifo meu).
8. Ibid. (grifo meu).
9. Entendido desse modo, o conhecimento comunicado aos filósofos, limitando-se às "verdades" da ciência, não difere em gênero de outras formas de conhecimento estritamente teórico, cujas verdades são anistóricas e apolíticas; pois as verdades não diferem entre indivíduos nem são "alteradas" pela individuação deles. No entanto, tal conhecimento é também, pois, indiferente ao florescimento humano, finalidade da profecia.
10. MAIMÔNIDES. *Guia* II, 38, 376.
11. ARISTÓTELES. *Ética Nicomaqueia* Z, 1139a 36-1139b 4.
12. Ver MAIMÔNIDES. *Guia* III, 325: "Se considerar as ações divinas – quer dizer, as ações naturais –, a benevolência astuta e a sabedoria da divindade [...] ficarão, por meio delas, claras para vocês".
13. KELLNER, M. (Org.). *Aqdamat ha-Ralbag le-Perushó le-Shir ha-Shirim* (A Introdução de Gersônides em Seu Comentário ao Cântico dos Cânticos). *Daat*, n. 23, p. 15-32, 1989 (em hebraico); inglês: Introduction to the Commentary on *Song of Songs* by the Sage Levi Ben Gershom. In: SIRAT, 2003, op. cit., p. 326-333; KELLNER, M. *Commentary on the Song of Songs*. New Haven: Yale University Press, 1998. Cumpre observar que, em vez de universalizar a transliteração do nome de Gersônides em hebraico, reproduzirei a transliteração própria de um editor ou autor. Ao fazê-lo, honro a memória do finado Leonard E. Boyle, meu professor.
14. Todas as referências serão à única edição e tradução impressa do manuscrito, uma edição parcial do texto em hebraico com uma tradução para o inglês de J. S. Mashbaum:

chapters 9-12 of Gersonides' Supercommentary on Averroes' Epitome of the *De Anima*: The Internal Senses. Brandeis University, Tese, 1981. Doravante, *Sobrecomentário*. Também consultei Paris (BN) MS. Heb. 919, um dos dois manuscritos não cotejados por Mashbaum ao estabelecer sua edição.

15. ALTMANN, A. (Org.). Gersonides' Commentary on Averroes' Epitome of *Parva Naturalia* II, 3. In: *PAAJR Jubillee Volume*, Parte 1. Jerusalem, 1980, p. 1-31.
16. GERSÔNIDES (Levi Ben Gershom). *The Wars of the Lord.* Trad. de Seymour Feldman. Philadelphia: Jewish Publication Society of America, 1984-1999. 3 v. Doravante, *Guerras*. Hebraico: LEVI BEN GERSHOM. *Milḥamot ha-Shem*. Leipzig, 1866.
17. Para diversas considerações sobre a linguagem e também sobre o método das obras de Gersônides, ver SIRAT, 2003, op. cit.
18. Ver DOBBS-WEINSTEIN, I. Gersonides' Radically Modern Understanding of the Agent Intellect. In: BROWN, S. F. (Org.). *Meeting of the Minds: Medieval and Classical Modern European Philosophy.* Turnhout (Belgium): Brepols, 1998, p. 191-213.
19. Note-se que, se deixarmos de fora as adivinhações, essa proposição vale igualmente para as teorias de Maimônides.
20. Também convém salientar que, expressas na forma de uma proposição e uma conclusão, 2 e 3 poderiam igualmente ser aplicadas às teorias de Maimônides. Essa enganosa similaridade entre afirmativas proposicionais, porém, impede que se observe a diferença radical que há entre a física e a cosmologia em Maimônides e em Gersônides, logo o que cada um considera intranatural ou extranatural.
21. DAVIDSON, H. Gersonides on the Material and Active Intellect. In: FREUDENTHAL, G. (Org.). *Studies on Gersonides: A Fourteenth Century Jewish Philosopher-Scientist.* Leiden: Brill, 1992, p. 195-265; PINES, S. Note sur la Métaphysique et sur la Physique de Gersonide. In: DAHAN, G. (Org.). *Gersonide et son temps.* Louvain/Paris: Peeters, 1991, p. 179-183.
22. GERSÔNIDES. *Guerras* II, 38.
23. É preciso observar que, diferentemente da cosmologia emanatista de Maimônides, em que a inteligibilidade dos movimentos de cada esfera é resultante de seu próprio intelecto, que é também sua causa motora, a rejeição da emanação por Gersônides implica que o Intelecto Agente é a única causa da inteligibilidade do movimento de todas as esferas celestes. Na verdade, como ficará claro, uma vez que a causalidade das esferas é mecânica, intelecto algum é realmente necessário para o movimento delas. Em poucas palavras, são supérfluos. É claro que foge ao âmbito deste artigo investigar esse assunto, e, na ausência de um manuscrito subsistente do *Sobrecomentário ao Comentário Médio de Averróis à Metafísica de Aristóteles*, fica indeterminado até onde vai a rejeição por Gersônides da "física antiga", quanto mais da cosmologia.
24. GERSÔNIDES. *Guerras* II, 3.
25. Ibid. II, 2, 33: "Pois é impossível conseguir as repetidas observações exigidas por esses princípios empíricos da astrologia, porquanto a posição de um corpo celeste em dado momento no zodíaco se repete só uma vez em muitos milhares de anos. [...]. Os movimentos dos corpos celestes ainda não são suficientemente conhecidos; na verdade, conhecemos muito pouco sobre essa ordem a partir de observações, mesmo durante longo período de tempo".
26. Nunca é demasiado enfatizar a diferença entre causalidade eficiente e causalidade mecânica, diferença encoberta pela ulterior fusão delas. Enquanto aquela é a rigor extrínseca, esta é intrínseca, de modo que o efeito de uma causa eficiente no paciente se torne o princípio

intrínseco de ele mesmo se tornar uma causa eficiente; isto é, sua relação é aspectual. Enquanto a causalidade mecânica é contínua e contígua, a causalidade eficiente não o é. Como *Guerras* V, 3 deixa claro, a crítica de Gersônides, em seus escritos astronômicos, à astronomia de Aristóteles, bem como à de Ptolomeu, prenuncia o princípio newtoniano da inércia. À luz disso, convém observar que a recusa do entendimento aristotélico da causalidade motora e a substituição desta pela causalidade mecânica são, a um só tempo, uma recusa da identidade das quatro causas. No entanto, também convém observar que, da perspectiva de sua astronomia, todos os intelectos separados, enquanto intelectos, salvo o Intelecto Agente, devem se tornar supérfluos para o conhecimento/perfeição humana.

27. GERSÔNIDES. *Guerras* II, 50-51.
28. Ibid., 54.
29. Ibid., 43. Cf. as discussões supra a respeito da recusa da opinião da turba por Maimônides e também a discussão sobre a adivinhação.
30. Que, para Gersônides, não é numericamente unitário. Ver ibid., I.
31. Ibid., II, 45 (grifo meu).
32. Ibid., 40.
33. Ver DOBBS-WEINSTEIN, 1998, op. cit.
34. GERSÔNIDES. *Sobrecomentário*, 119.
35. Id. *Guerras* II, 57.
36. Ibid., 40.
37. Para o debate sobre a natureza da conjunção e meu desacordo com Seymour Feldman, ver DOBBS-WEINSTEIN, 1998, op. cit.
38. GERSÔNIDES. *Guerras* II, 72. (Deuteronômio 34:10.)
39. Ibid., 56.
40. Ibid., I, 98.
41. KELLNER, M. Maimonides and Gersonides on Mosaic Prophecy. *Speculum*, v. 52, n. 1, p. 62-79, 1977.
42. Ibid., p. 78.
43. Para meus argumentos em defesa dessa afirmação, ver DOBBS-WEINSTEIN, 1998, op. cit.
44. Cumpre observar que, 1) salvo algumas de suas obras de lógica, bem como a edição e a tradução parciais do *Sobrecomentário ao De Anima* sob a forma de tese de doutorado de Mashbaum (1981, op. cit.), o restante dos sobrecomentários de Gersônides ainda estão sob a forma de manuscritos; e 2), enquanto os comentários sobre a Bíblia começaram a aparecer impressos em 1477, as *Guerras* só foram publicadas em dezembro de 1560.

Elementos Cabalísticos no Livro *Luz do Nome* (*'Or ha-Shem*), de Rabi Ḥasdai Crescas*

Zev Harvey

A Questão da Ligação Entre Crescas e a Cabala

Desde a pesquisa pioneira de M. Joël[1], muito se tem escrito sobre as origens da doutrina filosófica de Rabi Ḥasdai Crescas. Evidentemente, os pesquisadores se ocuparam sobretudo das fontes aristotélicas hebraicas (tanto as escritas em hebraico quanto as que foram traduzidas para o hebraico), já que Crescas escreveu sua grande obra *'Or ha-Shem* (Luz do Nome [de Deus])[2] no âmbito do universo conceitual da filosofia aristotélico-maimonidiana, a qual pretendia destruir a partir de seu interior[3]. No entanto, parece-me que quem lê o livro *'Or ha-Shem* sente por vezes que está diante de conteúdos de pensamento extraídos de outras tradições filosóficas – ainda que expressos na terminologia aristotélica do idioma hebraico padrão. Um detalhe que aponta para o conceito geral é a ligação entre Crescas e a escolástica antiaristotélica latina de seu tempo. O prof. Schlomo Pines pesquisou o vínculo entre Crescas e essa escolástica e chegou à conclusão, quase incontestável, de que, embora não haja em

* Tradução de Eliana Langer e Margarida Goldsztajn do original hebraico. In: *Jerusalem Studies in Jewish Thought*, v. II, p. 75-109, 1983. Revisão técnica de Nachman Falbel.

'Or ha-Shem nenhuma menção a um pensador cristão ou a um livro latino, Crescas deve ser visto como parte dessa escolástica e, mais ainda, como "um dos expoentes dessa corrente de pensamento que levou a filosofia aristotélica da Idade Média à desintegração e abriu o caminho para a filosofia e a física da era moderna"[4]. Penso que exista também uma problemática semelhante quanto à relação entre Crescas e as literaturas filosóficas árabe e hebraica não aristotélicas em suas variações[5] e quanto à ligação entre ele e a literatura vernácula catalã[6]; e essa problemática certamente existe no que concerne à relação entre Crescas e a literatura cabalística.

Em seu livro *'Or ha-Shem*, Crescas praticamente não utiliza a terminologia cabalística, mas menciona dois livros místicos: o *Sefer Yeṣirá* (Livro da Criação) duas vezes[7] e o *Sefer ha-Bahir* uma vez[8]. No entanto, diversos pesquisadores já discerniram significativa influência cabalística nas ideias básicas da obra, como a teoria do amor e da adesão mística a Deus (*devequt*), a concepção de infinitude, a teoria da Divindade e a teoria da Criação[9]. Além disso, há elementos que levam a induzir que os cabalistas das gerações posteriores a Crescas encontraram afinidade com suas concepções. Podemos apontar, por exemplo, dois cabalistas importantes da primeira geração depois da expulsão da Espanha que citam Crescas, com simpatia, em temas bastante significativos: Rabi Meir ibn Gabai, no que diz respeito ao tema dos atributos de Deus[10], e Rabi Shlomo Alqabeṭs, no que diz respeito ao tema do amor[11].

A ideia de que Crescas tenha sido influenciado pela Cabala se entrelaça com alguns detalhes biográficos (uns mais confiáveis, outros menos) que indicam seu interesse por magia e por teurgia. Conta-se que, em certa ocasião crítica, ele fez chover por meio de um sermão iniciado com as palavras *lánu ha-mayim* ("A água é nossa") (Gênesis 26:20)[12]. Seu posicionamento em assuntos de encantamentos e amuletos foi mencionado por Dom Enrique de Villena em sua composição sobre a magia[13]. Ao que tudo indica, Crescas interessou-se, na juventude, em alcançar o estado profético por meio da *escrita automática*[14]. A esses detalhes deve-se acrescentar seu interesse ativo e reiterado pelos rumores messiânicos populares[15]. Devemos lembrar também que no *Siddur Tefilot ve-Kavanot*, escrito supostamente no Norte da África no século XVIII, encontramos uma oração mágica que Crescas "proferia todos os dias em sua reza". Tal atribuição, verdadeira ou não, indica ao menos a imagem conservada pelo povo a seu respeito: a de alguém que poderia proferir uma oração dessas[16].

Neste artigo, não tentarei verificar se as ideias básicas da doutrina de Crescas são, de fato, influenciadas pela Cabala. Meu objetivo é mais modesto, ou seja, verificar algumas passagens de *'Or ha-Shem* em que parece haver uma relação literária com a teoria mística em geral e com a Cabala em particular. Enfoco, sobretudo, as duas menções ao *Sefer Yeṣirá* e a menção ao *Sefer ha-Bahir*, o uso da expressão *yesod ha-'ibbur* (elemento de fecundação), o conceito do homem como "selo de perfeição" e, ainda, a questão do conceito de *gilgul* (transmigração da alma).

O Tetragrama

O *Sefer ha-Bahir* é mencionado em *'Or ha-Shem*, no Tratado I, seção 3, cap. 3. Nesse capítulo, Ḥasdai Crescas aborda a interpretação da raiz da unidade divina. Em sua reflexão, ele se posiciona contra a conhecida doutrina de Maimônides, segundo a qual não se deve descrever Deus por meio de atributos positivos, mas apenas por meio dos negativos (*Guia dos Perplexos* I, caps. 58-60). Crescas o faz em quatro etapas: na primeira [17], apresenta a doutrina; na segunda [18], aponta para "as dúvidas que vieram de seus (isto é, de Maimônides) ditos"; na terceira [19], alega que a doutrina não tem comprovação; na quarta [20], vai ainda mais longe e argumenta que a doutrina é forçosamente falsa. O *Sefer ha-Bahir* é mencionado no decorrer da segunda etapa. Entre as "dúvidas" apontadas por Crescas, há uma (a quarta) que se baseia nas afirmações de Maimônides a respeito do significado do Tetragrama (*Guia dos Perplexos* I, caps. 61-64). Maimônides, argumenta Crescas, concorda que o Tetragrama, um nome composto de quatro letras, designe um *nomen proprium* (cap. 61); no entanto, Crescas se admira de o Tetragrama poder indicar a essência divina conforme a doutrina maimonidiana, já que esta rejeita não somente a possibilidade do conhecimento da essência de Deus como também a existência n'Ele de atributos essenciais positivos. Na opinião de Crescas, a proposição de Maimônides, segundo a qual o Tetragrama indica o necessário ser de Deus, é absolutamente forçada e apenas comprova o quanto foi difícil para ele, Maimônides, entender o significado do Tetragrama [21]. Depois de se admirar com as assertivas de Maimônides acerca do nome de quatro letras, Crescas se volta ao que ele diz sobre o nome de doze letras:

> E é ainda mais surpreendente o que disse acerca do nome de doze letras [...] "que ele expressava Deus de uma forma mais apropriada do

> que o nome de *alef dalet* [*Adonai* (Senhor). (N. de M. G.)]" (*Guia dos Perplexos* I, cap. 62) "e assim O denominavam [...] como atualmente substituímos o Tetragrama por *alef dalet*". Eis que daí já resulta necessariamente um atributo essencial [...]. Não compartilho de sua opinião segundo a qual o nome de doze letras substituía o Tetragrama, uma vez que "no Templo o nome era pronunciado tal como escrito, mas na nação era pronunciado o nome substitutivo" (*Sotá* 7:6). E como o nome de doze letras é um nome de quatro letras repetido com três vocalizações diferentes, como figura no *Sefer ha-Bahir*, quando era necessário ocultar o Tetragrama, em sua vocalização específica, os sacerdotes suprimiam o nome de doze letras absorvendo-o na melodia de seus irmãos para que fosse lido tal como escrito, mas não segundo sua vocalização explícita[22].

Fica claro, portanto, que o *Sefer ha-Bahir* é mencionado por Crescas em apoio a seu argumento contra Maimônides de que o nome de doze letras não é uma "designação". No *Sefer ha-Bahir*, conforme Crescas, é evidente que o nome de doze letras nada mais é que o nome de quatro letras "tal como escrito", ainda que "repetido com três vocalizações diferentes". Ao que parece, Crescas alude ao seguinte trecho do *Sefer ha-Bahir*:

> Rabi Aḥilai sentou-se e explicou: Qual é o significado do versículo "Deus é Rei, Deus foi Rei, Deus será Rei para toda a eternidade" (oração *'En Kamóḵa*)? Isso nada mais é que o Tetragrama com relação ao qual se deu permissão para que fosse permutado e proferido. Como está escrito, "Porão assim o meu nome sobre os filhos de Israel, e eu os abençoarei" (Números 6:27). Isso se refere ao nome de doze letras, como na bênção sacerdotal "O Senhor te abençoe [...]; O Senhor faça resplandecer o seu rosto [...]; O Senhor mostre para ti a sua face [...]" (Números 6:24-26), que são três e são doze. E sua vocalização é: *yafa'al, yafo'el, yif'ol*. Aquele que o preserva em sua pureza e o menciona em sua santidade terá todas as preces recebidas. E não somente isso, mas será amado nas alturas e amado na terra, desejado na terra e desejado nas alturas, e será imediatamente atendido e ajudado[23].

O que se pode concluir desse fato tão excepcional, isto é, de Crescas se apoiar em um texto extraído de um livro místico para divergir da opinião de Maimônides? Aparentemente, não muita coisa. A razão imediata, que salta à vista, para Crescas fazer referência a esse texto do *Sefer ha-Bahir* é a menção que lhe fez Rabi Moisés Narboni em sua interpretação do *Guia dos Perplexos*, bastante utilizada por Crescas[24]. No cap. 62 da obra, Maimônides escreve sobre o nome de doze letras: "Creio que não se tratava de um único nome, mas de dois ou três nomes"; e Narboni se espanta:

> É prodigiosa a sabedoria do nosso mestre Moisés [Maimônides], que entendeu isso por si só, pois é visível de suas palavras que ele não olhou no *Sefer ha-Bahir*, mas com ele concordou, pois ali está escrito: "O Senhor te abençoe [...]; O Senhor faça resplandecer o seu rosto [...]; O Senhor mostre para ti a sua face [...]". Trata-se de um nome de doze letras. E sua vocalização é: *yafa'al, yafo'el, yif'ol*. Parece, portanto, que o nome de doze letras é [constituído de] três nomes, como disse o mestre[25].

Assim, enquanto Narboni cita o texto do *Sefer ha-Bahir* em apoio às ideias de Maimônides no que concerne ao nome de doze letras, Crescas – com sua ironia característica – cita-o justamente para refutar a opinião de Maimônides sobre o mesmo tema! É como se Crescas respondesse a Narboni que o texto do *Sefer ha-Bahir* não indica que o nome de doze letras seja, na verdade, três nomes diferentes, mas justamente que é um único nome (o Tetragrama, "tal como escrito"), vocalizado de três formas; ou seja, o texto afirma que o nome de doze letras – ao contrário da opinião de Maimônides – é o Tetragrama tal como escrito, e não suas designações. A ironia de Crescas se expressa também em seu estilo: "E é ainda mais surpreendente" etc. Em vez de se admirar, como fez Narboni ("É prodigiosa a sabedoria do nosso mestre Moisés" etc.), com a forma como Maimônides "acertou o alvo" no *Sefer ha-Bahir*, Crescas se surpreende com a forma como ele errou esse mesmo alvo! Portanto, no tocante à razão por que Crescas menciona o texto em questão, podemos simplesmente responder que ele o faz porque Narboni o mencionara anteriormente. Essa resposta simples não está, porém, completa.

Na terceira parte de sua reflexão sobre a doutrina maimonidiana da negação dos atributos positivos, Crescas volta ao Tetragrama. Se, na segunda etapa de sua reflexão, ele se satisfaz em levantar dúvidas acerca da interpretação de Maimônides sobre o nome de quatro letras e sobre o nome de doze letras, na terceira se permite sugerir interpretações próprias:

> E uma vez tendo estabelecido isso, eis que seria tentador dizer que o Tetragrama expressa um atributo essencial inseparável, cujo mistério os sábios transmitiam aos seus discípulos nas condições ali mencionadas

> (Kidushin 71a). O mesmo ocorria com o nome de doze letras. É por isso que eles somente o transmitiam aos mais castos da classe sacerdotal; porque na bênção que lhes era específica no Templo isso era necessário, pois o nome devia ser pronunciado tal como escrito. No Tratado IV nos estenderemos a respeito (se Deus assim o decidir)[26].

Nesse trecho, Crescas reitera sua afirmação de que o nome de doze letras é o Tetragrama "tal como escrito" e sugere que este indica um atributo essencial positivo, inseparável, de Deus[27]. No entanto, não há, em suas breves palavras, alusão a qual atributo positivo seria indicado no Tetragrama, tampouco à razão por que justamente esse atributo exigiria esse mistério especial.

No Tratado IV, investigação 10, Crescas de fato cumpre sua promessa de discorrer mais longamente sobre o Tetragrama. Nessa investigação, influenciado claramente pela interpretação de Rabi Nisim sobre a expressão "No princípio criou" (ainda que na interpretação de Rabi Nisim não haja reflexão sobre o Tetragrama)[28], Crescas trabalha com o significado das expressões "Obra da Criação" (*ma'asé bereshit*) e "Obra da Carruagem" (*ma'asé merkavá*). Com ironia, ele rejeita a concepção de "alguns sábios de nosso povo" (a intenção era, certamente, aludir a Maimônides e seus adeptos) de que essas expressões pertencem à física e à metafísica[29], e, ao mencionar o *Sefer Yeṣirá*, chega às seguintes conclusões:

> Resulta, pois, que a expressão *ma'asé bereshit* deva ser entendida literalmente, como a descrição da Obra da Criação, constituindo o encadeamento dos existentes e da ligação dos superiores com os inferiores[30], cujo mistério a especulação desconhece[31], e é principalmente isso o que está no *Sefer Yeṣirá* que Abraão, nosso patriarca, conhecia. É a essa expressão que alude a interpretação de nossos sábios, de abençoada memória, segundo a qual "O mundo foi criado pela [letra] *he*, como é dito: *'be-hibar'am'* (Gênesis 2:4), por meio de [*be*] *he* (Deus) os criou (*bar'am*)"; e disseram ainda "por meio de [a letra] *yod* o mundo foi criado, como é dito 'por *Ya* [por meio das letras *yod* e *he*], Deus formou os universos' (Isaías 26:4)"* (Menaḥot 29b). E, como essa ligação e esse

* Em hebraico, כִּי בְּיָהּ יְהוָה, צוּר עוֹלָמִים – traduzido em Isaías 26:4 como "pois Deus é uma rocha eterna". Entretanto, o fato de estar escrito *be-Ya* (sendo *Ya* o nome de Deus), de *ṣur* significar, além de "rocha", o verbo "formar" e de *'olamim* ser tanto "universos" quanto "eternidade" levou os sábios a interpretar o versículo de forma distinta: *be-Ya* (por meio das letras *Yod* e *He*) Deus *ṣur* (formou) *'olamim* (os universos). (N. de M. G.)

encadeamento se derivam do mistério do Tetragrama, conforme o receberam nossos mestres, de abençoada memória, segue-se necessariamente que isso seja selado e secreto, por causa da eminência do Nome e da reverência que ele inspira.

Com relação à expressão *ma'asé merkavá*, ela designa o que é possível conceber a partir das realidades superiores e do encadeamento de umas às outras[32].

E, como tais domínios, conhecidos pela tradição, são de uma eminência e de uma sutilidade extremas, de modo que uma compreensão parcial das coisas relevantes desses domínios causará a destruição [...], são indispensáveis o mistério máximo e a serenidade máxima [...].

Ademais, como o Tetragrama e sua vocalização evocam alusivamente tais domínios [...] [foi proibida] a leitura dele tal como escrito, exceção feita a eles [os sacerdotes] e unicamente no Templo.

Esse nome é, de fato, especial por sua propriedade de dar a conhecer o poder divino de realizar prodígios, como é dito "mas pelo meu nome, IHWH, não fui perfeitamente conhecido por eles" (Êxodo 6:3). Isso significa que, mesmo se Deus tivesse Se desvelado aos patriarcas sob o nome de *El Shaddai*, que significa sua condução e seu ordenamento da totalidade da existência, Ele não Se fez por eles "conhecer", no sentido de que não se tornassem públicas para eles as coisas que não seguem a ordem natural[33].

Disso dá testemunho também o fato de o sacerdote ter feito a mulher [suspeita de adultério] fazer um juramento por esse Nome, apagando-o em seguida na água, do qual resultou um efeito extraordinário (Números 5:19-28). E, de todo modo, é evidente que o propósito desse Nome, em função da santidade da língua [hebraica], é demonstrar a criação permanente de todos os seres engendrados, como estabelecido no Tratado III (parte 1, seção 1, cap. 5). O poderoso sinal que o prova mostra a necessidade de uma criação perpétua do real, que é o mistério e o fundamento do poder divino. Porque esse Nome era tido na mais elevada consideração e na maior santidade, e não há dúvida de que a vocalização do Nome significava também a eminência desse Nome, sua grandeza e seus prodígios; isso tornava sua dissimulação legítima e necessária [...].

Apesar de nos termos desviado um pouco das considerações deste capítulo [cujo tema é o esclarecimento dos termos *ma'asé bereshit* e *ma'asé merkavá*], pareceu-nos legítimo fazer isso aqui; o Tetragrama,

> não obstante o pouco que dele apreendemos, constitui o fundamento do *ma'asé bereshit* e do *ma'asé merkavá*, tal como nossos mestres, de abençoada memória, compreendiam o significado dessas expressões [...][34].

Do que diz Crescas fica claro que sua menção ao *Sefer ha-Bahir* no Tratado I, seção 3, cap. 3, foi mais do que uma simples resposta engenhosa para Narboni. Antes de tudo, a ideia das propriedades teúrgicas do Tetragrama, expressa no texto do *Sefer ha-Bahir* supracitado, "Aquele que o preserva em sua pureza e o menciona em sua santidade [...] terá todas as suas preces recebidas", ali foi enunciada com clareza. Dessas palavras de Crescas depreendemos que, no seu entendimento, o Tetragrama "é específico para indicar a faculdade de realizar prodígios", que são "coisas que não seguem a ordem natural", como o milagre descrito na *Torat ha-Kena'ot* e realizado por meio do juramento com o uso do Tetragrama e do apagamento do Nome com a água da maldição[35]. No tocante ao Tetragrama e aos milagres relativos ao trabalho dos sacerdotes, deve-se assinalar que, em duas passagens da obra *'Or ha-Shem*, Crescas explica as atividades milagrosas dos Urim e Tumim pela menção da opinião de "alguns poucos sábios" que traziam o Tetragrama ali inscrito[36].

No entanto, além do tema da teurgia, há um claro tom de mistério no que Crescas diz. Afirma que o Tetragrama é "o fundamento do *ma'asé bereshit* e do *ma'asé merkavá*" e esclarece que esses dois tópicos não podem ser pesquisados de forma racional, pois constituem assuntos "cabalísticos"[37]. Em outra passagem, ele discorre sobre "aquilo que é dito do *ma'asé bereshit* e do *ma'asé merkavá* para os que conhecem a graça"[38], isto é, os cabalistas. A observação de Crescas de que a Obra da Criação é o tema "mais importante do *Sefer Yeṣirá* que Abraão, nosso patriarca, conhecia" é certamente influenciada pelo conteúdo do *Sefer ha-Kuzari*[39], de Rabi Yehudá Halevi; no entanto, tais tópicos assinalam também o caráter místico da concepção de Crescas do *ma'asé bereshit*. Deve-se ainda observar que a interpretação de nossos sábios, de abençoada memória, de que "por meio de [a letra] *he* o mundo foi criado [...] por meio de [a letra] *yod* o mundo foi criado", combinada por Crescas com a teoria da criação do *Sefer Yeṣirá*, é igualmente citada nas interpretações místicas dessa obra, como a de Rabi Eleazar de Worms[40]. No que tange às definições de Crescas acerca da Obra da Criação e da Obra da Carruagem, não obstante sua clara distinção entre ambas (a primeira trata da ligação dos superiores com os inferiores, e a segunda dos superiores entre si[41]), suas definições permaneceram completamente inescrutáveis e herméticas, uma vez que ele não esclarece os termos superiores (*'eliyonim*) e inferiores (*taḥtonim*)[42]. Nesse contexto, deve-se comparar o que Crescas afirma a respeito dos dois bodes expiatórios (Levítico 16:5-10): "[a prática desse culto] nos ensina a relação entre as criaturas inferiores e as realidades superiores de forma inevitável"[43].

Conforme Crescas, portanto, o Tetragrama aponta para: 1) "a capacidade de realizar prodígios"; e 2) a Obra da Criação e a Obra da Carruagem. De certa forma, as duas indicações são aludidas com um único significado abrangente, segundo o qual o Tetragrama aponta para "Sua constante e necessária criação de todas as *avayot*". Nessa ampla definição, o termo *havayot* não está elucidado, porém é bem possível que Crescas o utilize como termo cabalístico[44]. Por conseguinte, deve-se verificar se existe um plano de fundo cabalístico na observação de Crescas, conforme a qual a letra *yod* no Tetragrama é um "forte sinal"[45]. Ainda, parece que o que Crescas afirma sobre a relação entre a vocalização do Tetragrama e seu mistério assinala igualmente alguma teoria mística qualquer e, talvez, particularmente a concepção relacionada ao texto supramencionado do *Sefer ha-Bahir*.

De fato, se o Tratado I, seção 3, cap. 3, propõe que o Tetragrama indica um atributo essencial inseparável de Deus, o Tratado IV, investigação 10, esclarece que esse atributo aponta para o mistério da maravilhosa faculdade divina de criar todos os entes. Das palavras de Crescas ali se depreende também que a necessidade do mistério, no que tange ao Tetragrama, decorre – pelo menos em parte – do perigo oculto em seu poder teúrgico.

Para encerrar nossa discussão sobre a concepção que Crescas tem do Tetragrama, convém citar aqui um trecho da obra *'Arba'á Ṭurim*, escrita em 1378 por Avraham ben Yehudá de Cândia, discípulo de Crescas, que, de certa forma, reflete a teoria que ele ouviu na casa de estudos do mestre[46]:

> E aqueles nomes especiais escritos no *Tratado Heḵalot*, no *Sefer ha-Bahir*, no livro traduzido chamado *Ḥoḵmatá Rabbá* (= Sabedoria de Salomão)[47], no *Sefer Yeṣirá*, no *Sefer Razi'el*[48] e em muitos sermões são os denominados sinais diferenciados que apontam para Sua verdade, bendito seja, e para a Sua existência necessária e Sua unidade verdadeira e Sua providência e Sua condução, tal como se reflete em Suas criaturas, e são os denominados *ma'asé bereshit* e *ma'asé merkavá* [...].
>
> E recai sobre vós a proibição da Torá se disserdes "eis que encontramos grandes sábios de Israel que utilizavam esses nomes, como Rabi Ishmael ben Elishá, que jurou por Metatron[49], e a *Havdalá de-Rabi Akiva*[50], e a oração de Rabi Ḥamnuna[51], e também Avishai ben Ṣruya, o qual segundo nossos mestres, de abençoada memória, mencionou um nome e colocou

> Davi entre o céu e a terra e o salvou dos filhos de Rafa (Sanhedrin 95a)[52] e muito mais – a resposta já interpretamos, de que, quando a alma intelectiva adere ao Criador de tudo e ela não tem a intenção de deixar o caminho da retidão nem vai contra a vontade de seu Senhor, criará em nome Dele sinais e prodígios, e nada a impedirá [...] e em nome de Deus, bendito seja, pode fazer o bem e o mal [...]"[53].

Segundo essas palavras do discípulo de Crescas, os que se ocupam do nome de Deus, em termos da Obra da Criação e da Obra da Carruagem, são assinalados não somente no *Sefer Yeṣirá* e no *Sefer ha-Bahir* (mencionados no *'Or ha-Shem*) mas também em outras fontes claramente místicas. Do mesmo modo, realça-se, de forma evidente, o poder teúrgico do Tetragrama ("criará em nome Dele sinais e prodígios" etc.). A meu ver, esse texto lança luz sobre as citações inescrutáveis do *Sefer Yeṣirá* e do *Sefer ha-Bahir* no *'Or ha-Shem*.

Seriam as *Sefirot* os Atributos Essenciais?

Tratamos da referência ao *Sefer Yeṣirá* em *'Or ha-Shem*, Tratado IV, investigação 10, que é sua segunda menção ali. Voltemo-nos agora à primeira referência, que se encontra no Tratado I, seção 3, cap. 3, em que é citado o *Sefer ha-Bahir*. Ao contrário da segunda, a primeira referência vem acompanhada também de citação.

A referência e a citação aparecem no final do capítulo, na discussão em que Crescas resume sua posição quanto aos atributos essenciais divinos. Essa reflexão sumarizante se encontra imediatamente após a crítica sobre a teoria dos atributos negativos de Maimônides, crítica essa dividida – como dito supra – em quatro etapas. A referência e a citação pertencem a um material que, aparentemente, não foi incluído na primeira edição do livro[54], porém nela já existe clara alusão ao que a citação aborda. Tal alusão se encontra nas seguintes frases que figuram no final da terceira etapa (que, na primeira edição, é o ponto final e culminante de todo o capítulo) da crítica sobre a teoria de Maimônides:

> E, no entanto, devemos ainda provar como, ao admitir a premissa segundo a qual o que é composto de duas coisas não pode ser um ente

> necessário, daí não resulta a negação de todo atributo essencial [...]. Essa proposição é verdadeira apenas em um caso: quando a amálgama ou o composto tem necessidade de um agente que o amalgame ou o componha. O que pressupõe que cada elemento constitua uma parte essencial do todo e que se diga que essa composição efetuada pelo agente é a causa da existência do composto. No entanto, Deus, bendito seja, não possui uma parte essencial, visto que Sua essência é una, simples de uma simplicidade absoluta, e Ele é compelido, por uma necessidade essencial, ao Bem como um todo. Então, o que impediria que Ele fosse compelido, por Sua essência, a ser? E, ainda, se Dele inferíssemos, por essência, o Bem como um todo ou, ainda, o conhecimento e a infinita faculdade de agir em particular, bem como outras virtudes, seria isso diferente da forma como a luz é necessariamente inferida do luminar? Suponhamos, à guisa de ilustração, um luminar qualquer que exista necessariamente por sua essência; nós nos recusaríamos a atribuir-lhe a luz que deriva necessariamente dele pelo fato mesmo de sua necessidade de ser? Certamente não; pois a luz não é uma substância separada de sua essência, que requer um agente para compô-las e amalgamá-las. Ao contrário, ela é uma realidade essencial que é perfeitamente legítimo atribuir ao luminar. O mesmo se dá no que diz respeito aos atributos de Deus, bendito seja[55].

Se Crescas houvesse escrito apenas tais palavras, é provável que algum comentarista pensasse em relacioná-las com o *Sefer Yeṣirá* 1:7: "Dez *sefirot* do nada (*belimá*)" [...] "Seu fim está cravado em seu início como a chama ligada ao carvão incandescente". No entanto, antes que tal exegeta surgisse, o próprio Crescas fez o trabalho da interpretação. A seguir o trecho em que aparecem a referência ao *Sefer Yeṣirá* e a citação extraída dele:

> É, por conseguinte, indubitável que eles (ou seja, os atributos de Deus) sejam atributos essenciais, não obstante ser una a essência do necessário ser de Deus, bendito seja. Por essa razão o salmista se desmediu ao narrar a grande diversidade dos atributos essenciais dizendo "todos eles são como se fossem um" (Salmos 139:16). O que indica que Sua essência é uma, apesar da pluralidade dos atributos essenciais, evocada alusivamente pela palavra "eles", que exprime pluralidade. Ele é ainda mais preciso ao dizer em seguida: "Quão difíceis são para mim os teus pensamentos" etc. (Salmos 139:17) [...]. Ademais, sendo a verdade

> Seu próprio testemunho, e estando em harmonia em todos os aspectos, constata-se que o autor do *Sefer Yeṣirá* concorda com ele, pois descreve os atributos divinos "como a chama ligada ao carvão incandescente". Ele ensina que a unidade divina é indivisível. E é a própria verdade; pois assim como não se pode representar a essência divina independentemente de Sua existência, nem Sua existência independentemente da essência, do mesmo modo não se saberia representar a existência de um atributo independentemente de seu sujeito, nem o sujeito de um atributo independentemente do atributo. E o seu todo constitui o Bem absoluto, que compreende todas as espécies de perfeição[56].

Se, no primeiro texto, Crescas compara a relação entre os atributos de Deus e Sua essência com a relação entre a luz e o luminar, no segundo retoma o mesmo símile com a ajuda da citação do *Sefer Yeṣirá*: "como a chama ligada ao carvão incandescente". No entanto, o *Sefer Yeṣirá* não trata de "atributos essenciais", mas sim de *sefirot*. Seria possível deduzir dessa menção ao *Sefer Yeṣirá* que, segundo o método de Crescas, os atributos divinos essenciais sejam, na verdade, as *sefirot* da mística?

Cerca de cento e vinte anos depois da escrita do *'Or ha-Shem*, o cabalista Rabi Meir ibn Gabai demonstrou grande interesse pelo que Crescas escrevera sobre os atributos essenciais. Ele cita o trecho do *'Or ha-Shem* que traz a referência ao *Sefer Yeṣirá* e tece uma observação sobre Crescas: "Que seja lembrado para o bem, pois orientou para o bem"[57]. A partir disso podemos deduzir, talvez, que Ibn Gabai concordasse que os atributos essenciais divinos de Crescas certamente possuíam uma dimensão cabalística?

Pesquisadores contemporâneos também consideraram importante o fato de Crescas ter usado uma citação do *Sefer Yeṣirá*. Wolfson analisou o trecho em que se encontra a citação e observou que, na fonte mística, trata-se das dez *sefirot*[58]. Symcha Bunem Urbach foi mais longe e falou sobre "o caráter misterioso dessa ideia" de Crescas sobre a unidade divina e a multiplicidade de atributos[59]. Eliezer Schweid foi adiante e argumentou explicitamente que a diferença entre as *sefirot* dos cabalistas e os atributos essenciais de Crescas é apenas terminológica[60]. Moshe Idel tratou de Crescas em sua pesquisa "Atributos e *Sefirot* na Teologia Cabalística"; menciona, sem nenhuma ressalva, a discussão de Schweid e em seguida estabelece: "Crescas se aproximou da posição que considera as *sefirot* como essência, mas chamou as virtudes divinas de atributos". Idel detém-se na relação entre Ibn Gabai e Crescas e afirma que Ibn Gabai foi "um dos expoentes da concepção das *sefirot* como essência", contrapôs a teoria dos atributos de Maimônides à de Crescas e "aceita as soluções de Crescas". Idel não diz explicitamente que Ibn Gabai tenha sido influenciado por Crescas no que diz respeito à concepção das *sefirot* como essência, porém certamente argumenta que, "ao que parece, a opinião de Ibn Gabai sobre a infinitude das *sefirot* foi influenciada pela opinião de Ḥasdai Crescas sobre a infinitude dos atributos"[61].

No que concerne à concepção de Ḥasdai Crescas acerca da infinitude dos atributos, Shalom Rosenberg indicou dois paralelismos na literatura cabalística de Gerona[62]. Um deles está ligado à interpretação de Salmos 139:16-18. Segundo a exposição de Crescas, a expressão "teus pensamentos" (*reéḵa*) se refere aos "atributos essenciais" ou às "virtudes essenciais", e as palavras "se os conto, são mais numerosos que a areia" (*'esperém meḥol irbun*) aludem ao seu número infinito; segundo a interpretação do cabalista Rabi Ezra de Gerona, o termo *reéḵa* se refere às "virtudes cardinais" [as *sefirot* Ḥesed (Misericórdia), Gevurá (Poder) e Tif'eret (Glória)?], e as palavras *'esperém meḥol irbun*, ao número infinito de todas as virtudes, as "particulares" e as "cardinais"[63]. O segundo paralelismo está ligado à interpretação do episódio relatado no Talmud, *Hahu denakheit kamea de Rabbi Ḥaniná* [...] (Um certo leitor da Torá veio à presença de Rabi Ḥaniná [...]) (Beraḵot 33b). Conforme a interpretação de Crescas, o episódio prova a infinitude numérica dos atributos positivos e prova a infinitude numérica das virtudes particulares de Deus, as quais estão incluídas nos três grandes atributos, "o Grande, o Forte, o Temível" (as *sefirot* Ḥesed, Gevurá, Tif'eret?)[64]. Nesses dois casos de paralelismo, Crescas concorda com os cabalistas quanto à ideia da infinitude numérica dos atributos, porém não menciona a diferença entre "particulares" infinitos e "virtudes principais" ou "universais" finitos[65].

Acrescentarei uma observação a respeito de Rabi Ezra e de Ḥasdai Crescas no tocante à interpretação do Salmo 139. No trecho supracitado do livro *'Or ha-Shem*, em que é mencionado o *Sefer Yeṣirá*, figura também a interpretação do Salmo 139:16-18. Depreende-se que, na opinião de Ibn Gabai, essa utilização por Crescas das duas fontes é original[66]. No entanto, já encontramos a junção das duas fontes para um uso semelhante na discussão apontada de Rabi Ezra[67]. Ao que parece, Crescas foi influenciado por Rabi Ezra não somente na interpretação do Salmo 139 mas também na compreensão do dito "como a chama ligada ao carvão incandescente" no *Sefer Yeṣirá*.

Yesod ha-'Ibbur (Elemento de Fecundação)

Ao finalizar sua crítica acerca do lugar da física aristotélica (*'Or ha-Shem*, Tratado I, seção 2, cap. 1, especulação 2), Crescas indaga sobre o significado da palavra lugar (*maqom*) na linguagem coloquial, não científica, e, ao discorrer a respeito, menciona o uso metafórico segundo o qual Deus é chamado de *maqom*, por exemplo, nos ditos de nossos sábios, de abençoada memória: "Ele é o lugar do mundo" (*Hu meqomó shel 'olam*) (Bereshit Rabbá 68:9; cf. ALBECK, Chanoch; THEODOR, Julius, p. 777, e outros). Crescas amplia suas considerações sobre esse dito, como a seguir:

> Essa comparação é de uma pertinência extraordinária, pois, assim como as dimensões do vácuo penetram o espaço vazio dos corpos preenchendo-o, Sua Glória, bendito seja, encontra-se em todas as partes do universo, preenchendo-o. Como é dito: "[Santo, Santo, Santo é o Senhor dos Exércitos] A sua Glória enche toda a terra" (Isaías 6:3). Isto é, ainda que Ele seja santo e separado por três santificações, que aludem aos três mundos dos quais Ele é separado, mesmo assim Sua Glória "enche toda a terra", que é o elemento do *'ibbur* nos substratos de Sua Glória.
>
> E nesse aspecto foi igualmente dito "Bendita seja a Glória do Senhor, desde o Seu lugar" (Ezequiel 3:12), no sentido de que o atributo da bênção e da afluência provém de Seu lugar, isto é, da essência mesma de Deus e não de algo outro, de modo que a expressão "desde o Seu lugar" se refere a Glória. E, se preferires dizer que a Glória é uma realidade emanada de Deus, isso será simples: a expressão será entendida em sua primeira acepção, e o "lugar" referir-se-á a Deus; em outras palavras, a Glória do Senhor é bendita e abundante e flui do lugar do Deus, isto é, de Sua essência, uma vez que dela é emanada.
>
> E não haverá necessidade da explanação do Mestre (Maimônides), que interpretou "desde o Seu lugar" como "desde o Seu elevado grau" (*Guia dos Perplexos* I, 8), pois não é adequado atribuir a Deus nenhum grau[68].

Em suas observações sobre esse trecho, Wolfson tentou provar sua clara natureza cabalística. Suas evidências, de forma geral, são bastante convincentes, mas ele não conseguiu definir com segurança a concepção cabalística nele expressa.

O significado geral do excerto é certamente nítido: ainda que Deus seja transcendente ("Santo"), Ele é imanente *em Sua Glória*[69]. O que é, porém, a Glória? Wolfson observa que, na Cabala, "as *sefirot* são denominadas Glória" (nas palavras de Rabi 'Azri'el) e alega que Crescas, na verdade, identifica aqui a Glória com as *sefirot*[70]. No entanto, conforme outro tópico no *'Or ha-Shem*, sobre a interpretação do pedido de Moisés, "Rogo-te que me mostres a Tua glória" (Êxodo 33:18), fica claro que "a Glória" significa "os atributos essenciais inseparáveis" de Deus ou a própria essência divina[71]. É claro que, se aceitarmos a identificação sugerida (na seção anterior) entre os atributos essenciais de Crescas e as *sefirot*, poderemos acomodar o argumento de Wolfson com as duas acepções de "Glória" subentendidas do texto de Crescas sobre o pedido de Moisés e interpretaremos de forma adequada o que ele afirma sobre "a sua Glória enche toda a terra": Deus é imanente em Seus atributos essenciais, que são as *sefirot*, e eles são – ou a Glória (segundo uma das interpretações do pedido de Moisés), ou os atributos da Glória (segundo a outra interpretação).

Wolfson faz duas proposições[72] no que concerne aos "três mundos" que, na opinião de Crescas, são aludidos em Isaías 6:3. De acordo com a primeira, eles são: o mundo dos anjos e das almas, o mundo das esferas celestes (*galgalim*) e das estrelas, e o mundo terreno. Essa proposição se fundamenta na interpretação de Crescas e outros do versículo. De acordo com a segunda proposição, a preferida por Wolfson, os mundos não indicam entes externos à Divindade, mas as próprias *sefirot* divinas, as quais se dividem em mundo do intelecto [*Keter* (Coroa), *Ḥokmá* (Sabedoria) e *Biná* (Inteligência)], mundo da alma (*Ḥesed*, *Gevurá* e *Tif'eret*) e mundo corpóreo (*Neṣaḥ*, *Hod*, *Yesod* (Fundamento) e *Malkut* (Reino)]. Tal proposição não se baseia na interpretação anterior do versículo, mas na discussão de Rabi 'Azri'el sobre a ordem das *sefirot*.

Por algumas razões, a primeira proposição de Wolfson me parece a correta. Primeiro, ela se baseia em precedentes interpretativos do versículo, o que não acontece com a segunda proposição. Segundo, a tripla distinção da segunda proposição não é mencionada no *'Or ha-Shem*, ao passo que a primeira é aludida na seguinte frase: "A existência como um todo compreende três partes: a superior, que é o mundo dos anjos; a intermediária, que é o mundo das esferas celestes; e a inferior, que é o mundo dos elementos"[73]. Terceiro, ao passo que a primeira proposição se coaduna com a teoria dos atributos de Crescas, a segunda a contradiz; pois o trecho em questão se refere aos "três mundos dos quais Ele é separado": se os "mundos" são a terra, as esferas celestes e os anjos (segundo a primeira proposição), não há nenhuma dificuldade, pois está claro que, na opinião de Crescas, Deus de fato está separado deles; no entanto, se os "mundos" são as *sefirot* (conforme a segunda proposição), existe aí uma inconsistência clara, visto que, na opinião de Crescas, as *sefirot* (pressupondo-se que elas sejam idênticas aos atributos essenciais) explicitamente *não estão separadas* da essência divina. Quarto, no sermão de um orador anônimo, provavelmente do círculo de Crescas, encontramos a seguinte interpretação para Isaías 6:3, que é obviamente equivalente à do próprio Crescas:

> A razão de dizermos na santificação "Santo, Santo, Santo" significa que Ele é separado em Sua existência dos superiores, dos intermediários e dos inferiores [...] e, ao dizer "a sua Glória enche toda a terra", significa que não obstante ser Ele separado em Sua existência de todas as Suas criaturas, totalmente separado, Sua providência e Sua condução se encontram em todos os entes inferiores e tanto mais nos que estão acima deles [74].

Assim, em uma das homilias de Rabi Zeráḥia Halevi Saladin, outro discípulo de Crescas, encontramos a seguinte interpretação para a primeira parte de Isaías 6:3, totalmente equivalente à de seu mestre: "Assim como interpretou o profeta Isaías, que esteja em paz, ao dizer 'Santo' três vezes para indicar que elas (isto é, as inteligências separadas) O santificarão e O diferenciarão de suas essências, bem como das duas partes dos demais entes" [75].

Talvez devêssemos entender a interpretação de Crescas de Isaías 6:3 também com base na seguinte citação do *Zohar*:

> E poderias indagar por que está escrito: "e proclamava um para o outro, dizendo" (Isaías 6:3). Ele responde: Quando isso ocorreu? No mesmo tempo em que Israel faz a santificação embaixo. E até que Israel não faça a santificação embaixo, eles tampouco poderão santificar. Porque a santificação provém de três mundos e não de dois. Ou seja: "e proclamava um". Aqui temos um. "Para o outro". Aqui temos dois. "Dizendo". Aqui temos três. Os três mundos correspondem às três Santidades [76].

Não está claro quais são os três mundos referidos no *Zohar*; mas, ao que parece, dois deles são o mundo terreno e o mundo dos anjos. É possível, portanto, ver que as palavras do *Zohar* se integram com as interpretações de Crescas e outros sobre esse versículo bíblico.

Uma justaposição de palavras central, se bem que hermética, no trecho em questão é "o elemento do *'ibbur* nos substratos de Sua Glória". Conforme Wolfson observa, o mistério do *'ibbur*, que na Cabala indica em geral a transmigração das almas, denota aí, segundo o contexto, a emanação divina que penetra até o interior do mundo terreno. Wolfson levanta a possibilidade de que, na expressão "elemento do *'ibbur*", haja uma alusão à *sefirá* de Yesod, sobre a qual Rabi 'Azri'el escreveu: "O fundamento do mundo está no poder do falo"[77]*. De qualquer forma, fica claro que Crescas não foi o primeiro a entender o mistério do *'ibbur* como o mistério da emanação divina nos mundos das criaturas. Para Rabi Iaaqov ben Sheshet, ele está relacionado aos mistérios da Criação e da Carruagem[78]. Uma das fontes evidentes de Crescas é Rabi Todros Halevi Abuláfia, que afirma:

> Pois a questão do *'ibbur* e o mistério do *'ibbur* são muito profundos para serem revelados. No entanto, das palavras da boca do sábio que conhece a graça o esclarecido entenderá que do *'ibbur* serão interpretados todos os caminhos em todas as coisas que são formadas e criadas no mundo superior e intermediário e inferior, tanto para o bem quanto para o melhor [...][79].

Para Rabi Todros, bem como para Crescas, o mistério do *'ibbur* está relacionado aos três mundos. A identificação desses três mundos com o superior, o intermediário e o inferior, feita por ele, é harmônica com a mais provável interpretação de Crescas que apresentamos. Por conseguinte, a decifração do mistério do *'ibbur* de Rabi Todros nos ajuda a decifrar o mistério do *'ibbur* de Crescas.

Quanto às duas interpretações possíveis de Ezequiel 3:12 apresentadas por Crescas, Wolfson argumenta que a distinção entre ambas é semelhante à diferença entre a concepção das *sefirot* como essência e como vasos (*kelim*)[80]. Se esse argumento for correto, talvez se deva concluir (segundo Moshe Idel, na seção anterior) que Crescas teria adotado a primeira concepção. No entanto, não me parece que se deva associar a ideia da emanação da Glória com a concepção das *sefirot* justamente como vasos, pois, também segundo a concepção das *sefirot* como essência, as *sefirot* (= Glória) são consideradas emanadas.

Parece-me que as duas interpretações propostas por Crescas acerca de Ezequiel 3:12 se coadunam bem com sua teoria dos atributos. Conforme a primeira, "Glória" indica a essência de Deus (O que "ilumina"), e "bendito" (= atributo da bênção e da afluência) indica um atributo essencial ou atributos

---

* Na figura do Homem Primordial (*'Adam Qadmon*), a *sefirá* de Yesod está justaposta aos órgãos genitais. (N. de M. G.)

essenciais (a "luz")[81]. De acordo com a segunda interpretação, "Glória" indica o atributo essencial ou os atributos essenciais (a "luz"), e "Deus" indica essência (O que "ilumina"). Essas duas interpretações são paralelas, de forma destacada, às duas interpretações possíveis apresentadas por Crescas sobre o pedido de Moisés "mostra-me a tua glória". A primeira interpretação de Ezequiel 3:12 equivale àquela segundo a qual Moisés pediu para conhecer a essência divina, ao passo que a segunda equivale àquela de acordo com a qual Moisés quis conhecer os atributos essenciais. Como as duas interpretações de Crescas sobre o pedido de Moisés se coadunam – conforme acabamos de ver – com a de Isaías 6:3, também suas duas interpretações de Ezequiel 3:12 se coadunam com ela. Embora seja razoável constatarmos, em todas essas quatro interpretações, uma relação implícita entre a teoria dos atributos essenciais de Crescas e a das *sefirot* da Cabala, isso ainda não foi comprovado.

Finalmente, convém comparar o que Crescas diz sobre Isaías 6:3 e Ezequiel 3:12 com o que ele afirma sobre morada (*ma'on*) e Tabernáculo (*mishkan*) no âmbito de sua discussão referente ao júbilo de Deus (*simḥat ha-Shem*):

> Por conseguinte, a bênção que instituíram, que o júbilo esteja em Sua morada (*she-ha-simḥá be-me'onó*) (Ketubot 8a), deve ser entendida no primeiro sentido, sem necessidade de recorrer ao termo *maqom* (lugar), que remeteria ao Seu grau de elevação (como em *Guia dos Perplexos* I, 8). Pois esse júbilo é comum ao Criador, bendito seja, em Sua prodigalidade do bem e às criaturas que receberão essa afluência e, portanto, o verdadeiro júbilo está em Sua morada literalmente, o que significa, na verdade, "no Seu reino", o reino dos céus, do qual fizeram uma habitação para as realidades espirituais (*ruḥaniyim*)[82].

O Homem Como "Selo de Perfeição"

Até aqui tratamos da teoria da Divindade de Crescas. Dedicaremos agora algumas palavras à sua teoria do homem, pois também no tocante a esse tópico há evidência de ele ter sido influenciado pela Cabala.

Na introdução ao *'Or ha-Shem*, Crescas descreve o homem como "selo de perfeição" de toda a Criação:

> Ao fazer Deus a terra e os céus, os céus dos céus e todos os seus exércitos, e acima deles *'er'elim, ḥashmalim, serafim e qedoshim**, milhares de milhares e miríades de miríades – Ele, habitando as alturas, assentado sobre um trono alto e elevado – fez para elas [Suas criaturas] um selo e um modelo (cf. Ezequiel 28:12). E assim Deus criou a humanidade à imagem e à semelhança de todas as Suas criaturas, Ele à sua cabeça, como disse, bendito seja, "Façamos o homem à nossa imagem, como a nossa semelhança" (Gênesis 1:26). Para fazê-lo, associou-Se com a totalidade dos existentes a fim de que o homem fosse gravado de todas as partes da realidade, submetendo-as à autoridade de seu intelecto, assim como todas as partes da realidade estão sob a autoridade de Deus, bendito seja. É por isso que nossos antepassados, que descansem em paz, denominaram o homem microcosmo (*'olam qatan*) (Tanḥumá, Pequdê 3), pois Ele fez um modelo e um selo, no qual está gravada a totalidade de Suas criaturas[83].

Essa concepção do homem como "selo de perfeição", em termos de selo de "todas as Suas criaturas", da "totalidade dos existentes", de "todas as partes da realidade", ou da "totalidade de Suas criaturas", fundamenta-se, aparentemente, na interpretação dada pelo cabalista Rabi Yiṣḥaq Sagi Nehor a *Sefer Yeṣirá* 3.4: "Pois o homem é um grande selo que contém o princípio e o fim de todos os entes"[84]. Rabi Ezra de Gerona, discípulo de Rabi Yiṣḥaq, estabeleceu, ao interpretar a expressão "imagem de Deus", que o primeiro homem foi o "selo de perfeição" pelo fato de "ele haver aperfeiçoado as dez *sefirot*"[85]. Para Rabi Yosef ben Shalom Ashkenazi, o conceito "selo de perfeição" está associado ao mistério da transmigração das almas[86], o que suscita a questão se há, na teoria de Crescas, uma afinidade entre "selo de perfeição" e "elemento do *'ibbur*". A interpretação de Crescas para "Façamos o homem à nossa imagem, como à nossa semelhança" se harmoniza com a abordagem dos cabalistas encontrada na interpretação feita por Naḥmânides do versículo:

> Disse a respeito do homem "façamos", isto é, Eu e a terra mencionada (Gênesis 1:24), faremos o homem, a terra retirará seu corpo dos elementos [...], e Ele, bendito seja, lhe dará o espírito da boca do superno [...], e disse "à nossa imagem, como à nossa semelhança" para que se pareça com ambos, na estrutura de seu corpo com a terra [...] e no espírito com

* Nomes de distintos anjos. (N. de M. G.)

> os entes superiores [...], e eis que o homem se assemelha aos seres inferiores e aos seres superiores[87].

Outrossim, percebe-se um vínculo literário entre a interpretação dada por Crescas para a expressão "à nossa imagem" e a citada pelo cabalista Rabi Baḥia ben Asher:

> E há quem tenha interpretado "à nossa imagem" [...] imagem do mundo em sua natureza, que é o mundo dos anjos e o mundo das esferas e o mundo inferior, e essas três partes constituem toda a existência [...] e por isso o homem é chamado de *'olam qatan* (microcosmo), por estar contraposto ao macrocosmo (*'olam ha-gadol*)[88].

A expressão *'olam qatan* é, naturalmente, comum a filósofos, místicos e muitos outros, porém, tanto quanto é do meu conhecimento, a relação entre "à nossa imagem" e "selo de perfeição" é encontrada apenas na literatura cabalística.

No que diz respeito à criação dos descendentes do homem, Crescas afirma:

> A Torá insiste meticulosamente para que as relações conjugais ocorram de forma sagrada a fim de evitar licenciosidade e volúpia. Sua intenção é que a procriação dos filhos seja perfeita para que eles se assemelhem à Rocha da qual foram talhados (cf. Isaías 51:1-2), porque a representação mental dos agentes assim opera, por natureza, na geração[89].

Segundo Isaías 51:1-2 (bem como o Talmud Babilônico, Tratado Yevamot 64a-b), a "Rocha da qual foram talhados" é o patriarca Abraão; porém, segundo o contexto da afirmação de Crescas, parece que "a rocha da qual foram talhados" é o genitor. No entanto, esse símile de Isaías figura em dois outros lugares do *'Or ha-Shem*. Em um deles, a alusão é, de fato, ao patriarca Abraão: "A rocha da qual fomos talhados, a pedra de toque, a pedra angular na qual se fundamenta o mundo, o patriarca Abraão"[90]. No outro, a referência é a Deus: "O pecado de Adão e Eva foi uma grande rebelião contra o Primeiro Princípio e a Rocha da qual foi talhado todo o gênero humano"[91]. A ideia que se depreende das afirmações de Crescas, de que é preciso ser meticuloso no tocante à santidade no momento das relações conjugais, porque "a representação mental dos agentes assim opera, por natureza", encontra-se na obra *Sefer ha-'Emuná ve-ha-Biṭaḥon* (O Livro da Fé e da Confiança), do cabalista Rabi Yaaqov ben Sheshet, na discussão sobre o episódio relacionado ao patriarca Jacó e à apresentação das varas (Gênesis 30), que, em seu parecer, assim está descrita:

> para ensinar os homens que devem se purificar no momento em que se unirem às suas esposas, pois o embrião será conforme o pensamento [...], pois, mesmo o animal [...] [que] age apenas pelo instinto natural, [ainda assim] seu pensamento e sua ideia estão de acordo com as formas representadas em seu coração [...]. Se ele tem a força para tal ato, tanto mais o homem, que possui inteligência e sabe representar em pensamento tudo o que quiser [...] e sabe voltar [o pensamento] para aquela representação, não há dúvida de que nessa hora ele deve se purificar[92].

Os escritos de Rabi Yaaqov foram adaptados por Rabi Baḥia ben Asher em sua interpretação de Gênesis 30:39:

> E dos atos da natureza desse episódio [da apresentação das varas] aprendemos o que os seres humanos devem fazer [...] Santificar-se na hora em que se unem às suas esposas, pois vemos nos animais que a imagem do embrião é conforme à imagem do pensamento [...] se os animais [...] [que] não agem senão por instinto [ainda assim] têm a força de operar sobre seus embriões conforme a forma representada em seu coração e determinada em seu pensamento, tanto mais os seres humanos, que possuem grande força na alma intelectiva para representar em seu pensamento e em seu coração os superiores e os inferiores [...] que devem purificar seus pensamentos quanto a tal assunto[93].

Existe obviamente uma relação linguística entre as palavras de Crescas ("a representação mental dos agentes assim opera, por natureza") e o dito por Rabi Yaaqov e Rabi Baḥia ("a natureza", "a imagem", "poder de operar"). Outro texto relacionado ao mesmo tema é encontrado no *Zohar*, na interpretação do versículo "Quando Abraão completou 99 anos [...]" (Gênesis 17:1):

> "E quem é uma Rocha, senão o nosso Deus?" (II Samuel 22-32). Não há um retratista (*ṣayár*) como o Santo, bendito seja (comparar com Talmud Babilônico, Tratado Beraḵot 10a sobre I Samuel 2-3), que retrate uma imagem dentro de outra imagem, com referência ao feto no útero de sua

> mãe, complete aquela imagem em toda a sua perfeição, nela introduzindo uma alma celestial que é similar ao Santo, bendito seja. Por essa razão, não há nenhum *ṣayár* como o Sagrado, bendito seja!
> Vem e contempla: quando um homem e uma mulher desejam um ao outro e se unem como se fossem um só, o esperma do homem produz uma criança na qual as imagens de ambos são combinadas. Pois o Santo, bendito seja, criou a criança em uma imagem que incluía ambos. Por essa razão, a pessoa deve santificar-se naquele momento, para que essa imagem seja tão perfeita como deve ser!
> Disse Rabi Ḥiyya: Vem e contempla quão notáveis são as obras que o Santo, bendito seja, realiza. Porque Ele cria e retrata seres humanos de forma similar à arte e à pintura do mundo. Isso significa que cada ser humano reflete, dentro de si, o mundo inteiro e, assim, é denominado um microcosmo. A cada dia o Santo, bendito seja, cria um mundo acasalando [macho e fêmea], segundo o seu valor. Por meio deles cria mundos. E forma as imagens de todos os descendentes, antes que estes venham ao mundo[94].

Nessa citação do *Zohar*, encontramos a noção de que o homem deve santificar-se no momento das relações conjugais, porque a "representação" influi no embrião, embora não haja aí a ideia de que esse fenômeno ocorra "na natureza". Nessa citação, encontramos também a noção de que Deus é uma "Rocha", ainda que a referência seja a II Samuel 22:32, e não a Isaías 51:1-2. Do mesmo modo, encontramos na citação um jogo de palavras entre *ṣur* (rocha) e *ṣiyur* (representação). E mais, a referência trata ao mesmo tempo de três retratistas (*ṣayarim*): Deus ("retratista perfeito"), Abraão (sobre quem é feita a alegoria) e o homem comum (*bar nash*), o que é paralelo aos três diferentes sujeitos de Crescas para a rocha (*ṣur*) da qual foi talhado, fomos talhados ou foram talhados[95]. Além disso, a citação alude à concepção que vimos anteriormente em Crescas de que o homem é tanto a imagem de Deus quanto um microcosmo.

Em última análise, há clara afinidade conceitual entre a abordagem de Crescas acerca do homem como "selo de perfeição", como retratado e retratista ou como talhado e talhador[96]. Essas duas concepções estão literariamente associadas, conforme já vimos, a textos cabalísticos. Entendemos, portanto, que, na teoria do homem de Crescas, assim como em sua teoria da Divindade, percebe-se uma afinidade com o mundo místico; porém, da mesma forma que em sua teoria da Divindade, a natureza exata dessa afinidade não é clara.

Transmigração: Se For Cabala, Vamos Acolhê-la de Bom Grado!

Analisamos a expressão de Crescas "os fundamentos do *'ibbur* (fecundação) que se encontram nos substratos de Sua Glória" e assinalamos que na Cabala "o mistério do *'ibbur*" é idêntico, em geral, ao mistério da transmigração das almas; tecemos igualmente uma observação acerca da possibilidade de uma afinidade, na teoria de Crescas, entre o conceito "selo de perfeição" e o mistério da transmigração ou do *'ibbur*, sendo este entendido (como para Rabi Yosef ben Shalom Ashkenazi) como um princípio cósmico. No que concerne à crença na transmigração das almas particulares, há uma discussão à parte no *'Or ha-Shem*, Tratado IV, investigação 7. Tal discussão, ainda que breve, é a única em toda a obra, sendo dedicada particularmente à verificação de uma concepção cabalística explícita:

> A alma do homem deve transmigrar ou difundir-se, o que uma facção de sábios denomina *gilgul*?
> Como foi demonstrado anteriormente (Tratado II, seção 6, cap. 1) que a alma humana é uma substância intelectiva predisposta [ao pensamento], resultaria que uma transmigração não teria nenhum sentido para aquela que tivesse adquirido certos inteligíveis *in actu*. Isso implicaria que, no momento de sua reencarnação, a segunda já nascesse inteligente *in actu*, sem ter a necessidade de aprender; isso se contrapõe ao testemunho dos sentidos, por todo o tempo transcorrido até que o conhecimento chegue a nós. Por Deus! Caso contrário, seria necessário que os inteligíveis que esta alma tivesse adquirido dela fossem apagados por decreto divino, por uma razão conhecida apenas por Ele. E, como a facção que mantém essa ideia se fundamenta na Cabala, as portas da especulação a tal respeito estão seladas. Se se trata da Cabala, vamos acolhê-la de bom grado![97]

Se com essas palavras Crescas não se apresenta como um cabalista, ou seja, como um dos membros da "facção dos sábios" mencionada, tampouco se apresenta como um dos opositores da Cabala. Ele se apresenta como um cético, de mente aberta e sem tendenciosidade, que observa a Cabala de fora, mas está pronto a aceitar suas crenças se realmente forem "Cabala". O argumento de Crescas contra a crença no *gilgul* é simplesmente empírico: se fosse transmigração de almas, ouviríamos acerca de bebês que nasceram com conhecimentos adquiridos em suas vidas anteriores, porém não há menção de um fenômeno desses na história da humanidade. Para esse argumento simples, Crescas tem uma resposta não menos simples: os conhecimentos adquiridos nas vidas anteriores "desapareceram" de modo surpreendente, como no mito do rio do esquecimento de Platão (*República* 621a; cf. *Menon* 81b-d) ou na Guemará (*Nidá* 30b). Essa resposta, contudo, é dada na discussão de Crescas apenas como resposta *possível*. Se, no entanto, a crença no *gilgul* é a "Cabala" verdadeira, tal resposta certamente pode ser utilizada; e, se não for Cabala, então é desnecessária. Quanto à questão decisiva se, na verdade, a crença no *gilgul* é a "Cabala" verdadeira, Crescas esclarece que ela se encontra fora do campo da especulação filosófica[98]. Em síntese: "Se for a Cabala, vamos acolhê-la de bom grado!"[99]

A discussão de Crescas sobre a crença no *gilgul* termina, portanto, inconcludente. Será que essa indecisão reflete também sua concepção final ou teria ele uma opinião no que diz respeito à credibilidade dessa "Cabala", mas preferiu não expressá-la?

Os Anjos Foram Criados no Primeiro Dia

Haverá, porventura, casos em que Crescas aceita a tradição cabalística como a Cabala confiável de nossos mestres? O exemplo a seguir é fascinante.

No Tratado IV, investigação 12, Crescas discute se o Primeiro Motor é Deus. Ele menciona a conhecida disputa aristotélica entre a posição de Avicena, segundo a qual Deus está acima do Primeiro Motor, e a de Averróis, segundo a qual Deus é o Primeiro Motor, rejeitando igualmente ambas, uma vez que, em sua opinião, toda essa discussão aristotélica se baseia em um "fundamento instável" de uma suposição metafísica errônea (a saber: "que da causa una e simples deriva necessariamente um efeito uno e simples"). Depois de ter assim desqualificado toda a discussão aristotélica, Crescas observa brevemente: "No entanto, visto que nossos mestres receberam, por tradição, que os anjos foram criados no primeiro dia, não devemos descartar sua tradição; mais ainda porque ela está de acordo com a reflexão racional"[100]. Em outras palavras, deve-se optar pela posição de Avicena e de seus partidários não por causa de seus argumentos, mas porque temos em mãos a tradição de nossos sábios, de que os anjos nasceram no primeiro dia.

Essa conclusão de Crescas é, contudo, surpreendente, pois a ideia aceita por nossos mestres é que os anjos foram criados no segundo ou no quinto dia, mas *justamente não no primeiro dia*, "para que não digas: Miguel estendia [o mundo] no sul do firmamento, e Gabriel no norte, e o Santo, bendito seja, o media no meio" etc.[101] E eis que, ao alegar, em nome da "Cabala dos mestres", que o Primeiro Motor é um anjo, Crescas diz de boca cheia exatamente o que os sábios advertiram que "não digas"!

Apesar disso, a tradição de que os anjos foram criados no primeiro dia é muito antiga e se encontra explicitada na literatura apócrifa (por exemplo, *O Livro dos Jubileus* 2, 12), tendo igualmente remanescido em *midrashim* extraordinários, como o que relata a criação do anjo da morte no primeiro dia (Tanḥumá, Vayeshev 4). Todavia, parece-me que a fonte mais provável da "Cabala dos mestres" mencionada por Crescas seja o *Zohar*, em que se lê: "E disse Deus: 'Haja luz' (Gênesis 1:3). Isso alude à expansão da luz para baixo. Esses são os anjos que foram criados no primeiro dia"[102]. O mesmo versículo é similarmente interpretado no *Midrasch ha-Ne'elam*: "Rabi diz: essa é a luz dos anjos, que foi criada primeiro, antes de todo o mundo [...] e daqui tiveram início todas as criaturas [...] Rabi Eliezer, o Grande, diz: a luz dos anjos foi criada no início, como está escrito 'E viu Deus que era boa a luz' (Gênesis 1:4)"[103].

Tais palavras do *Zohar* são aparentemente influenciadas pela tradição sobre a luz da Obra da Criação, atribuída a Rabi Eliezer, o Grande, cujo cerne está no *Pirkê de-Rabbi Eliezer* (Capítulos de Rabi Eliezer): "De onde foram criados os céus? Da luz da vestimenta que Ele trajava [...] e como sabemos que os céus foram criados da luz de Sua vestimenta? Porque é dito 'Ele se cobre de luz como de uma vestimenta, estende os céus como uma cortina' (Salmos 104:2)"[104].

Na obra *Ginat 'Egoz* (Jardim das Nogueiras), de Rabi Yosef Gikatilla, a "luz da Sua vestimenta" é explicitamente identificada com os anjos:

> E eis que encontrarás o que disse Rabi Eliezer, o Grande, de abençoada memória, em seus capítulos, "de onde foram criados os céus? Da Luz da Sua vestimenta que trajava" etc. [...] e determina que os céus foram criados da verdadeira realidade dos anjos denominados "luz de Sua vestimenta"[105].

A relação observada por Crescas entre a criação dos anjos e a divindade do Primeiro Motor não é encontrada nos *Pirkê de-Rabbi Eliezer* nem no *Ginat 'Egoz*, tampouco no *Zohar*. No entanto, na obra *'Arba'á Ṭurim*, de autoria de

Rabi Avraham ben Yehudá Leon de Cândia, discípulo de Crescas, há na verdade alusão a uma possível relação entre "a luz de Sua vestimenta", do *Pirkê de-Rabbi Eliezer*, e a negação da divindade do Primeiro Motor. Foi determinado na "Primeira Fileira" "que Deus, bendito seja, está acima de qualquer causa e não possui nenhuma relação de adesão (*devequt*) com nenhuma criatura". Na "Segunda Fileira", é dito "A luz da Sua vestimenta" é a "Primeira Luz", que "foi criada *ex nihilo*", e "incluía todas as demais inteligências separadas Dele emanadas"; são "muito similares a Ele" e "são denominadas em conjunto o mundo dos anjos"; e ainda é dito:

> e os céus são *yesh mi-yesh* (criados de algo já existente), e, por essa razão, o sábio Rabi Eliezer, o Grande, perguntou "de onde foram criados os céus?", que compreendem todos os corpos celestes e suas causas moventes [...] pois eles são *yesh mi-yesh* [...] mas, acerca da "luz da Sua vestimenta", [que] é *yesh* repleto de *yesh*, não foi necessário perguntar "de onde foi criada", pois como iria perguntar se [ela] não fora formada de nada [...] visto que foi criada antes de todas as demais criaturas, e ela vê a Primeira Causa face a face, isto é, recebe a emanação Dele, bendito seja, sem nenhuma mediação, por isso o profeta (Daniel 7:9) a comparou a uma vestimenta, pois, da mesma forma que a vestimenta é a coisa mais próxima do corpo e a ele adere, assim aquela luz é o que está mais próximo da Primeira Causa[106].

Do que foi dito no livro *'Arba'á Ṭurim* se depreende que Deus não é o Primeiro Motor e que a "vestimenta" constitui a totalidade dos anjos, sendo criada em primeiro lugar, no que concerne seja à formação, seja à proximidade com a Divindade, porém não é dito que a "vestimenta" é o Primeiro Motor, e há até uma evidência de que ela não o seja (pois é dito que os céus criados da "luz da Sua vestimenta" incluem "os corpos celestes [...] e suas causas moventes"). No entanto, no trecho manuscrito anexo ao *'Arba'á Ṭurim*, é estabelecida uma identificação explícita entre a "vestimenta" e o Primeiro Motor:

> Rabi Eliezer quis nos contar que os céus são criações novas, e não a Primeira Criação, e que, portanto, foram criados com mediação. Isto é, a causa movente da(s) esfera(s) não é Deus, bendito seja, mas há acima delas uma causa que as move e essa mesma causa é um efeito direto de Deus, bendito seja, sem mediação. Por isso foi denominada "vestimenta", pois, assim como a vestimenta é a coisa mais próxima do corpo

> e a ele adere, aquela causa recebe a afluência de Deus, bendito seja, face a face, sem nenhuma mediação[107].

É fácil constatar que os trechos do livro *'Arba'á Ṭurim* e esse excerto anexo refletem uma discussão filosófico-mística que teve lugar na casa de estudos de Crescas e que se oculta por trás de sua afirmação, aparentemente estranha, na obra *'Or ha-Shem*, segundo a qual o Primeiro Motor não é Deus, porque conforme "a Cabala dos mestres os anjos foram criados no primeiro dia". Não devemos deixar de perceber a ironia de Crescas: depois de gerações de um "filosofismo" sofisticado e cansativo por parte dos adeptos de Avicena e de Averróis, não podemos decidir sobre esse assunto a não ser segundo o *Zohar*!

O Mistério da Oração

Em alguns lugares do *'Or ha-Shem*, Crescas fala de "mistérios". Tendo em vista as evidências indicativas da influência da Cabala sobre ele, pode-se indagar se tais "mistérios", ou parte deles, são cabalísticos. Parece existir uma influência cabalística no trecho a seguir, no qual o "mistério da oração" é mencionado

> que exprime o bem e a perfeição que Ele emana por vontade e intenção. É, pois, incontestável que Ele ama o bem e sua afluência. É isso o amor, [pois não é amor] sem a satisfação do desejo. E essa é a alegria verdadeira, como é dito: "Que o Senhor se alegre com suas obras" (Salmos 104:31). Esse versículo significa que a alegria reside em Seus feitos, na afluência de Sua bondade às criaturas, perpetuando sua existência da forma mais perfeita possível. É nesse aspecto que nossos sábios diziam em muitos lugares que "o Santo, bendito seja, deseja as orações dos justos" (Yevamot 64a; Tanḥumá, Toldot 8; Cântico dos Cânticos Rabá 2:32; e mais). Eles queriam assim dizer que, como o prazer e a alegria consistem na afluência do bem e, por outro lado, o bem mais perfeito que o homem pode alcançar é a adesão a Deus, esse é o mistério da oração [...] no momento em que esse bem Dele flui, isso Lhe é agradável. É o que exprime, em sentido mais amplo, a noção de que, por assim dizer, Ele o deseja[108].

As interpretações de Crescas sobre "que o Senhor se alegre com suas obras" e sobre "o Santo, bendito seja, deseja as orações dos justos" lembram concepções cabalísticas, como os dizeres de Rabi Todros Halevi Abuláfia: "E o significado de 'que o Senhor se alegre com suas obras' é que a elas acrescentará abundância e emanação de bênçãos"[109]; "Que o Santo, bendito seja, alegra-se com as orações dos justos porque a oração dos íntegros é o seu desejo"[110]. Se de fato há um tom cabalístico nas palavras de Crescas sobre a alegria de Deus com a oração dos justos, é possível que haja igualmente um tom similar no que concerne à adesão mística ao Nome, por ele identificada como "o mistério da oração".

As afirmações de Crescas acerca da alegria de Deus e da oração do homem se baseiam na concepção fundamental de que Deus não é afetável, pois Ele sempre é o emanador *ativo*, que "renova, por meio do Seu bem, a cada dia e perpetuamente, a Obra da Criação [bênção *Yoṣer 'Or* (Criador da Luz)][111]. E o mesmo ocorre em relação a todas as bênçãos proferidas em nossas orações: "que Ele, bendito seja, não as recebe, pois *é Ele quem as emana*!"[112]. Essa última afirmação de Crescas se coaduna com o princípio estabelecido por Rabi 'Azri'el: "Pois a abundância de louvores e bênçãos e demais enaltecimentos do Criador, bendito seja, nada mais são que emanação, e não efeito"[113].

"O mistério da oração" de Crescas está, por conseguinte, associado à concepção segundo a qual a Divindade *tudo* opera, incluindo as ações e as orações dos seres humanos. Outros "mistérios" do livro *'Or ha-Shem*, como "o mistério da escolha e da vontade"[114], "o mistério da observância"[115], "o mistério da confiança"[116], "o mistério da capacidade"[117] e "o mistério da contingência intrínseca das coisas e sua necessidade causal"[118], estão, aparentemente, associados a essa mesma concepção.

Assim sendo, existe de certa forma uma afinidade conceitual entre os "mistérios" de Crescas – ou ao menos de uma parte deles – e a literatura cabalística, mas ainda não foi determinado até que ponto tais mistérios podem ser considerados "cabalísticos".

Conclusões

Dos tópicos abordados neste artigo se depreende que Crescas conhecia muito bem a literatura cabalística, referia-se a ela com respeito e, por vezes, até mesmo dela se valia. Contudo, ainda não está claro se no *'Or ha-Shem* há uma doutrina mística cabalística consolidada e coerente, e o significado preciso das alusões cabalísticas que ali figuram ainda deve ser esclarecido.

A abordagem de Ḥasdai Crescas ao estudo da Cabala se apresenta como mais positiva que a de seu mestre, Rabi Nisim, o qual afirmou que "Naḥmânides, de abençoada memória, pôs-se em demasia a acreditar naquela Cabala"[119]. Ela também se nos apresenta como mais positiva que a de Rabi Yiṣḥaq ben Sheshet, discípulo de Rabi Nisim e amigo de Crescas, que se admirou, no tocante à Cabala: "De fato, quem realmente nos leva a tudo isso?!". Rabi Yiṣḥaq enfatiza ainda que ele não se ocupa de "coisas ocultas" porque não teve um mestre "cabalista sábio"; no entanto, relata uma conversa que manteve com o cabalista Rabi Yosef ibn Shushan e menciona ter igualmente visto "explanações sobre os mistérios de Naḥmânides, de abençoada memória, porém elas não mostram as raízes dessa sabedoria, encobrem mais do que desvelam, e é fácil equivocar-se a seu respeito"[120]. O perigo do erro no estudo da Cabala sem um mestre abalizado já foi explicado pelo próprio Naḥmânides: "Minhas palavras não serão compreendidas e nada será conhecido por nenhum intelecto que não o meu, a não ser da boca de um sábio cabalista [...], e o argumento lógico empregado é insensato, uma reflexão que causará muitos danos"[121]. Esse perigo também foi enfatizado por Yosef Albo, discípulo de Crescas: "Pois não saberão e não entenderão, andarão nas trevas os que se ocuparem [do estudo] da Cabala por conta própria, salvo se pela boca de um sábio cabalista"[122]. Dos dizeres de Albo e das menções cabalísticas no seu *Sefer ha-'Iqqarim* (O Livro dos Princípios) é possível concluir que ele estudou ao menos um pouco de Cabala com um "sábio cabalista" (Crescas?)[123], e podemos perceber que sua relação com a Cabala era mais positiva do que a de Rabi Nisim e a de Rabi Yiṣḥaq bar Sheshet. Outro discípulo de Crescas, Rabi Zeráḥia Halevi Saladin, demonstra uma postura positiva semelhante no tocante à Cabala, bem como um conhecimento dos mistérios dos "conhecedores da graça"[124]. É possível que a relação positiva de Albo e Zeráḥia com a Cabala decorra da influência de seu mestre Ḥasdai Crescas. De todo modo, as advertências de um dos mestres de Crescas, de seu amigo e de seu discípulo, quanto ao perigo que reside no estudo da Cabala sem um professor abalizado suscitam uma indagação para a qual não tenho resposta no momento: com quem Crescas estudou a Cabala?

No entanto, a abordagem de Crescas é diferente não apenas da de Rabi Nisim e da de Rabi Yiṣḥaq bar Sheshet como também da de alguns filósofos racionalistas que fazem uso dos símbolos da Cabala unicamente para fins de florear o estilo e adorno. Parece-me que, no tocante a Rabi Moisés Narboni, por exemplo, sempre se pode fazer um mapeamento preciso entre suas imagens cabalísticas e seus conceitos filosóficos [125]. Crescas, por outro lado, indubitavelmente viu na Cabala uma possível fonte de verdades que não podem ser compreendidas por meio do escrutínio intelectual. Contudo, aparentemente se aproximou das tradições cabalísticas com o mesmo ceticismo sóbrio que caracteriza sua relação com diversos métodos filosóficos, mas, do mesmo modo como não descartou, *a priori*, tais métodos filosóficos, tampouco descartou *a priori* as tradições cabalísticas, e, se estivesse convicto de que elas eram realmente "Cabala", estaria pronto a acolhê-las "de bom grado".

Notas

1. JOËL, M. *Don Chasdai Creskas' religionsphilosophische Lehren in ihrem geschichtlichen Einflusse dargestellt*. Breslau: Schletter, 1866.
2. Ferrara, 1555. As indicações de páginas da obra *'Or ha-Shem* que seguem são dessa edição; as citações, porém, são baseadas em manuscritos. Sobre o manuscrito da obra, ver meu artigo: HARVEY, Z. Le-Zihui Meḥabran shel ha-Histaiguyót min ha-Determinism be-Sefer *'Or ha-Shem* le-Rabbi Ḥasdai Crescas – 'Edut Ktav Yad Firenze (Para a Identificação dos Autores das Ressalvas do Determinismo no Livro *'Or ha-Shem*, de Rabi Ḥasdai Crescas – Testemunho do Manuscrito Firenze). *Kiryat Sefer*, v. 55, p. 794-795, notas 2; 5; 6, 1989-1990.
3. Ver, por exemplo, os filósofos e os textos assinalados em: WOLFSON, H. A. *Crescas' Critique of Aristotle*. Cambridge, MA: Harvard University Press, 1929, p. 715-750. Ao menos no que toca à existência divina, Crescas explicitamente delimita sua reflexão à literatura filosófica aristotélica em hebraico (CRESCAS, Ḥ. *'Or ha-Shem*. Tratado I, Introdução, p. 1a; WOLFSON, 1929, op. cit., p. 130-132).
4. PINES, S. *Ben Maḥshévet Israel le-Maḥshévet ha-'Amim* (Entre o Pensamento de Israel e o Pensamento das Nações). Jerusalem: The Bialik Institute, 1976-1977, p. 197.
5. Por exemplo, Crescas jamais menciona os livros místicos e antifilosóficos de Al-Ġazālī, porém [apesar das ressalvas de WOLFSON, 1929, op. cit., p. 11-81] é quase certo que foi por eles influenciado. Assim, Crescas menciona Rabi Yehudá Halevi apenas duas vezes (Tratado II, seção 4, cap. 3, p. 15h; Tratado III, parte 1, cap. 5, p. 24h), apesar de ter sido relevante a influência que recebeu do *Kuzari*. Crescas, contudo, cita seu mestre Rabi Nisim ben Reuven de Gerona apenas duas vezes (nas mesmas páginas em que menciona Rabi Yehudá Halevi), mas não há dúvida de que seu pensamento foi completamente influenciado pelo mestre [como é possível constatar nas pesquisas de FELDMAN, L. A.; KLEIN-BRASLAVY, S. Vérité prophetique et vérité philosophique chez Nissim de Gérone. *REJ*, v. CXXXIV, p. 75-99, 1975]. Além de Rabi Yehudá Halevi e Rabi Nisim, Crescas menciona os seguintes pensadores não aristotélicos: Rabi Meir Halevi Abuláfia (Tratado III, parte 1, seção 4, fol. 26f); Ramban (Naḥmânides) – duas vezes (Tratado III,

parte 1, seção 4, p. 26f, e Tratado II, seção 6, cap. 1, p. 19g; cf. "proposição", p. 7-8); Rabi Yoná Girondi (Tratado III, parte 2, seção 1, p. 29f). Naḥmânides e Rabi Yoná, assim como Rabi Nisim, atuaram na Catalunha; portanto, pode-se considerar Crescas o representante da escola de pensamento dos mestres catalães. Cf. MILLÁS VALLICROSA, J. M. Ḥasday Crescas, o el Canto del Cisne de la Filosofía Hebraica en Barcelona. *Miscellanea Barcinonensia*, v. VI, p. 33-40, 1967.

6. Sobre a ligação entre Crescas e Bernard Matege, ver BAER, I. *Toldot ha-Yehudim bi-Sefarad ha-Noṣrit* (A História dos Judeus na Espanha Cristã). Tel Aviv: Am Oved, 1965, p. 527, nota 7; HARVEY, W. Z. *Ḥasdai Crescas's Critique of the Theory of the Acquired Intellect*. Tese (Doutorado). New York: Columbia University, 1973 (University Microfilms n. 74-1488), p. 456; 482.
7. CRESCAS. *'Or ha-Shem*. Tratado I, seção 3, cap. 3, p. 9a; Tratado IV, investigação 10, p. 31g.
8. Ibid., p. 8c.
9. Ver, por exemplo: WOLFSON, H. A. 'Aṣilut ve-Yesh me-'Ain 'eṣel Crescas (Emanação e *Ex Nihilo* em Crescas). *Sefer Assaf*. Jerusalem: Mosad Harav Kook, 1953, p. 235; URBACH, S. B. *'Amudê ha-Maḥshavá ha-Yisraelit* (Os Pilares do Pensamento Judaico). Jerusalem, 1960-1961, p. 387-388, v. III; WEINSTOCK, I. *Be-Ma'agalê ha-Niglé ve-ha-Nistar* (Nos Círculos do Revelado e do Oculto). Jerusalem: Mosad Harav Kook, 1969-1970, p. 211; SCHWEID, E. *Ṭa'am ve-Haqashá* (Sentimento e Especulação). Ramat Gan: Massada, 1970, p. 164-166; SIRAT, C. *Hagut Filosofit Bime ha-Benayim* (Pensamento Filosófico na Idade Média). Jerusalem: Keter, 1975, p. 407.
10. R. MEIR IBN GABAI. *Avodat ha-Qódesh* (O Culto ao Divino). Varsóvia, 1894, parte 3, caps. 67-68, p. 220; cf. cap. 9, p. 134; ver, em seguida, § 3.
11. R. SHLOMO ALQABETṢ. *'Ayelet Ahavim* (A Mulher Amada). Lvov, 1888, fol. 19a (Sobre o *Cântico dos Cânticos* 4:10). Comparar ZAK, B. *Torat ha-Sod shel Rabbi Schlomo Alqabetṣ* (A Teoria Mística de Rabi Shlomo Alqabetṣ). Tese (Doutorado em Filosofia). Waltham, MA: Brandeis University, 1976-1977 (Microfilmes da Universidade no. 78-8648), p. 146-148; 259.
12. "E aconteceu [...] que no reino de Aragão, no tempo de contenção, jogavam todos [os] judeus para fora da cidade e lhes fechavam os portões até que trouxessem água, e Rabi Crescas, de abençoada memória, fez um sermão, o qual iniciou afirmando 'A água é nossa', e Deus, bendito seja, olhou por seu povo e lhe deu água" [R. A. SABA. A. *Ṣror ha-Mor* (Feixe de Mirra). Veneza, fol. 105a, 1523 (sobre Levítico 26:19)]. Cf.: "Rabi Ḥasdai era importante para seu Deus, pois clamava a Deus em congregações de dez mil povos e Deus era por ele santificado e muitos dos importantes do reino se convertiam secretamente ao judaísmo" (YAVETZ, Rabi I. *'Or ha-Ḥayyim* (Luz da Vida). Ferrara, 1554, cap. 12). Segundo GRAETZ, H. *Geschichte der Juden*, Varsóvia, v. VI, p. 405, 1898, Rabi Saba e Rabi Yavetz falam sobre o mesmo caso.
13. Ver DE VILLENA, E. Tratado del aojamiento. Ed. de J. Soler. *Revue Hispanique*, XLI, p. 182-197, 1917. Dom Enrique ali relata a conversa mantida com Crescas: "E o mestre Ḥasdai Crescas, que vivia nesse tempo, contou-me que viu pendurado no pescoço [do doente] o Salmo que inicia por 'Feliz o homem [...]' (Salmo 1) que, entre nós, se diz *beatus vir*; então o doente suava se [não?] estava sob mau-olhado; e, se não suava, seu semblante parecia distorcido por causa do dano causado pelo encantamento" (p. 191). Dom Enrique relata também a conversa com o aluno de Crescas, Rabi Zeráḥia Halevi Saladin: "E Rabi Zeráḥia, que naquela época era chamado 'En Ferrer', contou-me que

tentara algumas coisas, entre elas *qabalot*; que tomara um ramo de palmeira e rezara sobre ele o *qadish*, e escrevera sobre uma de suas folhas o nome do anjo Sandalfon, e dera de beber do pó ao doente enfeitiçado e este se curara. E disse ainda que, ao assentá-lo sobre a arca do púlpito do Templo declarando que o Senhor é Deus (*Adonai (hu) ha-'Elohim*) sete vezes (cf. a oração final *Ne'ilá* de Yom ha-Kipurim), houve a cura graças a essas palavras" (p. 193-194); sobre Rabi Zeráḥia, ver infra notas 75; 124. Comparar com o que diz Crescas sobre a questão de "se amuletos e encantamentos interferem nas ações do homem" (CRESCAS. *'Or ha-Shem*, Tratado IV, investigação 5). Com base no testemunho dos sentidos e nos ditos talmúdicos, Crescas ratifica sua utilidade, porém a condiciona a "que quem deles faça uso seja sábio e temente do pecado e pratique suas ações de forma santa e pura e com o pensamento correto e disso resulte uma espécie de oração e culto" (ibid., p. 31b-c).

14. No Ms Montefiore 431, p. 17b, n. 8756 (Instituto de Cópias de Manuscritos Hebraicos, Casa do Livro Nacional e Universitário. As menções a seguir referem-se também ao número do manuscrito do instituto), lemos: "Certa vez o jovem Anḥasdai Crescas pediu-me que fizesse visões de sua escrita, e foram estas as visões que fiz: visões de contorno. Visões do profeta. Chamado Buzi. Servo de Schadai a escrita de minha pena. Dormirá comigo. Se discordar S. ou se *'aḥaz dái* [jogo de palavras, cuja tradução é "se houver apreendido o suficiente" (N. de M. G.)]". O manuscrito foi redigido, ao que tudo indica, no século XV. O jogo de palavras com o nome "Ḥasdai" (*'aḥaz dái*) reforça a probabilidade de atribuir as "visões" a Crescas. Contudo, é possível que se trate de outro Ḥasdai Crescas, uma vez que o nome figura várias vezes nessa família. Cf. HIRSCHFELD, H. *Descriptive Catalogue of Hebrew Mss. of the Montefiore Library*. London, 1904, p. 129.
15. BAER, 1965, op. cit., p. 319-320.
16. "Oração de Rabi Crescas, de abençoada memória, que a proferia todos os dias em suas preces: Misericordioso e Clemente, pequei diante de Ti, tem piedade de mim e tem misericórdia de mim. Venho diante de Ti envergonhado aqui no mundo inferior, como um indigente diante do rei; humilho-me diante de Ti, dá-me graça, benevolência e compaixão, a Teus olhos e aos olhos de todos os que me veem. E, assim como enviaste a Tua benevolência a José no Egito, deixa cair sobre mim graça, benevolência e compaixão, engrandece o meu poder e tem misericórdia de meu corpo, fortalece os meus signos e faz resplandecer minha estrela; e vós também, os anjos santos que servem o Santo, bendito seja; Beni'el e Shimshi'el e 'Azri'el e Raḥmi'el e Ṣfani'el, e o Senhor dos Exércitos que terá domínio sobre mim e não a inclinação para o mal (*yéṣer ha-rá'*); Miguel ficará sobre mim para me auxiliar, Gabriel ficará atrás de mim para me guardar, Rafael ficará ao meu lado para me curar, 'Azri'el ficará comigo para me auxiliar, e todos me protegerão de todo mal e do mau-olhado. Amém, *selá* para sempre" [Ms JTS, New York, mic. 3063 = EMC 582 (n. 29100), fol. 31a (com modificações no fol. 41b-42a)]. O *Siddur* é de autoria de Ben Zikri (ver assinatura no fol. 40a). Segundo Y. Toledano (o comentário está anotado em sua introdução), "foi escrito aproximadamente entre 1790-1810".
17. CRESCAS. *'Or ha-Shem*, p. 7h, linha 20-p. 8b, linha 7.
18. Ibid., p. 8b, linha 9-p. 8c, linha 30. Cf. p. 8b, linha 8: "e eis que não nos é possível deixar de comentar as dúvidas suscitadas por seus ditos".
19. Ibid., p. 8c, linha 31-p. 8g, linha 7. Cf. p. 8b, linhas 8-9: "e depois provaremos que o que foi determinado por eles como necessário não o é".
20. Ibid., p. 8g, linha 7-p. 8h, linha 15. Ao que parece, essa quarta etapa (juntamente com todo o material da p. 8h, linha 15 até o final do capítulo, p. 9b, linha 13) foi acrescida por

Crescas em uma edição mais tardia do livro. No Ms Firenze de *'Or ha-Shem* (Biblioteca Medicea Laureziana, Conventi Soppressi 417, n. 17997), manuscrito copiado de uma versão antiga do livro, o capítulo inteiro termina no final da terceira etapa, na p. 8g, linha 7 (ver meu artigo: HARVEY, Z. Le-Zihui Meḥabran shel ha-Histaiguyót min ha-Determinism be-Sefer *'Or ha-Shem* le-Rabbi Ḥasdai Crescas – 'Edut Ktav Yad Firenze (Para a Identificação dos Autores das Ressalvas do Determinismo no Livro *'Or ha-Shem*, de Rabi Ḥasdai Crescas – Testemunho do Manuscrito Firenze). *Kiryat Sefer*, v. 55, p. 801, nota 29, 1989-1990. Assim sendo, não há indício da quarta etapa na introdução da p. 8b, linhas 8-9 (depois das palavras "o que foi determinado por eles como necessário não o é"), em que esperaríamos encontrar um parágrafo como: "e depois disso provaremos que o que foi determinado por eles como necessário é impossível" (comparar p. 8b, linhas 8-9).

21. Ibid., p. 8b, linha 29-p. 8c, linha 10.
22. Ibid., p. 8c, linhas 10-18.
23. Ed. de Reuven Margaliot. Jerusalem, 1951, § 311, p. 49; SCHOLEM. G. *Das Buch Bahir*. Leipzig: W. Drugulin, 1923, p. 81, § 80; Ms Munique 209 Hebr. (n. 1625), p. 14b. A citação segue Margaliot, com alterações.
24. Ver referências em: WOLFSON, 1929, op. cit., p. 729; 747.
25. Ed. de Jacob Goldenthal. Viena, 1852, fol. 10b. Citação com modificações a partir do Ms Oxford 1266 (n. 22080), do Ms Paris 698 Hebr. (n. 11576), e do Ms Vaticano 26 Ebr. (n. 665).
26. CRESCAS. *'Or ha-Shem*, p. 8f, linhas 17-21.
27. Crescas argumenta que os atributos essenciais de Deus, apesar de se apresentarem "separados nas nossas leis" ou "segundo [nosso] entender", unificam-se "na Sua Lei" e [são] "um [...] no Seu entender" [p. 8f, linhas 24-25; p. 8e, linhas 21-22 (na linha 21, deve-se ler "no meu entender")] e "inseparáveis d'Ele" (p. 8e, linha 22; p. 8f, linha 4), isto é, "de Sua essência" (p. 8g, linha 2), e "indivisíveis" (p. 8e, linha 29). Sobre a teoria dos atributos de Crescas, ver WOLFSON, H. A. Crescas on the Problem of Divine Attributes. *JQR*, v. VII, p. 1-44; 175-221, 1916; SCHWEID, E. *Ṭa'am ve-Haqashá* (Sentimento e Especulação). Ramat Gan: Massada, 1970, p. 149-171.
28. RABI NISIM GERONDI. *Derashot ha-Ran* (As Homilias de Rabi Nisim Gerondi). Ed. de Ariê Leib Feldman. Jerusalem, 1977, homilia 1, p. 10-13 (as citações que seguem são dessa edição). Ver também KLEIN-BRASLAVY, S. Vérité prophetique et vérité philosophique chez Nissim de Gérone. *REJ*, v. CXXXIV, p. 75-99, 1975.
29. "Ora, não existe nada nas ditas disciplinas, isto é, nas ciências da física e da metafísica, que implique o mistério e a dissimulação; a menos que, por Deus, ousemos afirmar que essas ciências encerram abjuração e destruição da religião divina dos mistérios da Torá! E como poderia ser de outra forma? Essa pretensa 'dissimulação' é conhecida publicamente por jovens e crianças, inclusive junto a pessoas de outras nações, em suas casas de estudo destinadas às pessoas de 20 anos e menos. Elas próprias excluíram radicalmente o que aqui [em tais disciplinas] se opõe à Torá, em grupo e diante de uma imensa multidão" (p. 31h; comparar com *Derashot ha-Ran*, p. 10, linhas 8-14). Eventualmente, a conclusão de Pines a partir desse trecho, de que Crescas tinha algum conhecimento dos tópicos das disciplinas e dos alunos das universidades cristãs (ver PINES, S. *Ben Maḥshévet Israel le-Maḥshévet ha-'Amim* (Entre o Pensamento de Israel e o Pensamento das Nações). Jerusalem: The Bialik Institute, 1976-1977, p. 221, nota 99), permanece essencialmente válida, ainda que o texto confuso que tinha diante de si venha a ser corrigido. Sobre falsos "mistérios da Torá", ver CRESCAS. *'Or ha-Shem*, Introdução, p. 5; cf. LIEBES,

I. Ha-Mashiaḥ shel ha-Zohar – Li-Demutó ha-Meshiḥit shel Rabbi Shimon bar Yoḥai (O Messias do Zohar – Sobre a Figura Messiânica de Rabi Shimon bar Yoḥai). In: ROM, S. (Org.). *Ha-Ra'ayón ha-Meshiḥi be-Israel*: Yom 'Iyun le-Regel Shemonim Shaná le-Gershom Scholem (A Ideia Messiânica em Israel: Seminário Comemorativo dos 80 anos de Gershom Scholem). Jerusalem: Israel Academy of Humanities and Sciences, 1982, p. 125, nota 155.

30. "O *ma'asé bereshit* é o conhecimento da verdadeira forma das coisas, que é a ligação entre a existência inferior e os anjos" (RABI NISIM GERONDI, 1977, op. cit., p. 11).
31. Comparar com ibid., p. 10-11.
32. "E o *ma'asé merkavá* é o conhecimento da derivação dos anjos a partir do Nome" (RABI NISIM GERONDI, 1977, op. cit., p. 11). Talvez, na expressão "do Nome", haja uma alusão ao Tetragrama.
33. Cf. GIKATILLA, Y: "De fato não fui por eles conhecido nem por eles me tornei afamado em razão do sinal e do prodígio" [*Ginat Egoz* (Pomar de Nozes), Zolkiew, 1773, parte 1, Portal do Nome, p. 21, coluna a]. Ver também HALEVI ABULÁFIA, Todros ben Yosef: "'e Meu nome não lhes revelei', para que os milagres fossem revelados apenas por Moisés [...] para que todos os sinais e prodígios, milagres que modificam a natureza, fossem feitos à vista de todos" [*Sha'ar ha-Razim*, Ms Munique 209 Hebr. (n. 1625), fol. 45a].
34. CRESCAS. *'Or ha-Shem*, p. 31h-32a.
35. Comparar com o Tratado II, seção 2, cap. 3, p. 12h; Tratado II, seção 6, cap. 2, p. 20c.
36. CRESCAS. *'Or ha-Shem*, Tratado II, seção 6, cap. 2, p. 21a; Tratado III, parte 1, seção 7, cap. 1, p. 28d. Cf. Rashi sobre Êxodo 28-30 e sobre Yomá 73b; Naḥmânides sobre Êxodo 28-30; e Rabi Levi ben Gerschom (Gersônides), comentário sobre o Pentateuco, Veneza, 1547, perícope *Teṣavé*, "E ordenarás [...]", fol. 106, coluna 4. Ver nota 112 infra.
37. Cf. o que afirma Rabi Todros Halevi Abuláfia: "Dizem que não se interpreta o *ma'asé bereshit* há anos [*Ḥagigá* 2a], pois se trata de coisas cabalísticas" (ABULÁFIA, R. T. H. *Sefer 'Oṣar ha-Kavod ha-Shalem*. Varsóvia, 1879, p. 44 [sobre Ḥagigá 11a]); e "que o mistério do *'ibbur* e as vocalizações da Torá e seus mistérios [...] são coisas cabalísticas, não são coisas de analogia e suposição lógica" [Ibid., p. 53 (sobre Ketubot 111a)].
38. Tratado II, seção 6, cap. 2, p. 20d. Cf.: "e as coisas são antigas para os depositários da verdade" (Tratado III, parte 1, cap. 5, p. 24h). As expressões "os que conhecem a graça" (segundo Eclesiastes 9:11) e "os depositários da verdade" servem como designações inequívocas dos cabalistas já no *Comentário sobre o Pentateuco*, de Naḥmânides (Ed. de Ḥaim Dov Schevel. Jerusalem, 1962): Gênesis 46a, p. 251; Gênesis 18:20, p. 112. Em vista da razoável influência de Rabi Todros Halevi Abuláfia sobre o *'Or ha-Shem* (ver nota 79 infra; cf. notas 33; 37), convém assinalar que essas duas designações dos cabalistas são frequentes em seus escritos: *Schaar ha-Razim*, p. 42b; 67a; *'Oṣar ha-Kavod*, p. 17; 61.
39. "O Kazar disse: 'Peço-te agora que me dês uma explicação sobre as relíquias das sabedorias naturais que disseste que tinhas contigo'. Disse o sábio: 'A elas pertence o *Sefer Yeṣirá*, do nosso patriarca Abraão. Seus conteúdos são muito profundos e exigem longa interpretação [...] e já foi dito que não se deve interpretar o *Sefer Yeṣirá*, exceto em raras circunstâncias'" (comparar Ḥagigá 2a). (*Kuzari* 4: 24-25, na tradução de Rabi Yehudá ibn Tibbon). A respeito do *Sefer Yeṣirá* como Obra da Criação, ver IDEL, M. *Kitvê Rabbi Avraham Abuláfia u-Mishnató* (Os Escritos de Rabi Abraão Abuláfia e Sua Doutrina). Tese (Doutorado em Filosofia). Universidade Hebraica de Jerusalém, 1976, p. 25; 181.
40. *Sefer Yeṣirá* com interpretações (Mântua, 1562), 1:1. Ver as interpretações atribuídas a Rabi Sa'adia Gaon e a Maimônides.

41. A distinção é semelhante – mas não idêntica – à de Rabi Nisim de Gerona (cf. notas 30; 32). O prof. Pines observou o paralelismo interessante que há entre essa diferenciação de Crescas e a de Ibn Sīnā (Avicena) a propósito dos dois tipos de eternidade assinalados pelas palavras árabes *dahar* (eternidade) e *sarmad* (perpetuidade). Ver PINES, S. *Nouvelles études sur Awhad al-Zaman Abu'l-Barakat al-Baghdadi*. Paris: Librairie Durlacher, 1955, p. 63-64.
42. Nas definições de Rabi Nisim, os anjos [*mal'akim*] ou os seres espirituais [*ruḥaniyim*] (equivalentes aos "superiores" nas definições de Crescas) são identificados explicitamente com as inteligências separadas (*Derashot ha-Ran*, p. 11); no entanto, disso não resulta necessariamente que o mesmo ocorra também em Crescas. Conforme menciona KLEIN-BRASLAVY, 1975, op. cit., p. 98, a discussão de Crescas difere da de Rabi Nisim justamente pelo fato de não permanecer no campo dos conceitos filosóficos, mas de aludir aos "grandes pormenores da mística judaica e, talvez, também à Cabala". Portanto, não se deve descartar, a princípio, a possibilidade de que nas definições de Crescas exista, por exemplo, uma alusão à doutrina das *sefirot*.
43. CRESCAS. *'Or ha-Shem*. Tratado II, seção 6, cap. 2, p. 20f. Segundo Crescas, o ritual dos dois bodes produz "uma forte impressão para que nos livremos da tutela alheia [...] que será dada apenas a Deus". Sobre o envio do bode a Azazel como um ritual contra a devoção a "outros deuses", ver o comentário de Naḥmânides sobre Levítico 16:8; cf. R. BAḤIA BEN ASHER. Ed. de Ḥaim Dov Schevel. Jerusalem, 1971, sobre Levítico 16:7, p. 497-500. Sobre a concepção da Cabala a propósito do bode expiatório como o afastamento do "outro lado", Satã (*siṭra 'áḥra*), ver TISHBY, I. *Mishnat ha-Zohar* (A Sabedoria do *Zohar*) I-II (v. I em conjunto com Fischel Lachower). Jerusalem, 1971-1975, p. 208-209. Comparar com URBACH, S. B. *Amudê ha-Maḥshavá ha-Israelit* (Os Pilares do Pensamento Judaico). Jerusalem, 1960-1961, p. 341, nota 273. v. III.
44. Na terminologia aristotélica hebraica, *havaiá* = *generatio* (ver KLATZKIN, J. *'Oṣar ha-Munaḥim ha-Filosofiyim* (*Thesaurus* de Termos Filosóficos). Berlin: Eschkol, 1928-1934, *Havaiá*, p. 161-162), e *havaiot* = coisas que são criadas [ver, por exemplo, GERSÔNIDES. *Milḥamot ha-Shem* (As Guerras do Senhor). Tratado VI, parte 1, cap. 4. Riva di Trento, 1560, fol. 50b]. Entre os *ḥasidim* asquenazitas, em contrapartida, *havaiot* = dez *sefirot* enumeradas no *Sefer Yeṣirá* I-II [DAN, J. *Torat ha-Sod shel Ḥassidê Ashkenaz* (A Doutrina Esotérica dos Ḥasidim de Asquenaz). Jerusalem: Mossad Bialik, 1968, p. 94-103]. Na Cabala de Rabi Yiṣḥaq Sagi Nahor (popularmente conhecido como Rabi Isaac, o Cego) e seus discípulos, *havaiot* = "raízes das substâncias espirituais e as *sefirot* que se revelam quando ocultas no âmago do emanador" (SCHOLEM, G. Te'udá Ḥadashá le-Toldot ha-Qabbalá (Um Novo Documento para a História dos Primórdios da Cabala). *Sefer Bialik*, Tel Aviv, seção 3, p. 158, nota 6, 1934); ali, na opinião de Scholem [cf. *Reshit ha-Qabbalá* (Os Primórdios da Cabala). Jerusalem: Schoken, 1948, p. 118-119; *Ha-Qabbalá be-Provence* (A Cabala na Provença). Ed. de Rivka Schatz. Jerusalem, 1963, p. 146-148; 198-199; 214-231], esse uso do termo *havaiot* reflete o termo *essentiae* na terminologia filosófica latina, porém Georges Vajda o traduziu como *entités* (*Le Commentaire d'Ezra de Gérone sur le Cantique des Cantiques*. Paris: Aubier-Montaigne, 1969, p. 464, s.v. "Hawayot", cf. p. 80; 83; 317); comparar com TISHBY, I. *Perush ha-'Agadot le-Rabbi 'Azri'el* (A Interpretação das *'Agadot* de Rabi 'Azri'el). Jerusalem, 1945, referências na p. 130 (*hawayot*) e, em especial, p. 89, nota 7. Ver GIKATILLA, Y. *Ginat Egoz* (Jardim das Nogueiras), parte 1, Portal *havaiá*: "pois Seu nome tudo inclui, e é Sua *havaiá* que causa a *havaiá* de todos os entes, que é o mistério da Criação, e a *havaiá* é a verdade de todo ente em

si" (fol. 4, coluna 3); "da verdade de Sua *havaiá*, bendito seja, procedem todas as *havaiot* (p. 7, coluna 4); "pois IHWD é o mistério de todas as *havaiot* do mundo [...] todas as *havaiot* se encontram na verdade de Sua existência" (p. 8, coluna a); "e esse nome [EHIH – acróstico de *'Eheyé 'asher 'Eheyé*, "Eu sou o que sou" (N. de M. G.)] é [...] o mistério das *havaiot* criadas" (p. 11, coluna 4); *havaiot ma'asé bereshit* (id.); cf. *Sha'arei 'Orá* (Portais da Luz). Ed. de Yosef ben Shelomo. Jerusalem, 1970, cap. 5, p. 237-238. Ver Rabi Todros Halevi Abuláfia: "que a expressão *ma'asé bereshit* alude às *havaiot* internas e sutis" [*'Oṣar ha-Kavod*, p. 44 (sobre Ḥagigá 11a)]. A respeito do termo *havaiá* na Cabala, ver IDEL, M. Ha-Sefirot she-me-al ha-Sefirot (As *Sefirot* acima das *Sefirot*). *Tarbiz*, n. 51, p. 239-280, 1981. A expressão de Crescas "Sua criação de todas as *havaiot*" contradiz, pelo menos aparentemente, o conhecido princípio da casa de estudos de Rabi Isaac, o Cego: *ha-havaiot ayú ve-ha-'aṣilut meḥudash* [as *havaiot* sempre existiram no pensamento divino e saíram da potência ao ato no processo de emanação sefirótica – em contraposição às *sefirot*, que são emanadas (N. de M. G.) (SCHOLEM, G. Te'udá Ḥadashá le-Toldot ha-Qabbalá; IDEL, M. Ha-Sefirot she-me-al ha-Sefirot, p. 241-242); contudo, o conceito *havaiot criadas* figura na discussão supramencionada no *Ginat Egoz* de Rabi Yosef Gikatilla.

45. A expressão "sinal forte" (*'ot 'eitan*) tem dois significados: na gramática e na cosmogonia (força). A noção de que o Tetragrama esteja na forma futura do verbo, oculta da raiz הוה, é frequentemente mencionada, seja na literatura filosófica, seja na literatura cabalística (comparar, por exemplo, o comentário de Rabi Abraão ibn Ezra sobre Êxodo 3:14: "EHIH está na primeira pessoa e YHWH está na terceira pessoa"). Sobre o mistério da letra *yod* (I) no Tetragrama (YHWH), ver, por exemplo, GIKATILLA, Y. *Sha'arê 'Orá*, Portal 9, p. 77-106; cf. Portal 2, p. 144-145; Portal 5, p. 187-189 etc. De acordo com o *Sha'arei 'Orá*, o *yod* = *sefirá* de Ḥokhmá = "vontade ilimitada" = início da emanação e da Criação. Para Crescas, a "necessidade de uma criação perpétua" é "efeito de uma vontade" (Tratado III, parte 1, seção 1, cap. 5: comparar com o Tratado II, seção 1, cap. 5).

46. Ms Vaticano Ebr. 250 (n. 301). Meu colega Shalom Rosenberg ministrou uma palestra sobre essa obra no VI Congresso Mundial de Ciências do Judaísmo, em 1973 (a palestra não foi publicada nos anais do congresso), e deverá publicá-la em breve, com o acréscimo de notas e análises. Segundo o colofão (p. 40a), a obra foi composta por Rabi Abraão no ano de 1378 na casa de Crescas em Barcelona, e seu manuscrito copiado por Shabtai ben Levi. Certamente será abordada por Rosenberg a complexa questão: em que medida a composição reflete a doutrina de Crescas? Desejo apenas mencionar uma evidência (não concludente) a favor da concepção radical, segundo a qual Rabi Abraão não escreveu a obra, mas apenas registrou os discursos de seu mestre Ḥasdai Crescas. Rabi Abraão registra no colofão: "Escrito e concluído [...] pelo jovem errante, pai de muitos, filho de Yehudá, que seja lembrado no mundo vindouro, de nome Avraham, filho de Leon, que descanse no paraíso. Da ilha de Cândia". E eis que, no ano de 1395, o mesmo Rabi Avraham faz uma cópia do *Livro dos Elementos*, de Euclides, e no final do décimo tratado ele registra: "Foi completado o décimo tratado do livro de Euclides, o sábio, [...] por mim, o jovem Avraham, filho do honrado Rabi Leon, de abençoada memória, senhor meu pai" [Ms Oxford 2003 (n. 19288), p. 166a]. Se a expressão "por mim" aponta para o ato de copiar no caso do *Livro dos Elementos*, talvez o mesmo se aplique também ao *'Arba'á Ṭurim*. Contudo, deve-se assinalar que Rabi Avraham escreve no início da composição: "Disse Avraham, filho de Yehudá, que seja lembrado no mundo vindouro. Da ilha de Cândia, [...] e tu que estudas essas minhas palavras, se encontrares algo bom e correto, sabe que não é de mim, mas dos dizeres dos antigos e últimos sábios de nossa Torá, e se

encontrares algo que não esteja tão correto [...] é fruto de minhas mãos, e Deus sabe que não tive a intenção de me rebelar e de trair, mas que, possivelmente, me equivoquei e errei" etc. (p. 1a). Com base nessa retratação, aparentemente há de fato, na obra, escritos do próprio Rabi Avraham.

47. Ver NAḤMÂNIDES. Introdução. *Comentário sobre a Torá*. Ed. de Ḥaim Dov Schevel. Jerusalém, 1963-1964, p. 163, v. I; *Sermão sobre Eclesiastes* (id.), p. 182. Cf. SCHOLEM, G. *Ha-Qabbalá bi-Gerona* (A Cabala em Gerona). Ed. de Yosef ben Shelomo. Jerusalem, 1964, p. 123-126.
48. No manuscrito: Daniel.
49. Capítulo referente ao ensinamento de Rabi Neḥunia ben ha-Qaná a Rabi Ishmael, Ms Vaticano Ebr. 228 (n. 285): "Disse Rabi Ishmael: 'Rabi Neḥunia ben ha-Qaná me tirou de imediato da casa de meu pai e me levou ao átrio das pedras lavradas [local de reunião do Sinédrio no período do Segundo Templo] e me fez fazer um grande juramento pelo Grande Selo [...] e agora, todo discípulo que sabe que seu estudo não se realiza por si só ficará de pé e abençoará e se levantará e conjurará em nome de Margaviel, Gaiotiel, Zivatiel, Teraniel, Iziel, Segansaguiel, que todos são Metatron'" (p. 88b-89a). Cf. Toseftá, Ḥalá 1:10.
50. Ms Vaticano, (id.) p. 93a-98b.
51. Extraído de RABI ELEAZAR DE WORMS. *Sefer ha-Shem* (O Livro do Nome). Ms British Museum = Heb. 737 Add. 27199 (n. 5871), p. 298b-302a.
52. Id. (e também no *Midrash Tehilim* 18:30; e no *Zohar Ḥadash*. Ed. de Reuven Margaliot. Jerusalem, 1938; sobre Rute 1-14, fol. 81d); ele o salvou de apenas um filho: Abisaí, em Nobe.
53. AVRAHAM BEN YEHUDÁ DE CÂNDIA. *'Arba'á Ṭurim*, p. 28b.
54. Ver nota 20 supra.
55. CRESCAS. *'Or ha-Shem*. Tratado I, seção 3, cap. 3, p. 8f-8g. Cf. WOLFSON, 1916, op. cit., p. 323, nota 111.
56. CRESCAS. *'Or ha-Shem*. Tratado I, seção 3, cap. 3, p. 8h-9a.
57. R. MEIR IBN GABAI. *'Avodat ha-Qódesh*. Parte 3, cap. 68, p. 220.
58. WOLFSON, 1916, op. cit., p. 323, nota 325.
59. URBACH, S. B. *'Amudê ha-Maḥshavá ha-Israelit* (Os Pilares do Pensamento Judaico). Jerusalem, 5721 (1960-1961), p. 166. v. III.
60. SCHWEID, E. *Ṭa'am ve-Haqashá* (Sentimento e Especulação). Ramat Gan: Massada, 1970, p. 166.
61. IDEL, M. Te'arim u-Sefirot ba-Teológia ha-Qabalit (Atributos e *Sefirot* na Teologia Cabalística). In: *Tefisot ha-'Elohut be-Maḥshévet ha-Yahadut* (As Concepções da Divindade no Pensamento Judaico). Ed. de Sara Heller Willensky, Haifa.
62. ROSENBERG, S. *He'arot la-Musag "ha-'Ensofiut" ba-Filosofia ha-Yehudit Bimei ha-Benayim*. (Considerações sobre o Conceito de Infinitude na Filosofia Judaica da Idade Média). Dissertação (Mestrado), Universidade Hebraica de Jerusalém, 1970, p. 76-78.
63. CRESCAS. *'Or ha-Shem*. Tratado I, seção 3, cap. 3, p. 8e; cf. 8h (citado na nota 56). Ver Rabi Ezra em: SCHOLEM, G. Te'udá Ḥadashá le-Toldot ha-Qabbalá (Um Novo Documento para a História dos Primórdios da Cabala). *Sefer Bialik*, Tel Aviv, seção 3, p. 159-161, 1934; comparar com ROSENBERG: "o que surpreende [...] é o uso conjunto do versículo, que, no sentido literal, está distante de possibilitar tal interpretação" (1970, op. cit., p. 73).
64. CRESCAS. *'Or ha-Shem*. Tratado I, seção 3, cap. 3, p. 8d; cf. 8h; e Tratado III, parte 2, seção 1, cap. 1, p. 29d; Rabi 'Azri'el em: TISHBY, I. *Perush ha-'Agadot le-Rabbi 'Azri'el* (A Interpretação das *'Agadot* de Rabi 'Azri'el). Jerusalem, 1945, p. 55.

65. Na teoria dos atributos de Crescas, no entanto, há uma distinção entre o universal (o Bem) e os particulares (demais atributos). Comparar supra notas 55-56.
66. Ver *'Avodat ha-Qodesh*: "e Rabi Ḥasdai, de abençoada memória [...] e propôs que os atributos positivos são permitidos nas leis do abençoado, apoiando-se em textos seletos do livro dos Salmos e do *Sefer Yeṣirá* ao dizer 'como a chama ligada ao carvão incandescente'".
67. SCHOLEM, G. Te'udá Ḥadashá le-Toldot ha-Qabbalá (Novo Documento para a História dos Primórdios da Cabala). *Sefer Bialik*, Tel Aviv, seção 3, p. 159-161, 1934. Na segunda missiva, Rabi Ezra cita o *Sefer Yeṣirá* I:7, "como a chama ligada ao carvão incandescente" (p. 160), e interpreta o Salmo 139: 17-18 (p. 159-160); na primeira missiva, ele interpreta o Salmo 139:16-18 (p. 159-160) e cita outro texto (1:5) do *Sefer Yeṣirá*: "sua medida é dez que não tem fim" etc. (p. 160).
68. CRESCAS. *'Or ha-Shem*, p. 5d-e; WOLFSON, 1929, op. cit., p. 200-203.
69. Comparar ROSENBERG (1970, op. cit., p. 79); e também HARVEY, Z. Holiness: A Command to *Imitatio Dei*. *Tradition*, v. XVI, n. 3, p. 10, 1977.
70. WOLFSON, 1929, op. cit., p. 459. No entanto, parece que, na interpretação de Rabi 'Azri'el para Isaías 6:3, glória = *sefirá* de Malḵut (ver TISHBY, I. *Perush ha-'Agadot le-Rabbi 'Azri'el* (A Interpretação das *Agadot* de Rabi 'Azri'el). Jerusalem, 1945, p. 56; comparar com SCHOLEM, G. Sridim Ḥadashim mi-Kitvê Rabbi 'Azri'el mi-Girona (Novos Resquícios dos Escritos de Rabi 'Azri'el de Gerona). In: *Sefer Zikaron le-A. Gulak u-le-S. Klein* (Livro de Homenagem a Asher Gulaq e Shemuel Klein). Jerusalem, 1942, p. 221-222).
71. CRESCAS. *'Or ha-Shem*. Tratado II, seção 3, cap. 1, p. 7e; cap. 3, p. 8f; Tratado IV, investigação 13, p. 32 cd.
72. WOLFSON, 1929, op. cit., p. 459.
73. CRESCAS. *'Or ha-Shem*. Tratado II, seção 6, cap. 3, p. 21b.
74. Sermões, Ms JTS, New York, Mic. 1735=EMC 209 (n. 10833), século XV, Espanha. O orador menciona, entre seus mestres, Rabi Levi ben Shem Ṭov, Rabi Shelomo Atan, Rabi Naḥum Atan e Rabi Yiṣḥaq Al-Ahdab. Na p. 73b-74a (72b-73a), lemos: "Ouvi de um grande sábio cujo nome é Dom Ḥasdai Crescas que assim falou nosso patriarca Jacó, que descanse em paz: 'Se Deus estiver comigo e me guardar' (Gênesis 28:20), ou seja, se o atributo divino do Julgamento (*middat ha-din*) estiver comigo, visto que Deus é Julgamento, e não me acusar enquanto eu estiver fora da casa de meu pai, pois Satã acusa no momento do perigo, até 'eu em paz tornar à casa de meu pai' (Gênesis 28:21), e então, enquanto eu estiver na casa de meu pai, 'o Senhor Adonai me será por Deus' (Gênesis 28:21), quer dizer, mesmo que retorne o atributo divino da Misericórdia (*middat ha-raḥamim*), não temo o Julgamento". Cf. RABI YOSEF BEN DAVID DE SARAGOÇA. *Comentário sobre a Torá*. Ed. de Ariê Leib Feldman. Jerusalem, 1973, p. 31.
75. Ms Harvard, Biblioteca Houghton Heb. 61 (n. 34470), p. 163b. E comparar também com Rabi Avraham ben Yehudá: "Três grupos [de anjos] santificam Deus entoando-Lhe louvores (*Ḥulin*, 91b) [...] o primeiro grupo [...] que é o mundo dos intelectos [...] e o segundo grupo [...] que é o mundo das esferas [...] e o terceiro grupo que é [o] mundo das criaturas inferiores" (p. 22b-23a).
76. *Zohar* III, p. 190b; cf. RABI MOISÉS DE LEON. *Sefer Sheqel ha-Qodesh* (O Livro do Siclo do Santuário). London, 1911, p. 132-134. Comparar com TISHBY, I. *Mishnat ha-Zohar* (A Sabedoria do *Zohar*). Jerusalem, 1971-1975, p. 84, 386-390 (sobretudo p. 389). v. II.
77. WOLFSON, 1929, op. cit., p. 459-460. Segundo ROSENBERG, 1970, op. cit., p. 79, "Wolfson está correto [...] de que Yesod alude à nona *sefirá*".

78. RABBI YAAQOV BEN SHESHET. *Sefer Meshiv Devarim Nekonim*. Ed. de Georges Vajda. Jerusalem, 1969, cap. 10, p. 101; *Sefer ha-'Emuná ve-ha-Biṭaḥon* (Livro da Crença e da Confiança). *Kitvê ha-Ramban*, II, cap. 4, p. 364; cap. 15, p. 396.
79. ABULÁFIA, R. T. H. *Sefer 'Oṣar ha-Kavod*, p. 12 (sobre Berakot 5a); cf. p. 9; 36; 38-39; 44; 46; 50; 53-54, bem como *Sha'ar ha-Razim*, p. 64b. Comparar com ORON, M. *Rabbi Todros Abulafia*: Ketavav u-Meqorotav (Rabi Todros Abuláfia: Seus Escritos e Fontes). Dissertação (Mestrado), Universidade de Tel Aviv, 1972, p. 113-115.
80. WOLFSON, 1929, op. cit., p. 462, nota 94; cf. p. 460-462, nota 93. Comparar com VAJDA, G. *Le Commentaire d'Ezra de Gérone sur le Cantique des Cantiques*. Paris: Aubier-Montaigne, 1969, p. 209.
81. Por conseguinte, se de fato se trata das *sefirot*, então elas são os *atributos* da Glória ("os fundamentos da Sua Glória"), e não, conforme Wolfson, a Glória em si; ou seja, não se trata de "*sefirot* como essência" em contraposição a "*sefirot* como vasos". A tradução de Wolfson (WOLFSON, 1929, op. cit., p. 201) induz a erro e deve ser corrigida: "The attribute of blessedness and affluence is from His place, that is to say, from His essence and not from something other than it; and the pronominal suffix of '*His place*' (*mi-meqomó*) will refer to 'glory'".
82. A recorrência da crítica sobre a interpretação dada por Maimônides a *maqom* ilustra a relação pertinente entre esse trecho e o citado no Tratado I, seção 2, cap. 1, e também insinua que, de acordo com Crescas, *ma'on* = *maqom* [cf. "Ele é a morada de Seu mundo" (*Hu me'onó shel 'olamó*) (*Bereshit Rabá* 68:9)]. Sobre o "reino dos céus", comparar Tratado IV, investigação 4, p. 30b (sobre Lamentações 5:19; Isaías 66:1; Salmos 29:10; Êxodo 15:18); ali veremos que "céus" = trono = corpos celestes. A expressão "o júbilo em sua morada", bem como as expressões "a Sua Glória enche toda a terra" e "Bendita seja a Glória do Senhor", indicam a imanência da Divindade na existência criada ("sua emanação do bem" = "atributo da bênção e da afluência"). Existe a possibilidade de que aqui os *ruḥaniyim* sejam as inteligências separadas (comparar, por exemplo, com os dizeres de Rabi Nissim supramencionados na nota 42), mas é igualmente plausível que sejam as *sefirot*. Comparar com Rabi 'Azri'el: "reino dos céus [...] não há tristeza [...] em Seu lugar [...] realidades espirituais [...] morada" (TISHBY, I. *Perush ha-'Agadot le-Rabbi 'Azri'el* (A Interpretação das *'Agadot* de Rabi 'Azri'el). Jerusalem, 1945, p. 77-78); e comparar com os dizeres de Crescas sobre o amor "nas realidades físicas [...] e ainda mais verdadeiro para as realidades espirituais" (Tratado II, seção 6, cap. 1, p. 19e). Para Rabi 'Azri'el, "júbilo = *sefirá* de Malkut (TISHBY, op. cit., referências na p. 133; ver também ABULÁFIA, R. T. H. *'Oṣar ha-Kavod*, p. 52 (sobre *Ketubot* 7b), e comparar com p. 44. Para Crescas, no trecho em questão, o júbilo é apreendido como um atributo essencial (*sefirá*, *sefirot*?) da Divindade e, portanto, ele, ou a Glória (conforme a primeira interpretação do termo), ou o atributo da Glória (conforme a segunda), é identificado com a bênção e o bem; sobre a bênção, o bem e o júbilo, ver VAJDA, 1969, op. cit., p. 198-199; 201. Ver também notas 108-109 infra.
83. HARVEY, W. *Crescas's Critique of the Theory of the Acquired Intellect*. Tese (Doutorado). New York: Columbia University, 1973 (University Microfims n. 74-1488).
84. Em: SCHOLEM, G. *Ha-Qabbalá be-Provence* (A Cabala na Provença). Ed. de Rivka Schatz. Jerusalem, 1963, Apêndice, p. 14. Comparar com o que diz Scholem no próprio corpo do texto, p. 240.
85. Comentário ao *Cântico dos Cânticos*, *Kitvê ha-Ramban*, II, p. 510. Cf. TISHBY, I. *Perush ha-'Agadot le-Rabi 'Azri'el* (A Interpretação das *'Agadot* de Rabi 'Azri'el). Jerusalem,

1945, p. 5, nota 7. Comparar também com Rabi Baḥia ben Asher: "Foi criado um homem que é a completude da Criação e a conclusão de tudo, pois ele é o selo de perfeição" (*Comentário sobre a Torá*. Ed. de Ḥaim Dov Schevel. Jerusalem, 1971, v. I, p. 163, sobre Gênesis 1:3 "sobre o caminho da Cabala", p. 26); e também Rabi Yehoshúa Even Schuyeb: "A criação do homem [...] não se deve apenas à natureza, mas à providência, à direção e ao selo de Deus, como é dito [...] 'és o selo de perfeição', em contraposição à obra superna" [*Derashot* (Sermões). Cracóvia 1573, perícope Tazría, p. 48, coluna c]. Haverá, porventura, alusão às *sefirot* no excerto de Crescas em questão? De acordo com a minha compreensão do texto, "a terra", "os céus, os céus dos céus e todos os seus exércitos" e "*'er'elim, ḥashmalim, serafim e qedoshim* aos milhares de milhares e miríades de miríades" assinalam as três "partes da realidade" criada: a terra, as esferas e os intelectos. Conclui-se, portanto, que os anjos lembrados não são *sefirot* divinas (sobre a hierarquia dos anjos, ver MAIMÔNIDES. *Mishné Torá, Sefer ha-Madá'* (Livro do Conhecimento); *Hilḵot Yesodê ha-Torá* (As Leis dos Fundamentos da Torá) II, 7; *Zohar* II, p. 43a); é possível, porém, que o "trono" aluda às *sefirot* (ver, contudo, nota 82 supra). Outra possível alusão às *sefirot* está nas palavras "e Deus à sua cabeça" e "Se associou". Comparar com os dizeres de Crescas "a alma humana foi emanada das realidades superiores" (Tratado IV, investigação 4, p. 31a); como sempre (comparar notas 42-43 supra e também nota 82), não fica claro quem são as realidades superiores, as inteligências separadas ou, talvez, *havaiot* divinas.

86. "Pois 'selou' significa 'aperfeiçoou', como é dito 'és o selo de perfeição'[...], e a completude das *sefirot* são [as letras do Tetragrama] *yod*, *he* e *vav* [Ḥoḵmá, Biná e as seis extremidades de Tif'eret], sendo ela [a completude] a ligação entre si e o restante dos seres [Keter e Malḵut], e a alegoria disso é o homem, pois o ser humano possui o intelecto dos superiores e é a completude dos superiores, quer dizer, as inteligências, e ele é o início de todos os existentes abaixo da esfera lunar no mistério do *gilgul*, visto que, por meio dela, as inteligências desceram e por meio dela serão elevados os demais existentes que estão abaixo de seu eixo [da esfera lunar] e de sua rotação" (Interpretação de RABaD – Rabi Avraham ben David de Posquières – ao *Sefer Yeṣirá* 1: 11).
87. Uma interpretação semelhante de Gênesis 1:24 ("Que a terra produza...") é encontrada em Rabi Ezra, supramencionada na nota 85.
88. Interpretação de Gênesis 1:27, versículo que inicia por "à nossa imagem" (assim deve ser dito), p. 45. Na continuidade, Rabi Baḥia discorre sobre "o mistério da estrutura de dez *sefirot* nas quais o homem está compreendido, e seu molde é um paradigma para elas" (p. 46 e cf. nota 85 supra).
89. CRESCAS. *'Or ha-Shem*. Tratado II, seção 6, cap. 1, p. 18c. Comparar: "Aquele que se aparta de sua esposa próximo de seu período [menstrual] terá filhos varões" (Shevuot 18b); "Toda mulher que se unir a seu marido em santidade, o Santo, bendito seja, lhe dá filhos justos" (Midrash Tanḥuma, Nasa, 7; ed. de Salomon Buber, p. 31); cf. Nedarim 10 a-b.
90. CRESCAS. *'Or ha-Shem*. Introdução, p. 1.
91. Ibid., Tratado II, seção 2, cap. 6, p. 13f. Comparar com Maimônides: "Desse último significado do termo outra noção [a de "rocha", como em Isaías 51:1-2] foi subsequentemente derivada [...], a noção da raiz e da origem de todas as coisas [...] É nesse último sentido que Deus, bendito seja, é denominado 'Rocha'" (*Guia dos Perplexos* I, cap. XVI).
92. RABI YAAQOV BEN SHESHET. *Sefer ha-'Emuná ve-ha-Biṭaḥon*, cap. 15; *Kitvê ha-Ramban* II, p. 395. Ver GOTTLIEB, E. *Ha-Qabbalá be-Kitvê Rabenu Baḥia ben Asher* (A Cabala nos Escritos de Nosso Mestre Rabi Baḥia ben Asher). Jerusalem: Kiryat Sefer, 1970, p. 108-109. Comparar com *Midrash Tanḥuma*, Nasa, 7.

93. Frase que começa por: "E se acasalavam", p. 265-266. Ver GOTTLIEB, 1970, op. cit. Cf. *'Iggeret ha-Qodesh* (A Epístola Sagrada), cuja autoria foi equivocadamente atribuída a Naḥmânides: "E eis que deu ao homem a força da imaginação para gerar de forma semelhante ao que ele imagina o que acontece com a natureza [...] e esse é o mistério de 'Jacó tomou varas [...] e eles (i.e., os rebanhos) se acasalavam' (Gênesis 30:37-39) [...] na semelhança da imagem das varas [...] visto que a natureza é simples [...] pois a criança estará pronta e retratada conforme o pensamento e a reflexão que passam pelo coração do homem e da mulher no momento de sua união" (cap. 5, *Kitvê ha-Ramban*, op. cit., II, p. 331); "e entenderás por si só o modo adequado de a pessoa se conduzir no momento da cópula [...] e esse é o mistério de 'Eis a história de Isaac, filho de Abraão: Abraão gerou Isaac'(Gênesis 25:19) [...] Abraão refletiu no momento da união e aderiu seu pensamento aos superiores" (cap. 6, p. 336). Comparar com RABI MENAḤEM RECANATI. *Perush 'al ha-Torá* (Interpretação sobre a Torá), Gênesis 30:37, citação iniciada por "Jacó tomou varas"; e SCHUYEB, op. cit.
94. *Zohar* I, fol. 90b. Comparar com *Midrash Tanḥumá*, Pequde, 3. No *Sefer ha-Bahir*. Ed. de Reuven Margaliot. § 143, p. 63, o dito "não há retratista como nosso Deus" está associado com o conceito de "talhador" (*ḥoṣev*) [O Santo, bendito seja] e de "pedreira" (*maḥṣev*) [a Torá].
95. No tocante a Abraão, comparar a citação de *'Iggeret ha-Qodesh* (Epístola Sagrada), na nota 93 supra.
96. De fato, essa afinidade é interpretada no sermão de Even Schuyeb supramencionado (notas 85; 93), fol. 48 coluna 3-fol. 49, coluna 1.
97. CRESCAS. *'Or ha-Shem*, p. 31f. Sobre o termo *gilgul*, ver SCHOLEM, G. Le-Ḥeqer Torat ha-Gilgul ba-Qabbalá ba-Me'á ha-Shelosh 'Esre (Sobre a Pesquisa da Teoria da Transmigração na Cabala no Século XIII). *Tarbiz*, n. 16, p. 137-150, 1945. Sobre a discussão entre filósofos e cabalistas acerca do *gilgul*, ver GOTTLIEB, E. *Meḥkarim be-Sifrut ha-Qabbalá* (Pesquisas na Literatura da Cabala). Ed. de Joseph Hacker. Tel Aviv, 1976, p. 370-396.
98. É claro que, para Crescas, não há aí nenhuma mácula. Ver, por exemplo, o que ele afirma na nota 34 supra e comparar: "Nesse domínio, as portas da especulação estão fechadas, e coisas são transmitidas [secretamente] aos depositários da verdade" [Tratado I, seção 1, cap. 5, p. 24h (comparar nota 38 supra)]; cf. WEINSTOCK, 1969-1970, op. cit., p. 211. Em geral, Crescas não espera que a especulação intelectual comprove a crença, mas apenas que "concorde" com ela, ou seja, que não a refute (comparar, por exemplo, Tratado I, Introdução, p. 1b; WOLFSON, 1929, op. cit., p. 134-135; e também o Tratado I, seção 3, cap. 6, p. 19f-g). De fato, no que concerne à crença no *gilgul*, embora a especulação intelectual não aponte para sua veracidade, tampouco a refuta (uma vez que o fenômeno do esquecimento pode ocorrer).
99. Para Rabi Avraham ibn Ezra, a expressão "Se for a Cabala, vamos acolhê-la" [segundo "se é uma *halaḵá* (lei), vamos aceitá-la, mas, se é apenas uma inferência, uma objeção pode ser apontada" (Yevamot 8,3; Keritot 3,9)] ou similares, refere-se à literatura rabínica da era talmúdica, que se contrapõe ao argumento lógico, às vezes acompanhado por grande ceticismo (Comentários sobre Gênesis 22:4; Êxodo 15:22; 25:5; Isaías 1:1; Amós 5:25 etc.). Os cabalistas, começando por Naḥmânides (Comentário sobre Jó 28, *Kitvê ha-Ramban* I, p. 90), costumam fazer uso da expressão para se referir com ressalvas às doutrinas místicas de outros cabalistas. Para Rabi Menaḥem Recanati, a expressão tem uma relação especial com a teoria do *gilgul*. Ele a utiliza pelo menos oito vezes para assinalar sua reserva no tocante à concepção do *gilgul* de Rabi Yosef, da cidade de Shushan, segundo a qual

o *gilgul* se destina à punição; para Recanati, o *gilgul* (ou o *'ibbur*) tem como propósito conceder uma nova oportunidade. Ver MEIER, M. *A Critical Edition of the Sefer Ta'amey ha-Mitzwoth*: Section I, Positive Commandments. Tese (Doutoramento). Waltham, MA: Brandeis University, 1974 (University Microfilms no. 74-28, 002, p. 37; 61, nota 3). O adendo de Crescas ("de bom grado") alude à concepção de *gilgul* como uma nova oportunidade, mas é igualmente possível que ele expresse o desejo sincero do homem religioso de aceitar o julgamento (cf., por exemplo, a interpretação especial dada por Crescas a Gênesis 28:20-21 na nota 74 supra). Comparar também o uso da expressão "Se for a Cabala, vamos acolhê-la de bom grado", de Rabi Yosef ibn Shem Ṭov, em CRESCAS, Ḥ. *Biṭul 'Iqarê ha-Noṣrim* (A Refutação dos Princípios Cristãos). New Jersey: Kearney, 1904, p. 91.

100. CRESCAS. *'Or ha-Shem*, p. 32c. Sobre a "concordância" entre a Torá ou a Cabala e a especulação, ver nota 98 supra. No presente caso, a "Cabala" concorda com a especulação, uma vez que não decide para nenhum dos lados.
101. Bereshit Rabá 1, 3; 3, 8 e análogos; comparar com o *Sefer ha-Bahir* (ed. de Reuven Margaliot) 21-22, p. 10-11. Sobre toda essa questão, ver GINZBURG, L. *'Agadot ha-Yehudim* (As Lendas dos Judeus). Ramat Gan: Massada, 1966-1975, p. 141-142, nota 61, v. I; URBACH, E. E. *Ḥazal*: Pirkê 'Emunot ve-De'ot (Os Sábios: Seus Conceitos e Crenças). Jerusalem, 1969, p. 180-181.
102. *Zohar Ḥadash*, parte I, fol. 46a.
103. Ibid., fol. 7, coluna d.
104. *Pirkê de-Rabbi Eliezer*, cap. 3; no cap. 4, é dito que os anjos foram criados no segundo dia. Cf. URBACH, 1969, op. cit., p. 183-185. Cf. MAIMONIDES, *Guia dos Perplexos* II, 26.
105. *Ginat Egoz*, fol. 32d; comparar com *Sefer Ma'asé Bereshit*, Ms JTS, New York, Mic.2156=ACC0753 (n. 11254), p. 40b-41a. Também comparar com a interpretação de Rabi Baḥia ben Asher sobre Gênesis 1:3, "e por meio do intelecto", p. 25. Consultar GOTTLIEB, 1970, op. cit., p. 153-156; 172; *Meḥkarim be-Sifrut ha-Qabbalá* (Pesquisas na Literatura da Cabala). Ed. de Joseph Hacker. Tel Aviv, 1976, p. 113.
106. AVRAHAM BEN YEHUDÁ DE CÂNDIA. *'Arba'á Ṭurim*, p. 5a, 20b. A expressão "o mundo dos anjos" (*'olam ha-mal'akim*), que não figura na discussão em *Ginat 'Egoz*, aparece nos trechos do *Sefer Ma'asé Bereshit* e na interpretação de Rabi Baḥia sobre Gênesis 1:3.
107. p. 41a. É possível, naturalmente, que o próprio Ḥasdai Crescas seja o autor do trecho.
108. CRESCAS. *'Or ha-Shem*. Tratado II, seção 3, cap. 5, p. 9e; uma citação da continuidade do trecho é apresentada supra na nota 82. As palavras surpreendentes de JOËL, op. cit., 1866, p. 59, e de SCHWEID, E. *Ṭa'am ve-Haqashá* (Sentimento e Especulação). Ramat Gan: Massada, 1970, p. 161, sobre "o amor sem a satisfação do desejo" baseiam-se no texto falho das edições impressas.
109. *'Oṣar ha-Qavod*, p. 62 (sobre Ḥulin 60a); cf. p. 44. Cf. *Sha'ar ha-Razim*, p. 70b. Ver ainda supra nota 82.
110. *'Oṣar ha-Qavod*, p. 8, (sobre Berakot 7a); cf. p. 6, 9, 10, 58 ["e não te surpreendas que digam que o Santo, bendito seja, deseja as bênçãos dos sacerdotes (Sotá 38b), pois, nesse caso, deveríamos nos surpreender com todas as bênçãos"]. Comparar com *Derashot ha-Ran*, sermão 2, p. 23-25. Ver *Zohar* I, p. 167b, 169a; Rabi Shelomó ben Aderet é citado em *'En Ya'aqov* sobre Berakot 7a; Rabi Baḥia, interpretação sobre Deuteronômio 8:10, p. 300, e comparar também com Gênesis 25:21, p. 221, e Deuteronômio 11:13, p. 315, e também com *Kad ha-Qémaḥ* (O Receptáculo da Farinha), em *Kitvê Rabenu Baḥia* (Os

Escritos de Rabi Baḥia). Ed. de Ḥaim Dov Schevel. Jerusalem, 1970, verbete *tefilá*, p. 434.

111. CRESCAS. *'Or ha-Shem*. Tratado II, seção 3, cap. 5, p. 9e. A citação da bênção *Yoṣer 'Or* é apresentada também no Tratado III, parte 1, seção 1, cap. 5, p. 24h. Comparar com Rabi Asher ben David, A Interpretação do Tetragrama – A Cabala de Rabi Asher ben David, tema do seminário do prof. Yosef Dan, Jerusalem, 1980, p. 22 (copiado de *Ha-Segulá* 8 [1934]); ver VAJDA, 1969, op. cit., p. 198; 211. A conclusão de URBACH, S. B. *'Amudê ha-Maḥshavá ha-Israelit* (Os Pilares do Pensamento Judaico). Jerusalem, 1960-1961, p. 175, v. III, e de SCHWEID, E. *Ṭa'am ve-Haqashá* (Sentimento e Especulação). Ramat Gan: Massada, 1970, p. 169, de que, na opinião de Crescas, a Divindade de fato é "afetável" (ou seja, devemos atribuir-Lhe afetabilidade) está implícita no dizer aceito por Crescas de que a alegria em si é afetabilidade. Para Crescas, entretanto, a alegria é afetabilidade no que concerne ao homem "deslocado" da potência ao ato, mas, quanto a Deus, que não é "deslocado" e "criado", porém "desloca e cria", a alegria não é afetabilidade, mas sim *atividade* [comparar também com o Tratado II, seção 2, cap. 6, p. 14b, seção 5, cap. 5, p. 17g; seção 6, cap. 1, p. 19g; e também com o Tratado II, seção 1, cap. 18, p. 3h (WOLFSON, 1929, op. cit., p. 302-303, nota 3 supra, e comparar com p. 90; 679-680).

112. CRESCAS. *'Or ha-Shem*. Tratado III, parte 2, seção 1, cap. 1, p. 29d, acerca da interpretação do *Qadish*: "Acima de todas as bênçãos [...] para significar que Deus não recebe bênçãos, pois é Ele quem as emana [...]; e disseram também 'acima de todas as consolações', no que diz respeito ao pedido relacionado à satisfação das necessidades, a fim de mostrar que não se deve imaginar que Deus sofra com a oração e reconsidere, visto não ser esse o caso, pois Sua vontade eterna é de conceder os desejos de quem é digno". Cf. Rabi Todros Halevi Abuláfia sobre o "mistério do *Qadish*": "a palavra 'bênção' [...] que faz fluir as águas sagradas do reservatório superno, e a isso dizemos 'acima de todas as bênçãos', uma alusão ao que a boca não pode dizer" [*'Oṣar ha-Kavod*, p. 30 (sobre Suká 39a), comparar com p. 8; 9]. Sobre "bênção" na Cabala, ver VAJDA, 1969, op. cit., p. 195-216. No que tange aos fundamentos cabalísticos para o entendimento de Crescas sobre o conceito de bênção, ver o que ele escreve sobre a bênção dos sacerdotes: "De acordo com o que é elucidado na Torá, Deus introduziu essa virtude nos sacerdotes, de serem os intermediários que recebem Sua bênção e a emanam sobre Israel. Por isso eles foram ordenados a erguer as mãos para o alto, como se recebessem a bênção, para, em seguida, dá-la a Israel. De todo modo, é comumente sabido que as mãos estão prontas para receber a bênção, como é dito, 'abençoado todo o trabalho da tua mão'" (Deuteronômio 28:12) (Tratado III, parte 2, seção 1, cap. 2, p. 29e; cf. nota 36 supra). Comparar com o *Sefer ha-Bahir*. Ed. de Reuven Margaliot, 124, p. 55; com *'Or ha-Bahir* §§ 123; 138 3; 139; comparar também com RABI EZRA. *613 Preceitos*, *Kitvê ha-Ramban* II, p. 530; ABULÁFIA, R. T. H. *'Oṣar ha-Kavod*, p. 57-58 (sobre Sotá 37b-38a); e comparar p. 21; 26 e alhures, bem como no *Sha'ar ha-Razim*.

113. TISHBY, I. *Perush ha-'Agadot le-Rabbi 'Azri'el* (A Interpretação das *'Agadot* de Rabi 'Azri'el). Jerusalem, 1945, p. 118, linhas 5-6. Acerca da influência do círculo dos cabalistas de Gerona sobre a teoria da oração de Ḥasdai Crescas, há uma pesquisa não publicada de Martel Gavrin, que foi escrita no âmbito de um de meus seminários.

114. "Essa necessidade é legítima na condição de que o agente não sinta coerção nem obrigação; e esse é o mistério do livre-arbítrio e da vontade" (Tratado II, seção 5, cap. 3, p. 17b) [...]. "Ao dizer que 'tudo está previsto', ele ensina que todas as coisas estão ordenadas e são conhecidas [...] e, ao dizer em seguida que 'a permissão foi dada' (*Ética dos Pais* 3:1),

ele atesta o mistério do livre-arbítrio e da vontade (Tratado II, seção 5, cap. 3, p. 17c) [...] nossos sábios deram um passo em falso, o que nos levou a descobrir esse mistério" (ibid.).

115.'"Resulta claramente que a finalidade buscada pela Torá é a obediência a Deus – com extraordinário zelo para cumprir os Seus comandamentos e com extrema prudência para não transgredir as Suas proibições – com alegria e de bom coração, o que é o mistério da observância, do amor e do temor verdadeiros" (Tratado II, seção 6, cap. 1, p. 19a).

116.'"E eis que graças à oração [...] é possível [que o suplicante] obtenha resposta a seu pedido pelo fato de depositar verdadeiramente sua confiança em Deus. Esse é o mistério da confiança em seu todo, visto que inclui os axiomas da Torá, como o conhecimento de Deus e a providência divina, bem como o fato de Ele ser um agente que emana voluntariamente" (Tratado III, parte 2, seção 1, cap. 1, p. 29c).

117. Ver nota 34 supra.

118. "De fato, a astrologia e os presságios levariam as pessoas simples do povo a tirar de sobre si a confiança em Deus e a dispensar todo o esforço; em razão de sua ignorância [da diferença] entre a contingência intrínseca das coisas e sua necessidade causal" (Tratado IV, investigação 4, p. 31b).

119. *She'elot u-Teshuvot* (*Responsa*). Rabbi Yiṣḥaq ben Sheshet, § 157.

120. Ibid. Comparar com R. MEIR IBN GABAI. *'Avodat ha-Qodesh*, parte II, cap. 13, p. 65-66. Na opinião de A. L. Feldman, a citação direta de Rabi Nisim continua até "nas coisas ocultas" [Introdução, *Perush ha-Ran 'al ha-Torá* (Comentário de Rabi Nisim sobre a Torá). Jerusalem, 1968, p. 69].

121. NAḤMÂNIDES. *Comentário sobre a Torá*. Ed. de Ḥaim Dov Schevel. Jerusalem, 1963-1964, Introdução, p. 7.

122. ALBO, Y. *Sefer ha-'Iqqarim* (O Livro dos Princípios). Ed. de Isaac Husik. Philadelphia: The Jewish Publication Society, 1946, Tratado II, cap. 28, p. 186: "Pois vi pessoas se equivocando com isso ao ler o *Zohar*, além de outros livros dos sábios da Cabala, sem seguir as interpretações da Cabala, mas segundo seu próprio argumento lógico".

123. Ver as referências de Husik no final do *Sefer ha-'Iqqarim*, p. 535 (Cabala); p. 592 (*sefirot*).

124. Homilias (ver nota 75 supra): "A perfeição das coisas, que são os conceitos, eis que a Torá deu perfeição à natureza (*betiv'iut*) na Obra da Criação. Foram revelados aos cabalistas os mistérios dos mandamentos em geral, o que os filósofos mais diligentes não compreenderão ainda por longo tempo" (p. 140b); "Porque da união (*zivug*) dependem a santidade e a grande virtude da congregação de Israel, a qual é especial e importante para Ele, bendito seja, e a Presença Divina (*Shekiná*) pairava como a imagem da união, que, de fato, para os conhecedores da mística, é a imagem do masculino e do feminino" (p. 144b). Cf. notas 13; 38 supra.

125. Sobre Narboni e a Cabala, ver: ALTMANN, A. Moses Narboni's *Epistle on Schiur Qoma*. Ed. de Alexander Altmann. *Jewish Medieval and Renaissance Studies*. Cambridge: Harvard University Press, 1967, p. 225-288; VAJDA, G. *Recherches sur la Philosophie et la Kabbale dans la pensée juive du Moyen-Age*. Paris: Mouton, 1962, p. 36-403; e também SIRAT, C. Pirqê Moshé le-Moshé Narboni (Os Capítulos de Moisés de Moisés Narboni). *Tarbiz*, n. 39, p. 287-306, 1970; cf. nota 25 supra.

FILOSOFIA NA PERSPECTIVA

O Socialismo Utópico
Martin Buber (D031)

Filosofia em Nova Chave
Susanne K. Langer (D033)

Sartre
Gerd A. Bornheim (D036)

O Visível e o Invisível
M. Merleau-Ponty (D040)

Linguagem e Mito
Ernst Cassirer (D050)

Mito e Realidade
Mircea Eliade (D052)

A Linguagem do Espaço e do Tempo
Hugh M. Lacey (D059)

Estética e Filosofia
Mikel Dufrenne (D069)

Fenomenologia e Estruturalismo
Andrea Bonomi (D089)

A Cabala e seu Simbolismo
Gershom Scholem (D128)

Do Diálogo e do Dialógico
Martin Buber (D158)

Visão Filosófica do Mundo
Max Scheler (D191)

Conhecimento, Linguagem, Ideologia
Marcelo Dascal (org.) (D213)

Notas para uma Definição de Cultura
T. S. Eliot (D215)

Dewey: Filosofia e Experiência Democrática
Maria Nazaré de C. Pacheco Amaral (D229)

Romantismo e Messianismo
Michel Löwy (D234)

Correspondência
Walter Benjamin e Gershom Scholem (D249)

Isaiah Berlin: Com Toda a Liberdade
Ramin Jahanbegloo (D263)

Existência em Decisão
Ricardo Timm de Souza (D276)

Metafísica e Finitude
Gerd A. Bornheim (D280)

O Caldeirão de Medéia
Roberto Romano (D283)

George Steiner: À Luz de Si Mesmo
Ramin Jahanbegloo (D291)

Um Ofício Perigoso
Luciano Canfora (D292)

O Desafio do Islã e Outros Desafios
Roberto Romano (D294)

Adeus a Emmanuel Lévinas
Jacques Derrida (D296)

Platão: Uma Poética para a Filosofia
Paulo Butti de Lima (D297)

Ética e Cultura
Danilo Santos de Miranda (D299)

Emmanuel Lévinas: Ensaios e Entrevistas
François Poirié (D309)

Preconceito, Racismo e Política
Anatol Rosenfeld (D322)

Razão de Estado e Outros Estados da Razão
Roberto Romano

Homo Ludens
Johan Huizinga (E004)

Gramatologia
Jacques Derrida (E016)

Filosofia da Nova Música
T. W. Adorno (E026)

Filosofia do Estilo
Gilles Geston Granger (E029)

Lógica do Sentido
Gilles Deleuze (E035)

O Lugar de Todos os Lugares
Evaldo Coutinho (E055)

História da Loucura
Michel Foucault (E061)

Teoria Crítica I
Max Horkheimer (E077)

A Artisticidade do Ser
Evaldo Coutinho (E097)

Dilthey: Um Conceito de Vida e uma Pedagogia
Maria Nazaré de C. P. Amaral (E102)

Tempo e Religião
Walter I. Rehfeld (E106)

Kósmos Noetós
Ivo Assad Ibri (E130)

História e Narração em Walter Benjamin
Jeanne Marie Gagnebin (E142)

Cabala: Novas Perspectivas
Moshe Idel (E154)

O Tempo Não-Reconciliado
Peter Pál Pelbart (E160)

Jesus
David Flusser (E176)

Avicena: A Viagem da Alma
Rosalie Helena de S. Pereira (E179)

Nas Sendas do Judaísmo
Walter I. Rehfeld (E198)

Cabala e Contra-História: Gershom Scholem
David Biale (E202)

Nietzsche e a Justiça
Eduardo Rezende Melo (E205)

Ética contra Estética
Amelia Valcárcel (E210)

O Umbral da Sombra
Nuccio Ordine (E218)

Ensaios Filosóficos
Walter I. Rehfeld (E246)

Filosofia do Judaísmo em Abraham Joshua Heschel
Glória Hazan (E250)

A Escritura e a Diferença
Jacques Derrida (E271)

Mística e Razão: Dialética no Pensamento Judaico. De Speculis Heschel
Alexandre Leone (E289)

A Simulação da Morte
Lúcio Vaz (E293)

Judeus Heterodoxos: Messianismo, Romantismo, Utopia
Michael Löwy (E298)

Estética da Contradição
João Ricardo Carneiro Moderno (E313)

Pessoa Humana e Singularidade em Edith Stein
Francesco Alfieri (E328)

Ética, Responsabilidade e Juízo em Hannah Arendt
Bethania Assy (E334)

Arqueologia da Política: Leitura da República Platônica
Paulo Butti de Lima (E338)

A Presença de Duns Escoto no Pensamento de Edith Stein: A Questão da Individualidade
Francesco Alfieri (E340)

Ensaios sobre a Liberdade
Celso Lafer (EL038)

O Schabat
Abraham J. Heschel (EL049)

O Homem no Universo
Frithjof Schuon (EL050)

Quatro Leituras Talmúdicas
Emmanuel Levinas (EL051)

Yossel Rakover Dirige-se a Deus
Zvi Kolitz (EL052)

Sobre a Construção do Sentido
Ricardo Timm de Souza (EL053)

A Paz Perpétua
J. Guinsburg (org.) (EL055)

O Segredo Guardado
Ili Gorlizki (EL058)

Os Nomes do Ódio
Roberto Romano (EL062)

Kafka: A Justiça, O Veredicto e a Colônia Penal
Ricardo Timm de Souza (EL063)

Culto Moderno dos Monumentos
Alois Riegl (EL064)

O Islã Clássico: Itinerários de uma Cultura
Rosalie Helena de Souza Pereira (org.)(PERS)

A Filosofia do Judaísmo
Julius Guttmann (PERS)

Averróis, a Arte de Governar
Rosalie Helena de Souza Pereira (PERS)

Testemunhas do Futuro
Pierre Bouretz (PERS)

Na Senda da Razão: Filosofia e Ciência no Medievo Judaico (PERS)
Rosalie Helena de Souza Pereira (org.) (PERS)

O Brasil Filosófico
Ricardo Timm de Souza (K022)

Diderot: Obras I – Filosofia e Política
J. Guinsburg (org.) (T012-I)

Diderot: Obras II – Estética, Poética e Contos
J. Guinsburg (org.) (T012-II)

Diderot: Obras III – O Sobrinho de Rameau
J. Guinsburg (org.) (T012-III)

Diderot: Obras IV – Jacques, o Fatalista, e Seu Amo
J. Guinsburg (org.) (T012-IV)

Diderot: Obras V – O Filho Natural
J. Guinsburg (org.) (T012-V)

Diderot: Obras VI (1) – O Enciclopedista – História da Filosofia I
J. Guinsburg e Roberto Romano (orgs.) (T012-VI)

Diderot: Obras VI (2) – O Enciclopedista – História da Filosofia II
J. Guinsburg e Roberto Romano (orgs.) (T012-VI)

Diderot: Obras VI (3) – O Enciclopedista – Arte, Filosofia e Política
J. Guinsburg e Roberto Romano (orgs.) (T012-VI)

Diderot: Obras VII – A Religiosa
J. Guinsburg (org.) (T012-VII)

Platão: República – Obras I
J. Guinsburg (org.) (T019-I)

Platão: Górgias – Obras II
Daniel R. N. Lopes (intr., trad. e notas) (T019-II)

Hegel e o Estado
Franz Rosenzweig (T021)

Descartes: Obras Escolhidas
J. Guinsburg, Roberto Romano e Newton Cunha (orgs.) (T024)

Spinoza, Obra Completa I: (Breve) Tratado e Outros Escritos
J. Guinsburg; N. Cunha e R. Romano (orgs.) (T029)

Spinoza, Obra Completa II: Correspondência Completa e Vida
J. Guinsburg; N. Cunha e R. Romano (orgs.) (T029)

Spinoza, Obra Completa III: Tratado Teológico-Político
J. Guinsburg; N. Cunha e R. Romano (orgs.) (T029)

Spinoza, Obra Completa IV: Ética e Compêndio de Gramática da Língua Hebraica
J. Guinsburg; N. Cunha e R. Romano (orgs.) (T029)

Comentário Sobre a República
Averróis (T30)

As Ilhas
Jean Grenier (LSC)